Edgar Allan Poe
Das Werk

Edgar Allan Poe
Das Werk

Aus dem Englischen von Hedda Moeller-Bruck und Hedwig Lachmann
Neue, durchgesehene Ausgabe

Zweitausendeins

Die Zweitausendeins Klassiker Bibliothek wird herausgegeben
von Achim Apell.

Die vorliegenden Texte sind urheberrechtlich geschützt. © Thomas Eulenberg
Lizenzausgabe mit freundlicher Genehmigung
der Wunderkammer Verlag GmbH, Frankfurt 2010
für Zweitausendeins, Postfach, D-60381 Frankfurt am Main.

Umschlaggestaltung: Heine/Lenz/Zizka, Frankfurt.
Umschlagmotiv: Bridgeman Art, Berlin.

Dieses Buch gibt es nur bei Zweitausendeins im Versand:
Postfach, D-60381, Frankfurt am Main,
Telefon: (069) 4 20 80 00, Fax: (069) 41 50 03.
Internet: www.Zweitausendeins.de, E-Mail: Service@Zweitausendeins.de.
Oder in den Zweitausendeins-Läden in Augsburg, 2 x in Berlin,
in Bonn, Braunschweig, Bremen, Darmstadt, Dresden, Düsseldorf, Erfurt, Frankfurt am Main,
Freiburg, Göttingen, 2 x in Hamburg, in Hannover, Karlsruhe, Kiel, Koblenz, Köln, Leipzig,
Ludwigsburg, Mannheim, Marburg, München, Münster, Neustadt/Weinstraße, Nürnberg,
Oldenburg, Osnabrück, Stuttgart, Ulm.

In der Schweiz über buch 2000, Postfach 89, CH-8910 Affoltern a. A.

ISBN 978-3-86150-965-3

Inhaltsverzeichnis

Groteske Geschichten

Abenteuergeschichten

Gedichte
Die Philosophie der Komposition

HEUREKA UND ROMANTISCHE ERZÄHLUNGEN

HEUREKA
Versuch über das materielle und geistige Weltall

Den Wenigen, die mich lieben und die ich liebe – denen, die fühlen, mehr als denen, die denken – den Träumern und denen, die an Träume als an die einzigen Wirklichkeiten glauben – ihnen widme ich dieses Buch der Wahrheiten, nicht als Gefäß der Wahrheit, nur um der Schönheit willen, die aus seiner Wahrheit strömt – die es zur Wahrheit erhebt. Diesen überreiche ich meine Arbeit allein als Kunstwerk – sagen wir als Märchen; oder, wenn der Anspruch nicht zu stolz wäre, als Gedicht.

Was ich hier vortrage, ist wahr: – und so kann es nicht sterben; – oder wenn es irgendwie jetzt zertreten würde, so daß es stürbe, so wird es „wieder erstehen zum ewigen Leben".

Indessen wünsche ich trotzdem: lediglich als Gedicht möge dies Werk beurteilt werden, wenn ich tot bin.

Zögernd und bescheiden – ja mit einem Gefühl der Scheu – schreibe ich den ersten Satz dieses Werkes nieder: denn mein Gegenstand ist der feierlichste von allen, die man ersinnen kann – der umfassendste – der schwierigste – der erhabenste.

Wie soll ich die Worte finden, einfach genug in ihrer Herrlichkeit – herrlich genug in ihrer Einfachheit – um nur mein Thema zusammenzufassen?

Ich will von *dem physischen, metaphysischen und mathematischen – vom materiellen und geistigen Weltall* sprechen: *von seinem Wesen und Ursprung, seiner Schöpfung, seinem gegenwärtigen Zustand und seiner Zukunft.* Zudem bin ich verwegen genug, zu Folgerungen herauszufordern, durch deren Aussagen der Scharfsinn vieler großer und mit Recht verehrter Gelehrter in Frage gestellt wird.

Zu Beginn möchte ich so scharf wie möglich – nicht die Theorie verkünden, die ich zu beweisen hoffe – denn die Mathematiker mögen behaupten, was sie wollen, es gibt, in dieser Welt wenigstens, *durchaus nichts derart* wie einen Beweis; nur den leitenden Gedanken möchte ich aussprechen, zu dem ich dieses ganze Buch hindurch den Leser verführen will.

Meine allgemeine Behauptung also ist: In der ursprünglichen Einheit des ersten Dinges liegt die Ursache aller Dinge, mit der Anlage zu ihrer unvermeidlichen Vernichtung.

Um sich diesen Gedanken anschaulich zu machen, schlage ich vor, das Weltall dergestalt mit den Blicken zu umfassen, daß der Geist imstande ist, den Eindruck eines Individuums zu erhalten, zu gewahren.

Wer vom Gipfel des Ätna seine Augen gemächlich umherschweifen läßt, wird hauptsächlich von der *Ausdehnung* und *Verschiedenartigkeit* des Bildes berührt. Nur, wenn er sich schnell auf dem Absatz herumdrehte, könnte er hoffen, das Panorama in der Herrlichkeit seines Einseins zu erfassen. Aber da noch niemand daran gedacht hat, sich auf der Spitze des Ätna auf dem Absatz herumzudrehen, so hat noch niemand die volle Einzigkeit des Anblicks in seinem Hirn aufgenommen; und so hinwiederum haben die mannigfachen Betrachtungen, die in dieser Einzigkeit gebettet liegen, bisher noch kein wirksames Dasein für die Menschheit gehabt.

Ich kenne überhaupt keine Untersuchung, in der ein Überblick über das *Weltall* – dies Wort in seiner umfassendsten und einzig berechtigten Bedeutung genommen – gegeben würde; und es mag schon hier erwähnt werden, daß ich überall in diesem Versuch, wo ich das Wort „Weltall" ohne besonderen Zusatz anwende, das Folgende damit ausdrücken will: *die denkbar weiteste Ausdehnung des Raumes, einbegriffen alle geistigen und materiellen Dinge, deren Existenz man sich innerhalb des Bezirks dieser Ausdehnung vorstellen kann.* Wenn ich dagegen von dem spreche, was *gewöhnlich* unter dem „Weltall" begriffen wird, so wähle ich die einschränkende Bezeichnung „das Sternenweltall". Aus dem Folgenden wird man ersehen, weshalb diese Unterscheidung notwendig scheint.

Doch selbst unter den Untersuchungen, die sich mit dem tatsächlich begrenzten, wenn auch angeblich *un*begrenzten *Sternen*weltall beschäftigen, kenne ich keine, in der ein Überblick auch nur über dieses begrenzte All so gegeben wäre, daß man daraus auf seine *Individualität* zu schließen berechtigt wäre. Am nächsten kommt einem solchen Werk der „Kosmos" Alexanders von Humboldt. Jedoch stellt er den Gegenstand *nicht* in seiner Individualität dar, sondern in seiner mannigfaltigen Gesamtheit. Sein Thema in seinem letzten Ergebnis ist das Gesetz eines *jeden* Teils des bloß körperlich-räumlichen Weltalls, so wie dies Gesetz verknüpft ist mit den Gesetzen eines *jeden anderen* Teiles dieses bloß körperlich-räumlichen Alls. Ihm handelt es sich um Verknüpfung und das Verschleifen des Mannigfaltigen. In einem Wort: er erörtert die Gesamtheit der materiellen Beziehungen und enthüllt dem Auge der Philosophie alle Folgerungen, die bisher *hinter* dieser Gesamtheit verborgen gelegen haben. So erstaunlich er jedoch in gedrängtem Überblick jeden Punkt seines Gegenstandes behandelt hat, die bloße Menge dieser Punkte bringt notwendigerweise ein Anwachsen des Details und so ein Verkümmern des

Geistigen mit sich, so daß keinerlei Eindruck von *Individualität* aufkommen kann.

Mir scheint, wenn wir dieses Ziel, und damit die Folgerungen, Schlüsse, Eindrücke, Spekulationen oder, wenn sich nichts Besseres bietet, bloß die Vermutung erlangen wollen, die sich aus ihm ergeben, dann tut uns so etwas not wie ein geistiges Auf-dem-Absatz-Herumdrehen. Wir brauchen eine so stürmische Bewegung aller Dinge um den Mittelpunkt des Schauens, daß das Unbedeutende völlig verschwindet, und das Auffallende sich in *eins* vermengt. In einem Überblick dieser Art befänden sich unter den verschwindenden Einzelheiten alle ausschließlich irdischen Angelegenheiten. Die Erde würde nur in ihren Planetenbeziehungen beachtet. In dieser Schau wird der Mensch zur Menschheit, ein Glied in der kosmischen Familie geistbegabter Wesen.

Bevor wir nun zu unserm eigentlichen Gegenstand übergehen, möchte ich die Aufmerksamkeit des Lesers auf einen oder zwei Auszüge aus einem ziemlich bemerkenswerten Brief lenken, der sich anscheinend wohlverkorkt in einer Flasche befand, die auf dem Mare Tenebrarum umherschwamm – einem Ozean, den der nubische Geograph Ptolemäus Hephästion gut beschrieben hat, der aber in unserer Zeit nur noch wenig befahren wird, es sei denn von den Transzendentalisten und so ähnlichen Grillenfischern. Das Datum dieses Briefes, ich muß es gestehen, erregt mein Erstaunen fast noch sonderlicher als sein Inhalt; denn er scheint im Jahre 2848 geschrieben. Ich denke, die Stellen, die ich hier abschreibe, sprechen für sich selbst.

„Weißt du lieber Freund"; sagt der Schreiber dieses Briefes, der ohne Zweifel an einen Zeitgenossen gerichtet ist, „weißt du, daß es kaum acht- oder neunhundert Jahre her ist, seit die Metaphysiker sich zum erstenmal dazu verstanden, die Menschheit aus dem Bann der sonderbaren Einbildung zu lassen, es führten *nur zwei gangbare Wege zur Wahrheit!* Glaube es, wenn du kannst! Es ist aber wirklich Tatsache, daß viel, viel früher, in der Nacht der Zeiten, ein türkischer Philosoph lebte, der Harry hieß und den Beinamen Stoffel führte." (Hier meint der Briefschreiber wahrscheinlich Aristoteles; die besten Namen werden in zwei- oder dreitausend Jahren heillos korrumpiert.) „Der Ruhm dieses großen Mannes ist hauptsächlich darauf zurückzuführen, daß er bewiesen hat, das Niesen sei eine natürliche Vorkehrung, mit deren Hilfe übergescheite Denker imstande waren, ihre überschüssigen Gedanken durch die Nase auszutreiben: aber er erlangte eine fast ebenso bedeutende Berühmtheit als Gründer oder jedenfalls Hauptverbreiter dessen, was man die deduktive Philosophie oder die Philosophie *a priori* nannte. Er ging von etwas aus, was nach seiner Behauptung Axiome oder selbstevidente Wahrheiten waren: und die Tatsache, die jetzt allgemein anerkannt ist, daß *keine* Wahrheiten sich von *selbst* verstehen, tut seinen Spekulationen nicht das leiseste: für seinen Zweck war es genügend, daß die fraglichen Wahrheiten überhaupt evident waren. Aus diesen Axiomen zog er auf logischem Wege seine Schlüsse. Seine berühmtesten Schüler waren ein gewisser Neuclid, ein Geometer" (gemeint ist Euclid) „und ein gewisser Kant, ein Niederländer, der Schöpfer der besonderen Art Transzendentalismus, die nach seinem Namen benannt ist, wenn man nur aus dem K ein C macht."

„Dieser Harry Stoffel herrschte nun unumschränkt bis zur Heraufkunft eines gewissen Becker, genannt das Peru-Lamm, der ein völlig abweichendes System lehrte, das er die Philosophie *a posteriori* oder die *in*duktive Philosophie nannte." (Hier ist offenbar Bacon aus Verulam gemeint.) „Sein Verfahren ging ganz und gar auf die Sinne zurück. Er ging so zu Werke, daß er Tatsachen – die man ab und zu affektierterweise *instantia naturae* nannte – beobachtete, analysierte und klassifizierte. Kurz gesagt, während die Methode Stoffels die *Noumena* als Grundlage nahm, stützte sich das Peru-Lamm auf die *Phänomena*; und die Bewunderung, die dieses letztere System hervorrief, war so groß, daß bei seinem ersten Auftreten Stoffel der allgemeinen Verachtung verfiel. Schließlich aber gewann er wieder an Boden und erlangte es, das Reich der Philosophie mit seinem moderneren Nebenbuhler teilen zu dürfen; die Gelehrten begnügten sich nämlich damit, alle andern Bewerber der Vergangenheit, Gegenwart und Zukunft zu verpönen; allen Kontroversen über die Topik setzten sie ein Ende durch die Verkündung eines Wegerechts, in dem bestimmt wurde, daß die Aristotelischen und Baconischen Wege die einzig möglichen und einzig rechtmäßigen Zugänge zur Erkenntnis seien: ‚Baconisch', mußt du wissen, lieber Freund", so fügt der Briefschreiber an dieser Stelle hinzu, „war ein Adjektiv, das man erfunden hatte, um die Lehren des Peru-Lamms besonders würdevoll und wohlklingend zu bezeichnen."

„Nun kannst du dich bestimmt darauf verlassen", so fährt die Epistel fort, „daß ich diese Dinge durchaus richtig und loyal darstelle, und du kannst dir denken, wie solche Einschränkungen, deren Torheit ohne weiteres einleuchtet, dazu führen mußten, den Fortschritt wahrer Wissenschaft zu hemmen, deren wertvollster Gewinn – wie die Geschichte überall zeigt – durch scheinbar intuitive *Sprünge* erlangt wird. Diese Ideen des Altertums verdammten die Forschung, sich aufs Kriechen zu beschränken; ich brauche dir nicht zu sagen, daß das Kriechen unter den verschiedenen Arten der Vorwärtsbewegung auf seine Weise etwas ganz Respektables ist; aber müssen wir deswegen, weil die Schildkröte sicher auf ihren Füssen steht, die Schwingen des Adlers beschneiden? So groß war die Verblendung hauptsächlich infolge der Lehren des Peru-Lamms, daß alles wirkliche Denken tatsächlich unterbunden wurde. Niemand wagte es, eine Wahrheit auszusprechen, die er einzig seiner Seele verdankte. Es kam nicht einmal in Betracht, ob die Wahrheit beweisbar war: denn die dogmatischen Philosophen zogen nur den Weg in Betracht, auf dem die Wahrheit gefunden war. Das Ziel war, wenn man sie hörte, ein Punkt von gar keiner Bedeutung: ‚die Mittel!' schrien sie – ‚die Mittel müssen untersucht werden!' und wenn sich nun bei der Prüfung der Mittel herausstellte, daß die Wahrheit weder in das Schubfach Peru-Lamm noch in die Kategorie Stoffel paßte, ei nun, dann kümmerten sich diese Gelehrten nicht weiter darum, nannten den Denker einen Narren, brandmarkten ihn als ‚Mystiker' und hatten von da ab mit ihm und seinen Wahrheiten nichts mehr zu schaffen."

„Nun kann doch, lieber Freund", so fährt der Briefschreiber fort, „im Ernst nicht behauptet werden, durch die ausschließliche Anwendung des Kriechsystems, selbst wenn es durch viele Menschenalter fortgesetzt würde, könne die Menschheit den Maximalertrag an Wahrheit erlangen; denn die Unterdrückung der Phantasie war ein Übelstand, der nicht aufzuwiegen war, selbst wenn das schneckenhafte Verfahren *absolute* Gewißheit gewährleistet hätte. Jedoch war ihre Gewissheit bei weitem keine absolute. Der Irrtum unserer Vorfahren erinnert an jenen Naseweisen, der sich einbildet, je näher er einen Gegenstand vor die Augen halte, um so deutlicher sehe er ihn. Sie blendeten sich überdies mit sehr fein pulverisiertem schottischem Schnupftabak, der gehörig kitzelte, nämlich mit dem *Detail;* und so waren die berühmten Tatsachen der Peru-Lämmer keineswegs immer wirkliche Tatsachen – was nicht erwähnt zu werden brauchte, wenn es nicht immer angenommen würde. Der Grundfehler des Baconianismus jedoch – die schlimmste Quelle zu traurigen Irrtümern – entsprang dem Bestreben, Macht und Einfluß in die Hände von Männern zu geben, die nicht schöpferisch waren, sondern bloß beschreiben konnten, was sie sahen, diese mikroskopischen Gelehrten, halb Fisch, halb Mensch, die winzige Tatsachen, meistens auf physikalischen Gebieten, ausgruben und damit hausieren gingen – die sich dann alle noch einmal im kleinen auf der Straße verkauften; man redete sich ein, ihr Wert beruhe einfach auf der Tatsache ihrer Tatsächlichkeit, und kümmerte sich nicht darum, ob sie für die Gewinnung jener letzten und allein wertvollen Tatsachen von Wert seien, die man Gesetz nennt."

„Die Personen", so fährt der Brief fort, „die Personen, die dergestalt durch die Philosophie der Lämmer auf eine Stelle gehoben waren, für die sie zu klein waren, die so aus dem Souterrain der Wissenschaft in ihren Empfangssaal verpflanzt worden waren, aus der Vorratskammer auf die Kanzel; diese Individuen – eine unverträglichere, eine unerträglichere Bande Knechte und Tyrannen hat die Erde nie getragen. Ihr Glaubensbekenntnis, ihr Text und ihre Predigt waren das eine Wort ‚Tatsache' – aber meistenteils verstanden sie nicht einmal den Sinn dieses einen Wortes. Gegen die, die es wagten, ihre Tatsachen *durcheinander zu bringen* – so bezeichneten sie jeden Versuch, Ordnung und Bedeutung zu schaffen – waren die Schüler des Lamms völlig erbarmungslos. Allen Versuchen zu generalisieren wurde sofort mit den Worten ‚spekulativ‘, ‚Spekulation‘, ‚Metaphysiker‘ begegnet – jeden *Gedanken*, kurz gesagt, betrachteten sie recht eigentlich als einen persönlichen Schimpf, den man ihnen antue. Viele von diesen Bacon-entsprungenen Philosophen, die die Naturwissenschaften bis zum Ausschluß der Metaphysik, Mathematik und Logik beackerten – auf einen Gedanken versessen, einseitig und lahm auf einem Bein – waren in bezug auf alle Gegenstände des Wissens, die Ideen erfordern, jämmerlich hilflos – erbärmlicher unwissend als der allerungebildetste Bauer, der zum mindesten dadurch, daß er einräumt, nichts zu wissen, beweist, daß er etwas weiß.“

„Anderseits hatten unsere Vorväter ebensowenig das Recht, von *Gewißheit* zu sprechen, wenn sie in blindem Vertrauen sich auf dem Pfad *a priori*, dem Pfad der Axiome, dem Pfad Stoffels ergingen. Dieser Stoffelpfad führte über sehr holperige Staffeln. Es ist nackte Wahrheit, daß die Aristoteliker ihre Luftschlösser auf ein Fundament stellten, das noch unzuverlässiger war als Luft; *denn so was wie Axiome hat es nie gegeben, kann es überhaupt nicht geben.* Daß sie das nicht gesehen oder wenigstens geargwöhnt haben, ist kaum zu glauben; sie müssen wahrhaftig sehr blind gewesen sein; denn schon in ihren Tagen mußten manche ihrer ‚Axiome‘, die lange in Geltung gewesen waren, aufgegeben werden: zum Beispiel: ‚*ex nihilo nihil fit*‘, oder: ‚ein Körper kann nicht wirken, wo er nicht ist‘, oder: ‚es kann keine Antipoden geben.‘ oder: ‚Dunkelheit kann nicht aus Licht entstehen‘. Diese und zahlreiche andere Behauptungen, die man früher ohne Anstand für Axiome oder unleugbare Wahrheiten erklärt hatte, wurden schon zu der Zeit, von der ich spreche, als völlig unhaltbar erkannt: wie albern verfuhr also dies Volk, daß es sich darauf versteifte, sich auf eine angeblich unwandelbare Grundlage zu stützen, deren Wandelbarkeit so häufig offenbar geworden war!“

„Aber selbst durch Gründe, die sie selbst uns gegen sich selbst an die Hand geben, ist es leicht, diese *a priori*-Vernünftler der gröbsten Unvernunft zu überführen – ist es leicht, die Nichtigkeit und Hohlheit ihrer Axiome im allgemeinen zu zeigen. Vor mir liegt“ – man beachte, daß der Brief immer noch weiter geht – „vor mir liegt in diesem Augenblick ein Buch, das etwa vor tausend Jahren gedruckt worden ist. Pundit versichert mich, daß es entschieden das gescheiteste Werk des Altertums über diesen Gegenstand, nämlich die ‚Logik‘, ist. Der Verfasser, der seiner Zeit sehr geschätzt war, war ein gewisser Miller, oder Mill, und es ist als Sache von einiger Wichtigkeit überliefert, er habe ein Mühlpferd geritten, das er Jeremias Bentham nannte: – aber werfen wir einen Blick auf das Buch selbst.“

„Aha! - ‚Vorstellbarkeit oder Unvorstellbarkeit‘, sagt Herr Mill sehr richtig, ‚darf in keinem Fall als Kriterium axiomatischer Wahrheiten genommen werden'. In der Tat ist das eine handgreifliche Banalität; kein Mensch mit gesundem Verstand wird es leugnen. Diese Behauptung *nicht* zugeben, hieße, die Veränderlichkeit als charakteristisch für die Wahrheit ausgeben, wo sie doch in ihrem eigentlichen Wesen mit der Beständigkeit zusammenfällt. Wenn Vorstellbarkeit als Kriterium der Wahrheit gelten könnte, dann wäre das, was für *David Hume* eine Wahrheit ist, sehr selten eine für *Joseph*; und neunundneunzig Hundertstel dessen, was im Himmel unleugbar ist, wäre auf Erden erweislich falsch. Die Behauptung Herrn Mills ist also stichhaltig. Ich will sie nicht gerade ein *Axiom* nennen, eben weil ich zeigen will, daß es *keine* Axiome gibt; aber ich bin bereit, mit einer feinen Unterscheidung, die auch der spitzfindige Herr Mill nicht tadeln würde, zuzugeben, daß die Behauptung, von der wir reden, wenn es ein Axiom gäbe, das vollste Recht hätte, sich so zu nennen – daß es *nichts* gibt, was mehr absolutes Axiom ist. Daraus ergibt sich, daß jede nachfolgende Behauptung, die dieser vorhergehenden widerstreitet, entweder falsch sein muß – das heißt: kein Axiom – oder aber, falls es als Axiom genommen werden soll, sofort sich selber und den vorhergehenden Satz aufheben muß."

„Und nun wollen wir darangehen, mit Hilfe der Logik des Mannes, der diese Axiome selbst vorgeschlagen hat, ein beliebiges von ihnen auf die Probe zu stellen. Wir wollen Herrn Mill möglichst entgegenkommen. Wir wollen kein gemeinplätzliches Axiom zur Prüfung nehmen – kein Axiom von der Sorte, die er sehr abgeschmackt und ohne weitere Erklärung Axiome zweiter Klasse nennt – als ob eine positive Wahrheit durch ihre Definition mehr oder weniger wahr werden könnte: wir wollen, sage ich, kein Axiom von so fragwürdiger Fraglosigkeit wählen, wie sie im Euclid zu finden sind. Wir wollen zum Beispiel nicht von solchen Behauptungen sprechen, wie die ist, daß zwei gerade Linien keinen Raum einschließen können, oder daß das Ganze größer ist, als ein Teil. Wir wollen dem Logiker *jeden* Vorteil sichern. Wir wollen uns ohne weiteres an eine Behauptung machen, die er als Gipfel der Fraglosigkeit betrachtet – als Quintessenz axiomatischer Unleugbarkeit. Hier ist sie: ‚Es kann nicht etwas zugleich sein und nicht sein; das heißt, etwas, das zugleich ist und nicht ist, kann es in der Natur nicht geben.' Herr Mill meint hier zum Beispiel – daß etwas nicht zugleich ein Baum und kein Baum sein kann: all das ist an sich ganz vernünftig und reicht vollständig zu einem Axiom aus, solange wir es nicht gegen ein anderes Axiom halten, auf das Herr Mill ein paar Seiten vorher gedrungen hat; mit andern Worten – denselben, die ich vorhin anwandte solange wir es nicht mit Hilfe der Logik des Mannes prüfen, der es selbst vorgeschlagen hat. ‚Ein Baum', so versichert Herr Mill, ‚muß entweder ein Baum oder kein Baum sein.' Sehr wohl; nun muß ich ihn aber fragen: *warum*? Auf diese kurze Frage gibt es nur eine Antwort – ich fordere alle Welt heraus, eine zweite zu finden. Die einzige

17

Antwort ist –: ‚Weil es *uns unmöglich ist, uns vorzustellen*, daß ein Baum etwas anderes als ein Baum oder kein Baum sein soll.' Ich wiederhole, dies ist die einzige Antwort Herrn Mills – er wird nicht *vorschützen*, eine andere zu haben; und doch hat er selbst klar gezeigt, daß seine Antwort überhaupt keine Antwort ist – denn hat er uns nicht aufgefordert, es als *Axiom* aufzustellen, daß Vorstellbarkeit oder Unvorstellbarkeit in *keinem* Fall als Kriterium axiomatischer Wahrheit zu nehmen ist? So schwimmt seine ganze, aber wirklich seine ganze Beweisführung ohne Ruder auf dem Wasser. Herr Mill möchte vielleicht vorgeben, in Fällen, wo die ‚*Unmöglichkeit einer Vorstellung*' so ganz besonders groß sei, wie diesmal, wo uns zugemutet wird, uns einen Baum zugleich als Baum und nicht als Baum vorzustellen, müsse eine Ausnahme von der allgemeinen Regel zulässig sein. Aber man lasse sich solche Dummheit nicht einreden. Erstens nämlich gibt es keine *Grade* der ‚Unmöglichkeit', und also kann keine Vorstellung noch unmöglicher sein als eine andere unmögliche; und zweitens hat Herr Mill selbst offenbar nach reiflicher Überlegung sehr scharf und mit guten Gründen jeden Versuch zu einer Ausnahme verwehrt, indem er sehr pathetisch erklärte, in keinem Fall sei Vorstellbarkeit und Unvorstellbarkeit ein Kriterium axiomatischer Wahrheit; drittens aber müßte immer noch, gesetzt selbst, daß überhaupt Ausnahmen zulässig wären, gezeigt werden, wieso gerade *hier* eine Ausnahme zulässig sein soll. Daß ein Baum zugleich ein Baum und kein Baum sein kann, ist eine Vorstellung, die Engel oder Teufel vielleicht fassen können, und ohne Zweifel hat mancher irdische Irrenhäusler oder Transzendentalist solche Vorstellung in der Tat."

„Nun befehde ich diese Männer des Altertums", so fährt der Briefeschreiber fort, „nicht so sehr deshalb, weil ihre Logik offenbar läppisch war, weil nämlich ohne Grundlage, ohne Wert und ganz und gar ohne Realität – als vielmehr wegen der hochtrabenden und dummen Art, wie sie alle *anderen* Wege zur Wahrheit ächteten. Nur die beiden engen, krummen Pfade sollte es geben – den einen zum Kriechen und den andern zum Krauchen – darauf wagten sie in ihrer perversen Unwissenheit die Seele beschränken zu wollen – die Seele, die es über alles liebt, sich in die Höhen der schrankenlosen Intuition aufzuschwingen, wo es keine ‚Wege' und Stege mehr gibt."

„Lieber Freund, ist es nicht übrigens ein deutliches Symptom für die Geistesverknechtung, die diese blinden Menschen seit ihrem Aristoteles und ihrem Bacon erblich belastete, daß keiner von ihnen, trotz dem ewigen Geschwätz ihrer Gelehrten über die *Wege* zur Wahrheit, auch nur zufällig auf das verfiel, was uns jetzt so deutlich als der breiteste, geradeste und wertvollste Weg erscheint, auf den großen Paß, die majestätische Straße des *Zutreffens*? Ist es nicht erstaunlich, daß es ihnen nicht einfiel, von den Werken Gottes her auf die hochbedeutsame Betrachtung zu kommen, daß ein *vollkommenes Zutreffen nichts anderes sein kann als absolute Wahrheit?* Wie geradeaus, wie schnell ging unser Fortschritt, seit endlich diese Behauptung verkündet wurde! Durch sie ist die Forschung den Maulwürfen entrissen und – als Ehrung mehr denn als Arbeit – den wahren, den einzig wahren Denkern überlassen worden – den umfassend gebildeten Menschen von glühender Phantasie. Diese – unsere Kepler – unsere Laplace – ,spekulieren' – ,theoretisieren' – so drückte man sich aus – denke dir, mit was für einem höhnischen Geschrei unsere Vorfahren sie empfangen hätten, wenn sie mir, während ich das schreibe, über die Schulter geblickt hätten! Ich wiederhole: die Kepler spekulieren, theoretisieren – und ihre Theorien sind bloß verbessert worden – umgestaltet – gesichtet – ganz allmählich von der Spreu des Unzutreffenden gereinigt – bis schließlich leuchtend ein ungemischt Zutreffendes dasteht – ein Zutreffendes, das selbst die Dümmsten – eben weil es zutrifft – als absolute, unbestreitbare Wahrheit anerkennen müssen."

„Ich habe oft darüber nachgedacht lieber Freund, es muß für diese Dogmatiker vor tausend Jahren ein schweres Stück gewesen sein, zu entscheiden, auf welchem ihrer berühmten zwei Erkenntniswege der Entzifferer von Geheimschriften zur Lösung der schwierigeren Chiffern kommt – oder auf welchem Wege Champollion die Menschheit zu den wichtigen zahllosen Wahrheiten führte, die seit vielen Jahrhunderten in der Buchstabenbilderschrift der Ägypter begraben waren. Würde es aber nicht insbesondere diese Autoritätsanbeter in Verlegenheit gebracht haben, wenn man sie gefragt hätte, auf welchem ihrer zwei Wege die wesentlichste und herrlichste Wahrheit, die sie überhaupt hatten, entdeckt wurde – die Wahrheit – die Tatsache der *Gravitation*? Newton folgerte sie aus den Keplerschen Gesetzen. Kepler gab zu, daß er diese Gesetze *erraten* hat – diese Gesetze, deren Erforschung dem größten englischen Astronomen das Prinzip, die Grundlage jeglichen physikalischen Prinzips enthüllte, hinter dessen Schwelle wir in das dunkle Reich der Metaphysik treten. Ja! – diese herrlichen Gesetze hat Kepler *erraten*, das heißt, er fand sie auf den Wegen der *Phantasie*. Wäre er gefragt worden, ob er auf *de*duktivem oder *in*duktivem Wege auf sie gestoßen sei, so hätte seine Antwort etwa gelautet: ,Mir ist nichts von *Wegen* bekannt – aber *was* mir bekannt ist, das ist der Mechanismus des Weltalls. Hier ist er. Ich ergriff ihn mit *meiner Seele* – ich erfaßte ihn lediglich kraft *Intuition*'. Ach, der arme alte Nichtwisser! Hätte ihm nicht jeder beliebige Metaphysiker sagen können, was er ,Intuition' nenne, sei bloß seine Überzeugung auf Grund von Deduktionen oder Induktionen, die so schattenhaft in ihm verlaufen seien, daß sie seinem Bewußtsein entfielen, sein Denken täuschten oder seiner Ausdrucksmöglichkeit widerstrebten? Jammerschade, daß ihn kein ,Moralphilosoph' über all das aufklärte! Wie hätte es ihn auf dem Totenbette gestärkt, zu wissen: nicht intuitiv, das heißt unziemlich, sondern in Wahrheit wohlanständig und wie sich's gehört – Baconisch oder wenigstens Aristotelisch —— sei er in die weiten Hallen geschritten, wo die unzerstörbaren, köstlichen Geheimnisse des Alls auf ihn warteten, glänzend, einsam, von Menschenhand nicht berührt – von keinem Menschenauge gesehen!"

„Ja, Kepler war im wesentlichen ein Mann der *Theorien*; aber diese Bezeichnung, die uns *jetzt* so verehrenswert dünkt, war in jenen alten Tagen ein Ausdruck äußerster Verachtung. Erst *jetzt* beginnen die Menschen diesen göttlichen alten Mann recht zu würdigen – von der prophetischen, dichterischen Rhapsodie seiner ewig denkwürdigen Worte ergriffen zu werden. Was *mich* angeht," so fährt der unbekannte Verfasser dieses Briefes fort, „ich glühe im heiligen Feuer, wenn ich nur an sie denke, ich fühle, daß ich nie müde werden kann, sie zu wiederholen: – Darum laß mir zum Schluß dieses Briefes die Freude, sie wieder einmal abzuschreiben:

‚Es kümmert mich nicht, ob mein Werk jetzt oder erst in Zukunft gelesen wird. Es macht mir nichts, ein Jahrhundert auf meine Leser zu warten, wo Gott selbst sechstausend Jahre auf seine Erforscher gewartet hat. Ich siege. Ich habe den Geheimschatz der Ägypter gestohlen. Ich gebe mich meiner heiligen Wut.'

Hier enden meine Zitate aus dieser, absonderlichen und vielleicht etwas unverschämten Epistel; ich glaube, es wäre verrückt, auf eine Erörterung der chimärischen, um nicht zu sagen revolutionären Phantasien des Schreibers – wer es auch sei – einzugehen, besonders wo diese Phantasien die wohlerwogenen und wohlgebetteten Meinungen unserer Zeit so von Grund auf befehden. Gehen wir also zu unserm eigentlichen Thema über: dem Weltall.

Bei diesem Thema können wir zwischen zwei Arten der Erörterung wählen: – Wir können *auf*steigen oder *ab*steigen. Wenn wir von unserm eigenen Standpunkt ausgehen, der Erde, auf der wir stehen, können wir uns zu den anderen Planeten unseres Systems begeben, von da zur Sonne, von da zu unserm Sonnensystem als Gesamtheit, und so durch andere Systeme hindurch ins Unendliche weiter: oder aber wir können oben beginnen, an einem Punkt, der soweit ein Ende ist, als wir ihn dazu machen oder wenigstens uns als solches vorstellen können, um dann herniederzugehen bis zur Wohnung der Menschen. Meistens, das heißt in gewöhnlichen astronomischen Untersuchungen, wird die erste dieser zwei Methoden – mit gewissen Einschränkungen – gewählt; der Grund ist einleuchtend: bloß astronomische *Tatsachen* und Prinzipien sind der Gegenstand der Untersuchung, die am besten von Bekannten, weil Nächsten, stufenweise sich dem Punkt nähert, wo alle Sicherheit im Entfernten verlorengeht. Für meinen gegenwärtigen Zweck jedoch – den Geist instand zu setzen, wie von weitem und auf einen Blick ein rasches Bild des Weltalls als *Individuum* aufzufangen – ist es klar, daß ein Abstieg zum Kleinen vom Großen – zu den Grenzbereichen vom Mittelpunkt (wenn wir einen Mittelpunkt festsetzen könnten) – zum Ende vom Anfang (wenn wir uns einen Anfang vorstellen könnten) – der vorzüglichere Weg wäre – wenn nur nicht die Schwierigkeit oder gar Unmöglichkeit wäre, auf diesem Wege dem Nichtastronomen ein irgend faßliches Bild hinsichtlich solcher Punkte zu geben, die sich auf *Quantitäten* beziehen – das heißt auf Anzahl, Größe und Entfernung.

Nun ist aber Genauigkeit und Verständlichkeit in allen Stücken unerläßlich für diesen Versuch. Über wichtige Gegenstände ist es besser, ziemlich weitläufig zu sein, als im geringsten unverständlich. Indessen gehört Verworrenheit zu keinem Stoff an sich. Die Stoffe sind für den, der sich ihnen auf dem richtigen Weg Schritt für Schritt nähert, alle gleich leicht verständlich zu machen. Nur darum, weil der Weg nicht sorgsam und glatt genug gebahnt ist, ist die Differentialrechnung eine weniger einfache Sache als ein Sonett des Herrn Salomon Schaukelgut.

Um also jede Möglichkeit, falsch verstanden zu werden, auszuschließen, halte ich es für ratsam, so vorzugehen, als ob selbst die verbreiteteren Tatsachen der Astronomie dem Leser unbekannt wären. Ich verbinde demnach die zwei Darstellungsarten, von denen ich gesprochen habe, und mache mir die Vorteile, die jede mit sich bringt, zu nutze – und ganz besonders die Wiederholung in den Details, die bei diesem Plan unvermeidlich ist. Ich beginne mit dem Abstieg und erledige dann beim Zurückgehen nach oben die unumgänglichen Erörterungen über die *Quantitäten*, auf die ich schon hingewiesen habe.

Beginnen wir also ganz oben mit dem leersten aller Worte: „Unendlichkeit". Dieses Wort, ebenso wie „Gott", „Geist" und noch so einige Ausdrücke, die es entsprechend in allen Sprachen gibt, ist keineswegs die Bezeichnung für eine Vorstellung, sondern lediglich ein Streben dahin. Es bezeichnet den Versuch, das Unaussprechliche auszusprechen. Man braucht einen Ausdruck, der die *Richtung* dieses Bemühens festhalten sollte – die Wolke, hinter der ewig unsichtbar das *Ziel* dieses Strebens lag. Kurz, ein Wort war nötig, mit Hilfe dessen ein Mensch sich mit anderen Menschen, und zwar mit einer bestimmten *Tendenz* des Menschengeistes, in Verbindung bringen konnte. Aus diesem Erfordernis entsprang das Wort „Unendlichkeit", das demnach nur das Symbol für den *Begriff eines Begriffs* ist.

Hinsichtlich *dieser* Unendlichkeit, die uns hier beschäftigt – der Unendlichkeit des Raums – hören wir oft sagen, dieser Begriff sei zulässig – beruhe darauf –sei unumgänglich –, weil die Vorstellung einer Begrenzung noch schwieriger zu fassen sei. Aber das ist nur eine der *Phrasen*, mit denen selbst tiefe Denker, wie zeitweilig vom Geist verlassen, gelegentlich sich selbst betrügen wollten. Der Trugschluß versteckt sich hinter dem Wort „Schwierigkeit". Man sagt uns, der

Geist hege die Vorstellung der *Unbegrenztheit*, weil es noch *schwieriger* sei, sich einen *begrenzten* Raum vorzustellen. Wäre nun diese Behauptung richtig formuliert, so wäre ihre vollkommene Torheit ohne weiteres sichtbar. Ganz gewiß nämlich gibt es in diesem Fall keine bloße *Schwierigkeit*. Die Aussage, die man machen müßte, wenn man ihr den eigentlich gemeinten Ausdruck ohne jede Sophisterei geben sollte, würde folgendermaßen aussehen: „Der Geist bildet den Begriff der Unbegrenztheit; weil die Vorstellung des begrenzten Raums noch *unmöglicher* ist."

Nun sieht man sofort, daß es sich hier nicht um zwei Aussagen handelt, deren größere oder geringere Glaubwürdigkeit der Verstand untersuchen soll, oder um zwei Behauptungen, deren Begründung geprüft werden soll, vielmehr geht die Frage um zwei Vorstellungen, die einander direkt entgegengesetzt sind, die beide zugestandenermaßen unmöglich sind, und da wird nun gesagt, die eine könne der Verstand um deswillen fassen, weil die andere zu hegen noch unmöglicher sei. *Nicht* zwischen zwei Schwierigkeiten wird gewählt: man wählt vielmehr – in der *Einbildung* – zwischen zwei Unmöglichkeiten. Bei den ersteren gibt es nun Gradunterschiede, aber nicht bei letzteren – wie schon der Verfasser des obenstehenden unverschämten Briefes auseinandergesetzt hat. Eine Aufgabe kann mehr oder weniger schwierig sein, aber sie ist entweder möglich oder unmöglich – da gibt es kein mehr oder weniger. Man kann etwa sagen: es ist schwieriger, die Anden zu besteigen als einen Ameisenhaufen; aber es kann nicht unmöglicher sein, die Materie der Anden zu vernichten als die Materie des Ameisenhaufens. Jemand kann mit geringerer Schwierigkeit zehn Fuß springen als zwanzig; aber es ist ebenso unmöglich, in den Mond zu springen wie auf den Hundsstern.

Da all das unleugbar ist; da der Geist in unserem Falle zwischen *unmöglichen* Vorstellungen zu wählen hat; da eine Unmöglichkeit nicht größer sein kann als die andere, und da also eine der andern nicht vorgezogen werden kann, bleibt den Philosophen, die aus den erwähnten Gründen die menschliche Vorstellung der Unendlichkeit, nein, sogar die Unendlichkeit als Tatsache behaupten wollen, nichts anderes übrig, als zu beweisen, daß ein unmögliches Ding möglich sei, indem sie zeigen, daß ein anderes Ding – ebenfalls unmöglich ist. Man wird sagen, das sei Unsinn, und vielleicht ist es so; ich für mein Teil halte es in der Tat für kapitalen Unsinn, verzichte aber auf den Anspruch, es für meinen Unsinn auszugeben.

Jedoch die beste Art, aufzudecken, wie falsch die philosophische Beweisführung in dieser Frage ist, besteht darin, einfach auf eine Tatsache hinzuweisen, die man bisher übersehen hat – die Tatsache nämlich, daß diese Beweisführung ihre eigene Behauptung sowohl beweist als widerlegt. „Der Geist ist genötigt", so sagen die Theologen und andere Gelehrte, „eine *erste Ursache* anzunehmen, weil sich ihm die größere Schwierigkeit entgegenstellt, immerfort Ursachen aus Ursachen ohne Ende anzunehmen." Der Trugschluß liegt wie vorher in dem Wort „Schwierigkeit"; aber sehen wir doch, zu welcher Behauptung es hier verwandt wird. Eine erste Ursache wird behauptet. Und was ist eine erste Ursache? Die Grenze, hinter der keine Ursachen mehr sind. Und was ist eine solche Grenze anders als das Ende, die Endlichkeit? So wird in zwei Beweisführungen von Gott weiß wieviel Philosophen derselbe Trugschluß gemacht, um einmal die Endlichkeit und das zweite Mal die Unendlichkeit herauszubringen; vielleicht könnte man auf diesem Wege auch noch das oder jenes beweisen? Die Trugschlüsse mindestens sind ganz unerträglich. Aber von ihnen abgesehen: was sie beweisen, ist in beiden Fällen dasselbe Nichts.

Ich hoffe, niemand kommt auf den Gedanken, ich wolle hier die absolute Unmöglichkeit dessen behaupten, was wir mit dem Wort „Unendlichkeit" zu erreichen bestrebt sind. Mein einziger Zweck ist, die Torheit aufzudecken, die darin besteht, daß man die Unendlichkeit an sich selbst oder auch nur unsere Vorstellung von ihr durch so alberne Methoden, wie sie gewöhnlich angewandt werden, beweisen will.

Trotzdem möchte ich mir aber für mich persönlich die Bemerkung erlauben, daß ich mir die Unendlichkeit *nicht* vorstellen kann, und daß ich überzeugt bin, kein Mensch könne es. Ein Geist, der sich selbst nicht gründlicher kennt, der nicht daran gewöhnt ist, genau zu prüfen und zu untersuchen, was in ihm selbst vorgeht, wird sich allerdings oft täuschen und glauben, er *habe* die Vorstellung, von der hier die Rede ist. In dem Bemühen, sie zu haben, gehen wir Schritt um Schritt weiter, und in der Phantasie geht es so weiter und weiter zurück; und solange wir dieses Bemühen *fortsetzen*, können wir in der Tat sagen, daß wir die *Tendenz* haben, den Begriff zu bilden; und je länger wir dieses Bemühen unseres Geistes festhalten, um so stärker ist der Eindruck, daß wir die Vorstellung tatsächlich haben oder gehabt haben. Aber genau in dem Moment, wo wir dieses Bemühen einstellen – wo wir glauben, den fertigen Begriff zu haben – die Vorstellung in uns vollendet zu haben –, da purzelt das ganze Gebäude unserer Phantasie zusammen, da wir ja bei einem letzten, also endlich begrenzten Punkt stehen geblieben sind. Diese Tatsache entgeht uns aber um deswillen, weil der Moment, wo wir den letzten Punkt festgehalten hatten, und der Moment, wo wir mit Denken innehalten, völlig zusammenfallen. Und wenn wir andererseits versuchen, den Begriff eines *endlichen* Raums zu bilden, so verläuft der Vorgang gerade umgekehrt, und die Sache stellt sich ebenfalls als unmöglich heraus.

Wir *glauben* an Gott. Es bleibt uns unbenommen, an einen endlichen oder unendlichen Raum zu *glauben*; aber unser Glaube in solchen Fällen ist recht eigentlich ein Glaubensartikel und weit entfernt von jenem andern Glauben, von jener Gewißheit des Intellekts, die die Voraussetzung für jene Vorstellungstätigkeit des Geistes bildet.

Es ist eine Tatsache, daß jedesmal, wenn ein Ausdruck von der Gattung, zu der „Unendlichkeit" gehört, ausgesprochen wird – von der Gattung der *Begriffe von Begriffen* – für alle, die überhaupt denken, nicht die Möglichkeit besteht, eine Vorstellung zu haben; es gelingt nur, den Blick des Geistes auf einen gegebenen Punkt am Firmament des Verstandes zu richten, auf einen Nebelfleck, der nicht weiter zerlegt werden kann. Der denkende Mensch bemüht sich auch nicht, ihn zu zerlegen; mit sicherem Instinkt bemerkt er sofort, daß es unmöglich ist, und vor allem: daß es für alle menschlichen Zwecke überflüssig ist, ihn zu zerlegen. Er gewahrt, daß die Gottheit die Lösung dieser Geheimnisse nicht *gewollt* hat. Er sieht sofort, daß es außerhalb des Menschenhirnes liegt, er sieht auch wieso, wenn schon nicht genau, warum. Es gibt freilich Leute, die durch ihr Bemühen, das Unerreichbare zu erreichen, und daneben durch den Jargon, den sie von sich geben, unter denen, die denken, sie denken, und denen Dunkelheit und Tiefe gleichbedeutend sind, den sehr zweifelhaften Ruhm des Tiefsinns erwerben; aber die edelste Eigenschaft des Geistes ist seine Selbsterkenntnis; und man könnte etwas doppelsinnig sagen: kein Nebel des Geistes kann weiter greifen als der, der sich bis zu den Grenzen unserer Erkenntnis erstreckt und gerade diese Grenzen nicht mehr begreift.

Der Leser wird nun also verstehen: wenn ich die Worte „Unendlichkeit des Raums" anwende, so verlange ich nicht die unmögliche Vorstellung einer absoluten Unendlichkeit. Ich meine nur *„die denkbar größte Ausdehnung"* des Raums — einen schattenhaften und schwankenden Bezirk, der bald einschrumpft und bald anschwillt, entsprechend den schwankenden Energien der Phantasie.

Bisher betrachtete man das Sternenweltall immer als zusammenfallend mit dem Weltall überhaupt, wie ich es zu Beginn dieser Abhandlung definiert habe. Man hielt es immer mehr oder weniger ausgesprochen mit der Annahme – wenigstens seit dem Anbruch der wissenschaftlichen Astronomie –, daß wir an dem äußersten Punkt des Raums, den wir irgend erreichen können, immer noch nach allen Richtungen ein unendliches Sternenheer finden würden. Diesen unhaltbaren Gedanken hegte Pascal, als er den vielleicht gelungensten Versuch machte, die Vorstellung zu umschreiben, nach der wir mit dem Wort „Weltall" ringen. Er nennt es „eine Kugel, deren Mittelpunkt überall, deren Umfang nirgends ist". Der Wortlaut dieser Definition trifft in der Tat auf das *Sternen*weltall nicht zu, aber wir können ihn mit einiger Einschränkung als Definition des *eigentlichen* Weltalls, das heißt des räumlichen Alls, akzeptieren; für alle praktischen Zwecke genügt er jedenfalls. Betrachten wir also das räumliche All als „eine

Kugel, deren Mittelpunkt überall, deren Umfang nirgends ist. Während es uns nämlich unmöglich ist, uns ein *Ende* des Raums auszudenken, macht es uns in Wahrheit keine Schwierigkeiten, uns einen Raum mit einer Unendlichkeit von *Anfängen* auszumalen.

Nehmen wir also die *Gottheit* zu unserm Ausgangspunkt. Was die Aussagen über diese Gottheit an und für sich betrifft, so ist allein der kein Dummkopf, allein der kein Frevler, der – nichts über sie aussagt. „*Nous ne connaissons rien*", sagt der Baron de Bielfeld, „*nous ne connaissons rien de la nature ou de l'essence de Dieu: – pour savoir ce qu'il est, il faut être Dieu même.*" – „Wir wissen absolut *nichts* von der Natur oder dem Wesen Gottes – um zu verstehen, was er ist, müßten wir selbst Gott sein."

„Wir müßten selbst Gott sein!", Trotz dieses niederschmetternden Satzes wage ich doch die Frage, ob dieses gegenwärtige Nichtwissen über das Wesen der Gottheit ein Nichtwissen ist, zu dem die Seele *ewig* verdammt ist.

Wie dem auch sei –: Er also – der zum wenigsten *jetzt* der Unfaßbare ist – Er also – ein geistiges Wesen – damit meine ich: *nicht materiell* – diese Unterscheidung ersetzt für wissenschaftliche Zwecke eine umständliche Definition – Er also habe einmal – mit dieser Voraussetzung wollen wir uns heute nacht begnügen – als geistiges Wesen existiert – und da habe er uns – an irgendeinem Punkt des Raums, den wir als Mittelpunkt annehmen wollen – zu irgendeiner Zeit, in die einzudringen wir uns nicht vermessen, die aber jedenfalls ungeheuer entfernt ist – da also, sage ich, habe er uns erschaffen – oder kraft seines Willens aus dem Nichts geholt – erschaffen – *als was?* Dies ist ein bedeutsamer Moment in unserer Untersuchung. Als was dürfen wir einzig und allein vermuten, erstmals und ursprünglich *erschaffen* worden zu sein?

Wir sind zu einem Punkt gelangt, wo nur *Intuition* uns weiterhelfen kann – aber zunächst muß ich noch einmal darauf hinweisen, was allein wir uns unter Intuition vorstellen dürfen. Sie ist lediglich *die Überzeugung, die aus Induktionen oder Deduktionen entspringt, die so schattenhaft verlaufen, daß sie unserm Bewußtsein entgehen, unsere Aufmerksamkeit nicht erregen, oder sich der Ausdrucksmöglichkeit entziehen.* In diesem Sinne behaupte ich nun – eine völlig unwiderstehliche, wiewohl unaussprechbare Intuition bringt mich zu dem Schlusse: Was Gott ursprünglich geschaffen hat – die Materie, die er kraft seines Willens zuerst aus seinem Geiste oder aus dem Nichts machte – *konnte* nichts anderes gewesen sein, als Materie im denkbar größten Grade von – wovon? – von *Einfachheit*.

Dies wird in meiner Abhandlung der einzige Satz sein, der lediglich ein *Postulat* ist. Ich gebrauche das Wort „Postulat" in seinem üblichen Sinn; aber ich behaupte, selbst dieser Satz, von dem ich ausgehe, ist wahrhaftig sehr, sehr weit davon entfernt, in Wirklichkeit bloß ein Postulat zu sein. Nichts ist je sicherer gewesen – kein Schluß, den je Menschen gezogen haben, war regelrechter, war strenger abgeleitet – aber ach! das Verfahren liegt jenseits der menschenmöglichen Denktätigkeit – in jedem Falle jenseits der menschlichen Sprache.

Gehen wir nun an die Untersuchung, was die Materie sein muß, wenn sie im absoluten, im äußersten Zustand der *Einfachheit* ist. Da denken wir sofort an Ungeschiedenheit – an einen Kern – an *einen* Kern – einen Kern einer Art — *eines* Charakters – *einer* Natur – *einer* Größe – *einer* Gestalt – an einen Kern also *ohne* Gestalt, „öde und leer", – einen Kern, der ganz und gar Kern ist, ganz einzig, ein ungeteiltes Individuum, das nur darum nicht unteilbar ist, weil Der, der es kraft seines Willens *schuf,* es doch wohl durch eine unendlich geringere Anstrengung seines Willens auch teilen kann.

Einheit also ist alles, was ich von der Materie im Moment der ursprünglichen Schöpfung aussage; aber ich werde zeigen, daß *dies Prinzip der Einheit völlig genug ist, um den Ursprung, die gegenwärtigen Erscheinungen und die unvermeidliche, schließliche Vernichtung wenigstens des materiellen Weltalls zu erklären.*

Die Bereitschaft, der ursprüngliche Kern zu sein, hat die Tat, oder besser gesagt die *Empfängnis* der Schöpfung vollendet. Wir gehen jetzt dazu über, zu untersuchen, zu welchem Ende wohl der Kern erschaffen wurde – das heißt, soweit wir *jetzt* schon imstande sind, dieses Ziel zu erkennen – die Entstehung des Weltalls eben aus diesem Kern.

Diese Entstehung entsprang daraus, daß das, was ursprünglich, also normalerweise Eins war, in den unnormalen Zustand der *Vielheit gezwungen* wurde. Eine Aktion dieser Art bedingt die Reaktion. Eine unter diesen Bedingungen vor sich gehende Zerstreuung aus der Einheit heraus schließt die Tendenz in sich, wieder zur Einheit zurückzukehren – diese Tendenz ist unausrottbar, bis ihr Genüge getan ist. Aber darauf komme ich späterhin ausführlicher.

Die Annahme völliger Einheit im ursprünglichen Kern schließt die Annahme unendlicher Teilbarkeit ein. Stellen wir uns also vor, der Kern sei durch die Zerstreuung in den Raum nahezu vollständig erschöpft. Nehmen wir an, von dem einen Kern als Mittelpunkt seien nach allen Richtungen – kugelförmig–in unermeßlich große, aber doch begrenzte Entfernungen – eine gewisse unaussprechlich große, doch beschränkte Zahl unvorstellbar, aber doch nicht unendlich kleiner Atome in den vorher leeren Raum ausgestrahlt.

Wenn wir nun diese so zerstreuten oder in Zerstreuung begriffenen Atome betrachten, ihre Quelle wie den Charakter des Plans, den ihre Zerstreuung aufweist, was sind da wohl die Bedingungen dieser Zerstreuung, die wir nicht etwa annehmen, sondern direkt folgern dürfen? Da *Einheit* ihre Quelle ist und *Entfernen von der Einheit* der Charakter des Plans, der in ihrer Zerstreuung hervortritt, dürfen wir getrost vermuten, daß dieser Charakter wenigstens im *allgemeinen* während der Durchführung des Plans beibehalten bleibt und einen Teil von ihm bildet – das heißt: wir dürfen uns getrost vorstellen, daß fortgesetzt und allenthalben von der Einzigkeit und Einfachheit des Ursprungs abgewichen wird. Aber sind wir berechtigt, um dieser Gründe willen anzunehmen, daß die Atome heterogen, ungleichartig, ungleich groß und ungleich entfernt voneinander sind? Deutlicher ausgedrückt: sollen wir annehmen, daß nicht zwei Atome in ihrer Zerstreuung dieselbe Natur oder dieselbe Gestalt oder dieselbe Größe haben? – und nachdem ihre Zerstreuung im Raum vollendet ist, daß sie alle ungleich weit voneinander entfernt sind? Auf diese Weise, unter solchen Umständen verstehen wir sehr leicht und sofort die konsequente und sehr einfache Durchführung eines jeden solchen Plans, wie ich ihn beschrieben habe, bis zur Vollendung – Mannigfaltigkeit aus der Einheit – Verschiedenheit aus der Identität – Heterogenität aus der Homogenität – Kompliziertheit aus der Einfachheit – in einem Wort, die größte Mehrheit der *Relativitäten* aus dem erhaben unrelativen *Einen*. Zweifellos also *wären* wir berechtigt, all das, was ich angeführt habe, anzunehmen, wenn nicht zu erwägen wäre, erstens, daß man einem göttlichen Akte nichts Überflüssiges zutrauen darf, und zweitens, daß die Sache, die wir im Auge haben, ebenso tunlich erscheint, wenn einige der fraglichen Bedingungen am Anfang in Wegfall kommen, als wenn wir annehmen, sie seien alle von vornherein vorhanden. Was ich sagen will ist, daß einige wegfallen können, weil sie im Rest enthalten sind oder wenigstens so unmittelbar daraus folgen, daß kein Unterschied wahrzunehmen ist. Verschiedenheit der Größe zum Beispiel geht ohne weiteres daraus hervor, daß ein Atom auf Grund der Verschiedenheit der einzelnen Abstände einem zweiten Atom vor einem dritten den Vorzug gibt, wobei an *Verschiedenheiten der einzelnen Abstände zwischen Qualitätszentren in benachbarten Atomen von verschiedener Gestalt* zu denken ist – eine Sache, die der im allgemeinen gleichförmigen Verteilung der Atome durchaus nicht widerspricht. Ebenso leicht ist zu verstehen, daß Verschiedenheit in der Art sich lediglich aus Verschiedenheiten in Größe und Gestalt ergibt, die als mehr oder weniger zusammenfallend zu betrachten sind –; in der Tat können wir, da die *Einheit* des ursprünglichen Kerns absolute Homogenität in sich schließt, uns die Atome im Augenblicke ihrer Zerstreuung nicht der Art nach verschieden denken – es sei denn, daß wir gleichzeitig annehmen, der göttliche Wille trete bei Entsendung eines jeden Atoms in Kraft, um in jedem eine Veränderung seiner Wesenheit hervorzubringen – eine so tolle Vorstellung ist um so weniger zu dulden, als das beabsichtigte Ziel ebensowenig ohne solche kleinliche und mühevolle Einmischung erreicht wird. Alles in allem sehen wir also, daß es überflüssig und demnach unphilosophisch wäre, von den Atomen in bezug auf ihre Hervorbringungen irgend mehr auszusagen als *Verschiedenheit der Gestalt* im Augenblick ihrer

Zerstreuung und Verschiedenheit der einzelnen Abstände nach der Zerstreuung
– da alle übrigen Verschiedenheiten sich ohne weiteres aus diesen in den allerersten Stadien der Körperbildung ergeben: – wir begründen das Weltall so auf
einer rein *geometrischen* Grundlage. Selbstverständlich ist es durchaus nicht notwendig, eine absolute Verschiedenheit, auch nur der Gestalt, zwischen *allen* ausgestrahlten Atomen anzunehmen, ebensowenig wie absolute Verschiedenheit
der einzelnen Abstände in bezug auf das Verhältnis eines jeden Atoms zu jedem
anzunehmen ist. Lediglich die Erkenntnis wird erfordert, daß keine *benachbarten*
Atome von gleicher Gestalt sind – keine Atome, die sich jemals aneinander
nähern können, bis zu ihrer unvermeidlichen Wiedervereinigung am Ende.

Obwohl, wie gesagt, die aus ihrer Einheit gerissenen Atome von vorneherein
und unausgesetzt während ihrer unnormalen Zerstreuung die Tendenz haben,
zu ihrer normalen Einheit zurückzukehren, so ist es doch klar, daß dieser Tendenz zunächst nicht Folge gegeben wird – daß sie eine Tendenz ist und weiter
nichts – bis die zerstreuende Energie nachläßt und so der Tendenz die Freiheit
läßt, sich Genüge zu tun. Da der göttliche Akt als endgültig betrachtet wird und
aufhört, sowie die Zerstreuung vollendet ist, so verstehen wir, daß sofort eine
Reaktion eintritt – mit andern Worten, daß die Tendenz der getrennten Atome,
in *Eins* zurückzukehren, sich Genüge tun kann.

Aber wenn die zerstreuende Energie nachläßt und in der weiteren Durchführung des Grundplans – *der möglichst erschöpfenden Beziehungen* – nunmehr die
Reaktion einsetzt, so gerät nun gerade durch die Tendenz zur Rückkehr, die
sich allgemein durchsetzen will, der Plan in Gefahr, im einzelnen gestört zu
werden. *Vielheit* ist das Ziel; aber es gibt nichts, was benachbarte Atome verhindern könnte, schon bevor sie irgendwie die Ziele, die die Vielheit mit sich
führen würde, erreicht haben, sich nunmehr sofort der Reaktionstendenz zu
überlassen und untereinander die absolute Einheit herzustellen; nichts kann die
Aggregation zahlreicher *einheitlicher* Massen an zahlreichen Punkten des Raumes
hemmen; mit andern Worten: nichts widerstreitet der Ansammlung zahlreicher
Massen, von denen jede absolut *Eins* ist.

Wir sehen also, daß es zur wirksamen und durchgreifenden Ausführung des
allgemeinen Plans einer Repulsionskraft mit begrenzter Energie bedarf – ein für
sich bestehendes *Etwas* ist nötig, das beim Nachlassen des zerstreuenden Willens
gleichzeitig die Annäherung der Atome zuläßt und ihre Verbindung verhindert;
das erlaubt, daß sie sich unendlich nahe kommen, ihre positive Berührung aber
ablehnt; in einem Wort, dieses Etwas muß – *bis zu einem gewissen Zeitpunkt* –
die Macht haben, ihr tatsächliches *Zusammenkommen* zu verhindern, während es
ihm nicht zusteht, ihr *Entgegenkommen* – in mannigfacher Hinsicht und bis zum
äußersten Grade – irgend zu stören. Die Repulsion, die in anderer Hinsicht,

wie erwähnt, so ganz besonders beschränkt ist, hat – ich wiederhole es – *nur bis zu einem gewissen Zeitpunkt* die Macht, ihr absolutes Zusammenkommen zu verhindern. Wir können uns unmöglich vorstellen, das Verlangen der Atome nach Einheit sei dazu verurteilt, *niemals* erfüllt zu werden; wir können uns nicht vorstellen, was einmal angefangen hat, komme niemals zu einem Ende – obwohl oft genug gesagt oder geträumt wird, solche Art Vorstellung sei möglich. Wir sind vielmehr zu der Folgerung genötigt, daß der Einfluß der Repulsion schließlich – *wenn die Einheitstendenz in der Gesamtheit* wirksam ist, aber niemals auch nur im geringsten vorher, ehe in Erfüllung der göttlichen Zwecke diese Gesamttendenz sich natürlich zur Geltung bringt – daß also dann die Repulsion einer andern Macht weicht, die ihr in diesem letzten Zeitraum genau in dem erforderlichen Umfange an Einfluß überlegen ist: so fällt dann das Weltall in das unvermeidliche, weil ursprüngliche und demnach normale *Eine* wieder zurück. Die Umstände, die hier miteinander in Einklang zu bringen sind, sind in der Tat sehr schwierig; es ist uns sogar nicht möglich, zu verstehen, wie sie in Einklang kommen können; nichtsdestoweniger ist die scheinbare Unmöglichkeit ein Prinzip, das sich aufs lebhafteste aufdrängt.

Daß das repulsive *Etwas* wirklich existiert, *sehen wir.* Wir verwenden und kennen keine Kraft, die imstande wäre, zwei Atome miteinander zu verschmelzen. Dies ist nichts anderes als der wohlbegründete Satz von der Undurchdringlichkeit der Materie. Jedes Experiment beweist sie – jede Philosophie nimmt sie an. Die *Bestimmung* der Repulsion – die Notwendigkeit ihres Vorhandenseins habe ich zu zeigen versucht; aber von jedem Versuche, ihre Natur zu ergründen, habe ich in scheuer Ehrfurcht Abstand genommen, und zwar auf Grund intuitiver Überzeugung, daß das Prinzip in seinem Ausfluß ein rein geistiges ist – daß es in eine Form gehüllt ist, die jetzt – in unserem Menschenzustande – von uns nicht erfaßt werden kann – in die Form des *Geistes an sich.* In einem Wort, ich fühle hier, und hier allein, die Dazwischenkunft des Gottes, weil hier, hier allein, die Verschlingung so war, daß die Dazwischenkunft des Gottes geboten war.

Während wir in der Tat die Tendenz der zerstreuten Atome, zur Einheit zurückzukehren, sofort als Newtons Prinzip der Gravitation erkennen werden, gewahren wir, daß der von mir so genannte repulsive Einfluß, der der (sofortigen) Durchführung der Tendenz Schranken setzt, nichts anderes ist, als *das*, was wir bisher gewohnt waren, bald Wärme, bald Magnetismus, bald Elektrizität zu nennen; wie wenig wir von seinem Ehrfurcht gebietenden Charakter wußten, zeigten wir durch die schwankende Terminologie, mit deren Hilfe wir ihn umschreiben wollten.

Nennen wir diesen Einfluß, nur für den Augenblick, Elektrizität, so wissen wir, daß jede experimentelle Erforschung der Elektrizität zum letzten Ergebnis das Prinzip oder Scheinprinzip der Heterogenität hatte. *Nur* da, wo Dinge voneinander verschieden sind, ist Elektrizität wahrzunehmen; und man darf annehmen, daß sie *nie* voneinander verschieden sind, ohne daß sie wirksam, wenn schon nicht wahrnehmbar ist. Dieses Ergebnis nun stimmt völlig überein mit dem, was ich auf nichtempirischem Wege gefunden habe. Ich habe behauptet, die Bestimmung des repulsiven Einflusses bestehe darin, die sofortige Einheit der zerstreuten Atome zu hindern; und diese Atome sind als voneinander verschieden dargestellt. *Verschiedenheit* ist ihr Charakter – ihr Wesen, gerade wie Nichtverschiedenheit das Wesen ihres Trachtens war. Wenn wir also sagen, ein Versuch, zwei beliebige von diesen Atomen zusammenzubringen, bringe den repulsiven Einfluß zu dem Bemühen, dies Verschmelzen zu verhindern, so können wir uns ebensowohl des genau entsprechenden Satzes bedienen und sagen: ein Versuch, zwei Verschiedenheiten zusammenzubringen, führt zur Entwickelung von Elektrizität. Alle Körper, die es gibt, sind natürlich aus diesen Atomen, die sich nachbarlich berühren, zusammengesetzt und müssen also als bloße Ansammlung von größeren oder kleineren Verschiedenheiten betrachtet werden; und wenn man so zwei beliebige Ansammlungen zusammenbringen wollte, so wäre die Größe des Widerstandes, den der repulsive Geist ausübt, im Verhältnis der zwei Summen der Verschiedenheiten in jeder Ansammlung – um eine abgekürzte Formel für diesen Ausdruck zu geben: *Der Grad der Elektrizität, die bei Annäherung zweier Körper entwickelt wird, ist proportional dem Unterschied zwischen den zwei Summen der Atome, von denen die Körper zusammengesetzt sind.* Daß *keine* zwei Körper absolut gleich sind, ist lediglich ein Zusatz zu dem hier Gesagten. Die Elektrizität also, die überall ist, *entwickelt* sich, wenn *irgend* zwei Körper einander genähert werden, aber sie wird erst *wahrnehmbar*, wenn es sich um Körper von *merklicher Verschiedenheit handelt.*

Auf die Elektrizität also – ich fahre fort, diese Bezeichnung vorläufig anzuwenden – können wir mit gutem Grunde die verschiedenen physikalischen Erscheinungen des Lichts, der Wärme und des Magnetismus zurückführen; aber noch weit weniger brauchen wir fürchten zu irren, wenn wir von diesem völlig unkörperlichen Prinzip die wichtigeren Erscheinungen der Lebenskraft, des Bewußtseins und des *Denkens* ableiten. Über diesen Gegenstand will ich mich indessen an *dieser* Stelle nicht weiter verbreiten; ich weise nur auf das hin, was sich aufdrängt, mag man diese Erscheinungen im allgemeinen oder im speziellen betrachten: daß sie nämlich *mindestens proportional dem Heterogenen* sich zu verhalten scheinen.

Nehmen wir nun von den beiden zweideutigen Ausdrücken „Gravitation" und „Elektrizität" Abschied und bedienen wir uns der entschiedenen Bezeichnungen „Attraktion" und „Repulsion". Erstere ist der Körper, letztere ist die

Seele; die eine ist die materielle, die andere das geistige Prinzip des Weltalls. *Es gibt keine andern Prinzipien. Alle* Erscheinungen sind auf das eine oder das andre oder auf eine Kombination beider zurückzuführen. So ausnahmslos ist das der Fall, so völlig zu erweisen ist es, daß Attraktion und Repulsion die einzigen Attribute sind, durch die wir das Weltall wahrnehmen – anders ausgedrückt, durch die die Materie sich unsrer Erkenntnis offenbart – daß wir für alle Zwecke der bloßen Beweisführung völlig zu der Annahme berechtigt sind, die Materie *existiere* nur als Attraktion und Repulsion – daß Attraktion und Repulsion die Materie *sind* – indem wir uns keinen Fall denken können, in dem wir nicht das Wort „Materie, und die Worte „Attraktion" und „Repulsion" (für eins genommen) als gleichbedeutende Bezeichnungen in der Logik anwenden und also auch miteinander vertauschen dürften.

Ich sagte vorhin, was ich als die Tendenz der zerstreuten Atome, in ihre ursprüngliche Einheit zurückzukehren, beschrieben habe, müsse als identisch mit Newtons Prinzip des Gravitationsgesetzes aufgefaßt werden; und in der Tat kann eine solche Auffassung nur geringe Schwierigkeit machen, wenn wir Newtons Gravitation nur ganz im allgemeinen, als die Kraft, die die Materie dazu treibt, Materie anzuziehen, betrachten; das heißt, wenn wir den bekannten *modus operandi* der Newtonschen Kraft nicht beachten. Die Übereinstimmung im allgemeinen befriedigt uns; aber wenn wir näher zusehen, dann bemerken wir im speziellen vieles, was nicht zu stimmen scheint, und vieles, wo wenigstens keine Übereinstimmung konstatiert ist. Zum Beispiel scheint die Newtonsche Gravitation, wenn wir an bestimmte Formen denken, ganz und gar *nicht* eine Tendenz zur *Einheit* zu sein, sondern eher eine Tendenz aller Körper nach allen Richtungen – und dieser Satz scheint doch eine Tendenz zur Zerstreuung auszudrücken. Hier also fehlt die Übereinstimmung. Wenn wir ferner an das mathematische *Gesetz* denken, das die Newtonsche Tendenz beherrscht, so sehen wir klar, daß keine Übereinstimmung in bezug auf den *modus operandi* wenigstens zwischen der Gravitation, wie sie bekannt ist, und der scheinbar einfachen und unmittelbaren Tendenz, die ich angenommen habe, ausgemacht ist.

Hier habe ich nun in der Tat den Punkt erreicht, wo es ratsam erscheint, meine Position dadurch zu stärken, daß ich meine Darstellungsmethode umkehre. Bisher sind wir *a priori* vorgegangen, von dem abstrakten Begriff der Einfachheit aus, der sehr geeignet war, den ursprünglichen Akt Gottes zu charakterisieren. Sehen wir jetzt zu, ob die festgestellten Tatsachen der Newtonschen Gravitation uns nicht *a posteriori* mit einigen Induktionen fördern können.

Was erklärt das Gesetz Newtons? Daß alle Körper sich gegenseitig anziehen, und zwar mit Kräften, die dem Quadrat ihrer Entfernungen proportional sind. Absichtlich habe ich an erster Stelle die gewöhnliche Fassung des Gesetzes gegeben, und ich gestehe: in dieser, wie in vielen andern üblichen Fassungen großer Wahrheiten, finden wir wenig, was uns erleuchten könnte. Wählen wir daher jetzt eine philosophischere Terminologie: *Jedes Atom eines jeden Körpers zieht jedes andere Atom, sowohl seines eigenen wie jedes andern Körpers, mit einer Kraft an, die sich umgekehrt verhält, wie die Quadrate der Entfernungen zwischen dem anziehenden und dem angezogenen Atom.* So ergießt sich in der Tat ein Strom der Erleuchtung über unsern Geist.

Aber sehen wir genau zu, was Newton eigentlich *bewiesen* hat – entsprechend den höchst widersinnigen Definitionen des Begriffs „Beweis", wie sie die metaphysischen Schulen uns vorschreiben. Er war genötigt, sich damit zu begnügen, zu zeigen, wie völlig identisch die Bewegungen eines lediglich begrifflich vorhandenen Weltalls, das aus anziehenden und angezogenen Atomen besteht, die dem Gesetz, das er kündete, gehorchen, mit den Bewegungen des tatsächlich vorhandenen Weltalls sind, soweit es unserer Beobachtung zugänglich ist. Dies war der Inhalt seiner Demonstration – das heißt, dies war ihr Inhalt nach der Versicherung des konventionellen cant der „Philosophien". Seine Nachfolger häuften Beweise auf Beweise – Beweise in dem Sinne, wie ein unbefangener Verstand das Wort versteht – aber die *Demonstration* des Gesetzes selbst, so versichern die Metaphysiker, sei nicht im geringsten verbessert worden. Indessen wurde endlich, sehr zur Genugtuung einiger intellektueller Erdarbeiter, der „*sichtbare, experimentelle* Beweis" der Attraktion auf dieser Erde, in Übereinstimmung mit der Theorie Newtons, geführt. Dieser Beweis fand sich nebenbei und zufällig ein (wie fast alle wichtigen Wahrheiten), als man sich bemühte, die Durchschnittsfestigkeit der Erde festzustellen. Bei den berühmten Experimenten, die Maskelyne, Cavendish und Bailly zu diesem Zweck anstellten, wurde die Anziehung der Masse eines Berges gesehen, gefühlt, gemessen, und es stellte sich heraus, daß sie mathematisch genau mit der unsterblichen Theorie des englischen Astronomen übereinstimmte.

Aber trotz dieser Bestätigung dessen, was keiner Bestätigung bedurfte – trotz der sogenannten Unterstützung der „Theorie" durch den sognannten „sichtbaren und experimentellen Beweis" – trotz des *Charakters* dieser Unterstützung – trotz alledem ist es zu *sehen*, daß die Vorstellungen, die sich selbst wirklich philosophisch angelegte Männer hinsichtlich der Gravitation einflößen lassen – und insbesondere die Vorstellungen, die der gemeine Mann hegt und hartnäckig festhält, fast immer auf einen besonderen Fall des Prinzips zurückgehen – *der lediglich auf dem Planeten gilt, auf dem sie stehen.*

Wohin muß nun eine so beschränkte Auffassung führen? Zu welcher Art Irrtum verleitet sie? Auf der Erde *sehen* und *fühlen* wir lediglich, daß die Gravitation alle Körper gegen den *Mittelpunkt* der Erde zieht. Kein Mensch ist auf den gewöhnlichen Wegen des Lebens dazu zu bringen, irgend etwas anderes zu sehen oder zu fühlen – zu der Wahrnehmung zu bringen, daß irgend etwas irgendwo eine gravitierende Tendenz nach irgendeiner *andern* Richtung hat als nach dem Mittelpunkt der Erde; und doch ist es (mit einer Ausnahme, die hernach angeführt wird) Tatsache, daß jedes irdische Ding (um jetzt nicht von jedem himmlischen Dinge zu reden) eine Tendenz hat nicht *nur* nach dem Mittelpunkt der Erde, sondern auch noch in jeder denkbaren andern Richtung.

Nun kann man freilich nicht behaupten, die Philosophen *irrten ebenso* in dieser Sache wie der gemeine Mann, aber trotzdem gestatten sie der *Stimmung* dieser verbreiteten Auffassung, einen Einfluß auf sie zu üben, ohne daß sie es wissen. „Die Märchen des Altertums werden zwar nicht mehr geglaubt", so sagt Bryant in seiner sehr gelehrten „Mythologie", „aber wir vergessen uns fortwährend und ziehen Schlüsse aus ihnen, als ob es tatsächlich vorhandene Wirklichkeiten wären." Was ich behaupten will, ist: die bloße *Sinneswahrnehmung* der Gravitation, wie wir sie auf der Erde kennenlernen, verführt uns Menschen zu der trügerischen Vorstellung, sie bestehe in dem Streben nach dem *Mittelpunkt* und gehöre also der *Erde* an – diese Sinneswahrnehmung hat selbst die mächtigsten Geister auf die Abwege dieses Irrtums gelenkt und sie anhaltend, wenn schon unmerklich, von den wirklichen Merkmalen des Prinzips entfernt und sie so bis zum heutigen Tage verhindert, die bedeutungsvolle Wahrheit auch nur zu ahnen, die gerade in der umgekehrten Richtung liegt – hinter den *wesentlichen* Merkmalen des Prinzips, die nicht nach dem Mittelpunkt und der Erde weisen, sondern nach dem Weltall und der Zerstreuung. Diese „bedeutungsvolle Wahrheit" ist: die *Einheit* als *Quelle* des Phänomens.

Ich wiederhole noch einmal die Definition der Gravitation: *Jedes Atom eines jeden Körpers zieht jedes andere Atom, sowohl seines eigenen wie jedes andern Körpers, an, mit einer Kraft*, die sich umgekehrt verhält wie die Quadrate der Entfernungen zwischen dem anziehenden und dem angezogenen Atom.

Hier bitte ich nun die Leser, mit mir einen Augenblick innezuhalten und die wunderbare – die unsägliche – die völlig unfaßbare Kompliziertheit der Beziehungen zu betrachten, die in der Tatsache liegt, daß *jedes Atom jedes andere Atom* anzieht – lediglich in dieser Tatsache der Anziehung, ohne Rücksicht auf das Gesetz oder die Art und Weise, worin die Anziehung sich äußert – *lediglich* in der Tatsache, daß jedes Atom jedes andere Atom *jeden Falles* anzieht bei einer so wilden Unzahl von Atomen, daß die, die zur Zusammensetzung einer Kanonenkugel gehören, wahrscheinlich, bloß die Anzahl in Betracht gezogen, die Menge der Sterne, die das Weltall bilden, übertreffen.

Hätten wir einfach entdeckt, daß jedes Atom einem bestimmten Lieblingspunkt zustrebe – einem besonders anziehenden Atom – so wäre uns damit schon eine Entdeckung aufgestoßen, die an und für sich genügt hätte, den Geist zu überwältigen: – aber wie ganz anders ist doch das, was uns in Wirklichkeit zu fassen zugemutet wird? Jedes Atom soll jedes andere Atom anziehen, soll sich zu seinen feinsten Bewegungen hingezogen fühlen, und zwar zu jedem einzelnen, zu allen zusammen zur selben Zeit, für immer und nach einem bestimmten Gesetz, dessen Kompliziertheit, selbst wenn wir es für sich allein betrachten könnten, bei weitem über die Fassungskraft des Menschen hinausginge. Wenn ich daran gehe, den Einfluß des Stäubchens in einem Sonnenstrahl auf das Nachbarstäubchen festzustellen, kann ich meine Aufgabe erst dann als erfüllt betrachten, wenn ich vorher sämtliche Atome des Weltalls zähle und wiege und die genaue Lage eines jeden in einem bestimmten Augenblick feststelle. Wenn ich es wage, das mikroskopische Staubteilchen, das jetzt auf meiner Fingerspitze liegt, auch nur um den billionsten Teil eines Zolls von seiner Stelle zu rücken, was für eine Tat ist es, zu der ich den Mut hatte! Ich habe ein Werk vollbracht, das den Mond aus seinen Bahnen schleudert, das es zuwege bringt, daß die Sonne nicht länger mehr die Sonne ist und das für ewige Zeiten das Geschick der zahllosen Myriaden von Sternen ändert, die sich flammend um den Thron ihres Schöpfers wälzen.

Diese Ideen – so beschaffene Vorstellungen – unausdenkbare Gedanken – Seelenträume eher als Schlüsse oder auch nur Erwägungen des Verstandes: – so beschaffene Ideen, ich wiederhole es, sind es einzig, mit deren Hilfe wir etwa hoffen können, das große Prinzip zu fassen: das Prinzip der *Attraktion*.

Nun aber, *ergriffen* von diesen Ideen – ergriffen von dieser *Vision* der wunderbaren Kompliziertheit der Attraktion – so soll nun irgend jemand, der befugt ist, solche Dinge im Geiste zu tragen, sich an die Aufgabe machen, ein *Prinzip* für diese von uns beobachteten Phänomene zu ersinnen – den Zustand zu bezeichnen, aus dem sie entsprungen sind.

Weist nicht diese offenbare Verbrüderung der Atome auf gemeinsame Abstammung hin? Legt nicht diese Sympathie, die so allbeherrschend, so unvertilgbar, so durchaus rücksichtslos ist, die Vermutung nahe, daß sie alle Kinder eines Vaters sind? Und erinnert sich unsere Vernunft nicht gern bei einem Extrem an das entgegengesetzte? Bringt uns nicht die Unendlichkeit der Teilung auf den äußersten Inbegriff des unteilbaren Individuums? Deutet nicht die vollendetste Kompliziertheit auf das ausbündig Einfache? *Nicht*, daß die Atome, wie wir sie sehen, geteilt sind, oder daß ihre gegenseitigen Beziehungen kompliziert sind – sondern daß sie unausdenkbar geteilt und unsäglich kompliziert sind: darauf, auf diese völlige Extravaganz der Umstände kommt es mir hier an, nicht auf die Umstände an sich. Mit einem Wort: sind nicht die Atome darum, weil sie in alter Zeit einmal noch *mehr als beisammen*, weil sie ursprünglich und also in ihrer normalen Verfassung *Eins* waren – sind sie nicht gerade darum jetzt unter allen Umständen – in allen Stücken – nach allen Richtungen – mittels aller Arten der Annäherung – in allen Beziehungen und ohne jede Rücksicht – im Kampf um die Heimkehr begriffen, *zurück* zu diesem absolut, unrelativ und bedingungslos *Einen*?

Hier könnte jemand den Einwand erheben: „Wenn es so ist, daß die Atome zum Einen zurückbegehren, warum sind wir dann nicht in der Lage, die Attraktion als eine ‚völlig allgemeine Tendenz gegen einen Mittelpunkt‘ definieren zu können? Warum insbesondere kehren *deine* Atome – die Atome, die nach deiner Beschreibung von einem Mittelpunkt ausgestrahlt sind – nicht geradenwegs zum Zentralpunkt ihres Ursprungs zurück?"

Darauf antworte ich: *Das tun sie*, wie ich genau zeigen werde; aber die Ursache, daß sie es tun, hat gar keine Beziehung zu dem Mittelpunkt *als solchem*. Sie streben alle gradlinig einem Mittelpunkt zu, weil sie kugelförmig in den Raum ausgestrahlt waren. Jedes Atom, das eine im allgemeinen gleichförmige Kugel von Atomen bilden hilft, findet natürlich in der Richtung nach dem Mittelpunkte mehr Atome als in jeder andern, und wird daher nach dieser Richtung hin getrieben – aber es wird *nicht* deshalb dahingetrieben, weil der Mittelpunkt der Punkt seines Ursprungs wäre. Die Atome sind nicht von einem bestimmten *Punkt* abhängig. Ich nehme nicht an, daß es die Räumlichkeit sei, weder im Konkreten noch im Abstrakten, woran sie gebunden sind. Nichts *Räumliches* habe ich als ihren Ursprung erklärt. Ihr Erzeuger ist das Prinzip der *Einheit*. Das ist ihr verlorener Vater. Diese Einheit suchen sie stets – unmittelbar – in allen Richtungen – überall, wo sie auch nur teilweise zu finden ist; so stillen sie einigermaßen das unausrottbare Verlangen, so lange sie noch auf dem Wege zur völligen Befriedigung begriffen sind, die sie am Ende finden. Aus alledem folgt, daß jedes Prinzip, das imstande ist, uns den Grund für das *Gesetz oder den modus operandi* der Anziehungskraft im allgemeinen anzugeben, auch imstande sein wird, dieses Gesetz im besonderen zu erklären – das heißt, jedes Prinzip, das zeigt, warum die Atome dem *gemeinsamen Zentrum ihrer Ausstrahlung* mit einer Kraft zustreben, die dem Quadrat der Entfernungen proportional ist, wird auch gleichzeitig imstande sein, die demselben Gesetz entsprechende gegenseitige Anziehung der Atome untereinander zu erklären; denn das Streben nach dem Zentrum *ist* nichts anderes als das Streben eines jeden Atoms zu jedem, und keineswegs ein Streben nach einem Zentrum als solchem. – So sieht man nun auch, daß die Anerkennung meiner Aufstellung keineswegs die *Nötigung* in sich schließt, die Ausdrucksweise in Newtons Definition der Gravitation zu ändern; diese erklärt, daß jedes Atom jedes andere Atom so und so anzieht, und erklärt lediglich dies; aber es scheint (immer vorausgesetzt, daß meine Behauptungen sich schließlich als wahr herausstellen) klar, daß mancher naheliegende Irrtum in den künftigen Untersuchungen der Wissenschaft vermieden werden könnte, wenn ein etwas ausgiebigerer Wortlaut akzeptiert würde – zum Beispiel: „Jedes Atom strebt zu jedem andern Atom etc., mit einer Kraft etc.: *was zum gemeinsamen Ergebnis hat ein Streben aller mit derselben Kraft nach einem gemeinsamen Zentrum.*"

Die Umkehrung unserer Darstellungsmethode hat uns also zu dem nämlichen Resultat geführt wie vorher; aber während die *Intuition* bei der zuerst angewandten Methode der Ausgangspunkt war, bildet sie bei der andern den Schlußstein. Als ich mich zuerst auf den Weg machte, konnte ich nur sagen, daß ich mit unwiderstehlicher Intuition *fühle*, daß Einheit das Charakteristische an der ursprünglichen Aktion Gottes ausmache – am Ende des zweiten Weges aber kann ich nur erklären, daß ich mit unwiderstehlicher Intuition gewahre, daß Einheit der Ursprung der beobachteten Phänomene der Newtonschen Gravitation ist. So also, nach der Auffassung der Schulgelehrten, *beweise* ich nichts. – So möge es sein: – nicht beweisen, nur hinweisen will ich – und *überzeugen* durch mein Hinweisen. Voll Stolz gewahre ich, daß es viele sehr tiefe und vorsichtig prüfende Köpfe gibt, die nicht anders *können* als ausnehmend zufrieden zu sein mit meinen – Hinweisen. Für diese Köpfe – wie für meinen eigenen – gibt es keine mathematische Demonstration, die auch nur den geringsten *Wahrheitsbeweis* der großen *Wahrheit* hinzufügen könnte, die ich aufgestellt habe – *der Wahrheit der ursprünglichen Einheit als Quelle – als Prinzip der Phänomene des Weltalls.* Ich für mein Teil bin nicht so gewiß, daß ich spreche und sehe – ich bin nicht so gewiß, daß mein Herz schlägt und meine Seele lebt – daß morgen die Sonne aufgeht – eine Wahrscheinlichkeit, die jetzt noch in der Zukunft liegt – nicht ein Tausendstel so gewiß zu sein kann ich mich rühmen – wie von der unweigerlich erledigten *Tatsache*, daß alle Dinge und alle Begriffe von Dingen, mit all der unsagbar großen Menge ihrer Beziehungen und Bedingtheiten, auf einmal ins Dasein geschossen sind aus dem urersten und unbedingten *Einen*.

In bezug auf die Newtonsche Gravitation sagt Dr. Nichol, der beredte Verfasser der „Architektur des Himmels": – „In Wahrheit haben wir kein Recht zu der Annahme, daß dies große Gesetz, so wie es uns jetzt enthüllt ist, die letzte oder einfachste und dadurch die universelle und allumfassendste Form einer großen Regel sei. Das Verhältnis, in dem seine Intensität sich je nach der Entfernung verringert, sieht nicht nach einem letzten *Prinzip* aus; dieses setzt immer die Einfachheit und Selbstevidenz der Axiome voraus, die die Grundlage der Geometrie bilden."

Nun ist es allerdings ganz richtig, daß „letzte Prinzipien, im üblichen Sinne des Ausdrucks immer die Einfachheit geometrischer Axiome voraussetzen (so ein Ding wie „Selbstevidenz" gibt es nicht), aber diese Prinzipien sind selbstverständlich keine „letzten"; mit andern Worten: was wir gewohnt sind Prinzipien oder letzte Ursachen zu nennen, sind es genau genommen nicht – da es nur eine letzte Ursache, nur ein *Prinzip* geben kann: den Willen Gottes. Wir haben demnach kein Recht, auf Grund dessen, was wir in der Form von Regeln beobachten, denen wir törichterweise den Namen „Prinzipien" zu geben beschlossen haben, irgend etwas in bezug auf die Merkmale eines wirklichen Prinzips anzunehmen. Die „letzten Prinzipien", von deren geometrischen Einfachheit Dr. Nichol spricht, können diese geometrische Gestaltung haben und haben sie in der Tat, da sie einen Bestandteil eines ausgedehnten geometrischen Systems bilden und so allerdings ein System der Einfachheit sind – deren wahrhaft letztes Prinzip aber, *wie wir wissen*, das Verzehren des Zusammengesetzten – das heißt des Nichtintelligiblen – ist – denn ist das Wesen des göttlichen Geistes nicht Einfachheit?

Ich berief mich indessen nicht eigentlich darum auf die Bemerkung Dr. Nichols, um seine Philosophie in Frage zu stellen, sondern vielmehr, um bei der Gelegenheit auf die Tatsache aufmerksam zu machen, daß von keiner Seite ein Versuch gemacht worden ist – obwohl alle Welt zugegeben hat, daß *irgendein* Prinzip hinter dem Gravitationsgesetz stehen muß –, zu bestimmen, worin dieses Prinzip eigentlich *besteht* – abgesehen vielleicht von gelegentlichen phantastischen Versuchen, es mit dem Magnetismus, oder Mesmerismus, oder Swedenborgianismus, oder Transzendentalismus, oder sonst einem entzückenden -ismus desselben Schlags in Verbindung zu bringen – die alle miteinander von ein und demselben Schlag Menschen gehegt werden. Der große Geist Newtons, der das Gesetz selbst kühn erfaßte, entzog sich der Erklärung dieses Gesetzes durch ein Prinzip. Der Scharfsinn Laplaces, der beweglicher und mindestens umfassender, wenn nicht tiefer bohrend war, hatte nicht den Mut, das Problem anzugreifen. Aber vielleicht ist es nicht so sehr schwer, solches Zögern bei diesen zwei Astronomen zu verstehen. Sie waren, wie alle Mathematiker ersten Ranges, *nur* Mathematiker: wenigstens hatte ihr Geist eine stark ausgesprochene mathematisch-physikalische Tönung. Was nicht deutlich im Bereich der Physik oder Mathematik lag, war ihnen etwas nicht Vorhandenes oder völlig schattenhaft. Dagegen dürfen wir uns wohl wundern, daß Leibniz, der in dieser Hinsicht eine bemerkenswerte Ausnahme von der Regel war, und dessen Geistesart eine seltsame Mischung des Mathematischen mit dem Physikalisch-Metaphysischen war, den fraglichen Punkt nicht sofort aufspürte und feststellte. Newton wie Laplace hätten sich beide, wenn sie das Prinzip gesucht und dabei gefunden hätten, daß es ein *physikalisches* nicht gäbe, mit dem Schlusse beruhigt, daß es überhaupt keines gäbe; aber fast unmöglich ist es, sich vorzustellen, daß Leibniz nach fruchtlosem Absuchen des Bereiches der Physik nicht sofort seinen Fuß kühn und voller Hoffnung auf das altvertraute Gebiet im Königreiche der Metaphysik gesetzt hätte. In seinem Falle ist es in der Tat klar, daß er es unternommen haben *muß*, den Schatz zu suchen – daß er ihn schließlich nicht gefunden hat, kommt vielleicht daher, daß die Fee, die ihn führen sollte, die Phantasie, bei ihm nicht reich oder ausgebildet genug war, um ihn auf den rechten Weg zu bringen.

Ich erwähnte vorhin einige tatsächlich vorhandene tastende Versuche, die Gravitation auf etliche sehr unbestimmte -ismusse zurückzuführen. Diese Versuche jedoch, obwohl sie – mit Recht – kühn genannt wurden, gingen lediglich auf das Allgemeine – das leerste Allgemeine – am Gesetz Newtons aus. Nie ist man meines Wissens darangegangen, seinen *modus operandi* zu erklären. Ich habe daher allen Grund zu der Befürchtung, daß man mich von vornherein, bevor ich noch recht meine Behauptungen denen vorlegen kann, die allein berufen sind, über sie zu entscheiden, für verrückt halten wird, wenn ich hier ausspreche, daß der *modus operandi* des Gravitationsgesetzes zu erklären ist – dann nämlich, wenn wir uns ihm in geeignetem Aufstieg und in der rechten Richtung nähern – wenn wir ihn vom richtigen Standpunkt aus betrachten.

Gleichviel, ob wir die Idee, daß absolute Einheit die Quelle aller Dinge ist, aus der Betrachtung der Einfachheit gewinnen, die der nächstliegende Wesenszug der ursprünglichen Aktion Gottes ist; – oder ob wir zu ihr durch eine Übersicht über die Gesamtheit der Beziehungen der gravitierenden Phänomene gelangen; – oder ob wir zu diesem Ergebnis dadurch kommen, daß wir die beiden Methoden einander unterstützen lassen; – gleichviel, jedenfalls haben wir die Idee, wenn überhaupt, nur in unlösbarer Verbindung mit einer andern – mit der Vorstellung von der besonderen Beschaffenheit des Sternenweltalls, wie wir es jetzt gewahren – das heißt, einer unermeßlichen *Zerstreuung* im Raume. Nun kann aber eine Verbindung zwischen diesen beiden Ideen – Einheit und Zerstreuung – nur dadurch hergestellt werden, daß wir eine dritte Idee haben – die der *Ausstrahlung*. Wenn absolute Einheit als Zentrum aufgefaßt wird, dann ist das existierende Sternenweltall das Ergebnis einer *Ausstrahlung* aus diesem Zentrum.

Die Gesetze der Strahlung sind nun aber *bekannt*. Sie sind ein untrennbares Zubehör der *sphärischen Geometrie*. Sie gehören zu der Klasse der nichtdiskutierbaren geometrischen Besitztümer. Wir sagen von ihnen: „sie sind wahr – sie sind evident". Zu fragen, *warum* sie wahr sind, wäre dasselbe, wie wenn man fragte, warum die Axiome wahr seien, auf die ihr Beweis sich stützt. Genau genommen ist *nichts* beweisbar; aber wenn überhaupt etwas bewiesen ist, dann sind es diese Gesetze! Aber was sagen diese Gesetze? Wie – auf welchen Bahnen – bewegt sich die Ausstrahlung aus einem Zentrum heraus?

Von einer *Lichtquelle* strahle *Licht* aus; wir nehmen an, das Licht werde von einer gegebenen Ebene aufgefangen, die ihre Lage so verändere, daß sie sich dem Lichtzentrum bald nähere, bald sich von ihm entferne; dann werden die Lichtmengen, die die Ebene empfängt, im selben Verhältnis kleiner werden, wie die Quadrate der Entfernungen zwischen der Ebene und dem leuchtenden Körper größer werden; und ebenso werden sie im selben Verhältnis größer werden, wie die Quadrate kleiner werden.

Die Formel des Gesetzes kann so verallgemeinert werden: – die Zahl der Licht-Teilchen (oder, wenn dieser Ausdruck vorgezogen wird, die Zahl der Licht-Eindrücke), die von der bewegten Fläche empfangen werden, ist den Quadraten der Entfernungen der Ebene *umgekehrt* proportional. Wenn wir noch einmal verallgemeinern, so können wir sagen, daß die Zerstreuung – die Verteilung – die Ausstrahlung mit einem Wort – den Quadraten der Entfernungen *direkt* proportional ist.

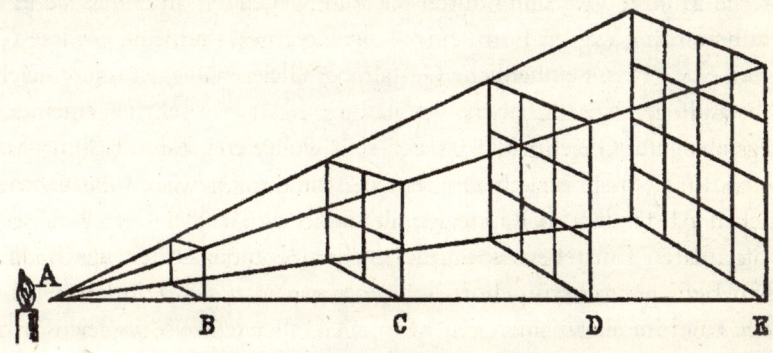

Zum Beispiel: in der Entfernung B vom Lichtzentrum A aus sind eine bestimmte Zahl Partikeln so zerteilt, daß sie die Fläche B einnehmen. In der doppelten Entfernung – also in C – sind sie um so viel mehr zerteilt, daß sie vier solche Flächen einnehmen: – in der dreifachen Entfernung, also in D, sind sie so viel weiter auseinander, daß sie neun solche Flächen besetzen; – und in der vierfachen Entfernung sind sie so zerstreut worden, daß sie sich über sechzehn solche Flächen verbreiten – und so immer weiter. Wenn wir allgemein sagen, daß die Ausstrahlung im direkten Verhältnis der Quadrate der Entfernungen vor sich geht, so benutzen wir den Ausdruck Ausstrahlung, um den *Grad der Zerstreuung* auszudrücken, je nachdem wie wir uns von dem Zentrum entfernen. Wenn wir das Verhältnis umkehren und das Wort „Konzentration" benutzen, um den *Grad der Sammlung* zu bezeichnen, je nachdem wir aus einer Außenstellung zum Zentrum zurückkehren, so können wir sagen, daß die Konzentration im *umgekehrten* Verhältnis der Quadrate der Entfernungen vor sich geht. Mit andern Worten, wir sind zu dem Schlusse gelangt, daß – wenn die Hypothese zutrifft, wonach die Materie ursprünglich aus einem Zentrum ausstrahlte und jetzt auf der Rückkehr begriffen ist – daß die Konzentration bei der Rückkehr genau so verläuft, wie der uns bekannte Verlauf der Gravitationskraft ist.

Jetzt hätten wir, wenn uns die Annahme erlaubt wäre, daß die Konzentration genau die Kraft des Strebens nach dem Zentrum repräsentiert – daß die eine der andern genau proportional ist, und daß der Verlauf beider derselbe ist – alles gezeigt, was erforderlich ist. Die einzige Schwierigkeit, die also noch vorhanden ist, ist die, ein direktes Verhältnis zwischen der „Konzentration" und der Kraft der Konzentration herzustellen; und das ist natürlich geschehen, wenn wir ein solches Verhältnis zwischen der „Ausstrahlung" und der Kraft der Ausstrahlung herstellen.

Schon eine oberflächliche Übersicht über den Himmel zeigt uns sofort, daß die Sterne in ihrer Verteilung durch die Raumgegenden, in denen sie in ihrer Gesamtheit, roh gesagt in Form einer Kugel, gelegen sind, eine gewisse *Gleichförmigkeit*, eine gewisse einheitliche Gestaltung, Gleichmäßigkeit oder Gleichheit der Abstände gemeinsam haben: – wobei diese Art von sehr allgemeiner, keineswegs absoluter Gleichmäßigkeit sich sehr wohl vereinbaren läßt mit meiner Theorie, daß die ursprünglich zerstreuten Atome mit gewissen Ausnahmen in ungleichen Abständen im Raum verteilt sind, eine Art der Verteilung, die zu dem offenbaren Entstehen einer unendlichen Kompliziertheit des Bedingten aus dem Bedingungslosen gehört. Ich ging, wie man sich erinnern wird, von der Idee einer im allgemeinen gleichförmigen, aber teilweise *ungleichförmigen* Verteilung der Atome aus – und diese Idee, ich wiederhole es, wird durch einen Überblick über die Sterne, so wie sie da sind, bestärkt.

Aber selbst bei der Annahme einer bloß im allgemeinen geltenden Gleichmäßigkeit der Verteilung hinsichtlich der Atome erscheint eine Schwierigkeit, die sich ohne Zweifel schon denen unter meinen Lesern aufgedrängt hat, die meine Aufstellung im Gedächtnis behalten haben, wonach diese Gleichmäßigkeit der Verteilung von einer *Ausstrahlung aus einem Zentrum* bewirkt sei. Der erste Blick auf die Vorstellung Ausstrahlung zwingt uns, die bisher niemals davon getrennte und scheinbar davon untrennbare Vorstellung der Zusammenballung um ein Zentrum damit zu verbinden, wobei die Zerstreuung der Atome um so größer wird, je weiter wir uns von dem Zentrum entfernen – mit einem Wort, es drängt sich uns die Idee auf, daß die ausgestrahlte Materie *un*gleichmäßig im Raume verteilt ist. Nun habe ich an anderer Stelle bemerkt, daß gerade bei solchen Schwierigkeiten, wie die, die uns jetzt beschäftigt – bei solchen Unebenheiten unseres Wegs – solchen Absonderlichkeiten – solchen Auswüchsen auf der glatten Bahn des Gewöhnlichen – daß da, wenn irgendwo, die Vernunft auf ihrer Suche nach der Wahrheit den rechten Weg findet. Gerade die Schwierigkeit –

die eben dargelegte „Absonderlichkeit" wirft mich mit sicherer Plötzlichkeit auf *das* Geheimnis – und nie vielleicht hätte ich dies Geheimnis enthüllt, wenn nicht gerade diese Absonderlichkeit gewesen wäre und die Folgerungen, zu denen sie mir bloß um ihrer Absonderlichkeit willen verhilft.

Die Gedankengänge, um die es sich hier handelt, können etwas grob folgendermaßen skizziert werden: – Ich sage zu mir selbst – „Einheit, wie ich sie erklärt habe, ist eine Wahrheit – ich fühle sie; Zerstreuung ist eine Wahrheit – ich sehe sie; Ausstrahlung, durch die allein diese zwei Wahrheiten in Einklang gebracht werden können, ist eine erschlossene Wahrheit – ich muß sie annehmen; *Gleichmäßigkeit* der Zerstreuung, die zuerst *a priori* deduziert und dann durch den Überblick über die Phänomene unterstützt wurde, ist auch eine Wahrheit – ich erkenne sie an. So weit ist alles klar um mich: – es sind keine Wolken zu sehen, hinter denen *das* Geheimnis – das große Geheimnis des *modus operandi* der Gravitation – möglicherweise verborgen sein kann; aber dieses Geheimnis liegt *hierherum*, ganz bestimmt; und wäre hier nur eine Wolke in Sicht, es triebe mich dazu, hinter ihr das Geheimnis zu argwöhnen." Und gerade wie ich das sage, kommt wirklich eine Wolke in Sicht. Diese Wolke ist die scheinbare Unmöglichkeit, meine Wahrheit *Ausstrahlung* mit meiner Wahrheit *Gleichmäßigkeit der Zerstreuung* in Einklang zu bringen. Jetzt sage ich: „hinter dieser *scheinbaren* Unmöglichkeit ist zu finden, was ich begehre." Ich sage nicht „*wirkliche* Unmöglichkeit"; denn ein unzerstörbarer Glaube an meine Wahrheiten versichert mich, daß es alles in allem bloß eine Schwierigkeit ist, aber ich gehe weiter und sage mit unüberwindlichem Vertrauen, daß wir, wenn erst diese Schwierigkeit gelöst in diese Lösung eingewickelt den Schlüssel zu dem Geheimnis finden werden, nach dem wir verlangen. Noch mehr – *ich fühle*, daß wir *nur eine* mögliche Lösung der Schwierigkeiten entdecken werden; und zwar deshalb, weil in dem Falle, daß es zwei gäbe, eine überflüssig wäre – zwecklos – leer – ohne einen Schlüssel – da zu keinem Geheimnis der Natur ein Nachschlüssel gebraucht werden kann.

Und nun, sehen wir zu: – Die uns geläufigen Vorstellungen von Ausstrahlung – in der Tat, *alle* unsere bestimmten Vorstellungen von ihr – entstammen lediglich dem Vorgang, wie wir ihn im *Licht* exemplifiziert sehen. Da handelt es sich um ein unaufhörliches Hervorbrechen von *Strahlenströmen, deren Stärke – zum mindesten haben wir kein Recht, es anders zu vermuten – keinerlei Schwankungen unterworfen ist.* Nun müssen in jeder so beschaffenen Strahlung – die fortlaufend ist und deren Stärke unveränderlich ist – die Raumteile, die dem Zentrum näher liegen, mehr von der ausgestrahlten Materie erfüllt sein als die weiter entfernten. Aber ich habe *keine so beschaffene* Ausstrahlung angenommen. Ich nahm keine *unaufhörliche* Strahlung an; aus dem einfachen Grunde nämlich, weil diese Annahme erstens die Notwendigkeit eingeschlossen hätte, eine Vorstellung zu haben, die

– wie ich gezeigt habe – niemand haben *kann* und die überdies, wie ich nachher ausführlicher auseinandersetzen will, von jeder Erforschung des Firmaments widerlegt wird – ich meine die Vorstellung der absoluten Unendlichkeit des Sternenweltalls – und weil diese Annahme es zweitens unmöglich gemacht hätte, eine Reaktion – das heißt: die Gravitation – als jetzt existierend zu verstehen, da ja natürlich, solange eine Aktion dauert, keine Reaktion eintreten kann. Meine Annahme also – oder besser gesagt: mein unvermeidlicher Schluß aus richtigen Prämissen – lief auf eine *endliche* Ausstrahlung hinaus – auf eine, die schließlich *aufhörte*.

Ich will nun beschreiben, auf welche Weise es einzig und allein vorstellbar ist, daß die Materie sich in den Raum verbreitet und dabei zugleich die Bedingungen der Strahlung und die der im allgemeinen gleichmäßigen Verteilung erfüllt hat.

Zum Zwecke einer bequemen Veranschaulichung wollen wir uns zunächst eine hohle Kugel aus Glas oder dergleichen vorstellen, die den Raum versinnbildlichen soll, worin die Materie des Weltalls durch Strahlung aus dem absoluten unrelativen, unbedingten Kern, der sich im Mittelpunkt der Kugel befinde, zerstreut sei.

Eine gewisse Entfaltung der zerstreuenden Macht (nach unserer Voraussetzung eine gewisse *Kraft*) – die nach dem entsandten Quantum Materie, das heißt, nach der Zahl der Atome, bemessen wird – entsendet durch Ausstrahlung diese bestimmte Zahl Atome und schleudert sie nach allen Richtungen aus dem Zentrum heraus, wobei sie sich immer mehr voneinander entfernen, je weiter sie fortgehen – bis sie schließlich lose über die innere Oberfläche der Kugel verteilt sind.

Wenn diese Atome diese Lage erreicht haben, oder während sie auf dem Wege sind, sie zu erreichen, entsendet eine zweite, geringere Entladung derselben Kraft – oder eine zweite, geringere Entladung desselben Charakters – auf dieselbe Weise – das heißt, durch Ausstrahlung wie zuvor – eine zweite Atomschicht, die sich daranmacht, sich auf die erste zu lagern: und zwar ist auch in diesem Falle wie im früheren natürlich die Zahl der Atome das Maß der Kraft, die sie entsandt hat; anders ausgedrückt, die Kraft und die Zahl der Atome, die von ihr entsandt worden sind, sind einander, da die Kraft dem Zweck, dem sie dient, genau angepaßt ist, *direkt proportional*.

Wenn diese zweite Schicht die ihr bestimmte Lage erreicht – oder während sie sich ihr nähert – macht sich eine dritte noch geringere Entfaltung der Kraft, oder eine dritte geringere Kraft von nämlichem Charakter – da die Zahl der entsandten Atome in *allen* Fällen das Maß der Kraft ist – auf den Weg, eine dritte Schicht auf die zweite zu lagern, und so weiter, bis diese konzentrischen Schichten, die allmählich immer geringer geworden sind, schließlich bis zum

Zentralpunkt hinabreichen und die zerstreuende Materie zugleich mit der zerstreuenden Kraft erschöpft ist.

So ist denn jetzt die Kugel vermittelst der Ausstrahlung mit Atomen gefüllt, die gleichmäßig verteilt sind. Den zwei notwendigen Bedingungen – Ausstrahlung und gleichmäßige Verteilung – ist Genüge geschehen; und zwar durch den einzigen Vorgang, der uns die Vorstellung erlaubt, daß die Erfüllung der Bedingungen gleichzeitig möglich ist. Wenn ich nun voller Begierde den gegenwärtigen Zustand der Atome, wie sie in der Raumkugel verteilt sind, prüfe, so erwarte ich aus diesem Grunde zuversichtlich, das Geheimnis zu finden, nach dem ich suche – das urwichtige Prinzip des *modus operandi* des Newtonschen Gesetzes. Untersuchen wir also den gegenwärtigen Zustand der Atome.

Sie liegen in einem System konzentrischer Schichten. Sie sind gleichmäßig in der Kugel verteilt. Sie sind in diese Lage ausgestrahlt worden.

Wenn die Atome *gleichmäßig* verteilt sind, so werden um so mehr Atome auf einer von diesen konzentrischen Schichten oder Kugeloberflächen liegen, je größer die Oberfläche ist. Mit anderen Worten: die Zahl der Atome, die auf der Oberfläche einer solchen konzentrischen Kugel liegen, ist der Größe dieser Oberfläche direkt proportional.

Aber in jedem System konzentrischer Kugeln sind die Oberflächen den Quadraten der Entfernungen vom Zentrum direkt proportional.[*]

Daher ist die Zahl der Atome in jeder Schicht dem Quadrat der Entfernung dieser Schicht vom Zentrum direkt proportional.

Aber die Zahl der Atome in jeder Schicht ist das Maß der Kraft, die diese Schicht entsandt hat – das heißt ist der Kraft *direkt proportional*.

Also ist die Kraft, die eine bestimmte Schicht ausgestrahlt hat, dem Quadrat der Entfernung dieser Schicht vom Zentrum direkt proportional, oder allgemein ausgedrückt:

Die Kraft der Ausstrahlung ist den Quadraten der Entfernungen direkt proportional gewesen.

Nun ist aber die Reaktion, wenn wir irgend etwas davon wissen, die umgekehrte Aktion. Da wir zuvörderst das allgemeine Prinzip, der Gravitation als die Reaktion auf einen Akt betrachtet haben – als den Ausdruck des Verlangens von seiten der Materie, den Zustand der Zerstreuung aufzugeben und in die Einheit, aus der sie entsprungen war, zurückzukehren; und da es zweitens unsern Geist verengte, den *Charakter* dieser Sehnsucht festzustellen – die Art und Weise, in der sie ihre Natur offenbare; mit andern, Worten: da unser Geist ein wahrscheinliches Gesetz oder den *modus operandi* für die Rückkehr

---

[*] Kurz ausgedrückt: die Kugeloberflächen verhalten sich wie die Quadrate ihrer Radien.

suchte, so mußte er doch wohl zu dem Schlusse kommen, daß dieses Gesetz der Rückkehr genau die Umkehrung des Ausgangsgesetzes sein würde. Daß dies sich so verhalte, das anzunehmen wird jeder Mann vollauf erlaubt sein müssen, bis zu der Zeit wenigstens, bis einer so was wie einen einleuchtenden Grund angibt, warum es sich *nicht* so verhalten soll – bis zu dem Moment also, wo ein Gesetz der Rückkehr aufgestellt wird, das der Geist als vorzüglicher betrachten kann.

Die Materie also, die mit einer Kraft in den Raum strahlte, die sich im Verhältnis der Quadrate der Entfernungen veränderte, wird – das dürfen wir *a priori* vermuten – in der Richtung nach dem Zentrum der Strahlung mit einer Kraft zurückkehren, die sich *umgekehrt* wie die Quadrate der Entfernungen veränderte: und ich habe bereits gezeigt, daß jedes Prinzip, das erklärt, warum die Atome, einem bestimmten Gesetz gehorchend, dem gemeinsamen Zentrum zustreben, zugleich als genügende Erklärung dafür gelten muß, warum sie einander zustreben. Denn in der Tat ist die Tendenz gegen das gemeinsame Zentrum nicht eine Tendenz zu einem Zentrum als solchem, sondern sie tritt darum ein, weil jedes Atom, das sich in der Richtung nach diesem Zentrum treiben läßt, damit den unmittelbarsten Weg zu seinem wahren und eigentlichen Zentrum verfolgt, der *Einheit* – der absoluten Allvereinigung, die das Ende sein wird.

Die Auffassung, die aus dem hier Dargetanen spricht, bietet meinem eigenen Geiste nicht das mindeste Hindernis – aber diese Tatsache verblendet mich nicht gegen die Möglichkeit, daß meine Darlegung für solche dunkel ist, die weniger gewöhnt sind, mit Abstraktionen umzugehen: – und alles in allem ist es jedenfalls gut, die Sache noch von einem oder zwei andern Gesichtspunkten zu betrachten.

Der absolute, bedingungslose Kern, der ursprünglich durch den Willen Gottes geschaffen wurde, muß sich in einem Zustande des positiv *Normalen* oder der Richtigkeit befunden haben – denn Unrichtigkeit schließt *Bedingtheit* ein. Richtig ist positiv; unrichtig ist negativ – ist bloß die Negation des Richtigen; wie kalt die Negation von warm ist, oder Dunkelheit von Licht. Dazu, daß ein Ding unrichtig ist, gehört notwendig ein anderes Ding, *hinsichtlich* dessen es unrichtig ist – irgendeine Bedingung, der es nicht Genüge tut; irgendein Gesetz, das es versetzt; irgendein Seiendes, das es beeinträchtigt. Wenn ein solches Seiendes, Gesetz oder Bedingung nicht da ist, bezüglich dessen das Ding unrichtig ist – und vor allem, wenn überhaupt keine Wesen, Gesetze oder Bedingungen vorhanden sind – dann *kann* das Ding nicht unrichtig sein, es muß also *richtig* sein. Jedes Abweichen vom Zustande des Normalen schließt die Tendenz in sich, zu ihm zurückzukehren. Ein Abgehen vom Normalen – vom Richtigen – vom Gehörigen –kann aufgefaßt werden als lediglich geschehen, um eine Schwierigkeit zu überwinden; und wenn die Kraft, die die Schwierigkeit überwindet, nicht ins Unendliche fortwirkt, so wird schließlich die unausrottbare Tendenz zur Rückkehr in der Lage sein, sich zu befriedigen und demnach zu handeln. Sowie die Kraft nachläßt, tritt die Tendenz in Aktion. Dies ist das Prinzip der Reaktion, aufgefaßt als das unvermeidliche Ergebnis einer endlichen Aktion. Mit einer Ausdrucksweise, deren scheinbare Affektiertheit man um ihrer Ausdrucksfülle willen verzeihen möge, können wir sagen: Reaktion ist die Rückkehr aus dem Zustande des *Wie es ist und nicht sein sollte* in den Zustand des *Wie es ursprünglich war und also sein soll*; – und man erlaube, daß ich noch hinzufüge: Die *absolute* Stärke der Reaktion würde ohne Zweifel immer direkt proportional mit dem Wirklichen – der Wahrheit – der Unbedingtheit – des *Ursprünglichen* gefunden werden – wenn es je möglich wäre, dies letztere zu messen: – und folglich muß unter allen denkbaren Arten von Reaktion die die größte sein, die von der Tendenz hervorgebracht wird, die wir hier erörtern – der Tendenz, zum *absolut Ursprünglichen* – zum *äußerst* Primitiven zurückzukehren. Die Gravitation also *muß die stärkste aller Kräfte* sein – diesen Gedanken haben wir *a priori* gewonnen, und er wird überreichlich durch Induktion unterstützt. Welchen Gebrauch ich von ihm mache, wird sich aus dem Folgenden ergeben.

Die Atome also, die aus dem normalen Zustande ihrer Einheit ausgeströmt sind, suchen zurückzukehren – wohin? Gewiß nicht zu einem bestimmten *Punkt*; denn es ist klar, daß die Tendenz der Atome gegen das gemeinsame Zentrum der Kugel nicht im mindesten sich hätte stören lassen, wenn das ganze materielle Weltall insgesamt in einen gewissen Abstand vom Punkte der Ausstrahlung projiziert worden wäre; die Atome hätten dann nicht den Punkt, von dem sie ursprünglich ausgegangen wären, im *absoluten Raum* gesucht. Nur der Zustand ist es, nicht aber der Ort oder die Räumlichkeit, wo dieser *Zustand* erstmals entsprang, was diese Atome wieder herzustellen suchen; lediglich nach dem *Zustand, der ihnen normal ist*, verlangt es sie. „Aber sie suchen ein Zentrum", wird man sagen, „und ein Zentrum ist ein Punkt." Richtig; aber sie suchen diesen Punkt nicht in seiner Eigenschaft als Punkt – (denn gesetzt den Fall, die ganze Kugel würde aus ihrer Lage gerückt, so würden sie immer noch das Zentrum suchen; und das Zentrum wäre *dann* ein *neuer* Punkt) –, sondern darum, weil es sich auf Grund der Form, in der sie sich zusammengefunden haben (der Form einer Kugel), so trifft, daß sie einzig und allein *durch* den fraglichen Punkt – den Mittelpunkt der Kugel – ihr eigentliches Ziel, die Einheit, erreichen können. In der Richtung des Zentrums bemerkt jedes Atom mehr Atome als in jeder andern. Jedes Atom wird gegen das Zentrum getrieben, weil in der geraden Linie, das es und das Zentrum verbindet und zur jenseitigen Kugeloberfläche führt, eine größere Zahl Atome liegen, als in jeder andern geraden Linie – eine größere Zahl

Gegenstände, die auf der Suche nach dem Individual-Atom sind – eine größere Zahl Tendenzen, die zur Einheit streben – eine größere Zahl Befriedigungen für seine eigene Tendenz zur Einheit – mit einem Wort, weil in der Richtung des Zentrums die größte Möglichkeit liegt, immerfort die eigene individuelle Begierde zu befriedigen. Um kurz zu sein, der *Zustand*, Einheit, ist alles, was wirklich gesucht wird; und wenn es *scheint*, als ob die Atome den Mittelpunkt der Kugel suchen, so ist dies nur zufällig, durch ein Zusammentreffen – weil es sich so trifft, daß dies Zentrum das einzig wesentliche Zentrum, die Einheit, einschließt, oder umschließt, oder in sich begreift. Aber *auf Grund* dieses Zusammenfallens oder Inbegriffenseins gibt es keine Möglichkeit, die Tendenz, zur Einheit von der Tendenz zum konkreten Mittelpunkt in der Wirklichkeit zu trennen. Daher *ist* die Tendenz der Atome nach dem gemeinsamen Mittelpunkt für alle praktischen Erfordernisse und alle logischen Zwecke die Tendenz eines jeden Atoms zu einem jeden; und die Tendenz von jedem zu jedem ist die Tendenz zum Mittelpunkt; und die eine Tendenz kann für die andere genommen werden; alles, was für die eine gilt, muß auch für die andere durchaus zutreffen; und folglich kann kein Prinzip, das die eine befriedigend erklärt, als Erklärung für die andere in Frage gestellt sein.

Wenn ich sorgsame Umschau halte nach einem vernünftigen Einwand gegen das, was ich vorgebracht habe, kann ich *nichts* entdecken; von der Art der Einwände freilich, die gewöhnlich von denen vorgebracht werden, die berufsmäßige Zweifler sind, gewahre ich sofort *drei* und will darangehen, mit ihnen der Reihe nach aufzuräumen.

Man kann mir erstens entgegenhalten: „Der Beweis, wonach die Stärke der Ausstrahlung (in dem oben erörterten Fall) den Quadraten der Entfernungen direkt proportional sei, beruht auf einer unberechtigten Annahme – daß nämlich die Zahl der Atome in jeder Schicht das Maß der Stärke sei, mit der sie entsandt wurden."

Ich erwidere: Ich bin nicht nur zu dieser Annahme berechtigt, sondern es wäre auch jede andere äußerst unberechtigt. Was ich annehme, ist einfach, daß eine Wirkung das Maß ihrer Ursache ist – daß jede Entfaltung des göttlichen Willens dem proportional ist, was diese Entfaltung hervorruft – daß die Mittel der Allmacht oder der Allwissenheit ihren Zwecken genau entsprechen. Ein Mangel oder ein Überschuß an Ursache kann keinerlei Wirkung zustande bringen. Wäre die Kraft, die eine bestimmte Schicht in ihre Lage ausstrahlte, mehr oder weniger stark gewesen, als für den Zweck notwendig war; das heißt: nicht *direkt proportional* dem Zweck, dann könnte diese Schicht nicht in diese Lage gestrahlt sein. Wäre die Kraft, die die Zahl Atome, die geeignet war, Gleichmäßigkeit der Verteilung herzustellen, in jede Schicht entsandte, der Zahl nicht *direkt proportional* gewesen, darin wäre die Zahl nicht eine solche gewesen, wie die gleichmäßige Verteilung sie erforderte.

Der zweite Einwand, der erhoben werden kann, verdient schon eher eine Antwort.

Es ist ein allgemein anerkanntes Prinzip der Dynamik, daß jeder Körper, der einen Stoß oder einen Anlaß zur Bewegung empfängt, sich geradlinig immer vorwärts bewegt, in der Richtung, die die treibende Kraft ihm mitgeteilt hat, bis er von einer andern Kraft abgelenkt oder zum Stehen gebracht wird. Wie ist es demnach zu verstehen, so kann gefragt werden, daß meine erste oder äußere Atomschicht mit ihrer Bewegung an dem Umfang der Glaskugel, die wir angenommen haben, aufhört, wenn keine zweite Kraft – eine, die nicht gleichfalls bloß „angenommen, ist – auftritt, um für diese Unterbrechung aufzukommen?

Ich erwidere: Dieser Einwand entspringt diesmal tatsächlich einer „unberechtigten Annahme" – von seiten dessen, der den Einwand erhebt – nämlich der Annahme eines dynamischen Prinzips, zu einer Zeit, wo es *überhaupt noch keine* „Prinzipien" gibt. Ich verwende das Wort „Prinzip" natürlich im Sinne dessen, der den Einwand erhoben hat.

„Im Anfang" etwas anderes anzunehmen, ja, sogar zu fassen, als lediglich die eine *erste Ursache*, das wahrhaft eigentliche *Prinzip*, den Willen Gottes, ist nicht möglich. Der ursprüngliche *Akt*, die Ausstrahlung aus der Einheit, muß von alledem, was die Welt jetzt „Prinzip", nennt, unabhängig gewesen sein – weil alles, was wir so bezeichnen, nur eine Folge der Reaktion auf diesen allerersten Akt ist. Ich nenne diesen Akt den „allerersten", denn die Schöpfung des absoluten materiellen Kernes ist eigentlich mehr als *Empfängnis* denn als „*Akt*" in der gewöhnlichen Bedeutung des Wortes zu betrachten. So müssen wir den ursprünglichen Akt als den Urheber alles dessen betrachten, was wir jetzt „Prinzipien" nennen. Aber dieser ursprüngliche Akt selbst muß als *dauernde Willensausübung* angesehen werden. Das ist so zu verstehen, daß der Gedanke Gottes die Zerstreuung ins Werk setzte – mit ihr fortfuhr – sie ordnete – und sich schließlich von ihr zurückzog, als sie vollständig war. Dann beginnt die Reaktion und durch sie das „Prinzip", so wie wir das Wort anwenden. Es wäre indessen ratsam, die Anwendung dieses Wortes auf die beiden *unmittelbaren* Resultate, die aus dem Aufhören das göttlichen Willens entspringen, zu beschränken – nämlich die beiden Triebkräfte, *Attraktion* und *Repulsion*. Jede andere Naturkraft ist mehr oder weniger unmittelbar auf diese beiden zurückzuführen und sollte daher besser als *Unter*prinzip bezeichnet werden.

Es kann drittens eingewandt werden, diese besondere Art Verteilung, die ich den Atomen zugeschrieben habe, sei überhaupt nur „eine Hypothese" und weiter nichts.

Nun weiß ich freilich, daß das Wort Hypothese ein gewichtiger Schmiede-hammer ist, der sofort von allen richtigen Diminutivdenkern beim ersten Auf-tauchen einer Behauptung, die nach einer *Theorie* aussieht, gepackt oder gar geschwungen wird. Aber mit „Hypothese" kann ich *diesmal* nicht im geringsten getroffen werden, auch nicht von denen, die den ungefügen Hammer heben können – seien es kleine oder große Männer.

Ich behaupte erstens: Es ist *einzig und allein* in der beschriebenen Art und Weise denkbar, daß die Materie dergestalt ausströmte, daß sie gleichzeitig die Bedingungen der Strahlung und der im ganzen gleichmäßigen Verteilung erfüllte. Ich behaupte zweitens: Diese Bedingungen haben sich mir in einer Reihe von Schlußfolgerungen, die *ebenso peinlich logisch sind, wie irgendwelche Beweisführung des Euclid*, als Notwendigkeiten aufgedrängt; und ich behaupte drittens: Selbst wenn der Vorwurf der „Hypothese, so völlig begründet wäre, wie er in der Tat unbe-gründet und unhaltbar ist, wäre doch die Gewißheit und Unbestreitbarkeit mei-nes Resultats nicht in der geringsten Einzelheit erschüttert.

Zur Erklärung: die Newtonsehe Gravitation – ein Naturgesetz – ein Gesetz, dessen Tatsächlichkeit niemand leugnet, der nicht fürs Irrenhaus reif ist – ein Gesetz, dessen Aufstellung uns instand setzt, neun Zehntel aller Erscheinun-gen des Weltalls zu erklären – ein Gesetz also, das wir bloß deshalb, weil es uns instand setzt, diese Erscheinungen zu erklären, ohne Rücksicht auf sonstige Erwägungen, anzuerkennen völlig gewillt und genötigt sind – ein Gesetz aber trotzdem, bei dem weder das Prinzip noch der *modus operandi* des Prinzips jemals analysiert oder aufgezeigt worden ist – kurz, ein Gesetz, das, in seinen Einzelhei-ten und im Ganzen der Erklärung *überhaupt* nicht zugänglich war – dieses Gesetz wird endlich als völlig erklärbar erkannt – vorausgesetzt, daß wir nur zugeben – was sollen wir zugeben? Eine Hypothese? Wie nun, *wenn eine Hypothese –* wenn eine bloße Hypothese – wenn eine Hypothese, für deren Annahme – wie in dem Fall einer so *reinen* Hypothese, wie es das Newtonsche Gesetz selbst ist – kein Schatten eines *a priori*-Grundes aufgebracht werden könnte – wenn also etwas, was so absolut nur Hypothese ist, wie hier angegeben wird, uns instand setzte, Zusammenhänge, die so wunderbar, so unsäglich verwickelt und schein-bar unvereinbar sind, wie es die Beziehungen in der Tat sind, von denen uns die Gravitation berichtet, befriedigend zu erklären – welches vernunftbegabte Wesen *könnte* sich albern darauf versteifen, selbst eine so absolute Hypothese dann noch länger eine Hypothese zu nennen – es sei denn, daß es in der Tat nur in dem Sinne fortführe, es so zu nennen, daß es sich ihm einfach nur um die ein für allemal zutreffende Definition von *Worten* handelte?

Aber was ist vielmehr diesmal der wirkliche Sachverhalt? Was ist *Tatsache*? Nicht nur, daß es sich um *keine* Hypothese handelt, der wir etwa *beipflichten* sollen, damit das zur Genüge erklärte Prinzip zugelassen werde, vielmehr handelt es sich um eine logische Schlußfolgerung, der *nicht* beizupflichten wir aufgefordert sind, wenn wir ohne sie auskommen können – die wir einfach *leugnen* sollen, *wenn wir können* – um eine Schlußfolgerung, die so streng logisch ist, daß jeder, der sie bestreiten wollte, damit den Versuch machte, etwas Unbestreitbares zu bezweifeln – eine Schlußfolgerung, der wir nicht entrinnen können, wir mögen uns drehen, wie wir wollen; um ein Resultat handelt es sich, das uns entweder am Ende eines induktiven Aufstiegs entgegentritt, den wir bei den Erscheinungen eben des Gesetzes, um das es sich handelt, begonnen haben, oder am Schlusse eines deduktiven Abstiegs von der allereinfachsten aller denkbaren Aufstellungen aus – mit einem Wort: *der Annahme der Einfachheit.*

Und sollte man mich hier, bloß um der Rabulistik willen, mit dem Einwande bedrängen, wenn schon mein Ausgangspunkt, wie ich behaupte, die Annahme der absoluten Einfachheit sei, so sei eben Einfachheit, bloß an und für sich betrachtet, kein Axiom, und nur Deduktionen aus Axiomen seien unbestreitbar – so antwortete ich folgendermaßen:

Jede Wissenschaft, außer der Logik, ist die Wissenschaft von gewissen konkreten Beziehungen. Arithmetik zum Beispiel ist die Wissenschaft von den Zahlenbeziehungen; Geometrie von den Beziehungen der Formen – Mathematik im allgemeinen die Wissenschaft von den allgemeinen Quantitätsbeziehungen – von allem, was vermehrt oder vermindert werden kann. Die Logik dagegen ist die Wissenschaft von den Beziehungen in abstracto – von den bedingungslosen Beziehungen – von den Beziehungen an und für sich. Ein Axiom in jeder einzelnen Wissenschaft außer der Logik ist daher bloß eine Behauptung, die gewisse konkrete Beziehungen aussagt, die zu einleuchtend sind, um bestritten werden zu können – wie wenn wir zum Beispiel sagen, daß das Ganze größer ist als der Teil; und so ist wiederum das Prinzip des logischen Axioms – anders ausgedrückt: eines Axioms *in abstracto* – einfach *Selbstverständlichkeit der Beziehungen.* Nun ist es klar, daß etwas, was einem Kopfe einleuchtet, dem andern vielleicht nicht einleuchtet, ja, sogar, was einem Kopfe zu einer bestimmten Zeit einleuchtet, demselben Kopfe zu einer andern Zeit vielleicht keineswegs einleuchtet. Es ist weiter klar, daß etwas, was heute der Mehrheit der Menschen oder der Mehrheit der besten Köpfe einleuchtet, morgen derselben Mehrheit mehr oder weniger oder vielleicht ganz und gar nicht einleuchtet. Es ist demnach offenbar, daß das *axiomatische Prinzip* selbst der Veränderung ausgesetzt ist, daß also natürlich auch die Axiome wandelbar sind. Da sie schwankend sind, schwanken notwendigerweise auch die „Wahrheiten", die aus ihnen hervorgehen; oder anders ausgedrückt: sie können überhaupt nie als positive Wahrheiten aufgestellt werden: denn Wahrheit und Unveränderlichkeit sind eins.

Man wird jetzt bereitwillig zugeben, daß keine axiomatische Idee, keine Idee, die auf das fließende Prinzip der Selbstverständlichkeit der Beziehungen begründet ist, ein so sicheres, so zuverlässiges Fundament für einen Vernunftbau abgeben kann, wie *solch* eine Idee – (worin sie auch bestehe, wo wir sie finden mögen, wenn sie überhaupt irgendwo zu finden ist) – die ganz und gar beziehungslos ist – die dem Verstande mit keinerlei Selbstverständlichkeit der Beziehungen, die man für mehr oder minder groß halten könnte, kommt, die vielmehr den Geist vor gar keine, nicht die leiseste Notwendigkeit stellt, *irgendwelche Beziehungen überhaupt* in Betracht zu ziehen. Wenn eine solche Idee nicht das ist, was wir zu unüberlegt ein „Axiom" nennen, so ist sie mindestens als deduktive Grundlage jedem Axiom, das je aufgestellt wurde, oder allen denkbaren Axiomen zusammengenommen, vorzuziehen; und genau so, wie ich es hier beschrieben habe, verhält es sich mit der Idee, mit der mein deduktives Verfahren, das von der Induktion so wirkungsvoll unterstützt wird, beginnt. Mein *ursprünglicher Kern* ist weiter nichts als *absolute Beziehungslosigkeit*. Um zusammenzufassen, was ich ausgeführt habe: Ich bin davon ausgegangen, es einfach für ausgemacht zu nehmen, daß der Anfang nichts hinter sich und nichts vor sich hatte – daß er in der Tat ein Anfang war – daß er ein Anfang war und nichts anderes – kurz: daß dieser Anfang war – *was er war*. Wenn das eine „bloße Annahme" sein soll, dann soll es eine „bloße Annahme" sein.

Um diesen Teil des Themas abzuschließen:– Ich bin vollauf berechtigt zu verkünden, *daß das Gesetz, das wir gewohnt sind, Gravitation zu nennen, darauf beruht, daß die Materie bei ihrem Ursprung in Atomgestalt in eine begrenzte* Raumkugel gestrahlt ist, aus einem individuellen, unbedingten, beziehungslosen und absoluten Kern, auf die einzige Weise, in der es möglich war, zugleich die zwei Bedingungen: Ausstrahlung und allgemein gleichmäßige Verteilung im Raume, zu erfüllen – das heißt, mit einer Kraft, die sich direkt proportional zu den Quadraten der Entfernungen zwischen den ausgestrahlten Atomen einerseits und dem Zentrum der Ausstrahlung anderseits veränderte.*

Ich habe bereits angeführt, aus welchen Gründen ich der Annahme, daß die Materie von einer endlichen Kraft zerstreut worden ist, vor der andern, daß es sich um eine unaufhörliche oder ins Unendliche fortgesetzte Kraft handle, den Vorzug gebe. Wenn wir eine unaufhörliche Kraft annähmen, wäre es zuvörderst ausgeschlossen, überhaupt eine Reaktion zu begreifen; und zweitens wäre erfordert, die unmögliche Vorstellung einer unendlichen Ausdehnung der Materie zu hegen. Halten wir uns bei der Unmöglichkeit der Vorstellung nicht auf: Die unendliche Ausdehnung der Materie ist eine Idee, die, wenn nicht tatsäch-

---

* „Begrenzte Kugel". Eine Kugel ist notwendig begrenzt. Ich ziehe die Tautologie der Gefahr der Mißdeutung vor.

lich widerlegt, so doch mindestens in keiner Weise durch die Beobachtung der Gestirne mittels Fernrohrs verbürgt ist – worüber weiter unten mehr folgt; und dieser empirische Grund, an die ursprüngliche Endlichkeit der Materie zu glauben, wird durch nicht-empirische unterstützt. Zum Beispiel: Nehmen wir für den Augenblick an, es sei der Gedanke möglich, daß der Raum von den ausgestrahlten Atomen *erfüllt* sei – das heißt, nehmen wir, so gut es geht, um unserer Beweisführung willen an, die Folge der ausgestrahlten Atome habe absolut *kein Ende* – dann ist es sonnenklar, daß – gesetzt selbst den Fall, der Wille Gottes habe sich von ihnen zurückgezogen und der Tendenz, zur Einheit zurückzukehren, sei es daher (abstrakt genommen) erlaubt gewesen, sich Genüge zu tun – daß diese Erlaubnis schemenhaft und machtlos gewesen wäre – praktisch wertlos und ohne jede Wirkung. Keine Reaktion hätte eintreten können; keine Bewegung zur Einheit hin hätte gemacht werden können; kein Gravitationsgesetz hätte zustande kommen können.

Zur Erklärung: Man räume ein, daß die *abstrakte* Tendenz irgendeines Atoms zu irgendeinem andern das unvermeidliche Resultat der Zerstreuung aus der normalen Einheit ist, man gebe zu, daß jedes gegebene Atom *bereit* ist, sich nach jeder gegebenen Richtung zu bewegen – dann ist es klar, daß das Atom, das in Bereitschaft ist, sich in Bewegung zu setzen, wenn es von allen Seiten von einer *Unendlichkeit* von Atomen umgeben ist, sich natürlich niemals in Bewegung setzen kann, daß es niemals eine Tendenz nach einer gegebenen Richtung befriedigen kann – weil eine genau gleiche Tendenz, die die erste aufwiegt, es nach der diametral entgegengesetzten Richtung zöge. Mit anderen Worten: Das Atom, das auf dem Sprunge ist, hat genauso viele Tendenzen zur Einheit hinter sich wie vor sich; denn es ist lediglich eine Albernheit zu sagen, eine unendliche Linie sei länger oder kürzer als eine andere unendliche Linie, oder eine unendliche Zahl sei größer oder kleiner als eine andere unendliche Zahl. Daher muß das fragliche Atom für ewige Zeiten still stehen. Unter den unmöglichen Umständen, die wir nur um der Beweisführung willen bemüht waren, uns vorzustellen, hätte es keine Zusammenballung von Materie geben können – keine Gestirne – keine Welten – nichts als ein ewig atomhaftes und ereignisloses Weltall. Man mag es in der Tat ansehen, wie man will, die ganze Idee einer unbegrenzten Materie ist nicht nur unhaltbar, sondern unmöglich und widersinnig.

Wenn wir uns dagegen eine Atom*kugel* vorstellen, dann bemerken wir sofort eine Tendenz zur Vereinigung, die *befriedigt* werden kann. Da das gemeinsame Ergebnis der Tendenz von jedem zu jedem die Tendenz aller zum Zentrum ist, so beginnt der *allgemeine* Prozeß der Verdichtung oder Annäherung sofort mit einer allgemeinen und gleichzeitigen Bewegung, wobei der göttliche Wille aufzuhören beginnt; wobei die individuellen Annäherungen oder erstrebten –

nicht vollendeten – Vereinigungen der Atome untereinander den fast unendlichen Verschiedenheiten an Zeit, Grad und Bedingungen unterworfen sind, auf Grund der außerordentlichen Vielheit der Beziehungen, die sich aus den Unterschieden in der Form ergibt; man erinnert sich, daß wir diese Verschiedenheit der Form als charakteristisch für die Atome im Augenblicke ihres Ausgangs aus dem ursprünglichen Kern vorausgesetzt haben, ebenso wie die nachfolgende Ungleichheit der Abstände zwischen den einzelnen Atomen, die ebenfalls zu dieser Mannigfaltigkeit beiträgt.

Was ich dem Leser einzuprägen wünsche, ist die Gewißheit, daß in dem Augenblicke, wo die zerstreuende Kraft, der göttliche Wille, nachläßt, aus dem erörterten Zustande der Atome an unzähligen Punkten der Weltkugel unzählige Atomhaufen entstehen, die durch unzählige spezifische Verschiedenheiten an Form, Größe, Wesensart und Abstand voneinander sich auszeichnen. Die Entwicklung der Repulsion (Elektrizität) muß natürlich bei den allerersten einzelnen Versuchen, zur Einheit zu gelangen, eingesetzt haben, und muß im Verhältnis des Strebens nach Einswerden – das heißt: im Verhältnis der fortschreitenden Verdichtung oder, noch anders gesagt: der Heterogenität – fortgesetzt weiter gediehen sein.

So geleiten die beiden Grundprinzipien – *Attraktion* und *Repulsion* – das Materielle und das Geistige – einander für immer in der engsten Gemeinschaft. *So gehen Leib und Seele Hand in Hand.*

Wenn wir nun in Gedanken irgendeinen der Atom-Haufen herausgreifen, wie sie auf ihrer allerersten Stufe in der Weltenkugel verteilt sind, und wenn wir annehmen, er befinde sich an der Stelle, wo der Mittelpunkt unserer Sonne ist – oder besser, wo er ursprünglich *gewesen* ist: denn die Sonne wechselt fortwährend ihre Lage – da begegnen wir – der prachtvollsten aller Theorien – und finden uns eine Weile wenigstens von ihr begleitet – der Nebular-Kosmogonie von Laplace – wiewohl „Kosmogonie" ein viel zu umfassender Ausdruck für das ist, was sie tatsächlich untersucht – nämlich die Bildung allein unseres Sonnensystems – eines Systems unter Myriaden von entsprechenden Systemen, die das eigentliche Weltall ausmachen – die Weltenkugel – den allumfassenden, absoluten *Kosmos*, der den Gegenstand meiner vorliegenden Abhandlung bildet.

Laplace beschränkt sich auf einen (*offenbar begrenzten*) Raumteil – auf unser Sonnensystem mit seiner verhältnismäßig unmittelbaren Nachbarschaft – und setzte *lediglich* ein gut Teil dessen voraus – das heißt, er setzte es ohne irgendwelche deduktive oder induktive Unterlage voraus – was ich eben bemüht war, auf eine sichere Grundlage zu stellen; so zum Beispiel die Zerstreuung der Materie (ohne daranzugehen, diese Zerstreuung zu begründen) über den Raum, den unser System einnimmt, und etwas darüber hinaus – und zwar habe die Zerstreuung stattgefunden in Form heterogener Nebel und unter der Herrschaft des allmächtigen Gravitationsgesetzes, dessen Prinzip er nicht zu erklären wagte; indem er all das annahm (was völlig wahr ist, nur hatte er, logisch genommen, kein Recht zu seiner Annahme), hat Laplace dann dynamisch und mathematisch gezeigt, daß die Resultate, die in diesem Falle notwendig folgten, die und nur die seien, deren Offenbarung wir in dem gegenwärtig vorhandenen Zustande unseres Sonnensystems finden.

Zur Erklärung: Stellen wir uns vor, der spezielle Atomhaufen, von dem wir eben gesprochen haben – der sich an der Stelle befindet, die den Mittelpunkt unserer Sonne bezeichnet – sei so weit vorgeschritten, daß eine große Menge nebelförmiger Materie eine ungefähr kugelförmige Gestalt angenommen habe; ihr Mittelpunkt falle natürlich zusammen mit dem, was jetzt der Mittelpunkt unserer Sonne ist, oder besser: was er früher gewesen ist; und ihre Peripherie erstrecke sich bis über die Bahn des Neptun hinaus, des entferntesten von unseren Planeten – mit andern Worten: der Durchmesser dieser ungefähren Kugel sei einige 6.000 Millionen Meilen groß. In langen Zeiträumen hat sich diese Masse verdichtet, bis sie schließlich sich so zusammenballte, wie wir jetzt annehmen; ganz allmählich hat sie sich aus dem atomhaften und nicht wahrnehmbaren Zustande in das verwandelt, was wir nun eine sichtbare, greifbare oder sonst wahrnehmbare Nebelmasse nennen.

Nun bedingt der Zustand dieser Masse eine Rotation um eine angenommene Achse, und zwar muß diese Rotation mit dem allerersten Beginn der Aggregation eingesetzt und seitdem immer an Schnelligkeit zugenommen haben. Gleich die ersten zwei Atome, die sich so trafen, daß sie sich einander von Punkten aus näherten, die einander nicht diametral entgegengesetzt waren, mußten dadurch, daß sie teilweise aneinander vorbeiflogen, einen Kern für die erwähnte rotierende Bewegung bilden. Wie diese nun an Schnelligkeit zunehmen mußte, ist leicht zu sehen. An die zwei Atome schließen sich andere an – eine Aggregation bildet sich. Die Masse fährt während ihrer Verdichtung fort, sich um sich selbst zu drehen. Aber jedes Atom, das sich an der Außenseite befindet, hat natürlich eine schnellere Bewegung als die, die näher am Zentrum sind. Das äußere Atom jedoch nähert sich mit seiner größeren Geschwindigkeit dem Zentrum und nimmt diese größere Geschwindigkeit währenddessen mit sich. So fügt jedes Atom, das sich nach innen bewegt und sich schließlich an den festeren Mittelpunkt anschließt, der ursprünglichen Geschwindigkeit des Zentrums etwas hinzu – das heißt: es steigert die rotierende Bewegung der Masse.

Nehmen wir nun an, diese Masse sei so weit verdichtet, daß sie *genau* den Raum einnimmt, den die Neptunbahn begrenzt, und daß die Geschwindigkeit, mit der sich die Außenteile der Masse bewegen, genauso groß wie die ist, mit der Neptun sich jetzt um die Sonne dreht. Zu diesem Zeitpunkt, so müssen wir annehmen, hatte die fortwährend anwachsende Zentrifugalkraft das Übergewicht über die nicht wachsende Zentripetalkraft bekommen und hatte am Äquator der Kugel, wo die Tangentialgeschwindigkeit am größten war, die äußere und am wenigsten verdichtete Schicht oder einige solcher Schichten gelockert und abgetrennt, so daß die Schichten um den Hauptkörper einen unabhängigen Ring bildeten, der die Teile am Äquator konzentrisch umschloß – gerade wie der äußere Rand eines Mühlsteins, der sich mit außergewöhnlicher Geschwindigkeit drehte, losgeschleudert würde und einen Ring um ihn bildete, wenn das Material dieser Außenteile nicht fest wäre; bestünde es aus Kautschuk oder einem Material von ähnlicher Beschaffenheit, so würde sich genau die Erscheinung zeigen, wie ich sie hier beschreibe.

Der Ring, der sich so von der Nebelmasse fortgerissen hatte, *kreiste* natürlich als selbständiger Ring mit genau derselben Geschwindigkeit, mit der er rotiert hat, solange er noch die Oberfläche der Masse gewesen war. Da inzwischen die Verdichtung immer weiter fortschritt, wurde der Zwischenraum zwischen dem abgetrennten Ringe und dem Hauptkörper stetig größer, so daß der Zwischenraum zwischen ihnen schließlich sehr beträchtlich war.

Nehmen wir nun an, der Ring habe durch eine gewisse, scheinbar zufällige Anordnung seiner heterogenen Bestandteile einen beinahe gleichförmigen Aufbau gehabt, dann hätte dieser Ring *als solcher* nie aufgehört, um seinen Ursprungskörper zu kreisen; aber – was man von vornherein vermuten konnte – es scheint genug Unregelmäßigkeit in der Verteilung der Materialien vorgelegen zu haben, um sie dazu zu bringen, sich um Zentralpunkte von besonderer Festigkeit zusammenzuballen; und so wurde die Ringform zerstört.* Ohne Zweifel brach der Gürtel alsbald in mehrere Stücke auseinander, und eins von diesen Stücken, das die größte Masse hatte, sog die andern in sich hinein; das Ganze konstituierte sich in Kugelgestalt als Planet. Daß dieser als Planet die kreisende Bewegung fortsetzte, die er in Ringform an sich gehabt hatte, ist klar genug; und daß er in seiner neuen Kugelgestalt dazu kam, noch eine andere Bewegungsart hinzufügen, ist leicht zu erklären. Wenn wir uns den Ring, bevor er auseinanderbrach, noch einmal vorstellen, so sehen wir, daß seine Außenteile, während das Ganze um den Ursprungskörper kreist, sich schneller bewegen, als das Innere. Daher mußte auch nach Eintritt des Bruchs ein bestimmter

---

* Laplace erklärte seine Nebelmassen für heterogen, nur um so das Losbrechen der Ringe begründen zu können; denn wären die Nebelmassen homogen gewesen, so wären sie nicht gebrochen. Ich erreiche dasselbe Resultat – Heterogenität der sekundären Massen, die unmittelbar aus den Atomen hervorgehen – lediglich aus einer Betrachtung *a priori* ihrer Grundtendenz – Beziehung; gegenseitige Bedingtheit.

Teil eines jeden Bruchstücks sich mit größerer Geschwindigkeit bewegen als die übrigen Teile. Die überwiegend stärkere Bewegung hatte jedes Bruchstück rundumwirbeln müssen – das heißt: das Bruchstück war veranlaßt worden, sich um sich selbst zu drehen; und die Richtung der Rotation hatte natürlich die nämliche sein müssen wie die kreisende Bewegung, aus der sie entstanden war. Da *alle* Bruchstücke zu dieser eben beschriebenen Rotation gekommen waren, mußten sie diese, als sie sich miteinander vereinigten, auf den einen Planeten, der aus ihrer Vereinigung hervorging, übertragen. – Dieser Planet war der Neptun. Da seine Bestandteile fortfuhren, sich zu verdichten, und da die Zentrifugalkraft, die bei seiner Drehung um sich selbst erzeugt wurde, schließlich über die Zentripetalkraft das Übergewicht erlangte, wie vorher im Falle der Ursprungskugel, riß sich wiederum ein Ring vom Äquator des Planeten los: dieser Ring, der in seinem Aufbau ungleichförmig war, brach auseinander, und seine verschiedenen Bruchstücke wurden von dem größten aufgesogen und bildeten in ihrer Vereinigung eine neue Kugel – einen Mond. Dieser Vorgang wiederholte sich dann noch einmal, und ein zweiter Mond war das Resultat. So erklärt sich das Entstehen des Planeten Neptun mit den beiden Satelliten, die ihn begleiten.

Die Sonne hatte dadurch, daß sie einen Ring von ihrem Äquator abgestoßen hatte, das Gleichgewicht zwischen zentripetalen und zentrifugalen Kräften, das während der fortschreitenden Verdichtung gestört worden war, wiederhergestellt; aber dieses Gleichgewicht wurde im weiteren Fortgang der Verdichtung sofort wieder durch das Anwachsen der rotierenden Bewegung gestört. Zu der Zeit, wo die Masse soweit zusammengegangen war, daß sie den Raum einer Kugel einnahm, die gerade von der Bahn des Uranus begrenzt wurde, hatte – so müssen wir annehmen – die Zentrifugalkraft soweit die Oberhand gewonnen, daß eine neue Ablösung sich notwendig machte: infolgedessen riß sich ein zweiter Äquator-Gürtel los, der ungleichmäßig war und daher, wie vorher im Falle des Neptun, auseinanderbarst; die Bruchstücke konstituierten sich als Planet Uranus; die Geschwindigkeit, mit der er sich jetzt um die Sonne dreht, zeigt natürlich an, mit welcher Geschwindigkeit im Moment der Trennung die Äquatoroberfläche der damaligen Sonne ihre rotierende Bewegung vollführte. Der Uranus begann sich um sich selbst zu drehen, entsprechend den gemeinsamen rotierenden Bewegungen der Bruchstücke, die ihn bilden halfen, und warf so, wie vorhin erklärt, Ring nach Ring ab, von denen jeder, nachdem er auseinandergebrochen war, sich als Mond konstituierte: – andere Monde entstanden zu verschiedenen Zeiten auf diesem Wege durch den Bruch und die darauf folgende Verwandlung in Kugelgestalt von seiten einer ebenso großen Zahl verschiedener ungleichfömiger Ringe.

Zu der Zeit, wo die Sonne soweit eingeschrumpft war, daß sie nunmehr einen Raum einnahm, den die Bahn des Saturn gerade begrenzte, wär das Gleichgewicht – so müssen wir vermuten – zwischen ihren zentripetalen und zentrifugalen Kräften durch das Anwachsen der Rotationsgeschwindigkeit, wie es die zunehmende Verdichtung mit sich brachte, wiederum so sehr gestört worden, daß ein dritter Ausgleichversuch notwendig wurde; und daher wurde, wie zweimal vorher, ein Ringgürtel abgestoßen, der durch Bruch infolge von Ungleichförmigkeit sich schließlich als Planet Saturn zusammensetzte. Dieser stieß zunächst sieben ungleichförmige Gürtel von sich ab, die nach ihrem Zusammenbruch jeweils kugelförmig wurden und ebensoviele Monde bildeten; nachher aber scheint er zu drei verschiedenen Malen ziemlich kurz nacheinander drei Ringe von sich abgelöst zu haben, die anscheinend durch Zufall, so außerordentlich gleichförmig in ihrem Aufbau waren, daß sich keine Gelegenheit bot, die sie dazu bringen konnte, in Stücke zu brechen; und daher kommt es, daß sie fortfahren, als Ringe zu kreisen. Ich bediene mich des Ausdrucks „*anscheinend* durch Zufall", denn zufällig im gewöhnlichen Sinn des Wortes war natürlich nichts – der Ausdruck bezeichnet nur ein unauffindbares oder jetzt nicht festzustellendes *Gesetz*.

Als die Sonne nun noch weiter einschrumpfte, bis sie gerade den Raum einnahm, den die Bahn Jupiters begrenzt, sah sie sich zu einer weiteren Anstrengung genötigt, um das Verhältnis ihrer zwei Kräfte, das durch das immer fortdauernde Anwachsen der rotierenden Bewegung unaufhörlich durcheinanderkam, wieder ins Gleiche zu bringen. Demgemäß wurde jetzt Jupiter abgestoßen; aus der Ringgestalt ging er in den Planetenzustand über, und, nachdem er das erreicht hatte, warf er bei seiner Drehung um sich selbst zu vier verschiedenen Malen vier Ringe ab, die sich schließlich in ebensoviele Monde verwandelten.

Die Sonne, die immer noch weiter einschrumpfte, bis ihre Kugel gerade den Raum einnahm, den die Bahn der Asteroiden bezeichnet, entsandte jetzt einen Ring, der anscheinend acht Zentralpunkte besonderer Festigkeit hatte und sich bei seinem Auseinanderbrechen in acht Stücke teilte, von denen keiner so viel mehr Masse hatte als die andern, um sie in sich aufzunehmen. Daher fuhren alle fort, als einzelne, wiewohl kleine Planeten in Bahnen zu kreisen, deren Abstände voneinander bis zu gewissem Grade als Maß der Kraft betrachtet werden können, die sie auseinandertrieb – wobei aber doch diese Bahnen so eng zusammengehören, daß wir das Recht haben, sie im Vergleiche mit den anderen Planetenbahnen eine *einzige* zu nennen.

Als die Sonne, die fortfuhr einzuschrumpfen, so klein geworden war, daß sie gerade die Bahn des Mars ausfüllte, entsandte sie diesen Planeten – natürlich in derselben Weise, die ich wiederholt beschrieben habe. Da der Mars indessen keinen Mond hat, kann er keinen Ring abgeworfen haben. In der Tat war nun in der Laufbahn des Ursprungskörpers, des Zentrums des ganzen Systems, ein bedeutungsvoller Moment eingetreten. Die *Ab*nahme ihres Nebelzustandes, die zusammenfällt mit der *Zu*nahme ihrer Dichtigkeit, die wiederum zusammenfällt mit der Abnahme ihres Verdichtungsprozesses, welch letzterer an der fortwährenden Störung des Gleichgewichtszustandes die Schuld trug – diese Veränderung muß zu dieser Zeit einen Grad erreicht haben, wo die Anstrengungen nach einem Ausgleich im selben Maße immer unwirksamer wurden, wie sie weniger häufig erforderlich waren. So wiesen die Vorgänge, von denen wir sprachen, allenthalben Zeichen der Erschöpfung auf – zuerst in den Planeten und dann in der ursprünglichen Masse. Wir dürfen nicht in den Irrtum verfallen, daß wir annehmen, die Abnahme des Zwischenraumes zwischen den Planeten, die man bemerkt, je mehr man sich der Sonne nähert, sei in irgendeiner Hinsicht ein Anzeichen dafür, daß die Perioden, zu denen sie entsandt wurden, häufiger geworden wären. Genau das Umgekehrte ist anzunehmen. Die längste Pause muß zwischen die Entstehung der beiden inneren Planeten fallen, und die kürzeste zwischen die der beiden äußern. Die Abnahme des Zwischenraumes ist dagegen das Maß der Dichtigkeit der Sonne und steht daher im umgekehrten Verhältnis zu ihrem Verdichtungsprozeß während der erörterten Vorgänge.

Als jedoch die Sonne so weit eingeschrumpft war, daß sie nur noch die Bahn unserer Erde ausfüllte, stieß die Ursprungskugel noch *einen* anderen Körper von sich – die Erde –, der noch so weit nebelförmig war, daß er bei seiner Drehung um sich selbst noch einen anderen loslassen konnte – unsern Mond – aber dies war das Ende der Mondbildungen.

Zuletzt verkleinerte sich die Sonne so, daß sie nur noch die Bahnen der Venus und des Merkur ausfüllte, und so entsandte sie diese zwei inneren Planeten; von diesen beiden hat keiner einen Mond geboren.

So stieg die große Zentralkugel, der Ursprung unseres Sonnen-Planeten-Monde-Systems, aus ihrem ursprünglichen Umfang – oder genauer zu sprechen, aus der Verfassung, in der wir sie zuerst betrachteten – aus einer teilweise zur Kugel gewordenen Nebelmasse, deren Durchmesser *bestimmt* mehr als 5.600 Millionen Meilen lang war – allmählich durch Verdichtung, dem Gravitationsgesetz gehorchend, zu einer Kugel hinab, deren Durchmesser nur 882.000 Meilen beträgt; jedoch ist keineswegs damit gesagt, daß der Prozeß der Verdichtung schon abgeschlossen sei, oder daß sie jetzt nicht mehr die Macht besitze, einen neuen Planeten abzustoßen.

Ich habe hier – natürlich nur in großen Umrissen, aber doch mit allem Detail, das zur Klarheit notwendig ist – einen Überblick über die Nebulartheorie gegeben, wie ihr Urheber sie verstand. Wir mögen sie von dem oder jenem Standpunkte betrachten: sie ist *wundervoll wahr*. Sie ist in der Tat bei weitem zu schön, als daß ihr innerstes Wesen nicht Wahrheit sein sollte – und was ich hier sage, ist im tiefsten Sinne Ernst. – In der Umdrehungsbahn der Satelliten des Uranus finden sich Punkte, die *anscheinend* nicht zu den Annahmen Laplaces stimmen; aber daß *eine* scheinbare Unvereinbarkeit eine Theorie erschüttern sollte; die sich auf eine Million verwickelte Tatsachen stützt, die alle stimmen, das wäre eine abenteuerliche Idee. Wenn ich hiermit zuversichtlich prophezeie, daß die scheinbare Ausnahme, von der ich hier spreche, sich früher oder später als die denkbar stärkste Stütze der Gesamthypothese herausstellen wird, dann mache ich keinen Anspruch auf eine besondere Divinationsgabe. Es wäre im Gegenteil einzig und allein schwierig, das *nicht* vorzusehen.*

Die Körper, die in der beschriebenen Weise weggestoßen wurden, vertauschten, wie wir gesehen haben, die Umdrehung der Kugeln, aus denen sie hervorgingen, um sich selbst mit einer kreisenden Bewegung von gleicher Geschwindigkeit um diese Kugeln als Mittelpunkte der Bewegung; und die so entstandene kreisende Bewegung muß fortdauern, so lange die Zentripetalkraft oder die Kraft, mit der der hinausgeschleuderte Körper gegen seinen Ursprung gravitiert, weder größer noch kleiner ist als die Kraft, die ihn hinausgeschleudert hat, das heißt als die Zentrifugalkraft, oder, genauer gesprochen, die Tangentialgeschwindigkeit. Indessen hätten wir schon aus der Einheit des Ursprungs der beiden Kräfte die Erwartung schöpfen können, sie so zu finden, wie sie gefunden werden – nämlich in vollkommenem Gleichgewichtszustande. Es ist in der Tat gezeigt worden, daß in jedem Falle der Akt des Hinausschleuderns nur zur Wahrung des Gleichgewichtes eintritt.

Nachdem jedoch die Zentripetalkraft in Abhängigkeit von dem allumfassenden Gravitationsgesetz gebracht worden war, kam in astronomischen Abhandlungen die Gepflogenheit auf, jenseits der Grenzen der bloßen Natur – das heißt, der *sekundären* Ursachen – eine Lösung des Phänomens der Tangentialgeschwindigkeit zu suchen. Sie führen sie direkt auf eine erste Ursache zurück – auf Gott. Sie versichern, die Kraft, die einen Sternenkörper um seinen Ursprungskörper herumträgt, sei aus einem Anstoß entsprungen, den unmittelbar der Finger – dieser kindischen Ausdrucksweise bedient man sich – der Finger der Gottheit gegeben habe. Nach dieser Auffassung wären die vollständig fertig geformten Planeten von der Hand Gottes so fortgeschleudert worden, daß sie in die Nachbarschaft der Sonnen kamen, und zwar sei der Stoß mathe-

---

* Ich habe die Absicht, zu zeigen, daß die regelwidrige Umdrehung der Satelliten des Uranus lediglich eine perspektivische Anomalie ist, die aus der Neigung der Achse des Planeten zu erklären ist.

matisch genau den Massen oder den Anziehungskräften der Sonne angepaßt gewesen. Eine so grob unphilosophische – wiewohl ganz unbedenklich akzeptierte – Idee konnte nur aus der Schwierigkeit entstehen, es in anderer Weise zu begründen, daß zwei Kräfte, die scheinbar so unabhängig voneinander sind, wie die Gravitationskraft und die Tangentialkraft, einander gegenseitig mit absoluter Genauigkeit entsprechen sollen. Aber man sollte sich erinnern, daß lange Zeit hindurch die Übereinstimmung zwischen der Umdrehung des Mondes um sich selbst und seiner Bewegung um die Erde – zwei Bewegungen, die anscheinend noch unabhängiger voneinander sind als die beiden, die uns jetzt beschäftigen – als völlig wunderbar betrachtet wurde; und es bestand selbst bei Astronomen eine starke Neigung, dieses Wunder dem unmittelbaren und unausgesetzten Eingreifen Gottes zuzuschreiben der es in diesem besonderen Falle notwendig gefunden haben sollte, sich in seine allgemeinen Gesetze mit einer Art Hilfsstatuten einzumischen, um dadurch zu erreichen, die Herrlichkeiten oder auch die Schrecknisse der andern Seite des Mondes – dieser geheimnisvollen Halbkugel, die sich der teleskopischen Neugier der Menschheit immer entzogen hat und ewig entziehen muß – vor sterblichen Augen zu verbergen. Bei fortschreitender Wissenschaft aber wurde bald bewiesen – was für den philosophische Instinkt *keines* Beweises bedurft hätte, – daß die eine Bewegung nur ein Zubehör – mehr noch als eine Folge – der anderen ist.

Ich für mein Teil habe keine Nachsicht mit Einfällen, die in gleicher Weise furchtsam, hohl und plump sind. Sie gehören zur ausgesuchten *Feigheit* des Denkens. Daß die Natur und der Gott der Natur zweierlei sind, das kann kein denkendes Wesen lange bezweifeln. Unter jener verstehen wir lediglich die Gesetze des letztern. Aber zu eben dieser Vorstellung eines allmächtigen und allwissenden Gottes, gehört auch die Vorstellung von der *Ausnahmelosigkeit* seiner Gesetze. Wo es bei ihm nicht Vergangenheit noch Zukunft gibt – wo bei ihm alles ein *Jetzt* ist – beleidigen wir ihn da nicht, wenn wir seine Gesetze für so elend ersonnen halten, daß nicht für jeden Zufall vorgesorgt ist? – oder noch besser gesagt: was sonst *können* wir von *jedem* erdenklichen Zufall halten, als daß er zugleich Resultat und Offenbarung seiner Gesetze ist? Wer sich Vorurteile abgewöhnt und den seltenen Mut hat, nur für sich zu denken, der muß schließlich dazu gelangen können, die *Gesetze* in *das* Gesetz zu verdichten – der muß schließlich zu dem Ergebnis kommen, daß *jedes Naturgesetz in allen Stücken von allen andern Gesetzen abhängt* und daß alle bloß Folgen der einen urersten Entfaltung des göttlichen Willens sind. Das ist das Prinzip der Kosmogonie, die ich hier mit aller gebotenen Bescheidenheit vorzuschlagen und zu behaupten wage.

Von diesem Standpunkte aus wird man verstehen, daß ich den Einfall, die Tangentialkraft sei den Planeten unmittelbar vom „Finger Gottes" mitgeteilt worden, als frivol und sogar gottlos verpöne, daß ich vielmehr der Meinung bin, diese Kraft habe ihren Ursprung in der Drehung der Sterne um sich selbst – diese Drehung wiederum sei hervorgebracht durch die Einwärtsbewegung der ursprünglichen Atome in der Richtung nach ihren jeweiligen Aggregationszentren – diese Einwärtsbewegung sei die Folge des Gravitationsgesetzes – dieses Gesetz aber bloß die Art und Weise, in der sich die Tendenz der Atome, zur Ungeschiedenheit zurückzukehren, notwendig äußert – diese Tendenz nichts weiter als die unausbleibliche Reaktion auf den ersten und erhabensten Akt – diesen Akt, durch den ein Gott, der für sich da war und allein da war, kraft seines Willens mit einem Male sich in alle Dinge verwandelte, wobei jedes Ding so ein Stück Gott ausmachte.

Die zur Wurzel dringenden Annahmen dieser Abhandlung bringen mich – nötigen mich sogar zu gewissen wesentlichen Modifikationen der Nebulartheorie, wie sie Laplace aufgestellt hat. Ich habe den Zweck der Tätigkeit der repulsiven Kraft darin gesehen, daß die unmittelbare Berührung der Atome verhütet werden sollte, und habe angenommen, daß diese Kraft im Verhältnis der Annäherung an diese Berührung tätig ist – das heißt, im Verhältnis der Verdichtung. Mit andern Worten: es ist anzunehmen, daß die *Elektrizität*, mit ihren zugehörigen Erscheinungen, Wärme, Licht und Magnetismus, zunimmt nach Maßgabe der Zunahme der Verdichtung und natürlich umgekehrt nach Maßgabe der Abnahme der Verdichtung. Daher muß die Sonne während ihres Aggregationsprozesses, während sich also Repulsionskraft entwickelte, übermäßig heiß, vielleicht glühend geworden sein, und wir können uns vorstellen, wie der Vorgang der Abtrennung ihrer Ringe durch die Bildung einer dünnen Kruste auf ihrer Oberfläche infolge der Abkühlung materiell unterstützt werden mußte. Jedes gewöhnliche Experiment zeigt uns, wie gern eine Kruste solcher Art sich infolge der Heterogenität von den inneren Massen abtrennt. Aber nach jedem neuen Abstoßen der Kruste mußte die neu gebildete Oberfläche glühend werden wie zuvor; und man kann sich wohl vorstellen, daß der Zeitpunkt, wo sie wieder so weit mit einer Kruste überzogen war, daß wieder eine Abtrennung und Entsendung möglich war, mit dem Moment genau zusammenfallen mußte, wo die ganze Masse eine neue Anstrengung nötig hatte, um das Gleichgewicht ihrer zwei Kräfte, das durch die Verdichtung gestört worden war, wiederherzustellen. Mit andern Worten: In dem Augenblick, wo der elektrische Einfluß (die Repulsion) die Oberfläche zur Abstoßung fertig gemacht hat, ist – so müssen wir annehmen – der gravitierende Einfluß (die Attraktion) im Begriff, sie abzustoßen. Hier also, wie überall, *gehen Leib und Seele Hand in Hand.*

Diese Ideen werden in allen Stücken von der Erfahrung gestützt. Da der Prozeß der Verdichtung niemals, in keinem Körper, als völlig beendet betrachtet werden kann, sind wir von vornherein zu der Annahme berechtigt, daß wir überall, wo wir Gelegenheit zur Prüfung haben, Anzeichen einer innewohnenden Leuchtkraft bei allen Gestirnen finden werden – bei Monden und Planeten ebensowohl wie bei den Sonnen. Daß unser Mond stark selbstleuchtend ist, sehen wir bei jeder totalen Mondfinsternis, wo er, wenn dem nicht so wäre, verschwinden müßte. Auf dem dunklen Teile unseres Trabanten, während er ab- und zunimmt, bemerken wir außerdem oft Lichterscheinungen, die unsern Nordlichtern ähnlich sind; und das diese letztern nebst unsern andern sogenannten elektrischen Erscheinungen, ohne von anhaltenderen Lichtvorgängen hier zu reden, unserer Erde für einen Bewohner des Mondes den Anschein geben, als ob sie etwas leuchte, ist ganz klar. In der Tat sollten wir all die Erscheinungen, auf die ich hingewiesen habe, als Offenbarungen des immer noch nicht ganz beendeten Verdichtungsprozesses der Erde auffassen, die in verschiedenen Formen und Stufen auftreten.

Wenn meine Aufstellungen haltbar sind, dann müssen wir darauf gefaßt sein, daß sich die neueren Planeten – das heißt, die, die der Sonne näher sind – als leuchtender erweisen, als die älteren und entfernteren – und der außergewöhnliche Glanz der Venus (auf deren dunklen Teilen, während sie zu- und abnimmt, nordlichtähnliche Erscheinungen häufig wahrgenommen werden) scheint durchaus nicht bloß darauf zurückzuführen, daß sie der Zentralkugel nahe ist. Sie ist ohne Zweifel lebhaft selbstleuchtend, wenn schon nicht, so sehr wie der Merkur; während das Eigenlicht des Neptun vielleicht so gut wie keines ist.

Wenn man zugibt, was ich vorgebracht habe, dann ist es klar, daß von dem Augenblicke an, wo die Sonne einen Ring abstößt, sich Hitze wie Licht auf Grund der unaufhörlichen Krustenbildung auf ihrer Oberfläche verringern muß; und daß ein Zeitpunkt eintreten muß – nämlich unmittelbar vor einer neuen Ausscheidung – wo eine sehr *materielle* Abnahme von Licht wie Wärme augenscheinlich werden muß. Nun wissen wir in der Tat, daß Anzeichen solcher Veränderungen deutlich zu gewahren sind. Auf den Melville-Inseln – um nur eines von hundert Beispielen anzuführen – finden wir Spuren einer ultratropischen Vegetation – von Pflanzen, die nie hätten wachsen können ohne unendlich viel mehr Licht und Hitze, als sie jetzt irgendein Teil der Erdoberfläche von der Sonne erhält. Ist eine solche Vegetation vielleicht einer Periode zuzuschreiben, die unmittelbar nach deim Abstoßen der Venus eingetreten war? In dieser Periode müssen wir die größte Zufuhr an Sonnenwirkung mitgemacht haben; und in der Tat muß damals diese Wirkung ihren Höhepunkt erreicht haben – wobei natürlich die Epoche, wo die Erde selbst abgestoßen wurde – die Periode, wo sie erst ins Leben trat – außer Betracht bleibt.

Ferner: wir wissen, daß es *nichtleuchtende Sonnen* gibt – das heißt Sonnen, auf deren Vorhandensein wir aus den Bewegungen anderer Sterne schließen, deren Leuchtkraft aber nicht stark genug ist, um uns zu erreichen. Sind diese Sonnen nur unsichtbar wegen der langen Zeit, die seit ihrem letzten Abstoßen eines Planeten verstrichen ist? Und noch weiter: sollten wir nicht – mindestens in gewissen Fällen – das plötzliche Auftauchen von Sonnen, wo früher keine vermutet worden sind, mit der Hypothese erklären, daß jede von ihnen in den paar tausend Jahren unserer astronomischen Geschichte mit verkrusteter Oberfläche dahingeflogen ist, bis sie endlich einen zweiten Körper losschleuderte und so in den Stand gesetzt wurde, die Herrlichkeiten ihres immer noch glühenden Innern zu enthüllen? – Auf die durchaus gesicherte Tatsache der Wärmezunahme, je mehr man ins Innere der Erde hinabsteigt, brauche ich natürlich nur hinzuweisen – es ist die denkbar stärkste Unterstützung alles dessen, was ich über den Gegenstand, der uns jetzt beschäftigt, gesagt habe.

Als ich weiter oben von dem repulsiven oder elektrischen Einfluß sprach, bemerkte ich, daß „die wichtigen Erscheinungen der Lebenskraft, des Bewußtseins und des Denkens, mag man sie im allgemeinen oder im speziellen betrachten, *mindestens proportional dem Heterogenen* sich zu verhalten scheinen." Ich erwähnte auch, daß ich auf diese Aufstellung zurückkommen werde; und hier ist nun der geeignete Ort, es zu tun. Wenn wir zuerst das Spezielle ins Auge fassen, so gewahren wir, daß nicht bloß die *Tatsache* der Lebenskraft, sondern ihre Bedeutung, ihre Folgen und die Höhe ihres Charakters stets gleichen Schritt halten mit der Heterogenität oder Kompliziertheit ihrer animalischen Struktur. Und fassen wir nun die Frage in ihrer Allgemeinheit ins Auge, denken wir an die ersten Bewegungen der Atome mit der Tendenz, Massen zu konstituieren, so finden wir, daß die Heterogenität direkt durch den Prozeß der Verdichtung hervorgebracht wird und immer proportional zu ihr verläuft. Wir kommen so zu dem Satz: *Die stufenweise Entwicklung der irdischen Lebenskraft schreitet im selben Verhältnis vorwärts wie die irdische Verdichtung.*

Dieser Satz stimmt völlig mit dem überein, was wir von der Aufeinanderfolge der Tiere auf Erden wissen. Je nachdem die Fortschritte ihrer Verdichtung waren, sind höhere und noch höhere Rassen aufgetreten. Ist es unmöglich, daß die aufeinanderfolgenden geologischen Revolutionen, die diese aufeinanderfolgenden Stufen der Organismen begleiten, wenn nicht unmittelbar hervorgerufen haben – ist es unwahrscheinlich, daß diese Revolutionen ihrerseits von den aufeinanderfolgenden Planetengeburten der Sonne hervorgebracht worden sind – mit andern Worten: von den aufeinanderfolgenden Wandlungen im Einfluß der Sonne auf die Erde? Wenn diese Idee begründet ist, so wären wir recht wohl zu der Phantasie berechtigt, daß die Abstoßung noch eines neuen Planeten, der

der Sonne noch näher wäre als Merkur, noch eine neue Modifikation der Erdoberfläche veranlassen kann – eine Modifikation, aus der eine Rasse entstehen
kann, die dem Menschen körperlich und geistig überlegen ist. Diese Gedanken
machen auf mich den zwingenden Eindruck der Wahrheit – aber ich äußere sie
natürlich nur als Vermutungen.

Die Nebulartheorie von Laplace hat neuerdings von seiten des Philosophen
Comte viel mehr Bestätigung erhalten, als sie brauchte. Diese zwei haben also
zusammen gezeigt – natürlich nicht, daß die Materie zu irgendwelcher Zeit in
dem beschriebenen Zustande einer nebelartigen Zerstreuung wirklich existiert
habe, sondern, daß die Materie, vorausgesetzt, daß sie in dem Raume, den jetzt
unser Sonnensystem einnimmt, und weit darüber hinaus so existiert habe, und
daß sie eine Bewegung gegen ein Zentrum begonnen habe – stufenweise die verschiedenen Formen und Bewegungsarten angenommen haben muß, die jetzt in diesem Sonnensysteme wahrgenommen werden. Eine Beweisführung wie diese –
eine dynamische und mathematische Beweisführung, sofern überhaupt etwas
zu beweisen ist – unbestreitbar und unbestritten abgesehen natürlich von der
unnützen und schändlichen Horde der berufsmäßigen Streiter – dieser komplett
Verrückten, die Newtons Gravitationsgesetz bestreiten, auf dem die Resultate
der französischen Mathematiker begründet sind – eine Beweisführung, sage ich,
wie diese, müßte für den Intellekt der meisten Menschen – für meinen ist es der
Fall, das erkläre ich – schlüssig sein für die zweifellose Geltung der Nebularhypothese, von der die Beweisführung abhängt.

Daß die Hypothese im gewöhnlichen Sinne des Wortes durch diese Demonstration nicht *bewiesen* ist, gebe ich natürlich zu. Zeigen, daß gewisse tatsächlich
vorhandene Resultate – gewisse feststehende Tatsachen – mit der Annahme
einer gewissen Hypothese, sogar mathematisch genau, erklärt werden können, ist noch lange nicht zeigen, daß die Hypothese selbst feststeht. Mit anderen Worten: – zeigen, daß ein gewisses tatsächlich vorhandenes Resultat, falls
gewisse Data angenommen werden, *aus diesen Datis* hervorgehen kann oder
sogar muß, beweist noch nicht, daß dieses Resultat nun wirklich aus diesen Datis
hervorgegangen *ist*; und zwar solange nicht, bis weiter gezeigt wird, daß es keine
anderen Data, aus denen das fragliche Resultat *in gleicher Weise* hervorgegangen
sein könnte, gibt, und daß es keine geben *kann*. Jedoch gibt es in dem Falle,
der uns hier beschäftigt, obwohl alle die Mangelhaftigkeit dessen, was wir aus
alter Gewohnheit „Beweis" nennen, zugeben müssen, viele und hochstehende
Geister, deren *Überzeugung* durch keinen Beweis auch nur um ein Jota gestärkt
werden *könnte*. Ohne auf Einzelheiten einzugehen, die uns in das Wolkenreich
der Metaphysik versetzen könnten, kann ich doch wohl hier bemerken, daß die
Stärke der Überzeugung in Fällen wie dem unsrigen – richtiges Denken vor-

ausgesetzt – immer dem Grade der *Kompliziertheit* entspricht, die die Hypothese und das Resultat verbindet. Weniger abstrakt ausgedrückt: Dadurch, daß der Grad der Kompliziertheit, den man in kosmischen Verhältnissen tatsächlich vorfindet, die Schwierigkeit, alle diese Zustände zu erklären, entsprechend groß macht, dadurch wird gleichzeitig unser Glaube an eine Hypothese entsprechend gestärkt, die die Zustände derart befriedigend erklärt; und da man sich nicht wohl eine größere Kompliziertheit vorstellen kann, als die der astronomischen Verhältnisse, so kann, für *meinen* Geist wenigstens, keine Überzeugung stärker sein, als solch eine, wie sie von einer Hypothese hervorgerufen wird, die nicht nur diese Zustände mit mathematischer Genauigkeit miteinander in Einklang bringt und sie auf ein stimmendes und verständliches Ganzes zurückführt, sondern die zugleich die *einzige* Hypothese ist, mittels derer der Intellekt des Menschen je im Stande war, sie *überhaupt* zu erklären.

Eine durchaus unbegründete Ansicht hat in letzter Zeit in Schwatzgesellschaften, aber auch in wissenschaftlichen Kreisen Platz gegriffen, daß nämlich die sogenannte Nebular-Kosmogonie umgestoßen sei. Dieser Glaube entstand durch Berichte über neue Beobachtungen hinsichtlich dessen, was man bisher als „Nebelflecke" bezeichnete, Beobachtungen, die mit Hilfe des großen Fernrohrs von Cincinnati und des weltberühmten Instruments des Lord Rosse gemacht wurden. Gewisse Flecke am Firmament, die in den alten Fernrohren, selbst den mächtigsten, das Aussehen eines Dunstes oder Nebels hatten, waren lange Zeit hindurch als eine Bestätigung der Theorie Laplaces betrachtet worden. Man sah sie als Sterne an, die eben in dem Prozeß der Verdichtung, den ich zu beschreiben versucht habe, begriffen waren. So nahm man an, die Wahrheit der Hypothese sei „durch den Augenschein festgestellt" – eine Feststellung, nebenbei bemerkt, die immer sehr fragwürdig gefunden wurde – und obwohl gewisse Verbesserungen an den Fernrohren uns immer mehr instand setzten, hie und da wahrzunehmen, daß ein Fleck, den wir unter die Nebelflecke gerechnet hatten, in der Tat nur ein Sternhaufen war, dessen nebelförmiger Charakter nur von seiner ungeheuren Entfernung kam, so dachte man trotzdem, daß hinsichtlich der tatsächlichen Nebelform zahlreicher andrer Massen kein Zweifel bestehen könne; sie waren die Festungen der Nebulisten, die jedem Versuche der Spaltung Trotz boten. Von diesen letzteren war der interessanteste der große Nebelfleck im Sternbild Orion, jedoch wurde dieser, nebst zahllosen anderen fälschlich so genannten „Nebelflecken", mit Hilfe der prachtvollen modernen Fernrohre in eine einfache Ansammlung von Sternen aufgelöst. Diese Tatsache nun verstand man sehr allgemein als schlüssig gegen die Nebulartheorie von Laplace, und der begeistertste und beredteste Verbreiter der Theorie, Dr. Nichol, ging bei der Veröffentlichung der erwähnten Entdeckungen so weit,

„die Notwendigkeit zuzugeben", eine Idee „fallen zu lassen", die die Grundlage seines trefflichen Buches gebildet hatte.*

Manche meiner Leser werden ohne Zweifel geneigt sein, zu sagen, das Ergebnis dieser Forschungen habe mindestens eine starke *Tendenz*, die Hypothese umzustoßen, während andere zwar überlegter sind und anerkennen, die Theorie sei durch die Spaltung einzelner Nebelflecke keineswegs in Mißkredit gebracht, aber doch meinen, wenn es nicht gelungen wäre, sie mit so vorzüglichen Instrumenten zu spalten, wäre es eine machtvolle *Unterstützung* der Theorie gewesen; diese letzteren werden vielleicht überrascht sein, wenn sie hören, daß ich auch mit *ihnen* nicht übereinstimme. Wenn die Behauptungen dieser Abhandlung verstanden worden sind, dann wird man sehen, daß in meinen Augen ein Mißlingen des Versuchs, die Nebelflecke aufzulösen, eher auf eine Widerlegung als auf eine Stärkung der Nebularhypothese herausgekommen wäre.

Zur Erklärung: Das Newtonsche Gravitationsgesetz können wir natürlich als erwiesen annehmen. Dieses Gesetz habe ich, wie man sich erinnern wird, auf die Reaktion gegen den ersten göttlichen Akt zurückgeführt – auf die Reaktion gegen eine vergängliche Entfaltung des göttlichen Willens zur Überwindung einer Schwierigkeit. Diese Schwierigkeit bestand darin, das Normale zu zwingen, sich in einen unnormalen Zustand zu verwandeln – das, dessen Ursprünglichkeit und darum dessen richtiger Zustand das Eine war, dazu zu bringen, den unrichtigen Zustand der Vielheit auf sich zu nehmen. Nur, wenn wir die Überwindung dieser Schwierigkeit als *vergänglich* auffassen, können wir eine Reaktion verstehen. Es hätte keine Reaktion eintreten können, wenn der Akt sich ins Unendliche fortgesetzt hätte. So lange der Akt *dauerte*, konnte natürlich keine Reaktion beginnen; mit anderen Worten: keine *Gravitation* konnte einsetzen, denn wir haben letztere nur als Ausdruck der ersteren betrachtet. Aber die Gravitation *hat* eingesetzt, also hat der Akt der Schöpfung aufgehört. Wir können daher nicht mehr erwarten, daß wir die *allerersten Vorgänge* der Schöpfung beobachten können; und daß zu diesen allerersten Vorgängen der Zustand der Nebelförmigkeit gehört, ist bereits erklärt worden.

Durch unsere Kenntnisse von der Fortpflanzung des Lichts haben wir direkte Beweise dafür, daß die entfernten Sterne in der Gestalt, wie wir sie jetzt sehen,

---

* „Views of the Architecture of the Heavens." Ein Brief, der von Dr. Nichol an einen Freund in Amerika gerichtet sein sollte, machte vor zwei Jahren, denke ich, die Runde durch unsere Zeitungen, der die erwähnte „Notwendigkeit" zugab. In einer späteren Vorlesung jedoch scheint Dr. N. auf seine Art mit der Notwendigkeit fertig geworden zu sein; er entsagt der Theorie nicht ganz, obwohl er zu wünschen scheint, sie verächtlich als „bloße Hypothese" behandeln zu können. Was war das Gravitationsgesetz anderes vor den Experimenten Maskelynes? Wer aber bezweifelte auch damals das Gravitationsgesetz?

seit einer unfaßbar großen Zahl von Jahren existiert haben. So weit zurück also mindestens wie die Periode, wo diese Sterne mit der Verdichtung begannen, müssen wir die Epoche ansetzen, wo der Prozeß der Massenkonstituierung anfing. Um uns vorstellen zu können, daß diese Vorgänge im Falle gewisser Nebelflecke noch jetzt sich ereigneten, während wir sie in allen anderen Fällen längst beendet finden, müßten wir Annahmen machen, zu denen uns tatsächlich *jede* Grundlage fehlt – wir müßten in die rebellische Vernunft wiederum den Keil der lächerlichen Idee hineintreiben, wonach es sich um eine besondere Einmischung handle – wir müßten voraussetzen, in den besonderen Fällen dieser Nebelflecke habe ein unfehlbarer Gott es für nötig erachtet, gewisse Hilfsmaßregeln zu treffen, gewisse Verbesserungen des allgemeinen Gesetzes vorzunehmen, gewisse Retouchen und Reparaturen, kurz gesagt, die die Wirkung gehabt hätten, die Vollendung dieser einzelnen Sterne um Jahrhunderte von Jahrhunderten hinter die Ära hinauszuschieben, in der alle anderen Gestirne Zeit genug hatten, nicht nur fertig, sondern vor unaussprechlich hohem Alter schimmlig zu werden.

Natürlich wird man sofort einwenden, daß die Vorgänge, die wir jetzt beobachten oder zu beobachten glauben, da ja das Licht, das uns vor den Nebelflekken Kunde bringt, nur das sein kann, das ihre Oberflächen vor vielen Jahren verlassen hat, in der Tat *nicht* Vorgänge seien, die in Wirklichkeit jetzt vor sich gehen, sondern nur der Abglanz von Vorgängen, die seit langem in der Vergangenheit vollendet seien – gerade wie ich behaupte, daß alle diese massebildenden Vorgänge gewesen sein *müssen*.

Darauf antworte ich, daß auch der jetzt beobachtete Zustand der verdichteten, fest gewordenen Sterne nicht ihr gegenwärtiger Zustand, sondern längst in der Vergangenheit vollendet ist, so daß meine Beweisführung, die sich auf den *relativen* Zustand der Sterne und der Nebelflecke stützt, in keiner Weise erschüttert ist. Ja, noch mehr, die Leute, die das Vorhandensein von Nebelflecken behaupten, führen die Nebelförmigkeit *nicht* auf große Entfernung zurück, sie erklären sie für wirklich und nicht etwa für eine optische Täuschung. Wenn wir uns in der Tat eine Nebelmasse überhaupt als sichtbar vorstellen wollen, dann müssen wir sie als *sehr nahe bei uns* vorstellen im Vergleiche mit den festen Sternen, die uns die modernen Fernrohre vor Augen bringen. Wenn wir also behaupten, die fraglichen Erscheinungen seien wirklich nebelförmig, dann behaupten wir damit, sie seien unserm Blickpunkte verhältnismäßig nah. Also muß ihr Zustand, wie wir sie jetzt sehen, auf eine Zeit bezogen werden, die *weit weniger entfernt ist* als die, auf die wir den jetzt beobachteten Zustand wenigstens der meisten Sterne beziehen müssen. Mit einem Wort: sollte die Astronomie jemals einen Nebel in dem jetzt gemeinten Sinne nachweisen, so würde ich wahrhaftig *nicht* annehmen, die

Nebular-Kosmogonie sei durch diesen Nachweis gestärkt, sondern im Gegenteil: sie sei unwiederbringlich umgestoßen.

Nebenbei bemerkt jedoch, um Cäsar *nicht mehr* zu geben, als des Cäsars ist, muß hier beachtet werden, daß die Annahme der Hypothese, die ihn zu einem so glorreichen Resultate führte, sich Laplace in der Tat zum großen Teil durch ein Mißverständnis aufdrängte – eben durch das Mißverständnis, von dem wir gerade gesprochen haben – durch das allgemein verbreitete Mißverstehen des Charakters der fälschlich so genannten Nebelflecke. Er glaubte, diese seien in der Tat das, als was ihr Name sie bezeichnet. Tatsache ist: der große Mann hatte eigentlich ein recht geringes Vertrauen zu seiner eigenen *Beobachtungsgabe*. Daher stützte er sich hinsichtlich des wirklichen Vorhandenseins der Nebelflecke, das von den Sternguckern seiner Zeit so zuversichtlich behauptet wurde, weniger auf das, was er sah, als auf das, was er hörte.

Man wird sehen, daß die einzigen stichhaltigen Einwände gegen seine Theorie die sind, die sich gegen die Hypothese *als solche* richten, gegen das, wodurch sie im Geiste erzeugt wurde, nicht gegen das, was sie ihrerseits im Geiste erzeugte, gegen ihre Voraussetzungen mehr als gegen ihre Ergebnisse. Seine unbegründetste Annahme war die, den Atomen eine Bewegung gegen ein Zentrum zuzuschreiben. Was seiner offenbaren Meinung, diese Atome dehnten sich in unbegrenzter Folge durch den ganzen Raum des Weltalls aus, direkt ins Gesicht schlägt. Ich habe bereits gezeigt, daß unter diesen Umständen überhaupt keine Bewegung hätte eintreten können, und infolgedessen nahm Laplace aus dem sehr philosophischen Grunde eine an, daß etwas der Art für die Aufstellung, die er aufstellen wollte, notwendig war.

Seine ursprüngliche Idee scheint aus einer Mischung der eigentlichen epikurischen Atome mit den falschen Nebelflecken seiner Zeitgenossen hervorgegangen zu sein, und so bereichert uns seine Theorie mit der sonderbaren Abnormität einer absoluten Wahrheit, die als mathematisches Ergebnis aus einer Bastard-Tatsache deduziert wurde, welch letztere ein Zwitterding aus antiker Phantasie und modernem Stumpfsinn war. Laplaces wirkliche Stärke lag tatsächlich in einem fast wunderbaren mathematischen Instinkt – auf ihn verließ er sich, und er verließ oder täuschte ihn niemals: im Fall der Nebular-Kosmogonie führte er ihn, mit verbundenen Augen, durch ein Labyrinth des Irrtums in einen der leuchtendsten und wundervollsten Tempel der Wahrheit.

Nehmen wir nun für den Augenblick an, der Ring, den die Sonne zuerst abstieß, das heißt der Ring, durch dessen Auseinanderbrechen sich der Neptun bildete, sei tatsächlich nicht auseinandergebrochen, bevor der Ring abgestoßen wurde, aus dem der Uranus entstand; dieser Ring wiederum sei ebenfalls unverletzt geblieben bis zur Loslösung dessen, aus dem der Saturn entsprang; dieser seinerseits sei ganz geblieben bis zur Loslösung der Form, die den Jupiter gebar – und so weiter. Mit einem Worte: wir wollen uns vorstellen, die Ringe seien heil und ganz geblieben bis zur schließlichen Abstoßung dessen, der den Merkur erzeugte. Wir entwerfen so vor dem geistigen Auge eine Reihe gleichzeitig existierender konzentrischer Gürtel, und wenn wir ebensowohl *sie* wie die Vorgänge betrachten, durch die sie nach Laplaces Hypothese gestaltet wurden, dann gewahren wir mit einem Male eine sehr sonderbare Analogie mit den Atomschichten und dem Vorgang der ursprünglichen Ausstrahlung, wie ich ihn beschrieben habe. Ist es unmöglich, daß wir, wenn man die Kräfte miteinander vergleichen würde, durch die jeder einzelne Planetengürtel abgestoßen wurde – das heißt: wenn man bei jeder Loslösung messen würde, um wieviel dabei die Rotation die Gravitation übertraf (dieser Überschuß veranlaßte eben die Loslösung) – ist es unmöglich, frage ich, daß wir dann die Analogie, die uns erstaunt, noch entschiedener bestätigt fänden? *Ist es unwahrscheinlich, daß wir entdeckten: diese Kräfte veränderten sich, wie bei der ursprünglichen Ausstrahlung, im Verhältnis zu den Quadraten der Entfernungen?*

Unser Sonnensystem, das in der Hauptsache aus einer Sonne mit sicher sechzehn Planeten, vielleicht noch einigen mehr, besteht, die in verschiedenen Abständen um sie kreisen, und gewiß von siebzehn Monden, sehr wahrscheinlich aber noch von verschiedenen anderen, begleitet sind – dieses System ist nunmehr als *ein Beispiel* der unzähligen Massebildungen zu betrachten, die fortgesetzt in der ganzen Atomkugel des Weltalls stattfanden, nachdem der göttliche Wille, seine Wirksamkeit eingestellt hatte. Was ich sagen will, ist: Unser Sonnensystem bietet uns ein typisches Beispiel für all diese Massebildungen, oder genauer ausgedrückt: für die letzten Bedingungen, unter denen sie sich ereigneten. Wenn wir unsere Aufmerksamkeit auf die Idee der *möglichst vielen Beziehungen, der äußersten Bedingtheit* richten, auf die der allmächtige Wille ausging, und auf die Maßregeln, die er ergriff, um sie durch die Verschiedenheit der Gestalt unter den ursprünglichen Atomen und durch Ungleichheit der einzelnen Abstände zu erreichen, so finden wir es unmöglich, auch nur einen Augenblick anzunehmen, daß auch nur zwei dieser beginnenden Masse-Bildungen am Ende genau dasselbe Resultat erreicht haben sollen. Wir werden eher zu der Annahme geneigt sein, daß keine *zwei* Gestirne im Weltall – Sonnen oder Planeten oder Monde – im besonderen ähnlich sind, während sie es im allgemeinen *alle* sind. Noch weniger also können wir uns vorstellen, daß irgend zwei *Gruppen* von solchen Gestirnen – irgend zwei „Systeme" – mehr als eine allgemeine Ähnlichkeit haben.* Unsere Fernrohre

---

* Es ist nicht unmöglich, daß eine unvorhergesehene Verbesserung der optischen Instrumente uns unter unzähligen Abarten von Systemen etwa eine leuchtende Sonne zeigen wird, die

bestätigen in diesem Punkte durchaus unsere Schlußfolgerungen. Wenn wir also unser eigenes Sonnensystem nur als allgemeinen, läßlichen Typus aller anderen nehmen, so sind wir in unserem Vortrage so weit gekommen, daß wir das Weltall in Gestalt eines kugelförmigen Raumes überblicken, in dem sich eine Anzahl *Systeme* befinden, die nur im allgemeinen ähnlich sind, und die nur im allgemeinen gleichmäßig in diesem Raum verteilt sind.

Nun wollen wir unseren Gesichtskreis erweitern und jedes dieser Systeme als Ganzes genommen als Atom betrachten, was es in der Tat ist, wenn wir es nur als eines von den zahllosen Systemen ansehen, die das Weltall ausmachen. Nehmen wir also alle lediglich als ungeheure Atome, jedes mit derselben unausrottbaren Tendenz zur Einheit, die die wirklichen Atome, von denen es zusammengesetzt ist, kennzeichnet – so stoßen wir mit eins auf eine neue Gattung der Masse-Bildung. Die kleineren Systeme, die sich in der Nachbarschaft eines größeren befinden, werden unvermeidlich in noch größere Nähe herangezogen. Tausend gruppieren sich hier; eine Million dort – wieder anderswo vielleicht gar eine Billion – und lassen so unermeßliche leere Stellen im Raum. Und wenn man mich nun fragte, warum ich im Falle dieser Systeme – dieser bloß titanischen Atome – einfach von einer „Gruppenbildung" und nicht, wie im Falle der wirklichen Atome, von einer mehr oder weniger fertig gewordenen Körperbildung spreche: – wenn ich zum Beispiel gefragt würde, warum ich nicht das, was ich vorbringe, zum einzig richtigen Schluß bringe, warum ich nicht gleich von diesen Gruppen von System-Atomen sage, daß sie dem Ziele zuschießen, sich in Kugeln zu konsolidieren – daß jedes von ihnen sich zu einer einzigen prachtvollen Sonne verdichte – so ist meine Antwort: Μελλοντα ταυτα – ich raste nur einen Augenblick an der Schwelle der *Zukunft*. Für jetzt nenne ich diese Gruppenbildungen „Haufen"; wir sehen sie im Anfangsstadium ihrer Vereinigung. Ihre absolute Vereinigung ist der *Zukunft* vorbehalten.

Wir sind jetzt an einem Punkte angelangt, von dem aus wir das Weltall als kugelförmigen Raum erblicken, in dem Sternhaufen *ungleich* zerstreut sind. Man wird bemerken, daß ich hier das Adverbium „ungleich" dem Ausdruck „mit einer nur allgemeinen Gleichmäßigkeit" vorziehe. Es ist in der Tat selbstverständlich, daß die Gleichmäßigkeit der Verteilung sich im Verhältnis des Agglomerationsprozesses vermindern muß – das heißt, je nachdem die Zahl der verteilten Körper sich verringert. Daher muß das Anwachsen der *Un*gleichmä-

---

von leuchtenden und nicht-leuchtenden Ringen umgürtet ist, und innerhalb, außerhalb und zwischen diesen Ringen kreisende Planeten, leuchtend und nicht-leuchtend, die von Monden begleitet sind, die wieder Monde haben – und selbst diese letzteren vielleicht auch noch von Monden umschwebt.

ßigkeit – ein Anwachsen, das so lange weitergeht, bis früher oder später eine Epoche eintritt, wo der größte durch Agglomeration entstandene Körper alle anderen verschlingt – einfach als ein bestärkendes Anzeichen der *Tendenz nach dem Einen* aufgefaßt werden.

Und hier scheint nun endlich der geeignete Moment zu der Untersuchung gekommen, ob die festgestellten *Tatsachen* der Astronomie die allgemeine Anordnung bestätigen, die ich hier dergestalt, auf deduktivem Wege, dem Firmament zugeschrieben habe. *Das tun sie* vollständig. Die Beobachtung mittels Fernrohrs, von den Gesetzen der Optik geleitet, setzt uns instand, zu wissen, daß das wahrnehmbare Weltall existiert als ein *Haufen von Sternhaufen, die unregelmäßig verteilt sind.*

Die „Sternhaufen", aus denen dieser weltumfassende „Haufen von Sternhaufen" besteht, sind lediglich das, was wir uns angewöhnt haben, „Nebelflecke" zu nennen – und von diesen Nebeln ist *einer* von besonderem Interesse für die Menschheit. Ich meine die Milchstraße. Diese interessiert uns zuerst und ganz offenbar, weil ihre scheinbare Größe nicht nur jeden einzelnen anderen Sternhaufen am Firmament, sondern alle zusammengenommen bedeutend übertrifft. Der größte von ihnen nimmt vergleichsweise bloß einen Punkt ein und wird nur mit Hilfe eines Fernrohrs deutlich gesehen. Die Milchstraße zieht ihre Schleppe über den ganzen Himmel hin und ist für das bloße Auge glanzvoll sichtbar. Aber sie interessiert den Menschen hauptsächlich, wenn auch weniger unmittelbar, weil sie seine Heimat ist; die Heimat der Erde, auf der er lebt; die Heimat der Sonne, um die diese Erde sich dreht; die Heimat des „Systems" von Kugeln, denen die Sonne Zentrum und Mutter ist – die Erde eines von sechzehn Kindern oder Planeten – der Mond einer von siebzehn Enkeln oder Trabanten. Die Milchstraße, ich wiederhole, ist nur einer von den Sternhaufen, die ich beschrieben habe – nur einer von den fälschlich sogenannten „Nebelflecken", die sich uns – manchmal nur durch das Fernrohr – als schwache Dunstflecke in verschiedenen Bezirken des Himmels zeigen. Wir haben keinen Grund zu der Vermutung, die Milchstraße sei *in Wirklichkeit* ausgedehnter als der geringste dieser Nebelflecke. Daß sie so ungeheuerlich viel größer scheint, kommt nur von unserer Lage in bezug auf sie – das heißt, von unserer Lage in ihrer Mitte. So befremdend auch die Behauptung zuerst denen klingen mag, die in der Astronomie nicht zu Hause sind, so nimmt doch der Astronom selbst keinen Anstand, zu erklären, daß wir inmitten dieses unfaßbar großen Sternenheeres uns befinden – dieses Heeres von Sonnen – von Systemen – die die Milchstraße ausmachen. Noch mehr – nicht bloß *wir* – nicht nur *unsere* Sonne hat ein Recht, die Milchstraße als ihren eigenen speziellen Sternhaufen zu reklamieren, sondern es kann sogar mit einer unbedeutenden Einschränkung gesagt werden, daß alle Sterne am Firmament, die deutlich sichtbar sind – alle Sterne, die wir mit bloßem Auge sehen – in gleicher Weise berechtigt sind, sie als *ihren* Bereich in Anspruch zu nehmen.

Sehr viel Mißverstandenes ist angenommen worden hinsichtlich der *Gestalt* der Milchstraße, von der es in fast allen astronomischen Lehrbüchern heißt, sie sei einem großen Y ähnlich. Der Sternhaufen, von dem wir sprechen, hat in Wirklichkeit eine gewisse unbestimmte – *sehr* unbestimmte Ähnlichkeit mit dem Planeten Saturn und dem dreifachen Ringe, der ihn umfährt. Anstatt der festen und zusammenhängenden Kugel dieses Planeten jedoch müssen wir uns eine linsenförmige Sterneninsel oder Sammlung von Sternen ausmalen, wobei unsere Sonne sich an der Außenseite befindet – nahe am Ufer der Insel – an der Seite der Milchstraße, die dem Sternbilde des Kreuzes am nächsten ist und am weitesten entfernt von dem der Kassiopeia. Der umgebende Ring, da, wo er in unsere Nähe kommt, hat eine langgestreckte *Ausbuchtung*, die in der Tat bewirkt, daß *der Ring in unserer Nähe* so obenhin das Aussehen eines großen Y annimmt.

Wir dürfen jedoch nicht in den Irrtum verfallen, daß wir glauben, der einigermaßen unbestimmte Gürtel sei überhaupt, verhältnismäßig gesprochen, *entfernt* von dem ebenfalls unbestimmten linsenförmigen Haufen den er umgibt; und so können wir, nur um der Erklärung willen, wohl sagen, daß unsere Sonne wirklich an dem Punkt des Y liegt, wo die drei Linien, die es zusammensetzen, sich vereinigen; und wenn wir uns diesen Buchstaben in einer gewissen Festigkeit denken – von einer gewissen Dicke, aber nur sehr mager im Vergleich mit seiner Länge – so können wir sogar davon sprechen, daß wir uns *in der Mitte* dieser Dimension der Tiefe befinden. Denken wir uns an diesen Platz, so finden wir weiter keine Schwierigkeit, die Erscheinungen, die sich darbieten, zu erklären – die ganz und gar perspektivisch sind. Wenn wir hinauf oder hinab blicken – das heißt, wenn wir unsere Augen in der Richtung der *Dicke* des Buchstabens aussenden – so schauen wir an weniger Sternen vorbei, als wenn wir in die Richtung ihrer *Länge* blicken oder einer von den drei Linien *entlang*, die ihn zusammensetzen. Natürlich erscheinen im ersten Falle die Sterne einzeln und zerstreut; im zweiten dicht zusammengedrängt und massenweise. Betrachten wir die Kehrseite dieser Erklärung: – Wenn ein Bewohner der Erde, wie wir es gewöhnlich ausdrücken, *nach* der Milchstraße blickt, so betrachtet er sie in einer ihrer Längsrichtungen – er blickt den Linien des Y *entlang* – aber wenn er allgemein das Firmament ansieht und so seine Augen von der Milchstraße *ab*wendet, so überschaut er sie in der Richtung der Dicke des Buchstabens, und aus diesem Grunde erscheinen ihm die Sterne als zerstreut, während sie in Wahrheit durchschnittlich ebenso eng beisammen sind, wie in der Masse des Sternhaufens. *Keine*

Betrachtung kann geeigneter sein, uns einen Begriff von der riesenhaften Ausdehnung dieses Haufens zu geben.

Wenn wir mit einem Fernrohr, das den Raum weit durchdringt, sorgsam das Firmament absuchen, so gewahren wir einen *Gürtel von Sternhaufen* – von dem, was wir bisher „Nebelflecke" genannt haben – ein Band von wechselnder Breite, das sich von Horizont zu Horizont erstreckt, rechtwinklig zur allgemeinen Richtung der Milchstraße. Dieses Band ist der letzte Haufen von Haufen. Dieser Gürtel ist das *Weltall*. Unsere Milchstraße ist nur einer aus der Zahl der Haufen, und vielleicht einer der unbeträchtlichsten, die diesen letzten allumfassenden Gürtel oder dieses Band bilden helfen. Daß dieser Gesamtsternhaufen unseren Augen wie ein Gürtel oder Band erscheint, ist ganz und gar eine perspektivische Täuschung derselben Art wie die, die uns dazu bringt, unsern eigenen, individuellen, annähernd kugelförmigen Haufen, die Milchstraße, ebenfalls in Gestalt eines Gürtels zu sehen, der den Himmel rechtwinklig zu dem Weltallsgürtel durchziehe. Die Gestalt des allumschließenden Haufens ist natürlich *im allgemeinen* die eines jeden einzelnen Haufens, den er umschließt. Gerade wie die zerstreuten Sterne, die wir, wenn wir von der Milchstraße wegblicken, am allgemeinen Himmelsraume sehen, in der Tat nur ein Bestandteil der Milchstraße selbst sind und ebenso eng mit ihr vermischt, wie irgendein teleskopischer Punkt in dem scheinbar dichtesten Teil ihrer Masse – geradeso sind die zerstreuten Nebelflecke, die wir allerorten am Firmament gewahren, wenn wir unsere Augen von dem Weltallsgürtel abwenden – so, sage ich, sind diese zerstreuten Nebelflecke als nur perspektivisch zerstreut aufzufassen, als Teil und Zubehör der einen höchsten allumfassenden *Weltenkugel*.

Kein astronomischer Trugschluß ist unhaltbarer und keiner ist hartnäckiger festgehalten worden, als die Meinung von der absoluten *Unendlichkeit* des Sternenweltalls. Die *a-priori*-Gründe für die Endlichkeit, wie ich sie bereits angegeben habe, scheinen mir unwiderleglich; aber abgesehen von ihnen, die *Beobachtung* macht es uns gewiß, daß es in zahlreichen Richtungen rund um uns, wenn nicht, in allen, eine positive Grenze gibt – oder zum mindesten verschafft uns die Beobachtung nicht die geringste Grundlage für eine andere Meinung. Wäre die Aufeinanderfolge von Sternen endlos, dann müßte der Hintergrund des Himmels uns das Bild einer gleichmäßigen Lichtfläche bieten, wie es die Milchstraße tut – *denn es könnte in diesem ganzen Hintergrund absolut keinen Punkt geben, wo nicht ein Stern wäre.* Die einzige Art daher, durch die es unter solchen Umständen möglich wäre, es uns begreiflich zu machen, warum unsere Fernrohre in unzähligen Richtungen *leere Stellen* finden, wäre die Annahme, der unsichtbare Hintergrund sei so unermeßlich weit entfernt, daß noch kein Strahl von ihm imstande war, uns zu erreichen. Daß dies so sein *könne* – wer würde es wagen, es zu leugnen?

Ich behaupte einfach, daß wir nicht einmal den Schatten eines Grundes haben, der uns zu dem Glauben bringen könnte, daß es so *sei*.

Als ich von dem weit verbreiteten Hang sprach, von allen Körpern auf der Erde zu sagen, daß sie lediglich dem Mittelpunkte der Erde zustreben, bemerkte ich, daß „mit gewissen Ausnahmen, die hernach angeführt werden, jedes irdische Ding eine Tendenz hat nicht nur nach dem Mittelpunkte der Erde, sondern auch noch in jeder denkbaren anderen Richtung." Die Ausnahmen beziehen sich auf eben diese häufigen Lücken am Himmel, wo die peinlichste Nachforschung keine Gestirne, ja, nicht einmal die geringsten Spuren ihres Daseins entdecken kann – wo gähnende Abgründe, schwärzer als Erebus, uns zu erlauben scheinen, durch die Grenzwälle des Sternenweltalls hindurch in das jenseitige grenzenlose Weltall der Leere einen Blick zu werfen. Da nun jeder Körper, den es auf Erden gibt, in die Lage kommt, entweder durch seine eigene Bewegung oder die der Erde, mit irgendeiner dieser leeren Stellen oder kosmischen Schluchten in eine Linie zu kommen, so wird er natürlich in diesem Falle *in der Richtung dieser Leere* nicht länger angezogen und ist infolgedessen für den Augenblick „schwerer" als jemals vorher oder nachher. Wenn wir indessen diese leeren Stellen nicht in Erwägung ziehen und nur die im allgemeinen ungleiche Verteilung der Sterne betrachten, so sehen wir, daß die absolute Tendenz der irdischen Körper nach dem Mittelpunkte der Erde in einem Zustande beständigen Schwankens ist.

Wir verstehen nunmehr die Inselexistenz unseres Weltalls. Wir begreifen die Isoliertheit dessen – *all* dessen, was wir mit den Sinnen erfassen. Wir wissen, daß es einen einzigen *Haufen von Sternhaufen* gibt – eine Ansammlung, um die sich rundherum die unermeßliche Wildnis eines Raumes ausdehnt, der *aller menschlichen Wahrnehmung* unzugänglich ist. Aber *weil* wir gezwungen sind, an den Grenzen dieses Sternenweltalltals anzuhalten, da unsere Sinne uns keine weitere Kunde bringen, haben wir darum das Recht zu schließen, daß in der Tat jenseits dessen, was uns zu berühren erlaubt ist, kein materieller Punkt mehr *ist*? Haben wir ein *Recht* oder haben wir keines zu dem Analogieschluß, daß dies wahrnehmbare All – daß dieser Haufen von Haufen – nur einer aus einer *Reihe* solcher Haufen ist, die ihrerseits infolge ihrer Entfernung unsichtbar sind – dadurch, daß ihr Licht so außerordentlich zerstreut ist, ehe es uns erreicht, daß es auf unserer Retina keinen Lichteindruck hervorbringt oder dadurch, daß es in diesen unsagbar entfernten Welten eine lichtähnliche Ausstrahlung überhaupt nicht gibt – oder schließlich dadurch, daß der bloße Zwischenraum so ungeheuer groß ist, daß das elektrische Telegramm ihres Vorhandenseins im Raume bis jetzt noch nicht – in all den verflossenen Myriaden von Jahren – imstande war, diesen Zwischenraum zurückzulegen?

Haben wir irgendein Recht zu Schlüssen – haben wir irgendeine Grundlage zu Visionen dieser Art? Wenn wir auch nur das geringste Recht dazu haben, so haben wir auch das Recht, diese Annahmen ins Unbegrenzte auszudehnen.

Das Menschengehirn hat offenbar einen Hang zum „*Unendlichen*" und hätschelt das Phantom dieser Idee. Es scheint diese unmögliche Vorstellung mit glühender Leidenschaft zu begehren, in der Hoffnung, diese Vorstellung, wenn sie erst erreicht sei, zu einem intellektuellen Glaubensartikel zu machen. Natürlich kann es keinem Individuum der Menschenrasse gestattet sein, etwas, was dieser großen Rasse gemeinsam ist, abnorm zu finden; trotzdem *kann* es vielleicht eine Gattung überlegener Intelligenzen geben, in deren Augen die erwähnte menschliche Neigung alle Anzeichen der Monomanie hat.

Meine Frage ist indessen noch unbeantwortet: – Haben wir irgendein Recht zu dem Schluß – sagen wir lieber: zu der Phantasie – einer unendlichen Folge der „Haufen von Sternhaufen" oder von mehr oder weniger ähnlichen „Welten"?

Ich erwidere: das „Recht" hängt in solchem Falle ganz und gar von der Kühnheit der Phantasie ab, die es wagt, das Recht in Anspruch zu nehmen. Laßt mich nur so viel erklären, daß ich für meine Person mich gedrängt fühle zu phantasieren – ohne daß ich wage, es mehr zu nennen – daß *in der Tat* eine schrankenlose Folge von Welten existiert, die der uns bekannten mehr oder weniger ähnlich sind – der, von der *allein* wir jemals Kenntnis erlangen können – mindestens bis zur Rückkehr unseres eigenen speziellen Weltalls zur Einheit. Wenn jedoch solche Haufen von Sternhaufen existieren – *und sie existieren wirklich*– so ist es außerordentlich klar, daß sie, da sie an unserem Ursprung keinen Teil hatten, auch an unseren Gesetzen nicht beteiligt sind. Weder ziehen sie uns an noch wir sie. Ihre Materie – ihre Seele – ist nicht die unsere –nicht das, was irgendwo in unserem Weltall Geltung hat. Sie konnten nicht an unsere Sinne oder unsere Seelen rühren. Zwischen ihnen und uns – wenn für den Augenblick alle zusammengefaßt werden dürfen – gibt es keine gemeinsamen Einflüsse. Jedes Weltall existiert, für sich und unabhängig, im *Schoße seines eigenen und besonderen Gottes*.

Im Vortrag dieser Abhandlung strebe ich weniger nach einer physischen als nach einer metaphysischen Ordnung. Die Klarheit, mit der selbst materielle Erscheinungen sich dem Verständnis eröffnen, hängt sehr wenig – seit langem habe ich das begreifen gelernt – von einer rein natürlichen, vielmehr fast völlig von einer geistigen Folge ab. Wenn es daher den Anschein hat, daß ich etwas zu unstet von einem Punkte meines Gegenstandes zum andern schweife, so möge mir die Bemerkung gestattet sein, daß ich das in der Hoffnung tue, auf diese Weise am ehesten die Kette *stufenweiser Aufschlüsse* unzerrissen zu erhalten, mit deren Hilfe der Geist des Menschen allein erwarten darf, die Herrlichkeiten, von denen ich spreche, zu umkreisen und sie in ihrer majestätischen Ganzheit zu verstehen.

Bisher war unsere Aufmerksamkeit fast ausschließlich auf die allgemeine und relative Gruppierung der Gestirne im Raume gerichtet. Auf Genauigkeit im einzelnen haben wir wenig geachtet, und alle Ideen von *Quantität*, die beigebracht wurden – das heißt von Zahl, Größe und Abstand – sind nur gelegentlich beigebracht worden, nur als Vorbereitung für bestimmtere Vorstellungen. Auf diese letzteren wollen wir jetzt unser Augenmerk richten.

Unser Sonnensystem besteht, wie bereits erwähnt, in der Hauptsache aus einer Sonne und mindestens sechzehn, sehr wahrscheinlich aber noch etwas mehr, Planeten, die sich um die Sonne als Mittelpunkt herum bewegen und die von siebzehn, uns bekannten Monden begleitet sind, möglicherweise noch von einigen anderen, von denen wir bis jetzt nichts wissen. Diese verschiedenen Körper sind nicht wirkliche Kugeln, sondern Sphäroide – Kugeln, die an den Polen der angenommenen Achsen, um die sie sich drehen, abgeplattet sind – wobei die Abplattung eben von der Umdrehung herrührt. Ebensowenig ist die Sonne absolut der Mittelpunkt des Systems; denn diese Sonne mit allen Planeten kreist ihrerseits um einen fortwährend veränderten Punkt im Raume, der das allgemeine Gravitationszentrum des Systems ist. Ebensowenig dürfen wir die Bahnen, auf denen diese Sphäroide sich bewegen – die Monde um die Planeten, die Planeten um die Sonne, oder die Sonne um das gemeinsame Zentrum – als genaue Kreise auffassen. Sie sind in Wahrheit *Ellipsen – einer der Brennpunkte dieser Ellipsen ist der Punkt, um den die Drehung vor sich geht.* Eine Ellipse ist eine in sich selbst zurückgehende Kurve, bei der der eine Durchmesser länger ist als der andere. In dem längeren Durchmesser sind zwei Punkte vom Mittelpunkt der Strecke gleich weit entfernt und im übrigen so gelagert, daß die zwei Strecken, die dadurch entstehen, daß man von jedem von ihnen eine gerade Linie zu irgendeinem Punkte der Kurve zieht, zusammen dem längeren Durchmesser gleich sind. Stellen wir uns nun eine solche Ellipse vor. An einem der erwähnten Punkte, die *Brennpunkte* heißen, wollen wir eine Orange befestigen. Wir wollen nun diese Orange mit Hilfe eines dehnbaren Fadens mit einer Erbse verbinden; diese letztere wurde am Umfang der Ellipse angebracht. Nun drehen wir die Erbse immer rings um die Orange herum – und bleiben dabei immer mit der Erbse auf dem Umfang der Ellipse. Der dehnbare Faden, der natürlich während der Bewegung der Erbse bald länger, bald kürzer wird, bildet, was in der Geometrie ein *Radius-Vector* genannt wird. Wenn nun die Orange die Sonne vorstellen soll, und die Erbse einen Planeten, der sich um sie herum bewegt, dann muß die Umdrehung in dem Verhältnis vor sich gehen – mit einer Geschwindigkeit, die so wechselt – daß der *Radius-Vector in gleichen Zeiten über gleiche Flächen* geht.

Der Lauf der Erbse müßte langsam sein – mit anderen Worten: der Lauf des Planeten *ist* natürlich langsam im Verhältnis zu seiner Entfernung von der Sonne, schnell im Verhältnis zu seiner Nähe. Überdies bewegen sich die Planeten um so langsamer, je weiter sie überhaupt von der Sonne entfernt sind; *die Quadrate ihrer Umdrehungszeiten haben dasselbe Verhältnis zueinander, das die Kubikzahlen ihrer mittleren Abstände von der Sonne zueinander haben.*

Die wundervoll verwickelten Umdrehungsgesetze, die ich hier erörtert habe, gelten aber wohlverstanden nicht in unserem System allein. Sie walten *überall*, wo die Attraktion waltet. Sie regulieren *das Weltall*. Jeder leuchtende Fleck am Firmamente ist ohne Zweifel eine strahlende Sonne, die unserer eigenen, wenigstens in den allgemeinen Umrissen, gleicht und die von einer größeren oder kleineren Zahl größerer oder kleinerer Planeten umgeben ist, deren spärliche Leuchtkraft nicht genügt, um sie uns auf eine so ungeheure Entfernung sichtbar zu machen, die aber trotzdem, von Monden begleitet, um ihr Sternenzentrum kreisen, gehorsam den eben spezifizierten Prinzipien – gehorsam den drei allumfassenden Umdrehungsgesetzen – den drei unsterblichen Gesetzen, die der phantasiemächtige Kepler *erraten* hat, die erst nachträglich bewiesen und erklärt wurden von dem geduldigen und mathematischen Newton. Von einer Philosophenzunft, die sich mit ihren „Tatsachen" über Gebühr aufbläht, ist es gar zu geckenhaft, über alle Spekulationen mit dem allgemeinen Spitznamen „Phantasiewerk" höhnisch hinwegzugehen. In Betracht kommt, *wer* phantasiert. Wenn wir mit Plato phantasieren, wenden wir unsere Zeit hie und da zweckmäßiger an, als wenn wir einer Beweisführung des Alkmaeon lauschen.

In vielen astronomischen Werken finde ich es ausdrücklich „festgestellt", daß die Keplerschen Gesetze die *Grundlage* des großen Prinzips der Gravitation sind. Diese Idee muß der Tatsache entsprossen sein, daß die Aufstellung dieser Gesetze von seiten Keplers und sein eigener Beweis *a posteriori* für ihre tatsächliche Gültigkeit Newton dazu brachten, sie mit der Hypothese der Gravitation zu erklären, und sie dann schließlich als notwendige Schlußfolgerungen aus diesem hypothetischen Prinzip *a priori* zu erweisen. Daher sind nicht die Keplerschen Gesetze die Grundlage der Gravitation, sondern die Gravitation ist die Grundlage dieser Gesetze – wie sie in der Tat die Grundlage aller Gesetze des materiellen Weltalls ist, sofern nicht manche auf die Repulsion allein zurückzuführen sind.

Der mittlere Abstand zwischen der Erde und dem Monde – das heißt, dem Himmelskörper, der uns am nächsten ist – beträgt 237.000 Meilen. Merkur, der Planet, der der Sonne am nächsten ist, ist 37 Millionen Meilen von ihr entfernt. Venus, der nächste Planet, dreht sich in einer Entfernung von 68 Millionen Meilen um die Sonne; die Erde, die dann kommt, in einer Entfernung von 95 Millionen; alsdann Mars in einer Entfernung von 144 Millionen. Sodann kommen die acht Asteroiden (Ceres, Juno, Vesta, Pallas, Astraea, Flora, Iris und Hebe), in einer Durchschnittsentfernung von ungefähr 250 Millionen. Dann haben wir den Jupiter, der 490 Millionen Meilen entfernt ist, darauf Saturn 900 Millionen; dann Uranus 1.900 Millionen; schließlich Neptun, der erst kürzlich entdeckt wurde und der in einer Entfernung von 2.800 Millionen Meilen sich um die Sonne dreht. Wenn wir Neptun außer Rechnung lassen – von dem wir bisher wenig Genaues wissen und der möglicherweise zu einem System von Asteroiden gehört – so sieht man, daß innerhalb gewisser Grenzen eine Ordnung der Zwischenräume unter den Planeten besteht. Ungenau gesprochen können wir sagen, daß jeder mehr nach außen gerückte Planet zweimal so weit von der Sonne entfernt ist als der nächste innere. Kann nicht die hier angeführte Ordnung – *kann nicht das Bodesche Gesetz abgeleitet werden aus der von mir aufgestellten Analogie zwischen der Ringerzeugung der Sonne und der Art und Weise der Ausstrahlung der Atome?*

Es wäre absurd, die hier in diesem Abriß der Entfernungen hastig zusammengetragenen Zahlen anders verstehen zu wollen als in dem Licht abstrakter arithmetischer Tatsachen. Sie sind praktisch völlig unzugänglich. Sie führen keinerlei anschauliche Vorstellung mit sich. Ich habe mitgeteilt, daß der Neptun, der Planet, der am weitesten von der Sonne weg ist, sich in einer Entfernung von 28 Hundertmillionen Meilen um sie dreht. So weit gut: – ich habe eine mathematische Tatsache konstatiert, und ohne sie im geringsten zu verstehen, können wir sie uns – mathematisch – zunutze machen. Aber selbst als ich erwähnte, daß sich der Mond um die Erde in der verhältnismäßig winzigen Entfernung von 237.000 Meilen bewegt, hatte ich mich durchaus nicht der Erwartung hingegeben, irgend jemand verstehe nun – wisse – fühle – wie weit entfernt von der Erde der Mond tatsächlich *ist*. 237.000 Meilen. Vielleicht gibt es nur wenige unter meinen Lesern, die nicht quer über den Atlantischen Ozean gefahren sind; aber wie viele unter ihnen haben einen genauen Begriff auch nur von den 3.000 Meilen, die zwischen Ufer und Ufer liegen? Ich bezweifle sogar wahrhaftig, ob der Mann lebt, der in sein Hirn die entfernteste Vorstellung des Zwischenraums von einem Meilenstein zum nächsten auf der Chaussee hineinbringen kann. Jedoch werden wir bis zu gewissem Grade in unseren Bemühungen, uns Entfernungen vorzustellen, durch eine Kombination mit der verwandten Vorstellung der Geschwindigkeit unterstützt. Der Schall legt in einer Sekunde 1.100 Fuß im Raum zurück. Wäre es nun möglich, daß ein Erdbewohner das Blitzen einer auf dem Monde abgeschossenen Kanone sehen und ihren Knall hören könnte, so müßte er, nachdem ersteres zu ihm gedrungen, mehr als dreizehn volle Tage und Nächte warten, bis ihn eine Spur des letzteren erreichte.

So ungenügend auch der Eindruck ist, den eine solche Betrachtung auf uns ausüben mag, um uns ein Bild von der wirklichen Entfernung zwischen Mond und Erde zu geben, so wird er uns doch instand setzen, die Nichtigkeit des Versuches klarer zu durchschauen, solche Zwischenräume wie den von 2.800 Millionen Meilen zwischen unserer Sonne und dem Neptun erfassen zu wollen, oder auch nur den von 95 Millionen zwischen der Sonne und der Erde, die wir bewohnen. Eine Kanonenkugel, die mit der größten bisher erreichten Geschwindigkeit dahinflöge, bräuchte zur Überwindung dieses Zwischenraumes nicht weniger als zwanzig Jahre; für den zuerst genannten aber wären 590 Jahre erforderlich.

Der wirkliche Durchmesser unseres Mondes ist 2.160 Meilen; aber er ist ein verhältnismäßig so winziger Körper, daß man beinahe 50 solcher Kugeln brauchte, um eine von der Größe der Erde zusammenzusetzen.

Der Durchmesser unserer eigenen Kugel ist 7.912 Meilen lang – aber was für eine positive Vorstellung schöpfen wir aus dem Aussprechen dieser Zahlen?

Wenn wir einen mittleren Berg besteigen und von seinem Gipfel in die Runde blicken, so gewahren wir eine Landschaft, die sich nach jeder Richtung etwa 40 Meilen weit erstreckt, und einen Kreis im Umfange von 250 Meilen mit einem Inhalt von 5.000 Quadratmeilen bildet. Die ganze Ausdehnung eines solchen Panoramas kann deswegen, weil seine Teile sich notwendigerweise dem Blicke nur nach und nach eröffnen, nur sehr schwach und sehr teilweise wahrgenommen werden – und doch würde das Panorama als Ganzes nur den 40.000sten Teil der bloßen Oberfläche unserer Erdkugel einnehmen. Folgte also diesem Panorama nach Verlauf einer Stunde ein zweites von gleicher Ausdehnung, nach einer Stunde wiederum ein drittes, nach einer weiteren Stunde ein viertes – und so weiter, bis der Schauplatz der ganzen Erde erschöpft wäre, und wären wir verpflichtet, diese verschiedenen Aussichten an jedem Tage zwölf Stunden lang zu betrachten, so brauchten wir trotzdem neun Jahre und 48 Tage, um mit dem vollständigen Überblick fertig zu werden.

Aber wenn schon die Oberfläche der Erde sich unserer Vorstellungskraft entzieht, was sollen wir von ihrem Kubikinhalt denken? Er macht eine Masse Materie aus, deren Gewicht mindestens zwei Sextillionen und zweihundert Quintillionen Tonnen beträgt. Nehmen wir an, die Erde sei in einem Zustande der Ruhe; und nun sollen wir uns eine mechanische Kraft denken, die genügend wäre, sie in Bewegung zu setzten! Die Kraft von all den Myriaden Wesen, die wir auf den Planetenwelten unseres Systems vermuten können – die vereinigte Körperkraft all dieser Wesen – selbst vorausgesetzt, sie seien alle stärker als der Mensch – würde nicht ausreichen, um dieses Gewicht auch nur einen Zoll breit aus seiner Lage zu bringen.

Was sollen wir nun von der Kraft halten, die unter gleichen Umständen erforderlich wäre, um den größten unserer Planeten, den Jupiter, fortzubewegen? Dieser hat 86.000 Meilen im Durchmesser und könnte innerhalb seiner Peripherie mehr als tausend Kugeln vom Umfange der Erde aufnehmen. Aber dieser ungeheure Ball fliegt tatsächlich mit einer Geschwindigkeit von 29.000 Meilen in der Stunde um die Sonne – das heißt vierzigmal so schnell als eine Kanonenkugel! Es genügt nicht zu sagen, daß eine solche Erscheinung den Geist stutzig macht – sie macht uns erblassen, sie lähmt uns. Manchmal stellen wir die Kraft unserer Phantasie auf die Probe und versuchen, die Eigenschaften eines Engels auszumalen. Stellen wir uns nun vor, ein solches Wesen befände sich einige hundert Meilen vom Jupiter entfernt – ein naher Augenzeuge des Planeten, wie er bei seiner Jahresumdrehung dahinstürmt. Können wir nun, so frage ich, uns eine stärkere Vorstellung von der Geistesherrlichkeit dieses Idealwesens bilden, als wenn wir uns vergegenwärtigen, daß er von der unermeßlichen Masse, die da unmittelbar vor seinen Augen vorbeiwirbelt, mit einer unsäglichen Geschwindigkeit, daß er – ein Engel – obwohl er vom Himmel stammt – nicht mit einem Schlag ins Nichts geschleudert und überwältigt ist?

Dies scheint indessen der geeignete Ort, darauf aufmerksam zu machen, daß wir in der Tat bisher von verhältnismäßig winzig kleinen Dingen gesprochen haben. Unsere Sonne – die beherrschende Zentralkugel des Systems, zu dem Jupiter gehört – ist nicht nur größer als Jupiter, sondern bei weitem größer als alle Planeten des Systems zusammengenommen. Diese Tatsache ist in Wahrheit eine wesentliche Bedingung für den Bestand des Systems. Der Durchmesser Jupiters ist erwähnt worden; er ist 86.000 Meilen lang – der der Sonne hat 882.000 Meilen. Wenn ein Bewohner der letzteren neunzig Meilen am Tage fertig brächte, würde er mehr als achtzig Jahre brauchen, um ihren größten Umkreis zurückzulegen. Sie nimmt einen Kubikraum von 681 Quadrillionen und 472 Trillionen Meilen ein. Der Mond dreht sich, wie erwähnt wurde, um die Erde in einem Abstand von 237.000 Meilen – folglich in einer Bahn von ungefähr 1 1/2 Millionen. Wäre nun die Sonne über der Erde angebracht, Mittelpunkt über Mittelpunkt, so dehnte sich die Masse der ersteren in jeder Richtung nicht nur bis zur Bahn des Mondes hin aus, sondern noch 200.000 Meilen darüber.

Und hier muß ich noch einmal darauf aufmerksam machen, daß wir in der Tat immer noch von verhältnismäßig winzig kleinen Dingen sprechen. Der Abstand zwischen dem Planeten Neptun und der Sonne ist angegeben worden: er beträgt 2.800 Millionen Meilen; der Umfang seiner Bahn ist also ungefähr 17 Billionen. Behalten wir dies im Gedächtnis, während wir einen der Fixsterne ins Auge fassen. Zwischen diesem und dem Stern unseres Systems ist ein Meer von Raum, so ungeheuer, daß wir die Sprache eines Erzengels brauchten, um den geringsten Begriff davon zu geben. Der Stern also, von dem wir sprechen, ist ein Ding, das von *unserem* System und unserer Sonne oder unserem Stern völlig getrennt ist; nun wollen wir aber für den Augenblick uns vorstellen, der Stern werde über unserer Sonne angebracht, Mittelpunkt über Mittelpunkt, so wie wir uns jetzt eben diese Sonne selbst über der Erde angebracht dachten. Stellen wir uns nun diesen besonderen Stern, den wir im Auge haben, vor, wie er sich nach jeder Richtung ausdehnt, über die Bahn des Merkur hinaus – und der Venus – und der Erde: immer weiter, über die Bahn des Mars – des Jupiter – des Uranus – bis wir schließlich annehmen, er erfülle den Kreis – *siebzehn Billionen Meilen im Umfang* – der durch die Umdrehung von Leverriers Planet umschrieben wird. Wenn wir uns all das vorgestellt haben, so hegen wir keine übertriebene Vorstellung. Wir haben reichlich Grund zu der Annahme, daß viele Sterne sogar bei weitem größer sind als der eine, den wir im Auge hatten. Ich meine, wir haben reichlich *empirisches* Material für diesen Glauben – und wenn wir auf die ursprüngliche Anlage der Atome zur *Verschiedenheit* uns besinnen, die als Teil des göttlichen Planes bei der Konstituierung des Weltalls vorausgesetzt worden ist, so werden wir leicht imstande sein, das Vorhandensein von noch ärgeren Mißverhältnissen in der Größe der Sterne zu verstehen und zu glauben. Natürlich müssen wir erwarten, daß die größten Kugeln durch die größten Lücken im Raume dahinrollen.

Ich bemerkte jetzt eben, daß die Beredsamkeit eines Erzengels nötig wäre, um den geringsten Begriff von dem Zwischenraume zwischen unserer Sonne und irgendeinem anderen Sterne zu geben. Wenn ich das sagte, kann ich nicht der Übertreibung geziehen werden; denn es ist schlichte Wahrheit, daß bei diesem Thema eine Übertreibung kaum möglich ist. Aber wir wollen die Sache unserem Geiste etwas genauer vorführen.

Zuvörderst können wir eine allgemeine, *relative* Vorstellung von dem erörterten Zwischenraume erlangen, wenn wir ihn mit den Räumen zwischen den Planeten vergleichen. Wenn wir zum Beispiel annehmen, die Erde, die in Wahrheit 95 Millionen Meilen von der Sonne entfernt ist, sei nur *einen Fuß* von dieser Lichtquelle entfernt, dann wäre der Abstand des Neptun vierzig Fuß *und der Abstand des Sterns Alpha Lyrae zum mindesten hundertundneunundfünfzig.*

Nun ist es mir wahrscheinlich, daß am Ende meines letzten Satzes nur wenigen meiner Leser ein Bedenken aufstieß, als ob etwas ganz und gar nicht stimmen könne. Ich sagte, wenn man den Abstand der Erde von der Sonne *einem Fuß* gleich setzte, sei der Abstand des Neptun vierzig Fuß und der von Alpha Lyrae hundertundneunundfünfzig. Das Verhältnis zwischen einem Fuß und hundertundneunundfünfzig schien vielleicht ein genügend starkes Bild für das Verhältnis zwischen den zwei Zwischenräumen zu geben – dem zwischen Erde und Sonne und dem zwischen Alpha Lyrae und derselben Lichtquelle. Aber mein Bericht über den Stand der Sache muß in Wahrheit so lauten: – Wenn der Abstand der Erde von der Sonne als ein Fuß angenommen wird, dann wäre der Neptun vierzig Fuß von der Sonne entfernt und Alpha Lyrae hundertundneun-undfünfzig – *Meilen*: – das heißt, ich hatte in meiner ersten Feststellung Alpha Lyrae nur den *5.280sten Teil des Abstandes zugeschrieben, den man zum allermindesten* als Bezeichnung für seine Lage annehmen muß.

Ferner: So weit entfernt auch ein bloßer *Planet* ist, wir sehen ihn doch immer, wenn wir ihn durch ein Fernrohr betrachten, in einer gewissen Gestalt – mit einer gewissen wahrnehmbaren Größe. Nun habe ich schon auf die wahrschein-liche Form vieler Sterne hingewiesen; wenn wir indessen irgendeinen von ihnen selbst durch das mächtigste Fernrohr ins Auge fassen, so zeigt er uns durchaus *keine Gestalt*, und folglich nicht die geringste *Größe*. Wir sehen ihn als Punkt, weiter nichts.

Oder: Nehmen wir an, wir gehen des Nachts auf einer Landstraße. Auf einem Felde auf der einen Seite des Weges ist eine Linie von großen Gegen-ständen, sagen wir Bäumen, deren Umrisse sich scharf gegen den Hintergrund des Himmels abheben. Diese Linie von Gegenständen dehnt sich rechtwinklig zur Straße aus, von der Straße bis zum Horizont. Wenn wir nun auf der Straße fortschreiten, sehen wir, wie jeder von diesen Gegenständen in bezug auf einen bestimmten festen Punkt in dem Teile des Firmaments, der den Hintergrund des Bildes abgibt, seine Lage verändert. Nehmen wir an, dieser feste Punkt – fest genug für unseren Zweck – sei der aufgehende Mond. Wir bemerken sofort, daß der Baum, der uns am nächsten ist, seine Stellung in bezug auf den Mond so weit ändert, daß er von uns wegzufliehen scheint, daß jedoch der Baum, der am weitesten entfernt ist, seine Lage hinsichtlich unseres Trabanten überhaupt kaum geändert zu haben scheint. Wir kommen so zu der Wahrnehmung, daß die Gegenstände, je weiter sie von uns weg sind, um so weniger ihre Stellung verändern; und entsprechend umgekehrt. Dann fangen wir an, unbewußt die Abstände der einzelnen Bäume danach zu schätzen, wie weit sich ihre relative Stellung verändert hat. Schließlich geht uns das Verständnis dafür auf, wie es möglich sein kann, den tatsächlichen Abstand eines jeden gegebenen Baumes der Linie dadurch festzustellen, daß wir die Größe der relativen Änderung zur Basis einer einfachen geometrischen Aufgabe machen. Diese relative Änderung ist es nun, was wir „Parallaxe" nennen; und durch die Parallaxe berechnen wir die Entfernungen der Himmelskörper. Wollten wir das Prinzip auf die Bäume anwenden, von denen die Rede war, so wären wir natürlich sehr in Verlegenheit, die Entfernung des Baumes herauszubekommen, der, wenn wir auch noch so lange auf der Straße weiter gingen, überhaupt *keine* Parallaxe zeigen würde. Dies wäre in dem Falle, den wir annahmen, eine Sache der Unmöglichkeit; aber nur darum unmöglich, weil alle Entfernungen auf unserer Erde in der Tat unbeträchtlich sind: – im Vergleich mit den ungeheuren kosmischen Quantitäten können wir sie als absolut nichts bezeichnen.

Jetzt wollen wir annehmen, der Stern Alpha Lyrae sei direkt über unserem Kopfe; und stellen wir uns vor, wir ständen nicht auf der Erde, sondern an einem Ende einer geraden Straße, die durch den Raum ginge bis zu einer Entfernung, die dem Durchmesser der Erdbahn gleich wäre: das heißt, einer Entfernung von *hundertundneunzig Millionen Meilen*. Wir beobachten mit Hilfe der feinsten mikrometrischen Instrumente die genaue Stellung des Sterns und begeben uns dann auf unseren unermeßlich langen Weg, bis wir am anderen Ende anlangen. Jetzt blicken wir noch einmal nach dem Sterne. Er ist *genau* da, wo wir ihn zuletzt erblickten. Unsere Instrumente, so fein sie auch sind, versichern uns, daß seine relative Lage absolut, vollständig die nämliche ist, wie beim Beginn unserer unsagbar großen Reise. *Keine* Parallaxe – nicht die geringste – ist gefunden worden.

Es ist Tatsache, daß in bezug auf die Entfernung der Fixsterne – jeder einzelnen von den Myriaden Sonnen, die jenseits der schrecklichen Kluft strahlen, die unser System von ihren Brüdern in dem Haufen, zu dem es gehört, trennt – die astronomische Wissenschaft bis ganz vor kurzem nur mit negativer Sicherheit sich äußern konnte. Wenn wir die glänzendsten von ihnen als die nächsten nahmen, konnten wir selbst von *ihnen* nur sagen, daß es einen unermeßlichen Abstand diesseits gibt, wo sie nicht sein können: – wie weit sie aber darüber hinausgehen, konnten wir in keinem Falle feststellen. Wir nahmen zum Beispiel wahr, daß Alpha Lyrae nicht näher bei uns sein kann, als 19 Trillionen und 200 Billionen Meilen; aber nach allem, was wir wußten und in Wahrheit nach allem, was wir noch wissen, kann seine Entfernung von uns das Quadrat oder die dritte oder eine noch höhere Potenz der genannten Zahl betragen. Indessen ist es durch wundervoll genaue und sorgfältige Beobachtungen, die Bessel mit Hilfe neuer Instrumente in langjähriger Arbeit angestellt hat, dem jüngst verstorbenen Astronomen endlich gelungen, die Entfernung von sechs oder sieben Sternen zu bestimmen; unter anderen die des Sterns Nr. 61 im Sternbild des Schwans. Die in diesem Falle festgestellte Entfernung ist 670.000mal größer als die der Sonne; welch letztere, wie man sich erinnern wird, 95 Millionen Meilen beträgt. Der Stern 61 Cygni ist also etwa 64 Trillionen Meilen von uns entfernt – das ist mehr als dreimal soviel als die Entfernung, die als *Minimum* für Alpha Lyrae festgestellt ist.

Wenn wir versuchen wollen, diesen Zwischenraum mit Hilfe eines Vergleiches mit *Geschwindigkeiten* vorstellbar zu machen, wie wir es taten, als wir die Entfernung des Mondes abschätzen wollten, dann müssen wir solche Nichtigkeiten, wie den Flug einer Kanonenkugel oder die Fortpflanzung des Schalles völlig beiseite lassen. Das Licht jedoch pflanzt sich nach den letzten Berechnungen von Struve mit einer Geschwindigkeit von 167.000 Meilen in der Sekunde fort. Der Gedanke selbst kann nicht schneller diesen Zwischenraum überwinden – wenn der Gedanke ihn in Wahrheit überhaupt überwinden kann. Und doch braucht das Licht, trotz seiner unfaßbaren Schnelligkeit, mehr als *10 Jahre*, um von 61 Cygni zu uns zu kommen; und würde der Stern in diesem Augenblick aus dem Weltall getilgt, dann würde er noch *10 Jahre* ungetrübt in seiner paradoxen Herrlichkeit zu strahlen fortfahren.

Bewahren wir nun das Bild, so schwach es auch sein mag, das wir von dem Zwischenraume zwischen unserer Sonne und 61 Cygni erlangt haben, im Gedächtnis, und erinnern uns des ferneren, daß dieser Zwischenraum, wie unaussprechlich groß er auch sei, von uns doch nur als durchschnittlicher Zwischenraum in dem zahllosen Sternenheere betrachtet zu werden braucht, das den Haufen oder „Nebelfleck" bildet, zu dem unser System ebensowohl wie das von 61 Cygni gehört. Ich habe in der Tat den Sachverhalt noch sehr maßvoll festgestellt. Wir haben außerordentlich guten Grund zu glauben, daß 61 Cygni einer der *nächsten* Sterne ist, und dürfen daraus schließen, mindestens für jetzt, daß *seine* Entfernung von uns *geringer* ist als die durchschnittliche Entfernung von Stern zu Stern in dem prachtvollen Sternhaufen der Milchstraße.

Und hier scheint noch einmal und zum letzten Male der geeignete Ort, darauf aufmerksam zu machen, daß wir selbst jetzt noch von winzig kleinen Dingen gesprochen haben. Hören wir auf, den Zwischenraum von Stern zu Stern in unserem eigenen oder irgendeinem Haufen zu bestaunen; laßt uns lieber unsere Gedanken den Zwischenräumen von Haufen zu Haufen in dem allumfassenden Haufen des Weltalls zuwenden.

Ich habe bereits gesagt, daß das Licht sich mit einer Schnelligkeit von 167.000 Meilen in der Sekunde fortpflanzt – das sind etwa 10 Millionen Meilen in der Minute und etwa 600 Meilen in der Stunde: doch so weit entfernt von uns sind einige der Nebelflecke, daß selbst das Licht, das mit dieser Geschwindigkeit sich bewegt, uns aus diesen geheimnisvollen Regionen erst nach *3 Millionen Jahren* erreicht. Überdies ist diese Berechnung von dem älteren Herschel aufgestellt und bezieht sich nur auf die verhältnismäßig nahen Sternhaufen, die er mit seinem eigenen Fernrohr erreichen konnte. Es *gibt* jedoch Nebel, die durch das magische Instrument des Lord Rosse in diesem Augenblicke die Geheimnisse *einer Million vergangener Jahrhunderte* uns zuflüstern. Mit einem Wort: die Ereignisse, die wir jetzt – in diesem Augenblicke – in jenen Welten gewahren – sind die nämlichen Ereignisse, die ihre Bewohner vor *zehnmal hunderttausend Jahrhun-*

derten interessierten. In solchen Zwischenräumen – solchen Entfernungen, wie sie diese Aufstellung auf die Seele – eher als auf den Geist – legt – finden wir endlich die richtige Steigerung für alle bisher noch kleinlichen Betrachtungen der *Quantität*.

Da unsere Phantasie so mit den kosmischen Entfernungen beschäftigt ist, wollen wir die Gelegenheit benutzen, etwas auf die Schwierigkeit einzugehen, die uns so oft aufstieß, während wir den ausgetretenen Pfad der astronomischen Reflexion gingen: nämlich die erwähnten unermeßlichen leeren Räume zu *erklären* – zu verstehen, warum so völlig unbenutzte und daher anscheinend so wertlose Abgründe zwischen Stern und Stern – zwischen Haufen und Haufen – gelegt worden sind – kurz gesagt, einen zureichenden Grund einzusehen für den riesenhaften Maßstab hinsichtlich des bloßen *Raumes*, nach dem wir das Weltall aufgebaut sehen. Es ist, behaupte ich, begreiflich, daß die Astronomie keine richtige Erklärung für die Erscheinung aufgebracht hat: – jedoch legen es uns die Erwägungen, die uns in diesem Versuche Schritt für Schritt weitergeführt haben, nahe, klar und unmittelbar einzusehen, daß *Raum und Dauer eins sind*. Dazu, daß das Weltall über eine Zeit hin *ausdauern* konnte, die irgend der Größe der Materialien, die es zusammensetzen, und der Erhabenheit ihrer geistigen Zwecke entspräche, war es notwendig, daß die ursprüngliche Zerstreuung der Atome sich so unermeßlich weit ausdehnte, daß sie erst vor der Unendlichkeit Halt machte. Mit einem Wort: es war erforderlich, daß die Sterne aus dem Zustande unsichtbaren Nebels zur Sichtbarkeit gesammelt wurden – daß sie aus der Nebelgestalt fortgingen und fest zu werden begannen – daß sie in diesem Zustande dann alt und grau wurden und zahllosen und mannigfaltigen Abarten der Lebensentfaltung Geburt und Tod schufen – es war erforderlich, daß die Sterne all das tun konnten – daß sie völlig Zeit hatten, all diese göttlichen Zwecke zu erfüllen – und zwar all das *während der Periode*, in der alle Dinge ihre Rückkehr zur Einheit mit einer Geschwindigkeit bewerkstelligten, die im umgekehrten Verhältnis zu den Quadraten der Entfernungen anwächst, worin das unvermeidliche Ende begründet liegt.

Bei dem allen haben wir keine Schwierigkeit, die absolute Genauigkeit der göttlichen *Anpassung* zu verstehen. Die Dichtigkeit der einzelnen Sterne schreitet natürlich in dem Maße vorwärts, wie der Verdichtungsprozeß sich verringert; Verdichtung und Heterogenität halten gleichen Schritt miteinander; an letzterer, die der Gradmesser der ersteren ist, messen wir die Entwicklung der Lebenskraft und des Geistes. So haben wir uns in der Dichtigkeit der Sternkugeln das Maß, das uns anzeigt, wie weit ihre Zwecke erfüllt sind. *Je nachdem* die Dichtigkeit fortschreitet – je nachdem die göttlichen Absichten erfüllt sind – je weniger und immer weniger noch zu vollenden übrigbleibt – so entsprechend, im selben

Verhältnis, müssen wir erwarten, daß *das Ende* um so beschleunigter eintritt: – und demnach wird der philosophische Geist leicht verstehen, daß die göttlichen Pläne bei der Bildung der Sterne sich *mathematisch* ihrer Erfüllung nähern; noch mehr: er wird gern dieser Annäherung einen mathematischen Ausdruck geben; er wird erklären, daß diese Annäherung den Quadraten der Entfernungen aller geschaffenen Dinge vom Ursprunge und Ausgangspunkte ihrer Schöpfung proportional ist.

Diese göttliche Anpassung ist jedoch nicht nur mathematisch genau, sie trägt auch etwas in sich, was sie eben zur göttlichen stempelt, zum Unterschiede von den Werken bloß menschlicher Baukunst. Ich meine die vollständige *Gegenseitigkeit* der Anpassung. Zum Beispiel: Wenn Menschen etwas errichten, so hat eine bestimmte Ursache eine bestimmte Wirkung; eine bestimmte Absicht bringt ein bestimmtes Ziel zuwege; aber das ist alles; wir sehen keine Gegenseitigkeit. Die Wirkung wirkt nicht auf die Ursache zurück; die Absicht tritt nicht in Beziehungen zu dem Ziele. In den Konstruktionen Gottes ist das Ziel entweder Plan oder Ziel, je nachdem wir es betrachten wollen – und wir können jederzeit eine Ursache für eine Wirkung nehmen oder umgekehrt – so daß wir nie absolut sicher entscheiden können, was das eine und was das andere ist.

Ein Beispiel: Im Polarklima verlangt die menschliche Konstitution, um ihre tierische Wärme zu erhalten, für die Verbrennung im Kapillarsystem die reichliche Zufuhr sehr stickstoffhaltiger Nahrung, wie zum Beispiel Fischtran. Aber andererseits: fast die einzige Nahrung, die im Polarklima dem Menschen zur Verfügung steht, ist der Tran mächtiger Robben und Walfische. Ist nun der Tran vorhanden, weil er gebieterisch verlangt wird, oder wird nur dieses einzige verlangt, weil sonst nichts zu bekommen ist? Unmöglich zu entscheiden. Hier herrscht eine absolute *Gegenseitigkeit der Anpassung.*

Der Genuß, den wir aus der Entfaltung menschlicher Genialität schöpfen, ist um so größer, je mehr eine Annäherung an diese Art Gegenseitigkeit stattfindet. Beim Aufbau zum Beispiel des *Planes* in einem Werke der schönen Literatur sollten wir darauf sehen, die Ereignisse so anzuordnen, daß wir nicht imstande sind, von irgendeinem auszumachen, ob es von einem anderen herkommt oder ob es dieses andere herbeigeführt hat. In diesem Sinne ist natürlich *Vollkommenheit des Planes* praktisch unerreichbar – aber nur, weil es eine endliche Intelligenz war, die aufgebaut hat. Die Pläne Gottes sind vollkommen. Das Weltall ist ein Plan Gottes.

Und nun haben wir einen Punkt erreicht, wo der Geist wiederum genötigt ist, gegen seinen Hang zu Analogieschlüssen anzukämpfen – gegen sein an Monomanie grenzendes Begehren des Unendlichen. Man hat Monde um Planeten *kreisen* sehen, Planeten um Sterne; und der poetische Instinkt der Menschheit

– sein Instinkt fürs Symmetrische, wobei die Symmetrie nur eine Symmetrie der Oberfläche ist – dieser *Instinkt*, den die Seele nicht bloß des Menschen, sondern aller geschaffenen Wesen im Anfang aus der *geometrischen* Grundlage der Ausstrahlung des Weltalls empfing – bringt uns zu der Phantasie einer endlosen Ausdehnung dieses Systems von *Kreisen.* Wir verschließen unsere Augen vor der *De*duktion wie der Induktion und bestehen darauf, uns eine *kreisende Umdrehung* aller Bahnen der Milchstraße um eine Riesenkugel vorzustellen, die wir für den Angelpunkt des Ganzen halten. Von jedem Haufen in dem großen Haufen von Sternhaufen nehmen wir natürlich an, daß er in der nämlichen Weise eingerichtet und aufgebaut ist, und damit es der „Analogie" in keinem Stücke fehle, gehen wir dazu über, auch von diesen Haufen wieder anzunehmen, daß sie sich um eine noch erhabenere Kugel *drehen*; diese letztere wiederum mit ihren Haufen, die sie umkreisen fassen wir auf als nur eine aus einer noch herrlicheren Reihe von Agglomerationen, die ihrerseits sich um eine wieder andere Kugel *im Kreise bewegen*, die für *sie* Mittelpunkt ist – um eine Kugel, die noch viel unaussprechlicher erhaben ist – oder, besser gesagt, eine Kugel von unendlicher Erhabenheit unendlichmal multipliziert mit dem unendlich Erhabenen. Das sind die ewig so weitergehenden Umstände, die die Phantasie ausmalen und die Vernunft, wenn möglich, betrachten soll, ohne sich widerwillig von dem Gemälde abwenden zu dürfen; so verlangt es die gebietende Stimme dessen, was gewisse Leute „Analogie" nennen. So beschaffen ist im *allgemeinen* das unaufhörliche Kreisen über Kreisen, das uns die Philosophie verstehen und erklären geheißen hat, wenigstens so gut wie wir können. Hie und da jedoch setzt uns ein Philosoph besonderen Schlages – einer, dessen Tollheit eine sehr entschiedene Wendung nimmt – oder, mit Respekt zu sagen, dessen Genie stark ausgesprochene Waschfrauenneigungen hat, indem es alles dutzendweise erledigt – solch ein Philosoph setzt uns instand, den verborgenen Punkt, bei dem die fraglichen Umdrehungsvorgänge zum Ende kommen, und dies mit Recht, *deutlich* zu sehen.

Es ist vielleicht kaum der Mühe wert, über die Träumereien Fouriers auch nur zu spotten: – aber in letzter Zeit ist viel die Rede gewesen von der Hypothese Mädlers – daß im Mittelpunkte der Milchstraße eine ungeheure Kugel sich befände, um die sich alle Systeme des Sternhaufens drehten. Die *Umlaufszeit* unseres eigenen Systems ist sogar festgestellt worden – 117 Millionen Jahre.

Daß unsere Sonne eine Bewegung im Raume hat, die unabhängig ist von ihrer Drehung um sich selbst und ihrer Umdrehung um das Gravitationszentrum des Systems, ist lange vermutet worden. Diese Bewegung, ihre Existenz zugegeben, müßte sich perspektivisch zeigen. Die Sterne in der Gegend des Firmaments, die wir hinter uns ließen, müßten sich in einer sehr langen Reihe von Jahren zusammendrängen; die auf der entgegengesetzten Seite müßten sich weiter voneinander entfernen. Nun glauben wir, mit Hilfe der Geschichte der Astronomie dunkel behaupten zu können, einige solcher Erscheinungen hätten sich zugetragen. Auf Grund dessen ist erklärt worden, unser System bewege sich in der Richtung eines Punktes am Himmel, der dem Stern Zeta Herkulis gerade gegenüber sei; – aber dieser Schluß ist das äußerste, wozu wir logisch berechtigt sind. Mädler ist jedoch so weit gegangen, von einem einzelnen Stern, der Alkyone in den Plejaden, zu behaupten, er befinde sich an dem Fleck oder dicht bei ihm, um den herum eine allgemeine *Kreisbewegung* sich vollziehe.

Da wir nun durch die „Analogie" in erster Linie zu diesen Träumen geführt wurden, wäre es nicht mehr als billig, daß wir uns wenigstens bis zu gewissem Grade, während wir sie vorführen, an die Analogie halten; und dieselbe Analogie, die die Umdrehung behauptet, behauptet gleichzeitig eine Zentralkugel, um die sie vor sich gehen soll: – soweit war der Astronom konsequent. Diese Zentralsonne jedoch müßte nach den Gesetzen der Dynamik größer sein als alle die Kugeln, die sie umgeben, zusammengenommen. Von diesen gibt es etwa 100 Millionen. – „Warum also", so wurde natürlich gefragt, „warum *sehen* wir diese ungeheure Zentralsonne nicht – deren Masse *mindestens* hundert Millionen mal so groß ist wie unsere Sonnen – warum *sehen* wir sie nicht – *wir* ganz besonders, die wir den mittleren Teil des Haufens bewohnen – just die Gegend, in deren *Nähe* unter allen Umständen dieser unvergleichliche Stern gelegen sein müßte?", Die Antwort war schnell bei der Hand: – „Der Stern muß nichtleuchtend sein, wie unsere Planeten." Hier wird also, um einen Zweck zu erreichen, die Analogie plötzlich fallengelassen. „ Nicht doch", könnte man sagen, „wir wissen, daß nichtleuchtende Sonnen tatsächlich existieren." Allerdings haben wir mindestens Grund, dies zu vermuten; aber ganz gewiß haben wir nicht den geringsten Grund zu der Annahme, die bewußt nichtleuchtenden Sonnen würden umkreist von *leuchtenden* Sonnen, während diese wieder von nichtleuchtenden Planeten umgeben wären – und genau dazu müßte Mädler etwas Analoges am Himmel finden – denn genau das stellt er sich im Falle der Milchstraße vor. Wollen wir annehmen, die Sache verhalte sich so, so müssen wir wohl oder übel uns hier ausmalen, eine wie klägliche Verlegenheit das *Warum ist es so* allen a priori-Philosophen bereiten muß.

Aber selbst wenn wir, aller Analogie und allem in der Welt zum Trotz, zugäben, die ungeheure Zentralkugel könne nichtleuchtend sein, so müssen wir doch weiter fragen, wieso diese enorme Kugel uns nicht durch die Lichtflut sichtbar gemacht wird, die von den 100 Millionen glorreichen Sonnen, die rings um sie herum glänzen, auf sie geworfen wird. Da man mit dieser Frage drängend wurde, scheint man den Gedanken an eine tatsächlich körperliche Zentralsonne einigermaßen aufgegeben zu haben; die Spekulation beeilte sich vielmehr zu versichern, daß die Systeme des Haufens ihre Umdrehungen nur um ein immaterielles Gravitationszentrum vornähmen, das allen gemeinsam sei. Also, auch hier wieder hat man, um einen Zweck zu erreichen, die Analogie fallenlassen. Die Planeten unseres Systems drehen sich allerdings um ein gemeinsames Gravitationszentrum; aber sie tun es infolge und in Verbindung mit einer materiellen Sonne, deren Masse die übrigen Teile des Systems mehr als aufwiegt.

Der mathematische Kreis ist eine Kurve, die aus unendlich vielen geraden Linien zusammengesetzt ist. Aber dieser Begriff des Kreises – es handelt sich, wie bei allen geometrischen Begriffen, hier nur um einen mathematischen Begriff, zum Unterschied von einer praktisch ausführbaren Konstruktion – ist diesmal ganz nüchtern tatsächlich eine *praktische* Vorstellung, und zwar eine solche, die wir einzig und allein in bezug auf den majestätischen Kreis haben dürfen, um den es, zumindest in unserer Phantasie, sich handelt, wenn wir annehmen, unser System drehe sich um einen Punkt inmitten der Milchstraße. Die stärkste menschliche Phantasiekraft soll den Versuch machen, zum Begreifen eines so unermeßlichen Umlaufes, auch nur den ersten Schrift zu tun! Es wäre kaum paradox zu sagen, daß ein Blitz, der *ewig* über den Umfang dieses unsagbaren Kreises dahinführe, noch immer *ewig* sich in gerader Linie bewegte. Daß die Bahn unserer Sonne in einem solchen Kreise für irgendeine menschliche Wahrnehmung auch nur im geringsten von der geraden Linie abwiche, selbst in einer Million Jahre, ist eine Behauptung, die man nicht begründen könnte; und doch verlangt man von uns zu glauben, es sei eine Krümmung sichtbar geworden während der kurzen Zeit der Geschichte unserer Astronomie – während eines bloßen Moments – während des äußersten Nichts von zwei- oder dreitausend Jahren.

Man kann sagen, daß Mädler in Wirklichkeit eine Krümmung in der Richtung der jetzt wohlbegründeten Bahn unserer Sonne durch den Raum festgestellt *hat*. Wenn ich, falls es notwendig ist, zugebe, daß diese Tatsache der Wirklichkeit entspricht, so behaupte ich, daß damit nichts bewiesen ist, als die Wirklichkeit der Tatsache – der Tatsache einer Krümmung. Für ihre *vollständige* Sicherstellung werden Jahrhunderte erforderlich sein; und wenn sie feststeht, wird sie irgendein binäres oder sonstwie multiples Verhältnis zwischen unserer Sonne und einem oder mehr Nachbarsternen anzeigen. Ich riskiere indessen nichts, wenn ich prophezeie, daß man nach Ablauf vieler Jahrhunderte alle Versuche, die Bahn unserer Sonne durch den Raum zu bestimmen, aufgegeben haben wird. Dies ist leicht zu verstehen, wenn wir die unendlichen Störungen erwägen, die sie in ihren fortwährend wechselnden Beziehungen zu anderen Bahnen bei der gemeinsamen Annäherung aller an den Kern der Milchstraße erleiden muß.

Aber wenn wir anstatt der Milchstraße andere Nebel prüfen – wenn wir allgemein die Sternhaufen beobachten, die am Himmel zerstreut sind – finden wir die Bestätigung für Mädlers Hypothese oder finden wir sie nicht? Wir finden sie *nicht.* Die Formen der Haufen sind außerordentlich verschiedenartig, wenn wir sie flüchtig betrachten; aber bei genauer Beobachtung mittels mächtiger Fernrohre erkennen wir sehr scharf, daß sie alle mindestens annähernd Kugelgestalt haben – ihr Aufbau im allgemeinen ist nicht im Einklang mit der Idee einer Umdrehung um ein gemeinsames Zentrum.

„Es ist schwierig", sagt Sir John Herschel, „sich irgendeine Vorstellung von der dynamischen Verfassung solcher Systeme zu machen. Einerseits ist es ohne Rotationsbewegung und Zentrifugalkraft kaum möglich, ihren Zustand für etwas anderes zu halten als den eines *fortschreitenden Zusammenbruchs.* Wenn wir aber andererseits eine solche Bewegung und so eine Kraft zugeben, so finden wir keine geringere Schwierigkeit darin, ihre Formen mit der Rotation des ganzen Systems (er meint: Haufens) um eine einzelne Achse zu vereinbaren, ohne die doch Zusammenstöße im Innern unvermeidlich erschienen."

Einige Bemerkungen, die jüngst Dr. Nichol, der die kosmischen Zustände in einem ganz anderen Lichte sieht als ich in dieser Abhandlung, über die Nebelflecke machte, sind ganz besonders auf den Fall, der uns hier beschäftigt, anwendbar. Er sagt: „Wenn unsere größten Fernrohre auf sie gerichtet werden, so finden wir, daß die, die wir für unregelmäßig hielten, es nicht sind; sie nähern sich der Kugelgestalt. Hier ist einer, der oval aussah; aber das Fernrohr des Lord Rosse machte ihn zu einem Kreise ... Nun finden wir einen sehr bemerkenswerten Umstand in bezug auf die vergleichsweise besonders unsteten Kreismassen der Nebelflecke. Wir finden, daß sie ganz und gar nicht kreisförmig sind, sondern im Gegenteil; und daß rings um sie, auf allen Seiten, Massen von Sternen sind, *die sich anscheinend ausdehnen, als ob sie infolge der Aktion irgendeiner großen Gewalt einer großen Zentralmasse zustrebten."*

Hätte ich mit meinen eigenen Worten auszuführen, was auf Grund der Hypothese, daß alle Materie, wie ich behaupte, jetzt im Begriff ist, zu ihrer ursprünglichen Einheit zurückzukehren, notwendigerweise der gegenwärtige Zustand jedes Nebelflecks sein muß, so würde ich einfach, nahezu wörtlich, mich der Ausdrücke bedienen, die hier Dr. Nichol gebraucht, obwohl er nicht die entfernteste Ahnung der erstaunlichen Wahrheit hat, die der Schlüssel zu diesen Nebularerscheinungen ist.

Und hier möchte ich meine Stellung noch mehr bestärken dürfen durch die Stimme eines, der größer ist als der Mädler – eines Mannes überdies, für den all

---

* Man muß verstehen, daß ich hauptsächlich nur den Teil von Mädlers Hypothese leugne, der sich auf die Kreisbahnen bezieht. Natürlich wird eine große Zentralkugel, wenn sie jetzt nicht in unserem Haufen existiert, später vorhanden sein. Wann immer sie aber existiert, sie wird nur der Kern der Konsolidation sein.

die Angaben Mädlers seit langem vertraute Dinge waren, die er sorgsam und gründlich erwogen hat. Im Hinblick auf die sorgfältigen Berechnungen Argelanders – dessen Untersuchungen eben die Grundlage für Mädler abgegeben haben – macht *Humboldt*, dessen Kunst, zu generalisieren, aus den Einzeltatsachen umfassende Ideen zu entwickeln, vielleicht nie ihresgleichen hatte, die folgende Bemerkung: Betrachtet man die nicht perspektivischen eigenen Bewegungen der Sterne, so scheinen viele gruppenweise einander in Richtung entgegengesetzt; und die bisher gesammelten Tatsachen machen es aufs wenigste nicht notwendig, anzunehmen, daß alle Teile unserer Sternenschicht oder gar der gesamten Sterneninseln, welche den Weltraum füllen, sich um einen großen, unbekannten, leuchtenden oder dunklen, Zentralkörper bewegen. Das Streben nach den letzten und höchsten Grundursachen macht freilich die reflektierende Tätigkeit des Menschen, wie seine Phantasie, zu einer solchen Annahme geneigt.

Die Erscheinung, auf die hier hingewiesen wird – daß „viele Sterne gruppenweise einander in Richtung entgegengesetzt" sind – ist durch Mädlers Idee ganz und gar nicht zu erklären; jedoch geht sie als notwendige Folge aus dem hervor, was die Grundlage dieser Abhandlung bildet. Während die *bloß allgemeine Richtung* eines jeden Atoms – eines jeden Mondes, Planeten, Sterns oder Haufens – nach meiner Hypothese natürlich absolut geradlinig wäre, während die *allgemeine* Bahn aller Körper eine gerade Linie wäre, die zu aller Zentrum führte, ist es trotzdem klar, daß dieser allgemeinen Geradlinigkeit etwas beigegeben ist, was man fast ohne Übertreibung eine Unendlichkeit besonderer Kurven nennen kann – eine Unendlichkeit lokaler Abweichungen von der Geradlinigkeit – das Ergebnis fortwährender Verschiebungen in der relativen Lage der zahllosen Massen, je nachdem jede auf ihrem eigenen besonderen Wege zum Ende vorschreitet.

Ich zitierte vorhin die folgenden Worte Sir John Herschels in bezug auf die Sternhaufen: „Einerseits, ohne Rotationsbewegung und Zentrifugalkraft ist es kaum möglich, ihren Zustand für etwas anderes zu halten, als den des *fortschreitenden Zusammenbruches*". Es ist Tatsache, daß wir es, wenn wir die „Nebelflecke" mit einem starken Fernrohre beobachten, ganz unmöglich finden werden, diesen Gedanken des „Zusammenbruchs", wenn wir ihn erst gefaßt haben, nicht an allen Enden bestätigt zu finden. Ein Kern ist immer sichtlich, in dessen Richtung sich die Sterne zu stürzen scheinen; auch können diese Kerne durchaus nicht fälschlich für bloß perspektivische Erscheinungen gehalten werden – die Haufen sind *tatsächlich* dichter in der Nähe des Zentrums, zerstreuter in den Teilen, die weiter davon entfernt sind. Mit einem Wort, wir sehen alles, wie wir es sehen *müßten*, wenn ein Zusammenbruch vorläge; dagegen muß im allgemeinen von diesem Haufen gesagt werden, daß wir von Rechts wegen auf Grund des Augenscheins nur dann die Idee einer *Kreisbewegung um ein Zentrum* hegen können, wenn wir annehmen, daß *möglicherweise* in den entfernten Bezirken des Raumes dynamische Gesetze gelten, von denen *wir* nichts wissen.

Bei Herschel jedoch bemerken wir ein offenbares *Widerstreben*, die Nebelflecke als „in einem Zustande fortschreitenden Zusammenbruchs" befindlich zu betrachten. Aber wenn Tatsachen — wenn der Augenschein die Vermutung, daß sie in diesem Zustande sind, rechtfertigen, *warum*, so mag wohl gefragt werden, ist er abgeneigt, es zuzugeben? Lediglich auf Grund eines Vorurteils; bloß weil die Annahme einem vorgefaßten und äußerst grundlosen Begriffe widerstreitet — dem Begriffe der Endlosigkeit — des ewigen Bestandes des Weltalls.

Wenn die Aufstellungen dieser Abhandlung haltbar sind, so ist der „Zustand fortschreitenden Zusammenbruches" *genau* der, den wir einzig und allein allen Dingen zuzuschreiben befugt sind; und mit gebührender Bescheidenheit möchte ich hier bekennen, daß ich für mein Teil nicht verstehen kann, wie irgendeine *andere* Auffassung der tatsächlichen Sachlage jemals ins Menschenhirn eindringen konnte. „Die Tendenz des Zusammenbruches" und „die Attraktion der Gravitationskraft" sind Ausdrücke, die man miteinander vertauschen kann. Wenn wir den einen oder den andern anwenden, so sprechen wir von der Reaktion auf den ersten Akt. Nie war eine Notwendigkeit weniger dringend als die, anzunehmen, die Materie sei mit einer unausrottbaren *Qualität* begabt, die einen Teil ihrer materiellen Natur bilde — einer Qualität oder einem Triebe, die *ewig* untrennbar von ihr seien — einem unveräußerlichen Prinzip, kraft dessen jedes Atom fortwährend getrieben werde, sein Bruder-Atom zu suchen. Nie war eine Notwendigkeit weniger dringend als die, so eine unphilosophische Idee zu haben. Schreiten wir keck über das vulgäre Denken hinaus und begreifen wir metaphysisch, daß das Gravitationsprinzip *zeitweise* zur Materie gehört — nur weil sie zerstreut ist — nur weil sie als Vielheit existiert, anstatt als Eines — daß es zu ihr gehört allein auf Grund dessen, daß sie ausgestrahlt ist — mit einem Worte: daß es ganz und gar zu ihrem *Zustande* gehört, und nicht im geringsten zu *ihr selbst*. Nach dieser Auffassung wird das Gravitationsprinzip, wenn die Ausstrahlung zu ihrer Quelle zurückgekehrt ist — wenn die Reaktion vollendet ist — nicht länger mehr existieren. Und in der Tat gibt es Astronomen, die zwar keineswegs den hier vorgetragenen Gedanken erfaßt haben, die sich ihm aber doch genähert zu haben scheinen, indem sie erklären, daß es „unmöglich wäre, die Geltung des Gravitationsprinzips zu verstehen, wenn es nur einen einzigen Körper im Weltall gäbe"; das heißt, aus ihrer Auffassung der Materie heraus kommen sie zu einem Schlusse, zu dem ich auf deduktivem Wege gelange. Daß aber eine so erkenntnisschwangere Einsicht, wie die eben zitierte, so lange unfruchtbar bleiben konnte, ist doch ein Geheimnis, das zu ergründen mir schwerfällt.

Vielleicht jedoch ist es in hohem Grade unser Hang zum Ununterbrochenen – zum Analogen – im vorliegenden Falle eigentlich mehr zum Symmetrischen – was uns irregeführt hat. Und in der Tat ist der Sinn für Symmetrie ein Instinkt, auf den man sich fast mit blindem Vertrauen verlassen kann. Er ist die poetische Essenz des *Weltalls*, das in der Majestät seiner Symmetrie nichts anderes ist als das erhabenste Gedicht. Nun sind Symmetrie und Übereinstimmung gleichbedeutende Ausdrücke: – also sind Poesie und Wahrheit eins. Etwas ist übereinstimmend, zutreffend, im Verhältnis seiner Wahrheit – wahr im Verhältnis seiner Übereinstimmung. Eine vollständige Übereinstimmung, ein völliges Zutreffen kann nichts anderes sein, ich wiederhole es, als absolute Wahrheit. Wir können es also als zugestanden betrachten, daß der Mensch nicht lange oder weit in die Irre gehen kann, wenn er sich von seinem poetischen Instinkt, von dem ich sage, er sei identisch mit seinem Wahrheitsinstinkt, weil er ein Instinkt für Symmetrie ist, leiten läßt. Jedoch muß er sich hüten, daß er nicht unachtsam bloß auf die oberflächliche Symmetrie von Formen und Bewegungen aus ist und dadurch die wirklich wesentliche Symmetrie der Prinzipien, die jene bestimmen und regulieren, übersieht.

Daß die Gestirne sich schließlich in Eins verschmelzen, daß zuletzt alles in die Substanz *einer einzigen ungeheueren Zentralkugel, die bereits existiere,* hineingezogen würde, dieser Idee scheint die Phantasie der Menschheit in einer vergangenen Epoche vag und unbestimmt zugetan gewesen zu sein. In der Tat ist es eine *außerordentlich einleuchtende* Idee. Sie entspringt spontan aus einer ganz oberflächlichen Betrachtung der kreisförmigen und scheinbar *sich drehenden oder wirbelnden* Bewegungen der besonderen Teile des Weltalls, die sich unserer Beobachtung am unmittelbarsten und nächsten darbieten. Es gibt vielleicht keinen Menschen von gewöhnlicher Bildung und nur durchschnittlicher Reflexionsgabe, dem sich nicht zu gewisser Zeit diese Phantasie aufgedrängt hätte, als ob sie spontan käme oder intuitiv, mit all den Kennzeichen einer sehr tiefen und ursprünglichen Anschauung. Diese Anschauung jedoch, so allgemein verbreitet sie ist, ist meines Wissens nie aus abstrakten Erwägungen hervorgegangen; da sie im Gegenteil, wie gesagt, aus den wirbelnden Bewegungen um Mittelpunkte geschöpft wurde – suchte man auch die Begründung – die Ursache, für die Sammlung aller Kugeln, in einer, *die man bereits existierend wähnte,* natürlich in der nämlichen Richtung, unter diesen Kreisbewegungen selbst.

So geschah es, daß die Ankündigung von der allmählichen und vollkommen regelmäßigen Abnahme, die man in der Bahn des Enckeschen Kometen bei der erneuten Umdrehung um unsere Sonne beobachtete, bei den Astronomen die fast einhellige Meinung erzeugte, die fragliche Ursache sei gefunden – ein Prinzip sei entdeckt, das genüge, um das schließliche Zusammenfallen des ganzen

Weltalls physikalisch zu erklären, das – ich wiederhole es – der analogische, symmetrische oder poetische Instinkt des Menschen von vornherein entschlossen war, als etwas Bedeutungsvolleres als eine bloße Hypothese aufzufassen.

Diese Ursache, dieser zureichende Grund für die schließliche Zusammenballung sollte in einem ausnehmend feinen, aber doch noch materiellen Medium bestehen, das den Raum durchdringe; dieses Medium sollte dadurch, daß es bis zu gewissem Grade den Kometen in seinem Laufe aufhielt, fortwährend seine Tangentialkraft schwächen und so der Zentripetalkraft das Übergewicht geben, die dann natürlich den Kometen bei jeder Umdrehung der Sonne mehr und mehr nähern und ihn eventuell in sie hineinschleudern müßte.

All das war streng logisch – das Medium oder den Äther vorausgesetzt; zu diesem Äther aber war man sehr unlogisch gekommen auf Grund der Annahme, daß kein *anderer* Modus als der eine entdeckt werden könne, der dazu diente, die beobachtete Abnahme in der Bahn des Kometen zu erklären: – als ob aus der Tatsache, daß wir keine andere Erklärungsart *entdecken* konnten irgendwie folgte, es sei keine andere Erklärungsart möglich. Es ist klar, daß zahllose Ursachen in ihrem Zusammentreffen es bewirken könnten, die Bahn zu verkleinern, ohne daß es vielleicht für uns möglich wäre, auch nur eine davon kennenzulernen. Mittlerweile ist aber vielleicht richtig gezeigt worden, warum nicht die Hemmung, die der Komet am Rande der Sonnenatmosphäre erleidet, durch die er in seiner Sonnennähe hindurchgeht, eine genügende Erklärung für die Erscheinung sein soll. Daß Enckes Komet von der Sonne verschlungen werden wird, ist wahrscheinlich; daß alle Kometen des Systems schließlich verschlungen werden, ist mehr als bloß möglich; aber in diesem Falle muß das Prinzip der Vernichtung auf die Besonderheit der Umlaufbahn zurückgeführt werden – darauf, daß die Kometen in ihrer Sonnennähe eng an die Sonne herankommen; es ist ein Prinzip, das nicht im geringsten die gewichtigen *Kugeln* berührt, die die eigentlichen materiellen Bestandteile des Weltalls sind. Was die Kometen im allgemeinen angeht, so möchte ich hier beiläufig bemerken, daß wir nicht sehr fehlgehen werden, wenn wir sie als die *Blitze des kosmischen Himmels* betrachten.

Die Idee eines hemmenden Äthers und einer in Verbindung damit vor sich gehenden schließlichen Zusammenballung aller Dinge schien seiner Zeit jedoch durch die Beobachtung einer positiven Abnahme in der Bahn des Mondes – der fest ist – bestätigt zu werden. Man stützte sich auf Berichte über Finsternisse, die vor 2.500 Jahren stattgefunden hatten und bei denen es sich ergab, daß die Umdrehungsgeschwindigkeit des Trabanten *damals* beträchtlich geringer war als *heute*, so daß er, vorausgesetzt daß seine Bahnbewegung genau dem Keplerschen Gesetze entspricht und *damals*, vor 2.500 Jahren, genau bestimmt wurde, jetzt beinahe 9.000 Meilen weiter voran ist, als er sein sollte. Das Anwachsen der

Geschwindigkeit bewies natürlich eine Verkleinerung der Bahn, und die Astronomen waren drauf und dran zu glauben, die Annahme des Äthers sei die einzige Erklärungsart für die Erscheinung, als Lagrange ihnen zu Hilfe kam. Er zeigte, daß auf Grund der Gestaltung der Sphäroide die kürzere Achse ihrer Ellipsen eine veränderliche Länge aufweisen müsse, während die längere Achse unverändert bleibe; er zeigte ferner, daß diese Veränderung dauernd und vibrierend sei, so daß jede Bahn in einem Zustande des Überganges entweder vom Kreise zur Ellipse oder von der Ellipse zum Kreise sei. Im Falle des Mondes, wo die kleinere Achse im Abnehmen begriffen ist, geht die Bahn vom Kreise zur Ellipse über und nimmt daher ebenfalls ab; aber wenn nach einer langen Reihe von Jahren der äußerste Grad Exzentrizität erreicht ist, dann geht die kürzere Achse wieder dazu über, zuzunehmen, bis die Bahn zum Kreise wird, worauf der Prozeß der Verkürzung von neuem beginnt, und so immer weiter. Im Falle der Erde geht die Bahn von der Ellipse zum Kreise über. Die so aufgeklärten Tatsachen machen natürlich jeglicher Notwendigkeit, einen Äther anzunehmen, und jeder Besorgnis, das System sei um des Äthers willen in Gefahr, in die Brüche zu gehen, ein Ende.

Man wird sich erinnern, daß ich selbst etwas angenommen habe, was wir *Äther* nennen können. Ich habe von einem feinen *Einflusse* gesprochen, von dem wir wissen, daß er immer bei der Materie ist, obwohl er sich erst durch die Heterogenität der Materie zeigt. Auf diesen *Einfluß* habe ich, ohne daß ich wagte, an den Versuch einer Erklärung seiner Ehrfurcht gebietenden *Natur* zu rühren, die verschiedenen Erscheinungen der Elektrizität, der Wärme, des Lichtes, des Magnetismus zurückgeführt, und ferner: der Lebenskraft, des Bewußtseins und des Denkens – mit einem Worte: des Psychischen. Man wird nun sofort sehen, daß der so aufgefaßte Äther und der Äther der Astronomen von Grund aus verschieden sind, insofern der ihre *Materie* ist und meiner *nicht*.

Mit der Idee eines materiellen Äthers scheint der Gedanke an eine Zusammenballung des Weltalls vollständig aufgegeben, der so lange von der poetischen Phantasie der Menschheit gehegt worden war – die Zusammenballung, an die zu glauben eine gesunde Philosophie durchaus berechtigt gewesen wäre, mindestens bis zu gewissem Grade, wenn aus keinem anderen Grunde, so bloß darum, weil die poetische Phantasie sich für sie ausgesprochen hatte. Aber soweit die Astronomie – soweit bloße Physik bisher gesprochen hat, haben die Kreise des Weltalls kein vorstellbares Ende. Wäre indessen ein Ende auf Grund einer so unwesentlichen Ursache, wie ein solcher Äther sie vorstellt, erwiesen worden, so hätte sich der Instinkt des Menschen für die Anpassungsfähigkeit Gottes gegen diesen Beweis aufgelehnt. Wir hätten uns genötigt gesehen, das Weltall mit so einer Art Mißfallen zu betrachten, wie wir es kennenlernen, wenn wir ein unnötig kompliziertes Werk menschlicher Technik ansehen. Die Schöpfung hätte auf uns einen ähnlichen Eindruck gemacht wie ein unvollkommener *Plan* in einem Roman, wo der Knoten plump mit Hilfe eingemengter Zwischenfälle geschürzt ist, die der eigentlichen Fabel fremd und äußerlich angeklebt sind, wo doch die Verwicklung aus dem Schoße der These, aus dem Herzen der leitenden Idee entspringen müßte, wo sie als Resultat aus dem Grundgedanken hervorgehen müßte, als untrennbarer und unweigerlicher Teil und Zubehör der ursprünglichen Konzeption des Buches.

Was ich unter der bloßen Oberflächensymmetrie verstanden wissen will, wird nun deutlicher einzusehen sein. Nur die Verlockung dieser Symmetrie ist Schuld daran, daß wir mit der allgemeinen Idee in die Irre geführt wurden, von der Mädlers Hypothese nur ein Teil ist – der Idee der wirbelnden Verengung der Bahnen. Die Symmetrie des Prinzips dagegen verwirft diese rein physikalische Vorstellung, und sieht das Ende aller Dinge in dem Begriffe des Anfangs metaphysisch inbegriffen; sucht und findet in diesem Ursprunge aller Dinge den *Embryo* dieses Endes; und weiß, daß es frivol wäre anzunehmen, dieses Ende trete weniger einfach ein – weniger unmittelbar – als in Form *der Reaktion auf den urersten Akt.*

Kommen wir nunmehr auf eine frühere Aufstellung zurück, fassen wir die Systeme – fassen wir jeden Stern mit den Planeten, die ihn begleiten – nur als ein riesenhaftes Atom auf, das im Raume mit genau derselben Neigung zur Einheit lebt, die im Anfang die wirklichen Atome nach ihrer Ausstrahlung in die Weltenkugel auszeichnete. Wie diese ursprünglichen Atome gegeneinanderschossen in Linien, die im allgemeinen gerade waren, so wollen wir uns auch als mindestens im allgemeinen geradlinig die Wege der einzelnen System-Atome zu ihren Aggregationszentren vorstellen: – und in diesem unmittelbaren Zusammenfinden, wie die Systeme sich zu Haufen vereinigen, wie ebenso und gleichzeitig die Haufen sich zusammenfinden und die Konsolidierung fortschreitet – darin haben wir nun endlich das große *Jetzt* erreicht - die furchtbare Gegenwart – den augenblicklichen Zustand des Weltalls.

Von der noch schrecklicheren Zukunft können wir an Hand einer nicht unerlaubten Analogie eine Hypothese ausgestalten. Da das Gleichgewicht zwischen Zentripetal- und Zentrifugalkräften in jedem Systeme beim Eintritt einer gewissen Annäherung an den Kern des Haufens, zu dem es gehört, notwendig zerstört werden muß, müssen danach sofort chaotisch oder scheinbar chaotisch die Monde auf die Planeten, die Planeten auf die Sonnen und die Sonnen auf die Sterne losstürzen; und das allgemeine Ergebnis dieses Sturzes muß die Ansammlung der Myriaden jetzt existierender Sterne zu einer beinahe unendlich geringeren Zahl von beinahe unendlich größeren Kugeln sein. Die Welten jener Zeit werden unermeßlich größer sein, als die unseren, aber es wird ihrer unermeßlich weniger geben. Dann werden wahrhaftig aus unergründlichen Schlünden ungeheure Sonnen aufstrahlen. All diese Herrlichkeit aber wird nur eine Stufe sein, die das große Ende verkündet. Dieses Ende kann die neue Genesis, die ich eben beschrieb, nur kurze Zeit aufhalten. Während sie sich vereinigten, sind die Sternhaufen mit unerhört anwachsender Schnelligkeit ihrem eigenen gemeinsamen Mittelpunkte zugeschossen, und nun, mit vertausendfachter elektrischer Geschwindigkeit, die nur ihrer eigenen Körpergröße und der seelenhaften Leidenschaft ihres Einheitsehnens entspricht, flammen die königlichen Trümmer des Sternenheeres endlich in ihre allvereinende Umarmung. Die unvermeidliche Katastrophe ist da.

Diese Katastrophe aber– was ist sie? Wir haben die Vereinigung der Kugeln vollendet gesehen. Von jetzt an – müssen wir jetzt nicht annehmen, daß *eine einzige materielle Kugel aus Kugeln* das Weltall bildet und umfaßt? Eine Phantasie der Art würde völlig jeder Annahme und Auffassung dieser Abhandlung widerstreiten.

Ich habe bereits von der vollständigen *Gegenseitigkeit der Anpassung* gesprochen, die die besondere Eigenheit der Gotteskunst ist – sie zur göttlichen macht. Bis zu diesem Wendepunkte unserer Betrachtung haben wir den elektrischen Einfluß als ein Etwas betrachtet, kraft dessen Repulsion allein die Materie instand gesetzt wird, in dem Zustande der Zerstreuung zu existieren, der für die Erfüllung ihrer Zwecke notwendig ist: – bis jetzt, mit einem Worte, haben wir den besagten Einfluß um der Materie willen eingesetzt sein lassen, um den Zielen der Materie behilflich zu sein. Auf Grund der Gegenseitigkeit, die anzunehmen wir vollkommen befugt sind, betrachten wir jetzt die Materie *als einzig und allein um dieses Einflusses willen* geschaffen – einzig und allein geschaffen, um den Zielen dieses psychischen Äthers zu dienen. Durch die Hilfe – vermittelst – durch die Wirksamkeit der Materie, und kraft ihrer Heterogenität – wird dieser Äther offenbar – *wird der Geist individualisiert.* Nur in der Entfaltung dieses Äthers, durch Heterogenität geschieht es, daß besondere Stoffe der Materie belebt werden – empfindend – und nur im Verhältnis der Heterogenität; – wobei einige einen Grad der Empfindung erreichen, der das einschließt, was wir *Denken* nennen – Bewußtsein.

So genommen sind wir imstande, die Materie als Mittel aufzufassen – nicht als Ziel. Man sieht so, ihre Zwecke sind in ihrer Zerstreuung gelegen; und mit der Rückkehr zur Einheit hören diese Zwecke auf. Die absolut zu Eins gewordene Kugel der Kugeln wäre *zwecklos, gegenstandslos* – daher könnte sie nicht einen Augenblick länger existieren. Die Materie, die um eines Zweckes willen geschaffen wurde, wäre ohne Frage nach Erreichung dieses Zweckes keine Materie mehr. Bemühen wir uns zu verstehen, daß sie verschwinden wird, und daß Gott bleibt: alles in allem.

Daß jedes gotterzeugte Werk mit einer besonderen Bestimmung stehen und fallen muß, scheint mir hervorragend einleuchtend, und ich hege keinen Zweifel, daß die meisten meiner Leser, wenn sie merken, daß die schließliche Kugel von Kugeln *zwecklos und gegenstandslos* wäre, sich mit meinem: „also kann sie nicht länger existieren" zufrieden geben werden. Nichtsdestoweniger wollen wir, da der verblüffende Gedanke ihres augenblicklichen Verschwindens der Art ist, daß auch von dem stärksten Kopfe nicht verlangt werden kann, er solle ihn auf Grund so bloßer Abstraktion fassen, uns bemühen, die Idee von einem anderen Fund gewöhnlicheren Gesichtspunkte aus zu betrachten: wir wollen sehen, wie schön und von Grund aus sie bestätigt wird durch eine Anschauung der Materie *a posteriori*, wie wir sie tatsächlich vorfinden.

Ich habe früher gesagt, „daß wir, da Attraktion und Repulsion unleugbar die einzigen Attribute sind, durch die die Materie sich unserer Erkenntnis offenbart, völlig zu der Annahme berechtigt sind, die Materie *existiere* nur als Attraktion und Repulsion – mit andern Worten: daß Attraktion und Repulsion die Materie *sind*; indem wir uns keinen Fall denken können, in dem wir nicht das Wort ‚Materie' und die Worte ‚Attraktion' und ‚Repulsion' (für eins genommen) als gleichbedeutende logische Bezeichnungen anwenden und also auch miteinander vertauschen dürften".

Nun bedingt die Definition der Attraktion recht eigentlich Besonderung – das heißt: das Vorhandensein von Teilen, Teilchen oder Atomen; denn wir definieren sie als die Tendenz „jedes Atoms etc. zu jedem anderen Atom" etc., entsprechend einem bestimmten Gesetze. Natürlich, wo es *keine* Teile gibt – wo absolute Einheit ist – wo der Tendenz zum Einssein Genüge getan ist – da kann es keine Attraktion, geben: – dies ist völlig erwiesen, und das lehrt jede Philosophie. Wenn also nach Erreichung ihrer Zwecke die Materie in ihren ursprünglichen Zustand – das *Eine* – zurückgekehrt sein wird – welcher Zustand die Austreibung des trennenden Äthers voraussetzt, dessen Bereich und dessen Brauchbarkeit sich darauf beschränken, die Atome bis zu dem großen Tage auseinanderzuhalten, wo dieser Äther nicht länger benötigt wird und das überwältigende Drängen der schließlich allumfassenden Attraktion endlich just so stark sein wird, ihn auszutreiben: – wenn, sage ich, die Materie endlich den Äther ausgetrieben hat und zur absoluten Einheit zurückgekehrt sein wird – so wird sie (um es für den Augenblick paradox auszudrücken) Materie ohne Attraktion und ohne Repulsion sein – mit anderen Worten: Materie ohne Materie – noch anders gesagt: nicht mehr Materie. Indem sie in die Einheit versinkt, sinkt sie mit eins in das Nichts, das die Einheit für jede endliche Vernunft sein muß – in das Nichtsein der Materie, aus der sie für unsere Fassungskraft einzig und allein hervorgerufen sein kann – *geschaffen* durch den Willen Gottes.

Ich wiederhole also: bemühen wir uns, zu verstehen, daß die letzte Kugel der Kugeln augenblicklich verschwinden wird, und daß Gott bleibt: alles in allem.

Aber soll es hier aufhören? Nicht doch. Wir können getrost annehmen, daß auf die Zusammenballung und Auflösung des Weltalls eine neue und vielleicht völlig andere Reihe von Zuständen folgt – eine andere Schöpfung und Aus-strahlung, die in sich selbst zurückkehrt – eine andere Aktion und Reaktion des göttlichen Willens. Lassen wir unsere Phantasie von dem allwaltenden Gesetz der Gesetze, dem Gesetz der periodischen Wiederkehr leiten, sind wir dann nicht fürwahr mehr als berechtigt, des Glaubens zu leben – sagen wir lieber: die Hoffnung zu hegen – daß die Vorgänge, denen wir hier nachzusinnen wagten, ewig und ewig und ewig erneut werden; daß ein neues Weltall ins Dasein schwillt und dann in Nichts zerfällt bei jedem Schlage des Gottesherzens?

Nun aber – dieses Gottesherz – was *ist* es? *Es ist unser eigenes.*

Möge die scheinbare Ehrfurchtlosigkeit dieses Gedankens unsere Seelen nicht scheuchen – prüfen wir ihn kühl und bewußt – in tief geruhsamer Selbst-erforschung – nur so können wir hoffen, daß diese wundervollste Wahrheit zu uns kommt und still und mächtig unser Eigen wird.

Die Erscheinungen, auf die an dieser Stelle unsere Schlüsse bauen, sind nur seelenhafte Schatten, aber darum doch von Grund aus gegenständlich.

Wir wandeln dahin, unter den Losen unseres Weltenseins, umkreist von dunklen und doch niemals schwindenden *Erinnerungen* an ein größeres Los – weit, weit in vergangenen Zeiten – unendlich heilig, unendlich furchtbar.

Wir verleben eine Jugend, die seltsam heimgesucht von solchen Träumen ist; doch nicht als Träume nehmen wir sie hin. Wir *wissen* es –: es sind Erinnerungen. *So lange wir jung sind*, ist der Unterschied zu hell, als daß wir nur einen Augenblick uns täuschen könnten.

Solange diese Jugend dauert, ist das Gefühl, *daß wir leben*, das natürlichste aller Gefühle. Wir verstehen es *von Grund aus*. Daß es eine Zeit gegeben haben solle, wo wir *nicht* lebten – oder daß es so hätte kommen können, daß wir überhaupt nie gelebt hätten – das sind fürwahr Betrachtungen, die wir *in dieser Jugend* schwer verstehen. Warum wir nicht leben sollten, die Frage ist, *bis zum Beginn unseres Mannesalters*, von allen am wenigsten zu beantworten. Leben – Leben an und für sich – Leben von jeher und in alle Ewigkeit – das scheint, bis zum Beginn des Mannesalters, der selbstverständliche Zustand – *scheint es, weil er es ist.*

Doch nun kommt die Zeit, wo konventionelle Weltweisheit uns aus der Wahrheit unsres Traums erweckt. Zweifel, Staunen und Nichtfassenkönnen stellen sich gleichzeitig ein. Sie sagen: – „Du lebst, und es gab eine Zeit, wo du nicht lebtest. Du bist erschaffen worden. Es gibt einen Geist, der größer ist als der deine; und durch diesen Geist nur lebst du überall." Diese Dinge zu fassen, ringen wir und können nicht – *können nicht*, weil diese Dinge, unwahr wie sie sind, auch niemals zu begreifen sind.

Es lebt kein denkender Mensch, der nicht einmal, in einem lichten Momente seines Gedankenlebens, sich inmitten der Brandung vergebenen Bemühens verloren gefühlt hätte, zu fassen, zu glauben, es gebe irgend etwas, daß *größer sei, als seine eigene Seele*. Die äußerste Unmöglichkeit, daß irgendeines Menschen Seele eine andere je über sich stellte; die schneidende, erschütternde Unlust und Empörung gegen diesen Gedanken – das alles und dazu das allerfüllende Streben nach Vollendung ist nur das geistige, mit dem Materiellen zusammenfallende Ringen der ursprünglichen Einheit zu – ist, für meinen Geist wenigstens, ein Zeugnis, das bei weitem alles hinter sich läßt, was der Mensch Beweis nennt, ein Zeugnis, daß *keine* Seele geringer ist als eine andere – daß nichts größer ist, größer sein kann, als irgendeine Seele – daß jede Seele, als Teil, ihr eigener Gott, ihr eigener Schöpfer ist: – mit einem Wort: daß Gott – der materielle und *geistige* Gott – *jetzt* einzig und allein in der zerstreuten Materie und dem zerstreuten Geist des Weltalls existiert; und daß die Wiedervereinigung dieser zerstreuten Materie und dieses zerstreuten Geistes nur die Wiederherstellung des *rein* geistigen und individuellen Gottes ist.

In dieser Deutung, und nur in dieser Deutung begreifen wir die Rätsel göttlicher Ungerechtigkeit – unerbittlichen Schicksals. In dieser Deutung allein wird das Dasein des Übels begreiflich: in dieser Deutung aber wird es mehr –: erträglich. Unsere Seelen empören sich nicht länger gegen ein *Leid*, das wir selber uns selber auferlegt haben, zur Förderung unserer eigenen Ziele – mit dem Ausblick – wenn auch nur flüchtigen Ausblick – auf die Vergrößerung unserer eigenen *Freude*.

Ich habe von den *Erinnerungen* gesprochen, die uns in unserer Jugend heimsuchen. Manchmal folgen sie uns auch noch in unser Mannesalter:– nehmen mehr und mehr bestimmte Züge an: – reden dann und wann mit leisen Stimmen zu uns – also sprechend: „Es war einmal in der Nacht der Zeiten, da gab es ein Wesen, das noch da ist – eines aus der absolut unendlichen Zahl ähnlicher Wesen, die die absolut unendlichen Bezirke des absolut unendlichen Raumes bevölkern. Es stand nicht und steht nicht in der Macht dieses Wesens – so wenig wie in eurer eigenen – durch tatsächliches Wachstum die Freude seines Daseins zu vergrößern; aber gerade wie es in eurer Macht *steht*, eure Genüsse auszudehnen oder einzuschränken (wobei die Summe des Glückes immer dieselbe bleibt), so eignete und eignet das gleiche Vermögen diesem göttlichen Wesen, das seine Ewigkeit in beständiger Abwechslung zwischen dem in sich zurückgezogenen

Selbst und der fast unendlichen Selbst-Zerstreuung hinbringt. Was ihr das Weltall nennt, ist nur sein gegenwärtiger Zustand: Ausdehnung. Er fühlt jetzt sein Leben in einer Unendlichkeit unvollkommener Freuden – der teilweisen und schmerzvermengten Freuden der unbegreiflich zahllosen Dinge, die ihr als seine Geschöpfe bezeichnet, doch die in Wahrheit nur unendliche Individualisierungen seiner selbst sind. All diese Geschöpfe – *alle* – die ihr belebt nennt, und ebenso die, denen ihr das Leben absprecht, aus keinem bessern Grunde, als weil ihr keine Wirksamkeit ihres Lebens gewahret – *all* diese Geschöpfe haben, in größerem oder geringerem Grade, ein Vermögen für Lust und für Schmerz: – *die Gesamtsumme ihrer Empfindungen aber ist genau dieselbe Menge Glück, die von Rechts wegen dem göttlichen Wesen zukommt, wenn es sich in sich selbst zurückgezogen hat.* Diese Geschöpfe sind alle mehr oder weniger bewußt; bewußt, erstens ihres eigenen Selbst, bewußt, zweitens und nur durch schwaches, verschwimmendes Ahnen, der Identität mit dem göttlichen Wesen, von denen wir sprechen – der Identität mit Gott. Man stelle sich vor, daß von diesen zwei Arten des Bewußtseins während der langen Reihe von Zeiten, der Zeiten, die vergehen müssen, bevor diese Myriaden individueller Geistwesen in Eins verschmelzen – wenn die strahlenden Sterne in Eins verschmelzen – die erstere schwächer, die letztere stärker wird. Man denke sich, daß der Sinn für die individuelle Identität allmählich untertaucht in das allgemeine Bewußtsein – daß der Mensch zum Beispiel unmerklich aufhört, sich als Mensch zu fühlen, und schließlich den überwältigend sieghaften Moment erreicht, wo er sein Dasein als das Jehovas erkennt. Mittlerweile bewahrt es in eurer Seele, daß alles Leben ist – Leben – Leben in Leben – das kleinere im größeren – und alles im göttlichen Geiste."

MESMERISTISCHE ENTHÜLLUNGEN

Wenn man sich über eine eigentliche Theorie des Magnetismus auch noch unklar ist, so glaubt man jetzt doch im allgemeinen schon an seine erstaunlichen Wirkungen. Alle, die noch zweifeln, sind Zweifler von Profession – eine unnütze, ohnmächtige und wenig ehrenwerte Gesellschaft. Es wäre heute nur noch Zeitverschwendung, wenn man beweisen wollte, daß der Mensch durch eine bloße Willensanstrengung seinen Mitmenschen so beeinflussen kann, daß er in eine anormale Verfassung gerät, deren Erscheinungen denen des Todes sehr ähnlich sind oder ihnen wenigstens näher kommen, als die Erscheinungen irgendeines anderen, normalen und uns bewußten Zustandes; daß ferner während der ganzen Dauer dieses Zustandes die so beeinflußte Person nur mit Anstrengung und folglich sehr schwach die äußeren Organe der Sinne gebrauchen kann und dennoch mit sonderbar geschärftem Empfindungsvermögen und auf bis jetzt unbekannten und vielleicht nicht zu erkennenden Wegen Dinge wahrnimmt, die außerhalb des Erfassungsvermögens unserer Physis liegen; daß überdies seine intellektuellen Fähigkeiten sich in wunderbarer Weise stärken, sich steigern, und daß die geheime Beziehung zu demjenigen, unter dessen Einfluß die betreffende Person steht, eine sehr tiefe und innige ist; und endlich, daß die Empfänglichkeit für die Beeinflussungen mit jedem Versuche wächst und zu gleicher Zeit die bewirkten Erscheinungen in gleichem Maße *ausgedehnter* und ausgesprochener auftreten.

Ich sage also, daß es überflüssig ist, diese verschiedenen Tatsachen, in deren allgemeinem Wesen das Gesetz des Mesmerismus beschlossen liegt, beweisen zu wollen – und will meine Leser mit einer so zwecklosen Beweisführung denn auch nicht belästigen. Meine Absicht ist eine ganz andere: Ich möchte – einer ganzen Welt von Vorurteilen zum Trotz – ohne Erläuterungen, doch mit allen Einzelheiten, ein sehr merkwürdiges Zwiegespräch zwischen einem Schlafwachen und mir selbst hier wiedererzählen.

Ich hatte seit langer Zeit die Gewohnheit, die betreffende Person, einen Herrn Vankirk, in magnetischen Schlaf zu versetzen und ihn schon dahin gebracht, daß er eine besonders starke Empfänglichkeit für magnetische Einflüsse zeigte. Bereits seit mehreren Monaten litt Herr Vankirk an vorgeschrittener Schwindsucht. Durch meine Striche hatte ich ihm bedeutende Erleichterung verschafft, so daß ich nicht besonders überrascht war, als er mich Mittwoch, den 15., nachts an sein Lager rufen ließ.

Der Kranke litt an heftigen Schmerzen in der Herzgegend, zeigte alle Symptome des Asthmas und atmete infolgedessen sehr schwer. Bei ähnlichen Krämpfen hatte er meist durch Auflegen von Senfpflaster auf die Nervenzentren Erleichterung gefunden. In dieser Nacht jedoch war dies Hilfsmittel erfolglos geblieben.

Als ich in das Zimmer trat, begrüßte er mich mit einem liebenswürdigen Lächeln und schien sich, obwohl er starke körperliche Schmerzen litt, seelisch sehr wohl zu befinden.

„Ich habe zu Ihnen geschickt", sagte er, „weniger um mir eine körperliche Erleichterung zu verschaffen, als um mich über gewisse psychische Eindrücke, die mir neuerdings viel Angst und Überraschung verursacht haben, aufzuklären. Ich brauche Ihnen wohl nicht zu sagen, wie skeptisch ich mich bis jetzt zu dem Glauben an eine Unsterblichkeit der Seele gestellt habe. Ich kann nicht leugnen, daß in dieser Seele, die ich stets verneinte, immer ein gewisses halbes Bewußtsein ihres eigenen Daseins existiert hat. Doch steigerte sich dieses halbe Bewußtsein niemals bis zur Überzeugung. Mit meinem Verstande hatte es nichts zu tun. Alle meine Anstrengungen, eine diesbezügliche logische Forschung anzustellen, machten mich nur noch skeptischer. Man riet mir, Cousin zu studieren. Ich studierte ihn also –, in seinen eigenen Werken, wie in denen seiner europäischen und amerikanischen Schüler. So geriet auch der ‚Charles Elwood' des Herrn Brownson in meine Hände. Ich las das Buch mit größter Aufmerksamkeit und fand, daß es durchaus logisch geschrieben sei, doch waren unglücklicherweise die nicht *ausschließlich* logischen Teile die hauptsächlichen Argumente des ungläubigen Helden des Buches. Schließlich kam es mir vor, als ob der Beweisführende sich nicht einmal selbst überzeugt habe, als ob das Ende des Buches gewissermaßen seinen Anfang vergessen – wie Trinculo seine Regierung. Kurz, die Ansicht festigte sich alsbald in mir, daß der Mensch, wenn man ihn auf intellektuellem Wege von seiner Unsterblichkeit überzeugen will, wohl niemals durch die bloßen Abstraktionen, die so lange bei den englischen, französischen und deutschen Moralisten üblich gewesen sind, zur Gewißheit gelangen wird. Abstraktionen vergnügen und üben den Geist, nehmen ihn jedoch nicht in Besitz. So lange wir auf dieser Erde wandeln, wird uns die Philosophie, davon bin ich überzeugt, immer vergeblich zu überreden suchen, Eigenschaften für Dinge zu halten. Der Wille mag schließlich zustimmen – die Seele, der Verstand nie.

Ich wiederhole also, daß ich nur halb und unsicher gefühlt, aber niemals geglaubt habe.

Nun hat sich dieses halbe Gefühl in der jüngsten Zeit so vertieft, daß es in Augenblicken fast der Einwilligung der Vernunft gleichkam, ich wenigstens eins vom anderen nur schwer zu unterscheiden vermochte. Die Ursache glaube ich mit Gewißheit dem Einfluß des Magnetismus zuschreiben zu können. Ich kann Ihnen das, was ich meine, nicht besser erklären, als durch die Hypothese, daß die Reizung durch den Magnetismus mich befähigt, eine Reihe von Vernunftschlüssen zu machen, die mich in meinem anormalen Zustand überzeugen, die jedoch mit dem magnetischen Phänomen verschwinden und nur durch ihre Wirkungen bis in mein gewöhnliches Dasein gelangen. Im schlafwachen Zustande besteht eine Gleichzeitigkeit zwischen der Beweisführung und dem Schlusse, zwischen der Ursache und der Wirkung. Kehrte ich in meinen natürlichen Zustand zurück, so verschwand die Ursache, und nur die Wirkung blieb, vielleicht noch sehr abgeschwächt, zurück.

Diese Betrachtungen brachten mich auf den Gedanken, daß man aus einer Reihe wohl gewählter und mir im Zustande des Schlafwachens gestellter Fragen gute Erfolge erzielen könne. Sie haben ohne Zweifel oft beobachtet, daß alle Schlafwachen eine tiefe Kenntnis ihrer selbst haben und über ein ausgedehntes Wissen in allem, was den Magnetismus angeht, verfügen. Aus dieser Selbsterkenntnis könnte man genügende Andeutungen zur Zusammenstellung eines ganzen Katechismus schöpfen."

Natürlich willigte ich ein, das Experiment zu machen. Einige Striche versetzten Herrn Vankirk in magnetischen Schlaf, er atmete sofort leichter und schien keine Schmerzen mehr zu leiden. Dann entspann sich – V bedeutet Vankirk und P bin ich – folgende Unterhaltung:

P: Schlafen Sie?

V: Ja – nein, ich möchte tiefer schlafen.

P: (nach einigen neuen Strichen) Schlafen Sie jetzt gut?

V: Ja.

P: Welchen Ausgang wird ihre jetzige Krankheit haben?

V: (nach langem Zögern und nur mit Anstrengung) Ich werde an derselben sterben.

P: Betrübt Sie der Gedanke an den Tod?

V: (sehr lebhaft) Nein, nein!

P: Freuen Sie sich über diese Aussicht?

V: Wäre ich wach, würde ich mich auf den Tod freuen, jetzt ist's mir gleichgültig. Der magnetische Schlaf kommt dem Tode so nahe, daß ich befriedigt bin.

P: Ich möchte, daß Sie sich genauer erklärten, Herr Vankirk.

V: Gern, doch strengen Sie mich zu sehr an. Sie fragen mich nicht richtig!

P: Wie soll ich denn fragen?

V: Sie müssen am Anfang anfangen.

P: Am Anfang! Doch wo ist der Anfang?

V: Sie wissen, der Anfang ist GOTT. (Dies sagte er in leisem, schauerndem Tone mit allen Zeichen der tiefsten Ehrfurcht.)

P: Was ist das: ‚Gott‘?

V: (zögert eine Zeitlang) Ich kann es nicht sagen.

P: Ist Gott ein Geist?

V: Als ich wach war, wußte ich, was das Wort ‚Geist‘ bedeutete, doch jetzt ist es mir nur ein Wort – wie zum Beispiel Wahrheit, Schönheit – eine Eigenschaft, meine ich.

P: Ist Gott nicht körperlos?

V: Es gibt keine Körperlosigkeit – Körperlosigkeit ist ein leeres Wort. Was nicht körperlich ist, das ist auch nicht – wofern nicht Eigenschaften Dinge sind.

P: Gott ist also körperlich?

V: Nein.(Diese Antwort überraschte mich natürlich im höchsten Grade.)

P: Was ist er denn?

V: (nach einer langen Pause, murmelnd) Ich sehe es – doch ist es sehr schwer zu sagen. (Lange Pause.) Er ist nicht Geist, denn er existiert. Auch ist er nicht Stoff, wie Sie denselben auffassen. Es gibt Abstufungen in der Materie, von denen die Menschen nichts wissen, die gröbere nimmt die feinere in sich auf, die feinere durchdringt die gröbere. Die Atmosphäre zum Beispiel setzt das elektrische Prinzip in Bewegung, während das elektrische Prinzip die Atmosphäre durchdringt. Diese Abstufung der Materie nimmt in Verdünnungen und Verfeinerungen lange zu, bis wir zu einer unzusammengesetzten – nicht aus Molekülen bestehenden – unteilbaren – einzigen – Materie gelangen – und hier erfährt das Gesetz der Durchdringung und der Aufnahme eine Veränderung. Diese äußerste – nicht aus Molekülen bestehende – Materie durchdringt nicht nur alle Dinge, sondern setzt sie auch in Bewegung und ist also alle Dinge in einem Ding, das sie selbst ist. Diese Materie ist Gott. Was die Menschen in dem Wort ‚Gedanken‘ auszudrücken suchen, ist diese Materie in der Bewegung.

P: Die Metaphysiker behaupten, daß sich jede Handlung auf Bewegung und Denken zurückführen läßt, und daß das letztere der Ursprung des ersteren ist.

V: Ich sehe jetzt ein, daß diese Annahme eine Begriffsverwirrung ist. Bewegung ist die Handlung des Geistes, nicht des Gedankens. Die unpartikulierte Materie oder Gott im Zustande der Ruhe, ist das (soweit können wir's einigermaßen verstehen), was die Menschen ‚Geist‘ nennen. Und diese Fähigkeit des Selbstbewegens, die in der Wirkung dem Willen des Menschen gleichkommt, ist in der unteilbaren Materie das Resultat ihrer Einheit und Allmacht; *wie*, das weiß ich nicht und sehe jetzt ein, daß ich es niemals wissen werde. Diese unteilbare, durch ein Gesetz oder eine in ihr enthaltene Eigenschaft in Bewegung gesetzte Materie *denkt*.

P: Können Sie mir keine genauere Erklärung darüber geben, was Sie unter der ‚unpartikulierten Materie‘ verstehen?

V: In gleichem Maße, in dem die Materie sich abstuft, entgeht sie dem Erkenntnisvermögen des Menschen. Stellen wir uns ein Metall, ein Stück Holz, einen Wassertropfen, die Atmosphäre, ein Glas, den Wärmestoff, die Elektrizität, den Äther vor! Dies alles nennen wir Materie und schließen die *ganze* Materie in eine einzige, große Definition ein; trotzdem gibt es aber keine zwei Vorstellungen, die in ihrem Wesen verschiedener wären als die, die wir uns vom Metall und vom Äther machen. Wir fühlen uns unwiderstehlich versucht, den letzteren schon zu dem Geist oder zum Nichts zu rechnen. Nur die Gewißheit, daß er aus Atomen zusammengesetzt ist, hält uns davon ab. Und dabei müssen wir noch unseren primitiven Begriff von einem Atom zu Hilfe rufen und uns erinnern, daß es ein Etwas ist, das bei unbegrenzter Kleinheit Dichtigkeit, Greifbarkeit und Schwere besitzt. Sehen wir einmal von der Idee der Zusammensetzung aus Atomen ab, so wird es uns unmöglich, den Äther als eine Wesenheit oder wenigstens als eine Materie zu betrachten. Mangels eines besseren Wortes könnten wir ihn Geist nennen. Steigen wir nun noch eine Stufe über den lichttragenden Äther hinauf, stellen wir uns eine Materie vor, deren Dünnheit in demselben Verhältnis zum Äther wie der Äther zum Metall steht – und wir gelangen endlich trotz aller Schuldogmen zu einer Einheit – einer unzusammengesetzten Materie; denn wenn wir auch eine unbegrenzte Kleinheit der Atome selbst annehmen können, so wäre der Gedanke an eine unbegrenzte Kleinheit der sie trennenden Zwischenräume eine Absurdität. Wir würden an einem Punkte zu einem Grade von Dünnheit gelangen, bei dem, wenn die Atome in genügender Anzahl vorhanden sind, die Zwischenräume verschwinden würden und die Masse eine absolute Einheit werden müßte. Doch wenn wir einmal von der atomischen Zusammensetzung absehen, so entschwindet uns die Natur dieser Masse unaufhaltsam in das Gebiet dessen, was wir Geist nennen. Und dennoch ist es klar, daß sie ebenso gewiß wie früher Materie geblieben ist. Denn wir können uns unmöglich Geist vorstellen, da wir uns das, was nicht ist, nicht denken können. Wenn wir uns schmeicheln, zu seiner Erkenntnis gekommen zu sein, so täuschen wir nur unseren Verstand, der bloß eine unendlich verdünnte Materie erfaßt hat.

P: Es scheint mir, daß man gegen diese Idee einer absoluten Kohäsion einen unwiderleglichen Einwurf machen kann; ich denke an den sehr schwachen Widerstand, den die Himmelskörper bei ihrem Umlauf durch den Raum zu erleiden haben – einen Widerstand, der, wie heute erwiesen ist, in gewissem, jedoch so geringem Maße besteht, daß er selbst dem Scharfsinne Newtons entgangen ist. Wir wissen, daß die Heftigkeit des Widerstandes der Körper im Verhältnis zu ihrer Dichtigkeit steht. Die absolute Kohäsion ist die absolute Dichtigkeit;

wo keine Zwischenräume sind, kann kein Durchgang sein. Ein absolut dichter Äther würde dem Laufe eines Planeten ein unendlich wirksameres Hindernis entgegensetzen, als ein Äther von Diamant und Eisen.

V: Ihr Einwurf läßt sich gerade so leicht widerlegen, wie er unwiderleglich erscheint. – Was den Lauf eines Sternes angeht – nun, so macht es gar keinen Unterschied, ob der Stern durch den Äther geht oder der Äther durch den Stern. Es gibt keinen unerklärlicheren Irrtum als die Ansicht der Astronomen, welche die bekannten Verspätungen der Kometen ihrem Laufe durch den Äther zuschreiben: denn wie verdünnt man sich den Äther auch denken mag, er würde dem Umlauf der Gestirne in einer viel kürzeren Zeit ein Ende machen, als die Astronomen, die mit Leichtigkeit über einen Punkt hinweggingen, den sie nicht verstanden, angenommen haben. Die wirkliche Verspätung kommt überdies fast derjenigen gleich, die von der Reibung des Äthers während seines unaufhörlichen Durchgangs durch das Gestirn zu erwarten ist. Die Kraft des Widerstandes ist also eine doppelte: eine momentane, in sich selbst ruhende und eine endlos wachsende.

P: Doch liegt in all diesem – in dieser Identifizierung der reinen Materie mit Gott – nicht etwas Unehrerbietiges? (Ich mußte diese Frage wiederholen, ehe der Schlafwache ihren Sinn verstehen konnte.)

V: Können Sie mir etwa sagen, weshalb die Materie weniger ehrwürdig ist als der Geist? Sie vergessen, daß die Materie, von der *ich* spreche, in jeder Hinsicht und in Anbetracht ihrer hohen Eigenschaften die wahre ‚Intelligenz‘ und der ‚Geist‘ der Schulen und zu gleicher Zeit das, was sie ‚Materie‘ nennen, ist. Gott mit all den dem Geiste zugeschriebenen Kräften ist nichts als die Vollkommenheit der Materie!

P: Sie behaupten also, daß die in Bewegung gesetzte, unpartikulierte Materie der Gedanke ist?

V: Im allgemeinen ist diese Bewegung der universelle Gedanke des universellen Geistes. Dieser Gedanke schafft. Alle erschaffenen Dinge sind nur die Gedanken Gottes. –

P: Sie sagen: im allgemeinen …

V: Ja, der universelle Geist ist Gott, für neue Individualitäten ist Materie nötig.

P: Aber Sie sprechen jetzt von ‚Geist‘ und ‚Materie‘ ganz so, wie es die Metaphysiker tun.

V: Ja, der Klarheit halber. Wenn ich Geist sage, so verstehe ich darunter die unpartikulierte oder äußerste Materie, unter dem Namen ‚Materie‘ dagegen alles andere.

P: Sie sagten: Für neue Individualitäten ist Materie notwendig?!

V: Ja, denn der Geist, der unverkörpert existiert, ist Gott. Um individuelle, denkende Wesen zu schaffen, war es nötig, Teile des göttlichen Geistes zu verkörpern. So wurde der Mensch individualisiert. Der körperlichen Einkleidung entblößt, würde er Gott sein. Die hauptsächliche Bewegung der verkörperten Partien der unpartikulierten Materie ist der Gedanke des Menschen, wie die Bewegung des Ganzen der Gedanke Gottes ist.

P: Sie sagen, daß der der körperlichen Einkleidung entblößte Mensch Gott sein würde?

V: (nach einigem Zögern) Das kann ich nicht gesagt haben, denn es wäre eine Absurdität.

P: (sieht in seinen Aufzeichnungen nach) Sie haben behauptet, daß der Mensch, seiner körperlichen Einkleidung entblößt, Gott sein würde!

V: Und das ist wahr. Der so befreite Mensch würde Gott sein, denn er ist individualitätslos geworden; doch kann er nicht so befreit werden – wird es niemals werden. Wir müßten uns denn eine Handlung Gottes vorstellen, die wieder auf ihn selbst zurückfiele – eine zwecklose, unnütze Handlung. Der Mensch ist ein Geschöpf. Die Geschöpfe sind die Gedanken Gottes. Der Gedanke ist seinem Wesen nach unwiderruflich.

P: Ich verstehe Sie nicht. Wollen Sie sagen, daß der Mensch sich niemals seines Körpers entledigen kann?

V: Ich sage, daß er niemals körperlos sein wird.

P: Erklären Sie mir dies näher. –

V: Der Mensch hat zwei Körper, einen im Keime vorhandenen und einen vollständigen, welche den beiden Zuständen der Raupe und des Schmetterlings entsprechen. Was wir Tod nennen, ist nichts weiter als eine schmerzhafte Metamorphose. Unsere jetzige Inkarnation ist eine fortschreitende, vorbereitende, zeitliche; unsere künftige Inkarnation ist eine vollkommene, endgültige und ewige. Dieses endgültige Leben ist der Sinn unseres jetzigen.

P: Aber wir haben eine greifbare Kenntnis von der Metamorphose der Raupe.

V: Wir gewiß, doch nicht die Raupe. Die Materie, aus der unser unvollendeter Körper besteht, ist den Organen dieses Körpers erfaßbar; oder deutlicher: unsere unvollkommenen Organe sind der Materie, aus welcher unser unvollkommener Körper besteht, angepaßt, doch nicht der Materie des vollkommenen Körpers. Dieser ist für unsere unentwickelten Sinne nicht wahrnehmbar. Wir sehen nur die Schale, die im Verwelken von der inneren Form fällt, und nicht die Form selbst, die jedoch, gleich wie die Schale, von denen wahrgenommen werden kann, die das endgültige Leben schon erreicht haben.

P: Sie haben oft gesagt, daß der magnetische Schlaf dem Tode sehr nahe komme! Wie geht dies zu?

V: Wenn ich sage, er kommt dem Tode nahe, so meine ich, daß er dem endgültigen Leben gleicht, denn im magnetischen Zustande feiern die Sinne meines unvollkommenen Lebens, und ich bemerke die äußeren Dinge direkt ohne Organe durch ein Mittel, dessen ich mich im endgültigen unorganischen Leben stets bedienen werde.

P: Im unorganischen Leben?

V: Ja, die Organe sind Werkzeuge, durch welche das Individuum mit gewissen Kategorien und Formen der Materie, mit Ausschluß anderer Kategorien und Formen in Beziehung tritt. Die Organe des Menschen sind seinem unvollkommenen Zustande, und zwar dem ausschließlich, angepaßt; sein endgültiger Zustand, der unorganisch ist, läßt ihn alles, unbegrenzt alles verstehen – ausgenommen die Natur des Gotteswillens, d. h. die Bewegung der unpartikulierten Materie. Sie können sich eine ziemlich deutliche Vorstellung von dem endgültigen Körper machen, wenn Sie sich ihn als *ein* Gehirn vorstellen. Er ist es nicht, doch macht Ihnen diese Vorstellung leichter verständlich, was er ist. Ein leuchtender Körper teilt dem lichttragenden Äther Schwingungen mit. Diese Schwingungen erzeugen ähnliche auf der Netzhaut, diese teilt ähnliche dem Sehnerv mit, der Nerv überbringt sie dem Gehirn und das Gehirn der unpartikulierten Masse, die dasselbe durchdringt. Die Bewegung dieser letzteren ist der Gedanke und dessen erste Vibration die Wahrnehmung. Damit haben wir die Art und Weise, in der der Geist unseres unentwickelten Lebens mit der äußeren Welt verkehrt, und diese äußere Welt wird in unserem unentwickelten Leben durch die Idiosynkrasie unserer Organe begrenzt. Im endgültigen unorganischen Leben verkehrt die äußere Welt mit dem ganzen Körper, der aus einer Substanz besteht, die, wie ich schon sagte, dem Gehirn verwandt ist, und zwar ohne andere Vermittlung als die eines unendlich feineren Äthers, als selbst des lichttragenden; und mittelst dieses Äthers und in Übereinstimmung mit ihm, schwingt der ganze Körper und setzt die unpartikulierte Materie, die ihn durchdringt, in Bewegung. Das fast unbegrenzte Wahrnehmungsvermögen im äußeren Leben müßten wir also dem Mangel an idiosynkratischen Organen zuschreiben. Die Organe sind gewissermaßen Käfige, in welche die unvollkommenen Menschen eingeschlossen sind, bis sie flügge werden.

P: Sie sprechen von unvollkommenen Wesen? Gibt es außer dem Menschen noch andere denkende unvollkommene Wesen?

V: Die unzähligen Anhäufungen feiner Materien in Nebelflecken, Planeten, Sonnen und anderen Körpern, welche weder Nebelflecke, noch Sonnen, noch Planeten sind, haben nur den einen Zweck, den idiosynkratischen Organen einer unendlichen Anzahl unvollkommener Wesen zur Nahrung zu dienen. Aber ohne die Notwendigkeit des unvollkommenen Lebens, das dem endgültigen

Leben vorausgeht, würden keine solchen Welten existieren. Jede dieser Welten wird von einer unterschiedlichen Art organischer, unvollkommener, denkender Wesen bewohnt. Bei allen entsprechen die Organe dem allgemeinen Charakter ihrer Wohnstätte. Nach dem Tode oder nach der Metamorphose gelangen auch diese Wesen zu dem endgültigen Leben, zur Unsterblichkeit, und erkennen alle Geheimnisse, nur nicht das *Eine*, vollbringen all ihre Handlungen und bewegen sich überall hin durch ihre bloße Willenstätigkeit; sie bewohnen nicht die Sterne, die wir für die einzig greifbaren Welten halten und für deren Lauf allein wir uns beschränkterweise den Raum geschaffen denken, sondern den *Raum selbst*: jene Unendlichkeit wirklicher Stofflichkeit, die die Sterne wie Schatten verschlingt und den Augen der Engel als Nicht-Wesenheit erscheinen läßt.

P: Sie sagten, daß ohne die Notwendigkeit des unentwickelten Lebens Gestirne nicht erschaffen worden wären! Doch woher diese Notwendigkeit?

V: Im unorganischen Leben sowohl, wie in der unorganischen Materie gibt es nichts, was die Handlungen des einen einfachen großen Gesetzes: des göttlichen Willens, aufhalten könnte. Das organische Leben und die organische Materie, diese zusammengesetzten, stofflichen, durch ein aus vielen Teilen bestehendes Gesetz beherrschten Dinge, sind zu dem Zwecke ersonnen worden, ein Hindernis zu schaffen.

P: Aber weiter – woher die Notwendigkeit, ein Hindernis zu schaffen?

V: Das Resultat des unverletzten Gesetzes ist Vollkommenheit – Recht – negatives Glück. Das Resultat eines verletzten Gesetzes ist Unvollkommenheit, Unrecht, positiver Schmerz. Kraft der Hindernisse, welche die Zahl, Zusammensetzung und Körperlichkeit der Gesetze des organischen Lebens und der Materie bilden, ist die Verletzung des Gesetzes in gewissem Maße möglich. So also ist der Schmerz, der im unorganischen Leben unmöglich ist, im organischen möglich.

P: Zu welchem vernünftigen Zweck ist die Möglichkeit des Schmerzes erschaffen worden?

V: Alle Dinge sind nur durch Vergleich gut oder schlecht. Eine genügende Analyse wird zeigen, daß in allen Fällen der Genuß nur der Kontrast des Schmerzes ist. Positiver Genuß ist eine bloße Idee. Um bis zu einem gewissen Punkte glücklich sein zu können, müssen wir bis zu demselben Punkte gelitten haben. Niemals leiden, heißt, niemals glücklich sein. Doch habe ich gezeigt, daß es im unorganischen Leben keinen Schmerz gibt. So stellte sich also die Notwendigkeit des Schmerzes im organischen Leben heraus. Der Schmerz in unserem unentwickelten Dasein auf der Erde ist die einzige Grundlage und Bürgschaft für das Glück im ewigen Leben, im Himmel.

P: Sie gebrauchten noch einen Ausdruck, den ich nicht verstehen kann – ‚jene Unendlichkeit wirklicher Stofflichkeit‘?

V: Das mag daher kommen, daß Sie keine genügend ‚generische' Auffassung von dem Ausdruck ‚Stofflichkeit' haben. Wir müssen sie nicht als eine Eigenschaft, sondern als eine Empfindung hinstellen; es ist die Wahrnehmung denkender Wesen der ihren Organen entsprechenden Materie. Es gibt auf Erden viele Dinge, die den Bewohnern der Venus ins Nichts entschwinden würden, und viele sichtbare und greifbare Dinge auf der Venus, deren Dasein wir nicht wahrnehmen können. Für die unorganischen Wesen ist die *ganze* unpartikulierte Materie Stoff, d. h.: die Ganzheit dessen, was wir Raum nennen, ist für sie die wirklichste Stofflichkeit; – die Gestirne jedoch entgehen, insoweit wir sie für die Materie halten, dem Wahrnehmungsvermögen der Engel im gleichen Maße, wie die uns unstofflich erscheinende unpartikulierte Materie den Organen.

Da der Schlafwache diese letzten Worte mit sehr schwacher Stimme ausgesprochen, blickte ich ihn genauer an und bemerkte in seinen Zügen einen Ausdruck, der mich ein wenig beunruhigte und mich veranlaßte, ihn sofort zu wekken. Kaum hatte ich es getan, so sank er auf seine Kissen zurück und hauchte mit einem strahlenden Lächeln, das alle seine Züge erhellte, seinen Geist aus. Ich fand eine Minute später, daß sein Körper starr wie ein Stein war und seine Stirn kalt wie Eis – so wie sie erst wird, wenn die Hand Azraels sie schon lange berührt hat.

Hatte mir der Schlafwache seine letzten Mitteilungen schon aus dem Schattenreiche gemacht?

DIE MACHT DES WORTES

OINOS: O Agathos, verzeihe meinem Geiste, der eben erst in die Unsterblickeit einging, diese letzte Schwachheit ...

AGATHOS: Du hast nichts gesagt, mein Oinos, das der Verzeihung bedürfte. Selbst hier kommt die Erkenntnis nicht unwillkürlich, kommt nicht aus bloßer schauender Seele. Bitte du die Engel nur mutig um Weisheit, auf daß sie dir gegeben werde!

OINOS: In meinen Träumen hatte ich gehofft, in diesem jenseitigen Leben das Wesen aller Dinge wie durch eine Offenbarung zu erkennen und so durch restlose Erkenntnis glücklich zu sein ...

AGATHOS: Ach, nicht in der Erkenntnis liegt das Glück, sondern im Erwerben der Erkenntnis! Etwas auf *Immer* zu wissen, ist ewige Seligkeit; der Gedanke, alles zu wissen, wäre unheilvoll wie der Fluch des bösen Feindes.

OINOS: Aber weiß nicht der Allerhöchste ,Alles'?

AGATHOS: Da er auch der Allerseligste ist, muß dies das einzige sein, was selbst IHM unbekannt ist.

OINOS: Aber werden wir nicht, da unsere Erkenntnis von Augenblick zu Augenblick wächst, zuletzt einmal alles wissen?

AGATHOS: Blicke in diese abgründlichen Weiten hinab! Versuche einmal, diese Flucht zahlloser Sternengärten zu überschauen, während wir jetzt langsam durch sie dahingleiten – weiter – weiter – und immer weiter! Wird nicht der Blick unseres Geistes fortwährend und wie durch endlose Mauern aufgehalten?! Durch endlose Mauern von Myriaden leuchtender Körper, deren übergroße Zahl wieder in eine Einheit zusammenzurinnen scheint?!

OINOS: Ja – nun erkenne ich klar, daß die Unendlichkeit der Materie kein Traum ist.

AGATHOS: Hier im Eden gibt es keine Träume – doch hörte ich einmal leise sagen, der einzige Zweck dieser Unendlichkeit der Materie sei der, stets neue, nie versiegende Quellen zu eröffnen, an denen die Seele ihren Durst nach Erkenntnis stillen könne, diesen Durst, der ewig in ihr brennt, und den zu löschen ihren Tod bedeuten würde. Frage mich also, Oinos! – frage mich mutig und ohne Furcht! Komm mit, wir wollen die laute Harmonie der Plejaden zu unserer Linken lassen und auf jene stillen Sternenwiesen jenseits des Orion hinübergleiten, wo statt Veilchen Sternblumen stehen, wo die Beete dreifacher und dreifarbiger Sonnenblumen leuchten.

OINOS: Und nun, mein Agathos, belehre mich, während wir dahineilen! Sprich zu mir in den vertrauten Klängen der Erde! Ich habe nicht verstanden, was du mir eben über den Ursprung und die Entwicklung dessen, was wir während unserer Sterblichkeit *Schöpfung* zu nennen gewöhnt waren, andeutetest. Wolltest du sagen, daß der Schöpfer *nicht* Gott ist?

AGATHOS: Ich sage, daß die *Gottheit nicht schafft.*

OINOS: Wie soll ich das verstehen?

AGATHOS: *Nur* im Anfange schuf ER. Die scheinbaren ‚Geschöpfe, die wir jetzt im Weltall beständig werden‘ sehen, können nur als mittelbare, allmähliche, nicht als unmittelbare, sofortige Ergebnisse der göttlichen Schaffenskraft betrachtet werden.

OINOS: Die Menschen, mein Agathos, würden diesen Gedanken für äußerst ketzerisch gehalten haben.

AGATHOS: Die Engel, mein Oinos, wissen, daß er einfach wahr ist.

OINOS: Bis hierher habe ich dich jetzt verstanden! Du sagst, daß gewisse Handlungen dessen, was wir Natur oder Naturgesetzlichkeit nennen, unter gewissen Umständen etwas hervorbringen, das lediglich den *Anschein* der Erschaffung hat. Ich erinnere mich sehr gut, daß kurz vor dem Untergange der Erde verschiedene erfolgreiche Experimente gemacht wurden, von denen einige Philosophen eitel genug, als von der ‚Erschaffung der *animalculae*‘ sprachen.

AGATHOS: Die Fälle, von denen du redest, waren in der Tat Beispiele jener Erschaffung zweiten Grades – jener überhaupt *einzigen* Art von Erschaffung, die da wirkt, seitdem einst das erste Wort das erste Gesetz ins Dasein rief.

OINOS: Sind nicht jene Sternenwelten, die stündlich aus dem Abgrunde des Nichtseins in die Himmel emporsprühen – sind nicht diese Sterne das unmittelbare Werk SEINER Hände?

AGATHOS: Ich will versuchen, mein Oinos, dich Schritt für Schritt in meine Erkenntnis einzuführen. Du weißt sehr wohl, daß kein Gedanke verlorengehen kann, und jede Handlung eine unendliche Wirkung hat. Als wir noch die Erde bewohnten, bewegten wir zum Beispiel unsere Hände und brachten dadurch die Atmosphäre, die den Erdball umgürtete, in Schwingung. Die Schwingung griff unbegrenzt um sich, bis sie jedes kleinste Teilchen der Erdenluft bewegt hatte, das von jetzt ab *für immer* durch die eine Bewegung der Hand beeinflußt worden war. Diese Tatsache war den Mathematikern unserer Erde wohl bekannt. Die durch bestimmte Einflüsse auf die Atmosphäre hervorgerufenen Wirkungen waren oft Gegenstand exakter Berechnungen – man bestimmte mit Leichtigkeit, zu welcher Zeit ein Einfluß von gegebener Stärke sich über den Erdkreis ausgebreitet und auf jedes Atom der Atmosphäre *auf immer* eingewirkt haben würde. Und umgekehrt rechnete man ohne Schwierigkeit aus einer unter gewissen Umständen gegebenen Wirkung die Stärke des ersten Einflusses heraus. Die Mathematiker nun, die erkannten, daß die Wirkungen eines jeden Einflusses absolut unbegrenzte seien, die einsahen, daß ein Teil dieser Wirkungen mittels der algebraischen Analyse aufs genaueste zu berechnen sei, und die sich auch von der leichten Anwendbarkeit der retrogradiven Berechnung überzeugt hatten – diese Männer erfuhren zu gleicher Zeit, daß die Spezies der Analyse in sich selbst die Fähigkeit zu unbegrenzter Vervollkommnung trage – daß ihre Ausdehnung und ihrer Anwendbarkeit keine anderen Grenzen gezogen seien, als die, welche auch den Verstand des jeweiligen Rechners beschränkten. Bei diesem Punkte jedoch blieben unsere Mathematiker stehen.

OINOS: Und weshalb, Agathos, hätten sie weitergehen sollen?

AGATHOS: Weil sie dann zu einigen höchst interessanten Betrachtungen gekommen wären. Aus dem, was sie wußten, ging nämlich hervor, daß ein Wesen von *unbegrenztem* Verstande, ein Wesen, das die algebraische Analyse *vollkommen* ausüben konnte, jeden Einfluß auf die Luft, und durch die Luft jeden Einfluß auf den Äther, bis in seine weitliegendsten Folgen zu dem unendlich entferntesten Zeitpunkte auszurechnen befähigt sein müsse. Es läßt sich in der Tat beweisen, daß jeder Einfluß auf die Luft zum Schlusse auf jede Erscheinung im Weltall seine Wirkung ausübt; und das Wesen von unbegrenztem Verstande, das wir uns eben vorgestellt haben, könnte die entfernten Schwingungen eines Einflusses weiter verfolgen – weiter in allen seinen Wirkungen auf jedes Atom der Materie – aufwärts und weiter in allen Veränderungen, die sie bei alten Formen hervorrufen, oder, mit anderen Worten, bis dahin, wo sie eben *Neues schaffen* – und noch weiter, bis dahin, wo sie sich, endlich wirkungslos geworden, am Throne der Gottheit zerschlagen. Und nicht nur dies könnte ein solches Wesen tun, es könnte auch zu jeder Zeit, aus jedem gegebenen Resultate – zum Beispiel aus einem der zahllosen Kometen – durch die retrogradive Analyse herausrechnen, welchem ersten Anstoße es sein Dasein verdankt. Natürlich ist es das Vorrecht der Gottheit allein, die retrogradive Analyse in dieser absoluten Vollkommenheit anwenden und zu jeder Zeit *jede* Wirkung auf ihre Ursache zurückführen zu können: doch besitzt die ganze Schar der Engel-Intelligenzen diese Fähigkeit in allen Gradstufen bis kurz an die Vollkommenheit hinan.

OINOS: Du sprachest aber bloß von Einflüssen auf die Luft!

AGATHOS: Wenn ich von der Luft sprach, bezog ich mich bloß auf die Erde, aber meine Grundbehauptung trifft auch für alle Einflüsse auf den Rhythmus des Äthers zu, der, weil er, und zwar er *allein*, den ganzen Raum durchdringt, das große Medium *aller Schöpfung* ist.

OINOS: Also jede Bewegung schafft, welcher Natur sie auch immer sei?!

AGATHOS: Es muß so sein; doch lehrt uns jede tiefer eindringende Philosophie seit langem, daß alle Bewegungen ihren Ursprung im Gedanken haben, und die Quelle jedes Gedankens ist –

OINOS: GOTT!

AGATHOS: Ich sprach zu dir, Oinos, einem Kinde der schönen Erde, die vor kurzem unterging, sprach zu dir von den Einflüssen auf die Atmosphäre der Erde. Durchzuckte da nicht plötzlich ein Gedanke an die *physische* Macht des Wortes deinen Sinn? Hat nicht jedes gesprochene Wort Einfluß auf die Atmosphäre?

OINOS: Weshalb, Agathos, weinst du jetzt plötzlich – und weshalb, o weshalb, lässt du deine Schwingen sinken, während wir über diesen schönen Stern dahinschweben –, den grünsten und doch zerklüftetsten, den wir auf unserem Fluge gesehen? Seine strahlenden Blumen gemahnen mich an einen schönen Traum – seine tobenden Vulkane an die Leidenschaften eines unseligen Menschenherzens!

AGATHOS: Sie *sind* es auch! – Sie *sind* es auch! Vor drei Jahrhunderten rief ich diesen Stern mit gerungenen Händen und überströmenden Augen zu Füßen meiner Geliebten durch wenige leidenschaftliche Worte ins Dasein. Seine strahlenden Blumen entblühten dem schönsten aller, ach! unerfüllten Träume, und seine tobenden Vulkane sind in Wahrheit die Leidenschaften eines unseligen Menschenherzens.

MONOS UND UNA

Μελλοντα ταυτα
Sophokles, Antigone

UNA: Wiedergeboren?

MONOS: Ja, schönste und geliebteste Una, wiedergeboren! Dies ist das Wort, über dessen mystischen Sinn ich, der ich alle Erklärungsversuche der Priester zurückwies, gegrübelt habe, bis endlich der Tod selbst das Rätsel für mich löste.

UNA: Der Tod!

MONOS: Wie seltsam du mir, süße Una, das Wort nachsprichst! Dein Schritt ist schwankend, eine freudevolle Unruhe blickt aus deinen Augen: die neue Macht des ewigen Lebens verwirrt und bedrückt dich noch. Ja, ich sprach vom Tode! Und wie sonderbar das Wort hier klingt, das Wort, das ehemals jedes Herz mit Angst und Schrecken erfüllte und grauen Meltau auf jede bunte Freudenblüte streute!

UNA: Ach, der Tod, das Gespenst, das sich zu allen unseren Festen drängte! Wie oft, Monos, verloren wir uns in Betrachtungen über sein Wesen! Wie oft gebot er menschlichem Glücke Einhalt durch sein: ‚Bis hierher und nicht weiter!' Wie schmeichelten wir uns, mein einziger Monos, daß die heiße, gegenseitige Liebe, die in unsern Herzen brannte, und deren erstes Keimen uns so glücklich machte, stets wachsen werde und mit ihr unser Glück! Ach, wie sie wuchs, wuchs auch in unseren Herzen das Entsetzen vor jener unheilvollen Stunde, die unabwendbar nahte, um uns auf immer zu trennen! So wandelte sich mit der Zeit unser Lieben zum Schmerz. Einander hassen zu können, wäre Erlösung gewesen.

MONOS: Sprich hier nicht von jenen Qualen, geliebteste Una – mein jetzt! mein für immer!

UNA: Aber erhöht nicht die Erinnerung an vergangenen Kummer unsere jetzige Seligkeit? Ich möchte noch viel von jenen Dingen sprechen, die gewesen sind. Vor allem verlangt mich, die Geschehnisse auf deiner Reise durch das dunkle Tal der Schattens zu erfahren.

MONOS: Wann hätte die herrliche Una vergebens etwas von ihrem Monos erbeten? Ich werde dir alles ausführlich erzählen – aber wo soll der schauervolle Bericht beginnen?

UNA: Wo?

MONOS: Ja!

UNA: Monos, ich verstehe dich! Der Tod hat uns beiden gezeigt, wie töricht die Neigung der Menschen ist, das Unenträtselbare enträtseln zu wollen. Ich sage also nicht: ‚Beginne mit dem Augenblicke, da dein Leben endete‘ – sondern beginne mit jenem traurigen Moment, als das Fieber dich verließ, als du ohne Atem und Bewegung in Erstarrung sankst, und ich mit liebendem, leidenschaftlichem Finger deine bleichen Lider zudrückte.

MONOS: Zuerst ein Wort, meine Una, über die allgemeine Lage der Menschheit zu jener Zeit … Du erinnerst dich, daß ein oder zwei Weise unter unseren Vorvätern – wirkliche Weise, obgleich sie in den Augen der Welt nicht dafür galten – es gewagt hatten, die Anwendbarkeit des Wortes *Fortschritt* auf den Gang der Zivilisation anzuzweifeln. In jedem der fünf oder sechs Jahrhunderte vor unserem Tode gab es einen Augenblick, in der sich eine kraftvolle Intelligenz erhob und kühn für jene Prinzipien stritt, deren Wahrheit unserem ungehinderten Verstande *jetzt* ganz selbstverständlich erscheint – für Prinzipien, die unser Geschlecht gelehrt haben sollten, sich lieber der Führung der Naturgesetze zu unterwerfen, als sie beherrschen zu wollen. In langen Zwischenräumen erschienen überlegene Geister, die auf jeden Fortschritt der praktischen Wissenschaft wie auf einen Rückschritt der wahren Nützlichkeit herabsahen. Bloß der dichterische Geist – von dem wir jetzt wissen, daß er der erhabenste gewesen, da die Wahrheiten, die für uns von höchster Wichtigkeit waren, uns *nur* durch eben jene *Analogie* verständlich wurden, die für die Phantasie Beweiskraft hat, den Verstand allein jedoch nicht überzeugt – bloß dieser dichterische Geist, sage ich, geht vor der tastenden Philosophie her. Er entnahm aus der mystischen Parabel vom Baume der Erkenntnis und seiner verbotenen, todbringenden Frucht die deutliche Warnung, daß während der Kindheit der Seele die Erkenntnis keine Nahrung für den Menschen ist. Und diese feinen Menschen, die Dichter – im Leben und im Tode verachtet von den Utilitariern, von rauhen Pedanten, die sich einen Titel anmaßten, der nur den Verachteten gebührt hätte – diese feinen Menschen, die Dichter, vergruben sich mit weisem Schmerz in das Angedenken jener Tage, in denen unsere Bedürfnisse so gering wie unsere Genüsse ursprünglich waren, in denen man das Wort *Heiterkeit* nicht kannte, so feierlich und tiefgetönt war damals das *Glück* – damals, in jenen heiligen, erhabenen, segensreichen Tagen, in denen blaue Flüsse, von keinem Damme beengt, durch jungfräuliches Land dahinströmten und sich in ferne, duftende, unerforschte Urwaldeinsamkeiten verloren.

Doch diese edlen Ausnahmen von der allgemeinen Verblendung dienten nur dazu, sie durch die Opposition, die sie hervorriefen, noch zu befestigen. Ach! wir wandelten gerade den schlimmsten aller schlimmen Tage, auf Erden. ‚Die große Bewegung‘ – das war ja wohl das banale Schlagwort – ging vor sich: ein krankhafter, moralischer und physischer Aufruhr. Die Kunst – das heißt alle Künste, alles äußere ‚Können‘ – wurden hoch erhoben, und, einmal auf den Thron gesetzt, legten sie den Verstand, der sie zur Herrschaft gebracht, in Ketten. Der Mensch, der nicht umhin konnte, die Majestät der Natur anzuerkennen, brach in kindisches Frohlocken ob seiner endlich errungenen und noch immer wachsenden Herrschaft über ihre Elemente aus. Aber während er sich in seinen Gedanken als der Gott aufspielte, kam eine kindische Verstandesschwäche über ihn. Wie es aus dem Ursprunge der Krankheit nur zu erklärlich war, wurde er bald von dem Verlangen ergriffen, alles in Systeme und Abstraktionen zu bringen. Er umgab sich mit Verallgemeinerungen. Unter anderen wunderlichen Ideen gewann die einer allgemeinen Gleichheit immer mehr Boden; und im Angesichte Gottes wurden – trotz der lauten, warnenden Stimme der Gesetze der Gradation, die so sichtbarlich alle Dinge im Himmel und auf der Erde durchdringen – unsinnige Anstrengungen gemacht, eine allherrschende Demokratie einzuführen. Doch dieses Übel entsprang notwendigerweise aus dem Grundübel, der *Erkenntnis*. Der Mensch konnte nicht zu gleicher Zeit wissend werden und unterwürfig bleiben. Mittlerweile erhoben sich riesige rauchende Städte. Die grünen Blätter schrumpften vor dem heißen Atem der Essen zusammen. Das schöne Angesicht der Natur wurde wie durch die Verwüstung einer widerwärtigen Krankheit entstellt. Jetzt, süße Una, scheint es mir, als habe selbst das schlummernde Gefühl des Gezwungenen und Unnatürlichen jenes Zustandes uns damals Einhalt gebieten müssen. Doch glaube ich, daß wir törichterweise an unserer eigenen Zerstörung arbeiteten, indem wir unseren Geschmack verdarben, oder vielmehr, indem wir es blindlings vernachlässigten, ihn in unseren Schulen zu bilden. Denn in dieser Krise konnte allein der Geschmack – jene Fähigkeit, die eine mittlere Stellung zwischen dem reinen Verstande und dem Moralsinne einnimmt, und die man noch niemals ungestraft aus den Augen gelassen – der Geschmack allein konnte uns wieder zu Schönheit, zur Natur und zum Leben zurückführen. Doch ach! wo waren sie – der reine beschauliche Geist und die majestätische Intuition Platos? Wo war sie, die Musik, die er so gerechterweise als ein allgenügendes Erziehungsmittel für die Seele annahm? Ach! wo waren sie? Sie waren vergessen oder verachtet, als man ihrer am dringendsten bedurfte.

Pascal, ein Philosoph, den wir beide liebten, hat einmal – wie wahr! – gesagt: ‚*que tout notre raisonnement se réduit à céder au sentiment*‘; und es ist nicht unmöglich, daß das Gefühl zum Natürlichen, hätte die Zeit es erlaubt, sein altes Übergewicht über den brutalen mathematischen Verstand der Schulen wiedererlangt hätte. Aber das sollte nicht sein. Altersschwäche, vorzeitig herbeigeführt durch dieses unmäßige Schwelgen in Erkenntnis, nahte sich der Welt. Aber die Menschen sahen es nicht, oder wollten es in ihren üppigen, wenn auch glücklosen Leben nicht sehen. Doch mich hatte die Geschichte schon gelehrt, den unvollkommensten Ruin als Preis für die höchste Zivilisation zu erwarten. Mir war aus dem Vergleiche zwischen dem einfachen, robusten China, dem Baumeister Assyrien, dem Astrologen Egypten, sowie dem noch verfeinerten Nubien, der unruhevollen Mutter aller Künste, eine Ahnung unseres Schicksals aufgegangen. Die Geschichte dieser Länder zeigte mir deutlich unsere eigene Zukunft. Der Zustand der Künstlichkeit der drei letzteren war eine lokale Erkrankung der Erde gewesen, und ihr Untergang das lokal angewandte Heilmittel; aber für die *ganze* erkrankte Welt gab es außer dem Tode kein Heil mehr. Da der Mensch als Geschlecht nicht ausgerottet werden konnte, mußte er wiedergeboren werden.

Nun versenkten wir, Schönste und Geliebteste, unsern Geist täglich in Träume. Nun redeten wir im Zwielicht von den zukünftigen Tagen, in denen das von der Industrie mit Narben bedeckte Angesicht der Erde jene Läuterung durchgemacht haben würde, die ihre rechtwinkligen Abscheulichkeiten allein vernichten konnte, in denen sie sich von neuem mit dem Grün, den sanften Hügeln und den lächelnden Wassern des Paradieses, bedeckt haben, und ein würdiger Wohnplatz für die Menschheit geworden sein würde – für die durch den Tod gereinigte Menschheit, deren klarerer Intellekt nicht mehr von der Erkenntnis vergiftet sein sollte – für den erlösten, wiedergeborenen, seligen, und jetzt unsterblichen, doch noch mit der Materie bekleideten Menschen.

UNA: Wohl erinnere ich mich, lieber Monos, dieser Unterhaltungen; doch war die Zeit des feurigen Weltunterganges noch nicht so nahe, als wir glaubten, und die Korruption, von der du eben sprachest, uns annehmen ließ; die Menschen lebten und starben einzeln. Du selbst wurdest krank – du wurdest dem Grabe übergeben, und deine treue Una folgte dir bald dahin nach. Und obgleich das Jahrhundert, das seitdem verflossen, und an dessen Schlusse wir uns wieder zueinander fanden, unsere schlummernden Sinne durch kein Gefühl der Ungeduld gepeinigt hat, so ist es doch ein ganzes Jahrhundert gewesen.

MONOS: Sage lieber, ein Punkt in der unbestimmbaren Unendlichkeit. Zweifellos starb ich während des Greisenalters der Erde. Bis zum Innersten abgehetzt von all den Qualen, die ihren Ursprung in der allgemeinen Unruhe und Entartung hatten, erlag ich einem hitzigen Fieber. Nach ein paar Tagen voller Schmerzen, nach vielen Wochen voll traumerfüllter ekstatischer Delirien, deren Äußerungen du für die des Schmerzes hieltest, während ich nur an meiner Ohnmacht litt, dir diese Meinung zu benehmen, verfiel ich in eine Erstarrung ohne Atem und Bewegung; alle, die mich umstanden, nannten sie *Tod*.

Worte sind schwankende Begriffe. Mein Zustand beraubte mich nicht der Empfindung. Er erschien mir der vollkommenen Ruhe eines Menschen nicht allzu unähnlich, der an einem Mittsommernachmittag, nachdem er lang und tief geschlafen, bewegungslos und vollständig ausgestreckt daliegt, und nun anfängt, langsam wieder zu Bewußtsein zu kommen, durch keine Beunruhigung von außen geweckt, bloß weil der Schlaf von ihm weicht.

Ich atmete nicht mehr. Die Pulse waren unbeweglich. Das Herz hatte zu schlagen aufgehört. Das Willensvermögen war nicht verschwunden, doch war es machtlos geworden. Die Sinne waren ungewöhnlich, doch sehr unregelmäßig tätig und verrichteten ihre Funktionen zufällig und mit Unterbrechungen. Der Geschmack- und der Geruchsinn waren vollständig zu *einem* Sinne von anormaler Schärfe zusammengeschmolzen. Das Rosenwasser, mit dem deine Zärtlichkeit zuletzt meine Lippen befeuchtete, spiegelte mir die Bilder reizender, phantastischer Blumen vor, die schöner waren, als irgendwelche der alten Erde. Die blutlosen, durchsichtigen Augenlider verhinderten das Sehen nicht vollständig. Da das Wollen außer Kraft war, konnten sich die Pupillen in den Höhlen nicht bewegen – doch alle Dinge innerhalb des Gesichtskreises erkannte ich mit mehr oder weniger Deutlichkeit; die Strahlen, welche auf die äußere Netzhaut oder in die Ecke des Auges fielen, brachten eine lebhaftere Wirkung hervor, als die, die es von vorn oder auf der inneren Oberfläche trafen. Im ersteren Falle war die Wirkung so anormal, daß ich sie nur als einen Ton empfand – als einen sanften oder mißklingenden Ton, je nachdem die geschauten Gegenstände hell waren oder im Dunkel lagen, runde oder winklige Umrisse hatten. Zu gleicher Zeit arbeitete auch das Gehör, obwohl es äußerst geschärft war, regelmäßig und empfand alle Töne mit übertriebener Genauigkeit. Der Tastsinn hatte jedoch eine tiefergehende Veränderung erfahren. Er nahm die Eindrücke nur zögernd auf, hielt sie aber hartnäckig fest. Und sie gewährten ihm einen hohen körperlichen Genuß. So erfüllte der Druck deiner süßen Finger auf meinen Lidern, den ich zuerst nur durch Sehen wahrgenommen, lange nachdem du sie zurückgezogen, mein ganzes Wesen mit unbeschreiblichem, sinnlichem Entzücken. Ich sage: mit sinnlichem Entzücken – *alle* meine Wahrnehmungen waren rein sinnlicher Natur. Das Material, das die Sinne dem passiven Gehirn lieferten, wurde von dem gestorbenen Verstande nicht im geringsten gestaltet. Schmerz war bei alledem sehr wenig, Genuß sehr viel; doch nicht der geringste geistige Schmerz oder Genuß. So strömten deine wilden Seufzer mit all ihren trauervollen Abstufungen in mein Ohr, und jede Variation der gramdurchzitterten Töne vernahm ich, ohne daß sie mir mehr waren, als weiche musikalische Laute. Sie teilten der erloschenen Vernunft keine Erkenntnis des Kummers mit, dem sie entsprangen, und während der reichliche, unaufhörliche Tränenregen, der mein Angesicht benetzte, den umstehenden von einem brechenden Herzen sprach, durchdrang er jede Fiber meines Antlitzes mit Entzücken. Das war in der Tat der *Tod*, von dem die Umstehenden mit leisem, ehrfurchtsvollem Flüstern sprachen – und du, süße Una, mit von Seufzern und Weinen erstickter Stimme.

Man gab mir das Totenkleid um – drei oder vier dunkle Gestalten huschten geschäftig hin und her. Wenn sie an die direkte Sehlinie meines Auges kamen, nahm ich sie als Formen wahr, doch wenn sie seitwärts standen, wirkte ihre Gegenwart wie Schreie, Seufzer oder andere Äußerungen des Schreckens, des Abscheus, des Schmerzes. Du allein, in deinem weißen Kleide, umschwebtest mich von jeder Richtung her als harmonischer Laut.

Der Tag verging; und wie sein Licht verlosch, ergriff mich ein unbestimmtes Unbehagen – eine Beklemmung, wie sie ein Schlafender empfindet, dem fortgesetzt trübe, wirkliche Töne in sein Ohr dringen – leise, feierliche Klänge ferner Glocken, in langen, doch gleichmäßigen Pausen – die melancholische Träume in ihm wachrufen. Die Nacht kam und mit ihren Schatten eine schwere Betrübnis. Sie legte sich mit dumpfem Druck auf meine Glieder und war wie greifbar. Ich vernahm auch einen wehklagenden Ton, nicht unähnlich dem einer entfernten Meeresbrandung; doch anhaltender, gleichmäßiger, einen Ton, der mit der ersten Dämmerung begonnen und mit der Dunkelheit an Kraft zugenommen hatte. Plötzlich wurden Lichter ins Zimmer gebracht, und die gleichmäßige Tonbrandung wurde durch wiederholte ungleichmäßige Ausbrüche desselben Tones, die jedoch weniger traurig und weniger deutlich klangen, unterbrochen. Der schwere Druck war zum großen Teil gewichen, und aus der Flamme jeder Lampe (es waren ihrer viele) flutete unaufhörlich ein Gesang voll melodiöser Monotonie in mein Ohr. Und als du nun, geliebteste Una, dich dem Bette nähertest, auf dem ich ausgestreckt lag, dich sanft an meiner Seite niedersetztest, den Duft deiner süßen Lippen mich umwehen ließest und sie leise auf meine Stirne drücktest, da erhob sich in meinem Herzen, zitternd und vermischt mit den rein lieblichen Empfindungen, die die Umstände in mir erzeugten, irgend etwas, das einer seelischen Empfindung verwandt war – ein Gefühl, das deine heiße Liebe halb erkannte und erwiderte; doch dies Gefühl wurzelte nicht in dem erstarrten Herzen und war auch mehr schattenhaft als wirklich, und schwand schnell dahin, zuerst in eine äußerste Ruhe, dann in einen rein sinnlichen Genuß, wie vorhin.

Und nun schien aus dem chaotischen Untergang der natürlichen Sinne ein neuer, sechster, vollständig ausgebildeter Sinn entstanden zu sein. Seine Anwendung bereitete mir ein seltsames Entzücken – doch immerhin wieder nur ein körperliches Entzücken, da der Geist keinen Teil an ihm nahm. Jede Bewegung im animalischen Sinne hatte vollständig aufgehört. Keine Fiber zitterte, kein Nerv zuckte, keine Ader schlug. Doch schien in meinem Gehirn, jenes Etwas entstanden zu sein, von dem Worte einer nur menschlichen Intelligenz nicht einmal eine unbestimmte Vorstellung geben können. Ich möchte es ein psychisches Pendelschwingen nennen. Es war die sphärische Verkörperung der abstrakten Idee des Menschen von der Zeit. Durch die absolute Gleichmachung dieser Bewegung – oder einer anderen analogen – sind einst die Kreise der himmlischen Gestirne geordnet worden. Ich erkannte mit ihrer Hilfe die Unregelmäßigkeiten der Uhr auf dem Kamine und der Taschenuhren der Personen, die gegenwärtig waren. Ihr Ticktack drang als sonorer Ton in mein Ohr. Die geringsten Abweichungen vom wirklichen Zeitmaße – sie waren in Überzahl – berührte mich genau so, wie während meiner Lebenszeit Vergewaltigungen der abstrakten Wahrheit meinen Geist beleidigt hatten. Obgleich nicht zwei Uhren im Zimmer die einzelnen Sekunden genau zusammen angaben, konnte ich doch ohne Schwierigkeit die Töne und die momentanen Ungenauigkeiten einer jeden einzelnen in bezug auf die anderen genau auseinanderhalten. Und dieses feine, vollkommene, durch sich selbst seiende Gefühl der *Dauer* – dieses Gefühl, welches unabhängig von einer Aufeinanderfolge von Ereignissen existierte, wie ein Mensch es vielleicht nicht hätte wahrnehmen können – diese Idee – dieser sechste Sinn, der aus meinem zurückbleibenden Teil entstand, war der erste, offenbare und gewisse Schritt der zeitlosen Seele über die Schwelle der Ewigkeit.

Es war Mitternacht; und du saßest noch an meiner Seite. Alle anderen hatten das Totengemach verlassen. Man hatte mich in den Sarg gelegt. Die Lampen flackerten; das erkannte ich an dem Zittern der monotonen Gesänge. Doch plötzlich ließ ihre Deutlichkeit und Klangfülle nach. Endlich hörten sie ganz auf. Der Duft in meinen Nasenflügeln starb dahin. Ich nahm keine Formen mehr wahr. Die Finsternis lastete nicht mehr auf meiner Brust. Eine dumpfe Erschütterung durchfuhr, ähnlich wie ein elektrischer Strom, meine Gestalt, und ein gänzlicher Verlust des Tastsinns folgte ihm. Alles, was von dem, was Menschen ‚Sinne‘ nennen, geblieben war, schmolz in dem einzigen Bewußtsein des Seins und der bleibenden Empfindung der *Dauer* dahin. Der sterbliche Körper war von der Hand des endgültigen Verfalles berührt worden.

Doch war auch jetzt noch nicht jede Empfindung verschwunden; denn das Bewußtsein und das Gefühl, das mir noch geblieben, versahen noch einige ihrer Funktionen durch eine, ich möchte sagen, lethargische Intuition. Ich erkannte die schauerliche Veränderung, die das Fleisch noch erleiden mußte, und wie ein Träumer oft die körperliche Gegenwart eines Menschen, der sich über ihn beugt, gewahr wird, so fühlte ich noch dumpf, süße Una, daß du neben mir saßest. Als der Mittag des zweiten Tages kam, entgingen mir auch die Bewegungen nicht, die dich von meiner Seite entfernten, die mich in den Sarg einschlossen, die den Sarg in den Leichenwagen schoben und ihn zum Grabe führten. Ich fühlte, wie man mich hinabließ, wie man schwere Erde auf mich häufte und mich in Finsternis und Verwesung meinem traurigen, feierlichen Schlummer in der Gesellschaft der Würmer überließ.

Und hier, in diesem Gefängnis, das nur wenig Geheimnisse zu enthüllen hat, rollten Tage, Wochen und Monate an mir vorüber; und die Seele betrachtete genau jede Sekunde, die entfloh, und nahm ohne Mühe und ohne Zweck Notiz von jeder Flucht.

Ein Jahr verging. Das Bewußtsein des *Seins* war stündlich unbestimmter geworden und an seine Stelle war das des *Raumes* getreten. Der enge *Platz*, der das, was früher der Körper gewesen, umgab, wurde nun zum Körper selbst. Und da erreichte mich – ähnlich, wie es oft einem Schlafenden ergeht, den ein aufblitzendes Licht halb erweckt, halb noch in Träumen gefangen läßt – da erreichte mich der Schlaf; und seine Welt allein kann uns ein Bild des Todes geben … da erreichte mich in der starken Umarmung des *Schattens*, das, was allein noch Macht hatte, bis zu mir zu dringen: das Licht unvergänglicher Liebe … Männer arbeiteten an dem Grabe, dessen Nacht mich einschloß … Sie wühlten die feuchte Erde auf … Unas Sarg senkte sich auf mein verfallendes Gebein.

Und nun war wieder alles leer. Das nebelhafte Licht war wieder erloschen. Jenes schwache Erzittern war wieder in vollständige Ruhe verebbt. Viele Lustra sind verflossen. Staub war wieder zu Staub geworden. Der Wurm hatte keine Nahrung mehr. Das Gefühl des Seins war nun vollständig verschwunden, und an seiner Stelle, und an der Stelle aller Dinge herrschten die ewigen Autokraten *Raum und Zeit*. Für das, was *nicht war* – für das, was keine Gestalt hatte – für das, was keinen Gedanken hatte – für das, was kein Gefühl hatte – für das, was ohne Seele war und kein Atom von Materie mehr besaß, für all dieses Nichts und dennoch Unsterbliche, war das Grab noch Heimstätte und die fressenden Stunden Gesellschafter.

EIROS UND CHARMION

EIROS: Warum nennst du mich Eiros?

CHARMION: So wirst du von jetzt ab immer genannt werden. Du mußt auch meinen irdischen Namen vergessen und mich Charmion nennen.

EIROS: Und es sind also nicht Träume um mich?

CHARMION: Träume gibt es für uns nicht mehr – doch von diesen Geheimnissen wollen wir später reden! Ich freue mich, dich so voll Leben und Vernunft wiederzusehen. Der trübe Hauch des Schattenreiches hat sich schon von deinen Augen gehoben; fasse Mut und fürchte nichts. Die Tage der Erstarrung, die dir beschieden waren, wie jedem, sind vorüber, und morgen werde ich dich selbst in die vollkommenen Freuden und in die großen Wunder deines neuen Daseins einführen.

EIROS: Wahrhaftig, ich fühle keine Erstarrung mehr – keine! Der seltsame Schwindel ist gewichen, und die schreckliche Dunkelheit ist von mir abgefallen; ich höre nicht länger jenes sinnlos rauschende, schreckliche Getön ‚gleich der Stimme vieler Wasser‘. Und doch, Charmion, sind meine Sinne durch die überwältigenden Eindrücke dieses neuen Lebens noch ganz verwirrt.

CHARMION: In wenigen Tagen wird auch das verschwinden, doch verstehe ich dich sehr gut und fühle mit dir. Zehn irdische Jahre sind verflossen, seit ich erfuhr, was du jetzt erfährst; und ich erinnere mich aller meiner Empfindungen wohl. Du hast nun den letzten Schmerz erduldet, den du im Eden erdulden wirst.

EIROS: Im Eden?

CHARMION: Im Eden!

EIROS: O Gott! – habe Mitleid mit mir, Charmion! Ich erliege der majestätischen Macht der Dinge – dem Unbekannten, Nun-Enthüllten – der Zukunft, die, bis jetzt bloß Mutmaßung, nun mit der erhabenen, gewissen Gegenwart eins geworden ist.

CHARMION: Überlasse dich jetzt nicht solchen Gedanken! Morgen wollen wir davon reden. Dein Geist liegt noch in Schauern, und seine Erregung wird sich am besten durch einfache Erinnerungen beruhigen. Blicke weder um dich noch vorwärts, sondern zurück. Ich brenne vor Ungeduld, die Einzelheiten jenes erstaunlichen Ereignisses zu vernehmen, das dich zu einem der Unsrigen machte. Erzähle mir von ihm. Laß uns in der heimischen Sprache jener Welt, die so schrecklich unterging, von vertrauten Dingen reden.

EIROS: Schrecklich! Schrecklich! Das war wirklich kein Traum?

CHARMION: Träume gibt es nicht mehr. – Wurde ich sehr beweint, mein Eiros?

EIROS: Beweint, Charmion? – Oh, schmerzlich wurdest du beweint! Bis zu jener letzten Stunde hing über all den Deinen eine Wolke tiefer Traurigkeit, erdentrückter Verdüsterung.

CHARMION: Und jene letzte Stunde selbst – sprich mir von ihr! Erinnere dich, daß ich nichts weiß, als die bloße Tatsache der Katastrophe. Als ich aus den Reihen der Lebenden durch das Grab in die Weltennacht wandelte, ahnte die Menschheit, wenn ich mich recht erinnere, noch nichts von der Zerstörung, die so bald über sie kommen sollte. Allerdings hatte ich mich nur sehr wenig mit der spekulativen Philosophie jener Zeit befaßt.

EIROS: Die Katastrophe kam, wie du richtig andeutest, durchaus unerwartet; doch waren analoge Phänomene schon oft von den Astronomen in Betrachtung gezogen worden. Ich brauche dir wohl kaum zu sagen, meine Freundin, daß die Menschen, als du uns verließest, zu der Ansicht gekommen waren, die Stellen der Heiligen Schrift, welche von der endgültigen Zerstörung aller Dinge durch Feuer reden, bezögen sich nur auf den Erdball allein. Doch was die unmittelbare Ursache der Zerstörung betrifft, so war man auf falschen Bahnen, seit die astronomische Wissenschaft bewiesen hat, daß die Kometen nicht jene gefährlichen Feuerkörper seien, für die sie gegolten. Man wußte, daß diese Körper nur von sehr mittelmäßiger Dichtigkeit sind, und hatte beobachtet, wie durch sie die Satelliten des Jupiter hindurchgegangen waren, ohne eine merkbare Veränderung in ihrer Masse oder ihrer Bahn zu verursachen. Wir betrachteten diese Wanderer seit langem als Nebelformationen von ungreifbarer Dünnheit, die unserem massiven Erdball selbst im Falle eines Zusammenstoßes keinen Schaden zufügen könnten. Man fürchtete also einen solchen Zusammenstoß durchaus nicht, denn man kannte die Elemente der Kometen genau. Daß wir bei *ihnen* die Ursache der angedrohten Zerstörung durch Feuer zu suchen hätten, war schon seit langen Jahren als unhaltbare Idee verworfen worden. Aber seltsame Phantasien und wunderbare Vorstellungen waren in den letzten Tagen unter den Menschen erwacht, und obgleich nur wenige Unwissende wirkliche Furcht empfanden, als die Astronomen einen *neuen* Kometen anzeigten, so wurde doch diese Nachricht auch im allgemeinen mit unbestimmter Aufregung und unerklärlichem Mißtrauen entgegengenommen.

Die Elemente des unbekannten Gestirns wurden sofort berechnet, und alle Beobachter erkannten gleich, daß sein Weg es in fast unmittelbare Nähe der Erde bringen würde. Zwei oder drei Astronomen von mittelmäßiger Bedeutung behaupteten mit Bestimmtheit, daß ein Zusammenstoß unausbleiblich sei.

Die Wirkung, die diese Mitteilung auf die Menschheit hatte, kann ich dir nicht beschreiben. Ein paar Tage lang wollte ihr so lange nur mit weltlichen Betrachtungen beschäftigter Verstand diesem Ausspruche keinen Glauben schenken. Aber wenn es sich um das Leben handelt, verstehen auch bald die beschränktesten Geister die Wichtigkeit solcher Fragen.

Schließlich mußten alle Menschen einsehen, daß die Astronomen richtig beobachtet hatten – und nun erwartete man den Kometen. Anfangs nahte er nur sehr langsam, sein Anblick bot nichts Ungewöhnliches. Er war von glanzlosem Rot und hatte einen kaum wahrnehmbaren Schweif. Sieben oder acht Tage lang bemerkten wir kein Anwachsen seines Durchmessers, nur seine Farbe erlitt eine leichte Veränderung. Doch stellten die Menschen ihre gewöhnlichen Beschäftigungen ein, da alle Interessen von den unendlich zahlreichen Abhandlungen und Vorträgen der Gelehrten über die Natur der Kometen in Anspruch genommen wurden. Selbst die unwissendsten unter den Menschen bemühten sich, ihrem trägen Geiste die Erkenntnis der Astronomen zu eigen zu machen. Die Gelehrten jedoch suchten nur mit dem Aufgebot ihrer ganzen Intelligenz, ihrer ganzen Seelenkraft – nicht die Furcht zu zerstreuen oder gar irgendeine Lieblingstheorie aufrecht zu erhalten – nein, sie suchten vielmehr Wahrheit, nur Wahrheit! Sie lechzten nach ihr – riefen laut nach vollkommener Erkenntnis. Da enthüllte sich denn auch die Wahrheit in ihrer strengen Reinheit und allherrschenden Macht, und die Weisen neigten das Haupt und beteten an.

Die Ansicht, daß unser Erdball oder seine Bewohner bei dem gefürchteten Zusammenstoß zu Schaden kommen könnten, wurde von den Gelehrten, die in dieser Zeit den größten Einfluß auf das Denken und die Phantasie der Menge hatten, immer bestimmter als irrig erklärt. Es wurde berechnet, daß die Dichtigkeit des Lichtkerns bedeutend geringer sei als die unseres dünnsten Gases; auch betonte man immer wieder, daß die Satelliten des Jupiter durch einen ähnlichen Kometen gegangen seien, ohne im geringsten beschädigt worden zu sein; und gerade dieser Hinweis war geeignet, das erste Entsetzen zu beruhigen, zu beschwichtigen. Die Theologen bestanden jedoch mit Furcht und Eifer auf den Prophezeiungen der Bibel und erklärten sie dem Volke mit einer beispiellosen Geradheit und Einfachheit. Mit einer Leidenschaftlichkeit, die fast zum Glauben zwang, lehrten sie, daß die endgültige Zerstörung der Erde durch Feuer geschehen werde; und daß die Kometen, wie nun alle Menschen wußten, nicht von feuriger Natur seien, war eine Wahrheit, welche sie bis zu einem gewissen Punkte von der Furcht vor der angekündigten Katastrophe befreite. Zu bemerken ist noch, daß die im Volke verbreitete Ansicht, jeder neue Komet bringe Pest oder Krieg über die Erde, diesmal auch nicht ein einziges Mal ausgesprochen wurde, es war, als hätte die Vernunft durch eine plötzliche, krampfhafte Anstrengung den Aberglauben von seinem Throne gestoßen. Auch die schwächste Intelligenz erstarkte durch ihr angstvoll angespanntes Interesse.

Man suchte mühsam zu erforschen, welch kleinere üble Folgen der Zusammenstoß haben könnte. Die Gelehrten sprachen von leichten geologischen Störungen, wahrscheinlichen Veränderungen im Klima und folglich auch in der Vegetation, von möglichen magnetischen und elektrischen Einflüssen. Viele jedoch waren der Meinung, daß der Komet überhaupt keine sichtbare oder fühlbare Wirkung ausüben werde. Während so die Ansichten hin und her schwankten, kam das Gestirn selbst immer näher, sein Durchmesser wuchs jetzt augenscheinlich, und sein Glanz wurde strahlender. Über die Menschheit ging ein Schauder. Alles wartete. —

Dann traten die allgemeinen Gefühle der Menschen in eine bemerkenswerte neue Phase ein. Der Komet hatte jetzt eine Größe angenommen, welche die aller bekannten ähnlichen Erscheinungen übertraf. Das Volk mußte die letzte zögernde Hoffnung, daß die Astronomen sich täuschen könnten, aufgeben und sah das Unheil mit Gewißheit nahen. Das Entsetzen galt nichts Unbestimmtem mehr. Die Herzen der Tapfersten unseres Geschlechtes begannen heftiger zu schlagen. Doch schon nach ein paar Tagen verwandelten sich diese Gefühle in noch weit unerträglichere. Wir konnten den fremden Himmelskörper mit *gewohnten* Gedanken nicht mehr erfassen. In seiner Erscheinung erinnerte nichts mehr an schon gesehene Phänomene, und dieses *Neue* versetzte uns in grauenvolle Aufregung. Wir sahen in ihm nicht mehr ein astronomisches Phänomen am Himmel, sondern einen Alp auf unseren Herzen, einen Schatten über unserem Hirn. Mit unbegreiflicher Schnelligkeit hatte er das Aussehen eines gigantischen Flammenmantels angenommen, der sich von Horizont zu Horizont hinspannte.

So verging noch ein Tag, und die Menschheit atmete wieder etwas freier. Offenbar standen wir schon unter dem Einflusse des Kometen, und doch lebten wir noch. Wir empfanden sogar eine ungewöhnliche Elastizität der Glieder, eine auffallende Lebhaftigkeit des Geistes. Die außerordentlich geringe Dichtigkeit des schrecklichen Sternes stand außer allem Zweifel, denn wir konnten durch ihn hindurch die anderen Himmelskörper wahrnehmen. Mittlerweile hatte sich auch unsere Vegetation merklich verändert, und dieser Umstand, den die Gelehrten vorhergesagt hatten, bestärkte unseren Glauben an ihre üblichen, tröstlichen Versicherungen: an jeder Pflanze schoß nämlich mit seltsamer, noch nie gesehener Üppigkeit neues Laub hervor.

Wir verlebten noch einen weiteren Tag, ehe uns der Unstern ganz erreichte. — Es war klar, daß uns sein Kern zuerst berühren werde. Eine immer seltsamere Veränderung hatte sich der Menschen bemächtigt, und das erste Gefühl eines Schmerzes war das aufregende Zeichen zu unbeschreiblichem Wehklagen und

Entsetzen. Dies erste Schmerzgefühl wurde durch ein eigentümliches Zusammenziehen der Brust und der Lungen und durch eine unerträgliche Trockenheit der Haut verursacht. Es ließ sich nicht leugnen, daß unsere Atmosphäre die Ursache dieser Erkrankungen sei; die Zusammensetzung der Luft und die Veränderungen, denen sie unterworfen sein mußte, wurden nun studiert, und das Resultat der Erforschung ging wie ein elektrischer Strom schneidenden Entsetzens durch die Herzen der Menschen.

Man wußte seit langem, daß die Luft, die uns umgab, eine Zusammensetzung von einundzwanzig Prozent Sauerstoff und neunundsiebzig Prozent Stickstoff war. Der Sauerstoff, die Grundursache jeder Verbrennung, war zur Erhaltung des animalischen Lebens durchaus notwendig und das wichtigste und stärkste Agens in der Natur. Der Stickstoff dagegen war unfähig, animalisches Leben oder Feuer zu speisen. Eine solche Erhöhung der Lebenskräfte, wie wir sie vor einigen Tagen verspürt hatten, konnte nur von einem ganz anormalen Überwiegen des Sauerstoffs in der Atmosphäre herrühren. Die Folgerungen aus dieser Gewißheit, ihre letzten Konsequenzen waren es, die das Entsetzen erzeugt hatten. Was mußte *geschehen, wenn der Stickstoff erst vollständig aus der Luft verschwunden sein würde?* Eine unbesiegbare, verzehrende, allmächtige, weltverschlingende Feuersbrunst!! die vollkommenste Erfüllung der Feuer androhenden, Entsetzen ausbreitenden Prophezeiungen der Heiligen Schrift!! eine Erfüllung bis auf die kleinsten, furchtbarsten Einzelheiten!!

Wie soll ich dir, Charmion, die nun entfesselte wilde Angstraserei der Menschheit schildern? Jene Undichtigkeit des Kometen, die uns anfangs Hoffnung verliehen, war nun Ursache unserer bittersten Verzweiflung. Klar erkannten wir, daß der ungreifbare gasförmige Körper unseren Untergang herbeiführen werde. Noch ein Tag ging hin und nahm den letzten Hoffnungsschimmer mit sich fort. In der veränderten Luft rangen wir qualvoll nach Atem. Das rote Blut tobte stürmisch durch die engen Adern. Wilde Verzweiflungswut ergriff die Menschen, in krampfhafter Angst reckten sie die Hände zum Himmel empor, zitterten und schrien laut um Hilfe. Aber dann kam der Kern des Zerstörers über uns: – selbst hier im Eden schaudere ich, wenn ich zurückdenke und erzählen soll. Ich will kurz sein – kurz, wie der Untergang. Einen Augenblick flammte ein seltsam fahles Licht auf, das alle Dinge durchdrang. Dann – warfen wir uns vor der unfaßbaren Majestät Gottes nieder, Charmion – dann erscholl ein alldurchdringender, brausender Ton, als käme er aus SEINEM Munde, während die ganze Luftmasse, in der wir lebten, zu einer mächtigen Flamme ausbrach, für deren unbeschreibliche Helligkeit und weitzehrende Hitze selbst die Engel in dem hohen Himmel ihrer reinen Erkenntnis keinen Namen haben werden. So endete alles.

SCHATTEN

„Wahrlich! ob ich auch wandele durch das Tal des Schattens."
Psalm Davids

Ihr, die Ihr leset, seid noch unter den Lebendigen; aber ich, der ich schreibe, werde schon lange meinen Weg ins Reich der Schatten gegangen sein. Denn wahrlich, seltsame Dinge werden geschehen, und Geheimes wird offenbar werden – und viele Jahrhunderte werden vergehen, ehe einst Menschen diese Aufzeichnungen lesen. Und wenn sie gelesen, werden einige nicht glauben, werden einige zweifeln, und nur wenige werden über die Schriftzüge, die hier mit eisernem Griffel eingegraben sind, ernsthaft nachsinnen.

Das Jahr war ein Jahr des Schreckens gewesen, ein Jahr unaussprechlichen, schaudervollen Entsetzens. Denn viele Wunder und Zeichen waren geschehen, und über alles Land und alles Meer hielt die Pest ihre schwarzen Schwingen gebreitet. Und denen, welche die Gestirne deuteten, war es nicht unbekannt, daß die Himmel Unheil verkündeten; und ich, der Grieche Oinos, erkannte mit manchen anderen, daß das siebenhundertvierundneunzigste Jahr gekommen war, in dem sich beim Aufgange des Aries der Planet Jupiter mit dem roten Ringe des schrecklichen Saturnus vereint. Das seltsame Wesen, das Luft und Himmelskörper durchdrang, offenbarte sich nicht nur im Äußern des Erdballs, sondern – ich müßte mich denn sehr irren – auch in den Seelen, Phantasien und Grübeleien der Menschen.

Bei einigen Flaschen roten Chiosweines saßen wir des Nachts in einem hohen Saale in einer trüben Stadt, die Ptolemais heißt, zu sieben beisammen. Und zu unserem Zimmer gab es keinen anderen Eingang, als eine hohe kupferne Tür, und die Tür war von dem Künstler Corinnos gefertigt, von seltener Arbeit und von innen verschlossen. Schwarze Draperien umhingen den düsteren Raum und verbargen unsern Augen den Mond, die gelben Sterne und die menschenleeren Straßen – doch die Ahnung und die Erinnerung an das Unglück ließen sich nicht ausschließen. Es waren Dinge um uns, von denen ich keine deutliche Schilderung geben kann – körperliche und geistige Dinge – als drücke eine Schwere in der Luft, als drohe uns Erstickung. Beängstigung sank dumpf herab – und vor allem quälte uns jener schreckliche Daseinszustand, in dem die Sinne übermäßig lebendig und wach sind, während die Kräfte des Gedankens schlummern. Eine tote Schwere hing über uns. Sie lag auf unsern Gliedern – auf den Gegenständen im Zimmer – auf den Bechern, aus denen wir tranken. Es schien, als drücke sie alle Dinge nach unten, alles, nur nicht die Flammen der sieben eisernen Lampen, die unser Trinkgelage beleuchteten. Sie stiegen in langen, dünnen Lichtstreifen auf und brannten alle bleich und unbeweglich; und in dem Spiegel, den ihr Licht auf dem runden Ebenholztische bildete, um den wir saßen, erblickte jeder von uns, die wir da versammelt waren, seines eigenen Antlitzes Blässe und das unruhige Flackern in den niedergeschlagenen Augen der Freunde. Doch lachten wir und waren lustig auf unsere Art – hysterisch lustig – und sangen die Lieder Anakreons – wahnsinnige Lieder; und tranken unaufhörlich, obgleich uns der purpurne Wein an Blut gemahnte. Denn es war noch ein Gast in unserem Gemache, der junge Zoilus. Tot und ausgestreckt lag er da, leichentuchumhüllt – der Dämon des Ortes. Ach, er hatte keinen Teil an unsere Heiterkeit oder nur soviel, als sein von Qual entstelltes Antlitz und seine Augen, deren Feuer der Tod nur halb verlöschen konnte, anzeigten – nur soviel Teil, als Tote an der lauten Munterkeit derer nehmen, die bald sterben sollen. Aber obgleich ich, Oinos, fühlte, daß die Augen des Abgeschiedenen auf mir ruhten, zwang ich mich, ihren bitteren Ausdruck nicht zu bemerken und starrte beharrlich in die Tiefen des Ebenholzspiegels und sang mit lauter, voller Stimme die Lieder des Sohnes von Teios. Aber nach und nach hörten meine Lieder auf, und ihr Echo verrollte in den düstern Draperien des Zimmers, wurde schwach und undeutlich und schwand ganz hin. Und sehe aus jenen düstern Draperien, in denen die Töne des Liedes verschwunden waren, kam ein dunkler, undeutlicher Schatten hervor – ein Schatten, wie ihn der Mond, wenn er niedrig am Himmel steht, aus der Gestalt des Menschen bildet; doch war es nicht der Schatten eines Menschen und nicht der eines Gottes, noch eines bekannten Dinges. Und er schwankte eine Weile zwischen den Draperien des Zimmers und blieb endlich vor unseren Augen auf der Tür von Kupfer stehen. Aber der Schatten war undeutlich und formlos und unbestimmt, und war nicht der Schatten eines Mannes, noch eines Gottes – weder eines Gottes von Griechenland, noch von Chaldäa, noch eines ägyptischen Gottes. Und der Schatten blieb auf der Kupfertür unter dem Bogen ihres Frieses stehen und rührte sich nicht und sprach kein Wort, sondern stand da und blieb stehen. Und die Tür, auf der der Schatten ruhte, befand sich, wenn ich mich nicht täusche, zu Füßen des jungen, leichentuchumhüllten Zoilus. Aber wir, die sieben Versammelten, die den Schatten aus den Draperien kommen gesehen, wagten lange nicht, ihn anzublicken, sondern schlugen unsere Augen nieder und starrten beharrlich in die Tiefen des Ebenholzspiegels. Und endlich sprach ich, Oinos, einige leise Worte und fragte den Schatten nach seiner Heimat und nach seinem Namen. Und der Schatten antwortete:

„Ich bin der *Schatten*, und meine Heimat ist nahe bei den Katakomben von Ptolemais und dicht an den nebeligen Ebenen Elysions, die an den trüben Strom Charons grenzen."

Und da fuhren wir, die Sieben, voll Schreck von unseren Sitzen auf und standen schaudernd. Denn die Stimme des Schattens war nicht die Stimme *eines* Wesens, sondern die Stimme *vieler*, und ihr Tonfall, der von Silbe zu Silbe wechselte, schlug düster an unser Ohr mit einem Stimmklang, den wir wohl kannten – mit dem Stimmklang von vielen tausend abgeschiedenen Freunden.

SCHWEIGEN

Die Gipfel der Berge schlummern; Täler, Felsen und
Höhlen schweigen.

Höre mich an – sagte der Dämon und legte seine Hand auf mein Haupt. Das Land, von dem ich spreche, ist ein trauervolles Land in Libyen an den Ufern des Flusses Zaire. Und dort ist nicht Ruhe noch Schweigen.

Die Wasser sind von safrangelber, kranker Farbe; und sie strömen nicht weiter dem Meere zu, sondern bäumen sich ewig unter dem roten Auge der Sonne mit stürmischer, krampfhafter Bewegung empor. An jeder Seite des schlammigen Flußbettes zieht sich viele Meilen weit eine bleiche Wüste gigantischer Wasserlilien hin. Sie seufzen einander durch die Einöde zu – und recken ihre langen gespenstischen Hälse zum Himmel empor und schütteln ihr unvergängliches Haupt. Und es geht ein dumpfes Murmeln von ihnen aus, wie von dem Brausen eines unterirdischen Wassers. Und sie seufzen einander zu.

Aber ihr Reich hat eine Grenze – diese Grenze ist ein hoher, dunkler, schreckenvoller Wald. Das niedrige Unterholz ist, wie die Wellen um die Hebriden, in immerwährender Bewegung. Und doch regt sich kein Hauch am Himmel. Und die ungeheuren Urwaldbäume schwanken ewig hin und her mit machtvollem Brausen. Und aus ihren hohen Wipfeln fällt Tropfen auf Tropfen, ein ewiger Tau. Und um ihre Wurzeln winden sich seltsame, giftige Blumen in unruhigem Schlummer. Und über ihren Häuptern eilen die grauen Wolken mit lautem Rauschen immer westwärts, bis sie als Katarakt über die feurigen Mauern des Horizontes herabstürzen. Und doch regt sich kein Hauch am Himmel. Und an den Ufern des Flusses Zaire ist nicht Ruhe noch Schweigen.

Es war Nacht und der Regen fiel; und da er fiel, war es Regen; aber da er gefallen, war es Blut. Und ich stand im Sumpf unter den hohen Lilien, und der Regen fiel auf mein Haupt, und die Lilien seufzten einander zu in der Feierlichkeit ihrer Verlassenheit.

Und plötzlich ging durch einen dünnen, geisterhaften Nebel der Mond auf und war von karmesinroter Farbe. Und meine Augen fielen auf einen gewaltigen grauen Felsen, der am Ufer des Flusses stand und vom Licht des Mondes beleuchtet wurde. Und der Felsen war grau und düster und hoch – und der Felsen war grau. In seine steinerne Stirne schienen Schriftzüge eingegraben; und ich schritt durch den Sumpf der Wasserlilien und näherte mich dem Felsen, die Inschrift zu lesen. Doch konnte ich sie nicht entziffern. Und ich schritt wieder durch den Sumpf zurück, als der Mond in höherem Rot aufleuchtete; und ich

wandte mich um und blickte wieder zu dem Felsen und den Schriftzügen empor
– und die Schriftzüge bildeten das Wort: *Verlassenheit.*

Und ich blickte aufwärts. Da stand ein Mann auf dem Grat des Felsens;
und ich verbarg mich unter die Wasserlilien, um die Bewegungen des Mannes
zu erspähen. Und der Mann war von hoher, gebietender Gestalt und von den
Schultern bis zu den Füßen in eine altrömische Toga gehüllt. Und die Umrisse
seiner Gestalt waren undeutlich – aber seine Züge waren die Züge einer Gottheit; denn der Schleier der Nacht und des Nebels und des Mondes und des
Taues konnten den Glanz seiner Züge nicht verdecken. Und seine Stirn war
hoch und gedankenvoll, und sein Auge wild und seltsam schmerzerregt, und die
Furchen seiner Wange sprachen von Kummer, von Müdigkeit und Menschen-
haß und großer Sehnsucht nach Einsamkeit.

Und der Mann saß auf dem Felsen und stützte sein Haupt in die Hand und
blickte in die Verlassenheit hinaus. Er blickte hinab in das niedrige, unruhige
Gesträuch und auf die hohen Urwaldbäume; hinauf zu den rauschenden Wolken
und in den karmesinroten Mond. Und ich lag im Schutze der Lilien verborgen
und erspähte die Bewegungen des Mannes. Und er schauderte in der Einsamkeit
... Doch die Nacht schritt vor, und er saß auf dem Felsen.

Und der Mann wandte seine Augen von dem Himmel und blickte nieder
auf den trüben Fluß Zaire und auf die gelben, unheimlichen Wasser und auf die
bleichen Legionen der Wasserlilien. Und der Mann lauschte auf die Seufzer der
Wasserlilien und auf das Murmeln, das von ihnen ausging. Und ich lag in meinem Versteck verborgen und beobachtete seine Bewegungen. Und der Mann
schauderte in der Einsamkeit … Doch die Nacht schritt vor, und er saß auf dem
Felsen.

Dann drang ich in die Tiefen des Sumpfes und watete in die Wildnis der
Lilien hinein und rief die Hippopotami, die in den Tiefen des Sumpfes wohnen.
Und die Hippopotami hörten meinen Ruf und kamen mit den Behemoths bis an
den Fuß des Felsens und brüllten laut und schauerlich unter dem Monde. Und
ich lag noch immer versteckt und beobachtete die Bewegungen des Mannes ...
Doch die Nacht schritt vor, und er saß auf dem Felsen.

Da verfluchte ich die Elemente mit dem Fluche des Aufruhrs; und ein furchtbarer Sturm erhob sich am Himmel, an dem sich vorher kein Hauch geregt. Und
der Himmel erblich vor der Gewalt des Sturmes – und der Regen schlug auf das
Haupt des Mannes – und die Wasser des Flusses traten über die Ufer – und der
Fluß wurde zu Schaum gepeitscht – und die Wasserlilien schrien auf in ihren
Betten – und der Wald zerbröckelte im Sturmwind – und der Donner rollte –
und der Blitz zuckte – und der Felsen erbebte bis in seine Grundfesten. Und
ich lag versteckt und beobachtete die Bewegungen des Mannes. Und der Mann

schauderte in der Einsamkeit ... Doch die Nacht schritt vor, und er saß auf dem Felsen.

Da faßte mich Zorn, und ich verfluchte mit dem Fluche des Schweigens den Fluß und die Lilien und den Wind und den Wald und den Himmel und den Donner und die Seufzer der Wasserlilien. Und der Fluch traf, und sie wurden stumm. Und der Mond hielt inne auf seinem Wege um den Himmel und der Donner starb dahin – und der Blitz zuckte nicht mehr – und die Wolken hingen regungslos – und die Wasser strömten in ihr Bett zurück und blieben darin – und die Bäume hörten auf zu schwanken – und die Wasserlilien seufzten nicht mehr – und kein Murmeln ging mehr von ihnen aus, noch auch der Schatten eines Tones aus dieser ungeheuren, grenzenlosen Wüste. Und ich blickte auf zu den Schriftzügen des Felsens, und sie hatten sich verändert – und sie bildeten das Wort: *Schweigen*.

Und meine Blicke fielen auf das Angesicht des Mannes, und sein Angesicht war bleich vor Entsetzen. Und hastig hob er sein Haupt aus seiner Hand, stand aufrecht auf dem Felsen und lauschte. Aber aus der ungeheuren, grenzenlosen Wüste kam kein Ton, und die Schriftzüge auf dem Felsen waren: *Schweigen*.

Und der Mann schauderte und wandte sein Angesicht ab und floh hinweg, so daß ich ihn nicht mehr sehen konnte.

Es stehen schöne Erzählungen in den Büchern der Magier – in den eisenbeschlagenen, trauervollen Büchern der Magier. Es stehen darin, sage ich, ruhmreiche Geschichten vom Himmel und von der Erde und von dem machtvollen Meer und von den Genien, die das Meer beherrschten und die Erde und den hohen Himmel. Es war auch viel Weisheit in den Worten, die die Sybillen sagten; und heilige, heilige Dinge haben ehemals die dunklen Blätter vernommen, die um Dodona rauschten – aber, so wahr Allah lebt, die Fabel, die mir der Dämon erzählte, als er im Bereich des Grabes an meiner Seite saß, halte ich für die wunderbarste von allen. Und als der Dämon seine Geschichte beendete, stürzte er sich in die Tiefe des Grabes und begann zu lachen. Und ich konnte nicht mit dem Dämon lachen, und er verfluchte mich, weil ich nicht mit ihm lachen konnte. Und der Luchs, der für alle Ewigkeit im Grabe lebt, kam dazu, legte sich zu Füßen des Dämons nieder und blickte ihm unbeweglich ins Auge ...

DIE FEENINSEL

Nullus enim locus sine genio est.
Servius

„*La musique*" – sagt Marmontel in seinen „*Contes Moreaux*", die all unsere Übersetzer beharrlich „Moralische Geschichten" genannt haben, als wollten sie sich
über ihren Inhalt geradezu lustig machen – „*La musique est le seul des talents, qui jou-
isse de lui-même; tous les autres veulent des témoins.*" Und es will mir scheinen, als ver-
wechsele hier der Autor den Genuß, angenehme Töne zu hören, mit der Kraft
sie hervorzubringen. Denn die Musik ist ebensowenig wie jedes andere „*talent*"
imstande, einen reinen Genuß zu gewähren, wenn nicht eine zweite Person ihre
Ausführung würdigt; und die Fähigkeit Wirkungen hervorzubringen, die man
auch in der Einsamkeit voll genießt, hat sie ebenfalls mit den anderen „*talents*"
gemeinsam. Der Grundgedanke, den Marmontel nicht klar genug ausgedrückt
oder dessen letzte Fassung er einer echt französischen Vorliebe für Geistreiche-
lei geopfert hat, ist ohne Zweifel durchaus haltbar; insofern nämlich die höhere
Gattung der Musik am besten von uns gewürdigt werden kann, wenn wir ganz
allein sind. In dieser Form wird die Behauptung allen denen genehm sein, die die
Tonkunst um ihrer selbst, um des geistigen Genusses willen lieben, den die arme
Menschheit haben kann, und vielleicht nur diesen einen, der noch mehr als der
musikalische durch das Gefühl der Einsamkeit erhöht wird.

Ich meine das Glück, das uns die Betrachtung einer Landschaft gewährt.
In Wahrheit, ja! ein Mensch, der die Herrlichkeit Gottes auf Erden von Angesicht zu Angesicht schauen will, muß sie in der Einsamkeit betrachten. Für mich
wenigstens ist jede Gegenwart – nicht nur die menschlichen Lebens, sondern
des Lebens überhaupt, des Lebens in jeder anderen Gestalt als der, welche die
stummen grünenden Wesen haben, die dem Boden entsprießen – ein Mißklang
in der Landschaft, ein friedestörender Feind des besonderen Geistes, der in ihr
wohnt.

Ich liebe es, die dunklen Täler zu betrachten und die grauen Felsen und die
Wasser, die schweigend lächeln, und die Wälder, die in unruhigem Schlummer
seufzen und stöhnen, und die wachsamen Berge, die so stolz herniedersehen.
Ich liebe es, diese Dinge als das zu betrachten, was sie sind: große Glieder eines
ungeheuren, lebendigen und fühlenden Ganzen, das mit den anderen Plane-
ten seinen stillen Weg wandelt und dessen sanfte Dienerin der Mond, dessen
Herrscher die Sonne ist; – dessen Leben Ewigkeit, dessen Gedanke der eines
Gottes, dessen Genuß Erkenntnis ist; dessen Bestimmung sich in Unendlichkeit

verliert; eines Ganzen, das uns Menschen genau so erkennt, wie wir die kleinen und kleinsten Tierchen, die unser Gehirn beunruhigen, und ein Wesen ist, das wir als leblos, als reinen Stoff betrachten, geradeso, wie uns diese Tierchen, die *animalculae,* dafür halten werden.

Unsere Teleskope und mathematischen Berechnungen bestätigen uns in jedem einzelnen Punkt, daß der Raum, und folglich auch das Volumen, in den Augen des Allmächtigen eine wichtige Bedeutung hat. Die Kreise, in denen sich die Sterne bewegen, sind der ganzen Evolution so angepaßt, daß die größtmögliche Zahl Körper ohne Kollision in ihnen ihre Bahn beschreiben kann. Die Form dieser Körper enthält auf der gegebenen Oberfläche die größtmögliche Menge Materie, und die Oberfläche selbst ist so beschaffen, daß sie unter diesen Umständen eine größere Zahl Bewohner aufnehmen kann, als wenn sie auf irgendeine Weise anders geartet wäre. Auch kann man aus der Unendlichkeit des Raumes gar kein Argument gegen den Gedanken herleiten, daß der Stoff in den Augen Gottes Bedeutung habe; es kann ja eine Unendlichkeit der Materie geben, um ihn zu füllen. Da wir nun klar erkennen, daß die Belebung dieser Materie, wenigstens soweit wir urteilen, das leitende Prinzip in dem Wirken der Gottheit ist, wäre es unlogisch, anzunehmen, daß dieses Prinzip sich auf die Regionen des Kleinen, in denen es sich uns täglich offenbart, beschränke, und nicht auch das Erhabene durchdringe. Wie wir bis ins Unendliche Kreise in Kreisen finden, die sich alle um einen unendlich weit entfernten Mittelpunkt, das Haupt der Gottheit, drehen – können wir so nicht, dementsprechend, Leben in Leben vermuten, das geringere in dem höheren und das ganze im Geiste Gottes?! Kurz, wir irren, wenn wir in törichter Selbstüberschätzung glauben, daß der Mensch in seiner zeitlichen oder zukünftigen Entwicklungsform eine größere Wichtigkeit im Weltall habe, als die Ackerkrume, die er bebaut und derer die Seele aus einem sehr wenig tiefen Grunde abspricht: weil er das Gesetz ihres Seins und dessen lebendige Wirkung nicht sieht.

Diese und ähnliche Gedanken gaben meinen Betrachtungen in den Bergen und Wäldern, am Ufer der Flüsse und am Strande des Meeres eine Richtung, welche die alltägliche Welt phantastisch nennen würde. Unzählige Male habe ich forschend einsame Gegenden durchwandert; und die still-rege Beschaulichkeit, mit der ich manches dunkle Tal durchstreifte oder mein Auge über manchen weithin schimmernden See schweifen ließ, wurde noch durch den Gedanken vertieft, daß ich *allein* umherirrte, *allein* betrachtete. Welcher geschwätzige Franzose sagte doch mit einer Anspielung auf das wohlbekannte Werk Zimmermanns: *„La solitude est une belle chose; mais il faut quelqu'un pour vous dire que la solitude est une belle chose!"*? Als Epigramm läßt sich nichts gegen diesen Satz einwenden; aber: *il faut! Diese* Notwendigkeit ist ein Ding, das es nicht gibt.

Auf einer meiner einsamen Wanderungen durch eine ferne, von Bergen umschlossene und von Bergen durchquerte Gegend, an traurig plätschernden Flüssen und düsteren, schlafenden Seen vorüber, kam ich an einen kleinen Bach, der eine Insel umsäumte. Es war im Laubmonat Juni. Ich warf mich auf den Boden, unter die Zweige eines duftenden, unbekannten Gesträuches, um, während ich mir die Landschaft besah, zugleich ein wenig ausruhen zu können.

An allen Seiten, nur nicht im Westen, wo die Sonne sich schon dem Untergange neigte, erhoben sich die grünen Mauern des Waldes. Der kleine Bach, der eine scharfe Biegung machte und sich ganz plötzlich den Blicken entzog, schien keinen Ausweg zu haben und im Osten von dem tiefen Grün der Bäume aufgesogen zu werden; während an der gegenüberliegenden Seite – so schien es mir wenigstens, als ich den Blick nach oben richtete – lautlos ein reicher, purpurgoldener Wasserfall aus den westlichen Lichtquellen des Himmels in das Tal hinniederstürzte.

Etwa, im Mittelpunkte der Landschaft, die mein träumender Blick umschloß, ruhte im Schoße des Baches das kleine, runde, üppig begrünte Eiland,

> Des' Licht und Schatten so getönt,
> Daß in der Luft es schwebend schien –

Und so spiegelhell war das Wasser, daß man nicht erkennen konnte, an welchem Punkte des smaragdenen Abhanges der Insel sein kristallenes Reich begann.

Meine Lage ermöglichte es mir, mit einem Blicke das östliche und westliche Ende des Eilandes zu überschauen; und ich bemerkte sonderbar ausgeprägte Gegensätze.

Der Westen war ein strahlender Harem von Gartenschönheiten. Er glühte und errötete unter den schrägen Strahlen der Sonne, und seine Blumen lächelten zauberhaft. Das Gras war kurz, leicht bewegt und asphodelenübersät. Die Bäume geschmeidig, glänzend, schlank und voll Anmut, ihre Gestalt, ihr Laubwerk morgenländisch, die Rinde weich, leuchtend und farbig. Ein tiefes, belebendes Freudegefühl schien alles zu durchdringen, und obgleich der Himmel kein Lüftchen entsandte, war das Bild durch das weiche Flattern zahlloser Schmetterlinge, die man für beschwingte Blumen hätte halten können, still belebt.

Die östliche Seite der Insel tauchte in tiefsten Schatten. Eine düstere, doch friedvolle Melancholie lag darüber. Die Bäume waren von dunkler Farbe und trauervoller Gestalt und Haltung – sie verflochten sich zu ernsten, feierlichen, geisterhaften Erscheinungen, die an tödlichen Kummer und frühzeitigen Tod zu denken gemahnten. Der Rasen hatte die tiefe Farbe der Zypressen; die Spitzen seiner Halme hingen verschmachtend herab. Hie und da erhoben sich kleine Hügel, niedrig, schmal und nicht lang, die aussahen wie Gräber, aber doch keine waren, obgleich Raute und Rosmarin sie überwucherten. Der Schatten der Bäume fiel schwer auf das Wasser; er schien in ihm zu versinken und den flachen Grund mit seiner Dunkelheit zu erfüllen. Ich bildete mir ein, daß jeder Schatten, der mit der Sonne tiefer und tiefer sank, sich traurig von seinem Stamme losriß und von dem Russe verschlungen wurde, während im Augenblicke andere Schatten aus dem Baume stiegen und die Stelle ihres begrabenen Vorgängers einnahmen.

Kaum hatte sich dieser Gedanke in meiner Vorstellung festgesetzt, da verlor ich mich auch schon in andere Träumereien: „Wenn es jemals eine verzauberte Insel gab", – sagte ich mir – „so ist es diese. Sie wird das Reich der wenigen holden Feen sein, die noch von ihrem Geschlechte übriggeblieben. Ruhen die anderen in jenen Gräbern? Geben auch sie ihren süßen Geist auf, wie die Kinder der Menschen? Oder ist ihr Tod ein trauriges Hinwelken? Geben sie ihr Leben nach und nach in Gottes Hand zurück, wie diese Bäume Schatten nach Schatten entsenden? Ist das Leben der Feen für den unersättlichen Geist des Todes dasselbe, was jene hinblühenden Bäume für das Wasser sind, das ihre Schatten trinkt und dadurch dunkler wird?"

Während ich so mit halbgeschlossenen Augen träumte und die Sonne schneller und schneller ihrem Lager zueilte, indes ein Wirbelwind um die Insel schoß und leuchtende weiße Flocken den Platanen entriß und auf das Wasser verstreute – während ich so träumte, schien es mir, als ob die Gestalt einer jener Feen, an die ich eben gedacht, langsam aus dem Licht am westlichen Ende der Insel in die Dunkelheit entschwebe. Sie stand aufrecht in einem seltsam zerbrechlichen Boote, das sie mit dem Scheinbild eines Ruders bewegte. Während ihre Haltung unter der Wirkung der letzten zögernden Sonnenstrahlen Freude auszudrücken schien, sank Bekümmernis auf sie nieder, da sie in den Schatten gelangte. Langsam glitt sie dahin, umkreiste die Insel und stand dann wieder im verglühenden Lichte. „Der Kreislauf, den die Fee jetzt beschrieben hat", fuhr ich, in meinen Träumen fort, „wird der Ring eines kurzen Jahres ihres Lebens sein. Sie hat ihren Winter und ihren Sommer durchfahren. Sie ist ihrem Tode um ein Jahr näher gekommen, denn ich habe gesehen, daß ihr Schatten, als sie in die Dunkelheit kam, von ihr abfiel, von dem schwarzen Wasser aufgesogen wurde und seine Finsternis noch finsterer machte."

Und wieder erschien das Boot mit der Fee, und in ihrer Haltung lag wieder mehr Sorge und Trauer und weniger lebendige Fröhlichkeit. Sie glitt von neuem aus dem Lichte in die Dunkelheit, die sich von Sekunde zu Sekunde vertiefte, und wieder fiel ihr Schatten von ihr ab in das ebenholzfarbene Wasser und wurde von seinem Schwarz verschlungen. Und immer wieder umkreiste sie die Insel

– während die Sonne sich schon zum Schlummer bettete – und jedesmal, wenn die Fee wieder im Lichte stand, erschien ihre Gestalt schwächer, zerbrechlicher, undeutlicher … und jedesmal, wenn sie in die Dunkelheit steuerte, löste sich ein dunkler Schatten von ihr los, der von noch tieferer Finsternis verschlungen wurde. Und endlich, als die Sonne ganz versunken war, verschwand auch die Fee – die jetzt wohl nur noch ein Schatten ihrer selbst war – mit dem Boote in den Weiten des abenddunklen Flusses.

Ob sie jemals wieder aus ihm hervortauchte, ich kann's nicht sagen, denn tiefste, dichteste Finsternis fiel über alle Dinge, und ich sah ihre zauberhafte Gestalt nicht wieder.

MORELLA

Ein Gefühl tiefer, doch ganz eigentümlicher Zuneigung verband mich mit meiner Freundin Morella. Als ich sie vor vielen Jahren zufällig kennenlernte, lohte meine Seele auf in einer Glut, die ich bis dahin noch nicht empfunden; – doch war es nicht Liebe; und bitter wurde mein Geist von der wachenden Überzeugung gequält, daß es mir nie möglich sein werde, die sonderbare Bedeutsamkeit meiner Empfindungen zu erkennen oder ihre unbestimmte Heftigkeit in natürliche Bahne zu lenken. Doch fanden wir einander, und das Schicksal vereinigte uns vor dem Altare. Nie sprach ich von Leidenschaft, noch dachte ich an ihre heißen Wünsche. Morella aber floh jede Gesellschaft, schloß sich an mich allein an und machte mich glücklich. Denn es ist wohl ein Glück, sich zu verwundern und träumen zu können.

Morellas Gelehrsamkeit schien allumfassend, ihre Talente waren ungewöhnlich, ihre Geisteskräfte fast überentwickelt. Ich empfand dies und wurde in manchem ihr Schüler. Bald bemerkte ich, daß sie mit Vorliebe jene mystischen Schriften vor mir ausbreitete, die man allgemein als den bloßen Schaum der frühen deutschen Literatur betrachtete. Sie waren, aus Gründen, die ich nicht kannte, ihr beständiges und liebstes Studium, und daß sie im Laufe der Zeit auch das meine wurden, muß ich dem einfachen, aber sehr wirksamen Einfluß der Gewohnheit und des Beispiels zuschreiben.

Mit alledem hatte, wenn ich mich nicht irre, mein Verstand wenig zu tun. Meine Überzeugungen waren in keiner Weise auf das Ideale gegründet, und weder in meinen Handlungen noch in meinen Gedanken war – ich müßte mich denn selbst nicht mehr kennen – ein Schatten von dem Mystizismus meiner Lektüre zu entdecken. Vollständig davon überzeugt, überließ ich mich blindlings der Führung meiner Frau und betrat mit ruhigem Herzen das Labyrinth ihrer Studien. Und dann – als ich mich in jene unheilvollen Blätter versenkte und fühlte, wie sich ein Verderben bringender Geist in mir entzündete, pflegte Morella ihre kalte Hand auf die meine zu legen und aus der Asche einer toten Philosophie ein paar düstere, sonderbare Worte aufzustöbern, deren seltsamer Sinn sich meinem Gedächtnis einbrannte. Und dann verträumte ich lange Stunden an ihrer Seite und lauschte auf die Musik ihrer Stimme, bis mir endlich Schrecken aus ihr wiederfronte; – es fiel ein Schatten auf meine Seele, ich wurde bleich und schauerte im Inneren bei diesen unirdischen Tönen. Und so erstarb die Freude bald im Entsetzen, das Schönste wandelte sich zum Gräßlichen, wie einst das Tal Hinnom zur Gehenna wurde.

Es ist unnötig, den genauen Charakter der Probleme zu enthüllen, die aus den Büchern, von denen ich sprach, hervorwuchsen und lange Zeit den einzigen Gesprächsstoff zwischen mir und Morella bildeten. Die Erfahrenen in jener Wissenschaft, die man theologische Moral nennen könnte, werden sie leicht begreifen, und die Ungelehrten würden im besten Falle nur sehr wenig davon verstehen. Der seltsame Pantheismus Fichtes, die gemäßigte Lehre der Pythagoreer von der Wiedergeburt, und vor allem Schellings Identitätsdoktrinen waren *die* Punkte im Gespräch, die den größten Reiz auf die phantasiereiche Morella ausübten. Diese sogenannte persönliche Identität definiert Locke, glaube ich, als in der ununterbrochenen Dauer eines vernunftbegabten Wesens bestehend. Und da wir unter „Person" ein denkendes vernunftbegabtes Wesen verstehen, und da jedes Denken von einem Bewußtsein begleitet ist, so ist es dies – das Bewußtsein –, was uns von den übrigen denkenden Wesen unterscheidet und uns unsere persönliche Identität verleiht. Doch das principium individuationis, der Begriff dieser Identität, die mit dem Tode auf immer verlorengeht oder *nicht* verlorengeht, war für mich jederzeit ein Problem von tiefstem Interesse; und zwar ebensosehr wegen der eventuellen aufregenden und verwirrenden Konsequenzen wie auch wegen der besonderen, erregten Art und Weise, mit der Morella es behandelte.

Doch war jetzt die Zeit gekommen, in der mich das Geheimnis der Natur meiner Frau wie ein unenträtselbarer Zauber quälte. Ich konnte den Druck ihrer bleichen Finger, den tiefen Klang ihrer musikalischen Stimme, den Glanz ihrer melancholischen Augen nicht mehr ertragen. Sie wußte das alles, doch machte sie mir nie einen Vorwurf, sie schien meine Schwäche oder meine Torheit zu bemerken und nannte es lächelnd – „Schicksal". Sie schien auch um die mir unbekannte Ursache der langsamen Entfremdung meinerseits zu wissen, doch gab sie mir niemals eine Erklärung oder machte eine Anspielung auf die Natur dieser Ursache. Aber sie war nur ein Weib und welkte von Tag zu Tage dahin. Nach einiger Zeit erschienen und blieben zwei purpurne Flecken auf ihren Wangen, und die blauen Adern traten auf der weißen Stirn hervor. Mein ganzes Wesen schmolz manchmal in Mitleid, aber einen Augenblick später traf mich ein Blick aus ihren bedeutsamen Augen, und meine Seele wurde krank und von Schwindel ergriffen, wie jemand, der in einen finsteren, unergründlichen Abgrund blickt.

Muß ich gestehen, daß ich oft mit heftigem, verzehrendem Verlangen den Augenblick von Morellas Tode herbeisehnte? Ich tat es; doch ihr Geist klammerte sich noch manchen Tag, manche Woche, manchen lästigen Monat an seine staubgeborene Hülle, bis meine gequälten Nerven den Sieg über meine Vernunft davontrugen. Ich wurde wütend über die Verzögerung und verfluchte die Tage, die Stunden und die Minuten, die sich im gleichen Maße zu verlängern schienen, in dem ihr edles Leben sich neigte, wie die Schatten in der Todesstunde des Tages.

Aber eines Herbstabends, als alle Winde am Firmament schliefen, rief mich Morella an ihr Lager. Ein trüber Nebel lag über der ganzen Erde und ein warmes Glühen über den Wassern, und ein Regenbogen schien vom Himmel mitten in das reiche Oktoberlaub des Waldes gefallen.

„Dies ist der Tag der Tage", sagte sie zu mir, als ich näher kam, „der schönste Tag zum Leben oder zum Sterben. Es ist ein schöner Tag für die Söhne der Erde und des Lebens – ach, ein schönerer Tag für die Töchter des Himmels und des Todes."

Ich küßte sie auf die Stirn, und sie fuhr fort „Ich sterbe, doch werde ich leben."

„Morella!"

„Nie sind die Tage gewesen, an denen Du mich lieben konntest – doch die Du im Leben verabscheutest, wirst Du im Tode anbeten."

„Morella!"

„Ich wiederhole es –, ich sterbe. Doch in mir ist ein Unterpfand der Neigung – ach, welch geringer –, die Du mir entgegenbrachtest. Und wenn mein Geist mich verläßt, wird das Kind leben, Dein Kind und meines! Aber Deine Tage werden Tage des Kummers sein –, des Kummers, der von dauerndstem Eindruck ist, wie die Zypresse der langlebigste der Bäume. Die Stunden Deines Glückes sind vorüber, und die Freude erblüht nicht zweimal im Leben, wie die Rosen von Paestum zweimal im Jahre. Myrte und Rebe wirst Du nicht kennen, sondern Dein Leichentuch mit Dir über die Erde tragen, gleich den Muselmännern Mekkas."

„Morella!", schrie ich auf, „Morella, wie weißt Du das?", Doch sie barg ihr Gesicht in die Kissen, ein leichtes Zittern lief über ihre Glieder, sie starb, und nie mehr hörte ich ihre Stimme.

Wie sie es vorher gesagt hatte, blieb ihr Kind, das sie sterbend geboren und das erst atmete, als die Mutter zu atmen aufgehört – blieb ihre Tochter am Leben. Sie nahm sonderbar an Gestalt und Wissen zu und wurde das vollkommene Ebenbild der Abgeschiedenen. Ich liebte sie mit heißerer Liebe, als ich sie je zu einem Menschen empfunden hatte.

Doch bald verdunkelte sich der Himmel dieser reinen Zuneigung, und Schreck und Kummer zogen wie Wolken über ihn hin. Ich sagte schon, das Kind nahm seltsam an Gestalt und Weisheit zu. Seltsam in der Tat war ihr schnelles körperliches Wachstum, und schrecklich, ja schrecklich waren die Gedanken, die sich tobend auf mich stürzten, wenn ich die Entwicklung ihres geistigen Seins betrachtete. Hätte es auch anders sein können, da ich täglich in den Gedanken des Kindes die ausgereifte Kraft und die Anschauungen des Weibes entdeckte, wenn die Lehren der Erfahrung von den Lippen der Kindheit träuften? Wenn ich stündlich die Weisheit und die Leidenschaften der Reife aus diesen dunklen, nachdenklichen Augen schimmern sah? Als dies alles meinen erschrockenen Sinnen offenbar wurde, als ich es meiner Seele nicht länger verbergen konnte, ist es da zu verwundern, daß ein Argwohn schrecklicher, quälender Art in mein Hirn kroch, und daß meine Gedanken sich entsetzt der seltsamen Erzählungen und scharfsinnigen Theorien der verstorbenen Morella erinnerten? Ich entriß das Wesen, das mir das Schicksal zu lieben gebot, der Neugier der Welt und wachte in der strengen Abgeschlossenheit meines Heims mit tödlicher Angst über alles, was den Gegenstand meiner Liebe betraf.

Und wie die Jahre flohen, und ich Tag für Tag ihr heiliges, mildes, beredtes Antlitz betrachtete und ihre reiferen Formen beobachtete, entdeckte ich immer neue Ähnlichkeiten zwischen dem Kinde und der Mutter, dem Melancholischen und der Toten. Und stündlich verdichteten sich die Schatten dieser Ähnlichkeit, wurden tiefer, bestimmter, beängstigender. Daß ihr Lächeln an das Lächeln der Mutter gemahnte, konnte ich ertragen, doch schauderte ich vor einer so *vollkommenen* Ähnlichkeit; daß ihre Augen denen Morellas glichen, nahm ich hin, doch oft blickten sie in die Tiefen meiner Seele mit Morellas eigenem, durchdringendem, verwirrendem Ausdruck. Und im Umriß der hohen Stirn, in den seidenen Locken ihres Haares, in den bleichen Fingern, die sich in ihm vergruben, in dem ernsten, musikalischen Tonfall ihrer Stimme und vor allem, ja, vor allem in den Wortwendungen und Ausdrücken der Toten auf den Lippen der Geliebten und Lebenden fand ich Nahrung für meine verzehrenden Gedanken und mein Entsetzen –, für den Wurm, der nicht sterben wollte.

So vergingen die ersten zehn Jahre ihres Lebens, und noch wandelte meine Tochter namenlos über die Erde. „Mein Kind", „mein Liebling" waren die Namen, die meine väterliche Zuneigung ihr verlieh, und das plötzliche Ende ihrer Tage machte jeden anderen unnötig. Morellas Name war mit ihr gestorben. Der Tochter hatte ich nie von der Mutter gesprochen –, es war mir unmöglich gewesen. Sie hatte auch während ihres kurzen Lebens keine Eindrücke von der äußeren Welt bekommen, ausgenommen die wenigen, die ihr unsere gänzliche Zurückgezogenheit verschaffen konnte. Doch nach und nach glaubte mein nervöser, erregter Geist, in der Taufe vielleicht eine Befreiung von den Schrecken meines Schicksals zu finden. Am Taufbecken zögerte ich, einen Namen anzugeben. Eine Menge Bezeichnungen voll Weisheit und Schönheit, Namen aus alter und neuer Zeit, aus meinem Heimatland und aus der Fremde drängten sich auf meine Lippen, Benennungen für Liebliches, Glückliches, Gutes.

Was stachelte mich denn an, das Andenken an die begrabene Tote wieder wachzurufen? Welcher Dämon zwang mich, jenen Namen zu flüstern, bei dessen bloßer Erinnerung mein Blut in Strömen aus den Schläfen in das Herz schoß? Welcher böse Geist sprach aus den Abgründen meiner Seele, als ich in dem dunklen Gewölbe und im Schweigen der Nacht in das Ohr des heiligen Mannes die Silben flüsterte –: „Morella!"? Welches dämonische Wesen krampfte die Züge meines Kindes zusammen, übergoß sie mit Todesfarbe, als sie bei dem kaum vernehmbaren Namen erzitternd ihre verglasenden Auge vom Boden zum Himmel erhob und auf die schwarzen Steinplatten unseres Familiengrabes auf die Knie sank und mir antwortete: „Hier bin ich!"?

Klar, kalt, mit ruhiger Deutlichkeit fielen diese einfachen Worte in mein Ohr und drangen von da, wie geschmolzenes Blei, zischend in mein Gehirn. Jahre, Jahre können vergehen, die Erinnerung an diesen Augenblick niemals! Ach! Blumen und Weinrebe waren mir nicht unbekannt, doch Schierling und Zypresse überschatteten mich Tag und Nacht. Ich verlor jedes Bewußtsein für Zeit und Ort, und die Sterne meines Schicksals verblichen am Himmel, und die Erde wurde finster, und ihre Gestalten, wanderten wie Schatten an mir vorüber, und unter allen sah ich nur –Morella! Die Winde des Himmels flüsterten nur einen Ton in mein Ohr, und die Wellen des Meeres murmelten unaufhörlich –: Morella. Doch sie starb; und mit meinen eigenen Händen trug ich sie zum Grabe und lachte ein langes, bitteres Lachen, als ich in der Gruft, in die ich die zweite bettete, keine Spuren entdeckte von der ersten – Morella.

Ich stamme aus einem Geschlecht, das durch kraftvolle Phantasie und heiße Leidenschaftlichkeit ausgezeichnet ist. Die Menschen haben mich einen Wahnsinnigen genannt; aber es ist noch die Frage, ob der Wahnsinn nicht die höchste Stufe der Geistigkeit bedeutet, ob nicht vieles Glorreiche und alles Tiefe seinen Ursprung in einer Krankhaftigkeit des Gedankens, in dem besonderen Wesen des Zustandes hat, der auf Kosten des allgemeinen Verstandes aufs äußerste, und zwar einseitig, erregt ist. Die Menschen, die am hellen Tage träumen, lernen Dinge kennen, die denen entgehen müssen, die nur nachts träumen. Durch den grauen Nebel ihrer Visionen dringen die ersten Lichtschimmer der Ewigkeit zu ihnen, und halb erwachend fühlen sie mit Schaudern, daß sie einen Augenblick lang an das große Geheimnis gerührt haben. Ruckweise erfassen sie einiges von der Weisheit, die gut, und vieles von der Erkenntnis, die böse ist. Sie dringen ohne Ruder und Kompaß auf dem ungeheuren Ozean des „unaussprechlichen Lichtes" vor, und wieder, wie in den Abenteuern des nubischen Geographen, *„agressi sunt mare tenebrarum, quid in eo esset exploraturi"*.

Bleiben wir also dabei: ich bin wahnsinnig. Dennoch erkenne ich deutlich zwei unterscheidbare Zustände meines geistigen Seins: den Zustand vollständig klaren, nicht anzuzweifelnden Verstandes, der sich auf die Erinnerung aller Ereignisse erstreckt, welche die erste Epoche meines Lebens bildeten – und den umdunkelten Zustand voller Zweifel, in den meine Seele jetzt versunken ist und der alle Erinnerungen an Begebenheiten aus der zweiten großen Epoche meines Lebens betrifft. Glauben Sie also alles, was ich Ihnen von der ersten Periode erzähle, und von der zweiten nur das, was Ihnen glaubwürdig erscheint. Oder zweifeln Sie nur alles an; sollten Sie dies aber nicht können, so spielen Sie wenigstens den Ödipus vor dem Rätsel der Sphinx meiner Seele.

Sie, die ich in meiner Jugend liebte und der zum Andenken ich dies hier niederschreibe–, war die einzige Tochter der einzigen Schwester meiner langverstorbenen Mutter und hieß Eleonora. Im *Tale des Vielfarbigen Grases*, unter tropischer Sonne, hatten wir immer zusammen gewohnt. Niemals betrat ein Fremder das Tal, denn es lag verborgen zwischen einer Kette gigantischer Berge, die von allen Seiten in seinen Frieden hineinhingen und seine köstlichen Schlupfwinkel vor dem Sonnenbrand beschützten. Kein begangener oder gangbarer Pfad führte hinein;

144

um von außen in unser glückliches Heim zu gelangen, hätte man das Geäst von vielen tausend Waldbäumen durchbrechen und die Schönheit unzähliger duftiger Blumen dem Tode weihen müssen. So lebten wir also ganz allein und kannten nichts von der Welt außerhalb des Tales – ich, meine Cousine und ihre Mutter.

Aus den nebelhaften Regionen der höchsten Bergspitzen, die unser Reich so wohl verschlossen, wand sich ein schmaler, tiefer Fluß hervor, der glänzender schien, als alles um uns her –, es sei denn, man hätte in Eleonorens Augen gesehen. Er schlängelte sich in zahlreichen Krümmungen durch das Tal und entschlüpfte dann in eine finstere Bergschlucht, in Felsenspalten, die in noch dichterem Nebel lagen als die, aus denen er hervorgetreten. Wir nannten ihn den „Fluß des Schweigens", denn eine große Beruhigung schien von seinen Fluten auszugehen. Kein Murmeln stieg aus seinen Wellen hervor, er glitt so sanft dahin, daß sie perlgleichen Sandkörner tief unten in seinem Schoße, die wir so gern betrachteten, sich nicht bewegten, sondern in ruhevollem Glücke an ihrem Platze liegen blieben und in immerwährendem Glanze erstrahlten.

Das Ufer des Flusses und der vielen schimmernden Bäche, die auf verschlungenen Wegen seinem Bette zuströmten, der ganze Raum vom Ufer bis zum Kieselsteingrunde in der klaren Tiefe, ja, die ganze Oberfläche des Tales vom Flusse bis an die Bergwände war mit zartgrünem, dichtem, gleichmäßigem Rasen bedeckt, der vanillesüß duftete und mit gelben Ranunkeln, weißen Gänseblümchen, purpurnen Veilchen und rubinroten Asphodelen übersät war, so daß seine wunderbare Schönheit in unseren Herzen ein Loblied auf die Liebe und Herrlichkeit Gottes anstimmte. Und hie und da, Traumseltsamkeiten gleich, erhoben sich auf dem Rasen phantastische Bäume, deren schlanke Stämme nicht aufrecht standen, sondern sich dem Lichte zuwandten, das zur Mittagszeit in die Mitte des Tales fiel. Ihre ebenholzfarbene Rinde war silbergesprenkelt und weicher als alles – es sei denn, man hätte Eleonores Wangen gefühlt. Ohne die glänzenden, grünen, riesigen Blätter, die in zitternden Linien von ihrem Gipfel herabhingen und mit dem Zephyr spielten, hätte man sie für ungeheure syrische Schlangen gehalten, die der Sonne, ihrer Herrscherin, Huldigungen darbrachten.

Eleonora und ich streiften fünfzehn Jahre lang Hand in Hand in dem Tale umher, ehe die Liebe in unsere Herzen einzog. Eines Abends gegen Ende des dritten Lustrums ihres Lebens und im vierten des meinigen, saßen wir innig umschlungen unter den Schlangenbäumen und betrachteten unser Bildnis, das der „Fluß des Schweigens" widerspiegelte. Wir sprachen an diesem köstlichen Abende kein Wort, und auch am folgenden Morgen war unsere Rede noch zitternd und zögernd. Gott Eros war aus den Wellen zu uns heraufgestiegen, und wir fühlten, daß er die feurige Seele unserer Vorväter in uns entzündet hatte. Die Leidenschaftlichkeit und die blühende Kraft der Phantasie, die jahrhundertelang

unser Geschlecht ausgezeichnet, kam über uns und hauchte ein Übermaß von
Seligkeit durch das *Tal des Vielfarbigen Grases*. Alle Dinge veränderten sich. Seltsame, leuchtende, sterngestaltete Blumen brachen an Bäumen auf, an denen wir
bis dahin nie Blüten bemerkt hatten. Die Tinten des grünen Teppichs vertieften
sich, die weißen Gänseblümchen verschwanden, eins nach dem anderen, und an
der Stelle eines jeden schossen je zehn rubinrote Asphodelen auf. Und Leben
erhob sich auf unseren stillen Pfaden, denn der große Flamingo, den wir bis
dahin noch nie gesehen, und zahllose muntere, leuchtend beschwingte Vögel
entfalteten ihr strahlendes Gefieder. Gold- und Silberfische durchschossen den
Fluß, aus dessen Schoß nach und nach ein Flüstern heraufklang, das zu einer
sanften, wiegenden Melodie anschwoll, die himmlischer tönte, als der Gesang
der Äolsharfe, süßer als alles –, es sei denn, man hätte Eleonorens Stimme
gehört. Es kam auch eine ungeheure Wolke heran, die wir schon lange in Hesperus Gebiet beobachtet hatten. Es rieselte in ihr von goldenem und purpurnem
Lichte – gerade über uns blieb sie stehen und senkte sich Tag für Tag tiefer, bis
sie auf den Spitzen der Berge ruhte, ihre Düsterkeit in Glanz verwandelte und
uns unten im *Tale des Vielfarbigen Grases* wie in einem Schloß voll zauberhafter
Herrlichkeit gefangen hielt.

Eleonorens Schönheit war die der Seraphim; doch war sie einfach und natürlich und unschuldig, wie das kurze Leben, das sie unter den Blumen unseres
Tales geführt. Keine Künstlichkeit verbarg die Glut der Liebe, die ihr Herz empfand – dieses Herz, dessen geheimste Verborgenheiten sie mir enthüllte, wenn
wir zusammen umherstreiften und über die machtvollen Veränderungen sprachen, die sich in so kurzer Zeit in unserem Tale vollzogen hatten.

Eines Tages, als wir von jener *letzten* traurigen Veränderung gesprochen, die
alle Menschen erdulden müssen, ließ sie von diesem schmerzvollen Thema nicht
mehr ab und wußte es in jede Wendung unseres Gesprächs zu bringen ... Sie
fühlte wohl, daß der Finger des Todes ihre Brust berührt hatte –, gleich dem
Leben der Eintagsfliege hatte sich ihre Schönheit nur entfaltet, um zu sterben;
doch alle Schrecken des Todes waren für sie in dem einen Gedanken enthalten,
von dem sie mir eines Abends im Zwielicht an den Ufern des schweigsamen
Flusses gesprochen. Es bereitete ihr Kummer, zu denken, daß ich, wenn ich sie
im *Tale des Vielfarbigen Grases* begraben, diese selige Stätte auf immer verlassen
und die leidenschaftliche Liebe, die jetzt ihr galt, einer Tochter der äußeren, alltäglichen Welt schenken werde. Doch ich warf mich ihr zu Füßen und schwor
ihr und dem Himmel einen Eid, daß ich niemals ein Kind der Welt zur Ehe
nehmen wolle, daß ich niemals ihrem Andenken und der Erinnerung an die
heiße Liebe, mit der sie mich beseligt, abtrünnig werden würde. Ich rief den
allmächtigen Herrscher der Welt zum Zeugen der frommen Feierlichkeit meines

Gelübdes an. Und der Fluch, den ich von ihm und von ihr – der Heiligen im Paradiese – auf mich herabrief, sollte ich mein Gelöbnis brechen, schloß eine so schauerliche Strafe in sich, daß ich ihn nicht niederzuschreiben vermag. Bei meinen Worten erglänzten Eleonorens Augen in höherem Licht; sie seufzte auf, als sei ihr eine tödliche Last vom Herzen genommen, sie zitterte und weinte bitterlich, doch nahm sie meinen Eid entgegen ... Sie war ja noch ein Kind ... und ich weiß: dieser Eid hat ihr das Sterben leichter gemacht.

Wenige Tage später, als sich der Tod ihrem Lager schon näherte, sagte sie mir, daß sie zum Dank für das, was ich für die Ruhe ihrer Seele getan, mit dieser selben Seele nach dem Tode über mich wachen werde. Sie wolle wiederkommen und mir des Nachts sichtbar erscheinen. Doch wenn dies über die Macht der Seelen im Paradiese hinausginge, so wolle sie mir wenigstens Andeutungen ihrer Gegenwart geben. Sie werde mit dem Abendwinde um mich seufzen und die Luft, die mich umwehe, mit dem Dufte der himmlischen Weihrauchschalen erfüllen. Mit solchen Worten auf den kindlich unschuldigen Lippen verschied sie.

Bis hierher habe ich wahrheitsgetreu erzählt. Aber da ich die Grenzlinie, die der Tod meiner Geliebten auf meinem Lebenspfade gezogen, überschreite und zur zweiten Periode meines Daseins komme, fühle ich, daß eine Wolke mein Gehirn umschattet, und daß ich selbst nicht mehr an die vollständige Gesundheit meines Gedächtnisses zu glauben vermag. Doch ich will fortfahren.

Jahre schleppten sich langsam vorüber, und ich wohnte noch immer *im Tale des Vielfarbigen Grases.*

Aber eine zweite Veränderung war vor sich gegangen. Die sterngestalteten Blüten hatten sich in die Rinde der Bäume zurückgezogen und kamen niemals mehr hervor. Die Tinten des grünen Teppichs verblaßten, die rubinroten Asphodelen verwelkten eine nach der anderen, und an der Stelle einer jeder erblühten zehn dunkle Veilchen, die wie weinende Augen im Tau erglänzten. Das Leben verschwand von unseren Pfaden, denn niemals mehr breitete der große Flamingo sein Scharlachgefieder vor uns aus, traurig zog er sich aus dem Tale in die Berge zurück und all die munteren Vögel mit ihm. Die Silber- und Goldfische flohen in die Schlucht an der Grenze unseres Reiches und schimmerten nie wieder durch die schönen Wasser des Flusses. Und seine zärtliche Musik, die süßer gewesen als die der Äolsharfen, als alles, ausgenommen Eleonorens Stimme, erstarb nach und nach in Murmeln, bis auch dieses ganz verstummte, und der Fluß wieder mit der Feierlichkeit seines ursprünglichen Schweigens dahinrollte. Endlich erhob sich auch die große Wolke und gab die Firsten der Berge ihrer alten Finsternis zurück. Sie glitt wieder in Regionen des Hesperus und raubte dem *Tale des Vielfarbigen Grases* seinen purpurgoldenen Glanz.

Doch Eleonora hatte ihr Versprechen nicht vergessen. Ich hörte, wie Engel um mich her Weihrauchschalen schwangen und fühlte Ströme heiligen Duftes das Tal durchfluten; und in einsamen Stunden, wenn mein Herz laut schlug, trugen die Winde, die meine Stirne badeten, weiche Seufzer zu mir her. Leises Flüstern erfüllte oft nachts die Luft ... und einmal – ach, nur einmal – erwachte ich aus meinem Schlummer, der tief gewesen wie ein Todesschlaf, weil zwei unirdische Lippen die meinen berührt hatten ... Aber dies alles konnte die Leere meines Herzens nicht füllen. Es verlangte wieder nach der Liebe, von der es vorher so übervoll gewesen. Im Laufe der Zeit quälte mich der Aufenthalt im Tale, in dem mich alles an Eleonora erinnerte, und ich vertauschte es für immer gegen die Eitelkeiten und friedelosen Freuden der Welt.

Ich fand mich in einer fremden Stadt, in der alle Dinge wie geschaffen waren, mich die Träume, die ich so lange im *Tale des Vielfarbigen Grases* geträumt, vergessen zu machen. Der Pomp und das üppige Wesen eines reichen Hofes, berauschendes Waffengetön, die strahlende Schönheit der Frauen – all dies blendete mich und machte meinen Geist trunken. Doch war meine Seele bis jetzt ihrem Gelübde treu geblieben, und immer noch gab mir Eleonora in den stillen Stunden der Nacht Anzeichen ihrer Gegenwart. Plötzlich hörten diese Zeichen auf, die Welt wurde schwarz vor meinen Augen, und ich stand erschrocken – erschrocken über die glühenden Gedanken, die in mir erwachten, über die Gewalt der schrecklichen Versuchung, die mich anfiel. Aus einem fernen, fernen, unbekannten Lande kam ein Mädchen an den Hof des Königs, dem ich diente. Ihrer Schönheit ergab sich mein abtrünniges Herz im ersten Augenblicke, da ich sie sah ... Ohne Widerstand warf ich mich in heißer, abgöttischer Liebe vor dem Schemel ihrer Füße nieder. Was waren meine Gefühle zu dem jungen Mädchen, das im *Tale des Vielfarbigen Grases* begraben lag, im Vergleiche zu der Glut, dem Übermaß und Überschwang der wilden, ganz selbstvergessenen Anbetung, mit der ich meine Seele vor dieser anderen ausströmte! O herrlich, herrlich war Ermengard! Sie, an der ich jetzt mit jedem meiner Gedanken hing! Und wenn ich in die Tiefen ihrer heißen, seltsamen Augen blickte, war Eleonora vergessen.

Ich vermählte mich mit Ermengard und fürchtete den Fluch nicht, den ich auf mich herabrief.

Da! ... einmal wieder, im Schweigen der Nacht, kamen die leisen Seufzer, die ich so lange nicht mehr vernommen, mit dem Winde durch mein Fenster und klangen zusammen zu einer vertrauten, süßen Stimme, die also sprach: „Schlafe in Frieden! Der Geist der Liebe herrscht! Und wenn du Ermengard an dein wildes Herz drückst, bist du aus Gründen, die dir im Himmel offenbar werden sollen, von deinem Gelübde an Eleonora entbunden." ... .

LIGEIA

... Und der Wille liegt darin, der nicht stirbt. Wer kennt die Geheimnisse des Willens und seine Macht? Denn Gott ist nur ein großer Wille, der alle Dinge mit der ihm eigenen Kraft durchdringt. Lediglich aus Willensschwäche überliefert sich der Mensch dem Tode.

Joseph Glanvill

Ich kann mich, bei meiner Seele, nicht mehr erinnern, wie, wann, noch wo ich die Lady Ligeia kennenlernte. Lange Jahre sind seit der Zeit verflossen, und bittere Leiden haben mein Gedächtnis geschwächt. Vielleicht kann ich mich auch bloß *jetzt* nicht mehr daran erinnern, da der Charakter meiner Geliebten, ihre seltsamen Kenntnisse, die Art ihrer so eigentümlichen, sanften Schönheit, und die scharfsinnige und sieghafte Beredsamkeit ihrer tiefen, musikalischen Stimme sich mit so gleichmäßigen, friedlichen, beständigen Schritten den Weg zu meinem Herzen gebahnt haben, daß ich nicht darauf achtete und daß es mir nie zum Bewußtsein kam.

Doch kommt es mir vor, als habe ich sie zum erstenmal und noch viele Male nachher in einer großen, alten, verfallenen Stadt am Ufer des Rheins gesehen. Ich glaube auch bestimmt, daß sie mir von ihrer Familie erzählt hat, und zweifle nicht, daß dieselbe außerordentlich alten Ursprungs war. – Ligeia! Ligeia! – In Studien vergraben, deren Natur mehr als alles andere geeignet ist, die Eindrücke der äußeren Welt abzuschwächen, genügt mir dies eine süße Wort: Ligeia! um das Bild der Abgeschiedenen vor meinen Augen wiedererstehen zu lassen. Und jetzt, während ich schreibe, durchfährt mich plötzlich wie ein Blitz die Gewißheit, daß ich ihren Familiennamen überhaupt nie gewußt habe – den Namen der Teuern, die mir Freundin und Braut war, die mein Studiengenosse und endlich die Gattin meines Herzens wurde. War es auf irgendeinen liebestörichten Wunsch meiner Ligeia geschehen – war es ein Beweis der Kraft meiner Zuneigung, daß ich mir niemals Auskunft über diesen Punkt verschaffte? Oder war es vielleicht eine Laune meinerseits – ein bizarres, romantisches Opfer auf dem Altare meiner leidenschaftlichen Anbetung? Ich kann mich nur sehr dunkel auf die Tatsache selbst besinnen – ist es also erstaunlich, daß ich die Umstände, die sie hervorriefen und begleiteten, vollständig vergessen habe? Und in der Tat, wenn jemals der Geist der Seltsamkeit, wenn jemals die bleiche Ashtophet des götzendienerischen Ägypten mit ihren finsteren Schwingen unheilverkündend bei einer Hochzeit zugegen war, so war sie es bei der meinigen.

Doch – was Ligeia selbst, was ihr Äußeres anbetrifft, da ist mir mein Gedächtnis vollkommen treu geblieben: Sie war hochgewachsen, schlank, ja, in ihren letzten Tagen sogar sehr abgemagert. Es wäre vergebliche Mühe, wollte ich die Majestät, die ruhige Gelassenheit ihrer Haltung, die unbegreifliche Leichtigkeit und Elastizität ihres Ganges beschreiben. Sie kam und ging wie ein Schatten. Ich bemerkte niemals, daß sie in mein Arbeitszimmer getreten, wenn ich nicht die geliebte Musik ihrer sanften, tiefen Stimme vernahm oder ihre marmorweiße Hand auf meiner Schulter fühlte. Die Schönheit ihres Antlitzes ließ sich mit nichts auf Erden vergleichen. Sie war wie die Blüte eines Opiumtraumes, wie eine unirdische, geisterhaft schöne, verzückte Vision, seltsamer und himmlischer wie die Traumgebilde, die durch die schlummernden Seelen der Mädchen von Delos ziehen. Doch waren ihre Züge nicht von jener Regelmäßigkeit, die man uns in den Schöpfungen des Heidentums falscherweise zu bewundern gelehrt hat. „Es gibt keine erlesene Schönheit", sagt Lord Verulam einmal, als er von allen Formen und Arten der Schönheit spricht, „ohne eine gewisse Seltsamkeit in der Proportion". Jedoch trotzdem ich sah, daß die Züge Ligeias nicht von klassischer Regelmäßigkeit waren, trotzdem ich fühlte, daß ihre Schönheit erlesen und von jener *Seltsamkeit* vollständig durchdrungen schien, bemühte ich mich vergebens, diese Unregelmäßigkeit zu entdecken und den Sitz jenes Seltsamen zu ergründen. Ich studierte die Umrisse ihrer hohen, bleichen Stirn, – sie war tadellos! Wie kalt klingt das Wort auf soviel göttliche Majestät angewandt! – ihre Hautfarbe, die mit dem einsten Elfenbein wetteiferte – die imposante Breite, die Ruhe ihrer Schläfen, die graziösen Hügel über denselben, und dann jene rabenschwarze, schimmernde, üppige Fülle natürlich gelockten Haares, auf welches das Homerische Wort „hyazinthenfarbenes Haar" eigens geprägt schien. Ich betrachtete die zarten Linien der Nase und entsann mich nicht, irgendwo, außer vielleicht in den Angesichtern auf alten hebräischen Medaillons, eine ähnliche Vollkommenheit gefunden zu haben. Sie hatte diese weiche, köstliche Oberfläche, diese gleiche, kaum noch wahrnehmbare Neigung zu einer kleinen Biegung, dieselben harmonisch gerundeten Nasenflügel, die auf einen freien Geist hindeuten. Ich betrachtete ihren Mund, der ein Triumpf aller himmlischen Dinge zu sein schien, den glorreichen Bogen der kurzen Oberlippe, die sanfte, üppige Ruhe der Unterlippe, die Grübchen, die spielten, und die Farbe, die sprach, die Zähne, die mit blendendem Glanze jeden Strahl des gesegneten Lichtes zurückwarfen, das ihr ruhiges, heiteres und zugleich blendendes, triumphierendes Lächeln auf sie legte. Ich erforschte die Form ihres Kinnes – und fand auch da Grazie in seiner Breite, Sanftheit in seiner Majestät, Fülle und griechische Geistigkeit – jene Linie, die der Gott Apollo nur im Traume dem Cleomenes, dem Sohne des Cleomenes aus Athen, zeigte; und dann forschte ich in Ligeias großen Augen.

Für Augen finden wir in dem fernen Altertum kein Vorbild. Vielleicht barg Ligeias Schönheit gerade in ihnen jenen geheimen Reiz der Seltsamkeit, von der

Lord Verulam spricht. Sie waren, glaube ich, größer als gewöhnlich die Augen
der Menschen sind; und schöner geschnitten als die schönen Augen der Gazel-
len aus dem Tale Nourjahad. Aber nur hin und wieder, in den Momenten äußerster Erregung, wurde dies Besondere in ihnen deutlich wahrnehmbar. In diesem
Augenblick war Ligeias Schönheit – oder schien wenigstens meinen entflamm-
ten Blicken so – ganz unirdisch, wie die der erträumten Houris der Türken. Ihre
Pupillen waren von strahlendstem Schwarz, von ebenholzfarbenen Wimpern
tief überschattet, und die Brauen von leicht unregelmäßiger Zeichnung hatten
die gleiche Farbe. Doch war das Seltsame, das ich in den Augen fand, unabhängig von ihrer Form, ihrer Farbe und ihrem Glanze – ich konnte es nur dem
Ausdruck zuschreiben. Ach! ein Wort ohne Sinn! Eine große Leere, in die sich
all unsere Unwissenheit auf dem Gebiete des Seelischen rettet. Der Ausdruck
der Augen Ligeias! – Wie lange Stunden habe ich über ihn nachgegrübelt? Wie
manche lange Sommernacht hindurch mich bemüht, ihn zu ergründen? Was
war es, dies unbestimmte Etwas, das, tiefer als in den Brunnen des Demokritos,
auf dem Grunde der Augen meiner Geliebten verborgen lag? Was war es? Ich
war wie besessen von dem leidenschaftlichen Wunsche, es zu enträtseln. Diese
Augen! Diese großen, strahlenden, himmlischen Pupillen! Sie wurden für mich
das Zwillingsgestirn der Leda, und ich war ihr eifrigster Sterndeuter.

Unter den zahlreichen und unverständlichen Anomalien in der Wissenschaft
der Psychologie gibt es wohl keinen Punkt, der uns mehr beschäftigen und erregen könnte als die Tatsache, daß wir, wenn wir uns auf etwas lang Vergessenes
besinnen wollen, oft bis dicht an die Ufer der Erinnerung kommen, ohne uns
in Wirklichkeit und völlig erinnern zu können. Und wie oft fühlte ich, wenn ich
so saß und über Ligeias Augen nachsann, wie die Erkenntnis der Bedeutung
ihres Ausdrucks bis dicht an mich herankam! Ich fühlte, wie sie sich näherte,
ohne mich jemals zu erreichen, wie sie vollständig entschwand da ich sie eben
zu erfassen glaubte! Und – seltsames, oh, seltsamstes aller Geheimnisse! Ich
habe in den gewöhnlichsten Gegenständen auf der Welt eine ganze Reihe von
Analogien für diesen Ausdruck gefunden. Ich meine damit, daß ich nach der
Zeit, in der Ligeias Schönheit meinen Geist durchdrungen und in demselben
wie in einem Reliquienschrein ruhte, beim Anblick verschiedener Erscheinungen der äußeren Welt, eine Empfindung verspürte, die der ähnlich war, die sich
unter dem Einfluß ihrer großen, leuchtenden Pupillen über mich und in mir
verbreitete. Doch ist es mir ganz unmöglich, dies Gefühl zu definieren oder
zu analysieren, ich kann nicht einmal behaupten, daß ich es genau empfunden
habe. Ich glaubte, es nur zuweilen in dem Anblick einer schnell emporgeschos-
senen Weinrebe wiederzuerkennen oder in der Betrachtung eines Falters, einer
Larve, eines schnell dahinschießenden Wassers. Ich fand es im Ozean wieder

oder beim Fall eines Meteors, ich empfand es in den Blicken mancher außerordentlich alter Menschen. Am Firmament gibt es einen oder zwei Sterne (ich denke besonders an ein flackerndes Doppelgestirn sechster ,Größe, das man am nördlichen Himmel nahe bei der Leier finden wird), die in mir, sooft ich sie durch das Teleskop betrachtete, eine gleiche Empfindung herstellten. Ich fühlte mich von ihr durchdrungen bei gewissen Tönen von Saiteninstrumenten und manchmal auch bei Stellen aus meiner Lektüre. Unter zahlreichen Beispielen erinnere ich mich besonders lebhaft einiger Sätze aus einem Buche Glanvills, die (vielleicht nur wegen ihrer Bizarrerie – wer weiß?) mit Sicherheit dies Gefühl in mir erweckten: „... Und der Wille liegt darin, der nicht stirbt. Wer kennt die Geheimnisse des Willens und seine Macht? Denn Gott ist nur ein großer Wille, der alle Dinge mit der ihm eigenen Kraft durchdringt. Lediglich aus Willensschwäche überliefert sich der Mensch dem Tode."

Im Laufe der Zeit und durch langes Nachdenken gelangte ich dahin, gewisse entfernte Beziehungen zwischen diesem Ausspruch des englischen Philosophen und einem Teile von Ligeias Wesen zu entdecken. Eine besondere Intensität im Denken, Tun und Reden war bei ihr vielleicht das Ergebnis oder wenigstens das äußere Zeichen jener übermenschlichen Willenskraft, die während unseres langen Zusammenlebens noch andere und deutlichere Beweise ihres Daseins hätte geben können. Von allen Frauen, die ich je gekannt, war sie, die immer gelassene Ligeia mit dem ruhevollen Wesen, die schmerzzerrissene Beute der Geier wütendster Leidenschaftlichkeit. Ich ahnte diese Leidenschaftlichkeit nur aus der wunderbaren Ausstrahlung ihrer Augen, die mich zugleich entzückten und erschreckten, aus der zauberhaften Klangfarbe und Ruhe ihrer tiefen Stimme – ich folgerte sie aus der wilden Kraft der bizarren Worte, die sie oft aussprach und deren Wirkung durch den Kontrast zwischen ihrem Inhalt und ihrem Klang noch verdoppelt wurde.

Ich habe von den Kenntnissen Ligeias schon gesprochen: sie waren fast unbegrenzt – so wie ich sie ähnlich nie bei einer Frau gefunden habe. Sie beherrschte die klassischen Sprachen auf das gründlichste, und, so weit mein Urteil über die modernen Sprachen Europas reicht, war sie auch ihrer so mächtig, daß sie nie eine Unrichtigkeit beging. Überhaupt, bei welchem Thema der so viel gerühmten akademischen Gelehrsamkeit habe ich jemals bei Ligeia einen Irrtum bemerkt? Wie sehr zog diese Seite im Wesen meiner Frau, besonders in der letzten Periode ihres Lebens, meine Aufmerksamkeit auf sich! Ich sagte schon, daß ihr Wissen das jeder anderen *Frau*, die ich kennengelernt, weit übertraf, aber wo ist der Mann, der mit Erfolg das *ganze* ungeheure Feld der moralischen, physischen und mathematischen Wissenschaft bebaut hat? Damals sah ich noch nicht, was ich jetzt klar bemerke, daß Ligeias Gelehrsamkeit erstaunlich, geradezu beispiellos

war; doch hatte ich schon ein genügendes Bewußtsein ihrer unendlichen Überlegenheit, um mich zu bescheiden und mich mit kindlichem Vertrauen von ihr
durch die chaotische Welt der Erforschung des Übersinnlichen, mit der ich mich
in den ersten Jahren unserer Verheiratung lebhaft beschäftigte, leiten zu lassen. Mit welch ungeheurem Triumph, mit welch innigem Entzücken, mit welch
himmlischer Hoffnung fühlte ich – während Ligeia an meiner Seite an diesen so
wenig gepflegten und gekannten Studien teilnahm – wie sich mir allmählich jene
wunderbare Fernsicht auftat, jener weite, kostbare, jungfräuliche Pfad, auf dem
ich endlich zum Sitz einer Weisheit gelangte, die zu köstlich, zu göttlich ist, um
nicht verboten zu sein!

Mit welch herzzerreißendem Schmerze sah ich nach einigen Jahren meine so
fest begründeten Hoffnungen auf schnellen Schwingen entfliehen! Ohne Ligeia
war ich nur ein Kind, das unsicher in finsterer Nacht umhertappt. Nur ihre
Gegenwart, nur ihr Beistand konnte mir die dunklen Geheimnisse der übersinnlichen Welt, in die wir uns versenkt hatten, mit lebendigem Lichte erhellen.
Ohne den Strahlenglanz ihrer Augen wurde diese ganze Wissenschaft, die mir
bis dahin goldene Flügel verliehen, nächtig düster und eine drückende Last. Ihre
schönen Blicke beglänzten immer seltener die Seiten, die ich mich emsig zu
entziffern bemühte. Ligeia wurde krank. Ihre seltsamen Augen flammten in zu
strahlendem Feuer, die bleichen Finger nahmen die wächserne Farbe des Grabes an; und bei der leisesten Erregung schlugen die blauen Adern ungestüm an
ihre hohe, weiße Stirn. Ich sah, daß sie sterben mußte, und kämpfte im Geiste
verzweifelt mit dem düsteren Azrael.

Die Kämpfe dieses leidenschaftlichen Weibes waren zu meinem Erstaunen noch erbitterter als die meinigen. Ein Etwas in ihrer starken Natur hatte
mich glauben gemacht, der Tod werde sich ihr ohne seine Schrecken nahen. Es
war nicht so; Worte sind zu schwach, eine Vorstellung von der Wildheit und
Zügellosigkeit des Widerstandes zu geben, den sie im Kampfe mit dem Schatten
entfaltete. Ich seufzte oft angstvoll auf bei diesem trauervollen Schauspiel. Ich
wollte sie beruhigen, wollte ihr mit Vernunftgründen Trost zusprechen, aber
bei der wilden Heftigkeit ihres Verlangens, zu leben – zu leben – nur zu leben!
– waren Vernunft und Tröstung äußerste Torheit. Doch bis zu ihrem letzten
Augenblicke und unter den Qualen und Willenskrämpfen ihres wilden Geistes
verleugnete sich nie die äußere Ruhe ihres Wesens. Ihre Stimme wurde sanfter
– tiefer – ich wollte den bizarren Sinn der Worte, die sie mit so viel Ruhe aussprach, nicht verstehen. Mein Herz drohte zu zerspringen, wenn ich einmal, hingerissen, dieser übermenschlichen Melodie lauschte – ihrem Lebensverlangen
und ihrer Daseinssehnsucht, die die Menschheit ähnlich bis dahin noch nicht
gekannt hat.

Daß sie mich liebte, bezweifelte ich nicht, auch wußte ich genau, daß in einem solchen Herzen die Liebe nicht wie eine gewöhnliche Leidenschaft thronen könne. Aber erst bei ihrem Tode empfand ich die ganze Macht ihrer Neigung. Manche Stunde lang, während ihre Hand in der meinen ruhte, goß sie die Überfülle ihres Herzens vor mir aus, des Herzens, dessen mehr als leidenschaftliche Liebe an göttliche Verehrung grenzte. Womit hatte ich die Seligkeit, solche Geständnisse zu hören, verdient? – womit die Verdammnis, die Geliebte in der Stunde, da ich sie vernahm, verlieren zu müssen? Doch hierüber zu reden, kann ich nicht ertragen. Ich will nur noch sagen, daß ich in der mehr als weiblichen Hingebung Ligeias an eine Liebe, die, ach! nicht verdient war, die sie ganz als Geschenk gewährte, endlich den Antrieb ihres ungezügelten Willens zu dem Dasein, das jetzt so schnell entfloh, entdeckte. Dies uferlose Verlangen, diesen wilden Wunsch nach Leben – nur nach Leben– zu beschreiben, habe ich nicht die Macht – hat die Sprache keine Worte!

Mitten in der Nacht, in der sie starb, rief sie mich an ihr Lager und ließ mich einige Verse sprechen, die sie wenige Tage vorher verfaßt hatte. Hier sind sie:

> Seht! Diese Festesnacht!
> In langer Jahre trübem Lauf!
> Ein Engelchor, beschwingt, verhüllt,
> Und tränenüberströmt
> Sitzt in dem Schauspielhaus und lauscht
> Dem Spiel voll Hoffnung und voll Furcht
> Und das Orchester seufzt dazu
> Die Melodie der Sphären.
>
> Schauspieler nach des höchsten Bild
> Murmeln und flüstern leis
> Und geh'n nach rechts und geh'n nach links;
> Nur Puppen sind's.
> Sie steh'n und wandeln
> Nach körperloser Wesen Wunsch,
> Die stets des Schauspiels Ort verändern.
> Aus ihren Condorflügeln sinkt
> Unsichtbar Weh.
>
> Buntscheck'ges Drama! – Nimmermehr
> Wird es vergessen werden!
> Nie sein Phantom, dem eine wilde Menge

Seit Ewigkeit schon in den Kreis,
Der selbst sich wieder in sich schließt,
Nachjagt und es doch nie erreicht!
Nie all die Torheit, all die Sünde,
Der Schrecken nie, des Stückes Seele.

Doch sieh! ein kriechend Wesen schleicht
Jetzt langsam auf die Menge zu –
Von Blut gerötet wand es sich
Aus einer Höhle Einsamkeit.
Es naht! – Es naht! Zum Fraße raubt's
Die angstzerquälten Spieler sich,
Die Seraph' seufzen, da des Wurmes Zahn
Des Menschen Leib benagt.

Die Lichter löschen alle – alle,
Und über jede schaudernde Gestalt
Sinkt mit des Sturmes Macht
Der Vorhang hin – ein endlos Leichentuch –
Die Engel, bleich und blaß,
Erheben und entschleiern sich,
Und nennen dieses Drama ‚Mensch‘,
Und seinen Held den ‚Sieger Wurm‘.

Als ich diese Verse beendet hatte, schrie Ligeia auf, sprang auf ihre Füße und
reckte die Arme im Krampfe zum Himmel. „O Gott!“, rief sie aus, „o himmlischer Vater! Werden sich diese Dinge unabänderlich immer wieder erfüllen?
– Wird dieser Sieger niemals besiegt werden? Sind wir nicht ein Teil, ein Hauch
von Dir? Wer kennt die Geheimnisse des Willens und seine Macht? Lediglich
aus Willensschwäche überliefert sich der Mensch dem Tode.“

Dann ließ sie, erschöpft von der Erregung, ihre weißen Arme sinken und
begab sich feierlich auf ihr Todesbett. Und mit ihren letzten Zügen entrang sich
ihren Lippen ein undeutliches Murmeln. Ich horchte und vernahm noch einmal
den Schluß der Worte Glanvills: „Nur aus Willensschwäche – überliefert sich
der Mensch dem Tode.“

Sie starb; und ich, vernichtet, schmerzzermalmt, konnte die qualvolle Einsamkeit meiner Wohnung in der verlassenen Stadt am Rhein nicht länger ertragen. Ich hatte keinen Mangel an dem, was die Welt Glücksgüter nennt. Ligeia
hatte mir viel hinterlassen –, und mehr als das Schicksal im allgemeinen den

Sterblichen zuteilt. Nach einigen Monaten müden, ziellosen Umherirrens in der Welt erwarb ich mir in einem ganz unkultivierten, wenig besuchten Teile des schönen England eine Abtei, deren Namen ich nicht nennen will. Die finstere, traurige Großartigkeit des Gebäudes, der Anblick der fast wilden Landschaft, die melancholischen und ehrwürdigen Erinnerungen, die sich an den Ort knüpften, stimmten gut zu dem Gefühl gänzlicher Verlassenheit, das mich in diese einsame, entlegene Gegend getrieben hatte. Während ich an dem fast unversehrten Äußeren der Abtei keinerlei Änderung vornahm, entfaltete ich im Innern mit fast kindischer Krankhaftigkeit und vielleicht auch mit der schwachen Hoffnung, meine Gedanken etwas zu zerstreuen, eine mehr als königliche Pracht. Seit früher Kindheit hatte ich viel Geschmack an dergleichen Torheiten, jetzt tobte sich mein Schmerz in ihnen aus. Ach, ich weiß, man hätte einen Anfang von Wahnsinn in der Vorliebe für jene kostbaren phantastischen Draperien entdecken können – in dem Geschmack an feierlichen ägyptischen Skulpturen, an bizarren Gesimsen und Möbeln, an den extravaganten Arabesken meiner golddurchwirkten Teppiche! Ich stand jetzt ganz unter der Herrschaft des Opiums, und alle meine Arbeiten und Pläne atmeten den Geist meiner Träume. Aber ich will nicht bei den Einzelheiten solcher Phantastereien verweilen. Nur von jenem auf ewig verfluchten Zimmer will ich noch sprechen, in das ich in einem Anfall von Wahnsinn die blonde, blauäugige Lady Rowena Trevanion von Tremaine als meine Gattin – als die Nachfolgerin der unvergeßlichen Ligeia – einführte.

Jede geringste Einzelheit in der Architektur oder der Ausschmückung des hochzeitlichen Gemaches steht mir noch klar vor Augen. Was dachte sich nur eigentlich die hochmütige Familie meiner Braut, als sie, von Goldgier gestachelt, ihrer geliebten Tochter gestattete, die Schwelle eines Zimmers zu überschreiten, das auf so seltsame Weise geschmückt war?

Ich sagte schon, die Einrichtung des Gemaches ist mir bis ins kleinste vollständig gegenwärtig, obgleich mein trauriges Gedächtnis sehr oft Dinge von größerer Wichtigkeit nicht aufbewahrt hat. Und doch war in seiner phantastischen Pracht weder Harmonie noch ein System, das sich mir besonders hätte einprägen können. Das Zimmer lag in einem hohen Turm, welcher zu der wie eine Burg befestigten Abtei gehörte. Es war fünfeckig und äußerst geräumig. Die ganze südliche Seite des Fünfecks nahm ein großes Fenster ein, das aus einer einzigen riesigen venezianischen Scheibe von dunkler Farbe bestand, so daß die Sonnen- und Mondstrahlen, die hindurch fielen, nur ein trübes, geisterhaftes Licht auf die Gegenstände im Innern warfen. Die Decke aus fast schwarzem Eichenholz war außerordentlich hoch, gewölbt und von phantastischen, grotesken Ornamenten in halb gotischem, halb druidenhaftem Stil durchzogen. Aus der Mitte der melancholischen Wölbung hing an einer goldenen Ringkette

eine große Lampe aus demselben Metall herab; sie erinnerte an ein Weihrauchfaß, war nach sarazenischem Geschmack gearbeitet und vielfach durchbrochen,
so daß das Licht in Schlangenlinien durch das kapriziöse Goldgeflecht hervorkroch.

An verschiedenen Stellen waren kostbare Ottomanen und orientalische Kandelaber aufgestellt, und das Bett – das hochzeitliche Bett – war ebenfalls in indischem Stil gehalten, niedrig, aus massivem Ebenholz geschnitzt und von einem
dunklen Baldachin, der den Eindruck eines Leichentuches machte, überschattet.
In den Winkeln des Zimmers erhoben sich mächtige Sarkophage; – man hatte
sie in alten Königsgräbern gefunden – in ihre Deckel waren unvergängliche Zeichen eingegraben. Doch den phantastischsten Anblick bot die Bekleidung der
Wände. Sie waren ganz unverhältnismäßig hoch und von oben bis unten mit
schweren Tapisserien behangen, die aus demselben Stoffe bestanden, aus dem
auch die Bezüge der Ottomanen und des Ebenholzbettes, der Betthimmel, der
Teppich und die schweren Vorhänge, die einen Teil des Fensters verhüllten, hergestellt waren – einem reichen Goldstoff, in den in unregelmäßigen Zwischenräumen arabeskenhafte Figuren von ungefähr einem Fuß Durchmesser hineingewebt waren, die sich tiefschwarz von dem goldenen Grunde abzeichneten.
Aber diese Figuren hatten nur arabeskenhaften Charakter, wenn man sie von
einem einzigen Punkte aus betrachtete. Durch ein heute allgemein bekanntes
Verfahren, dessen Spuren man jedoch bis ins fernste Altertum verfolgen kann,
waren sie so geartet, daß sich ihr Äußeres veränderte. Trat jemand in das Zimmer ein, so erschienen sie ihm einfach als monströse Häßlichkeiten; ging er weiter vor, so verschwand die Starrheit nach und nach, und Schritt vor Schritt sah
er sich von einer endlosen Prozession gräßlicher Wesen umgeben, wie sie der
Aberglaube des Nordens erdacht oder wie sie in den sträflichen Träumen der
Mönche erstehen mögen. Dieser spukhafte Eindruck wurde noch erhöht durch
einen starken, künstlichen Luftzug, den ich hinter die Wandbekleidung hatte
einführen lassen, und der dem Ganzen eine schauderhafte, unruhige Lebendigkeit verlieh.

Dies also war die Wohnung, dies war das hochzeitliche Gemach, in dem ich
mit der Lady Rowena die gottlosen Stunden des ersten Monates unserer Verheiratung verlebte – ohne zu viel Unruhe verlebte. Ich konnte mir nicht verhehlen,
daß meine Frau sich vor einer wilden Gemütsart fürchtete, daß sie mir auswich,
daß sie mich nur sehr mäßig liebte – aber das freute mich fast. Ich haßte sie mit
einem Hasse, der eher einem Dämonen als einem Menschen zuzutrauen war.
All meine Gedanken wandten sich – mit welch bohrendem Schmerz! – zu Ligeia
zurück, zu der Geliebten, der Hohen, der Schönen, der Toten! Ich schwelgte
in Erinnerungen an ihre Reinheit, ihre Weisheit, an ihr erhabenes himmlisches

Wesen, an ihre leidenschaftliche anbetende Liebe. In meiner Seele brannten jetzt glühendere, verzehrendere Flammen als je in der ihren. In der Erregung meiner Opiumträume – ich war jetzt ganz und gar zum Sklaven des Giftes geworden – rief ich mit lauter Stimme ihren Namen durch das Schweigen der Nacht oder tags durch die einsamen Schattenwege des Tales, als könne ich sie durch die wilde Kraft, die feierliche Leidenschaft und die verzehrende Sehnsucht meiner Liebe wieder auf die Pfade des Lebens zurückrufen, die sie verlassen – für immer? War es möglich, für immer?

Zu Anfang des zweiten Monates unserer Verheiratung wurde Lady Rowena von einer plötzlichen Krankheit angefallen, von der sie sich nur langsam erholte. Ein verzehrendes Fieber bereitete ihr schlaflose Nächte, und in der Unruhe des Halbschlummers sprach sie von Tönen und Bewegungen, die sie in dem Turmzimmer wahrnähme, und die ich nur ihrer kranken Phantasie oder vielleicht dem spukhaften Äußeren des Gemaches zuschreiben konnte. Nach längerer Zeit trat eine Besserung ein, und endlich schien sie ganz wiederhergestellt. Doch schon nach kurzen Wochen warf sie ein zweiter, heftiger Anfall, von dem sich ihre schwache Konstitution nie mehr erholte, von neuem auf ihr Schmerzenslager. Seit dieser Zeit zeigte ihre Krankheit einen höchstbeunruhigenden Charakter, und noch beunruhigendere Rückfälle machten die ganze Wissenschaft und alle Anstrengungen der Ärzte zunichte. In demselben Grade, in dem ihr Übel fortschritt, wuchs ihre nervöse Reizbarkeit. Die allergewöhnlichsten Gegenstände flößten ihr oft eine wilde Furcht ein, sie sprach immer häufiger und beharrlicher von leisen Geräuschen, von seltsamen Bewegungen der Vorhänge, die sie erschreckten, ängstigten.

Eines Nachts, gegen Ende September, machte sie mich mit außergewöhnlicher Erregung auf solch unheimliche Vorgänge aufmerksam. Sie war eben aus einem unruhigen Schlummer aufgefahren. Ich saß am Kopfende des Ebenholzbettes auf einem indischen Diwan und hatte das Mienenspiel ihres abgemagerten Gesichtes mit Besorgnis und vagem Schreck beobachtet. Sie richtete sich halb auf und sprach in angstvollem Flüstern von allerlei Tönen, die sie vernähme – ich hörte sie nicht – von Bewegungen, die sie bemerke, und die ich nicht sah. Der Luftzug strich lebhaft hinter den Wandbekleidungen dahin, und ich bemühte mich, ihr begreiflich zu machen – ich muß gestehen, ich glaubte es selbst nicht ganz –, daß diese kaum hörbaren Seufzer, diese kaum wahrnehmbaren Veränderungen der Gestalten an der Wand nur die natürliche Wirkung des gewohnten Luftzuges seien.

Aber eine tödliche Blässe, die über ihr Gesicht lief, sagte mir, daß alle meine Anstrengungen, sie zu beruhigen, fruchtlos sein würden. Sie schien in Ohnmacht zu sinken. Was war zu tun? Einen Dienstboten hatte ich nicht in der

Nähe. Da entsann ich mich plötzlich, daß ich eine Flasche leichten Weines, den ihr die Ärzte einmal verschrieben, aufbewahrt hatte, und durchschritt schnell das Zimmer, um ihn zu holen. Aber gerade, als ich unter dem Licht der Lampe stand, erregten zwei sonderbare Umstände meine Aufmerksamkeit. Ich fühlte, daß irgend etwas Greifbares wiewohl Unsichtbares meine Gestalt streifte, und sah auf dem goldfarbenen Teppich, gerade inmitten der reichen Strahlen, die das Weihrauchfaß entsandte, einen Schatten liegen – einen schwachen unbestimmten Schatten von engelhafter Schönheit so zart, wie man sich vielleicht den Schatten eines Schattens vorstellen kann. Aber da ich gerade an den Folgen einer übertrieben starken Dosis Opium litt, legte ich diesen Erscheinungen nur wenig Wichtigkeit bei und erwähnte sie Rowena gegenüber nicht.

Ich fand den Wein und durchschritt von neuem das Zimmer, füllte ein Trinkgefäß und näherte es den Lippen meiner halb ohnmächtigen Gattin. Sie schien sich jedoch ein wenig erholt zu haben und ergriff das Glas selbst, während ich mich, die Blicke besorgt auf sie gerichtet, wieder auf die Ottomane niederließ.

Da vernahm ich ganz deutlich leise Schritte in der Nähe des Bettes, und eine Sekunde später, als Rowena den Becher an ihre Lippen erhob, sah ich – ich mag es auch geträumt haben –, wie drei oder vier Tropfen einer glänzenden, rubinfarbenen Flüssigkeit, gleichsam aus einer unsichtbaren Quelle, die in der Luft des Zimmers zu entspringen schien, in den Wein fielen. Rowena bemerkte es jedenfalls nicht, denn sie trank ohne Zögern, und ich hütete mich wohl, ihr meine Beobachtung zu erzählen, die ja nur eine Vorspiegelung meiner Einbildungskraft sein konnte, deren krankhafte Tätigkeit durch das Opium, die späte Nachtstunde und die schreckhaften Worte meiner Frau aufs höchste gesteigert worden war.

Doch konnte ich mir nicht verbergen, daß sich in Rowenas Krankheit unmittelbar nach dem Fall der Rubintropfen eine Wendung zum Schlimmen vollzog. In der übernächsten Nacht bereiteten die Hände meiner Bedienten für sie das Grab, und in der dann folgenden saß ich allein in dem phantastischen Zimmer, das sie als Braut empfangen, neben ihrem in Totenschleier gehüllten Leichnam. Seltsame Visionen, die das Opium erzeugte, umschwebten mich wie Schatten. Mein unruhiger Blick schweifte über die Sarkophage, in die Ecken des Zimmers, über die bewegten Fratzen der Draperien und die schlangenförmigen Lichtstreifen der hängenden Lampe. Ich dachte an die Ereignisse jener kurz vergangen Nacht, und meine Augen wandten sich dem glänzenden Lichtkreis zu, in dem ich den leichten Schatten bemerkt hatte. Jetzt war er nicht zu erkennen –, ich atmete tief auf und blickte auf die bleiche, starre Gestalt, die auf dem Bette ausgestreckt lag. Da fühlte ich, wie tausend Erinnerungen an Ligeia in mir hochwogten –, tobend wie eine Meeresflut stürzte der ganze unermeßliche Schmerz, den ich empfunden, als ich *Sie* im Leichentuch gesehen, über mein Herz. – Es wurde tiefe Nacht, und immer noch saß ich regungslos, die Blicke auf Rowena gerichtet, in Gedanken an Ligeia, die einzige, übermenschliche Geliebte.

Es mochte wohl Mitternacht sein, vielleicht etwas früher oder etwas später, ich hatte nicht auf die Zeit geachtet, als ein sehr leiser, sehr leichter, aber ganz deutlicher Seufzer mich aus meinen Träumereien auffahren ließ. Ich fühlte, er kam von dem Ebenholzbett, von dem Totenbett. Ich lauschte in abergläubischer Angst, aber das Geräusch wiederholte sich nicht. Ich strengte meine Augen an, um irgendeine Bewegung in dem Leichnam zu entdecken, aber ich bemerkte nicht das geringste. Und doch konnte ich mich unmöglich getäuscht haben –, ich hatte das Geräusch deutlich gehört und war vollständig wach. Angestrengt und mit äußerster Spannung beobachtete ich den Körper, aber es verflossen mehrere Minuten, ohne irgendein Ereignis, das Licht in dies Geheimnis hätte bringen können. Nach einiger Zeit jedoch bemerkte ich, daß eine leichte, kaum sichtbare Färbung in die Wangen gestiegen war und sich die kleinen Adern der Augendeckel entlangzog. Grauen und Entsetzen packten mich, ich fühlte, wie mein Herz zu schlagen aufhörte und meine Glieder vor Schreck erstarrten.

Doch gab mir endlich mein Pflichtgefühl die Kaltblütigkeit zurück. Ich konnte nicht länger zweifeln, daß unsere Anstalten zum Leichenbegängnis verfrüht gewesen –, daß Rowena noch lebte. Wiederbelebungsversuche waren dringend geboten, doch war, wie gesagt, kein Dienstbote in der Nähe, da mein Turm von dem Teile der Abtei, den die Dienerschaft bewohnte, vollständig getrennt lag. Wollte ich jemanden herbeiholen, so mußte ich das Zimmer auf mehrere Minuten verlassen; und das durfte ich nicht wagen. Ich bemühte mich also allein, die entschwebende Seele zurückzurufen und zu halten. Aber nach einigen Sekunden trat ein offenbarer Rückfall ein, die Farbe verschwand aus den Wangen und Lidern, sie wurden bleicher als Marmor, und die Lippen preßten sich mit verdoppelter Kraft aufeinander und nahmen wieder den gespenstisch zusammengeschrumpften Ausdruck des Todes an; eine grauenhafte Kälte und Feuchtigkeit verbreitete sich bald über die ganze Oberfläche des Körpers, vollständige Leichenstarre trat ein. Ich sank schaudernd auf mein Ruhebett, von dem ich so angstvoll aufgeschreckt worden, zurück und überließ mich aufs neue meinem leidenschaftlichen Gedenken an Ligeia.

So verfloß eine Stunde, als ich – großer Gott, wie war es nur möglich – von neuem ein verwehendes Geräusch vom Bette her vernahm. In maßlosem Entsetzen horchte ich wieder hin und hörte den Ton zum zweitenmal –, es war ein Seufzer. Ich eilte auf den Leichnam zu und sah – sah deutlich –, daß seine Lippen zitterten. Eine Minute später teilten sie sich und entblößten eine glänzende Reihe perlmutterner Zähne. Ein grenzenloses Erstaunen kämpfte in meinem

Geiste mit einem maßlosen Schreck. Ich fühlte meinen Blick sich verdunkeln und mein Bewußtsein schwinden, und nur durch eine gewaltige Willensanstrengung gelang es mir, mich zum Handeln aufzuraffen. Stirn, Wangen und Hals Rowenas zeigten eine schwache Lebensfarbe, eine fühlbare Wärme durchdrang den ganzen Körper, und in der Herzgegend machte sich ein leiser Pulsschlag bemerkbar. Sie lebte! und mit verdoppeltem Eifer versuchte ich durch jedes Mittel, das mich die Erfahrung und meine ausgedehnte Lektüre medizinischer Schriften gelehrt, sie zum Bewußtsein zu bringen. Plötzlich jedoch verschwand die Farbe wieder, der Puls stand still, die Lippen preßten sich wie im Todeskrampf aufeinander, und ein paar Sekunden später war der Körper eiskalt, feucht, leichenfarben und starr und zeigte all die grauenhaften Merkmale eines Leichnams, der schon seit Tagen das Grab bewohnt.

Und wieder versank ich in Träume, träumte von Ligeia – und von neuem ... ist es verwunderlich, daß ich zittere, da ich dies schreibe? ... von neuem tönte ein erstickter Seufzer vom Bett her an mein Ohr. Doch wozu soll ich die unbeschreiblichen Gräßlichkeiten dieser Nacht aufzählen? Wozu soll ich erzählen, wie oft sich bis zur Dämmerung dies grauenvolle Schauspiel des Wiederauferstehens erneuerte; wie jeder der erschreckenden Rückfälle einen starreren, tieferen Tod zur Folge hatte; daß jedem neuen Todeskampf ein neuer, grausigerer Verfall des Körpers folgte? Ich beeile mich, zum Ende zu kommen.

Der größte Teil der Schreckensnacht war vergangen, und die, die tot war, bewegte sich wieder einmal, und zwar jäher, heftiger denn zuvor. Ich hatte schon seit langem jeden Versuch, ihr zu helfen, aufgegeben und blieb wie gebannt auf meiner Ottomane sitzen, von einem Wirbelsturm qualvollen Entsetzens gefaßt. Der Körper bewegte sich wieder – mit seltsamer Schnelle schoß Farbe in das Antlitz, die Starre der Glieder löste sich, und wären die Totenbinden und Leichentücher nicht gewesen, ich hätte geglaubt, daß Rowena zum Leben erwacht sei. Und nun mußte auch mein letzter Zweifel schwinden, als das leichentuchumhüllte Wesen sich vom Bett erhob – und schwankend, mit schwachen Schritten, mit geschlossenen Augen, wie jemand, der im Schlafe wandelt – aber gerade und entschlossen – in die Mitte des Zimmers schritt.

Ich zitterte nicht –, ich rührte mich nicht –, denn eine Flut unausdenkbarer Gedanken, die das Aussehen, die Gestalt und der Gang des Phantoms in mir erweckten, stürzte über mich. Eine wahnsinnige Verwirrung, ein nicht zu bändigender Tumult rang in meinem Hirne. War das die *lebendige* Rowena, die ich da sah? War es Rowena *überhaupt* – die blondhaarige, blauäugige Lady Rowena Trevanion von Tremaine? Weshalb, ja, *weshalb* zweifelte ich daran? Eine schwere Binde verhüllte ihren Mund – weshalb sollte das nicht der Mund der Lady von Tremaine sein? Und die Wangen? Ja, sicher waren es die Rosenwangen Rowenas.

Und das Kinn, mit den Grübchen voll Gesundheit, sollte es nicht das ihre sein? –aber, *war sie denn während ihrer Krankheit gewachsen?* Wie Wahnsinn durchschoß es mich bei diesem Gedanken. Mit einem Sprung lag ich zu ihren Füßen. Sie wich meiner Berührung aus und befreite ihr Haupt aus dem entsetzlichen Leichentuch, und in die schauernde Atmosphäre des Zimmers strömte eine üppige Fülle langer ungeordneter Haare – *sie waren schwärzer als die Rabenflügel der Mitternacht.* Und dann sah ich, wie sich langsam die Augen in dem Antlitz öffneten.

„Endlich! da sind sie!", rief ich laut. „Wie sollte ich sie nicht erkennen, die großen, schwarzen, seltsamen Augen meiner verlorenen Liebe – die Augen der Lady – der Lady Ligeia?"

BERENICE

Dicebant mihi sodales, si sepulchrum amicae visitarem,
curas meas aliquantulum fore levatas.

Ebn Zaiat

Mein Taufname ist Egaeus; meinen Familiennamen will ich nicht nennen. Doch gibt es im ganzen Lande keine Zinnen, die mehr Jahre und Ruhm gesehen, als die des düsteren Schlosses meiner Väter. Man hat unsere Familie ein Geschlecht von Geistersehern genannt; und viele Einzelheiten, die an dem Äußeren unseres Stammschlosses auffielen, gaben diesem Glauben eine gewisse Berechtigung; ich denke an die Fresken des Salons, die Wandbekleidungen der Schlafzimmer, die ziselierten Strebepfeiler der Waffenkammer, dann ganz besonders an die Galerie alter Gemälde, an den Eindruck, den das Bibliothekszimmer machte, und endlich an den Inhalt der Bibliothek selbst.

Alle Erinnerungen aus meiner frühen Jugend sind mit diesem Zimmer und seinen Büchern, von denen ich jedoch nichts weiter sagen will, aufs engste verbunden. In diesem Gemache starb meine Mutter. Hier wurde ich geboren. Aber es ist wohl müßig, zu behaupten, daß ich nicht schon vorher gelebt – daß unsere Seele keine Vorexistenz habe. Sie leugnen es? Wir wollen nicht weiter darüber streiten! Ich bin überzeugt und habe kein Verlangen, andere zu überzeugen. Ich bin überzeugt, denn mich begleitet eine Erinnerung an ätherische Formen, an geisterhafte, vielsagende Augen, an melodische, traurige Töne – eine Erinnerung, die mich nie verlassen wird, ein Andenken, wie ein Schatten unbestimmt, unbeständig, veränderlich und auch einem Schatten ähnlich in der Unmöglichkeit, mich von ihnen zu befreien, solange die Sonne meiner Vernunft leuchtet.

In diesem Zimmer wurde ich also geboren. Ich kam aus der langen Nacht, die nur scheinbar das Nicht-Dasein ist, in ein Geisterland, in ein Zauberschloß, in die seltsamen Gefilde des Gedankens und klösterlicher Gelehrsamkeit.

Ist es da verwunderlich, daß ich mit erschrockenen, heißen Augen um mich blickte, daß ich mein Knabenalter unter Büchern begrub und meine Jugend an Träumereien verlor?

Seltsam und verwunderlich ist nur, daß, als die Jahre flohen und der volle Mittag meiner Männlichkeit mich noch im Hause meiner Väter fand, die Quellen meines Lebens plötzlich zu versiegen schienen, und sich eine vollständige Veränderung in dem Wesen selbst meiner gewöhnlichsten Gedanken vollzog. Die Wirklichkeiten der Welt berührten mich wie Visionen und *nur* wie Visionen, während die seltsamen Vorstellungen des Traumlandes nicht etwa die Nahrung meines Daseins wurden, sondern einzig und allein dies Dasein selbst!

Berenice und ich waren Geschwisterkinder und wuchsen zusammen in meinem väterlichen Hause auf. Doch entwickelten wir uns verschieden: Ich war kränklich und stets in tiefen Melancholien versunken – sie dagegen lebhaft, graziös und von überströmender Lebenskraft. Ich vergrub mich in mein Studierzimmer – sie sprang munter auf den Hügeln und Feldern umher. Ich lebte nur in meinem Herzen und weihte Körper und Geist den tiefsten, schmerzvollsten Betrachtungen – sie eilte sorglos durch das Leben, ohne an die Schatten auf ihrem Pfade zu denken oder jemals über die schweigsame Flucht der schwarzbeschwingten Stunden zu erschrecken.

Berenice! Berenice! Laut rufe ich ihren Namen, und in wildem Aufruhr flattern auf finsteren Eulenflügeln tausend Gedanken aus den grauen Ruinen der Erinnerung hervor! Und wieder steht sie deutlich vor mir, wie in den ersten Tagen ihrer leichtherzigen Fröhlichkeit. Berenice, die strahlende, phantastische Schönheit, die Sylphide in den Gebüschen der heimatlichen Flur, die Najade ihrer Quellen!

Und dann – dann ward alles Geheimnis und Grauen – dann beginnt die Geschichte, die nicht erzählt werden sollte.

Ein Übel, ein verhängnisvolles Übel überfiel sie wie in Samum. Vor meinen Augen wurde ihr Körper, ihr Gemüt, die ganze Einheit ihres Wesens eine Beute des gräßlichen Zerstörers, der wie ein Vernichter kam und ging! Doch wo blieb sein Opfer? Die Kranke kannte ich nicht – kannte sie nicht als Berenice!

Unter dem zahlreichen Gefolge von Leiden, welche dieser erste furchtbare Aufruhr in den sinnlichen und geistigen Sinn meiner Cousine nach sich zog, muß ich eine Art von Epilepsie als eines der traurigsten und hartnäckigsten bezeichnen. Sie ging häufig in vollständigen Starrkrampf über, der alle Merkmale der wirklichen Auflösung an sich trug, obwohl sich die Kranke stets wieder, und zwar ganz plötzlich, von ihm erholte.

Zu gleicher Zeit wuchs mein eigenes Übel erschreckend schnell und bildete sich zu einer Monomanie aus, die sich auf ganz neue, außerordentliche Weise äußerte. Von Stunde zu Stunde – von Minute zu Minute wurde sie stärker und errang zuletzt eine unbeschränkte Herrschaft über mich. Diese Monomanie bestand in einer krankhaften Reizbarkeit jener geistigen Fähigkeit, welche die psychologische Wissenschaft unter den Ausdruck „die Fähigkeit zur Aufmerksamkeit" begreift. Man wird mich höchstwahrscheinlich nicht verstehen, denn ich fürchte, es wird auf keine Art und Weise möglich sein, einen genauen Begriff von der Innerlichkeit des nervösen Interesses zu geben, mit welchem ich mich auf die Betrachtung der allergewöhnlichsten Gegenstände des Weltalls warf und in dieselben vergrub.

Ich konnte stundenlang und unermüdlich über irgendeine kindische, oberflächliche Bemerkung am Rande oder im Texte eines Buches nachsinnen. Zuweilen wurde ich den größten Teil eines Sommertages ganz von der Betrachtung irgendeines Schattens in Anspruch genommen, der schräg auf die Tapete oder den Fußboden fiel. Es war möglich, daß ich mich eine ganze Nacht hindurch in den Anblick der ruhigen Flamme einer Lampe oder der Glut eines Kohlenfeuers verlor oder ganz monoton ein alltägliches Wort so lange wiederholte, bis sein Klang jeden Sinn für mich verloren hatte. Manchmal erstickte ich auch in mir jedes Gefühl körperlichen Daseins durch eine hartnäckig fortgesetzte, vollkommene Ruhe.

Das sind einige der häufigsten und harmlosesten Abirrungen meines kranken Geistes. Vielleicht erscheinen sie nicht ganz ohne Beispiel – jedenfalls spotten sie jeder Erklärung.

Doch möchte ich nicht mißverstanden werden. Diese ungebührlich tiefe, krankhafte Aufmerksamkeit, welche von an sich ganz unbedeutenden Dingen erregt wurde, darf nicht mit dem natürlichen Hang zum Grübeln verglichen werden, den alle Menschen mehr oder weniger verspüren, und dem sich ganz besonders Personen mit lebhafter Phantasie oft überlassen. Meine Krankheit war nicht, wie es vielleicht scheinen könnte, der äußerste Ausdruck dieser Neigung, sondern etwas von ihr ursprünglich und wesentlich Verschiedenes. Im ersten Falle wird der Träumer, der Schwärmer, gewöhnlich durch einen *nicht* alltäglichen, *nicht* banalen Gegenstand angeregt, und in einer Wildnis von Deduktionen und Suggestionen, die ihm derselbe aufzwingt, verliert er unbemerkt diesen Gegenstand selbst aus den Augen, so daß er schließlich, am Ende seiner Träume, die für ihn selbst übrigens meist angenehm, wollüstig angenehm sind, die erste Ursache seines Nachdenkens verloren und vergessen hat. In meinem Falle jedoch war der Ausgangspunkt stets unbedeutend, obwohl er durch das Medium meiner krankhaften Anschauung eine scheinbare Wichtigkeit erhielt. Nur äußerst selten gab ich mich irgendwelchen Folgerungen hin; und wenn es einmal der Fall war, kehrten sie stets wieder mit Hartnäckigkeit auf ihren Ausgangspunkt zurück. Die Betrachtungen waren *niemals* angenehm; und zum Schlusse war mir die erste Ursache der Grübelei nicht entschwunden, sondern hatte in mir eben jenes unheimliche, unnatürlich gesteigerte Interesse erregt, das als das eigentliche Merkmal meines Übels anzusehen ist.

Kurz also: die Fähigkeit des Geistes, die bei mir krankhaft reizbar war, bestand, wie ich schon sagte, in einer *Fähigkeit zur Aufmerksamkeit*, während bei dem gewöhnlichen Träumer die Gabe der *Betrachtung* in Tätigkeit tritt.

Wenn die Bücher, die ich in jener Epoche las, das Übel auch nicht gerade erregten, so steigerte ihr mystischer und zuweilen wenig logischer Inhalt, der mich zu immer neuem Grübeln trieb, meine Krankheit doch in beängstigender Weise. Ich erinnere mich unter anderem noch sehr genau der Abhandlung des edlen Italieners Coelius Secundus Curio „De Amplitudine Beati Regni Die", des großen Werkes des heiligen Augustinus „Die Stadt Gottes" und Tertullians „De Carne Christi", in welchem sich der paradoxe Ausspruch findet, der mich mehrere Wochen lang in schwerem, fruchtlosem Nachdenken gebannt hielt: *„Mortuus est Dei filius; credibile est quia ineptum est; et sepultus resurrexit; certum et quia impossibile est. "*

Mein Geist, den so unbedeutende Dinge aus dem Gleichgewicht bringen konnten, mochte wohl Ähnlichkeit mit jenem Meerfelsen haben, von dem Ptolemäus Hephestion erzählt, daß er aller menschlischen Gewalt, ja, dem wilden Ansturm der Elemente widerstand, doch in seinen Grundfesten erbebte, wenn man ihn mit der Blume Asphodill berührte. So wird nur ein oberflächlicher Denker glauben können, daß ich über die Verwüstungen, die das unglückselige Leiden in dem seelischen Zustande Berenicens angerichtet, in meiner krankhaften Art nachgegrübelt hätte. Tatsächlich war dies durchaus nicht der Fall.

In meinen klaren Augenblicken empfand ich wohl sehr viel Kummer über ihr Unglück; der Gedanke an den vollständigen Schiffbruch, den ihr schönes, heiteres Leben erlitten, schnitt mir tief ins Herz, und ich dachte oft und mit Bitterkeit über die bösen Zauberkräfte nach, die eine so grauenhafte Umwandlung bewirken konnten. Doch hatten die Reflexionen nichts von der Idiosynkrasie meines Übels an sich und mochten in dieser Gestalt unter ähnlichen Umständen wohl von allen Menschen angestellt werden. Mein krankes Grübeln beschäftigte sich vielmehr mit den weniger wichtigen, aber vielleicht auffallenderen Veränderungen, die sich in der körperlichen Erscheinung Berenicens vollzogen hatten – mit der sonderbaren und erschreckenden Verzerrung ihres äußeren Wesens.

Ich wußte bestimmt, daß ich sie in den strahlenden Tagen ihrer unvergleichlichen Schönheit nicht geliebt hatte. Die seltsame Anomalie in meinem Dasein ließ meine Gefühle *niemals* dem Herzen, ließ meine Leidenschaften *stets* dem Gedanken entspringen. In früher, grauer Morgendämmerung – zu Mittag unter den zitternden Schatten des Waldes – des Nachts in der Stille meines Bibliothekszimmers war sie vor meinen Augen erschienen: nicht als die lebende, atmende Berenice, sondern als die Berenice eines Traumes; nicht als ein irdisches Wesen von Fleisch und Blut, sondern als die Abstraktion eines solchen Geschöpfes, nicht als ein Gegenstand der Bewunderung, sondern als ein Objekt der Analyse, nicht als ein Wesen, geschaffen zur Liebe, sondern als Thema sinn- und planlosen Nachdenkens. Und *nun* – *nun* erbebte ich in ihrer Gegenwart nun erblaßte ich, wenn sie sich mir näherte, und plötzlich ward mir bewußt, daß sie mich seit langem liebte, und ich sprach ihr in einer bösen Stunde trotz ihres zerfallenen, trostlosen Zustandes von Heirat.

Der Tag, den wir für die Hochzeit festgesetzt hatten, nahte heran. Ich saß an einem Winternachmittage – es war ein sonderbar ruhiges, nebeliges, warmes

Wetter – in meinem Bibliothekszimmer und glaubte mich allein. Doch als ich meine Augen erhob, sah ich Berenice vor mir stehen.

Lag es an meiner übererregten Phantasie – oder an dem Einfluß der Nebelluft, an der unbestimmten Dämmerung im Zimmer, an der dunklen Kleidung, die sie in langen Falten umhüllte, daß mir ihre Umrisse so schwankend und undeutlich erschienen? Ich vermag es nicht zu entscheiden. Vielleicht war sie während ihrer Krankheit gewachsen!? Sie sagte kein Wort, und ich hätte nicht für die Welt eine Silbe sprechen können. Ein Schauder durchfuhr meinen Körper; ein Gefühl unerträglicher Angst bedrückte mich; eine verzehrende Neugierde rang sich in meiner Seele hoch; ich sank in meinen Stuhl zurück und verharrte eine Zeitlang regungslos, atemlos, die Blicke fest auf Berenice gerichtet. Ach! wie erschreckend sie abgemagert war! Ich konnte keine Spur des früheren Wesens auch nur im flüchtigsten Umriß wiedererkennen.

Meine wilden Blicke fielen endlich auf ihr Gesicht: die Stirn war hoch, sehr bleich und sonderbar ruhig. Ihr früher pechschwarzes Haar fiel zum Teil über dieselbe und beschattete die hohlen Schläfen mit zahllosen Locken von schreiend gelber Farbe, deren phantastischer Anblick grausam gegen die müde Trauer ihrer Züge abstach. Die Augen waren ohne Leben und Glanz und scheinbar ohne Pupillen, und unwillkürlich schraken meine Blicke vor ihrem gläsernen Starren zurück und betrachteten ihre dünnen, zusammengeschrumpften Lippen. Sie teilten sich, und mit einem besonderen, bedeutsamen Lächeln enthüllten sich die Zähne der also veränderten Berenice. Wollte Gott, daß ich sie nie gesehen hätte oder daß ich nach ihrem Anblick gestorben wäre!

Das Geräusch einer sich schließenden Tür schreckte mich empor: ich gewahrte, daß meine Cousine das Zimmer wieder verließ. Doch das weiße Gespenst ihrer Zähne war aus meinem Gehirn nicht zu bannen, nicht fortzutreiben. Jedes Fleckchen auf ihrer Oberfläche, jede Tönung auf ihrem Email, jede Ausbuchtung an der Schneide hatte ihr flüchtiges Lächeln meinem Gedächtnis unauslöschlich eingebrannt! Ich sah sie *jetzt* sogar deutlicher, als ich sie *soeben* gesehen, diese Zähne! – diese Zähne! – Sie waren hier – und waren dort – überall, sichtbar, greifbar vor mir: lang, schmal und außerordentlich weiß. Bleiche Lippen zogen sich um sie herum, genau wie in dem schrecklichen Augenblick, da ich sie zuerst gesehen! Dann überfiel mich meine krankhafte Einbildungssucht mit wilder Wut, und vergebens kämpfte ich gegen ihre unerklärliche, unwiderstehliche Gewalt! Unter den zahllosen Gegenständen der äußeren Welt hatte ich nur noch Gedanken für diese Zähne. Nach ihnen trug ich ein wahnsinniges Verlangen. Alle Erscheinungen der Welt, alle Interessen des Lebens wurden davon aufgesogen. Sie – sie allein waren meinem inneren Auge gegenwärtig, ihr Wesen wurde zum alleinigen Inhalt meines Gedankenlebens. Ich betrachtete sie von jedem Gesichtspunkte, von jeder Seite aus. Ich studierte ihre besonderen Merkmale, ich sann über ihre Eigentümlichkeiten nach, ich grübelte über ihre Ähnlichkeit untereinander. Ich forschte nach den Veränderungen, denen sie unterworfen waren. Und als ich ihnen in meiner Vorstellung Gefühlskraft und Ausdrucksfähigkeit auch ohne den Beistand der Lippen zuschreiben mußte, da schauderte ich! Von Mademoiselle Salle hat man sehr bezeichnend gesagt: *„Que tous ses pas étaient des sentiments"*, und von Berenice glaube ich viel fester, *daß alle ihre Zähne Ideen* seien. Ideen! War das der idiotische Gedanke, der mich zugrunde richten sollte? Ideen!?! Begehrte ich sie wohl deshalb so wahnsinnig? Ich fühlte, daß nur ihr Besitz allein mir jemals Frieden, jemals den Verstand zurückgeben könne.

So senkte sich der Abend auf mich herab, und die Dunkelheit der Nacht kam, blieb und verschwand wieder – ein neuer Tag erschien, und die Nebel einer zweiten Nacht schlugen um mich zusammen – und noch immer saß ich regungslos in meinem einsamen Zimmer – noch immer saß ich in Betrachtungen versunken – noch immer übte das Gespenst der Zähne seine schreckliche Macht und schwebte mit lebendiger, gräßlicher Deutlichkeit da und dort durch die wechselnden Lichter und Schatten des Zimmers. Endlich brach in meine Träume ein Schrei des Entsetzens und der Furcht, dem nach einer Pause trostlose Stimmen und banges, schmerzerfülltes Seufzen folgten. Ich erhob mich von meinem Sitze, öffnete die Tür des Bibliothekszimmers und fand im Vorraum eine Dienerin, die mir tränenüberströmt verkündete, daß Berenice nicht mehr sei! Am frühen Morgen hatte ein Epilepsie-Anfall sie heimgesucht. Nun, bei Anbruch der Nacht, waren die Vorbereitungen zur Bestattung beendet, und das Grab erwartete seinen Bewohner.

Ich fand mich in der Bibliothek wieder. Allein. Es schien mir, als sei ich eben aus einem verwirrten, aufgeregten Traume erwacht. Ich wußte, daß es Mitternacht war und daß man nach Sonnenuntergang Berenice begraben hatte. Doch hatte ich keine bestimmte Vorstellung von dem, was sich in der Zwischenzeit zugetragen. Meine Erinnerung daran war ein Gefühl wie Schrecken, den seine Unbestimmtheit nur grausiger, wie Entsetzen, das seine Gegenstandslosigkeit nur noch gräßlicher machte. Es war eine fürchterliche Stunde meines Lebens, angefüllt mit nebelhaften, unaussprechlichen, scheußlichen Erinnerungen. Ich bemühte mich, die Wirklichkeit zu erkennen, die ihnen Zugrunde lag; vergebens! Von Zeit zu Zeit drang der schrille, durchdringende Schrei einer Frauenstimme wie das Gespenst eines verwehten Tones in mein Ohr. Ich hatte die Tat vollbracht – doch welche? Laut stellte ich mir diese Frage ... und das flüsternde Echo des Zimmers antwortete mir: – „doch welche"?

Neben mir auf dem Tische brannte eine Lampe, und ihr zur Seite stand eine kleine Kiste aus Ebenholz. (Es war nichts Besonderes an ihr, und ich hatte sie schon oft gesehen, denn sie gehörte unserem Hausarzt.) Aber wie kam sie da auf meinen Tisch, und weshalb schauderte ich, als ich sie erblickte? Doch – es war wohl nicht der Mühe wert, darüber nachzudenken! Meine Blicke wandten sich ab und fielen auf ein offenes Buch und eine Sentenz in demselben, die jemand unterstrichen hatte. Es waren die sonderbaren, aber einfachen Worte des Dichters Ebn Zaiat: *„Dicebant mihi sodales, si sepulchrum amicae visitarem, curas meas aliquantulum fore levatas."* Wie kam es, daß sich beim Lesen dieses Satzes mein Haar emporsträubte, daß mein Blut in den Adern erstarrte?

Man klopfte leise an die Tür des Bibliothekszimmers, und bleich wie ein dem Grabe Entstiegener kam sein Diener auf den Zehenspitzen herein. Seine Blicke waren schreckverwirrt, und er sprach mit leiser, zitternder, erstickter Stimme. Was sagte er mir? – Ich vernahm nur Bruchstücke. Er sprach von einem gräß-lichen Schrei, der das Schweigen der Nacht unterbrochen – sagte, daß die Dienerschaft zusammengelaufen sei und in der Richtung des Tones gesucht habe. Dann wurde seine Stimme gellend deutlich – er redete von der Schändung des Grabes – von dem entstellten, aus den Leichentüchern gerissenen Körper, der noch stöhnte, noch pulsierte, *noch lebte!*

Er deutete auf meine Kleider; sie waren mit Kot und Blut beschmutzt. Er sprach nicht, sondern ergriff sanft meine Hand, sie trug die Male menschlicher Nägel. Er richtete meine Aufmerksamkeit auf einen Gegenstand, der an der Wand lehnte – es war ein Spaten. Mit einem Schrei stürzte ich zum Tisch und ergriff die Ebenholzkiste. Ich hatte nicht die Kraft, sie zu öffnen, sie glitt aus meiner zitternden Hand, fiel schwer zu Boden und sprang entzwei; mit Gerassel rollten einige zahnärztliche Instrumente heraus und zweiunddreißig kleine, weiße, wie Elfenbein schimmernde Gegenstände, die sich auf dem Fußboden verstreuten...

DAS OVALE PORTRÄT

Mein Fieber war äußerst hitzig und langwierig. Alle Heilmittel, die ich mir in den wilden Apenninen verschaffen konnte, hatte ich schon erfolglos angewandt. Mein Kammerdiener und einziger Mitbewohner des einsamen Schlosses war zu nervös und zu ungeschickt, um mich zur Ader zu lassen; überdies hatte ich auch bei dem Zusammenstoß mit den Banditen Blut genug verloren. Da fiel mir ein, daß ich noch ein kleines Paket Opium in meiner Tabatière bei mir habe. Pedro reichte mir die Büchse; doch als ich mir einen Teil von dem Gifte abschneiden wollte, zögerte ich ein wenig. Beim Rauchen kam es nicht so sehr darauf an, wieviel man nahm, doch hier lag die Sache anders. Ich hatte noch nie Opium gegessen. Aber ich half mir aus der Verlegenheit, indem ich beschloß, zuerst nur eine ganz kleine Dosis zu nehmen. Sollte sie nicht wirken, so wollte ich sie so lange gradweise verstärken, bis ich fühlte, daß das Fieber sich verminderte, und der Schlaf, der mich nun schon seit fast acht Tagen floh, sich auf meine taumelnden Sinne herabsenken würde.

Das Schloß, in das mein Diener gewaltsam eingedrungen war, damit ich in meinem beklagenswerten Zustande die Nacht nicht im Freien zubringen müsse, war ein Gebäude von halb großartiger, halb melancholischer Bauart und mochte wohl schon lange, lange finster in die Apenninen hinabgeschaut haben. Allem Anschein nach war es erst seit kurzem und nur für kurze Zeit verlassen worden. Wir richteten uns in einem der kleinsten und am wenigsten prunkvoll möblierten Zimmer ein. Es lag in einem Eckturme des Schlosses und war mit reichem, wenn auch altem, teils zerfallenem Schmuckwerk ausgestattet. Die Mauern waren mit einer wahrhaft erstaunlichen Menge moderner Gemälde behangen, die nicht nur die Hauptwände des Zimmers, sondern auch die zahlreichen Nischen und Erker schmückten. Ich befahl Pedro, meinem Diener, die schweren Vorhänge vor die Fenster zu ziehen und, da es Nacht wurde, einen großen, vielarmigen Kandelaber anzuzünden, der am Kopfende des Bettes stand. Dann hieß ich ihn die schwer befransten, schwarzsamtenen Bettgardinen beiseite schieben. Ich wollte, falls ich nicht schlafen konnte, die Gemälde betrachten und den kleinen Band durchlesen, den ich auf den Kissen gefunden hatte, und der eine Beschreibung und Kritik der Gemälde enthielt.

Ich las lange, lange und betrachtete die Bilder voll Ehrfurcht und Andacht. Schnell, mit glänzenden Flügeln entflohen die Stunden, und die tiefe Mitternacht zog heran. Die Stellung des Kandelabers mißfiel mir, und um meinen schlafenden Diener nicht zu wecken, streckte ich selbst mit Mühe die Hand raus und wandte ihn so, daß seine Strahlen voller auf mein Buch fielen.

Diese kleine Bewegung hatte eine ganz ungeahnte Wirkung. Die Strahlen der zahlreichen Kerzen fielen jetzt in eine Nische, die bis dahin tief im Schatten eines Bettpfostens gelegen hatte, und ich erblickte in hellster Beleuchtung ein bis jetzt unbemerktes Porträt. Es war das Bild eines jungen, zum Weibe reifenden Mädchens. Ich blickte es schnell an und schloß dann sofort die Augen. Weshalb ich das tat, wußte ich im ersten Augenblicke selbst nicht, und ich begann mit geschlossenen Lidern über den Beweggrund nachzugrübeln. Es war wohl eine instinktive Bewegung gewesen, um Zeit zum Nachdenken zu gewinnen –, um mich zu vergewissern, daß mein Blick mich nicht getäuscht – um meine Phantasie zu beruhigen, damit sie den Gegenstand nüchtern und ruhig betrachte. Nach ein paar Sekunden blickte ich das Gemälde wieder fest an.

Daß ich nun richtig sah, konnte ich nicht länger bezweifeln, noch wollte ich es – denn der erste Widerschein der Kerzen auf der Leinwand hatte die träumerische Versunkenheit, die sich vielleicht über meine Sinne gebreitet, verwischt und mich plötzlich vollständig wach gemacht.

Das Bild war, wie schon gesagt, das Porträt eines jungen Mädchens – nur der Kopf und die Schultern – und zwar in jener Art gemalt, die man mit dem technischen Ausdruck „Vignettenstil" bezeichnet. Die Arme, der Busen und selbst die Spitzen ihres schimmernden Haares gingen unmerklich in den unbestimmten, tiefen Schatten über, der den Hintergrund des Gemäldes bildete. Der Rahmen war oval, reich vergoldet und in maurischem Geschmack verziert. Rein als Kunstwerk genommen, konnte es nichts Bewunderungswerteres geben als dieses Porträt – und doch hätte weder die vollkommene Ausführung des Bildes noch die himmlische Schönheit der dargestellten Person mich so plötzlich und so heftig erregen können. Auch sah ich sehr wohl ein, daß ich im ersten Augenblicke des Erwachens aus meinen Träumereien das Bild nicht etwa für eine lebendige Person hätte halten können: die vignettenhafte Art der Ausführung und der glänzende Rahmen hätten einen solchen Gedanken überhaupt wohl nicht aufkommen lassen ... Ich dachte über dies alles vielleicht eine Stunde lang nach, in meine Kissen zurückgelehnt, und hielt meine Blicke immer fest auf das Porträt gerichtet, bis ich endlich das ganze Geheimnis dieses sonderbaren Bildes entdeckte. Sein Reiz bestand nämlich in der vollkommenen Lebensähnlichkeit seines Ausdrucks, der mich beim ersten Anblick so lebhaft erregt, verwirrt, ja, erschreckt hatte. Mit einem Gefühl tiefen, ehrfürchtigen Schauderns schob ich den Kandelaber in seine frühere Stellung zurück, und nachdem ich so die Ursache meiner lebhaften Erregung meinen Blicken entzogen, ergriff ich hastig das Buch, das die Beschreibung und die Geschichte der Gemälde enthielt. Ich suchte die Nummer des ovalen Porträts auf und las die deutungsreichen, sonderbaren Worte: „Sie war ein Mädchen von seltenster Schönheit und so heiter wie liebenswürdig. Und verhängnisvoll war die Stunde, in welcher der Maler sie sah, liebte und zur Gattin nahm. Er war leidenschaftlich, grüblerisch, streng und hatte schon eine Braut in seiner Kunst ... Sie aber war ganz Licht und Lächeln und zu Scherzen aufgelegt wie ein junger Pfau; sie liebte und hätschelte alle Dinge und haßte nur eins: die Kunst, die ihre Rivalin war, und fürchtete nur die Palette und die Pinsel und die übrigen verhaßten Werkzeuge, die ihr den Anblick des Geliebten so oft entzogen. Mit Schrecken vernahm sie den Wunsch ihres Gatten, sie zu porträtieren. Doch war sie ergeben und gehorsam und saß geduldig lange Wochen hindurch in dem düsteren, hohen Turmzimmer, durch das nur von oben ein bleiches Licht auf die graue Leinwand fiel. Er aber, der Maler, setzte seinen ganzen Stolz in dies Werk, das täglich, stündlich seiner Vollendung entgegenging. Und er war ein leidenschaftlicher, seltsamer, grüblerischer Mann, der sich in Träumereien verlor, so daß er nicht sah oder nicht sehen wollte, daß das Licht, das so gespenstisch in jenes einsame Turmzimmer fiel, die Gesundheit und die Seele seiner Frau zerstörte, die für alle Welt, nur nicht für ihn, sichtbarlich dahinsiechte. Dennoch lächelte sie immer und klagte nie, weil sie sah, daß der Maler, der weit über das Land berühmt war, in seinem Schaffen tiefen Genuß fand und Tag und Nacht arbeitete, um die zu malen, die ihn so grenzenlos liebte – und die täglich müder und schwächer wurde. Und alle, die das Porträt sahen, sprachen mit unterdrückter Stimme von seiner Ähnlichkeit wie von einem unerklärlichen Wunder, wie von einem machtvollen Beweise von der Kunst des Malers und seiner Liebe zu ihr, die er so vollendet ähnlich auf die Leinwand bannte. Doch als sich die Arbeit ihrem Ende nahte, wurde niemand mehr in den Turm zugelassen, denn der Maler war wie besessen vom Eifer für sein Werk und wandte nur selten noch seine Blicke von dem Bilde auf die Züge seiner Frau. Und er wollte nicht sehen, daß die Farben, die er auf die Leinwand auftrug, von den Wangen der Frau verschwanden, die vor ihm saß. Und als viele Wochen vorübergegangen waren und nur noch wenig zu tun blieb – noch ein Strich über die Lippen, noch ein letzter Glanz über dem Auge – flackerte die Seele der jungen Frau noch einmal auf wie eine verglimmende Lampe. Und der Maler machte den Strich über die Lippen und legte den Glanz über das Auge, und er stand einen Augenblick wie entzückt vor dem Werke seiner Hände. Im nächsten Augenblick aber, während er noch in Anschauung versunken war, begann er zu zittern und wurde totenbleich und schrie, von einem Entsetzen jäh angefaßt, mit lauter Stimme: ,Das ist ja das Leben selbst!' und wandte sich zu seiner Geliebten. – Sie war tot!'"

DAS STELLDICHEIN

Erwarte mich! Ich will Dich nicht verfehlen,
Dich wieder treffen in dem hohlen Tal der Schatten!
Leichenrede Henry Kings, Bischofs von
Chichester, beim Tode seiner Gattin.

Unseliger, geheimnisvoller Mann*! – Oh, du, – zerstört durch die brennende
Glut Deiner eigenen Phantasie, verschlungen von den schlagenden Flammen
Deiner allzu heißen Jugend! Wieder sehe ich Dich vor mir! Wieder ist Deine
Gestalt vor meinen Augen erstanden; nicht die, welche jetzt in dem kalten Tale
der Schatten irrt, nein: die, welche noch sein könnte und dann ein Leben prächtiger Träumereien in jener Stadt nebelhafter Gesichte verschwenden würde –
in *Deinem* Venedig, dem von den Sternen geliebten Elysium des Meeres, wo
die hohen Palastfenster mit tiefer, bitterer Bedeutung auf die Geheimnisse der
schweigenden Wasser hinabsehen. Ja! ich sehe Dich! Oh, und gewiß: es gibt
noch andere Welten, als diese irdische ... andere Gedanken, als die plumpen der
Menge ... andere Weisheiten, als die allzu klugen Sophismen im Philosophen-
hirn!! Wer könnte Dich wohl um Deines Lebens willen zur Verantwortung ziehen; wer Dich tadeln für die Stunden, in denen du fern, fern, weltentrückt warst?
Wer möchte ernsthaft Dein traumgeweihtes Dasein ein „verlorenes" nennen?

In Venedig, unter dem gedeckten Bogengang, der die Seufzerbrücke heißt –,
da traf ich den Mann, von dem ich hier rede, zum dritten oder vierten Male.
Verwirrt ist meine Erinnerung: der Einzelheiten vermag ich mich nicht zu entsinnen. Und doch – vergessen werd' ich's nie ... Wenn ich so zurückdenke: Wie
tief die Mitternacht war, die über jener Brücke damals lag. Und diese erlesene
Formenschönheit. Und der ganze Geist des Seltsamen, der schwebend über
dem Kanal lag, an seinen Ufern auf und nieder glitt.

Die Nacht war unheimlich dunkel – die große Glocke der Piazza hatte eben
die zwölfte Stunde geschlagen. Schweigend und verlassen lag der Campanile da.
Die Lichter in dem alten Dogenpalaste erloschen eins nach dem anderen. Ich
kam durch den großen Kanal von der Piazetta, und als meine Gondel gegenüber
der Mündung des Kanals San Marco angekommen war, brach plötzlich der wilde,
hysterische, lang anhaltende Schrei einer weiblichen Stimme durch die Nacht.
Erschrocken sprang ich auf, während mein Gondolier sein einziges Ruder fallen
ließ, das in der pechschwarzen Finsternis auf immer verlorenging, so daß wir

---

* Gemeint ist Lord Byron.

uns der Strömung überlassen mußten, die hier von dem größeren in den kleineren Kanal treibt. Wie ein ungeheurer, trauerflorbefiederter Kondor glitt unsere Barke langsam der Seufzerbrücke zu, als tausend Fackeln in den Fenstern und auf der Treppe des Dogenpalastes aufflackerten und die tiefe Düsterheit mit einem Schlage an einen totenbleichen, phantastischen Tag verwandelten.

Ein Kind war aus den Armen seiner eigenen Mutter aus einem der oberen Fenster des mächtigen Bauwerkes in den tiefen, trüben Kanal gefallen. Schweigend hatten sich die ruhigen Wasser über ihrem Opfer wieder geschlossen; und obgleich meine Gondel die einzige in der Nähe war, hatte sich mancher kühne Schwimmer schon in die Strömung geworfen und suchte vergebens den Schatz auf der Oberfläche, der, ach! nur im Abgrund zu finden war. Auf den mächtigen schwarzen Marmorfliesen am Eingange des Palastes, nur wenige Fuß über dem Wasser, stand eine Gestalt, die niemand, der sie dort gesehen, jemals wieder vergessen haben kann. Es war die Marchesa Aphrodite – die von ganz Venedig Angebetete – die Strahlendste der Strahlenden – die Schönste unter all den Schönen – die junge Gattin des alten Intriganten Mentoni, die Mutter jenes reizenden Kindes, ihres ersten und einzigen, das nun tief unter dem schlammigen Wasser in bitterer Todesnot an ihre süßen Liebkosungen dachte, sich mühte, ihren Namen zu rufen, und so in Qualen zu Grunde ging.

Sie stand allein. Ihr kleiner, nackter, silberglänzender Fuß schimmerte auf dem schwarzen Marmor. Das Haar, halb dem künstlichen Aufbau entwunden, den sie auf dem Fest getragen, das eben erst geendet, umringelte in blauschwarzen, von Diamantentau betropften Lockentrauben den herrlichen Kopf. Ein schneeig weißes, schleierleichtes Gewand schien als einzige Hülle ihre zarte Gestalt zu bedekken; doch die Mitsommermitternacht war heiß, schwül, bleiern, und keine Bewegung in der statuengleichen Gestalt verschob die Falten des Nebelgespinstes, das sie umhing, wie der schwere Marmor die Niobe umhängt. Aber – wie seltsam! – ihre großen, lichtstrahlenden Augen ruhten nicht unten auf dem Grabe, das eben ihre schönste Hoffnung verschlungen – sie starren weit, weit hinaus...

Ich glaube, das Gefängnis der alten Republik ist das stattlichste Gebäude von ganz Venedig; doch – wie konnte die Marchesa Aphrodite dasselbe nur so anstarren, jetzt, da ihr eigenes Kind im Todeskampfe dort unten lag? Und jene dunkle düstervolle Nische, die gerade dem Fenster ihres Zimmers gegenüber aufgähnt – was konnte nur in ihrem Schatten, an ihrer Architektur, an ihren mit eisernem Laubwerk umrankten Friesen sein, das die Marchesa di Mentoni nicht schon tausendmal vorher gesehen? Müßige Frage! – Wer wüßte nicht, daß das Auge wie ein zertrümmerter Spiegel die Bilder seines Schmerzes vervielfältigt und in jedem noch so weit entfernten Orte den Jammer sieht, der dicht vor seinen Füßen liegt?

Ein paar Stufen höher als die Marchesa, unter dem Portale, stand, noch in vollem Festanzug, die satyrgleiche Gestalt Mentonis. Er klimperte auf seiner Guitarre herum und schien unglaublich gelangweilt, während er hin und wieder Befehle zur Rettung des Kindes gab. Ich, meinerseits, war bestürzt und wie leblos und fand nicht Kraft, meine jähe aufrechte Stellung, zu welcher mich der Schrei emporgerissen, zu verändern; geisterhaft und vorbedeutend muß ich mit leichtem Angesicht und erstarrten Gliedern in meiner trauerflorgefiederten Gondel an der erregten Gruppe am Ufer vorübergeglitten sein.

Alle Rettungsversuche waren natürlich vergebens, und selbst die kühnsten Schwimmer gaben ihre Anstrengungen auf und überließen sich düsterer Stimmung. Das Kind schien hoffnungslos verloren (wieviel hoffnungsloser mußte die Mutter sein!), als plötzlich aus dem Innern jener dunklen Nische des alten republikanischen Gefängnisses eine mantelumhüllte Gestalt in die Helle heraustrat, einen Augenblick am Rande des schwindelhohen Ufers stehen blieb und dann kopfüber in den Kanal stürzte. Als sie einen Augenblick später mit dem noch atmenden Kinde in den Armen auf den Marmorfliesen an der Seite der Marchesa stand, fiel sein schwer von Wasserdurchtränkter Mantel zu seinen Füßen nieder und enthüllte den verwunderten Zuschauern die anmutvolle Gestalt eines jungen Mannes, von dessen Namen damals ganz Europa widerklang.

Kein Wort sprach der Retter. Aber die Marchesa! nun wird sie ihr Kind umfangen – wird es an ihr Herz drücken – wird seine kleine Gestalt an sich pressen und mit ihren Zärtlichkeiten beruhigen! Ach! *andere* Arme nahmen es von dem Fremden entgegen – andere Arme trugen es fort, von der Mutter unbeachtet, in den großen Palast! Und die Marchesa! ihre Lippen, ihre schönen Lippen zittern; Tränen steigen in ihre Augen, und sieh! ein Schauder fährt aus ihrer Seele auf, durchbebt ihre ganze Gestalt – die Statue wird lebendig! Über die Blässe ihres marmornen Antlitzes, über die Rundung des Marmorbusens, über die leuchtende Reinheit ihrer marmornen Füße rinnt plötzlich eine Flut schimmernden Rosenlichtes, und ein leichtes Erstaunen geht über ihr zartes Gesicht wie die liebliche Luft Neapels über die schlanken Silberlinien im Grase.

Weshalb nur mochte die Dame erröten? – vielleicht, weil sie in der angstvollen Hast ihres mütterlichen Herzens die Verschwiegenheit ihres Gemaches verließ, ohne ihre zarten Füße in die Pantöffelchen zu stecken und die gewohnte Hülle um ihre schneeigen Schultern zu breiten? Welch anderen Grund könnte man sonst für ihr Erröten finden? – für das Aufglänzen ihrer seltsam verlangenden Augen? – für den Aufruhr in ihrem wildklopfenden Busen? – für den krampfhaften Druck ihrer zitternden Hand? – ihrer Hand, die, als Mentoni in den Palast zurückgekehrt, wie zufällig auf die Hand des Fremden fiel – welchen Grund mochte es wohl haben, daß sie sonderbar leise mit den eilig geflüsterten sinnlosen Worten von ihm Abschied nahm: „Du hast gesiegt, das Murmeln der Wasser hat mich nicht getäuscht – du hast gesiegt –eine Stunde nach Sonnenaufgang werden wir uns treffen – so soll es sein"!

Der Tumult ließ nach, die Lichter im Palaste erloschen eins nach dem anderen, und der Fremde, der mir wohl bekannt war, stand allein auf den Fliesen. Er schauderte einen Augenblick mit einer seltsamen Bewegung zusammen, dann blickte sein Auge suchend nach einer Gondel umher. Ich konnte nicht umhin, ihn aufzufordern, sich meiner eigenen zu bedienen – und er nahm das Anerbieten an. Es gelang uns, ein neues Ruder aufzutreiben, und bald glitten wir seiner Wohnung zu, während er nach und nach, doch immerhin schnell, seine Selbstbeherrschung zurückgewann und mit herzlichem Tone von unserer früheren flüchtigen Bekanntschaft sprach.

Es gibt einige Menschen, über die ich nur *eingehend* sprechen möchte, und die Person des Fremden – lassen Sie ihn mich so nennen, denn für diese Welt war er stets ein Fremder – gehört zu ihnen. Seine Größe war vielleicht eher unter als über dem Mittelmaß, obwohl sich seine Gestalt in Augenblicken der Leidenschaftlichkeit reckte und wuchs, so daß sie diese Behauptung wieder Lügen strafte. Die leichte, fast zarte Symmetrie seines Antlitzes redete mehr von Taten solch raschen Handelns, wie er es an der Seufzerbrücke gezeigt, als von jener übermenschlichen Kraft, die er ohne Anstrengung bei gefährlicheren Gelegenheiten schon bewiesen. Der Mund und das Kinn waren schön wie die eines Gottes – die Augen seltsam, wild, glutvoll und klar, und ihr Glanz schwankte zwischen reinstem Haselbraun und grundlosestem, glänzendstem Jettschwarz – aus einer Fülle dunklen Lockenhaares schimmerte eine ungewöhnlich breite Stirn in lichtem Elfenbein. Niemals sah ich Züge voll solch klassischer Regelmäßigkeit; nur mit den marmorstarren Linien des Kaisers Commodus waren sie vergleichbar. Doch gehörte sein Antlitz zu denen, die jeder Mensch in seinem Leben einmal gesehen hat – und dann niemals wieder. Es hatte keinen besonderen, keinen bleibenden, herrschenden Ausdruck, der sich dem Gedächtnis hätte einprägen können; ein Antlitz, das man sah und vergaß: doch mit dem unbestimmten Wunsche vergaß, es sich wieder ins Gedächtnis zurückrufen zu können. Wohl warf der Geist jeder schnellen Leidenschaft sein deutliches Abbild auf den Spiegel dieses Antlitzes; aber der Spiegel hielt, spiegeltreu, keine Spur der Leidenschaft zurück, wenn jener Geist wieder entflohen war.

Als ich ihn in der Nacht nach unserem Abenteuer verließ, bat er mich, wie es mir vorkam ziemlich dringend, ihn am anderen Morgen *sehr* früh zu besuchen. Kurz nach Sonnenaufgang fand ich mich denn auch in seinem Palaste ein, in einem jener ungeheuren Gebäude von düsterem, phantastischem Pompe, die sich an dem Wasser des großen Kanals in der Nähe des Rialto auftürmen. Man wies mich eine breite, gewundene, mosaikbelegte Treppe hinauf, in ein Gemach, dessen unvergleichliche Pracht wie ein strahlender Lichtstrom durch die offene Türe zu mir hinausglänzte, mich blendete und schwindelig machte.

Ich wußte, daß mein Freund sehr reich war. Die Fama sprach von seinen Besitztümern in Ausdrücken, die ich einmal als lächerliche Übertreibung zu bezeichnen gewagt hatte. Doch als ich nun meine Blicke umherschweifen ließ, kam mir der Gedanke, daß der Reichtum keines Mannes in ganz Europa genügt haben würde, diese kaiserliche Pracht, die um mich her strahlte und glühte, herbeizuschaffen.

Obwohl, wie ich sagte, die Sonne schon aufgegangen, war das Gemach noch glänzend erleuchtet. Ich schloß aus diesem Umstande und auch aus den Spuren der Erschöpfung in den Zügen meines Freundes, daß er während der ganzen Nacht nicht zur Ruhe gegangen war. Aus der Architektur und der Ausschmückung des Zimmers sprach die offenbare Absicht zu blenden und Erstaunen zu erregen. Auf die eigentliche Möblierung oder nationale Eigentümlichkeiten in der Zimmerausstattung hatte man nur sehr wenig Aufmerksamkeit verwandt. Das Auge wanderte von Gegenstand zu Gegenstand und blieb auf keinem haften – weder auf den Grotesken griechischer Maler, noch den Skulpturen aus der besten Zeit Italiens, noch auf den riesigen Teppichen Ägyptens. An allen Seiten des Zimmers zitterten reiche Draperien unter dem Hauche einer leisen, melancholischen Musik, deren Ursprung ich nicht entdecken konnte. Auf den Sinnen lasteten vermischte, miteinander streitende Düfte, die mit gleißenden, flackernden Zungen grünen oder violetten Lichtes aus sonderbaren verschnörkelten Weihrauchschalen emporstiegen. Die Strahlen der eben aufgegangenen Sonne überströmten das Ganze durch Fenster, die je aus einer einzigen karmoisinroten Scheibe bestanden. Auf den Vorhängen, die wie Katarakte von geschmolzenem Silber aus ihren Nischen hervorquollen, in tausend Reflexen widerspiegelnd, vermischten sich die natürlichen Strahlen mit dem künstlichen Lichte und wogten in zwiefach glänzenden Strömen über einen Teppich von reichem, wie flüssig schimmerndem Goldstoff.

„Hahaha! – hahaha"! – lachte der Herr des Hauses, als er mich nach meinem Eintritt zu einem Sitze geleitete und sich selbst dann der Länge nach auf eine Ottomane warf. „Ich sehe", fuhr er fort, da er zu bemerken schien, daß ich mich nicht sofort mit einem so eigentümlichen Empfang abfinden konnte, „ich sehe, Sie sind über dies Gemach erstaunt – über die Statuen, die Bilder, über meine ganze originelle Anordnung und Einrichtung; Sie sind ganz berauscht –, was? von der Pracht! Doch verzeihen Sie mir, lieber Freund (hier nahm seine Stimme einen Ton an, als spreche der Geist der Herzlichkeit selbst aus ihr), verzeihen Sie mir mein liebloses Lachen. Aber Sie sahen so ungeheuer erstaunt aus! Und überdies sind manche Dinge so spaßhaft, daß der Mensch lachen *muß* oder sterben. Lachend zu sterben muß der glorreichste aller glorreichen Tode sein. Sir Thomas More – er war ein prachtvoller Mensch – Sir Thomas More starb lachend, wie Sie wissen. Und in den ‚Absurditäten‘ des Ravisius Textor steht eine lange Liste von Menschen, die das gleiche, prachtvolle Ende fanden. Wissen Sie vielleicht“, fuhr er nachdenklich fort, „daß in Sparta, dem jetzigen Palaeochori, im Westen der Stadt, unter einem Chaos kaum sichtbarer Ruinen eine Art Sockel steht, auf dem noch die Buchstaben ΛΑΞM lesbar sind? Sie sind zweifelsohne ein Teil des Wortes ΓΕΛΑΞΜΑ. Nun gab es in Sparta wohl tausend Tempel und geweihte Orte für tausend verschiedene Gottheiten. Wie außerordentlich seltsam, daß der Altar des Lachens alle anderen überdauert hat! Doch eigentlich habe ich jetzt“, schloß er mit sonderbar veränderter Stimme und Haltung, „kein Recht, auf Ihre Kosten lustig zu sein. Sie hatten Grund, erstaunt auszusehen. Europa kann nichts so Prächtiges hervorbringen, wie dies kleine königliche Kabinett ist. Meine übrigen Gemächer gleichen ihm nicht. Im Gegenteil, sie sind wahre Ultras moderner Abgeschmacktheit. Dies jedoch ist besser als jede Mode – nicht wahr? Und mancher brauchte es nur zu sehen, um ganz rasend darüber zu werden, daß er es sich auf Kosten all seines Vermögens nicht verschaffen konnte. Ich habe es jedoch vor jeder Profanierung bewahrt. Mit einer alleinigen Ausnahme sind Sie das einzige menschliche Wesen außer mir und meinem Kammerdiener, der zu den Geheimnissen dieses kaiserlichen Gebietes Zutritt hat, seit es so, wie Sie es nun erblicken, ausgeschmückt ist!“

Ich verbeugte mich schweigend, denn der überwältigende Eindruck dieser Pracht, der Düfte und der Musik, sowie sein unerwartetes exzentrisches Benehmen und Reden ließen mich meine Bewunderung nicht in Worte kleiden und in einem Kompliment zusammenfügen.

„Hier“, begann er wieder, sprang auf, nahm meinen Arm und wanderte mit mir durch das Zimmer, „hier sind Gemälde von den Griechen bis Cimabue und von Cimabue bis zum heutigen Tage. Viele habe ich, wie Sie sehen, mit wenig Achtung vor der Tugend gewählt. Doch sind sie alle würdiger Schmuck für ein solches Zimmer. Hier sind ein paar Meisterwerke unbekannter Großer; und hier unfertige Entwürfe von Männern, die während ihres Lebens berühmt gewesen und deren Namen die scharfsinnigen Akademien der Vergessenheit und – mir überlassen haben. Was denken Sie“, fragte er dann plötzlich brüsk, „von der Madonna Della Pieta?“

„Es ist ja Guidos Original!“, antwortete ich mit all der Begeisterung meines Wesens, denn ich hatte ihre Lieblichkeit schon lange staunend betrachtet. „Es ist Guidos Original! Wie ist es möglich, daß Sie es erlangt haben? Sie ist zweifellos das in der Malerei, was die Venus in der Skulptur bedeutet!“

„Ach", sagte er gedankenvoll, „die Venus – die schöne Venus? – Die Venus von Medici? Mit dem kleinen Kopfe und dem goldenen Haar? Ein Teil des linken Armes (hier senkte er seine Stimme so, daß ich ihn nur mit Mühe verstehen konnte) und der ganze rechte Arm sind nachträglich ersetzt worden, und in der Koketterie jenes rechten Armes liegt für mein Empfinden die Quintessenz aller Affektation. Geben Sie mir den Canova! Auch der Apollo ist eine Kopie – zweifellos – und ich blinder Tor kann nichts von der vielgerühmten Offenbarung in dem Apollo verspüren! Ich muß – bedauern Sie mich – den Antinous vorziehen. Sagte nicht Sokrates, daß der Bildhauer dies Bild in dem Marmorblock gefunden? So wäre also Michelangelo nicht der erste mit seinem:

> ‚Non ha l'ottimo artista alcun concetto
> Che un marmo solo in se non circonscriva.'"

Man hat sehr oft oder könnte sehr oft bemerkt haben, daß das Benehmen eines bedeutenden Menschen sich in jedem Augenblick von dem Benehmen eines Alltagsmenschen unterscheidet, ohne daß man genau zu erklären vermag, worin der Unterschied eigentlich besteht. Das fühlte ich nie so deutlich als an jenem ereignisreichen Morgen; und ich kann die Besonderheit im Wesen meines Freundes, die ihn von allen menschlichen Geschöpfen wesentlich unterschied, nur als die *Gewohnheit* beständigen Denkens kennzeichnen, die selbst seine trivialsten Handlungen durchdrang, seine Tändeleien vertiefte und sogar in den Ausbrüchen seiner Heiterkeit noch spürbar war – wie die Nattern, die sich aus den Augen der grinsenden Masken an den Friesen der Tempel von Persepos herauswinden. Doch fiel mir wiederholt an dem halb leichtsinnigen, halb feierlichen Tone, mit dem er an diesem Morgen oft weitläufig über Dinge von geringer Wichtigkeit sprach, ein gewisses Schaudern auf – eine gewisse nervöse Salbung in seinem Tun und Reden –eine unstete Erregbarkeit des ganzen Wesens, die mir unerklärlich schien und mich ein paar mal mit Unruhe erfüllte. Häufig brach er auch mitten in einem Satze, dessen Anfang er vergessen zu haben schien, ab und lauschte mit tiefster Aufmerksamkeit, als erwarte er in jedem Augenblick einen Besucher oder als höre er Klänge, die nur seiner Phantasie vernehmbar sein konnten.

Während eines jener Augenblicke, da er ganz in Träumerei oder Lauschen versunken war, entdeckte ich, als ich in einem Buche blätterte, das in der Nähe der Ottomane lag, eine mit Bleistift unterstrichene Zeile. Es war eine Stelle gegen Ende des dritten Aktes des ‚Orfeoi' der ersten schönen italienischen Tragödie – eine Stelle, die das Herz erbeben machte, die, obwohl wüster Begierde voll, kein Mann ohne den Schauder einer *nie* gefühlten Erregung, keine Frau ohne einen Seufzer lesen wird. Die ganze Seite war von frischen Tränen durchtränkt, und auf dem fol-

genden Blatte las ich Verse, von der Hand meines Freundes, jedoch so anders als
sonst geschrieben, daß ich nur mit Mühe die Schrift als die seine wiedererkannte:

> Du warst mir alles, Liebe,
> Was meine Seele erfleht,
> Ein grünes Eiland, Liebe,
> Ein Quell und Heiligenschein,
> Umrankt von Früchten und von Blumen,
> Und alle Blumen waren mein.

> Ach Traum! Zu schön, zu währen!
> Ach Hoffnungsstern! Erglommen nur
> Zu eiligem Verlöschen!
> Der Zukunft Stimme ruft mir zu:
> „Voran!", Doch über der Vergangenheit
> Trübdunklem Golfe schwebt mein Geist
> Stumm – regungslos – erstarrt!

> Denn wehe! weh! Für mich erlosch
> Des Lebens Licht auf ewig.
> Und nimmer – nimmer – nimmermehr
> – Solch' Wort ruft feierlich die See
> Dem Sand der Küsten zu –
> Wird neu erblühn der blitzgetroff'ne Baum,
> Schwellt neue Kraft des kranken Adlers Flug!

> Entrückung bringt mir jede Stunde,
> Und jeder Traum der Nacht
> Sucht Deines dunklen Auges Glanz,
> Fragt, wo Dein Fuß Dich wiegt?
> In welchem Feentanz?
> An welchem fernen Strand?

> Weh über jene Höllenstunde,
> Da Dich die Woge mir entführt,
> Der Lieb' entführt zu Würden und Verbrechen,
> Entführt auf ein unheilig Pfühl,
> Ach! mir entführt und unserm Nebellande,
> In dem die Silberwelle um Dich weint.

Daß diese Verse in englischer Sprache geschrieben waren, überraschte mich nicht. Ich kannte die ausgedehnten Kenntnisse meines Freundes zu wohl und auch seine sonderbare Neigung, dieselben so viel wie möglich zu verbergen. Aber der Ort des Datums setzte mich doch in Erstaunen. Das Gedicht war in London verfaßt worden, später hatte man ein anderes Wort über den Namen geschrieben, jedoch nicht so, daß ein forschendes Auge den ersten nicht mehr hätte lesen können. Ich sage, daß mich dies alles in Erstaunen setzte, denn ich erinnerte mich wohl, daß ich in einer früheren Unterhaltung meinen Freund einmal gefragt hatte, ob er nicht in London mit der Marchesa di Mentoni, die dort einige Jahre vor ihrer Verheiratung lebte, zusammengetroffen sei. Damals gab er mir eine Antwort, aus der ich entnehmen mußte, daß er die Hauptstadt Großbritanniens nie besucht habe. Ich kann hier noch erwähnen, daß ich sehr oft gehört hatte (natürlich ohne einem so unwahrscheinlichen Gerüchte Glauben zu schenken), der Mann, von dem ich spreche, sei nicht nur von Geburt, sondern auch durch seine ganze Erziehung ein *Engländer*.

„Hier ist noch ein Bild", sagte er, ohne zu bemerken, daß ich in der Tragödie blätterte, „das Sie noch nicht gesehen haben." Er zog einen Vorhang beiseite und enthüllte ein Bild der Marchesa Aphrodite. Nie noch war es irdischer Kunst gelungen, überirdische Schönheit gleich vollkommen nachzubilden. Wieder stand ihre ätherische Gestalt, genau wie in der vorhergehenden Nacht auf den Stufen des Dogenpalastes, vor mir. Doch in dem Ausdruck ihrer Züge, die über und über im Lächeln strahlten, lauerte schon (unbegreiflicher Widerspruch!) jener verhängnisvolle Schatten von Traurigkeit, der von der vollkommenen Schönheit nun einmal unzertrennlich ist. Der rechte Arm deckte halb ihren Busen. Mit der Linken deutete sie auf eine sonderbar geformte Vase nieder. Ihr kleiner Feenfuß berührte nackt den Boden und in der leuchtenden Luft, die ihre ganze Lieblichkeit einrahmte, dehnten sich, kaum wahrnehmbar, zwei hauchzarte Flügel. Mein Blick fiel von dem Bilde auf die Gestalt meines Freundes, und die kraftvollen Worte des Bussy D'Ambois kamen mir unwillkürlich auf die Lippen:

> „dort steht er wie das Steinbild eines Römers!
> Und wird so steh'n, bis ihn der Tod in Marmor wandelt!"

„Kommen Sie", sagte er endlich und führte mich zu einem reich emaillierten, massiv silbernen Tische, auf dem phantastisch gearbeitete Becher und zwei etruskische Vasen standen, die nach dem sonderbaren Modell im Vordergrund des Porträts angefertigt zu sein schienen und mit Johannisberger gefüllt waren.

„Kommen Sie", sagte er, „wir wollen trinken; es ist zwar früh, doch wir wollen trinken. – Es ist wirklich früh", fuhr er plötzlich, wie in tiefen Gedanken, fort, als eine Uhr im Gemache die erste Stunde nach Sonnenaufgang schlug, „es ist wirklich früh – aber was tut's? Wir wollen trinken, wir wollen der feierlichen Sonne, die diese prunkvollen Lampen und Weihrauchschalen vergebens verdunkeln möchte, ein Opfer bringen." Und er trank mir aus einem der Riesenkelche zu und stürzte dann in rascher Folge noch mehrere Becher Weins hinunter.

„Träumen", sagte er, und nahm den zerstreuten, flüchtigen Ton seiner Unterhaltung wieder auf, „Träumen war das Tun meines Lebens. Ich habe mir deshalb dieses Haus hergerichtet. Könnte ich hier im Herzen Venedigs ein besseres haben? Sie sehen allerdings einen Mischmasch der verschiedensten Bilder der Schönheit. Antidiluvianische Sprüche beleidigen die Keuschheit der Jonia, und ägyptische Sphinxe strecken sich auf golddurchwirkten Teppichen aus, und doch ist die Wirkung nur für den Furchtsamen unharmonisch. Eigentümlichkeiten des Ortes und besonders der Zeit sind der Popanz, welcher der Menschheit die Betrachtung des Erhabenen verleidet. Wie jene arabeskengezierten Weihrauchschalen windet sich mein Geist in Feuern, und das „Delirium dieses Daseins macht mich reif für die wilderen Visionen im Lande jener wirklichen Träume, in das ich nun schnell enteile." Hier schwieg er plötzlich, neigte sein Haupt und schien auf einen Ton zu lauschen, den ich nicht hören konnte. Dann richtete er sich auf, blickte empor und flüsterte jene Worte des Bischofs von Chichester:

„Erwarte mich! Ich will Dich nicht verfehlen,
Dich wieder treffen in dem hohlen Tal der Schatten!"

Im nächsten Augenblick sprang er auf und warf sich – der Wein mochte wirken – in voller Länge auf die Ottomane. Da hörte ich einen schnellen Schritt auf der Treppe und gleich darauf ein lautes Klopfen an der Tür. Ich eilte zu öffnen, weil ich eine Störung fürchtete. Ein Page aus Mentonis Palast stürzte in das Gemach und stammelte mit abgehetzter Stimme die unzusammenhängenden Worte: „Meine Herrin, meine Herrin! vergiftet – vergiftet! o schöne Aphrodite!"

Bestürzt eilte ich auf die Ottomane zu, um den Schläfer zu wecken, doch seine Glieder waren starr, seine Lippen totenbleich, seine eben noch glänzenden Augen versteint. Ich schwankte auf den Tisch zu, meine Hand fiel auf einen zersprungenen, schwarz angelaufenen Becher, und – die Erkenntnis der ganzen, gräßlichen Wahrheit blitzte in meiner Seele auf.

KRIMINALGESCHICHTEN

DER GEIST DES BÖSEN

Bei der Erforschung der Neigungen und Triebe, der *prima mobilia* der Menschenseele, haben die Psychologen stets einen Hang übergangen, der, obwohl er sichtbar und deutlich als erstes, ursprüngliches, nur auf sich selbst zurückzuführendes Gefühl vorhanden ist, auch von den Moralisten, ihren Vorgängern, übersehen wurde. Wir alle haben ihn, durch die törichte Anmaßung unseres Verstandes unaufmerksam gemacht, nie beachtet, ja, selbst der Möglichkeitsgedanke ist uns nie gekommen, weil wir das Bedürfnis nicht fühlten, die Tatsache jener Neigung, jenes Hanges festzustellen. Wir sahen nicht ein, daß dies notwendig sei. Wir verstanden nicht, das heißt, wir würden nie verstanden haben (selbst wenn sich das Bewußtsein von der Existenz dieses *primum mobile* unserer Erkenntnis auf gedrängt hätte), welche Rolle es in der Ökonomie aller menschlichen Dinge, der zeitlichen und der ewigen, spielt. Es läßt sich nicht leugnen, daß die Psychologie und zum großen Teil alle Metaphysik auf aprioristischen Behauptungen aufgebaut ist. Der intellektuelle und streng logisch denkende Mensch glaubt noch mehr als der bloße Verstandesmensch und der Beobachter die Pläne Gottes zu verstehen, seine Absichten zu kennen. Und wenn er diese Absichten zu seiner Zufriedenheit ergründet hat, baut er nach ihnen seine zahllosen kapriziösen Systeme auf. In der Psychologie zum Beispiel stellten wir, natürlich genug, zuerst fest, es sei die Absicht Gottes, daß der Mensch esse. Daraufhin gaben wir dem Menschen den Nahrungsinstinkt, und dieser ist nun die Geißel, mit der Gott den Menschen zum Essen zwingt, er mag wollen oder nicht. Wir behaupteten, es sei Gottes Absicht, daß der Mensch seine Species fortpflanze, und entdeckten infolgedessen den Zeugungsinstinkt – und so machten wir es mit dem Selbsterhaltungstrieb, dem Kausalitäts-, wie dem Konstruktionssinne, kurz, mit jedem Organe, das irgendeiner Neigung, einem moralischen Gefühl oder einer Fähigkeit der reinen Intelligenz zum Ausdrucke verhilft. Und in dieser Anordnung der Prinzipien des menschlichen Handelns sind die Anhänger Spurzheims, mit Recht oder mit Unrecht, zum Teil oder ganz, im Prinzip den Spuren ihrer Vorgänger gefolgt, indem sie alles aus der einmal mit Gewißheit erkannten Bestimmung des Menschen herleiteten und auf der Basis einer Absicht seines Schöpfers aufbauten.

Es wäre weiser und sicherer gewesen, unsere Klassifizierung (wenn wir nun schon einmal klassifizieren müssen) auf den Handlungen aufzubauen, die der

Mensch gewohnheitsmäßig, sowie jenen, die er gelegentlich, nur gelegentlich begeht, statt auf der Hypothese zu basieren, daß die Gottheit selbst ihn antreibt, sie zu vollbringen. Da wir Gott nicht in seinen sichtbaren Werken verstehen, wie könnten wir seine unbegreiflichen Gedanken erfassen, die jene Werke ins Leben rufen? Da wir ihn in seinen mittelbaren Schöpfungen nicht begreifen, wie könnten wir ihn in seinem nicht bedingten, unmittelbaren Walten, in den Phasen des Schaffens selbst erfassen?

Eine Induktion *a posteriori* würde die Psychologen zu der Einsicht gebracht haben, daß sie als ein primitives Prinzip menschlichen Handelns ein paradoxes Etwas annehmen müßten, das wir in Ermangelung eines charakteristischeren Ausdruckes mit dem Bösen, Krankhaften, kurz – mit Perversität bezeichnen wollen. In meinem Sinne ist sie in der Tat ein Mobile ohne Motiv, ein nicht motiviertes Motiv. Unter ihrem Einflusse handeln wir ohne verständlichen Zweck, oder, sollte man dies für einen Widerspruch im Ausdrucke halten, wir handeln aus dem Grunde, weil wir nicht handeln sollten. In der Theorie kann kein Grund unvernünftiger sein, aber in der Praxis gibt es keinen stärkeren. Für Menschen von gewisser Veranlagung wird er bei gewissen Gelegenheiten absolut unwiderstehlich. Ich bin meines Lebens nicht gewisser, als der Richtigkeit der Behauptung, daß das Böse, das Sündhafte oder Schädliche in irgendeiner Handlung oft die unwiderstehliche Macht ist, die uns zwingt, allein zwingt, dieselbe zu begehen. Und dieser zügellose Hang, das Böse um des Bösen willen zu tun, spottet jeder Analyse, jeder Auflösung in tiefer liegende Elemente. Er ist ein radikaler, primärer, elementarer Beweggrund. Man wird mir wahrscheinlich entgegenhalten, daß, wenn wir auf einer gewissen Handlung bestehen, weil wir sie nicht begehen sollten, unser Betragen nur eine Modifikation dessen ist, wozu uns gewöhnlich der Selbsterhaltungstrieb verleitet. Doch wird ein einziger Hinweis genügen, um die Unrichtigkeit dieser Annahme klarzulegen. Dem Selbsterhaltungstriebe liegt als Entstehungsgrund die Notwendigkeit persönlicher Verteidigung zugrunde. Er ist unser Schutz gegen Ungerechtigkeit; sein Prinzip zielt auf unser Wohlbefinden; denn wir fühlen, sobald er sich zeigt, zugleich den Wunsch nach Wohlbefinden in uns erregt. Daraus folgt, daß der Wunsch nach Wohlbefinden sich zugleich mit jedem Prinzip einstellen muß, daß nur eine Modifikation des Selbsterhaltungstriebes ist. Doch in dem Falle des gewissen Etwas, das ich Perversität benenne, ist dieser Wunsch nicht nur nicht erregt, sondern ein sonderbares geradezu entgegengesetztes Gefühl tritt ins Dasein.

Jeder, der einmal mit sich zu Rate geht, wird die beste Antwort auf diesen Sophismus finden, und niemand, der seine Seele sorgfältig durchforscht, wird zu leugnen wagen, daß die fragliche Neigung eine primäre ist. Sie ist ebenso ausgesprochen, wie unerklärlich.

Es wird wohl kaum einen Menschen geben, der nicht in einem gewissen Augenblicke von dem heißen Wunsch ergriffen wurde, seinen Zuhörer durch Umschreibungen zu quälen. Der Sprecher – der die allerbeste Absicht hat, zu gefallen – weiß sehr wohl, daß er damit Mißfallen erregt, er spricht sonst gewöhnlich kurz, genau und klar, fühlt auch jetzt, wie sich ihm die Worte in lakonischer Deutlichkeit auf die Zunge drängen und wie er sie nur mit Mühe zurückhält, er fürchtet den Zorn des Zuhörers geradezu, und doch durchzuckt ihn der Gedanke, daß er mit ein paar Einschiebungen und Parenthesen diesen Zorn erregen kann. Und dieser einfache Gedanke genügt – die Anwandlung wird zur Anfechtung – die Anfechtung zur Begierde – die Begierde steigert sich zum unwiderstehlichen Bedürfnis – und das Bedürfnis befriedigt sich: zum tiefen Bedauern und quälenden Unbehagen des Sprechers, unbeachtet all der Folgen, deren Möglichkeit, ja! Wahrscheinlichkeit ihm wohl bewußt ist.

Wir haben eine Aufgabe vor, die schnellstens vollendet werden muß; wir wissen, daß Aufschub unseren Untergang nach sich ziehen kann. Die wichtigste Krise unseres Lebens verlangt mit lauter Stimme sofortiges energisches Handeln. Wir glühen, Eifer verzehrt uns, das Werk zu beginnen, und die Vorahnung eines ruhmreichen Resultates setzt unsere Seele in Flammen – wir müssen, die Arbeit heute noch beginnen: und doch verschieben wir sie auf morgen. Warum? Es gibt keine Erklärung dafür, außer der, daß wir fühlen: es ist ein krankhafter, ein – „perverser" Grund. Bedienen wir uns nun dieses Wortes, auch ohne das Prinzip zu verstehen! Der morgige Tag erscheint und mit ihm ein noch ungeduldigerer Wunsch, unsere Pflicht zu erfüllen; und mit dem Wunsche eine unerklärliche, furchtbare, weil unergründliche Begierde, wieder aufzuschieben. Je mehr Zeit verloren geht, desto unwiderstehlicher wird diese Begierde. Nur noch eine Stunde bleibt uns zum Handeln. Wir erbeben ob der Heftigkeit des Zwiespaltes, der sich in uns erhebt, über den wilden Kampf des Bestimmten mit dem Unbestimmten, des Greifbaren mit dem Schatten. Aber wenn der Kampf bis zu diesem Punkte vorgeschritten ist, so siegt der Schatten – alles Auflehnen ist vergebens. Die Uhr schlägt – die Todesstunde unseres Glückes. Und zugleich die erste Frühstunde für den Nachtalp, der uns bedrückte. Er entweicht – er verschwindet – wir sind frei. Die alte Willenskraft kehrt zurück. Jetzt können wir zur Arbeit schreiten. Aber – ach: Es ist zu spät!!!

Wir stehen am Rande eines Abgrundes. Wir starren in den Schlund, es wird uns übel und schwindlig. Unsere erste Bewegung war, vor der Gefahr zurückzuweichen. Unerklärlicherweise bleiben wir. Allmählich verschmilzt unser Übelbefinden, unser Schwindel, unsere Angst in ein nebelhaftes, nicht zu benennendes Gefühl. Nach und nach und unbemerkbar nimmt der Nebel Gestalt an, wie sich aus dem Wölkchen aus der bekannten Flasche in „Tausend und eine Nacht" der

Geist bildete. Aber aus unserer Wolke am Rande des Abgrundes bildet sich und wird immer greifbarer eine Gestalt, die hundertmal schreckhafter ist, als irgendein Dämon oder Geist der Fabel; und doch ist es nur ein Gedanke, der das Mark in unseren Gebeinen gefrieren macht und mit wüsten Entzückungen schüttelt. Es ist die einfache Vorstellung: welcher Art wären wohl unsere Gefühle, wenn wir aus solcher Höhe hinabstürzten? Und dieser Sturz, der uns zerschmettern müßte – wir wünschen ihn mit heißer Begier geradezu; und zwar aus dem einfachen Grunde, weil er uns das gräßlichste, schaudervollste Bild von Tod und Qual zeigen würde, das unser Hirn sich je hat vorstellen können. Und weil uns unser Verstand mit Heftigkeit von dem gefährlichen Rande entfernen will, eben deshalb nähern wir uns ihm nur ungestümer. Keine Leidenschaft ist ungeduldiger, als die eines Menschen, der am Rande eines Abgrundes schaudernd steht und sinnt, sich hineinzustürzen. Auch nur einen Augenblick lang nachzudenken, bedeutete unausbleiblich Untergang: denn das Nachdenken drängt uns, von dem Plane abzustehen, und eben deshalb, sage ich, können wir nicht. Wenn kein Freundesarm in der Nähe ist, um uns zurückzuhalten, oder ein krampfhafter Entschluß, uns zu entfernen, erfolglos bleibt, stürzen wir hinunter in die Vernichtung.

Prüfen wir solche und ähnliche Handlungsweisen, so finden wir, daß sie einzig und allein dem Geiste der Perversität entstammen. Wir begehen dieselben nur, weil wir fühlen, daß wir sie nicht begehen sollten. Darüber hinaus oder dahinter fehlt jeder Beweggrund, und wir müßten in der Tat die Perversität für eine Einblasung des Erzfeindes halten, diente sie nicht auch zuweilen zur Förderung des Guten.

Ich habe so lange über dies alles geredet, um Ihre Fragen in gewissen Beziehungen zu beantworten – um Ihnen zu erklären, weshalb ich hier bin – um Ihnen etwas zeigen, das wenigstens wie der blasse Schatten der Ursache aussehen, Ihnen erklären kann, warum ich Ketten trage und diese enge Zelle bewohne. Wäre ich nicht so weitläufig gewesen, so würden Sie mich gar nicht verstehen und wie die Menge für einen Irren halten. Jetzt werden Sie einsehen, daß ich eins der zahllosen Opfer jenes Dämons der Perversität bin.

Niemals ist eine Tat mit vollkommenerer Überlegung ausgeführt worden. Wochenlang, monatelang brütete ich über dem Mordanschlage. Ich verwarf tausend Pläne, weil sie eine Möglichkeit der Entdeckung enthielten. Da las ich einmal in alten Memoiren die Geschichte einer Frau, die durch eine zufällig vergiftete Kerze in eine tödliche Krankheit verfiel. Der Gedanke schlug wie ein Blitz in meine Seele. Ich wußte, daß mein Opfer die Gewohnheit hatte, im Bette zu lesen. Ich wußte, daß sein Zimmer klein war und kaum einem Luftzug Eintritt gewährte. Doch ich will Sie nicht mit müßigen Details ermüden. Ich will Ihnen nichts von der billigen List erzählen, mit der ich eine selbst verfertigte

Kerze in einen Leuchter stecken ließ. Am nächsten Morgen fand man ihn tot in seinem Bette und der Spruch des Leichenbeschauers lautete auf „Tod durch Gottes Gegenwart".*

Ich erbte sein Vermögen, und alles ging ein paar Jahre lang gut. Der Gedanke, meine Tat könne entdeckt werden, kam mir nie. Die Überbleibsel der gefährlichen Kerze hatte ich sorgfältig vernichtet. Nichts war da, das mich hätte verraten, ja! auch nur verdächtigen können. Ein unbeschreibliches, ein überströmendes großes Empfinden von Genugtuung schwoll jedesmal in meiner Brust auf, wenn ich mich dem Gefühle meiner vollständigen Sicherheit hingab. Eine lange Zeit schwelgte ich so in der Wollust dieses Gefühles. Und sein Genuß gewährte mir weit mehr wirkliches Glück, als die materiellen Vorteile, die mir mein Verbrechen gebracht. Doch kam einmal ein Tag, von dem ab sich dies Gefühl allmählich und unmerklich in einen Gedanken verwandelte, der mich vollständig gefangen nahm, mich nicht mehr verließ. Keinen Augenblick lang konnte ich mich von ihm befreien. Es ist eine ganz bekannte Sache, daß einem zuweilen die Ohren bis zur Ermattung vom Refrain irgendeines gewöhnlichen Liedes oder einiger unbedeutender Takte aus einer Oper klingen können. Und die Qual ist keine geringere, wenn das Lied an sich gut oder die Opernmelodie schön ist. So überraschte ich mich dabei, daß ich, während ich so in meiner Sicherheit schwelgend ging, mit leiser Stimme immer den Satz wiederholte: „Ich bin sicher."

Eines Tages, als ich durch die Straßen schlenderte, hörte ich mich plötzlich die gewohnten Worte mit fast lauter Stimme sprechen. Und in einem Anfalle von Heftigkeit fügte ich noch hinzu: Ich bin sicher – ich bin sicher – wenn ich nicht närrisch genug bin, mich selbst zu verraten.

Kaum hatte ich diese Worte ausgesprochen, so fühlte ich einen eisigen Schauder bis in mein Herz kriechen. Ich hatte einige psychologische Erfahrung, wußte schon von den Anfällen jener Perversität, die ich Ihnen eben so unzureichend zu erklären gesucht habe, und erinnerte mich wohl, daß ich ihr noch in keinem alle hatte widerstehen können. Und nun trat plötzlich meine eigene zufällige Annahme, ich könne Narr genug sein, mich selbst zu verraten, wie der Schatten des Gemordeten vor mich hin und winkte mir.

Anfangs machte ich alle Anstrengungen, den Alp abzuschütteln. Ich ging ungestüm, schneller und schneller, und endlich lief ich. Ich fühlte eine wahnwitzige Begierde, laut zu schreien. Jede neue Gedankenwelle wälzte neues Entsetzen über mich. Ich wußte nur zu gut, daß Denken jetzt meinen Untergang bedeutete. Ich beschleunigte meine Schritte noch mehr, ich stürzte wie ein Rasender durch die menschengedrängten Straßen. Schließlich wurden die Leute

---

* Englischer Ausdruck für plötzlichen Tod.

unruhig und verfolgten mich. Da fühlte ich mein Schicksal besiegelt. Hätte ich mir die Zunge ausreißen können, ich hätte es getan, doch schon klang eine rauhe Stimme in meinem Ohre, packte mich eine rauhere Hand an der Schulter. Ich wandte mich um – ich rang nach Atem. Einen Augenblick lang fühlte ich alle Qualen der Erstickung. Ich wurde taub, blind, schwindelig, und dann warf mich ein unsichtbarer Feind mit seiner mächtigen Hand zu Boden. Das lang eingekerkerte Geheimnis brach aus meiner Seele.

Man sagt, daß ich sehr deutlich, mit vielem Kraftaufwand und leidenschaftlicher Eile sprach, als hätte ich Furcht, daß man mich unterbreche, ehe ich jene kurzen verhängnisvollen Sätze beendet, die mich dem Henker und der Hölle überlieferten.

Als ich alles erzählt hatte, was meine Richter überzeugen konnte, sank ich ohnmächtig nieder.

Was soll ich noch hinzufügen? Heute trage ich Ketten und bin hier! Morgen bin ich fessellos, doch wo?

DER SCHWARZE KATER

Ich verlange und erwarte nicht, daß man die höchst seltsame und doch einfache Geschichte, die ich hier niederschreiben will, glaubt. Es wäre auch töricht, dies zu tun, denn ich selbst vermag dem Zeugnis meiner Sinne kaum zu trauen. Doch bin ich weder wahnsinnig noch habe ich geträumt. Morgen aber muß ich sterben und möchte darum heute meine Seele entlasten. Zu diesem Zwecke will ich der Welt klar und bündig und ohne weitere Erörterungen eine Reihe rein häuslicher Begebenheiten vor Augen führen. Die Folgen dieser Begebenheiten haben mich dem Entsetzen, haben mich der Qual anheimgegeben und mich schließlich zugrunde gerichtet. Doch will ich nicht versuchen, sie weiter zu erklären. Mir haben sie ein Schaudern verursacht; anderen mögen sie vielleicht weniger schrecklich als sonderbar erscheinen. Später vielleicht wird ein denkender Geist meine Wahngebilde auf Selbstverständlichkeiten zurückführen – er wird, ruhiger, logischer und viel weniger nervös als ich, in all den Umständen, die ich nun mit Grausen erzähle, die gewöhnliche Folge ganz natürlicher Ursachen und Wirkungen erkennen.

Von früher Kindheit an war ich wegen meines gelehrigen, liebevollen Wesens bekannt. Die Zärtlichkeit meines Herzens war so ungewöhnlich, daß sie mich zum Gespött meiner Kameraden machte. Ich war ein großer Tierfreund, und meine Eltern gestatteten mir gütigst, eine ganze Anzahl solcher Lieblinge zu halten. Mit ihnen verbrachte ich den größten Teil meiner Zeit und fühlte mich nie so glücklich, als wenn ich sie fütterte und liebkoste. Diese Eigenheit meines Wesens wuchs mit den Jahren und war später im Mannesalter der Quell meiner größten Vergnügungen. Denen, die jemals Neigung für einen treuen und gelehrigen Hund gehabt haben, brauche ich wohl die Natur und die innige Befriedigung, die aus solch einer Liebhaberei entstehen kann, nicht weiter zu erklären. In der selbstlosen und aufopferungsfähigen Anhänglichkeit eines Tieres liegt etwas, das unmittelbar zum Herzen dessen spricht, der oft Gelegenheit gehabt hat, die Armseligkeit und Unbeständigkeit der Menschen – was Freundschaft und Treue angeht – zu erproben.

Ich heiratete früh und war glücklich, bei meiner Frau eine meinem Wesen entsprechende Gemütsart zu finden. Als sie meine Vorliebe für Haustiere bemerkte, ließ sie keine Gelegenheit vorübergehen, mir die gefälligsten zu verschaffen. Und so besaßen wir denn Vögel, Goldfische, einen schönen Hund, Kaninchen, einen kleinen Affen und einen – Kater.

Er war ein auffallend großes und schönes Tier, vollständig schwarz und erstaunlich klug. Meine Frau, die ein wenig abergläubisch war, machte oft, wenn sie von dieser Klugheit sprach, Anspielungen auf den volkstümlichen Aberglauben, nach dem alle schwarzen Katzen verkappte Hexen sind. Ich will nicht sagen, daß sie jemals ernsthaft daran glaubte, und ich erwähne es überhaupt nur, weil ich mich zufällig wieder erinnere.

Pluto – so hieß der Kater – war mein bevorzugter Liebling und Spielgenosse. Ich allein fütterte ihn, und er begleitete mich auf Schritt und Tritt im ganzen Hause herum. Ich konnte ihm nur mit Mühe verwehren, mir auch auf die Straße zu folgen.

Unsere Freundschaft hatte nun schon mehrere Jahre bestanden – Jahre, in denen mein Temperament und mein Charakter, wie ich mit Beschämung gestehen muß, durch den Dämon Unmäßigkeit allmählich eine vollständige Wandlung zum Schlimmen erfuhr. Ich wurde von Tag zu Tage trübsinniger, reizbarer, rücksichtsloser. Selbst meiner Frau gegenüber gestattete ich mir eine brutale Sprache und vergriff mich schließlich sogar tätlich an ihr. Meine Lieblinge mußten natürlich ebenfalls unter dieser Veränderung meiner Gemütsart leiden. Ich vernachlässigte sie nicht nur, sondern mißhandelte sie. Für Pluto jedoch empfand ich noch immer so viel Neigung, daß ich ihn wenigstens nicht quälte, trotzdem ich mir kein Gewissen daraus machte, die Kaninchen, den Affen und selbst den Hund, wenn sie mir aus Zufall oder Anhänglichkeit in den Weg liefen, zu peinigen, wie ich nur konnte. Aber meine Krankheit gewann immer mehr Macht über mich – denn welche Krankheit ist an Hartnäckigkeit dem Hang zum Alkohol zu vergleichen? – und zum Schlusse mußte selbst Pluto, der anfing, alt und infolgedessen etwas mürrisch zu werden, die Wirkungen meiner Verdüsterung an sich erfahren.

Eines Nachts, spät, als ich vollständig betrunken aus einer meiner geliebten Kneipen in der Stadt nach Hause zurückkehrte, bildete ich mir ein, der Kater meide meine Gegenwart. Ich fing ihn ein, raffte ihn hoch, wobei er mir, wahrscheinlich aus Angst vor meiner Heftigkeit, mit den Zähnen eine kleine Wunde an der Hand beibrachte. In demselben Augenblicke ergriff mich eine wilde Wut, ich kannte mich selbst nicht mehr, es war, als sei meine Seele aus dem Körper entwichen; eine mehr als teuflische, vom Schnaps noch angefeuerte Bosheit zuckte in jeder Fiber meines Leibes. Ich zog ein Federmesser aus meiner Tasche, öffnete es, packte das arme Tier an der Gurgel und stach ihm ganz bedächtig eins seiner Augen aus der Höhle heraus. Oh! – es überläuft mich abwechselnd ein glühender und eisiger Schauder, da ich diese fluchwürdige Scheußlichkeit hier niederschreibe.

Als ich am anderen Morgen den Dunst meiner nächtlichen Ausschweifung verschlafen hatte und wieder zu Verstande kam, empfand ich über mein Verbre-

chen ein aus Abscheu und Gewissensbissen gemischtes Gefühl; doch war es nur
eine schwache Empfindung und in ihrer Tiefe blieb meine Seele von derselben
unberührt. Ich überließ mich aufs neue meinen Unmäßigkeiten, und jede Erinnerung an die Tat ertränkte ich im Branntweine. Der Kater genas mittlerweile
langsam. Seine leere Augenhöhle bot allerdings einen schauerlichen Anblick,
doch schien er keine Schmerzen mehr zu leiden. Wie früher strich er im Hause
umher, floh aber, wie leicht erklärlich, entsetzt davon, sobald ich in seine Nähe
kam. Ich hatte mir noch so viel Gefühl bewahrt, daß mich die offenbare Abneigung eines Geschöpfes, das mir früher so zugetan, betrübte. Doch wich diese
Empfindung bald einer tückischen Erbitterung. Und dann kam auch, um meinen
endgültigen, unwiderruflichen Untergang zu besiegeln, der Geist der Perversität
über mich. Die Psychologie hat sich noch nie mit diesem Dämon befaßt. Doch
so wahr meine Seele lebt, ich glaube, daß die Perversität einer der Grundtriebe
des menschlichen Herzens ist, eine der unteilbaren Urfähigkeiten oder Gefühle,
die dem Charakter des Menschen seine Richtungslinie geben. Wem wäre es
nicht hundertmal begegnet, daß er sich bei einer niedrigen oder törichten Handlung überraschte, die er nur deshalb beging, weil er wußte, daß sie verboten war?
Haben wir nicht beständig die Neigung, die Gesetze zu verletzen, bloß weil wir
sie als solche anerkennen müssen? Dieser Geist der Perversität kam also, wie ich
schon sagte, über mich, um meinen Untergang zu vollenden. Jener unergründliche Drang der Seele, sich selbst zu quälen, ihrer eigenen Natur Gewalt anzutun
und das Unrecht nur um des Unrechts willen zu begehen, trieb mich an, das
unschuldige Tier, das ich schon so gräßlich mißhandelt, noch weiter zu quälen.
Eines Morgens legte ich kaltblütig eine Schlinge um seinen Hals und hängte es
an dem Ast eines Baumes auf –; hängte es auf, während mir die Tränen aus den
Augen strömten und Gewissensbisse mein Herz folterten; hängte es auf, weil ich
wußte, daß es mich geliebt hatte, und weil ich fühlte, daß es mir nie eine Ursache
zu dieser Mißhandlung gegeben; hängte es auf, weil ich fühlte, daß ich mit der
Tat eine Sünde beging, eine Todsünde, die das Heil meiner Seele vernichten
konnte, sie, wenn es noch möglich gewesen wäre, dem Bereich der Gnade des
allgerechten und allbarmherzigen Gottes hätte entziehen müssen.

In der Nacht, die dem Tage folgte, an dem ich die grausame Tat vollführt,
wurde ich durch Feuerlärm aus dem Schlafe geweckt. Die Vorhänge meines Bettes brannten schon, das ganze Haus stand in Flammen. Unter großen Gefahren
entrannen meine Frau, unser Dienstbote und ich der Feuersbrunst. Alles wurde
zerstört, mein ganzer Besitz an irdischen Gütern war dahin. Und ich selbst überließ mich von nun ab nur noch widerstandsloser dem Trunk.

Ich bin längst über die Schwäche hinaus, ein Verhältnis von Ursache und
Wirkung zwischen diesem Unglück und der vorhergegangenen Schändlichkeit

zu erblicken. Ich stelle nur eine Kette von Tatsachen fest und möchte dabei kein Glied unerwähnt lassen. Am Tage nach dem Brande besichtigte ich die Trümmer. Die Mauern waren bis auf eine zusammengestürzt: und zwar war die nicht sehr dicke Scheidewand in der Mitte des Hauses, gegen die das Kopfende meines Bettes gestanden hatte, stehen geblieben. Die Wandverkleidung hatte dem Feuer ganz auffallend gut widerstanden – ich führte dies auf den Umstand zurück, daß sie erst vor kurzem neu beworfen worden war. Um diese Mauer herum hatte sich eine dichte Menschenmenge versammelt und schien einen bestimmten Teil derselben einer eingehenden, eifrigen Prüfung zu unterziehen. Worte wie „seltsam!", und „sonderbar!", und ähnliche Ausrufe erregten meine Neugierde. Ich näherte mich und erblickte auf der weißen Oberfläche, wie im Bas-Relief eingegraben, die Gestalt eines riesigen Katers. Die Konturen waren mit wunderbarer Sorgfalt ausgeführt. Um den Hals des Tieres lag ein Strick.

Als ich diesen Spuk – für etwas anderes konnte ich's kaum halten – erblickte, geriet ich vor Staunen und Grausen außer mir. Schließlich erinnerte ich mich, daß ich den Kater in einem Garten erhängt hatte, der dicht an mein Haus anstieß. Bei dem Feuerlärm hatte sich der Garten sofort mit Menschen gefüllt. Einer von ihnen mußte das Tier abgeschnitten und durch ein offenes Fenster – wahrscheinlich in der Absicht, mich aus dem Schlafe zu wecken – in mein Zimmer geschleudert haben. Beim Einsturz der anderen Mauer mußte irgendein Zufall das Opfer meiner Grausamkeit in die frisch aufgetragene Masse des Mauerbewurfs fest eingedrückt haben. Das Feuer hatte dann in Verbindung mit dem tierischen Alkali des Kadavers seine Umrisse fest in den Kalk eingebrannt.

Obgleich ich, was diese aufregende, rasch erzählte Tatsache angeht, meiner Vernunft, wenn nicht meinem Gewissen, Genüge tat, machte sie nichtsdestoweniger einen tiefen Eindruck auf meine Phantasie. Monatelang konnte ich mich von der Spukgestalt des Katers nicht befreien, und eine unbestimmte Empfindung, die wie Ruhe erschien, es aber doch nicht war, kehrte in mein Gemüt ein. Ich fing sogar an, den Verlust des Tieres aufrichtig zu bedauern, und begann mich in den niedrigen Schenken, die ich meist besuchte, nach einem anderen Tier derselben Art und einigermaßen ähnlichem Aussehen umzusehen, das den Platz Plutos wieder ausfüllen konnte.

Eines Nachts, als ich, schon halb stumpfsinnig, in einer der allerniedrigsten Lasterhöhlen saß, lenkte sich meine Aufmerksamkeit plötzlich auf einen schwarzen Gegenstand, der oben auf einem riesigen Oxhoft voll Branntwein oder Rum lag, das ein Hauptstück der Ausstattung des Lokales bildete. Einige Minuten lang blickte ich fest nach dem in die Höhe gerichteten Boden des Fasses, und es setzte mich in Erstaunen, daß ich den betreffenden Gegenstand nicht eher bemerkt hatte. Ich ging darauf zu und berührte ihn mit der Hand. Es war ein schwarzer Kater – ein sehr großer schwarzer Kater – ganz so groß wie Pluto und ihm, mit Ausnahme einer einzigen Abweichung, vollständig ähnlich. Pluto hatte an seinem ganzen Körper kein einziges weißes Haar, dieser Kater hatte dagegen einen großen, wenn auch undeutlich gezeichneten weißen Flecken, der beinahe die ganze Brust bedeckte.

Als ich das Tier berührte, erhob es sich sofort, begann laut zu schnurren, rieb sich an meiner Hand und schien über die ihm gespendete Aufmerksamkeit höchst erfreut. Dies war also wohl gerade das Tier, das ich suchte! Ich machte dem Wirte sofort ein Angebot, um es zu kaufen, aber der machte überhaupt keinen Anspruch darauf, sagte, er kenne es nicht und habe es nie zuvor gesehen.

Ich fuhr in meinen Liebkosungen fort, und als ich mich auf den Heimweg machte, schien das Tier mir folgen zu wollen. Ich gestattete es und stand unterwegs hin und wieder still, um es zu streicheln. Zu Hause angekommen, gewöhnte es sich gleich ein und wurde sofort der Liebling meiner Frau.

In mir fühlte ich bald eine Abneigung gegen das Tier entstehen. Das war gerade das Gegenteil von dem, was ich erwartet hatte, aber – ich weiß nicht wie und weshalb – seine augenscheinliche Anhänglichkeit an mich widerte mich an. Nach und nach verwandelte sich dies Gefühl des Widerwillens in erbitterten Haß. Ich mied die Katze; ein gewisses Gefühl der Beschämung und die Erinnerung an meine frühere Grausamkeit verhinderten jedoch, daß ich sie mißhandelte. Einige Wochen vergingen, ohne daß ich sie schlug oder sonst quälte. Aber allmählich – ganz allmählich – fing ich an, sie mit unaussprechlichem Abscheu zu betrachten und vor ihrer verhaßten Gegenwart wie vor dem giftigen Hauche der Pest schweigend zu entfliehen.

Was ohne Zweifel meinen Haß gegen das Tier noch verschärfte, war die Entdeckung, die ich gleich am ersten Morgen machte: daß das Tier, gerade wie Pluto, des einen Auges beraubt war. Dieser Umstand machte es meiner Frau nur noch lieber, die, wie ich schon sagte, in hohem Maße jene Zärtlichkeit des Herzens besaß, die einst auch mein hervorstechendster Charakterzug und die Quelle einfachster und reinster Freuden gewesen war.

Doch schien mit meinem Widerwillen gegen den Kater dessen Vorliebe für mich nur noch zu wachsen. Er folgte mir stets auf dem Fuße, mit einer Beharrlichkeit, die ich nur schwer beschreiben kann. Setzte ich mich nieder, so kauerte er sich unter meinen Stuhl oder sprang mir auf die Knie und überhäufte mich mit den häßlichsten Liebkosungen. Stand ich auf, um wegzugehen, so zwängte er sich zwischen meine Füße und warf mich fast zu Boden, oder er klammerte sich mit seinen langen, scharfen Krallen in meine Kleider und kletterte an mir fast bis zur Brust herauf. Und obgleich mich bei solchen Gelegenheiten das Verlangen packte, ihn mit einem Hiebe totzuschlagen, hielt mich immer wieder irgend etwas davon zurück, teils die Erinnerung an mein früheres Verbrechen, jedoch hauptsächlich – ich will es nur gleich gestehen – eine wirkliche Angst vor dem Tiere.

Ich fürchtete mich nicht gerade vor einer körperlichen Verletzung durch den Kater – und doch wüßte ich nicht, wie ich sonst dies Gefühl erklären sollte!? Ich gestehe mit Beschämung, selbst in dieser Verbrecherzelle mit Beschämung, daß der Schreck und der Abscheu, den das Tier mir einflößte, durch ein nichtiges Hirngespinst – so nichtig, wie man sich nur eins vorstellen mag – noch gesteigert wurde. Meine Frau hatte mich verschiedentlich auf die Form des weißen Flekkens hingewiesen, von dem ich schon gesprochen, und der den einzigen sichtbaren Unterschied zwischen diesem seltsamen Tiere und dem von mir getöteten ausmachte. Der Leser wird sich erinnern, daß dieser Fleck, obgleich er groß war, nur sehr undeutliche Umrisse aufwies. Aber in ganz allmählichen, kaum wahrnehmbaren Steigerungen, die meine Vernunft sich vergeblich als Einbildungen einreden wollte, erlangten dieselben eine fürchterliche Deutlichkeit. Sie stellten jetzt einen Gegenstand dar, den ich zu nennen schaudere – und wegen dessen allein ich das Ungeheuer verabscheute und fürchtete und mich von ihm befreit haben würde – hätte ich es nur gewagt. Es war das Abbild eines scheußlichen Gegenstandes – ich spreche es aus: es war die Zeichnung eines Galgens. O trauriges und furchtbares Mahnbild der Schande und der Sühne niedrigsten Verbrechens – voll Todesqual und Tod!

Und nun war ich elend – elend über alle Grenzen menschlichen Elends hinaus. Und ein unvernünftiges Tier – von dessen Geschlechte ich eines verächtlich getötet – ein vernunftloses Tier bereitete mir, einem Menschen nach dem Ebenbilde Gottes, eine solche unerträgliche Qual! Ach! Weder bei Tage noch bei Nacht empfand ich mehr die Wohltat der Ruhe. Tagsüber ließ mich das Tier keinen Augenblick allein, und des Nachts fuhr ich stündlich aus Träumen voll unaussprechlichsten Grausens auf, fühlte seinen Atem über meinem Gesicht und sein schweres Gewicht – wie einen körperlich gewordenen Nachtspuk, den ich abzuschütteln nicht die Kraft hatte – unablässig auf meiner Brust!

Unter dem Drucke solcher Qualen schwand der schwache Rest dahin, der noch von Gutem in mir war. Schlimme Gedanken wurden meine einzigen Begleiter – schlimmste, finsterste Gedanken! Mein gewöhnlicher Trübsinn artete in Haß gegen alles in der Welt, ja! gegen die ganze Menschheit: meist war es meine still duldende Frau, die unter den plötzlichen zügellosen Wutausbrüchen, denen ich mich jetzt oft blindlings überließ, bitter zu leiden hatte.

Eines Tages begleitete sie mich wegen irgendeiner häuslichen Angelegenheit in den Keller des alten Gebäudes, das uns unsere Armut zu bewohnen nötigte. Die Katze folgte mir die steilen Treppen hinunter und veranlaßte, daß ich stolperte und fast kopfüber hinuntergestürzt wäre. Dies erboste mich sehr. Ich ergriff eine Axt, vergaß in meiner kindischen Wut die Angst, die bis jetzt meine Hand zurückgehalten und führte einen Streich auf das Tier, der sicher tödlich gewesen wäre, wenn er so getroffen, wie ich es wünschte. Meine Frau jedoch hielt den Schlag auf. Dies versetzte mich in eine mehr als teuflische Raserei, ich riß meinen Arm aus den Händen meiner Frau los und hieb ihr die Axt in den Schädel. Ohne den geringsten Laut brach sie sofort tot zusammen.

Kaum war dieser grauenvolle Mord geschehen, als ich mich auch schon daran machte, den Leichnam mit aller Überlegung zu verbergen. Ich sah ein, daß ich ihn weder bei Tage noch bei Nacht aus dem Hause schaffen konnte, ohne Gefahr zu laufen, von den Nachbarn bemerkt zu werden. Mancherlei Pläne kamen mir in den Sinn. Einmal dachte ich daran, den Körper in lauter kleine Teile zu zerschneiden und zu verbrennen, dann beschloß ich, ihn im Boden des Kellers zu vergraben, dann überlegte ich, ob ich ihn nicht in den Brunnen, der sich auf unserem Hofe befand, werfen solle – ja, ich dachte sogar daran, ihn wie eine Ware in eine Kiste zu verpacken und diese von einem Packträger aus dem Hause wegschaffen zu lassen. Endlich blieb ich bei einer Idee, die mir bei weitem die beste schien. Ich beschloß, ihn im Keller einzumauern, wie es nach verschiedenen Überlieferungen die Mönche des Mittelalters mit ihren Opfern gemacht haben sollen.

Der Keller schien mir für einen solchen Zweck wohl geeignet. Die Mauern waren leicht gebaut und erst kürzlich mit grobem Mörtel beworfen worden, der in der feuchten Kellerluft noch nicht vollständig verhärtet war. Überdies befand sich an einer der Mauern ein Vorsprung, hinter dem sich ein falscher Kamin befand, den man ausgefüllt hatte, worauf die Stelle den übrigen Wänden gleich gemacht war. Ich zweifelte nicht, die Ziegel an dieser Stelle leicht herausbrechen, den Leichnam in der Höhlung verbergen, und das Ganze wieder so zumauern zu können, daß kein Auge irgend etwas Verdächtiges entdecken würde.

Und diese Annahme täuschte mich nicht. Ich entfernte mittels eines Brecheisens mit leichter Mühe die Steine, lehnte den Körper gegen die innere Wand, befestigte ihn etwas in dieser Stellung und stellte die Mauern, genau so, wie sie ursprünglich gewesen, wieder her. Da ich mir mit Verbrecherschlauheit Mörtel, Sand und Stroh verschafft hatte, bereitete ich einen Bewurf, der von dem vorigen nicht zu unterscheiden war, und verstrich die neugemauerte Stelle auf das sorgfältigste. Als ich fertig war, empfand ich eine große Befriedigung darüber, daß nun alles in Ordnung sei. An der Wand war nicht das geringste zu bemerken, den Fußboden säuberte ich mit peinlichster Sorgfalt von dem übrig gebliebenen Schutt. Dann blickte ich mit triumphierenden Blicken umher und sagte zu mir: „Hier ist meine Arbeit wenigstens keine vergebliche gewesen."

Mein nächster Gang galt dem Kater, der all dies Elend verschuldet hatte, und den ich nun mit Bestimmtheit töten wollte. Hätte ich ihn in dem Augenblick gefunden, so wäre sein Schicksal entschieden gewesen, doch es schien, als habe das schlaue Tier noch Furcht vor meinem wilden Zorn und vermeide es, sich vor mir in meiner augenblicklichen Stimmung blicken zu lassen. Es ist unmöglich, das tiefe, selige Gefühl der Erleichterung, mit welchem mich die Abwesenheit des verhaßten Wesens erfüllte, zu beschreiben oder gar sich vorzustellen. Auch am Abend kam es nicht wieder zum Vorschein, und so verbrachte ich die erste Nacht, seit es ins Haus gekommen war, in gesundem, tiefem Schlaf; ja, ich schlief, trotzdem ein Mord meine Seele belastete!

Der zweite und dritte Tag verging – mein Peiniger kam nicht wieder. Noch einmal atmete ich in Freiheit auf. Das Untier war vor Schrecken aus meinem Hause entflohen! Ich würde es nicht mehr sehen! Mein Glück war unbeschreiblich. Das Andenken an meine schwarze Tat beunruhigte mich so gut wie gar nicht. Man hatte einige Nachforschungen angestellt, doch hatte ich sie bald zu erledigen gewußt. Sogar eine Haussuchung hatte stattgefunden, die natürlich ergebnislos verlaufen war. Ich fühlte mich vollständig ruhig und sicher.

Am vierten Tage nach dem Morde erschienen jedoch ganz unerwartet noch einige Abgesandte der Polizei und nahmen von neuem eine sorgfältige Haussuchung vor. Da ich jedoch vollkommen überzeugt war, daß man das verhängnisvolle Versteck nicht auffinden werde, blieb ich ganz kaltblütig. Die Beamten forderten mich auf, sie bei der Durchsuchung zu begleiten. Sie ließen keinen Winkel, keine Ecke außer acht. Endlich stiegen sie zum dritten- oder viertenmal in den Keller hinab. Ich zuckte mit keiner Wimper, und mein Herz schlug so ruhig, wie das eines Menschen, der in Unschuld schläft. Ich durchschritt den Keller von einem Ende zum andern, kreuzte die Arme über der Brust und ging seelenvergnügt auf und ab. Die Beamten schienen befriedigt und schickten sich an, wieder hinaufzugehen. Die Freude meines Herzens war zu groß, als daß ich sie ganz hätte verbergen können. Es stachelte mich förmlich, meinem Triumph, wenn auch nur durch ein Wort, Ausdruck zu verleihen und sie in ihrer Überzeugung von meiner Unschuld zu bestärken.

„Meine Herren", sagte ich endlich, als die Gesellschaft schon die Stufen hinaufschritt, „ich freue mich, daß sich Ihr Verdacht als unbegründet erwiesen hat. Ich wünsche Ihnen ein herzliches Lebewohl und für die Zukunft etwas mehr Höflichkeit. Im übrigen, meine Herren, ist dies ein sehr, solide gebautes Haus!" (In dem wahnsinnigen Verlangen, irgend etwas Anzügliches leicht hinzuwerfen, wußte ich kaum selbst mehr, was ich sprach.) „Man könnte es fast ein außerordentlich solide gebautes Haus nennen! Diese Mauern – Sie gehen schon, meine Herren –? diese Mauern sind fest gefügt." Und hier klopfte ich aus purer Prahlerei mit einem Stocke, den ich in der Hand hielt, heftig gerade gegen den Teil der Mauer, hinter dem der Leichnam jener Frau verborgen war, die ich von Herzen geliebt.

Aber möge Gott mir gnädig sein und mich aus den Klauen des Erzfeindes befreien! Kaum war der Nachklang der Schläge in der Stille verklungen, als eine Stimme aus dem Innern des Grabes antwortete. Es war ein Geschrei, anfangs gebrochen und halb erstickt, wie das Schluchzen eines Kindes, ein Geschrei, das dann zu einem langen, anhaltenden Laut anschwoll, der übernatürlich und unmenschlich klang – einem Geheul, einem kreischenden Wehklagen, in dem sich Schreck und Frohlocken zu mischen schien, wie es sich nur den Kehlen der Verdammten in ihren Qualen und der Brust triumphierender Teufel entringen kann.

Es wäre unnütz, von meinen Empfindungen sprechen zu wollen. Einer Ohnmacht nahe, taumelte ich gegen die Rückwand des Kellers. Einen Augenblick standen die Polizisten im Übermaß des Entsetzens und Grausens regungslos und starr, im nächsten jedoch arbeiteten bereits ein Dutzend kräftige Arme an der Mauer.

Sie war bald niedergerissen und der schon stark in Verwesung übergegangene, mit geronnenem Blute bedeckte Leichnam meiner Frau stand aufrecht vor ihren Augen da. Auf dem Kopfe mit aufgerissenem rotem Maule und seinem einzigen glühenden Auge hockte das scheußliche Tier, dessen Gebaren mich zum Morde verleitet hatte und dessen verräterische Stimme mich jetzt dem Henker überlieferte.

Ich hatte das Ungeheuer mit in das Grab eingemauert.

DAS VERRÄTERISCHE HERZ

Es ist wahr! nervös, schrecklich nervös war ich und bin ich noch; aber weshalb
soll ich wahnsinnig sein? Mein Übel hatte meine Sinne nur geschärft, nicht zerstört oder abgestumpft. Vor allem war mein Gehörsinn außerordentlich empfindlich geworden. Ich hörte alle Dinge, die im Himmel und auf der Erde vor
sich gingen, und auch vieles, was in der Hölle geschah. Wie könnte ich also
wahnsinnig sein? Hören Sie nur zu, wie vernünftig und ruhig ich Ihnen die ganze
Geschichte erzählen werde.

Ich kann nicht genau mehr sagen, wie mir zuerst der Gedanke kam, doch
als er einmal gekommen, quälte er mich Tag und Nacht. Einen Zweck verfolgte
ich nicht, auch trieb mich kein Haß. Ich hatte den alten Mann lieb. Er hatte mir
nie etwas Übles getan, er hatte mich nie beleidigt. Ich trachtete auch nicht nach
seinem Golde. Nur – sein eines Auge reizte mich. Ja, sein Auge muß es gewesen
sein! Es glich dem eines Geiers – war blaßblau und von einem dünnen Häutchen
bedeckt. Wenn sein Blick auf mich fiel, war es mir stets, als gerinne das Blut in
meinen Adern, und so entschloß ich mich denn allmählich, dem alten Manne
das Leben zu nehmen, um mich auf diese Weise für immer von seinem Auge
zu befreien.

Und deshalb hält man mich für wahnsinnig! Wahnsinnige wissen nicht, was
sie tun. Aber Sie sollten mich gesehen haben! Sollten gesehen haben, mit welcher Klugheit, mit welcher Überlegung und Vorsicht, mit welcher Verstellung
ich zu Werke ging! Ich war niemals liebenswürdiger gegen den alten Mann, als
während der Woche, die der Nacht voranging, in der ich ihn tötete. Jede Nacht,
um Mitternacht, drückte ich die Klinke seiner Türe nieder und öffnete sie – o,
wie leise! Und wenn ich sie weit genug geöffnet hatte, um meinen Kopf durch
den Spalt stecken zu können, zog ich eine dunkle Laterne hervor, die ringsherum
verschlossen war, so daß kein Lichtschimmer nach außen dringen konnte, und
streckte meinen Kopf ins Zimmer. Hätte jemand gesehen, wie schlau ich das
anfing, sicher hätte er gelacht. Ich streckte ihn ganz langsam, ganz, ganz langsam
vor, damit ich den alten Mann nicht im Schlafe störe. Eine volle Stunde nahm ich
mir Zeit, um meinen Kopf so weit durch die Öffnung zu zwängen, daß ich ihn
auf seinem Bette erblicken konnte. Ha! würde ein Wahnsinniger so viel Geduld
gehabt haben? Und dann, wenn mein Kopf glücklich im Zimmer war, öffnete
ich die Laterne so vorsichtig – o, so vorsichtig (ihre kleinen Angeln hätten ja

knarren können!) und nur so weit, daß ein einziger Lichtstreif auf das Geierauge fiel. Und dies tat ich sieben Nächte hindurch, jede Nacht genau um die Mitternachtsstunde. Aber ich fand das Auge immer geschlossen, und deshalb war es mir unmöglich, die Tat zu vollbringen; denn nicht der alte Mann ärgerte mich, sondern nur sein böses Auge. Und jeden Morgen bei Tagesanbruch ging ich ganz unbefangen in sein Zimmer, sprach mit ihm, redete ihn in herzlichem Tone mit seinem Namen an und fragte ihn, wie er die Nacht verbracht. Er hätte also ein ganz besonders argwöhnischer alter Mann sein müssen, wenn ihm jemals der Gedanke gekommen wäre, daß ich ihn jede Nacht um zwölf Uhr, während er schlief, aufmerksam und mit der fürchterlichsten Absicht betrachtete.

In der achten Nacht öffnete ich die Türe noch vorsichtiger als gewöhnlich. Der Minutenzeiger an der Uhr bewegte sich rascher, als ich meine Hand bewegte. Noch niemals vorher hatte ich den hohen Grad meiner Selbstbeherrschung und meiner Klugheit so gefühlt wie heute. Ich konnte mein Triumphgefühl kaum bändigen. Zu denken, daß ich hier allmählich die Tür öffnete und er auch im Traume nicht die geringste Ahnung von meinem geheimen Tun und Wollen hatte! Bei dieser Vorstellung konnte ich mich nicht enthalten, leise in mich hineinzukichern. Vielleicht hörte er es, denn in diesem Augenblicke bewegte er sich in seinem Bette, als fahre er plötzlich aus dem Schlafe auf. Man wird nun vielleicht denken, ich wäre geflohen? O – nein! Sein Zimmer war stockfinster, denn aus Furcht vor Räubern hatte er die Läden fest geschlossen. Ich wußte also, daß er nicht sehen konnte, daß die Tür ein wenig offen stand, und mit zäher Beständigkeit öffnete ich sie langsam weiter … und weiter.

Meinen Kopf hatte ich schon ins Zimmer gestreckt und wollte gerade die Laterne öffnen, als mein Daumen von dem zinnernen Verschluß abglitt und der alte Mann in seinem Bette aufsprang und rief: „Wer ist da?"

Ich verhielt mich ganz ruhig und sagte nichts. Eine Stunde lang zuckte ich auch nicht mit einer Wimper, und während dieser ganzen Zeit hörte ich nicht, daß er sich wieder niederlegte. Er saß also im Bette aufrecht und horchte, geradeso, wie ich es selbst Nacht für Nacht getan, auf das Ticken des Totenwurmes in der Wand. Dann hörte ich ein leises Stöhnen der Todesangst. Es war kein Schmerzensseufzer, kein Seufzer aus Kummer – es war der leise, erstickte Ton, der sich aus der Tiefe einer von maßlosem Entsetzen gequälten Seele losringt. Ich kannte diesen Ton wohl. Manche Nacht, um Mitternacht, wenn alle Welt schlief, war er aus meinem Herzen aufgestiegen, und sein schreckensvolles Echo hatte das Grauen, das mich von Sinnen brachte, noch erhöht. Ich sage, ich kannte ihn wohl. Was der alte Mann empfand, wußte ich und bedauerte ihn, obwohl ich mich im Innern vor Vergnügen wandt. Ich war überzeugt, daß er seit jenem ersten leisen Geräusch, das ihn im Bette auffahren ließ, wach lag, und sagte mir, daß seine Angst von Minute zu Minute gewachsen, daß er vergeblich versucht, sie sich grundlos darzustellen, daß er sich eingeredet, es sei nichts – der Wind im Kamine – nur eine Maus über den Boden gelaufen – oder ein Heimchen, das einmal kurz gezirpt. Ja, sicher hatte der alte Mann versucht, sich mit solchen Vorstellungen zu trösten; doch – es wollte ihm nicht gelingen. Es war vergebens, weil der Tod herannahte, und der schwarze Schatten, der ihm vorauseilt, schon um das Opfer war. Und dieser schauerliche, unbemerkbare Schatten bewirkte, daß der alte Mann, obwohl er nichts sah, noch hörte, meine Gegenwart im Zimmer fühlte.

Als ich lange Zeit geduldig gewartet hatte, ohne zu hören, daß er sich wieder niedergelegt, beschloß ich, die Laterne ein ganz, ganz klein wenig zu öffnen. Ich tat es – man kann sich nicht vorstellen, wie behutsam! wie leise –! bis endlich ein einziger dünner Strahl, schwach wie der Faden eines Spinngewebes, aus dem Spalt drang und auf das Geierauge fiel.

Es stand offen, weit, weit offen; und als ich es sah, stieg eine wilde Wut in mir auf. Ich erkannte es mit vollkommener Deutlichkeit – ein trübes Blau mit einem scheußlichen Schleier darüber, dessen Anblick das Mark in meinen Knochen gerinnen ließ. Doch weiter sah ich nichts von dem Gesichte oder der Gestalt des alten Mannes, denn ich hatte den Strahl unwillkürlich genau auf die eine verdammte Stelle gerichtet.

Ich hatte ja schon angedeutet, daß das, was man fälschlich für Wahnsinn bei mir hält, nur eine verschärfte Empfindlichkeit der Sinne ist. So vernahmen meine Ohren jetzt ein leises, dumpfes, bewegliches Geräusch, wie es vielleicht eine in Wolle gewickelte Uhr hervorbringen wird. Auch diesen Ton kannte ich. Es war das Herzklopfen des alten Mannes. Und es reizte meine Wut an, wie der Trommelwirbel den Mut der Soldaten.

Doch auch jetzt noch bezwang ich mich und verhielt mich ruhig. Kaum, daß ich atmete! Die Laterne hielt ich regungslos in der Hand und versuchte, wie sicher ich den Strahl auf das Auge des alten Mannes gerichtet halten könne?! Mittlerweile nahm das höllische Pochen seines Herzens immer mehr zu. Es wurde jeden Augenblick schneller und schneller, lauter und lauter. Das Entsetzen des alten Mannes mußte den Höhepunkt erreicht haben. Es wurde lauter, sage ich, jeden Augenblick lauter –! Wird man mich gut verstehen? Ich sagte schon, daß ich nervös sei: ich bin es. Und dieses seltsame Geräusch in der toten, fürchterlichen Stille, die in dem alten Hause zu dieser Nachtstunde herrschte, wirbelte mich in wilden Schrecken. Noch einige weitere Minuten hielt ich an mich, stand ganz still. Aber das Klopfen wurde lauter und lauter. Ich dachte, es müsse das Herz zersprengen. Und nun packte mich eine neue Angst: die Nachbarschaft würde es ebenfalls hören. Da aber war die Stunde des alten Mannes gekommen! Mit einem gellenden Schrei riß ich die Blenden der Laterne auf und sprang ins Zimmer. Er schrie auf – einmal nur! In einem Augenblicke hatte ich ihn aus dem Bette auf den Boden gerissen und das schwere Bettzeug über ihn gezogen. Dann lächelte ich vergnügt, daß ich die Tat so weit vollbracht hatte. Aber das Herz schlug noch ein paar Minuten lang mit dumpfem Tone fort. Doch das ärgerte mich nicht mehr. Durch die Wand würde man es doch nicht hören. Ich räumte das Bettzeug beiseite und untersuchte den Körper. Ja, er war tot – tot! Ich legte meine Hand auf das Herz und ließ sie mehrere Minuten lang liegen. Es klopfte nicht mehr. Er war bestimmt tot. Sein Auge würde mich nicht mehr quälen.

Wer mich auch jetzt noch für wahnsinnig hält, wird den Gedanken endgültig aufgeben müssen, wenn ich ihm erzähle, mit welch weiser Vorsicht ich den Körper verbarg. Die Nacht begann zu schwinden, und ich arbeitete in schweigender Hast.

Zunächst riß ich drei Dielen aus dem Boden des Zimmers und verbarg den Toten zwischen der Füllung, dann setzte ich dieselben so geschickt, so schlau wieder ein, daß kein menschliches Auge – nicht einmal das seinige – die geringste Veränderung hätte wahrnehmen können. Da war ja nichts abzuwaschen – kein Blutfleck, nicht die kleinste Spur von einem einzigen Tropfen. Dazu war ich viel, oh, viel zu vorsichtig gewesen.

Als ich diese Arbeit vollendet hatte, war es vier Uhr – und noch so dunkel wie um Mitternacht. Gerade als die Uhr schlug, wurde an die Haustür gepocht. Ich öffnete leichten Herzens, denn was hatte ich jetzt noch zu fürchten? Drei Männer traten ein, die sich als Polizeibeamte vorstellten. Während der Nacht hatte man in der Nachbarschaft einen Schrei gehört, der den Argwohn erregt hatte, es sei irgendein Verbrechen verübt worden. Man hatte die Polizei benachrichtigt, und diese hatte die Beamten abgeschickt, um sofort Untersuchungen vorzunehmen.

Ich lächelte – denn was hatte ich zu fürchten? – und hieß die Herren willkommen. Den Schrei behauptete ich selbst im Traume ausgestoßen zu haben – und der alte Herr sei aufs Land gereist. Ich führte die Besucher durch das ganze Haus und forderte sie auf, nur gut zu suchen. Zum Schlusse führte ich sie in sein Zimmer und zeigte ihnen, daß sein Geld und seine Wertgegenstände sicher und wohlverwahrt dalagen. Im Übermaß des Gefühles meiner Sicherheit, brachte ich Stühle in das Zimmer und nötigte sie, hier von ihren Anstrengungen auszuruhen, während ich in toller Vermessenheit, so vollauf überzeugt, die Tat sei gelungen, meinen Stuhl gerade auf die Dielen stellte, unter denen der Leichnam meines Opfers lag. Die Polizisten waren zufriedengestellt. Mein Auftreten hatte jeden Verdacht zunichte gemacht. Ich war in ausgezeichneter Stimmung. Während ich heiter auf ihre Fragen antwortete, plauderten sie dazwischen von gleichgültigen Dingen. Aber es dauerte nicht lange, da fühlte ich, wie ich erbleichte, und wünschte, sie möchten gehen. Der Kopf tat mir weh, und es sauste mir in den Ohren; aber sie blieben sitzen und plauderten weiter. Das Sausen in meinen Ohren schwoll an –; es blieb und wurde immer deutlicher. Ich sprach lebhafter, um das schreckliche Gefühl loszuwerden. Doch es dauerte fort und wurde immer bestimmter, bis ich deutlich spürte, daß es nicht mehr in meinen Ohren war.

Jedenfalls war ich jetzt sehr bleich geworden –; aber ich sprach schneller und immer schneller, mit lauterer Stimme darauf los. Allein auch der Ton wurde stärker – was sollte ich anfangen? Es war ein leiser, dumpfer, rascher Ton – wie ihn eine Taschenuhr, die man in Wolle gewickelt hat, hervorbringen mag. Ich rang nach Atem – doch die Beamten hörten das Geräusch immer noch nicht. Ich sprach noch schneller, noch heftiger; doch das Geräusch nahm immer noch zu. Ich stand auf und stritt mit gewaltsam angestrengter Stimme und heftigen Gebärden über Kleinigkeiten; aber auch das Geräusch wurde noch lauter. Weshalb gingen sie denn immer noch nicht? Ich eilte mit schweren Schritten auf und ab, als ob mich die Beamten durch ihr Beobachten bis zur Wut gereizt hätten. Vergeblich! Das Geräusch schwoll an. Mein Gott! Was konnte ich noch tun? Ich schäumte vor Wut – ich raste, ich fluchte! Ich ergriff den Stuhl, auf dem ich gesessen, und scharrte mit ihm auf der Diele umher – das Geräusch übertönte alles und wuchs und wuchs! Es wurde lauter – lauter – lauter! Und noch immer plauderten die Männer vergnügt und lächelten dazu. War es möglich, daß sie es nicht hörten? Allmächtiger Gott –! nein –! nein! Sie hörten es –! sie schöpften schon Verdacht –! sie wußten alles –! sie trieben nur Spott mit meinem Entsetzen! Dies dachte ich (und denke es noch). Aber alles andere war erträglicher als meine Todesangst, war besser als ihr Hohn! Ich konnte ihr heuchlerisches Lächeln nicht länger ertragen. Ich fühlte, daß ich schreien müsse – oder sterben –! Und nun – horch – wieder – lauter! lauter!! lauter!!! lauter!!!! –

„Schurken!", schrie ich heraus, „verstellt Euch nicht länger! Ich gestehe die Tat –! reißt die Dielen auf –! hier! hier! Es ist das grauenhafte Klopfen seines Herzens!"

DER MANN DER MENGE

Ce grand malheur, de ne pouvoir être seul.
La Bruyère.

Von einem gewissen deutschen Buche* hat man sehr richtig gesagt: „daß es sich nicht lesen läßt". So gibt es auch geheimnisvolle Dinge, die sich nicht erzählen lassen. Menschen sterben des Nachts in ihren Betten, während sie gespenstischen Beichtigern die Hände drücken und ihnen flehend in die Augen sehen – sterben mit verzweifeltem Herzen und angstzerpreßter Kehle, weil sie das Entsetzen von Geheimnissen durchkosten, die sich nicht enthüllen lassen. Und manchmal, ach! ist das Gewissen des Menschen mit so greuelvoller Last beladen, daß sie nur im Grabe abgeworfen werden kann. So bleibt der Kern allen Verbrechens unenthüllt, alles Bösen verborgen ...

Vor nicht langer Zeit, an einem Herbstabend, saß ich an dem Bogenfenster des vielbesuchten Café D. in London. Ich war einige Monate krank gewesen, befand mich jetzt jedoch auf dem Wege der Besserung. Das Gefühl der wiederkehrenden Kräfte hatte mich in jene glückliche Stimmung gebracht, die das Gegenteil von Langeweile ist, alle Sinne schärft, aufnahmefähiger macht und den Schleier vor der Anschauung des inneren Auges hinwegzieht, so daß der Geist über den Bereich seiner alltäglichen Fähigkeiten hinauswachsen kann. Es bereitete mir schon einen Genuß, zu atmen; und Dinge, die sonst sogar Schmerz verursacht hätten, wurden mir ein Anlaß zur Freude. Alles, selbst Unbedeutendes, nötigte mir eine ruhige, forschende Teilnahme ab. Die Zigarre im Munde, die Zeitung in der Hand, hatte ich mich den größten Teil des Nachmittags damit unterhalten, bald die zahlreichen Annoncen durchzusehen, bald die bunte Gesellschaft im Caféhause zu beobachten, bald durch die dunstbelaufenen Scheiben auf die Straße hinauszuspähen.

Gerade die Straße, auf die mein Fenster ging, ist eine der Hauptverkehrsadern der Metropole und war infolgedessen den ganzen Tag über stark belebt. Als es dunkel wurde, nahm das Gedränge mit jedem Augenblick noch zu und im Lichte der Straßenlaternen strömte die Menge in zwei dichten, ununterbrochenen Reihen am Fenster vorbei; herauf und herab. Zu dieser Abendstunde hatte ich mich noch nie in ähnlicher Umgebung befunden, und das unruhige Auf- und Abwogen der tausendköpfigen Menge brachte mich in eine ganz neue, köstliche Aufregung. Schließlich schenkte ich denn auch den im Lokale Anwesenden nicht mehr die geringste Aufmerksamkeit und vertiefte mich ganz in die

---

* Hortulus Animae cum Oratiunculis Aliquibus Superadditis von Güninger.

Betrachtung der Szenen, die sich da auf der Straße vor mir abspielten. Zuerst betrachtete ich nur so im allgemeinen. Ich überschaute die verschiedenen Gruppen der Vorübergehenden und stellte mir ihre Beziehungen zueinander vor. Bald jedoch ging ich mehr auf Einzelheiten ein und studierte mit sorgfältigstem Interesse die unzähligen Verschiedenheiten an den Gestalten, in der Kleidung, der Haltung, den Gesichtern und dem besonderen Ausdruck der Züge.

Der größere Teil der Vorübergehenden hatte ein zufriedenes, geschäftiges Aussehen und schien nur daran zu denken, sich einen Weg durch das Gedränge zu bahnen. Die Brauen dieser Leute waren zusammengezogen, und ihre Augen gingen lebhaft hin und her; wurden sie von den Vorübergehenden angestoßen, so richteten sie ohne das geringste Zeichen von Unmut ihre Kleider wieder zurecht und eilten weiter. Andere fielen mir durch ihre unruhigen Bewegungen auf. Sie hatten gerötete Gesichter und sprachen und gestikulierten mit sich selbst, als verleihe ihnen gerade der dichte Menschenschwall um sie herum das Gefühl des Alleinseins. Wenn sie irgendwie aufgehalten wurden, so stellten sie plötzlich ihr Murmeln ein, verdoppelten jedoch die Gestikulationen und warteten mit abwesendem Lächeln, bis sich die Stauung wieder gehoben. Wurden diese Leute von jemand angestoßen, so verbeugten sie sich entschuldigend ein über das andere Mal und schienen vor lauter Verlegenheit ganz verwirrt. An beiden Klassen war jedoch außer dem eben Erwähnten nichts Besonderes zu bemerken. Ihre Kleidung läßt sich mit dem Worte „anständig" bezeichnen. Es waren zweifellos Leute der besseren Stände, Kaufherren, Notare, Börsenspekulanten und sonstige Geschäftsleute – Müßiggänger und andere, die fleißig ihren Privatangelegenheiten nachgingen und ihre Geschäfte auf eigene Verantwortung führten. Sie fesselten meine Aufmerksamkeit nicht allzusehr.

Der Stand der Kommis war natürlich reichlich vertreten und leicht zu erkennen. Ich unterschied zwei besondere Klassen. Da waren die Kommis der großen Reklamefirmen, junge Herrchen in eng anliegenden Überröcken, blanken Stiefeln, pomadisiertem Haar und hochmütig aufgeworfener Lippe. Abgesehen von einer gewissen Behendigkeit in ihren Bewegungen, die ich in Ermangelung eines besseren Wortes „Ladentischallüren" nennen möchte, schienen die Manieren dieser Leute ein vollständiges Konterfei dessen zu sein, was vor einem oder anderthalb Jahren als Muster des guten Tones gegolten hatte. Sie trugen gewissermaßen die abgelegten Manieren der großen Welt – und damit ist, glaube ich, die treffendste Schilderung dieser Klasse gegeben.

Jene andere Klasse, die Angestellten alter, solider Häuser, schaute ganz anders aus. Man erkannte diese „bewährten alten Knaben" leicht an ihren schwarzen oder braunen Röcken und Beinkleidern von bequemem Schnitt, an ihren weißen Krawatten und Westen, an den breiten, festen Schuhen, den dicken Strümpfen oder starken Gamaschen. Sie hatten alle schon gelichtetes Haar, und ihr rechtes Ohr, das so lange Jahre hindurch den Federhalter getragen, hatte sich gewöhnt, etwas vom Kopfe abzustehen. Ich bemerkte, daß sie ihre Hüte immer mit beiden Händen zurechtrückten und kurze goldene Uhrketten von unmodernen Mustern trugen. Sie bemühten sich, recht respektabel auszusehen, wenn man überhaupt bei ihrem ehrenhaften Auftreten von „bemühen" noch reden darf.

Dann tauchte auch eine Anzahl herausgeputzter Individuen auf, in denen ich leicht jene feinere Sorte von Taschendieben erkannte, mit der wohl jede große Stadt reichlich gesegnet ist. Ich beobachtete diese Herren sehr genau und konnte kaum verstehen, wie es möglich war, daß sie jemals von wirklichen Gentlemen für ihresgleichen angesehen wurden. Ihre um das Handgelenk auffallend weiten Hemdärmel und ihr übertrieben offener Gesichtsausdruck mußten sie ja sofort verraten!

Die Gewohnheitsspieler, von denen ich ebenfalls nicht wenige entdeckte, waren noch leichter zu erkennen. Sie trugen die verschiedenartigsten Anzüge: von der Kleidung eines Bauernfängers niedrigster Sorte an bis zu der eines mit schlichter Sorgfalt gekleideten Geistlichen, so daß dann auch nicht mehr das Geringste an ihm verdächtig war. Doch zeichneten sie sich alle durch ihr aufgedunsenes und dabei wieder wie sonnenverbranntes Gesicht aus, durch ihre verschwommenen, trüben Augen und ihre farblosen, zusammengepreßten Lippen. Außerdem erkannte ich sie noch an zwei anderen Merkzeichen: an einem in der Unterhaltung stets sorgfältig beibehaltenen, leisen Ton und an der seltsamen Angewohnheit, ihren Daumen in fast rechtem Winkel zu den übrigen Fingern ausgestreckt zu halten. Sehr häufig bemerkte ich in Gesellschaft dieser Gauner eine Sorte Menschen, die etwas andere Manieren hatten, aber doch Kinder ein und desselben Vaters waren. Man könnte sie vielleicht als die Klasse von Herren bezeichnen, die von ihrem „Witz" leben, doch muß man auch da einen Unterschied machen, muß die Stutzer in Zivil von denen in Uniform trennen – und zwar ist die erste Gruppe durch häufiges Lächeln, die zweite durch schneidige Blicke gekennzeichnet.

Ich stieg die Stufenleiter der Gesellschaft immer tiefer hinab und beschäftigte mich mit der Betrachtung der düstersten, niedrigsten Typen. Jüdische Hausierer sah ich, aus deren Augen gieriges Lauern glühte, während ihre Mienen das Gepräge hündischer Demut trugen. Dann die gewohnheitsmäßigen Straßenbettler, die die anderen, die verschämten Bettler, die wohl die Not allein in die Nacht hinausgetrieben hatte, mit bösen Blicken maßen. Abgezehrte Krüppel sah ich, auf die der Tod schon seine Hand gelegt, und die sich mühsam durch die Menge schleppten und jedem flehend ins Gesicht blickten, als suchten sie nach einem tröstlichen Zufall, einer letzten Hoffnung. Schüchterne junge Mädchen, die nach langer, später Arbeit in ihr freudloses Heim zurückkehrten und mehr traurig und mit inneren Tränen als entrüstet, vor den Blicken roher Gesellen zurückschreck-

ten, deren Berührung im Gedränge ja nicht zu vermeiden war. Dann Frauen –
Weiber, von jeder Art und jedem Alter: tadellose Schönheiten in der Blüte weiblicher Reize, die mich an jene Statue des Lucian gemahnten, die äußerlich von
parischem Marmor und im Innern mit Kot gefüllt war – die ganz verkommene
Aussätzige in Lumpen – die verrunzelte, geschminkte, mit Edelsteinen beladene
alte Vettel, die sich mit krampfhafter Anstrengung ein jugendliches Aussehen zu
verleihen sucht – das halbentwickelte Kind mit unreifen Formen, aber durch die
Gesellschaft ihrer Genossinnen in allen abscheulichen Künsten ihres Gewerbes
wohl erfahren und brennend vor Begierden, mit ihren älteren Kolleginnen nur
ja auf einer Stufe der Verkommenheit zu stehen. Ferner zahllose Trunkenbolde
von unbeschreiblichem Äußeren – einige in Fetzen und Lumpen, schwankend
und unverständliche Worte lallend, mit zerschundenen Gesichtern und verglasten Augen – andere in ganzen, doch beschmutzten Kleidern; diese schwankten
nur leicht, hatten dicke Lippen und sehr zuversichtliche rote Gesichter – wieder
andere gingen in Stoffe gekleidet, die einstmals gut gewesen und auch jetzt noch
sorgfältig gebürstet waren: Männer, die sich bemühten, mit erkünstelt festem
und elastischem Schritte einherzugehen, aus deren schwammig-fahlen Gesichtern jedoch gerötete Augen mit unstetem Blicke hervorsahen, und die mit zittri-
ger Hand nach allem griffen, was ihnen in den Weg kam.

Außer all diesen Menschen sah ich noch Kuchenverkäufer, Packträger,
Kaminfeger, Kohlenträger, Orgeldreher, Affenführer, Bänkelsänger, ärmliche,
fast zerlumpte Künstler, erschöpfte Arbeiter. Diese alle strömten mit einer
lärmenden Geschäftigkeit vorüber, die mit wirrem Mißtönen in meinem Ohr
summte und von der mich mein Auge bald schmerzte.

Doch steigerte sich mit zunehmender Dunkelheit mein Interesse an all diesen Szenen immer mehr. Nicht nur der allgemeine Charakter der Menge nahm
alsbald eine andere Gestalt an, weil der bessere Teil der Bevölkerung sich langsam in die Wohnungen zurückzog und nun der rohere noch kühner hervortrat,
sich zu dieser vorgerückten Stunde jedes Laster aus seiner Höhle hervorwagte –
auch die Strahlen der Gaslaternen, die matt erschienen waren, als sie sich zuerst
noch mit dem sterbenden Tageslichte vermischten, gaben jetzt dem Bilde ein
anderes, neues Aussehen und überfluteten die Straße mit blendendem Licht, so
daß alles dunkel und doch von Strahlen wie übergossen war.

Diese phantastische Beleuchtung regte mich wieder zur Betrachtung der einzelnen Gesichter an, und wenn die Geschwindigkeit, mit der die Personen an
dem Lichtscheine meines Fensters vorüberglitten, es auch unmöglich machte,
mehr als einen flüchtigen Blick auf einen Vorübergehenden zu werfen, so war's
mir doch, als könne ich in meinem seltsam hellseherisch gesteigerten Zustande
auch in diesem kurzen Augenblicke die Geschichte langer, langer Jahre lesen.

So studierte ich also, die Stirn an die dunstige Fensterscheibe gedrückt, die vorüber hastende Menge, als mich plötzlich ein Gesicht bannte, das da draußen auftauchte – ein Gesicht von sonderbar stark ausgeprägtem, vielfältigem Ausdruck – ein Gesicht, das einem alten, hinfälligen Manne von fünfundsechzig oder siebzig Jahren angehörte.

Ich habe in meinem ganzen Leben kein zweites gesehen, das ihm auch nur im entferntesten glich. Aber ich erinnere mich sehr wohl, daß gleich mein erster Gedanke bei seinem Anblick war, daß jeder Maler, der noch immer den Teufel gemalt, dies Gesicht allen künstlerischen Darstellungen des Satans vorgezogen haben würde.

Ich bemühte mich sofort, noch während der ersten flüchtigen Prüfung, den Eindruck, den ich da empfing, in etwas zu zergliedern: und es erhoben sich in meinem Kopfe die verwirrten und sich widersprechenden Vorstellungen von großer geistiger Kraft, von Vorsicht, Armut, Geiz, von Kälte, Bosheit, Blutdurst, von Hohn, ausgelassenster Lustigkeit und tiefstem Schrecken, rasendster Verzweiflung. Ich fühlte mich sonderbar gefesselt, ergriffen, aufgeregt. „Welch eine seltsame Geschichte", sagte ich mir, „muß in dem Buche dieses Herzens geschrieben stehen." Und plötzlich faßte mich das unwiderstehliche Verlangen, den Mann im Auge zu behalten, mehr von ihm zu erfahren.

Ich zog eiligst meinen Überrock an, ergriff Stock und Hut, bahnte mir einen Weg auf die Straße hinaus und drang in der Richtung, die der Mann genommen, durch die Menge vor; denn er selbst war inzwischen meinen Blicken natürlich entschwunden. Doch bald schon erblickte ich ihn wieder, näherte mich und folgte ihm aber so vorsichtig, daß er mich nicht bemerkte.

Ich hatte nun die beste Gelegenheit, seine ganze Erscheinung zu mustern. Er war von sehr kleiner Statur, sehr mager und äußerst schwächlich. Seine Kleider schienen im allgemeinen schmutzig und zerlumpt, jedoch bemerkte ich, als er zufällig unter das Licht einer Gaslaterne kam, daß seine Wäsche, wenn auch gleichfalls unsauber, doch von gutem Gewebe war; auch glaubte ich durch einen Schlitz seines sonst fest zugeknöpften und wahrscheinlich aus zweiter Hand erstandenen Regenmantels einen Diamanten und einen Dolch aufschimmern zu sehen. Dies erhöhte noch meine Neugierde, und ich beschloß, dem Unbekannten zu folgen – wohin er auch gehen würde.

Es war mittlerweile vollständig Nacht geworden, und über der Stadt lag ein dichter, feuchter Nebel, der bald als heftiger Regen niederschlug. Die Veränderung des Wetters hatte eine seltsame Wirkung auf die Menge, die plötzlich in eine ganz neue Bewegung geriet und von einem Wald von Regenschirmen überdacht wurde. Das Schwanken, das Stoßen und Gesumme schien noch zehnmal stärker zu werden. Ich selbst machte mir nicht viel aus dem Regen, mein überstandenes Fieber brannte mir noch im Körper und ließ mich die kühle Feuchtigkeit verlokkend und angenehm empfinden. Und so schützte ich mir denn den Mund mit einem Taschentuch und hielt tapfer aus. Eine halbe Stunde bahnte sich der alte Mann mühsam seinen Weg durch die belebte Hauptstraße, und aus Furcht, ihn zu verlieren, folgte ich ihm fast auf dem Fuße. Doch er bemerkte mich nicht, da er sich nicht ein einziges Mal umwandte.

Endlich bog er in eine Querstraße ein, die, obwohl auch noch sehr belebt, doch nicht so überfüllt war, wie die Hauptstraße, die wir eben verlassen. Und alsbald bemerkte ich, daß sich in dem Benehmen meines Mannes eine Änderung vollzog: Er ging langsamer, unbestimmter, unschlüssiger, als habe er kein rechtes Ziel. Ohne ersichtlichen Zweck schritt er ein paar mal von der linken Straßenseite zur anderen hinüber und wieder zurück und wieder hinüber und wieder zurück. Das Gedränge war auch hier noch immer so groß, daß ich mich dabei immer ganz dicht hinter ihm halten mußte. Die Straße war sehr eng und lang, und bis wir an ihr Ende kamen, verging fast eine Stunde. Doch nahm die Menge der Passanten jetzt nach und nach ab. Eine Biegung der Straße führte uns über einen hellerleuchteten Platz, auf dem ein verhältnismäßig regeres Leben auf und nieder wogte. Und gleich nahm der Unbekannte wieder seine anfängliche Haltung an. Das Kinn sank tiefer auf die Brust herab, während seine Augen unter den zusammengezogenen Brauen nach allen Richtungen hin wilde Blicke auf die schleuderten, die ihm hemmend in den Weg kamen. Den Weg selbst aber verfolgte er mit unerschütterlicher Beharrlichkeit. Als er jedoch die Runde um den Platz gemacht hatte, sah ich mit Erstaunen, daß er den Kreislauf von neuem begann und dann wieder und immer wieder von neuem, wobei er mich einmal bei einer raschen Wendung fast entdeckt hätte.

So kreiste er eine ganze zweite Stunde herum, gegen deren Ende wir immer weniger von Passanten gehindert wurden als am Anfange. Der Regen fiel in Strömen, es wurde kalt, und die Menschen zogen sich mehr und mehr in ihre Häuser zurück. Mit einer ungeduldigen Gebärde trat der Wanderer schließlich in eine verhältnismäßig leere Seitenstraße ein. Eine Viertelstunde lang eilte er durch diese mit einer Schnelligkeit vorwärts, die ich einem so bejahrten Manne niemals zugetraut hätte, und die mir meine Verfolgung sehr erschwerte. Nach kurzer Zeit erreichten wir ein großes, noch stark besuchtes Kaufhaus, mit dessen Lokalitäten der Fremde sehr bekannt zu sein schien. Er nahm seine ursprüngliche Haltung wieder an und bahnte sich durch den Schwarm der Käufer und Verkäufer seine ziellosen Kreuz- und Querwege.

Wir verbrachten ungefähr anderthalb Stunden an diesem Orte, und es erforderte meinerseits die größte Vorsicht, mich, ohne von ihm bemerkt zu werden, in seiner Nähe zu halten. Glücklicherweise trug ich ein paar Gummiüberschuhe und trat daher ganz geräuschlos auf, so daß dem Unbekannten nicht einen Augenblick zum Bewußtsein kam, daß er verfolgt wurde. Er ging von einer Verkaufsstelle zur anderen, kaufte nichts, sprach kein Wort und starrte die Dinge mit seltsam abwesenden Blicken an. Sein Benehmen setzte mich in immer höheres Erstaunen, und ich beschloß bei mir, ihn jetzt erst recht nicht aus den Augen zu lassen, bis ich wenigstens irgend etwas über ihn in Erfahrung gebracht hätte. Von einem Turme schlug es laut elf, und die Menge beeilte sich, den Bazar zu verlassen.

Einer der Kommis, der die Läden vor den Schaufenstern herunterließ, stieß den alten Mann zufällig an, und ich sah, wie ein heftiger Schauder seinen ganzen Körper durchfuhr. Er eilte wieder auf die Straße hinaus, blickte angstvoll umher und lief dann mit unglaublicher Schnelligkeit durch viele winkelige und öde Gassen, bis wir wieder auf die Hauptstraße gelangten, von der aus wir unsere Wanderung unternommen hatten. Sie bot indessen nicht mehr denselben Anblick, war zwar immer noch hell erleuchtet, aber bei dem strömenden Regen waren nur noch wenige Menschen zu sehen. Der Unbekannte wurde blaß, mit düsterer Miene schritt er ein paar Schritte auf der sonst so volkreichen Straße herauf, dann wandte er sich mit schwerem Seufzer in der Richtung nach dem Flusse hin. Er eilte durch verschiedene Straßen und langte endlich vor einem der Haupttheater an. Die Vorstellung war gerade zu Ende, und das Publikum drängte sich durch die Eingangstüren hinaus. Ich sah, wie der alte Mann tief aufatmete, während er sich in das dichteste Gewühl stürzte; auch schien der angstvolle Ausdruck in etwa von seinem Gesicht gewichen zu sein. Sein Kopf fiel wieder auf die Brust herab, und er zeigte auch sonst ganz sein altes Benehmen. Ich bemerkte, daß er den Weg einschlug, den der größere Teil des Publikums nahm; im übrigen wurde mir der Zweck seines ruhelosen Umherwanderns immer noch nicht klarer.

Je weiter wir schritten, desto mehr zerstreuten sich die Leute, und desto mehr fiel der alte Mann wieder in seine frühere Rastlosigkeit und Unstetigkeit zurück. Eine Zeitlang folgte er einer Gesellschaft von zehn oder zwölf lärmenden Nachtschwärmern, aber auch diese verloren sich nach und nach, bis in einer engen, düsteren, verlassenen Straße bloß noch drei beisammen waren. Der Unbekannte stand still und schien einen Augenblick in Gedanken verloren, dann lenkte er mit allen Anzeichen innerer Aufregung seine Schritte einer Straße zu, die bis an die äußerste Grenze der Stadt führte und in Gegenden, die von denen, die wir bis jetzt durchschritten, weit verschieden waren: in das widerwärtigste Viertel Londons, wo alle Dinge den häßlichen Stempel trostlosester Armut und abscheulichster Verkommenheit tragen. In dem trüben Lichte einer vereinzelten Laterne bemerkte man alte, hohle, wurmstichige, hölzerne Behausungen, die dem Einsturz nahe schienen und so unordentlich und willkürlich umherstanden, daß es einen Weg, der den Namen Straße verdient hätte, gar nicht gab. Die Pflastersteine waren durch das wuchernde Gras aus ihren Fugen gedrängt. Unrat verweste in den verstopften Rinnen. Die ganze Atmosphäre schien von dieser Verwahrlosigkeit vergiftet. Jedoch je weiter wir schritten, desto lauter vernahmen wir die Stimmen des Lebens, und schließlich sahen wir ganze Rotten des verkommensten Pöbels einhertaumeln. Die Lebensgeister des alten Mannes flammten noch einmal auf – wie eine Lampe, die dem Erlöschen nahe ist, und noch einmal wurden seine Schritte schneller. Als wir um eine Ecke bogen, drang plötzlich ein lebhafter Lichtschein auf uns ein – wir standen vor einem der vorstädtischen Tempel der Unmäßigkeit – einem der Paläste des Dämons Alkohol.

Es hatte schon zu dämmern begonnen, doch drängten sich noch immer neue Scharen elender Trunkenbolde durch die großen Türen aus und ein. Mit einem halb unterdrückten, heiseren Freudengeschrei bahnte sich der alte Mann seinen Weg und ging in seiner ursprünglichen Haltung wieder ziel- und zwecklos unter der Menge auf und ab. Dies dauerte jedoch nicht allzulange, da sich bald ein allgemeines Drängen nach den Ausgängen bemerkbar machte: der Wirt wollte für diese Nacht sein Lokal schließen. Was sich jetzt auf dem Angesicht des sonderbaren Wesens, das ich so hartnäckig verfolgte, abspiegelte, war mehr als Verzweiflung. Doch hielt der Greis nicht einen Augenblick in seinem Wandern inne, sondern wandte seine Schritte mit krankhafter Ausdauer wieder dem Herzen des großen London zu. Rasch, in stets gleichem Tempo, schritt er dahin, während ich ihm in immer wachsender, seltsamer Verwunderung folgte. Die Sonne ging auf, wie wir so dahinschritten, und als wir in dem belebtesten Teil der volkreichen Stadt anlangten und durch die Hauptstraße mit dem großen Café D. kamen, herrschte dort bereits wieder Menschengewühl und ein Verkehr, der dem Treiben am vorhergehenden Abend nichts nachgab. Und auch hier, während das erwachte Leben wuchs und an Fülle immer noch zunahm, setzte ich meine Verfolgung beharrlich fort. Seiner Gewohnheit nach ging der Unbekannte hin und her und kam, solange es Tag war, nicht mehr aus dem Getümmel jener Straße heraus. Doch als sich die Schatten des zweiten Abends niedersenkten, fühlte ich mich zu Tode erschöpft. Ich trat dem Wanderer fest entgegen und blickte ihm unverwandt ins Gesicht. Aber er bemerkte mich nicht, sondern setzte seine feierliche Wanderung ruhig fort. Jetzt folgte ich ihm nicht weiter. Und blieb stehen in tiefem Nachdenken.

„Dieser alte Mann", sagte ich endlich zu mir selbst, „ist die Verkörperung, ist der Geist des Verbrechens. Er kann nicht allein sein. Er ist der Mann der Menge.

Es wäre vergebens, ihm noch weiter nachzugehen, denn ich würde doch nichts von ihm, nichts von seinen Taten erfahren."

Das schlechteste Herz der Welt ist ein abschreckenderes Buch als der Hortulus Animae; und vielleicht ist es eine der großen Barmherzigkeiten Gottes, „daß er sich nicht lesen läßt"!?

DER MORD IN DER SPITALGASSE

*Sie ist zwar etwas verblüffend, die Frage: welches Lied die
Sirenen gesungen oder welchen Namen Achilles angenom-
men, als er sich bei den Frauen verbarg – doch liegt ihre
Beantwortung nicht außerhalb des Bereiches der Möglichkeit.*
Sir Thomas Browne

Die geistigen Fähigkeiten, welche man gewöhnlich die analytischen nennt, sind
selbst, ihrem ganzen Wesen nach, der Analyse sehr schwer zugänglich. Wir
beurteilen sie nur nach ihren Wirkungen. Unter anderem wissen wir von ihnen,
daß sie, wenn sie in ungewöhnlich hohem Grade vorhanden sind, ihrem Besitzer
ein Born außerordentlicher Genüsse sein können. Wie ein starker Mann sich
an seiner physischen Tüchtigkeit berauscht und Übungen, die seine Muskeln in
Tätigkeit setzen, vor allem liebt, so hat der Analytiker seine höchste Freude an
jener geistigen Tätigkeit, die entwirrt und löst. Selbst die trivialsten Beschäftigungen, sofern sie ihm nur Gelegenheit geben, sein Talent zu entfalten, bereiten
ihm Vergnügen. Er ist ein Freund von Rätseln, Hieroglyphen und Geheimnissen und zeigt bei der Lösung derselben einen Grad von Scharfsinn, der dem
gewöhnlichen Verstande übernatürlich erscheint. Und seine Resultate, zu denen
er doch durch rein methodisches Vorgehen gelangt ist, haben in der Tat den
Anschein von Intuition.

Die Fähigkeit zur Auflösung wird unter Umständen durch mathematische
Studien noch bedeutend geschärft; besonders durch das Studium jener höchsten
Mathematik, die man ungerechterweise und nur wegen ihrer rückwärts schließenden Tätigkeit Analyse, gleichsam Analyse *par excellence*, genannt hat. Aber
bloßes Rechnen heißt noch nicht analysieren. Ein Schachspieler zum Beispiel
tut das eine, ohne das andere auch nur zu versuchen. Daraus folgt, daß das
Schachspiel in seinen Wirkungen auf den Geist vollkommen falsch beurteilt
wird. Doch will ich hier keine Abhandlung schreiben, sondern lediglich eine
etwas sonderbare Erzählung durch ein paar aufs Geratewohl hingeworfene
Bemerkungen einleiten; ich möchte an dieser Stelle nur noch bemerken, daß die
höheren Kräfte des überlegenden Geistes durch das bescheidene Damespiel viel
lebhafter und nutzbringender angestrengt werden als durch die anspruchsvollen
Nichtigkeiten des Schachspiels. Bei diesem Spiel, in dem die Figuren verschie-
dene und absonderliche Bewegungen von verschiedenem und veränderlichem
Werte ausführen können, hält man sehr oft für tief, was nur kompliziert ist.
Hier wird die Aufmerksamkeit auf das lebhafteste angespannt. Wenn sie einen
Augenblick erlahmt, läuft einem ein Versehen unter, das zu Verlust oder gar zur
Niederlage führt. Da die möglichen Züge nicht allein sehr zahlreich, sondern

auch von ungleichem Werte sind, liegt die Möglichkeit eines solchen Versehens sehr nahe, und in neun Fällen von zehn wird der aufmerksamere Spieler über den geschickteren den Sieg davontragen. Beim Damespiel dagegen, bei dem es nur eine Art von Zügen mit wenig Veränderungen gibt, ist die Wahrscheinlichkeit eines Versehens geringer; und da die bloße Aufmerksamkeit verhältnismäßig wenig in Frage kommt, kann man die Vorteile, die sich eine Partei vor der anderen verschafft, nur ihrem größeren Scharfsinn zuschreiben.

Um weniger abstrakt zu sein –: Stellen wir uns ein Damespiel vor, dessen Steine bis auf vier Könige zusammengeschmolzen sind, so daß kein Versehen mehr stattfinden kann. Es liegt auf der Hand, daß hier der Sieg, vorausgesetzt, daß die Spieler gleich tüchtig sind, nur durch einen ganz geschickten Zug, der das Ergebnis einer starken Anstrengung des Verstandes ist, herbeigeführt werden kann. Seiner gewöhnlichen Hilfsquellen beraubt, versetzt sich der Analytiker in den Geist seines Gegners, identifiziert sich mit demselben und erkennt nicht selten auf den ersten Blick die einzige Möglichkeit – sie ist oft ganz absurd einfach – durch die er seinen Partner irreführen und zu falscher Berechnung verleiten kann.

Lange Zeit war der Whist wegen seines Einflusses auf die Fähigkeit der Berechnung berühmt; und man kennt Männer von höchster Intelligenz, die ein anscheinend unerklärliches Vergnügen an diesem Spiele fanden, während sie das Schachspiel als kleinlich verschmähten. Ohne Zweifel gab es nichts Ähnliches in der Art, was die analytischen Fähigkeiten so gründlich übte. Der beste Schachspieler der Christenheit braucht nichts weiter zu sein als eben der beste Schachspieler, aber die Tüchtigkeit im Whistspiel läßt sich in allen anderen und wichtigeren Unternehmungen, in denen der Geist mit dem Geiste kämpft, auf Tüchtigkeit und Erfolge schließen. Ich meine mit dem Worte „Tüchtigkeit" jene vollkommene Beherrschung des Spiels, die alle Quellen, aus denen rechtmäßiger Vorteil gezogen werden kann, kennt. Sie sind nicht allein zahlreich, sondern auch vielartig und entspringen häufig in Gedankenklüften, die einer durchschnittlichen Begabung vollständig unzugänglich sind.

Aufmerksam beobachten heißt: sich bestimmter Dinge gut erinnern können; deshalb wird sich ein Schachspieler, der an Konzentration gewöhnt ist, sehr gut zum Whist eignen, zumal die Regeln des Hoyle – die selbst nur auf dem bloßen Mechanismus des Spiels basieren – allgemein verständlich und ausreichend sind.

Ein gutes Gedächtnis haben und regelrecht nach dem Buche spielen, hält man in den meisten Fällen für die Summe aller Erfordernisse zu gutem Spiele. Doch die Kunst des Analytikers zeigt sich in den Dingen, die außerhalb der Regel liegen. Stillschweigend macht er eine Menge Beobachtungen, aus denen er seine Schlüsse zieht. Die Mitspielenden tun vielleicht desgleichen, und der

Unterschied in der Tragweite der erhaltenen Kenntnis liegt nicht so sehr in der Gültigkeit des Schlusses als in dem Werte der Beobachtung. Das wichtigste ist, zu wissen, was man zu beobachten hat. Der Spieler, den ich hier im Sinne habe, beschränkt sich nicht auf das Spiel allein und verwirft keine Schlüsse, die außerhalb desselben liegen, aus dem bloßen Grunde, weil das Spiel der hauptsächliche Gegenstand seiner Aufmerksamkeit ist. Er studiert den Gesichtsausdruck seines Partners und vergleicht ihn sorgfältig mit dem der Gegner. Er beachtet die Art und Weise, in der die Karten in der Hand geordnet werden, und zählt oft Trumpf auf Trumpf, Honneurs auf Honneurs an den Blicken nach, mit denen ihr Besitzer sie betrachtet. Während das Spiel seinen Lauf nimmt, beobachtet er jede Veränderung des Gesichtes und sammelt aus dem verschiedenen Ausdruck von Sicherheit, Überraschung, Triumph oder Ärger eine Fülle von Gedanken über das jeweilige Spiel. Aus der Art und Weise, wie jemand einen Stich aufnimmt, schließt er, ob die betreffende Person noch einen anderen in derselben Farbe machen kann. Er erkennt an der Miene, mit der jemand die Karte auf den Tisch wirft, ob er mogelt. Ein gelegentliches und unbedachtes Wort, das zufällige Fallen oder Umwenden einer Karte, die Ängstlichkeit oder Sorglosigkeit, die diesen Vorgang begleitet, das Zählen der Stiche, ihre Anordnung, ferner Verwirrung, Zögern, Hast, Bestürzung, alles dient seiner scheinbar intuitiven Erfassung vom Stande der Dinge als Symptom und Erkennungszeichen. Wenn die zwei oder drei ersten Runden gespielt worden sind, kennt er die Karten von jedem der Mitspielenden und gibt von da ab seine eigenen mit so unfehlbar sicherer Berechnung aus, als spiele die übrige Gesellschaft offen.

Die Fähigkeit zur Analyse darf nicht mit bloßer Klugheit verwechselt werden; denn während der Analytiker unbedingt klug ist, hat der kluge Mann oft auffallend wenig Begabung für Analyse. Die aufbauende und berechnende Kraft, durch welche sich die Klugheit gewöhnlich äußert – und der die Phrenologen, ich glaube irrtümlicherweise, ein besonderes Organ zugeschrieben haben, da sie dieselbe für eine eingeborene Fähigkeit hielten – ist so oft bei Menschen, deren Verstand im übrigen an Blödsinn grenzte, beobachtet worden, daß diese Tatsache unter Moralschriftstellern Aufsehen erregte. Zwischen Klugheit und analytischer Fähigkeit besteht ein viel größerer Unterschied als zwischen Phantasie und Einbildungskraft, obwohl er von vollständig analogem Charakter ist. Man wird in der Tat immer finden, daß die klugen Menschen phantasiereich und die mit wirklicher Einbildungskraft begabten stets Analytiker sind.

Die folgende Erzählung wird dem Leser vielleicht in mancher Beziehung eine Erläuterung zu den eben aufgestellten Behauptungen sein.

Während meines Aufenthaltes in Paris im Frühling und Sommer des Jahres 18– machte ich die Bekanntschaft eines Herrn August Dupin. Der junge

Mann stammte aus einer guten, ja, aristokratischen Familie, doch war er durch verschiedene widrige Ereignisse in solche Armut geraten, daß seine ganze Willenskraft in ihr unterging, und er gar keine Anstrengung mehr machte, sich wieder in glücklichere Verhältnisse heraufzuarbeiten. Seine Gläubiger ließen aus Anständigkeit einen kleinen Teil seines väterlichen Erbteils in seinen Händen, von dessen Zinsen er gerade sparsam leben konnte. Bücher waren der einzige Luxus, den er sich erlaubte; und in Paris kann man sich diesen leicht gestatten.

Wir trafen uns zum ersten Mal in einer kleinen Buchhandlung in der Rue Montmartre, wo uns ein Zufall – wir suchten beide dasselbe sehr seltene und merkwürdige Buch – in nähere Beziehung brachte. Wir sahen uns des öfteren wieder. Ich interessierte mich lebhaft für die kleine Familiengeschichte, die er mir mit der ganzen Aufrichtigkeit, mit welcher der Franzose von seinem eigenen Ich spricht, erzählte. Auch war ich über seine große Belesenheit erstaunt und vor allem fühlte ich, wie meine Seele von der urwüchsigen Kraft und seltenen Üppigkeit seiner Phantasie mit entflammt wurde. Ich verfolgte damals ganz bestimmte Ziele in Paris und sagte mir, daß die Gesellschaft eines solchen Mannes zur Erreichung derselben von unermeßlichem Nutzen sein mußte. Ich teilte ihm dies auch offenherzig mit. Schließlich kamen wir überein, während meines Aufenthaltes in Paris zusammen zu wohnen; und da meine Verhältnisse weniger beschränkt waren als die seinen, war es mir möglich, ein wetterzerstörtes, grotesk anzuschauendes Haus, das wegen eines Aberglaubens, dem wir jedoch nicht weiter nachforschten, verödet stand und in einem abgelegenen, einsamen Teil des Faubourg St. Germain seinem Verfall entgegenging, zu mieten und in einem Stile zu möblieren, welcher der phantastischen Düsterkeit unserer beider Gemütsart wohl entsprach.

Wäre die Lebensweise, die wir in dieser Wohnung führten, der Welt bekannt geworden, man hätte uns für Wahnsinnige gehalten – wenn auch für harmlose. Besucher ließen wir jedoch niemals ein. Unsern Zufluchtsort hatte ich vor all meinen früheren Bekannten sorgfältig geheimgehalten. Dupin hatte schon seit Jahren jeglichen Verkehr in Paris aufgegeben. So lebten wir nur für uns allein.

Mein Freund hatte die wunderliche Grille – wie sollte ich es anders nennen? – in die Nacht um ihrer selbst willen verliebt zu sein; bald teilte ich diese Sonderbarkeit wie alle seine übrigen und überließ mich rückhaltlos solchen seltsamen Eigenarten. Die schwarze Gottheit wollte zwar nicht immer bei uns wohnen, doch schafften wir uns Ersatz für ihre Gegenwart. Beim ersten Morgendämmern schlossen wir alle die schweren Fensterläden des alten Hauses und zündeten ein paar stark parfümierte Kerzen an, die nur einen gespenstisch schwachen

Schimmer um sich verbreiteten. Bei ihrem Lichte versenkten wir unsere Seelen in Träume, lasen, schrieben, unterhielten uns, bis die Uhr den Anbruch der wahren Dunkelheit ankündigte. Dann eilten wir Arm in Arm hinaus in die Straßen, fuhren in den Gesprächen des Tages fort oder streiften bis spät in die Nacht umher und genossen in den seltsamen Licht- und Schattenseiten, wie sie jede volkreiche Stadt aufweist, jene Unendlichkeit von geistigen Anregungen, die sie dem ruhigen Beobachter allzeit gewähren.

Bei solchen Gelegenheiten mußte ich immer wieder und wieder Dupins hervorragende Fähigkeiten zu analysieren, auf die mich sein reiches Geistesleben schon vorbereitet hatte, bemerken und bewundern. Die Ausübung derselben schien ihm – selbst wenn niemand Kenntnis davon nahm – lebhaftes Vergnügen zu bereiten, und er gestand dies auch offen ein. Mit leisem, kicherndem Lachen rühmte er sich einstmals mir gegenüber, daß die meisten Menschen für ihn Fenster in der Brust hätten, und oft unterstützte er derartige Behauptungen durch sofortige und erschreckend deutliche Beweise, die mir zeigten, daß er mich selbst und meine Gedanken auf das genaueste errate.

In solchen Augenblicken war sein Wesen kalt und wie zerstreut, seine Augen blickten ausdruckslos vor sich hin, seine Stimme, die sonst einen Tenorklang hatte, schraubte sich zu einem Diskant herauf, den man für Ausgelassenheit gehalten haben könnte, wenn einem nicht die Bedachtsamkeit und Deutlichkeit der Aussprache aufgefallen wäre. Wenn ich ihn in solchen Stimmungen sah, mußte ich immer an die alte Philosophie von dem Zweiseelensystem denken und amüsierte mich mit der Vorstellung eines doppelten Dupin, eines schöpferischen und eines auflösenden.

Es wäre jedoch falsch, wenn man hieraus schließen wollte, daß ich beabsichtigte, ein Geheimnis zu entschleiern oder einen Roman zu schreiben. Was ich von dem Franzosen erzählte, war nur einfache Tatsache und als solche das Ergebnis einer übererregten, vielleicht krankhaften Intelligenz. Die beste Vorstellung von der Art seiner Beobachtungen in jener Zeit wird folgendes Beispiel geben.

Eines Abends schlenderten wir eine lange, schmutzige Straße in der Nähe des Palais Royal hinunter. Da wir beide tief in Gedanken waren, hatten wir wohl eine Viertelstunde lang kein Wort miteinander gesprochen. Bis Dupin ganz plötzlich ausrief:

„Er ist wirklich ein sehr kleiner Kerl und würde besser aufs Varietétheater passen."

„Zweifellos", erwiderte ich unwillkürlich und bemerkte zuerst gar nicht (so tief war ich in Nachdenken versunken gewesen), auf welch sonderbare Art diese Worte meine Träumereien fortsetzten.

Gleich darauf besann ich mich und geriet natürlich in Erstaunen. „Dupin", sagte ich ernst, „das geht über meine Begriffe. Ich sage Ihnen offen, daß ich sehr überrascht bin und meinen Sinnen kaum trauen kann. Wie konnten Sie wissen, daß meine Gedanken gerade bei …"

Ich hielt inne, um mich ganz und gar zu überzeugen, ob er wisse, an wen ich gedacht hatte.

„… bei Chantilly waren", vollendete er. „Weshalb hielten Sie inne? Sie dachten doch vorhin darüber nach, daß ihn seine kleine Statur zum Tragöden untauglich mache!?"

Über diesen Punkt hatte ich allerdings soeben nachgesonnen. Chantilly war ein ehemaliger Schuhflicker aus der Rue St. Denis, der in einem Anfalle von Theaterwut versucht hatte, die Rolle des Xerxes in Crébillons gleichnamiger Tragödie zu spielen und für seine Mühe nur bitteren Hohn geerntet hatte.

„Erklären Sie mir um Himmels willen", rief ich aus, „die Methode – wenn Sie methodisch vorgegangen sind – mit der Sie meine Seele derart erforschen konnten." Ich war in Wirklichkeit noch verblüffter, als ich zeigen wollte.

„Der Fruchthändler", versetzte mein Freund, „veranlaßte Sie zu dem Schlusse, der Sohlenflicker sei nicht groß genug für einen Xerxes und die ganze Reihe ähnlicher Rollen."

„Der Fruchthändler? Wieso? Ich kenne gar keinen."

„Ich meine den Mann, der Sie beim Einbiegen in die Straße anrannte. Es ist vielleicht eine Viertelstunde her –"

Jetzt erinnerte ich mich, daß ich in der Tat von einem Fruchthändler, der einen großen Korb Äpfel auf dem Kopfe getragen, fast umgerannt worden wäre, als wir aus der Rue C. in den Durchgang einbogen, in dem wir jetzt standen. Aber was dies mit Chantilly zu tun hatte, war mir nicht klar.

Dupin war jedoch so wenig Scharlatan wie nur irgend jemand. „Ich will Ihnen die Sache erklären", sagte er, „und damit Sie alles recht verstehen, wollen wir den Lauf Ihrer Gedanken zurückverfolgen, von dem Augenblicke an, da ich Ihre Betrachtungen unterbrach, bis zu dem Zusammenstoße mit dem Fruchthändler. Die Hauptglieder der Kette sind folgende: – Chantilly, Orion, Dr. Nichols, Epikur, Stereotomie, das Straßenpflaster, der Fruchthändler."

Es gibt wenig Leute, die sich nicht zuweilen damit amüsiert hätten, die Schritte zurückzuverfolgen, durch die ihr Verstand zu irgendwelchen Schlüssen gekommen ist. Die Beschäftigung kann sehr interessant sein; und mancher, der sich zum erstenmal in ihr versucht, ist höchst erstaunt über die scheinbar unendliche Entfernung zwischen dem Ausgangspunkt und dem Endpunkt seiner Gedanken und die Unzusammengehörigkeit beider. Groß war auch mein

Erstaunen, als ich nun die Ausführungen des Franzosen vernahm und zugeben mußte, daß er die Wahrheit sprach.

Er fuhr fort:

„Wir hatten, wenn ich mich recht erinnere, kurz ehe wir die Rue C. verließen, von Pferden geredet. Das war unser letzter Gesprächsstoff. Als wir in diese Straße einbogen, eilte ein Fruchthändler mit einem großen Korbe Äpfel auf dem Kopfe rasch an uns vorüber und drängte Sie dabei auf einen Haufen Pflastersteine, die an einer Stelle, wo der Fußsteig ausgebessert wird, aufgeschüttet lagen. Sie traten auf einen der losen Steine, glitten aus, verstauchten sich ganz leicht den Fuß, schienen geärgert oder verstimmt, murmelten ein paar Worte, blickten sich nach dem Steinhaufen um und gingen dann schweigend weiter. Ich schenkte Ihnen keine weitere Aufmerksamkeit, nur ist mir seit einiger Zeit das Beobachten zur Notwendigkeit geworden: Ich nahm also wahr, daß Sie Ihre Blicke zu Boden gesenkt hielten, mit unmutigem Ausdruck die Löcher und Spalten im Pflaster betrachteten, woraus ich schließen mußte, daß Sie noch an die Steine dachten, bis wir die kleine Lamartinestraße erreichten, die versuchsweise mit gerippten, fest übereinander greifenden Steinen gepflastert ist. Hier hellte sich Ihr Gesicht wieder auf, und als ich sah, daß Sie die Lippen bewegten, konnte ich nicht zweifeln, daß Sie das Wort ‚Stereotomie‘ flüsterten – übrigens ein ziemlich anspruchsvoller Name für diese einfache Art von Pflasterung. Ich wußte, daß Sie das Wort nicht aussprechen konnten ohne an Atome und weiter an die Lehre Epikurs denken zu müssen, und da ich Ihnen, als wir vor kurzem über diesen Gegenstand redeten, bemerkt hatte, wie wunderbar die vagen Vermutungen dieses edlen Griechen von den neueren Entdeckungen der Nebular-Kosmogonie bestätigt worden seien, erwarte ich mit Gewißheit, daß Sie zu dem großen Nebel im Orion aufblicken würden. Sie taten es, und ich war sicher, Ihrem Gedankengange richtig gefolgt zu sein. In dem bitteren Spottartikel über Chantilly, der gestern im ‚Musée‘ erschien, machte der Satiriker einige verächtliche Anspielungen auf die Namensveränderung, die der Schuhflicker beim Besteigen des Kothurn vorgenommen, und führte einen lateinischen Vers an, über den wir oft gesprochen hatten, nämlich:

‚Perdidit antiquum litera prima sonum.‘

Ich sagte Ihnen, daß sich dies auf den Orion bezöge, den man früher Urion schrieb, und war sicher, daß Sie die Erklärung wegen gewisser Einzelheiten, die mit ihr verbunden waren, nicht vergessen hatten. Ich konnte also mit Sicherheit schließen, daß Sie die beiden Begriffe Orion und Chantilly unwillkürlich miteinander verbinden würden. Daß dies auch wirklich der Fall war, erkannte ich an der Art des Lächelns, das jetzt um Ihre Lippen zuckte. Sie dachten an die Abschlachtung des armen Schusters. Bis dahin waren Sie ein wenig gebückt einhergegangen, nun sah ich, daß Sie sich zu Ihrer vollen Höhe aufrichteten. Ich war überzeugt, daß Sie an die kleine Statur Chantillys dachten. An dieser Stelle unterbrach ich Ihren Gedankengang mit der Bemerkung, daß er wirklich ein kleines Kerlchen sei und besser täte, zum Varieté zu gehen."

Kurze Zeit später lasen wir zusammen die „Gazette des Tribunaux" durch und wurden auf folgende Notiz aufmerksam:

„Sensationeller Mord!!! Heute morgen gegen drei Uhr wurden die Bewohner des Quartiers St. Roch durch anhaltendes gräßliches Geschrei aus dem Schlafe geschreckt. Die Hilferufe drangen anscheinend aus dem vierten Stockwerke eines Hauses in der Spitalgasse hervor, welches, wie man wußte, nur von einer Madame L'Espanaye und ihrer Tochter, Mademoiselle L'Espanaye, bewohnt war. Nach einigen Verzögerungen, die dadurch entstanden waren, daß man versucht hatte, sich auf gewöhnlichem Wege Eingang zu verschaffen, wurde die Haustüre mit einer Eisenstange erbrochen, und acht oder zehn Nachbarn traten, von zwei Gendarmen begleitet, ein. Mittlerweile waren die Schreie verstummt, aber als die Leute die ersten Treppen hinaufstürzten, unterschieden sie zwei oder mehr rauhe Stimmen, die sich ärgerlich stritten und aus dem oberen Teile des Hauses hervorzudringen schienen. Als man den zweiten Treppenabsatz erreichte, hörten auch die Töne auf, und alles blieb totenstill. Die Leute verteilten sich und eilten von einem Zimmer ins andere. Ein großes Hinterzimmer im vierten Stock fanden sie von innen verschlossen und brachen die Türe auf. Da bot sich ein Anblick dar, der die Anwesenden mit Grauen und nicht geringem Erstaunen erfüllte.

Das Zimmer war in der wildesten Unordnung: die Möbel zertrümmert und nach allen Seiten umhergeworfen. Aus einer Bettstelle waren die Betten herausgerissen und in die Mitte des Zimmers geschleppt worden. Auf einem Stuhle lag ein mit Blut beflecktes Rasiermesser. Auf dem Kamin fand man zwei oder drei lange, dicke Flechten von grauem Menschenhaar, die auch mit Blut besudelt waren und mit den Wurzeln herausgerissen zu sein schienen. Auf dem Boden lagen vier Napoléons, ein Ohrring mit einem Topas, drei große silberne Löffel, drei kleinere von *métal d'Alger* und zwei Beutel, die beinahe viertausend Francs in Gold enthielten. Die Schubfächer eines Schreibtisches standen offen und waren ohne Zweifel geplündert worden, obgleich sie noch eine Menge Gegenstände enthielten. Eine kleine eiserne Geldkiste wurde unter den Betten (nicht unter der Bettstelle) gefunden. Sie stand ebenfalls offen, der Schlüssel steckte noch im Schlosse. Ihr Inhalt bestand aus alten Briefen und einigen anderen unwichtigen Papieren.

Von Madame L'Espanaye war keine Spur zu entdecken, da man auf dem Kamin eine ungewöhnliche Menge Ruß bemerkte, forschte man im Kaminrohr nach und zog – es ist grauenhaft, nur daran zu denken – den Leichnam der Tochter aus ihm hervor, der mit dem Kopfe nach unten ziemlich hoch in den engen Schlot hinaufgezwängt worden war. Der Körper war noch ganz warm. Bei der Untersuchung entdeckte man zahlreiche Hautabschürfungen, die ohne Zweifel durch die Heftigkeit, mit welcher man den Leichnam hinaufgeschoben und wieder herausgezogen hatte, verursacht worden waren. Das Gesicht wies viele schwere Kratzwunden auf und an der Kehle waren tiefe Fingerabdrücke und dunkle Quetschungen zu sehen, als sei die Tote erwürgt worden.

Nachdem man alle Teile des Hauses auf das gründlichste untersucht hatte, ohne Näheres zu entdecken, begaben sich die Leute in einen gepflasterten Hof an der Rückseite des Hauses. Hier fand man den Körper der alten Dame mit so vollständig durchschnittenem Halse, daß der Kopf, bei dem Versuche die Leiche aufzurichten, abfiel. Der Körper sowohl wie der Kopf, waren auf das gräßlichste verstümmelt, letzterer in einer Weise, daß er kaum noch etwas Menschlichem ähnlich sah.

Man hat unseres Wissens bis jetzt noch nicht den geringsten Anhalt zu einer Aufklärung dieser entsetzlichen Mordtat gefunden."

Am nächsten Morgen brachte die Zeitung weitere Einzelheiten über den grausamen Fall.

„Das Trauerspiel in der Spitalgasse!! – Man hat viele Personen über dies außergewöhnliche, fürchterliche Ereignis verhört, ohne das Geringste zu entdecken, das Licht in die Sache bringen könnte.

Wir geben in Untenstehendem die Aussagen der Zeugen wieder:

Pauline Dubourg, Wäscherin, sagt aus, daß sie die beiden Verstorbenen seit drei Jahren kenne, da sie während dieser Zeit für dieselben gewaschen habe. Die alte Dame und ihre Tochter schienen in gutem Einvernehmen miteinander zu leben und behandelten sich gegenseitig liebenswürdig und rücksichtsvoll. Sie bezahlten ausgezeichnet. Sie könne nicht sagen, wie oder wovon sie lebten. Sie glaube, daß Madame L'Espanaye von Beruf Wahrsagerin gewesen sei. Dieselbe habe im Rufe gestanden, sich ein Vermögen erspart zu haben. Sie, die Zeugin, habe nie einen Menschen dort getroffen, wenn sie die Wäsche dort abgeholt oder gebracht hätte. Sie sei sicher, daß die Damen keinen Dienstboten gehalten hätten. Anscheinend sei kein Teil des Hauses außer dem vierten Stockwerk ausmöbliert gewesen.

Pierre Moreau, Tabakhändler, sagt aus, daß er seit beinahe vier Jahren kleine Partien Rauch- und Schnupftabak an Madame L'Espanaye verkauft habe. Er sei in der Nachbarschaft geboren und immer dort ansässig gewesen. Die Verstorbene und ihre Tochter bewohnten das Haus, in dem man die Leichen gefunden, schon mehr als sechs Jahre. Früher habe es ein Juwelier inne gehabt, der die oberen Zimmer an verschiedene Personen vermietet hatte. Das Haus war das Eigentum der Madame L'Espanaye. Sie war unzufrieden über den Mißbrauch, den die Mieter mit den Räumlichkeiten trieben, zog selbst hinein und weigerte sich, die nicht von ihr bewohnten Teile anderweitig zu vermieten. Die alte Dame war kindisch. Zeuge hat die Tochter im Laufe von sechs Jahren etwa fünf- bis sechsmal gesehen. Die beiden Damen führten ein außerordentlich zurückgezogenes Leben, man hielt sie für wohlhabend. Er habe von Nachbarn gehört, Madame L'Espanaye sei Wahrsagerin, habe es aber nicht geglaubt. Er habe niemals jemand anders in das Haus eintreten sehen, als die alte Dame und ihre Tochter, ein- oder zweimal einen Portier und acht- oder zehnmal einen Arzt.

Das Zeugnis mehrerer anderer Personen aus der Nachbarschaft lief auf dasselbe hinaus. Man kannte niemanden, der das Haus selbst betreten, und wußte nicht, ob Madame L'Espanaye und ihre Tochter lebende Verwandte hatten. Die Läden der vorderen Fenster wurden selten geöffnet. Die nach dem Hofe hinaus gingen, waren immer geschlossen mit Ausnahme derer des großen Hinterzimmers im vierten Stock. Das Haus war gut gebaut und noch nicht alt.

Isidore Muset, Gendarm, sagt aus, daß er gegen drei Uhr des Morgens nach dem Hause gerufen worden sei und einige zwanzig oder dreißig Personen vor der Haustüre angetroffen habe, die sich bemühten, sich Eingang zu verschaffen. Er öffnete schließlich die Türe mit einem Bajonett, nicht mit einer Eisenstange. Es habe nur wenig Mühe gekostet, da es eine Doppel- oder Flügeltür gewesen, die weder nach oben noch nach unten zugeriegelt worden war. Das Geschrei ertönte fort, bis die Tür erbrochen war, und verstummte dann plötzlich. Es schien von einer Person oder von mehreren in größter Todesangst ausgestoßen zu werden, war laut und langgezogen, nicht kurz und rasch. Zeuge führte den Zug die Treppe hinauf. Als er den ersten Treppenabsatz erreicht, vernahm er zwei Stimmen, offenbar in lautem, ärgerlichem Wortwechsel – die eine rauh und barsch, die andere eine ganz sonderbare Stimme, kreischend und schrill. Er konnte ein paar Worte der ersten Stimme, die offenbar einem Franzosen angehörte, verstehen. Er behauptet mit Bestimmtheit, daß es keine Frauenstimme war. Er unterschied die Worte ‚*sacré*‘ und ‚*diable*‘, die schrille Stimme war die eines Fremden. Er könne nicht gewiß sagen, ob es die Stimme eines Mannes oder einer Frau gewesen sei. Auch habe er nicht zu unterscheiden vermocht, was gesprochen wurde, meinte jedoch, es sei Spanisch gewesen. Der Zustand des Zimmers und der Leichen, wurde von dem Zeugen so beschrieben, wie wir gestern berichtet haben.

Henri Duval, ein Nachbar, von Beruf Silberschmied, sagt aus, daß er unter den ersten war, die das Haus betraten. Bestätigt in der Hauptsache das Zeugnis Musets. Sobald die Leute sich den Eintritt erzwungen hatten, schlossen sie das Haus wieder, um die Menge, die sich trotz der späten Stunde schnell ansammelte, abzuhalten. Zeuge hält die schrille Stimme für die eines Italieners. Er erklärt mit Bestimmtheit, daß der Sprecher kein Franzose gewesen sein könne, wisse jedoch nicht bestimmt, ob die Stimme eine Männerstimme gewesen, hält es nicht für ausgeschlossen, daß es eine Frauenstimme war. Er versteht kein Italienisch und konnte deshalb keine Worte unterscheiden, glaubt jedoch nach dem Klang schließen zu dürfen, daß es wohl Italienisch gewesen sei. Zeuge kannte Frau L'Espanaye und ihre Tochter. Hat häufig mit ihnen gesprochen. Ist sicher, daß die schrille Stimme keiner der beiden Verstorbenen angehört hat.

Odenheimer, Restaurateur – Zeuge war nicht geladen und gab sein Zeugnis freiwillig ab. Da er nicht Französisch sprach, wurde er durch einen Dolmetscher vernommen. Er ist aus Amsterdam gebürtig. Kam während des Geschreies am Hause vorüber. Das Schreien dauerte mehrere – vielleicht zehn – Minuten lang. Es klang langgezogen und laut, grauenhaft, nervenerschütternd. War unter denen, die das Haus betraten. Bestätigte alle vorhergegangenen Aussagen, eine einzige ausgenommen. Er sei sicher, daß die schrille Stimme die eines Mannes – und zwar eines Franzosen – gewesen sei. Konnte die einzelnen Worte nicht unterscheiden. Die Stimme habe laut und schnell geklungen – ungleich, anscheinend sowohl von Furcht, als von Ärger in die Höhe getrieben. Er könne sie eigentlich nicht schrill nennen. Die barsche Stimme habe wiederholt *,sacré'*, *,diable'* und einmal *,Mon dieu'* gesagt.

Jules Mignaud, Bankier, Inhaber der Firma Mignaud & Söhne, Rue Deloraine – er ist der ältere Mignaud – sagt aus: Frau L'Espanaye hätte etwas Vermögen besessen und vor acht Jahren ihr Kapital bei ihm angelegt. Sie habe auch häufig kleinere Summen bei ihm niedergelegt, doch nie Kapital zurückgezogen, außer am dritten Tage vor ihrem Tode, an dem sie persönlich die Summe von 4.000 Francs erhoben. Das Geld wurde in Gold ausbezahlt und ein Kassenbote mit demselben in ihr Haus geschickt.

Adolphe Lebon, Kassenbote bei Mignaud & Söhne, sagt aus, daß er an dem fraglichen Tage gegen Mittag Frau L'Espanaye mit den in zwei Beuteln verteilten 4.000 Francs in ihre Wohnung begleitet habe. Als die Tür geöffnet wurde, sei Fräulein L'Espanaye erschienen und habe einen Beutel in Empfang genommen, während er der alten Dame den anderen einhändigte. Darauf habe er sich verabschiedet und sei gegangen. Auf der Straße habe er niemanden bemerkt. Die Spitalgasse ist eine Nebenstraße und fast immer menschenleer.

William Bird, Schneider, sagt aus, daß er unter denen gewesen, die das Haus betraten. Er ist ein Engländer. Lebt seit zwei Jahren in Paris. War einer der ersten, welche die Treppe hinaufstiegen. Hörte die Stimmen der Streitenden. Hält die barsche Stimme für die eines Franzosen. Hat mehrere Worte verstanden jedoch nicht alle behalten. Vernahm deutlich nur *„sacré'* und *„Mon dieu'*. Es hätte einen Augenblick so geklungen, als kämpften mehrere Personen miteinander – hätte scharrendes, schlürfendes Geräusch vernommen. Die schrille Stimme klang sehr laut, lauter als die barsche. Er sei sicher, daß es nicht die Stimme eines Engländers gewesen sei. Schien ihm von einem Deutschen herzurühren. Könnte auch eine Frauenstimme gewesen sein. Er verstehe kein Deutsch.

Vier der genannten Zeugen, die man wieder vorgeladen hatte, sagten aus, daß die Tür des Zimmers, in welchem man den Körper des Fräuleins L'Espanaye gefunden habe, von innen zugeschlossen gewesen sei, als der Trupp Leute dieselbe erreichte. Alles war vollständig ruhig – kein Stöhnen noch sonst ein Geräusch mehr zu hören. Als man die Tür erbrach, war niemand zu sehen. Die Fenster, sowohl die nach hinten, als auch die nach vorn heraus, waren geschlossen und von innen fest verriegelt. Eine Tür zwischen den beiden Zimmern war zugeschlagen, doch nicht verschlossen. Die Tür, die aus dem Vorderzimmer auf den Korridor führte, war geschlossen, der Schlüssel steckte inwendig. Ein kleines, auf dem vierten Stock nach vorn heraus gelegenes Zimmer am Ende des Korridors war offen. Die Tür stand weit auf. Dies Zimmer war mit alten Betten, Koffern etc. vollgestopft. Man räumte es sorgfältig aus und untersuchte es aufs genaueste. Nicht ein Zoll im ganzen Hause blieb undurchforscht. Selbst die Kamine ließ man auf das gründlichste kehren. Das Haus war vierstöckig und enthielt Mansarden. Eine Falltür auf das Dach hinaus war sehr fest zugenagelt und schien seit Jahren nicht geöffnet worden zu sein. Die Angaben über die Länge der Zeit von dem Augenblick an, in welchem man die streitenden Stimmen vernahm, bis zu dem, in welchem man die Zimmertür erbrach, schwankten. Einige Zeugen nahmen an, es seien drei Minuten gewesen, andere behaupteten, es seien wenigstens fünf verflossen. Die Tür konnte nur schwer geöffnet werden.

Alfonzo Garcio, Leichenbitter, sagt aus, daß er in der Spitalgasse wohne. Ist aus Spanien gebürtig. War unter denen, die das Haus betraten. Stieg jedoch die Treppe nicht herauf. Ist nervös und fürchtete die Folgen der Aufregung. Hörte die streitenden Stimmen. Die barsche Stimme sei die eines Franzosen gewesen. Konnte nicht unterscheiden, was sie sprach. Die schrille Stimme gehörte einem Engländer, das sei gewiß. Versteht kein Englisch, urteilt nach dem Tonfall.

Alberto Montani, Konditor, sagt aus, daß er mit unter den ersten war, die die Treppe hinaufstiegen. Hörte die fraglichen Stimmen. Die barsche Stimme sei die eines Franzosen gewesen. Unterschied mehrere Worte. Der Sprecher schien Vorstellungen zu machen. Die Worte der schrillen Stimme waren unverständlich. Sie sprach rasch und ungleich. Er halte sie für die eines Russen. Bestätigte das allgemeine Zeugnis. Er sei Italiener und habe nie mit einem geborenen Russen gesprochen.

Mehrere Zeugen, die man wieder vor rief, sagten aus, daß die Kamine aller Zimmer der vierten Etage zu eng seien, um einen Menschen durchzulassen. Doch fegte man jeden Rauchfang im Hause mit zylinderförmigen Bürsten, wie sie Kaminkehrer benutzen, gründlich auf und ab. Es gibt im Hause keine Hintertreppe, über die jemand hätte entfliehen können, während der Trupp Leute die Treppe hinaufstieg. Der Körper des Fräulein L'Espanaye war so fest in den Kamin eingezwängt, daß es nur den vereinten Kräften von vier oder fünf Männern gelang, ihn wieder herauszuziehen.

Paul Dumas, Arzt, sagt aus, daß er bei Tagesanbruch zur Besichtigung der Leichen herbeigerufen worden sei. Sie lagen beide auf der Matratze der Bettstelle, die in dem Zimmer stand, in welchem Fräulein L'Espanaye gefunden worden war. Der Leichnam des jungen Mädchens war schrecklich zerquetscht und zerschunden. Der Umstand, daß er in den Kamin hinaufgestoßen worden, erklärte diese Erscheinung genügend. Die Kehle war vollständig zusammengepreßt. Dicht unter dem Kinn befanden sich mehrere tiefe Kratzwunden sowie eine Reihe bläulicher Flecken, die offenbar von dem Druck der Finger herrührten. Das Gesicht war gräßlich angelaufen und die Augen aus den Höhlen hervorgetreten. Die Zunge war zum Teil durchgebissen. In der Magengrube entdeckte man eine große Quetschung, die anscheinend von dem Drucke eines Knies herrührte. Dem Gutachten des Herrn Dumas zufolge war Fräulein L'Espanaye von einer oder mehreren unbekannten Personen erwürgt worden. Der Leichnam der Mutter war ebenfalls schrecklich verstümmelt. Alle Knochen des rechten Armes und des rechten Beines waren mehr oder weniger gebrochen. Das linke Schienbein und die Rippen der linken Seite waren zersplittert. Der ganze Körper war in grauenerregender Weise zerquetscht und blutunterlaufen. Es war ganz unmöglich, festzustellen, auf welche Art und Weise die Verletzungen herbeigeführt worden seien. Eine schwere Holzkeule oder eine breite Eisenstange, ein Stuhl oder irgendeine große, schwere, stumpfe Waffe, von der Hand eines überaus kräftigen Mannes geschwungen, könnte solche Verletzungen hervorbringen. Keine Frauensperson hätte mit irgendwelcher Waffe derartige Schläge austeilen können. Der Kopf der Toten war bei der Besichtigung durch den Zeugen ganz vom Körper abgetrennt und auch vollständig zerschmettert. Die Kehle war augenscheinlich mit einem sehr scharfen Instrument, wahrscheinlich mit einem Rasiermesser, durchschnitten worden.

Alexander Etienne, Wundarzt, war mit Herrn Dumas zur Besichtigung der Leiche gerufen worden. Er bestätigte das Zeugnis und das Gutachten des Herrn Dumas.

Es ließ sich nichts weiter von Bedeutung feststellen, obwohl noch eine ganze Reihe von Personen verhört wurde. Noch nie ist in Paris ein so geheimnisvoller, in allen Einzelheiten so unerklärlicher Mord vollführt worden – wenn man hier überhaupt von einem Morde reden kann. Die Polizei hat nicht den allergeringsten Anhaltspunkt – etwas ganz Ungewöhnliches in solchen Fällen. Es ist auch nicht der Schatten einer Erklärung der schreckensvollen Begebenheit vorhanden.“

Die Abendausgabe des Blattes berichtete, daß im Quartier St. Roch noch immer die größte Aufregung herrsche, daß der Tatort noch einmal auf das sorgfältigste untersucht und neue Verhöre angestellt worden seien – aber leider ergebnislos. Ein Postscriptum teilte noch mit, daß Adolphe Lebon verhaftet und ins Untersuchungsgefängnis abgeführt worden sei, obgleich ihn außer den oben erwähnten Einzelheiten nichts belaste.

Dupin schien sich merkwürdig für den Verlauf dieser Affaire zu interessieren – ich schloß es wenigstens aus seinem Benehmen: er erwähnte sie mit keinem Worte. Erst nachdem er die Nachricht von der Verhaftung des Lebon gelesen, fragte er mich, was ich von der Angelegenheit halte.

Ich konnte mich nur der Meinung von ganz Paris anschließen, daß hier ein unauflösliches Geheimnis walte, und sah kein Mittel, die verborgene Spur des Mörders aufzudecken.

„Wir dürfen die Mittel nicht nach diesem oberflächlichen Verhör beurteilen“, sagte Dupin. „Der vielgerühmte Scharfsinn der Pariser Polizei ist nur Schlauheit, weiter nichts. Sie folgt bei ihrem Vorgehen keiner anderen Methode, als der, welche der Augenblick ihr eben eingibt. Sie handelt nach einer bestimmten Auswahl von Regeln, die nicht selten ihrem Zwecke so schlecht entsprechen, daß man unwillkürlich an jenen Herrn erinnert wird, der seinen Schlafrock verlangte, um die Musik besser hören zu können. Die erreichten Erfolge sind ja zuweilen überraschend groß, doch verdankt sie dieselben meist nur ihrem Fleiß und ihrer Rührigkeit. Wo diese beiden Eigenschaften nicht ausreichen, mißlingen alle ihre Anstrengungen. Vidocq zum Beispiel war äußerst geschickt im Erraten, beharrlich und ausdauernd. Aber da sein Denken nicht geschult war, geriet er in einem fort in Irrtümer, in denen er dann seiner Natur gemäß noch hartnäckig verharrte. Er hielt sich seine Gegenstände so nahe vor das Auge, daß er vielleicht ein oder zwei Punkte mit außergewöhnlicher Schärfe wahrnahm, dafür aber naturgemäß keinen Überblick über das Ganze gewinnen konnte.

So geht es immer, wenn man allzutief sein will. Die Wahrheit ist nicht immer in einem Brunnen versteckt. Ich glaube im Gegenteil, daß sie, was wichtigere Erkenntnisse anbelangt, meistens auf der Oberfläche liegt. Die Wahrheit liegt nicht in den Tälern, in denen wir sie suchen, sondern auf den Berggipfeln, auf denen wir sie suchen sollten. Die Betrachtung der Himmelskörper versinnbildet uns ausgezeichnet die Art und den Ursprung dieses Irrtums. Blickt man einen Stern flüchtig oder von seitwärts an, so daß man ihm die äußeren Partien der Netzhaut zuwendet, die für schwache Lichteindrücke empfindlicher sind als die inneren, so erblickt man den Stern und seinen Glanz am deutlichsten. Das Licht wird im gleichen Verhältnis trüber werden, in welchem wir unsern Blick voll auf ihn richten. Im letzteren Falle nimmt das Auge zwar eine größere Menge Strahlen auf, im ersteren jedoch besitzt es eine verfeinerte Aufnahmefähigkeit. Durch übertriebene Tiefsinnigkeit schwächen und verwirren wir den Gedanken; und man kann die Venus selbst vom Firmament verschwinden lassen durch zu anhaltendes, zu scharfes oder zu unmittelbares Anstarren.

Was den Mord anbetrifft, so wollen wir, ehe wir uns eine Meinung bilden, erst für uns ganz allein Nachforschungen anstellen. Sie werden uns sicherlich viel Vergnügen bereiten." – Ich fand den Ausdruck an dieser Stelle ziemlich sonderbar, sagte aber nichts. „Außerdem", fuhr Dupin fort, „hat mir Lebon einmal einen Dienst erwiesen, für den ich ihm nicht undankbar sein werde. Wir wollen uns den Tatort mit eigenen Augen ansehen. Ich kenne den Polizeipräfekten G. und werde ohne Schwierigkeit die hierzu nötige Erlaubnis erhalten können."

Er erhielt sie auch wirklich, und wir begaben uns sogleich nach der Spitalgasse. Sie ist eine der elenden Querstraßen, die die Richelieustraße mit der Rue St. Roch verbinden. Wir erreichten sie spät am Nachmittag, da das Quartier St. Roch von unserem Stadtviertel ziemlich weit entfernt liegt. Das Haus wurde leicht gefunden, denn auf dem gegenüberliegenden Trottoir stand eine Menge Menschen, die in gegenstandsloser Neugierde auf die geschlossenen Fensterläden starrte. Es war ein richtiges Pariser Haus mit einem Torweg, dem zur Seite ein Schiebfensterchen angebracht war, das die Portierloge anzeigte. Ehe wir eintraten, gingen wir die Straße hinauf, bogen in eine Seitengasse ein, wandten uns wieder zurück und gingen auch an der Hinterseite des Hauses vorbei, während Dupin die ganze Nachbarschaft sowohl wie das Haus mit einer gründlichen Aufmerksamkeit betrachtete, die ich für ziemlich überflüssig hielt.

Dann wandten wir unsere Schritte wieder der Front des Hauses zu, klingelten, zeigten unsere Erlaubnisscheine vor und wurden von dem wachehabenden Beamten eingelassen. Wir begaben uns nach oben und traten in das Zimmer, in dem man den Leichnam des Fräulein L'Espanaye gefunden, und in dem die beiden Verstorbenen noch lagen. An der Unordnung im Zimmer war, wie in

solchen Fällen immer, nichts geändert worden. Ich bemerkte nichts weiter, als
was in der „Gazette des Tribunaux" schon erwähnt worden war. Dupin untersuchte alles auf gründlichste, selbst die Körper der Opfer. Wir durchschritten
die übrigen Zimmer und traten in den Hof; ein Gendarm begleitete uns auf
Schritt und Tritt. Die Untersuchungen nahmen uns bis zum Anbruch der Dunkelheit in Anspruch, dann verabschiedeten wir uns. Auf unserem Heimweg trat
mein Gefährte einen Augenblick in die Expedition eines der Tageblätter ein.

Ich habe schon gesagt, daß Dupin voll der bizarrsten Launen war, und daß
ich ihn so viel wie möglich seine eigenen Wege gehen ließ. Heute hatte er sich
in den Kopf gesetzt, bis Mittag des nächsten Tages jeder Unterhaltung über das
Mordthema auszuweichen. Dann jedoch fragte er mich plötzlich, ob ich nicht
irgend etwas Besonderes an der Stätte des Greuels wahrgenommen habe.

In der Art und Weise, wie er das Wort „Besonderes" hervorhob, lag etwas,
das mich schaudern machte, ohne daß ich wußte, weshalb.

„Nein", antwortete ich, „nichts Besonderes, wenigstens nichts mehr, als
schon in der Zeitung gestanden hat."

„Die ‚Gazette'", meinte er, „hat, wie ich fürchte, das ungewöhnlich Grauenhafte der Sache nicht recht begriffen. Aber sehen wir von den müßigen
Ansichten dieser Zeitung ab. Mir scheint es, daß das Geheimnis gerade aus
dem Grunde leicht zu enthüllen ist, aus dem es für unerklärlich gehalten wird
– ich meine, daß die Umstände, unter denen die Tat geschehen ist, nur ein
kleines, deutlich begrenztes Feld für Vermutungen zulassen. Die Polizei ist verwirrt, weil anscheinend jedes Motiv, wenn nicht zum Morde selbst, so doch zu
der Scheußlichkeit des Mordes fehlt. Sie steht verblüfft vor der scheinbaren
Unmöglichkeit, die vielfach gehörten streitenden Stimmen mit der Tatsache
in Einklang zu bringen, daß man oben im Hause außer der Ermordeten niemanden entdeckte, und doch keiner das Haus verlassen konnte, ohne an den
heraufeilenden Leuten vorüberzukommen. Die wilde Unordnung im Zimmer,
der mit dem Kopf nach unten in den Schornstein hinaufgezwängte Leichnam,
die gräßlichen Verstümmelungen am Körper der alten Dame sowie noch einige
weitere Tatsachen, die ich nicht zu erwähnen brauche, haben genügt, um die
geistigen Kräfte der Polizeibeamten lahmzulegen, indem sie ihren gerühmten
Scharfsinn irreführten. Sie sind in den groben, aber häufig vorkommenden Irrtum verfallen, das Ungewöhnliche mit dem Geheimnisvollen zu verwechseln.
Aber gerade dies Abweichen vom Wege des Gewöhnlichen ist für die Vernunft
ein Fingerzeig, der sie auf die Straße zur Wahrheit weist. Bei Nachforschungen
von der Art der unserigen sollte man nicht so sehr fragen: ‚Was ist geschehen?'
wie vielmehr: ‚Was ist geschehen, was noch niemals vorher geschehen ist?' In
der Tat steht die Leichtigkeit, mit der ich zu der Lösung des Rätsels gelangen

werde oder schon gelangt bin, in gleichem Verhältnis zu seiner scheinbaren Unauflösbarkeit in den Augen der Polizei."

In sprachlosem Erstaunen starrte ich den Sprecher an.

„Ich erwarte jetzt", fuhr er, nach der Tür blickend, fort, „eine Person, die, wenn auch vielleicht gerade nicht der Täter, so doch an der Ausübung der Metzeleien in gewissem Grade beteiligt gewesen sein muß. An dem schlimmsten Teile der begangenen Verbrechen ist er höchstwahrscheinlich unschuldig. Ich hoffe, daß ich mit dieser Voraussetzung recht habe, denn ich habe meine ganze Hoffnung, das Rätsel vollständig lösen zu können, darauf aufgebaut. Ich erwarte diesen Mann hier, er kann jeden Augenblick eintreten. Es ist möglich, daß er nicht kommt, wahrscheinlicher, daß er es tun wird. Sollte dies der Fall sein, so müssen wir versuchen, ihn zurückzuhalten. Hier sind Pistolen; wir beide wissen ja damit umzugehen, falls die Gelegenheit es erfordern sollte."

Ich nahm die Pistolen, ohne recht zu wissen, was ich tat, oder das, was ich hörte, zu glauben, während Dupin wie im Selbstgespräch fortfuhr. Ich habe schon von seinem zerstreuten Wesen zu solchen Zeiten gesprochen. Seine Worte waren an mich gerichtet, aber seine Stimme hatte, obgleich er sie nicht laut erhob, jene deutliche Intonation, derer man sich bedient, wenn man zu einer weit entfernten Person spricht. Seine Augen blickten vollständig ohne Ausdruck regungslos die Wand an.

„Daß die von den Leuten auf der Treppe gehörten streitenden Stimmen nicht von den beiden Frauen herrührten, ist durch die Zeugenaussagen wohl bewiesen. Dies macht die Frage, ob nicht die alte Dame zuerst die Tochter und darauf sich selbst durch Selbstmord umgebracht habe, überflüssig. Ich erwähne diesen Punkt nur um des methodischen Vorgehens willen; denn die Körperkraft der Frau L'Espanaye wäre völlig unzureichend gewesen, den Leichnam der Tochter in den Kamin hinaufzuzwängen, und die Art der Verwundungen ihrer eigenen Person schließen jeden Gedanken an Selbstmord aus. Der Mord ist also von einer dritten Partei begangen worden. Und die Stimmen, die man gehört hat, waren die Stimmen dieser Partei. Lesen wir die Aussagen über diese Stimmen noch einmal durch und zwar nicht das gesamte Zeugenmaterial, sondern nur das, was an denselben auffallend ist. Bemerkten Sie etwas Auffallendes?"

Ich antwortete, es sei wohl bemerkenswert, daß – während alle Zeugen die barsche Stimme übereinstimmend als von einem Franzosen herrührend erklärten – über die schrille oder, wie ein Zeuge meinte, die kreischende Stimme vollständig verschiedene Meinungen geäußert worden seien.

„Was Sie sagten, betrifft das Zeugnis selbst, nicht das Auffallende daran. Sie haben also nichts Besonderes bemerkt, und doch war etwas zu bemerken. Wie Sie schon sagten, stimmten die Zeugen in ihren Aussagen über die barsche

Stimme überein, und das Besondere in betreff der schrillen Stimme ist nicht, daß hier die Meinungen auseinandergehen, sondern, daß, als ein Italiener, ein Engländer, ein Spanier, ein Holländer und ein Franzose sie zu beschreiben versuchten, alle darin einig waren, es sei die Stimme eines Fremden gewesen. Jeder ist sicher, daß es nicht die Stimme eines seiner Landsleute war. Niemand vergleicht sie der Stimme eines Landsmannes – der Franzose hält sie für die Stimme eines Spaniers und ‚hätte wohl einige Worte unterscheiden können, wenn er spanisch verstünde‘. Der Holländer behauptet, es sei die eines Franzosen gewesen, aber es wird bemerkt, daß dieser Zeuge, da er kein Französisch versteht, durch einen Dolmetscher vernommen wurde. Der Engländer hält sie für die Stimme eines Deutschen, doch versteht er selbst kein Deutsch. Der Spanier ist gewiß, daß es die Stimme eines Engländers war, schließt dies jedoch nur aus dem Tonfall, da er selbst nicht Englisch spricht. Der Italiener ist der Meinung, es sei Russisch gewesen, hat jedoch niemals mit einem geborenen Russen gesprochen. Ein anderer Franzose behauptet im Gegensatz zu dem ersten mit Gewißheit, die Stimme habe italienisch geklungen, doch ist er selbst dieser Sprache nicht kundig und schließt, wie der Spanier, nur nach dem Tonfall.

Wie sonderbar und ungewöhnlich muß diese Stimme gewesen sein, daß die Aussagen über dieselbe derart auseinandergehen konnten! Daß kein Vertreter der Hauptnationen Europas in ihren Tönen etwas Bekanntes wiedererkannte! Sie werden sagen, es könnte die Stimme eines Asiaten oder eines Afrikaners gewesen sein. Wir haben ihrer in Paris zwar nicht allzu viele. Doch möchte ich Sie, ohne Ihren Einwurf übergehen zu wollen, auf drei Punkte aufmerksam machen. Ein Zeuge hält die Stimme eher für kreischend als schrill. Zwei andere behaupten, sie habe schnell und ungleich gesprochen. Kein Zeuge aber konnte Worte oder wortähnliche Laute unterscheiden.“

„Ich weiß nicht“, fuhr Dupin fort, „welchen Eindruck ich bis jetzt auf Ihr Begriffsvermögen gemacht habe; aber ich nehme keinen Anstand, zu behaupten, daß man aus dem Teil der Zeugenaussagen, der sich auf die Stimmen bezieht, Schlüsse folgern kann, die hinreichend sind, einen Argwohn zu erregen, der allen weiteren Nachforschungen die Richtung angeben sollte. Ich behaupte, daß meine Schlüsse die einzig richtigen sind und als unausbleibliches Resultat einen bestimmten Argwohn bedingen. Welcher Art derselbe ist, will ich jetzt noch nicht sagen. Ich möchte Sie nur davon überzeugen, daß er für mich dringend genug war, meinen Nachforschungen im Zimmer eine ganz besondere Richtung zu geben.

Versetzen wir uns also im Geiste in dies Zimmer. Was werden wir zuerst darin suchen? Die Mittel und Wege, welche die Mörder zur Flucht benutzt haben. Ich darf doch ohne Zögern behaupten, daß keiner von uns beiden an übernatürliche Ereignisse glaubt. Frau und Fräulein L'Espanaye wurden nicht von Geistern ermordet. Die Täter waren von Fleisch und Blut und entwichen auf natürliche Art. Aber wie? Prüfen wir der Reihe nach die verschiedenen Möglichkeiten der Flucht. Es ist klar, daß sich die Mörder zur Zeit, als der Trupp Leute die Treppe hinaufstieg, in dem Zimmer befanden, in dem der Leichnam des Fräulein L'Espanaye gefunden wurde, vielleicht auch in dem angrenzenden. Wir brauchen also nur nach Ausgängen von diesen beiden Zimmern aus zu suchen. Die Polizei hat die Dielen, Wände und die Zimmerdecke nach jeder Richtung hin untersucht und bloßgelegt. Kein geheimer Ausgang hätte ihrem Scharfsinn verborgen bleiben können. Da ich aber ihren Augen nicht traute, prüfte ich mit meinen eigenen. Beide Türen, die von den Zimmern auf den Korridor führten, waren fest verschlossen, die Schlüssel steckten innen. Betrachten wir die Kamine. Diese haben zwar bis zur Höhe von acht oder zehn Fuß über dem Roste die gewöhnliche Weite, verengen sich später jedoch so, daß sich nicht einmal eine größere Katze hindurchwinden könnte. Da also auf den bis jetzt genannten Wegen jedes Entweichen unmöglich war, so bleiben nur noch die Fenster. Durch die im Vorderzimmer hätte niemand entwischen können, ohne von der Menge auf der Straße bemerkt zu werden. Die Mörder müssen also durch das Fenster des Hinterzimmers entflohen sein. Da wir nun auf so zwingende Weise zu diesem Schlusse gekommen sind, dürfen wir, als vernünftige Wesen, ihn nicht, wegen der anscheinenden Unmöglichkeit eines solchen Entweichens, verwerfen. Es gilt jetzt nur, zu beweisen, daß diese scheinbaren ‚Unmöglichkeiten' in Wirklichkeit keine sind.

Das Zimmer hat zwei Fenster. In der Nähe des einen stehen keine Möbelstücke. Es ist vollständig sichtbar. Der untere Teil des anderen wird dem Auge ganz durch das Kopfende der schwerfälligen Bettstelle entzogen. Das erste Fenster wurde von innen fest verschlossen vorgefunden. Es widerstand allen Anstrengungen der Personen, die es in die Höhe schieben wollten. Auf der linken Seite des Rahmens fand man ein großes Loch eingebohrt und in dasselbe einen Nagel fast bis zum Kopfe eingeschlagen. Als man das andere Fenster untersuchte, entdeckte man einen ähnlichen Nagel und zwar auf ähnliche Weise befestigt, und ein kräftiger Versuch, diese Scheibe hochzuschieben, mißlang ebenfalls. Die Polizei war nun vollständig befriedigt, glaubte, daß die Flucht der Täter nicht durch die Fenster bewerkstelligt sei, und hielt es deshalb für überflüssig, die Nägel herauszuziehen und die Fenster zu öffnen.

Ich selbst forschte eingehender nach und zwar aus dem eben angeführten Grunde, denn hier war, wie ich wußte, der Ort, an dem sich alle scheinbaren Unmöglichkeiten als nicht wirklich bestehend erweisen mußten.

A posteriori schloß ich weiter: Die Mörder entkamen durch eines dieser Fenster. Dies angenommen, konnten sie den Schieber nicht wieder innen so befestigen, wie man ihn vorgefunden. Die Unbestreitbarkeit dieser Annahme setzte den weiteren Nachforschungen der Polizei in dieser Richtung ein Ende. Aber die Schieber waren befestigt. Sie mußten sich also auf irgendeine Weise selbst wieder geschlossen haben. Dieser Annahme konnte man sich auf keine Weise entziehen. Ich begab mich an das ganz freiliegende Fenster, zog den Nagel mit einiger Schwierigkeit heraus und versuchte die Scheibe in die Höhe zu schieben. Wie ich vorausgesehen, widerstand sie allen meinen Anstrengungen. Ich wußte nun bestimmt, daß irgendwo eine Feder verborgen sein mußte; und diese Bestätigung meiner Voraussetzungen überzeugte mich, daß diese richtig gewesen, wie geheimnisvoll auch der Umstand mit den Nägeln noch erscheinen mußte. Bald entdeckte ich durch sorgfältiges Suchen die verborgene Feder. Ich drückte auf sie, und, von der Entdeckung befriedigt, unterließ ich es einstweilen, die Scheiben zu heben.

Ich steckte den Nagel wieder ein und betrachtete ihn aufmerksam. Wenn eine Person aus dem Fenster sprang, konnte sie dasselbe wohl zuschlagen, so daß die Feder wieder einschnappte, den Nagel jedoch konnte sie nicht wieder einstecken. Dieser Schluß war einfach und verengte wiederum das Feld meiner Untersuchungen. Die Mörder mußten durch das andere Fenster entkommen sein. Angenommen, die Feder war – wie sehr wahrscheinlich – an beiden Fenstern gleich, so mußten die Nägel oder wenigstens die Art ihrer Befestigung verschieden sein. Ich stieg auf die Matratze der Bettstelle und betrachtete über das Kopfende des Bettes weg aufmerksam das zweite Fenster. Als ich mit der Hand hinter die Bettstelle faßte, entdeckte ich die Feder sogleich und drückte auf dieselbe. Sie war, wie ich vorausgesetzt, vollständig so beschaffen wie ihr Gegenstück. Ich betrachtete jetzt den Nagel. Er war so dick wie der andere und offenbar in derselben Weise befestigt und auch bis zum Kopfe eingeschlagen.

Sie werden nun vielleicht glauben, daß mich das verwirrte, und hätten in diesem Falle die Natur meiner Schlüsse ganz mißverstanden. Um einen Jagdausdruck zu gebrauchen – ich war nicht einmal auf falscher Fährte gewesen und hatte die Spur auch nicht einen Augenblick lang verloren. Kein Glied der Kette war fehlerhaft. Ich hatte das Geheimnis bis zum letzten Ergebnis verfolgt; das war der Nagel. Er sah, wie ich schon sagte, dem Gegenstück im anderen Fenster vollständig ähnlich; aber diese Tatsache schien mir ganz wertlos gegenüber der Erwägung, daß an dieser Stelle meine Spur aufhörte. Ich sagte mir, mit dem Nagel muß etwas nicht richtig sein. Ich faßte ihn an, und der Kopf mit etwa einem Viertel Zoll vom Stiel fiel mir in die Hand. Der übrige Teil des Stiels blieb in dem Bohrloch stecken. Der Bruch war alt, denn die Ränder waren mit Rost überzogen, und offenbar auf den Schlag eines Hammers zurückzuführen, der auch den oberen Teil des Nagels selbst teilweise in den Rahmen der untersten Scheibe eingetrieben hatte. Ich steckte nun das Kopfstück des Nagels sorgfältig wieder in das Loch zurück, wie ich ihn gefunden, und er glich vollständig einem unbeschädigten Nagel, da die Bruchstelle nicht zu sehen war. Ich drückte auf die Feder und hob die Scheibe ein paar Zoll in die Höhe. Der Nagelkopf ging mit, denn er steckte fest in seiner Höhlung. Ich schloß das Fenster, und die Ähnlichkeit des Nagels mit einem unzerbrochenen war vollständig wieder hergestellt.

Soweit war das Rätsel also gelöst. Der Mörder war durch das Fenster, an welchem die Bettstelle stand, entkommen. Nach seinem Entweichen war dasselbe von selbst wieder zugefallen oder vielleicht auch zugeworfen und von der einschnappenden Feder wieder festgehalten worden. Dies Festhalten schrieb die Polizei irrtümlicherweise dem Nagel zu und stand von allen weiteren Nachforschungen als überflüssig ab.

Die nächste Frage ist nun, auf welche Weise der Mörder herabstieg. Über diesen Punkt hatte ich mich bei unserem Gange um das Haus herum unterrichtet. Etwa fünf und einen halben Fuß von dem betreffenden Fenster entfernt läuft eine Blitzableitungsstange nach unten. Es war jedoch absolut unmöglich, von dieser Stange aus das Fenster zu erreichen, geschweige denn einzusteigen. Ich bemerkte jedoch, daß die Läden des vierten Stockes sogenannte *ferrades* waren. Diese Art Fensterläden sind jetzt fast ganz außer Gebrauch gekommen, man findet sie aber noch häufig an sehr alten Häusern in Lyon oder Bordeaux. Sie haben die Gestalt einer gewöhnlichen Tür (einer einfachen, keiner Flügeltür), deren untere Hälfte aus Latten besteht oder als offenes Gitterwerk gearbeitet ist, das den Händen einen ausgezeichneten Halt gewährt. Die Läden der betreffenden Fenster sind gut drei und einen halben Fuß breit. Als wir sie von der Rückseite des Hauses ansahen, standen sie beide halb offen, das heißt, im rechten Winkel zu der Mauer. Wahrscheinlich hatte die Polizei ebenfalls die Hinterseite des Hauses untersucht; in diesem Falle muß sie die große Breite der *ferrades* nicht bemerkt oder ihr nicht die nötige Beachtung geschenkt haben. Da sie sich nun einmal überzeugt hatte, daß an dieser Stelle niemand entsprungen sein könne, stellte sie hier nur sehr oberflächliche Untersuchungen an. Mir war es jedoch klar, daß der Laden, welcher zu dem Fenster am Kopfende des Bettes gehörte, falls er ganz nach der Wand zurückgeschlagen wurde, den Blitzableiter auf zwei Fuß erreichte. Es war ebenfalls einleuchtend, daß sich jemand mit Aufwand eines allerdings höchst ungewöhnlichen Grades von Behendigkeit und Mut vom Blitzableiter aus Eintritt in das Fenster verschaffen konnte. Der Eindringling konnte sich, war er dem Laden, den wir uns jetzt zurückgeschlagen denken, erst auf zwei und einen halben Fuß nahe gekommen, fest an das

Gitterwerk anklammern. Ließ er dann den Blitzableiter los, stemmte den Fuß fest gegen die Mauer und stieß sich mutig ab, so konnte es ihm gelingen, den Laden zu schließen und sich selbst, wenn das Fenster offen stand, ins Zimmer zu schwingen.

Ich möchte Sie bitten, vor allem meine Bemerkung zu beachten, daß ein höchst ungewöhnlicher Grad von Behendigkeit erforderlich war, um ein solches Wagnis mit Erfolg auszuführen. Meine Absicht ist, Ihnen in erster Linie zu zeigen, daß es nicht unmöglich war, einen solchen Sprung zu tun; aber zweitens und hauptsächlich, daß eine ganz außergewöhnliche Behendigkeit dazu gehörte.

Sie werden mir ohne Zweifel mit dem Ausdruck des Gesetzes entgegenhalten, daß ich, ‚um meinen Fall durchzuführen‘, die zu diesem Sprung erforderliche Behendigkeit eher geringer anschlagen müsse, als immer wieder zu betonen, wie außerordentlich und erstaunlich sie gewesen. Kriminalisten würden auch zweifellos von diesem Standpunkt ausgehen – aber er bezeichnet nicht den Weg, den die Vernunft geht. Mein Endzweck ist nur die Wahrheit. Augenblicklich habe ich die Absicht, Sie dahin zu führen, daß Sie diese außergewöhnliche Behendigkeit, von der ich eben gesprochen, mit jener sonderbaren, schrillen (oder kreischenden) und ungleichen Stimme in Zusammenhang bringen, über deren Sprache nicht zwei Zeugen übereinstimmend aussagten und bei der niemand Silbenbildung unterscheiden konnte.“

Bei diesen Worten begann ich unbestimmt und halb zu begreifen, worauf Dupin hinaus wollte. Ich war auf dem Punkt, ihn zu verstehen, ohne es jedoch vollständig zu können; wie man zuweilen ganz, ganz nahe daran ist, sich auf etwas zu besinnen, und sich schließlich doch nicht erinnern kann. Mein Freund argumentierte weiter:

„Sie sehen“, sagte er, „daß ich die Frage nach der Art der Flucht in die Erforschung der Möglichkeit des Überfalls umgewandelt habe. Meine Absicht war, darzutun, daß beides auf dieselbe Art und Weise an derselben Stelle vor sich gegangen ist. Betrachten wir nun das Innere des Zimmers. Man sagt, die Schubladen des Sekretärs seien geplündert worden, obwohl sie noch eine Menge Kleidungsstücke enthielten. Das ist eine sehr sonderbare und sehr törichte Vermutung, weiter nichts. Woher will man wissen, daß die in den Schubläden gefundenen Kleidungsstücke nicht alles waren, was diese Läden überhaupt enthielten? Frau L'Espanaye und ihre Tochter lebten sehr zurückgezogen, sahen keine Gäste bei sich, gingen selten aus und hatten wenig Verwendung für viele Kleider. Die gefundenen waren von so gutem Stoff, wie man sie überhaupt im Besitz der beiden Frauen vermuten konnte. Wenn der Dieb sich Kleider aneignete, warum nahm er nicht die besten, warum nicht alle? Kurz, weshalb ließ er die 4.000 Francs in Gold zurück, um sich mit einem Bündel alter Kleider zu beladen? Das Gold ist doch zurückgeblieben. Fast die ganze von dem Bankier Mignaud erwähnte Summe lag in Beuteln auf der Erde. Ich möchte daher, daß Sie in Ihren Gedanken die irrtümliche Vorstellung von dem eventuellen Motiv zur Tat fallen ließen, wie sie sich im Gehirn der Polizei durch die Zeugenaussagen, die sich auf die Ablieferung des Geldes beziehen, festgesetzt hat. Es erlebt doch jeder von uns zuweilen eine seltsame Aufeinanderfolge von Ereignissen, die zehnmal merkwürdiger ist als diese (Abliefern von Geld und drei Tage darauf Mord an der Person des Empfängers) – ohne daß wir uns einen Augenblick mit ihr beschäftigten. Zufälle sind im allgemeinen große Steine des Anstoßes auf dem Wege jener Klasse von schlecht geschulten Denkern, die nichts von der Theorie der Wahrscheinlichkeiten wissen, jener Theorie, der die wichtigsten Zweige der menschlichen Wissenschaft manche ruhmvolle Entdeckung verdanken. Wäre das Geld verschwunden, so würde in unserem Falle die Tatsache, daß es drei Tage vorher abgeliefert worden, etwas mehr als ein bloßer Zufall sein. Sie würde uns in dem Gedanken, daß hier das Motiv zu suchen wäre, bestärken. Wenn wir aber unter den bestehenden Umständen das Gold als Motiv zu der Schandtat gelten lassen wollen, dann müssen wir auch zugleich annehmen, daß der Täter unentschlossen und blöde genug war, um Motiv und Gold zugleich im Stiche zu lassen.

Wir wollen die Punkte, auf die ich eben Ihre Aufmerksamkeit lenkte, fest im Gedächtnis behalten: die sonderbare Stimme, die außergewöhnliche Behendigkeit und die Tatsache, daß ein Motiv zu einem so entsetzlich grauenhaften Morde fehlt – und uns die Metzelei selbst betrachten.

Eine Frau ist mit bloßen Händen zu Tode gewürgt und mit dem Kopfe nach unten in den Kamin hinaufgezwängt worden. Gewöhnliche Mörder morden nicht in dieser Weise. Am allerwenigsten suchen sie ihr Opfer auf diese Weise zu verbergen. Sie werden zugeben, daß in der Art, in der der Leichnam in den Kamin gestopft wurde, etwas so unerhört Scheußliches liegt, daß es sich mit unseren gewöhnlichen Begriffen von menschlicher Handlungsweise absolut nicht vereinigen läßt, selbst wenn wir annehmen, daß die Täter ganz entmenschte Bösewichter waren. Bedenken Sie auch, wie groß die Kraft gewesen sein muß, die einen Körper gewaltsam in eine solch kleine Öffnung hinaufzwängen konnte, daß die vereinte Kraft mehrerer Personen gerade genügte, um ihn wieder herabzuziehen!

Wir haben noch weitere Beweise von dieser übermenschlichen Kraft. Auf dem Herde lagen dicke Flechten – sehr dicke Flechten – von grauem Menschenhaar, die mit den Wurzeln ausgerissen worden waren. Sie wissen wohl, welch große Kraft dazu gehört, um nur zwanzig bis dreißig Haare zusammen so aus dem Kopfe zu reißen. Sie haben die Flechten so gut gesehen wie ich. Ihre Wurzeln – ein scheußlicher Anblick – klebten noch mit Stücken der Kopfhaut zusammen, ein sicheres Zeichen der übermenschlichen Kraft, die angewendet worden, um vielleicht ein paar tausend Haare auf einmal auszureißen. Die Kehle der alten Dame war nicht allein durchgeschnitten, sondern der Kopf vollständig vom Rumpfe getrennt; das Instrument war ein bloßes Rasiermesser. Beachten Sie die tierische Roheit, die aus dieser Handlungsweise spricht. Von den Quetschungen am Körper der Frau L'Espanaye will ich nicht reden. Herr Dumas und sein Assistent, Herr Etienne, sagten aus, daß dieselben mit einem stumpfen Instrument hervorgebracht sein müßten, und soweit haben die Herren recht.

Das ,stumpfe Instrument' war nämlich offenbar das Steinpflaster des Hofes, auf den das Opfer aus dem Fenster hinuntergeschleudert worden. Dieser Gedanke, der uns jetzt so selbstverständlich vorkommt, entging der Polizei aus demselben Grunde, aus dem sie die Breite der Fensterläden nicht bemerkt hatte; der Umstand, daß die Nägel anscheinend fest saßen und unverletzt waren, hatte ihr Begriffsvermögen wie hermetisch gegen die Annahme verschlossen, daß die Fenster überhaupt geöffnet worden seien.

Wenn wir uns zu all diesem noch an die seltsame Unordnung im Zimmer erinnern, haben wir folgende Fakta: erstaunliche Behendigkeit – übermenschliche Kraft – tierische Roheit – eine grundlose Verwüstung – eine mit dem Begriff Menschlichkeit nicht zu vereinigende Bizarrerie in der Scheußlichkeit – und eine Stimme, die den Ohren vieler Leute aus den verschiedensten Nationen fremd klang und keine deutlichen oder verständlichen Silben äußerte. Welcher Schluß ist daraus zu ziehen? Welcher Gedanke drängt sich Ihnen auf?"

Ich fühlte, wie mir, als Dupin diese Frage stellte, Schaudern durch Mark und Bein ging.

„Ein Wahnsinniger", sagte ich, „hat die Tat begangen, ein Tobsüchtiger, der aus dem benachbarten Irrenhause entsprungen ist."

„In mancher Beziehung", antwortete er, „wäre Ihr Verdacht annehmbar; aber die Stimmen von Wahnsinnigen haben selbst im wildesten Paroxysmus nicht jene Eigentümlichkeiten, die man an der fraglichen schrillen Stimme wahrgenommen hat. Wahnsinnige gehören doch irgendeiner Nation an, und ihre Sprache, so unzusammenhängend die Worte auch immer sein mögen, bildet Silben. Überdies haben Wahnsinnige nicht solches Haar, wie ich es hier in der Hand habe. Ich löste diesen kleinen Büschel aus den im Todeskampfe zusammengekrampften Fingern der Frau L'Espanaye. Sagen Sie mir, was Sie von demselben halten?"

„Dupin", rief ich entsetzt, „dies Haar ist ein ganz ungewöhnliches – es ist kein Menschenhaar."

„Das habe ich auch nicht behauptet", gab er zur Antwort, „aber ehe wir diesen Punkt entscheiden, möchte ich Sie bitten, einen Blick auf die Skizze zu werfen, die ich auf dies Papier gezeichnet habe. Es ist ein genaues Faksimile von dem, was in einem Teil der Zeugenaussagen als dunkle Quetschungen beschrieben wurde, als tiefe Eindrücke von Fingernägeln am Halse des Fräuleins L'Espanaye, und was von Herrn Dumas und Herrn Etienne eine Reihe von blutunterlaufenen Flecken, die augenscheinlich Eindrücke von Fingern seien, genannt wurde."

„Sie sehen", fuhr mein Freund fort, indem er das Papier auf dem Tische ausbreitete, „daß die Zeichnung auf einen festen, eisernen Griff hinweist. Es ist nichts von einem Abgleiten zu bemerken. Jeder Finger hat wahrscheinlich bis zum Tode des Opfers den furchtbaren Griff beibehalten, mit dem er sich von Anfang an einkrallte. Versuchen Sie nun, Ihre Finger zu gleicher Zeit in die analogen Abdrücke auf dem Papier zu legen."

Ich versuchte es, jedoch vergebens.

„Vielleicht fangen wir die Sache noch nicht richtig an", sagte er. „Das Papier liegt augenscheinlich auf einer ebenen Fläche und der menschliche Hals hat die Form eines Zylinders. Hier ist ein rundes Scheit Holz, das ungefähr den Umfang eines Halses hat. Umwickeln Sie es mit dem Papier und versuchen Sie von neuem."

Ich tat es; aber meine Hand erwies sich wieder als bedeutend zu klein. „Das ist nicht der Abdruck einer Menschenhand", sagte ich endlich.

„Lesen Sie jetzt", fuhr Dupin fort, „diese Stelle von Cuvier."

Er reichte mir einen ausführlichen anatomischen und beschreibenden Bericht über den schwarz-braunen Orang-Utan der ostindischen Inseln. Die riesige Gestalt, die wunderbare Kraft und Behendigkeit, die fürchterliche Wildheit und der starke Nachahmungstrieb dieser Tiere wurde in demselben besonders hervorgehoben. Sofort verstand ich die ganze Gräßlichkeit des Mordes.

„Die Beschreibung der Zehen", sagte ich, als ich ausgelesen, „stimmt genau mit dieser Zeichnung überein. Ich sehe, daß kein anderes Tier, als der Orang-Utan der hier erwähnten Gattung, solche Fingerabdrücke, wie die hier gezeichneten, hinterlassen konnte. Dies Büschel gelbbrauner Haare entspricht ebenfalls nach Cuvier dem Haar der Bestie. Doch kann ich die Einzelheiten dieses geheimnisvollen, grausigen Ereignisses noch nicht verstehen. Außerdem hörte man doch zwei streitende Stimmen, und die eine gehörte zweifellos einem Franzosen."

„Das ist richtig. Sie erinnern sich auch jedenfalls eines Ausdruckes, den die Zeugen nach ihren übereinstimmenden Aussagen von dieser Stimme gehört haben – ich meine den Ausruf: ‚Mon dieu'. Dieser ist von einem der Zeugen (dem

Konditor Montani) sehr richtig als ein Ausdruck des Vorwurfs, des Verweises, beschrieben worden. Auf diese beiden Worte habe ich denn auch meine Hoffnung, das Rätsel vollständig zu lösen, aufgebaut. Ein Franzose wußte um den Mord. Es ist möglich, ja, mehr wahrscheinlich, daß er an all den Einzelheiten des blutigen Dramas keine Schuld hat. Der Orang-Utan ist ihm vielleicht entflohen. Er hat ihn bis zu jenem Zimmer verfolgt, konnte ihn aber während der gräßlichen Szene, die nun folgte, nicht wieder einfangen. Mithin treibt sich das Tier noch frei umher. Ich will aus diesen Vermutungen – anders kann ich sie mit Recht nicht nennen – nichts weiter folgern, denn sie sind so schwach begründet, daß selbst mein eigener Verstand sie kaum als glaubhaft anerkennen will und ich nicht verlangen kann, daß jemand anders ihnen Bedeutung beilegt. Nennen wir sie also immerhin Vermutungen und behandeln wir sie auch als solche. Wenn der betreffende Franzose, wie ich annehme, wirklich unschuldig an der Greueltat ist, wird ihn diese Anzeige, die ich gestern abend bei unserer Rückkehr in der Redaktion der Zeitung ‚Le Monde‘, dem Organ der Seefahrer, das viel von Matrosen gelesen wird, aufgab, bald hierher in unsere Wohnung führen.“

Er reichte mir eine Zeitung und ich las:

„Eingefangen – im Bois de Boulogne, am Morgen des … (am Morgen nach dem Morde), ein sehr großer, gelbbrauner Orang-Utan, wahrscheinlich aus Borneo stammend. Der Eigentümer, wie ermittelt ein Matrose auf einem Malteser Schiff, kann das Tier, nach genügender Beschreibung und Erlegung der Kosten für Einfangen und Verpflegung, in Empfang nehmen. Zu erfragen No. …, rue …, Faubourg St. Germain, dritter Stock.“

„Wie konnten Sie wissen“, fragte ich, „daß der Mann ein Matrose ist und auf einem Malteser Schiffe in Dienst steht?“

„Ich weiß es auch nicht“, entgegnete Dupin, „jedenfalls weiß ich es nicht gewiß. Hier ist jedoch ein kleines Stück Band, das seiner Form und seinem fettigen Aussehen nach zum Binden des bei Matrosen so beliebten langen Zopfes gebraucht worden ist. Es ist in einen Knoten geschlungen, den fast nur Matrosen, und hauptsächlich Malteser zu binden verstehen. Ich hob das Band am Fuß der Blitzableiterstange auf. Es kann keiner der Ermordeten gehört haben. Sollte es aber ein Irrtum gewesen sein, aus dem Bande zu schließen, daß der für unseren Fall in Frage kommende Franzose ein Matrose auf einem Malteser Schiff ist – nun, so habe ich doch niemandem mit meiner Anzeige geschadet. Sind meine Annahmen falsch, dann wird der Mann nur annehmen, daß ich durch irgendwelche Umstände, die zu erfahren er sich nicht erst bemühen wird, irregeführt worden bin. Habe ich aber recht, so ist viel gewonnen. Da er, wenn auch selbst unschuldig, mit in den Mord verwickelt ist, wird er erklärlicherweise zögern, auf die Anzeige zu antworten und den Orang-Utan abzuholen. Er wird etwa folgendermaßen mit sich zu Rate gehen: ‚Ich bin unschuldig; ich bin arm; mein Orang-Utan ist ein wertvolles Tier, für jemanden in meinen Verhältnissen bedeutet er ein ganzes Vermögen. Weshalb sollte ich ihn aus törichter Angst vor Gefahr verlieren? Ich kann ihn zurückbekommen, es steht bei mir. Er wurde im Bois de Boulogne eingefangen – weit entfernt vom Schauplatz der Morde. Wie könnte einer auf den Gedanken kommen, daß ein vernunftloses Tier die Tat begangen? Die Polizei weiß nicht aus noch ein, da sie nicht den geringsten Anhalt gefunden hat. Selbst wenn man auf die Spur des Tieres käme, wäre es möglich, mir zu beweisen, daß ich von dem Morde weiß oder mich auf Grund der Mitwisserschaft zu verurteilen. Vor allem jedoch, man kennt mich. Der Inserent bezeichnet mich als den Besitzer des Tieres. Ich weiß nicht, wie weit seine Kenntnisse bezüglich meiner Person noch reichen. Wenn ich es unterlasse, ein so wertvolles Eigentum, das als mir zugehörend bekannt ist, zurückzufordern, mache ich das Tier zum mindesten verdächtig. Es wäre unklug gehandelt, auf das Tier oder auf mich irgendwelche Aufmerksamkeit zu lenken. Ich werde auf die Anzeige hin den Orang-Utan holen und sicher einsperren, bis Gras über die Sache gewachsen ist.‘"

In diesem Augenblick vernahmen wir Schritte auf der Treppe.

„Halten Sie die Pistolen bereit", sagte Dupin, „doch zeigen und brauchen Sie dieselben nicht eher, bis ich Ihnen ein Zeichen gebe."

Die Vordertür des Hauses war offen geblieben, der Besucher ohne zu läuten eingetreten und mehrere Treppenstufen hinaufgestiegen. Jetzt schien er jedoch zu zögern, plötzlich hörten wir ihn wieder hinabsteigen. Dupin eilte rasch nach der Tür, und wir hörten ihn wieder heraufkommen. Er wandte sich nicht wieder zurück, sondern stieg mit entschiedenen Tritten bis zur Tür unseres Zimmers herauf und klopfte an.

„Herein!", rief Dupin mit heiterem, herzlichem Tone.

Ein Mann trat ein, augenscheinlich ein Matrose, eine große, kräftige, muskulös aussehende Persönlichkeit mit einem so verwegenen – jedoch keineswegs unangenehmen – Gesichtsausdruck, als nähme er es mit allen Teufeln auf. Sein sonnenverbranntes Gesicht wurde durch den Backen- und Schnurrbart fast über die Hälfte verdeckt. Er trug einen großen Eichenknüttel bei sich, war aber sonst unbewaffnet. Er verbeugte sich linkisch und wünschte uns mit einem Akzent, der unfehlbar auf Pariser Abstammung hindeutete, Guten Abend.

„Nehmen Sie Platz, mein Freund", sagte Dupin. „Ich vermute, Sie kommen wegen des Orang-Utans. Ich beneide Sie wahrhaftig um das Tier; es ist ein auffallend schönes und ohne Zweifel sehr wertvolles Exemplar. Für wie alt halten Sie es wohl?"

Der Matrose atmete auf, mit der Miene eines Menschen, dem eine unerträglich Last vom Herzen fällt, und erwiderte in beruhigtem Tone:

„Ich weiß es nicht genau, aber er kann nicht mehr als vier oder fünf Jahre alt sein. Haben Sie ihn hier?"

„O nein; wir hatten hier keine passende Unterkunft für ihn! Er ist in einem Mietsstall in der Dubourgstraße, gleich nebenan. Sie können ihn morgen früh haben. Sie sind doch natürlich auch imstande, sich genügend zu legitimieren?"

„Gewiß, Herr!"

„Es tut mir leid, das Tier wegzugeben", sagte Dupin.

„Sie werden Ihre Mühe natürlich nicht umsonst gehabt haben, Herr", sagte der Mann. „Das verlange ich gar nicht. Ich zahle sehr gern eine Belohnung, das heißt, alles, was recht ist."

„Gut", versetzte mein Freund, „das ist ja recht schön. Lassen Sie mich nachdenken – Was soll ich wohl beanspruchen? – Oh, ich will Ihnen sagen, was ich als Belohnung fordere. Sie sollen mir alles mitteilen, was Sie über die Mordtaten in der Spitalgasse wissen."

Die letzten Worte sagte Dupin in ganz leisem, ruhigem Tone. Dann schritt er mit größter Ruhe zur Türe, schloß sie zu und steckte den Schlüssel in seine Tasche. Hierauf zog er eine Pistole aus der Brusttasche und legte sie, ohne die geringste Aufregung zu verraten, auf den Tisch.

Das Gesicht des Matrosen wurde dunkelrot, als sei er dem Ertrinken nahe. Er sprang auf und griff nach seinem Knüttel; im nächsten Augenblick jedoch fiel er heftig zitternd und mit leichenblassem Gesicht in den Stuhl zurück. Er sprach kein Wort; ich bemitleidete ihn aus tiefstem Herzen.

„Guter Mann", sagte Dupin mit gütiger Stimme, „Sie regen sich ganz unnötig auf, wahrhaftig! Wir gedenken Ihnen absolut nichts Böses zuzufügen. Ich gebe Ihnen mein Ehrenwort als Mann und als Franzose, daß wir Ihnen in keiner Weise zu nahe treten wollen. Ich weiß ganz bestimmt, daß Sie an den scheußlichen Verbrechen in der Spitalgasse unschuldig sind. Trotzdem wäre es unnütz, abzuleugnen, daß Sie im gewissen Sinne an denselben beteiligt gewesen. Aus dem, was ich Ihnen gesagt habe, können Sie erkennen, daß ich Mittel habe, mich in unserer Angelegenheit zu informieren. Nun steht die Sache so: Sie haben nichts getan, was Sie hätten vermeiden können, ganz gewiß nichts, was Sie schuldig macht. Sie haben nicht einmal da einen Diebstahl ausgeführt, wo Sie ungestraft hätten stehlen können. Sie haben nichts zu verbergen und keinen Grund zu irgendwelcher Heimlichkeit. Andererseits sind Sie aber als ehrenhafter Mensch verpflichtet, alles, was Sie wissen, zu gestehen; denn man hat einen Unschuldigen für das Verbrechen, dessen Täter Sie nennen können, eingekerkert."

Während Dupin sprach, hatte der Matrose seine Geistesgegenwart zum großen Teil wiedererlangt, die ursprüngliche Zuversichtlichkeit seines Wesens war jedoch dahin.

„So wahr mir Gott helfe", sagte er nach einer kurzen Pause, „ich will Ihnen alles erzählen, was ich von der Sache weiß – ich erwarte jedoch nicht, daß Sie mir auch nur die Hälfte glauben – ich selbst müßte mich einen Narren nennen, wenn ich es täte. Und doch bin ich unschuldig und will alles sagen, was ich weiß, und sollte es mein Leben kosten."

Was er erzählte, war im wesentlichen folgendes: Er hatte vor kurzer Zeit eine Reise nach dem Indischen Archipel gemacht. Eine Anzahl Matrosen landete in Borneo und machte eine Vergnügungstour ins Innere. Er hatte mit einem Gefährten den Orang-Utan gefangen. Der Gefährte starb, und das Tier fiel ihm als ausschließliches Besitztum zu. Nach großen Schwierigkeiten, die die unbezähmbare Wildheit der Bestie während der Heimreise verursachte, gelang es ihm endlich, den Orang-Utan sicher in seiner eigenen Wohnung in Paris unterzubringen, wo er ihn, um ihn der lästigen Neugierde der Nachbarn zu entziehen, sorgfältig einschloß, bis er von einer Fußwunde, die er sich durch einen Splitter auf dem Schiffe zugezogen, geheilt sein würde und das Tier verkaufen könnte.

Als er in der Nacht oder vielmehr am Morgen des Mordes von einem Matrosenfeste nach Hause zurückkehrte, fand er das Tier in seinem Schlafzimmer. Es war aus einer angrenzenden Kammer, in der er es sicher eingeschlossen glaubte, entflohen. Mit dem Rasiermesser in der Hand und vollständig eingeseift saß die Bestie vor dem Spiegel und versuchte, sich zu rasieren. Wahrscheinlich hatte sie vorher einmal ihren Herrn durch das Schlüsselloch bei dieser Tätigkeit beobachtet.

Entsetzt, die gefährliche Waffe im Besitze eines so wilden Tieres zu sehen, das vielleicht den fürchterlichsten Gebrauch von ihr machen konnte, wußte der Mann einige Augenblicke lang nicht, was er tun solle. Es war ihm jedoch bis jetzt stets gelungen, das Tier, selbst wenn es wütend geworden, mit der Peitsche zur Ruhe zu bringen, und er nahm auch heute seine Zuflucht zu diesem Mittel.

Kaum aber erblickte der Orang-Utan die Peitsche, so sprang er sofort durch die Zimmertür, die Treppe hinunter und von da durch ein unglücklicherweise offenstehendes Fenster auf die Straße.

Der Franzose folgte voller Verzweiflung. Der Affe hielt das Rasiermesser noch immer in der Hand und stand gelegentlich still, um sich nach seinem Verfolger umzusehen und auf ihn loszugestikulieren, bis ihn derselbe fast erreicht hatte. Dann machte er sich wieder davon. Die gefährliche Jagd dauerte eine ganze Weile. Die Straßen lagen vollständig menschenleer, da es erst drei Uhr morgens war. Als sie durch ein Gäßchen an der Rückseite der Spitalgasse jagten, wurde die Aufmerksamkeit des Flüchtlings durch ein Licht erregt, das aus dem offenen Fenster von Frau L'Espanayes Zimmer, im vierten Stock des Hauses, hervorschien. Der Affe stürzte auf das Haus zu, bemerkte den Blitzableiter, kletterte mit der seiner Gattung eigenen Behendigkeit an demselben hinauf, klammerte sich an den Fensterladen, der gegen die Mauer zurückgeschlagen war, und schwang sich mit dessen Hilfe direkt auf das Kopfende des Bettes.

Dies alles dauerte keine Minute. Den Fensterladen stieß der Orang-Utan, als er das Zimmer betreten, wieder auf.

Der Matrose war sowohl erfreut als beunruhigt. Er hatte jetzt Hoffnung, das Tier wieder einzufangen, denn es konnte auf keine andere Weise als vermittels des Blitzableiters die Falle, in die es sich begeben, wieder verlassen, so daß er es beim Herunterklettern leicht auffangen konnte. Andererseits war aber Grund zu der Befürchtung vorhanden, es werde in dem Hause Unheil anstiften. Dieser Gedanke bestimmte den Mann zur weiteren Verfolgung des Flüchtlings. An einem Blitzableiter kann man ohne große Schwierigkeiten hinaufklettern, vor allem, wenn man Matrose ist; doch als er bis zur Höhe des Fensters angekommen war, konnte er nicht weiter; das Fenster lag weit nach links, und er vermochte sich nur so weit vorzubeugen, um einen Blick in das Innere des Zimmers zu werfen. Bei dem Anblick, der sich ihm jetzt darbot, stürzte er vor Entsetzen fast von seinem schwachen Halt herab. Nun ertönte jenes gräßliche Geschrei durch die Nacht, daß die Bewohner der Spitalgasse aus dem Schlafe aufgeschreckt hatte. Frau L'Espanaye und ihre Tochter waren, in ihre Nachtkleider gehüllt, anscheinend damit beschäftigt gewesen, irgendwelche Papiere in der schon erwähnten eisernen Kiste zu ordnen, die sie zu dem Zweck in die Mitte des Zimmers geschoben hatten. Sie war offen und ihr Inhalt lag auf dem Boden. Die Unglücklichen müssen mit dem Rücken gegen das Fenster gesessen haben, und nach der Zeit zu schließen, die zwischen dem Einsteigen des Untiers und dem ersten Schrei verstrich, haben sie dasselbe nicht sogleich bemerkt. Das Zurückschlagen des Fensterladens hatten sie vielleicht dem Winde zugeschrieben.

Als der Matrose in das Zimmer blickte, hatte das riesige Tier Frau L'Espanaye, deren Flechten lose herabhingen, da sie wohl eben mit Kämmen fertig geworden war, an den Haaren gepackt und schwenkte das Rasiermesser vor dem Gesichte auf und ab, als wolle es die Bewegungen eines Barbiers nachahmen. Die Tochter lag bewegungslos auf dem Buden, sie war offenbar ohnmächtig. Das Geschrei und die Befreiungsversuche der alten Dame, während derer ihr das Haar aus dem Kopfe gerissen wurde, verwandelten die wahrscheinlich ganz friedliche Absicht des Orang-Utans in wildeste Wut. Mit einem kräftigen Schwung seines muskulösen Armes trennte er den Kopf fast vollständig vom Rumpfe. Der Anblick des Blutes steigerte seine Wut noch: Zähnefletschend stürzte er sich mit funkelnden Augen auf den Körper des Mädchens und grub seine entsetzlichen Krallen in seine Kehle, bis es tot war. In diesem Augenblick fielen seine wilden, rollenden Augen auf das Kopfende des Bettes, über dem das schreckensbleiche Gesicht seines Herrn eben sichtbar wurde. Die Wut des Tieres, das ohne Zweifel noch die gefürchtete Peitsche im Sinne hatte, verwandelte sich sofort in Furcht. Im Bewußtsein, Strafe verdient zu haben, schien es seine blutige Tat verbergen zu wollen, sprang in Todesangst und voller Aufregung im Zimmer hin und her, zerbrach Möbel oder warf sie um und riß die Betten aus der Bettstelle. Schließlich ergriff es den Leichnam der Tochter, um ihn so, wie man ihn gefunden, den Kamin hinaufzuzwängen – darauf den der alten Dame, den es eiligst kopfüber zum Fenster hinausschleuderte.

Als sich der Affe mit seiner verstümmelten Last dem Fenster näherte, fuhr der Matrose zu Tode erschrocken nach der Stange zurück, glitt mehr, als daß er kletterte, hinunter, eilte nach Hause und gab voll Entsetzen jede Bemühung um das Schicksal des Orang-Utans auf. Die Worte, welche die Leute auf der Treppe hörten, waren die Schreckens- und Entsetzensausbrüche des Franzosen, untermischt mit dem teuflischen Gekreisch der Bestie.

Ich habe kaum noch etwas hinzuzufügen. Der Orang-Utan muß gerade vor dem Aufbrechen der Zimmertür entflohen sein, und das Fenster, nachdem er hindurchgeklettert, hinter sich zugeschlagen haben. Schließlich wurde er von dem Eigentümer selbst wieder eingefangen und für eine hohe Summe an den Jardin des Plantes verkauft.

Lebon ließ man natürlich sofort frei, als wir unsere Erzählung, mit einigen Erklärungen Dupins versehen, im Bureau des Polizeipräfekten schriftlich fixiert niedergelegt hatten. Dieser Beamte konnte, trotzdem er meinen Freund hochschätzte, seine Unzufriedenheit über die Wendung der Dinge nicht verbergen und erging sich in sarkastischen Bemerkungen wie: daß sich jeder Mensch am besten um seine eigenen Sachen bekümmerte.

„Laß ihn reden", sagte Dupin der es nicht der Mühe wert fand, zu antworten. „Laß ihn reden! Er will nur sein Gewissen beruhigen! Mir genügt es, daß ich ihn auf seinem eigenlichsten Gebiete besiegt habe. Übrigens darf man sich auch nicht wundern, daß mein Freund das Rätsel nicht selbst löste. Er ist zu schlau, um tief sein zu können. Seine Weisheit ist ganz Kopf und ohne Leib – oder höchstens hat sie Kopf und Schultern wie ein Stockfisch. Aber im großen und ganzen ist er doch ein tüchtiger Kerl. Und ich schätze ihn besonders wegen der Neigung, der er seinen Ruf, ein Genie an Scharfsinn zu sein, verdankt – ich meine seine Vorliebe: *de nier ce qui est, et d'expliquer ce qui n'est pas*, wie es in Rousseaus ‚Nouvelle Heloïse' einmal heißt."

DAS GEHEIMNIS VON MARIE ROGETS TOD

Es gibt eine Reihe idealischer Begebenheiten, die der Wirk-
lichkeit parallel laufen. Selten fallen sie zusammen.
Menschen und Zufälle modifizieren gewöhnlich die ideali-
sche Begebenheit, so daß sie unvollkommen erscheint und
ihre Folgen gleichfalls unvollkommen sind.
So bei der Reformation; statt des Protestantismus kam das
Luthertum hervor.

Novalis

Selbst unter den ruhigsten Denkern finden sich hin und wieder Menschen, die gelegentlich von einem unbestimmten, quälenden Halbglauben an das Übernatürliche ergriffen worden sind – angesichts jener auffällig gleichzeitigen Zufälle, die oft so wunderbar erscheinen, daß der Verstand sie nicht mehr für bloße „Zufälle" halten kann.

Solche Gefühle (der Halbglaube, von dem ich rede, hat nie die Kraft wirklicher Gedanken), solche Gefühle also können nur sehr schwer unterdrückt werden, wenn man nicht die Lehre vom Zufall oder, was dasselbe ist, von der Wahrscheinlichkeitsberechnung zu Hilfe nimmt. Diese Berechnung ist jedoch ihrem Wesen nach eine rein mathematische, und wir haben hier die Anomalie, daß die allerexakteste Wissenschaft zur Erklärung dessen dienen soll, was auf dem Gebiet der Spekulation noch ungreifbarer Schatten ist.

Die merkwürdigen Einzelheiten, die man mich zu veröffentlichen aufgefordert hat, bilden zeitlich, wie man sehen wird, den primären Zweig einer Reihe kaum verständlicher Zufälle, deren sekundären oder Endzweig man in dem Morde an einer gewissen Mary Cecilia Rogers,[*] der jüngst in New York geschah, finden wird.

---

[*] Das Geheimnis, in das das besagte Verbrechen gehüllt war, hatte zur Zeit der Entstehung (und Veröffentlichung) der nun folgenden Erzählung seine Aufdeckung noch nicht gefunden. Und da jetzt mehrere Jahre seit der Begebenheit, auf der diese Erzählung beruht, verflossen sind, dürfte es nötig sein, einige erklärende Worte vorauszuschicken, daran zu erinnern, daß der Verfasser, indem er angeblich von dem tragischen Ende einer jungen Pariserin Marie Roget berichtet, in Wirklichkeit den Tatsachen des Mordes an der Mary Cecilia Rogers folgt. Alle Einzelheiten, die in der Erzählung erwähnt, alle Folgerungen und Schlüsse, die gezogen werden, treffen infolgedessen auch auf diesen zu.
Die Erzählung „Das Geheimnis von Marie Rogets Tod" wurde fern von dem Schauplatz der Greueltat geschrieben; dem Autor standen keine anderen Auskunftmittel, als die, welche die Zeitungen lieferten, zu Gebote. So mußte ihm notwendig vieles entgehen, was ihm von Nutzen gewesen wäre, wenn er die Lokalitäten persönlich hätte besichtigen können. Es dürfte jedoch nicht unangemessen erscheinen, hier zu erwähnen, daß die Geständnisse zweier Personen (die in der Erzählung vorkommende Madame Deluc ist eine von ihnen) lange nach dieser Veröffentlichung nicht nur die Art der allgemeinen Schlußfolgerung des Autors durchaus bestätigten,

Als ich, vor etwa Jahresfrist, in meiner Erzählung: „Der Mord in der Spital-gasse", einige höchst auffallende, merkwürdige Geisteszüge meines Freundes August Dupin zu schildern versuchte, hätte ich nicht gedacht, daß ich jemals wieder auf diesen Gegenstand zurückkommen würde. Ich wollte damals eine Charakterschilderung geben und erreichte meine Absicht vollkommen, da mir eine Reihe sehr seltsamer Begebenheiten Belege für Dupins Idiosynkrasie gelie-fert hatten. Ich hätte noch mehr Beispiele anführen und doch den Beweis nicht schlagender liefern können. Neuere Ereignisse haben mich aber durch ihre überraschende Entwicklung bestimmt, einige weitere Einzelheiten zu erwähnen, die vielleicht wie ein erzwungenes Geständnis aussehen werden. Es wäre jedoch sonderbar, wenn ich nach dem, was ich kürzlich hörte, Stillschweigen über das bewahren sollte, was ich vor langer Zeit schon vernahm.

Als die Tragödie des Todes der Frau L'Espanaye und ihrer Tochter zum Schlusse gekommen war, widmete ihr Dupin auch nicht einen Gedanken mehr und versank wieder in seine gewohnten düsteren Träumereien. Und da auch ich schon immer sehr zu abstrakten Grübeleien neigte, teilte ich seine Stimmung bald. Wir bewohnten unsere Zimmer im Faubourg St. Germain weiter, schlugen alle Gedanken an die Zukunft in den Wind, schlummerten ruhig auf der Gegenwart, und ein Netz von Träumereien umspann die graue Alltagswelt, die uns umgab.

Doch blieben diese Träume nicht ganz ungestört. Man kann sich leicht den-ken, daß die Rolle, die mein Freund in der Tragödie der Spitalgasse gespielt, ihren Eindruck auf die Phantasie der Pariser Polizei nicht verfehlt hatte. All ihren Mitgliedern ist Dupins Name bekannt und geläufig. Da er den einfachen Charakter der Induktionen, durch die er das Geheimnis enthüllte, außer mir niemandem, selbst nicht dem Präfekten, mitgeteilt hatte, ist es nicht erstaunlich, daß man die ganze Sache fast als ein Wunder ansah, und daß man seine analyti-schen Fähigkeiten für reine Intuition hielt. Seine Offenheit würde ohne Zweifel veranlaßt haben, all diese Gerüchte über ihn zu dementieren, hätte ihn nicht seine Indolenz abgehalten, noch irgend etwas in einer Sache zu tun, die für ihn von keinem Interesse mehr war. So geschah es, daß er für die Augen der Polizei eine Art Leitstern wurde, und bei zahlreichen Gelegenheiten suchte sich die Polizeipräfektur seiner Dienste zu versichern. Eine der merkwürdigsten war die Ermordung jenes jungen Mädchens namens Marie Roget.

Dieser Mord ereignete sich etwa zwei Jahre nach den Greueltaten in der Spitalgasse. Marie, deren Tauf- und Familienname jedermann an eine unglück-liche junge New Yorker Zigarrenverkäuferin erinnern werden, war die einzige

---

sondern alle Einzelheiten, hypothetischen Einzelheiten, alle Annahmen und Voraussetzungen anerkannten, mittels derer er seinen Plan verfolgte und zu seinem Endergebnis gelangte.

Tochter der Witwe Estelle Roget. Als kleines Kind hatte sie ihren Vater verloren und seit seinem Tode bis zu dem achtzehnten Monate vor ihrer Ermordung, die den Gegenstand unserer Erzählung bildet, mit ihrer Mutter zusammen in der Rue Pavée Sainte Andrée gewohnt. Frau Roget hielt dort mit Mariens Hilfe eine Pension. So verfloß ihr Leben ziemlich gleichförmig, bis die große, außerordentliche Schönheit des nun zweiundzwanzigjährigen Mädchens die Aufmerksamkeit eines Parfümhändlers auf sich zog, der einen der im Erdgeschoß gelegenen Kaufläden im Palais Royal inne hatte, und dessen Kundschaft hauptsächlich aus den verwegenen Abenteurern bestand, die in jener Gegend herumwohnen. Monsieur Le Blanc war sich sehr wohl der Vorteile bewußt, welche die Anwesenheit der schönen Marie seinem Geschäfte bringen mußte; das Mädchen ging auf seine ziemlich glänzenden Vorschläge bereitwilligst ein, während die Mutter erst nach längerem Zögern ihre Zustimmung gab.

Die Erwartungen des Kaufmanns gingen durchaus in Erfüllung, und die Reize des munteren Mädels machten sein Geschäft bald sehr bekannt. Marie hatte ihre Stellung vielleicht ein Jahr inne, als ihre Bewunderer plötzlich dadurch in große Unruhe versetzt wurden, daß sie – verschwand. Monsieur Le Blanc vermochte keine Aufklärung zu geben, und Frau Roget geriet vor Angst und Schrecken fast außer sich. Die Zeitungen nahmen die Sache auf, und schon wollte die Polizei zu ernstlichen Nachforschungen schreiten, als nach Verlauf einer Woche Marie – gesund, nur ein klein wenig bleich und traurig – eines schönen Morgens wieder hinter dem Zahltische der Parfümerie erschien. Natürlich wurden sofort alle weiteren, nicht privaten Nachforschungen aufgegeben. Der Parfümeur behauptete nach wie vor, nicht das Geringste in der Sache zu wissen. Marie und Frau Roget antworteten auf alle Fragen, daß sie die letzte Woche in dem Hause einer Verwandten auf dem Lande zugebracht habe. So geriet die ganze Geschichte in Vergessenheit, zumal das junge Mädchen bald darauf, um der unverschämten Neugierde des Publikums zu entgehen, den Laden des Parfümeurs endgültig verließ und wieder unter dem Schutze der Mutter in der Rue Pavée Sainte Andrée wohnte.

Ungefähr fünf Monate nach der Rückkehr in das Haus der Mutter wurden ihre Angehörigen plötzlich durch ein neues Verschwinden in Aufregung versetzt. Es vergingen drei Tage, ohne daß man das Geringste von ihr hörte. Am vierten fand man den Leichnam auf der Seine schwimmend, in der Nähe des Ufers, das dem Quartier der Rue Pavée Sainte Andrée gerade gegenüberliegt, nicht weit entfernt von der wenig besuchten Gegend an der Barrière du Roule.

Die Gräßlichkeit dieses Mordes – es stellte sich nur zu bald heraus, daß hier ein Mord vorlag – die Jugend und Schönheit, sowie vor allem die bekannte Persönlichkeit des Opfers brachte die sensiblen Pariser in gewaltige Aufregung. Ich erinnere mich keines ähnlichen Falles, der so tiefes und allgemeines Aufsehen erregt hätte. Mehrere Wochen vergaß man darüber selbst die wichtigsten politischen Tagesfragen, sprach von nichts anderem mehr als von diesem Kriminalfalle. Der Polizeipräfekt machte ganz ungewöhnliche Anstrengungen, um Licht in die Sache zu bringen: die ganze Polizei, bis zum letzten Manne, wurde zu den Nachforschungen aufgeboten.

Als man den Leichnam entdeckte, glaubte man nicht, daß der Mörder den alsbald angestellten Nachforschungen entgehen könne. Erst nach Verlauf einer Woche hielt man es für nötig, eine Belohnung auszusetzen, und beschränkte sie noch auf tausend Francs. Mittlerweile wurden die Nachforschungen mit Energie, wenn auch nicht immer mit Verständnis, fortgesetzt, zahlreiche Personen wurden verhört, ohne daß das geringste Ergebnis zu Tage getreten wäre, während die anscheinende Unerklärlichkeit des Geheimnisses die Erregung der Bevölkerung stetig steigerte. Am Ende des zehnten Tages hielt man es für angemessen, die ursprünglich ausgesetzte Belohnung zu verdoppeln; und endlich, als die zweite Woche ohne das geringste Resultat verflossen und die Bevölkerung von Paris, die stets ein Vorurteil gegen die Polizei genährt hat, zu ziemlich bedrohlichen Zusammenrottungen geschritten war, entschloß sich der Präfekt, demjenigen, „der den Mörder zur Anzeige brächte", oder wenn die Tat von mehreren ausgeführt worden sei, dem, „der einen der Mörder zur Anzeige brächte", eine Belohnung von zwanzigtausend Francs zu versprechen. In dem Aufruf, in welchem der Präfekt diese Belohnung verhieß, war zugleich jedem Mitschuldigen, der gegen seine Genossen aussagte, vollständige Straflosigkeit zugesichert. Dieser amtlichen Bekanntmachung war überall eine Nachschrift beigefügt, in dem ein Ausschuß von Bürgern noch weitere zehntausend Francs auf die Entdeckung des Verbrechers aussetzte. Die Belohnung belief sich also insgesamt auf nicht weniger als dreißigtausend Francs – eine ganz außerordentliche Summe, wenn man die bescheidene Lebensstellung des Mädchens und die Tatsache in Betracht zieht, daß derartige Greueltaten in großen Städten häufig vorkommen.

Es zweifelte jetzt niemand mehr, daß sich das Dunkel, das diesen Mord einhüllte, bald aufhellen werde. Aber obgleich man ein oder zwei Verhaftungen vornahm, ließ sich doch nichts ermitteln, was die Schuld der Betreffenden bewiesen hätte, und man mußte sie alsbald wieder in Freiheit setzen. Vielen wird es sonderbar erscheinen, daß drei Wochen seit der Auffindung des Leichnams verstrichen, drei Wochen, die nicht den geringsten Anhalt zur Ermittlung des Täters geliefert hatten, ehe auch nur das kleinste Gerücht des Ereignisses zu meinen und Dupins Ohren gelangte. Da wir beide mit Untersuchungen beschäftigt waren, die unsere ganze Aufmerksamkeit in Anspruch nahmen, waren wir seit fast einem Monat nicht mehr ausgegangen, hatten keinen Besucher empfangen und nur die politischen Leitartikel der Zeitungen und auch diese nur sehr flüchtig gelesen. Die erste Nachricht von dem Morde brachte uns der Präfekt G. persönlich. Er besuchte uns früh am Nachmittage des 13. Juli 18– und blieb bis spät in die Nacht hinein bei uns. Er schien höchst niedergeschlagen darüber, daß alle seine Bemühungen, den Mörder ausfindig zu machen, resultatlos blieben. Sein Ruf, ja, seine Ehre stehe auf dem Spiel, behauptete er mit dem echten Ton des Parisers. Aller Augen seien auf ihn gerichtet, und er würde jedes Opfer gerne bringen, um das Rätsel endlich zu lösen. Er schloß seine etwas konfuse Rede mit einem Kompliment, das er Dupin über seinen sogenannten Takt zu sagen geruhte, und machte ihm einen direkten und gewiß äußerst einträglichen Vorschlag, dessen Natur ich nicht näher bezeichnen darf und will und auch nicht brauche, da er für den eigentlichen Gegenstand meiner Erzählung von keiner Bedeutung ist.

Das Kompliment lehnte mein Freund so bestimmt wie nur möglich ab, den Vorschlag jedoch nahm er an, obgleich die mit ihm verbundenen Vorteile nur bedingte waren. Als sie sich über diesen Punkt geeinigt hatten, erging sich der Präfekt in weitläufigen Auseinandersetzungen seiner eigenen Ansichten, sowie in langen Kommentaren über die Zeugenaussagen, die uns noch vollständig unbekannt waren. Er redete viel und ohne Zweifel sehr gelehrt, bis ich endlich die gelegentliche Bemerkung wagte, daß die Nacht schon vorrücke und schläfrig mache. Dupin saß ruhig in seinem gewohnten Lehnstuhl und schien die Verkörperung achtungsvollster Aufmerksamkeit. Er trug während des ganzen Gespräches eine Brille, und ein gelegentlicher Blick unter ihre grünen Gläser genügte, um mich zu überzeugen, daß er während der sieben oder acht bleiflüssigen Stunden, die dem Abschied des Präfekten vorhergingen, zwar still, doch nichtsdestoweniger fest schlief.

Am folgenden Morgen verschaffte ich mir auf der Polizeipräfektur eine vollständige Zusammenstellung der bisherigen Zeugenaussagen und auf den verschiedenen Zeitungsexpeditionen ein Exemplar jeder Nummer, in der bis jetzt irgendeine wichtige Nachricht über die traurige Angelegenheit gestanden hatte. Sah man von allem ab, was sich als unwahr herausgestellt hatte, so war das seitherige Ergebnis der Ermittlungen auf folgendes zu beschränken:

Marie Roget verließ die Wohnung ihrer Mutter in der Rue Pavée Sainte Andrée am Sonntag, den 22. Juni 18–, um neun Uhr morgens. Beim Weggehen teilte sie einem Herrn Jaques St. Eustache, und zwar diesem allein, die Absicht mit, den Tag bei ihrer Tante zuzubringen, die in der Rue des Drômes wohnte. Diese Rue des Drômes ist eine kurze, schmale, aber sehr besuchte Straße in der Nähe des Flusses, und in gerader Linie etwa zwei Meilen von der Pension der Frau Roget entfernt. Saint Eustache war Mariens anerkannter Bewerber und wohnte und speiste in der erwähnten Pension. Er sollte seine Verlobte in der

Dämmerung abholen und wieder nach Hause zurückbegleiten. Im Laufe des Nachmittags jedoch stellte sich ein heftiger Regen ein, und da er annahm, sie würde die Nacht über, wie sie unter ähnlichen Umständen schon öfters getan, bei der Tante bleiben, hielt er es nicht für notwendig, sein Versprechen zu halten. Als der Abend jedoch vorschritt, hörte man Frau Roget, eine alte, gebrechliche, siebzigjährige Dame die Befürchtung aussprechen, sie werde Marie wohl nie wiedersehen. Diese Bemerkung wurde jedoch im Augenblick nicht beachtet.

Am Montag stellte es sich heraus, daß das Mädchen nicht in der Rue des Drômes gewesen war; und als man auch im Laufe des Tages nichts von ihm erfuhr, nahm man noch spät abends in verschiedenen Teilen der Stadt und der Umgegend eine Nachsuchung vor. Doch erst am vierten Tage nach seinem Verschwinden wußte man oder vielmehr: wußten einige, woran sie waren. An diesem Tage – es war also Mittwoch, der 25. Juni – benachrichtigte man einen Herrn Beauvais, der in Gesellschaft eines Freundes bei der Barrière du Roule am Ufer nach Marie gesucht hatte, daß eben einige Fischer einen Leichnam ans Land gezogen, den sie auf dem Flusse schwimmend gefunden hätten. Beauvais erklärte nach einigem Zögern den Leichnam identisch mit der verschwundenen Parfümerieverkäuferin, sein Freund erkannte ihn sofort.

Das ganze Gesicht war von schwarzem Blute überronnen, das zum Teil aus dem Munde hervorgequollen zu sein schien. Man bemerkte keinen Schaum, wie bei Personen, die einfach ertrunken sind. In dem Zellengewebe ließ sich keine Entfärbung wahrnehmen. An der Kehle zeigten sich Quetschungen und Fingereindrücke. Die Arme waren über der Brust zusammengelegt und steif. Die rechte Hand war zusammengeballt, die linke halb offen. Am linken Handgelenke befanden sich zwei kreisrunde, wunde Stellen, die anscheinend von Stricken oder einem einzigen, mehrfach herumgewundenen Stricke verursacht worden waren. Auch ein Teil des rechten Handgelenkes war zerschunden, ebenso der ganze Rücken, besonders aber die Schulterblätter. Die Fischer hatten den Leichnam mittels eines Strickes ans Ufer gebracht, doch rührte keine der Hautabschürfungen davon her. Das Fleisch des Halses war dick aufgeschwollen, Schnitte und die Spuren eines Schlages bemerkte man jedoch nicht. Ein Stück Spitze war fest um den Hals gebunden, ganz im Fleisch begraben, und mit einem Knoten gerade unter dem linken Ohre zusammengeschlungen. Dies allein würde genügt haben, den Tod herbeizuführen. Das Zeugnis der Ärzte betonte den tugendhaften Charakter der Verstorbenen und erklärte, daß sie roher Gewalt unterlegen sei. Der Leichnam war, als man ihn fand, in einem Zustande, daß ihn alle näheren Bekannten ohne Schwierigkeit erkennen mußten.

Die Kleider waren vielfach zerrissen und auch sonst in großer Unordnung. Aus dem obersten Gewande war ein Streifen von ungefähr einem Fuß Breite, von dem Saume nach oben hin, heraus-, jedoch nicht abgerissen worden. Dieser Streifen war dreimal um die Taille gewunden und auf dem Rücken durch eine Art Schlinge befestigt worden. Der unmittelbar unter dem Kleide liegende Rock bestand aus feinem Mousselin, und aus diesem hatte man einen ungefähr achtzehn Zoll breiten Streifen vollständig, und zwar sehr gleichmäßig und sorgfältig herausgerissen. Man fand ihn lose um den Hals der Toten gewunden und in einem festen Knoten zusammengebunden. Über dem Spitzen- und dem Mousselinstreifen waren noch die Hutbänder, an denen ihr Hut hing, gebunden, und zwar nicht mittels eines Damenknotens, sondern eines sogenannten verlorenen oder Schifferknotens.

Als der Leichnam erkannt war, wurde er nicht, wie gewöhnlich, nach der Morgue transportiert, sondern, da diese Förmlichkeit für überflüssig erachtet wurde, nicht weit von der Stelle, an der man ihn ans Land gebracht hatte, eilig eingescharrt. Beauvais ließ es sich angelegen sein, die Sache so viel wie möglich zu vertuschen, und mehrere Tage vergingen, ehe etwas Weiteres in die Öffentlichkeit drang. Da nahm eine Wochenschrift die Sache von neuem auf, der Leichnam wurde ausgegraben und eine neue Obduktion angeordnet die jedoch außer dem bekannten kein weiteres Ergebnis hatte. Doch wurden die Kleider der Verstorbenen der Mutter und Bekannten vorgezeigt und von ihnen mit Gewißheit als die erkannt, welche die Unglückliche bei ihrem Weggehen von Hause getragen.

Unterdessen wuchs die Aufregung von Stunde zu Stunde. Mehrere Personen wurden verhaftet, aber wieder freigelassen. Ganz besonders verdächtig erschien Saint Eustache, da er sich anfänglich nicht genügend über seinen Aufenthalt an dem Sonntage, an dem Marie das mütterliche Haus verlassen, auszuweisen vermochte. Später jedoch brachte er Beweise bei, die über jede Stunde des fraglichen Tages vollständige Rechenschaft ablegten.

Da die Zeit verging, ohne daß man eine Spur von den Verbrechern entdeckte, entstanden eine Menge Gerüchte, und die Presse trug das ihrige dazu bei, dieselben zu verbreiten. Die meiste Aufmerksamkeit erregte die Vermutung, daß Marie immer noch lebe, daß der in der Seine gefundene Leichnam der Körper einer anderen Unglücklichen sei. Ich halte es für angezeigt, dem Leser einige Stellen zu unterbreiten, welche die eben angeführte Vermutung zum Ausdruck bringen. Diese Stellen sind wörtliche Übersetzungen aus der „Etoile", einem im übrigen geschickt redigierten Blatte.

Es hieß da: „Fräulein Roget verließ die Wohnung ihrer Mutter am Morgen des 22. Juni. Es war ein Sonntag. Sie gab an, eine Tante oder sonst eine Verwandte in der Rue de Drômes besuchen zu wollen. Von dieser Stunde an ist sie nachweislich von niemandem mehr gesehen worden. Man hat weder eine Spur noch die geringste Nachricht von ihr. Bis jetzt hat noch niemand ausgesagt, daß er sie an diesem Tage, nachdem sie das Haus der Mutter verlassen, überhaupt gesehen. Obgleich wir nun keinen Beweis haben, daß Marie Roget sich nach neun Uhr an dem betreffenden Sonntage noch unter den Lebenden befand, haben wir doch Beweise, daß sie bis zu dieser Stunde noch lebte. Am Mittwoch um zwölf Uhr mittags wurde ein weiblicher Leichnam unweit des Ufers der Barrière du Roule im Wasser schwimmend gefunden. Es waren also, selbst wenn wir annehmen, daß Marie in den ersten drei Stunden nach dem Verlassen der mütterlichen Wohnung ins Wasser geworfen wurde, nur drei Tage, auf die Stunde drei Tage, verflossen. Doch wäre es töricht anzunehmen, daß der Mord, wenn überhaupt ein Mord vorliegt, so früh hatte verübt werden können, daß es den Mördern möglich gewesen wäre, den Leichnam noch vor Mitternacht in den Fluß zu werfen. Menschen, die sich solch abscheulicher Verbrechen schuldig machen, handeln meistens unter dem Schutze der Dunkelheit … War also der im Wasser gefundene Leichnam wirklich der Marie Rogets, so konnte er nur zwei und einen halben Tag im Wasser oder drei Tage außerhalb desselben gelegen haben. Nun lehrt uns aber alle Erfahrung, daß Ertrunkene oder Körper, die nach erfolgtem gewaltsamen Tode sofort ins Wasser geworfen wurden, sechs bis zehn Tage brauchen, ehe die Verwesung so weit fortgeschritten ist, daß sie wieder an die Oberfläche kommen. Selbst wenn eine Kanone über einen Leichnam hinweg abgefeuert wurd und derselbe in die Höhe kommt, ehe er fünf bis sechs Tage im Wasser gelegen hat, sinkt er wieder, sobald er sich selbst überlassen wird. Nun müssen wir uns fragen, was denn im vorliegenden Falle für ein Grund vorhanden gewesen sein könnte, eine Abweichung von dem gewöhnlichen Laufe der Natur zu rechtfertigen? Wäre der Leichnam in seinem verstümmelten Zustande bis Dienstag nacht am Ufer versteckt gehalten worden, so hätte man dort sicherlich eine Spur von den Mördern finden müssen. Außerdem ist es zweifelhaft, daß der Körper so bald wieder an die Oberfläche gekommen wäre, selbst wenn er erst zwei Tage nach seinem Tode in den Fluß geworfen worden. Und endlich ist es höchst unwahrscheinlich, daß die Verbrecher, die einen so schauderhaften Mord verübt, den Leichnam nicht durch ein Gewicht zum Sinken gebracht hätten, da doch dieser wichtigen Vorsichtsmaßregel nichts im Wege stand.‘‘

Nun suchte der Redakteur des Blattes weiter zu beweisen, daß der Körper nicht bloß drei Tage, sondern wenigstens fünfmal drei Tage im Wasser gelegen haben müsse, da er schon so weit in Verwesung übergegangen gewesen, daß Beauvais ihn nur mit Schwierigkeit erkannt habe. Die letzte Behauptung wurde jedoch als durchaus unrichtig erwiesen. Ich fahre mit den Worten der „Etoile‘‘ fort:

„Welches sind also die Tatsachen, auf die Herr Beauvais seine Behauptung stützt, der Leichnam sei unzweifelhaft der der Marie Roget gewesen? Er hat ihren Kleiderärmel aufgeschnitten und will Zeichen gefunden haben, die Beweise genug waren. Das Publikum nahm allgemein an, daß er mit diesen Zeichen irgendwelche Narben oder Male gemeint habe. Er rieb den Arm und fand Haare auf demselben – also etwas, was so wenig von Bedeutung war und die Identität so wenig bewies, wie etwa die Tatsache, daß man einen Arm in dem Ärmel fand. Herr Beauvais ging in jener Nacht nicht nach Hause, sondern ließ Frau Roget noch Mittwoch abend sagen, daß die Untersuchung betreffs ihrer Tochter immer noch fortdauere. Selbst, wenn wir zugeben, daß Frau Roget durch ihr hohes Alter und ihren Schmerz verhindert wurde, sich an den Ort der Untersuchung zu begeben, so würde doch wohl irgendein anderer Angehöriger es der Mühe wert gehalten haben, der Untersuchung beizuwohnen, wenn man den gefundenen Körper wirklich für den Leichnam Mariens gehalten hätte. Es kam aber niemand. Herr Saint Eustache, Mariens Bräutigam und zukünftiger Gatte, der im Hause ihrer Mutter lebte, behauptete, daß er von der Auffindung des Leichnams seiner Braut erst am folgenden Morgen Nachricht erhalten habe, und zwar durch Herrn Beauvais, der auf sein Zimmer gekommen sei und ihm davon gesprochen habe. Es ist aber im höchsten Grade erstaunlich, daß eine Nachricht von solcher Wichtigkeit so kühl aufgenommen wurde."

Die Zeitung suchte also in dieser Weise die Nachricht zu verbreiten, als hätten die Angehörigen Mariens die Entdeckung des Leichnams mit einer Gleichgültigkeit aufgenommen, die ihren Grund nur darin haben konnte, daß sie nicht an die Identität desselben mit ihrer Tochter glaubten. Die Insinuationen des Blattes laufen darauf hinaus, daß Marie die Stadt mit Zustimmung ihrer Freunde verlassen habe, und zwar aus Gründen, die gegen ihre Ehrenhaftigkeit sprächen, und daß diese Freunde, als man auf der Seine einen Leichnam gefunden, der der Vermißten ähnelte, die Gelegenheit ergriffen hätten, das Publikum glauben zu machen, sie sei tot.

Aber die „Etoile" war einmal vorschnell gewesen. Es wurde klar bewiesen, daß von einer Gleichgültigkeit seitens der Verwandten nicht die Rede sein konnte. Die alte Dame war so außerordentlich schwach und erregt, daß sie nicht der geringsten Pflicht nachkommen konnte, und Saint Eustache, weit entfernt, die Nachricht kühl aufzunehmen, geriet ganz außer sich vor Schmerz und gebärdete sich so wahnsinnig, daß Herr Beauvais einen Freund und Verwandten beauftragte, sich seiner anzunehmen und zu verhüten, daß er der Untersuchung beiwohne, die der Wiederausgrabung der Leiche folgen sollte. Obgleich die „Etoile" ferner behauptete, daß der Leichnam auf Stadtkosten begraben worden sei und die Familie einen Vorschlag der Verwaltung, die Unglückliche privatim zu beerdigen, zurückgewiesen, und niemand von den Angehörigen der Zeremonie beigewohnt habe – obgleich die „Etoile" dies alles in der Absicht, ihrer Meinung von der Sache Verbreitung zu verschaffen, behauptete – wurde sie doch genügend widerlegt. In einer folgenden Nummer des Blattes wurden Versuche gemacht, Beauvais selbst zu verdächtigen. Der Redakteur meinte:

„So gewinnt denn nun die Sache ein ganz anderes Aussehen. Man hat uns mitgeteilt, daß Her Beauvais einmal, als er ausgehen wollte, zu einer Frau B., die zufällig in Frau Rogets Hause anwesend war, gesagt habe: man erwarte einen Gendarmen, und sie – Frau B. – möge sich mit demselben in keine Unterredung einlassen, sondern alles ihm überlassen. Wie nun die Sachen jetzt liegen, scheint Herr Beauvais doch wohl die beste Auskunft über die ganze Angelegenheit geben zu können. Man kann ohne Herrn Beauvais keinen Schritt weiter mehr machen, denn welchen Weg man auch nehmen mag, man rennt immer wieder gegen ihn an … Er muß doch wohl seine Gründe haben, zu bestimmen, daß niemand in der Sache aussagen solle. Auch hat er die männlichen Verwandten der Unglücklichen, wie diese selbst sagen, in recht sonderbarer Weise mundtot zu machen versucht. Er scheint auch sehr dagegen gewesen zu sein, daß den Verwandten erlaubt wurde, den Leichnam zu sehen."

Dieser Verdacht gegen Beauvais wurde noch durch folgende Tatsache verstärkt. Ein paar Tage vor dem Verschwinden des Mädchens hatte ein Besucher, der Beauvais in seinem Bureau zu sprechen gewünscht, ihn jedoch nicht angetroffen hatte, in dem Schlüsselloch der Bureautür eine Rose stecken sehen und den Namen „Marie" auf einer Schiefertafel gesehen, die neben der Tür hing.

Nach den Zeitungen zu urteilen, sprach sich die öffentliche Meinung dahin aus, daß Marie das Opfer einer Rotte von Bösewichtern geworden, daß sie von denselben über den Fluß geschleppt, mißhandelt und ermordet worden sei. Der „Commercial" jedoch, ein Blatt von weittragendem Einfluß, bekämpfte diese allgemeine Annahme lebhaft. Ich zitiere ein paar Stellen aus seinen Spalten:

„Wir sind überzeugt, daß die Polizei bis jetzt bei ihren Nachforschungen auf ganz falscher Fährte gewesen ist, wenigstens soweit sich dieselben auf die Barrière du Roule erstrecken. Es ist unmöglich, daß eine so wohlbekannte Person, wie Marie, drei Stadtviertel hat durchschreiten können, ohne von einem einzigen Menschen erkannt zu werden; wäre sie von jemand gesehen worden, so würde sich die betreffende Person sicher daran erinnern, denn sie interessierte alle, die sie kannten. Fernerhin ging sie zu einer Zeit aus, in der die Straßen am belebtesten sind. Es ist undenkbar, daß sie bis zur Barrière du Roule oder bis zur Rue des Drômes gegangen ist, ohne wenigstens von einem Dutzend Personen erkannt worden zu sein. Und doch ist keine Aussage gemacht worden, derzufolge sie an jenem Morgen außerhalb des Hauses ihrer Mutter gesehen wurde, man hat ja nicht einmal einen Beweis, daß sie überhaupt ausgegangen ist, wenn wir von der Aussage absehen, nach der sie selbst diese Absicht ausgesprochen haben soll. Aus ihrem Kleide war ein Streifen herausgerissen, um den Leib geschlungen und verknotet, so daß man den Leichnam wie einen Packen tragen konnte. Wenn der Mord an der Barrière du Roule stattgefunden hätte, wären doch dergleichen Maßnahmen nicht nötig gewesen. Die Tatsache, daß man den Leichnam in der Nähe der Barrière im Wasser schwimmend gefunden hat, ist kein Beweis, daß er auch dort ins Wasser geworfen wurde … Ein zwei Fuß langer und ein Fuß breiter Streifen war aus einem der Unterröcke des unglücklichen Mädchens herausgerissen, und diesen hatten die Täter ihm fest um den Hals gebunden und hinten am Kopfe zusammengeknotet, wahrscheinlich, um es am Schreien zu verhindern. Dies konnten nur Burschen getan haben, die keine Taschentücher besaßen."

Ein paar Tage vor dem erwähnten Besuche des Polizeipräfekten bei uns waren der Polizei jedoch einige wichtige Nachrichten zugegangen, welche wenigstens in der Hauptsache die Beweisführung des „Commercial" umzustoßen schienen. Zwei kleine Knaben, die Söhne einer Frau Deluc, waren, als sie in einem Wäldchen in der Nähe der Barrière du Roule herumstreiften, zufällig in ein kleines Dickicht geraten, in welchem sie drei oder vier große Steine fanden, die eine Art Sitz mit Lehne und Fußschemel bildeten. Auf dem oberen Steine lag ein weißer Unterrock, auf dem zweiten ein seidenes Schultertuch. Außerdem fanden die Knaben noch Handschuhe, einen Sonnenschirm und ein Taschentuch, in welches der Name „Marie Roget" eingestickt war. An den Brombeerbüschen, die das Plätzchen reichlich umgaben, entdeckten sie verschiedene Fetzen von einem Kleide. Der Boden war zusammengetreten, die Sträucher vielfach geknickt, und alle Spuren eines stattgefundenen Kampfes vorhanden. Einige Zäune zwischen diesem Dickicht und dem Flusse waren durchbrochen, und das Aussehen des Bodens ließ mit Sicherheit darauf schließen, daß man eine schwere Last über ihn hingeschleift habe.

Eine Wochenzeitung, „Le Soleil", brachte über diese Entdeckung folgende Bemerkungen, welche die Stimmung der gesamten Pariser Presse wiedergab:

„Die gefundenen Gegenstände lagen offenbar schon wenigstens drei oder vier Wochen an der Fundstelle, denn sie waren vom Regen ganz verschimmelt, klebten vielfach zusammen und waren vollständig verdorben. Über einige der Gegenstände war schon Gras gewachsen. Die Seide des Sonnenschirms war stark, doch war der obere Teil, der am dichtesten zusammengefaltet war, durch und durch verschimmelt und verfault, so daß er, als man den Schirm öffnete, zerriß. – Die Stücke Zeug, welche die Sträucher aus ihrem Kleide gerissen, waren ungefähr drei Zoll breit und sechs Zoll lang. Eines der Stücke hatte den

Saum des Rockes gebildet und war ausgebessert gewesen, ein anderes war mitten aus der Bahn des Rockes gerissen, sie sahen aus wie mit Gewalt losgerissene Streifen und hingen an Dornbüschen, etwa nur einen Fuß vom Boden entfernt. – Es steht also außer allem Zweifel, daß der Schauplatz dieses schauderhaften Verbrechens entdeckt ist."

Diese Entdeckung führte zu neuen Zeugenaussagen. Frau Deluc bekundet, daß sie in der Nähe des Flusses, der Barrière du Roule gerade gegenüber, ein Gasthaus halte. Die Umgegend ist einsam, ganz außerordentlich einsam. Des Sonntags geben sich dort alle Taugenichtse aus der Stadt ein Stelldichein. Sie setzen in Kähnen über den Fluß. An dem fraglichen Sonntag erschien um drei Uhr nachmittags ein junges Mädchen in Begleitung eines jungen Mannes von dunklem Teint in dem Gasthause. Sie verweilten dort eine Zeitlang und schlugen dann den Weg in ein nahes, dichtes Gehölz ein. Der Frau Deluc war das Kleid des jungen Mädchens aufgefallen, weil es Ähnlichkeit mit einem Gewande hatte, welches eine verstorbene Verwandte von ihr getragen. Das Schultertuch zog ihre Aufmerksamkeit ganz besonders auf sich. Bald nach dem Weggehen des Paares erschien eine Rotte Bösewichter, die sich unter Schreien und Lärmen Essen und Trinken wohlschmecken ließen, das Zahlen jedoch vergaßen und denselben Weg einschlugen, den der junge Mann mit dem Mädchen genommen hatte. Zur Zeit der Dämmerung erschienen sie wieder im Gasthause, setzten dann über den Fluß und erweckten den Anschein, als seien sie in großer Eile.

An demselben Abend, bald nachdem es dunkel geworden, vernahmen Frau Deluc sowie ihr ältester Sohn das Geschrei einer weiblichen Stimme, ganz in der Nähe ihres Wirtshauses. Es war laut, doch nicht anhaltend. Außerdem erkannte Frau Deluc nicht nur das Schultertuch wieder, sondern auch das Gewand, mit dem der gefundene Körper bekleidet war.

Ein Omnibuskutscher, Valence mit Namen, sagte nun ebenfalls aus, daß Marie Roget an dem betreffenden Sonntage mit einem jungen Manne von dunklem Teint in einer Fähre über die Seine gefahren sei. Er habe Marie sehr gut gekannt und könne sich über ihre Person nicht getäuscht haben. Die in dem Dickicht gefundenen Gegenstände wurden von den Angehörigen der Unglücklichen sofort als von ihr stammend erklärt.

Die ganze Menge der Aussagen und Ergebnisse, die ich mir auf Dupins Anraten aus den Zeitungen gesammelt, enthielt außer dem Angeführten nur noch einen weiteren Punkt, der mir jedoch von äußerster Tragweite zu sein schien. Kurz nach der Entdeckung der eben erwähnten Kleidungsstücke fand man in der Nähe des Ortes, den man jetzt allgemein für den Schauplatz des Verbrechens hielt, den entseelten oder fast entseelten Körper Saint Eustaches, des Verlobten der Marie. Neben ihm lag ein leeres Fläschchen mit der Aufschrift

Laudanum. Sein Atem bewies, daß er das Gift genommen. Er starb, ohne ein Wort gesprochen zu haben. Man entdeckte einen Brief bei ihm, in welchem er kurz seiner Liebe zu Marien und der Absicht, sich das Leben zu nehmen, Ausdruck gab.

„Ich brauche Ihnen wohl kaum zu bemerken", sagte Dupin zu mir, nachdem er mein gesammeltes Material durchgelesen hatte, „daß dies eine weit verwickeltere Sache ist als der Fall in der Spitalgasse; sie unterscheidet sich von diesem in einem wesentlichen Punkte. Dies neue Verbrechen ist trotz seiner Scheußlichkeit doch immerhin ein gewöhnliches. Es hat nichts von dem Übermäßigen gewaltsam Grotesken an sich, das damals die Köpfe so sehr verwirrte. Sie haben wohl schon bemerkt, daß man eben deshalb die Aufklärung des Geheimnisses für leicht gehalten hat, obwohl gerade dieser Umstand die Lösung des Rätsels erschwert.

Man hielt es anfänglich für unnötig, eine Belohnung auszusetzen. Die Beamten des Präfekten begriffen auf der Stelle, wie und warum ein solch gräßliches Verbrechen begangen werden konnte. Sie konnten sich eine Art, mehrere Arten und Ausführung, einen Beweggrund, mehrere Beweggründe denken, und da es nicht unmöglich war, daß einer dieser Beweggründe, eine dieser Arten tatsächlich vorlag, hielten sie es bald für eine ausgemachte Sache, daß einer derselben vorliegen müsse.

Die Leichtigkeit, mit der man verschiedene Vermutungen aufstellen konnte, und vor allem die Wahrscheinlichkeit, welche jede derselben mit Recht für sich in Anspruch nehmen durfte, hätte man eher als erschwerendes, denn als erleichterndes Moment betrachten sollen. Ich habe schon bemerkt, daß die Vernunft bei ihrem Streben nach Wahrheit sich dadurch ihren Weg zu bahnen versucht, daß sie sich die Dinge, die über das Niveau des Gewohnten hinausgehen, zu Merksteinen nimmt, und daß man sich in Fällen wie dem vorliegenden nicht fragen sollte: ‚Was ist geschehen, das vorher noch nie vorgekommen ist?'

Bei den Nachforschungen im Hause der Frau L'Espanaye waren die Leute des Polizeipräfekten gerade durch die ungewöhnlichen Umstände, welche die Tat begleiteten, entmutigt und verwirrt, während sie einem guten Denker als Vorzeichen baldigen Erfolges erscheinen mußten. Derselbe Denker aber wäre über den gewöhnlichen Charakter aller Einzelheiten in der Angelegenheit der Parfümverkäuferin in Verzweiflung geraten – die Beamten des Präfekten nahmen die Tatsache für eine Bürgschaft leichten Sieges auf.

In dem Falle der Frau L'Espanaye und ihrer Tochter hegten wir vom Beginn unserer Nachforschungen an keinen Zweifel mehr, daß es sich wirklich um einen Mord handele. Es war von vornherein ausgeschlossen, daß Selbstmord vorlag. Auch in diesem Falle brauchen wir nicht mit der Möglichkeit eines Selbstmordes zu rechnen. Der Leichnam war unter Umständen aufgefunden, die über diesen wesentlichen Punkt keine Zweifel entstehen ließen.

Man hat jedoch die Vermutung zu verbreiten gesucht, der aufgefundene Körper sei nicht der Leichnam der Marie Roget, deren Mörder man sucht, auf deren Entdeckung man die Belohnung aussetzte und wegen der allein wir mit dem Präfekten ein Abkommen getroffen haben. Wir beide kennen diesen Herrn sehr gut und wissen, daß ihm gegenüber allzugroßes Vertrauen nicht angebracht ist. Beginnen wir unsere Nachforschungen mit dem gefundenen Körper, finden die Spur des Mörders, entdecken jedoch, daß der Leichnam nicht der Mariens, sondern der irgendeiner anderen Person ist, so ist, nach dem Charakter des Präfekten zu schließen, unsere Mühe ebenso vergeblich, als wenn wir von der Voraussetzung ausgehen, Marie lebe noch, und sie auch wirklich noch am Leben auffinden. Wir müssen uns also in unserem eigenen Interesse wie um der Gerechtigkeit willen bemühen, die Identität des Leichnams mit der vermißten Marie Roget nachzuweisen.

Die Vermutungen der ‚Etoile‘ haben im Publikum Glauben gefunden, und das Blatt selbst ist von der Richtigkeit derselben vollständig überzeugt, wie aus dem Anfang eines Artikels über diesen Gegenstand hervorgeht:

‚Mehrere der heute erschienenen Morgenzeitungen‘, sagt das Blatt, ‚sprechen von dem überzeugenden Artikel, der in der Montagsnummer der ‚Etoile‘ erschienen ist.‘

Mich jedoch hat der Artikel von nichts anderem als von dem Eifer seines Verfassers zu überzeugen vermocht. Wir dürfen nie vergessen, daß unseren Zeitungen im allgemeinen mehr daran liegt, Sensation zu machen, Aufsehen zu erregen, als die Sache der Wahrheit zu fördern. Dies letztere tun sie nur, wenn es sich mit dem ersteren, ihrem Hauptzwecke, vereinigen läßt. Die Presse, welche die allgemeine Meinung, so berechtigt dieselbe auch immer sein mag, teilt, ist bei der Menge niemals beliebt, denn sie hält nur den für einen tiefen Denker, welcher derselben mit möglichst beißendem Widerspruch begegnet. In der Logik nicht weniger als in der Literatur, findet gerade das Epigramm die schnellste und allgemeinste Anerkennung. Und doch ist es in beiden Fällen – was Verdienstlichkeit angeht – eine niedrigere Art der Ausdrucksweise.

Was ich hiermit sagen will, ist also kurz: daß eine Mischung von Epigramm und Melodrama in der Idee, Marie Roget könne noch leben, nicht aber die Wahrscheinlichkeit dieser Annahme die ‚Etoile‘ bewogen hat, dieser Vermutung, die ihr die Gunst des Publikums gewann, Raum zu geben. Prüfen wir also die hauptsächlichen Punkte der Beweisführung dieses Blattes und hüten wir uns dabei vor dem Mangel an Zusammenhang, der den Ausführungen des genannten Blattes von Anfang an anhaftet.

Der Verfasser sucht uns zuerst durch die Kürze der Zeit zwischen dem Verschwinden Mariens und der Entdeckung des schwimmenden Leichnams zu beweisen, daß dieser Leichnam nicht der Mariens sein könne. Es liegt in seinem Interesse, diese Zwischenzeit als möglichst kurz dahinzustellen, und um dieses zu erreichen, stellt er ganz willkürlich allerlei bloße Vermutungen auf. ‚Es wäre töricht, anzunehmen', sagt er, ‚daß der Mord, wenn überhaupt ein Mord vorliegt, so früh hätte verübt werden können, daß es den Mördern möglich gewesen wäre, den Leichnam vor Mitternacht in das Wasser zu werfen.'

Hier drängt sich uns sofort und ganz natürlich die Frage auf: Warum? Warum soll es eine Torheit sein, anzunehmen, daß der Mord schon in den ersten fünf Minuten, nachdem Marie ihr elterliches Haus verlassen, verübt wurde? Warum soll es eine Torheit sein, anzunehmen, daß der Mord in einer beliebigen Stunde ausgeführt wurde? Zu allen Stunden und Tageszeiten sind schon Morde vorgekommen.

Wäre der Mord in irgendeinem Augenblicke zwischen neun Uhr morgens und ein Viertel vor zwölf Uhr nachts verübt worden, so hätte der Mörder noch immer Zeit gehabt, den Leichnam noch vor Mitternacht in den Fluß zu werfen. Die ganze Vermutung will also nur besagen, daß der Mord nicht am Sonntage vollführt wurde; und lassen wir die ‚Etoile' bei dieser Annahme, je nun, so erlauben wir ihr eben, alles anzunehmen, was ihr nur immer einfällt.

Man kann leicht erraten, daß die Stelle, welche mit den Worten beginnt: ‚Es wäre töricht, etc.' im Kopfe ihres Verfassers wohl folgendermaßen gestanden hat: ‚Es wäre töricht, anzunehmen, daß der Mord, wenn überhaupt ein Mord vorliegt, so früh hätte verübt werden können, daß es den Mördern möglich gewesen wäre, den Leichnam noch vor Mitternacht in den Fluß zu werfen; es ist töricht, sagen wir, alles dieses anzunehmen, und dazu noch (wie wir allerdings fest entschlossen sind), daß der Leichnam erst nach Mitternacht ins Wasser geworfen' – ein Satz, der, an sich noch inkonsequent genug, nicht so vollständig widersinnig ist wie der gedruckte!"

„Hätte ich nur die Absicht", fuhr Dupin fort, „diese Stelle in der Beweisführung der ‚Etoile' zu widerlegen, so könnte ich mich ruhig mit dem eben Gesagten beschränken. Wir haben es hier jedoch nicht mit der ‚Etoile', sondern mit der Wahrheit zu tun. Die angeführte Stelle hat nur einen Sinn, und diesen Sinn habe ich ehrlich wiedergegeben. Es ist jedoch nötig, daß wir noch hinter die Worte dringen, um den Gedanken zu erfassen, den dieselben offenbar aufdrängen wollen, ohne ihn selbst wirklich auszudrücken. Der Berichterstatter wollte sagen, es sei unwahrscheinlich, daß der Mörder, zu welcher Tages- oder Nachtzeit des fraglichen Sonntags er auch den Mord vollbracht, den Leichnam noch vor Mitternacht an das Ufer geschleppt habe. Und hierin liegt die fälschliche Vermutung, die ich nicht zu billigen vermag. Man stellt es als bewiesen hin, daß der Mord an einem Orte und unter Umständen verübt wurde, die es nötig machten, den Leichnam an das Flußufer zu schleppen. Und doch konnte der Mord sehr wohl am Ufer oder auf dem Flusse selbst vollführt worden sein, so daß man den Leichnam zu jeder Stunde des Tages oder der Nacht ins Wasser zu werfen vermochte. Dies war ja das schnellste und nächstliegende Mittel, sich seiner zu entledigen.

Sie werden einsehen, daß ich nichts als wahrscheinlich, nichts als mit meiner eigenen Ansicht übereinstimmend hinstelle. Bis jetzt habe ich auf die wirklichen Tatsachen in dieser Angelegenheit noch gar nicht eingehen wollen. Ich wollte Sie nur darauf hinweisen, von welch einseitigem Standpunkte aus die ‚Etoile‘ vom Anfang an ihre Behauptungen gewagt hat.

Nachdem das Blatt die nach seiner vorgefaßten Meinung allein zulässigen Vermutungen scharf umgrenzt und die Annahme ausgedrückt hat, daß der Leichnam, wenn er wirklich der Mariens war, nur sehr kurze Zeit im Wasser gelegen haben könne, fährt es fort:

‚Die Erfahrung lehrt uns, daß Ertrunkene oder Körper, die nach erfolgtem gewaltsamen Tode sofort ins Wasser geworfen wurden, sechs bis zehn Tage brauchen, ehe die Verwesung so weit vorgeschritten ist, daß sie wieder an die Oberfläche kommen. Selbst, wenn eine Kanone über einen Leichnam hinweg abgefeuert wird, der fünf bis sechs Tage im Wasser gelegen, und dieser in die Höhe kommt, sinkt er wieder, sobald er sich selbst überlassen wird.‘

Diese Behauptungen haben sämtliche Pariser Blätter, mit einziger Ausnahme des ‚Moniteur‘, stillschweigend über sich ergehen lassen. Und der ‚Moniteur‘ wendet sich auch bloß gegen die Stelle, welche sich auf ‚Körper, die durch Ertrinken den Tod gefunden‘, bezieht und führt fünf bis sechs Fälle an, in denen Körper ertrunkener Personen, die nachweislich weniger als sechs Tage im Wasser lagen, schwimmend aufgefunden wurden.

Allein, es liegt etwas äußerst Unphilosophisches in dem Versuche des ‚Moniteur‘, die allgemeine Behauptung der ‚Etoile‘ durch Anführung einiger Fälle umstoßen zu wollen, die gegen diese Behauptung sprechen. Selbst wenn es dem ‚Moniteur‘ gelungen wäre, statt der fünf, fünfzig Fälle anzuführen, in denen schon nach zwei bis drei Tagen die Leichen Ertrunkener wieder an der Oberfläche schwimmend gefunden worden sind, so hätten auch diese fünfzig Beispiele immer noch als Ausnahme von der Regel der ‚Etoile‘ angesehen werden können, bis die Regel einmal selbst umgestoßen werden würde. Läßt man jedoch die Regel bestehen, wie es der ‚Moniteur‘ tut, indem er ihre Ausnahmen anführt, so bleibt auch der Beweis der ‚Etoile‘ in voller Kraft bestehen, denn er besagt im Grunde nicht mehr, als daß es nicht wahrscheinlich ist, daß sich ein Leichnam in weniger als drei Tagen wieder an die Oberfläche des Wassers erhebt. Und diese Unwahrscheinlichkeit wird die Annahmen der ‚Etoile‘ so lange bekräftigen, bis die so kindisch angeführten Beispiele an Zahl so zunehmen, daß sie eine entgegengesetzte Regel begründen.

Sie sehen also, daß wir vor allen Dingen Beweise gegen die Regel selbst beibringen müssen, wenn wir sie mit Erfolg anfechten wollen. Zu diesem Zwecke wollen wir die Gesetze, auf denen die Regel basiert, prüfen:

Der menschliche Körper ist im allgemeinen weder viel leichter noch viel schwerer als das Wasser der Seine: das heißt, die spezifische Schwere des menschlichen Körpers in seinem natürlichen Zustande kommt so ziemlich der Schwere der Menge süßen Wassers gleich, die er verdrängt. Die Körper dicker, fleischiger, kleinknochiger Personen und der Frauen überhaupt sind leichter als die von mageren, grobknochigen Personen und von Männern überhaupt; auch wird die spezifische Schwere des Wassers eines Flusses durch die Ebbe und Flut des Meeres, die eventuell auf ihn wirken, beeinflußt. Aber wenn wir auch ganz von Ebbe und Flut absehen, so können wir doch behaupten, daß auch in süßem Wasser nur sehr wenige Körper von selbst sinken. Fast jeder, der in einen Fluß fällt, wird schwimmen können, wenn er nur die spezifische Schwere des Wassers mit seiner eigenen völlig ins Gleichgewicht bringt, das heißt, wenn er seinen ganzen Körper soviel wie möglich unter Wasser hält. Die beste Haltung für jedermann, der nicht schwimmen kann, ist die gerade Stellung eines Gehenden. Den Kopf muß er nach hinten überlegen und so tief unter Wasser halten, daß bloß Mund und Nasenlöcher über der Oberfläche bleiben. In einer solchen Lage wird jeder ohne Schwierigkeit und ohne Übung schwimmen können. Es liegt jedoch auf der Hand, daß sich die Schwere des Körpers und die der verdrängten Wassermenge gerade aufwiegen, und daß die geringste Kleinigkeit der einen oder der anderen das Übergewicht verschaffen kann. So verursacht z. B. ein Arm, der aus dem Wasser herausgestreckt und seiner Stütze beraubt wird, ein Überwiegen des Körpers, das hinreicht, den ganzen Kopf zum Sinken zu bringen, während die zufällige Hilfe eines Holzstückchens es ermöglicht, den Kopf so hoch zu halten, daß man umherzuschauen vermag.

Man kann jedoch immer beobachten, daß ein des Schwimmens Unkundiger im Wasser das Bestreben hat, die Arme in die Höhe zu strecken und den Kopf in der gewohnten aufrechten Lage zu erhalten. Die Folge ist, daß Mund und Nasenlöcher unter das Wasser geraten und beim Atmen Wasser in die Lunge des Untersinkenden gerät. Auch der Magen füllt sich mit Wasser und der ganze Körper wird um den Unterschied zwischen dem Gewicht der aufgenommenen Flüssigkeit und dem der die Höhlungen ursprünglich ausfüllenden Luft schwerer. In der Regel ist dieser Unterschied groß genug, um den Körper zum Sinken zu bringen, er genügt jedoch nicht bei Personen, die kleine Knochen oder ungewöhnlich fettes oder schlaffes Fleisch haben. Diese schwimmen selbst dann noch, wenn sie ertrunken sind.

Stellen wir uns jedoch vor, der Leichnam liege auf dem Boden des Flusses. Hier wird er so lange liegen bleiben, bis seine spezifische Schwere durch irgendeinen Umstand wieder geringer wird als die der Wassermenge, die er verdrängt. Dies geschieht in der Regel durch die Verwesung. Das Resultat der Verwesung ist eine Gaserzeugung, die das Zellgewebe ausdehnt und dem Leichnam das bekannte aufgedunsene Aussehen verleiht. Ist diese Ausdehnung so weit vorgeschritten, daß der Körper an Umfang wesentlich zugenommen, ohne doch seine Masse und sein Gewicht vergrößert zu haben, so wird seine spezifische Schwere geringer als die des verdrängten Wassers, und er hebt sich wieder an die Oberfläche.

Die Art der Verwesung aber wird durch unzählige Umstände bestimmt, wird durch unzählige Einflüsse beschleunigt oder verspätet; z. B. durch die Hitze oder Kälte der Jahreszeit, durch die Reinheit des Wassers oder durch etwaige mineralische Bestandteile, die es enthält, durch seine Tiefe oder Seichtheit, durch seinen raschen Lauf oder sein Stagnieren, durch die Beschaffenheit des Körpers, durch den Umstand, ob er bei seinem Tode gesund oder mit einer Krankheit behaftet gewesen. Es ist also klar, daß man die Zeit nicht genau bestimmen kann, die ein Leichnam braucht, um infolge eingetretener Verwesung an die Oberfläche zu kommen.

Unter gewissen Umständen könnte dies schon nach einer Stunde der Fall sein, unter anderen überhaupt nie. Es gibt chemische Mischungen, welche den menschlichen Körper auf immer vor der Verwesung schützen; ich will hier nur das Quecksilberchlorid anführen. Aber abgesehen von der Verwesung kann sich – und dies ist sehr oft der Fall – im Magen infolge der sauren Gärung vegetabilischer Stoffe in genügender Menge Gas erzeugen, um eine derartige Ausdehnung des Körpers herbeizuführen, daß er an die Oberfläche kommt.

Die durch die Abfeuerung einer Kanone hervorgebrachte Wirkung ist eine einfache schwingende Bewegung. Sie kann den Körper aus dem leichten Schlamme, in den er vielleicht versunken ist, loslösen und auf diese Weise, nachdem andere Einflüsse den Körper darauf vorbereitet haben, dazu beitragen, daß er an die Oberfläche emporsteigt. Oder aber die schwingende Bewegung überwindet die Zähigkeit einiger verwesender Teile des Zellgewebes und macht es ihnen möglich, sich unter dem Einflusse des Gases auszudehnen.

Nachdem wir uns also mit allen physikalischen Lehren bekannt gemacht haben, wird es uns leicht sein, die Behauptungen der ‚Etoile‘ auf ihre Richtigkeit zu prüfen. ‚Die Erfahrung lehrt uns‘, sagt das Blatt, ‚daß Ertrunkene oder Körper, die nach erfolgtem gewaltsamen Tode sofort ins Wasser geworfen wurden, sechs bis zehn Tage brauchen, ehe die Verwesung so weit vorgeschritten ist, daß sie wieder an die Oberfläche kommen. Selbst, wenn eine Kanone über einen Leichnam hinweg abgefeuert wird, der fünf bis sechs Tage im Wasser gelegen, und dieser wieder in die Höhe kommt, sinkt er wieder, sobald er sich selbst überlassen wird.'

Diese ganze Stelle muß Ihnen jetzt als ein schlechtes Gewebe von lauter Zusammenhanglosigkeit erscheinen. Die Erfahrung beweist nicht, daß alle Körper bis zehn Tage brauchen, ehe die Verwesung sie wieder an die Oberfläche bringt. Im Gegenteil beweisen Erfahrung und Wissenschaft, daß die Zeit, die sie zum Heraufsteigen nötig haben, unbestimmt ist. Ist ein Körper infolge der Abfeuerung einer Kanone an die Oberfläche gekommen, so wird er auch nicht wieder sinken, ,sobald er sich selbst überlassen wird', bis die Verwesung so weit vorgeschritten ist, daß das erzeugte Gas entweichen kann.

Ich möchte Sie auch auf den Unterschied hinweisen, den das Blatt zwischen ,Ertrunkenen' und ,Körpern', ,die nach erfolgtem gewaltsamen Tode sofort ins Wasser geworfen wurden', macht. Obgleich der Verfasser des Artikels hier eine Unterscheidung trifft, spricht er doch von beiden Arten der Toten als von einer Kategorie. Ich habe eben gezeigt, wie es kommt, daß der Körper eines Ertrinkenden spezifisch schwerer wird als die Wassermenge, die er verdrängt, und daß er gar nicht untersinken würde, wenn er nicht im Kampfe um sein Leben die Arme emporstrecken und beim Atmen unter der Oberfläche seine Lungen mit Wasser füllen würde. Bei einem nach erfolgtem gewaltsamen Tode ins Wasser geworfenen Körper kommen diese beiden Umstände jedoch nicht in Frage. Somit würde also in letzterem Falle der Körper in der Regel gar nicht sinken – eine Tatsache, welche der ,Etoile' offenbar ganz unbekannt ist. Erst, wenn die Verwesung so weit vorgeschritten wäre, daß sich das Fleisch von den Knochen löste, erst dann würde der Leichnam endgültig versinken.

Was ist uns nun also die Behauptung der ,Etoile', der gefundene Körper sei nicht der Leichnam der Marie Roget, weil man ihn schon drei Tage nach dem Verschwinden des Mädchens oben auf dem Wasser gefunden habe? Wir wissen jetzt, daß Marie Roget, falls sie ertrank, möglicherweise gar nicht unter sank, denn sie war ja eine Frau, oder, wenn sie sank, in vierundzwanzig Stunden, ja, noch früher, wieder an die Oberfläche kommen konnte. Es vermutet jedoch niemand, daß sie ertrunken sei, und wenn wir annehmen, daß ihr Tod eintrat, bevor sie ins Wasser geworfen wurde, so konnte sie zu jeder beliebigen Zeit nach ihrem Tode im Wasser schwimmend gefunden werden.

,Aber', meint die ,Etoile', ,wäre der Leichnam in seinem verstümmelten Zustande bis Dienstag nacht am Ufer verborgen gehalten worden, so hätte man dort sicherlich eine Spur von den Mördern finden müssen.' Es ist schwer, hier auf den ersten Blick zu sehen, worauf der Verfasser des Artikels eigentlich hinaus will. Wahrscheinlich will er von vornherein einem Einwande begegnen, der seiner Theorie einen Stoß versetzen würde – dem Einwande nämlich, daß der Leichnam zwei Tage am Ufer geblieben und rasch in Verwesung übergegangen sei – rascher, als wenn er sich im Wasser befunden hätte. Der Verfasser meint offenbar, der Leichnam hätte in diesem Falle schon am Mittwoch wieder an die Oberfläche kommen können, aber eben nur in diesem Falle. Er beeilt sich infolgedessen, zu beweisen, daß der Leichnam nicht am Ufer geblieben; denn in diesem Falle hätte man am Ufer ‚eine Spur von den Mördern finden müssen'. Über eine solche Logik kann man höchstens lächeln. Sie werden ebensowenig wie ich einzusehen vermögen, daß das bloße Verstecken des Leichnams am Ufer die Spuren der Mörder hätte vermehren können.

‚Und weiterhin', fährt unser Blatt fort, ‚ist es höchst unwahrscheinlich, daß die Verbrecher, die einen so schauderhaften Mord verübt, den Leichnam nicht durch ein Gewicht zum Sinken gebracht hätten, da doch dieser wichtigen Vorsichtsmaßregel nichts im Wege stand.'

Machen Sie sich nur einmal diese lächerliche Gedankenverwirrung klar! Niemand – nicht einmal die ‚Etoile' selbst – bestreitet, daß an dem gefundenen Körper ein Mord verübt wurde, denn er trug nur zu deutlich die Spuren einer Gewalttat an sich. Der Verfasser will bloß beweisen, daß der Körper nicht der Mariens sei, er will seine Leser davon überzeugen, daß Marie nicht ermordet wurde, nicht etwa, daß an dem gefundenen Körper kein Mord verübt wurde. Und doch beweist seine Bemerkung nur das letztere. Es wird ein Leichnam gefunden, der durch kein Gewicht zum Sinken gebracht wurde. Hätten ihn Mörder in den Fluß geworfen, so wäre diese Vorsichtsmaßregel angewandt worden. Er wurde also nicht von Mördern dem Wasser übergeben. Das ist alles, was bewiesen wird, wenn hier überhaupt von beweisen die Rede sein kann. Die Frage der Identität läßt das Blatt vollkommen unberührt und gibt sich nur noch Mühe, dem zu widersprechen, was es einen Augenblick vorher zugegeben hat. ‚Wir sind vollkommen überzeugt', heißt es weiter, ‚daß der gefundene Leichnam der einer ermordeten Frauensperson ist.'

Und es ist nicht das einzige Mal, daß sich der Verfasser in diesem einen Artikel widerspricht. Wie ich schon erwähnte, macht er sich zur Aufgabe, die Zeit zwischen dem Verschwinden Mariens und der Auffindung des Leichnams als möglichst kurz dahinzustellen. Und doch betont er an anderer Stelle immer wieder, daß das Mädchen von dem Augenblicke an, da es das mütterliche Haus verließ, von niemandem gesehen worden ist. ‚Wir haben keinen Beweis', sagt er, ‚daß Marie Roget sich nach neun Uhr an dem betreffenden Sonntage noch unter den Lebenden befand.' Da seine ganze Beweisführung von einer absichtlich einseitigen Anschauung der Sache diktiert ist, hätte er wenigstens diesen Punkt ganz unberücksichtigt lassen sollen; denn wäre Marie noch am Montag oder sogar am Dienstag gesehen worden, so wäre die fragliche Zwischenzeit ja noch bedeutend kürzer gewesen und hätte gemäß des Verfassers eigenen Schlüssen die Wahrscheinlichkeit, daß der Leichnam mit der Vermißten identisch sei, bedeutend vermindert. Eigentlich ist es schon erheiternd zu sehen, wie die ‚Etoile' auf diesem Punkte beharrt, in dem guten Glauben, derselbe unterstütze ihre allgemeine Behauptung.

Lesen Sie nun, bitte, jenen Teil des Artikels noch einmal durch, der sich auf die Erkennung des Leichnams durch Beauvais bezieht. Mit dem, was sie über die Haare auf dem Arme sagt, läßt sich die ‚Etoile' eine offenbare Unehrlichkeit zu Schulden kommen. Herr Beauvais ist nicht blödsinnig und wird nicht behauptet haben, den Leichnam bloß an dem Haar auf dem Arme erkannt zu haben. Kein Arm ist vollständig ohne Haar. Die ‚Etoile' hat durch diese allgemeine, ungenaue Ausdrucksweise die Aussage des Zeugen verdreht, denn er muß von irgendeiner Besonderheit der Haare, von einer Eigentümlichkeit, ihrer Farbe, ihrer Menge, ihrer Länge oder ihrer Lage gesprochen haben.

‚Ihr Fuß', sagt das Blatt, ‚war klein – doch haben viele tausend Mädchen kleine Füße. Ihr Strumpfband beweist ebensowenig wie ihr Schuh, denn Schuhe und Strumpfbänder werden packweise verkauft. Das Gleiche gilt von den Blumen auf ihrem Hute. Herr Beauvais betont noch den Umstand, daß die Schnalle am Strumpfband, das anscheinend zu weit gewesen, zurückversetzt worden ist. Aber auch dies will nichts besagen; denn fast alle Frauen probieren ihre neugekauften Strumpfbänder erst zu Hause an und nähen sie passend.

Jetzt wird es wirklich schwer, den Verfasser noch ernst zu nehmen. Hätte Herr Beauvais bei seinen Nachforschungen nach Mariens Leichnam einen Körper aufgefunden, der an Größe und Aussehen dem der Vermißten gleich war, so wäre er berechtigt gewesen, an einen Erfolg seiner Bemühungen zu glauben, ohne die Bekleidung des Leichnams zu berücksichtigen. Hätte er dazu noch an dem Arme Haare von einer besonderen Eigentümlichkeit wieder erkannt, so hätte ihn dieser Umstand in seiner Meinung noch bestärken können und zwar desto mehr, je eigentümlicher und ungewöhnlicher diese Haare gewesen wären. Waren Mariens Füße klein wie die des Leichnams, so vergrößert auch dies Zusammentreffen die Wahrscheinlichkeit. Fügt man noch hinzu, daß Marie an dem Tage, da sie verschwand, eben solche Schuhe trug, wie man sie an dem Leichnam gefunden, so erhöht diese Tatsache, trotz des Umstandes, daß Schuhe ‚packweise' verkauft werden, die Wahrscheinlichkeit fast bis zur Gewißheit. Was an sich die Identität noch nicht beweisen würde, wird so zu einem höheren

Beweise. Finden wir nun auch noch auf dem Hute die gleichen Blumen, welche das vermißte Mädchen getragen, so brauchen wir keine weiteren Beweise. Ist auch nur eine Blume vorhanden, so bekräftigt die schon genug – wie aber, wenn es zwei, drei oder noch mehr sind? Jede einzelne Blume vervielfältigt die Kraft des Beweises, und zwar nicht einmal, sondern hundert-, tausendmal. Entdekken wir nun obendrein an der Toten noch Strumpfbänder, wie sie die Lebende trug, so wäre es geradezu Torheit, noch nach weiteren Details der Übereinstimmung zu suchen. Aber diese Strumpfbänder sind obendrein noch in derselben Weise durch das Versetzen einer Schnalle enger gemacht, wie es Marie kurz vor ihrem Weggehen von Hause getan hat. Jetzt noch zu zweifeln, ist Wahnsinn oder Heuchelei. Die Behauptung der ‚Etoile‘, dies Versetzen von Schnallen an Strumpfbändern sei ein äußerst gewöhnliches Vorkommnis, beweist weiter nichts als nur die Hartnäckigkeit, mit welcher das Blatt auf seiner vorgefaßten Meinung beharrt. Die Elastizität eines solchen, mit einer unverrückbaren Schnalle geschlossenen Strumpfbandes beweist von selbst, daß das Verengern etwas Ungewöhnliches ist. Ein Gegenstand, der so eingerichtet worden ist, daß er sich von selbst anpaßt, wird natürlicherweise zu diesem Zwecke nur sehr selten äußerer Beihilfe bedürfen. Es ist also etwas Besonderes, daß Mariens Strumpfbänder verengert worden sind, und sie allein würden ihre Identität vollkommen bewiesen haben.

Doch trug der gefundene Körper nicht die Strumpfbänder der Vermißten oder ihre Schuhe oder ihren Hut oder die Blumen des Hutes, er hatte nicht die gleichen Füße oder ihr besonderes Zeichen am Arme oder ihre Größe und allgemeine Erscheinung – man fand bei dem Leichnam alle diese Zeichen zusammen! Würde der Beweis erbracht, daß der Herausgeber der ‚Etoile‘ wirklich noch zweifelte, so brauchte man nicht erst einen Irrenarzt zu fragen, ob man es mit einem Wahnsinnigen zu tun habe. Er hat es für klug gehalten, das Gerede der Advokaten nachzubeten, die sich großenteils damit begnügen, die primitiven Ansichten der Gerichte immer wieder herzusagen. Ich möchte hier noch bemerken, daß viele Umstände, die das Gericht als Beweise verwirft, dem denkenden Menschen geradezu überzeugende Argumente sind. Denn die Gerichte verfahren stets nach allgemeinen, anerkannten Prinzipien, von deren buchstäblicher Befolgung sie auch in ungewöhnlichen, eigenartigen Fällen nicht absehen wollen. Und dies starre Festhalten an Prinzipien, dies strenge Unberücksichtigtlassen jedes Ausnahmefalles, der eine andere Behandlung als die in ihrem Prinzip vorgesehene verlangt, ist ein sicheres Verfahren, nach längerer Zeit das Maximum aller erreichbaren Wahrheit zu erlangen. Im allgemeinen ist diese gerichtliche Praxis also von Wert, es läßt sich jedoch nicht leugnen, daß sie in einzelnen Fällen zu Irrtümern führt.

Den gegen Beauvais gerichteten Argwohn werden wir wohl in kürzester Zeit entkräften können. Sie haben den wahren Charakter des guten Mannes bereits erkannt. Er ist ein Mensch, der sich gern in anderer Leute Angelegenheiten mischt, dazu romantisch veranlagt und nicht gerade scharfsinnig. Bei seinem Charakter ist es nur zu natürlich, daß er in einer so aufregenden Angelegenheit bei den Allzuklugen oder Böswilligen Verdacht erregte. Aus dem Artikel der ‚Etoile‘ geht hervor, daß Herr Beauvais eine persönliche Unterredung mit dem Herausgeber des Blattes hatte und diesen beleidigte, indem er die Behauptung wagte, der gefundene Körper sei trotz aller Gegenversicherungen der Zeitung der Leichnam der vermißten Marie Roget. ‚Er bleibt dabei‘, sagt die Zeitung, ‚der Leichnam ist mit der Vermißten identisch; doch kann er, Herr Beauvais, keine weiteren – als die von uns beredeten – Beweise für seine Behauptung beibringen, die vielleicht irgend jemanden von der Richtigkeit derselben überzeugen könnten.‘ – Es ist wohl nicht nötig, noch einmal darauf hinzuweisen, daß man stärkere Beweise, als die von Beauvais angeführten, überhaupt nicht hätte beibringen können – ich möchte hier nur noch darauf aufmerksam machen, daß in einem Fall wie dem vorliegenden ein Mensch selbst fest glauben kann, ohne auch nur einen Grund dafür angeben zu können, der auch für andere bestimmend wäre. Nichts ist schwerer zu bezeichnen, als die Merkmale, die uns von der Identität einer Person überzeugen. Jedermann kennt seinen Nachbar, und doch könnte man in den wenigsten Fällen den Grund anführen, warum man in dem Manne seinen Nachbar erkennt. Der Herausgeber der ‚Etoile‘ tat Unrecht, sich über Herrn Beauvais nicht durch Worte zu begründenden Glauben zu ärgern.

Die Verdachtsmomente, die ihn belasten, beweisen viel mehr meine Hypothese von seiner Allgeschäftigkeit als seine Schuld. Geben wir seinem Betragen einmal diese gutherzige Auslegung, so können wir uns mit Leichtigkeit die Rose in dem Schlüsselloche, das Wort ‚Marie‘ auf der Schiefertafel, die Beseitigung des männlichen Verwandten, seine Abneigung, die Verwandten den Leichnam sehen zu lassen, die Aufforderung an Frau B., sie solle mit dem Gendarmen nicht sprechen, bis er, Beauvais, wieder zurückkomme, und zum Schluß auch seinen Ausspruch erklären, daß niemand außer ihm in dem Prozesse mitzusprechen habe.

Es scheint mir außer Zweifel, daß Beauvais einer von Mariens Verehrern war, daß sie mit ihm kokettierte, und daß es ihm schmeichelte, wenn andere dachten, er stehe mit ihr auf vertrautem Fuße. Ich will über diesen Punkt nicht weiter sprechen, und da die Zeugenaussagen die Behauptungen der ‚Etoile‘ hinsichtlich der Apathie, welche die Mutter des Mädchens und andere Verwandte an den Tag gelegt haben sollen, und die beweisen sollten, daß sie den gefundenen Leichnam nicht für den der Marie gehalten hätten, da diese Zeugenaussagen die Behauptung der ‚Etoile' Lügen strafen, wollen wir fortfahren, als wäre die Frage der Identität in durchaus befriedigender Weise gelöst."

„Und was sagen Sie", fragte ich hier, „zu den Ansichten des ‚Commercial'?"

„Daß dieselben ihrem geistigen Gehalt nach weit beachtungswerter sind, als bis jetzt über diesen Gegenstand verbreitet worden. Die Folgerungen aus den Prämissen sind durchaus richtig und scharfsinnig, aber die Prämissen selbst beruhen in wenigstens zwei Fällen auf unvollkommener Beobachtung. Der ‚Commercial' sucht die Ansicht zu verbreiten, daß Marie nicht weit von dem Hause ihrer Mutter von einer Rotte von Bösewichtern angefallen wurde. Er behauptet, ‚es ist unmöglich, daß eine so wohlbekannte Person wie Marie drei Stadtviertel hat durchschreiten können, ohne von irgend jemandem erkannt zu werden'. Diese Worte verraten den Gedankengang eines Mannes, der lange in Paris gelebt hat, in einem öffentlichen Amte steht, und dessen hauptsächliche Gänge sich zwischen den öffentlichen Gebäuden befinden, und welcher weiß, daß er aus seinem Bureau nicht hundert Schritte weit gehen kann, ohne wenigstens von einem Dutzend von Leuten erkannt und angeredet zu werden. Er vergleicht Mariens Bekanntenkreis mit dem seinen, findet, daß derselbe nicht viel kleiner ist als sein eigener, und schließt daraus, daß sie auf ihren Gängen ebensoleicht erkannt werden müsse, wie er auf den seinigen. Dies würde jedoch nur der Fall sein, wenn sich ihre Ausgänge wie die seinen auf ein paar bestimmte Strecken in einem bestimmten Stadtviertel beschränkten. Er bewegt sich zu bestimmten Stunden innerhalb eines fest umgrenzten Kreises, in welchem seine Geschäfte und Ausgänge die Aufmerksamkeit zahlreicher anderer Personen auf sich ziehen müssen, weil sie mit den ihrigen in Beziehung stehen. Wir können jedoch annehmen, daß Mariens Gänge im allgemeinen weit verschiedenartiger waren, und im vorliegenden Falle ist es sogar höchst wahrscheinlich, daß sie einen Weg einschlug, der von der Richtung ihrer gewöhnlichen Ausgänge ganz besonders abwich. Die Parallele, welche der Herausgeber des ‚Commercial' zwischen seinem und Mariens Bekanntsein gezogen, könnte nur dann auf Richtigkeit Anspruch machen, wenn die beiden die ganze Stadt durchwanderten. Nur in diesem Falle wären bei gleich großem Bekanntenkreise auch die Chancen gleich, von einer gleich großen Anzahl von Personen erkannt zu werden.

Ich selbst halte es nicht allein für möglich, sondern sogar für sehr wahrscheinlich, daß Marie zu jeder Zeit einen der vielen Wege von der Wohnung ihrer Mutter zu der ihrer Tante hätte gehen können, ohne auch nur einer einzigen Person zu begegnen, von der sie gekannt war. Um überhaupt in diesem Falle richtig zu entscheiden, dürfen wir nie das große Mißverhältnis vergessen, welches zwischen der Zahl der Bekannten auch des meistgekannten Parisers und der ganzen Einwohnerzahl dieser Stadt überhaupt herrscht.

Der letzte Rest von Bedeutung, welche die diesbezügliche Ansicht des ‚Commercial‘ vielleicht noch haben könnte, wird verschwinden, wenn wir uns der Stunde erinnern, zu welcher das Mädchen ausging.

‚Sie ging gerade zu einer Zeit aus‘, sagt der ‚Commercial‘, ‚in der die Straßen am belebtesten sind‘. Dies war nicht der Fall. Marie Roget verließ das Haus ihrer Mutter um neun Uhr morgens. Zu dieser Zeit sind die Straßen allerdings bevölkert, jedoch nur an Wochentagen. Sonntags um neun Uhr sind die meisten Leute zu Hause, da sie sich um diese Zeit zum Kirchgang vorbereiten. Keinem Beobachter wird es entgangen sein, wie eigentümlich verödet eine Stadt des Sonntagmorgens zwischen acht und zehn Uhr aussieht. Zwischen zehn und elf sind die Straßen wieder belebt, jedoch, wie gesagt, nicht um die oben bezeichnete Stunde.

Noch ein weiterer Punkt beweist die ungenügende Beobachtungsgabe des ‚Commercial‘. An einer Stelle heißt es: ‚Aus einem der Unterröcke des unglücklichen Mädchens war ein zwei Fuß langer und ein Fuß breiter Streifen herausgerissen; den hatten die Täter ihr fest um den Hals gebunden und hinten am Kopfe zusammengeknotet, wahrscheinlich, um sie am Schreien zu verhindern. Dies konnten nur Burschen getan haben, die keine Taschentücher bei sich hatten.‘ Ob diese Annahme begründet ist oder nicht, werden wir später sehen; jedenfalls will der Verfasser mit ‚Burschen, die keine Taschentücher bei sich hatten‘, die niedrigste Klasse von Bösewichtern bezeichnen. Verbrecher dieser Sorte haben jedoch stets Taschentücher, selbst, wenn sie so heruntergekommen sind, daß sie kein Hemd mehr besitzen. Sie werden selbst Gelegenheit gehabt haben, zu bemerken, daß diesem Gesindel das Taschentuch neuerdings ein unentbehrliches Handwerkszeug geworden ist.“

„Und was sollen wir von dem Artikel des ‚Soleil‘ halten?“, fragte ich.

„Daß es jammerschade ist, daß sein Verfasser nicht als Papagei geboren wurde, er wäre jedenfalls eine Zierde seines Geschlechts geworden. Er hat bloß die bereits bekannten Umstände und Ansichten mit einem allerdings lobenswerten Fleiße aus den übrigen Zeitungen gesammelt und in seinem Blatte wiederholt. Er bemerkt unter anderem: ‚Die gefundenen Gegenstände lagen offenbar schon wenigstens drei bis vier Wochen an der Fundstelle, denn sie waren vom Regen ganz verschimmelt, klebten vielfach zusammen und waren vollständig verdorben. Es kann daher nicht mehr zweifelhaft sein, daß der Schauplatz dieses gräßlichen Verbrechens entdeckt ist.‘

Diese von dem ‚Soleil‘ wiederholten Tatsachen haben meine Zweifel jedoch nicht im geringsten zerstreut, und wir werden dieselben mit einem anderen Teile der Angelegenheit noch eingehender Prüfung unterwerfen.

Augenblicklich müßten wir unsere Aufmerksamkeit auf einige andere Punkte richten. Es ist Ihnen ohne Zweifel aufgefallen, daß der Leichnam mit größter Nachlässigkeit untersucht worden ist. Allerdings wurde die Frage der Identität rasch erledigt oder hätte wenigstens rasch erledigt sein sollen; nur hätte man sich auch noch über einige andere Punkte Gewißheit verschaffen müssen: War der Leichnam irgendwie beraubt worden? Trug die Ermordete bei ihrem letzten Ausgange Schmucksachen, und fand man dieselben an dem Leichname wieder? Dies sind wichtige Fragen, welche die gerichtliche Nachforschung jedoch vollständig unberücksichtigt gelassen hat. Auch über ein paar weitere Momente von Bedeutung hat sie sich nicht die geringste Aufklärung zu verschaffen gesucht. Da müssen wir versuchen, uns selbst Auskunft zu geben. Vorerst wollen wir den Verdacht gegen St. Eustache noch einmal prüfen. Ich selbst hege nicht den geringsten Argwohn gegen ihn, doch wollen wir streng methodisch verfahren und zusehen, ob sein Alibi-Beweis für den verhängnisvollen Sonntag lückenlos und richtig ist. Beweise dieser Art können zu leicht gefälscht sein. Stimmt hier jedoch alles, so können wir bei unseren weiteren Untersuchungen von St. Eustache absehen. Sein Selbstmord ist nur verdächtig, wenn sein Alibi eine Lücke oder eine falsche Angabe aufweisen sollte – im anderen Falle hat er so wenig Ungewöhnliches an sich, daß wir über ihn hinweg ruhig die Linie gewöhnlicher Analyse verfolgen dürfen.

Bei der weiteren Erforschung des Geheimnisses wollen wir für das erste von dem Kern der Tragödie absehen und unsere Aufmerksamkeit auf ihre äußeren Umrisse konzentrieren. Nur zu häufig begeht man bei dergleichen Untersuchungen den Irrtum, lediglich die unmittelbaren Ereignisse zu beachten und die begleitenden und zufälligen nicht zu berücksichtigen. Unsere Gerichte haben die schlechte Gepflogenheit, Zeugenbeweis und Diskussion auf das scheinbar Wesentliche eines Falles zu beschränken. Und doch hat alle Erfahrung gezeigt, und gewissenhafte Beobachtung wird es immer beweisen, daß sich ein großer, ja, vielleicht der größte Teil der Wahrheit in dem scheinbar Unwesentlichen verbirgt. Vom Geist, wenn auch nicht gerade vom Buchstaben dieses Prinzips geleitet, hat sich die moderne Wissenschaft bemüht, auch das Unvorhergesehene berechnen zu lernen.

Aber Sie verstehen mich vielleicht nicht. Die Geschichte menschlicher Erkenntnis hat unaufhörlich gezeigt, daß wir begleitenden, zufälligen, beiläufigen Ereignissen zahlreiche, höchst wertvolle Entdeckungen verdanken, so daß es endlich eine Notwendigkeit geworden ist, im Interesse des Fortschritts Erfindungen, die durchaus zufällig und nicht vorherzusehen sind, in unsere Berechnungen mit aufzunehmen. Es ist nicht mehr philosophisch, die Zukunft nur nach der Vergangenheit zu berechnen. Der Zufall spielt bei jeder Entwicklung eine gewaltige Rolle, und wir haben gelernt, ihn einer genauen Berechnung zu unterziehen. Wir schließen das Unvorhergesehene – Umstände, an die wir nicht gedacht – in eine mathematische Formel ein.

Ich wiederhole noch einmal: der größte Teil aller erlangten Wahrheit ist aus der Erforschung ihrer Begleitumstände gewonnen worden. Dies ist eine Tatsache, an der sich nicht rütteln läßt. In Übereinstimmung mit dem Prinzip, welches aus dieser Tatsache zu uns spricht, verlasse ich jetzt den breit getretenen und bisher unfruchtbaren Boden des Ereignisses selbst und übertrage meine Untersuchung auf die gleichzeitigen Umstände, die dasselbe begleiteten. Während Sie den Alibi-Beweis St. Eustaches einer neuen Prüfung unterziehen, werde ich die Zeitungen noch eingehender, als Sie es getan, durchlesen. Bis jetzt haben wir bloß das Feld der Untersuchung rekognosziert, aber es müßte sonderbar zugehen, wenn ein genaues Durchstudieren der Zeitungen, wie ich es vorhabe, uns nicht einige kleine Anhaltspunkte liefern, uns sagen sollte, wohin wir den Lauf unserer Untersuchungen nun eigentlich zu richten haben."

Ich kam Dupins Aufforderung nach und untersuchte den Alibi-Beweis St. Eustaches mit der denkbar größten Sorgfalt. Es war vollkommen unanfechtbar und stellte die Unschuld des Verdächtigen außer Zweifel. Mein Freund vertiefte sich mittlerweile mit einer Beharrlichkeit, die mir völlig unnütz schien, in die Lektüre der verschiedenen Zeitungen. Nach Verlauf einer Woche legte er mir die folgenden Auszüge vor:

„Vor ungefähr drei und einem halben Jahre erregte das Verschwinden derselben Marie Roget aus dem Parfümerieladen des Herrn Leblanc im Palais Royal ähnliches Aufsehen. Nach Verlauf einer Woche erschien sie jedoch wohl und munter wieder hinter ihrem gewohnten Ladentisch, nur bemerkte man an ihr eine leichte, etwas ungewöhnliche Blässe. Herr Leblanc und ihre Mutter erklärten, daß sie die Zeit über bei einer Verwandten auf dem Lande zu Besuch gewesen, und bald war die ganze Sache vertuscht. Wir vermuten, daß ihr jetziges Verschwinden auch nur auf einen ähnlichen Streich zurückzuführen ist, daß wir sie nach Verlauf einer Woche oder eines Monats wieder unter uns sehen werden." –„Abendzeitung", Montag, den 23. Juni.

„Eine gestrige Abendzeitung weist auf ein früheres geheimnisvolles Verschwinden von Fräulein Roget hin. Es ist jedoch bekannt, daß sie die Zeit, während welcher sie aus dem Parfümerieladen des Herrn Leblanc verschwunden war, bei einem jungen, wegen seiner Ausschweifungen übel berüchtigten Seeoffizier zugebracht hat. Eine gute Vorsehung führte sie jedoch, wahrscheinlich infolge eines Streites, wieder zu ihren Angehörigen zurück. Wir kennen den Namen des fraglichen Lothario, welcher sich augenblicklich in Paris aufhält, unterlassen es jedoch aus leicht begreiflichen Gründen, denselben zu nennen." – „Merkur", Dienstag morgen, den 24. Juni.

„Vor drei Tagen wurde in der Umgegend der Stadt ein grauenhaftes Verbrechen verübt. Ein Herr, welcher in Gesellschaft seiner Frau und Tochter von einem Spaziergange zurückkehrte, ließ sich in der Dämmerung von sechs jungen Leuten, welche am Seineufer auf und ab ruderten, über den Fluß setzen. Als sie das andere Ufer erreicht hatten, stiegen die drei Passagiere aus, um ihren Heimweg fortzusetzen. Kaum hatten sie das Boot aus dem Gesichte verloren, als die Tochter bemerkte, daß sie ihren Sonnenschirm in demselben liegen gelassen habe. Sie eilte zurück, um ihn zu holen, wurde jedoch von den Buben ergriffen, in den Strom hinausgefahren, geknebelt, auf das abscheulichste mißhandelt und endlich unweit der Stelle, an welcher sie mit den Eltern in das Boot gestiegen war, wieder ausgesetzt. Die Schurken sind entwichen, doch ist die Polizei auf ihrer Spur und wird hoffentlich bald zu ihrer Verhaftung schreiten können." „Morgenblatt", Mittwoch, den 25. Juni.

„Man hat uns von mehreren Seiten angedeutet, daß Mennais* der Urheber des kürzlich begangenen gräßlichen Verbrechens sei; aber da dieser Herr von dem Gericht für unschuldig erklärt worden ist, und unsere Korrespondenten zuweilen mehr Eifer als Gründlichkeit an den Tag legen, halten wir es nicht für rätlich, diese Vermutungen zu veröffentlichen." – „Morgenblatt", Sonnabend, den 28. Juni.

„Aus verschiedenen Quellen haben wir mehrere überzeugend geschriebene Mitteilungen erhalten, welche es fast als gewiß erscheinen lassen, daß die unglückliche Marie Roget einer der zahlreichen Banden roher Bösewichter zum Opfer gefallen ist, die Sonntags die Stadt unsicher machen. Wir selbst stimmen dieser Ansicht entschieden bei. Und wir werden Gelegenheit nehmen, einige der angeführten Gründe für diese Annahme in unserem Blatte abzudrucken." – „Abendzeitung", Dienstag, den 31. Juni.

„Am Montag hat ein beim Zollamt beschäftigter Schiffer ein leeres Boot die Seine herunterschwimmen sehen. Die Segel lagen auf dem Boden des Bootes. Der Schiffer befestigte das Fahrzeug an der Anlegestelle unter den anderen, zum Zollamte gehörigen Booten. Am folgenden Morgen war es von dort verschwunden, das Ruder liegt noch auf dem Zollamte." – „Diligence", Donnerstag, den 26. Juli.

Die verschiedenen Auszüge schienen mir nicht allein ganz bedeutungslos, es wurde mir sogar nicht einmal klar, inwiefern sie bei unseren Nachforschungen von Nutzen sein sollten. Ich wartete also auf Aufklärung von seiten Dupins.

„Augenblicklich hat es keinen Zweck für uns", begann er, „bei dem ersten oder zweiten zu verweilen. Ich habe dieselben nur abgeschrieben, um Ihnen einen Begriff von der außerordentlichen Nachlässigkeit der Polizeibeamten zu

---

* Mennais war einer von denen, die anfänglich als verdächtig verhaftet, aber dann mangels jeden Beweises wieder in Freiheit gesetzt wurden.

geben, die, wenn ich den Präfekten recht verstanden, es nicht einmal für nötig erachtet haben, den Marineoffizier, auf welchen eins der Blätter anspielt, einem Verhör zu unterziehen. Und doch wäre es der reine Blödsinn, zu behaupten, daß ein Zusammenhang zwischen dem ersten und zweiten Verschwinden der Marie Roget durchaus ausgeschlossen wäre.

Wir wollen annehmen, daß Mariens erster rätselhafter Aufenthalt mit einem Streit zwischen den Liebenden geendet habe, und daß das junge Mädchen infolge eines solchen, sagen wir Zerwürfnisses, wieder nach Hause zurückgekehrt sei. Nun können wir uns eine zweite Entfernung vom Hause, sobald wir wissen, daß eine solche abermals stattgefunden hat, viel eher als die Folge erneuter Anträge des betreffenden ersten Liebhabers erklären, als der irgendeines anderen zweiten. Mit anderen Worten: es ist bei weitem wahrscheinlicher, daß das zweite Verschwinden seinen Grund in der Wiederauffrischung eines alten Liebesverhältnisses als in dem Anfang eines neuen hat; auch ist die Annahme zehnmal vernünftiger, daß ein Mann, welcher der Marie schon einmal einen Fluchtvorschlag gemacht hat, denselben wiederholt, als daß ihr ein zweiter mit ganz demselben Antrage naht.

Und hier muß ich Sie auf die Tatsache aufmerksam machen, daß die Zeit zwischen der ersten nachgewiesenen und der zweiten mutmaßlichen Flucht um einige Wochen länger ist als die, während welcher unsere Kriegsschiffe zu kreuzen pflegen. Hatte der Liebhaber seine erste Schurkerei nicht vollenden können, weil er abreisen mußte, und hat er nun den ersten Augenblick nach der Rückkehr dazu benutzt, seine unterbrochenen verbrecherischen Pläne wiederaufzunehmen und zur Ausführung zu bringen? Von alledem wissen wir nichts!

Sie werden jedoch einwenden, daß in dem zweiten Falle, um den es sich hier handelt, keine Entführung stattfand. Gewiß nicht! – aber das schließt nicht aus, daß eine solche Absicht vorgelegen hat und nur vereitelt worden ist. Außer St. Eustache und vielleicht noch Beauvais sehen wir keine anerkannten und ehrenhaften Bewerber um Mariens Hand. Nicht das geringste Gerücht spricht von einem dritten. Wer ist nun der heimliche Liebhaber, von dem die Verwandten, die meisten wenigstens, nichts wissen, den Marie am Sonntag morgen trifft und dem sie soweit vertraut, daß sie sich den ganzen Tag mit ihm in dem einsamen Wäldchen an der Barrière du Roule ergeht, bis die Abendschatten sich niedersenken? Wer ist dieser geheime Liebhaber, frage ich, von dem die meisten Verwandten nichts wissen? Und was bedeutet die sonderbare Prophezeiung der Frau Roget am Abend des Tages, an welchem ihre Tochter sie verlassen: ‚Ich fürchte, ich sehe Marie nicht wieder!‘?

Wenn wir nun auch nicht wohl vermuten können, daß Frau Roget um den Fluchtplan wußte, so können wir doch annehmen, daß die Tochter einen solchen gehegt habe. Als sie das Haus verließ, sprach sie die Absicht aus, ihre Tante, die in der Rue des Drômes wohnt, zu besuchen, und bat St. Eustache, sie dort in der Dämmerung abzuholen. Auf den ersten Blick widerspricht dieser Umstand meiner Vermutung, doch wollen wir ein wenig darüber nachdenken.

Es ist bewiesen worden, daß sie in Gesellschaft eines Mannes über den Fluß setzte und erst gegen drei Uhr nachmittags an der Barrière du Roule ankam. Als sie einwilligte, diese Person zu begleiten (zu welchem Zwecke und ob mit Wissen der Mutter, lassen wir dahingestellt), muß sie an ihre Verabredung mit St. Eustache gedacht haben, sowie an die Überraschung und den Argwohn, der im Herzen ihres Bräutigams entstehen mußte, wenn er zu der vereinbarten Zeit in der Rue des Drômes erschien, dort erfuhr, daß sie nicht bei ihrer Tante gewesen, und bei seiner Rückkehr in die Pension sie auch dort noch nicht vorfand. An all dieses muß sie notwendigerweise gedacht haben. Sie muß die Unruhe St. Eustaches sowie den Argwohn aller Bekannten vorausgesehen haben. Es wäre ein Wagnis gewesen, sich dem Argwohn des Bräutigams auszusetzen, aber dieser Argwohn wurde vollständig bedeutungslos, wenn sie die Absicht hatte, nicht mehr zurückzukehren.

Sie wird ungefähr folgendermaßen geschlossen haben:

‚Ich muß mit einem Manne zusammentreffen, um mit ihm zu fliehen oder bei ihm sonst etwas, das nur mir bekannt ist, zu beginnen. Ich muß darauf achten, daß dieser Plan nicht durchkreuzt wird. Wir beide müssen genug Zeit haben, um einer Verfolgung zu entgehen. Ich werde die Absicht aussprechen, den Tag bei meiner Tante in der Rue des Drômes zuzubringen und St. Eustache bitten, mich erst bei eintretender Dunkelheit abzuholen. Auf diese Weise kann ich, ohne Verdacht zu erregen, möglichst lange ausbleiben und gewinne mehr Zeit, als wenn ich die Sache wie anders anfange. Wenn ich St. Eustache bitte, mich in der Dämmerung abzuholen, so kommt er sicher nicht früher, bitte ich ihn, überhaupt nicht zu kommen, so bleibt mir nicht so viel Zeit zum Handeln, denn man wird mich eher zurückerwarten und über meine Abwesenheit früher besorgt sein. Wäre es meine Absicht, überhaupt zurückzukehren und nur einen einfachen Spaziergang mit dem fraglichen Individuum zu unternehmen, so handelte ich sehr unklug, St. Eustache zum Abholen aufzufordern, denn er wird bei der Tante bestimmt erfahren, daß ich ihn hintergangen – eine Tatsache, die ihm immer unbekannt bleiben würde, wenn ich das Haus verließe, ohne ihm meine Absicht mitzuteilen, und bei meiner Zurückkunft am Abend sagte, ich habe meine Tante in der Rue des Drômes besucht. Aber da ich nicht zurückkehren will – oder nicht vor einigen Wochen – oder bevor es mir gelungen ist, gewisse Sachen zu verbergen, so liegt mir jetzt nur daran, möglichst viel Zeit zu gewinnen.‘

Wie Sie aus ihren Notizen ersehen haben, nimmt und nahm das Publikum gleich anfangs an, daß die Verschwundene das Opfer einer Rotte rohen Gesindels geworden sei. Man soll unter gewissen Umständen eine öffentliche Meinung nicht außer acht lassen; wenn sie sich so ganz spontan, so ganz von selbst bildet, muß man sie vielmehr als ein Analogon jener Intuition nehmen, welche die Idiosynkrasie eines genialen Menschen ist. In hundert Fällen würde ich mich neunundneunzigmal ihrer Entscheidung unterwerfen. Es ist jedoch sehr wichtig, herauszufinden, ob sie wirklich nicht durch äußere Suggestion beeinflußt worden ist. Die öffentliche Meinung muß im strengsten Sinne des Wortes wirklich aus dem Publikum selbst hervorgegangen sein und oft ist es äußerst schwierig, hier den Unterschied wahrnehmen und festhalten zu können. In unserem Falle nun scheint es mir, als sei die öffentliche Meinung, eine Rotte von Bösewichtern habe den Mord begangen, durch das äußerlich verwandte Ereignis, von welchem mein dritter Auszug handelt, hervorgerufen worden. Ganz Paris ist in Aufregung, weil man Marie Roget, die schöne und bekannte Marie Roget, ermordet aufgefunden. Der Leichnam trägt die Spuren einer Gewalttat und schwimmt auf dem Flusse. Nun wird bekannt, daß genau oder wenigstens ungefähr um dieselbe Zeit, in der das Mädchen wahrscheinlich ermordet worden, von einer Rotte roher Gesellen an einer zweiten jungen Frauensperson ein Verbrechen verübt wurde, das seiner Natur nach dem Attentat an Marie Roget durchaus ähnlich, wenn auch nicht ganz so gräßlich ist. Ist es nun verwunderlich, daß diese eine bekannt gewordene Gewalttat des Publikums Urteil über die unaufgeklärt gebliebene beeinflußt?

Das öffentliche Urteil wartete nur auf einen Hinweis, und diesen schien das bekannt gewordene zweite Verbrechen gerade zur rechten Zeit zu geben. Auch Mariens Leichnam wurde auf dem Flusse schwimmend gefunden. Ein Zusammenhang bestand da – anscheinend wenigstens – so offenbar, daß es zu verwundern gewesen, wenn das Publikum nicht zu dem Glauben gekommen wäre, er sei wirklich vorhanden.

In Wahrheit aber ist der Umstand, daß die eine Freveltat in der bekannt gewordenen Art und Weise verübt wurde, ein sicherer Beweis dafür, daß die andere nicht in derselben Weise geschah. Man müßte es fast ein Wunder nennen, wenn eine Rotte von Buben an einem gegebenen Orte eine unerhörte Freveltat verübt hätte, während zu gleicher Zeit, an einem ähnlichen Orte, in derselben Stadt, unter gleichen Umständen, eine zweite Rotte mit ganz gleichen Mitteln einen ganz ähnlichen Frevel begangen hat! Und doch verlangt die in solcher Weise künstlich hervorgebrachte öffentliche Meinung von uns, daß wir an ein so wunderbares Zusammentreffen glauben sollen.

Ehe wir weiter gehen, wollen wir den mutmaßlichen Schauplatz des Verbrechens in dem Dickicht an der Barrière du Roule näher betrachten. Dies außerordentlich dichte Wäldchen liegt in allernächster Nähe einer Landstraße. In demselben fand man drei oder vier große Steine, die eine Art Sitz mit Rückenlehne und Schemel bildeten. Auf dem obersten Steine fand man einen weißen Unterrock, auf dem zweiten ein seidenes Schultertuch. Weiter entdeckte man einen Sonnenschirm, Handschuhe und ein Taschentuch, in welches der Name ‚Marie Roget' eingestickt war. An den umstehenden Sträuchern hingen Fetzen von einem Kleide. Der Boden war zusammengetreten, die Sträucher geknickt, und überall sah man die Spuren eines heftigen Kampfes.

Trotz der Freudenrufe, mit denen die Presse die Entdeckung des Dickichtes begrüßte, und trotz der Einstimmigkeit, mit der das Publikum glaubte, den wahren Schauplatz des Verbrechens entdeckt zu haben, kann nicht geleugnet werden, daß noch ein triftiger Grund zu zweifeln vorliegt. Daß das Wäldchen der Schauplatz gewesen, kann ich glauben oder nicht, jedenfalls, sage ich, liegen Gründe vor, noch zu zweifeln. Wäre der wirkliche Schauplatz, wie der ‚Commercial' vermutete, in der Nähe der Rue Pavée Sainte Andrée zu suchen, so würden die Verbrecher – vorausgesetzt, daß sie sich noch in Paris aufhalten – natürlich von Schreck darüber erfüllt worden sein, daß die öffentliche Aufmerksamkeit scharfsinnig auf die richtige Spur geleitet worden ist, und gewisse Leute hätten sofort die Notwendigkeit eingesehen, irgendeinen Versuch zu machen, die Aufmerksamkeit von dieser Bahn wieder abzulenken. Und so würde man, da das Dickicht an der Barrière du Roule nun doch einmal etwas Verdächtiges an sich hatte, natürlicherweise auf den Gedanken gekommen sein, die Gegenstände an den Ort zu legen, an welchem sie später dann wirklich gefunden wurden.

Es gibt trotz allem, was der ‚Soleil' auch sagen mag, keine stichhaltigen Beweise für die Annahme, daß die Gegenstände länger als ein paar Tage dort gelegen haben, dagegen ist es nicht anzunehmen, daß sie, ohne Aufmerksamkeit zu erregen, die zwanzig Tage zwischen dem verhängnisvollen Sonntag und dem Nachmittag, an welchem sie von den Knaben gefunden wurden, dort hätten liegen können, ohne während dieser Zeit von mehr als einer Person bemerkt zu werden. ‚Sie waren vom Regen ganz verschimmelt', sagt der ‚Soleil', indem er der Ansicht der übrigen Blätter beipflichtet, ‚und klebten vielfach zusammen. Über einige der Gegenstände war schon Gras gewachsen. Die Seide des Sonnenschirmes war stark, und doch war der obere Teil, der am dichtesten zusammengefaltet war, durch und durch verschimmelt und verfault, so daß er, als man den Schirm öffnete, zerriß.'

Es liegt auf der Hand, daß man sich bezüglich der Wahrheit der Behauptung: ‚über einige der Gegenstände war schon Gras gewachsen' auf die Aussagen und das Gedächtnis der beiden kleinen Knaben verlassen muß, denn sie hoben die Gegenstände auf und brachten sie nach Hause, ehe eine dritte Person dieselben am Fundorte besichtigte. Gras wächst jedoch besonders in so warmem und feuchtem Wetter, wie es zur Zeit des Mordes herrschte, einen, ja, auch zwei und drei Zoll an einem einzigen Tage. Ein Sonnenschirm, der auf einem Boden mit neuem Rasen liegt, kann innerhalb einer Woche durch das neuwachsende Gras den Blicken ganz entzogen werden. Und was den Schimmel anbetrifft (von welchem der Herausgeber der ,Soleil' so hartnäckig spricht, daß er in seinem angeführten Artikel das Wort nicht weniger als dreimal gebraucht), da muß ich fragen, ob denn der betreffende Literat so vollständig im unklaren über das Wesen einer Verschimmelung ist? Muß ich ihm erst sagen, daß sie von einer jener zahlreichen Klassen von Schwämmen herrührt, deren bekannte Eigentümlichkeit es ist, daß sie in vierundzwanzig Stunden entstehen und wieder absterben?

So sehen wir also mit einem Mal, daß alles das, was man zur Unterstützung der Annahme beigebracht, ,die Gegenstände lägen schon wenigstens drei oder vier Wochen in dem Dickicht', nur eine Absurdität ist, die nichts für die ganze Behauptung beweist. Andererseits ist es schwer, zu glauben, daß die Gegenstände in dem erwähnten Dickicht unbemerkt länger als von einem Sonntag zum andern hätten liegen können.

Alle Leute, die in der Umgegend von Paris bekannt sind, wissen, wie ungemein schwer es ist, dort eine wirklich einsame Stelle zu finden, wenn man nicht weit über die Vorstädte hinausgehen will. Es gibt in den Wäldchen und Gebüschen keine Stellen, die unbekannt sind oder auch nur selten besucht werden. Es möge nur einmal ein Naturfreund, den seine Pflicht vielleicht in der staubigen, heißen Großstadt gefesselt hält, den Versuch machen, selbst an einem Werktage seinen Durst nach Einsamkeit in der unmittelbaren, anmutigen Umgebung der Stadt zu stillen. Bei jedem zweiten Schritt wird sein Entzücken über die Natur durch den Anblick irgendeines rohen Burschen oder eines Haufens betrunkener Taugenichtse gestört werden. Er will unter dem dichtesten Blätterdach Schweigen und Einsamkeit suchen – vergebens! Er findet gerade hier die Schlupfwinkel für allerlei lichtscheues Gesindel und verläßt traurig die entweihten Tempel. Angewidert flieht er in das verdorbene Paris zurück, das er weniger haßt, weil es ein weniger unnatürlicher Sammelplatz der Verderbnis ist.

Wenn nun die Umgegend der Stadt schon an Werktagen so sehr belebt ist – wieviel mehr erst an Sonntagen. Da suchen alle Lumpen und Bösewichter der Stadt, frei von jeder Arbeit und der gewohnten Gelegenheit beraubt, ein Verbrechen zu begehen, die Umgegend auf: nicht aus Liebe zur Natur, für die diese Menschen nicht das geringste Empfinden haben, sondern nur, um dem Zwange und den Schranken, welche die Gesellschaft ihnen auferlegt, zu entfliehen. Diese

Buben suchen nicht frische Luft und den Anblick grüner Bäume, sondern nur die Ungebundenheit des Landes, um ihren wüsten Launen freien Lauf zu lassen. In den Gasthäusern an der Landstraße oder unter dem dichten Laubwerk der Bäume überlassen sie sich, froh, nur in Gesellschaft von Spießgesellen zu sein, einer maßlosen, unechten Lustigkeit, die falschem Freiheitsgefühl und der Schnapsflasche entspringt. Ich behaupte hier nicht mehr, als was jedem kühlen Beobachter klar sein dürfte, wenn ich wiederhole, daß es als ein Wunder angesehen werden müßte, wenn die fraglichen Fundgegenstände in einem Dickicht in der unmittelbaren Nähe von Paris länger als von einem Sonntage zum anderen hätten liegen können, ohne entdeckt zu werden.

Verschiedene andere Gründe sprechen dafür, daß die betreffenden Gegenstände in das Dickicht gelegt worden sind, um die öffentliche Aufmerksamkeit von dem wirklichen Schauplatz des Verbrechens abzulenken. Gestatten Sie mir vorerst, Sie auf das Datum der Entdeckung hinzuweisen. Vergleichen Sie dasselbe mit dem Datum des fünften Zeitungsauszuges, den ich Ihnen vorgelegt habe.

Sie werden finden, daß die Entdeckung fast unmittelbar auf die Mitteilungen folgte, die der Abendzeitung gemacht wurden. Alle diese Mitteilungen, obgleich ganz verschieden und anscheinend verschiedenartigen Quellen entstammend, zielten auf eins hin – nämlich darauf, daß eine Rotte von Verbrechern den Mord begangen habe und daß der Schauplatz desselben in der Nähe der Barrière du Roule zu suchen sei. Nun kann es uns nicht mehr in Erstaunen setzen, daß die kleinen Knaben nach solchen Mitteilungen, und nachdem man die öffentliche Aufmerksamkeit auf so bestimmte Punkte gelenkt hatte, die Gegenstände in dem Dickicht fanden; aber man muß annehmen, daß die Kinder dieselben nur deshalb nicht eher fanden, weil sie nicht früher dahin gebracht worden waren, weil sie zu einer späteren Zeit, die mit dem Datum der Mitteilungen übereinstimmt, von dem schuldigen Urheber dieser Mitteilungen selbst dahingelegt worden sind.

Das Dickicht war kein gewöhnliches – es hatte verschieden auffallende Eigentümlichkeiten. Erstens war es, wie erwähnt, ganz außerordentlich dicht; dann fand man im Innern drei sonderbare Steine, die einen Sitz mit Rücklehne und Fußschemel bildeten. Und dieses von der Natur so merkwürdig ausgezeichnete Dickicht befand sich, nur ein paar Ruten entfernt, in der unmittelbaren Nähe des Hauses der Frau Deluc, deren Knaben die Gewohnheit hatten, alle Gebüsche in der Umgegend zu durchsuchen, da sie mit Vorliebe Sassafrasrinde sammelten. Wäre es nun unbesonnen, zu wetten, daß kein Tag vorüberging, ohne daß wenigstens einer der Knaben in die schattige Halle eingedrungen und sich auf den natürlichen Thron gesetzt hätte? Wer zögern würde, diese Wette einzugehen, ist entweder selbst nie ein Knabe gewesen oder hat das Wesen eines Knaben vergessen. Ich wiederhole nochmals, es ist kaum zu begreifen, wie die Gegenstände länger als ein oder zwei Tage in dem Dickicht hätten bleiben können, ohne entdeckt zu werden.

Man hat also, trotz der dogmatischen Unwissenheit des ‚Soleil‘, triftige Gründe, anzunehmen, daß sie erst kurz vor ihrer Auffindung an den betreffenden Ort gebracht wurden.

Doch habe ich noch andere, stärkere Beweise, die diese meine Behauptung begründen. Zuerst muß ich Sie darauf aufmerksam machen, in welch gekünstelter Anordnung die Gegenstände umherlagen. Auf dem oberen Steine lag ein weißer Unterrock; auf dem zweiten ein seidenes Schultertuch, und auf dem Boden, wie hingefallen, ein Sonnenschirm, Handschuhe und ein Taschentuch, in welches der Name ‚Marie Roget‘ eingestickt war. Eine solche Anordnung konnte natürlicherweise nur ein sehr wenig scharfsinniger Kopf treffen, der sich bemühte, die fraglichen Sachen in möglichst natürlicher Lage umherzulegen. In Wirklichkeit jedoch ist eine solche Anordnung durchaus nicht natürlich. Sie wäre es weit eher, wenn die Sachen alle auf dem Boden gelegen hätten und zertreten gewesen wären. In dem engen Raume des Dickichts dürfte es wohl kaum möglich gewesen sein, daß der Unterrock und das Schultertuch auf den Steinen liegen blieben, wenn dort ein Kampf von mehreren Personen stattgefunden hätte. ‚Offenbar‘, sagen die Zeitungen aber, ‚fand ein Kampf statt – der Boden war zusammengetreten, die Sträucher vielfach geknickt‘ – und doch findet man den Unterrock und das Schultertuch so säuberlich aufgehoben, als habe man sie in einen Schrank gelegt. Die Kleiderfetzen, die an den Büschen umherhingen, waren ungefähr drei Zoll breit und sechs Zoll lang. Eines der Stücke hatte den Saum des Rockes gebildet und war ausgebessert gewesen. Die Fetzen sahen aus ‚wie mit Gewalt losgerissene Streifen‘.

„Hier spricht der ‚Soleil‘, ohne es selbst zu bemerken, einen äußerst verdachterregenden Satz aus. Die Fetzen sehen nach seiner Beschreibung allerdings wie mit Gewalt losgerissene Streifen aus, aber wie Streifen, die absichtlich und mit der Hand losgerissen worden sind.

Es kommt höchst selten vor, daß ein Dorn aus einem Kleide, wie das beschriebene, ein ganzes Stück ausreißt. Es liegt in der Beschaffenheit solcher Gewebe, daß ein Dorn oder ein Nagel sie rechtwinkelig zerreißt, das heißt, sie in zwei längliche Risse teilt, die an der Stelle, an welcher der fragliche Gegenstand eingedrungen ist, in einem rechten Winkel zusammenlaufen. Aber es ist kaum denkbar, daß auf diese Weise ein ganzes Stück ausgerissen wird. Mir ist kein solcher Fall bekannt und Ihnen wohl ebensowenig!?

Um aus solchen Geweben ein Stück auszureißen, sind fast immer zwei verschiedene, in verschiedener Richtung wirkende Kräfte nötig. Hat das Gewebe zwei Kanten, wie zum Beispiel ein Taschentuch, dann, aber auch nur dann, wäre es möglich, daß eine einzige Kraft einen Streifen losreißen könnte. In unserem Falle jedoch handelt es sich um ein Kleid, das nur eine Kante hat. Aus dem inneren, kantenlosen Teil desselben kann nie ein einziger Dorn ein Stück vollständig losreißen, und auch mehrere können es nur durch ein Wunder.

Aber selbst da, wo ein Rand ist, werden zwei Dornen nötig sein, von denen der eine in zwei verschiedene Richtungen, der andere aber nur in einer einzigen wirkt, und dies in der Voraussetzung, daß der Rand ungesäumt ist. Ist dies nicht der Fall, so ist die Sache überhaupt nicht möglich. Wir sehen also, wie viele stichhaltige Gründe gegen die Annahme sprechen, daß die an den Sträuchern hängenden Kleiderfetzen wirklich von Dornen abgerissen wurden, und doch verlangt man von uns, zu glauben, daß nicht nur ein Stück, sondern viele auf diese Weise losgerissen wurden.

Und weiter: ‚Eines der Stücke hatte den Saum des Rockes gebildet‘, und ‚ein anderes war mitten aus der Bahn des Rockes gerissen‘, war also nicht der Saum; das heißt, es war aus dem inneren ungesäumten Teil des Rockes vollständig ausgerissen worden!

Ich kann es niemandem übelnehmen, wenn er das nicht glauben will, und doch bieten alle diese Dinge zusammen noch nicht so viel triftigen Grund zum Verdachte, wie der eine auffallende Umstand, daß die Gegenstände in dem Dickicht überhaupt zurückgelassen wurden, da die Mörder doch vorsichtig genug waren, den Leichnam selbst zu entfernen.

Sie würden mich jedoch mißverstanden haben, wenn Sie glauben, ich wolle bestreiten, daß das Verbrechen in dem Dickicht selbst begangen worden wäre. Daß da irgend etwas Unrechtes vor sich gegangen, ist schon möglich, wahrscheinlicher aber scheint mir, daß sich im Hause der Frau Deluc ein geheimnisvolles Unglück ereignete. Dies ist jedoch im großen und ganzen ein minder wichtiger Punkt. Es ist ja weniger unsere Absicht, den Schauplatz des Verbrechens, als die Verbrecher selbst zu entdecken. Was ich gesagt habe, hatte trotz seiner Ausführlichkeit nur den Zweck, Ihnen erstens die Albernheit der vorschnellen Behauptungen des ‚Soleil‘ vor Augen zu führen und zweitens und hauptsächlich den, Sie auf dem natürlichsten Wege dahin zu bringen, daß Sie der noch nicht erledigten Frage, ob das Attentat von einer Rotte von Buben ausgeführt wurde oder nicht, Ihre ganze Aufmerksamkeit zuwenden.

Es genügt für unseren Zweck, auf die empörenden Einzelheiten hinzuweisen, welche der mit der Untersuchung des Leichnams betraute Chirurg darstellt

– es liegt nur kein Grund zu einem solchen Schlusse vor. Sollten aber nicht Tatsachen vorhanden sein, die uns notwendig zu anderen Folgerungen zwängen?

Denken wir nun einmal über die ,Spuren des Kampfes' nach, und lassen Sie mich fragen, was man uns durch dieselben beweisen will. Daß eine Rotte das Verbrechen vollführt hat? Beweisen sie uns nicht viel eher, daß dies nicht der Fall war? Kann von einem Kampfe die Rede sein zwischen einem schwachen, wehrlosen Mädchen und einer Rotte von Buben – und noch dazu von einem Kampfe, der so lange und heftig geführt wurde, daß überall ,Spuren' von ihm zurückblieben? Ohne daß ein Wort gesprochen worden wäre, hätten sich einige rauhe, feste Arme des Opfers bemächtigt und jeden Kampf unnötig gemacht. Sobald sie nur wollten, mußte ihnen das unglückliche Mädchen ganz und gar zu Willen sein.

Sie werden sich daran erinnern, daß unsere Gründe gegen die Annahme, das Dickicht sei der Schauplatz des Verbrechens, nur dann Geltung haben, wenn man annimmt, der Mord sei von mehr als einem einzigen Individuum ausgeführt worden. Stellen wir uns jedoch vor, daß nur eine Person das Mädchen vergewaltigt hat, so können wir uns auch den Kampf so hartnäckig und heftig denken, daß er deutliche ,Spuren' zurückließ.

Doch dienen uns noch weitere Umstände zur Aufklärung. Ich habe schon erwähnt, wie verdächtig es ist, daß die fraglichen Gegenstände in dem Dickicht überhaupt zurückgelassen wurden. Es ist fast unmöglich, daß diese Beweisstücke zufällig an dem Orte, an welchem man sie gefunden, zurückgelassen worden sind. Man hatte Geistesgegenwart genug, so wollen wir wenigstens fürs erste annehmen, den Leichnam fortzuschaffen, und doch läßt man weit belastendere Beweisstücke als den Leichnam selbst, dessen Züge die Verwesung schnell unkenntlich machen konnte, auf dem Schauplatz des Verbrechens liegen – ich meine das Taschentuch mit dem Namen der Ermordeten. Wenn dies ein Zufall war, so ist es kein Zufall, der sich hätte ereignen können, wenn eine ganze Rotte den Mord begangen. Er konnte nur einem einzelnen Individuum begegnen. Sehen wir weiter!

Eine einzige Person hat den Mord begangen. Der Betreffende befindet sich mit dem Leichnam der Getöteten allein. Entsetzt sieht er sie als tote, bewegungslose Masse vor sich liegen. Die Wut seiner Leidenschaft ist verraucht und Raum genug in seinem Herzen für den Schrecken, den ihm seine Tat nun einflößt. Er fühlt nichts von jener Ermutigung, welche die Gegenwart anderer Personen immerhin einflößt, er ist ja allein mit der Toten! Er zittert und gerät in namenlose Aufregung. Doch bleibt er sich bewußt, daß er den Leichnam beiseite schaffen muß. Er schleppt ihn also in den Fluß, läßt jedoch die anderen Schuldbeweise zurück, denn es ist schwer, ja, fast unmöglich, alles auf einmal fortzuschaffen, und das Zurückgelassene kann er ja leicht nachher holen. Aber auf dem mühsamen Wege zum Wasser verdoppelt sich seine Angst. Von überallher vernimmt er die Stimmen des Lebens. Wohl zehn-, wohl zwanzigmal hört er Tritte und glaubt sich entdeckt. Selbst die Lichter der Stadt erfüllen ihn mit Entsetzen. Endlich, nachdem er oftmals in Todesangst stillgestanden, erreicht er das Flußufer und entledigt sich, vielleicht mittels eines Bootes, seiner gräßlichen Bürde. Aber welche Macht der Erde, welche Drohung, welches Versprechen könnte nun den einsamen Mörder veranlassen, den mühevollen, gefährlichen Weg nach dem unheimlichen Dickicht, das ihn an seine schauderhafte Tat erinnert, zurückzugehen? Er geht nicht zurück, komme, was da wolle. Er kann nicht mehr zurück, selbst wenn er wollte. Er hat nur noch den einen Gedanken: fliehen! Und so wendet er dem unheimlichen, schreckensvollen Gebüsche den Rücken und flieht – flieht.

Wie verhält es sich nun aber, wenn wir eine ganze Rotte als Täter annehmen? Das Bewußtsein, zu so vielen zu sein, hätte sie verwegen gemacht, wenn es in der Brust eines der Erzschurken, aus denen sich solch eine Bande zusammensetzt, je an Verwegenheit fehlte. Ihre Anzahl würde sie vor dem blinden Schrecken bewahrt haben, der in einem solchen Falle ein einzelnes Individuum anfällt. Wenn wir annehmen, daß einer, ja! zwei oder drei bei der Wegschaffung des Leichnams etwas übersehen hätten, so würde ein vierter den Fehler wieder gutgemacht haben. Sie würden nichts zurückgelassen haben, denn es wäre ihnen möglich gewesen, alles auf einmal fortzuschaffen. Sie hätten nicht nötig gehabt, nach dem Dickicht zurückzukehren.

Erinnern Sie sich jetzt des Umstandes, daß aus dem oberen Rocke des gefundenen Leichnams ein etwa fußbreiter Streifen vom unteren Saume bis zur Taille aufgerissen worden war. Dieser Streifen war dreimal um die Taille gewickelt und im Rücken zu einer Art Schlinge zusammengeknotet worden. Es geschah das offenbar, um eine Handhabe herzustellen, mittels derer der Körper fortgetragen werden konnte. Hätte jemals eine Anzahl von Männern zu einem solchen Hilfsmittel gegriffen? Waren es ihrer bloß drei oder vier, so boten die Gliedmaßen des Körpers die besten und bequemsten Handhaben – nur ein einzelner konnte auf den Gedanken kommen, den Körper auf die beschriebene Weise fortzutragen; und dies stimmt zu der Tatsache, daß zwischen dem Dickicht und dem Flusse Zäune niedergebrochen waren, und der Boden Spuren von einer Last aufwies, die über ihn hergezogen, geschleift worden war. Würde sich eine Anzahl von Männern die Mühe gemacht haben, Zäune zu durchbrechen, um einen Körper hindurchzuziehen, den sie in einem Augenblick hinüberheben konnten? Würde überhaupt eine Anzahl Männer einen Leichnam so fortgezogen haben, daß deutliche Spuren davon auf dem Boden zurückblieben?

Hier müssen wir auf eine Bemerkung des ‚Commercial‘ zurückkommen, auf die ich mich schon einmal bezogen habe. Diese Zeitung sagt: ‚Aus einem der Unterröcke des unglücklichen jungen Mädchens war ein Streifen herausgerissen, und diesen hatten die Täter ihm fest um den Hals gebunden und hinten am Kopfe zusammengeknotet, wahrscheinlich, um es am Schreien zu verhindern. Dies konnten nur Burschen getan haben, die kein Taschentuch besaßen.‘

Ich habe schon früher darauf hingewiesen, daß die gewohnheitsmäßigen Verbrecher nie ohne Taschentuch ausgehen. Doch wollte ich jetzt Ihre Aufmerksamkeit nicht auf diese Tatsache lenken. Daß der Streifen Zeug nicht mangels eines Taschentuches um den Hals der Unglücklichen gewunden wurde, ersieht man daraus, daß im Dickicht ein solches liegen geblieben, und daß es nicht in der Absicht geschah, das Opfer am Schreien zu hindern, beweist die Anwendung einer Binde statt eines Gegenstands, der diesem Zwecke viel besser entsprochen hätte.

Die Zeugenaussagen haben jedoch ergeben, daß die fragliche Binde lose um den Hals geschlungen und durch einen starken Knoten befestigt gewesen ist. Diese Worte sind zwar ziemlich unbestimmt, doch weichen sie wesentlich von der betreffenden Behauptung des ‚Commercial‘ ab. Der Streifen war achtzehn Zoll breit und konnte deshalb, selbst wenn er auch nur aus Musselin bestand, ein starkes Band bilden, sobald er der Länge nach zusammengefaltet oder zusammengenommen war, wie man ihn in der Tat an dem Leichnam gefunden hat. Ich schließe hieraus folgendes:

Nachdem der einsame Mörder den Leichnam (ob vom Dickicht oder von einem anderen Orte aus, lassen wir einstweilen dahingestellt) mittels des um den Leib gewundenen und durch eine Schlinge befestigten Bandes eine Strecke weit getragen, wurde ihm die Bürde zu schwer. Er beschloß, dieselbe auf dem Boden fortzuziehen – und daß dies wirklich geschehen ist, hat die Beweisaufnahme mit Sicherheit ergeben. Zu diesem Zwecke jedoch mußte er irgend etwas Seilartiges an einer der Extremitäten festbinden. Der Hals war für diesen Zweck am besten geeignet, denn der Kopf verhinderte das Abgleiten der Schlinge. Nun hat der Mörder zweifellos zuerst daran gedacht, sich des um die Taille gewundenen Streifens zu bedienen. Die feste Schlinge jedoch nahm Zeit zum Lösen in Anspruch, und zugleich fiel ihm ein, daß der Streifen ja aus dem Rocke gerissen worden sei und es leichter sein müsse, als den alten zu lösen, einen neuen aus den Kleidern der Toten zu reißen. Er riß ihn denn auch heraus, befestigte ihn um den Hals des Opfers und zog dasselbe bis an das Flußufer fort. Daß dieses Band, welches er sich nur mit Mühe und Zeitverlust verschaffen konnte, und das seinem Zwecke nur unvollkommen entsprach, überhaupt angewandt wurde, beweist klar, daß sich seine Notwendigkeit erst dann herausstelle, als das

Taschentuch nicht mehr wiederzuerlangen war, d.h.: als der Mörder mit seiner Last das Dickicht (vorausgesetzt, daß er von dort ausgegangen) schon verlassen und eine längere Strecke nach dem Flußufer zu gegangen war.

Aber Sie werden mir entgegenhalten, daß Frau Deluc deutlich genug von einer Rotte von Bösewichtern gesprochen, die sich genau oder ungefähr um die Zeit der Mordtat in dem Wäldchen umhergetrieben hat. Dies gebe ich zu, halte es sogar für möglich, daß ein Dutzend solcher Banden um die Zeit, als das Verbrechen geschah, in der Nähe der Barrière du Roule ihr Unwesen getrieben haben. Aber diese Rotte, welche sich den Zorn der Frau Deluc und ihre etwas verspätete Verdächtigung zugezogen, ist die einzige Rotte, von der die redselige Dame bemerkt, daß sie ihre Kuchen gegessen und ihren Branntwein getrunken, ohne es der Mühe wert zu finden, die Zeche zu zahlen. *Et hinc illae irae!*

Worauf läuft im Grunde genommen die ganze Aussage der Frau Deluc hinaus? Eine Rotte von Taugenichtsen erschien in ihrem Lokal, sie vollführten einen wüsten Lärm, aßen und tranken, ohne zu zahlen, schlugen denselben Weg ein, den vorhin der junge Mann und das Mädchen genommen, kehrten zur Zeit der Dämmerung noch einmal in dem Gasthause ein und setzten dann, als seien sie in großer Eile, wieder über den Fluß.

Diese große Eile erschien der guten Frau Deluc aber wahrscheinlich größer, als sie wirklich war, denn sie jammerte in einem fort über ihren Kuchen und ihren Branntwein, für den sie noch bis zum letzten Moment Zahlung erwartet haben mochte. Warum sollte sie auch sonst gerade die Eile der Burschen so betonen, es war ja schon spät, schon um die Dämmerung, als diese wieder über den Fluß setzten! Es ist doch weiter nicht erstaunlich, daß eine Gesellschaft selbst von Bösewichtern sich eilt, nach Hause zu kommen, wenn sie in kleinen Kähnen einen breiten Fluß zu kreuzen hat, ein Gewitter droht, und die Nacht herankommt.

Ich sage ‚herankommt‘, denn es war noch nicht Nacht, sondern erst Dämmerung, als die unziemliche Eile der Bösewichter die nüchternen Augen der Frau Deluc beleidigte. Wir haben jedoch auch erfahren, daß an demselben Abend Frau Deluc sowohl wie ihr ältester Sohn ‚in der Nähe ihres Wirtshauses das Geschrei einer weiblichen Stimme‘ gehört haben. Und mit welchen Worten bezeichnet Frau Deluc die Zeit, um die sie das Schreien vernahm? Es war ‚bald, nachdem es dunkel geworden‘, sagt sie. Aber ‚bald, nachdem es dunkel geworden‘, ist es doch so bestimmt dunkel, wie es ‚um die Dämmerung‘ noch hell ist. Es ist also klar genug, daß die Rotte die Barrière du Roule verlassen hatte, ehe Frau Deluc das Geschrei hörte. Und obgleich in den vielen Zeitungsberichten die Zeugenaussagen genau so angeführt sind, wie ich sie hier zitiert habe, so hat doch bis heute keins der öffentlichen Blätter, keiner der Polizeiagenten auf den groben Widerspruch hingewiesen, den diese beiden Aussagen enthalten.

Ich habe nur noch einen Grund gegen die Annahme, daß eine Rotte die Tat vollführte, hinzuzufügen, aber wenigstens dieser eine muß nach meinem Dafürhalten jedermann vollständig überzeugen. Da man eine so große Belohnung ausgesetzt und jedem Mitschuldigen, falls er alle Täter nennt, volle Begnadigung zugesichert hat, läßt sich nicht annehmen, daß aus einer Bande roher Gesellen oder überhaupt aus einer Anzahl beteiligter Menschen nicht längst einer die anderen verraten hätte. Jeder, der zu einer solchen Rotte gehört, wird sich die Sache gut überlegen; es liegt ihm weniger daran, die Belohnung zu erhalten, als straflos auszugehen. Er muß fürchten, daß ein Verräter unter ihnen sei, und um nicht selbst verraten zu werden, wird er schnell und gern zum Ankläger. Daß das Geheimnis noch nicht aufgeklärt worden ist, beweist am besten, daß hier wirklich ein Geheimnis waltet. Die schaudervollen Einzelheiten dieses gräßlichen Verbrechens sind nur einem, höchstens zwei Menschen und Gott allein bekannt.

Nun wollen wir die spärlichen, aber durchaus richtigen Ergebnisse unserer langen Analyse zusammenfassen. Wir haben festgestellt, daß der Mord entweder im Hause der Frau Deluc oder in dem Dickicht an der Barrière du Roule verübt worden ist und zwar von einem Liebhaber oder wenigstens von einem geheimen intimen Bekannten der Ermordeten. Dieser Bekannte ist von dunkler Gesichtsfarbe. Diese sowohl, wie die Schlinge an dem um die Taille gewundenen Streifen und der sogenannte Schifferknoten, mit dem die Hutbänder zusammengebunden waren, weisen auf einen Seemann hin. Daß er mit der Verstorbenen, einem lebenslustigen, aber keineswegs verworfenen jungen Geschöpfe so nahe bekannt gewesen, beweist, daß er mehr als ein gemeiner Matrose war. Auch unterstützen die energischen, gut geschriebenen Mitteilungen, welche er an verschiedene Zeitungen gesandt, unsere Annahme. Die erste Flucht von Hause, welche der ‚Merkur' erwähnt, legt uns den Gedanken nahe, daß dieser Seemann mit jenem Marineoffizier, welcher die Unglückliche zuerst ins Verderben gelockt, identisch sei.

Und hier drängt sich uns sofort die Frage auf, warum denn der Mann mit der dunklen Gesichtsfarbe nicht längst mit irgendwelchen Aussagen hervorgetreten sei. Ich muß bemerken, daß er von ganz ungewöhnlich dunklem Teint gewesen sein muß, weil dieser Umstand sowohl der Frau Deluc wie auch ihrem Sohne Valence so sehr aufgefallen ist, daß sie sich seiner sofort wieder erinnerten. Weshalb meldet sich dieser Mann nicht? Wurde auch er von der Rotte ermordet? Wenn dies der Fall ist, weshalb findet man nur Spuren von dem jungen Mädchen? Der Schauplatz beider Verbrechen wäre doch derselbe gewesen. Wo blieb sein Leichnam? Die Mörder würden ihn doch höchstwahrscheinlich auf dieselbe Weise wie den des Mädchens fortgeschafft haben.

Aber man wird sagen, dieser Mann lebt noch, und nur die Furcht, des Mordes angeklagt zu werden, bestimmt ihn, sich versteckt zu halten. Doch könnte ihn dieser Grund erst jetzt, nachdem es bekannt geworden, daß er mit dem Mädchen gesehen worden, bewegen, im Verborgenen zu bleiben, zur Zeit jedoch, in welcher der Mord verübt wurde, hätte ihn diese Rücksicht noch nicht zum Stillschweigen veranlassen können. Ein Unschuldiger hätte in seinem eigenen Interesse das Verbrechen sofort angezeigt und dazu beigetragen, die Bösewichter zu entdecken. Man hatte ihn mit dem Mädchen gesehen, er war in einer offenen Fähre mit ihr über den Fluß gefahren. Selbst ein Dummkopf hätte eingesehen, daß die Denunziation der Mörder das einzige und sicherste Mittel sei, sich selbst von jedem Verdacht zu reinigen. Wir können nicht annehmen, daß er, falls er selbst unschuldig war, von dem in der verhängnisvollen Sonntagnacht verübten Verbrechen nichts gewußt habe. Und doch könnten wir uns nur unter diesen unmöglichen Umständen erklären, daß er, falls noch am Leben, es unterlassen hat, die Mörder anzuzeigen.

Und welche Mittel haben wir, die Wahrheit festzustellen? Je weiter wir vorgehen, desto zahlreicher und deutlicher werden wir sie erkennen. Erforschen wir einmal die Umstände, unter denen die erste Flucht vor sich ging. Machen wir uns mit der ganzen Geschichte des ,Offiziers', mit seinen Lebensverhältnissen bekannt und suchen wir herauszubringen, wo er sich am Tage des Mordes aufgehalten hat. Vergleichen wir sorgfältig die einzelnen Mitteilungen an die ,Abendzeitung', welche den Verdacht auf eine ganze Rotte lenken wollen, und, wenn dies geschehen, die gesamten Zuschriften an die ,Abendzeitung' in bezug auf Stil und Handschrift mit den früher erschienenen, an das ,Morgenblatt' gerichteten Briefen, welche Mennais so hartnäckig der Täterschaft beschuldigten. Und ist auch dies geschehen, so wollen wir das gesamte Material wiederum mit einigen Schriftstücken des Offiziers vergleichen. Wir werden Frau Deluc und ihre Knaben sowie den Omnibuskutscher Valence wiederholt verhören lassen, um Näheres über die persönliche Erscheinung, die Haltung und das Benehmen des Mannes mit der dunklen Gesichtsfarbe zu erfahren. Geschickt gestellte Fragen werden sowohl über diesen Punkt wie auch über einige andere allerlei Neues ergeben, von dem die betreffenden Personen jetzt selbst noch nicht wissen, daß es ihnen bekannt ist. Weiterhin wollen wir die Spur des Bootes, das der Schiffer am Montag, den 29. Juni, aufgefunden, und das von der Zollstation ohne Wissen des wachehabenden Beamten und ohne Ruder wieder weggeholt wurde, bis über die Zeit der Auffindung des Leichnams hinaus verfolgen. Wenn wir mit Vorsicht und Beharrlichkeit zu Werke gehen, wird uns dies unfehlbar gelingen, denn wir können nicht nur den Schiffer, der es herrenlos treiben sah, ausforschen, auch das Ruder soll uns Auskunft verschaffen. Ein Mensch mit reinem Gewissen hätte das Ruder eines Segelbootes sicher nicht so ohne weiteres im Stich gelassen. Hier muß ich noch eine Frage stellen. Es wurde nirgends bekannt gemacht, daß ein Boot aufgefunden worden war. Es wurde stillschweigend zur Station der Zollschiffe gebracht und verschwand auch so wieder von dort. Wie konnte nun sein Eigentümer oder sein Mieter schon Dienstag morgens den Ort kennen, an dem das Boot Montags geborgen worden war, da doch dem Publikum nicht die geringste Mitteilung von seiner Auffindung zugegangen? Drängt sich uns da nicht die Vermutung auf, der Mann, der es heimlich von der Station wieder fortgeholt, stehe mit der Marine in einer beständigen persönlichen Verbindung, die es ihm ermöglicht, alles, was in ihrem Bereiche vorkommt, sofort zu erfahren?

Ich habe schon einmal darauf hingedeutet, daß der einsame Mörder, nachdem er seine Bürde ans Ufer gezogen, sich wahrscheinlich eines Bootes bedient habe. Ja! wir müssen unbedingt zu dem Schlusse kommen, daß der Leichnam aus einem Boote in den Fluß geworfen wurde, da er dem seichten Wasser am Ufer nicht anvertraut werden konnte. Die eigentümlichen Spuren, die man auf dem Rükken und den Schultern des Opfers bemerkte, weisen auf heftige Berührung mit den unteren Rippen eines Bootes hin. Auch der Umstand, daß der Körper ohne Gewicht gefunden wurde, bestärkt mich in meiner Annahme. Wäre er vom Ufer aus in das Wasser geschleudert worden, so hätte der Mörder sicher nicht unterlassen, ihn durch irgendein Gewicht zu beschweren. Daß dies nicht geschah, können wir uns nur dann erklären, wenn wir annehmen, er habe es vergessen, einen Stein oder dergleichen mit ins Boot zu nehmen, als er vom Ufer abstieß. Als er den Leichnam nun dem Wasser übergeben wollte, bemerkte er natürlich sein Versehen, aber jetzt war es zu spät, das Versäumte nachzuholen. Lieber setzte er sich jeder kommenden Gefahr aus, als der, an das verruchte Ufer zurückzukehren. Kaum jedoch hatte er das Boot seiner grausigen Bürde entledigt, so ruderte er schnell nach der Stadt zurück, wo er an irgendeiner einsamen Landungsstelle ohne Gefahr ans Land springen durfte. Aber konnte er das Boot noch anbinden? Er hatte nicht Zeit genug, an solche Nebensächlichkeiten zu denken. Auch war die Gefahr zu groß, während des Festbindens am Anlegeplatze gesehen zu werden. Das Boot konnte ihn leicht verraten, er mußte es mit allem, was zu dem Verbrechen in Beziehung stand, auf das schnellste und möglichst weit von sich entfernen. Er mußte nicht nur selbst sofort von der Landungsstelle fliehen, auch das Boot durfte dort nicht bleiben. Das einfachste und sicherste war, es der Strömung zu überlassen.

Denken wir uns nun weiter in die Lage des Mörders hinein. Am folgenden Morgen bemerkt der Elende mit unsäglichem Entsetzen, daß das Boot aufgefangen worden und an dem Orte aufbewahrt wird, den sein Beruf ihn häufig zu besuchen zwingt. In der folgenden Nacht schafft er das Boot weg, ohne zu wagen, das Ruder zurückzuverlangen.

Wo befindet sich jetzt dies Boot, das seines Ruders beraubt ist? Bei dieser Frage muß unsere Tätigkeit einsetzen! Blinkt in dieser Nachforschung ein Schimmer von Erfolg auf, so werden wir bald das ganze Geheimnis aufhellen können. Das Boot wird uns mit einer Schnelligkeit, über die wir selbst erstaunen werden, zu dem Manne führen, der es in jener verhängnisvollen Sonntagnacht benutzt hat. Die Bestätigungen unserer Annahmen werden sich häufen und uns in Kürze den Mörder zeigen."

Anmerkung des Herausgebers der Zeitung, in der die vorstehende Erzählung „Das Geheimnis von Marie Rogets Tod" zuerst erschien:

„Aus Gründen, die ich hier nicht auseinandersetzen will, die aber viele meiner Leser erraten werden, habe ich es für angemessen erachtet, den Teil des in meine Hand gelangten Manuskriptes nicht mitzuteilen, der die Untersuchung betrifft, die mit Hilfe der von Dupin entdeckten, anscheinend so unbedeutenden Anzeichen alsbald begonnen wurde und das gewünschte Resultat erzielte. Es bleibt mir nur noch zu bemerken übrig, daß der Präfekt pünktlich, wenn auch mit einem gewissen Widerstreben, die Bedingungen des Kontraktes erfüllte, den er mit Dupin eingegangen war.

Das Manuskript des Herrn Poe schließt mit folgender allgemeinen Betrachtung:

,Es ist wohl unnötig, ausdrücklich zu bemerken, daß ich von bloßem Zusammentreffen und von nichts weiter rede. Was ich gesagt habe, muß genügen. Ich selbst glaube nicht im geringsten an übernatürliche Dinge. Daß die Natur und Gott zwei sind, wird kein denkender Mensch ableugnen, und daß Gott die Natur nach ihrer Erschaffung gemäß seinem Willen leiten, regieren und ändern kann, ist ebenfalls unbestreitbar. Denn es handelt sich hier um eine Willens- und nicht um eine Machtfrage, wie eine absurde Logik angenommen hat. Nicht daß die Gottheit ihre Gesetze nicht ändern könnte, aber wir beleidigen sie, wenn wir die Möglichkeit annehmen, daß jemals die Notwendigkeit einer solchen Veränderung an sie herantreten würde. Die Gesetze sind von ihrem Ursprung an so gemacht, daß sie alle Zufälligkeiten, die in der Zukunft beschlossen liegen könnten, in sich faßten. Denn für Gott ist alles gegenwärtig.

Ich wiederhole also, daß ich diese Dinge für nichts weiter als ,bloß zusammengetroffen' halte. Aus meiner Erzählung wird man ersehen haben, daß zwischen dem Schicksal der unglücklichen Mary Cäcilia Rogers, soweit dasselbe bekannt geworden, und der Geschichte einer gewissen Marie Roget, soweit man Näheres über sie weiß, eine Parallele besteht, deren absolute Übereinstimmung den Verstand in Verwirrung bringen könnte. Ich bin sicher, daß jedermann darüber staunen muß. Man vermute jedoch nicht, daß ich bei meinem Bemühen, die Geschichte der Marie Roget von dem letztbekannten Punkte bis zur Aufklärung des Geheimnisses zu verfolgen, die Absicht gehabt habe, die Parallele noch weiter zu führen und anzudeuten, daß die in Paris angewandten Maßregeln, den Mörder eines Mädchens zu entdecken oder überhaupt irgendwelche, auf dem gleichen logischen Vorgehen begründete Maßregeln auch stets ein gleiches Resultat herbeiführen würden.

Denn bezüglich des letzten Teiles einer solchen Vermutung muß man bedenken, daß die kleinste Abweichung in den Grundtatsachen dieser beiden Fälle zu den schlimmsten Irrtümern in der Berechnung Anlaß geben könnte, indem sie die Ströme der Ereignisse von vornherein in abweichende Richtung bringt – wie denn auch in der Arithmetik ein an sich geringfügiger Irrtum durch die verschiedenen Multiplikationen zuletzt zu einem Resultat führen kann, das von dem wirklichen Ergebnis erstaunlich weit entfernt ist.

Und bezüglich des ersten Teiles dürfen wir nie vergessen, daß gerade die Wahrscheinlichkeitsrechnung, deren ich mich bedient, den Gedanken an eine Weiterführung der Parallele ausschließt, und zwar mit um so größerer Bestimmtheit, da diese Parallele schon von vornherein ungewöhnlich ausgedehnt und exakt gewesen. Diese letztere Behauptung scheint an sich einen Widerspruch zu enthalten, und bis heute haben eigentlich nur die Mathematiker begriffen, daß dem nicht so ist, obgleich sie aus einem ihnen fremden Gebiete hervorgegangen. Nichts ist zum Beispiel schwieriger, als einem Leser, der sich nicht viel mit dergleichen Berechnungen beschäftigt hat, zu beweisen, daß, wenn ein Würfelspieler zweimal hintereinander die Sechs geworfen, diese Tatsache ein genügender Grund ist, zu wetten, daß er zum drittenmal die Sechs nicht werfen wird. Auf den ersten Blick scheint sich diese Annahme nicht mit dem gesunden Menschenverstande vereinigen zu lassen. Man kann nicht einsehen, warum die zwei Würfe, die schon getan sind und nun vollständig der Vergangenheit angehören, auf einen Wurf Einfluß haben können, der noch in der Zukunft liegt. Die Wahrscheinlichkeit, nochmals sechs zu werfen, scheint genau ebenso groß zu sein, wie in jedem beliebigen anderen Moment, das heißt: nur dem Einfluß der fünf anderen noch möglichen Würfe zu unterliegen. Dies scheint eine Wahrheit und so offenbar zu sein, daß jeder Versuch, sie zu widerlegen, viel eher mit spöttischem Lächeln als aufmerksamem Interesse aufgenommen wird. Auf diesen hier angedeuteten, oft folgenschweren Irrtum kann ich – da der Raum, der mir zu Gebote steht, es nicht zuläßt – unmöglich weiter eingehen: für den Philosophen wäre es auch gar nicht nötig. Es genügt, hier zu sagen, daß dieser Irrtum zu der unendlichen Reihe von Irrtümern gehört, die sich die Vernunft in ihrem unglückseligen Hange, die Wahrheit in Einzelheiten zu suchen, selbst in den Weg geworfen hat!'"

DER ENTWENDETE BRIEF

Ich war im Jahre 18– in Paris und erfreute mich an einem dunklen, stürmischen Herbstabende mit meinem Freunde August Dupin in dessen kleinem Bibliotheks- oder Studierzimmer des doppelten Genusses einer Meerschaumpfeife und beschaulichen Nachdenkens. Seit wenigstens einer Stunde waren wir in tiefes Schweigen versunken, und jeder zufällige Beobachter hätte geglaubt, daß wir uns angelegentlichst und ausschließlich mit den Rauchwolken beschäftigten, die das ganze Zimmer einhüllten. Ich erwog jedoch in Gedanken noch einige Punkte der Unterredung, die ich zu Anfang des Abends mit meinem Freunde gehabt, und welche sich auf die Begebenheiten in der Spitalgasse und auf den geheimnisvollen Mord der Marie Roget bezogen. Ich mußte es deshalb für ein sonderbares Zusammentreffen halten, daß, als sich die Tür unseres Zimmers öffnete, unser alter Bekannter, Herr G., der Pariser Polizeipräfekt, eintrat.

Wir begrüßten ihn auf das herzlichste; denn wenn der Mann auch manche verächtliche Eigenschaft besaß, so war er doch sehr unterhaltend, und wir hatten ihn sehr lange nicht gesehen. Da wir bis jetzt im Dunkeln gesessen hatten, erhob sich Dupin, um seine Lampe anzuzünden, doch setzte er sich sogleich wieder, als G. sagte, er sei gekommen, um uns um Rat zu fragen oder vielmehr die Meinung meines Freundes über ein Amtsgeschäft einzuholen, das ihm schon große Unruhe bereitet habe.

„Wenn es sich um einen Fall handelt, der Nachdenken erfordert“, warf Dupin ein, und hielt mit dem Anzünden inne, „so ist es besser, wir prüfen ihn im Dunkeln.“

„Das ist wieder eine Ihrer Sonderbarkeiten“, sagte der Präfekt, der geneigt war, alles, was über sein Begriffsvermögen hinausging, „sonderbar“ zu nennen, und daher mitten in einer unendlichen Schar von „Sonderbarkeiten“ lebte.

„Sehr richtig“, antwortete Dupin, während er den Gast mit einer Pfeife versorgte und einen bequemen Sessel für ihn heranschob.

„Um was für Schwierigkeiten handelt es sich denn wieder?“, fragte ich. „Doch nicht um eine neue Mordsache?“

„O nein, um nichts Derartiges. Eigentlich liegt der Fall sehr einfach, und ich zweifle nicht im geringsten, daß wir auch allein mit ihm fertig werden. Aber ich dachte mir, Dupin würde gern Näheres über die Sache erfahren, weil sie so außerordentlich ‚sonderbar‘ ist.“

„Einfach und sonderbar!", sagte Dupin.

„Allerdings, und doch ist dieser Ausdruck noch nicht exakt genug. Der Fall hat uns alle vollständig verblüfft, denn, so einfach er ist, es weiß doch keiner von uns recht aus noch ein."

„Vielleicht ist es gerade die Einfachheit, welche Sie auf die falsche Fährte leitet", meinte mein Freund.

„Wie kann man nur solchen Unsinn reden!", antwortete der Präfekt und lachte herzlich.

„Vielleicht ist das Geheimnis zu leicht zu durchschauen", sagte Dupin.

„Du lieber Himmel, hat man je so was gehört?"

„Vielleicht ist die ganze Sache zu durchsichtig."

„Ha! Ha! Ha! – Ho! Ho! Ho!", lachte unser Gast vor Vergnügen laut auf. „Dupin, ich werde noch mal an Ihren Witzen sterben."

„Um was handelt es sich denn eigentlich?", fragte ich.

„Das sollen Sie gleich hören", antwortete der Präfekt, blies eine dicke, beschauliche Rauchwolke von sich und lehnte sich bequem in seinen Sessel zurück. „Ich will es Ihnen in ein paar Worten sagen; doch muß ich vorausschikken, daß meine Angelegenheit die größte Diskretion erfordert. Ich könnte meine Stellung einbüßen, wenn es bekannt würde, daß ich dieselbe irgend jemandem anvertraut hätte."

„Nur weiter", sagte ich.

„Oder auch nicht", sagte Dupin.

„Nun gut also. Ich habe persönlich von höchster Stelle die Nachricht erhalten, daß aus den königlichen Gemächern ein äußerst wichtiges Dokument entwendet worden ist. Die Person, die es sich angeeignet hat, ist bekannt; daß man sie ungerecht verdächtige, ist ausgeschlossen, denn man hat sie bei der Tat beobachtet. Man weiß ebenfalls, daß sich das Schriftstück noch in ihrem Besitze befindet."

„Woher weiß man das?", frage Dupin.

„Man schließt es mit absoluter Gewißheit aus der Natur des Dokumentes", erwiderte der Präfekt, „sowie auch aus der Tatsache, daß sich gewisse Resultate noch nicht ergeben haben, die sofort zutage treten würden, wenn es aus dem Besitze des Diebes in andere Hände überginge – das heißt, wenn er es zu dem Zwecke verwendete, zu dem allein er es gestohlen haben kann."

„Reden Sie doch ein wenig deutlicher", sagte ich.

„Gut, dann will ich so weit gehen und noch verraten, daß dies Papier seinem Besitzer eine gewisse Macht verleiht, und zwar in einer Sache, in der diese Macht von unermeßlichem Werte ist." Der Präfekt liebte, sich in diplomatischen Redewendungen zu bewegen.

„Ich verstehe noch immer nicht recht", sagte Dupin.

„So? Nun, wenn man das Dokument einer dritten Person, deren Namen ich verschweigen will, übergeben würde, wäre die Ehre einer anderen, sehr hochstehenden Person kompromittiert, und diese Tatsache gibt dem Inhaber des Schriftstückes eine Gewalt über die erlauchte Person, deren Ehre und deren Friede auf diese Weise in steter Gefahr schwebt."

„Aber diese Gewalt", warf ich ein, „könnte doch nur ausgeübt werden, wenn der Dieb wüßte, daß der Bestohlene um seinen Diebstahl weiß. Wer aber würde wagen …"

„Der Dieb", sagte G., „ist der Minister D., der alles wagt, ohne sich Skrupel zu machen, ob seine Handlungen eines Mannes würdig sind oder nicht. Er ging bei seinem Diebstahl ebenso scharfsinnig wie kühn zu Werke. Das fragliche Dokument – um es frei heraus zu sagen: den Brief also – hatte die bestohlene Person erhalten, als sie sich im königlichen Boudoir allein befand. Während des Lesens wurde sie durch den Eintritt der anderen erlauchten Persönlichkeit, vor der sie ihn gerade sorgfältig verbergen wollte, unterbrochen; nach einem eiligen und vergeblichen Versuche, ihn in einer Schublade zu verbergen, war sie gezwungen, ihn offen, wie er war, auf dem Tische liegen zu lassen. Die Seite mit der Adresse war nach oben gekehrt, und so kam es, daß der Brief, von dessen Inhalt nichts zu sehen war, weiter nicht bemerkt wurde. Nach diesem kleinen Zwischenfall tritt der Minister D. ein. Sein Luchsauge bemerkt das Papier, erkennt die Handschrift der Adresse, beobachtet die Verwirrung der Person, an die der Brief gerichtet war, und durchschaut das Geheimnis sofort. Nach einigen geschäftlichen Erörterungen, die er in seiner bekannten Art herunterhaspelt, zieht er einen Brief von ungefähr gleichem Ansehen wie der in Frage stehende aus dem Portefeuille, öffnet ihn, tut, als ob er ihn läse, und legt ihn dann dicht neben jenen hin. Dann redet er wieder etwa eine Viertelstunde lang über Staatsgeschäfte. Als er sich schließlich verabschiedet, nimmt er statt seines eigenen den Brief vom Tische, der ihm nicht gehört. Der rechtmäßige Eigentümer sah es, wagte jedoch natürlicherweise nicht, darauf aufmerksam zu machen, da jene dritte Person, vor der er das Schreiben verbergen mußte, dicht neben ihr stand. Der Minister verließ das Gemach, sein eigener, durchaus unwichtiger Brief blieb auf dem Tische zurück."

„Hier haben Sie also", wandte sich Dupin zu mir, „einen Fall, in dem der Dieb die Gewalt, von der wir eben redeten, in vollstem Maße besitzt: Er weiß, daß der Bestohlene von seiner Tat unterrichtet ist."

„Ja", erwiderte der Präfekt, „und die also erlangte Gewalt ist während der letzten Monate in gefährlichem Umfange zu politischen Zwecken angewendet worden. Die bestohlene Person überzeugt sich von Tag zu Tage mehr von der

Notwendigkeit, den Brief zurückzuerlangen. Doch kann das natürlich nicht offen geschehen. Jetzt hat sie mir voller Verzweiflung die Sache übertragen."

„Ich glaube, man hätte auch unmöglich einen scharfsinnigeren Vermittler finden können", sagte Dupin aus einem ganzen Wirbelwind von Rauchwolken heraus.

„Sehr schmeichelhaft", erwiderte der Präfekt, „aber es ist immerhin möglich, daß man diese Meinung tatsächlich von mir hat."

„Es ist klar", sagte ich, „daß der Brief, wie Sie bemerkten, noch im Besitze des Ministers ist; denn nur der Besitz und nicht die Anwendung des Briefes verleiht ihm seine schädliche Gewalt. Sobald er Gebrauch von dem Briefe gemacht hat, ist die durch ihn erlangte Macht dahin."

„Das ist richtig", sagte G., „und von dieser Überzeugung ging auch ich aus. Meine erste Sorge war, die Wohnung des Ministers vollständig durchsuchen zu lassen. Die Hauptschwierigkeit bei diesem Unternehmen bestand darin, daß es ohne sein Wissen geschehen mußte. Man warnte mich oft und dringend vor dem Unheil, das er anrichten würde, wenn er unseren Plan nur im geringsten ahnte."

„Aber solche Nachsuchungen", sagte ich, „sind doch gerade Ihr Feld. Die Pariser Polizei hat dergleichen doch schon oft vorgenommen."

„O gewiß! Und deshalb verzweifle ich auch nicht. Außerdem erleichterten mir die Lebensgewohnheiten des Ministers mein Vorhaben in hohem Grade. Er bleibt eine ganze Nacht von Hause fort. Seine Dienerschaft ist durchaus nicht zahlreich. Ihre Schlafzimmer liegen ziemlich weit von den Räumen des Ministers entfernt, und da sie zumeist Neapolitaner sind, kann man sie leicht betrunken machen. Wie Sie wissen, habe ich Schlüssel, mit denen ich jedes Zimmer, jedes Kabinett in Paris öffnen kann. Seit drei Monaten ist wohl keine Nacht vergangen, in der ich nicht stundenlang in eigener Person die Wohnung des Ministers durchsucht hätte. Es handelt sich hier um meine Ehre und – nun verrate ich ein Geheimnis – um eine enorme Belohnung. Deshalb stellte ich die Nachsuchungen auch nicht eher ein, bis ich mich fest davon überzeugt hatte, daß der Dieb ein listigerer Mann sei als ich selbst. Ich darf mir das Zeugnis ausstellen, daß ich alle Ecken und Winkel, in denen man den winzigsten Papierfetzen hätte verbergen können, gründlichst durchforscht habe."

„Aber ist es nicht möglich", warf ich ein, „daß der Minister, obwohl zweifellos noch im Besitze des Briefes, denselben irgendwo anders als in seinem Hause verborgen hält?"

„Das ist nicht anzunehmen", sagte Dupin. „Wie die Dinge bei Hofe und besonders die Intrigen, in die D. bekanntermaßen verwickelt ist, nun einmal liegen, ist es von größter Wichtigkeit, das Dokument jederzeit bei der Hand zu haben, um es jeden Augenblick vorzeigen zu können – ja, dieser Punkt ist fast so wichtig wie der Besitz des Schriftstückes selbst."

„Um es jeden Augenblick vorzeigen zu können?", wiederholte ich.

„Das heißt, zerstören zu können", meinte Dupin.

„Jedenfalls", bemerkte ich. „Das Papier muß also in der Wohnung sein. Daß der Minister es nicht mit sich herumträgt, steht wohl außer Frage?"

„Vollständig", sagte der Präfekt, „zweimal schon habe ich ihm scheinbar von Straßenräubern auflauern und seine Person unter meinen Augen durchsuchen lassen."

„Diese Mühe hätten Sie sich sparen können", sagte Dupin. „D. ist doch gerade kein Narr und war Ihres Auflauerns gewärtig."

„Ein Narr ist er gerade nicht, aber ein Dichter", meinte G., „und als solcher meiner Meinung nach von einem Narren nicht gar so sehr verschieden."

„Das stimmt", sagte Dupin nach einem langen und nachdenklichen Zuge aus seiner Meerschaumpfeife, „obwohl ich selbst manchen Knittelvers verbrochen habe."

„Teilen Sie uns doch die näheren Umstände Ihrer Nachforschungen mit!", sagte ich.

„Nun also, wir nahmen uns Zeit und suchten überall. Ich habe in derlei Dingen eine lange Erfahrung. Ich nahm mir das ganze Gebäude vor, ein Zimmer nach dem anderen, und widmete jedem einzelnen die Nächte einer ganzen Woche. Zuerst durchsuchten wir die Möbel jedes Zimmers. Wir öffneten jedes erdenkliche Schubfach, und Sie können sich denken, daß für einen gut geschulten Polizisten kein Geheimfach oder sonstiges Versteck existiert. Jeder Mann, dem bei einer Haussuchung ein Geheimfach entgeht, ist ein Tölpel. Die Sache ist so einfach. Bei einem Schrank ist doch stets ein ganz genau bestimmter Umfang, ein bestimmter Raum in Betracht zu ziehen. Wir stellen die genauesten Berechnungen an. Nicht der fünfzigste Teil einer Linie könnte uns entgehen.

Nach den Schränken nahmen wir uns die Stühle vor. Die Polster wurden mit den langen, feinen Nadeln, die Sie wohl schon bei mir gesehen haben, untersucht. Von den Tischen hoben wir die Platten ab."

„Wozu das?"

„Manchmal entfernt die Person, die einen Gegenstand verbergen will, die Platte des Tisches oder eines ähnlich gestalteten Gegenstandes, höhlt das Bein aus, legt den betreffenden Gegenstand in der Höhlung nieder und befestigt die Platte wieder. Die Bretter und Pfosten von Bettstellen werden auch oft zu ähnlichem gebraucht."

„Aber könnte man eine solche Höhlung nicht durch Klopfen entdecken?", fragte ich.

„Absolut nicht, wenn man nach dem Hineinlegen des Gegenstandes die Aushöhlung mit Watte gefüllt hat. Überdies mußten wir in unserem Falle jedes Geräusch nach Möglichkeit vermeiden."

„Aber Sie konnten doch unmöglich alle die Möbel auseinandernehmen oder in Stücke zerbrechen, in denen man möglicherweise einen Brief hätte verstecken können. Ein solch kleines Schriftstück kann man so fest zusammenrollen, daß es in Gestalt und Umfang kaum von einer Stricknadel abweicht, und einen solchen Körper könnte man mit Bequemlichkeit zum Beispiel in die Leiste eines Stuhles einlegen. Sie werden doch nicht alle Stühle zerlegt haben?"

„Gewiß nicht –! Aber wir machten es noch gründlicher, wir untersuchten die Leisten jedes Stuhles im Hause, ja, sogar die einzelnen Teile jeder Art von Möbel mit einem stark vergrößerten Mikroskop. Wären irgendwo die Spuren einer kurz zuvor geschehenen Abänderung sichtbar gewesen, so wäre es uns gewiß nicht entgangen. Ein einziges Körnchen Sägemehl zum Beispiel, das der Bohrer hätte zurücklassen können, wäre in der Größe eines Apfels sichtbar gewesen. Die geringste Ungenauigkeit bei dem erneuten Leimen, das unbedeutendste Klaffen in dem Gefüge hätte unfehlbar zur Entdeckung geführt."

„Sie untersuchten natürlich auch die Spiegel, die Dielen, das Eßgeschirr und durchstöberten Betten, Bettzeug so gut wie auch Verhänge und Teppiche?"

„Selbstverständlich, und als wir mit jedem Möbelteilchen fertig waren, untersuchten wir das Haus selbst. Wir teilten seine ganze Oberfläche in Abteilungen, die wir mit Zahlen bezeichneten, damit wir keine übergingen. Dann durchforschten wir jeden Quadratzoll des Hauses mit dem Mikroskop und untersuchten schließlich auch die beiden Nebenhäuser in derselben Weise."

„Auch die beiden Nebenhäuser?", rief ich aus. „Welch unendliche Mühe müssen Sie gehabt haben!"

„Die hatten wir allerdings, aber die ausgesetzte Belohnung ist auch enorm."

„Haben Sie auch den Grund und Boden der Häuser untersucht?"

„Der Boden war überall mit Ziegelsteinen gepflastert und machte uns verhältnismäßig wenig Mühe. Wir untersuchten das Moos zwischen den einzelnen Steinen und fanden es überall unberührt."

„Sie durchforschten auch D.s Papiere und die Bücher seiner Bibliothek?"

„Gewiß! Wir öffneten jedes Päckchen, jedes Heftchen; wir begnügten uns nicht damit, nach der Art einiger Polizeibeamten, ein Buch einfach zu schütteln, sondern wendeten jedes Blatt in jedem Bande um. Die Dicke eines jeden Buchdeckels maßen wir auf das Genaueste ab und unterwarfen ihn der peinlichsten mikroskopischen Untersuchung. Es ist vollständig ausgeschlossen, daß einer der Einbände neuerdings aufgeschnitten und wieder zusammengefügt worden ist – diese Tatsache hätte uns auf keinen Fall entgehen können. Etwa fünf oder sechs

Bände, die eben vom Buchbinder gekommen waren, durchsuchten wir sorgfältig mit unseren Nadeln."

„Haben Sie auch den Fußboden unter den Teppichen durchforscht?"

„Aber selbstverständlich, wir nahmen jeden Teppich auf und untersuchten die Dielen mit dem Mikroskop."

„Auch die Tapeten an den Wänden?"

„Ja."

„Besichtigten Sie auch die Keller?"

„Ebenfalls."

„Dann müssen Sie sich also verrechnet haben", sagte ich, „und der Brief befindet sich nicht im Hause des Ministers."

„Ich fürchte, Sie haben recht", sagte der Präfekt. „Und nun, Dupin, was würden Sie mir raten, zu tun?"

„Noch einmal eine gründliche Haussuchung vorzunehmen."

„Das ist vollständig nutzlos", sagte G., „so gewiß ich weiß, daß ich lebe, so gewiß befindet sich der Brief nicht in dem Hause."

„Einen besseren Rat kann ich Ihnen nicht geben", sagte Dupin. „Sie haben doch gewiß eine genaue Beschreibung des Briefes?"

„O gewiß!", Hier zog der Präfekt ein Notizbuch hervor und las uns eine ausführliche Beschreibung der inneren und vor allem der äußeren Beschaffenheit des Briefes vor. Als er damit fertig war, verabschiedete er sich so niedergeschlagen, wie ich den guten Mann noch nie gesehen hatte.

Etwa einen Monat später besuchte er uns wieder und fand uns fast in der gleichen Situation wie das vorige Mal. Wir boten ihm eine Pfeife und einen Stuhl an und begannen eine alltägliche Unterhaltung. Endlich fragte ich:

„Nun G., wie steht es denn mit dem gestohlenen Briefe? Ich glaube, Sie haben sich wohl überzeugt, daß sich der Minister nicht so leicht überlisten läßt!"

„Daß ihn der Teufel hole! – ja! Ich habe die Untersuchung auf Dupins Vorschlag wieder aufgenommen, aber es war verlorene Mühe, wie ich vorausgesehen hatte."

„Wie hoch, sagten Sie, war die ausgesetzte Belohnung?", fragte Dupin.

„Nun, sie war sehr hoch – es war eine sehr freigiebige Belohnung, ich möchte die Summe nicht gern nennen, aber so viel will ich Ihnen sagen, daß ich jedem, der mir den Brief aushändigte, gern ein Akzept auf fünfzigtausend Francs auf meinen Namen ausstellen würde. Die Sache wird von Tag zu Tage wichtiger, erst kürzlich ist die Belohnung verdoppelt worden. Aber selbst wenn man sie verdreifachte, könnte ich nicht mehr tun, als ich tu und getan habe."

„Nun", sagte Dupin gedehnt zwischen langen Zügen aus seiner Meerschaumpfeife, „ich glaube wirklich – lieber G. – Sie haben in dieser Sache – noch nicht

– das Äußerste getan. Sie könnten – noch manches in Betracht ziehen – meine ich."

„Was denn? – Wieso? –"

„Nun – paff, paff – Sie könnten – paff, paff – in der Sache Rat einholen – paff, paff, paff. – Kennen Sie die Geschichte, die man sich von dem Doktor Abernethy erzählt?"

„Nein! hole der Geier Ihren Abernethy!"

„Das kann er meinetwegen tun. Aber eines Tages kam ein reicher Geizhals auf die Idee, dem Abernethy einen ärztlichen Rat abzulisten. Er nahm ihn in einer Privatgesellschaft beiseite und erzählte ihm seinen Fall, als handele es sich um den einer fingierten dritten Person."

„Nehmen wir an", sagte der Geizhals, „seine Symptome seien diese und jene, was würden Sie ihm raten, zu nehmen, Herr Doktor?"

„Nehmen?", sagte Abernethy – „nun, ich würde ihm raten, unbedingt einen Arzt zu nehmen."

„Aber", meinte der Präfekt, ein wenig aus der Fassung gebracht, „ich bin sehr gern bereit, Rat einzuholen, und auch dafür zu bezahlen. Ich würde wirklich jedem, der mir in dieser Sache Hilfe leistet, fünfzigtausend Francs zahlen."

„Wenn das der Fall ist", sagte Dupin, indem er eine Schublade öffnete und ein Scheckbuch herausholte, „können Sie mir ein Akzept über den erwähnten Betrag ausstellen. Wenn Sie unterschrieben haben, werde ich Ihnen den Brief aushändigen."

Ich war verblüfft, der Präfekt wie vom Donner gerührt. Einige Minuten lang saß er sprachlos und unbeweglich und blickte meinen Freund mit offenem Munde und starren Augen, die aus ihren Höhlen treten wollten, ungläubig an. Dann, als er ein wenig zu sich zu kommen schien, ergriff er eine Feder und füllte, oftmals innehaltend und vor sich hinstarrend, ein Akzept über fünfzigtausend Francs aus und händigte es über den Tisch hinweg meinem Freunde ein. Dieser prüfte es sorgfältig und steckte es in seine Brieftasche; dann schloß er seinen Schreibtisch auf, entnahm demselben einen Brief und überreichte ihn dem Präfekten. Der Beamte ergriff ihn mit wahrer Ekstase, öffnete ihn mit zitternder Hand, überflog mit raschem Blicke den Inhalt, stolperte, stürzte dann nach der Tür und eilte ohne weitere Umstände zum Hause hinaus – ohne auch nur ein Wort gesprochen zu haben, seit ihn Dupin aufgefordert, das Akzept zu unterzeichnen.

Als er uns verlassen hatte, gab mir mein Freund einige Erklärungen.

„Die Pariser Polizei", sagte er, „ist in mancher Hinsicht sehr tüchtig. Sie ist beharrlich, scharfsinnig, listig und besitzt auf den Gebieten, auf denen sie zu arbeiten hat, durchaus gründliche Kenntnisse. Als uns G. erzählte, daß er in der Wohnung des Ministers Haussuchung abgehalten habe, war ich vollständig überzeugt, daß es so gründlich und unübertrefflich gewissenhaft geschehen sei, wie es einem Menschen nur immer möglich ist – d. h. gründlich und gewissenhaft, soweit er eben die Durchsuchung ausdehnte."

„Soweit er die Durchsuchung ausdehnte?"

„Ja!", antwortete Dupin. „Die Maßregeln, die er ergriff, waren nicht nur die besten ihrer Art, sie wurden auch vollkommen gut durchgeführt. Wäre der Brief innerhalb des Bereiches seiner Untersuchungen versteckt gewesen, man hätte ihn unter allen Umständen gefunden."

Ich lachte bloß, er schien jedoch vollständig im Ernst zu reden.

„Die Maßregeln also", fuhr er fort, „waren in ihrer Art gut und waren auch gut angewandt; ein Fehler bestand jedoch darin, daß sie auf diesen Mann und diesen Fall nicht anwendbar waren. Der Präfekt verfährt mit einer gewissen Anzahl scharfsinniger Hilfsmittel, wie mit einem Prokrustesbett, dem er alle seine Pläne gewaltsam anpaßt. Aber er befindet sich fortwährend im Irrtum, da er stets für den Fall, um den es sich gerade handelt, zu tiefsinnig oder zu oberflächlich vorgeht. Ich glaube, mancher Schulknabe ist ein besserer Denker als er. Ich kannte einen achtjährigen kleinen Kerl, dessen Erfolge bei dem Spiele ‚paar oder unpaar' die allgemeine Aufmerksamkeit erregten. Dies Spiel ist sehr einfach und wird mit Knickern oder Murmeln gespielt. Einer der Spieler verbirgt eine Anzahl der Steinchen in seiner Hand und fragt den Partner, ob ihre Zahl eine gerade oder ungerade sei. Wenn derselbe richtig rät, gewinnt er eins, im anderen Falle verliert er eins. Der Knabe, von dem ich sprach, gewann alle Knicker, über die seine Mitschüler verfügten. Natürlich ging er beim Raten von einem bestimmten Grundsatz aus, und dieser beruhte auf bloßer Beobachtung und der Berechnung des Scharfsinns seiner Gegner. War sein Gegner zum Beispiel ein Dummkopf, der ihn mit geschlossener Hand fragte: ‚paar oder unpaar?' und er hatte ‚unpaar' gesagt und verloren, so gewann er doch beim zweiten Male, denn er sagte sich: ‚Der Tölpel hatte beim ersten Male ‚paar' in der Hand und sein Scharfsinn reicht gerade aus, ihn jetzt ‚unpaar' nehmen zu lassen. Ich werde also ‚unpaar' sagen.' Er tut es und gewinnt. Bei einem Gegner von etwas höherer Intelligenz hätte er so argumentiert: ‚Der Junge hat gesehen, daß ich beim ersten Male ‚unpaar' geraten habe. Zuerst wird er, wie der erste Partner, eine einfache Abwechslung von ‚paar' und ‚unpaar' eintreten lassen wollen. Dann wird er sich besinnen und dies Vorgehen für zu durchsichtig halten. So behält er also ‚paar' bei und ich muß ‚unpaar' raten.' Er tut es und gewinnt. Worin besteht mithin die Methode des Nachdenkens bei diesem Knaben, den seine Kameraden ‚einen glücklichen Spieler' nannten?"

„In nichts weiter", sagte ich, „als darin, daß er sich mit seinem Geiste vollständig in den seines Partners hineinversetzte."

„So ist es", bestätigte Dupin, „und als ich den Knaben fragte, wie er es anstelle, um sich möglichst sicher in die Denkweise eines anderen hineinzuversetzen, erhielt ich folgende Antwort: ‚Wenn ich herausfinden will, wie klug oder wie dumm, wie gut oder wie böse einer ist oder was er in dem Augenblicke denkt, so ahme ich genau seinen Gesichtsausdruck nach und warte ab, was für Gedanken oder Gefühle daraufhin in meinem Kopfe oder meinem Herzen aufsteigen, um sich mit jenem Ausdruck zu decken.' Auf dieser Antwort des Schulknaben ist all die anspruchsvolle Weisheit aufgebaut, die man Rochefoucauld, La Bruyère, Macchiavelli oder Campanella zugeschrieben hat."

„Und dies Identifizieren des Verstandes des Denkenden mit dem seines Gegners", sagte ich, „hängt also, wenn ich Sie recht verstehe, von der Genauigkeit ab, mit welcher der Geist des Gegners abgemessen wird."

„Was die praktische Verwertung anbetrifft, so hängt es allerdings hiervon ab", erwiderte Dupin, „und der Präfekt und seine Genossen irren so häufig, weil sie versäumen, sich mit ihrem Gegner zu identifizieren und seinen Verstand entweder gar nicht oder falsch abschätzen. Sie haben eine ganz bestimmte Vorstellung von Scharfsinn und wenn sie irgend etwas Verstecktes suchen, so tun sie es da, wo sie selbst es verborgen haben würden. Sie haben ja darin recht, daß ihr Scharfsinn den der großen Masse getreu repräsentiert, aber wenn die Schlauheit eines Verbrechers von dem Charakter der ihrigen verschieden ist, werden sie natürlich überlistet. Dies ist immer der Fall, wenn der Gegner an Verstand überlegen ist, und sehr häufig, wenn er geistig unter ihnen steht. Sie kennen keinen Unterschied im Prinzip des Verfahrens; wenn sie durch außergewöhnliche Dringlichkeit oder eine besonders hohe Belohnung angespornt werden, so erweitern oder übertreiben sie höchstens ihre alte Methode in der Praxis, ohne an dem Prinzip nur das geringste zu ändern. Was ist zum Beispiel in diesem Falle des D. getan worden, um die Methode des Verfahrens zu ändern? Was ist all dies Bohren, Durchsuchen und Klopfen, dies Besichtigen mit dem Mikroskop, all dies Einteilen des Gebäudes in numerierte Quadratzölle anders, als eine Übertreibung der Anwendung des einen Prinzips, der einen Durchforschungsmethode, die auf dem begrenzten Begriff von menschlichem Scharfsinn gegründet ist, an den sich der Präfekt nun einmal während der langen Ausübung seiner Tätigkeit gewöhnt hat? Sehen Sie nicht deutlich, daß er es als gewiß angenommen hat, daß alle Menschen, die einen Brief verstecken wollen, denselben, wenn auch nicht gerade in ein Loch, das sie in ein Stuhlbein gebohrt haben, so doch in irgendeinen verborgenen Winkel legen, daß sie also demselben Gedankengange folgen, der einen Menschen bestimmen würde, einen Brief in ein Bohrloch im Stuhlbein zu verstecken? Und sehen Sie nicht auch ein, daß solche ausgeklügelten Verstecke nur bei gewöhnlichen Gelegenheiten anwendbar sind und nur von Menschen mit mittelmäßigem Verstande benutzt werden? Denn immer, wenn etwas versteckt worden ist, kann man fast mit Sicherheit annehmen, daß es in der einen, erwähnten, ausgeklügelten Weise geschah. Die Auffindung hängt also durchaus nicht von dem Scharfsinne des Suchenden ab, sondern von seiner Sorgfalt, Geduld und Beharrlichkeit. Ist der Fall wichtig oder ist eine hohe Belohnung auf die Entdeckung ausgesetzt, was in den Augen der Polizei dasselbe ist, so haben die eben erwähnten Eigenschaften noch nie ihren Dienst versagt. Jetzt werden Sie verstehen, was ich meinte, als ich die Vermutung aussprach, daß der Brief ohne Zweifel entdeckt worden wäre, wenn er sich innerhalb des Bereiches der polizeilichen Nachforschungen befunden – mit anderen Worten, wenn das Prinzip des Verbergens sich mit einem der Prinzipien der Nachforschungen gedeckt hätte. Der Präfekt ist jedoch gründlich mystifiziert worden, und der letzte Grund seiner Niederlage liegt in der Annahme, daß der Minister ein Narr sei, weil er einigen Ruf als Dichter hat. Der Präfekt behauptet nun, daß alle Narren Dichter sind, und macht sich nur eines logischen Fehlers schuldig, wenn er zurückschließt, daß alle Dichter Narren seien."

„Aber ist der Minister wirklich ein Dichter?", fragte ich. „Soviel ich weiß, hat er noch einen Bruder, beide haben einen Ruf als Schriftsteller. Der Minister hat, glaube ich, eine gelehrte Abhandlung über die Differentialrechnung geschrieben. Er ist ein Mathematiker und kein Dichter."

„Da irren Sie sich, ich kenne ihn gut, er ist beides. Nur als Mathematiker und Dichter hat er alles so geschickt berechnen können; wäre er nur Mathematiker gewesen, ich bin sicher, der Brief wäre in die Hände des Präfekten gefallen."

„Diese Ansichten überraschen mich", entgegnete ich, „denn sie widersprechen vollständig der allgemeinen Überzeugung der Menschen. Sie wollen doch nicht die wohlüberlegten Ideen ganzer Jahrhunderte für falsch erklären? Der mathematische Verstand wird doch seit langem als der Verstand ‚par excellence‘ angesehen."

„Man kann darauf wetten", sagte Dupin, indem er eine Stelle aus Chamfort anführte, „daß jede öffentliche Meinung, jede hergebrachte Überlieferung eine Dummheit ist, denn sie hat der großen Menge zugesagt. Ich versichere Sie, die Mathematiker haben nach Kräften dazu beigetragen, den allgemeinen Irrtum, auf den Sie anspielen, zu verbreiten, und der darum nicht weniger ein Irrtum ist, weil er als eine Wahrheit verkündet wurde. Mit einer Kunst, die einer besseren Sache würdig gewesen, haben sie zum Beispiel den Ausdruck Analyse in Beziehung zu algebraischen Berechnungen gebracht. Die Franzosen sind die Urheber dieses sonderbaren Irrtums, aber wenn Dein Ausdruck von irgendwelcher Bedeutung ist, wenn die Worte ihren Wert aus ihrer Anwendung herleiten, dann bedeutet Analyse doch ebensowenig Algebra wie im lateinischen ‚ambitus‘ Ehrgeiz, ‚religio‘ Religion oder ‚homines honesti‘ eine Anzahl Ehrenmänner."

„Ich werde noch sehen müssen, daß Sie mit den Pariser Algebraisten in Streit geraten", sagte ich – „aber fahren Sie nur fort."

„Ich bestreite die Anwendbarkeit und somit den Wert einer Vernunft, die in einer anderen Form als der abstrakt logischen gepflegt wird. Ich bestreite vor allem die Vernunft, die aus mathematischen Studien hervorgegangen ist. Die Mathematik ist die Wissenschaft von Form und Masse; mathematische Schlußfolgerung ist nur auf Beobachtung von Form und Masse gegründete Logik. Der große Irrtum liegt in der Annahme, daß selbst die Wahrheiten der sogenannten reinen Algebra abstrakte oder allgemeine Wahrheiten seien. Dieser Irrtum ist so ungeheuer, daß man sich über die Bereitwilligkeit, mit der er aufgenommen wurde, nicht genug verwundern kann. Mathematische Grundwahrheiten sind nicht allgemeine Grundwahrheiten. Was in bezug auf das Verhältnis der Erscheinungen zu Form und Masse wahr ist, ist zum Beispiel oft gänzlich falsch in Dingen der Moral. Und in der Mathematik selbst ist es auch gewöhnlich ganz unwahr, daß die Summe aller Teile dem Ganzen gleich sei. In der Chemie ist dieser Grundsatz ebenfalls falsch. Es gibt noch zahlreiche andere mathematische Wahrzeichen, die nur innerhalb der Grenzen ihrer Beziehungen Wahrheiten sind. Aber der Mathematiker schließt gewohnheitsmäßig aus seinen Endwahrheiten, als ob sie, wie die Welt im allgemeinen auch wirklich annimmt, von absolut allgemeiner Anwendbarkeit seien. Bryant erwähnt in seiner hochgelehrten Mythologie eine ähnliche Quelle des Irrtums, indem er sagt, daß wir, trotzdem wir die heidnischen Fabeln nicht glauben, uns doch fortwährend vergessen und Schlüsse aus ihnen ziehen, als wären sie tatsächlich Wirklichkeiten.

Die Algebraisten jedoch, die selbst Heiden sind, glauben an die heidnischen Fabeln und ziehen ihre Folgerungen weniger aus Gedächtnisschwäche, als aus einer unbegreiflichen kleinen Denkstörung. Kurz, ich habe nie einen bloßen Mathematiker gefunden, dessen Behauptungen man, wenn sie sich nicht auf seine Wurzeln und Gleichungen bezogen, Glauben schenken konnte – keinem, dem es im geheimen nicht Dogma gewesen wäre, daß $x^2 + px$ absolut und unbedingt gleich q wäre. Wenn es Sie interessiert, so sagen Sie nur einmal einem dieser Herren, daß Sie einen Fall für möglich hielten, in dem $x^2 + px$ nicht gleich q wäre, und wenn der betreffende Sie verstanden hat, so verziehen Sie sich möglichst schnell aus seinem Bereiche, denn ohne Zweifel wird er Anstalten machen, Sie zu prügeln."

„Ich will damit sagen", fuhr Dupin fort, während ich mich begnügte, über seine letzten Bemerkungen zu lachen, „daß der Präfekt niemals in die Lage gekommen sein würde, mir das Akzept ausstellen zu müssen, wenn der Minister nichts weiter als ein bloßer Mathematiker wäre. Ich hingegen wußte, daß er beides war, Mathematiker und Dichter, und deshalb paßte ich meine Maßregeln diesen beiden Fähigkeiten an und zog auch die besonderen Umstände, die ihn zu dem Verstecken bewogen, genügend in Betracht. Ich wußte, daß er ein Hofmann und ein kühner Intrigant ist, und mußte mir sagen, daß ein solcher Mann die Praxis polizeilicher Nachforschungen kennt. Höchstwahrscheinlich würde er sich darauf gefaßt machen – und die Ereignisse haben gezeigt, daß er es tat – von Wegelagerern überfallen zu werden. Ebenso mußte er der geheimen Nachforschungen in seinem Hause gewärtig sein. Seine wiederholte nächtliche Abwesenheit vom Hause, die der Präfekt als so günstig für seine Sache hinstellte, hielt ich für nichts anderes als eine geschickte List, um der Polizei Zeit zum Durchsuchen des Hauses zu gewähren und sie zu der Überzeugung zu bringen, daß sich der Brief nicht in der Wohnung befinde. Ich war mir auch klar bewußt, daß der ganze Gedankengang, den ich Ihnen hier mit einiger Mühe auseinandergesetzt habe, und von dem die Polizei unabänderlich bei ihren Nachforschungen ausgeht, sich dem Geiste des Ministers genau dargestellt habe. Das mußte ihn bestimmten, alle die gewöhnlichen Versteckarten als unsichere zu verschmähen.

Dieser Mann, so reflektierte ich, ist viel zu klug, um nicht einzusehen, daß das komplizierteste Versteck, der verborgenste Winkel so offen vor den Augen, den Sonden, den Bohrern und Mikroskopen der Polizei daläge wie seine gewöhnlichen Empfangszimmer. Ich sah schließlich ein, daß er aus natürlichen Gründen zum einfachsten Versteck genötigt sein würde, selbst wenn er nicht aus freier Wahl auf diesen Ausweg verfiele. Sie erinnern sich vielleicht des krampfhaften Lachens des Präfekten, als ich bei seinem ersten Besuche bemerkte, das Geheimnis verwirre ihn möglichweise nur deshalb so sehr, weil seine Lösung so außerordentlich einfach sei."

„Ja", sagte ich, „ich erinnere mich seiner übergroßen Heiterkeit sehr wohl. Ich dachte schon, er würde einen Lachkrampf bekommen."

„Die sinnliche Welt", fuhr Dupin fort, „ist reich an genauen Analogien zu der übersinnlichen; und so bekommt das rhetorische Dogma, daß Metapher oder Gleichnis sowohl ein Argument bekräftigen, wie eine Beschreibung verschönern können, einen Anschein von Wahrheit. Das Gesetz von der Schwungkraft scheint zum Beispiel in der Physik und in der Metaphysik dasselbe zu sein. Aus der Physik wissen wir, daß ein großer Körper schwerer in Bewegung zu setzen ist als ein kleiner, und daß die folgende Bewegung im Verhältnis zu der Schwierigkeit steht. Ebenso wahr ist es, daß Geister von größerer Auffassungskraft, die kräftiger, beständiger und bedeutungsvoller in ihren Bewegungen sind, als solche geringeren Grades, doch weniger leicht bewegt und auf den ersten Stufen des Fortschrittes verlegener, zaghafter sind. Im übrigen: haben Sie jemals bemerkt, welche Schilder über den Türen der Läden am meisten die Aufmerksamkeit auf sich lenken?"

„Ich habe nie darüber nachgedacht", antwortete ich.

„Es gibt ein Rätselspiel, das man auf einer Landkarte spielt", fuhr er fort. „Der eine Spieler gibt dem anderen auf, ein bestimmtes Wort aufzusuchen – den Namen einer Stadt, eines Flusses, eines Staates, eines Reiches – kurz, irgendein Wort, das auf der buntscheckigen, kreuz und quer beschriebenen Karte steht. Ein Anfänger in dem Spiel wird seinen Gegner stets dadurch zu verwirren suchen, daß er ihn die am kleinsten geschriebenen Namen suchen läßt, der geübte Spieler wählt solche Worte aus, die sich in großen Buchstaben von einem Ende der Karte zum anderen ziehen. Diese entgehen nämlich, gerade wie die mit übermäßig großen Buchstaben beschriebenen Schilder und Anschläge, leicht der Beobachtung, weil sie gar zu deutlich sind. Dies physische Übersehen ist einem moralischen genau analog, bei welchem der Verstand gerade die Anzeichen, die zu aufdringlich, zu greifbar sind, unbemerkt vorübergehen läßt. Aber dies ist ein Punkt, der, wie es scheint, etwas über den Horizont des Präfekten hinausgeht oder vielleicht etwas daruntersteht. Er hat es nie für wahrscheinlich oder auch nur für möglich gehalten, daß der Minister den Brief direkt unter jedermanns Nase hingelegt hat, um eben jedermann davon abzuhalten, ihn zu bemerken.

Je mehr ich über den kühnen, wagemutigen und scharfen Verstand D.s nachdachte, und über die Tatsache, daß er das Dokument immer bei der Hand haben mußte, wenn es überhaupt seinen Zweck erfüllen sollte – wenn ich mich an den unzweifelhaften Beweis erinnerte, den die Nachforschungen des Präfekten erbracht hatten, daß das Schriftstück innerhalb der Grenzen des gewöhnlichen Forschungsgebietes dieses würdigen Beamten nicht verborgen war, um so mehr überzeugte ich mich davon, daß der Minister zu dem sinnreichen, klugen Mittel gegriffen habe, überhaupt nicht den Versuch zu machen, den Brief zu verstekken. Ganz erfüllt von diesem Gedanken, versah ich mich mit meiner grünen Brille und sprach eines schönen Morgens wie zufällig in der Wohnung D.s vor. Ich traf ihn zu Hause, er gähnte, rekelte sich, vertändelte die Zeit und gab, wie gewöhnlich, vor, sich tödlich zu langweilen. Er ist vielleicht der energischste Mensch, den die Welt jetzt besitzt, doch nur dann, wenn ihn niemand sieht.

Um in ein harmloses Gespräch mit ihm zu kommen, klagte ich über meine schwachen Augen und bejammerte die Notwendigkeit, die grüne Brille tragen zu müssen, unter deren Schutz ich vorsichtig und gründlich im ganzen Zimmer umherspähte, während ich mich anscheinend nur für die Unterhaltung mit meinem Wirte interessierte.

Mit ganz besonderer Aufmerksamkeit betrachtete ich den großen Schreibtisch, an dem er saß. Auf demselben lagen verschiedene Briefe und andere Schriften, auch ein oder zwei Musikinstrumente und ein paar Bücher. Doch bemerkte ich nach langer, sorgfältiger Prüfung nichts, was besonderen Argwohn erregt hätte.

Schließlich fielen meine schweifenden Blicke auf einen abgebrauchten Kartenhalter von durchbrochenem Pappdeckel, der an einem schmutzigen blauen Bändchen von einem kleinen Messingknopfe gerade mitten über dem Kaminsims herabbaumelte. In diesem Kartenhalter, der drei bis vier Abteilungen hatte, lagen fünf oder sechs Visitenkarten und ein einzelner Brief, der ziemlich beschmutzt und zerknittert schien. Er war fast ganz mitten durchgerissen, als habe man zuerst die Absicht gehabt, ihn als wertlos zu zerreißen, und sich erst später anders besonnen. Der Brief hatte ein großes schwarzes Siegel, auf das der Buchstabe D sehr deutlich aufgedrückt war. Er war mit zierlicher Damenhandschrift an den Minister selbst adressiert. Nachlässig, ja, scheinbar fast verächtlich schien er in das oberste Fach des Kartenhalters gesteckt worden zu sein.

Kaum hatte ich diesen Brief erblickt, so wußte ich, es war der gesuchte. Allerdings war sein Äußeres von dem Brief, dessen genaue Beschreibung uns der Präfekt vorgelesen hatte, vollständig verschieden. Hier war das Siegel groß und schwarz und trug den Buchstaben D, dort war es klein und rot und zeigte das Wappen der Herzoglich S.schen Familie. Hier war die Adresse klein, von Damenhand geschrieben und trug den Namen des Ministers, dort war der Brief an eine königliche Person mit großen und entschiedenen Buchstaben adressiert; bloß die Größe des Schriftstückes stimmte überein. Aber gerade diese gänzliche, auffallende Verschiedenheit, der schmutzige, zerrissene und zerknitterte Zustand des Briefes, welcher der Ordnungsliebe D.s so sehr widersprach und den Beschauer nur zu deutlich von der Wertlosigkeit des Gegenstandes überzeugen sollte, alles dies sowie die allen Blicken exponierte Lage des Papiers, die so wohl zu meinen Schlüssen stimmte – alles dies mußte verdächtig erscheinen.

Ich dehnte meinen Besuch so lange wie möglich aus, und während ich den Minister über einen Gegenstand, der ihn, wie ich wußte, stets interessierte und anregte, lebhaft unterhielt, wandte ich in Wirklichkeit mein ganzes Augenmerk auf den Brief. Ich prägte mir sein Aussehen und die Art, wie er im Halter steckte, genau ein und machte zum Schlusse noch eine Entdeckung, die mir auch den kleinsten Zweifel, der mir vielleicht noch geblieben, zerstreute. Als ich die Ränder des Papiers genau betrachtete, bemerkte ich, daß dieselben fester als nötig zusammengepreßt erschienen. Sie zeigten das gebrochene Aussehen eines steifen Papiers, das schon einmal gefaltet, mit dem Falzbein geglättet und nun in umgekehrter Richtung wieder in die alten Falten gelegt worden ist. Diese Entdeckung genügte mir. Es war mir klar, daß man den Brief wie einen Handschuh umgewendet und mit anderer Adresse und anderem Siegel versehen hatte. Ich empfahl mich darauf bei dem Minister und ging, ließ jedoch meine goldene Schnupftabakdose auf dem Tische stehen.

Am nächsten Morgen besuchte ich den Minister wieder, um meine Dose abzuholen. Wir kamen bald wieder auf unsere Unterhaltung von gestern zurück. Plötzlich jedoch ertönte dicht unter den Fenstern der Ministerwohnung ein Pistolenschuß, dem das wilde Geschrei und die verworrenen Rufe einer erschreckten Volksmenge folgten. D. eilte an ein Fenster, öffnete es und blickte hinaus. Ich schritt schnell auf den Kartenhalter zu, nahm den Brief heraus, steckte ihn in meine Tasche und ersetzte ihn durch einen anderen von genau demselben Aussehen, den ich zu Hause sorgfältig hergestellt hatte. Die Chiffre D hatte ich leicht durch ein aus Brot geformtes Siegel nachahmen können.

Der Auftritt auf der Straße war durch das tolle Benehmen eines Mannes verursacht worden, der eine Flinte mitten unter einer Menge von Frauen und Kindern abgefeuert hatte. Es stellte sich jedoch heraus, daß die Waffe nicht scharf geladen war, und man ließ den Mann als einen Trunkenbold oder einen Wahnsinnigen laufen. Als er seiner Wege gegangen, kam D. von dem Fenster zurück, an das ich ihm, gleich nachdem ich den Brief ergriffen, gefolgt war. Bald darauf verabschiedete ich mich von ihm. Der angeblich Wahnsinnige war ein von mir bezahlter Mensch!

„Aber welchen Zweck hatte es", fragte ich, „den Brief durch ein Faksimile zu ersetzen? Wäre es nicht besser gewesen, ihn gleich beim ersten Besuche offen zu ergreifen und mit ihm davonzugehen?"

„D. ist ein Mann", erwiderte Dupin, „dem alles zuzutrauen ist und außerdem verfügt er jederzeit über Leute, die seinen Befehlen blindlings gehorchen. Hätte ich den verwegenen Schritt getan, zu dem Sie mir da jetzt raten, so hätte ich die Wohnung des Ministers vielleicht nicht lebendig verlassen, und die guten Pariser würden nie wieder etwas von mir gehört haben. Doch bestimmte mich noch etwas anderes zu dem heimlichen Vorgehen. Sie kennen meine politischen Überzeugungen: Ich handelte als der Anhänger der betreffenden hohen Dame. Achtzehn Monate lang hatte der Minister sie in der Gewalt. Jetzt hat sie ihn in der ihrigen, denn da er nicht weiß, daß sich der Brief nicht mehr in seinem Besitze befindet, wird er fortfahren, sich so zu benehmen, als besitze er ihn noch. Auf diese Weise wird er selbst an seiner politischen Vernichtung arbeiten. Sein Sturz wird ein ebenso ungeschickter wie plötzlicher sein. Man mag so viel man will über das *facilis descensus Averni* reden, aber bei jeder Art von Emporkommen gilt, was die Catalani vom Singen sagte: es ist viel leichter hinaufzukommen als hinunter. In unserem Falle habe ich keine Teilnahme, kein Mitgefühl für den Stürzenden. Er ist ein *monstrum horrendum*, ein genialer Mensch ohne Grundsätze. Ich muß jedoch gestehen, daß ich sehr gern seine Gedanken lesen möchte, wenn ihm diejenige, die der Präfekt eine ‚gewisse Person‘ nennt, Trotz bietet und er sich genötigt sieht, den Brief zu öffnen, den ich in dem Kartenhalter versteckt habe.“

„Wieso? Schrieben Sie etwas Besonderes hinein?“

„Natürlich – es schien mir nicht recht zu sein, das Innere ganz unbeschrieben zu lassen – das hätte ja wie Beleidigung ausgesehen. D. spielte mir einstmals in Wien einen bösen Streich, und ich versprach scherzhaft, ihm denselben zu vergelten. Deshalb wollte ich es ihm nicht ersparen, die Person, die ihn so überlistet hatte, kennenzulernen. Er kennt meine Handschrift sehr gut, deshalb schrieb ich mitten auf das weiße Blatt die Worte:

> *Un dessein si funeste*
> *S'il n'est digne d'Atrée, est digne de Thyeste.*
> *Sie stehen in Crébillons ‚Atrée‘.“ –*

DU HAST'S GETAN!

Ich will jetzt den Ödipus des Rätsels spielen, das ganz Rattelburg so lange Zeit in Aufregung hielt. Ich will, ja, ich allein kann Ihnen die geheime Maschinerie erklären, die das Wunder zustande brachte – das einzig dastehende, das wahrhaftige, das eingestandene, das unbestrittene und unbestreitbare Wunder, das allem Unglauben unter den Rattelburgern ein für allemal ein Ende machte und alle weltlich Gesinnten und alle, die es gewagt hatten, skeptisch zu sein, zu der Strenggläubigkeit unserer Großmutter bekehrte.

Das Ereignis, von dem ich um keinen Preis im Tone unschicklicher Leichtfertigkeit reden möchte, trug sich im Sommer des Jahres 18– zu. Herr Barnabas Schüttelwert, einer der wohlhabendsten und angesehensten Bürger des Städtchens, wurde seit ein paar Tagen vermißt und zwar unter Umständen, die das Schlimmste befürchten ließen. Er hatte eines Samstags morgens in aller Frühe Rattelburg zu Pferde verlassen, um, wie man wußte, die etwa fünfzehn Meilen entfernte Stadt B. zu besuchen und am Abende desselben Tages zurückzukehren. Zwei Stunden nach seinem Aufbruche kam sein Pferd ohne ihn und seinen Sattelranzen zurück. Das Tier war überdies verwundet und mit Kot bedeckt. Dies alles erregte natürlich bei den Freunden des Vermißten große Aufregung, und als er am Sonntagmorgen noch nicht zurückgekehrt war, wollte sich der ganze Flecken aufmachen, um nach seinem Leichnam zu suchen.

Der Eifrigste und der Energischste bei den späteren Nachforschungen war der Busenfreund des Herrn Schüttelwert – ein Herr Karl Biedermann – oder, wie man ihn allgemein nannte, das „alte Karlchen" Biedermann. Mag man es nun für ein wunderbares Zusammentreffen halten oder mag der Name selbst einen unbemerkbaren Einfluß auf den Charakter seines Trägers ausüben, jedenfalls steht fest, daß es noch nie eine Person mit Vornamen „Karl" gegeben, die nicht offenherzig, mannhaft, ehrlich und gutmütig gewesen, die nicht eine volle, klare, wohltuende Stimme gehabt und ein Auge, das einem stets gerade ins Gesicht schaut, als wollte er sagen: „Ich habe ein gutes Gewissen; ich fürchte niemanden und bin keiner niederen Handlung fähig." Und deshalb werden wohl auch in Zukunft alle sorglosen, herzlichen Herren, die gemütvoll auf der Weltbühne umherspazieren, Karl genannt werden müssen.

Dem alten Karlchen Biedermann war es denn auch gar nicht schwer gefallen, die Bekanntschaft aller ehrenwerten Leute des Fleckens zu machen, obwohl er sich erst seit ungefähr sechs Monaten in Rattelburg aufhielt und ganz fremd dorthin gekommen war. Da war nicht einer, dem ein Wort von ihm nicht wie tausend gewesen wäre; und was gar die Frauen anbetrifft, so läßt sich überhaupt nicht sagen, was sie alles getan hätten, um ihm einen Gefallen zu erweisen. Und dies alles, weil er „Karl" getauft worden war und mithin jenes offene Gesicht besaß, das, wie das Sprichwort sagt, „der beste Empfehlungsbrief" ist.

Ich habe schon erwähnt, daß Herr Schüttelwert einer der angesehensten und zweifellos der reichste Einwohner von Rattelburg war. Das alte Karlchen Biedermann stand auf so vertrautem Fuße mit ihm, daß man sie für Brüder hätte halten können. Die beiden alten Herren waren Nachbarn, und obgleich Herr Schüttelwert das alte Karlchen sehr selten oder vielleicht nie besuchte und, wie jedermann wußte, nie bei ihm speiste, hinderte dies die beiden Freunde doch nicht, außerordentlich intim miteinander zu sein, denn das alte Karlchen ließ keinen Tag vorübergehen, ohne sich drei- oder viermal nach dem Befinden seines Nachbarn zu erkundigen. Häufig blieb er dann gleich zum Frühstück oder zum Tee da und sein Mittagmahl nahm er fast täglich bei Herrn Schüttelwert ein. Wieviel Wein die beiden Tischgenossen dann jedesmal vertilgten, würde nur sehr schwer zu bestimmen sein. Des alten Karlchens Lieblingsgetränk war Château Margaux, und es schien Herrn Schüttelwerts Herzen wirklich gut zu tun, wenn er sah, wie der alte Knabe behaglich ein Glas nach dem anderen schlürfte, so daß er eines Tage, als der Wein drinnen war und natürlicherweise den Witz nach außen trieb, seinem alten Freunde auf den Buckel klopfte und sagte: „Weißt du was, altes Karlchen? Du bist, wahrhaftiger Gott, der famoseste alte Kerl, den ich mein Lebtag getroffen; und da du nun so gern ein bißchen schlemmst, soll mich der Geier holen, wenn ich dir nicht eine ganz große Kiste Château Margaux verehre. Ich will des Teufels sein." (Herr Schüttelwert hatte leider die betrübliche Angewohnheit, zu fluchen, obwohl er nur selten über „Ich will des Teufels sein!", oder „Verflucht und zugenäht!", oder „Hol mich der Kuckuck!" hinausging.) „Ich will des Teufels sein", sagte er also, „wenn ich nicht schon heute nachmittag in der Stadt eine doppelte Kiste vom Besten, der zu haben ist, für dich bestelle! Kein Wort, mein Sohn, ich will es! Das ist abgemacht! Und nun paß auf! Eines schönen Morgens wird die Kiste ankommen, vielleicht gerade dann, wenn du sie am wenigsten erwartest!" Ich erwähne diesen kleinen Zug der Freigebigkeit des Herrn Schüttelwert nur, um Ihnen eine Vorstellung von der Vertraulichkeit zu geben, die zwischen den beiden Freunden herrschte.

Also an dem fraglichen Sonntagmorgen, als es nicht länger mehr zweifelhaft sein konnte, daß Herrn Schüttelwert irgend etwas zugestoßen sei, sah ich niemand so im Innersten beunruhigt und erschrocken wie das alte Karlchen Biedermann. Als er zuerst erfuhr, daß das Pferd ohne seinen Herrn und ohne seines

Herrn Satteltasche zurückgekommen, ganz blutüberströmt von dem Pistolenschuß, der dem armen Tier durch und durch gegangen, ohne es zu töten – als
er das hörte, wurde er zuerst so bleich, als sei der Vermißte sein eigener, lieber
Bruder oder sein Vater gewesen.

Es überlief ihn und er zitterte am ganzen Leibe, als habe er einen Anfall von
kaltem Fieber.

Zuerst überwältigte ihn der Schmerz so sehr, daß er weder etwas tun, noch
überhaupt den Plan fassen konnte, Licht in die Sache zu bringen; eine lange
Zeit bemühte er sich, den übrigen Freunden Herrn Schüttelwerts auszureden,
schon jetzt Nachforschungen anzustellen, da es ihm das Beste scheine, noch
etwas damit zu warten – sagen wir mal, ein oder zwei Wochen oder ein oder
zwei Monate – man könne ja fürs erste abwarten, ob nicht von selbst etwas
herauskäme oder ob nicht vielleicht Herr Schüttelwert selbst wiederkäme und
die Gründe auseinanderlegte, die ihn bewogen hätten, sein Pferd in diesem
Zustande heimzuschicken. Sie haben wohl selbst oft bei Leuten, die ein recht
schwerer Kummer niederdrückt, diese Neigung zum Aufschieben und Zeitneh-
men bemerkt. Ihre Geisteskräfte scheinen ganz erschlafft zu sein, so daß sie
einen Abscheu davor haben, irgendwie handelnd vorzugehen, und am allerlieb-
sten ruhig in ihrem Bette liegen und „ihren Kummer nähren", wie die alten
Damen sich ausdrücken, das heißt: über ihre Traurigkeit unaufhörlich nachgrübeln.

Die Leute von Rattelburg aber hatten eine so hohe Meinung von der Weisheit und der Umsicht des alten Karlchen, daß die meisten geneigt waren, ihm
zuzustimmen und keine weiteren Nachforschungen anzustellen, „bis von selbst
etwas herauskäme", wie der alte, ehrliche Herr sich ausgedrückt hatte; und ich
glaube, am Ende würde man wohl allgemein bei diesem Entschlusse geblieben sein, wenn nicht Herrn Schüttelwerts Neffe, ein junger Mann von ziemlich
leichtfertigen Gewohnheiten und auch sonst schlechtem Charakter, in verdäch-
tiger Weise dagegengeredet hätte. Dieser Neffe, ein Herr Pfennigfeder, wollte
nichts von Aufschieben hören und bestand hartnäckig darauf, sofort Nachforschungen nach dem „Leichnam des ermordeten Mannes" anstellen zu lassen.
Diesen Ausdruck wandte er an; und Herr Biedermann bemerkte sofort, daß das,
gelinde gesagt, ein sehr sonderbarer Ausdruck gewesen sei, und diese Bemerkung des alten Karlchen übte ebenfalls eine große Wirkung auf die Menge aus,
und man hörte jemanden recht nachdrücklich fragen: wie es komme, daß dem
jungen Herrn Pfennigfeder die Umstände, die mit dem Verschwinden seines
reichen Onkels zusammenhingen, so genau bekannt seien, daß er sich berechtigt fühle, deutlich und unzweideutig zu behaupten, sein Onkel sei ein „ermor-
deter Mann". Hierauf fielen in der Menge und besonders zwischen dem alten

Karlchen und Herrn Pfennigfeder ein paar spitze Bemerkungen. Dies letztere war absolut nichts Neues, denn seit drei oder vier Monaten lebten die beiden auf gespanntestem Fuße miteinander. Es war sogar so weit gekommen, daß Herr Pfennigfeder den Freund seines Onkels in dessen Hause, in dem er selbst auch wohnte, zu Boden geschlagen hatte, weil er sich dort zu große Frechheiten gestattet haben sollte. Wie es hieß, hatte sich das alte Karlchen bei dieser Gelegenheit durch außerordentliche Mäßigung und christliche Liebe ausgezeichnet. Er erhob sich nach dem Schlag, ordnete seine Kleider wieder, machte jedoch nicht den geringsten Versuch, Gleiches mit Gleichem zu vergelten. Er murmelte nur etwas von „summarischer Rache bei der nächsten passenden Gelegenheit –" aber das war wohl nur eine sehr natürliche und leicht entschuldbare Äußerung seines gerechten Zornes, die nichts auf sich hatte und sofort wieder vergessen worden war.

Wie dem nun aber auch sei, für unsere Geschichte hat es nichts zu sagen – jedenfalls kamen die Leute von Rattelburg, hauptsächlich durch die überzeugende Beredsamkeit des Herrn Pfennigfeder, endlich zu dem Entschlusse, die Umgegend zu durchstreifen, um eine Suche nach dem vermißten Herrn Schüttelwert abzuhalten. Ich sage also, sie kamen im allgemeinen zu diesem Entschlusse. Und nachdem sie ihn einmal gefaßt hatten, nahm man es als ganz selbstverständlich an, daß die Sucher sich in Trupps verteilen sollten, um die Gegend recht gründlich durchsuchen zu können. Ich erinnere mich jedoch nicht mehr, durch welche scharfsinnige Logik das alte Karlchen die Versammlung überzeugte, dies sei das Unklugste, was man tun könne. Jedenfalls überzeugte er alle – Herrn Pfennigfeder ausgenommen –, daß es das beste sei, wenn die Bürger *en masse* eine sorgfältige und gründliche Nachsuchung anstellten; er selbst, das alte Karlchen, wolle den Zug anführen.

Man konnte sich in der Tat, wie schon eingangs erwähnt, keinen besseren Pionier bei diesen Nachforschungen denken als Herrn Biedermann. Jeder wußte, daß er ein Luchsauge hatte; aber, obgleich er die guten Rattelburger in zahlreiche abgelegene Löcher und Winkel und auf Wege führte, von denen kein Mensch bisher eine Ahnung gehabt, und die Nachforschungen eine ganze Woche lang Tag und Nacht fortsetzte, ließ sich nicht die geringste Spur von Herrn Schüttelwert entdecken. Doch möchte ich das Wort „Spur" nicht wörtlich verstanden haben, denn eine Spur von einiger Bedeutung wurde immerhin gefunden. Die eigentümlichen Hufspuren des Pferdes, auf dem der arme Herr fortgeritten, waren auf der Hauptstraße, die zur Stadt führte, drei Meilen weit nach Osten zu verfolgen. Dann führten sie auf einen kleinen Abweg, der durch ein Wäldchen ging und sich später wieder mit dem Hauptwege vereinigte und ungefähr eine halbe Meile abschnitt. Man ging den Hufspuren nach und kam endlich an einen

Sumpf mit stagnierendem Wasser, der, von Brombeergebüschen halb verdeckt, rechts vom Wege lag. Jenseits des Sumpfes verlor sich jede Spur. Es schien, als habe hier ein Kampf stattgefunden, und aus verschiedenen Zeichen ließ sich ersehen, daß ein großer, schwerer Körper, viel größer und schwerer als der eines Mannes, von dem Pfade aus in den Sumpf geschleift worden war. Dieser letztere wurde zweimal sorgfältig durchsucht, ohne daß man etwas gefunden hätte, und man war schon nahe daran, die Nachforschungen als hoffnungslos aufzugeben, als die Vorsehung Herrn Biedermann auf den Gedanken brachte, das Wasser des Sumpfes vollständig abzulassen.

Dieser Vorschlag wurde mit Freude begrüßt und das alte Karlchen mit zahllosen Komplimenten über seinen Scharfsinn und seine Umsicht überhäuft. Da viele von den Bürgern in der Befürchtung, vielleicht einen Leichnam ausgraben zu müssen, Spaten mitgebracht hatten, wurde der Sumpf mit leichter Mühe und bald trocken gelegt. Kaum war der Boden sichtbar, da entdeckte man mitten im Schlamme, der zurückblieb, eine schwarze Weste aus Seidensammet, die jeder Anwesende sofort als das Eigentum des Herrn Pfennigfeder erkannte. Die Weste war vielfach zerrissen und mit Blut bedeckt, und mehrere der Anwesenden erinnerten sich genau, daß ihr Eigentümer sie am Morgen der Abreise des Herrn Schüttelwert getragen, während wieder andere sich bereit erklärten, nötigenfalls eidlich zu bezeugen, daß Herr Pfennigfeder das fragliche Kleidungsstück während des Restes jenes denkwürdigen Tages nicht mehr getragen; und endlich konnte niemand behaupten, daß er die Weste an irgendeinem Tage nach dem Verschwinden des Herrn Schüttelwert am Leibe des Herrn Pfennigfeder gesehen habe.

Nun begannen die Sachen für Herrn Pfennigfeder bös auszusehen, und der Verdacht, den man nun einmal gegen ihn hatte, wurde fast zur Gewißheit, als man bemerkte, daß er tödlich erbleichte und auf die Frage, was er denn zu seiner Entschuldigung vorzubringen habe, nicht ein Wort antworten konnte. Nun fielen auch die wenigen Freunde, die er sich bei seinem ausschweifenden Lebenswandel noch erhalten, wie ein Mann von ihm ab und verlangten sogar noch eindringlicher als seine alten, erklärten Feinde seine sofortige Festnahme.

Dagegen zeigte sich der Edelmut Herrn Biedermanns in desto strahlenderem Lichte. Er verteidigte Herrn Pfennigfeder mit warmer, inniger Beredsamkeit und spielte mehr als einmal darauf an, wie er dem wilden jungen Manne, „dem Erben des würdigen Herrn Schüttelwert", die Beleidigung, die derselbe ihm, Herrn Biedermann, ohne Zweifel in der Hitze der Leidenschaft zuzufügen für gut befunden, längst vergessen und vergeben habe. Er verzeihe ihm, sagte er, aus tiefstem Herzen, und was ihn, Herrn Biedermann selbst, anbeträfe, so sei er nicht nur weit entfernt davon, diese, leider höchst verdächtigenden Umstände zum Nachteile des Herrn Pfennigfeder auszubeuten, er wolle im Gegenteil sein möglichstes tun und seine ganze bescheidene Beredsamkeit aufwenden, um – um – um, soweit er es nur mit seinem Gewissen vereinbaren könne, diese wirklich so außerordentlich bedenkliche Sache in ihren schlimmsten Zügen zu mildern.

In dieser Weise, die sowohl seinem Herzen wie auch seinem Verstande alle Ehre machte, redete Herr Biedermann wohl eine halbe Stunde oder noch länger; doch warmherzige Personen sind in ihren Bemerkungen selten mäßig genug. In dem übereifrigen, hitzigen Bemühen, einem Freunde beizustehen, lassen sie sich zu allen möglichen Schnitzern und unangebrachten *A-tempo*-Hieben oder zu Ungeschicklichkeiten verleiten, die, trotzdem sie in der besten Absicht von der Welt geschehen, das Vorurteil gegen den Verteidigten eher bestärken als zerstreuen.

Diese Wirkung hatte auch die ganze Beredsamkeit des alten Karlchen, denn obgleich er sich in allem Ernste für den Verdächtigten ins Zeug gelegt hatte, geschah es dennoch, daß jede Silbe, die er äußerte, den Argwohn, der sich gegen Herrn Pfennigfeder nun einmal erhoben, nur noch bestärkte und die Wut der Menge gegen ihn aufstachelte.

Der Redner hatte den merklichen Fehler gemacht, den Verdächtigten den „Erben des würdigen Herrn Schüttelwert" zu nennen. Daran hatten die Rattelburger bis jetzt noch gar nicht gedacht. Man erinnerte sich nur gewisser Drohungen, die der Onkel, der außer seinem Neffen keine anderen lebenden Verwandten mehr hatte, vor ein oder zwei Jahren ausgesprochen: er wolle Herrn Pfennigfeder enterben, und hatte seit der Zeit die Enterbung als eine abgemachte Sache angesehen, doch die Bemerkung des alten Karlchen richtete ihre Aufmerksamkeit wieder auf diesen Punkt und stellte ihnen die Möglichkeit vor Augen, daß diese Drohungen eben nichts als Drohungen gewesen sein könnten. Und daraufhin stellte man sich sofort die natürliche Frage: *Cui bono* –? eine Frage, die den jungen Mann fast noch schwerer belastete als die gefundene Weste.

Und hier muß man mir, wenn man mich nicht mißverstehen will, gestatten, eine kleine Abschweifung zu machen und zu bemerken, daß die kurze lateinische Phrase, die ich eben anwandte, immer falsch übersetzt und mißverstanden worden ist. In allen bekannten Romanen sind die beiden lateinischen Worte „*cui bono?*", mit „zu welchem Zwecke" oder „zu welchem Ende" übersetzt worden. Ihre wirkliche Bedeutung ist jedoch „zu wessen Nutzen." *Cui*, wem; *bono*, zum Nutzen. Es ist eine rein juristische Phrase und genau anwendbar bei Fällen, wie der vorliegende, bei denen es sich darum handelt, die Wahrscheinlichkeit der Täterschaft aus der Wahrscheinlichkeit des dem mutmaßlichen Täter aus der Tat erwachsenden Vorteils herzuleiten. In unserem Falle deutete die Frage „*Cui bono?*", ganz entschieden auf Herrn Pfennigfeder. Sein Onkel hatte ihm, nachdem er zuerst ein Testament zu seinen Gunsten gemacht, mit Enterbung gedroht. Die Drohung war jedoch nicht ausgeführt worden, und das ursprüngliche Testament anscheinend unverändert geblieben. Wäre dies nicht der Fall gewesen, so hätte man dem Verdächtigten kein anderes Motiv als Rache unterschieben können, doch spräche die Möglichkeit, bei dem Onkel noch einmal wieder zu Gnaden zu kommen, entschieden gegen eine solche Annahme. Da jedoch das Testament nicht umgestoßen war, die Drohung einer Enterbung aber noch immer über dem Haupte des Neffen schwebte, so wird uns plötzlich das stärkste Motiv zu einer solchen Greueltat klar: wenigstens schlossen die würdigen, scharfsinnigen Einwohner von Rattelburg in dieser Weise. Herr Pfennigfeder wurde also auf der Stelle festgenommen und von der Menge, die sonst so gut wie keine Nachforschungen mehr anstellte, in die Stadt zurückgeführt. Unterwegs geschah noch etwas, das den Argwohn gegen ihn steigern mußte. Man bemerkte, daß Herr Biedermann, der in seinem Eifer immer ein Stückchen Weges vor der Menge herlief, plötzlich einen kleinen Gegenstand von dem Grase aufhob und, nachdem er ihn schnell untersucht, einen halben Versuch machte, ihn in seiner Tasche verschwinden zu lassen. Doch, wie gesagt, die Handlung wurde bemerkt und infolgedessen verhindert, und der aufgehobene Gegenstand stellte sich als ein spanisches Messer heraus, das ein Dutzend Personen sofort als Eigentum des Herrn Pfennigfeder erkannten. Überdies waren die Anfangsbuchstaben seines Namens in den Griff graviert. Das Messer war geöffnet, und seine Klinge wies Blutspuren auf.

Nun stand die Schuld des Neffen wohl außer allem Zweifel, sofort nach der Ankunft in Rattelburg wurde er vor den Untersuchungsrichter geführt.

Hier nahmen die Dinge ebenfalls eine für ihn überaus ungünstige Wendung. Als man den Angeklagten fragte, wo er sich an dem Morgen, an dem Herr Schüttelwert verschwunden sei, aufgehalten habe, hatte er wahrhaftig die Frechheit, zu gestehen, daß er an demselben Morgen mit seiner Büchse draußen gejagt habe und zwar in unmittelbarer Nähe des Sumpfes, in dem man seine blutbesudelte Weste dank dem Scharfsinne des Herrn Biedermann aufgefunden hatte.

Nun trat das alte Karlchen vor und bat mit Tränen in den Augen darum, vernommen zu werden. Er sagte, daß sein strenges Pflichtgefühl Gott und dem Menschen gegenüber ihm nicht gestatte, noch länger zu schweigen.

Bisher habe ihn die aufrichtigste Zuneigung zu dem jungen Manne, ungeachtet der üblen Behandlung, die er ihm, Herrn Biedermann, hätte angedeihen lassen, bewogen, alle nur erdenklichen Einwendungen zu machen, um den Verdacht, der ja leider schwer auf Herrn Pfennigfeder lastete, zu entkräften;

doch sprächen jetzt die Umstände zu überzeugend, zu verdammend gegen ihn –
Herrn Pfennigfeder nämlich; nun dürfe er nicht länger zurückhalten und müsse
alles sagen, sollte auch sein – Herrn Biedermanns Herz – darunter brechen.

Und nun setzte er deutlich auseinander, wie an dem Nachmittage des Tages
vor dem Verschwinden des Herrn Schüttelwert dieser würdige alte Herr seinem
Neffen in seiner – Herrn Biedermanns – Gegenwart gesagt habe, der Zweck
der Reise, die er morgen unternehmen werde, sei der, bei der Farmerbank eine
ungewöhnlich hohe Geldsumme zu deponieren, und daß bei dieser Gelegenheit
der besagte Herr Schüttelwert dem besagten Neffen deutlich seinen unabänderlichen Entschluß kundgetan habe, das ursprüngliche Testament für nichtig
erklären zu lassen und ihn „mit einem Ei und einem Butterbrot" abzuspeisen.

Er, der Zeuge, fordere nun den Angeklagten in feierlicher Weise auf, auszusagen, ob er, der Zeuge, in allen wesentlichen Punkten die Wahrheit gesagt habe
oder nicht.

Zum großen Erstaunen aller Anwesenden gab Herr Pfennigfeder die Wahrheit dieser Aussagen ohne die geringste Einschränkung zu.

Der Untersuchungsrichter hielt es nun für seine Pflicht, etliche Polizisten
in das Haus des Herrn Schüttelwert zu schicken, damit sie das Zimmer des
Angeklagten einer genauen Durchsuchung unterzögen. Von dieser Haussuchung kamen sie fast umgehend wieder mit der wohlbekannten stahlbeschlage-
nen Brieftasche aus rotbraunem Leder zurück, die, wie jedermann wußte, Herr
Schüttelwert seit Jahren bei sich getragen. Ihr wertvoller Inhalt jedoch war verschwunden, und vergebens bemühte sich der Untersuchungsrichter, aus dem
Angeklagten herauszubringen, welchen Gebrauch er von dem Gelde gemacht
oder wo er es verborgen habe. Er leugnete hartnäckig, von der Sache auch nur
das geringste zu wissen.

Die Polizeidiener hatten außerdem noch in dem Bette des Unglückseligen auf
dem Strohsack eins seiner Hemden und ein Halstuch gefunden, beides mit den
Anfangsbuchstaben seines Namens gezeichnet und mit dem Blute des Opfers
auf das gräßlichste besudelt.

Kaum war dies alles festgestellt, so wurde auch gemeldet, daß das Pferd des
Ermordeten soeben infolge der erhaltenen Verletzung verendet sei. Herr Biedermann schlug sofort die Sezierung des Tieres vor, damit man, wenn möglich,
die Kugel fände. Man folgte seinem Rate und fand, als hätte sich alles vereinigt,
um die Schuld des Angeklagten restlos zu beweisen, nach langem Suchen in dem
Brustkasten des Pferdes eine ungewöhnlich große Kugel, die bei näherer Untersuchung genau in den Lauf der Büchse des Herrn Pfennigfeder paßte, während
sie für die Büchsen aller übrigen Einwohner von Rattelburg und Umgegend zu
groß war.

Um die Sache noch klarer zu machen, stellte sich überdies heraus, daß die Kugel außer der gewöhnlichen noch eine kleine Naht hatte, die mit der anderen einen rechten Winkel bildete, und diese zweite Naht entsprach genau einer zufälligen Erhöhung in dem Kugelgießer, den der Angeklagte selbst als sein Eigentum anerkannte.

Nach Auffindung dieser Kugel hielt der Richter alle weiteren Schuldbeweise für überflüssig und erklärte, daß der Angeklagte vor die nächsten Assisen gestellt werden würde. Jede Bürgschaft – Herr Biedermann mit seinem warmen Herzen hatte sich erboten, dieselbe in beliebiger Höhe zu leisten – müsse er unbedingt zurückweisen. Dieser Edelmut des alten Karlchens stimmte auf das schönste zu dem ehrenhaften, liebenswürdigen Betragen, dessen er sich während der ganzen Zeit seines Aufenthalts in Rattelburg befleißigt hatte. Im vorliegenden Falle ließ sich der würdige Herr so von seiner warmen Herzensgüte fortreißen, daß er, als er sich anbot, Bürgschaft für seinen jungen Freund zu leisten, ganz vergessen zu haben schien, daß er auf Gottes weiter Erde eigentlich kein festes Besitztum im Werte auch nur eines Dollars hatte.

Es war nicht schwer, vorauszusehen, wie der Urteilsspruch lauten werde. Unter den lauten Verwünschungen der Rattelburger wurde Herr Pfennigfeder vor die Geschworenen gestellt, und die Kette der überzeugenden Schuldbeweise, die Herrn Biedermanns zartes Gewissen noch durch einige weitere belastende Aussagen verstärkte, wurde vollständig ausreichend befunden, die Schuldfrage zu bejahen; der Angeklagte wurde, ohne daß die Geschworenen auch nur ihre Sitze verließen, „des vorsätzlichen Mordes" schuldig befunden. Darauf wurde dann über den Unglücklichen das Todesurteil ausgesprochen. Man brachte ihn in das Gefängnis zurück, bis die unerbittliche Rache des Gesetzes ihren Lauf nehmen sollte.

Das alte Karlchen hatte sich jedoch durch sein wahrhaft edelmütiges Betragen den Herzen der ehrlichen Bürger von Rattelburg nur noch teurer gemacht. Noch mehr als sonst wurde er ihr erklärter Liebling, und um die reichliche Gastfreundschaft, die man ihm erwies, wenigstens in etwas zu erwidern, war er, wie er einmal durchblicken ließ, gezwungen, die äußerst sparsamen Gewohnheiten, die ihm seine Armut bis jetzt auferlegt, daranzugeben. Er gab kleine Gesellschaften, bei denen es lustig herging – nur wurde die Heiterkeit natürlicherweise hin und wieder ein wenig gedämpft, wenn man sich gelegentlich des widrigen, trüben Loses erinnerte, dem der Neffe des vielbetrauerten Busenfreundes des großherzigen Gastgebers entgegenging.

Eines schönen Tages wurde der alte, edelmütige Herr durch den Empfang des folgenden Briefes auf das angenehmste überrascht:

Herrn Karl Biedermann, Wohlgeboren,
Rattelburg, von F. & Cie.
Chât. Mar. A – Nr. 1. – 6 Dtz. Flaschen (1/2 Groß).

Herrn Karl Biedermann, Wohlgeboren.
Sehr geehrter Herr!
Infolge einer Bestellung, die unsere Firma vor etwa zwei Monaten durch unseren Geschäfts-
freund Herrn Barnabas Schüttelwert gemacht wurde, haben wir die Ehre, heute morgen eine
doppelte Kiste Château Margaux an Ihre Adresse abgehen zu lassen. Qualität Antilope.
Violettes Siegel. Kiste numeriert und wie obenstehend markiert.
Wir verbleiben, sehr geehrter Herr,

Ihre ergebensten Diener
Stadt B., 21. Juni 18– Frosch & Cie.

PS. Die Kiste wird Ihnen einen Tag nach Empfang dieses Schreibens per Fracht zugehen.
Unsere Empfehlungen an Herrn Schüttelwert. F. & Cie.

Seit dem Tode des Herrn Schüttelwert hatte Herr Biedermann jede Hoffnung
aufgegeben, den versprochenen Château Margaux jemals zu bekommen, und
sah die Sache jetzt fast als eine Fügung der gütigen Vorsehung an. Er war im
höchsten Grade entzückt und lud im Übermaß seiner Freude für den nächsten Abend eine große Gesellschaft ein, die ihm helfen sollte, das Geschenk
des guten alten Herrn Schüttelwert seiner Bestimmung zu übergeben. Doch
erwähnte er den „guten alten Herrn Schüttelwert" bei seinen Einladungen
mit keinem Worte. Er dachte viel darüber nach und kam zu dem Schlusse,
daß es wirklich besser sei, nichts zu sagen. Also, wie gesagt, er erzählte nichts
von einem Geschenk, sondern bat seine Freunde nur, ihm zu helfen, ein paar
Flaschen ganz besonders guten Weines, den er schon vor ein paar Wochen
in der Stadt bestellt habe und der morgen eintreffen müsse, austrinken zu
helfen. Ich habe mich selbst oft gefragt, warum das alte Karlchen beschlossen hatte, nicht zu sagen, daß es den Wein von seinem alten Freunde zum
Geschenk erhalten. Ich konnte wirklich nicht klug daraus werden, obgleich
mir einleuchtete, daß er jedenfalls einen wichtigen Grund zum Schweigen
habe.

Der Abend kam und mit ihm eine hoch ehrenwerte Gesellschaft; das halbe
Städtchen war im Hause des Herrn Biedermann erschienen – auch ich befand
mich unter den Eingeladenen. Doch zum größten Verdrusse des Wirtes kam die
Kiste Château Margaux erst an, als man dem leckeren Abendmahle schon alle
Ehre angetan hatte: Es war eine ungeheuer große Kiste – und da man bereits in

ausgezeichneter Stimmung war, wurde unter allgemeinem Beifall beschlossen, sie auf die Tafel hinaufzuheben und dort ihres Inhaltes zu entledigen.

Gesagt, getan. Ich half mit, und im Nu stand die Kiste auf dem Tische, mitten zwischen Flaschen und Gläsern, denen dabei bös mitgespielt wurde. Das alte Karlchen, das schon ziemlich angeheitert und puterrot im Gesichte war, setzte sich mit einer Miene komischer Würde an die Spitze der Tafel, schlug wie ein Besessener mit einer festen Karaffe auf den Tisch und befahl jedermann, sich ruhig zu verhalten, „bis der Schatz gehoben sei".

Das Lachen und Schreien dauerte noch ein wenig an, endlich wurde es ruhig, ja, wie es bei dergleichen Gelegenheiten oft geschieht – es trat Totenstille ein. Man forderte mich auf, den Deckel zu öffnen, und ich kam diesem Wunsche „mit unermeßlichem Vergnügen" nach. Ich steckte einen Meißel zwischen Deckel und Kiste und schlug einige Male leicht mit dem Hammer auf denselben.

Der Deckel flog plötzlich mit Heftigkeit in die Höhe – und im selben Augenblicke richtete sich, dem Wirt gerade gegenüber, der blutige, schon halb verweste Leichnam des ermordeten Herrn Schüttelwert in sitzender Stellung aus der Kiste auf. Er blickte Herrn Biedermann ein paar Augenblicke lang mit seinen verglasten Augen starr und kummervoll an. Dann sprach er langsam, aber deutlich und nachdrücklich die drei Worte: „Du hast's getan!", und fiel, als sei er nun zufriedengestellt, aus der Kiste heraus und streckte seine Glieder auf dem Tische aus.

Die Szene, die folgte, spottet jeder Beschreibung. In grauenhaftem Entsetzen stürzte alles auf die Türen und Fenster zu, und selbst einige der stärksten Männer wurden vor bloßem Schreck ohnmächtig. Doch nach dem ersten wilden Ausbruche des Grauens richteten sich aller Augen auf Herrn Biedermann. Wenn ich tausend Jahre alt würde, könnte ich nie die Todesangst vergessen, die sich auf seinem eben noch so triumphierenden, strahlenden, nun geisterhaft verzerrten Gesichte widerspiegelte.

Mehrere Minuten lang saß er wie versteinert, seine vollständig ausdruckslos gewordenen Augen schienen nach innen gewandt und in der Anschauung seiner elenden, heuchlerischen Seele ganz versunken zu sein. Endlich wurden sie sich der äußeren Welt wieder bewußt, es blitzte in ihnen auf, und im selben Augenblicke sprang er von seinem Stuhl und fiel mit Kopf und Schultern schwer auf den Tisch, so daß er den Leichnam berührte, und legte ein ausführliches Geständnis des grausigen Verbrechens ab, um dessentwillen man Herrn Pfennigfeder eingekerkert und zum Tode verurteilt hatte.

Er erzählte im wesentlichen folgendes:

Er folgte seinem Opfer bis in die Nähe des Sumpfes, dort schoß er mit einer Pistole auf das Pferd und erschlug den Reiter mit dem Griff derselben, eignete sich die Brieftasche an, und schleppte das Pferd, das er für tot hielt, mit viel Mühe in die Brombeergebüsche, die den Sumpf umstanden. Den Leichnam des Herrn Schüttelwert befestigte er auf seinem eigenen Pferde, um ihn, weit von dem Tatorte, im Walde zu verbergen.

Die Weste, das Messer, die Brieftasche, ja sogar die Kugel hatte er selbst an die Stellen gebracht, an denen man sie gefunden, in der Absicht, sich an Herrn Pfennigfeder zu rächen. Auch hatte er die Entdeckung des blutgeröteten Halstuches und Hemdes herbeigeführt.

Gegen Ende dieser haarsträubend gräßlichen Aussagen wurde die Stimme des schuldigen Elenden unsicher und hohl. Als er endlich fertig war, erhob er sich, schwankte ein paar Schritte vom Tische zurück und fiel tot zu Boden.

Die Mittel, die dieses rechtzeitige Geständnis herbeiführten, waren trotz ihrer großen Wirksamkeit äußerst einfach. Herrn Biedermanns übermäßige Biederkeit hatte mich angeekelt und gleich anfangs Verdacht bei mir erregt. Ich war dabei gewesen, als Herr Pfennigfeder ihn geschlagen hatte, und der teuflische Ausdruck, der damals, wenn auch nur für einen Augenblick, sein Gesicht verzerrte, hatte mich überzeugt, daß er die Drohung, sich zu rächen, reichlich ausführen werde. So war es mir also möglich, die Manöver des alten Karlchens in einem ganz anderen Lichte zu erblicken, als es die guten Rattelburger taten. Ich sah sofort, daß alle belastenden Entdeckungen direkt oder indirekt von Herrn Biedermann ausgingen. Was mir jedoch die Augen über den wahren Sachverhalt öffnete, war der Umstand, daß Herr Biedermann in dem Kadaver des Tieres eine Kugel fand. Ich hatte nicht, wie die Rattelburger, vergessen, daß der Körper des Pferdes ein Loch aufwies, durch das die Kugel eingedrungen, und ein anderes, durch das sie wieder hinausgegangen war. Wenn man dennoch eine Kugel fand, war es klar, daß die Person, die sie gefunden, dieselbe vorher dort versteckt haben mußte. Das blutige Tuch und das Hemd bestärkten ebenfalls meine Annahme, denn bei genauer Prüfung stellte sich heraus, daß das vermeintliche Blut guter Bordeaux war. Als ich dies alles recht bedachte und auch die Ausgaben und ungewohnte Freigebigkeit des Herrn Biedermann bemerkte, wuchs mein Argwohn stündlich, doch sprach ich zu niemandem darüber.

Mittlerweile stellte ich eifrige Nachforschungen nach dem Leichnam des Herrn Schüttelwert an und suchte aus naheliegenden Gründen an Orten, die möglichst weit von denen, die Herr Biedermann mit seiner Schar durchgestöbert hatte, entfernt waren. Nach einigen Tagen kam ich an einen alten, versiegten Brunnen, dessen Öffnung durch Brombeergestrüpp verborgen war, und auf seinem Boden fand ich, was ich suchte.

Ich hatte jedoch auch zufällig die Unterhaltung der beiden Freunde mit angehört, in der das alte Karlchen Herrn Schüttelwert durch allerlei Schmeicheleien zu überreden gewußt, ihm eine Kiste Châteaux Margaux zu versprechen. Diesen Umstand benutzte ich. Ich verschaffte mir ein steifes Stück Fischbein, stieß es in den Hals des Leichnams hinab, und legte ihn in eine alte Weinkiste, derart, daß sich der Körper mit dem Fischbein beugen mußte. Dann drückte ich den Dekkel kräftig nieder und nagelte ihn an. Ich konnte also erwarten, daß er, sobald man die Nägel entfernte, aufspringen und der Leichnam in die Höhe schnellen werde.

Danach markierte und numerierte ich die Kiste, schrieb die Adresse und den Brief unter dem Namen des Weinhändlers, mit dem Herr Schüttelwert in Verbindung gestanden; meinem Diener gab ich Befehl, die Kiste zu einer genau angegebenen Zeit in das Haus des Herrn Biedermann zu schaffen; und die Worte, die der Leichnam sprechen sollte, beschloß ich selbst so wirkungsvoll wie möglich hervorzubringen: infolge meines Talentes als Bauchredner durfte ich mir's schon zutrauen. Im übrigen aber überließ ich alles dem bösen Gewissen des Mörders.

Weiter habe ich nichts zu erzählen. Höchstens, daß Herr Pfennigfeder auf der Stelle freigelassen wurde: er erbte das Vermögen seines Onkels und zog aus seiner schlimmen Erfahrung manche gute Lehre, begann einen neuen Lebenswandel, wurde ein anderer und lebte noch lange glücklich und zufrieden.

DIE LÄNGLICHE KISTE

Als ich vor einigen Jahren von Charleston nach New York reisen mußte, mietete ich mir auf dem schönen Paketboote „Independence", dem Schiffe des Kapitän Hardy, eine Kajüte. Die Abreise war auf den 15. Juni festgelegt, und am 14. begab ich mich an Bord, um in meiner Kajüte noch verschiedenes zu ordnen.

Ich bemerkte, daß wir eine große Anzahl Passagiere, unter denen sich ungewöhnlich viele Damen befanden, bekommen sollten. Mehrere meiner Bekannten standen schon auf der Liste, und ich las mit großer Freude unter anderen den Namen des Herrn Cornelius Wyatt, eines jungen Künstlers, mit dem mich eine warme Freundschaft verband. Er hatte gleichzeitig mit mir studiert. Wir waren oft und viel zusammengewesen. Er hatte das richtige Temperament eines Genies: es war aus Melancholie, Sensibilität und Enthusiasmus seltsam gemischt. Mit diesen Eigenschaften vereinigte er das ehrlichste und wärmste Herz, das je in der Brust eines Menschen geschlagen.

Ich bemerkte, daß seine Karte sich an drei Kajütentüren befand; als ich auf der Passagierliste nachsuchte, fand ich, daß er für sich, seine Frau und seine beiden Schwestern Plätze genommen hatte. Die Kajüten waren ziemlich geräumig und jede enthielt zwei übereinander befindliche Bettstätten, die allerdings nur für eine Person Raum boten; doch konnte ich nicht verstehen, weshalb mein Freund für diese vier Personen drei Kajüten gemietet hatte.

Ich befand mich damals gerade in einer jener verdrießlichen Stimmungen, in denen man oft von krankhafter Neugierde ergriffen wird, und ich muß beschämt gestehen, daß ich über diese überflüssige Kajüte eine Menge alberner und boshafter Vermutungen anstellte. Die ganze Sache ging mich ja gar nichts an, nichtsdestoweniger machte ich die hartnäckigsten Versuche, das Rätsel zu lösen.

Endlich kam ich zu einem Schlusse, bei dem ich mich nur verwundert fragte, weshalb ich nicht gleich zu ihm gekommen. „Sie werden natürlich einen Diener oder eine Dienerin mitnehmen", sagte ich mir. „Welch ein Tor ich bin, daß mir dies nicht schon früher eingefallen!", Noch einmal suchte ich auf der Liste nach – und fand die ausdrückliche Bemerkung, daß kein Diener und keine Dienerin mitgenommen werden sollte, obgleich man offenbar anfangs die Absicht gehabt hatte, Dienerschaft mitzunehmen, denn die Worte „samt Dienerschaft", die anfänglich dagestanden hatten, waren wieder durchgestrichen worden. Vielleicht hat er Extragepäck bei sich, dachte ich darauf, etwas, das er nicht in den Schiffsraum bringen lassen will – etwas, das er nicht aus den Augen verlieren will – nun hab' ich es: ein Gemälde oder etwas Ähnliches – sah ich ihn doch neulich mit Niccolini, dem italienischen Juden, unterhandeln. Ich war nun ganz befriedigt und schickte meine Neugierde zum Kuckuck.

Wyatts beide Schwestern kannte ich sehr gut, es waren liebenswürdige, gescheite Mädchen. Seine Gattin hatte er erst vor kurzem heimgeführt, ich hatte sie noch nie gesehen. Doch hatte er mir mit dem ihm eigenen Enthusiasmus viel von ihr erzählt. Nach seinen Beschreibungen mußte sie von hervorragendster Schönheit, Klugheit und Anmut sein. Ich konnte es kaum erwarten, sie kennenzulernen.

An dem Tage, an dem ich das Schiff aufsuchte, am 14. also, erwartete man, wie mir der Kapitän mitteilte, auch Wyatt und seine Damen. Ich verblieb eine Stunde länger an Bord als ich beabsichtigte, um die Gelegenheit, der jungen Frau vorgestellt zu werden, nur ja nicht zu versäumen. Ich wartete vergeblich. Die Herrschaften ließen sich mit den Worten entschuldigen: Frau Wyatt befände sich nicht ganz wohl und werde erst morgen, kurz vor Abfahrt, das Schiff besteigen.

Am folgenden Morgen, als ich mich auf die Werft begab, begegnete ich zufällig dem Kapitän Hardy, welcher mir sagte, daß die „Independence" eingetretener Umstände halber (wie die stupide, aber bequeme Phrase lautet) wohl noch ein oder zwei Tage im Hafen liegen werde, und daß er mir, sobald alles bereit sei, Nachricht zukommen lassen wollte. Ich fand diesen Aufschub recht sonderbar, da aus dem Süden eine schöne, steife Brise wehte. Trotz hartnäckiger Nachforschungen wollte es mir nicht gelingen, mit den „eingetretenen Umständen" nähere Bekanntschaft zu machen. So blieb mir also nichts anderes übrig, als in mein Hotel zurückzukehren und meinen Ärger hinunterzuschlucken.

Eine ganze Woche lang wartete ich auf die ersehnte Nachricht von dem Kapitän; als sie endlich eintraf, begab ich mich unverzüglich an Bord. Die Passagiere gingen lebhaft hin und her, und auf Deck herrschte jene geräuschvolle Geschäftigkeit, die der baldigen Abfahrt eines Schiffes stets voranzugehen pflegt.

Wyatt und seine Damen erschienen etwa zehn Minuten später als ich. Der Künstler schien von einem seiner gewohnten Melancholieanfälle heimgesucht zu sein; er war in sich versunken und wortkarg, so wortkarg, daß er mich nicht einmal seiner Frau vorstellte. Seine Schwester Marianne, ein reizendes, intelligentes Mädchen, nahm ihm diese Pflicht der Artigkeit ab und machte uns durch ein paar rasche Worte miteinander bekannt.

Bei dieser flüchtigen Vorstellung war Frau Wyatt dicht verschleiert gewesen, und ich muß gestehen, daß ich, als sie den Schleier zurückschlug, aufs höchste erstaunt war. Ich wäre es noch viel mehr gewesen, hätte mich nicht eine lange Erfahrung gelehrt, den enthusiastischen Beschreibungen meines Freundes, sobald er über Frauenschönheit sprach, nur mäßigen Glauben zu schenken. Ich wußte nur zu wohl, daß er sich da leicht zu Übertreibungen verleiten ließ.

Nein, beim besten Willen konnte ich nicht behaupten, daß Frau Wyatt schön sei; zwar war sie nicht ausgesprochen häßlich – doch auch nicht weit entfernt davon. Jedenfalls sah sie höchst alltäglich aus. Nur war sie mit ausgesuchtestem Geschmacke gekleidet; und ich zweifelte nicht, daß sie wohl das Herz meines Freundes durch ihren Geist und ihr Gemüt gefesselt habe. Wir wechselten nur sehr wenige Worte; dann begab sie sich sogleich mit Herrn Wyatt in ihre Kajüte.

Jetzt ergriff mich wieder meine alte Neugierde. Dienerschaft hatten sie also nicht mitgebracht, das stand fest. So sah ich mich denn nach dem Extragepäck um. Nach einiger Zeit langte auf der Werft ein Karren mit einer länglichen Kiste aus Tannenholz an, auf die man noch gewartet zu haben schien. Sobald sie an Bord war, lichteten wir den Anker und steuerten ins Meer hinaus.

Die Kiste war, wie ich schon sagte, länglich und mochte vielleicht sechs Fuß lang und zweieinhalb Fuß breit sein. Ich kann dies mit solcher Bestimmtheit behaupten, weil mir ihre eigentümliche Form gleich auffiel. Kaum hatte ich sie gesehen, so gratulierte ich mir zu meiner Geschicklichkeit im Raten. Ich war, wie man sich erinnern wird, zu dem Schlusse gekommen, daß das Extragepäck meines Freundes, des Künstlers, wohl ein Gemälde sein werde, da ich wußte, daß er in den letzten Wochen mit Niccolini in Unterhandlung gestanden hatte; und jetzt sah ich hier eine Kiste, die, nach ihrer Form zu urteilen, eigentlich nichts anderes enthalten konnte, als eine Kopie von Leonardos „Abendmahl". Da ich außerdem noch wußte, daß sich seit einiger Zeit eine in Florenz von dem jüngeren Rubini gefertigte Kopie dieses Meisterwerks im Besitze Niccolinis befunden hatte, durfte ich meine Vermutung als bestätigt ansehen. Vergnügt lachte ich über diesen neuen Beweis meines Scharfsinnes. Soviel ich wußte, war es das erste Mal, daß Wyatt seine künstlerischen Geheimnisse mir vorenthielt; er hatte wohl offenbar vor, mich zu nasführen und unter meinen Augen ein schönes Kunstwerk einzuschmuggeln. Dafür wollte ich ihn ein andermal zu gelegener Zeit gehörig aufziehen.

Ein Umstand befremdete mich ein wenig. Die Kiste wurde nicht in der Extrakajüte, sondern in der Wyatts untergebracht; dort blieb sie, obwohl sie fast den ganzen Raum einnahm, was doch dem Künstler und seiner Frau äußerst unangenehm sein mußte, da der Teer oder die Farbe, womit mehrere weit auseinanderstehende Buchstaben auf den Deckel hingemalt waren, einen starken, höchst unangenehmen, ja, meinem Empfinden nach ekelhaften Geruch von sich gab.

Die Worte auf dem Deckel lauteten: „An Frau Adelheid Curtis, Albany, New York. Aufgegeben von Cornelius Wyatt, Esq. Diese Seite oben. Vorsicht!"

Ich wußte, daß Frau Adelheid Curtis aus Albany die Schwiegermutter des Künstlers war, und nahm die ganze Adresse als eine auf mich gemünzte Mystifikation. Denn ich redete mir ein, daß die Kiste samt ihrem Inhalt im Atelier meines misanthropischen Freundes in der Chamberstreet in New York bleiben und niemals weiter nördlich wandern werde.

Die ersten drei oder vier Tage hatten wir schönes Wetter, obgleich uns der Wind direkt entgegenblies, denn er war, sobald die Küste außer Sicht gekommen, nach Norden umgesprungen. Die Passagiere waren alle in bester Laune und zu fröhlicher Geselligkeit aufgelegt, alle, d. h. mit Ausnahme Wyatts und seiner Schwestern, die sich gegen die übrigen Passagiere nicht allein steif, sondern, wie mir schien, ziemlich unhöflich benahmen. Bei Wyatt fiel mir dies nicht so sehr auf, denn wenn er auch außerordentlich melancholisch, ja, sogar mürrisch erschien, so war ich doch dergleichen von ihm längst gewöhnt. Für seine Schwestern jedoch suchte ich vergeblich nach einer Entschuldigung. Sie schlossen sich fast den ganzen Tag über in ihre Kajüten ein und waren trotz meiner wiederholten Vorstellungen nicht zu bewegen, mit jemandem an Bord zu verkehren. Frau Wyatt dagegen war viel angenehmer: sie plauderte gern und viel, und jeder, der eine längere Seereise gemacht hat, weiß, welch angenehme Eigenschaft dies auf See ist. Sie wurde mit den meisten Damen ungemein vertraut und legte zu meinem höchsten Erstaunen eine unverkennbare Neigung, mit den Männern zu kokettieren, an den Tag. Jedenfalls amüsierte sie uns außerordentlich. Ich sage „amüsierte" – und weiß kaum, wie ich das, was ich darunter verstehe, näher bezeichnen soll. Ich möchte nur erwähnen, daß mir bald auffiel, daß man weit öfter über Frau Wyatt als mit ihr lachte; die Herren sagten wenig über sie; doch die Damen behaupteten nach kurzer Zeit, sie sei ein gutmütiges ziemlich alltäglich aussehendes, gänzlich unerzogenes, ungebildetes Ding.

Alle Welt fand es unerklärlich, daß Wyatt sich ein solches Wesen als Lebensgefährtin gewählt hatte. Man suchte sich diese absonderliche Verbindung als eine Geldheirat zu erklären. Ich wußte jedoch bestimmt, daß diese Annahme absolut unbegründet sei, denn Wyatt hatte mir einmal gesagt, daß seine Frau nicht einen Dollar als Heiratsgut und in ihrem Leben auch nie eine Erbschaft zu erwarten habe. „Nur aus Liebe, einzig und allein aus Liebe", sagte er, „heirate er sie, und seine Braut sei seiner Liebe mehr als würdig."

Ich muß gestehen, daß ich, als ich mich an diese Worte erinnerte, gar nicht wußte, was ich von ihm halten sollte. Hatte er denn keine Augen, um zu sehen, hatte er den Verstand verloren, er, ein so hochgebildeter, geistvoller, zart empfindender Mann mit seiner außerordentlichen Empfindlichkeit gegenüber allem

Unfeinen und Unkünstlerischen, seinem heißen Drange nach Schönheit –!
Jedenfalls schien die Dame ihn recht gern zu haben – besonders in seiner Abwesenheit – denn sie machte sich dann in einem fort dadurch lächerlich, daß sie immer und ewig wiederholte, was ihr „vielgeliebter Gatte" da oder dort gesagt habe; das Wort „Gatte" besonders schien ihr – um mich eines ihrer zarten Ausdrücke zu bedienen – „immer auf der Zunge zu sein".

Mittlerweile war es schon allen Passagieren aufgefallen, daß Wyatt selbst seine Gattin, wo es nur anging, mied und sich den größten Teil des Tages in seine Kajüte einschloß und es seiner Frau überließ, sich nach Gutdünken mit der in der großen Kajüte versammelten Gesellschaft zu „amüsieren".

Aus allem, was ich sah und hörte, mußte ich schließen, daß der Künstler einer der ganz unberechenbaren Launen des Schicksals zum Opfer gefallen sei, oder daß er in einem Anfluge grillenhafter Leidenschaft sich mit einer tief unter ihm stehenden Person verbunden habe, und daß das natürliche Resultat, baldige und vollkommene Abneigung, nun schon eingetroffen sei. Ich bedauerte ihn aus Herzensgrund, doch konnte ich ihm seine Geheimnistuerei mit dem „Abendmahl" nicht vergeben: dafür wollte ich mich noch einmal an ihm rächen.

Eines Tages erschien er auf dem Verdeck, und ich nahm, wie wir es gewohnt waren, seinen Arm und schlenderte mit ihm eine Zeitlang auf und ab. Seine Melancholie, die mir jetzt erklärlich vorkam, schien ihn noch immer vollständig zu beherrschen. Er sprach wenig, dies Wenige nur mürrisch und gezwungen. Ich versuchte ein paar Scherze zu machen und sah, daß er sich zu einem krampfhaften Lächeln quälte. Armer Kerl –! Wenn ich an seine Frau dachte, wunderte ich mich fast noch, daß er sich so heiter stellen konnte.

Dann beschloß ich, an die Ausführung meines Racheplanes zu gehen. Ich machte eine Menge versteckter Anspielungen auf die längliche Kiste, um ihm zu zeigen, daß ich wenigstens schon Argwohn schöpfte. Ich spielte auf ihre eigentümliche Form an, lächelte verständnisinnig, blinzelte ihm zu und klopfte ihm sanft mit dem Zeigefinger auf die Schulter.

Die Art und Weise, mit der Wyatt diesen harmlosen Scherz aufnahm, brachte mich zu der Überzeugung, daß ich es mit einem Wahnsinnigen zu tun hatte. Zuerst starrte er mich an, als sei es ihm unmöglich, meinen Witz zu verstehen. In dem Maße aber, wie ihm allmählich das Verständnis aufzugehen schien, rissen sich seine Augen auf und schienen aus ihren Höhlen springen zu wollen. Dann schoß ihm glühende Röte ins Gesicht – gleich darauf wurde er erschreckend bleich und brach endlich, als hätten ihn meine Worte aufs höchste belustigt, in ein langes, tolles Lachen aus, das wohl zehn Minuten andauerte und sich fortwährend steigerte – dann stürzte er der Länge nach auf das Verdeck hin und schien, als ich ihn aufheben wollte, tot.

Ich rief um Hilfe; nur mit viel Mühe gelang es uns, ihn wieder zu sich zu bringen. Er murmelte unzusammenhängende Worte, man ließ ihn zur Ader und brachte ihn zu Bett. Am anderen Morgen war er jedoch, wenigstens körperlich, vollkommen wiederhergestellt; von seinem Verstande will ich nicht reden. Auf Anraten des Kapitäns, der auch von seinem Wahnsinne zu wissen schien, mied ich von nun ab seine Gegenwart. Auch teilte ich niemandem an Bord etwas von meinen Vermutungen mit.

Bald nach diesem Anfalle ereigneten sich aber mehrere Dinge, die meine Neugierde nur noch steigern mußten. Ich hatte eines Tages, als ich nervös war, zu viel grünen Tee getrunken und schlief in der Nacht sehr schlecht – ja, eigentlich schlief ich ein paar Nächte überhaupt nicht. Meine Kajüte ging, wie die aller Junggesellen an Bord, in die große Kajüte oder den Speisesaal hinaus. Wyatts Kajüten liefen sämtlich in die zweite, kleinere Kajüte aus, die sich unmittelbar hinter der ersten, großen befand und von derselben nur durch eine Schiebetür getrennt war, die nie, selbst des Nachts nicht, verschlossen wurde. Da wir fast immer dicht beim Winde lagen, hielt das Schiff ziemlich bedeutend leewärts, und so oft es mit dem Steuerbord auf die Leeseite geworfen wurde, schob sich die Schiebetür zwischen den beiden Kajüten auf, und da sich niemand die Mühe gab, sie wieder zu schließen, blieb sie auch offen.

Mein Bett war nun aber so angebracht, daß ich von ihm aus, wenn die Schiebetür und meine Kajütentür offen standen (und die letztere war bei der großen Hitze fast nie geschlossen), deutlich in die zweite, hintere Kajüte hineinsehen konnte, und zwar gerade in den Teil, in welchem die drei Kajüten Wyatts sich öffneten. Als ich nun einmal, wie erwähnt, ein paar Nächte lang nicht schlafen konnte und geradeaus vor mich hinstarrte, sah ich deutlich, daß Frau Wyatt jede Nacht gegen elf Uhr abends aus der Kajüte ihres Gatten herausschlich und sich in die Extrakajüte begab, wo sie bis zum Morgen verblieb. Erst wenn ihr Gatte sie gerufen, betrat sie dessen Kajüte wieder. Daß die beiden nicht wie Eheleute zusammenlebten, unterlag also keinem Zweifel. Sie hatten getrennte Zimmer inne – vielleicht nur als Vorbereitung für ein baldiges endgültiges Auseinandergehen. Und ich glaubte zum zweitenmal, dem Geheimnis der Extrakajüte auf die Spur gekommen zu sein.

Doch zog noch ein anderer Umstand mein Interesse an. Während der schlaflosen Nächte vernahm ich, unmittelbar nachdem Frau Wyatt die Kajüte ihres Gatten verlassen hatte, in derselben ein sonderbares, vorsichtiges, gedämpftes Geräusch. Ich lauschte eine Zeitlang aufmerksam hin, bis es mir gelang, die merkwürdigen Töne zu deuten. Ohne Zweifel versuchte der Künstler mittels eines Meißels und Hammers die längliche Kiste zu öffnen – der Kopf des Hammers mußte, seinem dumpfen Aufschlagen nach zu urteilen, mit einem wollenen oder baumwollenen Stoffe umhüllt sein; nur auf diese Weise ließ sich sein eigentümlich gedämpftes Klopfen erklären.

Ich lauschte immer gespannter, so daß ich ganz genau den Augenblick zu erkennen glaubte, in dem der Deckel völlig losgelöst sein mußte und der Künstler ihn ganz abhob und auf die untere Bettstatt seiner Kajüte legte. Dies letztere schloß ich aus gewissen leichten Stößen des Deckels an die hölzernen Bettkanten, und überdies war ja auf dem Boden gar kein Platz. Dann folgte eine Totenstille, und ich hörte nichts mehr bis zum Tagesanbruch –abgesehen von einem leisen Schluchzen oder Murmeln, das jedoch beinahe unhörbar an mein Ohr schlug, so leise und schwach, daß ich es fast als eine Vorspiegelung meiner allzu wachen Phantasie ansehen muß. Es hätte ein Schluchzen und Murmeln sein können; und auch wieder nicht – wahrscheinlich klangen mir nur die Ohren. Jedenfalls jedoch ließ Wyatt einmal wieder irgendeiner phantastischen Laune die Zügel schießen, überließ sich wieder allzusehr seinem künstlerischen Enthusiasmus. Wahrscheinlich hatte er die längliche Kiste geöffnet, um seine Augen ungestört an dem Schatze, den sie verbarg, zu weiden. Aber darin lag doch gewiß nichts, was ihn zum Schluchzen hätte bringen können. Ich wiederhole deshalb noch einmal, daß mich wohl meine, durch Kapitän Hardys grünen Tee allzu erregte Phantasie mit falschen Vorspiegelungen quälte.

In jeder der schlaflosen Nächte hörte ich kurz vor Tagesanbruch deutlich, wie Herr Wyatt den Deckel wieder auf die längliche Kiste legte und mit dem umwickelten Hammer die Nägel in ihre alten Löcher schlug. War dies geschehen, so trat er, vollständig angekleidet, aus seiner Kajüte heraus und rief Frau Wyatt aus der ihrigen.

Sieben Tage waren wir schon auf See und befanden uns eben auf der Höhe von Kap Hatteras, als plötzlich aus Südwest ein furchtbarer Sturm losbrach. Von verschiedenen Anzeichen benachrichtigt, waren wir auf Unwetter vorbereitet, und in einem Augenblicke war oben und unten auf dem Schiffe alles wohlverwahrt und festgemacht; doch da der Sturm an Heftigkeit stetig zunahm, legten wir endlich, unter doppelt gerefftem Flitter- und Vormarssegel, bei.

Achtundvierzig Stunden blieb das Schiff in diesem Zustande, ohne sonderlichen Schaden zu nehmen, es erwies sich im Gegenteil als äußerst seetüchtig und schöpfte fast gar kein Wasser. Nach Verlauf dieser Zeit jedoch steigerte sich der Sturm zum Orkan, unser Hintersegel zerriß in Fetzen, und wir gerieten bald so sehr zwischen die Wogen, daß wir unmittelbar nacheinander mehrere Sturzwellen bekamen. Bei dieser Gelegenheit wurden drei Personen über Bord gerissen, die Kombüse und fast die ganze äußere Plankenbekleidung am Backbord wurde von den Wellen weggespült. Kaum waren wir wieder zu uns gekommen, so zerriß auch unser Vormarssegel in tausend Stücke. Wir setzten ein Sturmstagsegel aus, worauf es einige Zeitlang leidlich gut ging.

Der Sturm jedoch hielt immer noch an, und nichts ließ erwarten, daß er sich bald legen werde. Wir bemerkten, daß unser Takelwerk arg mitgenommen war, und am dritten Tage des Unwetters brach unser Besanmast, und wir wurden mit größter Heftigkeit hin und her geschleudert. Der gebrochene Mast lag auf dem Bord, und bei dem fürchterlichen Schlingern des Schiffes bemühten wir uns vergeblich, seiner los zu werden. Gegen fünf Uhr nachmittags teilte der Schiffszimmermann die keineswegs ermutigende Tatsache mit, daß im Schiffsraum das Wasser vier Fuß hoch stehe, und um all das Unheil zu krönen, stellte es sich bald heraus, daß die Pumpen nicht funktionierten.

Nun geriet alles in Verwirrung und wilde Angst, und man schritt zu dem verzweifelten Versuche, das Schiff durch Abwerfen aller erreichbaren Ladung und Abhauen der beiden letzten Masten zu erleichtern. Mit vieler Mühe gelang uns dies endlich, doch da die Pumpen nach wie vor unbrauchbar blieben, füllte sich das Schiff immer mehr mit Wasser.

Gegen Sonnenuntergang ließ der Sturm merklich nach, und da auch die See minder heftig ging, schöpften wir die schwache Hoffnung, uns in die Boote retten zu können. Um acht Uhr abends zerteilten sich die Wolken, leuchtend brach das Licht des Vollmondes durch sie hindurch, erhellte unsere düstere Angst und richtete unseren gesunkenen Mut durch sein trostverheißendes Glänzen wieder auf.

Nach unsäglichen Anstrengungen gelang es uns, das große Boot unbeschädigt ins Wasser zu bringen. Die ganze Schiffsmannschaft sowie der größte Teil der Passagiere nahm in ihm Platz und gelangte nach drei schreckensvollen Tagen endlich in die Okrakoke-Bay.

Vierzehn Passagiere und der Kapitän waren auf dem Wrack geblieben, da sie der Jolle am Hinterteil des Schiffes ihr Leben anvertrauen wollten. Wir brachten diese auch ohne Schwierigkeit ins Wasser, doch verhinderte nur ein Wunder, daß sie im Augenblicke, da sie in die Wellen tauchte, nicht umschlug. Kapitän Hardy und Frau, Wyatt mit seinen Damen, ein mexikanischer Offizier mit Frau und Kindern, ich selbst mit einem Neger, der Bedientendienste versah, hatten als letzte in dem schwachen Fahrzeuge Zuflucht genommen.

In demselben war natürlich für nicht weiter als für ein paar Lebensmittel und die notwendigsten Instrumente Platz, es war auch niemand auf die Idee gekommen, auch nur die geringste Kleinigkeit zu retten und die Jolle zu überlasten. Wie groß war daher unser aller Erstaunen, als Herr Wyatt, nachdem wir einige Klafter vom Schiffe entfernt waren, plötzlich aufstand und ganz kaltblütig von dem Kapitän verlangte, er solle das Boot nochmals beim Schiffe anlegen lassen, weil er die längliche Kiste mitnehmen wolle.

„Setzen Sie sich doch, Herr Wyatt!", antwortete ihm der Kapitän in etwas strengem Tone. „Wenn Sie nicht ganz stille sitzen, wird das Boot umschlagen! Schon jetzt ist unser Dahlbord im Wasser!"

„Die Kiste! Die Kiste!", schrie Wyatt, noch immer stehend – „ich muß die Kiste haben! Kapitän, Sie können, Sie werden mir die Kiste nicht verweigern! Sie wiegt ja nur eine Kleinigkeit – fast gar nichts! Wahrhaftig, gar nichts! Bei der Mutter, die Sie geboren – beim Himmel selbst – bei Ihrem Seelenheil bitte ich Sie, beschwöre ich Sie, fahren Sie zurück, lassen Sie mich die Kiste holen!"

Einen Augenblick schien der Kapitän von dem inständigen Flehen des Künstlers erweicht zu werden, doch bald gewann er seine ernste Ruhe wieder und sagte einfach:

„Herr Wyatt, Sie sind von Sinnen! Ich darf Ihrer Bitte kein Gehör schenken! Setzen Sie sich, sage ich noch einmal, oder Sie bringen das Boot zum Umschlagen. Bleiben Sie doch – halten Sie ihn! Packen Sie ihn! Er will über Bord springen! – Da! – wußt' ich's doch! Nun ist's um ihn geschehen!"

Wyatt war in der Tat in diesem Augenblicke über Bord gesprungen. Da wir noch in der Lee des Wrackes waren, gelang es ihm, ein Tau zu erfassen, das am Vorderdeck herabhing. Einen Augenblick später stand er an Bord und stürzte wie ein Wahnsinniger die Treppe zur großen Kajüte hinab.

Wir waren inzwischen hinter das Schiff getrieben worden und, da wir uns ganz außer seiner Lee befanden, der grausamen Wucht der Wogen ausgesetzt. Wir versuchten, nach dem Wrack zurückzufahren, doch unser kleines Boot war unlenkbar wie eine Feder im Winde. Ein einziger Blick sagte uns, daß das Schicksal des unglücklichen Künstlers besiegelt sei.

Während wir uns nun ziemlich rasch von dem Wrack entfernten, sahen wir den Wahnsinnigen (nur als solchen konnten wir ihn noch ansehen) die Kajütentreppe wieder hinaufkommen, die längliche Kiste mit einem übermenschlichen Kraftaufwande nach sich schleppend. Während wir noch zu ihm hinüberstarrten, wand er ein dreizölliges Tau mehrmals um die Kiste und dann um seinen Leib. Im nächsten Augenblicke stürzte er sich mit seiner Last ins Meer, in dem er sofort und auf immer verschwand.

Mit schweigendem Entsetzen hatten wir diesem Schauspiele zugesehen und schreckerfüllt die Ruder sinken lassen. Endlich aber gebot uns die Gefahr, so rasch wie möglich fortzusteuern. Wohl eine Stunde verging, ehe jemand ein Wort zu sprechen wagte.

„Haben Sie auch bemerkt, Herr Kapitän", fragte ich nach einer langen Weile, „wie rasch er mit der Kiste gesunken ist? War das nicht recht sonderbar? Ich gestehe, daß ich immer noch einige Hoffnung hegte, ihn gerettet zu sehen, als er sich an die Kiste anband und ins Meer warf."

„Mit dieser Kiste mußte er natürlich sinken", erwiderte der Kapitän, „und zwar so schnell wie eine Bleikugel. Sie werden jedoch wieder an die Oberfläche kommen – allerdings nicht eher, als bis das Salz geschmolzen ist."

„Das Salz?!", rief ich aus.

„Still!", meinte der Kapitän mit einem Seitenblick auf die Gattin und die Schwestern des Verstorbenen. „Wir werden zu gelegenerer Zeit von diesen Dingen sprechen."

Nach vielen Mühsalen retteten wir mit knapper Not unser Leben. Mehr tot als lebendig landeten wir nach vier Tagen bitterster Leiden in der Bucht, welche Roanoke-Island gegenüber liegt. Hier blieben wir eine Woche, wurden von den Strandräubern leidlich behandelt und fanden endlich Gelegenheit zur Überfahrt nach New York.

Etwa einen Monat nach dem Untergange der „Independence" begegnete ich dem Kapitän Hardy auf dem Broadway. Wie nur zu erklärlich, kamen wir bald auf unser Unglück und auf das traurige Schicksal des armen Wyatt zu sprechen. So erfuhr ich denn folgendes:

„Der Künstler hatte für sich, seine Gattin, seine beiden Schwestern und eine Dienerin Plätze auf dem Schiffe genommen. Seine Gattin war in der Tat, wie er sie mir geschildert hatte, eine überaus reizende, liebenswürdige, feingebildete Dame. Am Morgen des vierzehnten Juni, an dem Tage also, an welchem ich die ‚Independence' zum erstenmal betrat, erkrankte Frau Wyatt plötzlich und starb. Der junge Gatte geriet vor Schmerz fast von Sinnen, doch erlaubten gewisse Umstände nicht, die geplante Reise nach New York hinauszuschieben. Er wollte den Leichnam seiner angebeteten Gattin ihrer Mutter zuführen – nur machte ein allgemein verbreitetes Vorurteil die Ausführung dieses Planes fast unmöglich. Neun Zehntel aller Passagiere würden die Plätze lieber abbestellt haben, als mit einem Leichnam auf dem Schiffe die Überfahrt anzutreten.

Da war denn Kapitän Hardy auf den Gedanken gekommen, den Leichnam teilweise einbalsamieren und mit einem großen Quantum Salz in eine Kiste von angemessener Größe packen und als Passagiergut auf das Schiff schmuggeln zu lassen. Das plötzliche Hinscheiden der jungen Frau sollte absolut verborgen bleiben; und da es nun schon einmal bekannt geworden, daß Wyatt für sich und seine Gattin Plätze genommen, mußte man eine Person finden, die für die Dauer der Überfahrt Frau Wyatt vorstellen konnte. Das Kammermädchen der Verstorbenen ließ sich leicht dazu überreden. Die Extrakajüte, die Herr Wyatt anfangs für die Dienerin seiner Frau genommen, behielt er einfach für seine

Pseudofrau. Bei Tage spielte sie, so gut sie eben vermochte, die Rolle ihrer Herrin, die, wie man bestimmt wußte, keiner der Passagiere je gesehen hatte."

Ich selbst aber war durch meine allzu lebhafte Neugier und die Neigung, aus allem um jeden Preis meine Schlüsse zu ziehen, irregeführt worden.

In letzter Zeit schlafe ich nur sehr selten ruhig. Ein geisterhaftes Gesicht verfolgt mich, wenn ich mich auf meinem Lager hin und her wälze. Und ein hysterisches Lachen, das ich wohl nie vergessen werde, klingt in meinen Ohren.

DER GOLDKÄFER

Schau her! Schau her! Der Kerl dort tanzt wie toll!
Von der Tarantel gift'gem Biß getrieben.

All in the Wrong

Vor vielen Jahren unterhielt ich mit einem gewissen Herrn William Legrand intimere Beziehungen. Er stammte aus einer alten Hugenottenfamilie und war früher sehr reich gewesen, doch hatte eine Reihe von Unglücksfällen ihn zum bedürftigen Manne gemacht. Um all den Unannehmlichkeiten, die ein solch plötzliches Verarmen nach sich zieht, zu entgehen, verließ er New-Orleans, die Stadt seiner Vorfahren, und schlug seinen Wohnsitz auf der Sullivans-Insel bei Charleston in South-Carolina auf.

Diese Insel ist ein sehr merkwürdiges Stück Land. Sie besteht fast nur aus Seesand und ist ungefähr drei Meilen lang und an keiner Stelle über eine Viertelmeile breit. Vom Festlande ist sie durch eine kaum wahrnehmbare Bucht getrennt, die sich durch eine Wildnis von Ried und Sumpfboden hindurchwindet und zahllosen Marschhühnern ausgezeichnete Schlupfwinkel gewährt. Die Vegetation ist, wie aus dem Vorhergesagten leicht erklärlich, höchst dürftig und verkrüppelt. Größere Bäume sieht man nirgendwo. Zwar gedeiht hin und wieder am Westende der Insel, in der Nähe der wenigen elenden Holzhäuser, die sich ein paar Leute erbaut haben, um im Sommer den Fiebern und dem Staube der Stadt zu entfliehen, der stachlige Palmetto. Der Boden der ganzen Insel, mit Ausnahme jenes westlichen Teiles und des weißen harten Streifens um die Küste, ist mit der wuchernden, süßduftenden Myrte bedeckt, die von den englischen Gärtnern so sehr geschätzt wird. Das Myrtengestrüpp erreicht oft eine Höhe von fünfzehn bis zwanzig Fuß und bildet ein fast undurchdringliches Dickicht, das die Luft mit schwerem Wohlgeruche belädt.

In dem innersten Schlupfwinkel eines solchen Dickichts am östlichen Ende des Eilandes hatte sich Legrand eine kleine Hütte erbaut, die er, als ich durch Zufall mit ihm bekannt wurde, im Sommer und Winter bewohnte. Unsere Beziehungen vertieften sich bald zu einer Freundschaft, denn viele Züge im Wesen des Einsiedlers erweckten mein Interesse und erfüllten mich mit Hochachtung für ihn. Ich fand in ihm einen gebildeten Mann von ganz ungewöhnlichen Geistesgaben; doch litt er an Misanthropie und war abwechselnd krankhaften Ausbrüchen von Begeisterung und Trübsinn ausgesetzt. Er besaß eine große Menge Bücher, las jedoch nur sehr selten in ihnen. Sein Hauptvergnügen bestand im Jagen und Fischen, oder in ziellosem Umherstreifen durch das Myrtengestrüpp und am Ufer entlang, wo er Muscheln und Insekten für seine höchst reichhaltige Sammlung suchte. Bei diesen Ausflügen begleitete ihn gewöhnlich ein alter Neger namens Jupiter, der, bevor die Familie verarmte, seine Freiheit erhalten hatte, jedoch weder durch Drohungen noch durch Versprechen zu bewegen gewesen, sein Recht, über jeden Schritt seines jungen „Massa Will" zu wachen, aufzugeben. Es ist nicht unwahrscheinlich, daß die Verwandten Legrands die Hartnäckigkeit Jupiters noch bestärkten, damit sein Herr, den sie für nicht ganz zurechnungsfähig hielten, keinen Augenblick ohne Aufsicht und Schutz sei.

Der Winter ist auf der Sullivans-Insel gewöhnlich sehr milde, und selbst im tiefen Herbste kommt es nur sehr selten vor, daß man heizen muß. Mitte Oktober 18– jedoch hatte man auf der Insel einen ungewöhnlich kalten Tag. Kurz vor Sonnenuntergang bahnte ich mir mühsam meinen Weg durch das Immergrün zu der Hütte meines Freundes, den ich seit mehreren Wochen nicht besucht hatte. Ich wohnte zu jener Zeit in Charleston, also etwa neun Meilen von der Insel entfernt, und die Gelegenheiten, vom Festland auf die Insel und wieder zurück-zukommen, waren weit weniger häufig als heutzutage. Als ich an der Hütte ange-langt war, klopfte ich wie gewöhnlich an, und als ich keine Antwort bekam, holte ich den Schlüssel aus seinem mir bekannten Verstecke und schloß auf. Im Kamin brannte ein lustiges Feuer. Das war etwas Neues, aber durchaus nichts Unange-nehmes. Ich legte meinen Überrock ab, warf mich recht nahe bei den knisternden Holzblöcken in einen Armstuhl und erwartete die Ankunft meines Wirtes.

Es war eben dunkel geworden, als er mit seinem Diener zurückkam und mich herzlichst bewillkommnete. Jupiter grinste von einem Ohr zum anderen und beeilte sich, ein paar Marschhühner zum Abendessen zurechtzumachen. Legrand litt wieder unter einem Anfall – anders kann man die Sache wohl kaum benennen – von Begeisterung. Er hatte ein ihm bisher unbekanntes zweischali-ges Tier gefunden und außerdem mit Jupiters Hilfe einen Käfer gefangen, den er für noch absolut unentdeckt hielt, und über den ich ihm am nächsten Morgen meine Meinung sagen sollte.

„Weshalb nicht schon heute abend?", fragte ich, während ich meine Hände über dem hell brennenden Feuer rieb und das ganze Geschlecht der Käfer zum Teufel wünschte.

„Ach, wenn ich nur gewußt hätte, daß Sie hier sind!", sagte Legrand, „aber es ist so lange her, daß ich Sie zum letzten Male gesehen habe, und wie konnte ich denn ahnen, daß Sie mich gerade heute abend besuchen würden? Auf dem Heimwege begegnete mir Leutnant G. – und ich habe ihm, Tor, der ich bin, den Käfer geliehen.

Ich kann Ihnen meinen Fund also unmöglich vor morgen früh zeigen. Blei-ben Sie die Nacht über hier, ich werde ihn durch Jupiter sofort nach Sonnenauf-gang holen lassen. Er ist das reizendste Ding auf der Erde."

„Was? – Der Sonnenaufgang?"

„Unsinn! Der Käfer. Er ist von glänzend goldener Farbe – etwa so groß wie eine Walnuß – und hat an dem einen Ende des Rückens zwei gagatschwarze Flecken und an dem anderen einen einzelnen, etwas längeren. Die Fühlhörner sind –"

„Hat kein Horn, Massa Will, hab' es schon oft gesagt", fiel ihm hier Jupiter in das Wort, „der Käfer ist Goldkäfer, alles, alles Gold, inwendig und alles, Flügel auch Gold, hab' noch nie so schweren Käfer getragen in mein Leben."

„Nun, wie du willst, Jupiter", erwiderte Legrand, wie mir schien in ernsterem Tone als die Sache erforderte, „aber das ist doch kein Grund, um die Hühner anbrennen zu lassen? Die Farbe" – hier wandte er sich wieder an mich – „ist allerdings dazu angetan, um Jupiter auf solche Gedanken zu bringen. Man hat gewiß nie einen prächtigeren Metallglanz als den seiner Flügel gesehen; doch ich vergesse, daß Sie darüber erst morgen zu urteilen vermögen. Einstweilen kann ich Ihnen nur eine Vorstellung von seiner Gestalt geben."

Mit diesen Worten setzte er sich an einen kleinen Tisch, auf dem ich Tinte und Feder, jedoch kein Papier erblickte. Er suchte in einer Schublade herum, fand jedoch auch dort keins.

„Das schadet nichts!", meinte er endlich. „Dies genügt auch." Dabei zog er einen Fetzen aus seiner Westentasche, den ich für schmutziges Propatriapapier hielt, und zeichnete mit der Feder flüchtig etwas darauf hin. Während er dies tat, blieb ich noch immer in meinem Armstuhl beim Feuer sitzen, denn mich fröstelte noch. Als die Zeichnung fertig war, reichte er sie mir, ohne von seinem Stuhle aufzustehen, herüber. Ich nahm sie entgegen und hörte zu gleicher Zeit ein Knurren an der Tür, dem bald ein heftiges Kratzen folgte. Jupiter öffnete, und ein großer Neufundländer, Legrands Eigentum, stürzte herein, sprang an mir empor und überhäufte mich mit Liebkosungen. Ich hatte mich bei meinen früheren Besuchen sehr viel mit dem Tiere beschäftigt, und es schien mich nun voller Freude wiederzuerkennen. Als sich seine frohen Sprünge etwas mäßigten, betrachtete ich das Papier und muß gestehen, daß ich aus dem, was mein Freund da gezeichnet hatte, nicht recht klug zu werden vermochte.

„Allerdings", sagte ich nach ein paar Minuten, „das muß ein sonderbarer Käfer sein. Ich habe wahrhaftig nie etwas Ähnliches gesehen – vielleicht Schädel oder Totenköpfe ausgenommen, denn denen sieht meiner Ansicht nach Ihr Käfer ähnlicher als sonst einem Dinge auf Gottes Welt."

„Ein Totenkopf", wiederholte Legrand. „O – ja – allerdings – auf dem Papiere gleicht er einem solchen ein klein wenig. Die zwei oberen schwarzen Punkte könnten wohl die Augen sein – und der längere unten der Mund – das Ganze ist ja auch oval."

„Vielleicht ja", sagte ich, „doch ich fürchte, Legrand, Sie sind kein großer Künstler. Wenn ich mir eine Vorstellung von dem Aussehen des Käfers machen soll, muß ich wohl warten, bis ich ihn selbst sehe."

„Das weiß ich nicht!", entgegnete er ein wenig pikiert, „ich zeichne doch eigentlich erträglich, wenigstens sollte ich es tun, denn ich habe gute Lehrer gehabt und schmeichle mir, kein direkter Dummkopf zu sein."

„Aber, lieber Kerl, dann wollen Sie wohl scherzen", antwortete ich ihm. „Das ist ein recht passabler, ja, sogar ein ausgezeichneter Schädel, wenigstens nach den Anforderungen, die das große Publikum an dergleichen anatomische Abbildungen stellt – und Ihr Käfer muß der sonderbarste Käfer von der Welt sein, wenn er ihm ähnlich sieht. Wir können ja ein recht schönes, aufregendes Stück Aberglauben auf ihn aufbauen. Nennen Sie den Käfer doch *Scarabaeus caput hominis* oder so ähnlich – die Naturgeschichte ist ja reich an solchen Titeln. Doch wo sind die Fühlhörner, von denen Sie eben sprachen?"

„Die Fühlhörner müssen Sie doch gesehen haben. Ich habe Sie so deutlich hingezeichnet, wie sie an dem Tiere selbst zu sehen sind, und ich glaube, das genügt."

„Nun", sagte ich, „vielleicht haben Sie dieselben hingezeichnet, doch sehe ich sie nicht", und reichte ihm das Papier ohne weitere Bemerkung zurück, da ich ihn nicht in üble Laune bringen wollte. Doch war ich über die Wendung der Sache sehr verwundert; die Aufregung meines Freundes war mir absolut unerklärlich, und was die Zeichnung anbetraf, so waren keine Fühlhörner auf ihr zu sehen, doch glich sie bis ins kleinste der bekannten Abbildung eines Totenkopfes.

Mürrisch nahm Legrand das Papier entgegen, wollte es schon zerknittern und wahrscheinlich ins Feuer werfen, als ein zufälliger Blick auf die Zeichnung seine Aufmerksamkeit zu fesseln schien. Im selben Augenblick wurde sein Gesicht von glühendem Rot übergossen, gleich darauf wurde er totenbleich. Während einiger Augenblicke betrachtete er die Zeichnung auf das genaueste, dann nahm er eine Kerze vom Tische und ließ sich auf einer Kiste nieder, die in der entferntesten Ecke des Zimmers stand. Hier betrachtete er das Papier noch einmal mit angstvoller Aufmerksamkeit von allen Seiten. Dabei sprach er kein Wort, und obwohl mich sein Betragen aufs höchste überraschte, hielt ich es doch nicht für ratsam, seine wachsende Verstimmung durch irgendeine Bemerkung zu erhöhen. Endlich zog er ein kleines Schreibheft aus seiner Rocktasche, legte das Papier sorgfältig hinein und verschloß beides in seinem Schreibpulte. Nun wurde er allmählich ruhiger, doch war seine anfängliche Begeisterung ganz geschwunden. Er schien weniger verdrießlich, als vollständig in Gedanken versunken zu sein. Je mehr der Abend vorschritt, desto tiefer vergrub er sich in

seine Träumereien, aus denen ihn auch scherzhafte Bemerkungen nicht aufzurütteln vermochten. Ich hatte die Absicht gehabt, wie schon oft vorher, die
Nacht in der Hütte zuzubringen, doch da ich meinen Wirt in dieser Stimmung
fand, hielt ich es für angebracht, mich zu verabschieden. Er drängte mich auch
nicht zum Bleiben, doch schüttelte er mir beim Abschied die Hand mit ungewöhnlicher Herzlichkeit. –

Einen Monat später – ich hatte Legrand während der ganzen Zeit nicht mehr
besucht – suchte mich sein Diener Jupiter in Charleston auf. Ich hatte den guten
alten Neger noch nie so niedergeschlagen gesehen und fürchtete, daß seinem
Herrn ein ernstliches Unglück zugestoßen sei.

„Nun, Jup?", fragte ich, „was gibt's? Was macht dein Herr?"

„Soll ich sagen die Wahrheit, Massa, er nicht so wohl als er sollte."

„Dein Herr befindet sich nicht wohl? Das tut mir wahrhaftig leid; worüber
klagt er denn?"

„Ja, das ist es – er klagen nie – aber sein doch sehr krank!"

„Sehr krank, Jupiter? Warum hast du das nicht gleich gesagt? Liegt er zu
Bett?"

„Nein, er nicht liegen – er nicht wissen, wo der Schuh drückt; mein Herz
schwer sein, für arme Massa Will."

„Ich bitte dich, Jupiter, drücke dich deutlicher aus. Du sagst, dein Herr sei
krank; hat er dir denn nie gesagt, was ihm fehlt?"

„Nun, Massa nicht brauchen sich aufregen darüber. Massa Will sagen, daß
ihm gar nichts fehlen; aber was denn machen ihn so den Kopf hängen lassen,
und dann wieder dastehen steif wie ein Soldat und weiß im Gesicht wie eine
Gans? Und was machen ihn immer die Figuren ansehen auf die Tafel – die tollsten Figuren, die ich gesehen in mein Leben? Muß jetzt immer ein scharfes Auge
haben auf ihn. Vor ein paar Tagen er fortgelaufen, ehe die Sonne aufgegangen, und nicht zurückgekehren den ganzen lieben Tag. Ich einen dicken Stock
geschnitten, um ihm verdammte Schläge zu geben, wenn er kommen zurück, ich
doch nicht getan haben, weil er aussehen so elend und krank."

„Wie –? Was? Aber ja, du hast recht, sei nur nicht streng mit dem armen
Manne; schlag ihn ja nicht; er kann Schläge nicht ertragen. Aber kannst du dir
denn gar nicht denken, was diese Krankheit oder vielmehr diese Veränderung
in seinem Benehmen verursacht hat? Ist ihm denn, seit ich ihn zuletzt gesehen,
irgend etwas Mißliches zugestoßen?"

„Nein, Massa, nichts Schlimmes seit damals – ich fürchten, es vor damals –
es war am selben Abend, an dem Sie bei uns gewesen sein."

„Wie? Was meinst du?"

„Nun, Massa, ich meinen den Käfer – das ist's."

„Den was?"

„Den Käfer! Ich sicher wissen, daß Massa Will gebissen worden an Kopf von dem Goldkäfer."

„Und woher willst du das wissen?"

„Krallen genug, Massa, und Maul auch. Ich nie gesehen solch verdammten Käfer; er kratzen und beißen alles, was zu ihm hinkommen. Massa Will ihn rasch gefangen und mächtig rasch ihn wieder laufen lassen; da muß Massa Will Biß bekommen haben. Ich nicht mochte Käfer anfassen mit mein Finger, hab ihn gefangen mit ein Stück Papier, das ich hab gefunden. Ich ihn hab gewickelt in das Papier und ihm davon gesteckt ein Stück in das Maul – das war recht."

„Und du glaubst also, dein Herr sei wirklich von dem Käfer gebissen und infolge des Bisses krank geworden?"

„Ich gar nix glauben – ich es wissen. Warum träumen er so viel von Gold, wenn ihn nicht gebissen der Goldkäfer? Ich schon oft gehört von Goldkäfer!"

„Wie weißt du denn, daß er von Gold träumt?"

„Wie ich es wissen? Er immer sprechen davon in sein Schlaf. So ich es wissen."

„Nun, Jup, vielleicht hast du recht, aber welch glücklichem Umstande verdanke ich die Ehre deines Besuches?"

„Was Massa meinen?",

„Hast du mir von Herrn Legrand irgend etwas auszurichten?"

„Nein, Massa, ich bringen bloß diesen Brief."

Hier überreichte mir Jupiter ein Billet folgenden Inhaltes:

Mein Lieber!

Wie kommt es, daß wir uns so lange nicht mehr gesehen haben? Hoffentlich haben Sie mir mein zerstreutes Wesen bei unserem letzten Zusammensein nicht übel genommen. Ich glaube es wenigstens nicht. Seit Ihrem letzten Hiersein hatte ich oftmals Grund, unruhig zu sein. Ich habe Ihnen etwas zu sagen und weiß doch kaum wie, ja, ob ich es überhaupt sagen soll.

Ich befinde mich schon seit ein paar Tagen nicht ganz wohl, und der arme, alte Jupiter plagt mich ganz unerträglich mit seiner wohlgemeinten Beaufsichtigung. Würden Sie es für möglich halten – er hatte sich neulich einen dicken Stock geschnitten, mit dem er mich züchtigen wollte, weil ich ohne ihn den ganzen Tag allein auf dem Festlande in den Bergen umhergestreift war. Ich glaube, nur meinem jämmerlichen Aussehen habe ich es zu verdanken, daß ich ohne Prügel davonkam.

Meine Sammlung hat sich seit unserem letzten Beisammensein nicht vergrößert.

Wenn es Ihnen irgendwie möglich ist, so kommen Sie mit Jupiter herüber. Bitte, kommen Sie doch! Ich möchte Sie noch heute abend in einer wichtigen Angelegenheit sprechen. Ich versichere Ihnen, daß das, was ich Ihnen mitteilen will, von außerordentlicher Wichtigkeit ist.

Ganz der Ihrige

William Legrand

In dem Tone dieses Briefes lag etwas, das mich unruhig machte. Ich erkannte Legrands gewohnten Stil absolut nicht wieder. Worüber mochte er nur wieder nachgrübeln? Welche neue Grille spukte in seinem leicht erregbaren Hirn? Was konnte das für eine „außerordentlich wichtige" Angelegenheit sein, die er mit mir besprechen wollte? Jupiters Bericht ließ auf nichts Gutes schließen. Ich fürchtete schon, das andauernde Mißgeschick hätte meinen Freund um den letzten Rest seines Verstandes gebracht. Ohne einen Augenblick zu zögern, machte ich mich bereit, dem Neger zu folgen.

Als wir das Ufer erreichten, bemerkte ich auf dem Boden des Kahnes, den wir besteigen mußten, eine Sense und drei Spaten, alles dem Anscheine nach ganz neu.

„Was soll das, Jup?", fragte ich.

„Die Sense, Massa, und die Spaten?"

„Ja, was tun die hier?"

„Die Sense und die Spaten ich haben gekauft in der Stadt für Massa Will und haben geben müssen dafür verteufelt viel Geld."

„Aber so sag mir doch im Namen alles Geheimnisvollen, was denn dein Massa Will mit den Spaten und der Sense vorhat?"

„Das sein mehr, als ich weiß, und der Teufel soll mich holen, wenn Massa Will es selbst wissen. Aber alles gekommen von dem Käfer."

Da ich sah, daß aus dem Alten nichts herauszubringen war, weil alle seine Gedanken um den Käfer zu kreisen schienen, stieg ich ins Boot und zog das Segel auf. Mit günstigem, starkem Winde liefen wir bald in die kleine Bucht nördlich vom Fort Moultrie ein und erreichten von dort zu Fuß in zwei Meilen die Hütte. Es war ungefähr drei Uhr nachmittags, als wir ankamen. Legrand hatte uns mit verzehrender Ungeduld erwartet. Er ergriff meine Hand mit einem nervösen Eifer, der mich beunruhigte und meine Meinung über seinen Gesundheitszustand nur bestärkte. Eine geisterhafte Blässe lag über seinen Zügen, und seine tiefliegenden Augen sprühten in unnatürlichem Glanze. Nachdem ich mich nach seinem Befinden erkundigt hatte, fragte ich, da ich nichts Besseres zu sagen wußte, ob er den Käfer schon von Leutnant G. zurückerhalten habe.

„O ja", antwortete er, und ein heftiges Rot stieg in sein Gesicht. „Ich bekam ihn am folgenden Morgen zurück. Von diesem Käfer würde ich mich niemals wieder trennen. Wissen Sie auch, daß Jupiter mit seiner Ansicht vollkommen recht hatte?"

„Mit welcher Ansicht?", fragte ich, von traurigen Ahnungen erfüllt.

„Daß der Käfer von wirklichem Golde sei", entgegnete er mir mit solch tiefem, ernstem Tone, daß mir unaussprechlich bange dabei wurde. „Dieser Käfer wird mich zum reichen Manne machen", fuhr er mit triumphierendem Lächeln fort, „er wird mir wieder zu den Besitzungen meiner Familie verhelfen. Ist es also zu verwundern, daß ich ihn so hochschätze? Ich brauche ihn bloß richtig anzuwenden, um all das Gold, das er andeutet, zu bekommen. Jupiter, geh und hole den Käfer."

„Was? Den Käfer, Massa? Will nix haben zu tun mit dem Käfer, Massa müssen ihn holen selbst."

Darauf stand Legrand ernst und würdevoll auf und brachte den Käfer, den er in einen Glasbehälter eingeschlossen gehalten.

Es war ein wundervolles Insekt, zu jener Zeit in der Naturgeschichte noch unbekannt und deshalb vom wissenschaftlichen Standpunkte aus von hohem Werte. An dem einen Ende des Rückens befanden sich zwei runde Flecken, am entgegengesetzten ein länglicher. Die Flügeldecken waren ungemein hart und glänzend und glichen brüniertem Golde. Das Insekt hatte ein ganz beträchtliches Gewicht, und als ich alle diese Umstände erwog, mußte ich mir sagen, daß Jupiters Ansicht nur zu erklärlich war; wie jedoch Legrand dazu kam, dieselbe zu teilen, war mir absolut unverständlich.

„Ich habe zu Ihnen geschickt", fuhr er, als ich den Käfer genugsam betrachtet, in stolzer Beredsamkeit fort, „um Sie um Ihren Rat und Beistand zu bitten, wenn ich dem Winke des Schicksals und des Käfers folge …"

„Mein lieber Legrand", unterbrach ich ihn rasch, „Sie fühlen sich gewiß unwohl und täten besser daran, sich ein wenig zu schonen. Legen Sie sich zu Bett; ich werde ein paar Tage bei Ihnen bleiben, bis Sie wieder hergestellt sind. Sie fiebern ja und …"

„Fühlen Sie mir doch nur einmal den Puls", sagte er.

Ich tat es und fand wirklich keine Spur von Fieber.

„Aber Sie können auch ohne Fieber krank sein. Erlauben Sie mir doch, Ihnen etwas zu verschreiben. Fürs erste legen Sie sich zu Bett. Dann wollen wir …"

„Sie irren sich", fiel er mir ins Wort. „Ich befinde mich so wohl, wie es bei der Aufregung, unter der ich leide, nur möglich ist. Wenn Sie mir wirklich wohlwollen, so befreien Sie mich von der Aufregung."

„Und wodurch könnte ich es?"

„Durch eine Kleinigkeit. Jupiter und ich wollen einen Ausflug in die Berge auf dem Festlande unternehmen und bedürfen dabei der Hilfe einer Person, der wir vertrauen können. Sie sind der einzige, zu dem ich Zutrauen habe. Und ob unsere Bemühungen erfolgreich sein werden oder nicht, jedenfalls würde sich die Aufregung, die Sie jetzt an mir bemerken, legen."

„Es soll mir eine Freude sein, Ihnen jeden Gefallen zu erweisen", erwiderte ich, „aber wollten Sie vielleicht sagen, daß jener unglückselige Käfer mit dem Ausflug in die Berge in irgendeiner Verbindung steht?"

„Allerdings!"

„Dann muß ich Ihnen leider erklären, Legrand, daß ich mit einer solch absurden Geschichte nichts zu tun haben will!"

„Das tut mir leid – sehr leid, denn so müssen wir die Sache allein ausführen."

‚Allein ausführen!' dachte ich, ‚der Mann ist ganz von Sinnen.' „Wie lange wird wohl Ihre Abwesenheit dauern?", fragte ich dann.

„Wahrscheinlich die ganze Nacht. Wir werden sogleich aufbrechen und unter allen Umständen bei Sonnenaufgang wieder zurück sein."

„Und wollen Sie mir auf Ihr Ehrenwort versprechen, daß Sie, wenn Sie diese Grille befriedigt und die ganze Käferaffäre erledigt haben, nach Hause zurückkehren und meinem Rate als dem eines Arztes unbedingt Folge leisten werden?"

„Ja, ich verspreche es; aber nun wollen wir aufbrechen und keine Minute Zeit verlieren."

Mit schwerem Herzen entschloß ich mich, meinen Freund zu begleiten. Es mochte gegen vier Uhr sein, als wir uns auf den Weg machten, Legrand, Jupiter, der Hund und ich. Jupiter führte die Sense und die beiden Spaten mit und bestand darauf, alles allein zu tragen, allerdings, wie mir schien, mehr aus Furcht, sein Herr könne mit den Werkzeugen irgendein Unheil anrichten, als aus einem Übermaß von Fleiß und Gefälligkeit. Er sah im höchsten Grade bissig aus, und auf dem ganzen Wege kam kein anderes Wort über seine Lippen als hin und wieder der Fluch: „Der verdammte Käfer!", Ich selbst trug ein paar Blendlaternen, während sich Legrand nur mit dem Käfer beschäftigte, den er an das Ende einer Peitschenschnur gebunden hatte und mit der Miene eines Beschwörers hin und her drehte. Als ich diesen letzten klaren Beweis von der Geistesverwirrung meines Freundes erhielt, konnte ich mich der Tränen fast nicht mehr erwehren. Ich hielt es jedoch für das beste, einstweilen auf seine Ideen einzugehen, bis sich mir Gelegenheit bot, energischere Maßregeln anzuwenden. Mittlerweile versuchte ich, jedoch vergebens, den Zweck dieses Ausfluges aus ihm herauszulocken. Nachdem es ihm einmal gelungen war, mich zum Mitgehen zu bewegen, schien er nicht geneigt, über irgendeinen unwichtigeren Gegenstand zu reden und antwortete auf alle meine Fragen nur mit den Worten: „Werden schon sehen."

Am oberen Ende der Insel setzten wir in einem Kahne über die Bucht, erkletterten das hohe Ufer des Festlandes und schritten in nordwestlicher Richtung durch eine ungemein wilde und öde Gegend weiter, in der auch nicht eine einzige menschliche Fußspur zu entdecken war. Legrand führte uns mit Sicherheit und blieb nur dann und wann einen Augenblick stehen, um nach Wegzeichen zu spähen, die er offenbar selbst bei einem seiner früheren Ausflüge gemacht hatte.

Wir waren ungefähr zwei Stunden fortgeschritten, und die Sonne neigte sich schon dem Untergange zu, als wir in eine Gegend gelangten, wie ich sie trauriger und trüber noch nie gesehen hatte. Es war eine Art Tafelland, nahe dem Gipfel eines anscheinend unzugänglichen Berges, der vom Fuße bis zur Spitze bewaldet und mit riesigen Felsblöcken dicht besät war, die lose umherzuliegen schienen und manchmal nur deshalb nicht in die Tiefe hinabrollten, weil sie zufälligerweise gegen einen Baum lehnten. Wilde Schluchten, die den Berg nach allen Seiten hin durchfurchten, erhöhten noch die starre Feierlichkeit der Landschaft.

Die natürliche Plattform, die wir mit vieler Mühe erklommen, war so dicht mit Brombeergebüsch bewachsen, daß wir uns nur mit Hilfe der Sense einen Weg hindurchbahnen konnten. Jupiter ging voran und ebnete uns nach Anweisung seines Herrn den Pfad zu einem ungeheuer hohen Tulpenbaum, der mit acht oder zehn Eichen auf einer ebenen Fläche stand und sie alle sowie alle anderen Bäume, die ich je in meinem Leben gesehen, an Schönheit seines Laubwerks, Majestät der Form und Ausdehnung seiner Zweige bei weitem übertraf. Als wir an diesem Baume angekommen, wandte sich Legrand an Jupiter und fragte, ob er sich getraue hinaufzuklimmen? Den alten Mann schien diese Frage etwas zu befremden, denn es verstrichen einige Augenblicke, ehe er antwortete. Endlich näherte er sich dem ungeheuren Stamme, ging langsam um ihn herum und prüfte ihn aufs eingehendste. Als er damit fertig war, sagte er bloß:

„Ja, Massa, Jup klettern auf jeden Baum, den er sehen in sein Leben."

„Dann hinauf mit dir, so schnell wie möglich; es wird sowieso bald zu dunkel sein für unsere Angelegenheit."

„Wie weit ich müssen herauf?", fragte Jup.

„Klettere zuerst den Hauptstamm hinauf, dann will ich dir sagen, welche Richtung du einschlagen sollst – und hier – warte – nimm den Käfer mit!"

„Den Käfer, Massa Will? – Den Goldkäfer?", rief der Neger und wich entsetzt zurück. „Warum müssen der Käfer auf den Baum? Will sein verdammt, wenn ich das tun!"

„Wenn du zu bange bist, Jup, du großer, starker Neger, einen harmlosen, toten, kleinen Käfer in die Hand zu nehmen, dann kannst du ihn ja an der Schnur halten. Wenn du ihn aber auch dann nicht mitnehmen willst, bleibt mir nichts anderes übrig, als dir mit dieser Schaufel den Schädel einzuschlagen."

„Was denn zornig, Massa?", sagte nun Jupiter, offenbar beschämt und willens, zu gehorchen. „Massa immer müssen zanken mit alten Neger. Jup haben gemacht Spaß. Jup nicht fürchten Käfer. Jup nicht scheren um Käfer." Und vorsichtig nahm er das äußerste Ende der Schnur in die Hand, hielt das Insekt, soweit es nur die Umstände gestatteten, von seinem Körper entfernt, und machte sich bereit, den Baum zu erklettern.

Der Tulpenbaum, *Liriodendron tulipiferum*, der schönste aller amerikanischen Bäume, hat, wenn er noch jung ist, einen eigentümlich glatten Stamm, von dem sich die Seitenäste erst in ziemlicher Höhe abzweigen. Wird er älter, so wird seine Rinde uneben und rauh, und viele kleine Ästchen schießen aus dem Stamm hervor. Seine Ersteigung bietet dann eigentlich eine mehr scheinbare als wirkliche Schwierigkeit. Jupiter klammerte sich mit seinen Armen und Knien möglichst fest an den ungeheuren Zylinder, ergriff mit den Händen die Vorsprünge, ließ dann und wann seine nackten Zehen auf einigen anderen ausruhen, zog sich so bis zur ersten Gabel hinauf und schien nun seine Aufgabe in der Hauptsache für vollendet zu halten. Das gefährlichste hatte er in der Tat auch überstanden, obschon der Kletterer einige sechzig oder siebzig Fuß über dem Boden schwebte.

„Welchen Weg müssen ich gehen, Massa Will?", fragte er.

„Den größten Ast hinauf, an dieser Seite!", rief ihm Legrand zu. Der Neger vollführte den Befehl anscheinend ohne allzu große Anstrengung. Er stieg höher und höher, bis man keinen Zoll seiner zusammengekauerten Gestalt durch das dichte Laubwerk mehr erblicken konnte. Nach einer kurzen Zeit vernahmen wir ein kurzes „Hallo!", von ihm.

„Wie weit müssen ich noch gehen?"

„Wie hoch bist du?", fragte Legrand zurück.

„Ganz, ganz hoch!", rief der Neger herunter, „kann sehen die Himmel von die Spitze von der Baum."

„Laß den Himmel zufrieden und tu, was ich dir sage. Blicke einmal den Baum entlang nach unten und zähle die Äste, die du unter dir hast. Über wie viele bist du geklettert?"

„Eins, zwei, drei, vier, fünf – ich geklettert über fünf große Äste an diese Seite."

„So klettere noch einen Ast höher."

Nach einigen Minuten hörten wir die Stimme abermals, die uns meldete, daß der siebente Ast erreicht sei.

„Und nun, Jup", schrie Legrand, offenbar in höchster Erregung, „mußt du auf diesen Ast hinausklettern so weit du nur kannst, und sobald du etwas Seltsames siehst, laß es mich wissen."

Hatte ich bis jetzt noch etwa gezweifelt, daß mein armer Freund wirklich wahnsinnig sei, so mußte mich sein Benehmen in diesen letzten Augenblicken vollständig davon überzeugen. Ich dachte mit Schrecken daran, was ich beginnen sollte, um ihn in seine Hütte zurückzuführen, als ich Jupiters Stimme von neuem vernahm.

„Jup fürchten, weit herauszuklettern auf diesen Ast – ist tot, ganz tot."

„Sagtest du, der Ast ist tot?", fragte Legrand mit zitternder Stimme.

„Ja, Massa, tot wie ein Türnagel, ganz tot, nie mehr wachsen in sein Leben!"

„Was um Himmels willen soll ich tun?", fragte Legrand, anscheinend in größter Verlegenheit.

„Was Sie tun sollen?", rief ich, froh darüber, endlich Gelegenheit zu haben, einen Rat anzubringen, „lassen Sie uns nach Hause gehen, damit Sie sich zu Bett legen können. Kommen Sie, Sie sind doch ein vernünftiger Mensch! Es wird spät, und überdies erinnern Sie sich an Ihr Versprechen."

„Jupiter", schrie er, ohne sich im geringsten um meine Worte zu kümmern, „verstehst du mich?"

„Ja, Massa, ich verstehen ganz deutlich."

„So prüfe das Holz mit deinem Messer genau und siehe, ob es sehr verfault ist."

„Holz verfault, Massa, gewiß verfault", erwiderte der Neger nach einigen Augenblicken, „aber doch nicht ganz verfault – will allein hinausklettern auf den Ast."

„Allein? Was soll das heißen?"

„Nun, Jup meinen den Käfer, den schweren Käfer. Will ihn herunterfallen lassen, dann wird Ast nicht brechen mit alten Neger."

„Du höllischer Schurke", schrie Legrand, augenscheinlich höchlichst erleichtert, „was soll dieser Unsinn bedeuten? Wenn du den Käfer fallen läßt, breche ich dir das Genick. Schau her, Jupiter, hörst du mich?"

„Ja, Massa brauchen nicht so zu schreien über armen Neger."

„Also hör zu. Wenn du auf den Ast hinauskletterst, soweit du eben glaubst, daß er dich trägt, so schenke ich dir einen Silberdollar, sobald du wieder herunterkommst."

„Ich tun es, Massa Will", antwortete der Neger prompt – „bin jetzt ganz am Ende."

„Ganz am Ende?", schrie hier Legrand aus Leibeskräften. „Sagst du die Wahrheit? Bist du ganz am Ende?"

„Jetzt am Ende, Massa – o – o – o – o – meine Güte, was ist das da auf dem Baume?"

„Nun", rief Legrand, wie freudig erschrocken, „was ist es?"

„Nix als ein Schädel, Massa, hat einer Kopf gelassen auf dem Baum, haben Krähen alles Fleisch abgebissen von."

„Ein Schädel? sagst du? Sehr gut, wie ist er an dem Zweige befestigt? Was hält ihn fest?"

„Jupiter müssen nachsehen – das sein aber kurios, sehr kurios, wahrhaftig! Großer Nagel sein in Schädel und halten es fest an die Ast."

„Nun paß auf, Jupiter, und tu alles genau so, wie ich es dir sage. Hörst du?"

„Jawohl, Massa."

„Also – such das linke Auge des Schädels."

„Hu hu! Das sein gut! Aber da sein nicht mehr Auge."

„Verfluchter Dummkopf, weißt du denn nicht, was rechts und links ist?"

„Ja, Jupiter das wissen – wissen das alles – Jupiter hauen Holz mit seine linke Hand."

„Ganz recht, du arbeitest linkshändig; dein linkes Auge ist auf derselben Seite wie deine linke Hand. Nun wirst du auch das linke Auge des Schädels finden oder wenigstens die Stelle, wo es gewesen ist. Hast du es gefunden?"

Hier trat eine lange Pause ein. Endlich fragte der Neger:

„Ist linkes Auge auf die Seite wie linke Hand von Schädel? Jupiter fragen, weil Schädel hat kein Stück von einer Hand. Aber tut nix, hab jetzt gefunden linkes Auge; hier ist linkes Auge; was müssen Jupiter tun damit?"

„Laß den Käfer durch die Höhlung hinabfallen, so weit die Schnur reicht – aber gib Obacht und laß nicht etwa die Schnur selbst fallen."

„Alles getan, Massa Will. Mächtig leichtes Ding, Käfer durch das Loch stekken. Sehen ihn schon unten!"

Während dieses Zwiegespräches war von Jupiters Person nicht das geringste zu sehen gewesen; doch der Käfer, den er an der Schnur herabgelassen hatte, wurde nun sichtbar und schimmerte in den letzten Strahlen der untergehenden Sonne wie eine kleine Kugel brünierten Goldes. Er hing ganz frei und wäre, wenn man losgelassen hätte, dicht vor unseren Füßen niedergefallen.

Legrand ergriff nun unverzüglich die Sense und mähte damit einen Kreis von drei bis vier Ellen im Durchmesser, gerade unter dem Insekt, frei. Dann befahl er dem Neger, die Schnur fallen zu lassen und von dem Baume herabzukommen.

Mein Freund schlug nun mit vieler Sorgfalt, genau an der Stelle, auf welche der Käfer niedergefallen war, einen Pflock in den Boden und zog ein Maß aus Zwirnband aus seiner Tasche. Eins der Enden des Maßes befestigte er an dem Punkte des Stammes, der dem Pflocke am nächsten war und entfaltete es dann so lange, bis es an den Pflock reichte, und vom Pflocke ab in der durch Baum und Pflock nun einmal angezeichneten Richtung noch etwa fünfzig Fuß weiter – Jupiter mußte das dabei im Wege stehende Brombeergebüsch abmähen. An dem so erreichten Orte wurde ein zweiter Pflock in die Erde geschlagen, und um diesen als Mittelpunkt ein roher Kreis von ungefähr vier Fuß Durchmesser gezogen. Legrand ergriff nun selbst einen Spaten, gab Jupiter und mir ebenfalls einen in die Hand und bat uns, so rasch wie nur möglich zu graben.

Ich habe nie in meinem Leben Vergnügen an dergleichen Arbeiten gehabt, und hätte in diesem Augenblicke ganz besonders gern auf sie verzichtet, denn die Nacht kam heran, und ich war von den voraufgegangenen Anstrengungen ziemlich müde geworden. Doch fand ich keine Ausrede und fürchtete, meinen armen Freund durch eine einfache Weigerung in unnötige Aufregung zu versetzen. Hätte ich mich auf Jupiter verlassen können, so hätte ich keinen Augenblick gezögert, den Irrsinnigen mit Gewalt nach Hause zu bringen, doch kannte ich den alten Neger zu gut, um hoffen zu dürfen, daß er mir unter irgendwelchen Umständen gegen seinen Herrn beistehen werde. Ich zweifelte keinen Augenblick mehr, daß Legrand, wie so viele Südländer, dem Aberglauben an vergrabenes Gold zum Opfer gefallen, und daß er durch den gefundenen unbekannten Käfer oder vielleicht durch Jupiters hartnäckige Behauptung, derselbe sei von wirklichem Golde, in seiner fixen Idee bestärkt worden war. Ein an sich schon zu Phantastereien neigender Mensch konnte durch solche Vorstellungen nur zu leicht noch mehr verwirrt werden, besonders, wenn diese Vorstellungen mit seinen früheren Lieblingsideen in Einklang standen. Überdies erinnerte ich mich der Worte des armen Kerls, der Käfer bedeute großen Reichtum. Im großen ganzen war ich sehr verstimmt und ärgerlich, doch beschloß ich zum Schluß, aus der Not eine Tugend zu machen und aus vollen Kräften zu graben, um dem Irren recht bald durch den Augenschein zu beweisen, wie töricht seine Hoffnungen gewesen.

Wir zündeten die Laternen an und begannen mit einem Eifer zu arbeiten, der einer vernünftigeren Sache wert gewesen wäre. Als der Schimmer der Laternen auf uns und unsere Werkzeuge fiel, drängte sich mir der Gedanke auf, welch malerische Gruppe wir bildeten und wie seltsam und verdächtig unsere Arbeit jedem Menschen erscheinen mußte, der uns vielleicht zufällig gewahrte.

Wir gruben ohne Unterbrechung zwei Stunden lang; gesprochen wurde wenig, denn wir hatten genug zu tun, um dem Gebell des Hundes, den unsere Arbeit außerordentlich zu interessieren schien, durch häufige Zurufe ein Ende zu machen. Zum Schlusse bellte das aufgeregte Tier jedoch so ungestüm, daß wir fürchten mußten, die Aufmerksamkeit etwaiger später Wanderer zu erregen – oder vielmehr Legrand fürchtete es; *mir* wäre jede Störung nur angenehm gewesen. Endlich machte Jupiter dem Lärm ein Ende, indem er mit verbissener Entschlossenheit aus der Grube herausstieg, dem Tiere mit einem seiner Hosenträger das Maul zuband und mit zufriedenem Grinsen wieder an seine Arbeit ging.

Nach Verlauf von zwei Stunden hatten wir eine Tiefe von fünf Fuß erreicht, ohne daß das geringste Anzeichen eines vergrabenen Schatzes zu Tage gekommen wäre. Wir machten alle eine Pause, und schon gab ich der Hoffnung Raum, daß sich die Komödie ihrem Ende nähere. Legrand jedoch wischte sich, obgleich ein wenig irre gemacht, die Stirne ab und begann von neuem zu graben. Wir hatten den ganzen, vier Fuß im Durchmesser großen Kreis ausgegraben und gruben nun ein wenig über die Grenze hinaus und noch zwei Fuß tiefer. Der Goldsucher, den ich eigentlich herzlich bemitleidete, kletterte endlich aus der Grube heraus. Bitterste Enttäuschung malte sich in all seinen Zügen, und zögernd und widerwillig zog er seinen Überrock, den er zur Arbeit ausgezogen hatte, wieder an. Ich enthielt mich aller Bemerkungen, Jupiter aber begann auf ein Zeichen seines Herrn die Gerätschaften zusammenzupacken. Als dies geschehen und der Hund seiner Fesseln entledigt worden war, machten wir uns in tiefer Stille auf, nach Hause zu gehen.

Wir hatten etwa zwölf Schritte gemacht, als Legrand mit einem lauten Fluch auf Jupiter zustürzte und ihn am Kragen packte. Der erstaunte Neger riß Augen und Mund auf, so weit er nur konnte, ließ die Spaten fallen und sank auf die Knie.

„Du Schuft", schrie Legrand und zischte die Silben zwischen den zusammengepreßten Zähnen hervor – „Du infernalischer schwarzer Hund – sprich, sage ich dir –! antworte mir im Augenblick und ohne Umschweife – welches – welches ist dein linkes Auge?"

„O lieb gut Massa Will, sein nicht dies gewiß mein linkes Auge?", brüllte der erschrockene Neger, legte seine Hand auf sein rechtes Sehorgan und ließ sie mit solch verzweifelter Hartnäckigkeit auf demselben liegen, als fürchte er, sein Herr werde es ihm im Augenblick ausreißen.

„Dacht' ich's doch –! Wußt' ich's doch – hurra!", schrie Legrand, ließ den Neger los und führte zum Erstaunen des Dieners eine Reihe von Courbetten und Pirouetten aus, während Jupiter sich von seinen Knien erhob und stumm von seinem Herrn auf mich und von mir auf seinen Herrn blickte.

„Kommen Sie, wir müssen zurückgehen", sagte dieser endlich, „das Spiel ist noch nicht aus", und schritt wieder auf den Tulpenbaum zu.

„Jupiter", rief er, als wir an seinem Fuße angekommen, „komm her. War der Schädel mit dem Gesicht nach außen oder, in das Laubwerk hinein angenagelt?"

„Gesicht nach außen, Massa, daß Krähen konnten ohne Mühe an die Augen."

„Gut! Hast du nun den Käfer durch dieses oder dieses Auge herabfallen lassen?"

Hier berührte Legrand jedes von Jupiters Augen.

„Durch dies Auge, das linke Auge, genau wie Massa haben gesagt", beeilte sich Jupiter zu antworten und legte die Hand auf sein rechtes Auge.

Jetzt entfernte mein Freund, in dessen Irrsinn ich nun eine Methode zu entdecken glaubte, den Pflock, der die Stelle bezeichnete, an welcher der Käfer
heruntergefallen war und schlug ihn etwa drei Zoll weiter westlich wieder ein.
Dann führte er das Maßband vom nächsten Punkt des Stammes wieder an den
Pflock, und von dort in gerader Richtung fünfzig Fuß weiter bis an einen Punkt,
der von dem ersten, an dem wie gegraben hatten, mehrere Ellen entfernt war.

Um diesen Punkt beschrieb er nun einen etwas größeren Kreis als den vorherigen und ermunterte uns, von neuem tapfer zu graben. Ich war entsetzlich
müde, und dennoch fühlte ich zu meinem eigenen Erstaunen keinen Widerwillen mehr gegen die mir aufgedrungene Arbeit. Unerklärlicherweise hatte ich
plötzlich Interesse für die Sache bekommen, ja, ich fühlte mich von einer mir
selbst unerklärlichen Aufregung ergriffen. Vielleicht lag in dem extravaganten
Wesen Legrands etwas, das Eindruck auf mich machte. Ich grub mit Eifer darauf los und ertappte mich hin und wieder dabei, wie ich mit einem Gefühl,
das der Erwartung sehr ähnlich sah, nach dem eingebildeten Schatz spähte, der
meinem unglückseligen Freunde den Verstand geraubt hatte. Als wir ungefähr
anderthalb Stunden gegraben hatten und mich solch unbestimmte Gedanken
gerade besonders stark beschäftigten, wurden wir durch das heftige Heulen
unseres Hundes in unserem Schweigen unterbrochen.

Seine frühere Lebhaftigkeit war offenbar nur Übermut und Tollheit gewesen, diesmal jedoch klang sein Gebell aufgeregt und wütend. Als Jupiter abermals den Versuch machte, ihm das Maul zu verbinden, leistete er verzweifelten
Widerstand, sprang in das Loch und kratzte mit größter Heftigkeit die Erde zur
Seite. In wenigen Sekunden hatte er eine Menge menschlicher Gebeine bloßgelegt, die sich zu zwei vollständigen Skeletten zusammensetzen ließen, und
zwischen denen verschiedene Metallknöpfe sowie Flocken, die wie vermoderte
Wolle aussahen, verstreut lagen. Ein oder zwei Spatenstiche förderten die Klinge
eines großen spanischen Messers zum Vorschein, ein paar weitere drei oder vier
Gold- und Silbermünzen.

Beim Anblick derselben bemächtigte sich Jupiters eine kaum zu bezähmende
Freude, während sich in den Zügen seines Herrn äußerste Enttäuschung malte.
Dennoch drängte er uns, mit der Arbeit fortzufahren, und hatte kaum ausgeredet, als ich stolperte und nach vorwärts fiel, weil ich mit meiner Stiefelspitze
in einen großen Eisenring geraten war, der noch halb begraben im Boden lag.
Nun arbeiteten wir mit verdoppeltem Eifer weiter – niemals in meinem Leben
durchlebte ich aufregendere zehn Minuten. Nach Verlauf dieser Zeit war es uns
gelungen, eine längliche hölzerne Kiste freizumachen, die nach ihrer vollkommenen Erhaltung und wunderbaren Härte zu schließen, einem chemischen Prozeß, vielleicht einer Behandlung durch Bichlorid und Quecksilber, unterworfen

worden war. Die Kiste war drei und einen halben Fuß lang, drei Fuß breit und zwei und einen halben Fuß hoch. Sie war durch Bänder aus Schmiedeeisen, die sie wie ein Gitter ganz umgaben, wohl verschlossen. An jeder Seite der Kiste, ziemlich hoch oben, befanden sich drei Ringe – im ganzen sechs –, so daß sechs Personen sie mit Leichtigkeit aus der Grube herausheben konnten. Unseren vereinigten äußersten Anstrengungen gelang es jedoch nur, die Kiste ein ganz klein wenig von der Stelle zu rücken, und wir sahen ein, daß es ganz unmöglich sei, eine so ungeheure Last weiterzubewegen.

Glücklicherweise bemerkten wir jedoch, daß der Deckel nur durch zwei verschiebbare Bolzen befestigt war. Vor Aufregung bebend und keuchend schoben wir sie zurück. Einen Augenblick später glitzerte uns ein Schatz von unberechenbarem Werte entgegen. Als die Strahlen der Laterne in die Grube fielen, blitzte und glühte es von Gold und Juwelen, so daß wir vollständig geblendet wurden.

Ich will nicht versuchen, die Gefühle, mit denen ich den Schatz anstarrte, zu beschreiben. Zuerst wurde ich mir eines endlosen Erstaunens bewußt. Legrand schien vor Erregung ganz erschöpft und sprach nur sehr wenig. Jupiter war so bleich geworden, wie es einem Neger überhaupt nur möglich ist. Er stand ganz entgeistert da – wie vom Donner gerührt. Dann sank er in der Grube auf die Knie, begrub seine beiden Arme bis an die Ellbogen in dem Golde und ließ sie darin ruhen, als wolle er die Wollust eines solchen Bades ganz auskosten. Endlich rief er, tief aufseufzend, als rede er nur mit sich selbst:

„Und alles, sein gekommen von Goldkäfer! Der hübschen Goldkäfer! Der armen, kleinen Goldkäfer! Ich sein gewesen grausam zu armen, kleinen Goldkäfer. Schämen du dich nicht vor dich selbst, Nigger? Sag' mich das!"

Da kam mir plötzlich der Gedanke, daß ich Herrn und Diener antreiben müsse, an die Bergung des Schatzes zu denken. Es wurde spät, und wir mußten alles aufbieten, um die Kostbarkeiten vor Tagesanbruch auf die Insel zu schaffen. Wie dies jedoch zu bewerkstelligen sei, war schwer zu sagen, und wir verloren mit dem Überlegen viel Zeit, denn wir waren alle ziemlich aufgeregt und verwirrt. Endlich erleichterten wir die Kiste, indem wir zwei Drittel ihres Inhaltes herausnahmen und konnten sie nun mit einiger Mühe aus dem Loch herausheben. Die herausgenommenen Gegenstände verbargen wir unter den Brombeersträuchern und ließen sie unter der Obhut des Hundes zurück, dem Jupiter strengsten Befehl gegeben hatte, sich nicht von der Stelle zu rühren, noch einen Laut von sich zu geben. Nun hasteten wir mit der Kiste nach Hause und kamen nach unsäglichen Mühen dort gegen ein Uhr morgens an. Wir waren jedoch zu erschöpft, um sogleich wieder an die Arbeit zu gehen, ruhten uns bis zwei Uhr aus, stärkten uns an einem kleinen Abendessen und brachen dann wieder nach dem Festlande hin auf. Drei starke Säcke, die wir zum Glück in der Vorratskammer vorgefunden hatten, nahmen wir mit. Ein paar Minuten vor vier Uhr langten wir an der Grube an, teilten den Rest des Fundes gleichmäßig unter uns, füllten die Löcher erst nicht wieder aus, sondern traten den Heimweg nach der Hütte an, in der wir unsere goldene Bürde gerade in dem Augenblicke niederlegten, als die ersten schwachen Morgenschimmer durch die Baumwipfel drangen.

Jetzt waren wir vollständig erschöpft; doch ließ uns die heftige Aufregung nicht lange ruhen. Nach einem unruhigen drei- oder vierstündigen Schlafe erhoben wir uns wie auf Verabredung wieder und begannen, den Schatz zu untersuchen.

Die Kiste war bis zum Rande gefüllt gewesen, und wir brachten den ganzen Tag und auch den größten Teil des folgenden noch damit zu, ihren Inhalt in Augenschein zu nehmen. Es lag alles bunt durcheinander; von Ordnung oder System beim Einpacken war keine Rede gewesen.

Nachdem wir alles sorgfältig sortiert hatten, sahen wir erst, daß wir im Besitze eines viel größeren Reichtums waren, als wir bisher vermutet. An Münzen waren, wenn wir die Stücke nach dem jetzigen Kurs berechneten, etwa vierhundertfünfzigtausend Dollars vorhanden. Es war nur altes, in den verschiedensten Ländern kursierendes Gold – von französischem, spanischem und deutschem Gepräge, doch fanden wir auch ein paar englische Guineen und ein paar Spielmarken, die wir nie zuvor gesehen. Einige der Münzen waren sehr groß und schwer, jedoch so abgenützt, daß wir ihre Inschrift nicht mehr erkennen konnten. Amerikanisches Geld war keins vorhanden.

Der Wert der Juwelen war nicht so leicht abzuschätzen. Wir fanden im ganzen einhundertundzehn Diamanten, von denen mancher außerordentlich groß und schön, und keiner unter Mittelgröße war; ferner achtzehn Rubine von bemerkenswertem Feuer, dreihundertundzehn Smaragde von besonderer Schönheit und einundzwanzig Saphire sowie einen Opal. Diese Steine hatte man aus ihren Fassungen gebrochen und lose in die Kiste verstreut. Die Fassungen selbst, die wir unter dem anderen Golde fanden, schienen mit Hämmern zusammengeschlagen worden zu sein, um jedes Wiedererkanntwerden unmöglich zu machen. Überdies fanden wir eine große Menge gut erhaltener Schmucksachen – fast zweihundert massive Ohr- und Fingerringe – wenn ich mich recht erinnere, dreißig schwere Ketten, dreiundachtzig große, durch und durch echte Kruzifixe – fünf goldene Weihrauchfässer von großem Werte – eine riesige, goldene Punschbowle, mit prachtvollem getriebenem Rebenlaub und Figuren aus einem Bacchuszuge geschmückt, dann zwei wundervoll gearbeitete Degengriffe und noch eine Unzahl kleinerer Gegenstände, deren ich mich nicht mehr recht entsinne.

Diese Dinge wogen im ganzen über dreihundertundfünfzig Pfund, ohne eine große Anzahl prächtiger goldener Uhren – es waren hundertsiebenundneunzig –, von denen drei wohl jede ihre fünfhundert Dollars unter Brüdern wert war. Viele von ihnen waren sehr alt und als Chronometer wohl wertlos, doch waren sie alle reichlich mit Juwelen besetzt und saßen in wertvollen Gehäusen. Wir schätzten den Gesamtinhalt der Kiste in jener Nacht auf ein und eine halbe Million Dollars, doch stellte sich beim späteren Verkauf der Schmucksachen und Juwelen – wir behielten nur einige wenige für uns – heraus, daß wir ihren Wert bedeutend unterschätzt hatten.

Als wir endlich mit unserer Prüfung zu Ende waren und unsere heftige Aufregung sich zu beruhigen begann, bemerkte Legrand wohl, mit welcher Spannung ich der Lösung des ganzen Geheimnisses entgegensah, und begann, mich in alle Einzelheiten desselben einzuweihen.

„Sie erinnern sich wohl noch an jenen Abend", sagte er, „an welchem ich Ihnen die flüchtige Skizze des Käfers zeigte, und an meinen Ärger, als Sie fortwährend behaupteten, meine Zeichnung sähe einem Totenkopfe ähnlich. Als Sie es zum ersten Male sagten, glaubte ich, Sie wollten einen Scherz machen. Doch erinnerte ich mich bald der sonderbaren Flecken auf dem Rücken des Insekts und mußte zugeben, daß Ihre Bemerkung ein wenig begründet sein konnte. Dennoch kränkte mich der Hohn über meine Fähigkeiten, denn ich galte im allgemeinen für einen tüchtigen Zeichner; ich wollte deshalb das Stück Pergament zerknittern und zornig ins Feuer werfen ..."

„Sie meinen das Papierstückchen?", fragte ich.

„Nein", fuhr er fort, „der Schnitzel sah nur aus wie Papier und anfänglich hielt ich ihn selbst dafür. Doch als ich auf ihm zeichnete, entdeckte ich, daß er ein Stück außerordentlich dünnen Pergamentes sei. Er war, wie Sie sich erinnern werden, ziemlich beschmutzt. In dem Augenblick nun, in dem ich ihn zusammenknitterte, fiel mein Blick auf die Skizze, die Sie eben betrachtet hatten, und Sie können sich mein Staunen vorstellen, als ich die Figur eines Totenkopfes wirklich gerade da erblickte, wo ich, wie mir schien, den Käfer hingezeichnet hatte. Einen Augenblick lang war ich zu bestürzt, um ernstlich nachdenken zu können. Ich wußte, daß meine Zeichnung im Detail von dieser hier merklich abwich – obgleich im allgemeinen Umriß eine Ähnlichkeit nicht zu verkennen war. Ich ergriff darauf eine Kerze, setzte mich in die andere Ecke des Zimmers und begann, das Pergamentstück genauer zu untersuchen. Als ich es umwandte, bemerkte ich auf der Rückseite meine Skizze, sie war noch genau so, wie ich sie gemacht hatte. Meine erste Empfindung war nur ein Staunen über die wirklich bemerkenswerte Ähnlichkeit des Umrisses – über das sonderbare Zusammentreffen, daß, ohne daß ich es gewußt, auf der anderen Seite des Pergamentes ein Totenschädel stand, der nicht nur im Umriß, sondern auch in der Größe mit meiner Käferzeichnung vollständig übereinstimmte. Also, wie gesagt, das Sonderbare dieses Zusammentreffens verwirrte mich ein paar Minuten lang. So geht es einem ja gewöhnlich in derlei Fällen. Der Geist müht sich ab, einen Zusammenhang, eine Folge von Ursache und Wirkung herauszufinden, und da ihm dies nicht gelingt, erleidet er eine Art vorübergehender Lähmung. Doch als ich mich von meiner Verblüffung langsam wieder erholte, dämmerte in meinem Geiste eine Überzeugung auf, die noch viel überraschender war als dies Zusammentreffen. Ich erinnerte mich plötzlich deutlich und gewiß, daß auf dem Pergament, als ich meinen Käfer hinskizzierte, keine Zeichnung gestanden hatte. Dessen war ich vollständig gewiß, denn ich wußte, daß ich das Blatt auf beiden Seiten betrachtet hatte, um die reinste Stelle ausfindig zu machen. Wäre die Zeichnung des Totenkopfes damals schon vorhanden gewesen, ich hätte sie unbedingt sehen müssen. Ich stand also vor einem Geheimnis, das ich mir vergebens zu erklären suchte; aber selbst damals schon glomm in den untersten, verborgensten Kammern meines Geistes glühwurmgleich eine Erkenntnis jener Wahrheit auf, die das Ereignis der letzten Nacht so glorreich bewiesen hat. Ich stand auf, verschloß das Pergament in ein sicheres Fach und gab alles Nachdenken auf, bis ich allein sei.

Als Sie sich verabschiedet hatten und Jupiter fest schlief, fing ich an, die Sache etwas methodischer zu untersuchen. Zuerst sann ich nach, auf welche Weise das Pergamentstück in meinen Besitz gekommen. Die Stelle, an der wir den Käfer entdeckt hatten, befand sich am Ufer des Festlandes, etwa eine Meile östlich von der Insel und nur wenig über dem Merkzeichen für den höchsten Wasserstand zur Flutzeit. Als ich ihn fing, versetzte er mir einen ziemlich heftigen Biß, so daß ich ihn wieder fallen ließ. Jupiter jedoch suchte mit seiner gewohnten Vorsicht nach einem Blatt oder irgend etwas Ähnlichem, um das Tier, das auf ihn zugeflogen war, damit zu fangen. In dem Augenblick bemerkten wir gleichzeitig jenen Pergamentschnitzel, den ich für ein Stück Papier hielt. Er lag halb im Sande vergraben, nur eine Ecke ragte heraus. An demselben Orte, an dem wir ihn fanden, erblickte ich auch die Überreste eines Schiffsrumpfes, wahrscheinlich eines Langbootes. Jedenfalls hatten sie schon lange Zeit hier gelegen, denn sie waren eigentlich kaum noch als Schiffsholz zu erkennen.

Jupiter hob also das Pergamentstück auf, wickelte den Käfer hinein und überreichte ihn mir in seiner Umhüllung. Bald darauf traten wir den Heimweg an und trafen unterwegs Leutnant G., dem ich den Käfer zeigte. Er bat mich, ihm das Insekt zu leihen, ich willigte ein, und er steckte den Käfer in seine Westentasche, während ich das Stück Pergament in der Hand hielt. Vielleicht fürchtete der Leutnant, ich werde anderen Sinnes werden, und wartete gar nicht ab, bis ich die Beute wieder eingepackt hatte –, Sie wissen ja, wie sehr er sich für alles, was Naturgeschichte angeht, interessiert. Mittlerweile muß ich wohl, ganz unbewußt, das Pergamentstückchen wieder eingesteckt haben.

Sie erinnern sich, daß ich, um den Käfer zu zeichnen, auf dem Tische nach Papier suchte, jedoch keines fand. Ich forschte dann in meinen Taschen nach, in der Hoffnung, einen alten Brief zu finden und entdeckte das Pergament. Ich erzähle Ihnen dies alles absichtlich so genau, weil mich die sonderbaren Umstände, unter denen ich in den Besitz desselben gelangte, besonders frappierten.

Sie werden mich sicher für einen stark phantastischen Menschen halten, wenn ich Ihnen sage, daß ich mir schon damals eine Art Zusammenhang ausgedacht hatte. Ich hatte zwei wichtige Glieder einer großen Kette miteinander verbunden: an der Seeküste lagen die Überreste eines Bootes, und nicht weit vor dem Boote ein Stück Pergament – kein Papier –, auf dem ein Schädel gezeichnet stand. Sie werden nun natürlich fragen: ‚Wo ist da der Zusammenhang?‘ Ich antworte Ihnen, daß ein Schädel oder Totenkopf das wohlbekannte Sinnbild der Piraten ist. Sobald es zum Kampfe kommt hissen die Seeräuber die Flagge mit dem Totenkopfe auf.

Ich betonte schon, daß der gefundene Fetzen kein Papier, sondern Pergament war, das dauerhaft, ja, fast unzerstörbar ist. Unwichtige Dinge schreibt man selten auf Pergament, denn es ist zum Schreiben und Zeichnen absolut nicht so gut geeignet wie Papier. Dieser Gedanke ließ mich in dem Totenkopf irgend etwas Bedeutsames erblicken und veranlaßte mich, die Form des ganzen Pergamentstückes näher ins Auge zu fassen. Obgleich eine der Ecken durch irgendeinen Zufall abgerissen worden war, konnte man doch leicht erkennen, daß die ursprüngliche Form des Pergamentes eine längliche gewesen. Ein solcher Streifen mochte sehr wohl gewählt worden sein, um irgendeine merkwürdige Tatsache aufzuzeichnen – oder um zu verhindern, daß irgendein Umstand der Vergessenheit anheimfalle.“

„Aber Sie sagen doch“, warf ich ein, „daß sich der Schädel nicht auf dem Pergament befand, als Sie den Käfer zeichneten. Wie können Sie dann nur einen Zusammenhang zwischen dem Boote und dem Schädel sehen, da Ihrer eigenen Ansicht nach dieser doch – weiß Gott durch wen – später als der Käfer aufgezeichnet wurde?“

„Ach, sehen Sie, hierum dreht sich eben das ganze Geheimnis, obgleich gerade dieser Punkt nicht schwer zu lösen ist. Ich schloß also: ‚Als ich den Käfer zeichnete, war auf dem Pergament kein Schädel zu sehen. Als ich mit meiner Zeichnung fertig war, überreichte ich Ihnen dieselbe und beobachtete Sie genau, bis Sie mir dieselbe zurückgaben. Sie zeichneten den Schädel auch nicht, und außer uns war niemand zugegen, der es hätte tun können. Die Zeichnung war also nicht von Menschenhänden gemacht und dennoch war sie da.'

Als ich mit meinen Gedanken so weit gekommen, suchte ich mich, und zwar mit Erfolg, jeder Kleinigkeit genau zu erinnern, die um die betreffende Zeit vorgefallen war. Das Wetter war sehr kalt gewesen (ein ebenso seltenes wie für mich glückliches Ereignis im Oktober), auf dem Herde brannte ein Feuer. Ich war durch die Bewegung warm geworden und hatte mich an den Tisch gesetzt; Sie hatten sich den Armstuhl ganz nah ans Feuer gerückt. In dem Augenblick, als ich Ihnen meine Zeichnung überreichte, kam Wolf, der Neufundländer, hereingestürmt und sprang an Ihnen empor. Mit Ihrer linken Hand liebkosten Sie ihn und suchten ihn abzuwehren, während Ihre Rechte, die das Pergament hielt, achtlos zwischen den Knien hinabsank und in unmittelbare Nähe des Feuers geriet. Einen Augenblick lang fürchtete ich schon, die Zeichnung werde in Brand geraten, und wollte Sie warnen; im nächsten Moment jedoch hatten Sie sich des Hundes erwehrt und begannen das Bild zu betrachten. Als ich mich an all dies erinnerte, wurde mir plötzlich klar, daß die Hitze die Ursache war, welche den Schädel auf dem Pergamentstück zum Vorschein gebracht hatte. Es ist Ihnen jedenfalls bekannt, daß es chemische Präparate gibt und schon immer gegeben hat, vermittels derer man auf Papier oder Pergament so schreiben kann, daß die Schriftzüge erst dann sichtbar werden, wenn man sie der Wirkung des Feuers aussetzt. Ist das beschriebene Material kalt geworden, so verschwinden sie und kommen erst bei erneuter Erwärmung wieder zum Vorschein. Nun unterwarf ich den Totenkopf einer sorgfältigen Betrachtung. Seine äußeren Ränder – das heißt diejenigen, welche dem Rande des Pergaments zunächst lagen, waren deutlicher als die anderen. Offenbar war die Wirkung der Wärme unvollkommen und ungleich gewesen. Ich zündete sofort ein Feuer an und setzte jeden Teil des Pergamentstückes einer Glühhitze aus. Dies hatte anfänglich keine andere Wirkung, als die schwachen Linien des Schädels zu verstärken, doch als ich längere Zeit bei dem Experiment verharrte, erschien in einer Ecke des Fetzens, dem Totenkopfe schräg gegenüber, eine Figur, die ich anfänglich für eine Geiß hielt. Bei näherer Prüfung erkannte ich jedoch, daß es ein junger Bock sein sollte."

„Haha!", lachte ich auf, „ich habe gewiß kein Recht, Sie auszulachen – ein und eine halbe Million Gold ist gewiß eine zu bedeutende Sache, als daß man seinen Spott damit treiben sollte – doch wie wollen Sie nun ein drittes Glied in Ihrer Kette nachweisen –, wie wollen Sie den Zusammenhang zwischen den Piraten und der Geiß herstellen? Seeräuber haben doch eigentlich mit diesen Tieren nichts zu tun; für die interessiert sich doch höchstens ein Landmann."

„Aber ich habe Ihnen doch schon gesagt, daß das Bild keine Geiß vorstellte."

„Also meinetwegen einen jungen Bock –, das ist doch fast dasselbe."

„Fast dasselbe, aber doch nicht ganz", antwortete Legrand. „Sie haben sicher schon von einem Kapitän Kidd* gehört; jedenfalls sah ich das Abbild dieses Tieres als eine Art Wortspiel oder vielmehr ein hieroglyphisches Zeichen für diesen Namen an, denn seine Stellung auf dem Papier legte einen solchen Gedanken sehr nahe. Der Totenkopf in der schräg gegenüberliegenden Ecke sah aus wie ein Gepräge oder Siegel. Doch erklärte dies alles gar nichts, und mit den paar Anhaltspunkten konnte ich eigentlich nichts weiter anfangen."

„Ich glaube, Sie erwarteten, zwischen dem Siegel und dem hieroglyphischen Zeichen einen Brief zu finden?"

„Ja, oder wenigstens etwas Ähnliches. Jedenfalls verfolgte mich die Ahnung, es stände mir irgendein großes Glück bevor. Weshalb, vermag ich nicht recht zu sagen. Vielleicht war es zum Schluß auch mehr nur ein Wunsch als eine wirkliche Vorahnung, aber Sie werden sich jedenfalls erinnern, daß Jupiters törichte Worte, der Käfer bestehe ganz aus Gold, einen merkwürdigen Eindruck auf meine Phantasie gemacht hatten. Und dann jene merkwürdige Folge von Zufällen und Zusammentreffen – bedenken Sie doch nur, welch sonderbarer Zufall es war, daß ich das Pergament an jenem einzigen kalten Tage fand, an dem ein Feuer im Kamin brannte, und daß ich es Ihnen in dem Augenblick überreichte, in dem der Hund hineingestürzt kam und Sie, um ihn abzuwehren, Ihre rechte Hand mit der Zeichnung den Flammen nahe brachten! Daß ich ohne diesen Umstand den Totenkopf niemals erblickt und den Schatz niemals gefunden haben würde!"

„Erzählen Sie nur weiter – ich bin ganz Spannung!"

„Also, Sie haben ohne Zweifel die vielen Geschichten und unbestimmten Gerüchte gehört, nach denen Kidd und dessen Spießgesellen irgendwo an der Küste des Atlantischen Ozeans eine Unmasse Gold vergraben haben sollen. In dergleichen Gerüchten ist gewöhnlich ein Körnchen Wahrheit verborgen, und daß sich diese Geschichte vom Kapitän Kidd so lange erhalten, hatte meines Erachtens seinen Grund nur in dem Umstande, daß der vergrabene Schatz noch irgendwo unaufgefunden lag. Hätte Kapitän Kidd seine Schätze eine Zeitlang verborgen und später wieder in Besitz genommen, so würden die Gerüchte diese letzte Tatsache gewiß nicht verschwiegen haben. Sie wären in der Folge, als nicht mehr interessant, aus dem Gedächtnis des Volkes geschwunden. Sie haben wahrscheinlich schon bemerkt, daß man überall von Goldsuchern, fast nie jedoch von Goldfindern erzählt. Mir kam nun der Gedanke, daß irgendein Zufall – nehmen wir an: der Verlust des Schriftstückes, das die Lage des vergrabenen Schatzes ankündigte – dem Kapitän die Möglichkeit genommen habe,

---

* Kidd bedeutet Böcklein, junger Bock.

sich wieder in Besitz seines Eigentums zu setzen. Dieser Zufall wurde seinen Genossen bekannt und gab Anlaß zu all den Gerüchten, die jetzt so allgemein geworden sind. Haben Sie jemals gehört, daß man früher einmal an der Küste einen Schatz gehoben habe?"

„Niemals!"

„Doch ist es bekannt, daß Kidd ungeheure Schätze aufgespeichert hat. Ich hielt es deshalb für gewiß, daß sie noch immer in der Erde verborgen lägen; und Sie werden kaum noch überrascht sein, wenn ich Ihnen sage, daß ich die Hoffnung, ja, fast die Gewißheit in mir aufsteigen fühlte, das unter so sonderbaren Umständen gefundene Pergament enthalte die verlorene Nachricht über den Ort, an dem der Schatz vergraben lag.

Ich hielt das Pergament nochmals über ein noch stärkeres Feuer, doch kam nichts weiter zum Vorschein. Da fiel mir ein, daß die dicke Lage von Schmutz vielleicht Schuld daran sei und ich reinigte das Pergamentstück sorgfältig mittels warmen Wassers. Dann legte ich es, den Schädel nach unten, in eine zinnerne Pfanne über ein Steinkohlenfeuer. Schon nach einigen Minuten war die Pfanne heiß, ich ergriff das Pergament und fand es zu meiner unaussprechlichen Freude mit Zahlen bedeckt, die in Linien geordnet zu sein schienen. Darauf legte ich es noch eine Minute lang in die Pfanne zurück und nahm es in dem Zustande heraus, in dem Sie es jetzt hier erblicken."

Hier zeigte mir Legrand das Pergamentstück, das er eben wieder erwärmt hatte. Zwischen dem Totenkopf und dem jungen Bock erblickte ich folgende, anscheinend von ungeübter Hand geschriebene Zeichen:

53 ≠ ≠† 305)) 6 * ; 4826) 4 ≠ .) 4 ≠) ; 806 * ; 48 † 87 / 60)) 85 ; 1 ≠ (; : ≠ *
8 † 83 (88) 5 * † ; 46 (; 88 * 96 * ? ; 8) * ≠ (; 485) ; 5 * † 2 : * ≠ (; 4956 * 2 (5
* − 4) 87 / 8 * ; 40 69 285) ;) 6 † 8) 4 ≠ ≠ ; 1 (≠ 9 ; 48 0 81 ; 8 : 8 ≠ 1 ; 48 † 85
; 4) 485 † 52 8806 * 81 (≠ 9 ; 48 ; (88 ; 4 (≠ ? 34 ; 48) 4 ≠ ; 161 ; : 188 ; ≠ ? ;

„Ich bin allerdings noch gerade so im Unklaren wie früher", antwortete ich und gab Legrand das Blatt zurück. „Und verspräche mir jemand für die Lösung des Rätsels alle Edelsteine von Golconda, ich könnte sie nicht verdienen."

„Und doch ist sie keineswegs so schwierig", meinte Legrand, „wie diese Zeichen auf den ersten Blick vermuten lassen. Sie bilden, wie leicht zu erraten ist, eine Chiffre, das heißt, sie drücken einen Sinn aus. Alles, was ich jedoch von Kapitän Kidd gehört hatte, ließ darauf schließen, daß er kein allzu gewandter Kryptograph gewesen. Ich nahm also an, daß diese Chiffre ziemlich einfach sein müsse und nur dem ungebildeten Seemanne, solange ihm der Schlüssel fehlte, unverständlich bleiben konnte."

„Und Sie haben den Sinn vollständig erraten?"

„Ohne allzu große Mühe! Habe ich doch Geheimschriften gelesen, die tausendmal schwieriger waren. Es reizte mich immer sehr, solche Rätsel zu lösen, und außerdem ist es sehr zu bezweifeln, ob der menschliche Scharfsinn ein Rätsel ersinnen könnte, das menschlicher Scharfsinn bei gehörigem Fleiße nicht wieder zu lösen vermöchte! Und in der Tat dachte ich, nachdem ich dem Pergament die Zeichen einmal entlockt, kaum mehr daran, es könnte irgendwie schwierig sein, ihren Sinn zu enträtseln.

In meinem Falle, ja, wohl in allen Fällen, in denen es sich um Geheimschrift handelt, ist die erste Frage die, in welcher Sprache die Chiffre geschrieben ist, denn die Prinzipien der Lösung hängen, besonders, wenn es sich um einfachere Chiffren handelt, fast allein von dem Geiste der betreffenden Sprache ab. Im allgemeinen bleibt jemandem, der eine solche Geheimschrift lesen will, nichts übrig, als mit allen ihm bekannten Sprachen die Experimente anzustellen, die ihm am ehesten Erfolg zu versprechen scheinen, bis er endlich das Richtige gefunden. Doch die Unterschrift unserer Chiffre enthob mich jeder Schwierigkeit. Das Wortspiel ‚Kidd' wies mich klar und deutlich auf die englische Sprache. Wäre dies nicht der Fall gewesen, so hätte ich mit der spanischen oder französischen Sprache begonnen, da sich die Piraten aus den spanischen Gewässern derselben wohl am ehesten bedient haben würden. So jedoch mußte ich annehmen, die Chiffre beziehe sich auf die englische Sprache.

Sie sehen, daß die Worte nicht voneinander getrennt sind; in diesem Falle wäre meine Arbeit bedeutend leichter gewesen. Ich hätte dann damit begonnen, die kürzeren Worte zu analysieren und miteinander zu vergleichen, und hätte ich ein aus einem einzigen Buchstaben bestehendes Wort gefunden – ein ‚a' oder ‚J' zum Beispiel – so hätte ich die Lösung als gelungen ansehen können. Doch da die Worte eben nicht abgeteilt waren, beschränkte ich mich darauf, die am häufigsten sowie die am seltensten vorkommenden Buchstaben ausfindig zu machen. Als ich alle gezählt, fertigte ich folgende Tabelle:

Die	Chiffre	8	kommt	33	mal	vor
"	"	;	"	26	"	"
"	"	4	"	19	"	"
"	"	≠)	"	16	"	"
"	"	*	"	13	"	"
"	"	5	"	12	"	"
"	"	6	"	11	"	"
"	"	†1	"	8	"	"
"	"	0	"	6	"	"

"	"	92	"	5	"	"	
"	"	: 3	"	4	"	"	
"	"	?	"	3	"	"	
"	"	7 /	"	2	"	"	
"	"	≠ .	"	1	"	"	

Nun kommt in der englischen Sprache der Vokal e am öftesten vor. Dann folgen a, o, i, d, h, n, r, s, t, u, y, c, f, g, l, m, w, b, k, p, q, x, z. Der Buchstabe e jedoch herrscht so auffallend vor, daß man kaum einen längeren Satz trifft, in dem er nicht bedeutend öfter als alle übrigen Buchstaben enthalten ist.

Wir haben also hier gleich am Anfang die Grundlage zu einer sicheren Vermutung. Wie nützlich im allgemeinen eine Tabelle wie die unsrige ist, liegt auf der Hand, bei unserer Geheimschrift jedoch werden wir sie nur teilweise nötig haben. Unsere vorherrschende Chiffre ist 8, und wir wollen damit beginnen, sie als das e des natürlichen Alphabetes anzusehen. Um uns von der Richtigkeit unserer Vermutung zu überzeugen, forschen wir noch nach, ob die Zahl 8 oft paarweise vorkommt – ein doppeltes e findet man im Englischen sehr häufig, man denke nur an meet, fleet, speed, seen, been, agree usw. Wir finden denn auch die Zahl nicht weniger als fünfmal doppelt vor, obwohl die ganze Mitteilung nur sehr kurz ist.

Nehmen wir also an, 8 bedeute e. Nun aber kommt von allen englischen Wörtern der Artikel ‚the' am häufigsten vor; wir müssen also nachforschen, ob wir nicht Wiederholungen von drei Zahlen in derselben Reihenfolge finden, deren letzte eine 8 ist. Gelingt uns dies, so können wir mit ziemlicher Sicherheit annehmen, daß sie das Wort ‚the' bedeuten. Bei genauer Untersuchung finden wir nicht weniger als sieben solcher Zeichenstellungen, und zwar die Chiffren ; 4 8. Wir können also annehmen, daß ; t bedeutet, 4 das Zeichen für h und 8 das Zeichen für e ist, und hätten damit schon einen großen Schritt nach vorwärts getan.

Nachdem wir dies eine Wort gefunden haben, können wir einen anderen unendlich wichtigen Punkt feststellen, nämlich verschiedene Wortanfänge und Endungen. Sehen wir uns die Stelle an, wo die Kombination ; 4 8 zum vorletztenmal vorkommt – nicht weit vom Ende der ganzen Schrift. Wir wissen, daß das ; , welches unmittelbar darauf folgt, den Anfang eines neuen Wortes bildet und von den sechs Zeichen, die auf dieses ‚the' folgen, sind uns nicht weniger als fünf bekannt. Diese Zeichen wollen wir in die Buchstaben des gewöhnlichen Alphabetes übersetzen und für die uns noch unbekannten einen leeren Raum lassen –

t eeth

355

Das ‚th' können wir bald fallen lassen, weil es kein Teil des t anfangenden Wortes sein kann; denn wenn wir das ganze Alphabet nach einem passenden Buchstaben durchsuchen, so würde sich doch keiner finden, der mit den vorhandenen ein Wort bildete. So sind wir also auf

t ee

beschränkt, und wenn wir noch einmal wie zuvor das Alphabet durchsuchen, finden wir einzig und allein den Buchstaben r, der in Verbindung mit t ee einen Sinn, das Wort tree nämlich, ergibt. So haben wir einen neuen Buchstaben erkannt, der durch das Zeichen (dargestellt ist, und zwei nebeneinander stehende Worte ‚the tree'. Sehen wir etwas weiter, so finden wir bald wieder die Kombination ; 4 8 und wollen sie diesmal als Endung für das, was unmittelbar voransteht, gebrauchen. Wir haben dann folgende Anordnung:

the tree ; (≠ ? 3 4 the

oder in die uns bekannten Buchstaben übersetzt:

the tree thr ≠ ? 3 h the

Lassen wir nun für die unbekannten Schriftzeichen freien Raum oder setzen wir Pünktchen, so erhalten wir folgende Lesart:

the tree thr…h the

und denken sofort unwillkürlich an das Wort through. Diese Entdeckung jedoch verschafft uns drei neue Buchstaben, o, u und g, die sich unter den Zeichen ≠ ? und 3 verbargen.

Durchsuchen wir nun die Chiffre von neuem, um Verbindungen bekannter Zeichen herauszufinden, so entdecken wir ziemlich am Anfang die Anordnung:

8 3 (8 8 oder egree

was offenbar den Schluß des Wortes degree bildet. Auf diese Weise haben wir wieder einen neuen Buchstaben gefunden, nämlich d unter dem Zeichen ….

Vier Zeichen hinter dem Wort degree sehen wir die Kombination ; 4 6 (; 8 8 *

Übersetzen wir die bekannten Zeichen in Buchstaben und stellen die unbekannten durch Pünktchen dar, so lesen wir th . rtee .

und werden unbedingt an das Wort ‚thirteen' erinnert und mit zwei neuen Buchstaben – i und n unter den Zeichen 6 und * – bekannt gemacht.

Betrachten wir nun den Anfang des Kryptogramms, so finden wir die Verbindung:

$$5\ 3 \neq \neq \ldots$$

Übersetzen wir dies nach unserem vorherigen Schema, so erhalten wir

good

und kommen leicht zu der Überzeugung, daß das erste Zeichen A bedeutet, der Anfang der Chiffre also lautet:

A good

Doch müssen wir nun unseren Schlüssel, soweit wir ihn gefunden, in eine Tabelle ordnen, um größere Klarheit zu erhalten. Wir wissen, daß

5 = a
† = d
8 = e
3 = g
4 = h
6 = i
* = n
≠ = o
(= r
; = t ist.

Wir kennen also bis jetzt nicht weniger als zehn der wichtigsten Buchstaben, und es ist unnötig, auf die Details der Lösung noch weiter einzugehen. Ich habe Ihnen genugsam gezeigt, daß Chiffren dieser Art sehr leicht lösbar sind und auf welche Prinzipien man ihre Lösung aufbaut. Doch glauben Sie mir, daß die vorliegende Geheimschrift wohl die einfachste ist, die ich je kennen gelernt.

Ich will Ihnen nun eine vollständige Übersetzung der Zeichen geben, die das Pergament enthielt:

‚A good glass in the bishop's hostel in the devil's seat forty-one degrees and thirteen minutes northeast and by north main branch seventh limb east side shoot from the left eye of the death's head a bee line from the tree through the shot fifty feet out.'

Ein gutes Glas im Bischofshotel in des Teufels Sitz einundvierzig Grad und dreizehn Minuten nordöstlich und nördlich Hauptast siebenter Ast Ostseite schieß von dem linken Auge des Totenkopfes eine kerzengerade Linie von dem Baum durch den Schuß fünfzig Fuß hinaus."

„Aber", warf ich ein, „das Rätsel erscheint mir noch immer so unlösbar wie vorher. Wie konnten Sie nur aus dem Kauderwelsch von ‚Teufelssitz', ‚Totenkopf' und ‚Bischofshotel' einen Sinn entnehmen?"

„Ich gestehe gern", erwiderte Legrand, „daß die Sache noch immer schwierig aussieht, wenn man sie nur oberflächlich betrachtet. Ich bemühte mich also weiter, den Satz so einzuteilen, wie er im Sinne des Kryptographen eingeteilt gewesen."

„Sie haben ihn mit Interpunktion versehen?",

„Ja, wenigstens tat ich ähnliches."

„Aber wie war dies zu bewerkstelligen?"

„Ich war zu der Ansicht gekommen, daß der Schreiber die Worte absichtlich ineinander geschoben hatte, um ihr Verständnis zu erschweren. Nun wird jeder nicht allzu scharfsichtige Mann – und für einen solchen halte ich den Verfasser dieser Chiffre – bei solcher Gelegenheit leicht übertreiben, das heißt in unserem Falle, dort, wo ein Abschnitt im Satze stehen müßte, die Zeichen auffallend dicht zusammendrängen. Tatsächlich ist dies bei unserer Chiffre an fünf Stellen geschehen, an denen ich dann den Satz wie folgt abteilte:

A good glass in the bishop's hostel in the devil's seat – forty-one degrees and thirteen minutes – northeast and by north – main branch seventh limb east side – shoot from the left eye of the death's head – a bee line from the tree through the shot fifty feet out.

‚Ein gutes Glas im Bischofshotel in des Teufels Sitz – einundvierzig Grad und dreizehn Minuten – nordöstlich und nördlich – Hauptast, siebenter Ast Ostseite – schieße von dem linken Auge des Totenkopfes – eine kerzengerade Linie von dem Baume durch den Schuß fünfzig Fuß hinaus.'"

„Aber selbst dies Abteilen", warf ich ein, „hat mich um nichts klüger gemacht."

„Auch ich tappte einige Tage noch ganz im Dunkeln", erwiderte Legrand. „Zunächst erkundigte ich mich eifrig in der Umgegend der Sullivans-Insel, ob vielleicht irgendein Haus den Namen Bischofshotel führte. Als ich jedoch nicht das geringste erfahren konnte, wollte ich den Kreis meiner Nachforschungen schon erweitern und systematischer vorgehen, da fiel mir plötzlich ein, dies ‚Bischofshotel‘ könne seinen Namen vielleicht von einer alten Familie Bessop herleiten, die vor langen, langen Jahre etwa vier Meilen nördlich von der Insel einmal ein großes Farmhaus besessen. Ich ging also auf diese Plantage hinüber und setzte meine Erkundigungen unter den älteren Negern fort. Endlich hörte ich von einem uralten Weibe, daß sie das Bischofs- oder Bessopskastell wohl kenne und mich dahinführen könne, doch sei es weder ein Schloß noch ein Wirtshaus, sondern ein hoher Felsen.

Ich versprach ihr eine gute Bezahlung für ihre Mühe, worauf sie sich nach einigem Besinnen bereit erklärte, mich an den betreffenden Ort zu bringen. Wir fanden ihn ohne weitere Schwierigkeit; ich entließ meine Führerin und begann meine Untersuchungen anzustellen. Das ‚Kastell‘ bestand aus unregelmäßig aufeinandergetürmten Klippen und Felsen, von denen einer sowohl durch seine Höhe, wie durch seine isolierte, fast künstliche Stellung auffiel. Ich kletterte auf seine höchste Spitze und wußte dann nicht recht, was ich nun weiter beginnen sollte.

Als ich noch darüber nachsann, fielen meine Blicke auf einen schmalen Vorsprung an der Ostseite des Felsens, vielleicht eine Elle unter dem Gipfel, auf dem ich stand. Dieser Vorsprung stand etwa achtzehn Zoll von dem Felsen ab und war nicht mehr als ein Fuß breit; eine Nische im Felsen gerade über dem Vorsprung gab demselben eine ungefähre Ähnlichkeit mit einem jener Stühle mit gewölbtem Rücken, derer sich unsere Vorväter bedienten. Ich zweifelte nun nicht mehr, daß dies der Teufelssitz sei, von dem das Pergament sprach, und glaubte nun, die ganze Lösung des Rätsels in der Hand zu haben. Das ‚gute Glas‘ konnte sich meines Erachtens auf nichts anderes als auf ein Teleskop beziehen, da das Wort ‚Glas‘ bei Seeleuten selten in anderem Sinne gebraucht wird. Ich mußte mir also ein Teleskop verschaffen sowie einen Standpunkt aufsuchen, der nicht der geringsten Veränderung unterlag, während ich meine Beobachtungen anstellte. Auch nahm ich sofort als sicher an, daß die Worte: ‚einundvierzig Grad und dreizehn Minuten‘ und ‚nordöstlich und nördlich‘ die Richtung beim Einstellen des Glases angeben sollten. Ziemlich erregt über diese Entdeckungen, eilte ich nach Hause, verschaffte mir ein Teleskop, und kehrte in kürzester Zeit zu dem Felsen zurück.

Vorsichtig glitt ich auf den Vorsprung hinab und fand, daß man nur in einer einzigen Stellung einen sicheren Sitz auf ihm einnehmen konnte. Diese Tatsache bestärkte mich nur noch in meiner vorgefaßten Meinung, und ich schickte mich an, das Glas zu gebrauchen. Die Worte ‚einundvierzig Grad und dreizehn Minuten‘ konnten natürlich keinen anderen Sinn haben, als die Höhe über dem sichtbaren Horizonte anzugeben, da die horizontale Richtung durch die Worte

‚nordöstlich' und ‚nördlich' deutlich genug bezeichnet worden war. Diese Richtung stellte ich mittels meines Taschenkompasses fest und bewegte dann das Teleskop, nachdem ich es, so genau ich nur konnte, auf einen Winkel von einundvierzig Grad Höhe eingestellt hatte, behutsam auf und ab, bis meine Aufmerksamkeit durch die kreisrunde Öffnung im Laubwerk eines Baumes erregt wurde, der über alle seine Nachbarn weit hervorragte. Im Mittelpunkt dieser Öffnung gewahrte ich einen weißen Punkt, konnte aber anfänglich nicht erkennen, was es war. Ich verschärfte das Teleskop, schaute abermals angestrengt hin und erkannte einen Totenschädel.

Nach dieser Entdeckung hielt ich höchst erfreut das Rätsel schon für gänzlich gelöst, denn der Satz: Hauptast, siebenter Ast, Ostseite konnte sich nur auf die Lage des Schädels auf dem Baume beziehen und die weitere Bemerkung: ‚Schieß von dem linken Auge des Totenkopfes' ließ ebenfalls nur eine Auslegung betreffs des Versteckes des Schatzes zu. Ich verstand die Worte so, daß aus dem linken Auge des Schädels eine Kugel hinabgelassen oder geschossen werden sollte, und eine ‚kerzengerade Linie' von dem nächsten Punkt des Stammes durch den ‚Schuß' oder den Punkt, auf den die Kugel fiel, gezogen und bis auf fünfzig Schritt verlängert werden müsse, um den Platz anzuzeigen, unter dem meiner Meinung nach Gegenstände von Wert verborgen liegen konnten.'

„Alles dies", sagte ich, „ist ungemein klar, sinnreich und dabei doch einfach. Jedoch was taten Sie, als Sie das Bischofskastell verließen?"

„Nun, ich merkte mir den Baum genau und trat den Heimweg an. In dem Augenblick jedoch, in dem ich den ‚Teufelssitz' verließ, verschwand auch die kreisförmige Öffnung und ich konnte sie, wie ich auch das Teleskop drehen und wenden mochte, nicht mehr erblicken. Wiederholte Versuche haben mich überzeugt, daß sie tatsächlich einzig und allein nur von dem erwähnten Felsvorsprung aus sichtbar ist.

Auf der Expedition zum Bischofskastell hatte mich Jupiter begleitet. Wahrscheinlich war ihm schon seit ein paar Wochen mein tiefsinniges Wesen aufgefallen, denn er ließ mich keinen Augenblick allein. Am folgenden Morgen jedoch stand ich sehr früh auf, entwischte ihm und begab mich in die Berge, um den Baum aufzusuchen. Ich fand ihn nach langem Wandern. Als ich spät des Abends zurückkam, wollte mein Diener mich durchprügeln, und mit dem Rest des Abenteuers sind Sie, wie ich glaube, selbst so gut bekannt wie ich."

„Sie trafen vermutlich beim ersten Nachgraben die rechte Stelle nicht", warf ich ein, „weil Jupiter in seiner Dummheit den Käfer durch das rechte statt durch das linke Auge des Schädels fallen ließ?"

„So ist es. Dieser Irrtum verlegte den Schuß zwei und einen halben Zoll von der richtigen Stelle weg. Hätte der Schatz unter dem ‚Schuß' gelegen, so hätte dies nicht viel zu bedeuten gehabt, aber der ‚Schuß‘ und der nächstliegende Punkt des Baumes waren nur die Angaben für eine weitere Richtungslinie, bei deren Verlängerung wir natürlich immer weiter von der richtigen Stelle abkamen, bis wir in der Entfernung von fünfzig Fuß die Spur ganz und gar verloren hatten. Wäre ich nicht so felsenfest überzeugt gewesen, es müsse in der Nähe ein Schatz begraben sein, so hätten wir all die Arbeit wohl umsonst verrichtet.“

„Aber Ihr stolz beredetes Benehmen und die merkwürdigen Manipulationen mit dem Käfer – wie höchst seltsam! Ich dachte bestimmt, Sie hätten den Verstand verloren. Und weshalb bestanden Sie darauf, statt einer Kugel den Käfer durch das Auge des Totenkopfes fallen zu lassen?“

„Nun, um die Wahrheit zu gestehen, ich ärgerte mich etwas darüber, daß Sie an meiner Zurechnungsfähigkeit zweifelten, und beschloß deshalb, Sie unmerklich auf meine Weise zu strafen, indem ich Sie ein wenig mystifizierte. Nur deshalb schwang ich den Käfer hin und her und ließ ihn vom Baume herabgleiten. Übrigens hat mich erst Ihre Bemerkung, wie auffallend schwer er sei, auf diesen letzten Gedanken gebracht.“

„Nun habe ich nur noch eine Frage zu stellen: Was sollen wir mit den Skeletten anfangen, die wir in der Grube gefunden haben?“

„Das weiß ich ebensowenig wie Sie selbst. Ich kann mir überhaupt kaum erklären, wie dieselben an diesen Ort gekommen sind. Die einzige Möglichkeit weist auf ein scheußliches Verbrechen hin, an das zu glauben schwer ist. Wenn es wirklich Kidd war, der den Schatz vergraben hat – und ich zweifle keinen Augenblick, daß er es gewesen – so muß er Helfershelfer bei der Arbeit gehabt haben. Nachdem sie vollbracht war, hielt er es vielleicht für angemessen, sich der Mitwisser dieses Geheimnisses zu entledigen. Vielleicht genügten ein paar Schläge mit einer Hacke auf die ahnungslos Arbeitenden – vielleicht waren auch ein Dutzend nötig – wer kann das wissen!“

GEHEIMSCHREIBEKUNST

Da wir uns die Zeit nicht vorstellen können, in der sich nicht die Notwendigkeit oder zum mindesten der Wunsch herausgestellt hätte, von Individuum zu Individuum Nachrichten zu übermitteln, die sich dem Verständnis der anderen entzogen, dürfen wir wohl annehmen, daß die Gepflogenheit, durch Geheimschriften miteinander zu verkehren, eine sehr alte ist. Die Behauptung, daß die Spartaner die Erfinder der Kryptographie gewesen seien, beruht also offenbar auf einem Irrtum. De la Guilletiere behauptet, die scytala bedeute den Ursprung dieser Kunst, sie ist aber nur als das früheste Beispiel ihrer Anwendung anzuführen. Die *scytalae* bestanden aus zwei in jeder Hinsicht genau gleichen Zylindern. Wenn der Anführer eines Heeres in den Kampf hinauszog, empfing er von den Ephoren einen dieser Zylinder, während der andere in ihrem Besitze blieb. Wenn nun eine der Parteien der anderen etwas mitzuteilen hatte, wurde ein schmaler Pergamentstreifen so um den Zylinder gewunden, daß sich seine Ränder ganz genau aneinander anschlossen. Dann wurde das Papier der Länge nach beschrieben, wieder abgerollt und verschickt. Wurde die Botschaft nun auch aufgefangen, so war sie doch niemandem verständlich. Erreichte sie glücklich ihren Bestimmungsort, so brauchte der Benachrichtigte den Streifen nur um seinen Zylinder zu wickeln und konnte die Inschrift entziffern. Daß die Kenntnis gerade dieser Art von Kryptographie bis auf uns gekommen, ist wohl nur dem Umstande zu verdanken, daß sie bei geschichtlichen Ereignissen angewendet wurde. Ähnliche Mittel geheimen schriftlichen Verkehrs sind gewiß fast zu gleicher Zeit mit dem Briefschreiben überhaupt entdeckt worden.

Beiläufig sei hier bemerkt, daß in keiner der unseren Gegenstand betreffenden Abhandlungen, die mir zu Gesicht gekommen sind, jemals von einer anderen als einer zufälligen Lösung durch eben die passende *scytala* die Rede gewesen ist. Und doch wäre in allen Fällen eine Entzifferung mit absoluter Sicherheit zu bewerkstelligen gewesen. Man muß, ist ein Pergamentstreifen aufgefangen worden, sich einen verhältnismäßig sehr langen – sagen wir einmal sechs Fuß langen – Kegel herstellen, dessen Umfang an der Basis wenigstens der Länge des Streifens gleichkommt. Nun rollt man denselben unten nahe an der Basis um den Kegel, sodaß sich Rand dicht an Rand schließt, wie es oben beschrieben ist; dann immer fest Rand an Rand und den Streifen fest auf den Kegel drükkend, führt man ihn langsam bis zur Spitze hinauf. Auf diesem Wege werden einige Wörter, Silben oder Buchstaben, deren Verbindung bezweckt ist, gewiß zusammenkommen – an dem Punkte des Kegels nämlich, dessen Durchmesser dem der *scytala*, auf welcher die Nachricht geschrieben worden ist, gleichkommt, und da von der Basis des Kegels bis zu seiner Spitze alle möglichen Durchmesser vorhanden sind, ist ein Mißlingen ausgeschlossen. Hat man so den Umfang der *scytala* festgestellt, ist es ein leichtes, sich eine solche zu verschaffen und die Schrift in aller Ruhe zu lesen.

Es werden sich nun wenige überzeugen lassen, daß es gar nicht so einfach ist, eine Geheimschrift zu erfinden, deren Auflösung dem Unberufenen unmöglich ist. Und doch darf man rundweg versichern, daß der menschliche Scharfsinn keine Geheimschrift ersinnen kann, die menschlicher Scharfsinn nicht auch zu lesen vermöchte. Die Schwierigkeit jedoch, die das Entziffern solch einer Schrift bereitet, ist je nach der besonderen Veranlagung des Lösenden außerordentlich verschieden. Von zwei Personen, deren geistige Kraft sich bei anderer Gelegenheit als durchaus gleich herausgestellt hat, kann die eine unter Umständen nicht die allereinfachste Chiffre lesen, während die andere die allerverwickeltste schnell entziffert. Hier haben nämlich die analytischen Fähigkeiten des Menschen hauptsächlich zu wirken; es wäre deshalb gar nicht so unangebracht, die Lösung von Geheimschriften in den Lehrplan unserer Hochschulen aufzunehmen, um der wichtigsten aller Geisteskräfte Spielraum zur Entfaltung zu geben.

Kämen zwei Personen, die gar keine Übung im Geheimschreiben hätten, auf den Gedanken, sich Mitteilungen zukommen zu lassen, die nur ihnen verständlich wären, so würden sie wahrscheinlich zuallererst daran denken, sich ein besonderes Alphabet, zu dem jeder von ihnen den Schlüssel haben sollte, zu machen. Sie könnten zuerst übereinkommen: a sollte für z, b für y; c für x, d für w und so weiter stehen, das heißt, sie würden die Reihenfolge der Buchstaben umkehren. Da ihnen aber bei längerem Nachdenken dies Vorgehen als zu durchsichtig erscheinen wird, werden sie vielleicht nach etwas Komplizierterem suchen. Sie schreiben die ersten dreizehn Buchstaben des Alphabets unter die letzten dreizehn:

n o p q r s t u v w x y z
a b c d e f g h i j k l m

so daß a für n und n für a, b für o und o für b steht. Da diese Regelmäßigkeit aber auch noch zu leicht herausgefunden werden möchte, könnte man sich auch ein ganz durcheinander geschütteltes Alphabet herstellen, zum Beispiel:

a   stände   für   p,
b   "   "   x,
c   "   "   u,
d   "   "   o, etc.

Viele Briefschreiber würden sich nun nach dieser Übereinkunft ganz sicher fühlen und erstaunt sein, wenn ein Geheimschriftenleser den Schlüssel zu ihrem Alphabet im Handumdrehen finden würde. Vorsichtigere würden an Stelle unserer gewöhnlichen Schriftzeichen überhaupt andere, selbst zu wählende, setzen:

(könnte   a   heißen
,   "   b   "
:   "   c   "
;   "   d   "
)   "   e   "

Ein mit derartigen Zeichen geschriebener Brief würde gewiß ganz unentzifferbar aussehen. Wem aber auch dies noch nicht genügende Sicherheit böte, käme vielleicht auf die Idee, sich eines stetig wechselnden Alphabetes zu bedienen, und könnte es sich folgendermaßen herstellen. Er nimmt zwei kreisrunde Scheiben Pappdeckel, von denen eine einen halben Zoll im Durchmesser kleiner ist als die andere. Der Mittelpunkt der kleineren wird auf den Mittelpunkt der größeren gelegt und einen Augenblick dort festgehalten. Dann zieht er von dem gemeinsamen Mittelpunkt Radien über die Umrißlinien des kleinen Kreises bis zur Umrißlinie des großen. Im ganzen sollen es sechsundzwanzig Radien sein, die jeden Kreis in sechsundzwanzig Flächen einteilen. Auf jede der Flächen des unteren Kreises schreibt er einen Buchstaben des Alphabetes und zwar je willkürlicher durcheinander um so besser. Dasselbe geschieht mit dem oberen Kreise. Nun steckt er eine Nadel durch das gemeinsame Zentrum und versetzt den oberen Kreis in Drehung, während der untere unbeweglich bleibt. Darauf hemmt er die Drehung des oberen Kreises wieder und liest das Ergebnis, das heißt: für a nimmt er den Buchstaben, der in dem Teil des kleineren Kreises steht, der sich mit dem mit a bezeichneten des größeren deckt, für b den Buchstaben, der im kleinen Kreis über der mit b bezeichneten Abteilung des großen steht, etc. Damit die Person, für die der Brief geschrieben ist, denselben lesen kann, muß sie ebenfalls zwei der eben beschriebenen Pappdeckelkreise besitzen und wissen, welche beiden Buchstaben sich auf dem oberen und unteren Kreise gerade deckten, als ihr Korrespondent die Chiffre schrieb. Dies letztere erfährt sie durch die beiden Anfangsbuchstaben des Briefes, die als Schlüssel dienen.

Beginnt das Schreiben mit m, so schließt sie daraus, daß sie, wenn sie seine beiden Kreise so legt, daß diese beiden Buchstaben übereinander stehen, das angewandte Alphabet erhält.

Auf den ersten Blick möchte es scheinen, diese verzwickte Art und Weise, eine Geheimschrift zu verfertigen, böte absolute Gewähr für ihre Unlesbarkeit durch Dritte und als sei es ganz unmöglich, ein Rätsel zu raten, dessen Lösung auf so vielfach gewundenen Wegen versteckt wurde. Für manchen böte es allerdings große Schwierigkeit; anderen jedoch macht die Entwirrung solcher Dinge fast gar keine Mühe. Der Leser mache sich nun klar, daß die Grundlage dieser ganzen Kunst in den allgemeinen Prinzipien der Bildung der Sprache zu finden und deshalb von den Gesetzen, nach denen die Bildung der Geheimschrift und ihres Schlüssels geschah, gänzlich unabhängig ist. Die Schwierigkeit, ein Kryptogramm zu lesen, steht durchaus nicht immer im Verhältnis zu der Mühe und dem Scharfsinn, den seine Zusammenstellung erfordert hat. Man hat gewiß bemerkt, daß bei den eben erwähnten Methoden, ein Kryptogramm zu verfassen, diese von Fall zu Fall verzwickter wurden. Doch ist diese Verzwicktheit nur eine scheinbare, sie hat für die Lösung des Rätsels keinerlei Bedeutung; die letzterwähnte Art und Weise macht das Lesen nicht im geringsten schwerer als die erste einfachste.

In einer vor achtzehn Monaten in einer hiesigen Wochenschrift erschienenen Abhandlung über einen ähnlichen Gegenstand sprach der Schreiber dieses Artikels über die starre Methode, nach der sich alle Formen des Denkens äußern, sprach von den Vorteilen, die diese gewährt, und daß selbst die anscheinend rein der Phantasie entsprungenen Vorgänge sich nach ihren Gesetzen vollziehen – also auch die Auflösung von Geheimschriften. Er wagte damals die Behauptung, jedes nach der oben erklärten Art und Weise zusammengestellte Kryptogramm lesen zu können und erregte damit ganz unerwarteterweise das größte Interesse bei dem ausgebreiteten Leserkreise des Blattes. Aus allen Teilen des Landes liefen Briefe bei dem Herausgeber ein, und viele der Schreiber waren so überzeugt von der Unlesbarkeit ihrer Geheimschriften, daß sie ihn gar zu gern zu Wetten überredet haben würden. Dabei machten sie sich nicht allzuviel Skrupel, bei der Verfassung ihrer Schriften die oben bezeichneten Grenzen zu überschreiten. Sie hatten sich fremder Sprachen bedient; einzelne Wörter und Sätze bunt durcheinander gemischt; in demselben Kryptogramm mehrere Alphabete angewandt. Ein Herr schickte gar ein Rätsel ein, das er in Krähenfüßen niedergeschrieben hatte, derengleichen in der wildesten Typographie der Redaktion nicht wiederzufinden war, und bei dem er sich sieben verschiedener Alphabete bedient hatte, ohne zwischen den Buchstaben oder zwischen den Zeilen Zwischenräume zu lassen. Von den ungefähr hundert eingelaufenen Geheimschriften gelang uns nur die Lösung einer einzigen nicht sofort, bald jedoch stellten wir sie als eine Täuschung klar – das heißt, wir bewiesen, daß sie ein Kauderwelsch zufällig zusammengestellter Buchstaben war, die absolut keinen Sinn ergaben. Den Einsender der Schrift aus sieben Alphabeten verblüfften wir zu unserem Vergnügen aufs höchste durch eine schnelle und völlige Lösung.

Die erwähnte Wochenschrift beschäftigte sich ein paar Monate lang also mit dem Entziffern der Kryptogramme, die uns aus allen Teilen des Landes zugeschickt wurden. Mit Ausnahme der Verfasser derselben aber hielt wohl kaum einer der Leser der Zeitschrift die ganze Angelegenheit für etwas anderes als für einen verwegenen Schwindel; das heißt, niemand glaubte wirklich an die Authentizität der Antworten. Eine Partei behauptete, die geheimnisvollen Zeichen seien erfunden, um die Zeitung auffällig und interessant erscheinen zu lassen. Anderen schien es wahrscheinlich, daß wir die Geheimschriften nicht nur lösten, sondern sie auch selbst zusammenstellten und so die Lösung selbstverständlich machten. Der Schreiber dieses Artikels jedoch nimmt hier noch einmal die Gelegenheit wahr, um ausdrücklich zu behaupten und in seinem eigenen Namen zu erklären, daß die Geheimschriften in gutem Glauben von Freunden des Blattes eingeschickt und von ihm durchaus selbständig gelöst worden sind.

Eine sehr gewöhnliche, aber allzu leicht lösbare Art von Geheimschriften ist auch die folgende: Eine Karte wird in unregelmäßigen Zwischenräumen mit länglichen Löchern, die ungefähr den Platz für gewöhnliche dreisilbige Worte einnehmen, versehen und eine zweite ganz gleiche hergestellt. Jede der Parteien, die miteinander korrespondieren wollen, ist im Besitze einer solchen Karte. Wenn nun ein Brief geschrieben werden soll, wird diese Schlüsselkarte auf das Briefpapier gelegt und die mitzuteilenden Worte werden in die leeren Räume geschrieben. Dann entfernt man die Karte und füllt die leeren Stellen in dem Briefe derartig aus, daß er einen ganz anderen Sinn bekommt. Wenn das Schreiben an seinem Bestimmungsorte angekommen ist, braucht der Empfänger nur seine Karte auf dasselbe zu legen, die überflüssigen Worte werden bedeckt, und er kann den beabsichtigten Sinn schnell herauslesen. Das gewichtigste Bedenken gegen diese Art Geheimschrift ist aber die Schwierigkeit, die leeren Stellen im Briefe so auszufüllen, daß das Ganze einen ungezwungenen Eindruck macht, sowohl was den Sinn als auch die Handschrift angeht. Einem gewiegten Beobachter wird der Unterschied in der Schrift allerdings nie entgehen.

Zuweilen auch bedient man sich eines ganzen Kartenspiels, um sich eine Botschaft im geheimen zu überbringen. Die Parteien werden sich zum Beispiel über die besondere Lage der einzelnen Karten einig. Sie kommen zum Beispiel überein, daß zu Anfang der Schrift die Aufeinanderfolge der Buchstaben durch den Wert der Karte bestimmt werden soll. Zuerst kommen alle Piks, dann die

Herzen, dann die Karos, dann die Treffs. Nun schreibt der Schreiber auf die erste Karte den ersten Buchstaben, auf die zweite den zweiten und so weiter, bis er auf alle Karten und somit zweiundfünfzig Buchstaben geschrieben hat. Nun wirft er die Karten nach einem bestimmten Plane, über den er sich mit dem Empfänger geeinigt hat, durcheinander. Er nimmt zum Beispiel die drei untersten Karten und legt sie nach oben – dann die oberste und legt sie zuunterst und so fort eine gegebene Anzahl mal weiter. Dann schreibt er wieder zweiundfünfzig Buchstaben, auf jede folgende Karte einen, und so fort, bis sein Brief geschrieben ist. Wenn sein Korrespondent das Spiel Karten nun erhält, hat er die einzelnen nach dem Übereinkommen zu legen und liest die ersten zweiundfünfzig Buchstaben der Mitteilung. Dann wirft er die Karten, wie verabredet, zur zweiten Lesung durcheinander, liest die weiteren zweiundfünfzig Buchstaben und so weiter bis zum Schluß. Der schwerste Einwand gegen diese Art Geheimschrift liegt in der Tatsache, daß die Übersendung eines Spieles Karten von einer Partei an eine andere gewiß Argwohn erregt; es ist aber viel sicherer, eine Geheimschrift so zu versenden, daß sie nicht als solche erkannt wird, als viel Zeit damit zu verschwenden, sie für den Fall, daß sie aufgefangen werde, möglichst unlösbar zu gestalten. Die Erfahrung hat übrigens gelehrt, daß das scharfsinnigst zusammengestellte Kryptogramm, sobald es erst als solches erkannt worden, gelöst werden kann und wird.

Eine ungewöhnlich sichere Art und Weise, sich geheim Mitteilungen zu machen, ist die folgende. Beide Parteien müssen sich in den Besitz derselben Ausgabe eines Buches setzen – je seltener Ausgabe und Buch ist, desto besser. Das Kryptogramm besteht in diesem Falle nur aus Zahlen, die sich auf die Stellung von Buchstaben in dem Bande beziehen. Eine Nachricht beginnt zum Beispiel: 121 – 6 – 8. Der Empfänger schlägt nun Seite 121 seines Bandes auf und sucht den sechsten Buchstaben vom linken Rande der achten Zeile von oben. Mit diesem Buchstaben beginnt der Brief und so weiter. Dies Vorgehen ist sehr sicher, doch ist es möglich, auch den Sinn dieses Kryptogramms zu entziffern, und diese Art und Weise ist auch deshalb weniger zu empfehlen, weil zu ihrer Lösung, selbst wenn man sich im Besitze des Schlüssels befindet, ein großer Zeitaufwand erforderlich ist.

Man muß nicht annehmen, daß die Kryptographie als ernsthaftes Mittel, sich Botschaften zu übermitteln, in unseren Tagen aus dem Gebrauch gekommen sei. In der Diplomatie bedient man sich ihrer noch immer und es gibt Personen im Dienste verschiedener fremder Mächte, deren Geschäft es ist, derartige Geheimschriften zu entziffern. Wir haben schon gesagt, daß bei der Lösung kryptographischer Probleme ganz besondere Fähigkeiten des Geistes in Aktion treten, besonders bei jedem verwickelteren Kryptogramm. Gute Geheimschriftleser sind sehr selten, und ihre Dienste werden, wenn auch selten verlangt, so doch gut honoriert.

Ein Beispiel für die Anwendung von Geheimschriften in neuerer Zeit ist in dem kürzlich erschienenen Werke: *„Sketches of Conspicuous Living Characters of France"* zu finden. Dort wird erwähnt, daß die Herzogin de Berri den Legitimisten von Paris ein langes Kryptogramm sandte, um sie von ihrer Ankunft zu benachrichtigen, dessen Schlüssel zu geben sie aber vergessen hatte. „Der durchdringende Geist Berryers", sagt der Biograph, „entdeckte ihn aber bald." Es war die für die vierundzwanzig Buchstaben des Alphabets stehende Phrase: *Le gouvernement provisoire.*

Die Behauptung, daß Berryer bald den Schlüssel entdeckte, beweist nur, daß der Schriftsteller gar keine Ahnung von der Beschaffenheit eines Kryptogramms hat. Monsieur Berryer hat gewiß den Schlüssel gefunden, aber nur, um seine Neugierde zu befriedigen, nachdem er das Rätsel bereits geraten hatte. Beim Entziffern konnte er noch gar nicht im Besitze des Schlüssels sein.

In einer in der Aprilnummer dieses Blattes erschienenen Notiz über das Buch sprachen wir folgendermaßen darüber:

„Die Phrase „*Le gouvernement provisoire"* ist französisch und das Kryptogramm war für Franzosen bestimmt. Man kann wohl annehmen, daß die Schwierigkeit, die Schrift zu entziffern, größer gewesen, wenn der Schlüssel aus Bestandteilen einer fremden Sprache gebildet worden wäre. Wir fordern jedoch jeden, der sich die Mühe nehmen will, auf, uns eine Geheimschrift zuzusenden, deren Schlüssel aus dem Französischen, Italienischen, Spanischen, Deutschen, Lateinischen oder Griechischen (oder aus einem beliebigen Dialekt dieser Sprachen) genommen ist und wir geben unser Wort, daß es uns gelingen wird, das Rätsel zu lösen."

Auf diesen Aufruf erhielten wir nur eine Antwort, die in dem folgenden Briefe enthalten ist. Das einzige, das wir an demselben auszusetzen haben, ist die Tatsache, daß uns der Schreiber nicht seinen Namen ganz mitgeteilt hat. Wir bitten ihn, dies noch recht bald zu tun, damit wir nicht wieder in den Verdacht geraten, unsere Kryptogramme selbst zu verfertigen. Der Poststempel des Briefes ist: Stonington, Coun.

An den Herausgeber von Grahams Magazine.
Sehr geehrter Herr!
In der Aprilnummer Ihrer Zeitschrift laden Sie anläßlich einer Besprechung von Mr. Walshs Übersetzung „Sketches of Conspicuous Living Characters of France" Ihre Leser ein, Ihnen eine Geheimschrift zuzuschicken, deren Schlüssel der französischen, lateinischen oder griechischen Sprache entlehnt sein dürfe und gaben Ihr Wort, daß Sie imstande sein würden, sie

zu lösen. Da verschiedene Ihrer Anmerkungen mein Interesse erregten, stellte ich zu meinem Vergnügen folgende beiden Schriften zusammen. Der Schlüssel der ersten ist der englischen, der der zweiten der lateinischen Sprache entnommen. Da ich aus der Mainummer Ihres Blattes nicht entnehme, daß irgendeiner Ihrer Leser Ihrem Aufruf Folge geleistet hat, nehme ich mir die Freiheit, Ihnen die beiden Chiffren zuzusenden, an denen Sie, wenn Sie es der Mühe wert erachten, Ihren Scharfsinn erproben können.

 Hochachtungsvoll ergebenst

S.D.L.

Nr. 1.

Cauhiif aud ftd sdftirf ithot tacd wdde rdchfdr tiu fuaefshffheo fdoudf hetiusaf-hie tuis ied herhchriai fi aeiftdu wn sdaef it iuhfheo hiidohwid fi aen deodsf ths tiu itis hf iaf iuhoheaiin rdff hedr; aer ftd auf it ftif fdoudfin oissiehoafheo hefdi-ihodeod taf wdde odeduaiin fdusdr ounsfiouastn. Saen fsdohdf it fdoudf iuhfheo idud weiie fi ftd aeohdeff; fisdfhsdf a fiacdf tdar iaf ftacdr aer ftd ouiie iuhffde isie ihft fisd herdihwid oiiiiuheo tiihr, atfdu ithot ftd tahu wdheo sdushffdr fi ouii aoahe hetiusafhie oiiir wd fuaefshffdr ihft ihffid raeodu ftaf rhfoicdun iiiir defid iefhi ftd aswiiafinn, dshiffid fatdin udaotdr hff rdffheafhie. Ounsfiouastn tiidcdu siud suisduin, dswuaodf ftifd sirdf it iuhfheo ithot aud uderdudr idohwid iein wn sdaef it fisd desiaeafiun wdn ithot sawdf weiie ftd udai fhoehthoafhie it ftd ohstduf dssiindr fi hff siffdffiu.

Nr. 2.

Ofoiioiiaso ortsiii sov eodisoioe afduiostifoi ft iftvi si tri oistoiv oiniafetsorit ifeov rsri afotiiiiv ridiiot irio rivvio eovit atrotfetsoria aiortiti iitri tf, oitovin tri aetifei ioreitit sov usttoi oioittstifo dfti afdooitior trso ifeov tri dfit otftfeov sof-triedi ft oistoiv oriofiforiti suitteii viireiiitifoi ft tri iarfoisiti iiti trir uet otiiiotiv uitfti rid io tri eoviieeiiiv rfasueostr ft rii dftrit tfoeei.

Die Lösung der ersten Geheimschrift machte uns nicht mehr als durchschnittli-che Mühe. Die zweite stellte sich als außerordentlich schwer heraus, und nur mit Aufbietung aller Kräfte gelang es uns, sie überhaupt zu lesen. Die erste bedeutet:

Various are the methods which have been devised for transmitting secret infor-mation from one individual to another by means of writing, illegible to any except him for whom it was originally destined; and the art of thus secretly communica-ting intelligence has been generally termed cryptography. Many species of secret writing were known to the ancients. Sometimes a slave's head was shaved and the crown written upon with some indelible colouring fluid; after which the hair being permitted to grow again information could be transmitted with little danger that discovery would ensue until the ambulatory epistle safely reached its destination. Cryptography, however pure, properly embraces those modes of writing which are rendered legible only by means of some explanatory key which makes known the real signification of the ciphers employed to its possessor.

Der Schlüssel zu diesem Kryptogramm ist:

A word to the wise is sufficient.

Zu deutsch: Man hat verschiedene Methoden erfunden, um von einer Person zur anderen geheime Schriften zu überbringen, die für niemand anderen als für die zum Empfang bestimmte lesbar waren; die Kunst, solch geheime Botschaften anfertigen zu können, ist gewöhnlich Kryptographie genannt worden. Den Alten waren viele Arten von Geheimschriften bekannt. Manchmal wurde ein Sklave geschoren und sein Kopf mit irgendeiner unauslöschlichen farbigen Flüssigkeit beschrieben. Dann ließ man das Haar wieder wachsen und konnte den wandelnden Brief verschicken, ohne fürchten zu müssen, daß er vor seinem Bestimmungsorte aufgefangen werde. Zur eigentlichen Kryptographie jedoch gehören nur die Schriften, die mittels eines erklärenden Schlüssels, der die wirkliche Bedeutung der Chiffren dem Empfänger bekannt macht, lesbar sind.

Der Schlüssel zu diesem Kryptogramm lautet zu deutsch:

Dem Weisen genügt ein Wort.

Die zweite Chiffre bedeutet: Nonsensical phrases and unmeaning combinations of words as the learned lexicographer would have confessed himself when hidden under cryptographic ciphers serve to perplex the curious enquirer, and baffle penetration more completely than would the most profound apothegms of learned philosophers. Abstruse disquisitions of the scholiasts were they but presented before him in the undisguised vocabulary of his mother tongue –

Zu deutsch:

Sinnlose Phrasen und bedeutungslose Wortverbindungen dienen, wenn sie unter Geheimchiffren verborgen sind, wie der gelehrte Lexikograph selbst zugeben wird, mehr dazu, den neugierigen Entziffrer zu verblüffen und seinen Scharfsinn zu äffen, als die tiefsten Lehrsprüche der Philosophen. Kämen ihm die widersinnigsten Erörterungen der Scholastiker in dem unverkleideten Vokabular seiner Muttersprache vor die Augen –

Der letzte Satz ist also abgebrochen. Das d ist wohl irrtümlicherweise statt l in das Wort perplex gekommen.

Der Schlüssel zu dieser Chiffre heißt: *Suaviter in modo, fortiter in re.*

Im gewöhnlichen Kryptogramm wird, wie wir bei dem eben erwähnten gesehen haben, ein künstliches, selbst bestimmtes Alphabet Buchstabe für Buchstabe für das natürliche allbekannte gebraucht. Zum Beispiel: zwei Parteien wünschen einen geheimen schriftlichen Verkehr und kommen überein, daß

	stehen	soll	für	
(	stehen	soll	für	a
)	"	"	"	b
—	"	"	"	c
*	"	"	"	d
.	"	"	"	e
'	"	"	"	f
;	"	"	"	g
:	"	"	"	h
?	"	"	"	i oder j
!	"	"	"	k
&	"	"	"	l
0	"	"	"	m
'	"	"	"	n
†	"	"	"	o
≠	"	"	"	p
,	"	"	"	q
☞	"	"	"	r
]	"	"	"	s
[	"	"	"	t
£	"	"	"	u oder v
$	"	"	"	w
¿	"	"	"	x
¡	"	"	"	y
☜	"	"	"	z

Nun soll die folgende Nachricht übermittelt werden:

„We must see you immediately upon a matter of great importance. Plots have been discovered and the conspirators are in our hands. Hasten!"

„Wir müssen Sie sofort in einer sehr wichtigen Angelegenheit sprechen. Verschwörer sind in unseren Händen. Eilen Sie!"

Diese Worte würden also so aussehen:

$.0£][]..¡†£?00.*?)[.&¡£≠†')0)[[.☛†';☛.)[?0≠†☛[)
'-.≠&†[]:)£.(..'*.]-†£.☛.*)'*[:.-†']≠?☛)[†☛])☛.?'
†£☛:)'*]:][.'

Dies sieht gewiß außerordentlich verzwickt aus und wird von jedem, der in der Kryptographie nicht bewandert ist, für sehr schwer lesbar gehalten werden. Man sieht jedoch, daß a niemals durch ein anderes Zeichen als), b niemals anders als durch (ausgedrückt worden ist und so weiter. Wenn man nun durch Zufall oder auf anderem Wege einen dieser Buchstaben errät, hat man einen großen Schritt zur Lösung der Chiffre gemacht und die Erklärung für alle gleichen Zeichen der ganzen Schrift.

Die Kryptogramme jedoch, die uns von unserem Korrespondenten aus Stonington geschickt worden sind, und die nach denselben Prinzipien wie das von Berryer entzifferte abgefaßt waren, boten dem Entzifferer diesen Vorteil nicht.

Wenden wir uns jetzt dem zweiten Rätsel zu. Der Schlüssel heißt:

Suaviter in modo
fortiter in re.

Wir wollen nun das Alphabet unter diesen Satz setzen:

Suaviterinmodofortiterinre
Abcdefghijklmnopqrstuvwxyz

Es steht also

a	für	c
d	"	m
e	"	g, u, z
f	"	o
i	"	e, i, s, w
m	"	k
n	"	j, x
o	"	l, n, p
r	"	h, q, v, y
s	"	a
t	"	f, r, t
u	"	b
v	"	d

n kann also eine doppelte, e, o, t eine dreifache, i, r eine vierfache Bedeutung haben. Dreizehn Buchstaben stehen für das ganze Alphabet. Es liegt also an diesem speziellen Schlüssel, daß die zu ihm passende Chiffre wie ein Gemengsel der Buchstaben e, o, t, r und i aussieht. Der letzte Buchstabe herrscht sogar ganz besonders vor, da er zufällig für die beiden Charaktere steht, die in den meisten Sprachen am öftesten vorkommen, für e und i.

Wenn ein derartig geschriebener Brief aufgefangen wird und die Person, in deren Hände er gerät, den Schlüssel nicht kennt, so könnte sie, durch Raten vielleicht, auf den Gedanken kommen, ein gewisser Buchstabe, i zum Beispiel, bedeute e. Wenn sie nun aber das Kryptogramm daraufhin durchsähe, würde sie nur Widerlegungen dieser Meinung begegnen, weil das betreffende Zeichen sich an Orten befindet, an denen es unmöglich e bedeuten kann. Er könnte zum Beispiel verblüfft sehen, daß vier i für sich allein, ohne anderes Zeichen, ein Wort ausmachen. In diesem Falle können sie natürlich nicht immer e bedeuten. In unserem Falle würde das Wort wise so aussehen. Das erkennen wir jetzt, da wir im Besitze des Schlüssels sind und fragen uns, wie wir ohne Schlüssel und ohne Kenntnis eines einzigen Buchstaben des Sinn des Wortes iiii hätten herausfinden können.

Doch weiter. Es wäre ganz leicht, sich einen Schlüssel zu konstruieren, bei dem ein Buchstabe für sieben, acht oder zehn des gewöhnlichen Alphabets gelte. Stellen wir uns dann einmal vor, das Wort iiiiiiiii präsentierte sich in einem Kryptogramm einer Person, die nicht im Besitze des Schlüssels wäre, oder, wenn diese Annahme zu verblüffend ist, meinetwegen auch einer Person, die den Schlüssel hat, was soll sie mit einem Worte wie iiiiiiiiii anfangen? Jeder Leser kann sich nun vorstellen, wie zahlreich die Buchstabenverbindungen sind, die er aus diesen zehn i zusammenstellen kann. Und doch müßte der Korrespondent, wenn er nicht zufällig die richtige Bedeutung erriete, all diese Verbindungen niederschreiben, um zu dem richtigen Worte zu gelangen, und wenn er sie niedergeschrieben, stände er erst recht vor der Schwierigkeit, festzustellen, welches von diesen Wörtern nun das beabsichtigte gewesen.

Um diese Schwierigkeit beim Entziffern zu beheben und die Lösung des Rätsels doch für jeden anderen als den Besitzer des Schlüssels nicht zu erleichtern, müssen die beiden Parteien sich über eine gewisse Ordnung klar werden, in der die Zeichen, die mehr als einen Buchstaben des gewöhnlichen Alphabetes bedeuten, zu lesen sind. Sie können zum Beispiel übereinkommen, daß i, wenn es zum ersten Male in der Chiffre vorkommt, den Buchstaben im Alphabet, der sich mit dem ersten im Schlüssel deckt, bedeuten soll, beim zweiten Male mit dem zweiten und so weiter, so daß also die Stellung jedes Buchstaben in Verbindung mit ihm selbst seine wahre Bedeutung erkennen hilft.

Wir behaupten also, daß eine übereingekommene Ordnung der Art nötig ist, damit sich ein Kryptogramm nicht selbst dem Besitzer des passenden Schlüssels als unleserlich erweise. Bei genauerem Nachsehen aber wird sich herausstellen, daß unser Korrespondent aus Stonington uns ein Kryptogramm zugesandt hat, in dem eine Ordnung überhaupt nicht beobachtet worden ist, in dem ein Buchstabe ganz nach Belieben bald für diesen, bald für jenen steht. Wenn nun auch jemand geneigt wäre, aus unserer Herausforderung im April halber einen Prahlhans zu nennen, wird er doch zugeben müssen, daß wir mehr als das Versprochene vollbracht haben. Wenn wir das, was wir da sagten, auch nicht *suaviter in modo* aussprachen, haben wir es wenigstens *fortiter in re* getan.

Wir haben durchaus nicht versucht, in diesen flüchtigen Bemerkungen unseren Gegenstand zu erschöpfen, dazu wäre ein Folioband kaum ausreichend gewesen. Wir haben hier nur ein paar der gewöhnlichsten Arten der Geheimschrift erwähnt. Vor zweitausend Jahren schon spricht Aeneas Tacticus von zwanzig verschiedenen Methoden, und seit der Zeit hat der menschliche Scharfsinn diese Wissenschaft noch viel weiter ausgedehnt. Allen, die weitere Aufklärung über diesen Gegenstand wünschen, empfehle ich die eingehenden Abhandlungen von Trithemius, Cap. Porta, Vignere und P. Niceron. Wer jedoch in diesen oder irgendwelchen anderen Werken nach Regeln zur Lösung von Kryptogrammen sucht, wird sehr enttäuscht werden. Außer einigen Winken über die allgemeine Struktur der Sprache und einigen eingehenden Übungen zu ihrer praktischen Anwendung wird er keine anderen Erklärungen finden als die, die ihm sein eigener Verstand vermittelt.

DAS SCHWINDELN
Eine exakte Wissenschaft

Schwindeln, schwindeln, beschwindeln
Das Baby um seine Windeln.

Von ihrem Anbeginn bis zum heutigen Tage kennt die Welt zwei große Persönlichkeiten, die auf den Namen Jeremias hörten. Der eine schrieb eine Jeremiade über den Wucher und hieß Jeremias Bentheim. In Herrn Johann Nagel hatte er einen lebhaften Bewunderer und war, alles in allem, ein großer Mann auf kleine Weise. Der andere Jeremias gab der wichtigsten aller exakten Wissenschaften seinen Namen und war ein großer Mann auf große Weise – ich möchte sagen, auf die größte Weise.

Das Schwindeln – oder die abstrakte Vorstellung, die uns das Verbum „schwindeln" vermittelt – ist eine genügend bekannte Sache. Das Ding „Schwindeln" jedoch ist schon schwerer zu definieren, und wir können uns nur eine einigermaßen deutliche Vorstellung von diesem, unserem Gegenstande machen, wenn wir nicht ihn selbst, sondern den Menschen als ein Lebewesen erklären, das schwindelt. Hätte Plato auf diesen letzten Punkt auch nur hingedeutet, er würde sich die Beleidigung mit dem gerupften Hühnchen erspart haben.

Eines Tages fragte man ihn nämlich, warum ein gerupftes Hühnchen, das doch offenbar „ein zweifüßiges Tier ohne Federn" sei, nicht, seiner Definition zufolge, ein Mensch wäre? Mich würde man durch eine derartige Frage durchaus nicht in Verlegenheit bringen. Der Mensch ist ein Tier, das schwindelt, und es gibt kein Tier, das schwindelt, als den Menschen. Und um darüber hinwegzukommen, müßte man mir schon mit einem ganzen gerupften Hühnerstall aufwarten.

Denn das Wesen, die Natur, das Prinzip des Schwindeins ist in der Tat nur der Art von Geschöpfen bekannt und eigen, die Röcke und Hosen tragen. Die Elster stibitzt; der Fuchs stiehlt; der Marder überfällt; der Mensch schwindelt. Das Schwindeln ist sein Schicksal. „Zum Leiden ist der Mensch geboren", sagen die Dichter, aber das stimmt nicht – zum Schwindeln ist er geboren. Schwindeln ist sein Tun, sein Zweck, sein Ende. Deshalb sagen wir auch von jemand, der recht kräftig beschwindelt worden ist: Der ist erledigt!

Das Schwindeln ist, genau betrachtet, ein Kompositum, dessen Ingredienzien Beschränkung, Interesse, Beharrlichkeit, Scharfsichtigkeit, Kühnheit, Nonchalance, Originalität, Unverschämtheit und Grinsen sind.

Beschränkung: – Der Schwindler weiß sich zu beschränken. Er operiert in kleinem Maßstabe. Sein Geschäft ist ein Detailgeschäft, nur gegen Kasse oder erprobt sichere, auf Sicht zahlbare Akzepte. Sollte er sich jedoch auf größere Spekulationen einlassen, so verliert er die unsere Kaste auszeichnenden Merkmale und wird, was man im allgemeinen einen Finanzier nennt. Dies letzte Wort deckt sich mit der Idee des Schwindelns in jeder Weise, nur die Größe macht da einet Unterschied. Ein Schwindler kann als ein Bankier in petto gelten – eine „Finanz-Operation" als eine Schwindelei im Brobdinager Maßstabe – sie verhält sich zu derselben wie Homer zu Herrn Schreibchen, wie ein Mastodon zu einer Maus – wie der Schwanz eines Kometen zu dem eines Schweines.

Interesse: – Das Interesse für sich selbst ist der mächtigste Antrieb des Schwindlers. Er verschmäht es absolut, um des Schwindelns willen zu schwindeln. Er hat ein Ziel im Auge –: seine Tasche – und die deine. Er geht stracks auf sein Ziel los, das ist Nummer eins; du bist Nummer zwei und mußt sehen, wo du bleibst.

Beharrlichkeit: – Der Schwindler ist beharrlich. Er ist nicht leicht entmutigt. Sollten auch die Banken gesprengt werden, es kümmert ihn absolut nicht, er hält zäh an dem einmal begonnenen Werke fest, und

ut canis a corio nunquam absterrebitur uncto,

so bricht er sein Ziel nie ab.

Scharfsichtigkeit: – Der Schwindler ist scharfsichtig. Sein Konstruktionssinn ist unglaublich entwickelt. Er versteht zu kombinieren. Er erfindet und überlistet. Wäre er nicht Alexander, so möchte er Diogenes sein; wäre er kein Schwindler, so würde er Patentrattenfallen erfinden oder Forellenangler werden.

Kühnheit: – Der Schwindler ist kühn, er ist verwegen. Er nimmt alles im Sturm. Er würde sich nicht vor den Dolchen der Freimaurer gefürchtet haben. Mit ein wenig mehr Vorsicht wäre Dick Turpin ein guter Schwindler geworden, hätte er nicht zu viel aufgeschnitten, ein zweiter Daniel O'Conell, und mit ein oder zwei Pfund mehr Gehirn Karl der Zwölfte.

Nonchalance: – Der Schwindler ist nonchalant. Er ist nicht die Spur nervös. Er hat überhaupt nie Nerven gehabt. Er ist einfach nicht aufzuregen. Er ist nicht aus dem Häuschen zu bringen, ausgenommen, wenn ihn andere aus ihrem Häuschen bringen. Er ist kühl – kühl wie eine Gurke. Er ist ruhig – ruhig wie das Lächeln der Mona Lisa. Sein Herz ist leicht – leicht wie ein alter Handschuh oder die schönen Damen des alten Baiä.

Originalität: – Der Schwindler ist originell – und zwar mit Bewußtsein. Seine Gedanken sind sein ausschließliches Eigentum. Er verschmäht es, sich die seiner Kollegen anzueignen. Ein abgenutzter Trick ekelt ihn an. Ich bin gewiß, er würde ein Portemonnaie zurückgeben, sobald er bemerkte, daß er es durch einen unoriginellen Schwindel erworben.

Unverschämtheit: – Der Schwindler ist unverschämt. Er prahlt. Er stemmt die Arme in die Seite. Er steht mit den Händen in den Hosentaschen vor dir. Er lacht dir ins Gesicht. Er tritt dir auf die Hühneraugen. Er ißt dein Mahl, trinkt deinen Wein, borgt dir dein Geld, zieht dich an der Nase, tritt deinen Pudel und küßt deine Frau.

Grinsen: – Der echte Schwindler vollführt alles mit einem Grinsen. Dies sieht jedoch niemand als er selbst. Er grinst, wenn er sein Tagewerk vollbracht – wenn er die vorgenommenen Taten ausgeführt hat – abends, in seinem Schlafzimmer, zu seiner eigenen Privatunterhaltung. – Er geht nach Haus. Er schließt die Tür hinter sich. Er entledigt sich seiner Kleider. Er löscht die Kerze. Er begibt sich zu Bett. Er senkt seinen Kopf auf das Kissen. Er grinst. Das ist keine Hypothese. Es liegt in der Natur der Sache. Ich schließe *a priori*, und ein Schwindel ohne Grinsen wäre kein Schwindel.

Der Ursprung des Schwindelns läßt sich bis in die erste Kindheit der Menschen zurückverfolgen. Der erste Schwindler war vielleicht Adam. Jedenfalls können wir dieser Wissenschaft bis in die früheste Periode des Altertums nachspüren. Wir Modernen haben es jedoch auf diesem Gebiete zu einer Vollkommenheit gebracht, die sich unsere dickköpfigen Vorfahren nie hätten träumen lassen. Ohne deshalb lange „alte Erbsen" aufzuwärmen, will ich zu einem kurzen Bericht einiger moderner Beispiele schreiten.

Ein sehr guter Schwindel ist der folgende: „Man" sieht eine Haushälterin, die, sagen wir, ein Sofa kaufen will, in mehrere Warenhäuser eintreten und, da sie nichts Passendes findet, dieselben alsbald wieder verlassen. Endlich kommt sie an eins, das eine gute Auslage hat. Ein höflicher und gesprächiger Mann, der an der Tür steht, redet sie an und lädt sie zur Besichtigung ein. Sie findet ein passendes Sofa, fragt nach dem Preise, und vernimmt mit Freude und Überraschung, daß dasselbe fast zwanzig Prozent weniger beträgt, als sie erwartete. Sie beeilt sich, das vorteilhafte Geschäft abzuschließen, empfängt Rechnung und Quittung, zahlt, gibt ihre Adresse an mit der Bitte, ihr den erstandenen Gegenstand umgehend zuzusenden, und verläßt unter zahllosen Verbeugungen des Verkäufers das Magazin. Der Abend kommt und kein Sofa. Der nächste Tag vergeht – noch immer nichts. Man schickt einen Dienstboten, um nach dem Grunde der Verzögerung zu fragen. Der ganze Handel wird bestritten. Niemand hat ein Sofa verkauft, niemand Geld bekommen – außer dem Schwindler, der für diesmal Verkäufer gespielt hat.

Unsere großen Warenhäuser werden neuerdings ja fast ohne Aufsicht gelassen und machen einen derartigen Trick durchaus leicht. Die Kunden treten ein, besichtigen die Möbel und können unbemerkt wieder fortgehen. Sollte jemand etwas zu kaufen wünschen oder sich nach dem Preise eines Artikels erkundigen wollen, so braucht er bloß auf die überall vorhandenen Klingeln zu drücken und sofort ist jemand vom Geschäftspersonal zur Stelle.

Ein ganz respektabler Schwindel ist auch dieser hier: Ein gut gekleidetes Individuum betritt einen Laden, macht einen Einkauf im Werte von einem Dollar und findet zu seinem Verdruß, daß er seine Brieftasche in einem anderen Rocke gelassen haben müsse. „Das schadet aber weiter nichts", wendet er sich zu dem Ladenbesitzer, „schicken Sie mir das Paket bitte zu. Aber – da fällt mir ein – ich habe auch zu Hause nur eine Fünf-Dollarnote, geben Sie also bitte dem Ausläufer vier Dollar zum Wechseln mit." „Wie Sie befehlen", antwortet der Besitzer, der plötzlich eine hohe Meinung von der Zuverlässigkeit dieses neuen Kunden bekommen hat. „Ich kenne Burschen genug", sagt er zu sich selbst, „die das Paket unter den Arm genommen hätten und mit dem Versprechen fortgegangen wären, den Dollar, wenn sie nachmittags wieder vorbeikämen, zu zahlen."

Er schickt also einen Knaben mit dem Paket und dem Wechselgeld. Ganz zufällig stößt auf dem Wege der Käufer zu ihm und ruft ihn an:

„Ah, da ist mein Paket, wie ich sehe – ich dachte, es wäre längst bei mir abgegeben. Eilen Sie sich ein wenig. Meine Gattin wird Ihnen die Fünf-Dollarnote geben, ich habe schon mit ihr gesprochen. Übrigens – das Wechselgeld können Sie ebensogut mir geben, ich brauche doch jetzt auf der Post Kleingeld. Also eins, zwei – lassen Sie mal hören, ist der auch echt – drei, vier – richtig. Sagen Sie also der gnädigen Frau, daß Sie mich auf der Straße getroffen, und beeilen Sie sich aber ein bißchen mehr."

Der Knabe beeilt sich also, und trotzdem dauert es lange Zeit, ehe er von dieser Besorgung wieder zurückkommt, denn „die gnädige Frau" war absolut nicht aufzufinden. Er tröstet sich jedoch damit, daß er nicht so dumm gewesen, die Ware ohne Geld zurückzulassen, und kehrt mit befriedigter Miene ins Geschäft zurück, wo er die unerhörte Demütigung erfahren muß, daß sein Prinzipat ihn fragt, wo er denn mit dem Wechselgeld geblieben sei.

Ein ganz einfacher Schwindel ist der: Dem Kapitän eines Schiffes, das gerade absegeln soll, präsentiert eine dienstliche Persönlichkeit eine ungewöhnlich mäßige Rechnung für Durchfahrtskosten. Froh, so billig davonzukommen, und in der Eile und Aufregung der noch zu erledigenden Geschäfte, bezahlt er die Rechnung sofort. Etwa fünfzehn Minuten später erhält er eine andere, weniger bescheidene Rechnung, und der Überbringer beweist klar, daß sein Vorgänger ein Schwindler, und der Kapitän um das demselben gezahlte Geld gekommen ist.

Ein ähnlicher Streich: Ein Dampfer will eben vom Hafendamm abstoßen. Man sieht noch einen Reisenden, sein Köfferchen in der Hand, in größter

Eile herbeilaufen. Plötzlich bleibt er wie gebannt stehen, bückt sich und hebt mit allen Zeichen der Erregung etwas vom Boden auf. Es ist eine Brieftasche und – „hat einer der Herren eine Brieftasche verloren?", schreit er. Niemand meldet sich, doch macht sich eine allgemeine Erregung bemerkbar, da sich herausstellt, daß die Tasche fast ein Vermögen enthält. Das Boot kann jedoch nicht warten.

„Zeit und Flut warten auf niemand", sagt der Kapitän.

„Um Himmels willen, warten Sie doch noch ein paar Minuten", bittet der glückliche Finder, „der Eigentümer muß sich doch sofort melden."

„Ich kann nicht warten", wird ihm erwidert. „Abfahren, hören Sie?"

„Was soll ich tun?", fragt der Finder in Unruhe. „Ich verlasse das Land auf ein paar Jahre, und kann doch eine solch große Summe nicht einfach mitnehmen. Verzeihung, mein Herr" (hier wendet er sich an einen Herrn am Ufer) „würden Sie so liebenswürdig sein und die Brieftasche an sich nehmen und den Fund annoncieren? Ich weiß, ich kann Ihnen trauen. Sehen Sie, die Banknoten machen eine ziemliche Summe aus – der Eigentümer wird ohne Zweifel darauf bestehen, Ihnen für Ihre Bemühungen eine entsprechende Belohnung auszusetzen –"

„Mir? – Ihnen! Sie haben die Tasche doch gefunden."

„Na, wenn Sie durchaus wollen – muß ich ja wohl eine kleine Belohnung nehmen, um Ihre Skrupel zu beseitigen. Lassen Sie uns sehen – alles Scheine zu hundert. Hundert zu nehmen ist zu viel, fünfzig wäre gerade genug –"

„Abfahren!", ruft der Kapitän.

„Ich kann auch keinen Hunderter wechseln, da bleibt Ihnen also doch nichts übrig –"

„Abfahren!", ruft der Kapitän.

„Machen wir es doch so", ruft der Herr am Ufer, der eben in seine Brieftasche gesehen hat, „hier haben Sie einen Fünfziger für die Nordamerikanische Bank – werfen Sie mir die Tasche zu, ich werde die Sache schon ins reine bringen."

Und der übergewissenhafte Finder nimmt den Fünfziger mit merklichem Widerstreben an, und wirft dem Herrn die Brieftasche zu, während der Dampfer rauschend und zischend vom Ufer abstößt. Eine halbe Stunde später stellt sich „das Kapital" als Falsifikat und der ganze Handel als ein kapitaler Schwindel heraus.

Ein kühner Schwindel ist auch der: Ein öffentliches Meeting oder dergleichen wird an einer Stelle abgehalten, die für einen großen Teil der Teilnehmer nur durch eine Brücke zu erreichen ist. Der Schwindler stellt sich auf derselben auf und macht die Vorübergehenden respektvoll auf die neue Verordnung aufmerksam, die das Passieren der Brücke nur bei Erlegung von einem Cent für Fußgänger, von zweien für Pferde und Esel usw., gestattet. Einige murren, alle zahlen, und der Schwindler kann, um einige fünfzig oder sechzig wohlverdiente Dollars reicher, nach Hause gehen. Denn es ist ein recht mühsames Ding, von einer so zahlreichen Menge Brückenzoll zu erheben.

Ein artiger Schwindel ist der folgende: Ein Freund des Schwindlers ist im Besitze eines von demselben auf einem der bekannten mit rotem Druck bedeckten Formulare vorschriftmäßig ausgefüllten Akzeptes. Der Schwindler kauft sich ein oder zwei Dutzend dieser Formulare, taucht jeden Tag eins derselben in seine Suppe, läßt seinen Hund danach springen, und gibt es ihm endlich als guten Brocken zu fressen. Am Tage, da sein Wechsel fällig wird, begibt sich der Schwindler mit seinem Hunde zu seinem Freunde, und kommt alsbald auf den Wechsel zu sprechen. Der Freund holt denselben aus seinem Schreibtische und will ihn dem Schwindler überreichen, dessen Hund darauf zuspringt und ihn im Augenblick verschluckt. Der Schwindler ist nicht nur überrascht, sondern erzürnt, ja, geradezu wütend über das verrückte Benehmen seines Hundes und spricht aufs entschiedenste die Absicht aus, den Wechsel, sobald sein Freund ihm denselben präsentiere, zu bezahlen.

Ein sehr bescheidener Schwindel ist der folgende: Eine Dame wird von einem Komplizen des Schwindlers auf der Straße belästigt. Der Schwindler selbst eilt zu ihrem Beistande herbei, drischt seinen Freund ordentlich durch und besteht darauf, die Dame bis an ihre Haustür zu begleiten. Hier verbeugt er sich, die Hand auf dem Herzen, und verabschiedet sich in ehrfurchtvollster Weise von ihr. Sie bittet ihn, doch einzutreten, wo sie ihn ihrem dicken Bruder und ihrem Papa vorstellen wolle.

Mit einem Seufzer lehnt er ab. „Kann ich Ihnen denn auf keine Weise", murmelt sie, „meine Dankbarkeit bezeigen?"

„Gewiß, meine Gnädigste", flüstert er, „leihen Sie mir gütigst ein paar Schillinge!"

Im ersten Augenblick möchte die Dame am liebsten ohnmächtig werden – dann jedoch öffnet sie ihre Börse und zieht die Münzen heraus. Dies ist aber nur, wie ich sagte, ein bescheidener Schwindel, denn die Hälfte der „erborgten" Summe muß dem anderen Herrn abgegeben werden, der die Belästigung auszuführen hatte und die Hiebe dafür aushalten mußte.

Ein kleiner, doch feiner Schwindel ist der hier: Der Schwindler geht in eine Bar und verlangt zwei Röllchen Tabak. Man gibt sie ihm, er betrachtet sie und sagt:

„Diesen Tabak möchte ich nicht – nehmen Sie ihn zurück und geben Sie statt seiner ein Glas Brandy."

Das Glas Brandy kommt und wird getrunken, worauf sich der Schwindler wieder zum Gehen wendet. Die Stimme des Wirtes hält ihn auf:

„Ich glaube, Herr, Sie haben vergessen, Ihren Brandy zu zahlen."

„Vergessen, meinen Brandy zu zahlen –? Habe ich Ihnen nicht den Tabak für den Brandy zurückgegeben? Was wollen Sie noch mehr?"

„Aber, wenn Sie gestatten, Sie haben doch den Tabak nicht bezahlt!"

„Was soll das heißen, Sie Schurke –? Habe ich Ihnen nicht Ihren Tabak zurückgegeben? Ist das nicht Ihr Tabak, der da liegt? Glauben Sie, ich bezahle etwas, das ich nicht genommen habe?"

„Aber, Herr", stammelt der Gastwirt, vollständig in Verlegenheit, was er dazu sagen soll – „aber –"

„Bleiben Sie mir mit Ihrem ‚aber' vom Halse", unterbricht ihn der Schwindler voll lodernder Empörung und wirft die Tür wütend hinter sich zu — „und suchen Sie sich einen anderen Dummen."

Es gibt noch einen sehr geschickten Schwindel, dessen Einfachheit viel dazu beiträgt, ihn empfehlenswert zu machen. Eine Börse oder eine Brieftasche ist wirklich verloren worden, und der Verlierer inseriert in einer der Tageszeitungen einer großen Stadt eine ziemlich ausführliche Verlustanzeige.

Unser Schwindler schreibt die Tatsachen aus dieser Anzeige ab, ändert nur die Aufschrift, die Ausdrucksweise und die Adresse. Ist zum Beispiel das Original lang und wortreich mit der Aufschrift „Brieftasche verloren" und gibt als Adresse des Eigentümers No. 1 Tom-Street an, so ist die vom Schwindler nachgedruckte kurz, hat die Aufschrift „Verloren" und sagt, der Eigentümer wohne No. 2 oder No. 3 Harry-Street. Sie erscheint in fünf oder sechs Tageszeitungen, und zwar nur ein paar Stunden später wie das Original. Sollte der Verlierer der Börse sie lesen, wird er doch nicht im entferntesten auf den Gedanken kommen, sie stehe in einer Beziehung zu der seinigen. Natürlich sind die Chancen fünfmal größer, daß sich der glückliche Finder an die von dem Schwindler angegebene Adresse zur Zurückerstattung wendet als an die des rechtmäßigen Eigentümers. Der Schwindler zahlt die Belohnung, packt seinen Raub auf und macht sich aus dem Staube.

Ein analoger Schwindel ist dieser hier: Eine vornehme Dame hat auf der Straße einen Brillantring von ungewöhnlich hohem Werte verloren. Sie setzt dem Finder eine Belohnung von einigen vierzig oder fünfzig Dollars aus, gibt in der Anzeige eine genaue Beschreibung des Steines und der Fassung und erklärt, daß dem Finder, der ihn da und da abzugeben habe, die Belohnung auf der Stelle, ohne weitere Fragen, ausgehändigt werden solle. Als ein oder zwei Tage später die Dame zufällig auf kurze Zeit das Haus verlassen hat, wird an ihre Haustür geläutet. Ein Dienstmädchen öffnet. Es wird nach der

Dame des Hauses gefragt, und auf die erstaunliche Auskunft, sie sei ausgegangen, zieht der Besucher sein bedauerndstes Gesicht: Er komme in wichtiger Angelegenheit und müsse die Dame selbst sprechen; er hat das Glück gehabt, den Brillantring zu finden – er will später noch einmal wiederkommen. „Nein, durchaus nicht", sagt das Mädchen, „durchaus nicht", sagen die Schwestern der Dame und die Schwägerin der Dame, die herbeigerufen worden. Der Ring wird mit vielen Worten als der verlorene identifiziert, die Belohnung wird ausbezahlt und der Finder mit fast unhöflicher Eile hinauskomplimentiert. Die Dame kommt zurück und gibt ihrer Schwester und Schwägerin gegenüber einer kleinen Unzufriedenheit Ausdruck, weil diese vierzig oder fünfzig Dollars für ein Faksimile ihres Diamantringes gezahlt haben – für ein Faksimile aus Tombak und Simili.

Da jedoch der schwindlerischen Kniffe kein Ende ist, würde auch dieser Essay niemals eins haben, und wenn ich bloß auf die Hälfte aller Variationen bei Ausübung dieser Wissenschaft anspielen wollte. Ich muß den Aufsatz gewaltsam zu einem Schlusse bringen und kann es nicht besser, als indem ich den sehr feinen, ja, kunstreichen Schwindel kurz erzähle, der vor nicht langer Zeit in unserer Stadt verübt und mit Erfolg in anderen, noch harmloseren Städten der Union wiederholt wurde.

Ein Herr mittleren Alters kommt, man weiß nicht woher, in der Stadt an. Er ist sehr genau, vorsichtig, gesetzt und bedachtsam. Er kleidet sich peinlich ordentlich, doch einfach, unauffällig. Er trägt weiße Krawatte, einen Rock, der mehr mit Rücksicht auf Bequemlichkeit als Eleganz gemacht ist, gut besohlte, behäbig aussehende Schuhe, nicht zu weite und nicht zu enge Beinkleider. Er sieht ganz aus wie ein besonnener, exakter, respektabler Geschäftsmann in guten Verhältnissen, eines der strengen und äußerlich harten, im Innern jedoch weichherzigen Geschöpfe, wie wir sie aus den Komödien genugsam kennen, alte Knaben, deren Wort seinen Mann gilt, die mit der einen Hand Guineen an Arme geben und mit der anderen beim Geschäft dem kleinsten Bruchteil eines Schillings nachforschen.

Es dauert entsetzlich lange, ehe er ein ihm passendes Kosthaus gefunden. Er hat eine Abneigung gegen Kinder. Er ist an Ruhe gewöhnt. Seine Gewohnheiten sind streng geregelt – am liebsten gäbe er sich in eine kleine, achtbare, religiös veranlagte Familie. Pensionspreis spielt keine Rolle – doch muß er darauf bestehen, am Ersten jedes Monats (heute ist der Zweite) seine Rechnung zu begleichen, und bittet seine Wirtin, als er endlich eine nach seinem Herzen gefunden hat, diese Instruktion auf keinen Fall zu vergessen, sondern um 10 Uhr am Ersten jedes Monats Rechnung und Quittung auf sein Zimmer zu schicken, und dies unter keinen Umständen auf den Zweiten zu verschieben.

Nachdem alles das erledigt ist, mietet unser Geschäftsmann in einem mehr soliden als modernen Viertel der Stadt ein Bureau. Nichts auf der Welt verabscheut er mehr als Aufdringlichkeit.

„Wo viel nach außen hergemacht wird", sagt er, „ist selten etwas Solides dahinter" – und diese Bemerkung macht einen derartigen Eindruck auf die Seele seiner Wirtin, daß sie dieselbe in der großen Familienbibel auf den breiten Rand neben den Sprüchen Salomonis aufzeichnet.

Seine nächste Aufgabe ist, in dem Generalanzeiger der Stadt folgende Anzeige erscheinen zu lassen:

Gesucht!!! Die Inserenten, die am Platze ausgedehnte Geschäfte beginnen wollen, suchen drei oder vier intelligente und erfahrene Kommis zu hohem Salaire.

Beste Zeugnisse, besonders betreffs Führung, verlangt. Da die zu vergebenden Stellen sehr verantwortliche sind und täglich größere Summen durch die Hände der Angestellten gehen, wird eine Kaution von fünfzig Dollars verlangt. Vorstellung von nur Kautionsfähigen und im Besitze von tadellosen Führungsattesten Befindlichen erwünscht. Religiös Veranlagte bevorzugt. Meldungen zwischen 10 und 11 Uhr vormittags und 4 und 5 Uhr nachmittags.

Schlecht & Recht, Pleitestreet 10.

Bis zum Einunddreißigsten des Monats hat diese Anzeige einige fünfzehn oder zwanzig religiös veranlagte junge Leute in das Bureau der Herren Schlecht & Recht geführt. Unser Geschäftsmann hat jedoch nicht die mindeste Eile, mit einem von ihnen einen festen Kontrakt abzuschließen – kein Geschäftsmann hat es jemals eilig – und erst nach genauen Erkundigungen nach der Frömmigkeit jedes der jungen Leute nimmt die wohlachtbare Firma Schlecht & Recht, nur der Vorsicht halber, die Kaution von fünfzig Dollar von ihm an.

Am nächsten Ersten schickt die Wirtin nicht ihrem Versprechen gemäß ihre Rechnung prompt ein, und würde für diese Nachlässigkeit von dem behäbigen Haupte der Firma, die auf „echt" endet, ausgescholten worden sein, hätte es sich nur bewegen lassen, zu diesem Zwecke noch einen oder zwei Tage länger in der Stadt zu bleiben.

Wie die Sachen jedoch nun einmal liegen, hat die Polizei genug zu tun, hin und her zu laufen und höchst emphatisch zu erklären, daß unser Geschäftsmann ein „schwerer Junge" sei. Mittlerweile werden in der Stadt verschiedene junge Leute plötzlich weniger „religiös" veranlagt, und die Wirtin kauft sich den besten Radiergummi, den sie bekommen kann, und radiert einen Spruch aus, den irgendein Schaf auf den breiten Rand ihrer Familienbibel neben die Sprüche Salomonis hingeschrieben.

GRAUSIGE UND HUMORISTISCHE ERZÄHLUNGEN

DIE FOLTERN

Impia tortorum longas hic turba furores
Sanguinis innocui, non satiata, aluit.
Sospite nunc patria, fracto nunc funicis antro,
Mors ubi dira fuit vita salusque patent.
Inschrift für das Tor, das zu dem Platze
führt, auf dem sich das Gebäude des
Jakobiner-Klubs zu Paris befunden hatte.

Die lange Todesangst hatte mich gebrochen, mein Leben bis ins Mark zerstört, und als man meine Fesseln löste und mich sitzen ließ, fühlte ich, daß meine Sinne schwanden. Das Urteil, das fürchterliche Todesurteil, war der letzte deutliche Laut, der mein Ohr erreichte, dann schienen die Stimmen meiner Untersuchungsrichter traumhaft in ein unbestimmtes Summen zusammenzuschmelzen, das sich in meiner Seele zu dem Gedanken an eine Umdrehung verdichtete – vielleicht, weil es in meiner Phantasie die Vorstellung eines Mühlrades hervorrief. Doch währte dies nur sehr kurze Zeit, denn plötzlich vernahm ich nichts mehr. Doch sah ich noch eine Zeitlang – aber in welch gräßlicher Verzerrung! – die Lippen der Richter in den schwarzen Talaren, und sie erschienen mir weiß – weißer wie das Blatt, auf welches ich diese Worte schreibe, und dünn bis zur Fratzenhaftigkeit, dünn durch ihren grausamen Ausdruck von Härte, unwandelbaren Entschlusses und starrer Verachtung menschlicher Qual! Ich sah, daß der Spruch, der mein Schicksal besiegelte, über ihre Lippen kam. Ich sah, wie sie sich bewegten, um mir den Tod zu verkünden. Ich sah, wie sie die Silben meines Namens bildeten, und schauderte, weil kein Ton auf die Bewegung folgte. Ich sah auch Während einiger Augenblicke irren Entsetzens, daß sich die schwarzen Draperien, welche die Wände des Saales bekleideten, leise, fast unmerklich bewegten – und dann fiel mein Blick auf die sieben großen Kerzen auf dem Tische. Erst schauten sie mich an wie Bilder der Menschenliebe, ich hielt sie für weiße, schlanke Engel, die mich retten wollten. Doch plötzlich goß sich ein grauenhafter Schwindel über meine Seele, und ich sah ein, wie jede Fiber meines Leibes erschauderte, als hätte ich den Draht einer galvanischen Batterie berührt; die Engelsgestalten wurden seelenlose Gespenster mit brennenden Köpfen, und ich fühlte, daß ich von ihnen keine Hilfe zu erwarten hatte. Und dann glitt, wie ein weicher, musikalischer Ton, der Gedanke in mein Herz, wie köstlich die Ruhe im Grabe sein müsse. Er kam leise, verstohlen, und ich glaube, es dauerte lange, bis er feste Gestalt annahm; doch in dem Augenblicke, da mein Geist ihn klar empfand und ausdachte, verschwanden wie durch Zauberkraft die Gestalten der Richter vor meinen Augen, die hohen Kerzen versanken in ein Nichts, ihre Flammen erloschen, schwarze Dunkelheit kam herauf, alle Gefühle wurden von der Empfindung verschlungen, als stürze meine Seele in wahnsinnig rasendem Fall in den Hades hinab. Und dann war alles Nacht, Schweigen und Ruhe.

Ich war ohnmächtig geworden; doch will ich damit nicht sagen, daß ich das Bewußtsein vollständig verloren hatte. Was noch von ihm geblieben, will ich nicht zu bestimmen, nicht einmal zu beschreiben wagen. Sicher ist eben nur, daß mein Bewußtsein nicht ganz geschwunden. Im tiefsten Schlafe – nein! im Delirium – nein! im Tode – nein! selbst im Grab schwindet es nicht ganz! Sonst wäre der Mensch ja wohl nicht unsterblich!? Wenn wir vom tiefsten Schlaf erwachen, zerreißen wir das Nebelgespinst irgendeines Traumes. Doch erinnern wir uns eine Sekunde später nicht mehr – so zart ist oft das Gewebe –, daß wir geträumt haben. Erwacht man aus einer Ohnmacht wieder zum Leben, so geht man durch zwei Stadien. Im ersten gelangt man wieder zum Bewußtsein seines moralischen oder geistigen, im zweiten zum Gefühl seines körperlichen Daseins zurück. Es ist wahrscheinlich, daß wir – wenn wir ins zweite Stadium zurückgekehrt sind und uns dann noch der im ersten empfangenen Eindrücke entsinnen könnten, diese Eindrücke mit Erinnerungen aus dem Abgrund des Jenseits beladen finden würden. Und dieser Abgrund – was birgt er in seinem Schoße? Wodurch unterscheiden sich seine Schatten von den Schatten des Grabes? Doch wenn wir uns auch die Eindrücke des ersten Stadiums nicht willkürlich zurückrufen können: erscheinen sie nicht vielleicht nach langer Zeit von selbst, unaufgefordert, so daß wir uns verwundert fragen, woher sie wohl kommen mögen? Wer niemals ohnmächtig geworden ist, gehört nicht zu denen, die in einem glühenden Kohlenfeuer seltsame Paläste und sonderbar vertraute Gesichter wiederfinden; – die oft in den Luftgebieten trauervolle Visionen vorüberziehen sehen, die von den Vielzuvielen nie bemerkt werden; – die sich über den Duft einer unbekannten Blume in Grübeleien verlieren können; – deren Gedanke sich plötzlich in dem Geheimnis einer Melodie, die sie bis dahin unbeachtet gelassen, verirren kann.

Bei meinen wiederholten Bemühungen, mich zu erinnern, bei meinen harten Anstrengungen, irgendeine Aufklärung über jenen Zustand scheinbaren Nichtseins, in den ich versunken war, zu erhalten, hatte ich oft Momente, in denen ich auf Erfolg hoffte, hatte ich kurze, sehr kurze Augenblicke, in denen ich eine Erinnerung heraufbeschwor, die sich, wie mir mein klarer gewordener Verstand in späteren Zeiten oft versicherte, nur auf jenen Zustand scheinbaren Nichtseins beziehen konnte. Diese Erinnerungsschatten reden undeutlich von großen Gestalten, die mich aufhoben und nach unten trugen – schweigend nach unten – und immer tiefer –, bis mich bei dem Gedanken an den bodenlosen Abgrund, in den ich versank, ein scheußlicher Schwindel ergriff. Sie reden auch von einem unbestimmten Schauder, der mein Herz durchzitterte, weil dies Herz so unnatürlich ruhig geworden war. Dann folgt ein Gefühl, als sei alles, was mich umgab, in jähe Starre versunken – als hätten die, welche mich trugen – ein Zug von Gespenstern! –, in ihrem Absturz die Grenze des Unbegrenzten erreicht und hielten nun still und ruhten von der Ermüdung ihrer Arbeit aus. Darauf muß ich wohl ein Gefühl von Schalheit und Feuchtigkeit empfunden haben; – und dann ist alles Wahnsinn – der Wahnsinn eines Willens, der sich des Übermenschlichen, Verbotenen entsinnen will.

Ganz plötzlich empfand meine Seele wieder Bewegung und Klang – die stürmische Bewegung meines Herzens und sein Wiederklingen in meinem Ohre. Dann trat eine Pause ein, in der alles wieder in schwarzes Nichts versank – doch spürte ich bald von neuem die Bewegung und den Klang – und gleich darauf ein Zittern, das mein ganzes Wesen durchfuhr. Plötzlich kam mir auch ein bloßes Daseinsbewußtsein zurück, das, ohne von einer anderen Empfindung begleitet zu sein, eine Weile anhielt, bis sich nach langer Zeit und unvermittelt in mir ein Gedanke hochhob, den ich mit schauderndem Entsetzen als einen Versuch erkannte, mir über meinen Zustand bewußt zu werden. Dann faßte mich plötzlich der heiße Wunsch, wieder in Bewußtlosigkeit zurückzuversinken. Doch nun schien meine Seele plötzlich ganz aufzuwachen, und ich machte eine erfolgreiche Anstrengung, mich zu bewegen. Und ich erinnerte mich deutlich an die Verhandlung, die Richter, die schwarzen Draperien, an das Urteil, an meine Ohnmacht. Und doch vergaß ich noch einmal wieder mich selbst, die Zeit und den Raum, vergaß alles, dessen ich mich in späteren Tagen mit unsäglicher Mühe wieder zu erinnern versuchte.

Bis jetzt hatte ich meine Augen noch nicht geöffnet. Ich fühlte nur, daß ich ohne Fesseln auf dem Rücken lag. Als ich meine Hand ausstreckte, fiel sie schwer auf irgend etwas Feuchtes, Hartes. Mehrere Minuten lang ließ ich sie liegen, während ich zu erraten suchte, wo und in welchem Zustande ich mich befinde. Ich verlangte darnach, um mich zu schauen, doch wagte ich es nicht, denn ich fürchtete den ersten Blick auf die Gegenstände, die mich umgeben könnten. Zwar grauste mir im Grunde nicht davor, gräßliche Dinge zu erblikken, ich schauderte vielmehr vor Angst, vielleicht gar nichts zu sehen. Endlich riß ich in wilder Verzweiflung meine Augen auf und fand meinen grauenhaften Gedanken bestätigt. Die Finsternis der ewigen Nacht umschloß mich. Ich rang nach Atem, denn es schien mir, als ob die Undurchdringlichkeit der Dunkelheit mich wie eine schwere Last bedrücke und ersticken wolle. Ich blieb regungslos liegen und machte eine Anstrengung, meinen Verstand zu Rate zu ziehen. Ich erinnerte mich an Einzelheiten der Gerichtsverhandlung, an ihren ganzen Verlauf, und versuchte dann von diesem Punkte aus, meinen wahren Zustand zu erkennen. Ich wußte, daß das Urteil gesprochen worden war, und mir schien, als

sei seit diesem Augenblicke eine lange Zeit verstrichen. Doch hielt ich mich nicht
eine Sekunde lang für tot. Eine solche Vorstellung ist, trotz allem, was darüber
geschrieben sein mag, bei einem lebendigen Menschen einfach ausgeschlossen –
doch wo und in welchem Zustande befand ich mich? Die zum Tode Verurteilten
wurden, wie ich wußte, gewöhnlich währen der Autodafés umgebracht, und ich
hatte gehört, daß in der Nacht nach dem Urteilsspruche ein solches abgehalten
werden sollte. Hatte man mich wieder in mein Gefängnis zurückgebracht, um
mich für die nächste Opferung, die erst in ein paar Monaten stattfand, aufzuspa-
ren? Ich sah sofort ein, daß es nicht sein könne. Man hatte ja Opfer nötig gehabt.
Überdies war meine Zelle, wie in allen Gefängnissen zu Toledo, mit Steinen
gepflastert und dem Licht nicht jeder Eintritt verwehrt gewesen.

Plötzlich trieb mir ein gräßlicher Gedanke alles Blut zum Herzen und stieß
mich für eine kurze Zeit wieder in Bewußtlosigkeit. Als ich wieder zu mir kam,
sprang ich auf meine Füße; jede Fiber in mir bebte. Ich griff mit meinen Armen
wild nach allen Richtungen hin. Nichts fühlte ich; doch zitterte ich, einen Schritt
zu tun: aus Furcht, an die Wände eines Grabes zu stoßen. Schweiß drang mir
aus jeder Pore und stand in dicken kalten Tropfen auf meiner Stirne. Die Angst
der Ungewißheit wurde zum Schluß unerträglich, und ich wagte mich vorsichtig
vorwärts, streckte die Arme aus und starrte so angestrengt, daß meine Augen fast
aus ihren Höhlen springen sollten, vor mich hin, in der Hoffnung, einen, wenn
auch noch so schwachen Lichtstrahl zu entdecken. Ich tat mehrere Schritte,
doch blieb alles dunkel und leer. Ich atmete etwas freier. Es schien ja, als habe
man mich doch nicht dem gräßlichsten aller Tode überliefert.

Und während ich nun vorsichtig vorwärtsschritt, erwachten, überstürzten
sich in meinem Geiste tausend Erinnerungen an das, was ich von den Schrecken
Toledos gehört. Man hatte schauerliche Dinge von den Gefängnissen erzählt –
mir waren sie immer wie Fabeln erschienen – wie Fabeln, die zu gräßlich waren,
um wiederholt zu werden. Hatte man mich in dieser unterirdischen Welt dem
Hungertod preisgegeben? oder welches, vielleicht noch gräßlichere Schicksal
erwartete mich? Daß der Tod – und zwar ein bitterer, grausamer Tod – das
Ende sein werde, daran zweifelte ich, da ich ja meine Richter kannte, nicht einen
Augenblick. Ich dachte nur darüber nach, in welcher Gestalt und wann er sich
mir nahen werde.

Meine ausgestreckte Hand fand endlich festen Widerstand. Allem Anschein
nach war es eine Steinmauer – die mir sehr glatt, feucht und kalt schien. Ich ging
an ihr mit jenem angstvollen Mißtrauen, welches mir gewisse alte Geschichten
eingeflößt hatten, vorsichtig entlang. Doch gelangte ich auf diese Weise zu einer
Vorstellung von der Größe meines Gefängnisses, denn die Mauer war an allen
Stellen so vollkommen gleichmäßig, daß sie sehr wohl auch rund sein konnte,

und ich immer im Kreise herumging. Deshalb suchte ich nach dem Messer, das sich in meiner Tasche befunden hatte, als man mich in das Inquisitionszimmer führte. Es war verschwunden, und ich bemerkte, daß man meine Kleider gegen ein grobes Leinengewand vertauscht hatte. Ich wollte die Messerklinge in eine kleine Ritze der Wand stoßen, um den Punkt, von dem ich ausging, zu bezeichnen. Doch gelang mir dies auch ohne Messer, obgleich ich es anfangs in meiner Gedankenzerrüttung selbst nicht zu hoffen gewagt: ich riß nämlich ein Stück aus meinem Gewande und legte es auf den Boden, in rechtem Winkel zu der Mauer, nieder. War mein Gefängnis wirklich rund, so mußte ich, nachdem ich mich im Kreise herumgetastet, wieder auf den Kleiderfetzen stoßen. So wenigstens hatte ich kalkuliert, doch bei meiner Berechnung die Größe des Gefängnisses und meine vollständige Körperschwäche ganz außer acht gelassen. Der Boden war feucht und glatt, ich wankte in paar Schritte vorwärts, stolperte und fiel hin. Meine Erschöpfung zwang mich, liegen zu bleiben, und bald überwältigte mich der Schlaf.

Als ich erwachte und einen Arm ausstreckte, fand ich an meiner Seite ein Brot und einen Krug mit Wasser. Ich war zu erschöpft, um mir diese Tatsache irgendwie erklären zu können, sondern aß und trank mit Heißhunger. Bald darauf nahm ich meinen Rundgang um das Gefängnis wieder auf und stieß mit beschwerlichem Vorwärtstasten wieder auf den Kleiderfetzen. Bis zu dem Augenblick, in dem ich niederfiel, hatte ich schon zweiundfünfzig Schritte gezählt, und nun hatte ich von neuem achtundvierzig Schritte gemacht, ehe ich an mein Merkzeichen zurückgelangte. Im ganzen waren es also hundert Schritte, und ich nahm an, daß zwei Schritte eine Elle ausmachten, so mußte mein Gefängnis fünfzig Ellen im Umfang haben. Doch hatte ich eine Menge Winkel in der Mauer gefunden, so daß ich mir keine rechte Vorstellung von der wirklichen Gestalt der Grube machen konnte; irgend etwas, das ich mir nicht näher erklären konnte, bestimmte mich nämlich, anzunehmen, daß ich mich in einer Grube befinde.

Die Nachforschungen interessierten mich im übrigen nicht sehr – jedenfalls stellte ich sie nicht an, weil ich irgendwelche Hoffnung schöpfte; eigentlich war es nur eine unbestimmte Neugierde, die mich zwang, dieselben fortzusetzen. Ich wandte mich von der Mauer weg und beschloß, den Raum quer zu durchschreiten. Anfangs tastete ich mich nur mit außerordentlicher Vorsicht weiter, denn der Boden war, obgleich hart und festgefügt, gefährlich glitschig. Dann nahm ich jedoch all meinen Mut zusammen, um fest auszuschreiten, und bemühte mich zugleich, den Raum in möglichst gerader Linie zu durchkreuzen. Ich mochte vielleicht zehn oder zwölf Schritte gemacht haben, als sich meine Füße in den Kleiderfetzen verwickelten. Ich stolperte und fiel heftig aufs Gesicht.

In dem ersten Schrecken über meinen Fall entging mir anfangs ein überraschender Umstand, der jedoch schon nach ein paar Sekunden meine ganze Aufmerksamkeit auf sich zog. Sonderbarerweise ruhte nämlich mein Kinn auf dem Boden des Gefängnisses, aber meine Lippen und der obere Teil meines Kopfes berührten, obwohl sie tiefer lagen als das Kinn, anscheinend nichts. Zu gleicher Zeit fühlte ich meine Stirne wie in einem klebrigen Dampf gebadet, und der nicht zu verkennende Geruch verwester Schwämme drang in meine Nase. Ich streckte meinen Arm aus und fand mit Schaudern, daß ich gerade auf den Rand eines runden Brunnens gefallen sei, dessen Ausdehnung ich in diesem Augenblicke natürlich noch nicht ermessen konnte. Ich tastete mit der Hand an dem Mauerwerk gerade unterhalb des Randes entlang, bröckelte einen kleinen Stein los und ließ ihn in den Abgrund fallen. Während mehrerer Sekunden vernahm ich sein wiederholtes Aufschlagen an den Seiten oder Vorsprüngen des Abgrundes, dann sein dumpfes Einschlagen in das Wasser, dem ein lautes, vielfaches Echo folgte. Zugleich vernahm ich einen Laut wie von dem raschen Öffnen und wieder Schließen einer Tür über mir, während ein schwacher Lichtstrahl plötzlich die Dunkelheit durchzuckte und ebenso rasch wieder verschwand.

Nun erkannte ich klar, welches Schicksal man mir zugedacht hatte, und konnte mich zu meinem Fall, der mich vor demselben bewahrt, beglückwünschen. Noch einen Schritt weiter und die Welt hätte mich nie mehr gesehen. Die Todesart, der ich eben entgangen, war so gräßlich, daß sie all jene Gerüchte über die Scheußlichkeiten der Inquisition, die ich für grausige Fabeln gehalten, an Gräßlichkeit übertraf. Die Opfer hatten gewöhnlich die Wahl zwischen einem Tode unter den schauerlichsten körperlichen oder unerhörtesten geistigen Qualen. Mir hatte man die letzteren zugedacht. Das lange und unsägliche Leiden hatte meine Nerven schon so zerrüttet, daß ich bei dem Klang meiner eigenen Stimme zu zittern begann und ein ausgezeichnetes Objekt für die Art Qualen geworden war, die man mir zugedacht.

An allen Gliedern bebend, tappte ich mich zu der Mauer zurück, entschlossen, lieber dort zu sterben, als mich der Gefahr auszusetzen, in einen der gräßlichen Brunnen zu geraten, die mir meine Phantasie an den verschiedensten Stellen des Gefängnisses vorspiegelte.

Wäre ich in einem anderen Gemütszustand gewesen, so hätte ich den Mut gehabt, meiner Qual durch einen Sprung in einen dieser Abgründe mit einem Male ein Ende zu machen. Doch hatten mich alle die seelischen Leiden, die vorhergegangen waren, zum Feigling gemacht, und außerdem fiel mir wieder ein, was ich von diesen Brunnen gelesen: daß ihre gräßliche Bauart einen schnellen Tod einfach ausschloß.

Meine Aufregung hielt mich lange Stunden wach; endlich schlummerte ich wieder ein. Als ich aus dem Schlafe auffuhr, fand ich, wie das vorige Mal, ein Brot und einen Krug Wasser an meiner Seite. Ein brennender Durst quälte mich, und ich leerte das Gefäß auf einen Zug. Man mußte dem Wasser irgendein Schlafmittel beigemischt haben, denn kaum hatte ich getrunken, so schlossen sich meine Lider von neuem.

Ich schlief wie tot. Als ich meine Augen wieder öffnete, konnte ich die Gegenstände um mich her erkennen. Ein seltsames, schwefelgelbes Licht, dessen Ursprung ich zunächst nicht ausfindig machen konnte, ließ mich die Ausdehnung und Bauart meines Gefängnisses überschauen. Ich hatte mich über seine Größe durchaus getäuscht. Der ganze Umfang der Mauern betrug höchstens fünfundzwanzig Ellen. Diese Tatsache leitete mich für einige Minuten in eine ganze Welt müßiger Verwunderung, die ich mir kaum zu erklären vermochte; denn was konnte mich unter den furchtbaren Umständen, in denen ich mich befand, die Größe meines Gefängnisses kümmern? Doch ergriff mich ein sonderbares Interesse für die unbedeutenden Kleinigkeiten meiner Umgebung, und ich bemühte mich, die Ursache meines Irrtums herauszufinden. Nach langem Nachdenken kam ich denn auch dahinter: Bei meinem ersten Versuche, das Gefängnis zu umschreiten, hatte ich bis zu dem Augenblicke, in dem ich hinfiel, zweiundfünfzig Schritte gezählt und mußte dem Kleiderfetzen bis auf ein oder zwei Schritt nahegekommen sein. Darauf war ich eingeschlafen und hatte mich beim Erwachen herumgedreht und denselben Weg noch einmal gemacht, ohne in meiner Verwirrung zu bemerken, daß ich beim erstenmal die Mauer zur linken und beim zweitenmal zur rechten Hand hatte.

Auch bezüglich der Form des Gefängnisses hatte ich mich getäuscht. Als ich mich an den Mauern herumtappte, hatte ich eine Menge Winkel gefunden und mir den Raum deshalb äußerst unregelmäßig gedacht. Die Winkel stellten sich jetzt einfach als unregelmäßig verteilte Einbuchtungen heraus. Im allgemeinen war das Gefängnis viereckig. Was ich für Mauerwerk gehalten hatte, schien Eisen zu sein oder irgendein altes Metall, das in großen Platten die Wand bekleidete. Die ganze Oberfläche dieser erzenen Wände war mit rohen Abbildungen all jener abschreckenden, scheußlichen Szenen besudelt, die dem grobsinnlichen Aberglauben der Mönche ihre Entstehung verdankten.

Teufelsfratzen mit drohenden Mienen, Skelette und andere noch gräßlichere Bilder überdeckten die Wände. Ich bemerkte, daß die Konturen dieser Ungeheuerlichkeiten ziemlich deutlich hervortraten, während die Farben verlöscht und verblaßt zu sein schienen, wie es unter dem Einfluß einer feuchten Atmosphäre zu geschehen pflegt. Dann betrachtete ich den Fußboden; er war von Stein, und in seiner Mitte gähnte der ungeheure Schlund, dem ich eben entronnen; doch war er der einzige, der sich im Kerker befand.

Ich erblickte alles dies nur undeutlich und mit vieler Mühe – denn während meines Schlafes war mit meiner Lage eine große Veränderung vor sich gegangen. Man hatte mich jetzt der Länge nach auf eine Art von niedrigem Holzrahmen mit Lattenwerk auf den Rücken hingestreckt. Mit einem langen, einem Sattelgurt ähnlichen Riemen hatte man mich dann dort festgebunden. Diese Fessel umwand meinen Körper und meine Glieder vielfach, so daß nur mein Kopf und mein linker Arm frei blieben, der letztere jedoch nur so weit, daß ich mit vieler Mühe bis zu einer irdenen Schüssel reichen konnte, die mit Nahrung gefüllt, mir zur Seite auf dem Boden stand. Mit Entsetzen bemerkte ich, daß man den Wasserkrug fortgenommen hatte. Ich sage mit Entsetzen, denn ich wurde von einem unerträglichen Durst gequält. Diesen Durst zu erzeugen, schien in der Absicht meiner Quäler zu liegen, denn die in der Schüssel befindliche Nahrung bestand aus einer starkgewürzten Fleischspeise.

Ich begann jetzt, die Decke meines Gefängnisses zu betrachten. Sie mochte wohl dreißig oder vierzig Fuß hoch sein und war von ähnlicher Bauart wie die Seitenwände. Auf einem der Felder erblickte ich eine sonderbare Figur, die meine ganze Aufmerksamkeit auf sich zog. Es war das gemalte Symbol der Zeit, wie man sie gewöhnlich darstellt, nur hielt sie statt der Sichel ein Ding in der Hand, das ich auf den ersten Blick hin für die Abbildung eines großen Pendels hielt, wie man es noch an altmodischen Uhren sieht. Doch fiel mir irgend etwas an diesem Instrument auf, das mich veranlaßte, aufmerksam hinzuschauen.

Während ich nun gerade hinaufstarrte – das Pendel war genau über mir angebracht –, schien es mir plötzlich, als bewege es sich. Einen Augenblick später fand ich meine Vermutung bestätigt. Seine Schwingungen waren kurz und langsam. Ich beobachtete sie einige Minuten lang mit großem Schrecken, doch noch größerem Erstaunen. Als mich dies endlich ermüdete, richtete ich meine Blicke auf andere in der Zelle befindliche Gegenstände.

Bald darauf vernahm ich ein sonderbares, raschelndes Geräusch und sah mehrere Ratten von ungewöhnlicher Größe über den Boden hinlaufen. Sie waren aus dem Brunnen gekommen, den ich von meinem Platze aus überschauen konnte. Selbst während ich hinsah, kamen sie scharenweise herauf, und eilten, von dem Geruch des Fleisches angelockt, mit gierigen Augen herbei. Nur mit vieler Mühe und Aufmerksamkeit konnte ich sie von der Schüssel verscheuchen.

Es mochte wohl eine halbe, vielleicht aber auch eine ganze Stunde vergangen sein – ich konnte mir ja nur eine sehr unvollkommene Vorstellung von der Zeit machen –, ehe ich meine Blicke wieder empor zur Decke richtete. Was ich da erblickte, versetzte mich in Verwunderung und Bestürzung. Die Schwingung des Pendels hatte sich fast um eine Elle vergrößert und an Geschwindigkeit ebenfalls zugenommen; was mich jedoch hauptsächlich beunruhigte, war die Tatsache, daß sich das Pendel selbst merklich tiefer gesenkt hatte. Ich bemerkte jetzt auch – es ist überflüssig zu sagen, mit welchem Grausen –, daß sein unteres Ende, in einem Halbmond von blitzendem Stahl bestand, der von einem Horn zum anderen etwa einen Fuß maß. Die Spitzen der Hörner waren nach aufwärts gekehrt, und die untere Kante hatte augenscheinlich die Schärfe eines Rasiermessers. Auch schien das Pendel so massiv und schwer wie ein solches, da es, von der haarscharfen Schneide an allmählich dicker werdend, oben in einen breiten Rücken auslief. Es hing an einem dicken Stabe von Messing, und das ganze zischte ordentlich, wenn es die Luft durchschnitt.

Nun konnte ich nicht länger im Zweifel darüber sein, welches Schicksal mir die erfinderische Grausamkeit der Mönche zugedacht hatte. Es war den Dienern der Inquisition nicht entgangen, daß ich die Grube entdeckt hatte, – die Grube, deren Schrecken einem so verstockten Ketzer, wie ich es in ihren Augen war, bestimmt gewesen, – die Grube, dies Bild der Hölle, die, wie das Gerücht ging, das Grauenhafteste an Foltern barg, was die teuflische Grausamkeit der Mönche nur ausgeklügelt hatte. Durch einen bloßen Zufall war ich vor dem Sturz in diesen Abgrund bewahrt geblieben, und ich wußte, daß fürchterliche Überraschungen einen wichtigen Bestandteil der Ungeheuerlichkeiten des Foltertodes bildeten. Da ich selbst dem Sturz entgangen war, würde man mich nicht durch fremde Hand in den Abgrund schleudern, und die Grube war ein für allemal aus dem Marterplane ausgeschaltet. Es erwartete mich also eine andere, mildere Art der Vernichtung. Milder! Fast mußte ich in meiner Todesangst auflachen, einen solchen Gedanken unter solchen Umständen gedacht zu haben.

Doch was würde es nützen, von jenen langen, langen Schreckensstunden reden zu wollen, in denen ich die Schwingungen des scharf geschliffenen Stahles zählte! Zoll um Zoll – Linie um Linie – mit kaum erkennbaren, nur nach längeren Zeiträumen, die mir wie Jahrhunderte erschienen, merklichen Senkungen, schwebte das entsetzliche Instrument auf mich herab! Tage vergingen – viele Tage mochten vergangen sein, bis es so dicht über mir hin und her sauste, daß mich die raschen Schwingungen wie ein glühender Atem anfächelten! Schon drang der Geruch des scharfen Stahles in meine Nase. Ich betete – ich schrie zum Himmel empor, daß er die Bewegungen des Pendels beschleunige. Ich wurde wie rasend, wie tollwütig und bäumte mich aufwärts, um mich dem gräßlichen Vernichter schnell anheimzugeben. Dann wurde ich plötzlich sehr ruhig, sank zurück und blickte den glitzernden Tod lächelnd an, wie ein Kind ein seltsames Spielzeug.

Es trat ein Zustand völliger Bewußtlosigkeit ein, der aber nicht lange gedauert haben konnte, denn als ich wieder zu mir kam, war keine wesentliche Senkung des Pendels zu bemerken. Doch bewies dies eigentlich nichts, denn ich mußte mir sagen, daß mich von oben herab meine teuflischen Quäler bewachten und während meiner Ohnmacht die Schwingungen nach Belieben aufgehalten haben konnten. Außerdem fühlte ich mich, als ich wieder zu mir kam, sehr elend – ach! unsagbar elend und matt, als hätte ich schon seit langer Zeit keine Nahrung mehr zu mir genommen. Selbst inmitten all dieser Todesqualen forderte die Natur gebieterisch ihr Recht. Mit schmerzhafter Anstrengung streckte ich meinen linken Arm aus, so weit es meine Fesseln erlaubten, und bemächtigte mich der geringen Speisereste, welche die Ratten übriggelassen. Als ich ein Stückchen Fleisch zwischen meine Lippen schob, tauchte in meinem Geiste etwas wie ein unbestimmter Gedanke der Freude und Hoffnung auf. Und doch, was hatte ich mit Hoffnung zu tun? Es war, wie ich sagte, nur das unbestimmte Dämmern eines Gedankens, wie es in Menschen so manchmal entsteht und spurlos wieder zerrinnt. Ich fühlte, daß es Freude und Hoffnung bedeutete – aber ich fühlte auch, daß diese Regungen im Entstehen schon wieder in nichts zerflossen. Vergebens bemühte ich mich, sie zu einem bestimmten Gedanken zu verdichten, sie festzuhalten. Die lange Qual hatte meine geistigen Fähigkeiten fast vernichtet. Ich war beinahe zum Blödsinnigen – zum Idioten geworden.

Die Schwingungen des Pendels standen im rechten Winkel zu meiner Körperlänge. Ich sah, daß der Halbmond genau mein Herz durchschneiden müsse. Zuerst würde er den Stoff meines Gewandes schlitzen –, bei der Rückschwingung den Einschnitt wiederholen – und dann wieder und wieder. – Trotz der entsetzlich weiten Schwingung, die jetzt wohl schon dreißig Fuß betrug, und trotz der sausenden Kraft, mit der das Pendel niederfuhr und die wohl genügt hätte, die eisernen Wände zu spalten, würde sich während einiger Minuten die ganze Wirkung darauf beschränken, mir die Kleider zu zerreißen. Bei diesem Gedanken verweilte ich lange, da ich nicht wagte, weiter darüber hinauszugehen. Ich verharrte bei ihm mit stummer Aufmerksamkeit, als könne ich dadurch den Stahl aufhalten. Ich zwang mich, über das Sausen des Halbmondes, wenn er meine Kleider durchschneiden würde, nachzugrübeln – an das eigentümliche Erschaudern zu denken, das meine Nerven bei dem Zerreißen des Gewandes überlaufen würde. Über all diese unwichtigen Nebensächlichkeiten grübelte ich nach, bis meine Zähne wie im Frost aufeinanderschlugen.

Tiefer – immer tiefer sank das Pendel. Ich fand ein irres Vergnügen daran, die Schnelligkeit der Schwingungen nach oben und nach unten miteinander zu vergleichen. Nach rechts, nach links – auf und ab sauste es, stöhnend, heulend wie ein Verdammter in der Hölle. Auf mein Herz ging es los, mit sicherem, beständigem Schleichtritt wie ein Tiger. Und ich lachte und heulte abwechselnd dazu, je nachdem die eine oder die andere Vorstellung in mir die Oberhand gewann.

Tiefer – immer tiefer, ohne Erbarmen! Nur noch drei Zoll über meinem Herzen sauste das Pendel dahin. Ich machte wilde, wütende Anstrengungen, meinen linken Arm, der bis zum Ellbogen gefesselt war, ganz zu befreien. Wäre es mir gelungen, so hätte ich das Pendel ergriffen und zum Stillstand zu bringen versucht. Doch hätte ich wohl ebensogut wagen können, den Sturz einer Lawine aufzuhalten.

Tiefer sauste es – unaufhörlich – unerbittlich tiefer! Ich rang nach Atem und bot alle Kräfte auf, um mich zu befreien. Bei jeder neuen Schwingung zuckte ich wie von einem Krampf geschüttelt zusammen; meine Blicke folgten dem sausenden Stahl nach oben und nach unten mit dem gierigen Eifer der sinnlosesten Verzweiflung. Wenn er niederfuhr, schlossen sich meine Augen vor irrer Angst, und doch wäre mir der Tod eine Erlösung, eine unaussprechlich heiß ersehnte Erlösung gewesen! Und hinwiederum erschauderte ich bis in meine innersten Fibern bei der Vorstellung, wie wenig sich der fürchterliche Stahl nur noch zu senken brauchte, um meine Brust zu durchschneiden. Was mich so erschaudern und meine Nerven erzittern ließ, das war Hoffnung –: ja, Hoffnung, die noch in den Kerkern der Inquisition die dem Tode Geweihten umflüstert.

Ich sah, daß nach etwa zehn oder zwölf Schwingungen der Stahl in Berührung mit meinen Kleidern kommen müsse; und mit dieser Überzeugung überkam meinen Geist plötzlich die kalte Ruhe der Verzweiflung. Zum ersten Male seit vielen Stunden, ja seit vielen Tagen dachte ich wieder. Es fiel mir plötzlich auf, daß die Gurte, die mich fesselten, aus einem Stücke bestanden. Ich war an keiner Stelle mit einem einzelnen Riemen festgebunden. Der erste Schnitt des haarscharfen Halbmondes durch irgendeinen Teil meiner Fesseln mußte dieselben so weit lösen, daß es mir gelingen konnte, mich mit meiner freien linken Hand ganz aus ihnen herauszuwickeln. Doch wie fürchterlich war selbst in diesem Falle die nahe Berührung des Stahles! Die geringste Zukkung konnte ja tödlich werden! Überdies war es leicht möglich, daß meine Quäler eine solche Möglichkeit vorausgesehen und ihr vorgebeugt hatten. Wie unwahrscheinlich war es, daß die quer über meine Brust verlaufende Fessel so angebracht war, daß das Pendel sie treffen würde? Voller Furcht, meine letzte, schwache Hoffnung vernichtet zu sehen, reckte ich meinen Kopf, so weit es ging, in die Höhe, um einen Überblick über meine Brust zu erhalten. Meine Glieder und mein Körper waren nach allen Richtungen hin von den Gurten fest umwunden – ausgenommen da, wo der tödliche Halbmond vorüberstreifen mußte!

Kaum war ich in meine frühere Lage zurückgesunken, als in meiner Seele etwas aufblitzte, das ich nicht besser beschreiben kann, als wenn ich es die zweite Hälfte jenes unbestimmten Gedankens an Befreiung nenne, den ich schon vorhin erwähnte, der mir vage und undeutlich vorschwebte, als ich die Speise an meine brennenden Lippen führte. Jetzt stand er vor mir – noch schwach, von der Vernunft kaum gebilligt, doch vollständig und erkennbar. Mit der schaudernden Energie der Verzweiflung machte ich mich sogleich an seine Ausführung.

Seit mehreren Stunden wimmelte es dicht um den hölzernen Rahmen herum, auf dem ich lag, von Ratten. Sie schwärmten mit dreister, gieriger Zudringlichkeit heran und starrten mich mit ihren rötlich glühenden Augen an, als warteten sie nur darauf, mich, sobald ich regungslos daliegen würde, zu verzehren. „Welcher Art", dachte ich mit Grausen, „mag wohl ihre Nahrung im Brunnen gewesen sein?"

Sie hatten, trotz aller meiner Versuche, sie zu verscheuchen, den Inhalt der Schüssel bis auf einen kleinen Rest verzehrt. Unaufhörlich hatte ich die Hand über dem Speiserest hin und her bewegt, doch zum Schluß war die Bewegung durch ihre fortwährende Gleichmäßigkeit wirkungslos geworden. Das scharfe Gebiß dieser gefräßigen Tiere hatte oft meine Finger berührt. Mit den kleinen Stückchen der fetten, stark gewürzten Speise, die noch vorhanden waren, rieb ich nun meine Fesseln, so weit ich nur reichen konnte, gründlich ein. Dann zog ich meine Hand zurück und blieb regungslos, mit zurückgehaltenem Atem, liegen.

Anfangs schienen die raubgierigen Tiere durch die Veränderung erschreckt, schienen der plötzlichen Bewegungslosigkeit zu mißtrauen. Sie eilten zum Brunnen zurück, und ich fürchtete schon, sie würden sich nicht mehr heranwagen. Doch dauerte ihre Angst nur einen Augenblick lang. Ich hatte nicht umsonst auf ihre Gefräßigkeit gerechnet. Als sie bemerkten, daß ich regungslos liegen blieb, sprangen ein oder zwei der zudringlichsten auf den Holzrahmen und schnüffelten an den Fesseln herum. Dies schien das Zeichen zu einem allgemeinen Sturm zu sein. In immer neuen Scharen schwärmten sie vom Brunnen heran. Sie klammerten sich an das Holz, stürzten auf den Rahmen und trieben sich zu Hunderten auf meinem Körper umher. Die regelmäßige Schwingung des Pendels beunruhigte sie nicht im mindesten. Sie wichen ihm aus und beschäftigten sich angelegentlichst mit den fetten Gurten. Immer größere Schwärme wimmelten heran. Sie krochen über meine Kehle, ihre kalten Schnauzen berührten oft meine Lippen; ich war dem Ersticken nahe; ein Ekel, der sich nicht in Worte fassen läßt, krampfte mir den Magen zusammen und erfüllte mich mit eisiger Übelkeit. Doch hielt ich standhaft aus, da ich fühlte, daß der Kampf nicht mehr lange dauern könne. Deutlich spürte ich schon, wie meine Fesseln sich lockerten, sie mußten schon an mehr als einer Stelle zernagt sein. Mit übermenschlicher Willenskraft hielt ich still.

Ich hatte mit meinen Berechnungen nicht geirrt, und meine Standhaftigkeit schien belohnt zu werden. Ich fühlte, daß ich frei war! Der Gurt hing in Fetzen um meinen Körper herum. Doch schon berührte das Pendel meine Brust. Der Stoff meines Gewandes war schon geschlitzt, selbst das Hemd darunter war schon durchschnitten worden. Noch zweimal schwang das Pendel und durch jede Fiber meines Leibes zuckte ein schauerlich durchdringendes Schmerzgefühl. Doch der Augenblick der Rettung war gekommen. Auf eine feste Bewegung meiner Hand stürzten meine Befreier erschreckt von dannen. Vorsichtig, langsam, zusammengekrümmt, machte ich eine seitliche Schwenkung und glitt aus meinen Fesseln und dem Bereiche es fürchterlichen Stahles auf die Erde nieder. Für den Augenblick wenigstens war ich frei.

Frei! – in den Klauen der Inquisition sein und von Freiheit reden! Kaum war ich von meinem hölzernen Schreckenslager auf den Steinboden meines Gefängnisses herabgeglitten, als die Bewegung der höllischen Maschinerie aufhörte. Ich sah, wie sie von einer unsichtbaren Kraft zur Decke emporgezogen wurde, und neue Verzweiflung zerriß mir das Herz. Man überwachte also jede meiner Bewegungen! Frei! – Ich war nur einer Art von Todesqual entgangen, um einer schlimmeren überliefert zu werden. Bei diesem Gedanken schweiften meine entsetzten Blicke unwillkürlich an den eisernen Mauern, die mich umschlossen, entlang. Ich bemerkte, daß irgendeine Veränderung, über die ich mir im ersten Augenblicke noch nicht recht klar wurde, daß irgend etwas Ungewöhnliches mit ihnen vorgegangen sein mußte. Mehrere Minuten lang quälte ich mich, in einer grausenerfüllten, traumhaften Versunkenheit befangen, mit unmöglichen, irren Vermutungen ab. Dann bemerkte ich zum ersten Mal den Ursprung des schwefeligen Lichtes, das meinen Kerker erfüllte. Es drang aus einem, vielleicht einen halben Zoll breiten Spalt hervor, der am Fuße der Wände den ganzen Kerker entlang lief, so daß sie vollständig vom Fußboden getrennt waren. Ich bemühte mich, durch die Rinne hinunterzuspähen, jedoch vergeblich.

Als ich mich nach diesem Versuche wieder erhob, wurde mir plötzlich klar, worin die geheimnisvolle Veränderung meiner Zelle bestand. Ich sagte schon, daß die Umrisse der an den Wänden befindlichen Abbildungen deutlich hervortraten, die Farben hingegen matt und verblaßt erschienen. Diese Farben begannen jetzt von Augenblick zu Augenblick schreckhafter aufzuleuchten und verliehen den gespensterhaften, teuflischen Fratzen einen Anblick, der stärkere Nerven, als meine zerquälten, mit unerträglichem Grausen erfüllt haben würde. Dämonische Augen mit wilden geisterhaften Blicken starrten mich plötzlich aus dunklen Ecken an und glühten mit so düsterem Feuerglanze zu mir her, daß ich mich nicht zwingen konnte, sie nur für eine Vorspiegelung meiner gemarterten Phantasie zu halten.

Vorspiegelung! – Schon drang beim Atemholen der Dunst von glühendem Eisen in meine Nase. Ein erstickender Qualm begann den Kerker zu erfüllen. Mit jeder Sekunde erglühten die Augen, die auf meine Todesqualen niedergrinsten, in wüsterem Feuerscheine. Die gemalten blutigen Schauerszenen färbten sich blutiger. Schüttelnd riß ein Grausen an mir! Ich keuchte! Ich erkannte die Absicht meiner Quäler – diese entmenschten Teufel! Ich floh vor dem glühenden Eisen in die Mitte der Zelle. In dem unsagbaren Grauen vor der feurigen Vernichtung, die mich erwartete, kam mir plötzlich wie lindernder Balsam der Gedanke an die Kühle des Brunnens. Ich beugte mich über seinen gefährlichen Rand und spähte scharf hinunter. Ein feuriger Schein fiel von der glühenden Decke und beleuchtete seine verborgensten Winkel. Doch sträubte sich mein Geist einen gräßlichen Augenblick lang, das, was ich sah, für möglich zu halten. Endlich drängte sich die Wahrheit meiner Seele mit unwiderstehlicher Gewalt auf – brannte sich mit unerhörten Zügen in meine schaudernde Vorstellung. Wer könnte aussprechen, was ich gesehen? – Jedes andere Schrecknis – nur nicht dies! Mit einem Schrei stürzte ich von dem Brunnenrande fort, verbarg mein Gesicht in meinen Händen – und weinte bitterlich! Die Hitze nahm rasch zu, und wie irrsinnig starrte ich noch einmal zur Decke empor. Eine zweite Veränderung hatte sich vollzogen, und zwar diesmal in der Form des Kerkers. Wie früher bemühte ich mich, zuerst vergeblich, ihren Zweck zu erkennen. Doch blieb ich nicht lange im Zweifel. Mein zweimaliges Entkommen hatte die Wut der Inquisitoren zum Äußersten getrieben, und sie zögerten nicht, all ihren Grausamkeiten noch die letzte, fürchterlichste folgen zu lassen.

Der Kerker war ursprünglich rechtwinkelig gewesen, jetzt sah ich, daß zwei seiner eisernen Ecken spitzwinkelig, die beiden anderen also stumpfwinkelig geworden waren. Mit leisem Knarren ging die furchtbare Verschiebung vor sich. Einen Augenblick später hatte der Raum die Gestalt eines verschobenen Quadrats. Doch hielt die Bewegung hier nicht an – ich hatte es auch weder gehofft noch gewünscht. Ich hätte ja die glühenden Wände wie ein Totenhemd, das mir die ewige Ruhe versprach, an meine Brust drücken mögen! „Tod!", rief ich sehnsüchtig aus; denn willkommen war mir jeder Tod – nur nicht der Tod in der Grube! Ich Narr! Begriff ich denn immer noch nicht, daß das glühende Eisen keinen anderen Zweck hatte, als mich in den Brunnen hineinzutreiben? Konnte ich die Glut ertragen? Und wäre dies auch möglich: mußte ich nicht der pressenden Gewalt der wandelnden Wände weichen? – Enger und enger und so schnell, daß mir keine Zeit zum Grübeln blieb, schob sich das Viereck zusammen. Schon stand sein Mittelpunkt, der breiteste Raum zwischen den

Eisenwänden, gerade über dem gähnenden Abgrund des Brunnens. Ich schauderte zurück – die Wände drängten mich wieder vor. Endlich war für meinen zuckenden, wunden Körper nur noch ein Zoll Raum auf dem Boden geblieben. Ich kämpfte nicht länger; die Todesangst meiner Seele schrie in einem einzigen lauten Schrei der Verzweiflung zum Himmel auf. Ich fühlte, daß ich auf dem Rande schwankte – ich

Wandte die Augen ab –

– Ich hörte ein verworrenes Geräusch menschlicher Stimmen! Dann ein polterndes Rollen wie von tausend Donnern! Und jetzt ein lautes Signal wie von vielen Trompeten, die durcheinander schmetterten. Es krachte – dröhnte! die feurigen Wände fuhren zurück! Ein ausgestreckter Arm ergriff den meinen, im Augenblick, da ich schon besinnungslos über dem Abgrund wankte. Es war General Lasalle. Die französische Armee war in Toledo eingezogen. Die Inquisition befand sich in den Händen ihrer Feinde.

DIE MASKE DES ROTEN TODES

Der rote Tod hatte schon lange im Lande gewütet; noch nie hatte die Pest grauenhaftere Verheerungen angerichtet. Blut ging vor ihr her – Blut folgte ihr; überall sah man die Farbe des Blutes, spürte seine Schrecken. Sie brachte stechende Schmerzen und plötzliche Schwindelanfälle mit sich, denen starke Blutungen aus allen Poren folgten, und ließ unerbittlich den Tod zurück. Die scharlachroten Flecken auf dem ganzen Körper und besonders auf dem Gesichte des Opfers waren die Brandmale, die den Unglücklichen von der Hilfe und dem Mitleid der Menschen ausschlossen; und der erste Anfall, der qualvolle Fortschritt und das Ende der Seuche war das schauerliche Werk einer halben Stunde.

Doch Prinz Prospero?! – Prinz Prospero war glücklich, furchtlos und weise. Als seine Besitztümer halb entvölkert dalagen, entbot er tausend lebenslustige Gesellschafter aus dem Kreise der Ritter und Damen seines Hofes zu sich und zog sich mit ihnen in die tiefe Abgeschiedenheit eines seiner befestigten Schlösser zurück. Es war ein weitläufiges, prächtiges Gebäude, eine Schöpfung nach des Prinzen eigenem, wildem, aber großartigem Geschmack. Eine starke, hohe, mit eisernen Toren verschlossene Mauer umgab das ganze Besitztum. Als die Höflinge eingezogen waren, brachte man Schmelzöfen und schwere Hämmer herbei und schmiedete die Riegel an den Toren zu, denn die Verzweiflung sollte weder jählings von außen herein noch die irre Lustigkeit von innen heraus gelangen können. Die Welt draußen mochte für sich selbst sorgen! Es wäre Torheit gewesen, sich um der Zukunft oder der Menschheit willen trübem Nachdenken und Grübeleien hinzugeben! Der Prinz hatte denn auch reichlich für Vergnügungen und Unterhaltung gesorgt. Da waren Spaßmacher, Improvisatoren, Ballettänzer, Musiker, dazu die schönen Damen! und die edlen Weine! Ja, alles das und Sicherheit war im Schloß! Draußen war der rote Tod!

Im fünften oder sechsten Monat, als die Pest im Lande gerade am schlimmsten wütete, lud Prinz Prospero seine tausend Freunde zu einem Maskenballe von ganz ungewöhnlicher Pracht ein.

Die Schar der Masken bot einen berauschenden Anblick dar, doch will ich erst die Räume beschreiben, in denen das Fest stattfand.

Es waren ihrer sieben – eine wahrhaft fürstliche Zimmerflucht! In den meisten Palästen würde sie wohl eine einzige, lange Durchsicht geboten haben, da man im allgemeinen die Flügeltüren nach jeder Seite hin bis fast an die Wand zurückschieben und alle Räumlichkeiten mit einem Blicke durchschweifen konnte. Die Vorliebe des Prinzen für alles Bizarre hatte ihn jedoch bewogen, das Schloß so unregelmäßig bauen zu lassen, daß man zu gleicher Zeit nur wenig mehr als ein Zimmer überschauen konnte. Nach je zwanzig oder dreißig Schritten gelangte man an eine scharfe Biegung, die einem stets den Anblick auf ein neues Bild freiließ. In jedem Zimmer ging zur Rechten und Linken in der Mitte jeder Wand ein hohes, schmales, gotisches Fenster auf einen geschlossenen Korridor hinaus, der den Windungen der Zimmerflucht folgte. Die Scheiben der Fenster waren aus buntem Glase, dessen Farbe mit derjenigen übereinstimmte, die in der Ausschmückung des Zimmers vorherrschte.

Das Zimmer am östlichen Ende der Reihe war zum Beispiel in Blau gehalten, und dem entsprechend strahlten auch die Fensterscheiben in funkelndem Blau.

Das zweite Zimmer war mit purpurroten Wandbekleidungen und Zieraten ausgestattet, und auch die Scheiben waren purpurn – das dritte Gemach war ganz in Grün ausgestattet, und zauberhaftes grünes Licht ergoß sich durch seine Fenster. Das vierte Zimmer hatte orangefarbene Möbel und Beleuchtung, das fünfte Gemach war weiß, das sechste violett – das siebente aber mit schwarzem Sammet ausgeschlagen, der den Plafond und die Wände umhüllte und in schweren Falten auf den Bodenteppich von derselben Farbe und dem gleichen Stoff niederfiel. In diesem Zimmer allein entsprach die Farbe der Fenster nicht der der übrigen Ausschmückung. Hier waren die Scheiben scharlachrot, tief scharlachrot. In keinem der sieben Zimmer war unter dem Überfluß an goldenen Zieraten, die zahllos umherstanden oder von der Zimmerdecke herunterhingen, eine Lampe oder ein Kandelaber zu entdecken. In den Korridoren, welche die ganze Zimmerflucht umschlossen, stand jedem Fenster gegenüber ein massiver Dreifuß, in dem ein Kohlenfeuer loderte, das seine Flammen durch das bunte Glas in das Zimmer warf und ihm so eine glühende Helle und eine stets wechselnde, phantastische Beleuchtung mitteilte. Aber in dem westlichen oder schwarzen Zimmer war die Wirkung, die das feurige Licht der blutroten Scheiben auf den schwarzen Wandbekleidungen hervorbrachte, eine so gespenstische, gab den Gesichtern der Eintretenden ein so gräßliches Aussehen, daß nur wenige kühn genug waren, ihren Fuß über die Schwelle des Gemaches zu setzen.

An der westlichen Wand in diesem Zimmer stand eine riesengroße Uhr aus Ebenholz. Ihr Pendel schwang mit dumpfem, schwerem, eintönigem Schlagen hin und her. Und wenn der Minutenzeiger seinen Kreislauf über das Ziffernblatt beendet hatte und das Uhrwerk die Stunde zu schlagen begann, drang aus er metallenen Brust der Uhr ein voller, tiefer, wunderbar musikalisch klingender Ton hervor, der von so besonderem Klange, von so seltsamer Feierlichkeit war, daß nach Verlauf jeder Stunde die Musiker sich wie von einer unerklärlichen

Macht gezwungen fühlten, eine Pause zu machen und dem Tone zu lauschen; die Tanzenden mußten plötzlich innehalten, ein kurzes Mißbehagen breitete sich über die ganze fröhliche Gesellschaft. Man sah, während die Glocken des Uhrwerkes tönten, die Leichtfertigsten erbleichen und die Älteren und Gesetzteren, wie in traumhaftem Nachdenken verloren, ihre Stirn in ihre Hand senken. Doch sobald der letzte Schlag verklungen war, brach die Gesellschaft wieder in heiteres Lachen aus, die Musiker blickten einander an, lächelten wie über eine Torheit und gelobten flüsternd, sich beim nächsten Stundenschlage nicht wieder in eine ähnliche Aufregung bringen zu lassen. Aber wenn nach Verlauf von sechzig Minuten (die dreitausendsechshundert Sekunden der flüchtigen Zeit bedeuten) neue Glockenklänge von der Uhr her tönten, dann schrak die fröhliche Maskenschar wie vorher auf und wartete wieder mit banger, verstörter Angst auf ihren letzten Schlag.

Und doch war's trotz allem! ein heiteres, köstliches Fest. Der Prinz hatte seinen ganz persönlichen Geschmack. Er liebte seltene Farben und Farbenwirkungen und verachtete alles Herkömmliche. Seine Pläne waren kühn und voller Leben, und aus seinen Entwürfen sprühte die Glut ferner, schöner Zonen. Manche da draußen hatten ihn für wahnsinnig gehalten. Seine Hofgesellschaft wußte, daß dies ein Irrtum war; aber man mußte ihn selbst hören, ihn sehen, mußte mit ihm reden, um wirklich überzeugt zu sein, daß er es nicht war.

Um dieses große Fest zu verschönern, war ein Teil der beweglichen Ausschmückung der sieben Gemächer unter seiner Leitung entstanden, sein eigener, eigenartiger Geschmack hatte auch die Kostüme der Masken bestimmt. Und die waren wirklich höchst grotesk. Da gab es Farbenpracht und Glanz und Glitzern, viel Phantasie und Pikanterie. Arabeskenhafte Gestalten mit seltsam verrenkten Gliedmaßen wandelten umher und gemahnten wohl an die Traumgebilde eines Tollen. Viel Schönes war da, viel Übermütiges, viel Bizarres, manches Schreckliche und nicht wenig, das widerwärtig wirkte. Auf und ab wogte es in den sieben Zimmern, wie eine Menge wirrer Traumgestalten. Und die Masken gingen ein und aus, stets wechselnd, bald zaubervoll, bald spukhaft beleuchtet, und die lauten Klänge des Orchesters durchtönten die Luft wie das Echo ihrer Schritte. Und mitten in den Trubel hinein erklingen dann plötzlich die Glockenschläge der Ebenholzuhr – und für einen Augenblick tritt Totenstille ein, man hört keinen Laut – nichts, nur die Stimme der Uhr! Die Traumgestalten bleiben, wie von plötzlicher Erstarrung ergriffen, auf dem Flecken stehen. Aber kaum ist der letzte Ton verhallt – so erklingt hinter ihm her ein leichtes, halbunterdrücktes Lachen. Die Musik schwillt wieder sanft empor, die erstarrten Träume beleben sich wieder und wogen noch heiterer auf und ab durch das Glühen der vielfarbigen Fenster, durch den seltsamen Feuerschein, den die Dreifüße flackernd entsenden. Aber in das westliche der sieben Zimmer wagt sich keine der Masken mehr hinein; denn es ist schon tief in der Nacht und ein grelles Licht dringt durch die scharlachroten Scheiben; und die Düsterkeit der schwarzen Draperien tritt immer erschreckender hervor, und dem, der es wagt, seinen Fuß auf den schwarzen Teppich zu setzen, klingt das dumpfe Ticken der Ebenholzuhr warnender, feierlicher ins Ohr, als denen, die sich in den anderen Gemächern der lauten Fröhlichkeit überlassen.

Aber in den übrigen sechs Gemächern herrschte ein dichtes Gedränge, und fieberhaft pulste dort der Herzschlag des Lebens. Der Festesrausch stieg höher und höher, bis endlich die Uhr die Mitternachtsstunde zu schlagen begann. Und nun, wie bei jedem Stundenschlage, bricht die Musik plötzlich ab; die Tanzenden bleiben starr stehen, überall tritt, wie vorher, eine unheimliche Ruhe ein. Aber diesmal waren es zwölf Schläge, die von der Uhr ertönten, und daher kam es auch wohl, daß in der längeren Zeit den Nachdenklicheren unter den Festgenossen tiefere und ernstere Gedanken kamen. Und daher kam es auch wohl, daß, noch ehe der letzte Schlag in der Stille verklungen war, mehrere aus der Menge sich der Gegenwart einer maskierten Gestalt bewußt wurden, die bis dahin noch keiner von ihnen bemerkt hatte. Als das Gerücht von der Anwesenheit dieser neuen Erscheinung flüsternd die Runde gemacht, ertönte aus der ganzen Gesellschaft ein Murmeln des Staunens, der Mißbilligung – das sich endlich zu einem Ausdruck des Schreckens, des Entsetzens und des Abscheus steigerte.

Es läßt sich denken, daß es schon eine ganze ungewöhnliche Maske sein mußte, die in einer so phantastisch gekleideten Gesellschaft eine derartige Erregung hervorbringen konnte. Die Maskenfreiheit war in der Tat für jene Nacht fast unbeschränkt, aber die unbekannte Erscheinung ging sogar über des Prinzen weitgehendste Erlaubnis hinaus. Selbst in den leichtfertigsten, frivolsten Herzen gibt es Saiten, bei deren Berührung der Mensch erbebt. Und selbst für die Verlorenen, denen Leben und Tod nur noch ein Spott ist, gibt es Dinge, die sie nicht zu ihrem Gespött machen wollen. Die ganze Gesellschaft schien auch hier von dem Gefühl durchdrungen, daß in dem Kostüm und dem Auftreten des Fremden weder Geist noch die geringste Empfindung für Schicklichkeit zu erkennen sei. Seine Gestalt war lang und hager und vom Kopfe bis zu den Füßen in Leichentücher gehüllt. Die Maske, die sein Gesicht verhüllte, war so getreu dem Angesichte eines schon erstarrten Leichnams nachgebildet, daß man auch bei genauester Prüfung die Täuschung kaum erkennen konnte. Doch dies alles hätten die tollen Festgenossen – vielleicht nicht gebilligt, aber doch noch erträglich gefunden. Aber der Vermummte war so weit gegangen, den Typus des roten Todes anzunehmen. Die Laken, die ihn umhüllten, waren mit den grauenhaften scharlachroten Flecken besprenkelt.

405

Als die Augen des Prinzen Prospero die gespenstische Erscheinung erblickten, welche mit langsamen, feierlichen Schritten, als wolle sie ihre Rolle möglichst gut markieren, zwischen den Tanzenden auf und ab schritt, bemerkte man, daß er im ersten Augenblick in heftigem Schauder, voll Schrecken oder Abscheu, zusammenzuckte. Doch dann stieg ihm die Zornesröte ins Gesicht.

„Wer wagt es", fragte er mit heiserer Stimme die Höflinge in seiner Nähe, „uns durch diesen gotteslästerlichen Spott zu beleidigen? Ergreift ihn und reißt ihm die Maske ab, damit wir sehen, wen wir bei Sonnenaufgang an den Zinnen des Schlosses aufhängen lassen!"

Der Prinz befand sich im östlichen oder blauen Zimmer, als er diese Worte sprach. Sie tönten laut und klar durch die sieben Räume – denn der Prinz war ein kühner, kraftvoller Mann, und die Musik hatte ein Wink seiner Hand zum Schweigen gebracht.

In dem blauen Zimmer also stand der Prinz, umgeben von einer Schar Höflinge, denen das Blut aus dem Antlitz gewichen war. Als er zu sprechen begonnen hatte, machte sich in der Gruppe eine leichte Bewegung auf den Eindringling zu bemerkbar, der in diesem Augenblick ebenfalls in der Nähe war und jetzt mit gemessenen, majestätischen Schritten auf den Sprecher zutrat. Aber die wahnsinnige Vermessenheit des Vermummten flößte der ganzen Gesellschaft ein so namenloses Entsetzen ein, daß niemand es wagte, Hand an ihn zu legen. Ohne daß ihn jemand aufgehalten hätte, trat er bis auf zwei Schritte an den Prinzen heran, und während die Höflinge wie von einem Gefühl der Angst getrieben aus der Mitte der Zimmer an die Wände zurückwichen, durchschritt er ungehindert, mit demselben feierlichen, gemessenen Schritt, mit dem er gekommen, das blaue Zimmer, dann das purpurne, das grüne, das orangefarbene, das weiße, das violette. Niemand machte eine Bewegung, bis plötzlich Prinz Prospero, rasend vor Wut und Scham über seine eigene, unerklärliche Feigheit – obwohl ihm niemand von den Höflingen zu folgen wagte, so sehr hatte sie der Schreck gelähmt –, durch die sechs Zimmer stürzte. Er schwang einen Dolch und war der vor ihm herschreitenden Gestalt schon auf drei oder vier Fuß nahegekommen, als diese gerade das Ende des schwarzen Gemaches erreicht hatte, sich plötzlich umwandte und den Verfolger anblickte. Ein gellender Schrei erscholl, der Dolch fiel blitzend auf den schwarzen Teppich nieder, auf den einen Augenblick später Prinz Prospero tot hinsank. Nun raffte sich endlich eine Schar der Festgenossen auf! Sie drangen in das schwarze Gemach, ergriffen den Vermummten, dessen hohe Gestalt aufrecht und bewegungslos im Schatten der Ebenholzuhr stand – aber! in wahnsinnigem Entsetzen schrien sie auf, als sie fühlten, daß die Grabgewänder und die Leichenmaske, die sie mit so rauher Gewalt gepackt, keine Gestalt eingehüllt hatten, die greifbar war!

Und nun erkannten sie die Gegenwart des – roten Todes. Er war gekommen wie ein Dieb in der Nacht. Und einer nach dem anderen sanken die Gäste des Prinzen Prospero in den blutbedeckten Sälen ihrer Lustbarkeit dahin und starben in der verzweifelten Stellung, in der sie niedergesunken waren. Die Ebenholzuhr stand mit dem Tode des letzten der Fröhlichen still. Die Flammen der Dreifüße verloschen. Und Finsternis und Verwesung legten sich über das Totenschloß.

DER UNTERGANG DES HAUSES USHER

Son cœur est un luth suspendu:
Sitôt qu'on le touche, il résonne.
De Béranger

An einem dunklen, stummen Herbsttage, an dem die Wolken tief und schwer fast bis zur Erde herabhingen, war ich lange Zeit durch eine eigentümlich trübe Gegend geritten und sah endlich, als sich schon die Abendschatten niedersenkten, das Stammhaus der Familie Usher vor mir. Ich weiß nicht, wie es kam – gleich beim ersten Anblick der Mauern breitete sich eine unerträgliche Düsterkeit über meine Seele. Ich sage eine unerträgliche Düsterkeit, weil sie keinen Augenblick lang durch jene beinah angenehme Empfindung gemildert wurde, mit der das Gemüt eines Menschen, der die Dinge künstlerisch schaut, selbst die wüstesten Bilder der Verödung und des Schreckens in sich aufzunehmen pflegt. Ich betrachtete das vor mir liegende Gebäude mit seiner einfachen landschaftlichen Umgebung – die frostigen Mauern, die leeren Fensterhöhlen, die wie erloschene Augen starrten, ein paar Büschel steifer Binsen, ein paar weißlich Schimmernde Stämme verdorrender Bäume – mit einem Gefühl so tiefer Niedergeschlagenheit, daß ich sie mit keiner anderen Stimmung auf dieser Welt vergleichen könnte als mit dem trostlosen Erwachen des Opiumessers aus seinem Rausche, mit dem scheußlichen Augenblick, wenn der schimmernde Schleier langsam zerreißt und die Alltagswelt wieder grau und frostig dasteht. Öde, versunkene Trauer lag über dem Stammsitz und teilte sich mir mit: eine müde Melancholie glitt in mich hinein und ließ kein phantastisches Bild in mir aufleben. Was mochte es sein – ich hielt mein Pferd an, um darüber nachzudenken – was mochte es sein, das mich bei der Betrachtung des Hauses Usher mit so entnervender Macht anfiel? Es schien mir, als wäre es ein undurchdringliches Geheimnis, und vergebens bemühte ich mich, die schattenhaften Phantasiegebilde, die durch meinen Geist und meine Grübeleien zogen, zu verscheuchen. Ich kam nicht über den unbefriedigenden Schluß hinaus, daß es ohne Zweifel in der Natur gewisse Verbindungen einfacher Gegenstände gibt, welche die Macht haben, eine solche niederdrückende Wirkung auszuüben, während die Bedingungen, unter denen diese Macht entsteht, unserem Erkenntnisvermögen entzogen sind. Es war ja möglich, so grübelte ich weiter, daß schon eine bloße veränderte Anordnung der einzelnen Bestandteile der Landschaft, der Eigentümlichkeiten des Gesamtbildes, genügen konnte, den trauervollen Eindruck zu mildern oder vielleicht sogar ganz aufzuheben. Dieser Gedanke bestimmte mich, mein Pferd an das steile Ufer eines finsteren Teiches zu lenken, der in unheimlicher Regungslosigkeit das ganze Gebäude umgab. Ich beugte mich vor, starrte in den schwarzen Glanz und erblickte, von einem noch heftigeren Schauder gefaßt, das umgekehrte Spiegelbild der steifen Binsen, der gespenstischen Baumstümpfe und der leeren Fensterhöhlen, die wie erloschene Augen starrten.

Und dennoch hatte ich vor, in dieser Heimstätte der Trauer einen mehrwöchentlichen Aufenthalt zu nehmen. Der Besitzer des Hauses, Roderich Usher, war in meiner Knabenzeit einer meiner vertrautesten Gefährten gewesen, doch jetzt waren viele Jahre verflossen, seit wir uns zum letztenmal gesehen. Da hatte ich vor kurzer Zeit in einem abgelegenen Bezirk des Landes einen Brief von ihm erhalten, der in seiner seltsam ungestümen Abfassung keine andere als eine persönliche Antwort zuließ. Die Handschrift zeugte von nervöser Aufregung, der Schreiber erzählte von einer heftigen körperlichen Erkrankung, von einer geistigen Angegriffenheit, die ihn niederdrückte, und sprach das sehnsüchtige Verlangen aus, mich als seinen besten und in der Tat einzigen persönlichen Freund bald wiederzusehen, weil er hoffe, daß meine Gegenwart ihm einige Erleichterung und Aufheiterung verschaffen werde. Die Art und Weise, in der alles dies und noch manches andere gesagt worden war, das wirkliche Herzensbedürfnis, das aus seiner Bitte geklungen, gestattete mir nicht, zu zögern, und ich leistete seiner Aufforderung, obwohl sie mir verwunderlich und eigentümlich genug erschien, unverzüglich Folge.

Trotzdem wir in der Jugend sehr vertraute Kameraden gewesen, wußte ich fast nichts über die Lebensverhältnisse meines Freundes, da er von seinen persönlichen Angelegenheiten immer nur mit großer Zurückhaltung gesprochen. Doch hatte ich einmal gehört, daß seine sehr alte Familie schon seit undenklichen Zeiten bekannt sei wegen einer besonderen Reizbarkeit des Temperamentes, die ihre Bestätigung im Laufe der Jahrhundert in manchem erlesenen Kunstwerke gefunden; und in jüngster Zeit sollte sie sich durch wiederholte Akte einer großartigen geheimen Wohltätigkeit sowie durch eine leidenschaftliche Neigung zur Musik geäußert haben – das heißt mehr zu den schwierigen Verschlingungen und theoretischen Schönheiten, als zu den althergebrachten und leichtverständlichen Reizen dieser Kunst. Außerdem war mir die merkwürdige Tatsache bekannt, daß sich von dem Stammbaum der Familie Usher, die zu allen Zeiten in hohem Ansehen gestanden, niemals eine länger fortbestehende Seitenlinie abgezweigt hatte; mit anderen Worten, daß die ganze Familie ihre Abstammung in direkter Linie herleiten konnte, und daß dies mit sehr geringen, vorübergehenden Abweichungen immer so gewesen sei. Während ich nun über die Tatsache nachgrübelte, daß sich mangels eines solchen Seitenzweiges das Besitztum der Usher stets ganz und ungeteilt vom Vater auf den Sohn vererbt hatte, kam mir erst recht zum Bewußtsein, wie es möglich gewesen, daß sich auch die bekannten Charaktereigentümlichkeiten der Mitglieder der Familie so ungeschmälert durch die Jahrhunderte hindurch erhalten, und ich erwog den möglichen Einfluß, den diese beiden Tatsachen gegenseitig aufeinander ausgeübt haben könnten. Eine Folge dieser unabänderlichen Übertragung des Grunderbes vom Vater auf den Sohn war ohne Zweifel der Umstand, daß der Name und das Besitztum der Familie so miteinander verschmolzen waren, daß der ursprüngliche Titel der Besitzung sich in die seltsame und doppelsinnige Benennung „das Haus Usher" umgewandelt hatte, mit der die Bauern die Familie sowohl als auch das Stammschloß zu gleicher Zeit bezeichneten.

Ich sagte schon, daß mein ein wenig kindliches Beginnen – in den finstern Spiegel des Teiches hinunterzublicken – nur den Erfolg hatte, den ersten rätselhaften Eindruck, den mir das ganze gemacht, zu verschärfen. Wahrscheinlich trug der Umstand, daß sich mein fast abergläubisches Erschrecken – weshalb soll ich es nicht so nennen – fortwährend und rasch steigerte, nicht wenig dazu bei, jenen verschärften Eindruck hervorzurufen. Dies ist, wie bekannt, das paradoxe Gesetz aller Gefühle, die in einer Furchtempfindung wurzeln. Und vielleicht die alleinige Ursache, daß sich meiner, als ich meine Blicke von dem Teiche wieder zu dem Schlosse erhob, ein seltsamer Wahn bemächtigte – ein so törichter Wahn, daß ich überhaupt nur von ihm rede, um die Heftigkeit meiner Empfindungen annähernd zu beschreiben. Meine Phantasie war so überreizt, daß ich wirklich zu sehen glaubte, wie das ganze Gebäude und seine nächste Umgebung in eine besondere, nur ihnen eigentümliche Atmosphäre gehüllt waren, eine Atmosphäre, die sich durchaus nicht mit der gewöhnlichen Himmelsluft zu vermischen schien, sondern von den verdorrenden Bäumen, den grauen Mauern und dem schweigenden Teiche aufstieg – wie ein giftiger, mystischer Hauch, bleifarben, trübe, schwer und doch kaum erkennbar.

Ich bemühe mich, diese Wahngebilde, die ich nur für die Ausgeburt meiner traumhaften Versunkenheit halten konnte, von mir abzuschütteln und betrachtete eingehend das wirkliche Äußere des Schlosses. Auf den ersten Blick erkannte man, daß es schon außerordentlich alt sein müsse. Es war sehr verwittert, kleine Pilze überwucherten es nach allen Richtungen hin und hingen wie ein zartes Spinngewebe von den Dachrinnen herunter. Doch im übrigen war von einem Verfall der Baulichkeiten nichts weiter zu merken. An keiner einzigen Stelle schien das Mauerwerk eingesunken, und der zerbröckelnde Zustand der einzelnen Steine stand mit der Bewohnbarkeit der Gebäude in seltsamem Widerspruche. Die Fassade erinnerte mich lebhaft an reiches Holzgetäfel, das lange Zeit, von keinem Hauch der äußeren Luft berührt, in einer verlassenen Halle gelegen und sein wohlerhaltenes Aussehen bewahrt hat. Außer diesen leichten Anzeichen von Verwitterung verriet das Schloß an keiner Stelle Spuren von Baufälligkeit. Vielleicht wäre dem Auge eines scharfen Beobachters ein kaum bemerkbarer Riß nicht entgangen, der an der Vorderseite des Gebäudes am Dache begann und in einer Zickzacklinie das ganze Mauerwerk bis herunter in das trübe Wasser des Teiches durchlief.

Während ich noch mit der Betrachtung dieser Einzelheiten beschäftigt war, ritt ich auf einem kurzen, gepflasterten Wege bis dicht vor das Haus. Ein Diener, der mich zu erwarten schien, übernahm mein Pferd, und ich selbst trat unter den großen gotischen Bogen der Halle. Von hier aus führte mich ein Lakai mit leisen Schritten durch verschiedene düstere und gewundene Korridore in das Studierzimmer seines Gebieters. Zahlreiche Gegenstände, die ich auf dem Wege erblickte, trugen dazu bei, jene seltsamen Empfindungen, von denen ich schon gesprochen, wieder zu erhöhen. Das Schnitzwerk der Plafonds, die düsteren Wandbekleidungen, die ebenholzartigen, dunklen Fußböden und die phantastisch zusammengestellten Wandschirme, die bei jedem meiner Schritte rasselten, waren doch nur Dinge, an die ich von Kindesbeinen auf gewöhnt war, und ich staunte nicht wenig darüber, daß ein so bekannter Anblick so unbekannte Empfindungen in mir wachrufen konnte. Auf einem der Treppenabsätze traf ich den Hausarzt. Ich glaubte auf seinem Gesichte den Ausdruck niedriger Verschmitztheit und doch auch wieder kläglicher Ratlosigkeit zu lesen. Er begrüßte mich ziemlich unsicher und ging seiner Wege. Jetzt warf der Diener eine Tür auf und führte mich bei seinem Herrn ein.

Das Gemach, in dem wir uns befanden, war sehr groß und hoch. Die Fenster waren lang und schmal, liefen in Spitzbogen aus und befanden sich in solcher Höhe über dem schwarzen, eichenen Fußboden, daß sie von unten her nicht erreichbar waren. Durch die vergitterten Scheiben drang ein matter, rötlicher Schimmer, der gerade hinreichte, die mehr hervortretenden Gegenstände im Zimmer ziemlich deutlich erkennbar zu machen. Dagegen versuchte das Auge vergeblich, bis in die entfernteren Winkel des Raumes oder in die Bogen der gewölbten, reich verzierten Decke zu dringen. Die Wände waren mit dunklen Draperien bekleidet, die Ausstattung schien im allgemeinen reich, doch nicht traulich, sie war alt und an vielen Stellen schadhaft. Zahlreiche Bücher und Musikinstrumente lagen zerstreut umher, ohne jedoch dem Ganzen einen wärmeren, wohnlicheren Anblick zu verleihen. Ich fühlte, daß ich eine gramgeschwängerte Luft einatmete. Ein Hauch bitterer, starrer, nicht zu bannender Düsterkeit bedeckte und durchdrang alles.

Bei meinem Eintritt erhob sich Usher von einem Diwan, auf dem er ausgestreckt gelegen, und empfing mich mit so lebhafter Wärme, daß ich sie im ersten Augenblick für die übertriebene Herzlichkeit, die erkünstelte Liebenswürdigkeit eines blasierten Weltmannes hielt. Doch überzeugte mich ein Blick in sein Angesicht, daß seine Worte vollkommen aufrichtig gemeint waren. Wir setzten uns, und da er einige Augenblicke lang nicht sprach, betrachtete ich ihn, während mich ein aus Mitleid und Erschrecken seltsam gemischten Gefühl ergriff. Noch nie war mit einem Menschen in so verhältnismäßig kurzer Zeit eine gleich gräßliche Veränderung vorgegangen, wie mit Roderich Usher! Mein Geist sträubte sich gegen die Vorstellung, daß die bleiche Gestalt da vor mir und der vertraute Gefährte meiner Jugendjahre ein und dieselbe Person seien! Und doch war schon damals der Ausdruck seines Gesichtes merkwürdig gewesen. Eine leichenhafte Blässe – große klare, unvergleichlich leuchtende Augen – schmale, bleiche, doch unübertrefflich schön geschwungene Lippen – die Nase von edelstem jüdischen Schnitt, mit eigentümlich breiten Nüstern, die man sonst nie mit diesem Typus vereinigt findet – ein schön modelliertes Kinn, dessen Zurücktreten auf einen Mangel an Energie schließen ließ – spinnwebfeines, seidenweiches Haar – alle diese Einzelheiten bildeten mit seinen ungewöhnlich breit ausladenden Schläfen ein Antlitz, das man, wenn man es einmal gesehen, nicht leicht wieder vergessen konnte. Jetzt hatte sich bloß durch ein schärferes Hervortreten der charakteristischen Eigentümlichkeiten dieses Gesichtes und seines Ausdrucks eine solche Veränderung im Aussehen meines Freundes vollzogen, daß ich fast zweifelte, wirklich ihn vor mir zu sehen. Die gespenstische Blässe seines Angesichtes, das nicht mehr natürliche Glänzen seiner Augen beunruhigten und erschreckten mich am meisten. Sein seidenweiches Haar hatte er ungepflegt lang wachsen lassen, wie seltsames Spinngewebe umhing es seine Züge, und vergebens bemühte ich mich, die rätselhaften Arabesken, die es bildete, als etwas einfach Menschliches hinzunehmen.

Gleich bei den ersten Worten, die ich mit meinem Freunde wechselte, fiel mir ein Mangel an Zusammenhang – ein Widerspruch in seinem Wesen auf, und ich entdeckte bald, daß dies seinen Grund in wiederholten, nur schwachen und ganz vergeblichen Anstrengungen hatte, eine zur Gewohnheit gewordene ängstliche Unschlüssigkeit – eine außerordentlich starke nervöse Aufregung zu bemeistern. Ich war allerdings auf etwas Derartiges vorbereitet, nicht allein durch seinen Brief, sondern auch durch gewisse Eigentümlichkeiten seines Temperaments, die ich noch von unserer Knabenzeit her an ihm kannte, sowie durch verschiedene Schlüsse, die ich aus der eigentümlichen Beschaffenheit seiner körperlichen und geistigen Konstitution gezogen. Seine Bewegungen waren abwechselnd lebhaft und träge, seine Rede ging oft unvermittelt von zögernder Unschlüssigkeit zu straffer Kürze über – er sprach in wuchtigen, gemessenen Tönen, um gleich darauf wieder in jene gaumigen, schwerfälligen, ungenügend modulierten Laute zu verfallen, die man nur von verkommenen Trunkenbolden oder von unverbesserlichen Opiumessern vernimmt.

In dieser Weise sprach er von dem Zwecke meines Besuches, von seinem sehnsüchtigen Verlangen, mich zu sehen, und von der tröstlichen Aufheiterung, die er von mir erwarte. Dann redete er eingehend über die Natur seiner Krankheit, die, wie er sagte, ein angeborenes und ererbtes Familienübel sei, gegen das wohl kein Kraut gewachsen wäre. „Übrigens", fügte er dann unmittelbar hinzu, „ist es wohl doch bloß eine einfache nervöse Angegriffenheit, die bald vorübergehen wird."

Diese „nervöse Angegriffenheit" äußerte sich bei meinem Freunde in unnatürlichen Erregungen der verschiedensten Art. Er beschrieb mir einige derselben, und ich horchte mit gespanntestem Interesse, ja, mit tiefer Bestürzung sowohl auf das, was er sagte, wie auf die Art und Weise, wie er sprach. Er litt an einer krankhaften Verschärfung aller seiner Sinne, nur durchaus ungewürzte, fade Speisen waren ihm erträglich, er konnte nur Kleider von ganz bestimmtem Gewebe tragen, Blumenduft belästigte ihn aufs unangenehmste, Licht, selbst schwaches, tat seinen Augen weh, und nur die Töne von Saiteninstrumenten vermochte er ohne Schmerz anzuhören.

Bald bemerkte ich auch, daß er einem ganz unnatürlichen Gefühl von Furcht sklavisch unterworfen war.

„Ich werde", rief er, „ich muß an dieser beklagenswerten Torheit zugrunde gehen. So und nicht anders werde ich sterben. Ich fürchte mich vor manchen zukünftigen Ereignissen, und zwar nicht sowohl um ihrer selbst als um ihrer Folgen willen. Der bloße Gedanke an irgendeinen, wenn auch geringfügigen Vorfall, der mich in diese unerträgliche Gemütserregung versetzen würde, macht mich schaudern. Und doch fürchte ich mich wirklich nicht vor irgendeiner Gefahr, sondern nur vor ihrer unausbleiblichen Folge: dem Schrecken. Ich fühle deutlich, daß in diesem entnervten, bejammernswerten Zustand früher oder später der Zeitpunkt eintreten wird, wo ich im Kampfe mit dem gräßlichen Hirngespinste ‚Furcht' Vernunft und Leben verlieren werde."

Nach und nach ließen mich abgebrochene, unbestimmte Andeutungen noch eine andere Eigentümlichkeit seines geistigen Zustandes erkennen. Gewisse abergläubische Vorstellungen fesselten ihn so eng an das Haus seiner Väter, daß er schon seit langen Jahren nicht mehr gewagt hatte, dasselbe zu verlassen. Verschiedentlich deutete er mir den Einfluß, den seine Umgebung auf ihn ausübe, an, jedoch immer in so vagen, schattenhaften Worten, daß ich sie nicht wiederholen kann. Er glaubte etwa, daß gewisse Besonderheiten in der Bauart und dem Material seines Stammschlosses, in Verbindung oder vielmehr mittels seines langen Leidens, wie er sich ausdrückte, eine Wirkung auf seinen Geist ausübten – eine Wirkung, die von den physikalischen Bestandteilen der grauen Mauern und Türme und des schwärzlichen Teiches, in dem sich alles widerspiegelte, ausging und nach und nach sein geistiges Dasein in Mitleidenschaft gezogen habe.

Doch gab er, wenn auch zögernd zu, daß die trauervolle Verdüsterung seines Gemütes noch einen anderen, natürlichen Grund habe, nämlich die schwere, langwierige Krankheit, ja, den offenbar nahe bevorstehenden Tod seiner zärtlich geliebten Schwester, seiner letzten und einzigen Verwandten – der einzigen Gefährtin seiner letzten, trostreichen Jahre. „Ihr Abschied von dieser Welt", sagte er mir mit einer Bitterkeit, die ich nie werde vergessen können, „wird mich, den Hoffnungslosen, als den letzten der Usher zurücklassen." Während er sprach, schritt Lady Magdalena, die Schwester, im Hintergrunde des Gemaches langsam vorüber und verschwand, ohne mich bemerkt zu haben. Ich betrachtete sie mit erschrecktem Staunen und konnte mir über meine Gefühle keine Rechenschaft geben. Wie eine Erstarrung legte es sich über mich, während meine Augen ihrer entschwebenden Gestalt folgten. Als die Tür sich hinter ihm geschlossen, richtete ich meine Blicke unwillkürlich auf ihren Bruder, aber er hatte sein Gesicht, in den Händen vergraben, und alles, was ich bemerken konnte, war, daß seine abgemagerten Finger noch bleicher als gewöhnlich schienen, und manche bittere Träne zwischen ihnen hervorquoll.

Lange hatte die Krankheit der Lady Magdalena der Kunst ihrer Ärzte gespottet. Eine anhaltende Spannung, eine stetig fortschreitende Entkräftung, des ganzen Körpers und häufige, wenn auch vorübergehende Anfälle von meist kataleptischer Natur – so lautete die ungewöhnliche Diagnose. Bisher hatte sie dem Andringen der Krankheit standhaft Trotz geboten und war nicht bettlägerig geworden. Am Tage meiner Ankunft jedoch schien ihre Kraft aufgebraucht, sie konnte, wie mir ihr Bruder am Abend mit unaussprechlicher Aufregung mitteilte, der zerstörenden Gewalt des Übels nicht länger widerstehen. Ich erfuhr, daß der flüchtige Anblick, den ich von ihrer Person erhascht, wohl auch der letzte bleiben –, daß ich die Lady, bei ihren Lebzeiten wenigstens, nicht mehr sehen werde.

In den folgenden Tagen wurde ihr Name weder von Usher noch von mir mehr erwähnt; ich bemühte mich unterdessen eifrig, meinen Freund wenigstens in etwa seiner schwermütigen Versunkenheit zu entreißen. Wir malten und lasen miteinander, oder ich lauschte traumversunken seinen seltsamen leidenschaftlichen Phantasien auf der Gitarre. Und wie unsere Vertraulichkeit wuchs und inniger wurde, und er mir alle Verborgenheiten seiner Seele immer unverhüllter zeigte, mußte ich mit tiefer Bitterkeit erkennen, wie nichtig alle meine Versuche seien, ein Gemüt aufzuheitern, dem die Schwermut so eingeboren war, daß sie aus ihm alle Dinge der geistigen und körperlichen Welt mit düsterer, unheilvoller Glut überschien.

Solange ich lebe, wird mich die Erinnerung an die vielen feierlichen Stunden, die ich mit dem letzten der Usher allein verbrachte, nie verlassen. Doch würde es mir nicht gelingen, die Studien und die Lektüre, in die er mich einführte, genauer zu kennzeichnen. Sein aufgeregter, nie befriedigter Idealismus flackerte wie ein grelles, schwefelgelbes Licht um die Dinge, von denen er sprach. Seine langen, improvisierten Totenlieder werden mir ewig in den Ohren klingen, nie wird meinem Gedächtnis eine seltsame Paraphrase über „Carl Maria von Webers letzter Gedanke" entschwinden. Die Malereien, die seine immer tätige Phantasie entstehen ließ, waren von einer seltsamen Unbestimmtheit, die mir einen Schauder erregte, der nur um so durchdringender, heftiger war, als ich mir seine Ursache nicht recht zu erklären wußte. Und obschon die Bedeutung jedes dieser Bilder lebhaft und deutlich vor meinen Augen steht, würde es mir doch nur zum ganz geringen Teile gelingen, dieselbe in geschriebenen Worten wiederzugeben. Durch die höchste Einfachheit, welche in seinen Bildern die *Idee* nackt zum Ausdruck brachte, erregte und fesselte er die Aufmerksamkeit. Wenn es je einem Sterblichen gelang, eine *Idee* zu malen, so war es Roderich Usher. Mich wenigstens erfüllten die reinen Abstraktionen, die dieser Melancholiker auf die Leinwand warf, mit unerträglichem, angstvollem Schauder, wie ich ihn nie wieder, nicht einmal bei den gewiß glühenden und doch immer noch zu wirklichen Träumereien Füsslis, empfunden habe.

Ich möchte hier eine der phantastischen Schöpfungen meines Freundes, die nicht so starr abstrakt war, wie die meisten übrigen, wenn auch nur durch einen schattenhaften Versuch, in Worten wiedergeben. Ein kleines Gemälde stellte das Innere eines unendlich langen, rechtwinkligen Gewölbes oder Tunnels dar, dessen niedrige, glatte, weiße Mauern sich ohne jeden Absatz oder Verzierung, ohne jede Unterbrechung hinzogen. Gewisse Nebendinge in der Zeichnung deuteten an, daß sich dies Gewölbe tief unten in der Erde befinde. An keiner Stelle der erschreckend monotonen Längsseiten war ein Ausgang zu entdecken, keine Fackel oder sonst eine künstliche Lichtquelle erhellte den schauerlichen Raum, den dennoch eine Flut greller Strahlen durchwogte und mit gespenstischem, rätselhaftem Scheine erfüllte.

Ich habe schon einmal von einem krankhaften Zustande der Gehörnerven gesprochen, welche dem Leidenden jede andere Musik als die von Saiteninstrumenten unerträglich machte. Vielleicht trugen die engen Grenzen, in denen er die Kunst pflegte – er spielte nur die Gitarre –, dazu bei, allem, was ich an Musik im Hause Usher hörte, einen phantastischen Charakter zu verleihen. Seine Impromptus waren von glühendem Schwung, die Musik sowohl, wie die Verse, die er ihnen oft aus dem Stegreif unterlegte. Sie konnten nur jener stärksten geistigen Spannung, jener Konzentration entspringen, welche die menschliche Seele in den Augenblicken höchster künstlerischer Erregung empfindet. Ich erinnere mich der Worte einer dieser Rhapsodien noch vollständig. Vielleicht machte sie hauptsächlich deshalb solchen Eindruck auf mich, weil ihr mystischer Sinn mich zum ersten Male erkennen ließ, daß Usher sich vollkommen darüber klar sei, wie sehr seine erhabene Vernunft auf ihrem Throne wanke. Diese Rhapsodie, welche die Überschrift „Das verwunschene Schloß" trug, lautete, wenn nicht genau, so doch ungefähr folgendermaßen:

Inmitten einer lieblichen Au,
Die sonniges Licht übergoß,
Erhob sich einst ein stattlicher Bau,
Ein schönes, strahlendes Schloß.
Das Reich, wo es sich luftig erhob,
War des Königs „Gedanke" Land,
Und Seraphschwingen waren darob
Unsichtbar ausgespannt.

Goldgelbe Banner aus Damast,
Gebadet in Sonnenglut,
Wallten schimmernd herab vom Palast,
Wie eine goldene Flut.
Und jeder schmeichlerische Zephir
Der mit den Blüten dort
Gekost, flog aus dem Zauberrevier
Als Wohlgeruch wieder fort.

Die Wanderer blickten in jenem Tal
Durch Fenster aus leuchtendem Glas
In einen hohen, blendenden Saal,
Wo des Reiches Gebieter saß.
Sein Thron mit purpurnem Baldachin
War ganz aus Edelstein,
Und Genienscharen umschwebten ihn

Zu lieblichen Melodein.
Mit Perlen und Rubinen besät
War des Palastes Portal,
Durch dieses flatterte früh und spät
Ein Echoschwarm ohne Zahl

Vor den König hin, indem es ihm
Seiner hohen Weisheit zum Preis
Einen Chorus sang, wie Seraphim
So süß und träumerisch leis.

Doch wüstes Volk in der Sorge Gewand
Nahm Thron, und Reich in Beschlag –
Weh, nie mehr dämmert in jenem Land
Der Tag, weh, nimmer ein Tag!
Und alles, alles, was dort umher
Gepranget an Herrlichkeit,
Ist jetzund eine traumhafte Mär
Aus lang begrabener Zeit.

Jetzt zeigen sich des Wanderers Blick
Gestalten, knöchern und starr,
Und schwingen sich zu toller Musik
In Reigen wild und bizarr,
Dieweil gleich einem lautlosen Strom
Sich in die ewige Nacht
Zur Tür hinausstürzt Phantom um Phantom
Und nimmermehr lächelt – doch lacht!

Ich erinnere mich sehr wohl, daß diese Ballade uns zu gewissen Gedanken anregte, denen Usher bald leidenschaftlichen Ausdruck lieh. Ich erwähne sie nicht, weil ich sie für neu halte, sondern wegen der Hartnäckigkeit, mit der Usher immer und immer wieder auf sie zu sprechen kam. Im allgemeinen bezog sich diese Ansicht auf das Empfindungsvermögen der Pflanzen. Doch hatte sich diese Idee in seiner überreizten Phantasie fast ins Unbegrenzte fortgesponnen, er hatte sie auf die unorganischen Stoffe übertragen. Ich finde die Worte nicht, um seine Ansicht ihrer vollen Bedeutung nach, und den Ernst, mit dem er sie vertrat, zu schildern. Sie stand, wie ich schon andeutete, mit den grauen Mauern seines Stammschlosses in Verbindung. Er behauptete, die Bedingungen jenes Empfindungsvermögens seien hier erfüllt worden – durch die Art und Weise, wie man die Steine zusammengefügt –wie man den Plan der Mauern entworfen – durch die vielen Schwämme und Pilze, die sie allenthalben überwucherten – durch die vermodernden Bäume –vor allem aber durch das lange, ungestörte Bestehen der ganzen Besitzung und die fortwährende Spiegelung des Hauses in dem Teiche. Der augenscheinliche Beweis für jenes Empfindungsvermögen liege – hier versetzten mich seine Worte in grenzenlose Bestürzung – in der allmählichen, aber sicher fortschreitenden Verdichtung der über dem Teiche und dem Gebäude lagernden Atmosphäre. Das Ergebnis sei in dem stillen, aber schreckensvollen Einfluß unverkennbar, den diese Umgebung schon seit Jahrhunderten auf das Schicksal seiner Familie gehabt und die das aus ihm gemacht habe, was ich nun vor mir sähe. – Solche Ansichten lassen sich nicht erläutern, und ich will auch nicht versuchen, es zu tun.

Die Bücher, welche nicht den kleinsten Teil des geistigen Lebens des Kranken gebildet hatten, stimmten, wie man sich denken kann, mit seinem Hange zum Phantastischen vollkommen überein. Wir grübelten zusammen über Werke wie: „Ververt und Chartreuse" von Gresset, „Belphegor" von Macchiavelli, „Himmel und Hölle" von Swedenborg, – über „Die unterirdische Reise des Niels Klim" von Holberg, die „Chiromantie" von Robert Fludd, von Jean d'Indaginé und von De la Chambre; über Ludwig Tiecks „Reise ins Blaue", über „Die Stadt der Sonne" des Campanella. Ein Lieblingsbuch meines Freundes war eine kleine Oktavausgabe über das „Directorium Inquisitorium" des Dominikaners Eymeric de Gironne; und über manche Stellen im Pomponius Mela, die sich auf die alten afrikanischen Feld- und Waldgeister beziehen, konnte sich Usher in stundenlange Träumereien verlieren. Das höchste Entzücken jedoch gewährte ihm das Durchblättern eines äußerst seltenen, merkwürdigen Buches in gotischem Querformat – es war das Handbuch einer vergessenen Kirche, die „Vigiliae Mortuorum, secundum Chorum Ecclesiae Maguntinae".

Ich dachte viel über das seltsame Ritual dieses Werkes und seinen vermutlichen Einfluß auf den Melancholiker nach, als dieser mir plötzlich eines Abends die Mitteilung machte, daß Lady Magdalena verschieden sei. Er teilte mir mit, daß er beschlossen habe, ihren Körper vierzehn Tage lang, bis zu ihrer endgültigen Bestattung, in einem der zahlreichen Gewölbe, die sich zwischen den Grundmauern des Schlosses befanden, aufzubewahren. Der Grund, den er für dies sonderbare Vorgehen angab, war so eigentümlicher Art, daß ich mich nicht berechtigt fühlte, ihm davon abzuraten. Er war, wie er mir sagte, in Anbetracht des ungewöhnlichen Charakters der Krankheit seiner Schwester sowie gewisser zudringlicher Fragen der Ärzte zu diesem Entschlusse gekommen, den der Umstand, daß die Familiengruft sehr entfernt und schutzlos läge, nur befestigt habe. Ich muß gestehen, daß die Erinnerung an das wenig vertrauenerweckende Aussehen des Arztes, dem ich am Tage meiner Ankunft auf der Treppe begegnet, jeden Einwand, der mir vielleicht gekommen wäre, noch besonders zurückwies. Überdies handelte es sich ja auch nur um eine harmlose und keineswegs unnatürliche Vorsichtsmaßregel.

Auf Ushers Bitte war ich ihm bei der vorläufigen Bestattung behilflich. Nachdem wir den Körper in den Sarg gelegt, brachten wir ihn allein an seine Ruhestätte. Das Gewölbe, in dem wir ihn niedersetzten, war eng, feucht und so lange nicht geöffnet worden, daß unsere Fackeln in der dicken Atmosphäre fast verloschen und uns nur geringe Möglichkeiten boten, eine weitere Untersuchung vorzunehmen. Dieses Gewölbe lag in ziemlicher Tiefe unmittelbar unter dem Teile des Gebäudes, der auch mein Schlafzimmer enthielt. Augenscheinlich hatte es in den lange vergangenen Zeiten der Feudalherrschaft zu den schlimmsten Zwecken als Burgverlies und in späteren Tagen wahrscheinlich als Bewahrungsort für Pulver und andere feuergefährliche Stoffe gedient, denn ein Teil des Fußbodens und das ganze Innere eines langen Ganges, der in dies Verlies führte, war sorgfältig mit Kupferplatten belegt. Die Tür bestand aus massivem Eisen und war ebenfalls mit Kupfer bekleidet. Als wir sie öffneten, verursachte ihr schweres Gewicht ein ganz ungewöhnlich lautes, schrilles Gekreisch in den Angeln.

Nachdem wir unsere traurige Bürde an diesem Orte des Grauens auf ein Gestell niedergesetzt hatten, schoben wir den noch nicht zugeschraubten Deckel des Sarges zur Seite und betrachteten das Angesicht der Toten. Was mir zuerst auffiel, war eine überraschende Ähnlichkeit zwischen den beiden Geschwistern. Usher, der meine Gedanken zu erraten schien, murmelte einige Worte, aus denen ich entnahm, daß er und die Verstorbene Zwillinge gewesen, und daß von jeher eine beinahe rätselhafte Sympathie zwischen ihnen bestanden habe. Doch ruhten unsere Blicke nicht lange auf den Zügen der Toten, denn ihr merkwürdiger Anblick erfüllte uns mit einer sonderbaren, unbekannten Scheu. Die Krankheit, welche die Lady in der Blüte der Jugend aufs Totenbett dahingestreckt, hatte, wie alle Krankheiten von ausgesprochen kataleptischer Natur, gleichsam zum Hohne auf Brust und Antlitz eine zarte Röte zurückgelassen; und um den Mund der Verschiedenen spielte jenes tückisch zögernde Lächeln, welches den Tod doppelt schauerlich macht. Wir schoben den Deckel des Sarges wieder zurecht, schlossen die eiserne Tür und kehrten auf beschwerlichem Wege in die kaum weniger düsteren Gemächer der oberen Stockwerke zurück.

Und jetzt, nachdem einige Tage bitteren Schmerzes vorübergegangen waren, trat in den äußeren Anzeichen der geistigen Störung meines Freundes eine bemerkenswerte Veränderung ein. Seine gewohnten Beschäftigungen vernachlässigte er oder gab sie ganz auf. Mit hastigen, ungleichen, ziellosen Schritten durchirrte er die lange Reihe der Gemächer. Die Blässe seines Antlitzes war noch geisterhafter geworden – das frühere Leuchten seiner Augen erloschen. Die Heiserkeit, die vorher seine Stimme oft verschleierte, war verschwunden, doch wurden seine Worte jetzt stets von jenem Beben getragen, das nur der höchste Schrecken verursachen kann. Es gab Zeiten, in denen ich annahm, sein erregter Geist ringe nach Mut, irgendein quälendes Geheimnis auszusprechen – dann wieder schob ich alles auf die Launen des beginnenden Wahnsinns. Stundenlang sah ich ihn oft mit dem Ausdrucke tiefster Aufmerksamkeit ins Leere starren, als lausche er auf irgendeinen eingebildeten Ton. Es war kein Wunder, daß ein solcher Zustand mich erschreckte – ja, ansteckte. Schon fühlte ich, wie seine phantastischen und doch ergreifenden Wahngebilde sich langsam und sicher auch den Weg zu meinem Hirne bahnten.

In der Nacht des siebenten oder achten Tages nach der Beisetzung der Lady Magdalena in dem Burgverlies mußte ich die schreckliche Gewalt, die diese Hirngespinste bereits über mich gewonnen hatten, sehr grauenvoll erfahren. Stunde auf Stunde verrann, kein Schlaf wollte sich meinem Lager nahen. Ich bot alle nur möglichen Vernunftgründe auf, um meine immer heftiger werdende nervöse Aufregung zu bemeistern. Ich wollte mich zu dem Glauben zwingen, daß vieles, wenn nicht alles von dem, was ich empfand, nur dem verwirrenden Eindruck, der düsteren Ausstattung des Gemaches zuzuschreiben sei – den dunklen, schadhaften Wandbekleidungen, die der Lufthauch eines aufziehenden Sturmes zuckend hin und her bewegte, oder dem unheimlichen Rascheln der gelockerten Verzierungen an der Bettstatt. Doch waren alle meine Bemühungen vergeblich. Ein Zittern durchrann meinen Körper, und wie ein Alp lastete quälend wildes Entsetzen auf meiner Brust. Mit einem gewaltsamen Ruck und einem tiefen Atemzuge schüttelte ich endlich die Beklemmung von mir ab und setzte mich aufrecht in die Kissen. Meine Blicke starrten unbeweglich in die schwarze Finsternis des Zimmers, während ich, ohne zu wissen weshalb, angestrengt auf gewisse leise, unbestimmte Töne lauschte, die, wenn der Sturm einen Augenblick schwieg – ich weiß nicht recht, woher –, an mein Ohr schlugen. Dann, plötzlich, von dem unerklärlichen Entsetzen überwältigt, warf ich mich hastig in meine Kleider. Ich fühlte, daß ich in dieser Nacht keinen Schlaf mehr finden sollte, und versuchte durch rasches Auf- und Abgehen im Gemache der jämmerlichen Verfassung, in die ich geraten, wieder zu entgehen.

Kaum war ich ein paarmal auf- und niedergeschritten, als ich leichte Tritte auf der anstoßenden Treppe vernahm und sogleich Ushers Schritt erkannte. Im nächsten. Augenblicke pochte er auch schon leise an meine Türe und trat mit einer Lampe ein. Sein Gesicht war wie gewöhnlich von leichenhafter Blässe – doch leuchteten seine Augen wie in irrsinniger Heiterkeit, eine mühsam gebändigte hysterische Erregung schien sein ganzes Wesen zu durchzucken. Ich schauderte bei seinem Anblick, und doch war alles andere eher zu ertragen als die Einsamkeit, so daß ich selbst seine Gegenwart als Erleichterung empfand.

„Und du hast es nicht gesehen?", fragte er plötzlich, nachdem er einige Minuten lang schweigend umhergestiert. – „Du hast es also nicht gesehen? Aber warte nur! Du wirst es bald sehen!", Dann eilte er, indem er die Lampe vorsichtig mit der Hand schützte, ans Fenster, riß beide Flügel auf und gewährte dem Sturme freien Einlaß.

Die wütende Gewalt des Orkans riß uns fast vom Boden empor. Es war eine wüste, furchtbar schöne, grausige Nacht. Dicht bei dem Hause schien ein Wirbelwind aufgefahren zu sein, denn in der Richtung des Luftstromes trat fast jeden Augenblick ein heftiger Umschwung ein. Die schweren Wolken hingen so tief herab, daß sie auf die Türme des Hauses zu drücken schienen, und wir sahen, von seltsamer Furcht erfüllt, wie sie gleich beseelten Wesen von allen Seiten gegeneinander stürmten, ohne sich in der Ferne zu verlieren. Wir sahen dies alles, obwohl kein Schimmer vom Monde oder von den Sternen, kein aufzukkender Blitzstrahl das Schlachtgetümmel erhellte. Denn die untere Fläche der ungeheuren Massen wogenden Dunstes und alle Dinge auf der Erde in unserer Umgebung glühten in dem unnatürlichen Glanze, den ihnen eine mattleuchtende, doch deutlich sichtbare gasartige Ausstrahlung verlieh, die wogend wie ein Leichentuch um das ganze Haus zusammenschlug.

„Du darfst – du sollst dies nicht sehen!", sagte ich schaudernd zu Usher und führte ihn mit sanfter Gewalt vom Fenster weg zu einem Sessel. „Diese Erscheinungen, die dich in Aufregung versetzen, sind weiter nichts als ganz bekannte elektrische Prozesse –, vielleicht auch verdanken sie ihr spukhaftes Dasein nur den giftigen Ausdünstungen des Teiches. Wir wollen das Fenster schließen – die Luft ist schneidend und könnte dir in deinem Zustande gefährlich werden. Da liegt ja eins deiner Lieblingsbücher! Ich will dir vorlesen, und so wollen wir diese schreckliche Nacht zusammen verbringen."

Der altertümliche Band, den ich eben ergriffen hatte, war „Mad Trist" von Sir Launcelot Canning, doch hatte ich ihn mehr in trübem Scherz als im Ernst Ushers Lieblingsbuch genannt, da seine wunderliche, phantasielose Weitschweifigkeit dem kühnen Geiste meines Freundes wenig Interessantes bieten konnte. Aber es war das einzige Buch, das ich zur Hand hatte, und ich nährte die schwache Hoffnung, daß die Erregung meines Freundes in der Überfülle von Torheiten, die es enthielt, Erleichterung finden werde. Die Geschichte der Geisteskranken ist ja voll von solchen oder ähnlichen Anomalien. Nach der leidenschaftlich gespannten Aufmerksamkeit zu urteilen, mit der er meinen Worten lauschte oder zu lauschen schien, hätte ich mir zu dem Erfolge Glück wünschen dürfen.

Ich war bis zu jener wohlbekannte Stelle gekommen, wo Ethelred, der Held des Trist, nach seinen vergeblichen Versuchen, sich in Güte Einlaß in die Behausung des Eremiten zu verschaffen, mit Gewalt die Tür erbricht. Die Worte an dieser Stelle lauten etwa folgendermaßen:

„Und Ethelred, der von Natur ein tapferes Herz besaß und sich nach dem Genuß des kräftigen Weines doppelt stark fühlte, wollte mit dem boshaften Eremiten nun nicht länger zwecklos Zwiesprach führen, sondern erhob, da er den Regen schon auf seinen Schultern fühlte und das Unwetter immer näher heranziehen sah, seine Keule und schaffte sich durch kräftige Stöße gegen die starken Bretter der Tür bald so viel Raum wie nötig war, um seine gepanzerte Hand hindurchstecken zu können. Dann gebrauchte er sie kräftig, zerbrach, zerstieß und riß alles auseinander, so daß der Lärm von dem trockenen, krachenden Holz im ganzen Walde widerhallte."

Am Schlusse dieses Satzes fuhr ich erschreckt empor und hielt einige Augenblicke lang mit dem Lesen inne. Obschon ich eine Sekunde später alles nur für eine Vorspiegelung meiner Phantasie hielt, glaubte ich doch ganz deutlich gehört zu haben, wie von einem sehr entlegenen Teile des Hauses her ein Ton an mein Ohr drang, der ein genaues, wenn auch dumpfes und unterdrücktes Echo von jenem ächzenden, krachenden Geräusch zu sein schien, das Sir Launcelot eben beschrieben. Doch war es sicherlich nur dies Zusammentreffen des Geräusches mit meinen Worten, was meine Aufmerksamkeit erregte, denn mitten in dem Rasseln der Fensterläden und dem Toben, das der stetig wachsende Sturm vollführte, wären diese Töne an sich wohl unbemerkt vorübergegangen, ohne mir aufzufallen oder mich zu beunruhigen. Ich las also weiter:

„Aber als der wackere Kämpe Ethelred jetzt eintrat, erstaunte er und geriet in Zorn, als er von dem boshaften Eremiten keine Spur entdeckte, sondern an seiner Stelle einen schuppigen Drachen von fürchterlichem Aussehen erblickte, der feuersprühend vor einem goldenen Palaste mit silbernem Fußboden auf der Lauer lag. An der Wand hing ein Schild von schimmerndem Erze, in das folgende Inschrift eingegraben war:

> ‚Wer hier eindringt, ein Sieger ist!
> Wer den Drachen bezwingt,
> Auch den Schild sich erringt.‘

Und Ethelred schwang seine Keule und schlug sie dem Drachen auf das Haupt, daß er vor ihm zu Boden stürzte und seinen giftigen Atem mit so mißtönendem, scheußlichem Geheul von sich gab, daß Ethelred sich gern seine Ohren gegen dies gräßliche Getöse, wie es ähnlich nie zuvor vernommen wurde, verstopft hätte."

Wieder hörte ich plötzlich auf zu lesen, und zwar diesmal mit einem Gefühl starrer Bestürzung – denn es unterlag keinem Zweifel mehr, daß ich in diesem

Augenblicke tatsächlich einen leisen und anscheinend fernen, langgezogenen, seltsam kreischenden Laut gehört hatte: die genaue Wiederholung des unnatürlichen Drachengeheuls, das ich eine Sekunde vorher, von des Dichters Beschreibung heraufbeschworen, schon in meiner Phantasie vernommen hatte.

Von tausend widerstreitenden Gefühlen, von Staunen und höchstem Schrekken gefaßt, hatte ich doch die Geistesgegenwart, durch keine Bemerkung über meine Beobachtungen die Nervosität meines Gefährten zu steigern. Ich war nicht sicher, ob er die fraglichen Töne auch gehört hatte, wiewohl während der letzten paar Minuten eine sonderbare Veränderung in seinem Wesen vor sich gegangen war. Anfangs saß er mir gerade gegenüber, nun hatte er seinen Stuhl so herumgedreht, daß er mit dem Gesichte gerade der Zimmertür zugewandt war. Seine Züge konnte ich nur teilweise erblicken, doch bemerkte ich, daß sich seine Lippen zitternd bewegten, als murmelte er leise vor sich hin. Sein Kopf war auf die Brust gesunken, aber ich erkannte aus einem flüchtigen Blick auf sein Profil an seinen starr aufgerissenen Augen, daß er keineswegs schlief. Außerdem war sein Körper in beständiger Bewegung, er wiegte sich unablässig sanft und gleichmäßig von einer Seite auf die andere. Mit einem raschen Blick hatte ich dies alles bemerkt und fuhr in der Erzählung Sir Launcelots fort:

„Und jetzt, da der Kämpe der furchtbaren Wut des Drachen entronnen war, erinnerte er sich an den metallenen Schild und seine mächtige Zauberkraft. Er schaffte den Kadaver des Drachen aus dem Wege und schritt auf dem silbernen Boden des Palastes mutig auf die Stelle zu, wo der Schild hing. Dieser aber wartete nicht, bis der Held ganz herangekommen war, sondern stürzte mit gewaltigem Schmettern auf den silbernen Fußboden hinab."

Kaum waren meinen Lippen die letzten Worte entflohen, da drang – als sei wirklich eben ein eherner Schild auf einen silbernen Fußboden gefallen – ganz deutlich ein hohler, metallisch dröhnender, aber offenbar gedämpfter Widerhall an mein Ohr. Außer mir vor Entsetzen sprang ich auf; doch Usher verharrte ungestört bei seinem wiegenden Schaukeln. Ich stürzte auf ihn zu. Seine Augen waren starr auf einen Punkt gerichtet, und auf seinen Zügen lag eine steinerne Ruhe. Doch als ich meine Hand auf seine Schulter legte, durchzuckte ein heftiger Schauder seinen ganzen Körper, ein wahnsinniges Lächeln irrte um seine Lippen, und ich bemerkte, daß er, als sei er sich meiner Gegenwart nicht bewußt, hastig unverständliche Worte vor sich hin murmelte. Ich beugte mich dicht über ihn, und es gelang mir endlich, den grausigen Inhalt seiner Rede zu verstehen.

„Es nicht hören? – O ja! Ich höre es wohl und habe es gehört! Lange – lange – lange – viele Minuten – viele Stunden – viele Tage lang schon habe ich es gehört! Und ich wagte nicht – o beklage mich jammervoll Elenden! – ich wagte nicht – ich wagte nicht, zu reden! Wir haben sie lebendig ins Grab gelegt! Sagte ich nicht, daß meine Sinne scharf sind? Jetzt sage ich dir, daß ich in der tiefen Gruft ihre ersten, schwachen Regungen hörte. Ich hörte sie – es ist schon manchen, manchen Tag her – aber ich wagte nicht – ich wagte nicht zu reden! Und jetzt – in dieser Nacht – Ethelred – ha –! ha –! Das Einreißen von des Eremiten Tür, und das Sterbegeheul des Drachen, und der dröhnende Klang des Schildes –! ha! ha –! sage besser: Sie sprengte ihren Sarg, die eisernen Angeln der Grabtür kreischten – qualvoll tastete sie sich durch die kupfernen Bogengänge des Gewölbes! Oh, wohin soll ich fliehen? Wird sie nicht gleich bei uns erscheinen? Eilt sie nicht schon herbei, um mir meine Hast vorzuwerfen? Höre ich nicht schon ihre Tritte auf der Treppe? Vernehme ich nicht schon das schwere, fürchterliche Pochen ihres Herzens? Wahnsinniger!", – Hier sprang er wie wütend von seinem Stuhle auf und schrie, als wolle er sich mit den Worten seine Seele ausschreien: „Wahnsinniger! Ich sage dir, daß sie in diesem Augenblicke draußen vor der Türe steht!"

Zu gleicher Zeit schob sich – als läge in der übermenschlichen Kraft seiner Worte eine Zaubergewalt – die schwere, altertümlich getäfelte Ebenholztür, auf die er mit der Hand wies, wie ein dunkler Rachen auf. Es war nur eine Wirkung der Zugluft gewesen, doch hinter diesen Türflügeln erschien die hohe, in ihre Leichentücher gehüllte Gestalt der Lady Magdalena Usher. Ihre weißen Gewänder waren mit Blut befleckt und an ihrem abgezehrten Körper waren überall die Spuren eines zähen Kampfes zu erkennen. Einen Augenblick blieb sie wankend auf der Schwelle stehen, dann taumelte sie, tief aufstöhnend, auf die Gestalt ihres Bruders zu und zog ihn in ihrem Todeskampfe, als Opfer der Schrecken, die er vorher empfunden hatte, entseelt mit sich zu Boden.

Entsetzt, angstgehetzt, floh ich aus jenem Zimmer, aus jenem Hause. Der Sturm toste noch mit voller Wut, als ich auf der Landstraße war und wieder zu mir selbst kam. Plötzlich schoß ein greller Schein über meinen Weg. Ich wandte mich zurück, um zu sehen, woher dies sonderbare Aufglühen kommen könne, denn das Schloß lag tief im Schatten hinter mir. Der Glanz strahlte von dem blutrot untergehenden Vollmonde her, der in diesem Augenblicke mit wildem Leuchten den sonst kaum merklichen Riß beschien, der, wie ich bereits früher erzählte, im Zickzack das ganze Gebäude vom Dache bis zum Fundament hinunterlief. Während ich noch staunend hinblickte, erweiterte sich der Spalt mit jäher Schnelligkeit – ein heftiger Wirbelwind sprang plötzlich hoch – die volle Scheibe des Mondes überflutete auf einmal die ganze Landschaft mit blutiger Helle – mir schwindelte, als ich die mächtigen Mauern wanken und auseinanderbersten sah. Ein langes, verworrenes Getöse, wie von tausend Wasserstürzen – und der tiefe, dunkle Teich zu meinen Füßen schloß sich finster und schweigend über den Trümmern des Hauses Usher.

METZENGERSTEIN

Entsetzen und Unglück rasen in ungezügeltem Lauf
durch alle Jahrhunderte. Wozu also ist es nötig, die Zeit,
in der sich meine Geschichte ereignete, näher anzugeben?
Es genügt mir zu erwähnen, daß es jene Epoche war,
in der die Lehre von der Seelenwanderung viele geheime
Anhänger hatte.

E. A. P.

Die Familien Berlifitzing und Metzengerstein lagen seit Jahrhunderten in Zwie-
tracht miteinander. Niemals sah man zwei so erlauchte Häuser in tödlicherer
Feindschaft; und zwar war dieser gegenseitige Haß der alten Prophezeiung
entsprungen: „Ein großer Name wird auf das schrecklichste untergehen, wenn
die Sterblichkeit von Metzengerstein, wie der Reiter auf seinem Roß, über die
Unsterblichkeit von Berlifitzing triumphiert."

Dieser Ausspruch hatte gewiß wenig oder gar keinen Sinn; doch haben schon
oft unbedeutendere Ursachen große Wirkungen hervorgerufen. Im übrigen hatten die beiden benachbarten Häuser lange Zeit um den größeren Einfluß auf
die schwachen Herrscher des Landes gekämpft, und dann – Nachbarn, die so
nah beieinander wohnen, sind ja nur sehr selten Freunde. Von der Höhe ihres
festgegründeten Söllers aus konnten die Bewohner des Schlosses Berlifitzing in
die Fenster des Palastes Metzengerstein sehen. Auch war die Entfaltung einer
mehr als lehnsherrlichen Pracht von seiten der Metzengerstein wenig dazu angetan, die leicht erregten Gefühle der Berlifitzing, die weniger Ahnen und weniger
Reichtum aufweisen konnten, zu beruhigen. Ist es also verwunderlich, daß diese
an sich widersinnige Weissagung die Feindschaft zwischen den beiden Häusern,
die immer wieder durch alle Stachel ererbter Eifersucht angetrieben wurde, stets
wach erhielt? Die Prophezeiung schien anzudeuten – wenn sie überhaupt irgendeinen Sinn hatte –, daß das jetzt schon mächtigere Haus einen endgültigen Triumph davontragen werde, und lebte deshalb in der Erinnerung der schwächeren
Familie fort und reizte sie stets zu neuen Feindseligkeiten.

Wilhelm, Graf von Berlifitzing, der einstmals so Tapfere, war zur Zeit dieser Erzählung nur noch ein alter, unfähiger Wortfechter. Nichts Bemerkenswertes hatte er an sich, als eben jene eingewurzelte, schon an Albernheit grenzende
Abneigung gegen die Familie seines Nebenbuhlers, und dann allerdings eine noch
so lebhafte Leidenschaft für Jagd und Pferde, daß nichts – weder sein hohes
Alter, noch seine körperliche Schwäche, noch das Schwinden seiner Geisteskräfte
– ihn hindern konnte, täglich dies Vergnügen und seine Gefahren aufzusuchen.
– Friedrich, Baron von Metzengerstein, war noch nicht mündig. Sein Vater war

jung gestorben, und dessen Frau, Maria, war ihm bald gefolgt. Friedrich stand damals in seinem achtzehnten Lebensjahre. In der Stadt bedeuten achtzehn Jahre keine lange Zeit, aber in der Einsamkeit, und noch dazu in einer so wundervollen Einsamkeit, wie der des alten Herrensitzes, wandern die Stunden mit tiefer, bedeutsamer Feierlichkeit. Infolge gewisser Umstände und persönlicher Bestimmungen des Vaters war der junge Baron sofort nach dessen Tode in den Besitz der ausgedehnten Güter gelangt. Selten trat ein Edelmann eine ähnliche Erbschaft an! Seine Schlösser waren unzählig, das prächtigste und größte war der Palast Metzengerstein. Die Grenzlinie seiner Besitzungen ist niemals klar bestimmt worden; sein größter Park hatte allein einen Umkreis von fünfzig Meilen.

Man kannte den Charakter des neuen, jungen Besitzers dieser unvergleichlichen Güter ziemlich genau, so daß es nicht allzuschwer war, Schlüsse auf sein künftiges Betragen zu ziehen. Und richtig, schon nach drei Tagen stellten die Taten des Erben selbst die eines Herodes in den Schatten und übertrafen die kühnsten Hoffnungen seiner Bewunderer. Schmachvolle Ausschweifungen, offenbare Niederträchtigkeiten, unerhörte Grausamkeiten machten seinen angsterfüllten Untergebenen klar, daß nichts — weder demütige Unterwerfung ihrerseits noch Gewissensbedenken seinerseits — ihnen in Zukunft Sicherheit vor den ruchlosen Händen dieses weiten Caligula verleihen konnte. In der Nacht des vierten Tages schon ergriff eine wütende Feuersbrunst die Stallungen des Schlosses Berlifitzing; und einstimmig schrieb die zitternde Nachbarschaft das Verbrechen der Brandstiftung auf die schreckensvolle Liste der Untaten und Grausamkeiten des Barons.

Der junge Edelmann befand sich während des Tumultes, den das Feuer, hervorrief, in einem großen, einsamen Zimmer, hoch oben im Palaste, und war anscheinend in tiefe Betrachtung versunken. Auf der reichen, obwohl ein wenig verblaßten Wandbekleidung, die melancholisch die Mauern bedeckte, befanden sich Abbildungen der majestätischen Gestalten vieler seiner erlauchten Ahnen. Hier Priester, reich in Hermelin gekleidet, hohe, geistliche Würdenträger, die durch ihr *Veto* den Launen manches weltlichen Königs ein Ziel gesetzt und durch das *Fiat* der päpstlichen Allmacht den aufrührerischen Geist des Erzfeindes im Zaume gehalten. Da die hohen, düsteren Gestalten der Ritter von Metzengerstein auf ihren muskelstarken Kriegsrossen, die die Leichname gefallener Feinde zu Boden stampfen und durch ihren wilden Ausdruck den Stärksten erschrecken konnten. Dort üppige, schwanenweiße Damen aus längst vergangenen Tagen, Frauen, die sich, wie zu den Klängen einer Melodie, in den seltsamen Windungen eines phantastischen Tanzes drehten.

Während der Baron auf den immer lauter werdenden Tumult, der aus den Stallungen von Berlifitzing herüberscholl, lauschte oder zu lauschen schien —

und vielleicht auf irgendeine neue, kühne Untat sann, richteten sich seine Blicke unwillkürlich auf das Bild eines riesigen Pferdes von ganz unnatürlicher Farbe, das auf einem Wandteppich als Streitroß eines Ritters aus der Familie seines Rivalen abgebildet war. Das Tier stand im Vordergrunde des Bildes, unbeweglich und steinern, während ein wenig hinter ihm sein besiegter Reiter durch den Dolch eines Metzengerstein getötet wurde.

Um Friedrichs Lippen zog sich ein teuflischer Ausdruck, als er bemerkte, welche Richtung sein Blick unfreiwilligerweise genommen. Er wandte die Augen nicht ab, obwohl ganz plötzlich eine unerklärliche, würgende Angst wie ein kaltes Leichentuch um ihn zusammenschlug. Er fühlte sich vollständig wach, versuchte aber, diese unerklärlichen Gefühle als Traumempfindungen hinzustellen. Doch je länger er das Bild betrachtete, desto mehr geriet er in seinen Bann, desto unmöglicher wurde es ihm, seine Blicke von den Gestalten loszureißen, deren Anblick ihn zu lähmen schien. Aber als das Getöse draußen plötzlich ganz besonders heftig ward, machte er, fast mit Bedauern, eine gewaltsame Anstrengung und wandte seine Aufmerksamkeit einer roten Lichtgarbe zu, die aus den brennenden Stallungen in sein Fenster fiel.

Doch nur für einen Augenblick; dann richteten sich seine Augen fast unwillkürlich wieder auf das Wandbild. Mit Entsetzen bemerkte er, daß der Kopf des Schlachtrosses seine Lage verändert hatte. Der Hals des Tieres, der vorher wie voll Mitleid starr nach seinen am Boden liegenden Herrn gewandt war, hatte sich jetzt in seiner ganzen Länge auf den Baron zu ausgestreckt. Die Augen, die eben noch unsichtbar gewesen, blickten nun mit einem wilden, fast menschlichen Ausdruck vor sich hin und leuchteten in seltsamem, glühendem Rot, während die auseinandergezerrten Lippen des offenbar wütenden Tieres widerwärtige Totenzähne sehen ließen.

Gefaßt von jähem Schreck wankte der junge Fürst der Türe zu. Als er sie öffnen wollte, sprühte ein Strahl roten Lichtes in den Saal und zeichnete seinen grellen Widerschein auf die schwankende Wandbekleidung. Der Baron zögerte einen Augenblick auf der Schwelle und sah mit Schaudern, daß der Strahl gerade auf das Bild des triumphierenden Mörders des Ritters von Berlifitzing fiel und sich ganz genau mit den Umrissen der Gestalt des Siegers deckte.

Um seines Schreckens Herr zu werden, eilte der Baron ins Freie. Am Haupteingange des Palastes traf er drei seiner Stallknechte, die mit großer Mühe und Lebensgefahr versuchten, die wilden Sprünge eines riesigen, feuerroten Rosses zu bändigen.

„Wem gehört das Pferd? Wo habt ihr es her?", keuchte der junge Metzengerstein mit entsetzter, heiserer Stimme, denn er hatte das wütende Tier sofort als das vollkommene Gegenstück zu dem geheimnisvollen Streitroß auf dem

Wandteppich erkannt. „Es gehört Ihnen, Herr Baron", antwortete einer der Knechte, „wenigstens macht kein anderer Anspruch auf das Tier. Wir haben es eingefangen, als es, vor Wut schnaubend und feuersprühend, aus den brennenden Stallungen von Berlifitzing entfloh, und da wir annahmen, daß es zum Gestüt der ausländischen Pferde des alten Grafen gehöre, brachte wir es ihm zurück. Aber die Dienerschaft behauptet, sie hätten kein Recht auf das Tier, was um so sonderbarer ist, da es noch Spuren an sich trägt, die beweisen, daß es nur mit Mühe den Flammen entkommen ist."

„Auf der Stirn sind ihm auch ganz deutlich die Buchstaben W. v. B. eingebrannt", bemerkte ein anderer Knecht, „und obwohl ich sagte, daß es nur die Anfangsbuchstaben von ‚Wilhelm von Berlifitzing' sein können, behaupteten doch alle auf dem Schloß, sie hätten das Pferd nie gesehen."

„Äußerst sonderbar", erwiderte der junge Baron in tiefem Sinnen und hörte offenbar selbst nicht, was er sagte, „es ist wirklich ein sonderbares Tier –ein wunderbares Tier, trotz seines bösartigen, unbezähmbaren Wesens! Ich will es behalten", fügte er nach einer Pause hinzu, „vielleicht kann ein Reiter wie Friedrich von Metzengerstein selbst den Teufel aus dem Stalle des Berlifitzing bändigen."

„Sie täuschen sich, Herr Baron! Das Pferd stammt nicht aus den Ställen des Grafen. Wir kennen unsere Pflicht zu gut und hätten es in diesem Falle nicht vor eine so hohe Persönlichkeit der Familie Metzengerstein gebracht."

„Das glaube ich allerdings auch", bemerkte der Baron trocken.

In diesem Augenblick stürzte der Kammerdiener Friedrichs mit hochgerötetem Antlitz eilends herbei. Er flüsterte seinem Herrn ins Ohr, eben sei plötzlich in einem Zimmer, das er genau bezeichnete, ein Stück Wandbekleidung verschwunden. Er erzählte den Vorfall umständlich, aber so leise, daß keiner der neugierigen Stallknechte ein Wort erhaschen konnte. Den jungen Friedrich schien dieser Bericht in seltsamer Weise zu erregen. Doch erlangte er bald wieder vollständige Herrschaft über sich und gab mit einem Ausdruck entschlossener Bosheit kurz den Befehl, das fragliche Zimmer zu verschließen und ihm den Schlüssel zu überbringen.

„Haben Sie schon von dem schrecklichen Tode des alten Berlifitzing gehört?", fragte ihn einer seiner Vasallen, nachdem der Diener ihn verlassen, und das wilde Ungeheuer, das er sich eben angeeignet, in verdoppelter Wut mit wilden Sprüngen die Allee hinunterjagte, die zu seinen Stallungen führte.

„Nein", antwortete der Baron und wandte sich brüsk zu dem Sprecher um; „tot, sagst du?"

„Ja, so ist es, Herr Baron; und ich glaube, einem Edlen Ihres Namens kann diese Nachricht nicht gar zu unangenehm sein."

Ein rasches Lächeln schoß über das Gesicht des Barons: „Wie starb er?"

„Bei seinen unvernünftigen Bemühungen, einen Teil seiner geliebten Pferde zu retten, kam er elend in den Flammen um."

„Wahrhaftig?", rief der Baron, als würde ihm langsam irgend etwas Geheimnisvolles klar.

„Wahrhaftig!", wiederholte der Vasall.

„Schrecklich!", sagte der junge Mann ruhig und ging gelassen zum Palast zurück.

Von dieser Zeit ab vollzog sich in dem Benehmen des ausschweifenden Barons eine auffallende Veränderung. Er machte jede Erwartung zunichte und durchkreuzte die Pläne mancher schlauen Mutter. Seine Lebensgewohnheiten wichen noch mehr wie früher von denen der benachbarten Aristokratie ab. Man sah ihn nie außerhalb der Grenzen seines eigenen Besitztums, nie mit einem Gefährten – wenn man dem unnatürlichen, wilden, feuerfarbenen Roß, das er von jetzt ab täglich ritt, nicht ein geheimnisvolles Recht auf diesen Titel zugestehen will.

Die Nachbarschaft schickte noch lange Zeit hindurch zahlreiche Einladungen. „Wird der Baron unser Fest mit seiner Gegenwart beehren?", – „Wird der Baron mit uns auf die Eberjagd gehen?", – „Metzengerstein kommt nicht!", – „Metzengerstein jagt nicht!", waren seine kurzen hochmütigen Antworten.

Diese wiederholten Beleidigungen konnte sich der stolze Adel nicht gefallen lassen. Die Einladungen wurden weniger herzlich, weniger häufig – zuletzt blieben sie ganz aus. Die Witwe des unglücklichen Grafen Berlifitzing sprach sogar einmal den Wunsch aus, „der Baron möge verdammt sein, zu Hause zu weilen, wenn er nicht wolle, da er die Gesellschaft von seinesgleichen verschmähe; und reiten zu müssen, wenn er keine Lust habe, da er ihnen allen ein Pferd vorzöge." Diese Verwünschung war ohne Zweifel nichts als der alberne Ausbruch einer ererbten, langjährigen Abneigung und beweist nur, wie seltsam unsinnig unsere Worte oft werden, wenn wir sie besonders nachdrücklich wirken lassen wollen.

Die Gutmütigen schrieben diese Veränderung im Betragen des jungen Edelmannes dem nur zu natürlichen Kummer über den vorzeitigen Tod seiner Eltern zu und schienen die wüsten, ausschweifenden Tage, die diesem Verlust unmittelbar gefolgt waren, ganz zu vergessen. Andere erklärten die Veränderung jedoch aus einer übertriebenen Auffassung seiner Wichtigkeit und Würde. Wieder andere, unter ihn der Hausarzt, sprachen offen von morbider Melancholie und erblicher Belastung, während im Volke noch schlimmere, zweideutigere Vermutungen laut wurden.

In der Tat: die krankhafte Zuneigung des Barons zu seinem neuerworbenen Reitpferde, die nach jedem Beweis von der wilden, dämonischen Gemütsart des

Tieres nur zu wachsen schien, mußte bald allen vernünftigen Menschen unnatürlich und gräßlich erscheinen.

Am hellen Mittag, in toter Nachtstunde – gesund oder krank – bei ruhigem Wetter oder im Sturm – saß der junge Metzengerstein wie angewachsen im Sattel des ungeheuren Pferdes, dessen unzähmbare Wildheit so gut mit seinem eigenen Wesen übereinstimmte.

Noch manch anderer Umstand gab in Anbetracht der jüngst vergangenen Ereignisse der Manie des Reiters für sein fürchterliches Roß einen geisterhaften, unheimlichen Charakter. Man hatte den Raum, den das Tier in einem einzigen Sprunge zurückgelegt, nachgemessen und gefunden, daß er die tollsten Vermutungen um ein Erstaunliches übertraf. Der Baron hatte dem Tier auch keinen Namen gegeben, obgleich alle übrigen Pferde seines Stalles durch charakteristische Benennungen unterschieden waren. Sein Stall war von den übrigen getrennt, und kein Stallknecht, nur der Eigentümer selbst, wagte sich hinein. Es wurde auch bekannt, daß die drei Knechte, die das Untier nach seiner Flucht vor der Feuersbrunst mit Schlingen eingefangen hatten, nicht behaupten konnten, während dieses gefährlichen Kampfes oder nachher den Körper des Tieres mit der Hand berührt zu haben. Beweise besonderer Intelligenz bei einem edlen, heißblütigen Pferde sind nichts Seltenes und Aufregendes; doch hier ereignete sich mancherlei, das selbst die skeptischsten und phlegmatischsten Geister zum Nachdenken gebracht hätte. Man erzählte, daß manchmal ein ganzer mutiger Volkshaufe schreckensvoll vor seinem bedeutsamen, wilden Stampfen zurückgewichen, daß der junge Metzengerstein einst totenblaß vor dem scharfen, forschenden Ausdruck seines ernsten, menschlichen Auges geflohen sei.

Unter der gesamten Dienerschaft des Barons befand sich nicht einer, der die ungewöhnliche Zuneigung, die der Herr seinem feurigen Pferde zugewendet, angezweifelt hätte: nicht einer – außer seinem mißgestalteten kleinen Pagen, dessen Häßlichkeit jedermann belästigte und dessen Worte so wenig beachtenswert waren wie nur möglich. Er war unverfroren genug zu behaupten – eigentlich ist es kaum der Mühe wert, seine Worte zu wiederholen –, sein Herr stiege nie ohne einen unerklärlichen, kaum unterdrückbaren Schauder in den Sattel und komme nie von den gewohnten langen Ritten zurück, ohne daß ein Ausdruck triumphierender Bosheit jeden Muskel seines Gesichtes anspanne.

In einer stürmischen Nacht erwachte Metzengerstein aus einem schweren Schlafe, stürzte wie ein Wahnsinniger aus seinem Zimmer, bestieg das Pferd und sprengte in wildem Lauf in den nahen, unwegsamen Wald.

Man war an dergleichen Ereignisse gewöhnt und schenkte ihnen an sich weiter keine Aufmerksamkeit; doch erwartete die Dienerschaft den Herrn mit großer Angst zurück, als nach einigen Stunden die festgegründeten, wundervollen

Gebäude des Palastes Metzengerstein unter der Glut einer dichten, bleichen, unermeßlichen Feuermasse zu krachen und zu wanken begannen.

Die Feuersbrunst hatte, als man sie bemerkte, schon so vollständig Besitz von den Gebäuden ergriffen, daß man alle Löschversuche als nutzlos aufgeben mußte. Die erschreckte Volksmenge stand müßig, ja in fast stumpfsinniges Staunen versunken, in der Runde umher, als ein neues, schreckliches Ereignis ihre Aufmerksamkeit erregte. Auf der langen Allee uralter Eichen, die vom Haupteingang des Schlosses bis an den Waldrand reichte, erschien ein Roß, das wilder wie der Dämon des Sturmes selbst heranraste und einen Reiter trug, dessen Kleider in Fetzen, vom Unwetter zerrissen herabhingen.

Er konnte offenbar das Tier in seinem Rasen nicht mehr aufhalten. Die Todesangst, die sein Gesicht verzerrte, die krampfhaften, letzten Anstrengungen seines ganzen Körpers gaben Zeugnis von einem übermenschlichen Kampf; aber außer einem einzigen Schrei kam kein Ton über seine verzerrten Lippen, die er im Übermaß des Entsetzens blutig zernagt hatte. Einen Augenblick lang klangen die Hufschläge scharf und schrill durch das Zischen der Flammen und das Heulen des Windes – dann setzte das Tier mit einem einzigen Sprung über das große Tor und den Graben, raste die wankende Treppe des Palastes empor und verschwand mit seinem Reiter in dem wüsten Wirbelsturm der Flammen.

Die Wut des Sturmes legte sich sofort und eine tote Ruhe folgte. Eine weiße Flamme umhüllte das Schloß wie ein Leichentuch. Und weit hinten, am Horizont, schoß ein Streif übernatürlichen Lichtes jäh hinweg, während eine Rauchwolke sich über der zerstörten Stätte bildete und über den Ruinen lag in der deutlichen Gestalt eines riesigen – Pferdes.

DAS FASS AMONTILLADO

Nemo me impune lacessit.

Die tausend Ungerechtigkeiten Fortunatos hatte ich, so gut es ging, ertragen, doch als er mich zu beleidigen wagte, da schwor ich Rache. Sie kennen mich und werden mir deshalb glauben, daß ich auch nicht eine einzige Drohung gegen ihn ausstieß. Eines schönen Tages würde ich mich schon rächen –, das stand felsenfest; und meine Rache sollte so vollkommen sein, daß ich selbst nicht das mindeste dabei zu wagen hatte. Ich wollte nicht nur strafen, sondern ungestraft strafen. Ein Unrecht ist nicht gesühnt, wenn den Rächer wiederum Strafe ereilt – der Beleidiger büßt nicht, wenn er den Rächer nicht kennt.

Sie können sich denken, daß ich dem Fortunato mit keinem Worte, mit keiner Handlung Anlaß gegeben, an meinem Wohlwollen zu zweifeln. Ich lächelte ihm freundlich zu, wie immer, und er ahnte nicht, daß ich nur lächelte, weil ich seinen Untergang plante.

Er hatte seine schwache Seite, dieser Fortunato, obwohl er im übrigen ein Mann war, den man achten, ja fürchten mußte. Er tat sich nämlich etwas darauf zugute, ein Weinkenner zu sein. Nur wenige Italiener sind wirkliche Kenner. Gemälde und Edelsteine beurteilte Fortunato gleich den meisten seiner Landsleute wie ein Scharlatan; doch was alte Weine anging, da war er, wie gesagt, wirklich ein Kenner. Ich selbst kannte mich ebenfalls sehr gut aus in den Erzeugnissen der italienischen Weinberge und kaufte reichlich ein, wo sich nur Gelegenheit bot.

Eines Abends in der Dämmerung, gerade während der tollsten Karnevalszeit, traf ich meinen Freund auf der Straße. Er redete mich mit vergnügter Herzlichkeit an, denn er hatte viel getrunken. Der Gute sah buntscheckig genug aus in seinem enganschließenden Gewande, dessen Hälften verschieden gefärbt waren, und seiner kegelförmigen, mit Schellen behangenen Kappe. Ich war so erfreut, ihn zu sehen, daß ich schier nicht aufhören konnte, seine Hand zu schütteln.

„Mein lieber Fortunato!", sagte ich zu ihm, „das trifft sich gelegen! Nein – wie ausgezeichnet Sie heute aussehen! – Aber denken Sie: Ich habe ein Faß Amontillado bekommen – oder vielmehr einen Wein, den man dafür ausgibt ... Ja, ja! ich habe meine Zweifel..."

„Wie?", fragte er, „Amontillado? Ein Faß? – Ein ganzes Faß? – Nicht möglich! Und jetzt, mitten im Karneval!"

„Ich habe ja auch meine Zweifel", erwiderte ich ihm. „Ich war töricht genug, den vollen Preis für Amontillado zu zahlen, ohne vorher Ihr Urteil einzuholen. Aber Sie waren nirgendwo aufzutreiben, und ich wollte die Kaufgelegenheit nicht vorübergehen lassen…"

„Amontillado!?…"

„Ich habe meine Zweifel, wie gesagt…"

„Amontillado!?"

„Und möchte gern Gewißheit haben…"

„Amontillado!!??"

„Da Sie wohl heute abend nicht mehr frei sind, will ich Luchesi aufsuchen. Wenn irgend jemand ein Urteil hat, so ist er es. Er wird mir schon sagen…"

„Luchesi kann Amontillado nicht von Sherry unterscheiden…"

„Und doch, gibt es Dummköpfe, die behaupten, daß er sich ebenso gut auf Wein verstünde wie Sie!"

„Kommen Sie!"

„Wohin?"

„In Ihre Keller!"

„Nein, mein Freund! Die Einladung wäre ja auch noch das wenigste! Aber die strenge Kälte verbietet, daß wir den Versuch machen. Die Gewölbe sind feucht, unerträglich feucht, die Wände ganz von Salpeter bedeckt."

„Oh, kommen Sie nur! die Kälte … das macht nichts! Amontillado? Wer weiß, was man Ihnen aufgedrungen hat! Und – Luchesi, der kann wirklich keinen Sherry von Amontillado unterscheiden – kann er nicht!"

Damit schob Fortunato seinen Arm unter den meinen, ich nahm eine schwarze Seidenmaske vor, hüllte mich fest in meinen weiten Mantel und ließ mich von ihm zu meinem Palaste führen.

Von der Dienerschaft war niemand im Hause. Sie hatten sich alle davongemacht, um auch ihr Teil von der allgemeinen Karnevalsfreude zu bekommen. Ich hatte ihnen gesagt, daß ich vor dem frühen Morgen nicht zurückkehren werde, und den formellen Befehl gegeben, sich nicht aus dem Hause zu rühren. Dies genügte, wie ich wohl wußte, daß sie alle entwischten, sobald ich den Rükken gekehrt.

Ich nahm zwei Fackeln von ihren Haltern, gab dem Fortunato eine und führte ihn durch eine ganze Zimmerflucht bis an das Tor, das in die Gewölbe führte. Dann ging ich eine lange, gewundene Treppe hinab und bat ihn, mir nur ja recht vorsichtig zu folgen. Wir kamen endlich unten an und standen auf dem feuchten Boden der Katakomben der Montresor.

Der Gang meines Freunde war schwankend, und die Schellen an seiner Kappe klingelten bei jedem Schritte.

„Das Faß?", sagte er.

„Es liegt weiter unten", antwortete ich, „aber sehen Sie nur, wie das giftige weiße Gespinst an den Wänden glänzt!"

Er wandte sich mir zu und blickte mir mit glasigen Augen, aus denen Tränen der Betrunkenheit sickerten, ins Gesicht.

„Salpeter?", fragte er nach einer Weile, nachdem er einen furchtbaren Hustenanfall niedergekämpft hatte.

„Ja … Salpeter!", antwortete ich. „Aber wie lange haben Sie denn schon diesen schrecklichen Husten?"

Wieder packte es ihn, und während mehrerer Minuten war es meinem armen Freunde unmöglich, zu antworten.

„Es ist nichts", meinte er endlich.

„Kommen Sie", sagte ich mit Entschiedenheit, „wir wollen wieder hinaufgehen. Ihre Gesundheit ist zu kostbar. Sie sind reich, geachtet, werden bewundert, geliebt; Sie sind glücklich, wie ich es einst war. Um mich wäre es weiter nicht schade. Wir wollen wieder hinaufsteigen. Ich könnte es nicht verantworten, wenn Sie krank würden. Überdies kann ich ja Luchesi…"

„Genug!", antwortete er. „Der Husten hat nichts zu sagen, hehe! Der Husten wird mich nicht umbringen, ich werde schon nicht davon sterben."

„Das hoffe ich auch", gab ich zurück, „ich hatte auch nicht die Absicht, Sie unnötig zu beunruhigen. Aber Sie sollten doch vorsichtig sein. Ein Schluck von diesem Medoc übrigens – der wird vor der Feuchtigkeit schützen."

Ich nahm eine Flasche von dem Lagerbrett und entkorkte sie. „Trinken Sie!", sagte ich und reichte sie ihm.

Er blinzelte mir zu und brachte sie an seine Lippen. Dann machte er eine Pause und blinzelte mir wieder zu, während seine Schellen klingelten.

„Ich trinke auf die Verstorbenen, die unter uns ruhen!", lallte er.

„Und ich auf Ihr langes Leben."

Dann nahm er wieder meinen Arm, und wir schritten weiter.

„Die Gewölbe", meinte er nach einer Weile „… sehr groß … sehr…"

„Die Montresors", erwiderte ich, „waren eine zahlreiche Familie."

„Ich habe vergessen … Ihr Wappen vergessen…"

„Ein großer goldener Fuß in einem azurnen Felde; der Fuß zertritt eine Schlange, die ihre Zähne in seine Ferse gegraben hat."

„Und … Devise?"

„Nemo me impune lacessit."

„Sehr schön!", sagte er, „schön!"

Der Wein sprühte in seinen Augen, und die Schellen klingelten. Auch meine Phantasie wurde durch den Medoc erhitzt. Wir waren – an ganzen Wällen aufgeschichteten Gebeins, dann wieder an Fässern und Fäßchen vorbei – in das Innerste der Katakomben gelangt. Ich blieb stehen und faßte Fortunato am Arm.

„Sehen Sie doch nur", sagte ich, „wie der Salpeter immer dichter wird. Er hängt wie Moos an den Wänden. Wir befinden uns jetzt gerade unter dem Bett des Flusses. Die Feuchtigkeit sickert in Tropfen durch das Gebein. Kommen Sie, wir wollen zurückgehen, ehe Sie sich schaden. Ihr Husten ..."

„Hat nichts zu sagen", entgegnete er lallend, „wir wollen weitergehen! Können ja ... noch einen Schluck Medoc..."

Ich brach einer Flasche De Grave den Hals und reichte sie ihm. Er leerte sie auf einen Zug. Seine Augen funkelten jetzt in dem sonderbarsten Lichte. Er lachte dabei und warf die Flasche mit einer Geste, die ich nicht verstand, in die Luft.

Ich sah ihn etwas erstaunt an. Er wiederholt die Bewegung – sie war sehr grotesk.

„Sie verstehen nicht?", fragte er.

„Nein!", erwiderte ich.

„Sie sind also nicht ... in der Loge?"

„Wie?"

„Sie sind ... nicht Maurer?"

„Doch! doch!", sagte ich. „Doch! Doch!"

„Sie? Unmöglich! Sie – Maurer?"

„Ein Zeichen!", rief er.

„Hier!", gab ich zurück und zog eine Kelle aus den Falten meines Mantels.

„Sie scherzen!", meinte er und trat ein paar Schritte zurück. „Aber kommen Sie ... zu dem Amontillado!"

„Weiter!", sagte ich, versteckte das Werkzeug wieder unter meinem Mantel und bot ihm meinen Arm.

Er stützte sich schwer auf, und wir setzten unsern Weg fort. Zunächst kamen wir durch eine Reihe niedriger Bogengänge, stiegen tiefer hinab, gingen weiter, stiegen noch tiefer hinab und gelangten endlich in eine Wölbung, in deren unreiner Luft unsere Fackeln nur noch glühten und fast kein Licht mehr gaben.

Am Ende der Wölbung befand sich eine zweite, weniger geräumige. An ihren Wänden waren, wie in den großen Katakomben zu Paris, bis zur Decke menschliche Gebeine aufgeschichtet. Drei Seiten dieser inneren Krypta waren in dieser Art geschmückt. Von der vierten war das Gebein herabgefallen, lag verstreut auf dem Boden umher und bildete einen Haufen von ziemlicher Höhe. In der freigelegten Mauer befand sich eine Nische von vielleicht vier Fuß Tiefe, drei Fuß Breite und sechs oder sieben Fuß Höhe. Sie war offenbar zu keinem bestimmten

Zwecke errichtet, sondern bildete einfach den Zwischenraum zwischen zwei der ungeheuren Pfeiler, die das Gewölbe stützten. Ihre Rückwand war die massive Granitmauer, die das Ganze umschloß.

Vergebens erhob Fortunato seine trübe Fackel, um in die Nische hineinzuspähen: das schwache Licht ließ die gegenüberliegende Mauer nicht erkennen.

„Treten Sie ein", sagte ich, „dort liegt der Amontillado. Was Luchesi anbetrifft –"

„Er ist ein Dummkopf", unterbrach mich mein Freund und tappte vorwärts, während ich ihm auf dem Fuße folgte. Im Augenblicke war er am Ende der Nische angelangt, und als er fühlte, daß ihn der Fels hindere, weiter vorzudringen, blieb er verdutzt stehen. Im nächsten Augenblick schon hatte ich ihn an den Felsen angekettet. In diesen waren nämlich in einer Entfernung von ungefähr zwei Fuß eiserne Ringe eingelassen. In einem derselben hing eine kurze eiserne Kette, in dem anderen ein Vorlegeschloß. Nachdem ich ihm die Kette um den Leib gewunden, war es das Werk einer Sekunde, sie zu schließen. Er war zu verblüfft, um Widerstand zu leisten. Ich nahm den Schlüssel an mich und trat aus der Nische.

„Fahren Sie einmal mit Ihrer Hand über die Mauer", sagte ich. „Sie müssen den Salpeter fühlen können. Es ist in der Tat sehr feucht. Noch einmal lassen Sie mich bitten: Kehren Sie zurück! Nein? Sie wollen nicht? Ja – dann muß ich Sie endgültig verlassen. Doch vorher will ich Ihnen all die kleinen Bequemlichkeiten beschaffen, die nur möglich sind."

„Der Amontillado!", rief mein Freund, der sich von seinem Erstaunen noch nicht erholt hatte.

„Natürlich, natürlich!", erwiderte ich, „der Amontillado."

Während ich diese Worte sagte, machte ich mich über den Knochenhaufen her, von dem ich schon gesprochen, und warf ihn beiseite. Bald deckte ich auf dem Boden eine ziemliche Menge Bausteine und Mörtel auf. Mit diesem Material und meiner Kelle begann ich nun eifrig, den Eingang zur Nische zu vermauern.

Ich hatte kaum die erste Lage Steine gelegt, als ich bemerkte, daß die Trunkenheit Fortunatos zum großen Teil verschwunden war. Das erste Zeichen davon war ein dumpfer Schrei, der mir aus der Nische entgegenklang: es war nicht der Schrei eines Betrunkenen! Dann folgte ein längeres Schweigen. Ich mauerte die zweite Lage auf, die dritte, die vierte, dann hörte ich wütendes Kettengerassel. Das Geräusch dauerte mehrere Minuten, und um mit rechter Genugtuung zuhören zu können, unterbrach ich meine Arbeit und ruhte mich auf dem Knochenhaufen ein wenig aus. Als das Gerassel dann endlich aufhörte, ergriff ich meine Kelle wieder und legte die fünfte Lage, dann die sechste und die siebente. Nun ging mir die Mauer schon bis an die Brust. Ich machte wieder eine Pause, erhob die Fackel über meine Mauer und beleuchtete mit schwachen Strahlen den Eingeschlossenen.

Da brach ein anhaltendes, lautes, schrilles Geschrei aus der Kehle des Angefesselten; es war, als wolle er mich mit ihm zurückschleudern. Einen Augenblick lang zögerte ich – zitterte ich. Ich zog meinen Degen und begann in die Nische hineinzustechen, doch ein weiterer Augenblick des Nachdenkens beruhigte mich wieder. Ich legte meine Hand auf die festen Mauern des Gewölbes und fühlte mich höchst befriedigt. Ich näherte mich meinem Bauwerk von neuem und antwortete auf das Geschrei des Heulenden. Ich half ihm, ich wurde sein Echo, ich schrie noch lauter als er und noch kräftiger. Das tat ich – und der Schreier verstummte.

Es war unterdes Mitternacht geworden, und meine Arbeit näherte sich ihrem Ende. Ich hatte die, achte, neunte und zehnte Lage vollendet und noch einen Teil der elften und letzten. Es blieb nur noch ein Stein zu mauern. Ich erhob ihn mit Schwierigkeit und brachte ihn ungefähr in die richtige Stelle. Aber da erscholl aus der Nische ein leises Lachen, das mir die Haare auf dem Kopfe hoch sträubte. Dann hörte ich eine traurige Stimme, die ich kaum als die des edlen Fortunato wiedererkannte. Die Stimme sagte: „Hehehe ... he ... he ... hehehe ... he ... Das ist wirklich ein guter Spaß! – ein ausgezeichneter Spaß! Wir werden im Palast noch herzlich darüber lachen – he! he! – über unseren Wein! – he! he!"

„Über den Amontillado?", fragte ich.

„He! he! – He! he! – Ja, über den Amontillado. Aber wird es nicht spät? Wird uns die Signora Fortunato nicht im Palast erwarten? Und die anderen alle? Wir wollen gehen."

„Ja", sagte ich, „wir wollen gehen."

„Um Gottes willen, Montresor! –"

„Ja", sagte ich, „um Gottes willen!"

Auf diese Worte erhielt ich keine Antwort mehr. Ich horchte hin. Vergebens. Ich wurde ungeduldig und rief laut: „Fortunato!"

Keine Antwort. Ich rief nochmals: „Fortunato!"

Wieder keine Antwort. Ich zwängte eine Fackel durch die kleine Öffnung, die noch geblieben war, und ließ sie hineinfallen. Was ich vernahm, war – Schellengeklingel. Mir wurde übel, ohne Zweifel von der Feuchtigkeit des Gewölbes. Ich beeilte mich, meine Arbeit zu Ende zu bringen, rückte den letzten Stein in die richtige Lage und schloß die Fugen mit Mörtel. Dann errichtete ich vor dem neuen Mauerwerk den alten Wall von Gebeinen. Seit einem halben Jahrhundert hat sie niemand mehr in ihrer Ruhe gestört. *In pace requiescat!*

FROSCHHÜPFER

Ich habe nie jemanden gekannt, der ein größeres Vergnügen an Scherzen gehabt hätte als der König. Er schien zum Scherzen geboren zu sein. Eine recht spaßhafte Geschichte zu erzählen, sie gut zu erzählen, war der sicherste Weg zu seiner Gunst. So war es denn erklärlich, daß seine sieben Minister wegen ihrer Talente als Spaßmacher berühmt waren. Sie ahmten in allem dem Könige nach und waren, wie er, nicht nur unübertreffliche Spaßmacher, sondern auch ebenso wohlbeleibt und fett. Ob nun die Leute vom Spaßmachen dick werden, oder ob umgekehrt die Wohlbeleibtheit eine Neigung zum Scherzen mit sich bringt, ist mir noch nie klar geworden. Jedenfalls ist ein magerer Spaßmacher eine *rara avis in terris.*

Um feine Anspielungen oder, wie er sich ausdrückte, um die „Geister" eines Witzes kümmerte sich der König herzlich wenig. Er hatte eine besondere Vorliebe für derbe Späße. Spintisierereien ermüdeten ihn. Er würde Rabelais „Gargantua" vor Voltaires „Zadig" den Vorzug gegeben haben: und im allgemeinen waren spaßhafte Taten mehr nach seinem Geschmacke als witzige Reden.

In der Zeit, da meine Erzählung spielt, war es noch Mode, an Höfen professionelle Spaßmacher zu halten. Mehrere der großen Höfe des Kontinents hielten sich noch ihren Hofnarren, der in buntscheckigen Kleidern mit Narrenkappe und Schellen umherlief und für die Brosamen, die von des Königs Tafel für ihn abfielen, jeden Augenblick ein passendes, scharfes Witzwort bereit haben mußte.

Es versteht sich von selbst, daß auch unser König sich einen „Narren" hielt. Es war ihm sozusagen ein Bedürfnis, stets irgend etwas aus dem Reiche der Narrheit in seiner Nähe zu haben, sei es auch nur als Gegengewicht gegen die schwerfällige Weisheit der sieben Männer, die seine Minister waren –, von ihm selbst gar nicht zu reden.

Sein Narr oder berufsmäßiger Spaßmacher war jedoch nicht nur ein Narr. Sein Wert wurde in den Augen des Königs durch den Umstand verdreifacht, daß er zugleich ein Zwerg und ein Krüppel war. Man fand damals an Höfen Zwerge ebenso häufig vor wie Narren; viele Monarchen hätten nicht gewußt, womit sie ihre Tage ausfüllen sollten – an Höfen sind die Tage länger als anderswo – ohne einen Narren, mit dem sie, und einen Zwerg, über den sie lachen konnten. Aber wie ich schon bemerkte, sind die Spaßmacher in neunundneunzig von hundert

Fällen fett, rund und unbeholfen, so daß unser König wahrhaftig nicht geringe Ursache hatte, sich zu gratulieren, daß er in Froschhüpfer – so hieß der Narr – einen dreifachen Schatz in einer Person besaß.

Ich glaube den Namen „Froschhüpfer" hatte der Zwerg nicht bei der Taufe von einem seiner Paten erhalten, er war ihm vielmehr nach gemeinsamen Übereinkommen der sieben Minister wegen seiner Unfähigkeit, sich wie andere Menschen fortzubewegen, verliehen worden. Froschhüpfer konnte nämlich nur durch eine Art ruckweisen Hüpfens vorwärtskommen – eine Bewegung, die ein Mittelding zwischen Springen und Rutschen war und dem König ein unbegrenztes Vergnügen und große Genugtuung gewährte, da er selbst, obwohl er an einem Hängebauch und einer chronischen Anschwellung des Kopfes litt, bei Hofe für einen prächtige Erscheinung galt.

Doch obwohl Froschhüpfer sich zu ebener Erde nur mit großer Mühe und Schwierigkeit fortbewegen konnte, befähigte ihn die wunderbare Muskelkraft, mit der die Natur, gleichsam als Entschädigung für die Gebrechlichkeit seiner unteren Gliedmaßen, seine Arme ausgestattet hatte, wahre Wunderwerke der Geschicklichkeit zu vollbringen, sobald es sich darum handelte, einen Baum oder dergleichen zu erklimmen oder sich an einem Seil hinaufzuziehen. Bei solchen Übungen glich er viel eher einem Eichhörnchen oder einem kleinen Affen als einem Frosch.

Ich kann nicht mit Bestimmtheit sagen, aus welchem Lande Froschhüpfer eigentlich gekommen. Jedenfalls aber stammte er aus einer wilden Gegend, von der niemand etwas wußte – weit weg von des Königs Hofe. Man hatte Froschhüpfer und ein junges Mädchen, das nur um ein kleines weniger zwergenhaft, sonst aber von erlesenem Körperbau und eine wundervolle Tänzerin war, mit Gewalt aus ihrer Heimat fortgeschleppt; einer der immer siegreichen Generale des Königs hatte beide als Geschenk an den Hof gebracht.

So ist es denn nicht verwunderlich, daß zwischen den beiden kleinen Gefangenen eine innige Freundschaft entstand, daß sie unzertrennliche Kameraden wurden. Froschhüpfer war am Hofe, obwohl er so viel zu Belustigung beitrug, nichts weniger als beliebt, und es stand nicht in seiner Macht, der Trippetta größere Dienste zu leisten; sie jedoch wurde wegen ihrer Anmut und seltenen Schönheit trotz ihrer zwergenhaften Erscheinung von allen bewundert und verhätschelt, so daß sie einen großen Einfluß erlangte, von dem sie, wo sie nur immer konnte, zugunsten ihres Freundes Froschhüpfer Gebrauch machte.

Zur Feier irgendeiner großen Staatsaktion – ich vergaß welcher – beschloß der König, einmal wieder einen Maskenball zu veranstalten. Bei jedem Kostümfest oder ähnlichem Anlaß mußten Froschhüpfer und Trippetta ihre Talente zeigen. Froschhüpfer besonders war so erfinderisch im Anordnen von Aufzügen, in der Zusammenstellung von neuen Kostümen und dergleichen, daß sein Beistand unentbehrlich war. Der Abend, an dem das Fest gefeiert werden sollte, kam heran. Eine weite Halle war unter Trippettas Augen mit allem, was einer Maskerade Glanz verleihen kann, ausgeschmückt worden. Der ganze Hof befand sich in einem Fieber der Erwartung. Es läßt sich denken, daß sich alle ihr Kostüm und ihre Rolle längst ausgesucht hatten. Manche hatten schon seit Wochen, ja seit Monaten darüber nachgedacht, welchen Charakter sie an dem Abende darstellen wollten. Alle waren mit ihren Vorbereitungen fertig – nur nicht der König und seine sieben Minister. Warum sie sich noch nicht entschlossen hatten, kann ich nicht sagen; vielleicht handelte es sich auch hier um einen Scherz. Wahrscheinlicher jedoch ist, daß sie wegen ihrer Beleibtheit zu keinem Entschlusse kommen konnten. Doch die Zeit verging, und in letzter Stunde schickten sie zu Trippetta und Froschhüpfer.

Als die beiden kleinen Freunde dem Befehl des Königs nachkamen, fanden sie ihn mit seinen Beratern beim Wein sitzen; doch schien er in sehr schlechter Laune zu sein. Er wußte, daß Froschhüpfer Wein nicht vertrug, denn sein Genuß brachte den armen Krüppel stets in eine Aufregung, die an Wahnsinn grenzte. Aber der König liebte, wie gesagt, spaßhafte Taten, und es machte ihm Vergnügen, Froschhüpfer zum Trinken zu zwingen, damit er, wie er sich ausdrückte, „lustig werde".

„Komm her, Froschhüpfer", sagte er, als der Spaßmacher und seine Freundin das Gemach betreten hatten, „trinke diesen Humpen auf das Wohl deiner fernen Freunde (hier seufzte Froschhüpfer) und laß uns dann deine Erfindungsgabe zugute kommen. Wir brauchen Charaktermasken – Charaktermasken, mein Sohn –, irgend etwas Neues, Außergewöhnliches. Wir sind der ewigen Wiederholungen müde. Komm und trink! Der Wein wird deinen Witz aufstacheln."

Froschhüpfer bemühte sich, die Aufforderung des Königs mit einem Witz zu beantworten, doch ging es diesmal über seine Kräfte. Der arme Zwerg hatte zufällig an jenem Tage Geburtstag, er hatte viel an sein Heimatland gedacht, und der Befehl, auf seine fernen Freunde zu trinken, trieb ihm Tränen ins Auge. Viele schwere, bittere Tropfen fielen in den Becher, als er ihn demütig aus der Hand des Tyrannen entgegennahm.

„Ha ha haha!", brüllte der König vergnügt auf, als der Zwerg den Wein mit Widerstreben hinuntergoß, „seht doch einmal an, was ein Glas guten Weins nicht alles fertig bringt! Wahrhaftig, deine Augen glänzen schon."

Armer Kerl! Seine großen Augen glühten mehr, als daß sie leuchteten; der Wein wirkte auf sein erregbares Gehirn ebenso schnell wie heftig. Er stellte den Becher zitternd auf den Tisch zurück und blickte mit halb irrsinnigem Stieren im Kreise umher. Die Minister schienen sich alle höchlichst über diesen „Scherz" des Königs zu amüsieren.

„Und nun das Geschäftliche", sagte der Premierminister, ein sehr dicker Herr.

„Ja", meinte der König, „komm, Froschhüpfer, hilf! Also Charaktermasken, mein edler Bursche – Charaktermasken müssen wir haben –, wir alle – hahahaha!", Da er seine Worte für einen Witz hielt, lachte er, und die sieben lachten im Chore mit.

Froschhüpfer lachte auch, obwohl nur schwach und wie unbewußt.

„Komm, komm!", rief nun der König mit Ungeduld, „ist dir noch nichts eingefallen?"

„Ich bemühe mich, etwas ganz Neues zu erdenken", stammelte der Zwerg, den der Wein schon ganz verwirrt hatte.

„Bemühen!", schrie der Tyrann wütend, „was willst du damit sagen? Ah, ich sehe schon, du bist noch nicht in Stimmung und mußt mehr Wein haben. Hier, trink!", Und er goß noch einen Becher voll und bot ihn dem Krüppel dar, der, nach Atem ringend, ihn angstvoll anstarrte.

„Trink, sag ich dir!", schrie das Ungeheuer, „oder der Teufel –"

Der Zwerg zögerte. Der König wurde purpurrot vor Wut. Die Höflinge lächelten albern. Trippetta, bleich wie eine Leiche, ging auf den König zu, fiel vor ihm auf die Knie und bat um Gnade für ihren Freund.

Der Tyrann betrachtete sie einige Minuten lang; offenbar wunderte er sich über ihre Kühnheit. Er schien nicht recht zu wissen, was er tun oder sagen sollte, wie er seine Entrüstung am schicklichsten zum Ausdruck brächte. Endlich stieß er sie, ohne eine Silbe zu reden, von sich fort und goß ihr den Inhalt des übervollen Bechers ins Gesicht. Das arme Mädchen erhob sich zitternd, und ohne einen Seufzer zu wagen, nahm es seinen Platz am unteren Ende der Tafel wieder ein.

Während einer halben Minute war es so totenstill, daß man eine Feder oder ein Blatt hätte fallen hören können. Da wurde die Stille durch ein leises, aber scharfes, andauerndes Geräusch unterbrochen, das zu gleicher Zeit aus jeder Ecke des Zimmers zu kommen schien.

„Wa-wa-warum machst du den Lärm da?", wandte sich der König wütend an den Zwerg.

Der schien sich jedoch von seiner jähen Betrunkenheit vollständig erholt zu haben, und den Tyrannen fest, doch ruhig anblickend, sagte er bloß:

„Ich? – Ich? Wie könnte ich das getan haben?"

„Mir schien es", bemerkte einer der Höflinge, „als käme der Ton von außen. Ich glaube, es war der Papagei dort am Fenster, der seinen Schnabel an den Käfigstäben wetzte."

„Mag sein", erwiderte der Monarch, als fühle er sich durch diese Erklärung beruhigt, „aber ich hätte auf meine Ritterehre geschworen, daß jener Vagabund mit den Zähnen geknirscht habe."

Bei diesen Worten lachte der Zwerg laut auf (der König war zu sehr für Späße eingenommen, um etwas dagegen zu haben, wenn jemand in seiner Gegenwart lachte) und entblößte dabei eine Reihe beängstigend großer, starker Zähne. Überdies erklärte er sich bereit, so viel Wein zu trinken, wie man nur von ihm verlange. Der Monarch war besänftigt, und nachdem Froschhüpfer noch einen Humpen Wein ohne äußerlich schlimme Wirkung hinuntergestürzt hatte, setzte er mit viel Laune seine Pläne betreffs der Maskerade auseinander.

„Ich weiß nicht, welche Ideenverbindung mich darauf gebracht", begann er ganz ruhig, als habe er in seinem ganzen Leben noch keinen Tropfen Wein gekostet, „aber gleich nachdem Majestät das Mädchen geschlagen und ihm den Wein ins Gesicht gegossen hatten – also gleich nachdem Majestät das getan, und während der Papagei jenes wunderliche Geräusch am Fenster machte, erinnerte ich mich plötzlich eines prächtigen Maskenscherzes, den man oft in meiner Heimat aufführte. Hier wird er jedoch ganz neu sein. Unglücklicherweise sind jedoch acht Personen zu demselben nötig und –"

„Wir sind ja gerade acht!", rief der König lachend über seine scharfsinnige Entdeckung, „genau acht, ich und meine sieben Minister – also los, was ist das für ein Scherz?"

„Wir nennen es", erwiderte der Krüppel, „die acht aneinandergeketteten Orang-Utans. Es ist wirklich ein ausgezeichneter Scherz, wenn er gut durchgeführt wird."

„Wir werden ihn schon durchführen", sagte der König, indem er aufstand und die Augenlider senkte.

„Der Hauptspaß dabei", fuhr Froschhüpfer fort, „ist der Schreck, den er den Damen verursacht."

„Vorzüglich", brüllten der König und seine sieben Minister im Chore.

„Ich werde Sie als Orang-Utans ausstaffieren, fuhr der Zwerg fort. „Sie können mir alles überlassen. Die Ähnlichkeit wird so vollkommen, daß die ganze Gesellschaft Sie für wirkliche Bestien halten wird – man wird sicherlich ebenso erschrocken wie überrascht sein."

„Das ist ja wirklich famos!", rief der König. „Froschhüpfer, ich will noch mal was Ordentliches aus dir machen!"

„Die Ketten haben den Zweck, durch ihr Klirren die Angst und die Verwirrung zu erhöhen. Man wird glauben, Sie seien *en masse* Ihren Wärtern entflohen. Majestät können sich gar nicht vorstellen, was für einen Effekt es macht, wenn bei einer Maskerade plötzlich acht aneinandergefesselte Orang-Utans erscheinen, die die ganze Gesellschaft für wirkliche Tiere hält; – wenn sie so mit wildem Geschrei unter die Menge der vornehm und prächtig gekleideten Damen und Herren stürzen. Der Gegensatz ist unvergleichlich!"

„Das wird gemacht", sagte der König, und die Gesellschaft erhob sich eilig, denn es war höchste Zeit, um zur Ausführung des Planes zu schreiten.

Froschhüpfers Mittel, die Gesellschaft als Orang-Utans zu verkleiden, waren äußerst einfach und entsprachen seinen Absichten bestens. Die fraglichen Tiere waren zu der Zeit, in der meine Geschichte spielt, noch sehr selten und nur an wenigen Orten der zivilisierten Welt gesehen worden. Da die von dem Zwerge hergestellten Kostüme den Trägern ein ziemlich bestialisches, ja mehr als fürchterliches Aussehen verliehen, glaubte man von ihrer Naturwahrheit wohl überzeugt sein zu dürfen. Der König und die Minister wurden zuerst in enganschließende Hemden und Hosen aus halbwollenem Zeug eingenäht. Dies wurde mit Teer getränkt. Als die Sache bis zu diesem Stadium gediehen war, machte einer der Gesellschaft den Vorschlag, jetzt Federn aufzukleben. Diesem Gedanken trat jedoch der Zwerg entgegen und überzeugte die acht bald durch augenscheinliche Erläuterungen, daß das Haar des Orang-Utans viel täuschender durch Flachs nachgebildet werde. So wurde denn eine dichte Lage Flachs auf die geteerte Unterlage aufgeklebt, und dann eine lange Kette herbeigeschafft und zuerst um die Taille des Königs geschlungen und befestigt und hierauf um die Taille jedes der Minister und jedesmal fest verhakt. Als man damit fertig war, und die Gesellschaft so weit wie möglich voneinander Abstand nahm, bildeten sie einen Kreis; um den Anschein der Natürlichkeit noch zu erhöhen, zog Froschhüpfer das noch übrige Ende der Kette als zwei rechtwinklig zueinander stehende Durchmesser durch den Kreis, wie es heute noch von Affenjägern auf Borneo gemacht wird.

Der große Saal, in dem das Maskenfest stattfinden sollte, war kreisrund, sehr hoch und empfing das Licht nur durch ein einziges Fenster von oben her.

Abends jedoch – der Raum wurde eigentlich nur zu nächtlichen Festen benutzt – wurde er von einem großen Kronleuchter beleuchtet, der an einer Kette von dem Mittelpunkte des gewölbten Fensters herabhing und wie gewöhnlich mittels eines Gegengewichtes herauf- und hinuntergezogen werden konnte. Diese Kette hing jedoch des besseren Aussehens wegen nicht im Innern, sondern außerhalb der Kuppel über das Dach herab.

Der Raum war nach Trippettas Angabe ausgeschmückt worden; doch schien sie sich in einigen Besonderheiten der klügeren Einsicht ihres Freundes, des Zwergen, unterworfen zu haben. Auf seinen Vorschlag hatte sie den Kronleuchter entfernen lassen. Das Abtröpfeln des Wachses, das unmöglich zu vermeiden gewesen wäre, hätte den prächtigen Gewändern der Gäste leicht verderblich werden können, denn bei der Überfülle im Saale war es unmöglich, seine Mitte, das heißt die Stelle unter dem Kronleuchter, freizuhalten. Dagegen wurden Wandleuchter angebracht und jeder der Karyatiden, die die Mauer stützen – es waren fünfzig oder sechzig –, eine Fackel, die lieblichen Duft ausströmte, in die rechte Hand gegeben.

Die acht Orang-Utans befolgten Froschhüpfers Rat und warteten mit ihrem Erscheinen geduldig bis Mitternacht, da der Saal vollständig mit Masken gefüllt war. Doch kaum war der zwölfte Glockenschlag verhallt, als sie alle zusammen hereinstürzten oder vielmehr sich hereinwälzten, denn die schwere Kette machte, daß die meisten hinfielen und alle stolperten.

Die Aufregung unter den Masken war außerordentlich groß und erfüllte des Königs Herz mit unbändiger Heiterkeit. Wie man es erwartet hatte, gab es nicht wenige unter den Gästen, welche die wild aussehenden Wesen, wenn auch nicht gerade für Orang-Utans, so doch für wirkliche Bestien hielten. Viele Damen wurden vor Entsetzen ohnmächtig, und hätte der König nicht vorsichtshalber das Waffentragen im Saale verboten, so hätte es leicht geschehen können, daß er und seine Gesellschaft ihren Scherz mit ihrem Blute bezahlt hätten. Es entstand ein allgemeiner Andrang nach den Türen; der König hatte jedoch anbefohlen, daß dieselben unmittelbar nach seinem Eintritt geschlossen werden sollten; und auf des Zwergen Vorschlag waren diesem die Schlüssel übergeben worden.

Als der Tumult aufs höchste gestiegen war und jeder nur daran dachte, sich in Sicherheit zu bringen – es war durch das Gedränge nämlich eine Gefahr entstanden – hätte man bemerken können, daß die Kette, an der gewöhnlich der Kronleuchter hing, und die man nach seiner Entfernung aufgezogen hatte, nach und nach herabgelassen wurde, bis ihr mit einem Haken versehenes Ende nur noch drei Fuß von der Erde entfernt war.

Bald darauf befanden sich der König und seine sieben Minister, nachdem sie die Halle in jeder Richtung durchstolpert hatten, in ihrem Mittelpunkt und in fast unmittelbarer Berührung mit der Kronleuchterkette. Als sie hier standen, stachelte sie der Zwerg, der ihnen stets auf dem Fuße folgte, an, den Tumult aufrechtzuerhalten, und ergriff dabei die Kette an ihrem Kreuzungspunkte in der Mitte des Kreises; mit der Schnelligkeit eines Gedankens hatte er dieselbe in den Haken eingehakt, an dem sonst der Kronleuchter hing. Durch irgendeine unsichtbare Macht wurde nun die Kronleuchterkette so hoch hinaufgezogen, daß der Haken von unten her nicht mehr zu erreichen war und die Orang-Utans, Gesicht an Gesicht, schwebend in der Luft hingen.

Die Maskengesellschaft hatte sich mittlerweile einigermaßen von ihrem Schrecken erholt und betrachtete die ganze Sache als einen gut erfundenen Scherz. Ein lautes Gelächter über die hilflose Lage der Affen durchscholl den Saal.

„Überlaßt sie mir!", schrie Froschhüpfer mit seiner schrillen Stimme, die all den Lärm durchdrang und leicht verständlich war. „Überlaßt sie mir. Ich glaube, ich kenne sie. Wenn ich sie nur erst recht betrachten könnte, würde ich schon sagen können, wer sie sind."

Bei diesen Worten drängte er sich durch die Menge bis an die Wand, nahm einer der Karyatiden die Fackel weg und kehrte, wie er gekommen, in die Mitte des Raumes zurück, schwang sich mit affenartiger Geschwindigkeit auf den Kopf des Königs, kletterte noch ein paar Fuß an der Kette empor und senkte die Fackel, um die Orang-Utans zu beleuchten, und schrie wiederum: „Ich werde bald herausfinden, wer sie sind!"

Und während nun die ganze Gesellschaft, die Affen mit einbegriffen, von Lachen durchschüttelt wurde, ließ der Spaßmacher einen schrillen Pfiff hören, worauf die Kette mit Heftigkeit ungefähr dreißig Fuß in die Höhe schnellte, die geängstigten zappelnden Orang-Utans mit sich zog und in der Mitte zwischen dem Gewölbefenster und dem Fußboden hängen ließ. Froschhüpfer, der sich an der Kette, als sie aufgezogen wurde, festgehalten hatte, hing also ein gut Stück über den acht Masken und hielt seine Fackel noch immer gesenkt, als sei nichts vorgefallen, als sei er noch immer bemüht, herauszubringen, wer sich hinter den Masken verstecke. Die Gesellschaft war über das Hinaufziehen der Kette so erstaunt, daß ein minutenlanges, totes Stillschweigen entstand. Es wurde endlich durch ein leises, scharfes, knirschendes Geräusch unterbrochen, welches dem, das die Aufmerksamkeit des Königs und seiner Räte auf sich gezogen hatte, als der Tyrann der Trippetta den Wein ins Gesicht gegossen, vollständig ähnlich war. Doch konnte jetzt kein Zweifel mehr darüber herrschen, woher der Ton kam. Er kam von den fangartigen Zähnen des Zwergen, der schäumenden Mundes mit ihnen knirschte und mit einem Ausdruck wahnsinniger Wut in die aufwärtsgewandten Gesichter des Königs und seiner sieben Minister starrte.

„Aha!", sagte endlich der wutentbrannte Narr, „jetzt wird mir allmählich klar, wer diese Leute sind."

Bei diesen Worten hielt er, als wolle er den König noch genauer betrachten, seine Fackel an die Flachshülle, die denselben umgab. Im Augenblick ging sie in Flammen auf, und in weniger als einer halben Minute standen alle Orang-Utans in hellem Brande. Die Menge unten schrie wild auf und blickte voll Entsetzen hinauf, ohne auch nur die geringste Hilfe leisten zu können.

Die Flammen, die immer heftiger wurden, nötigten den Narren bald, die Kette noch weiter hinaufzuklettern, um ihrem Bereiche zu entfliehen. Während er dies ausführte, trat in der Menge ein erneutes, kurzes Schweigen ein, das der Zwerg benutzte, um zu reden.

„Ich sehe jetzt deutlich", sagte er, „was für Menschen sich hinter diesen Masken verbergen. Es ist ein großer König und seine sieben geheimen Kabinettsräte – ein König, der es wagte, ein hilfloses Mädchen zu mißhandeln, und seine sieben Räte, die zu allem, was er Schimpfliches tat, ja sagten. Und ich – ich bin nur Froschhüpfer, der Narr, und dies hier ist mein letzter Scherz."

Bei der leichten Verbrennbarkeit der beiden Stoffe, aus denen die Kostüme der Orang-Utans bestanden, war das Werk der Rache schon vollbracht, als der Zwerg seine kurze Ansprache eben beendet hatte. Die acht Körper hingen nur noch als eine rauchende, übelriechende Masse in ihren Ketten. Der Krüppel schleuderte seine Fackel auf sie herab, kletterte gelassen zur Decke empor und verschwand durch das Gewölbefenster.

Man nimmt an, daß Trippetta, die oben auf dem Dache stand, die Mitschuldige bei diesem feurigen Rachewerk ihres Freundes gewesen, und daß beide zusammen in ihre Heimat geflohen sind. Denn man hat keinen von beiden jemals wiedergesehen.

IN DEN BERGEN

Gegen Ende des Jahres 1827 wohnte ich in Virginia in der Nähe von Charlottesville und machte dort zufällig die Bekanntschaft eines Herrn August Bedloe. Die Persönlichkeit dieses jungen Mannes war in jeder Beziehung merkwürdig und erregte meine Neugierde und mein tiefstes Interesse. Sowohl sein körperliches wie sein geistiges Wesen war mir ein Rätsel; auch konnte ich nicht die geringste Auskunft über seine Familie erhalten noch mit Sicherheit feststellen, woher er gekommen. Ich nannte ihn einen jungen Mann – doch gab es ein Etwas in seiner Person, das mich auch sein Alter eigentlich nicht einmal annähernd bestimmen ließ. Allem Anschein nach war er noch jung, auch betonte er oft seine Jugend; und doch hatte er Augenblicke, in denen er mir hundert Jahre alt zu sein schien. Das Eigentümlichste an ihm war jedoch seine Erscheinung. Er war auffallend groß und hager und hielt sich sehr gebeugt, seine Gliedmaßen waren außerordentlich lang und abgemagert; die Stirn breit und niedrig, die Hautfarbe vollkommen blutlos, der Mund groß und von stets wechselndem Ausdruck. Seine Zähne standen, obgleich sie vollkommen gesund waren, so weit auseinander und waren so unregelmäßig, wie ich es bei keinem anderen Menschen mehr gesehen habe. Doch war sein Lächeln durchaus nicht unangenehm, nur blieb der Ausdruck stets unverändert derselbe. Es war das Lächeln einer tiefen Melancholie – einer stets gleichmäßigen, endlosen Traurigkeit. Seine Augen waren ungewöhnlich groß und rund wie die einer Katze, auch erweiterten und verengerten sich seine Pupillen in schwächerem oder stärkerem Lichte, geradeso wie es beiden Tieren aus dem Katzengeschlechte der Fall ist. Manchmal, bei besonderer Erregung, steigerte sich der Glanz dieser Augen so sehr, daß sie, wie die Sonne, leuchtende Strahlen nicht eines empfangenden, sondern eigenen Lichtes zu entsenden schienen. Im allgemeinen jedoch waren sie so trüb, blickten so unklar und glasig, daß sie einen an die Augen eines Leichnams erinnerten, der lange begraben gewesen.

Dies sonderbare Aussehen schien Herrn Bedloe vielen Verdruß zu bereiten, er spielte – halb, als wolle er es erklären, halb entschuldigend – wiederholt darauf an, was mich, als ich es zum erstenmal hörte, in peinliche Verlegenheit brachte. Ich gewöhnte mich jedoch daran und machte mir bald nichts mehr daraus. Offenbar wollte er durch die Anspielungen andeuten, daß er nicht immer so ausgesehen wie jetzt, daß eine lange Reihe nervöser Zufälle aus seiner früheren äußeren Schönheit das gemacht habe, als was man ihn nun sehe. Viele Jahre hatte er sich von einem Arzte namens Templeton begleiten lassen. Es war ein alter Herr von vielleicht siebzig Jahren, den er in Saratoga kennengelernt, und dessen Behandlung ihm dort, wie er glaubte, außerordentlich wohlgetan habe. Schließlich hatte er – seine Mittel gestatteten es ihm – mit dem Doktor ein Übereinkommen getroffen, wonach derselbe gegen ein reichliches Jahrgehalt seine Zeit und ärztliche Erfahrung ausschließlich der Pflege des Kranken zu widmen hatte.

Doktor Templeton war in seinen jungen Jahren viel gereist, hatte in Paris die Lehren des Mesmerismus kennengelernt und sich lebhaft für dieselben interessiert. Durch magnetische Kuren war es ihm gelungen, die heftigen Schmerzen seines Patienten zu lindern, und dieser Erfolg hatte denselben erklärlicherweise mit Vertrauen zu den Ansichten erfüllt, denen man die Erkenntnis dieser Heilmittel verdankte. Der Doktor hatte sich, wie alle Enthusiasten, eifrig bemüht, aus seinem Pflegling einen vollständigen Anhänger der Lehren zu machen; und es war ihm zum Schlusse denn auch gelungen, den Leidenden zu bewegen, sich zahlreichen Experimenten zu unterziehen, deren häufige Wiederholung ein Ergebnis hatten, das in der letzten Zeit so häufig vorkommt, daß man ihm wenig oder gar keine Aufmerksamkeit mehr schenkt. Zu der Zeit jedoch, die hier in Frage kommt, kannte man es in Amerika kaum. Zwischen dem Doktor Templeton und Bedloe war nämlich nach und nach ein starker Rapport, eine deutlich merkbare Beziehung eingetreten. Ich kann freilich nicht mit Sicherheit behaupten, ob dieser Rapport über die einfache Fähigkeit der Einschläferung hinausging. Diese hatte sich jedoch nach und nach unglaublich gesteigert, obwohl dem Magnetiseur der erste Versuch, den Kranken einzuschläfern, vollständig mißlungen war. Erst beim fünften oder sechsten Male hatte er nach längerer Bemühung einigen Erfolg, beim zwölften Male jedoch gelang die Einschläferung vollkommen. Nun erlag der Wille des Patienten sehr rasch dem seines Arztes, so daß derselbe zur Zeit als ich mit den beiden Herren bekannt wurde, den Patienten, selbst wenn sich derselbe seiner Gegenwart nicht bewußt war, durch einen bloßen Willensakt in Schlaf versetzen konnte. Erst jetzt, da sich täglich ähnliche Wunder vor zahlreichen Augenzeugen vollziehen, wage ich es, diese scheinbare Unmöglichkeit als eine wirkliche Tatsache mitzuteilen.

Bedloe besaß ein höchst reizbares, empfindliches, begeisterungsfähiges Gemüt, eine starke, schöpferische Phantasie, die jedenfalls durch den gewohnheitsmäßigen Genuß von Morphium noch gesteigert wurde. Er genoß das Gift in großen Mengen und hatte sich so sehr an seine Wirkungen gewöhnt, daß er ohne dasselbe nicht mehr leben zu können glaubte. Er nahm gewöhnlich jeden Morgen eine ziemlich starke Dosis – gleich nach dem Frühstück oder vielmehr gleich nachdem er eine Tasse starken Kaffee getrunken, denn er aß am Vormittage nichts. Dann begab er sich, allein oder von einem Hunde begleitet, auf lange Streifzüge durch die wilden, öden Hügel, die sich von Charlottesville nach Süden und Westen hinziehen und den Namen „Ragged Mountains" tragen.

An einem warmen, doch trüben und nebligen Tage gegen Ende November, in der seltsamen Übergangszeit also, die man in Amerika den indianischen Sommer nennt, unternahm Herr Bedloe morgens wie gewöhnlich einen Spaziergang in die Berge. Der Tag verging, ohne daß er zurückgekehrt wäre.

Über sein langes Ausbleiben ernstlich beunruhigt, wollten wir uns um acht Uhr abends aufmachen, um ihn zu suchen, als er plötzlich wieder erschien. Er befand sich nicht schlechter als immer, ja! seine Stimmung schien sogar eine etwas bessere als gewöhnlich zu sein. Was er uns dann von seinem Ausfluge und von den Begebnissen, die ihn so lange aufgehalten hatten, erzählte, erfüllte mich mit höchstem Erstaunen: „Wie Sie wissen", sagte er zu mir, „verließ ich die Stadt heute morgen gegen neun Uhr. Ich schlug den nächsten Weg in die Berge ein und befand mich gegen zehn Uhr in einer Schlucht, die mir gänzlich unbekannt war. Ich folgte den Windungen des Engpasses mit vielem Interesse. Die Landschaft auf beiden Seiten war, obwohl sie kaum großartig genannt werden konnte, von einer unbeschreiblichen, trostlosen Düsterkeit, die mich geradezu entzückte; noch nie schien ein menschlicher Fuß ihre Einsamkeit gestört zu haben. Ich konnte mich des Gedankens nicht erwehren, daß noch nie jemand vor mir den grünen Rasen und die grauen Felsen betreten habe. Der Eingang zu der Schlucht ist vollständig verborgen, allerlei Zufälligkeiten versperren den Weg zu ihr so gründlich, daß es durchaus nicht ausgeschlossen ist, daß ich der erste und der einzige Wanderer bin, der je in ihre Verborgenheit eingedrungen.

Der im indianischen Sommer so häufig aufsteigende dichte Nebel oder vielmehr Dunst lastete schwer auf allen Dingen und trug offenbar nicht wenig dazu bei, den Eindruck des Unbestimmten, den sie mir machten, noch zu vertiefen.

Die Luft war von den reizvollen Schleiern so dicht durchweht, daß ich meinen Pfad nie weiter als etwa auf zwölf Ellen erkennen konnte. Er war vielfach gewunden, und da die Nebel die Sonne vollständig verbargen, wußte ich bald nicht mehr, in welcher Richtung ich vorwärtsschritt. Mittlerweile begann auch das Morphium in gewohnter Weise zu wirken – es erfüllte mich mit einem überlebhaften Interesse für alle Dinge der äußeren Welt. In dem Zittern eines Blattes – im Farbentone eines Grashalmes – in dem Hauche des Windes – in dem Summen einer Biene – in dem Funkeln eines Tautropfens – in dem flüchtigen Duft, der vom Walde herüberwehte, barg sich mir eine ganze Welt von Ahnungen und Vorstellungen, eine heitere, bunte Schar abgerissener, angenehm verworrener Gedanken.

Auf diese Weise wunderbar gut unterhalten, setzte ich meine Wanderung mehrere Stunden lang fort. Der Nebel verdichtete sich allmählich so stark, daß ich mich nur noch vorwärtstasten konnte. Dabei ergriff mich eine unerklärliche Unruhe – eine Art nervöser Unentschlossenheit – ein ängstliches Zittern –, so daß ich kaum vorwärtszuschreiten wagte, aus Furcht, in irgendeinen Abgrund zu stürzen. Ich erinnerte mich plötzlich an allerlei seltsame Geschichten, die man sich von den Ragged Mountains und einem rohen, wilden Menschenschlage erzählte, der in ihren Höhlen und Schluchten hausen sollte. Tausend unbestimmte Vorstellungen schwirrten mir durch den Sinn und bedrückten mich, und gerade ihre Unbestimmtheit machte sie nur noch beängstigender.

Da vernahm ich plötzlich einen lauten Trommelwirbel.

Es wäre vergebliche Mühe, wollte ich Ihnen mein Erstaunen beschreiben. In der Einsamkeit dieser Berge war eine Trommel gewiß ein unerwartetes Ding. Der Posaunenstoß des Erzengels hätte mich nicht mehr überraschen können. Doch gleich darauf geschah etwas, das meine Überraschung und Verwirrung noch steigerte. Ich vernahm ein rasselndes, klirrendes Geräusch, wie von einem Bunde größerer Schlüssel, und im selben Augenblick stürzte ein dunkelfarbiger, halb nackter Mann mit einem gellenden Schrei an mir vorüber und streifte mich so dicht, daß ich seinen heißen Atem auf meiner Wange fühlte. In der einen Hand trug er ein Werkzeug, das aus einer Menge stählerner Ringe zusammengesetzt war, die er während seines Laufens heftig schüttelte. Kaum war er im Nebel verschwunden, so stürzte keuchend, mit offenem Rachen und glühenden Augen, ein großes Tier hinter ihm her. Ich konnte mich unmöglich täuschen: es war eine Hyäne!

Sonderbarerweise befreite mich der Anblick dieses Ungeheuers eher von meiner Angst, als daß er sie verstärkte –: denn es wurde mir klar, daß ich träumte. Ich bemühte mich nun, mich zu einem klaren Bewußtsein meines Zustandes aufzuraffen. Ich schritt kühn und lebhaft vorwärts. Ich rieb meine Augen, rief Worte laut vor mich hin und zwickte mich in die Glieder. Als ich bald darauf an eine Quelle kam, beugte ich mich hinab und wusch mir Hände, Haupt und Hals. Das kalte Wasser schien die unbestimmten Erregungen, die mich bis jetzt gequält hatten, zu verscheuchen. Ich fühlte mich plötzlich wie neugeboren und schritt auf dem unbekannten Wege nun sicher und wohlgemut weiter.

Von der langen Wanderung und der drückenden Schwüle der Luft ermüdet, ließ ich mich schließlich unter einem Baume nieder. Ein schwacher Sonnenstrahl drang durch das Gewölk und zeichnete vor mir auf den Rasen in zarten, aber bestimmten Umrissen die Schatten der Blätter. Staunend starrte ich diese Zeichnungen mehrere Minuten lang an und blickte darauf zu dem Baume empor: Es war eine Palme.

Ich erhob mich hastig und in grenzenloser Aufregung, denn die Annahme, daß ich träume, hielt nicht länger stand. Ich sah – ich fühlte, daß ich meiner Sinne vollkommen mächtig war; und diese Sinne überfluteten nun meine Seele mit einer ganzen Welt neuer und seltsamer Eindrücke. Die Hitze wurde plötzlich unerträglich, die Luft war mit unbekannten Wohlgerüchen beladen. Ein leises, anhaltendes Murmeln wie von einem tiefen, sanft dahingleitenden Strome drang mit einem Gesumme gleichsam von viel tausend Menschenstimmen an mein Ohr.

Während ich mit unsäglichem Erstaunen hinhorchte, trug, ein kurzer, starker Windstoß wie mit Zauberkraft die dichte Nebelhülle hinweg.

Ich befand mich am Fuße eines hohen Berges und blickte in ein ausgedehntes Tal hinab, durch welches sich ein mächtiger Strom hinwälzte. Am Ufer dieses Flusses erhob sich eine Stadt von morgenländischem Aussehen, wie man sie in arabischen Erzählungen oft geschildert findet. Ich stand ziemlich hoch, so daß ich sie mit all ihren Winkeln und Ecken überschauen konnte, als läge sie auf einer Karte gezeichnet vor mir. Zahllose Straßen kreuzten sich unregelmäßig nach allen Richtungen – man hätte sie eigentlich eher verschlungene Alleen als Straßen nennen können – und waren von Menschen überflutet. Die Häuser zeigten eine phantastisch malerische Bauart, und das Auge verlor sich in eine Wildnis von Balkonen, Veranden, Minaretts, Tempelchen und reichverzierten Erkern. In zahllosen Bazars wurden kostbare Waren in verschwenderischer Auswahl zur Schau gestellt – Seidenzeuge, Musseline, blitzende Stahlwaren, schimmernde Juwelen und Edelsteine. Fahnen flatterten, Sänften mit prächtig gekleideten verschleierten Damen wurden vorübergetragen, seltsame Götterbilder, Banner, metallene Gongs, Speere, silberne und goldene Keulen blitzten in der Sonne auf. Und mitten in dem Gewühle, dem Geschrei, dem allgemeinen Wirrwarr und Drängen – mitten in der unzähligen Schar bärtiger, schwarzer und brauner Menschen in Turban und Feierkleid trieben sich ganze Scharen geschmückter heiliger Stiere umher, während an den Leisten und Gesimsen der Moscheen und Tempelchen eine Unzahl der schmutzigen heiligen Affen mit Lärmen und Schreien ihr Wesen trieben. Aus den überfüllten Straßen führten allenthalben Treppen an das Ufer zu den Badeplätzen hinab, während der Fluß selbst sich nur mühsam zwischen den schwerbeladenen Schiffen, die seine Oberfläche weithin bedeckten, hindurchzuwinden schien. Außerhalb der Stadt erhoben sich hie und da majestätische Palmenhaine und Gruppen anderer, riesiger Bäume von fremdem Aussehen und hohem Alter. Hin und wieder erblickte man auch ein Reisfeld, die strohgedeckte Hütte eines Landmannes, einen Teich, einen kleinen Tempel, ein Zigeunerlager oder die anmutige Gestalt eines einsam dahinwandelnden Mädchens, das mit einem Kruge auf dem Kopfe in dem prächtigen Strome Wasser zu schöpfen ging.

Sie werden mir sicher sagen, daß ich dies alles nur geträumt habe. Doch nein: alles, was ich sah – was ich hörte – was ich fühlte und dachte, hatte nichts mit den unverkennbaren, dumpfen Empfindungen des Traumes gemein. Ich empfand ganz klar, daß alles wirklich da sei. Als ich selbst noch zweifelte, ob ich vollständig wach sei, stellte ich Proben an, die mir bewiesen, daß ich tatsächlich durchaus bei Sinnen war. Wenn jemand träumt und während des Traumes vermutet, daß er nur träume, wird sich der Argwohn sofort bestätigen, und der Schläfer unmittelbar darauf erwachen. Novalis hat vollständig recht, wenn er sagt, daß wir dem Erwachen nahe sind, sobald uns träumt, daß wir träumen. Hätte ich die geschilderte Vision gehabt, ohne zu argwöhnen, daß sie nur ein Traum sei, so wäre es immerhin möglich, daß sie auch nichts anderes gewesen wäre. Da ich jedoch selbst eine Zeitlang glaubte, daß ich sie nur im Traume sähe, muß ich sie einer anderen Art von Erscheinungen einreihen."

„Ich bin mir noch nicht ganz klar, ob Sie unrecht haben", unterbrach ihn Doktor Templeton. „Doch fahren Sie fort. Sie standen also auf und gingen in die Stadt hinunter?"

„Ich stand also auf", fuhr Bedloe fort und sah den Doktor mit tiefstem Erstaunen an, „ich stand auf, wie Sie sagten, und ging in die Stadt hinunter. Auf dem Wege dahin geriet ich unter eine Volksmenge, die mit allen Zeichen der Erregung nach einer bestimmten Richtung hindrängte. Plötzlich fühlte ich mich – durch einen mir selbst unerklärlichen Antrieb – von persönlicher Teilnahme für das, was da vor sich gehen sollte, durchdrungen. Es kam mir vor, als habe ich eine wichtige Rolle zu spielen, und wußte doch nicht, worin sie bestand. Gegen die Menge selbst, die mich umgab, empfand ich eine lebhafte Abneigung. Ich bahnte mir einen Weg, erreichte auf einem Umwege die Stadt und ging hinein. Hier war alles in wildestem Aufruhr. Eine kleine Schar halb indisch, halb europäisch gekleideter Männer, die von Anführern in einer zum Teil britischen Uniform befehligt wurden, befand sich im Kampfe gegen den an Zahl bei weitem überlegenen Pöbel, der sich durch die Straßen drängte. Ich vereinigte mich mit der schwächeren Partei, raffte die Waffen eines gefallenen Offiziers auf und kämpfte – ich weiß nicht gegen wen – mit wildem Mute. Wir wurden bald in die Flucht geschlagen und mußten uns in eine Art von Kiosk flüchten. Hier verbarrikadierten wir uns und waren für den Augenblick in Sicherheit. Durch eine Spalte in der Kuppel des Kiosk sah ich, wie die Menge mit wüstem Ungestüm einen Palast, der halb in den Fluß hineingebaut war, umzingelte und angriff. Plötzlich ließ sich aus einem der oberen Fenster des Palastes eine weibisch aussehende Gestalt an einem aus den zusammengeknüpften Turbans der Diener hergestellten Seile herab und entkam in einem bereitgehaltenen Boote an das gegenüberliegende Ufer.

Und nun bemächtigte sich meiner Seele eine neue Empfindung. Ich richtete ein paar energische Worte an meine Gefährten, und als ich sie meinem Plane geneigt gestimmt hatte, machten wir einen erbitterten Ausfall aus dem Kiosk. Wir stürzten mitten unter die Menge, die sich vor demselben zusammengerottet hatte. Anfangs wich sie vor uns zurück, sammelte sich wieder, griff uns wie Wahnsinnige von neuem an und mußte sich zum zweitenmal zurückziehen. Unterdessen waren wir weit von dem Kiosk fortgedrängt worden und gerieten in ein paar enge Straßen mit hohen, überhängenden Häusern, in die nie ein Sonnenstrahl zu dringen schien. Immer ungestümer kämpfte der Pöbel und schleuderte einen Hagel von Pfeilen auf uns; diese hatten eine eigentümliche Form und glichen in mancher Beziehung den gewundenen Dolchen der Malayen … sie waren dem Körper einer kriechenden Schlange nachgebildet, lang und schwarz und mit vergifteten Widerhaken versehen. Einer derselben traf mich in die rechte Schläfe. Ich taumelte, fiel hin und wurde sofort von einem schrecklichen Übelbefinden befallen. Ich versuchte, dagegen anzukämpfen, rang nach Atem – und starb."

„Sie werden jetzt wohl schwerlich noch behaupten wollen", warf ich lächelnd ein, „daß Sie das ganze Erlebnis nicht geträumt hätten – oder wollen Sie vielleicht behaupten, daß Sie nun tot sind?"

Ich erwartete irgendeine lebhafte, scherzende Antwort von Bedloe; zu meinem Erstaunen zögerte er jedoch, wurde beängstigend bleich und begann zu zittern. Ich blickte zu Templeton hinüber, er saß starr und aufrecht auf dem Stuhl – seine Zähne schlugen wie im Frost aufeinander, seine Augen schienen aus ihren Höhlen treten zu wollen.

„Weiter!", rief er endlich Bedloe mit heiserer Stimme zu.

„Mehrere Minuten lang", fuhr dieser fort, „hatte ich keine andere Empfindung als die großer Finsternis und war mir bewußt, tot zu sein. Endlich war es mir, als ob eine heftige Erschütterung, ähnlich wie ein elektrischer Schlag, meine Seele durchfahre. Sie stellte in mir ein Gefühl von Bewegung und Licht wieder her. Ich sah jedoch die Helligkeit nicht, sondern fühlte sie. Dann schien es mir, als erhöbe ich mich vom Boden. Doch empfand ich noch kein körperliches, kein hörbares, sichtbares oder fühlbares Leben. Die Menge hatte sich verlaufen, das Getümmel hatte sich gelegt, und in der Stadt war es ruhig geworden. Unter mir lag mein Körper, der Pfeil steckte noch in der Schläfe, der Kopf war unförmig aufgeschwollen und entstellt. Alle diese Dinge sah ich jedoch nicht, sondern fühlte sie. Ich hatte für nichts mehr Interesse. Sogar der Leichnam kam mir vor wie etwas, das mich nicht im geringsten anging. Willen fühlte ich nicht, empfand jedoch einen Zwang, mich zu bewegen, und flatterte gleichsam auf dem Umwege, auf dem ich gekommen, wieder zur Stadt hinaus. Als ich in der Bergschlucht jene Stelle erreichte, an welcher ich die Hyäne gesehen, empfand ich wieder einen Schlag wie von einer galvanischen Batterie; das Gefühl der Schwere, der Willenskraft, der körperlichen Wesenheit stellte sich wieder ein. Ich fand mich plötzlich als mein ursprüngliches Selbst wieder und lenkte eifrigst meine Schritte heimwärts. Doch hatte das Erlebnis nichts von der Lebendigkeit eines wirklichen Vorfalles verloren – und auch jetzt vermag ich mich nicht einen Augenblick lang zu zwingen, das Ganze für einen Traum zu halten.“

„Das war es auch nicht!“, antwortete ihm Doktor Templeton mit feierlichem Ernste, „es ist aber schwer, eine andere Bezeichnung dafür zu finden. Ich möchte Sie jedoch daran erinnern, daß der menschliche Geist in unseren Tagen bis dicht an die Entdeckung staunenerregender Kräfte der Physis gelangt ist. Mit dieser Annahme wollen wir uns begnügen. Im übrigen habe ich noch eine Erklärung zu machen. Sehen Sie hier dies kleine Aquarellbild – ich hatte schon oft vor, es Ihnen zu zeigen, doch hielt mich eine unerklärliche Furcht bis jetzt davon zurück.“

Wir betrachteten das Bild, das er uns darbot. Ich bemerkte nichts Außergewöhnliches daran, Bedloe jedoch wurde Fast ohnmächtig, als er es erblickte. Es war ein Miniaturporträt – und wies eine allerdings verblüffende Ähnlichkeit mit seinen eigenen, wie man weiß, sehr eigentümlichen Zügen auf. Wenigstens schien es mir so, als ich es betrachtete.

„Lesen Sie das Datum hier auf dem Bilde“, fuhr Templeton fort, „sehen Sie, hier steht es in der Ecke – 1780. In diesem Jahre wurde das Porträt gemacht. Es ist das Bildnis eines verstorbenen Freundes – eines Herrn Oldeb, mit dem ich in Calcutta während der Statthalterschaft Warren Hastings’ sehr befreundet war. Ich zählte damals erst zwanzig Jahre. Als ich Sie, Herr Bedloe, zum erstenmal sah, bewog mich die wunderbare Ähnlichkeit zwischen Ihnen und dem Bilde, Sie anzureden, Ihre Freundschaft zu suchen und jenes Übereinkommen zu treffen, nach dem ich Ihr ständiger Begleiter wurde. Teilweise, ja, vielleicht hauptsächlich verleitete mich eine wehmütige Erinnerung an den Verstorbenen dazu, doch war auch eine quälende, fast an Entsetzen grenzende Neugierde bezüglich Ihrer Person dabei im Spiele. In der Erzählung der Vision, die Sie in den Bergen gehabt haben, schildern Sie bis in alle Einzelheiten genau die indische Stadt Benares am Ufer des heiligen Stromes. Der Aufruhr, die Kämpfe, die Metzelei, alles dies ereignete sich wirklich beim Aufstand Cheyte Sings im Jahre 1780, bei dem Hastings in große Lebensgefahr geriet. Die Partei in dem Kiosk waren die unter des Statthalters Anführung stehenden eingeborenen Soldaten und britischen Offiziere. Ich selbst war einer von ihnen und tat mein möglichstes, um den voreiligen, unglücklichen Ausfall des Offiziers zu verhindern, der in dem Straßengedränge von dem vergifteten Pfeile eines Bengalen getroffen wurde. Dieser Offizier war mein Freund, Herr Oldeb. Aus diesen Schriftstücken werden Sie ersehen" – hier überreichte er uns ein Heft, in dem mehrere Seiten frisch geschrieben zu sein schienen –, „daß ich gerade um die Zeit, da Sie diese Vorgänge in den Bergen zu erleben glaubten, damit beschäftigt war, dieselben hier zu Hause zu Papier zu bringen."

Etwa acht Tage nach dieser Unterhaltung erschien in einem Blatt zu Charlottesville folgende Anzeige:

„Es liegt uns die schmerzliche Pflicht ob, das Hinscheiden des Herrn August Bedlo bekanntzumachen. Sein liebenswürdiges Wesen und seine trefflichen Eigenschaften sichern ihm bei den Bürgern von Charlottesville ein ehrendes Andenken.

Herr Bedlo litt seit mehreren Jahren an einem Nervenleiden, das schon verschiedentlich das Schlimmste für ihn befürchten ließ. Diese Krankheit kann jedoch nur als die mittelbare Ursache seines unerwarteten Todes angesehen werden. Bei einem Ausfluge, den er vor einigen Tagen in die Ragged Mountains unternahm, zog er sich ein leichtes Erkältungsfieber zu, das mit einem heftigen Blutandrang zum Kopfe verbunden war. Um dem Kranken Linderung zu verschaffen, verordnete Dr. Templeton örtliche Blutentziehung durch Ansetzen von Blutegeln an die Schläfen. Der Patient starb in erschreckend kurzer Zeit, und es stellte sich heraus, daß in das Gefäß, welches die Blutegel enthielt, zufällig einer der giftigen, wurmartigen Blutegel hineingeraten war, die man hin und wieder in den benachbarten Teichen findet. Das Tier hatte sich an eine kleine Ader in der rechten Schläfe festgesetzt. Seine große Ähnlichkeit mit dem medizinischen Blutegel war die Ursache zu dem unglückseligen Irrtum.

N.B. Die giftigen Blutegel von Charlottesville sind von den medizinischen stets durch ihre schwarze Farbe sowie auch durch ihre wurmartigen Bewegungen, die denen der Schlangen sehr ähnlich sind, zu unterscheiden."

Ich sprach mit dem Redakteur des betreffenden Blattes über diesen Unglücksfall und fragte ihn zufällig, wie es komme, daß der Name des Verstorbenen „Bedlo", also ohne „e" am Ende, gedruckt worden sei.

„Sie sind wahrscheinlich beauftragt worden", sagte ich, „den Namen so drucken zu lassen. Ich habe allerdings immer geglaubt, er werde am Ende mit ‚e' geschrieben."

„Beauftragt –? nein!", gab er mir zurück, „es kann nur ein Druckfehler sein. Der Name wird in der ganzen Welt mit ‚e' geschrieben, ich wenigstens habe ihn nie anders gelesen."

„So ist hier", murmelte ich vor mich hin und wandte mich zum Gehen, „die Wahrheit wieder einmal seltsamer als alle Erdichtung. Denn Bedloe ohne ‚e' ist nichts anderes als die Umkehrung des Namens Oldeb. Und da sagt der Mann, daß es nur ein Druckfehler sei!"

DIE SCHEINTOTEN

Es gibt gewisse Themata, die stets das größte Interesse erregen, aber zu schaurig sind, als daß man sie zum Gegenstand einer Erzählung machen dürfte. Der bloße Romancier darf sie nicht zu seinem Stoffe wählen, wenn er nicht Gefahr laufen will, zu beleidigen oder abzuschrecken. Man kann sie schicklicherweise nur behandeln, wenn ihnen die ernste Majestät der Wahrheit heiligend und schützend beisteht. Wir schaudern zum Beispiel in schmerzlichster Wollust, wenn wir Berichte lesen über den Übergang über die Beresina, über das Erdbeben von Lissabon, über die Pest in London, über das Blutbad in der Bartholomäusnacht, über den Erstickungstod der hundertunddreiundzwanzig Gefangenen in dem schwarzen Loch zu Calcutta. Doch immer ist die Tatsache an sich – die Wirklichkeit – die Geschichte, die unser Interesse weckt. Wären diese Begebenheiten Erfindungen, sie würden nur unseren Abscheu erregen.

Ich habe einige wenige große und in ihrer Art teilweise großartige Schrecklichkeiten aus der Geschichte erwähnt; und es ist sowohl die Tragweite wie die besondere Art der betreffenden Begebenheiten, die unsere Phantasie so lebhaft erregt. Ich brauche den Leser wohl nicht zu versichern, daß ich aus der langen, schaurigen Liste menschlichen Elendes Einzelfälle hätte herausgreifen können, bei denen die Leiden noch qualvoller waren, als bei irgendeinem dieser ungeheuren, beklagenswerten Ereignisse, die so zahlreiche Opfer forderten. In der Tat: die tiefste Tiefe von Elend, das Äußerste an Qual trifft immer den einzelnen, nicht eine Anzahl von Menschen. Das unheimliche Schmerzensübermaß des Todeskampfes muß der Mensch einzeln ertragen, nie wird es der Masse der Menschen zuteil; und dafür wollen wir einem gnädigen Gotte danken.

Lebendig begraben zu werden ist ohne Zweifel die gräßlichste unter den Qualen, die das Schicksal einem Sterblichen zuteilen kann. Und daß dies oft, sehr oft geschieht, wird kein Nachdenkender leugnen können. Die Grenzlinien, die das Leben vom Tode trennen, sind immer schattenhaft und unbestimmt. Wer vermag zu sagen, wo das eine ende und das andere beginnt? Wir wissen, daß es Krankheiten gibt, bei denen ein vollkommener Stillstand jeder sichtbaren Lebensfunktion eintreten und bei denen dieser Stillstand doch nur eine Unterbrechung genannt werden kann. Es sind lediglich Pausen, in denen der unbegreifbare Mechanismus seine Tätigkeit einmal aussetzt. Eine gewisse Zeit verläuft, und irgendein geheimnisvolles Prinzip, das wir nicht kennen, setzt das magische Getriebe wieder in Bewegung. Die silberne Saite hatte ihre Spannkraft noch nicht verloren, noch war der goldene Bogen auf immer untauglich! Aber wo war indessen die Seele?

Abgesehen von dem aprioristischen Schluß, daß solche Ursachen solche Wirkungen hervorbringen müssen – daß in den nicht abzuleugnenden Fällen pausierender Lebensfunktion natürlicherweise dann und wann verfrühte Begräbnisse stattfinden müssen – abgesehen davon, haben Ärzte und Erfahrungen bewiesen, daß solche Beerdigungen in der Tat stattgefunden haben. Wäre es nötig, so könnte ich auf der Stelle wohl hundert erwiesene Fälle anführen. –

Ein ganz besonders bemerkenswerter, dessen Einzelheiten manchem meiner Leser noch frisch im Gedächtnis sein werden, ereignete sich vor nicht allzulanger Zeit in Baltimore und erregte ein peinliches, heftiges und weitgehendes Aufsehen. Die Frau eines hochgeachteten Bürgers – eines namhaften Advokaten, der auch Mitglied des Kongresses war – wurde von einer plötzlichen, unerklärlichen Krankheit befallen, bei der die geschicktesten Ärzte nicht aus noch ein wußten. Nach vielem Leiden starb sie oder wurde vielmehr für tot erklärt. Niemand ahnte oder hatte auch nur den geringsten Grund zu der Annahme, daß sie nicht wirklich tot sei. Ihr Körper wies alle Kennzeichen des Todes auf. Das Gesicht verfiel und schrumpfte zusammen, die Lippen zeigten die gewöhnliche Marmorblässe, die Augen waren glanzlos. Keine Spur von Wärme war mehr wahrnehmbar, der Herzschlag hatte vollständig ausgesetzt. Drei Tage lag der Körper aufgebahrt, und eine steinerne Leichenstarre war eingetreten. Dann nahm man eiligst die Beerdigung vor, weil das, was man für Verwesung hielt, rasche Fortschritte machte.

Die Tote wurde in der Familiengruft beigesetzt, die nun drei Jahre unberührt blieb. Nach Ablauf dieser Zeit wurde sie wieder geöffnet, um einen anderen Sarg aufzunehmen –; doch ach! welch gräßlicher Schlag harrte des Gatten, der selbst die Grabstätte öffnete! Als er den Riegel der Tür, die sich nach außen öffnete, zurückschob, sank ihm klappernd ein weiß umhülltes Ding in die Arme. Es war das Skelett seiner Frau in ihrem noch nicht verfaulten Leichentuche.

Bei der nun folgenden sorgfältigen Untersuchung stellte es sich heraus, daß sie zwei Tage nach dem Begräbnis wieder zu Bewußtsein gekommen sein mußte, daß ihre verzweifelten Anstrengungen im Sarge wohl bewirkt hatten, daß er von seinem Ständer auf den Fußboden gefallen und zerbrochen war, so daß sie selbst aus ihm heraussteigen konnte. Eine Lampe, die man zufällig mit Öl gefüllt in der Gruft gelassen hatte, wurde leer vorgefunden, doch konnte dies auch die Folge von Verdunstung sein. Auf der obersten Stufe, die in das Totengemach führte, lag ein Stück von dem Sarge, mit dem sie, in der Hoffnung gehört zu werden, gegen die eiserne Tür geschlagen haben mochte. Wahrscheinlich wurde sie alsbald ohnmächtig oder starb vor Schrecken: als sie niedersank, hakte sich dann ihr Leichentuch in einigen nach innen stehenden Eisenstücken fest. So blieb sie und verweste stehend.

Im Jahre 1810 ereignete sich in Frankreich ein Fall von vorzeitigem Begräbnis, dessen nähere Umstände die Richtigkeit der Behauptung, daß die Wahrheit seltsamer als alle Dichtung ist, von neuem beweisen. Die Heldin dieser Geschichte ist ein Fräulein Victorine Lafourcade, ein junges Mädchen aus reicher, vornehmer Familie und von großer Schönheit.

Unter ihren zahlreichen Anbetern befand sich auch ein gewisser Julien Bossuet, ein armer Literat oder Journalist, der in Paris lebte. Seine Talente und seine Liebenswürdigkeit schienen die Aufmerksamkeit der Erbin auf ihn gelenkt und ihm ihre Liebe erworben zu haben. Ihr Standesbewußtsein bestimmte sie aber endlich doch, ihn abzuweisen und einen Herrn Renelle, einen Bankier und geschickteren Literaten, zu heiraten. Nach der Hochzeit wurde sie von ihrem Gatten vernachlässigt, ja, vielleicht sogar mißhandelt. Nachdem sie einige elende Jahre an seiner Seite dahingelebt, starb sie – wenigstens glich ihr Zustand so sehr dem Tode, daß er jeden, der sie sah, täuschte. Sie wurde begraben – nicht in der Gruft, sondern in einem gewöhnlichen Grabe auf dem Kirchhofe ihres Heimatdorfes.

Verzweifelt und noch voll von der Erinnerung an seine ehemalige tiefe Zuneigung, reist der erste Liebhaber aus der Hauptstadt in die entfernte Provinz, in der das Dorf liegt, mit dem romantischen Vorsatz, den Leichnam auszugraben und sich die üppigen Locken der Toten anzueignen. Er findet das Grab, gräbt um Mitternacht den Sarg aus, öffnet ihn, und will gerade das Haar abschneiden, als sich die geliebten Augen öffnen: Man hatte die Dame lebendig begraben! Das Leben war noch nicht vollständig entwichen, und die Zärtlichkeiten ihres ehemaligen Geliebten hatten sie wohl aus der Lethargie, die man fälschlich für den Tod gehalten, erweckt. Er brachte sie in wahnsinniger Freude in seine Wohnung im Dorfe und wandte alle Stärkungsmittel an, die ihm – er war in der Medizin ziemlich bewandert – nützlich erschienen. Kurz und gut, die Totgeglaubte kam wieder vollständig zum Leben. Sie erkannte ihren Retter und blieb so lange bei ihm, bis sie ihre frühere Gesundheit wollständig wiedererlangt. Sie hatte kein Herz von Stein, und dieser letzte Beweis an Liebe genügte, um es zu erweichen. So schenkte sie es dem Bossuet. Zu ihrem Gatten kehrte sie nicht wieder zurück, sie hielt ihre Wiederauferstehung geheim und floh mit ihrem Geliebten nach Amerika.

Nach zwanzig Jahren kehrten beide nach Frankreich zurück, überzeugt, daß die Zeit das Aussehen der Dame so verändert habe, daß ihre Freunde sie nicht wiedererkennen würden. Doch täuschten sie sich; Herr Renelle erkannte bei dem ersten Zusammentreffen seine Frau wieder und machte seine Ansprüche geltend. Sie weigerte sich, dieselben anzuerkennen; die Gerichte sprachen sich zu ihren Gunsten aus, indem sie erklärten, daß die eigentümlichen Umstände, sowie die lange, inzwischen verflossene Zeit die Ansprüche des Mannes ungültig gemacht – nicht nur moralisch, sondern auch juristisch.

Das Leipziger Journal für Chirurgie – eine Autorität auf seinem Gebiete – brachte einmal einen Bericht über einen höchst betrübenden ähnlichen Vorfall.

Ein Offizier der Artillerie, ein Mann von mächtigem Körperbau und bester Gesundheit, wurde von einem scheuenden Pferde abgeworfen und erlitt eine schwere Kopfwunde, die ihn sofort bewußtlos machte. Doch schien direkte Gefahr nicht vorhanden, da der Schädelbruch nur ein unbedeutender war. Der Verletzte wurde mit Erfolg trepaniert. Man ließ ihn zur Ader und wandte auch sonst alle Erleichterungsmittel an. Allmählich jedoch verschlimmerte sich sein Zustand, er sank in Betäubung und anhaltende Erstarrung, so daß man ihn zuletzt für tot ansah.

Das Wetter war warm, und vielleicht war dies der Grund, daß er mit eigentlich unschicklicher Hast auf einem der öffentlichen Kirchhöfe begraben wurde. Das Begräbnis fand am Donnerstag statt. An dem darauffolgenden Sonntag wurde der Kirchhof wie gewöhnlich von einer zahlreichen Volksmenge besucht, und gegen Mittag entstand unter den Leuten eine ungeheure Aufregung, weil ein Bauer erklärte, er habe, als er auf dem Grabe des Offiziers gesessen, ganz deutlich eine Erschütterung des Bodens gefühlt, als kämpfe unten jemand, um herauszugelangen.

Anfänglich schenkte man den Behauptungen des Mannes wenig Glauben, aber das offenbare Entsetzen und die Hartnäckigkeit, mit der er dieselben wiederholte, übten endlich ihre Wirkung auf die Menge aus. Man verschaffte sich schleunigst Spaten, und das oberflächlich bereitete, gar nicht tiefe Grab war bald so weit geöffnet, daß der Kopf seines Bewohners zu Tage kam. Er war scheinbar tot, doch saß er fast aufrecht in dem Sarge, dessen Deckel er bei seinen wütenden Befreiungsversuchen zum Teil aufgestoßen hatte.

Er wurde sofort in das nächste Spital gebracht, wo man ihn als noch lebend, obgleich in asphyktischem Zustande befindlich, erklärte. Nach einigen Stunden kam er langsam zu sich, erkannte Personen aus seiner Bekanntschaft und erzählte in abgerissenen Sätzen von seiner Todesangst und Qual im Grabe.

Aus dem, was er sagte, ging hervor, daß er nach dem Begräbnis noch länger als ein Stunde das Bewußtsein gehabt hatte, er lebe noch, und dann erst in den Zustand der Empfindungslosigkeit versank. Das Grab war nachlässig und mit besonders poröser Erde zugeworfen worden, so daß immerhin ein wenig Luft hindurchdrang. Er hörte die Tritte der Menge über sich und wollte sich ebenfalls bemerkbar machen. Es schien ihm, sagte er, als habe ihn der Trubel auf dem Kirchhof aus einem tiefen Schlafe geweckt, doch kaum war er vollständig erwacht, als ihm auch das Bewußtsein seiner gräßlichen Lage aufging.

Der Patient befand sich also, wie gesagt, in relativ günstigem Zustande, und es war die beste Hoffnung vorhanden, daß er sich vollständig wieder erholen würde; da wurde er das Opfer quacksalberischer Experimente. Man wandte nämlich die Voltasche Säule bei ihm an, und er verschied in einem jener ekstatischen Paroxysmen, welche die Anwendung der Elektrizität manchmal herbeiführt. –

Da ich gerade von der Voltaschen Säule spreche, kommt mir ein wohlbekannter außerordentlicher Fall ins Gedächtnis, wo sich ihre Wirkung als ausgezeichnetes Mittel bei den Wiederbelebungsversuchen erwies, die man mit einem jungen Londoner Advokaten anstellte, der schon zwei Tage im Grabe gelegen hatte. Auch dieser Fall – er geschah im Jahre 1831 – erregte überall, wo er besprochen wurde, das außerordentlichste Aufsehen.

Ein Herr Edward Stapleton war anscheinend an einem typhösen Fieber gestorben, das von einigen abnormen Symptomen begleitet gewesen, die die Neugier der Ärzte erregt hatten. Nach seinem scheinbaren Tode wurden die Freunde ersucht, ihn sezieren zu lassen, doch willigten sie nicht ein. Wie es nun bei solchen Weigerungen öfters geschieht, beschlossen die Ärzte, den Körper heimlich auszugraben und die Sezierung im Verborgenen und in aller Muße vorzunehmen. Man setzte sich mit leichter Mühe mit ein paar Leichenräubern in Verbindung, von denen London damals wimmelte, und in der dritten Nacht nach dem Begräbnisse wurde der scheinbare Leichnam aus einem acht Fuß tiefen Grabe wieder ausgegraben und in das Operationszimmer eines Privathospitals gebracht.

Als bei einem ziemlich großen Schnitt in den Unterleib das frische, unverweste Aussehen des Körpers auffiel, beschloß man, Gebrauch von der galvanischen Batterie zu machen. Ein Experiment folgte dem anderen, und die gewohnten Wirkungen traten ein, ohne daß etwas Auffälliges zu bemerken gewesen wäre, als daß die Konvulsionen ein paarmal in ganz außerordentlich hohem Grade an das wirkliche Leben erinnerten.

Es war schon spät in der Nacht, der Tag begann zu dämmern, und man entschloß sich, zur Sektion selbst überzugehen. Ein Student jedoch wollte noch eine von ihm aufgestellte Theorie erproben und bestand darauf, den elektrischen Strom noch einmal auf die Brustmuskeln spielen zu lassen. Man machte einen tiefen Schnitt und führte schnell einen Draht in die Wunde.

Da stieg der Patient mit einer eiligen, aber absolut nicht krampfhaften Bewegung vom Tische, trat in die Mitte des Zimmers, blickte ein paar Sekunden unbehaglich umher – und sprach. Was er sagte, war nicht verständlich, doch sprach er jedenfalls Worte aus, da man deutliche Silbenbildung vernahm. Dann fiel er schwer zu Boden.

Einige Sekunden lang standen die Anwesenden ganz schreckerstarrt – doch bald brachte die Dringlichkeit des Falles sie in den Besitz der vollen Geistesgegenwart zurück. Es war offenbar, daß Herr Stapleton noch am Leben, wenn jetzt auch ohnmächtig war. Durch Anwendung von Äther wurde er vollständig zu sich gebracht und erlangte bald seine Gesundheit wieder. Seinen Angehörigen gab man ihn jedoch erst dann zurück, als keine Gefahr für einen Rückfall mehr zu befürchten war. Ihr Erstaunen, ihre Freude und ihr Entzücken kann man sich kaum vorstellen!

Das Schaudererregende, Merkwürdige dieses Falles ist jedoch das, was Herr Stapleton selbst erzählt. Er erklärt, daß er keinen Augenblick vollständig fühllos gewesen – daß er, wenn auch nur dumpf und verworren, von allem Bewußtsein gehabt habe, was man mit ihm vorgenommen, von dem Augenblicke an, in dem ihn die Ärzte für tot erklärten, bis zu dem, wo er im Spital ohnmächtig zu Boden gesunken. „Ich lebe noch", das waren die unverständlichen Worte, welche er, als er den Seziersaal erkannte, im Übermaß des Entsetzens aussprechen gewollt.

Es wäre mir ein Leichtes, noch viele solcher Geschichten hier anzuführen, aber ich sehe davon ab, da wir ihrer, wie gesagt, nicht bedürfen, um die Tatsache festzustellen, daß verfrühte Begräbnisse stattfinden. Und wenn wir uns daran erinnern, wie selten es in unserer Macht steht – die Natur der Sache macht dies ja leicht begreiflich –, dergleichen Ereignisse zu entdecken, dann müssen wir sogar annehmen, daß sie häufig vorkommen. Man kann in der Tat kaum einen Kirchhof umgraben, ohne Skelette in Stellungen zu finden, die zu den grauenvollsten Mutmaßungen führen müssen.

Wahrhaftig, grauenvoll ist solch eine Mutmaßung, noch grauenvoller aber das Schicksal eines Lebendigbegrabenen. Man kann wohl ohne weiteres behaupten, daß kein Unfall ein solches Übermaß körperlicher und seelischer Qualen mit sich bringt als das Lebendig-Begrabenwerden. Der unerträgliche Druck auf die Lungen – die erstickenden Ausdünstungen der feuchten Erde – die peinigende Enge der Totenkleider – die rauhe Umarmung der schmalen Ruhestätte – die schwarze, undurchdringliche Nacht – die Stille, die wie ein Meer über dem

Unglückseligen zusammenschlägt – die unsichtbare, aber gefühlte Gegenwart des ewigen Siegers Tod – alles dies und dazu die Erinnerung an die freie Luft und das Gras über einem – an treue Freunde, die uns zu retten eilen würden, wüßten sie bloß von unserem Schicksal – und die Gewißheit, daß sie es nie, nie wissen werden, daß der wirkliche Tod hoffnungslos unser Teil geworden. Alles dies muß das noch klopfende Herz mit solch gräßlichem, unerträglichem Grausen erfüllen, daß auch die kühnste Phantasie vor seiner Ausmalung zurückschaudert. Wir kennen auf Erden nichts Fürchterlicheres – und können uns nichts Scheußlicheres ausdenken; und so wecken denn alle Erzählungen, die an dieses Thema anknüpfen, ein tiefes Interesse – ein Interesse, das bei der heiligen Furchtbarkeit des Themas ganz besonders durch die Überzeugung verstärkt wird, daß die Wahrheit berichtet wird.

Was ich nun zu erzählen habe, weiß ich wirklich und gewiß – weiß ich aus eigener Erfahrung.

Seit mehreren Jahren war ich Anfällen jener merkwürdigen Krankheit unterworfen, die die Ärzte, mangels eines bezeichnenden Namens, Katalepsie genannt haben. Obgleich die unmittelbaren und mittelbaren Ursachen, ja, sogar die Diagnose des Übels noch immer nicht festgestellt, noch immer Geheimnis sind, so kennt man doch seine äußeren wesentlichen Erscheinungen zur Genüge. Variationen scheinen nur bezüglich der Heftigkeit der Erkrankung vorzukommen. Zuweilen liegt der Patient nur einen Tag lang, ja, oft auch noch kürzere Zeit in einem lethargischen Zustande. Er ist ohne Empfindung und äußerlich vollständig bewegungslos, doch ist noch ein schwacher Herzschlag bemerkbar; eine ganz geringe Wärme bleibt sowie ein leichter Anflug von Farbe auf den Wangen; und bringt man einen Spiegel an die Lippen, so kann man eine langsame, schwache, ungleiche Lungentätigkeit wahrnehmen. Andererseits kann die Erstarrung aber auch wochen-, ja monatelang anhalten, und selbst die genaueste Untersuchung und die stärksten medizinischen Mittel können keinen materiellen Unterschied zwischen dem Zustande des Leidenden und dem, was wir Tod nennen, konstatieren. Gewöhnlich wird ein solcher Unglücklicher nur dadurch vor dem Lebendig-Begrabenwerden gerettet, daß seine Freunde wissen, daß er öfter dergleichen Anfällen unterworfen ist, und deshalb mit Recht mutmaßen, der Tod sei noch nicht eingetreten – oder dadurch, daß man beobachtete, wie die Verwesung allzu ersichtlich nicht eintritt. Glücklicherweise macht die Krankheit nur gradweise Fortschritte. Schon die ersten Anzeichen sind charakteristisch und unzweideutig. Die Anfälle werden allmählich ausgeprägter, und jeder folgende dauert länger als der vorhergehende. Dies bewahrt die Kranken hauptsächlich vor dem Lebendig-Begrabenwerden. Der Unglückselige, dessen erster Anfall schon die Heftigkeit eines seiner späteren hätte, würde diesem Schicksal wohl kaum entgehen.

Mein Krankheitsfall wich in keinem wesentlichen Punkte von denen ab, die man in medizinischen Schriften erwähnt findet. Zuweilen versank ich ohne scheinbare Ursache allmählich in eine halbe Ohnmacht, und in diesem schmerzlosen Zustand, in dem ich mich nicht bewegen, noch sprechen, noch denken konnte, aber immerhin noch ein dunkles Bewußtsein vom Leben und von der Gegenwart der Personen, die mein Bett umstanden, hatte, blieb ich, bis die Krisis der Krankheit mir ganz plötzlich wieder den Gebrauch meiner Sinne wiedergab.

Zu anderen Zeiten ergriff mich die Krankheit jäh und unerwartet. Mir wurde übel, eine Taubheit legte sich auf meine Glieder, ich fröstelte. Dann ergriff mich ein Schwindel und warf mich plötzlich nieder. Und nun war wochenlang alles schwarz, leer und stumm – die ganze Welt sank mir in ein Nichts. Die vollständigste Vernichtung kann nicht mehr sein als dieser Zustand. Aus solchen Anfällen erwachte ich jedoch im Vergleich zu der Plötzlichkeit, mit der sie kamen, nur sehr langsam. Und so langsam wie dem freund- und heimatlosen Bettler, der die lange, öde Winternacht hindurch die Straßen durchirrt, der Tag dämmert, so langsam, so zögernd, so befreiend strahlte auch mir das Licht der rückkehrenden Seele wieder zu.

Abgesehen von diesen Krampfanfällen schien mein allgemeiner Gesundheitszustand ein guter; ich bemerkte nie, daß meine Krankheit ihn in irgendeiner Weise beeinflußte – wenn man nicht eine Idiosynkrasie in meinem gewöhnlichen Schlafe aus ihr herleiten will. Wenn ich aus dem Schlummer erwachte, konnte ich nie auf einmal wieder die Herrschaft über meine Sinne antreten, sondern blieb stets noch mehrere Minuten lang verwirrt und verlegen, da mich meine gedanklichen Fähigkeiten, besonders das Erinnerungsvermögen, verlassen zu haben schienen.

Körperliche Leiden hatte ich nicht zu erdulden, dagegen eine Unendlichkeit an Seelenqualen. Meine Phantasie beschäftigte sich nur noch mit Leichen. Ich sprach nur noch von Würmern, von Gräbern und Grabinschriften. Ich verlor mich in Grübeleien über den Tod, und der Gedanke, zu früh begraben zu werden, setzte sich fast als Gewißheit in meinem Kopfe fest. Das Gespenst der Gefahr, die mich bedrohte, verfolgte mich Tag und Nacht. Am Tage war die Qual solcher Vorstellungen schon groß, in der Nacht fast übermenschlich. Wenn die Dunkelheit sich mit grauen Fittichen über die Erde spreitete, ließ mich das Grausen über meine Gedanken erbeben – wie die Trauerwedel auf einem Leichenwagen zittern. Konnte meine Natur das Wachen nicht länger ertragen, so überließ ich mich nur nach hartem Kampfe dem Schlafe, denn mich schauderte bei dem Gedanken, mich erwachend vielleicht in einem Grabe wiederzufinden.

Und fiel ich endlich in Schlaf, so versank ich in eine Welt gespenstischer Traumgestalten, die meine Grabesidee mit riesigen, schwarzen Fittichen beschattete.

Von den unzähligen Greuelszehen, die ich im Traume schauen mußte, will
ich nur eine einzige erzählen. Es war mir, als sei ich in einen Starrkrampfanfall
von ungewöhnlich langer Dauer und Heftigkeit versunken. Plötzlich berührte
eine eisige Hand meine Stirn, und eine ungeduldige, kaum verständliche Stimme
flüsterte die Worte „Steh auf!", in mein Ohr.

Ich setzte mich aufrecht. Die Dunkelheit war undurchdringlich. Ich konnte
die Gestalt dessen, der mich geweckt, nicht erkennen. Ich konnte mich weder
der Zeit erinnern, zu der ich in die Erstarrung versunken, noch hatte ich eine
Vorstellung von dem Orte, an dem ich mich befand. Und während ich noch
regungslos saß und mich bemühte, meine Gedanken zu sammeln, ergriff die
kalte Hand zornig die meine, schüttelte sie heftig, und die Stimme sagte wieder:
„Steh auf! Befahl ich dir nicht, aufzustehen?"

„Und wer", fragte ich, „bist du?"

„Ich habe keinen Namen in den Regionen, die ich jetzt bewohne", antwortete die Stimme trauervoll. „Ich war sterblich, nun bin ich zum Leben eines
Dämons erwacht; ich war unbarmherzig, nun bin ich barmherzig; du fühlst, daß
ich schaudere. Meine Zähne klappern, während ich rede, doch nicht weil die
Nacht kalt ist – diese Nacht ohne Ende. Aber die Gräßlichkeiten sind unerträglich. Wie kannst du ruhig schlafen? Ich finde keine Ruhe vor dem Schrei dieser
großen Todesqualen. Diese Seufzer sind mehr, als ich ertragen kann. Auf! Auf!
Komm mit mir in die äußere Nacht, ich will dir die Gräber enthüllen. Ist dies
nicht ein Schauspiel voll Weh? Sie hin!"

Ich sah hin; die unsichtbare Gestalt, die noch immer mein Handgelenk
umklammert hielt, hatte die Gräber der ganzen Menschheit sich öffnen heißen,
und aus jedem kam der schwache phosphoreszierende Glanz der Verwesung
hervor, so daß ich in die verborgensten Höhlen schauen und die leichentuchumhüllten Körper in ihrem trüben, feierlichen Schlafe bei den Würmern erblicken
konnte. Aber ach! Die wirklichen Schläfer waren millionenfach seltener als die,
die nicht schlummerten; ein schwaches Kämpfen ging durch ihre Reihen; eine
irre, matte Rastlosigkeit; und aus den Tiefen zahlloser Gruben kam ein trauervolles Rascheln der Gewänder der Begrabenen; und ich sah, daß eine ungeheure Zahl derer, die regungslos zu ruhen schienen, die starre, steife Lage, in
der man sie begraben, verändert hatte. Und während ich noch schaute, sagte die
Stimme wieder zu mir: „Ist das nicht – o Gott, ist das nicht ein erbarmungswürdiger Anblick?", Doch ehe ich noch ein Wort der Erwiderung finden konnte,
hatte die Gestalt meine Hand losgelassen, der Lichtschein verlosch; die Gräber
schlossen sich mit plötzlicher Gewalt, während verzweifelte Schreie aus ihnen

hervorströmten: „Ist das nicht – o Gott, ist das nicht ein erbarmungswürdiger Anblick?"

Solche schrecklichen nächtlichen Phantasien dehnten ihren unheilvollen Einfluß auch auf meine wachen Stunden aus. Meine Nerven wurden zerrüttet, ich lebte in beständigem Entsetzen. Nicht mehr reiten wollte ich, nicht spazieren gehen noch überhaupt das Haus verlassen. Zum Schlusse wagte ich überhaupt nicht mehr, mich aus der unmittelbaren Gegenwart derer zu entfernen, die um meine Anfälle wußten, nur damit ich nicht, sollte sich wieder ein Anfall einstellen, begraben werden würde, ehe man meinen wirklichen Zustand erkannt. Ich mißtraute der Pflege, der Treue meiner liebsten Freunde und fürchtete, daß sie mich bei einer Erstarrung von vielleicht ungewöhnlich langer Dauer doch für tot ansehen würden. Ich ging sogar so weit, anzunehmen, daß sie einen längeren Anfall mit Freuden als Gelegenheit begrüßen würden, mich und damit die Mühe, die ich ihnen bereitete, endgültig loszuwerden. Vergeblich bemühten sie sich, mich durch die feierlichsten Versprechungen zu beruhigen.

Sie mußten mir mit den heiligsten Eiden schwören, daß sie mich unter keinen Umständen begraben lassen würden, bis die Zersetzung so weit vorgeschritten, daß jede Erhaltung ausgeschlossen war. Und selbst dann noch ließ sich meine Todesangst durch keine Vernunftgründe, keinen Trost beschwichtigen. Ich traf zahlreiche Vorsichtsmaßregeln. Unter anderem ließ ich die Familiengruft so umändern, daß sie von innen leicht zu öffnen war. Der leiseste Druck auf einen langen Hebel, der weit in das Grab hineinragte, verursachte, das die Eisentüren weit aufflogen. Außerdem waren Vorkehrungen getroffen, daß Luft, und Licht freien Zutritt hatten, und im übrigen waren in unmittelbarer Nähe des Sarges, der mich einst beherbergen sollte, passende Gefäße zur Aufnahme von Speise und Trank befestigt worden. Der Sarg selbst war warm und weich gefüttert und mit einem Deckel geschlossen, der nach demselben Prinzip wie die Grufttür gebaut und mit Sprungfedern versehen war, die ihn bei der schwächsten Bewegung im Sarge aufspringen ließen und die eingeschlossene Person in Freiheit setzten. Überdies war an der Decke des Gewölbes eine große Glocke aufgehängt, deren Seil, wie abgemacht wurde, durch ein Loch in den Sarg geführt und an der Hand des Leichnams befestigt werden sollte. Doch ah! Was vermag alle Vorsicht gegen das Schicksal? Nicht einmal diese so wohl erdachten Sicherheitsregeln genügten, einen Bedauernswürdigen, zu diesem Lose Vorherbestimmten, vor den Höllenqualen des Lebendig-Begrabenwerdens zu retten.

Es kam wieder einmal eine Zeit, in der ich – wie es schon oft geschehen – fühlte, daß ich aus vollständiger Bewußtlosigkeit zu einem ersten, schwachen Gefühl des Daseins zurückkehrte. Langsam – mit schildkrötenhafter Langsamkeit kam das schwache, graue Dämmern meines geistigen Tages herauf. Eine starre Unbehaglichkeit. Ein apathisches Ertragen dumpfen Schmerzes. Keine Furcht – keine Hoffnung – keine Bewegung. Dann nach langer Pause ein Sausen in den Ohren; dann nach längerer Zeit eine prickelnde oder stechende Empfindung in den Extremitäten; dann eine scheinbar endlose Zeit genußreicher Ruhe, während welcher die erwachenden Gefühle sich zu Gedanken formen wollten; dann ein kurzes Zurücksinken ins Nichtsein; dann ein plötzliches Zusichkommen. Endlich ein leichtes Zucken des Augenlides und gleich darauf der elektrische Schlag eines tödlichen, endlosen Schreckens, der das Blut aus den Schläfen zum Herzen peitschte. Und nun der erste Versuch, wirklich zu denken. Und dann die erst Anstrengung, sich zu erinnern. Ein teilweiser, vorübergehender Erfolg. Bis schließlich das Erinnerungsvermögen so weit wiederhergestellt war, daß ich mir meines Zustandes bewußt wurde. Jedenfalls fühlte ich, daß ich nicht aus einem gewöhnlichen Schlafe erwachte. Und mir ward klar, daß ich wieder einen meiner Anfälle gehabt hatte. Da aber schlägt wie ein Ozean das Bewußtsein einer grauenvollen Gefahr über mir zusammen, die geisterhafte Idee beherrscht mich wieder.

Einige Minuten blieb ich regungslos. Warum? Ich konnte den Mut nicht finden, auch nur eine einzige Bewegung zu machen. Ich wagte es nicht, mich von meinem Schicksale zu überzeugen, und doch flüsterte irgend etwas in meinem Herzen mir die Gewißheit zu. Eine Verzweiflung, wie sie keine andere Art menschlichen Elendes hervorbringen kann, trieb mich endlich dazu, ein Augenlid zu öffnen. Es war dunkel – undurchdringlich dunkel um mich. Ich wußte, daß die Krisis längst vorbei. Ich wußte, daß ich den Gebrauch meines Sehvermögens vollständig wiedererlangt, und doch war alles dunkel – undurchdringlich dunkel –, die äußerste, lichtloseste, undurchdringlichste Nacht!

Ich versuchte zu schreien, meine Lippen und meine trockene Zunge bewegten sich mit krampfhafter Anstrengung; doch kein Ton entrang sich meinen Lungen, die wie von einer Bergeslast bedrückt nach Luft schnappten und zu zerreißen drohten.

Als ich bei dem Versuche zu schreien, die Kinnbacken bewegen wollte, hatte ich gefühlt, daß man sie, wie bei Toten üblich, umbunden hatte. Ich fühlte ferner, daß ich auf etwas Hartem lag und etwas Ähnliches mich auch an den Seiten drückte. Bis jetzt hatte ich noch nicht gewagt, ein Glied zu rühren, nun aber warf ich meine Arme, die ausgestreckt mit gekreuztem Handgelenk dagelegen, heftig in die Höhe. Sie stießen sich an einen festen, hölzernen Gegenstand, der sich über meinem ganzen Körper, vielleichte in der Höhe von sechs Zoll, ausdehnte. Nun konnte ich nicht länger zweifeln, daß ich in einem Sarge war.

Aber da erschien mir in all dem grenzenlosen Elend ein süßer Hoffnungsengel – ich dachte an meine Vorsichtsmaßregeln. Ich wand mich und machte krampfhafte Anstrengungen, den Deckel zu öffnen – er war nicht zu bewegen. Ich suchte an meinen Handgelenken nach dem Glockenseil – es war nicht zu finden. Da entfloh mein Tröster für immer, und gräßliche Verzweiflung fiel mich an: ich bemerkte, daß die Polster fehlten, die ich für meinen Sarg hatte herrichten lassen, und dann drang plötzlich der starke, eigentümliche Geruch feuchter Erde in meine Nase. Nein, ich konnte mich nicht mehr betrügen – ich lag nicht in der Gruft. Ich war während einer Abwesenheit von Hause bei Fremden in Starrkrampf verfallen – wann oder wie? Dessen entsann ich mich nicht mehr; und sie hatten mich wie einen Hund begraben, in einen gewöhnlichen Sarg eingenagelt und tief, tief und auf ewig in ein gewöhnliches, unbekanntes Grab verscharrt.

Als diese fürchterliche Überzeugung über mich gekommen, versuchte ich noch eins: zu schreien; und es gelang mir. Ein langer, wilder, anhaltender Schrei oder vielmehr ein tierisches Gebrüll der Todesangst durchdrang die Reiche der unterirdischen Nacht.

„Hallo, hallo, was soll das?", antwortete mir eine unwillige Stimme.

„Zum Teufel, was ist denn los?", hörte ich eine zweite.

„Heraus mit ihm!", meinte eine dritte.

„Was fällt Ihnen ein, hier wie ein wilde Katze zu heulen?", frage eine vierte; und dann fühlte ich mich gepackt und ohne weitere Umstände ein paar Minuten lang von ein paar ziemlich rauhbeinig aussehenden Gesellen derb hin und her geschüttelt. Sie weckten mich nicht aus dem Schlafe, denn ich war, als ich schrie, schon völlig erwacht, sie gaben mir nur den vollen Besitz meines Gedächtnisses wieder.

Das Abenteuer ereignete sich in Virginia, in der Nähe von Richmond.

In Begleitung eines Freundes hatte ich einen kleinen Jagdausflug den James River hinab unternommen.

Eines Nachts hatte uns ein Sturm überrascht; die Kajüte einer kleinen Schaluppe, die mit Mutterboden beladen im Flusse vor Anker lag, gewährte uns Schutz und Obdach. Wir richteten uns, so gut es ging, ein und übernachteten auf dem Boote. Ich schlief in einer der beiden Kojen – und das Aussehen einer solchen auf einer Schaluppe von sechzig bis siebzig Tonnen Gehalt brauche ich wohl nicht weiter zu beschreiben. In meinem Schlupfwinkel befand sich nicht das geringste Bettzeug. Sie maß an der breitesten Stelle achtzehn Zoll, und die Entfernung zwischen Boden und Decke betrug auch nicht mehr. Nur mit großer Schwierigkeit hatte ich mich in diesen Raum hineingezwängt. Dennoch war ich in einen gesunden Schlaf gesunken; und meine ganze Vision – sie war weder ein Traum noch ein Alp – war nur die natürliche Folge meiner Lage, meines gewöhnlichen Ideenganges und der Schwierigkeit, die es mir, wie bemerkt, bereitete, beim Erwachen sofort meine Sinne beherrschen und mein Gedächtnis befragen zu können. Die Männer, die mich schüttelten, gehörten zur Mannschaft des Schiffes. Der Erdgeruch kam von dessen Ladung her, und die Bandage um mein Kinn bestand aus einem seidenen Taschentuche, das ich mir, mangels einer gewohnten Nachtmütze, um den Kopf gebunden hatte.

Die Qualen jedoch, die ich erlitten, kamen denen eines Lebendig-Begrabenen vollständig gleich – sie waren gräßlich – grauenvoll gewesen. Doch aus ihnen erwuchs mir unsagbar viel Gutes, denn gerade ihr Übermaß hatte den wohltätigsten Einfluß auf meinen Seelenzustand. Ich gewann mehr Herrschaft über mich, überließ mich nicht mehr so sehr meinen Gedanken und mehr meinem gesunden Gefühle. Ging viel aus und machte reichlich körperliche Übungen. Atmete aus vollem Herzen die freie Himmelsluft und begann an anderes als nur an den Tod zu denken. Meine medizinischen Bücher schaffte ich ab. „Buchan" verbrannte ich und las keine „Nachtgedanken" mehr, keine Kirchhofs- noch Gespenstergeschichten, keine extravaganten Erzählungen – *wie diese hier*! Kurz, ich wurde ein neuer Mensch und begann, wie ein Mensch zu leben. Von dieser denkwürdigen Nacht an verabschiedete ich auf immer meine Grabesphantasien, und mit ihnen verschwand auch meine Katalepsie, die vielleicht mehr ihre Wirkung als ihre Ursache war.

Es gibt Augenblicke, in denen diese Welt selbst dem Auge des nüchternsten Betrachters eine Hölle scheinen muß; doch die Phantasie des Menschen führt ihn zu keiner Katharsis, mit der er es wagen darf, all ihre Abgründe zu erforschen. Ach! Die unheimliche Schar der Todesschrecken sind doch nicht bloß Phantasien, aber wir müssen sie, wie die Dämonen, die den Afrasiab den Oxus hinab begleiteten, schlafen lassen, wenn sie uns nicht verschlingen sollen – wir müssen sie schlafen lassen, wenn wir nicht zugrunde gehen wollen!

DIE TATSACHEN IM FALLE VALDEMAR

Es darf nicht wunder nehmen, daß der Fall Valdemar lebhaftes Aufsehen erregt hat – man hätte es vielmehr ein Wunder nennen müssen, wäre es anders gewesen.

Der Wunsch aller bei der Angelegenheit beteiligten Personen, diese so lange wenigstens geheimzuhalten, bis neue Nachforschungen ihnen noch weitere Beweise an die Hand gegeben hätten, veranlaßte, daß ein tendenziöser und übertriebener Bericht ins Publikum gelangte, der die ganze Angelegenheit in falschem Lichte erscheinen ließ und natürlicherweise Unglauben hervorrief.

Es ist deshalb nötig, eine Darstellung der Tatsachen dieses Falles zu geben, soweit sie mir selbst schon verständlich sind.

In den letzten drei Jahren beschäftigte ich mich lebhaft mit dem Studium des Magnetismus. Vor ungefähr neun Monaten kam mir nun plötzlich der Gedanke, daß die bisher gemachten zahlreichen Experimente eine bemerkenswerte und fast unerklärliche Lücke aufwiesen: bis jetzt war nämlich noch niemand *in articulo mortis* magnetisiert worden. Es war noch nicht festgestellt, ob der Patient in diesem Zustande überhaupt für magnetische Beeinflussung empfänglich sei und, wenn ja, ob sein Zustand dieselbe verstärke oder vermindere, fernerhin, inwieweit und auf wie lange die Äußerungen des Todes durch ein solches Vorgehen aufgehalten werden könnten. Noch manch anderer Punkt war aufzuklären, aber diese drei reizten meine Neugierde am meisten. Besonders wichtig wegen seiner unberechenbaren Folgen schien mir der letzte.

Als ich nun in meiner Umgebung nach einer Persönlichkeit Umschau hielt, mittelst derer ich mir die gewünschte Klarheit verschaffen könne, mußte ich sofort an meinen Freund, Herrn Ernst Valdemar, denken, den bekannten Compilor der „Bibliotheka Forensica" und der Autor der polnischen Übersetzungen des „Wallenstein" und des „Gargantua". Herr Valdemar, der seit dem Jahre 1839 gewöhnlich in Harlem bei New York wohnte, ist oder war vielmehr von ganz auffallender Magerkeit und von einem ausgesprochen nervösen Temperamente, das ihn zu magnetischen Experimenten höchst geeignet erscheinen ließ. Zwei- oder dreimal hatte ich ihn ohne Schwierigkeit in Schlaf versetzt, doch erzielte ich keineswegs die Resultate, die ich von seiner Konstitution erwarten zu dürfen glaubte. Sein Wille stand niemals ganz unter meiner Herrschaft, und in puncto Hellsehen erlangte ich auch nicht den geringsten Anhalt, der mir zu weiteren Forschungen dienlich gewesen wäre. Den Grund dieser Mißerfolge hatte ich immer in seiner zerstörten Gesundheit gesucht. Einige Monate bevor wir uns kennenlernten, war nämlich von den Ärzten hochgradige Schwindsucht bei ihm festgestellt worden, von der er selbst übrigens, geradeso wie von seinem nahenden Ende, mit größter Kaltblütigkeit sprach, als handle es sich um eine Sache, die weder zu vermeiden noch zu bedauern sei.

Als mir die Ideen kamen, von denen ich eben sprach, dachte ich also ganz natürlicherweise gleich an Herrn Valdemar. Ich kannte die streng philosophische Denkweise dieses Mannes zu gut, um seinerseits Bedenken zu erwarten; auch besaß er in Amerika keine Verwandten, deren Einspruch ich hätte fürchten müssen. Ich wandte mich deshalb frei und offen an ihn, und zu meiner großen Überraschung äußerte er sogar ein lebhaftes Interesse an meinem Vorhaben. Ich sage „zu meiner großen Überraschung"; denn obwohl er sich stets bereitwilligst zu meinen Experimenten hergegeben hatte, bezeigte er doch nie die geringste Sympathie für meine Studien. Der Charakter seiner Krankheit ließ mit Sicherheit vorausberechnen, wann sie mit dem Tode ihren Abschluß finden würde – und so kamen wir denn überein, daß er mich vierundzwanzig Stunden vor seiner ihm von den Ärzten angezeigten Auflösung rufen lassen würde.

Vor nun mehr als sieben Monaten erhielt ich von Herrn Valdemar selbst folgende Benachrichtigung:

Mein lieber P.!

Sie tun gut daran, sofort zu kommen. D. und F. erklären beide, daß ich die Mitternacht des morgigen Tages nicht überleben werde; und ich selbst denke auch, daß sie den Zeitpunkt so ziemlich richtig angegeben haben.

Ihr Valdemar

Ich erhielt diese Zeilen eine halbe Stunde später, als sie geschrieben worden waren, und nach einer weiteren Viertelstunde befand ich mich in dem Sterbezimmer. Ich hatte meinen Freund seit zehn Tagen nicht gesehen und war entsetzt über die schreckliche Veränderung, die in dieser kurzen Zeit mit ihm vorgegangen. Sein Gesicht war von bleigrauer Farbe, die Augen vollkommen glanzlos, und die Abmagerung so vorgeschritten, daß es mir vorkam, als müßten die Backenknochen die Haut durchstoßen. Er hatte außerordentlich starken Auswurf, sein Puls schlug kaum vernehmlich. Trotzdem hatten sich seine geistigen und bis zu einem gewissen Grade auch seine Körperkräfte in merkwürdiger Weise erhalten. Er sprach vollkommen deutlich und konnte ohne fremde Hilfe einige lindernde Medikamente einnehmen. Als ich eintrat, war er gerade damit beschäftigt, mit Bleistift einige Bemerkungen in sein Taschenbuch zu schreiben. Er saß, von Kissen gestützt, aufrecht im Bette. Die Ärzte D. und F. beobachteten ihn.

Nachdem ich meinen Freund mit einem Händeruck begrüßt hatte, nahm ich die Herren beiseite und erhielt von ihnen einen genauen Bericht über das Befinden des Patienten. Der linke Lungenflügel war seit achtzehn Monaten in einem halbverknöcherten, knorpelartigen Zustande und in keiner Weise mehr fähig, die Lebensfähigkeit zu erhalten. Der rechte Lungenflügel war in seinem oberen Teile ebenfalls, wenn nicht gänzlich, so doch zum größten Teile verknöchert, während der untere Teil nur noch aus einer Masse eiternder Tuberkeln bestand, die durcheinanderrannen. Verschiedene Durchlöcherungen mußten vorhanden sein, und an einer Stelle war eine bleibende Anlegung an die Rippen eingetreten. Die Erscheinungen im rechten Flügel schienen von verhältnismäßig neuem Datum. Die Verknöcherung war mit ganz ungewöhnlicher Schnelligkeit vor sich gegangen – vor einem Monat hatte man noch nicht das geringste Anzeichen davon entdeckt; und die Anlegung hatte man überhaupt erst seit den letzten drei Tagen bemerkt. Außerdem befürchtete man bei dem Patienten noch eine Pulsadergeschwulst doch konnte man sich darüber wegen der Verknöcherung keine genaue Aufklärung verschaffen. Beide Ärzte waren der Ansicht, daß Herr Valdemar um Mitternacht des folgenden Tages, eines Sonntags, sterben werde; als sie mir das sagten, war es Sonnabendabend sieben Uhr.

Während ich mit mir selbst zu Rate ging und abseits von dem Bette des Sterbenden stand, sagten ihm Doktor D. und Doktor F. ein letztes Lebewohl. Sie beabsichtigten, nicht mehr wiederzukommen; aber auf meinen Wunsch entschlossen sie sich, am Abend gegen zehn Uhr noch einmal bei dem Kranken vorzusprechen.

Als sie gegangen waren, unterhielt ich mich mit Herrn Valdemar ganz ungezwungen von seiner nahen Auflösung und noch eingehender von unserem beabsichtigten Experimente. Er erklärte sich nochmals bereit, seine Person herzugeben, er schien sogar ein gewisses Verlangen zu empfinden und drängte mich, doch gleich zu beginnen. Da jedoch augenblicklich nur ein Diener und eine Dienerin zur Krankenpflege anwesend waren, fühlte ich mich nicht sicher genug, eine so wichtige Aufgabe zu übernehmen, ohne im Fall eines plötzlichen Unglücks andere, zuverlässigere Augenzeugen als diese beiden Leute zu haben. Ich verschob deshalb das Experiment bis zum folgenden Abend gegen acht Uhr, als das Erscheinen eines Studenten der Medizin, Herrn Theodor L., mit dem ich flüchtig bekannt war, meinen Bedenken ein Ende machte. Anfänglich hatte ich beabsichtigt, bis zur Ankunft der Ärzte zu warten, doch sah ich jetzt auf die immer dringenderen Bitten des Herrn Valdemar davon ab, und überdies sagte mir meine eigene Überzeugung, daß ich keine Minute zu verlieren habe, da es mit dem Kranken zusehends zu Ende ging.

Herr L. hatte die Liebenswürdigkeit, alles was sich zutrug, zu notieren, und das, was ich jetzt mitteile, ist seinen Aufzeichnungen teils auszugsweise, teils wörtlich entnommen.

Ungefähr fünf Minuten vor acht Uhr ergriff ich die Hand des Kranken und richtete die Bitte an ihn, Herrn L., so laut und deutlich wie er könne, seinen ausdrücklichen Wunsch zu äußern, von mir in seinem jetzigen Zustande magnetisiert zu werden.

Er erwiderte mit schwacher, doch vollkommen vernehmbarer Stimme: „Ja, ich wünsche magnetisiert zu werden" – und fügte unmittelbar darauf hinzu, „ich fürchte, Sie haben es schon zu lange hinausgeschoben."

Noch während er dies sagte, begann ich, die Striche zu machen, welche sich bei ihm stets am wirksamsten gezeigt hatten; und augenscheinlich übte schon der erste Strich – ich führte ihn seitlich über seine Stirn – einen Einfluß aus. Aber obwohl ich meine ganze Kraft aufbot, gelang es mir nicht, weitere bemerkbare Wirkungen zu erzielen, bis einige Minuten nach zehn Uhr die beiden Ärzte, ihrem Versprechen gemäß, wieder im Krankenzimmer erschienen. Ich erklärte ihnen mit kurzen Worten, was ich vorhabe, und da sie keinen Einspruch erhoben, weil der Patient schon im Todeskampfe liege, fuhr ich ohne Zögern mit den Strichen fort, wählte jedoch statt der waagerechten senkrechte und hielt meinen Blick unverwandt auf das rechte Auge des Leidenden gerichtet.

Der Pulsschlag war mittlerweile ganz unbemerkbar geworden und das Atmen nur noch ein Röcheln, das sich in Zwischenräumen von einer halben Minute über seine Lippen mühte.

In diesem Zustande verblieb Valdemar fast eine Viertelstunde lang. Nach Ablauf der Zeit jedoch entrang sich dem Sterbenden ein natürlicher, wenn auch ungewöhnlich tiefer Seufzer, das röchelnde Atmen hörte auf – das heißt, es war kein Röcheln mehr vernehmbar, die Pausen zwischen den einzelnen Atemzügen blieben unvermindert. Hände und Füße des Patienten waren von eisiger Kälte.

Fünf Minuten vor elf bemerkte ich unzweifelhafte Anzeichen einer magnetischen Beeinflussung. Das gläserne Rollen des Auges war jenem Ausdruck unruhigen Nach-Innen-Sehens gewichen, der nur bei Somnambulen vorkommt und nicht zu verkennen ist. Durch ein paar rasche, seitlich laufende Striche machte ich die Augenlider wie beim Einschlummern leicht erzittern, und mit ein paar weiteren gelang es mir, dieselben ganz zu schließen. Ich war jedoch damit noch nicht zufrieden, sondern setzte meine Manipulationen mit Aufbietung all meines Willens fort, bis ich die Glieder des Schlafenden, nachdem ich dieselben in eine bequeme Lage gebracht, nach Belieben betten konnte. Die Beine waren in voller

Länge ausgestreckt, die Arme fast ebenso und ruhten in einiger Entfernung von den Hüften auf dem Bettpolster. Der Kopf lag wenig erhöht.

Inzwischen war es Mitternacht geworden, und ich forderte die anwesenden Herren auf, den Zustand Valdemars zu untersuchen. Sie taten es und konstatierten nach einiger Zeit, daß er in einem außergewöhnlich tiefen magnetischen Schlafe läge. Die Wißbegierde der beiden Ärzte war natürlich hoch erregt. Dr. D. beschloß sofort, die ganze Nacht bei dem Kranken zuzubringen, während Dr. F. sich mit dem Versprechen verabschiedete, gegen Tagesanbruch wiederzukommen. Herr L. und die beiden Krankenwärter blieben zurück.

Wir ließen Herrn Valdemar bis gegen drei Uhr morgens ungestört. Als ich ihn um diese Zeit wieder genauer betrachtete, fand ich ihn in derselben Stellung, in der er gewesen, als Dr. F. ihn verließ, das heißt, er lag noch in derselben Lage, der Puls war nicht fühlbar, der Atem so schwach, daß man ihn durch einen vor die Lippen gehaltenen Spiegel kaum feststellen konnte, die Augen natürlich geschlossen und die Glieder steif und kalt wie von Marmor. Doch machte mein Freund keineswegs den Eindruck eines Toten.

Nun versuchte ich, den rechten Arm Valdemars zu beeinflussen, ihn zu zwingen, den Bewegungen des meinigen zu folgen, indem ich ihn über seinem Körper sanft hin- und herbewegte. Dergleichen Versuche waren früher bei dem Patienten stets erfolglos geblieben; und auch jetzt hatte ich selbst eigentlich nicht geglaubt, daß ich die beabsichtigte Wirkung erzielen würde. Aber zu meinem größten Erstaunen folgte diesmal Valdemars Arm dem meinen bereitwilligst, wenn auch mit einer matten Bewegung, so doch nach jeder Richtung hin, die ich vorschrieb.

Ich beschloß, nunmehr ein Gespräch zu versuchen.

„Herr Valdemar", fragte ich, „schlafen Sie?", Er antwortete nicht, aber ich bemerkte ein leises Zittern seiner Lippen, das mich ermutigte, die Frage noch einige Male zu wiederholen. Beim dritten Male wurde sein ganzer Körper von einem leisen Schauder überlaufen. Die Augenlider öffneten sich so weit, daß ein schmaler, weißer Strich vom Augapfel sichtbar wurde. Die Lippen bewegten sich schlaff und flüsterten kaum hörbar die Worte: „Ja – ich schlafe jetzt – wekken Sie mich nicht auf – lassen Sie mich so sterben."

Ich untersuchte die Glieder und fand sie so steif wie zuvor. Der rechte Arm gehorchte wie vorher den Bewegungen meiner Hand. Dann fragte ich den Schlafenden aufs neue: „Haben Sie noch Schmerzen in der Brust, Herr Valdemar?"

Die Antwort erfolgte jetzt sofort, war aber noch weniger hörbar als zuvor: „Keinen Schmerz – ich liege im Sterben."

Ich hielt es nicht für ratsam, ihn jetzt noch weiter zu stören. Bis zur Ankunft des Doktor F. wurde nichts weiter getan und gefragt. Herr F.

erschien gegen Sonnenaufgang und war außerordentlich erstaunt, den Patienten noch am Leben zu finden. Nachdem er ihm den Puls gefühlt und seinen Lippen einen Spiegel vorgehalten hatte, forderte er mich auf, den Schlafwachen wieder anzureden. Ich tat es und fragte: „Herr Valdemar, schlafen Sie noch immer?"

Diesmal vergingen wieder einige Minuten, ehe er antwortete, und es schien, als raffe der Sterbende während dieser Zeit all seine Energie zusammen, um reden zu können. Als ich ihn zum viertenmal fragte, antwortete er sehr schwach, fast unhörbar: „Ja – schlafe noch immer – sterbe."

Die Ärzte äußerten jetzt den Wunsch, Herr Valdemar möge in seinem gegenwärtigen, anscheinend ruhigen Zustande ungestört belassen werden, bis sein Tod eintrete, was nach ihrer übereinstimmenden Meinung innerhalb einiger Minuten erfolgen werde. Ich beschloß jedoch, den Sterbenden noch einmal anzusprechen, und wiederholte einfach meine frühere Frage.

Während ich sprach, vollzog sich in den Zügen des Magnetisierten eine deutlich sichtbare Veränderung. Die Augendeckel öffneten sich langsam, die Pupillen verschwanden nach oben, die Hautfarbe wurde leichenhaft und war noch eher weißem Papier als Pergament zu vergleichen; und die runden hektischen Flecken, welche sich bisher auf jeder Wange so scharf abgezeichnet hatten, *erloschen* plötzlich. Ich gebrauche diesen Ausdruck absichtlich, weil ihr rasches Verschwinden an nichts so sehr erinnerte, als an das plötzliche Verlöschen einer Kerze, wenn man sie mit einem starken Atemzuge ausbläst… Zu gleicher Zeit zog sich die Unterlippe von den Zähnen, die sie bisher vollständig bedeckt, zurück, und die untere Kinnlade klappte mit einem hörbaren Ruck nach unten, so daß sich der Mund weit öffnete und die geschwollene, schwarz angelaufene Zunge sichtbar wurde. Ich darf vermuten, daß alle damals Anwesenden mit den Schrecken eines Sterbebettes vertraut waren; doch der Anblick des Toten war in diesem Augenblicke so über alle Begriffe scheußlich, daß wir entsetzt aus der Nähe des Bettes zurückwichen.

Ich fühle selbst, daß ich jetzt bei einem Punkte meiner Erzählung angekommen bin, über den hinaus mir die Leser keinen Glauben mehr schenken werden. Doch es ist meine Pflicht, fortzufahren.

Es war auch nicht das geringste Zeichen von Lebenstätigkeit mehr in dem Körper Valdemars zu entdecken. Wir mußten ihn für tot erklären und wollten die Leiche schon der weiteren Sorge seiner Wärter überlassen, als die Zunge plötzlich in eine zitternde Bewegung geriet, die etwa eine Minute lang anhielt. Nach Ablauf dieser Zeit tönte zwischen den auseinandergesperrten regungslosen Kiefern eine Stimme hervor – eine Stimme, die beschreiben zu wollen Wahnsinn wäre. Doch gibt es zwei oder drei Eigenschaftswörter, die man vielleicht auf dieselbe anwenden könnte. Der Klang war rauh, gebrochen und hohl; aber der ganze furchtbare Eindruck läßt sich aus dem einfachen Grunde nicht beschreiben, weil noch kein menschliches Ohr ähnlich schnarrende Töne vernommen hat. Doch hörte ich damals gleich heraus und glaube auch noch heute, daß zwei Eigentümlichkeiten die Farbe des Tones kennzeichneten und so gestatten, einigermaßen einen Begriff von seiner sonderbaren Unnatürlichkeit zu geben. Erstens schien es, als käme die Stimme aus weiter Ferne her oder aus irgendeiner tiefen Höhle in der Erde. Zweitens empfing mein Gehörsinn von ihr den Eindruck (ich fürchte wirklich, daß es mir unmöglich ist, mich verständlich zu machen), den der Tastsinn bei der Berührung von etwas Gallertartigem oder klebrig Dickflüssigem empfindet.

Ich habe sowohl von „Ton" wie von einer „Stimme" gesprochen. Ich will damit sagen, daß der Ton deutliche, ja erschreckend deutliche Silben bildete. Herr Valdemar sprach – offenbar, um die Frage zu beantworten, die ich ihm einige Minuten zuvor gestellt hatte: ob er noch immer schlafe.

Nun antwortete er: „Ja – nein – ich *habe geschlafen* – und jetzt – jetzt bin ich *tot.*"

Keiner der Anwesenden versuchte auch nur, das unsagbare, haarsträubende Entsetzen zu unterdrücken oder gar zu verleugnen, das diese Worte hervorbrachten. Herr L., der Student, wurde ohnmächtig. Der Krankenwärter und die Pflegerin verließen sofort das Zimmer und waren nicht zu bewegen, dasselbe nochmals zu betreten. Meine eigenen Empfindungen spotteten jeder Beschreibung Ungefähr eine ganze Stunde lang bemühten wir uns schweigend, wortlos, Herrn L. wieder zum Bewußtsein zu bringen. Als er endlich zu sich gekommen, begannen wir von neuem, Herrn Valdemars Zustand zu untersuchen.

Er war ganz unverändert, nur daß der Atem auf dem vorgehaltenen Spiegel jetzt keine Spur mehr zurückließ. Ein Aderlaß, den wir am Arm versuchten, blieb erfolglos, auch war derselbe meinem Willen nicht mehr unterworfen; ich bemühte mich vergeblich, ihn den Bewegungen meines Armes folgen zu lassen. Das einzige wirkliche Anzeichen von magnetischem Einfluß war nur noch in der vibrierenden Bewegung der Zunge zu entdecken, sooft ich eine Frage an Herrn Valdemar richtete. Er schien Anstrengungen zu machen, mir zu antworten, besaß aber nicht mehr die genügende Willenskraft. Gegen Fragen anderer Personen schien er vollkommen unempfindlich, obschon ich mich bemühte, jeden der Anwesenden in magnetischen Rapport mit ihm zu setzen.

Ich glaube, daß ich nun alles berichtet habe, was zum Verständnis des somnambulen Zustandes in diesem Stadium erforderlich ist. Wir ließen zwei andere Wärter kommen, und ich verließ mit den beiden Ärzten und Herrn L. das Haus gegen zehn Uhr.

Am Nachmittag fanden wir uns alle wieder bei dem Magnetisierten ein. Sein Zustand war vollständig unverändert. Wir hatten zunächst eine lebhafte Debatte über die Zweckmäßigkeit und Möglichkeit einer Erweckung, kamen aber bald überein, daß dieselbe von keinem Nutzen sein könne, weil der Tod – oder das, was man gewöhnlich als Tod bezeichnet – durch das magnetische Verfahren nur aufgehalten worden war. Auch teilten wir die Überzeugung, daß wir, wenn wir Herrn Valdemar aufweckten, nur seine augenblickliche oder wenigstens seine raschere Auflösung bewirken würden.

Von dieser Zeit an bis gegen Ende der verflossenen Woche – also fast sieben Monate hindurch – setzten wir unsere Besuche in Herrn Valdemars Hause täglich fort, dann und wann in Begleitung von Ärzten oder Freunden. Während der ganzen Zeit verblieb der Schlafwache genau in dem Zustande, den ich oben beschrieben habe. Er war dabei beständig von Wärtern bewacht.

Am vergangenen Freitag entschlossen wir uns endlich dazu, das Experiment der Erweckung Valdemars vorzunehmen oder wenigstens zu versuchen; und vielleicht ist der unglückliche Ausgang dieses Experimentes die Ursache jener Erörterungen in Privatkreisen, die ich nur als die Folge einer ungerechtfertigten allgemeinen Leichtgläubigkeit ansehen kann.

Um Herrn Valdemar dem magnetischen Schlafe zu entreißen, machte ich die dazu erforderlichen Striche. Eine Zeitlang blieben dieselben erfolglos. Das erste Symptom des Erwachens war ein teilweises Senken des Augapfels. Ganz besonders merkwürdig bei dieser Senkung war der Umstand, daß eine gelbliche, eitrige Flüssigkeit von höchst scharfem, widrigem Geruch unter den Lidern hervorquoll.

Man bestimmte mich, noch einmal den Versuch zu machen, den Arm des Schlafenden wie früher zu beeinflussen. Ich versuchte es, doch ohne Erfolg. Doktor F. äußerte den Wunsch, ich möchte nochmals eine Frage stellen. Ich tat es mit folgenden Worten: „Herr Valdemar, können Sie uns mitteilen, was Sie empfinden oder welche Wünsche Sie jetzt haben?"

Kaum hatte ich gesprochen, da traten die hektischen Flecken auf den Wangen wieder hervor, die Zunge begann zu vibrieren oder rollte vielmehr im Munde hin und her, obwohl die Kinnladen und der Mund so steif blieben wie vorher; und endlich brach wieder jene gräßliche Stimme hervor, die ich schon beschrieben habe: „Um Gottes willen! Schnell! – schnell! – versetzen Sie mich wieder in Schlaf! – oder – schnell! – erwecken Sie mich – schnell! – *Ich sage Ihnen, daß ich tot bin.*"

Ich war einen Augenblick wie starr und wußte nicht, was ich tun solle. Zunächst bemühte ich mich, den Halbtoten zu beruhigen, aber als meine Willenskraft versagte, suchte ich ihn mit allen Kräften aufzuwecken. Ich bemerkte bald, daß mir dies gelingen werde, oder glaubte wenigstens, einen Erfolg erzielen zu können, und bin überzeugt, daß auch jeder der Anwesenden der Meinung war, er würde den Patienten bald aufwachen sehen.

Es ist ganz unmöglich, daß ein menschliches Wesen auf das, was wirklich folgte, hätte vorbereitet sein können.

Als ich während der Ausrufe „tot!", – „tot!", die von der Zunge, nicht von den Lippen des Leidenden zu kommen schienen, die erforderlichen magnetischen Striche führte, brach plötzlich, in weniger als einer einzigen Minute, sein ganzer Körper zusammen – zerbröckelte – *verweste* vollständig unter meinen Händen. Und auf dem Bette, vor den Augen der Anwesenden, lag eine fast flüssige, in ekelhafte Fäulnis übergegangene Masse.

WILLIAM WILSON

Gestatten Sie mir, mich heute William Wilson zu nennen. Die unbeschriebene reine Seite, die jetzt vor mir liegt, möchte ich nicht gern mit einem Namen beflecken, der schon zu oft meiner Familie Gelegenheit geboten hat, sich mit Abscheu von mir abzuwenden und mich mit Schrecken zu fliehen. Haben nicht die unwilligen Winde seine Schmach bis in die entlegensten Länder der Erde getragen? Oh, ich Verworfenster aller Verworfenen! bin ich nicht auf immer tot für die Welt? – für ihre Ehren, ihre Freuden, ihre goldenen Sehnsüchte? – hängt nicht eine undurchdringliche Wolke von nun an auf ewig zwischen meinen Hoffnungen und dem Himmel?

Selbst wenn ich es könnte, möchte ich diese Seiten nicht mit der Erinnerung an das unaussprechliche Elend und die unsühnbaren Verbrechen meiner letzten Jahre beschmutzen. Ich will nur erzählen, was mich zu den Schändlichkeiten, die sich schließlich, ach! so erschreckend häuften, getrieben hat. Die Menschen sinken gewöhnlich nur nach und nach. Doch von mir fiel in einem Augenblicke alle Tugend ab gleich einem Mantel; wie getroffen von dem Stoße eines Riesen stürzte ich aus einer immerhin noch menschlichen Bösartigkeit in die tiefsten Abgründe der Verworfenheit. Gestatten Sie mir, Ihnen ausführlich zu erzählen, welcher Zufall – welch seltsame Begebenheit diesen Fluch über mich brachte. Mir naht der Tod, und die Schatten, die er vor sich herwirft, breiten eine leise Beruhigung über meine Seele aus. Da ich nun das finstere Tal durchschreiten soll, verlangt mich nach dem Mitgefühl, fast hätte ich gesagt, nach dem Mitleid der Menschen. Ich möchte Ihnen gerne zeigen, daß ich zum Teil der Sklave von Mächten gewesen bin, über die wir Menschen niemals Herr werden können. Ich möchte, daß Sie in den Einzelheiten, die ich gleich erzählen will, des Schicksals Unerbittlichkeit wie eine kleine Oase in der Wüste meiner Verirrung entdecken. Ich möchte, daß Sie eingestehen, was Sie nicht verbergen können – daß auf der Welt, die doch schon viele Versuchungen gesehen hat, noch kein Mensch so wie ich versucht wurde – und so wie ich unterlag. Hat deshalb auch noch niemand so gelitten wie ich? Habe ich vielleicht in einem Traume gelebt? Und sterbe ich als Opfer einer schreckhaften, geheimnisvollen Selbsttäuschung?

Ich bin der Abkömmling eines Geschlechtes, an dem von alters her eine starke Einbildungskraft und ein leicht erregbares Gefühlsleben auffiel; und schon meine erste Kindheit bewies, daß das Wesen meiner Voreltern vollständig auf mich übergegangen war.

Je älter ich wurde, desto mehr prägte es sich aus und gab meinen Freunden tausend Gründe, besorgt um mich zu sein und mich mit einem gewissen Vorurteil zu behandeln. Ich wurde eigensinnig, überließ mich den wildesten Launen, ward bald die Beute zügelloser Leidenschaftlichkeit. Meine Eltern, die ziemlich willensschwach waren und außerdem an den gleichen Erbfehlern litten, konnten nicht allzuviel tun, um meinen verderblichen Neigungen Einhalt zu gebieten. Ein paar schwache, schlechtüberlegte Versuche ihrerseits mißlangen gänzlich und verhalfen mir zu einem vollständigen Siege: meine Stimme wurde mehr und mehr Gesetz im Hause, und in dem Alter, in dem die meisten Kinder noch am Gängelbande gehen, war ich in allem mein eigener Herr.

Die ersten Erinnerungen aus meinem Schülerleben sind mit der Vorstellung eines riesigen, seltsamen Hauses im Elisabethanischen Stile eng verbunden. Es lag in einem nebligen Städtchen in England, dem die alten Häuser und knorrigen Bäume ein ehrwürdiges, beruhigendes Aussehen verliehen. Noch jetzt, wenn ich zurückdenke, fühle ich die erquickende Kühle langer, schattiger Alleen, atme ich den Duft von tausend Büschen und gerate in ein unerklärliches Entzücken über die tiefen, dunklen Töne der Kirchenglocken, die allstündlich mit verschleiertem Brausen die ruhigen Nebel durchbrachen, in der der gezackte gotische Turm wie schlafend gebettet lag.

Diese deutlichen Erinnerungen an meine Schulzeit und alles, was mit ihr zusammenhängt, bereiten mir heute vielleicht den einzigen Genuß, den ich noch empfinden kann. Da ich so tief ins Unglück geraten bin – in ein Unglück, das ich nur zu deutlich spüre –, wird man mir wohl verzeihen, daß ich in der Aufzählung jener unbedeutenden Einzelheiten eine kleine Erleichterung suche. So lächerlich sie vielleicht auch an sich sein mögen – in meiner Phantasie nehmen sie einen wichtigen Platz ein, da sie einem Lebensabschnitt und einem Orte angehören, die mich die ersten unklaren Äußerungen jenes Schicksals empfinden ließen, das mich später erbarmungslos zugrunde richten sollte. Gestatten Sie mir also diese kurzen Erinnerungen.

Das Haus, ich sagte es schon, war alt und unregelmäßig gebaut, das Grundstück selbst sehr groß und rings von einer hohen Ziegelsteinmauer umgeben, die oben mit Mörtel bedeckt war, in dem zahllose Glasscherben steckten. Diese Befestigung, die fast an ein Gefängnis erinnerte, bildete die Grenze unseres Reiches, die wir nur dreimal in der Woche überschreiten durften. Jeden Sonnabend nachmittag unternahmen wir nämlich in Begleitung zweier Unterlehrer einen kurzen Spaziergang in die umliegenden Felder, und zweimal des Sonntags gingen wir, in Reih und Glied wie Paradetruppen, zu dem vor- und nachmittägigen Gottesdienste in die einzige Kirche des Städtchens. Der Vorsteher unserer Schule war zugleich Pfarrer des Ortes. Mit welch tiefem Erstaunen betrachtete ich ihn von unseren Stühlen auf dem Chore aus, wenn er mit feierlichem und langsamem Schritte zur Kanzel hinaufstieg! Dieser ehrwürdige Mann, in dem leuchtenden, wallenden Priesterornate, mit dem demütigen, gottseligen Antlitze, der sorgfältig gepuderten, steifen, riesigen Perücke – konnte er derselbe sein, der noch gestern mit verbittertem Gesichte, in tabakbeschmutzten Kleidern, den Stock in der Hand, die drakonischen Gesetze der Schule zur Ausführung brachte? Mir war und blieb es ein Rätsel! –

In einem Winkel der massiven Umfassungsmauer unseres Pensionats dräute ein noch massiveres Tor. Es war durch eiserne Vorleger fest verschlossen und lief oben in spitze Eisenzapfen aus. Welch tiefe Furcht flößte uns sein Anblick ein! Es öffnete sich nie, außer für die drei Aus- und Eingänge, von denen ich schon gesprochen; und dann tönte es uns aus jedem Knarren seiner mächtigen Angeln wie ein Geheimnis entgegen – es gab uns Anlaß zu einer ganzen Welt von feierlichen Bemerkungen, von noch feierlicheren Betrachtungen. Der weite, umfriedete Raum war von unregelmäßiger Ausdehnung und in mehrere große Teile geteilt, von denen drei oder vier unseren Spielplatz bildeten. Er war geebnet und mit feinem, hartem Kies bestreut. Ich erinnere mich genau, daß weder Bäume noch Bänke auf ihm standen. In öder Leere zog er sich hinter dem Hause her, vor dessen Vorderfront sich ein kleiner Rasenplatz befand, auf dem Buchsbaum und ähnliches Gesträuch wuchs; wir Schüler durchschritten dies geheiligte Land nur bei sehr seltenen Gelegenheiten, bei der ersten Ankunft in der Schule oder bei der endgültigen Abreise oder vielleicht, wenn ein Freund oder ein Verwandter uns einlud und wir freudig in den Weihnachts- oder Sommerferien eine Reise zu ihm antraten.

Aber nun das Haus! – Welch sonderbares, altes Gebäude! Mir erschien es immer wie ein Schloß voller Verzauberungen! Man konnte sich in seinen gewundenen Korridoren, in seinen zahllosen Nischen und Schlupfwinkeln verlieren. Wenn man plötzlich gefragt wurde, war es oft schwer zu sagen, auf welcher von den beiden Etagen man sich befand. Wollte man von einem Zimmer in ein anderes, so mußte man jedesmal drei oder vier Stufen hinauf- oder hinuntersteigen. Dann gab es zahllose Seitengänge, die sich krümmten und wieder zurückkrümmten, so daß unsere Vorstellung von dem ganzen Gebäude der Idee merkwürdig nahe kam, die wir uns von der Unendlichkeit machten. Während der fünf Jahre meines Aufenthaltes in der Schule habe ich nie gewußt, in welchem Teil des Gebäudes eigentlich der kleine Schlafsaal lag, in dem ich mit achtzehn oder zwanzig Mitschülern schlief.

Das Schulzimmer war der größte Raum im Hause – und, wie ich damals glaubte, auf der ganzen Welt. Es war sehr lang, schmal, niedrig und finster, hatte spitze gotische Fenster und einen eichengetäfelten Plafond. In einer entfernten, Schreck einflößenden Ecke befand sich ein umgittertes Viereck von acht oder zehn Fuß Größe – es war während der Unterrichtsstunden das Sanktum unseres Lehrers, des ehrwürdigen Doktors Bransby. Eine mächtige Tür führte hinein, und ich glaube, jeder von uns hätte eher ein hochnotpeinliches Halsgericht über sich ergehen lassen, als gewagt, sie in Abwesenheit des Dominus zu öffnen. In der anderen Ecke waren zwei ähnliche Kästen, die wir mit weit geringerer Ehrfurcht, aber immerhin noch ängstlich genug, betrachteten. In dem einen befand sich das Katheder des Lehrers der klassischen Sprachen, in dem zweiten der Lehrstuhl des Mathematiklehrers. Im Saal verstreut standen Bänke und Pulte, kreuz und quer und in der schönsten Unregelmäßigkeit durcheinander, mit zerlesenen Büchern beladen, schwarz, alt, abgenutzt, mit Initialen, ganzen Namen, grotesken Figuren und zahlreichen anderen Meisterwerken der Taschenmesserkunst bedeckt, so daß sie ihr bißchen eigenes Aussehen, das sie vielleicht in früheren, längst vergangenen Zeiten einmal besessen, vollständig verloren hatten. An dem einen Ende des Saales stand immer ein riesiger Eimer mit Wasser, an dem anderen eine Uhr von ganz ungeheuren Dimensionen.

Hinter den massiven Mauern dieses ehrwürdigen Schulgebäudes verlebte ich also meine Knabenjahre, und zwar ohne Langeweile und Mißbehagen. Der überschäumend fruchtbare Geist des Kindes bedarf ja keiner Ereignisse der äußeren Welt, um Beschäftigung und Erheiterung zu finden. Die düstere Monotonie der Schule barg für mich einen Überfluß an Erregungen, die stärker waren als alle, die meine reifere Jugend der Wollust und meine volle Männlichkeit dem Verbrechen verdankte. Ich bin zu der Überzeugung gekommen, daß meine intellektuelle Entwicklung zum großen Teil ganz ungewöhnlich – ja sogar krankhaft gewesen sein muß. Im allgemeinen haben die Menschen im reifen Alter nur eine sehr undeutliche Erinnerung an die Ereignisse ihrer frühen Kindheit. Alles verschwimmt in ein Grau, aus dem sich nur schwach und undeutlich das Andenken an kleine Freuden und nebelhafte, unbestimmte Leiden abhebt. Bei mir war es nicht so. Ich muß schon als Kind mit dem ausgebildeten Empfindungsleben eines Erwachsenen alles das gefühlt haben, was ich jetzt in so bestimmten Linien und tief und unverwischbar wie die Inschrift auf kathargischen Denkmünzen in mein Gedächtnis eingeprägt finde.

Und doch, wie wenig – das heißt: wenig vom gewöhnlichen Standpunkte der Welt aus – Erinnerungswertes erlebte ich eigentlich! Für mich war das gemeinsame Aufstehen des Morgens, der Ruf zu Bett des Abends, die Unterrichtsstunden, die regelmäßigen halben Feiertage mit ihren Spaziergängen, der Spielplatz

mit seinem Zeitvertreib, seinen kleinen Hinterlistigkeiten, seinen Streitereien –
alles das, was ich wie durch Zauberei nun schon so lange Zeit vergessen hatte
– eine überströmende Quelle von Erregungen, eine ganze ereignisreiche Welt
wichtiger Geschehnisse, eine Unendlichkeit von tausendfältigen Bewegungen,
von wühlenden Leidenschaftlichkeiten. *Oh! le bon temps, que ce siècle de fer!*

Mein glühendes, begeisterndes, gebieterisches Wesen verlieh mir bald eine
Sonderstellung unter meinen Mitschülern und nach und nach natürlicherweise
ein Übergewicht über alle, die nicht bedeutend älter waren als ich – über alle,
einen einzigen ausgenommen! Er war ein Schüler, der, obwohl er nicht im mindesten mit mir verwandt war, doch den gleichen Tauf- und Familiennamen trug
– ein Umstand, der an sich wenig Bemerkenswertes hatte, denn mein Name
war, trotz seines adligen Ursprungs, so landläufig, als sei er einmal vor undenklichen Zeiten durch Verjährung ein Freigut für die Menge geworden. In dieser Geschichte habe ich mich William Wilson genannt – dieser vorgeschobene
Name ist dem wirklichen nicht allzu unähnlich!

Mein Namensvetter allein wagte es, mit mir zu wetteifern, in den Schulstun-
den sowohl wie in den Spielen und Streitreden während der Erholungszeit –
er allein verweigerte meinen Behauptungen blinden Glauben und vollständige
Unterwerfung unter meinen Willen, kurz – er lehnte sich in allen nur möglichen
Fällen gegen meine Oberherrschaft auf. Wenn es aber jemals auf der Welt einen
vollständigen, rücksichtslosen Despotismus gibt, so ist es der, den ein eigenarti-
ges Kind über die weniger entwickelten Geister seiner Kameraden ausübt.

Die Unbotmäßigkeit Wilsons setzte mich oft in Verlegenheit – und zwar
um so mehr, als ich trotz der Großspurigkeit, mit der ich ihn und seine Anma-
ßungen öffentlich behandeln zu müssen glaubte, im Grunde fühlte, daß ich
ihn fürchtete. Und ich konnte nicht umhin, die Gleichberechtigung, die er sich
mir gegenüber so leicht erworben, für einen Beweis seiner Überlegenheit zu
halten; überdies kostete es mich einen fortwährenden Kampf, meine Stellung
ihm gegenüber zu behaupten. Doch fiel nur mir allein diese Überlegenheit oder
vielmehr Gleichwertigkeit auf; unsere Kameraden schienen unerklärlicherweise
nichts von derselben zu bemerken. Allerdings äußerte sich seine Nebenbuhlerschaft und vor allem sein zähes, heftiges Widerstreben gegen meine Herrschaft
ebenso geheim wie bestimmt. Äußerlich schien es, als besitze er nicht im geringsten den Ehrgeiz, der mich zu herrschen antrieb, noch die leidenschaftliche
Kraft, mit der ich mich durchsetzte. Man hätte glauben können, daß ihn einzig
und allein ein phantastischer Wunsch antrieb, mir zuwiderzuhandeln, mich in
Erstaunen zu setzen und zu quälen; obwohl ich nicht umhin konnte, hin und
wieder mit einem Gefühl von Verwunderung, Demütigung und Zorn wahrzunehmen, daß seine Beleidigungen und Widerspenstigkeiten unter dem Mantel

einer ganz unangebrachten und höchst unwillkommenen Zuneigung geschahen. Ich konnte mir sein sonderbares Betragen nur als die Furcht eines grenzenlosen Eigendünkels erklären, der sich hinter das Scheingebaren liebenswürdigsten Wohlwollens versteckte.

Vielleicht war es gerade dieser Zug in Wilsons Betragen, der, bei der Gleichheit unseres Namens und dem Zufall, daß wir an demselben Tage in die Schule eingetreten waren, in den oberen Klassen die Meinung verbreitet hatte, wir seien Brüder. Ich habe jedoch vorhin schon gesagt, daß Wilson nicht im entferntesten mit mir und meiner Familie verwandt war. Doch falls wir Brüder gewesen wären, hätten wir sogar Zwillinge sein müssen; denn beim Austritt aus der Schule erfuhr ich zufällig, daß mein Namensvetter am 19. Januar 1813 geboren wurde – ein wirklich merkwürdiger Umstand, denn auch ich hatte an diesem Tage das Licht der Welt erblickt.

Es mag seltsam erscheinen, daß ich Wilson trotz der fortwährenden Angst, die mir seine Nebenbuhlerschaft und sein unerträglicher Widerspruchsgeist bereitete, doch eigentlich nicht hassen konnte. Wir hatten fast jeden Tag irgendeinen Streit miteinander, bei dem er mir immer zum Schluß öffentlich die Siegespalme überließ, freilich in einer Art und Weise die mir klarmachen mußte, daß er sie eigentlich verdient habe. Doch ein Gefühl des Stolzes meinerseits und eine wirkliche Würde seinerseits ließen uns nie die Grenzen der Höflichkeit überschreiten. Überdies zeigten unsere Charaktere so viele gleiche Züge, daß nur die gegnerische Stellung meine Gefühle zu ihm nicht in wahre Freundschaft ausreifen ließ. Es war sehr schwer, die Empfindungen, die er mir einflößte, zu erklären oder gar zu beschreiben. Es war ein buntscheckiges, widerspruchsvolles Gemisch, eine eigensinnige Feindseligkeit, die, wie gesagt, kein Haß war, etwas Achtung, mehr mißtrauische Bewunderung, viel Furcht und eine unendlich unruhige Neugierde. Hinzuzufügen, daß Wilson und ich die unzertrennlichsten Gefährten waren, ist eigentlich ganz unnötig.

Wahrscheinlich lag es an dieser so außergewöhnlichen Stellungnahme zueinander, daß alle meine Angriffe auf Wilson – die offenen sowohl wie die versteckten: sie waren gleich zahlreich – sich in das Gewand des Scherzes und der Ironie kleideten. Ich wußte ja zu gut, wie ausgezeichnet das verwunden konnte. Aber meine Anstrengungen waren durchaus nicht immer von Erfolg gekrönt, oft selbst dann nicht, wenn ich meinen Plan auf das schlaueste eingefädelt zu haben glaubte; denn mein Namensvetter hatte in seinem Charakter so viel strenge Ruhe und zurückhaltende Würde, daß er, der so gut die Früchte eigener Spöttereien zu ernten verstand, keine Achillesferse darbot und nicht lächerlich zu machen war. Ich fand bei ihm nur einen wunden Punkt, der noch dazu seinen Ursprung in einem physischen Übel hatte, und den jeder Gegner, falls er nicht, wie ich, vollständig am Ende seiner Wissenschaft angekommen gewesen, geschont hätte; mein Rivale litt an einer Schwäche der Sprachorgane, die ihn hinderte, seine Stimme über ein leises Flüstern zu erheben. Ich verfehlte nicht, aus diesem Defekt all den armseligen Vorteil zu ziehen, den er mir gewähren konnte.

Wilson rächte sich dafür in verschiedener Weise; doch reizte er mich vor allem durch eine ganz besondere Boshaftigkeit, die mich stets vollständig außer Fassung brachte. Es ist mir nie klar geworden, wie er es herausgefunden hatte, daß eine so bedeutungslose Kleinigkeit mich verletzen könne, aber nachdem er es einmal bemerkt hatte, wandte er die Tortur hartnäckig an. Ich hatte von jeher eine lebhafte Abneigung gegen meinen unglückseligen, uneleganten Familiennamen und noch trivialeren, ja fast plebejischen Taufnamen. Seine Silben waren Gift für meine Ohren, und als am Tage meiner Ankunft ein zweiter William Wilson in die Schule eintrat, wurde ich schon wütend auf ihn, bloß weil er diesen Namen trug, und doppelt abgestoßen von dem Namen, bloß weil ihn ein Fremder trug, der von nun ab beständig in meiner Nähe leben würde und schuld war, daß ich die verhaßten Laute, die obendrein noch oft genug veranlaßten, daß man meine Angelegenheiten mit den seinen verwechselte, nun doppelt so oft hören mußte.

Das Gefühl der Erbitterung, das dieser Umstand hervorgerufen, wurde noch bei jeder Gelegenheit verstärkt, bei der wieder eine der vielen Ähnlichkeiten zwischen meinem Rivalen und mir zum Vorschein kamen. Damals war mir die sonderbare Tatsache, daß wir genau gleichaltrig waren, noch nicht bekannt; doch sah ich voll Zorn, daß wir die gleiche Größe hatten, und daß sogar die Hauptumrisse unserer Gestalt und unseres Antlitzes eine auffallende Ähnlichkeit aufwiesen. Nicht weniger entrüstet war ich über das Gerücht, das uns als Verwandte bezeichnete und das in den oberen Klassen allgemein geglaubt wurde. Kurz — nichts konnte mich ernstlicher beunruhigen (obwohl ich meine Empfindungen mit größter Sorgfalt verbarg) als eine Anspielung auf die geistige oder persönliche Gleichartigkeit zwischen uns. Dabei hatte ich nicht den geringsten Grund anzunehmen, daß diese Gleichartigkeit, abgesehen von dem schnell entstandenen Gerüchte unserer Verwandtschaft, jemals von einem unserer Mitschüler zur Sprache gebracht oder auch nur bemerkt wurde; daß sie Wilson selbst jedoch, gerade so wie mir, mit all ihren Einzelheiten auffiel, war klar; doch daß er diesen Umstand so oft und so erfolgreich zu Quälereien zu benutzen wußte, kann ich nur seinem ungewöhnlichen Scharfsinne zuschreiben.

Wenn er mir antwortete, ahmte er meine Gesten und Worte in ganz bewundernswerter Weise nach, es war ihm ein leichtes, meine Kleidung zu kopieren, ohne Schwierigkeit eignete er sich alle Kennzeichen meines Ganges und meiner

Haltung an; trotz seines organischen Fehlers imitierte er sogar meine Stimme. Natürlich konnte er nicht laut sprechen, aber der Timbre war der gleiche, und sein sonderbares Flüstern klang wie mein wahrhaftiges Echo.

Wie sehr mich dies merkwürdige Porträt (ich kann es nicht einmal eine Karikatur nennen) quälte, ist nicht zu sagen. Ich hatte nur einen Trost – eben den, daß seine Imitation anscheinend nur von mir bemerkt wurde, und daß mir allein das geheimnisvolle und sonderbar wissende Lächeln meines Namensvetters auffiel. Zufrieden damit, seinen Zweck erreicht zu haben, schien er sich nur im geheimen an dem Anblick der Verwundungen, die er mir beibrachte, zu laben und den allgemeinen Beifall, den sich sein Scharfsinn leicht hätte verschaffen können, hochmütig zu verschmähen. Daß meine Kameraden seine Absicht und seine gelungene Schauspielerei tatsächlich nicht bemerkten und nicht an seinem Hohne teilnahmen, war mir manchen qualvollen Monat hindurch ein unlösbares Rätsel. Vielleicht hatte dies seinen Grund in dem langsamen, gradweisen Entstehen der Kopie, oder noch wahrscheinlicher in der Meisterschaft meines Kopisten, der alles Buchstäbliche – an dem weniger scharfsinnige Menschen allein eine Imitation erkennen – verschmähte und dafür den Geist des Originals zu meinem größten Staunen und Verdruß auf das vollkommenste wiedergab.

Ich habe schon von seinem widerwärtig wohlwollenden Benehmen mir gegenüber gesprochen und von seinem beständigen Auflehnen gegen meine Beschlüsse, das noch dazu oft in der verhaßten Gestalt eines Rates geschah, den er nicht einmal offenherzig erteilte, sondern nur durchblicken ließ und unvermerkt suggerieren wollte. Ich nahm diese Ratschläge mit einem Abscheu entgegen, der mit den Jahren stetig wuchs. Doch heute, nach so langer Zeit, muß ich meinem Quäler wenigstens Gerechtigkeit widerfahren lassen, muß anerkennen, daß keine seiner Suggestionen zu den Torheiten und Irrtümern zu rechnen ist, die bei jungen Leuten seines unreifen Alters und seiner scheinbaren Unerfahrenheit nur zu erklären gewesen wären; daß sein sittliches Bewußtsein, vielleicht auch seine allgemeinen Kenntnisse weit fester gegründet waren als die meinigen, und daß ich heute ein besserer und deshalb glücklicherer Mensch wäre, hätte ich die Ratschläge, die er mir in seinem bedeutungsvollen, verhaßten, verabscheuten Flüstern zukommen ließ, weniger häufig zurückgewiesen.

Nach und nach empörte ich mich immer heftiger gegen die widerwärtige Beaufsichtigung, die er mir angedeihen ließ, und wandte mich von Tag zu Tag offener gegen das, was ich für unerträgliche Anmaßung hielt. Ich habe auch schon gesagt, daß meine Gefühle während der ersten Jahre unseres Zusammenseins leicht in eine Freundschaft für ihn hätten ausreifen können; doch in den letztem Monaten meines Aufenthaltes in der Schule verwandelten sie sich fast in Haß, und zwar sonderbarerweise in demselben Verhältnis, in dem er von seinen lästigen Nachahmungen Abstand zu nehmen schien. Bei irgendeiner Gelegenheit bemerkte er es und mied mich von da an oder tat wenigstens so.

In dieser Zeit, wenn ich mich recht erinnere, gerieten wir einmal in einen Streit, bei dem ihn seine gewöhnliche Zurückhaltung verließ. Er sprach und bewegte sich mit einer Ungebundenheit, die seiner Natur sonst ganz fremd war, und ich entdeckte – oder bildete mir ein, es zu tun – in seinem Tonfall, in seinen Mienen, in seiner ganzen Erscheinung, ein Etwas, das mich zuerst erschreckte und dann auf das tiefste interessierte, da es nebelhafte Visionen aus meiner ersten Kindheit in mir wachrief – seltsame, verwirrte, zusammengedrängte Vorstellungen aus einer Zeit, in der mein Gedächtnis noch nicht geboren war. Ich kann dies Gefühl, das mich bedrückte, nicht besser erklären, als wenn ich sage, daß ich mich des Gedankens nicht erwehren konnte, ich habe das Wesen das da vor mir stand, schon einmal – in lange vergangener Zeit, in einer unendlich lange verschwundenen Vergangenheit – gekannt. Diese Vorstellung erlosch jedoch so schnell wie sie gekommen war, und ich erwähne sie überhaupt nur, um den Tag der letzten Unterredung mit meinem eigentümlichen Namensgenossen näher zu bestimmen.

Das alte, riesige Gebäude mit seinen zahllosen Unterabteilungen enthielt mehrere große Zimmer, die miteinander in Verbindung standen. Es waren die Schlafsäle, die für den größten Teil der Schüler ausreichten. Außerdem gab es noch (dies war bei dem bizarren Bauplan, nach dem das Haus errichtet war, ja unausbleiblich) eine Menge Kämmerchen und Schlupfwinkel, die die kluge Sparsamkeit des Doktor Bransby ebenfalls zu Schlafzimmern hatte herrichten lassen, obwohl sie nur für einen einzigen Raum enthielten. In einem dieser kleinen Kabinette schlief Wilson.

Eines Nachts, gegen Ende meines fünften Schuljahres und kurz nach dem Wortwechsel, von dem ich eben gesprochen habe, erhob ich mich, als alles in tiefstem Schlafe lag, von meinem Bett und stahl mich mit meiner Lampe durch ein Irrsal enger Gänge aus meinem Schlafzimmer in die Kammer meines Rivalen. Ich hatte mir seit langer Zeit einen Schabernack ausgedacht und wollte ihn einmal die ganze Bosheit, die mich erfüllte, auskosten lassen. Geräuschlos trat ich ein und ließ meine Lampe, deren Licht ich durch einen Schirm dämpfte, an der Tür stehen, dann kam ich einen Schritt näher und lauschte auf seine ruhigen Atemzüge. Da ich nun sicher war, daß er schlief, holte ich das Licht und näherte mich von neuem dem Bett. Es war von Vorhängen umgeben, die ich langsam und leise zurückschob. Die Lichtstrahlen fielen voll auf den Schläfer, und zu gleicher Zeit blieben meine Augen auf seinem Angesicht haften. Ich blickte ihn an – und ein Gefühl der Betäubung, der Erstarrung durchfuhr meinen ganzen Körper. Mein Herz schlug wie rasend, meine Knie zitterten, mein ganzes Wesen wurde von einem unerträglichen und unerklärlichem Schreck durchschüttelt. Ich rang nach Atem und näherte die Lampe noch mehr seinem Gesicht. Waren dies – dies die Züge William Wilsons? Ich sah ja, daß es die seinen waren, und doch zitterte ich wie im Fieberfrost, da ich mir einbildete, sie seien es nicht. Was war denn jetzt an ihnen, daß sich mein Urteil über sie verwirren konnte? Ich betrachtete sie von neuem – und tausend unzusammenhängende Gedanken durchwirbelten mein Gehirn. So sah er doch nicht aus, so erschien er mir doch nicht in den Stunden des Wachseins. Der gleiche Name! Dieselben Züge! Der gleiche Antrittstag in der Schule! Und dann seine bissige, unerklärlich richtige Nachahmung meiner Haltung, meiner Stimme, meiner Kleidung, meines ganzen Gebarens? War es menschlich denkbar, daß das, was ich nun sah, nur das Resultat seiner gewohnheitsmäßigen Nachahmung meiner Persönlichkeit war? Schauder überlief mich. Tief erschrocken löschte ich meine Lampe und schlich geräuschlos in mein Zimmer zurück. Bald darauf verließ ich die Hallen der alten Schule, um sie nie wieder zu betreten.

Nach Verlauf einiger Monate, die ich bei meinen Eltern in reinem Nichtstun verbracht hatte, kam ich an die Universität nach Eton. Der kurze Aufenthalt zu Hause hatte genügt, um die Erinnerung an die Ereignisse im Hause des Doktor Bransby abzuschwächen oder doch wenigstens eine Wandlung in den Gefühlen, die mir diese Erinnerungen einflößten, hervorzurufen. Das Tragische des ganzen Dramas war verschwunden. Ich zweifelte sogar zuweilen an der Verläßlichkeit meiner Sinne und erinnerte mich der Sache meist nur mit lebhafter Verwunderung über die menschliche Leichtgläubigkeit und mit einem Lächeln über die lebendige Einbildungskraft, die ich von meinen Vätern geerbt hatte. Dieser Skeptizismus wurde durch meinen Lebenswandel in Eton auch durchaus nicht vermindert. Der Strudel gedankenloser Torheiten, in die ich mich Hals über Kopf hineinstürzte, schwemmte alles fort und ließ mir nur noch den Schaum der vergangenen Zeiten; er verschlang jeden tieferen, ernsten Eindruck, so daß mir nur noch Oberflächlichkeiten aus meinem früheren Leben im Gedächtnis blieben.

Ich habe nicht die Absicht, hier alle meine Ausschweifungen zu erzählen – und meine Verworfenheit, die jeder Gesetze spottete und jede Wachsamkeit zu Schanden machte, zu enthüllen. Drei Jahre voll Verirrungen hatten mich bis in den Grund meines Wesens zum Verbrecher gemacht und sonderbarerweise meine physische Entwicklung ganz anormal begünstigt. Da lud ich einmal nach einer Woche unwürdiger Ausschweifungen eine Gesellschaft von sittenlosen Studenten zu einer geheimen Orgie in meine Wohnung ein. Wir kamen zu später Stunde zusammen, denn wir hatten die Absicht, die gottlose Feier bis zum Morgen auszudehnen. Der Wein floß in Strömen, und außerdem gab es noch andere und vielleicht gefährlichere Verführungen, so daß es im Osten schon zu dämmern begann, als unsere geräuschvolle Lustbarkeit ihren Höhepunkt erreicht hatte. Bis zum Wahnsinn erregt durch die Karten und meine Trunkenheit, bestand ich hartnäckig darauf, einen ganz ungewöhnlich lästerhaften Toast auszubringen, als meine Aufmerksamkeit plötzlich abgelenkt wurde, weil sich eine Tür ein wenig öffnete und ich von draußen die eifrige Stimme meines Dieners vernahm. Er trat ein und sagte mir, daß jemand, der offenbar in großer Eile sei, mich im Vorzimmer zu sprechen wünsche.

In meiner wilden Weinlaune empfand ich mehr Vergnügen als Überraschung über diese unerwartete Störung. Ich schwankte aus dem Zimmer und stand bald im Vestibül des Hauses. Der niedrige, kleine Raum war von keiner Lampe erleuchtet, nur ein schwaches, graues Morgenlicht fiel durch ein halbrundes Fenster. Als ich über die Schwelle schritt, erblickte ich die Gestalt eines Jünglings, der ungefähr meine Größe hatte, und in einen weißen, nach der neuen, vornehmsten Mode geschnittenen Hausrock aus Kaschmir gekleidet war, wie ich ihn auch gerade in dem Augenblick trug. Doch dies war das einzige, was ich in dem schwachen Licht bemerken konnte, seine Gesichtszüge erkannte ich nicht deutlich. Als ich eintrat, kam er hastig auf mich zu, ergriff mit einem Ausdruck gebieterischer Ungeduld meinen Arm und flüsterte mir die Worte „William Wilson" ins Ohr.

Im Augenblick wurde ich nüchtern.

In dem Wesen des Fremden, in dem nervösen Zittern seiner Finger, die ich in dem grauen Licht deutlich bemerkte, lag etwas, das mich mit unerklärlichem Erstaunen erfüllte, und doch war es nicht dies, was mich so heftig erregte. Es war vielmehr die kurze, feierliche Warnung, die in seinen sonderbaren, leisen, geflüsterten Worten gelegen hatte, und vor allem der Charakter, der Tonfall, der Timbre dieser wenigen simplen Silben, der tausend beängstigende Erinnerungen an lang vergangene Tage in mir wachrief und meine Seele eisig und heiß zugleich durchschoß. Ehe ich wieder vollständig zu mir selbst kam, war der Fremde verschwunden.

Obwohl dies Ereignis einen lebhaften Eindruck auf meine zügellose Phantasie gemacht hatte, verschwand er doch bald wieder. Während einiger Wochen dachte ich zwar wieder ernsthafter über mein Leben nach, ja, ich versenkte mich oft in ein krankhaftes Grübeln. Ich machte keinen Versuch, mir die Identität des seltsamen Individuums, das sich so hartnäckig in meine Angelegenheiten mischte und mich mit seinen Ratschlägen belästigte, zu verhehlen. Aber wer und was war dieser Wilson? – woher kam er? – zu welchem Zweck? Auf keine dieser Fragen konnte ich genügend antworten – ich wußte nur, daß eine Familienangelegenheit ihn am Nachmittag des Tages, an dem ich aus dem Hause des Doktor Bransby geflohen war, zu seinen Angehörigen zurückgerufen hatte. Doch nach kurzer Zeit hörte ich auf, über diese Sache nachzugrübeln, da der Plan einer Reise nach Oxford all meine Gedanken in Anspruch nahm. Ich siedelte denn auch bald wirklich dahin über, und die freigiebige Eitelkeit meiner Eltern gewährte mir eine Ausstattung und eine jährliche Rente, die mir gestattete, mich von ganzem Herzen all den Lustbarkeiten, die mir fast schon unentbehrlich geworden waren, hinzugeben und in Prunk und Verschwendung mit den reichsten Erben der reichsten Grafschaften Großbritanniens zu wetteifern.

Durch meine Mittel zum Laster angespornt, brach mein angestammtes Temperament mit doppelter Kraft durch, und in dem wahnsinnigen Rausche meiner Ausschweifungen zerriß ich jede Fessel der Sitte und der Ordnung. Doch es würde absurd sein, mich bei Einzelheiten dieses abenteuerlichen Lebens aufzuhalten. Es mag genügen, wenn ich sage, daß ich als Verschwender jeden übertrumpfte und eine ganze Schar neuer Laster schuf und mit meinem Namen zierte, die keinen kleinen Anhang zu dem großen Katalog der Versündigungen ausmachte, die damals an der ausschweifendsten Universität Europas alltäglich waren.

Und trotz alledem ist es nur schwer zu glauben, daß ich so tief aus den Reihen ehrenhafter Menschen sank, meine Gesellschaft unter der niedrigsten Sorte professioneller Spieler zu suchen. Ich wurde ein Schüler ihrer verächtlichen Wissenschaft und gebrauchte dieselbe nun gewohnheitsmäßig als Mittel, um meine enormen Revenuen auf Kosten naiver Mitstudenten noch zu vergrößern. Die Ungeheuerlichkeit dieses Verstoßes gegen jedes Gefühl von Würde und Ehre war ohne Zweifel der hauptsächlichste, wenn nicht der einzige Grund, daß ich eine lange Zeit straflos ausging. Wer unter meinen verworfensten Gesellschaftern hätte nicht eher seinen eigenen Sinnen mißtraut, als den heiteren, freimütigen, großherzigen William Wilson einer solchen Handlungsweise für fähig gehalten – ihn, den vornehmsten und freigiebigsten Studenten von ganz Oxford, ihn, dessen Ausschweifungen, wie die Parasiten sagten, nur Torheiten waren, die man seiner Jugendkraft und seiner schrankenlosen Phantasie zugute halten mußte, dessen Irrtümer nur graziösen Launen entsprangen, dessen schwärzeste Laster sorglose, liebenswürdige Extravaganzen genannt wurden?

Schon zwei Jahre lang hatte ich dies Verbrecherleben erfolgreich geführt, als ein junger, neu geadelter Edelmann die Universität bezog. Er hieß Glendinning, war, wie die öffentliche Meinung sagte, reich wie keiner und hatte seine Reichtümer mit leichter Mühe erworben, nämlich geerbt. Ich entdeckte bald, daß er nicht allzuviel Verstand habe, und erwählte ihn zum Opfer meiner Geschicklichkeit. Ich veranlaßte ihn oft zum Spielen und bediente mich der bekannten List der Falschspieler, ihn zuerst beträchtliche Summen gewinnen zu lassen, um ihn später dafür desto sicherer in meine Schlingen zu verwickeln. Als mir dann der richtige Zeitpunkt gekommen schien, traf ich mit ihm, in der festen Absicht, nun meinen Plan auszuführen, in der Wohnung eines unserer Kameraden zusammen, der in gleicher Weise mit uns beiden befreundet war, jedoch nicht die entfernteste Ahnung von meinem Vorhaben hatte. Um der ganzen Sache einen harmlosen Anstrich zu geben, hatte ich veranlaßt, daß eine Gesellschaft von acht oder zehn jungen Leuten geladen wurde, und der Wunsch zu spielen nicht von mir, sondern von meinem Opfer selbst ausging. Um schnell über so eine niedrige Angelegenheit hinwegzugehen: ich verzichtete auf keine der kleinen, unwürdigen Niederträchtigkeiten, die in den gleichen Situationen so gang und gäbe sind, daß es nur verwunderlich ist, wie ihnen noch immer Dumme zum Opfer fallen können.

Wir hatten unser Zusammensein schon bis tief in die Nacht hinein ausgedehnt, ehe es mir gelang, Glendinning als alleinigen Partner zu bekommen. Wir spielten mein Lieblingsspiel, das Ecarté. Die übrige Gesellschaft hatte die Karten schon beiseite gelegt, und da sie sich für unsere Partie interessierten, standen sie als Zuschauer um uns herum. Der „Parvenu", den ich im ersten Teile des Abends geschickt zu reichlichem Trinken animiert hatte, mischte, gab und spielte mit sonderbarer Nervosität, die nur zum Teil ihren Grund in seiner Berauschtheit haben konnte. In sehr kurzer Zeit hatte er eine beträchtliche Summe an mich verspielt, und nachdem er noch einen reichlichen Trunk Portwein genommen, tat er das, was ich kühl vorausgeahnt hatte: er schlug vor, unsere an sich schon unsinnig hohen Einsätze zu verdoppeln. Mit gut gespieltem Widerstreben, und erst nachdem meine Weigerung ihn zu spitzen Worten getrieben hatte, die meiner Einwilligung den Anschein der Unfreiwilligkeit gaben, erklärte ich mich dazu bereit. Das Resultat war natürlich, wie ich vorausgesehen: die Beute fiel mir vollständig zu, in weniger als einer Stunde hatte er seine Schuld vervierfacht. Schon seit einiger Zeit war aus seinen Zügen die Farbe, die ihnen der Wein verliehen, verschwunden; jetzt bemerkte ich mit Erstaunen, daß er erschreckend bleich geworden war. Ich sage mit Erstaunen. Man hatte mir auf meine eifrigen Nachforschungen geantwortet, daß Glendinning über ein unermeßliches Vermögen verfüge, und ich dachte nicht, daß ihn sein heutiger Verlust, obwohl er an sich ungeheuerlich war, ernsthaft beunruhigen oder gar so heftig erregen könne. Zuerst dachte ich, der Wein, den er so reichlich genossen, habe ihn überwältigt, und um meinen Charakter bei meinen Freunden nicht in ein schlechtes Licht zu setzen, weniger aus Uneigennützigkeit, bestand ich darauf, das Spiel sofort zu unterbrechen, als ein paar Bemerkungen meiner Kameraden und ein Ausruf vollendeter Verzweiflung von seiten Glendinnings mich überzeugten, daß ich seinen vollständigen Ruin herbeigeführt hatte und noch dazu unter Umständen, die ihn zum Gegenstand des allgemeinen Mitleidens machten und selbst vor den Bosheiten des bösen Feindes hätten beschützen können.

Es ist schwer zu sagen, was ich unter diesen Umständen hätte tun sollen. Die bedauernswerte Situation meines Opfers hatte eine verlegene Niedergeschlagenheit über die Stimmung der Anwesenden gebreitet. Während einiger Augenblicke herrschte ein tiefes Stillschweigen, und ich konnte nicht verhindern, daß meine Wangen sich unter den vorwurfsvollen und verächtlichen Blicken der noch nicht ganz Verhärteten mit Schamröte bedeckten. Ich muß sogar gestehen, daß ich mich einen Augenblick lang durch die plötzliche und außergewöhnliche Unterbrechung, die jetzt ganz unvorhergesehen eintrat, wie von einer unerträglichen Last erleichtert fühlte. Die schweren Flügeltüren des Zimmers flogen auf einmal weit und mit solchem Ungestüm, solcher Heftigkeit auf, daß der Luftzug wie durch Zauberei alle Lichter in dem Raume verlöschte. In ihrem letzten Aufflackern bemerkten wir noch, daß ein Fremder, in meiner Größe und fest in einen Mantel gehüllt, eintrat. Die Dunkelheit war nun undurchdringlich geworden, und wir konnten nur noch fühlen, daß er in unserer Mitte stand. Ehe sich einer von uns von dem äußersten Erstaunen über das plötzliche Erscheinen des Fremden erholen konnte, begann er zureden. „Meine Herren“, sagte er in leisem, deutlichem Flüstern, das mir durch Mark und Bein ging, „meine Herren, ich will mich wegen meines Auftretens nicht entschuldigen, denn ich tat es, um meine Pflicht zu erfüllen. Sie sind ohne Zweifel nicht recht berichtet über den wahren Charakter der Person, die heute abend beim Ecarté dem Lord Glendinning eine große Summe abgewonnen hat. Ich will Ihnen deshalb einen Vorschlag machen, wie sie diese höchst wichtige Erkundigung einziehen können. Untersuchen Sie nur, bitte, mit Muße das Futter des Aufschlags am linken Ärmel und die verschiedenen Pakete, die man in den sonderbar großen Taschen seines gestickten Hausrocks finden wird.“

Während er sprach, herrschte eine solche Stille, daß man eine Stecknadel hätte fallen hören können. Als er geendet, schritt er so schnell wie er gekommen wieder hinaus. Kann ich – soll ich meine Gefühle beschreiben? Soll ich sagen, daß ich alle Qualen der Verdammten auskostete? Doch hatte ich wenig Zeit zum Nachdenken. Viele Hände packten mich auf der Stelle, man zündete sofort die Lichter wieder an und durchsuchte mich. In dem Futter meines Ärmels fand man alle wesentlichen Karten des Ecarté und in den Taschen meines Hausrocks erkenntlich gemachte Faksimile all der Spiele, die wir bei unseren Zusammenkünften zu spielen pflegten.

Jeder Ausbruch der Entrüstung nach dieser Entdeckung hätte mich weniger tief getroffen als die schweigende Verachtung, mit der man sie aufnahm.

„Herr Wilson", sagte unser Gastgeber und hob einen kostbaren, pelzgefütterten Mantel auf, der vor seinen Füßen lag, „er gehört wohl Ihnen." (Es war kalt, und ich hatte beim Verlassen meines Hauses einen Mantel über meinen Hausrock gezogen und ihn auf dem Schauplatz meiner Heldentat wieder abgelegt.) „Ich halte es für überflüssig", fügte er mit einem bitteren Lächeln auf die Falten des Kleidungsstückes hinzu, „hier nach neuen Beweisen zu suchen. Wir haben genug davon. Sie sehen hoffentlich die Notwendigkeit ein, Oxford den Rücken zu kehren und diese Wohnung augenblicklich zu verlassen."

Wahrscheinlich hätte ich diese beleidigende, demütigende Sprache durch persönliche Gewalttätigkeit gerächt, wenn nicht meine ganze Aufmerksamkeit in diesem Augenblick auf eine unerklärliche Tatsache gelenkt worden wäre. Der Mantel, den ich getragen, war mit kostbarem, seltenem Pelzwerk gefüttert – wie teuer er gewesen, wage ich nicht zu sagen. Seinen Schnitt hatte ich selbst erfunden – ich war in dergleichen läppischen Sachen höchst peinlich und trieb einen ans Wahnsinnige grenzenden Kleidersport. Als mir Herr Preston, der Gastgeber, den Mantel, den er in der Nähe der Flügeltür vom Boden aufgehoben hatte, überreichte, bemerkte ich mit einem Erstaunen, das fast schon Erschrecken war, daß ich den meinigen schon über dem Arm hängen hatte (ich hatte ihn wahrscheinlich schon unwillkürlich an mich genommen) und daß der, den mir Preston darbot, in allem, selbst in den unbedeutendsten Kleinigkeiten, sein vollkommenes Ebenbild war. Das unheimliche Wesen, das mich entlarvt hatte, war in einen Mantel gehüllt hereingekommen; niemand aus der Gesellschaft, außer mir, hatte heute einen Mantel mitgebracht – dessen entsann ich mich ganz genau! Mit dem Rest von Geistesgegenwart, der mir noch geblieben war, nahm ich das Kleidungsstück aus Prestons Hand entgegen, legte es unauffällig über meinen eigenen Mantel und verließ mit drohenden, herausfordernden Blicken das Zimmer. Noch vor Tagesanbruch floh ich in einer wahren Todesqual, von Schreck und Scham gefoltert, aus Oxford und eilte dem Kontinent zu.

Ich floh vergebens. Mein böses Geschick verfolgte mich mit satanischem Frohlocken, ja, seine geheimnisvolle Gewalt schien erst jetzt recht zu beginnen. Kaum hatte ich meinen Fuß nach Paris gesetzt, als ich einen neuen Beweis von der verhaßten Aufmerksamkeit erhielt, die der andere Wilson meinen Angelegenheiten entgegenbrachte. Jahre flohen dahin, und ich verspürte noch keine Erleichterung. Der Elende! – Mit welch lästiger Hartnäckigkeit, mit welch gespensterhafter, verwünschter Dienstfertigkeit warf er sich in Rom zwischen mich und meinen Ehrgeiz. Und in Wien! – in Berlin! – in Moskau! Wo hatte ich einmal nicht bitteren Grund, ihm aus tiefstem Herzen zu fluchen? Wie von einer Panik ergriffen, floh ich vor seiner unerklärlichen Gewaltherrschaft ... bis ans Ende der Welt floh ich ... und floh vergebens.

Und wieder und wieder stellte ich meiner Seele im geheimen Zwiegespräch die Frage: „Wer ist er? – woher kommt er? – was will er?", – Aber ich fand keine Antwort. Und nun erforschte ich mit peinlichster Sorgfalt die Art und Weise, die Methode, die hauptsächlichsten Züge seiner unverschämten Überwachung. Aber auch da fand ich nur sehr wenig, was eine sichere Vermutung hätte aufkommen lassen. Es war vielleicht bemerkenswert, daß er meine Pläne nur dann kreuzte, wenn ihre Ausführung mit Gefahr für mich verbunden war. Aber auch dies ist nur eine armselige Rechtfertigung für eine so gewaltsam angeeignete Machtbefugnis, eine armselige Entschädigung für den frechen Raub der natürlichen Rechte der Selbstbestimmung!

Ich hatte auch bemerkt, daß mein Peiniger (der meine Kleider immer noch auf das genaueste und mit wunderbarer Geschicklichkeit nachahmte) es einzurichten wußte, daß ich, wenn er wieder vor mir erschien und meine Pläne vereitelte, nie seine Gesichtszüge sehen konnte.

Mochte Wilson nun sein, wer er wollte – diese Geheimnistuerei erschien mir als der Gipfelpunkt der Geziertheit und Dummheit. Konnte er nur einen Augenblick glauben, daß ich in meinem Berater in Eton – in dem Mörder meiner Ehre in Oxford – in dem Menschen, der meine ehrgeizigen Pläne in Rom durchkreuzt – meine Rache in Paris verhindert, meine leidenschaftliche Liebe in Neapel zerstört und in Ägypten, dem, was er fälschlicherweise Habgier nannte, gesteuert – konnte er glauben, daß ich in diesem Wesen, meinem Erzfeinde und bösem Geiste, nicht den William Wilson meiner Schuljahre wiedererkennen würde – den Namensvetter und Nebenbuhler – den verhaßten und gefürchteten Rivalen im Hause des Doktor Bransby? Unmöglich! Doch lassen Sie mich zu der schrecklichen Schlußszene meines Dramas eilen.

Bis jetzt hatte ich mich seiner angemaßten Herrschaft feige unterworfen. Das Gefühl tiefer Ehrfurcht, mit dem ich mich gewöhnt hatte, den tadellosen Charakter, die majestätische Weisheit, die scheinbare Allgegenwart und Allmacht Wilsons zu betrachten, sowie ein unbestimmter Schreck, den mir gewisse Züge seines Wesens einflößten, ließen mich meine Schwäche und Ohnmacht ihm gegenüber nur noch tiefer empfinden und bestimmten mich zu einer vollständigen, wenn auch von Bitterkeit und Widerwillen durchtränkten Unterwerfung unter seine Willkürlichkeiten. In letzter Zeit jedoch hatte ich mich vollständig dem Weine ergeben, und sein aufrührerischer Einfluß auf mein ererbtes Temperament machte mir nach und nach jede Beaufsichtigung unerträglich. Ich begann zu murren, zu zögern, Widerstand zu leisten. Und war es nur eine Einbildung, die mich glauben machte, daß die Macht meines Peinigers in demselben Maße abnahm, in dem sich meine Stärke befestigte? Doch sei dem, wie ihm wolle, jedenfalls fühlte ich in mir eine brennende Hoffnung erblühen, die im geheimen den finsteren, verzweifelten Entschluß nährte, mich vollständig aus meiner Sklaverei zu befreien.

Es war in Rom, während des Karnevals im Jahre 18–; ich besuchte den Maskenball, den der Herzog di Broglio in seinem Palaste gab. Noch reichlicher wie gewöhnlich hatte ich dem Weine zugesprochen, und die erstickende Atmosphäre der überfüllten Salons erregte mich auf das unerträglichste. Die Schwierigkeit, mit der ich mir einen Weg durch die Menge bahnte, trug auch nicht wenig dazu bei, mich in immer größere Erregung hineinzupeitschen, denn ich suchte angstvoll (ich will verschweigen, aus welch unwürdigem Grunde) die junge, schöne und fröhliche Gemahlin des alten, extravaganten di Broglio. In allzu harmlosem Vertrauen hatte sie mir verraten, welches Kostüm sie tragen werde, und da ich es eben in der Ferne hatte aufleuchten sehen, beeilte ich mich, in ihre Nähe zu gelangen. In diesem Augenblick fühlte ich eine Hand auf meiner Schulter – und vernahm dann jenes unvergeßliche, leise, verfluchte Flüstern.

Von rasender Wut ergriffen, wandte ich mich brüsk zu dem Störer um und packte ihn heftig am Kragen. Er trug, wie erwartet, ein genaues Gegenstück zu meinem Kostüm; einen spanischen Mantel aus blauem Sammet und einen karmesinroten Gürtel, in dem ein Rapier steckte. Eine schwarze Seidenmaske verbarg sein Gesicht vollständig.

„Schurke!", schrie ich mit wutheiserer Stimme, und jede Silbe goß mir neues Öl auf das Feuer meines Zornes – „Schurke! Betrüger! Verfluchter Schuft! Du wirst mich nicht in den Tod hetzen! Folge mir, oder ich steche dich auf der Stelle nieder!", Ich bahnte mir einen Weg durch den Ballsaal in ein kleines angrenzendes Vorzimmer und schleppte meinen Feind mit Gewalt hinter mir her.

Als ich eintrat, schleuderte ich ihn wütend von mir fort. Er fiel gegen die Wand. Ich selbst aber schloß mit einem Fluche die Tür und befahl ihm, sich in Bereitschaft zu halten. Er zögerte einen Augenblick, dann zog er mit einem Seufzer schweigend den Degen und erwartete meinen Ausfall.

Der Kampf dauerte nicht lange. Ich war durch die maßlosesten Erregungen jeder Art vollständig außer mir und fühlte in meinem Arme die Wut und die Kraft, die genügt hätten, ein ganzes Heer zu besiegen. In wenigen Augenblicken hatte ich meinen Gegner bis an die Wand zurückgedrängt. Er war nun vollständig in meiner Gewalt, und ich stieß ihm mit wüster Wildheit meinen Degen mehrmals durch die Brust.

In diesem Augenblicke versuchte jemand, das Türschloß zu öffnen. Ich stürzte vor, um jedem Eindringling den Eintritt zu verwehren, wandte mich dann aber sofort wieder nach meinem sterbenden Feinde um. Doch – welch menschliche Sprache kann jenes Erstaunen, jenes Erschrecken genügend wiedergeben, das sich meiner bei dem Schauspiel, das meine Augen nun erblicken mußten, bemächtigte? Der kurze Augenblick, während dessen ich meine Blicke abgewandt hatte, war ausreichend gewesen, um eine wesentliche Veränderung in der Beschaffenheit des Zimmers herbeizuführen. Ein riesiger Spiegel – so schien es mir wenigstens in meiner Verwirrung – hing jetzt dort, wo ich vorhin keinen bemerkt hatte; und als ich entsetzt auf ihn zutrat, kam mir mein eigenes Bild, mit bleichem, blutüberströmtem Antlitz und schwachen, schwankenden Schrittes aus ihm entgegen.

So schien es mir, sage ich, doch war es nicht so! Es war mein Gegner, war William Wilson, der im Todeskampfe vor mir stand. Seine Maske und sein Mantel lagen auf dem Boden; er hatte sie dort hingeworfen. Und so konnte ich jeden Faden seiner Kleidung, jede Linie seines eigentümlichen Gesichtes deutlich sehen. Und – bis auf die kleinsten Kleinigkeiten – war – er –Ich – Selbst!!!

Und doch war's Wilson! Er flüsterte nicht mehr, und ich glaubte mich selbst sprechen zu hören, als er sagte: „Du hast gesiegt und ich bin unterlegen. Doch von nun ab bist auch du tot – tot für die Welt, den Himmel und die Hoffnung! In mir lebtest du – nun sieh in deinem eignen Bilde, wie du dich durch meinen Tod gemordet hast!"

GESPRÄCH MIT EINER MUMIE

Das Gelage der vergangenen Nacht hatte mich ziemlich angegriffen, ich erwachte spät am Tage mit jämmerlichem Kopfweh und fühlte mich unglaublich schläfrig. Ich merkte bald, daß ich nichts Klügeres tun konnte, als meinen Plan, den Abend draußen zuzubringen, aufzugeben, ein kleines Abendessen zu nehmen und sofort wieder zu Bett zu gehen.

Ein leichtes Abendessen natürlich. Ich bin ein großer Freund von *Welsh rabbit*, jedoch ist es nicht immer ratsam, mehr als ein Pfund davon zu essen. Aber was könnte dagegen sprechen, daß man sich einmal an ein zweites Pfund wagte? Und der Unterschied zwischen zwei und drei ist eigentlich auch recht unbedeutend. Ich bewältigte im ganzen vielleicht vier. Meine Frau behauptete zwar, es seien fünf gewesen – und doch scheint sie mir da zwei ganz verschiedene Angelegenheiten miteinander zu verwechseln. Die abstrakte Zahl fünf will ich ihr ja meinetwegen zugeben, doch bestand ihr Konkretum in fünf Flaschen braunem Stout, ohne den man *Welsh rabbit* nie genießen sollte.

Nachdem ich also dies einfache, kleine Mahl zu mir genommen hatte, setzte ich meine Nachtmütze auf, erfreute mich einen Augenblick lang der fröhlichen Hoffnung, mich bis zum Mittag des folgenden Tages nicht mehr von ihr zu trennen, zog mir die Kissen über die Ohren und versank, dank meines guten Gewissens, sofort in tiefen Schlaf.

Doch wann sähe der Mensch einmal seine Hoffnung erfüllt? Ich mochte kaum dreimal geschnarcht haben, als ich von einem wüsten Klingeln an der Haustür geweckt wurde, dem alsbald ein heftiges Stoßen mit dem Klopfer folgte, das mich vollständig wach machte. Im nächsten Augenblick – ich rieb mir noch die Augen – trat meine Frau ein und überreichte mir einen Brief von dem Doktor Ponnonner, meinem langjährigen Freunde. Er lautete folgendermaßen:

Mein lieber, guter Freund!
Kommen Sie, sobald Sie diesen Brief erhalten haben, sofort zu mir. Kommen Sie, und freuen Sie sich mit uns! Endlich ist es unseren diplomatischen Künsten gelungen, dem Direktor des städtischen Museums die Einwilligung zur Untersuchung der Mumie – Sie wissen, welche ich meine – abzulocken. Ich habe die Erlaubnis erwirkt, sie loswickeln und, wenn nötig, sogar öffnen zu lassen. Dies soll denn auch in Gegenwart einiger Freunde geschehen – Sie werden

natürlich auch kommen, nicht wahr? Die Mumie befindet sich schon in meinem Hause, und
gegen elf Uhr heute abend wollen wir mit der Loswickelung beginnen.

Ihr Ponnonner

Als ich den Brief bis zur Unterschrift „Ponnonner" gelesen hatte, fühlte ich, daß ich auch den letzten Rest Verschlafenheit abgeschüttelt hatte und so wach war, wie ein Mensch nur sein kann. Ich sprang voll Begeisterung aus dem Bette, stieß alles, was mir in den Weg kam, um, stürzte mich mit wahrhaft wunderbarer Geschwindigkeit in meine Kleider und begab mich schleunigst in die Wohnung des Doktors.

Ich wurde mit Spannung erwartet; die Mumie lag auf dem großen Speisetische ausgestreckt, und gleich nach meinem Eintritt begann die Untersuchung.

Vor mehreren Jahren war die Mumie von dem Kapitän Arthur Sabretasch, einem nahen Verwandten Ponnonners, aus einer Grabstätte in der Nähe von Eleithias in den Libyschen Bergen, eine Strecke weit oberhalb Thebens, mitgebracht worden. Die Höhlen an diesem Orte sind weit weniger prächtig als die Gräber zu Theben, doch sind sie für den Forscher von viel größerem Interesse, da sie mit zahlreichen Abbildungen aus dem häuslichen Leben der Ägypter ausgeschmückt sind. Die Kammer, der man unsere Mumie entnommen, war, wie man sagte, außerordentlich reich an solchen Bildern, ihre Wände waren über und über mit Fresko-Gemälden und Bas-Reliefs bedeckt, und zahllose Statuen, Vasen und prachtvolle Mosaikarbeiten ließen darauf schließen, daß der dort Begrabene ungeheuer reich gewesen sei.

Man hatte den Fund genau in demselben Zustande, in dem Kapitän Sabretasch ihn entdeckt, im Museum aufgestellt; der Sarg war nicht einmal geöffnet worden, sondern während der acht Jahre, die er sich im Museum befunden, nur von außen zu besichtigen gewesen. Die Mumie war also in gänzlich unberührtem Zustande, und alle, die wissen, wie selten ein solches Altertum undurchstöbert zu uns nach Amerika kommt, können sich vorstellen, wie glücklich wir darüber waren, an diesem seltenen Objekt unsere Studien machen zu dürfen.

Als ich mich dem Tische näherte, bemerkte ich zuerst nur eine große Schachtel oder vielmehr eine Kiste von sieben Fuß Länge, ungefähr drei Fuß Breite und etwa zweiundeinhalb Fuß Tiefe. Sie war länglich, erinnerte jedoch nicht an einen Sarg. Wir hielten das Material anfänglich für Sykomoren-Holz, als wir jedoch hineinschneiden wollten, fanden wir, daß es Pappdeckel, oder besser: ein aus Papyrus hergestelltes Papiermaché war. Es war reichlich mit Abbildungen verziert, die Leichenbegängnisse und dergleichen vorstellten und hier und da durch Reihen hieroglyphischer Zeichen unterbrochen wurden, die offenbar den

Namen des Verstorbenen andeuteten. Glücklicherweise war auch Herr Gliddon, der Ägyptologe, zugegen: er entzifferte die Zeichen, einfache Lauthieroglyphen, ohne Schwierigkeit. Sie bedeuteten den Namen *Allamistakeo*.

Es kostete uns einige Mühe, den Kasten zu öffnen, ohne ihn zu beschädigen. Als es uns endlich gelungen war, stießen wir auf einen zweiten, sargartig geformten Kasten, der an Umfang viel geringer, sonst jedoch dem ersten in jeder Beziehung ähnlich war. Der Zwischenraum zwischen den beiden war mit Harz ausgefüllt, wodurch die Farben des inneren Behälters ein wenig gelitten hatten.

Den zweiten Kasten öffneten wir mit Leichtigkeit und gelangten an einen dritten aus Zedernholz, der noch den dieser Holzart eigentümlichen Wohlgeruch ausströmte. Zwischen dem zweiten und dritten Kasten befand sich kein Zwischenraum, da der eine genau in den anderen hineinpaßte.

Als wir den Deckel des dritten Kastens öffneten, erblickten wir den Körper selbst und hoben ihn heraus. Wir hatten erwartet, ihn wie gewöhnlich mit vielen Streifen und Binden von Leinwand umwickelt zu sehen, statt dessen fanden wir ihn in einer Art von Futteral, das aus Papyrus verfertigt und mit einer dicken Schicht reichlich vergoldeten und bemalten Gipses überkleidet war. Viele der Bilder behandelten die mannigfachen Pflichten der Seele, andere stellten dar, wie sie verschiedenen Gottheiten ihre Huldigung darbringt. Auf diesen letzteren war sie stets von zahlreichen menschlichen Gestalten umgeben, die offenbar die einbalsamierte Person vorstellen sollten. Von Kopf bis zu den Füßen zog sich eine säulenartige, senkrecht laufende Inschrift, die ebenfalls aus Lauthieroglyphen bestand und den Namen und Titel des Toten sowie die Namen und Titel seiner Verwandten bedeutete.

Um den Hals war eine Kette von zylinderförmigen Glasperlen geschlungen, die in der Farbe verschieden und so geordnet waren, daß sie Bilder von Gottheiten, von Käfern und anderen heiligen Tieren sowie von geflügelten Kugeln bildeten. Um den Leib wand sich eine ähnliche Kette.

Wir entfernten den Papyrus und fanden, daß das Fleisch vortrefflich erhalten und vollständig geruchlos war. Seine Farbe war rötlich und die Haut hart, glatt und glänzend. Zähne und Haare waren ebenfalls in bestem Zustande. Die Augen hatte man, wie mir schien, herausgenommen und durch Glasaugen ersetzt, die sehr schön und wunderbar lebensähnlich aussahen und eigentlich nur durch ihren allzu starren Blick als künstliche zu erkennen waren. Finger und Nägel waren glänzend vergoldet.

Herr Gliddon meinte, die Röte der Haut lasse darauf schließen, daß bei der Einbalsamierung nur Asphalt verwendet worden sei. Als man jedoch die Haut an einer Stelle ein wenig schabte und den auf diese Weise gewonnenen Staub ins Feuer warf, verbreitete sich ein Geruch von Kampfer und wohlriechenden Harzen.

Wir untersuchten den Körper mit großer Sorgfalt, um die Öffnung zu entdecken, durch die man die Eingeweide herausgenommen, konnten sie jedoch zu unserem großen Erstaunen nicht finden. Niemand von uns wußte damals, daß vollständige, ungeöffnete Mumien gar nicht so selten vorkommen. Man hatte gewöhnlich das Gehirn durch die Nase und die Eingeweide durch einen Einschnitt in die Seite entfernt; hierauf wurde dann der Körper rasiert, gewaschen, mit Salz eingerieben und mehrere Wochen so liegen gelassen, ehe die eigentliche Einbalsamierung begann.

Als wir keine Spur von einer Öffnung entdecken konnten und Doktor Ponnonner schon seine Instrumente zur Sektion bereit legte, machte ich die Bemerkung, daß es bereits zwei Uhr vorbei sei. Wir beschlossen also, die innere Untersuchung bis zum nächsten Abend aufzuschieben, und wollten uns gerade voneinander verabschieden, als einer der Anwesenden den Vorschlag machte, noch ein paar Experimente mit der Voltaischen Säule vorzunehmen.

Eine drei- bis viertausend Jahre alte Mumie elektrisieren zu wollen, war ein, wenn auch nicht gerade sehr vernünftiger, doch immerhin so origineller Vorschlag, daß wir alle sofort auf denselben eingingen. Wir machten in des Doktors Studierzimmer eine elektrische Batterie zurecht, trugen den Ägypter hinüber und sahen mit einem aus einem Zehntel Ernst und neun Zehntel Scherz gemischten Gefühle den Dingen entgegen, die da kommen sollten.

Nach vieler Mühe gelang es uns, einen Teil von den Muskeln an der Schläfe bloßzulegen. Er war nicht ganz so steinhart, wie der übrige Körper, gab aber, wie wir eigentlich als selbstverständlich vorausgesetzt hatten, nicht das geringste Zeichen von Empfänglichkeit für die Elektrizität, die wir ihm durch die Berührung mit dem Drahte der Batterie zuführten. Dieser erste Versuch schien also entscheidend zu sein, und mit einem herzlichen Gelächter über unsere Torheit wollten wir uns gerade gute Nacht wünschen, als meine Blicke zufällig auf die Augen der Mumie fielen und mit höchstem Erstaunen an denselben haften blieben. Mein kurzer Blick hatte mir gezeigt, daß diese Augen, die wir alle wegen ihres sonderbaren starren Blickes für gläserne gehalten, jetzt plötzlich so tief unter den Lidern versteckt lagen, daß nur ein ganz kleiner Strich von der *tunica albuginea* sichtbar blieb. Mit einem unwillkürlich lauten Ausrufe lenkte ich die Aufmerksamkeit der Gesellschaft auf diese Tatsache, und ich sah an dem Ausdruck ihrer Gesichter, daß ich mich nicht getäuscht hatte.

Ich will jedoch nicht behaupten, daß mich die wunderbare Erscheinung erschreckt habe – denn dies Wort würde meine Gefühle nicht ganz richtig wiedergeben; es ist höchstens möglich, daß mich der braune Stout ein wenig aufgeregt hatte. Niemand von der übrigen Gesellschaft aber machte auch nur den geringsten Versuch, seine Angst zu verbergen. Doktor Ponnonner sah geradezu beklagenswert aus, Herr Gliddon war durch einen unerklärlichen Vorgang plötzlich unsichtbar geworden und ich glaube, daß Herr Silk Buckingham kaum die Kühnheit haben wird zu leugnen, daß er sich auf allen vieren ein Versteck unter dem Tische gesucht.

Nachdem der erste Ausbruch des, sagen wir, Erstaunens vorüber war, faßten wir erklärlicherweise den Entschluß, mit dem Experiment fortzufahren. Wir machten also zunächst an der großen Zehe des rechten Fußes einen Einschnitt über dem äußeren *os sesamoideum pollics pedis* und gelangten an die Wurzel des *abductor*-Muskels. Während wir nun den elektrischen Strom aufs neue gegen die gespaltenen Nerven leiteten, zog die Mumie plötzlich mit einer vollständig lebensähnlichen Bewegung ihr rechtes Knie so weit in die Höhe, daß es fast mit dem Leibe in Berührung kam. Darauf streckte sie es mit einem gewaltsamen Ruck wieder gerade und versetzte dabei dem Doktor Ponnonner einen so heftigen Stoß, daß der gute Herr wie ein vom Bogen geschnellter Pfeil durch das eine Fenster hindurch und auf die Straße flog.

Wir stürzten alle auf einmal hinaus, um die verstümmelten Übereste des unglücklichen Opfers der Wissenschaft zu sammeln. Doch begegneten wir ihm schon auf der Treppe, die er unversehrt und mit seltsamer Hast hinaufstieg, übervoll von neuen Ideen und mehr als je von der Notwendigkeit überzeugt, unsere Experimente mit Nachdruck und Eifer fortsetzen zu müssen.

Auf seinen Vorschlag machten wir an der Nasenspitze unseres Objektes einen tiefen Einschnitt, den der Doktor alsdann, der selbst überall eifrigst mit Hand anlegte, in Berührung mit einem starken Strome brachte.

Die Wirkung war – moralisch und plastisch, bildlich und buchstäblich – eine elektrische.

Die Mumie öffnete zunächst ihre Augen und blinzelte ein paar Minuten lang heftig mit den Lidern, darauf nieste sie und richtete sich auf. Dann ballte sie dem Doktor Ponnonner eine Faust, wandte sich an die Herren Gliddon und Silk Buckingham und richtete in ausgezeichnetem Ägyptisch folgende Worte an sie: „Ich muß gestehen, meine Herren, daß mich Ihr Benehmen in gleichem Maße überrascht und kränkt. Von Doktor Ponnonner war ja nichts Besseres zu erwarten. Er ist ein elender kleiner dicker Narr, der es nicht besser versteht. Er kann mir nur leid tun, und ich verzeihe ihm. Aber Sie, Herr Gliddon, und Sie, Herr Silk Buckingham, die Sie Ägypten bereist und sich dort so lange aufgehalten haben, daß man glauben könnte, Sie seien da geboren, Sie, sage ich, die sie so lange unter uns gelebt haben, daß Sie die ägyptische Sprache so geläufig sprechen wie Sie Ihre Muttersprache schreiben – Sie, die ich von jeher für die wärmsten Freunde der Mumien gehalten habe – Sie, ja! Sie hätten sich wirklich etwas mehr *gentlemanlike* betragen sollen. Was soll ich davon denken, daß Sie ruhig dabei stehen und zusehen können, wie man mich so unhöflich behandelt? Wie soll ich mir erklären, daß mich Tom, Dick und Harry mit Ihrer Zustimmung in diesem erbärmlich kalten Klima aus meinem Sarge und meinen Hüllen rissen? Und um endlich zur Hauptsache zu kommen – in welchem Lichte stehen Sie da, seit Sie dem erbärmlichen, kleinen Bösewichte, dem Doktor Ponnonner, nicht nur beigestimmt, sondern auch noch geholfen haben, mich an der Nase zu kitzeln?"

Nun wird ein jeder glauben, daß wir bei dieser unter so seltsamen Umständen gehaltenen Rede nach der Tür gestürzt wären, hysterische Krämpfe oder Ohnmachtsanfälle bekommen hätten. Jedenfalls wäre dergleichen zu erwarten gewesen, und niemand hätte etwas Verwunderliches darin sehen können, wenn jeder aus unserer Gesellschaft eins von diesen dreien getan hätte. Nichts von alledem geschah, und ich bin auf mein Ehrenwort nicht imstande, zu erklären, wie es kam, daß wir weder die Flucht ergriffen noch vor Schrecken verrückt wurden oder umfielen. Vielleicht liegt der wahre Grund hierfür im Geist der Zeit, der jetzt alles Paradoxe und Unmögliche „erklären" will. Vielleicht jedoch lag es auch in dem vollständig natürlichen und selbstverständlichen Tone der Mumie, der ihren Worten alles Schreckliche nahm. Nun – wie dem auch sei, soviel steht fest, daß keiner von uns eine besondere Bestürzung verriet oder der Meinung war, es sei irgendwas Befremdliches geschehen.

Ich jedenfalls fand, daß alles in bester Ordnung sei, und trat nur ein wenig zur Seite, um nicht länger im Bereiche der Fäuste des Ägypters zu stehen. Doktor Ponnonner steckte seine Hände in die Hosentaschen, blickte die Mumie fest an und wurde sehr rot im Gesicht. Herr Gliddon strich sich abwechselnd über den rechten und linken Zipfel seines Backenbartes und zog seinen Hemdkragen in die Höhe. Herr Silk Buckingham ließ den Kopf hängen und steckte den Daumen der rechten Hand in seinen linken Mundwinkel.

Der Ägypter betrachtete ihn einige Minuten lang mit strenger Miene und sagte in höhnischem Tone: „Weshalb reden Sie nicht, Herr Silk Buckingham? Haben Sie verstanden, was ich Sie gefragt habe, oder nicht? Nehmen Sie doch gefälligst Ihren Daumen aus dem Mundwinkel!"

Herrn Silk Buckingham durchfuhr bei diesen Worten ein leises Zucken. Er nahm den rechten Daumen aus dem linken Mundwinkel und schob dafür den linken in den rechten Winkel der eben erwähnten Öffnung.

Da es dem Ägypter nicht gelang, Herrn Silk Buckingham zu einer Antwort zu bringen, wandte er sich verdrießlich an Herrn Gliddon und fragte in hochfahrendem Tone, was wir denn eigentlich von ihm wollten.

Herr Gliddon antwortete ihm des Langen und Breiten in Lauthieroglyphen – und ich würde mit großem Vergnügen seine ganze wohlgesetzte Rede hier im Original wiedergegeben haben, hätte ich nur in ganz Amerika eine Druckerei auftreiben können, die im Besitze von hieroglyphischen Lettern gewesen wäre.

Bei dieser Gelegenheit will ich denn bemerken, daß die ganze nun folgende Unterhaltung mit der Mumie in altägyptischer Sprache geführt wurde, und zwar dienten mir und den anderen Herren aus der Gesellschaft, die diese Sprache nicht kannten, die Herren Gliddon und Buckingham als Dolmetscher. Sie beherrschten nämlich die Muttersprache der Mumie mit unnachahmlicher Gewandtheit und Grazie, doch bemerkte ich ein paarmal, daß sie, wahrscheinlich bei Verwendung moderner Bilder, die dem Fremdling natürlich unbekannt waren, zu gröberen Mitteln als Worten greifen mußten, um sich verständlich zu machen.

Herrn Gliddon wollte es zum Beispiel in einem Satze nicht gelingen, dem Ägypter den Sinn des Wortes „Politik" mitzuteilen, bis er mit einem kleinen Stück Kreide an der Wand einen kleinen Herrn hinzeichnete. Der stand auf einem Baumstumpf, hatte eine dicke, feuerrote Nase, die Hände in die Seite gestemmt, das linke Bein nach rückwärts gezogen, den rechten Arm mit geballter Faust gerade vor sich hingestreckt, und blickte mit rollenden Augen und sperrweit geöffnetem Munde zum Himmel auf. – Herr Silk Buckingham versuchte einmal vergeblich, ihm den allerdings durchaus modernen Begriff „Perücke" verständlich zu machen. Doktor Ponnonner flüsterte ihm darauf etwas ins Ohr. Herr Silk Buckingham wurde blaß und nahm schweigend seine eigene Perücke vom Kopf.

Herrn Gliddons Reden bezogen sich erklärlicherweise auf die wichtigen Erkenntnisse, welche der Wissenschaft aus dem Loswickeln und Öffnen der Mumie erwachsen. Darauf bat er um Entschuldigung, wenn der hier anwesenden, Allamistakeo genannten Mumie, aus diesem Vorgehen Unannehmlichkeiten zugefügt worden seien, und schloß mit der Andeutung – anders konnte man es nicht nennen –, daß man nun, da diese unwichtigen Dinge erklärt seien, mit der beabsichtigten Untersuchung fortfahren wolle. Hierauf legte dann Doktor Ponnonner seine Instrumente in Bereitschaft.

Die letzte Äußerung des Redners schien jedoch dem Herrn Allamistakeo gewisse Bedenken zu erregen, über deren Natur ich mir nicht recht klar wurde. Doch erklärte er, daß ihn die Entschuldigungen zufriedengestellt hätten, sprang vom Tische herunter und schüttelte jedem von uns herzlich die Hand.

Als diese Zeremonie zu Ende war, beeilten wir uns, die Schäden, die unser Seziermesser seinem Äußeren zugefügt hatte, wieder auszubessern. Die Wunde an der Schläfe wurde zusammengenäht, der Fuß verbunden und der Einschnitt an der Nase mit einem zollbreiten Stück schwarzen Pflasters verklebt.

Jetzt bemerkten wir, daß der Graf – dies war, wie es schien, der Titel Allamista-keos – von einem leichten Schauder befallen wurde, den wir nur der Kälte zuschreiben konnten. Der Doktor eilte an seinen Kleiderschrank und kam mit einem schwarzen Gehrock von modernstem Schnitt und ein paar himmelblau karierter Beinkleider mit Hosenträgern zurück. Dann brachte er noch eine langschößige brokatene Weste, einen weißen Sackpaletot, einen Spazierstock mit riesigem Griff, einen Hut ohne Rand, ein Paar tüchtige Lederschuhe, strohgelbe Glacéhandschuhe, eine Krawatte, ein Lorgnon und die zwei Teile eines Kotelettenbartes mit. Da der Graf und der Doktor jedoch von verschiedener Gestalt waren – sie verhielten sich zueinander wie zwei zu eins –, bereitete es einige Schwierigkeiten, den Ägypter mit den herbeigeschleppten Garderobestücken zu bekleiden. Endlich jedoch war er in Toilette, Herr Gliddon bot ihm den Arm und führte ihn zu einem behaglichen Sitze am Kamin, während der Doktor klingelte und Wein und Zigarren holen ließ.

Die Unterhaltung wurde bald sehr lebhaft, und man war, wie leicht begreiflich, neugierig, zu erfahren, wie es komme, daß Allamistakeo noch am Leben sei.

„Man sollte annehmen", bemerkte Herr Silk Buckingham, „es sei die höchste Zeit für Sie, tot zu sein."

„Weshalb?", erwiderte der Graf ganz erstaunt. „Ich bin eben siebenhundert Jahre alt geworden, mein Vater lebte tausend Jahre und war absolut noch nicht verkindischt, als er starb."

Nun entstand ein lebhaftes Kreuzfeuer von Fragen und Berechnungen, die es bald an den Tag brachten, daß man sich über das Alter der Mumie gröblich getäuscht hatte. Der Graf war vor fünftausendundfünfzig Jahren und einigen Monaten in den Katakomben von Eleithias beigesetzt worden.

„Meine Bemerkung", fing Herr Silk Buckingham wieder an, „sollte sich absolut nicht auf Ihr Alter zur Zeit Ihrer Bestattung beziehen. Ich gebe gern zu, daß Sie noch ein junger Mann sind. Meine Andeutung galt hauptsächlich der unermeßlich langen Zeit, während welcher Sie Ihrem Aussehen nach im Asphalt gelegen haben müssen."

„Worin?", fragte der Graf.

„In Asphalt", wiederholte Herr Buckingham.

„Ja so, ich habe eine undeutliche Vorstellung von dem, was Sie meinen. Zu meiner Zeit jedoch wurde kaum etwas anderes verwandt, als Ätz-Sublimat."

„Wir können nicht im mindesten begreifen", nahm nun Doktor Ponnonner das Wort, „wie es kommt, daß Sie in Ägypten seit fünftausend Jahren tot und begraben sind und heute hier lebendig und wohl aussehend vor uns stehen."

„Wäre ich, wie Sie es nennen, tot gewesen, so würde ich es höchstwahrscheinlich heute noch sein. Wie ich bemerke, befinden Sie sich in den Anfangsgründen der Wissenschaft vom Galvanismus und wissen noch nicht so gut mit ihm umzugehen, wie es zu meiner Zeit geschah. Also ich verfiel in Starrkrampf, meine besten Freunde waren der Meinung, ich sei tot oder müsse es wenigstens sein, und balsamierten mich ein. Ich vermute, daß Ihnen die hauptsächlichsten Regeln, nach denen man bei diesen Einbalsamierungen verfuhr, bekannt sind –"

„Nicht vollständig –"

„Ah! Welch beklagenswerte Unwissenheit! Doch kann ich mich jetzt, auf Einzelheiten nicht einlassen. Kurz nur dies: die eigentliche Einbalsamierung bestand darin, alle zum Lebensprozesse unentbehrlichen animalischen Funktionen auf unbegrenzte Zeit hin in Stillstand zu versetzen. Ich gebrauche hier das Wort ‚animalisch' in seiner weitesten Bedeutung und bezeichne mit demselben sowohl das moralische wie vitale Dasein. Ich wiederhole also, daß das leitende Prinzip der Einbalsamierung bei uns darin bestand, alle zum Lebensprozeß nötigen animalischen Funktionen plötzlich zum Stillstand zu bringen, aber dabei doch in fortwährender Spannung zu erhalten. Kurz, das Individuum blieb in eben dem Zustande, in dem es sich befand, als es einbalsamiert wurde. Da ich nun das Glück habe, aus dem Blute des Scarabaeus zu stammen, wurde ich, genau wie Sie mich jetzt sehen, *lebendig* einbalsamiert."

„Aus dem Blute des Scarabaeus!", rief Doktor Ponnonner.

„Jawohl! Der Scarabaeus war das Abzeichen oder das Wappen einer sehr vornehmen Patrizierfamilie und ‚aus dem Blute des Scarabaeus stammen' heißt weiter nichts, als ein Mitglied jener Familie sein, welche den Scarabaeus im Wappen führt. Ich sprach vorhin bildlich."

„Aber dies alles erklärt doch nicht, daß Sie noch am Leben sind."

„In gewissem Sinne doch. Im allgemeinen ist es in Ägypten Sitte, den Leichnam vor der Einbalsamierung seines Gehirns und seiner Eingeweide zu berauben, nur das Geschlecht des Scarabaeus fügte sich dieser Sitte nicht. Wäre ich kein Scarabaeus gewesen, so hätte ich weder meine Eingeweide noch mein Gehirn behalten – und es läßt sich bekanntlich weder ohne das eine noch das andere leben."

„Das begreife ich", sagte Herr Silk Buckingham, „und vermute, daß alle vollständigen Mumien, die zu uns gelangen, aus dem Geschlecht des Scarabaeus sind."

„Sehr richtig!"

„Ich glaubte", sagte Herr Gliddon ziemlich kleinlaut, „der Scarabaeus sei eine der ägyptischen Gottheiten gewesen."

„Eine der ägyptischen … *was*?", rief die Mumie und sprang auf.

„Gottheiten", wiederholte der Altertumsforscher.

„Herr Gliddon", sagte der Graf und nahm wieder Platz, „ich bin wirklich höchst erstaunt, Sie solchen Unsinn schwatzen zu hören. Kein Volk auf der ganzen Erde hat jemals mehr als eine Gottheit anerkannt. Der Scarabaeus, der Ibis waren bei uns, wie ähnliche Tiere bei anderen Völkern, nur Symbole, nur Medien, durch die wir den Schöpfer aller Dinge, der zu erhaben ist, als daß man sich unmittelbar an ihn wenden dürfte, unsere Verehrung darbrachten."

Hierauf entstand eine Pause, bis Doktor Ponnonner die Unterhaltung wieder begann.

„Nach Ihren Erklärungen zu schließen", sagte er, „ist es also nicht unwahrscheinlich, daß sich in den Katakomben unweit des Nils noch andere Mumien aus dem Geschlechte des Scarabaeus befinden, die man wieder ins Leben zurückrufen könnte?"

„Daran ist gar nicht zu zweifeln", erwiderte der Graf. „Alle aus diesem Geschlechte, die durch irgendeinen Zufall lebendig einbalsamiert worden sind, sind wohl auch lebendig geblieben. Es ist sogar immerhin möglich, daß einige von denen, die absichtlich so einbalsamiert worden sind, später von ihren Testamentsvollstreckern übersehen wurden und sich noch in den Gräbern befinden."

„Wären Sie so liebenswürdig, mir zu erklären", sagte ich, „was Sie unter dem Ausdruck ‚absichtlich so einbalsamiert' verstehen?"

„Mit großem Vergnügen", antwortete mir die Mumie, nachdem Sie mich gelassen längere Zeit durch ihr Lorgnon betrachtet hatte – denn es war das erstemal, daß ich wagte, eine direkte Frage an sie zu stellen.

„Mit großem Vergnügen", antwortete mir also der Ägypter. „Zu meiner Zeit belief sich die gewöhnliche Lebensdauer eines Mannes auf ungefähr achthundert Jahre. Wenig Menschen starben, wenn sie nicht etwa durch einen Zufall dahingerafft wurden, bevor sie das Alter von sechshundert Jahren erreicht hatten; nur wenige jedoch lebten länger als eine Dekade von Jahrhunderten. Als die natürliche Lebensdauer nahm man achthundert Jahre an. Nach der Erfindung des Einbalsamierungsprinzips, das ich Ihnen eben erklärt habe, kamen unsere Philosophen auf die Idee, daß man einer sehr lobenswerten Neugier der Menschen und den Interessen der Wissenschaft dienen könne, wenn man jemanden diese natürliche normale Lebensdauer in verschiedenen Zeitabschnitten durchleben ließe. Vom Standpunkt der Geschichtskunde war das eigentlich sogar geboten. Nehmen wir einmal an, ein Historiker hätte im Alter von fünfhundert Jahren mit großer Mühe ein Buch geschrieben! Darauf ließe er sich sorgfältig einbalsamieren und gäbe seinen Testamentsvollstreckern die Anweisung, dafür zu sorgen, daß er nach Verlauf einer gewissen Zeit – sagen wir einmal nach fünf- oder sechshundert Jahren – wieder ins Leben zurückgerufen werde. Wenn er also nach dieser Zeit wieder ins Dasein träte, würde er sein großes Werk sicherlich in ein großes, aus gelegentlichen Aufzeichnungen entstandenes Notizbuch verwandelt finden – das heißt in eine Art literarischen Tummelplatzes für die widerstreitenden Vermutungen, Auslegungen und persönlichen Zänkereien ganzer Horden von Kommentatoren. Diese Vermutungen, welche sich unter dem Namen von Erklärungen, Anmerkungen und Erläuterungen breit machten, hätten den wirklichen Text seines Buches so verdreht oder verwirrt, daß der Autor selbst mit der Laterne herumgehen müßte, um ihn wiederzufinden. Und wenn er ihn wiedergefunden, müßte er sich sagen, daß er kaum des Suchens wert gewesen. Er schrieb das Buch von neuem und verbesserte nach seiner eigenen Kenntnis und Erfahrung die Forschungen des Tages über die Zeit, in welcher er ursprünglich gelebt hatte. Dieses Verfahren einzelner Gelehrter, ihre eigenen vor Jahrhunderten geschriebenen Werke wieder umzuarbeiten und zu berichtigen, hat unsere ägyptische Geschichte glücklicherweise davor bewahrt, zur reinen Fabel zu werden."

„Verzeihung", sagte Doktor Ponnonner und legte seine Hand leicht auf den Arm des Ägypters, „Verzeihung, mein Herr, darf ich mir erlauben, Sie auf einen Augenblick zu unterbrechen?", – „Bitte, bitte, mein Herr", sagte der Graf und richtete sich auf.

„Ich möchte nur eine Frage stellen", begann der Doktor. „Sie sprachen eben von der persönlichen Berichtigung, welche der wieder zum Leben erwachte Historiker den über seine Zeit in Umlauf gesetzten Traditionen angedeihen läßt. Würden Sie die Güte haben, mir zu sagen, wieviel im allgemeinen an diesen gelehrten Noten für richtig befunden wurde?"

„Diese, wie Sie sagen, gelehrten Noten standen gewöhnlich in einem genau umgekehrten Verhältnis zu den Tatsachen, die in den nicht wieder durchgearbeiteten Geschichtswerken erzählt waren – das heißt: an beiden war auch kein Jota richtig."

„Da es aber ganz klar ist", begann der Doktor wieder, „daß seit Ihrer Bestattung wenigstens fünftausend Jahre vergangen sind, nehme ich an, daß, wenn schon nicht die Traditionen, so doch die Geschichtsschreiber Ihrer Zeit die Menschheit eingehend und zuverlässig von dem Ereignis unterrichteten, welches allezeit das größte Interesse in Anspruch nahm und, wie Sie wohl wissen, nur zehn Jahrhunderte früher stattfand – ich meine die Erschaffung der Welt."

„Ich begreife nicht recht –", meinte der Graf Allamistakeo.

Der Doktor wiederholte seine letzten Worte, doch verstand der Fremde den Sinn derselben erst, nachdem man ihm einige Erklärungen gegeben, und antwortete schließlich zögernd: „Ich muß gestehen, daß mir die Ideen, die Sie soeben äußerten, vollständig neu sind. Zu meiner Zeit habe ich nie jemanden gekannt, der die seltsame Vorstellung hätte, daß das Universum, oder die Welt, wie Sie sagen, jemals einen Anfang genommen hätte. Ich erinnere mich allerdings, einmal, aber auch nur einmal, von einem Grübler eine entfernte Andeutung über den Ursprung des Menschengeschlechtes vernommen zu haben. Der Mann bediente sich, wie Sie es eben taten, gleichfalls des Wortes ‚Adam' – Tonerde –, gebrauchte es jedoch in generischem Sinne, indem er es auf die rasche Fruchtbarkeit eines üppigen Bodens anwandte, der zu gleicher Zeit und auf fünf verschiedenen und fast gleich großen Teilen der Erde fünf Menschenrassen entstehen ließ."

Hier zuckten verschiedene aus der Gesellschaft die Schultern, und zwei oder drei tippten mit bezeichnender Miene mit dem Zeigefinger auf ihre Stirn. Herr Silk Buckingham warf einen flüchtigen Blick auf den Hinterkopf und die Stirne Allamistakeos und meinte dann: „Die lange Dauer des Lebens in Ihrem Zeitalter und die Sitte, dasselbe in verschiedenen Zeitabschnitten zu verbringen, muß allerdings eine bedeutende Anhäufung der Kenntnisse, eine erstaunliche Entwickelung der Wissenschaft zur Folge gehabt haben. Und daß die alten Ägypter mit ihren wissenschaftlichen Erkenntnissen im Vergleich zu den modernen Menschen, besonders zu den Amerikanern, dennoch eine untergeordnete Rolle spielen, kann ich nur der größeren Festigkeit des ägyptischen Schädels zuschreiben."

„Ich gestehe wieder", antwortete der Graf mit größter Liebenswürdigkeit, „daß ich Sie nicht recht verstehe. Würden Sie mir gütigst erklären, welche speziellen wissenschaftlichen Erkenntnisse Sie ausspielen könnten?"

Nun ereiferte sich die ganze Gesellschaft in breite Erörterungen über die Mutmaßungen der Phrenologie und langte zum Schluß bei den Wundern des tierischen Magnetismus an.

Der Graf hörte uns geduldig bis zu Ende an und erzählte dann ein paar Anekdoten, die klar bewiesen, daß die Vorläufer von Gall und Spurzheim in Ägypten schon vor unvordenklich langen Zeiten floriert hatten und wieder verschwunden waren, und daß die Manipulationen Meßmers ganz verächtliche Taschenspielereien sind im Vergleich zu den tatsächlichen Wundern der Weisen von Theben, welche Läuse, und Flöhe erschaffen und eine Menge ähnlicher rätselhafter Dinge vollführen konnten.

Ich fragte den Grafen, ob sein Volk astronomische Verfinsterungen habe berechnen können; er lächelte fast verächtlich, als er diese Frage bejahte.

Ich wurde ein wenig verlegen und versuchte ein paar andere auf die Sternkunde bezügliche Fragen an ihn zu richten, als einer von uns, der bis jetzt noch nicht gewagt hatte, den Mund aufzutun, mir ins Ohr flüsterte, es sei besser, mich von einem Ptolemäus als von einem Plutarch über die Gestalt des Mondes belehren zu lassen.

Nun befragte ich die Mumie über Brennspiegel und Linsengläser sowie über die Glasfabrikation im allgemeinen, doch kaum hatte ich diese Frage ausgesprochen, als mein eben erwähnter schweigsamer Genosse mich sacht am Ärmel zupfte und bat, doch um Gottes willen etwas über Diodorus Siculus in Erfahrung zu bringen zu suchen. Der Graf begnügte sich damit, meine Erkundigungen durch die Gegenfrage zu beantworten, ob wir Modernen ein Mikroskop besäßen, das uns befähigte, in ägyptischer Art Kameen zu schneiden. Während ich noch darüber nachdachte, wie ich diese Frage am klügsten beantworten sollte, kompromittierte sich der kleine Doktor aufs gründlichste.

„Sehen Sie sich einmal unsere Architektur an", rief er zur höchsten Verlegenheit der anderen aus, die ihn heimlich schwarz und blau kniffen.

„Sehen Sie sich nur einmal", rief er voll Begeisterung, „die *Bowling Green Fountain* in New York an oder betrachten Sie einen Augenblick lang das Kapitol in Washington" – und der gute kleine Doktor erging sich in eingehenden Schilderungen des Gebäudes, das er da eben genannt. Er erwähnte besonders, daß der Portikus allein mit nicht weniger als vierundzwanzig Säulen geschmückt sei, die in einer Entfernung von zehn Fuß voneinander ständen und fünf Fuß im Durchmesser hätten.

Der Graf antwortete, er bedauere sehr, sich in diesem Augenblicke nicht genau der Größe und Ausdehnung eines berühmten Gebäudes in der Stadt Aznak entsinnen zu können, dessen Gründung sich im Dunkel der Zeiten verliere, dessen Ruinen aber zur Zeit seiner Bestattung in einer weiten Sandebene westlich von Theben noch zu sehen gewesen. Dagegen erinnere er sich genau eines Portikus in der Vorstadt Karnak, welcher sich an einen unbedeutenden Palast anschloß und aus hundertvierundvierzig Säulen bestand, von denen jede einzelne siebenunddreißig Fuß im Umfange maß, und die fünfundzwanzig Fuß voneinander entfernt standen. Von dieser Säulenhalle führte eine zwei Meilen lange, von Sphinxen, Statuen und Obelisken gebildete Allee zum Nil. Der Palast selbst war, das wisse er ganz genau, nach einer Richtung hin zwei Meilen lang und hatte einen Umkreis von sieben Meilen. Die Wände waren über und über reich bemalt und innen und außen mit Hieroglyphen ganz überdeckt. Er wolle nicht behaupten, daß man innerhalb dieser Mauern vielleicht fünfzig oder sechzig von den Kapitols des Doktors hätte erbauen können, doch sei es nicht unwahrscheinlich, daß man, wenn auch mit einiger Mühe, zwei- bis dreihundert solcher Gebäude habe hineinstecken können. Und doch wäre dieser Palast zu Karnak nur ein kleines, unbedeutendes Bauwerk gewesen. Immerhin wolle er die geistvolle Idee, die Pracht und sonstigen Vorzüge der Fontäne, die ihm der Doktor beschrieben, durchaus nicht in Abrede stellen und gestehe gerne, daß er seinerzeit in Ägypten etwas Ähnliches wohl nicht zu Gesicht bekommen habe.

Nun fragte ich den Grafen nach unseren Eisenbahnen.

Eigentlich könne er da gar nichts sagen, erwiderte er, nachdem er aufmerksam zugehört. Doch meinte er dann, daß sie ihm schwächlich, ungeschickt zusammengesetzt und nach schlechtem Plane ausgeführt erschienen. Sie könnten wohl im Ernst mit den breiten, ebenen und mit eisernen Furchen versehenen Kunststraßen der Ägypter, die ganze Tempel und massive Obelisken von hundertundfünfzig Fuß Höhe auf ihnen fortzuschaffen vermochten, kaum verglichen werden.

Ich sprach von der Riesenkraft unserer Maschinen.

Er gab zu, daß wir da wahrscheinlich etwas verständen, fragte jedoch, wie wir es wohl angefangen haben würden, die Querbalken in die obere Türeinfassung des kleinen, unbedeutenden Palastes zu Karnak hineinzubringen.

Ich fand es angemessen, diese Frage zu überhören, und sagte nur, von einem artesischen Brunnen habe er aber doch wohl keine genaue Vorstellung. Er zog statt aller Antwort einfach die Augenbrauen in die Höhe, während Herr Gliddon mir heftig zuwinkte und leise in mein Ohr flüsterte, vor kurzem sei ein solches Bauwerk von Ingenieuren, die in einer großen Oase nach einer Quelle bohrten, aufgefunden worden.

Ich rühmte unsere Stahl-Werkzeuge, der Fremde rümpfte nur die Nase und fragte mich, ob man mit diesen Instrumenten die scharf hervortretenden Schnitzereien, die man an den Obelisken bewundere, und die mit Hilfe von bloßen Kupferinstrumenten hergestellt seien, verfertigen könne.

Dies brachte uns so sehr in Verlegenheit, daß wir es für geraten hielten, den weiteren Angriff auf das Gebiet der Metaphysik hinüberzuleiten. Wir ließen ein Buch holen, welches den sonderbaren Titel „Die Sonnenuhr" führt, und lasen daraus ein oder zwei Kapitel vor. Der Inhalt des Werkes ist nicht ganz klar, die Amerikaner fassen ihn unter der Bezeichnung „die große Bewegung" oder „der Fortschritt" zusammen.

Der Graf bemerkte bloß, daß große Bewegungen zu seiner Zeit entsetzlich gewöhnliche Vorkommnisse gewesen und der Fortschritt einmal viel Schaden gebracht habe – sonst aber nichts!

Dann sprachen wir von der Herrlichkeit und den bedeutenden Vorzügen der Demokratie, und es kostete uns viele Mühe, dem Grafen die richtige Empfindung für die Vorteile beizubringen, in einem Lande zu leben, in dem Wahlfreiheit herrsche und kein König an der Spitze stehe.

Er hörte uns mit ausgesprochenem Interesse zu, schien sich jedoch über uns zu amüsieren. Als wir fertig waren, sagte er, daß vor langer Zeit etwas ganz Ähnliches vorgekommen sei: Dreizehn ägyptische Provinzen beschlossen zu gleicher Zeit, sich frei zu erklären, um der Menschheit ein glänzendes Beispiel zu geben. Die Weisen des Landes versammelten sich und schmiedeten die geistreichste Verfassung zusammen, die man sich nur denken kann. Eine Zeitlang ging auch alles gut, nur daß ihre Gewohnheit, zu prahlen, immer unerträglicher wurde. Die Sache endete denn auch, nach einer Vereinigung der dreizehn Provinzen mit fünfzehn oder zwanzig anderen Staaten, in einem so widerwärtigen und unerträglichen Despotismus, wie ihn die Welt noch nicht gesehen hatte.

Ich fragte, welchen Namen denn dieser *Despot* getragen habe.

Der Graf antwortete, man habe ihn *Mob* genannt.

Da ich nicht recht wußte, was ich zu all dem sagen sollte, sprach ich plötzlich sehr laut aus, wie bedauerlich es sei, daß den Ägyptern die Dampfkraft unbekannt gewesen.

Der Graf sah mich erstaunt an, antwortete jedoch nichts. Der schweigsame Herr in der Gesellschaft aber gab mir einen heftigen Rippenstoß und flüsterte mir zu, daß ich mich damit ordentlich blamiert habe: ob ich denn nicht wisse, daß unsere moderne Dampfmaschine über Salomon de Caus auf eine Erfindung des Heron zurückzuführen sei.

Wir waren in der größten Gefahr, eine Schlappe zu erleiden; zum Glück hatte sich Doktor Ponnonner wieder so weit gesammelt, daß er uns jetzt zu Hilfe kommen konnte. Er fragte, ob die Ägypter vielleicht mit uns Modernen in den wichtigen Einzelheiten der Bekleidung rivalisieren könnten.

Der Graf tippte bei dieser Frage an seine Hosenträger, ergriff den Zipfel einer seiner Rockschöße und hielt ihn sich dicht unter die Augen. Als er ihn wieder fallen ließ, erweiterte sich sein Mund von einem Ohr zum anderen, doch erinnere ich mich nicht, ob er sonst noch etwas antwortete.

Nun faßten wir wieder frischen Mut; der Doktor näherte sich der Mumie mit großer Würde, richtete die Aufforderung an sie, auf ihr Manneswort zu sagen, ob die alten Ägypter je verstanden hätten, Doktor Ponnonners Pastillen oder Brandreths Pillen herzustellen.

Mit tiefer Spannung warteten wir auf die Antwort – vergebens. Der Graf wurde rot, senkte den Kopf und sagte kein Wort. Niemals erlebten wir einen vollständigeren Triumph, niemals wurde eine Niederlage mit weniger Anstand ertragen. Ich konnte es nicht länger mit ansehen, wie die arme Mumie sich schämte, ergriff meinen Hut, machte ihr eine rasche Verbeugung und ging fort.

Als ich zu Hause ankam, es war vier Uhr vorbei, begab ich mich zu Bett. Jetzt ist es zehn Uhr morgens. Seit sieben Uhr bin ich auf und habe mittlerweile zu Nutz und Frommen meiner Familie und der ganzen Menschheit die Erlebnisse der letzten Nacht aufgezeichnet. Meine Familie will ich nicht mehr sehen, denn meine Frau ist eine Xantippe. Ich bin überhaupt dieses Lebens im allgemeinen und des neunzehnten Jahrhunderts im besonderen herzlich überdrüssig. Alles geht mir gegen den Strich, und ich möchte auch ganz gern wissen, wer im Jahre

2045 Präsident der Vereinigten Staaten sein wird. Deshalb werde ich, sobald ich mich rasiert und eine Tasse Kaffee getrunken habe, zu Doktor Ponnonner hinübergehen und mich für ein paar Jahrhunderte einbalsamieren lassen.

MELLONTA TAUTA

1. April 2848. An Bord des Ballons „Lerche". – Nun sollst Du, mein lieber Freund, zur Strafe Deiner Sünden, diesen langen, schwatzhaften Brief lesen müssen. Ich erkläre Dir kurz und bündig, daß ich Dich ein für allemal für Deine sämtlichen Bosheiten peinigen will, indem ich so langweilig, so unzusammenhängend, so wenig ausführlich, kurz, so stupid unlogisch schreiben werde, wie nur eben möglich. Ich bin also hier mit ein- oder zweihundert von der „Canaille" in einen schmutzigen Ballon zusammengepfercht, um eine Vergnügungsreise zu machen (was für eine drollige Vorstellung doch manche Leute von „Vergnügen" haben), und freue mich der „angenehmen" Aussicht, keinesfalls vor einem Monat wieder festen Boden unter den Füßen zu spüren. Hier gibt's keinen Menschen, mit dem man ein anständiges Wort reden könnte. Zu tun habe ich auch nichts. Und wenn man nichts zu tun hat, dann kommt die Zeit, in der man mit seinen Freunden korrespondiert: nicht wahr? Du siehst also, was mich bewogen hat, Dir diesen Brief zu schreiben – nichts weiter als meine Langeweile und Deine Sünden.

Putz Dir jetzt also Deine Brille und fasse männlich den Entschluß, Dich gehörig langweilen zu lassen. Ich will Dir auf dieser langweiligen Reise nämlich jeden Tag einen Brief schreiben.

Du lieber Gott! Wann wird der Menschenschädel denn mal endlich eine vernünftige Erfindung machen? Werden wir denn auf ewig zu den tausend Unbequemlichkeiten einer Ballonfahrt verurteilt sein? Wird niemand eine raschere Art der Beförderung entdecken? Dieser Hundetrab, zu dem wir hier gezwungen sind, kann einem wahrhaftig zur Qual werden. Du darfst mir glauben: seit dem Aufstieg haben wir noch nie mehr als hundert Meilen die Stunde zurückgelegt! Die Vögel überholen uns, manche wenigstens. Ich versichere Dir, daß ich nicht im geringsten übertreibe. Zweifellos kommt uns unsere Bewegung noch langsamer vor, als sie ist, da wir mit dem Winde segeln und keinerlei Gegenstände erblicken, an denen wir unsere Schnelligkeit messen könnten. Ich muß allerdings gestehen, daß die Sache sich nicht ganz so schlimm ansieht, wenn wir uns mit einem anderen Ballon kreuzen. Obwohl ich an diese Art von Reisen längst gewöhnt bin, kann ich mich doch eines Schwindels nicht erwehren, wenn ein zweites Luftschiff über uns dahinsaust. Es kommt mir dann immer vor wie ein ungeheurer Raubvogel, der sich auf uns stürzen und uns mit seinen Klauen davontragen will. Heute morgen bei Sonnenaufgang schoß eines so nahe über uns dahin, daß sein herunterhängendes Tau sich in das Netzwerk unseres Schiffes verfing und uns in ernstliche Gefahr brachte. Unser Kapitän teilte mit, daß wir sicher empfindlich zu Schaden gekommen wären, wenn das Material unseres Ballons die plunderhafte gefirnißte „Seide" gewesen wäre, die man vor fünfhundert oder tausend Jahren zur Herstellung der Ballons benutzte. Diese Seide, erklärte er mir, wurde durch die Eingeweide einer Art von Würmern erzeugt, die sorgfältig mit Maulbeeren – einer der Wassermelone ähnlichen Frucht – gefüttert und, wenn genügend gemästet, in einer Mühle gemahlen wurden. Die so entstandene Paste wurde Papyrus genannt und in verschiedener Weise bearbeitet, bis man endlich „Seide" erhielt. Sonderbarerweise war diese auch ein ganz bevorzugter Stoff zur Herstellung von Frauenkleidern! Doch diente sie, wie gesagt, auch zur Verfertigung von Ballons. Darauf entdeckte man ein besseres Material, das aus den Flaumfedern hergestellt wurde, die sich im Samenbehälter einer Pflanze befanden, welche allgemein Euphorbium, mit dem botanischen Namen jedoch Milchkraut hieß. Der aus ihnen gewonnene Stoff wurde wegen seiner großen Haltbarkeit *Buckinghamseide* genannt und vor seinem Gebrauch mit einer Lösung Kautschukgummi übergossen. Dies war ein Material, das zweifelsohne mit dem heute allgemein verwandten Guttapercha eine große Ähnlichkeit hatte. Der Kautschuk wurde gewöhnlich *indischer Gummi* oder *Whistrobber* genannt und ohne Zweifel aus einer Art von Schwämmen hergestellt. Nun sage mir noch einmal, daß ich nicht in der Altertumsforschung bewandert bin!

Übrigens, ich sprach eben von dem Tau des fremden Ballons, das uns in Gefahr brachte – es scheint, daß unser eigenes Tau eben einen Mann über Bord eines der magnetischen Schraubendampfer, von denen der Ozean unter uns wimmelt, geschleudert hat. Das Boot faßte, wie man mir sagte, ungefähr sechstausend Tonnen und war vollständig überfüllt. Es sollte doch verboten werden, daß diese kleinen Barken mehr als eine bestimmte, angemessene Zahl von Passagieren aufnehmen dürften. Es wurde natürlich nicht zugelassen, daß der Mann wieder an Bord kam, und bald war er den Blicken verschwunden. Es erfüllt mich mit großer Freude, mein lieber Freund, wieder einmal zu erkennen, daß wir in einer Zeit leben, in der man sich nicht um ein einzelnes Individuum kümmert. Wahre Menschlichkeit sorgt nur für die Masse. Übrigens – so nebenbei, da ich gerade von Menschlichkeit spreche – weißt Du, daß die Ansichten unseres unsterblichen Wiggins über den Sozialismus durchaus nicht so originell sind, wie unsere Zeitgenossen anzunehmen geneigt sind? Pundit versicherte mir neulich, daß ganz dieselben Ideen in derselben Form vor etwa tausend Jahren von einem irischen Philosophen namens Furrier, der einen Kleinhandel mit Katzenfellen und anderem Pelzwerk betrieb, ausgesprochen worden seien. Pundit ist in dergleichen Sachen beschlagen, mußt Du wissen. Es ist ausgeschlossen, daß er sich irrt. Wie prächtig bestätigt sich doch jeden Tag die tiefsinnige Bemerkung des Hindus Ariestotalis (Pundit führte sie neulich einmal an): „So sehen wir also, daß dieselben Meinungen nicht einmal oder zweimal, sondern unendlich oft nach einem gewissen Zeitlauf wieder unter den Menschen auftauchen."

2. April. Wir sprachen heute morgen mit dem Kutter, der zur Beaufsichtigung der Kabel hin und her kreuzt. Ich erfuhr bei dieser Gelegenheit, daß man es zuerst für unmöglich gehalten, die Drähte durch die See zu führen. Heutzutage kann man sich nicht erklären, an was für Schwierigkeiten man dabei gedacht haben könnte. So ändert sich die Welt. *Tempora mutantur* – entschuldige, daß ich den Etrusker zitiere. Was sollten wir wohl ohne den Atlantischen Telegraphen anfangen? (Pundit sagte mir, daß „Atlantisch" ein altes Adjektiv sei.) Wir hielten ein paar Minuten an und richteten ein paar Fragen an den Kutter. Da erfuhren wir denn unter anderen glorreichen Dingen, daß in Afrika ein wütender Bürgerkrieg ausgebrochen ist, während die Pest in Europa und Asien schöne Verwüstungen anrichtet. Ist es nicht wirklich merkwürdig, daß die Welt, ehe die Humanitätsphilosophie sie mit ihrem Licht erleuchtete, gewöhnt war, Krieg und Seuche für ein Unglück zu halten? Weißt Du, daß man in den Tempeln feierliche Andachten abhielt, um diese Übel (!) von der Menschheit abzuwenden? Ist es nicht wirklich schwer zu verstehen, aus was für Beweggründen unsere Vorahnen so handelten? Waren sie so blind, nicht einzusehen, daß der Untergang von Myriaden einzelner nur der Masse zugute kommt?

3. April. Es ist wirklich ein großes Vergnügen, die Strickleiter, die zu der Spitze des Ballons führt, hinaufzuklettern und von dort oben die Welt zu betrachten. Von dem Schiffsraum selbst hat man, wie Du weißt, keine so ausgedehnte Aussicht, da man nicht so gut nach unten sehen kann. Wenn man jedoch hier sitzt, wo ich dies schreibe, in der luxuriös ausgestatteten Säulenhalle auf der Spitze, kann man nach jeder Richtung hin alles sehen, was vorgeht. Gerade jetzt ist eine ganze Schar von Ballons in Sicht und belebt den Luftraum, der von dem Gesumme vieler Millionen von Menschenstimmen durchschwirrt ist, in angenehmer Weise. Ich habe neulich sagen hören, daß Gelb (Pundit behauptet steif und fest, er habe Violett geheißen), der erste Luftschiffer, der es für möglich gehalten, die Atmosphäre nach allen Richtungen hin zu durchkreuzen, von seinen Zeitgenossen kaum angehört, ja im Gegenteil für eine Art genialen Wahnsinnigen gehalten worden sei, weil die Philosophen zu jener Zeit die Ausführbarkeit seiner Idee für unmöglich gehalten. Nun ist es mir allerdings vollkommen unverständlich, wie sich ein offenbar so leicht durchführbarer Plan dem Verständnis der alten Weisen entzog. Doch es sind ja zu allen Zeiten die großen Hindernisse für den Fortschritt der Künste stets von den sogenannten Männern der Wissenschaft ausgegangen. Allerdings sind unsere Wissenschaftler nicht ganz so voreingenommen wie die alten; ich habe Dir über diesen Punkt noch etwas sehr Drolliges mitzuteilen. Weißt Du, daß es noch nicht länger als tausend Jahre her ist, seit die Metaphysiker die Menschheit von der sonderbaren Einbildung befreiten, daß nur zwei Wege zur Erkenntnis führten? Glaube es, wenn Du kannst!

Vor vielen, vielen Jahren, in der Nacht der Zeiten lebte ein türkischer Philosoph (vielleicht war es auch ein Hindu) Namens Aries Tottle. Dieser Mann führte die *deduktive* oder *aprioristische* Methode der Erforschung ein. Er ging von dem, was er Axiome oder „selbst offenbare Wahrheiten" nannte, aus und folgerte „logisch" aus ihnen die Ergebnisse. Seine größten Schüler waren ein Neuclid und ein Cant. Aries Tottle beherrschte nun alle Geister, bis ein gewisser Hogg mit dem Beinamen „der Schafhirt" auftrat und ein gerade entgegengesetztes System predigte, welches er das *induktive* oder das System *a posteriori* nannte. Er beobachtete und analysierte Tatsachen – *instantia naturae*, wie man sie geziert-erweise nannte – und klassifizierte sie in allgemeine Gesetze. Die Methode des Aries Tottle basierte also in einem Wort auf *Noumena*, die Hoggs auf *Phaènomena*. Dies letzte System erregte anfangs solche Bewunderung, daß Aries Tottle vollständig in Mißkredit geriet, doch faßte er bald wieder festeren Boden und konnte sich das Reich der Wahrheit mit seinem moderneren Rivalen teilen. Die Weisen lehrten jetzt, daß der Aristotelische wie der Baconsche Weg der einzige sei, der zur Erkenntnis führe. „Baconsch" mußt Du wissen, war ein Adjektiv, welches man als wohlklingender und würdiger für das Wort „Hoggisch"* gebrauchte.

Mein lieber Freund, ich versichere Dir, daß ich, auf sichere Quellen gestützt, die Sachen genau so darstelle, wie sie gewesen sind. Du kannst Dir wohl denken, wie sehr eine so absurde Annahme den Fortschritt der wahren Erkenntnis aufgehalten haben muß, denn diese bahnt sich ihren Weg stets nur durch Intuition, sprungweise. Der Irrtum der Alten jedoch verurteilte die Forschung zum Kriechen. Viele hundert Jahre lang war man so sehr für Hogg eingenommen, daß allem wirklichen Denken ein Ende gemacht wurde. Niemand wagte es mehr, eine Wahrheit auszusprechen, die er seiner Seele allein verdankte. Selbst wenn die Wahrheit eine augenscheinliche, erwiesene war, änderte es an der Sache nichts. Die eigensinnigen Weisen jener Zeit interessierten sich bloß für den Weg, auf dem man zu ihr gelangt war. Das Ergebnis war ihnen eigentlich vollkommen gleichgültig. „Wir wollen die Mittel sehen – die Mittel", riefen sie aus. Und

---

* Hoggisch = schweinemäßig.

wenn sie nun die Mittel erforschten und fanden, daß dieselben weder unter die Kategorie Aries (das heißt Widder) noch unter die Kategorie Hogg (das heißt Schwein) zu bringen waren, so erklärten sie den Theoretiker für einen Narren und wollten weder mit ihm noch mit seiner Wahrheit irgend etwas zu tun haben.

Ihre Behauptung, daß durch das Kriechsystem im Laufe der Jahrhunderte dennoch die größte Menge an Erkenntnis zu erlangen sei, stellte sich bald als hinfällig heraus, denn das Zurückdämmen der Phantasie war ein Übel, das durch die größere Gewißheit, welche die alten Arten der Erforschung uns verschafften, nicht wiedergutgemacht werden konnte. Dieser Irrtum war ein Seitenstück zu dem jenes eingebildeten Narren, der da glaubte, die Dinge besser zu erkennen, je näher er sie an seine Augen brächte. Die Leute blendeten sich durch Einzelheiten. Wenn sie nach der Methode Hoggs vorgingen, waren ihre „Tatsachen" immer Tatsachen, das heißt, sie nahmen an, es seien Tatsachen und müßten es sein, weil sie es zu sein schienen. Verfuhren sie jedoch nach der Methode des Widders, so war ihr Weg kaum so gerade wie ein Widderhorn, denn sie hatten nie ein Axiom, welches überhaupt eins war. Wie verblendet müssen sie gewesen sein, daß sie dies nicht eingesehen haben; denn schon in ihren Tagen waren manche „Axiome", die lange für solche gegolten hatten, verworfen worden. So hatte man zum Beispiel die Sätze *„Ex nihilo nihil fit"*; *„ein Körper kann nicht wirken, wo er nicht ist"*; *„es können keine Antipoden existieren"*; *„Dunkelheit kann nicht aus Licht entstehen"* und manche andere, die man früher unbedenklich als Axiome angenommen, selbst zu ihrer Zeit schon als unhaltbar verworfen. Welche Absurdität also von diesen Leuten, trotzdem immer noch an Axiome als an unveränderliche Grundlagen der Wahrheit zu glauben! Selbst aus den Aussprüchen ihrer gesündesten Denker kann man mit Leichtigkeit die Unhaltbarkeit und Angreifbarkeit ihrer Axiome nachweisen. Wer war ihr bester Logiker? Erlaube einen Augenblick, ich will eben gehen und Pundit fragen, und bin in einer Minute wieder, zurück …

Also ich hab's! Hier ist ein Buch, das vor ungefähr tausend Jahren geschrieben und kürzlich aus dem Englischen, das offenbar die Grundlage zur amerikanischen Sprache bildete, übersetzt worden ist. Pundit sagte, es sei entschieden das beste Werk auf seinem Gebiete. Der Autor, der seinerzeit sehr geschätzt wurde, war ein gewisser Miller oder Mill; als wichtigen Umstand finden wir noch erwähnt, daß er ein Mühlpferd namens Bentham besessen habe. Doch wollen wir uns einmal in seine Abhandlung vertiefen.

Aha! – „Die Fähigkeit oder Unfähigkeit zu begreifen", sagt Herr Mill ganz richtig, „darf in keinem Falle als ein Kriterium der axiomatischen Wahrheit angenommen werden." Welcher moderne Geist würde je daran denken, diese offenkundige Wahrheit zu bestreiten? Man muß sich nur wundern, daß Herr

Mill es für nötig fand, etwas so auf der Hand Liegendes noch extra zu behaupten. So weit ginge die Sache aber noch – schlagen wir eine andere Seite auf. Was steht hier?

„Widersprüche können nicht beide richtig sein – das heißt, sie können in der Natur nicht koexistieren."

Hier meint Herr Mill wohl also zum Beispiel, daß ein Baum entweder ein Baum ist oder kein Baum, daß er nicht zu gleicher Zeit ein Baum und kein Baum sein kann. Sehr gut, doch ich frage ihn: warum nicht?

Seine Antwort ist und will nichts weiter sein als folgendes:

„Weil es unmöglich ist, zu begreifen, daß von zwei Widersprüchen beide wahr seien."

Doch dies ist, wie seine eigenen Worte lehren, keine Antwort, denn „die Fähigkeit oder Unfähigkeit zu begreifen darf in keinem Falle als ein Kriterium der axiomatischen Wahrheit angenommen werden."

Ich beklage mich jedoch nicht so sehr über diese Alten, weil ihre Logik, wie sie selbst beweisen, jeder Grundlage entbehrt, vollständig wertlos und bloße Spintisiererei ist, sondern vielmehr darüber, daß sie alle anderen Wege zur Wahrheit, alle anderen Mittel zu Erkenntnis, eingebildet und dumm wie sie waren, verneinten und die Seele, die nichts so sehr liebt als zu fliegen, nur zwei Wege einschlagen ließen, auf denen sie entweder kriechen oder krabbeln mußte.

Übrigens, mein lieber Freund, glaubst Du nicht, daß es diese alten Dogmatiker in ziemliche Verwirrung gebracht haben würde, wenn man sie aufgefordert hätte, zu bestimmen, auf welchem ihrer beiden Wege sie zur Erkenntnis ihrer wichtigsten und erhabensten Wahrheit – ich meine die Wahrheit der Gravitationsgesetze – gelangt sind? Newton verdankt sie Kepler, Kepler gab zu, seine drei Gesetze erraten zu haben – die drei Grundgesetze, die den großen, englischen Mathematiker zur Erkenntnis seines Prinzips geführt, die Grundlage aller physischen Prinzipien, hinter welcher gleich das Reich der Metaphysik beginnt.

Kepler erriet sie, das heißt seine Phantasie verhalf ihm zu denselben. Er war im wesentlichen ein Theoretiker – dies Wort, das jetzt einen so guten Klang hat, war früher ein Ausdruck der Verachtung. Würde es diese alten Maulwürfe nicht auch in Verlegenheit gebracht haben, erklären zu müssen, auf welchem der beiden Wege ein Geheimschriftleser dazu kommt, eine ungemein schwierige Geheimschrift enträtseln zu können oder auf welchem der beiden Champollion die Menschheit zu jenen unvergänglichen, fast zahllosen Wahrheiten führte, die ihr aus dem Entziffern der Hieroglyphen entsprungen sind?

Noch ein kurzes Wort zur Sache, und dann will ich aufhören, Dich weiter zu langweilen. Ist es nicht das seltsamste von allem, daß diese voreingenommenen Menschen, die in einem fort von Wegen der Wahrheit predigen, den nicht erkannten, der uns jetzt die große Landstraße zu all ihren Gebieten ist – den Weg der Konsistenz, der Vereinbarkeit? Scheint es uns nicht höchst sonderbar, daß sie nicht darauf verfielen, aus den Werken Gottes die alles Leben erklärende Tatsache herzuleiten, daß eine vollkommene Konsistenz eine absolute Wahrheit sein muß? Wie groß ist seit dieser Erkenntnis unser Fortschritt gewesen! Man hat das Recht, forschen zu dürfen, den Maulwürfen genommen und es den wahren Denkern, den einzigen wahren Denkern, den Menschen von glühender Phantasie, gegeben. Diese nun stellten ihre Theorien auf. Kannst Du Dir vielleicht das verachtungsvolle mißbilligende Geschrei vorstellen, mit welchem unsere Vorfahren, nehmen wir an, sie könnten mir über die Schulter sehen, diese letzten Worte lesen würden? Diese Männer also, sage ich, stellten ihre Theorien auf, welche nach und nach von den Schlacken der Unvereinbarkeit gereinigt wurden, bis wieder eine vollständige Vereinbarkeit offenbar geworden ist, die selbst von den dickhäutigsten Zweiflern, eben weil sie eine Vereinbarkeit ist, als absolute, unzweifelhafte Wahrheit erkannt werden muß.

4. April. Das neue Gas in Verbindung mit dem neuen, verbesserten Guttapercha tut wahre Wunder. Wie sicher, nützlich, leicht führbar und in jeder Hinsicht bequem sind doch unsere modernen Ballons! Eben nähert sich uns ein ungeheuer großer, der mit einer Schnelligkeit von wenigstens hundertfünfzig Meilen dahinsaust. Er scheint ziemlich besetzt zu sein und mag wohl seine drei- bis vierhundert Passagiere an Bord haben. Er schwebt kaum eine Meile über uns dahin und scheint mit souveräner Verachtung auf uns herabzublicken. Übrigens geht es doch noch ziemlich langsam mit dem Reisen; hundert oder auch zweihundert Meilen in der Stunde zurückzulegen ist doch eigentlich noch keine Leistung. Denkst Du noch an unsere Jagd auf der Eisenbahn durch den Kanadaw-Kontinent? – dreihundert Meilen die Stunde – das nenne ich reisen! Nichts zu tun haben, als in den prächtigen Salons Feste zu feiern, zu flirten und zu tanzen! Erinnerst Du Dich noch, welch seltsame Empfindungen es in uns erregte, wenn wir zufällig, während die Wagen dahinschossen, einen Blick auf die Dinge da draußen werfen konnten? Alles schmolz in eins zusammen, in eine Masse. Ich muß jedoch gestehen, daß ich es eigentlich vorziehen würde, in Zügen zu reisen, die höchstens hundert Meilen in der Stunde zurücklegen. Da könnte man doch Glasfenster haben, könnte sie vielleicht sogar öffnen und etwas wie ein Bild von der Landschaft erhaschen…

Pundit behauptete neulich, die Route für die große Kanadaw-Eisenbahn müßte schon vor ungefähr neunhundert Jahren bezeichnet worden sein. Er geht sogar so weit, zu versichern, daß sich noch deutliche Überreste einer Eisenbahn aus jener Zeit vorfänden. Sie sei jedoch nur zweispurig gewesen; unsere sind, wie

Du weißt, zwölfgleisig. Die alten Gleise waren so leicht und lagen so nahe beisammen, daß es uns leichtsinnig, ja höchst gefährlich erscheinen muß, auf ihnen zu fahren. Scheint uns doch die Entfernung unserer Schienenstränge, obwohl sie wohl fünfzig Fuß beträgt, nicht mehr ausreichend. Ich selbst zweifle nicht im geringsten daran, daß die betreffenden Überreste, von denen Pundit spricht, Spuren einer Eisenbahn sind, denn nichts ist mir klarer, als daß der nördliche und südliche Kanadaw-Kontinent – vielleicht noch vor siebenhundert Jahren – zusammenhingen. Da wäre es doch seltsam, wenn die Kanadier nicht auf den Gedanken gekommen seien, ihren Kontinent durch eine große Eisenbahn quer zu durchschneiden.

5. April. Ich sterbe vor Langeweile! Pundit ist der einzige Mensch an Bord, mit dem sich ein Wort reden läßt, doch der Ärmste kann von nichts anderem sprechen als von seiner Altertumsforschung. Er hat sich den ganzen Tag Mühe gegeben, mich davon zu überzeugen, daß die alten Amerikaner sich selbst regierten! Hat man je etwas Absurderes gehört? Daß sie in einer Art von „Jeder-für-sich-Konföderation" lebten, wie die Präriehunde, von denen wir in der Fabel lesen. Er behauptete, daß sie von der sonderbar verrückten Idee ausgingen, daß alle Menschen gleich und frei geboren seien, obwohl die Gesetze der Abstufungen damals wie heute allen Dingen des körperlichen und geistigen Weltalls deutlich eingeprägt gewesen seien. Jeder Mann hatte Stimmrecht, wie sie es nannten, das heißt, er mischte sich in die öffentlichen Angelegenheiten – bis man endlich entdeckte, daß viele Köche den Brei verderben, und daß die Republik (so hieß die lächerliche Regierungsart) gar keine Regierung habe. Es wird uns berichtet, daß der erste Umstand, der die Selbstzufriedenheit der Philosophen, welche diese Republik errichteten, gestört habe, die unangenehme Entdeckung gewesen sei, daß das allgemeine Wahlrecht verschiedene betrügerische Systeme entstehen ließ, welche jeder Partei, die unehrlich genug war, von solchen Mitteln Gebrauch zu machen, jede gewünschte Anzahl Stimmen zuführte, ohne daß man den Betrug verhindern oder als solchen brandmarken konnte. Als sie über diese Entdeckung ein wenig nachdachten, wurde ihnen klar, daß auf diese Weise die Schurkerei zur Herrschaft gelangen müsse – mit einem Wort, daß eine republikanische Regierung nie eine andere als eine schurkische sein könne. Während die Philosophen sich vor sich selber schämten, daß sie diese unausweichlichen Übel nicht vorausgesehen hatten, und über neue Regierungsformen nachgrübelten, wurde der Sache durch einen Burschen namens Mob ein schnelles Ende gemacht.

Er riß nämlich alle Gewalt an sich und führte einen Despotismus ein, gegen den die Regierung des sagenhaften Nero oder des Hello fagabalus sanft und milde zu nennen war. Es wird uns weiter berichtet, daß dieser Mob (er war ein Ausländer) der ekelhafteste Mensch gewesen sei, der je unseren Erdboden belästigte. Er war ein Riese von Gestalt – unverschämt, raubgierig, geizig, hatte die Galle eines Bullochsen, das Herz einer Hyäne, das Gehirn eines Pfauen. Er starb endlich an seinen eigenen Kraftäußerungen, die ihn nach und nach erschöpften. Trotzdem war er – wie alles, so niederträchtig es auch sein mag – für die Menschheit von Nutzen, denn er gab ihr eine Lehre, die sie so bald nicht wieder vergessen wird: niemals den natürlichen Analogien zuwiderzuhandeln! Für den Republikanismus ließ sich jedoch auf der ganzen Welt keine Analogie finden – es sei denn im Leben der Präriehunde. Diese Ausnahme bestätigt jedoch offenbar meine Behauptung, daß die Demokratie eine bewundernswerte Regierungsform ist – für Hunde.

6. *April.* Gestern abend hatten wir einen wunderbaren Blick auf den Alpha Lyrae. Seine Scheibe erstreckte sich, durch das Glas unseres Kapitäns gesehen, über einen Winkel von einem halben Grad und gewährte einen Anblick, der dem ähnlich ist, den die Sonne an einem nebeligen Tage dem bloßen Auge darbietet. Der Alpha Lyrae hat auch sonst, was seine Atmosphäre, seine Flecken anbetrifft, noch viel Ähnlichkeit mit der Sonne, obwohl er, nebenbei gesagt, sehr viel größer ist. Erst im vorigen Jahrhundert, so erzählte mir Pundit, begann man die Beziehungen zwischen diesen beiden Körpern zu ahnen. Die augenscheinliche Bewegung unseres Planetensystems am Himmel wurde für den Kreislauf um ein wunderbar großes Gestirn in der Mitte der Milchstraße gehalten. Um diesen Stern nun oder jedenfalls um ein Gravitationszentrum, das sie in der Nähe des Alcyon in den Plejaden vermuteten, bewegten sich ihrer Meinung nach all diese Gestirne; unsere Erde gebrauchte dazu einen Zeitraum von hundertundsiebzehn Millionen Jahren. Wir jedoch mit unseren neuen Erkenntnissen, unseren unglaublich verbesserten Teleskopen, wir können kaum verstehen, was die Alten zu solch einer Annahme bewogen hat. Der erste, der sie ausgesprochen, war ein gewissen Mudler. Er glaubte an das Vorhandensein eines großen Zentralhimmelskörpers. So weit war die Annahme konsistent. Dieser Zentralhimmelskörper hätte jedoch dynamisch größer sein müssen, als alle ihn umgebenden Körper zusammengenommen. Nun hätte man sich doch fragen müssen: „Wie kommt es, daß wir ihn nicht sehen? Ganz besonders wir nicht, die wir uns doch in der mittleren Region des Sternenschwarmes befinden, ziemlich nahe an der Stelle, an welcher sich die unbegreifliche Zentralsonne befinden muß?", Die Astronomen flüchteten sich nun zu der Ausrede, dies Gestirn leuchte vielleicht nicht und beachteten nicht, daß sie keine Analogie für diesen Fall zu nennen vermochten. Doch angenommen, der Körper leuchtete wirklich

nicht: wie wollten sie sein vollständiges Unsichtbarbleiben erklären, da doch von allen Seiten die Strahlen unzähliger anderer Gestirne auf ihn fallen mußten. Wahrscheinlich glaubten sie selbst bloß an ein Gravitationszentrum, um welches sich alle Himmelskörper bewegten. Unser Sternensystem bewegt sich nun ja in der Tat um ein Gravitationszentrum, doch geschieht dies durch die Kraft und in Verbindung mit einer materiellen Sonne, deren Masse das ganze übrige System mehr als aufwiegt. Dieser mathematische Kreis ist eine Kurve, die aus zahllosen geraden Linien besteht, doch diese Vorstellung des Kreises – die wir in Anbetracht aller irdischen Geometrie, im Gegensatze zur praktischen Vorstellung die bloß mathematische nennen müssen – ist eigentlich das praktische Bild, das wir uns von den Riesenkreisen machen können, die entstehen, wenn sich das ganze Sternensystem um einen Mittelpunkt dreht. Versuche die menschliche Phantasie doch nur einmal, sich diesen unermeßlichen Kreis vorstellen zu wollen! Es ist nicht paradox zu behaupten, daß ein Blitz, der auf ewig genau in diesem Kreise dahinführe, sich auf ewig in gerader Linie fortbewegen würde. Die Ansicht, daß die Sonne, die diesen Bogen beschreibt, selbst in einer Million von Jahren auch nur um einen Grad von einer geraden Linie abwiche, ist durchaus unhaltbar. Und doch hatten sich die alten Astronomen in den Glauben verrannt, daß sich schon seit dem kurzen Bestehen der astronomischen Wissenschaft – in dem bloßen Zeitpunkt, in dem reinen Nichts von zwei- oder dreitausend Jahren – eine deutliche Biegung bemerkbar gemacht haben – nicht auf die Umdrehung unserer Sonne und des Alpha Lyrae um ein gemeinsames Gravitationszentrum hinwiesen!

7. April. Wir setzten gestern abend unsere astronomischen Vergnügungen fort. Wir hatten einen schönen Blick auf die fünf Neptunianischen Asteroiden und beobachteten mit vielem Interesse den Weiterbau des Tempels zu Daphnis auf dem Monde. Es ist wirklich drollig, sich sagen zu müssen, daß solch kleine Geschöpfe, wie die Mondbewohner, die so wenig Ähnlichkeit mit uns haben, uns in mechanischen Künsten so weit überlegen sind. Man kann sich auch nur sehr schwer vorstellen, daß die großen Massen, welche die Leutchen so geschickt handhaben, wirklich so leicht sind, wie uns unser Verstand lehrt.

8. April. Heureka! Pundit strahlt! Ein Ballon aus Kanadaw sprach heute mit uns und übergab uns verschiedene alte Zeitungen. Sie enthalten höchst interessante Nachrichten über kanadische oder, richtiger gesagt, amerikanische Altertümer. Ich glaube, Du weißt, daß man für ein paar Monate viele Arbeiter angeworben hat, die im „Paradies", dem großen Lustgarten des Kaisers, eine Fontäne graben sollen. Nun scheint es, daß das „Paradies" in unvordenklichen Zeiten eine Insel gewesen ist; ihre nördliche Grenze bildete ein Flüßchen oder vielmehr ein sehr schmaler Arm der See. Dieser Arm erweiterte sich immer mehr, bis er seine jetzige Breite, die eine Meile beträgt, angenommen hat. Das ganze Stück Erde (so erzählte mir Pundit) war vor achthundert Jahren noch mit Häusern übersät, von denen manche zwanzig Stockwerke hoch waren, da der Boden in dieser Gegend, aus irgendeinem ganz unverständlichen Grunde, besonders teuer war. Das unheilvolle Erdbeben im Jahre 2050 zerstörte die Stadt (denn sie war fast zu groß, um ein Dorf genannt zu werden) jedoch vollständig. Sie versank so tief in die Erde, daß unsere unermüdlichsten Altertumsforscher auch nicht die geringsten Anhaltspunkte mehr fanden (Münzen, Medaillen oder Inschriften), aus denen sie auch nur den Schatten einer Theorie über das Leben und die Sitten der ursprünglichen Einwohner herauskonstruieren konnten. Wir wußten nichts von ihnen, als daß sie zum Stamm der *Knickerbockers* gehörten. Sie waren nicht unzivilisiert, sondern pflegten verschiedene Künste und Wissenschaften, allerdings nach ihrer Weise. Man erzählte von ihnen, daß sie in mancher Beziehung durchaus geschickte Leute waren, jedoch eine sonderliche Neigung hatten, gewisse Häuser zu bauen, die sie „Kirchen" nannten. Es war eine Art von Tempeln, die sie der Verehrung zweier Götter, welche die Namen „Reichtum" und „Mode" trugen, geweiht hatten. Zum Schluß wurden neun Zehntel der Insel, wie man uns berichtet, zu Kirchen. Die Frauen waren durch einen Auswuchs in der unteren Rückengegend von der Natur wunderlich verunstaltet worden, doch hielten sie unerklärlicherweise diese Verunstaltung für schön. Durch einen wunderbaren Zufall sind uns ein oder zwei Abbildungen dieser sonderbaren Frauen aufbewahrt worden. Sie sehen in der Tat drollig aus – so wie ein Mittelding zwischen einem Truthahn und einem Dromedar.

Diese wenigen Einzelheiten waren also wie gesagt alles, was uns von den alten Knickerbockers überliefert worden ist. Nun sind jedoch die Arbeiter, die in der Mitte des kaiserlichen Lustgartens eine Fontäne graben, auf einen Granitblock von mehreren hundert Pfund gestoßen, der noch gut erhalten war und durch das Erdbeben nicht gelitten hat. An einer Seite des Blockes war eine Marmorplatte angebracht mit einer Inschrift – denke nur – einer leserlichen Inschrift! Pundit ist in Ekstase. Als man die Platte entfernte, fand man eine Höhlung in dem Steine, die eine Bleibüchse mit verschiedenen Münzen, eine lange Liste mit Namen und verschiedene Dokumente enthielt, welche Zeitungen gewesen zu sein scheinen, sowie noch mancherlei andere Dinge, die für den Altertumsforscher von größtem Interesse sind. Ganz ohne Zweifel handelt es sich also um echte Funde aus der Zeit, da die Amerikaner vom Stamme der Knickerbockers das jetzige Paradies bewohnten. Die Zeitungen, die an Bord unseres Ballons geworfen wurden, sind mit Faksimiles der Münzen, Manuskripte und Abdrücke gefüllt. Ich will Dir hier eine Abschrift der Knickerbockerischen Inschrift auf der Marmorplatte geben:

Dieser Eckstein für ein Monument
zum Andenken an
GEORGE WASHINGTON
wurde mit entsprechender Feierlichkeit
am 19. Tage des Oktober 1847 gelegt,
dem Jahrestage der Übergabe des
Lord Cornwallis
an den General Washington zu Yorktown
A. D. 1781
unter dem Schutz der
Washington-Denkmal-Gesellschaft der
Stadt New York.

Was ich Dir da mitgeteilt habe, ist eine wörtliche Übersetzung von Pundit selbst, so daß kein Irrtum möglich ist. Aus diesen wenigen uns erhaltenen Worten erlangen wir verschiedene interessante Aufklärungen über die Ansichten der Knickerbockers. Eine der sonderbarsten ist doch wohl, daß vor ungefähr tausend Jahren wirkliche Denkmäler ungebräuchlich geworden waren, und sich die Menschen mit der bloßen Andeutung begnügten, an dieser Stelle zu irgendeiner späteren Zeit einmal ein Denkmal zu errichten. Deshalb legten sie bloß einen Eckstein, „einsam und alleine", als Garantie für ihre großherzige Absicht. Ganz deutlich ersehen wir auch aus dieser bewunderungswürdigen Inschrift das Wie, Wo und Was der großen fraglichen Übergabe. Was das Wo anbetrifft, so geschah es in Yorktown, und das Was, nun, das war General Cornwallis (wahrscheinlich ein reicher Kornhändler). Er wurde übergeben. Die Frage ist nur, weshalb ihn die Wilden ausgeliefert haben wollten. Wenn wir uns jedoch erinnern, daß diese Wilden ohne Zweifel Kannibalen waren, so müssen wir zu dem Schlusse kommen, daß sie Bratwurst aus ihm machen wollten. Was also das Wie der Übergabe anbetrifft, so glaube ich, auch durch diesen letzten Satz so ausführlich wie nur möglich geworden zu sein. Lord Cornwallis wurde übergeben (um zu Wurst gemacht zu werden), unter dem Schutze der Washington-Gesellschaft – das war ohne Zweifel eine fromme Institution zur Errichtung von Ecksteinen.

Aber du lieber Himmel! Was ist denn da passiert? Der Ballon ist zusammengefallen, und wir werden wohl gleich in den Ozean stürze! Ich habe nur noch so viel Zeit um hinzuzufügen, daß ich aus einem flüchtigen Studium der Zeitungen und Faksimiles entnommen habe, daß die großen Menschen der Amerikaner,

ein gewisser John, ein Schmied, und ein Zacharias, der seines Zeichens Schneider war, gewesen sind.

Nun lebe wohl, bis wir uns wiedersehen. Ob Du diesen Brief erhalten wirst
oder nicht, ist eigentlich absolut unwichtig, da ich nur zu meinem eigenen Vergnügen geschrieben habe. Ich werde dies Manuskript in eine Flasche verkapseln
und in die See werfen.

Auf immer Deine

Pundita

DIE LIEBE AUF DEN ERSTEN BLICK

Vor noch nicht allzu langer Zeit gehörte es zum guten Ton, den Glauben an die „Liebe auf den ersten Blick" für eine Lächerlichkeit zu halten, doch alle Leute, die denken und tief empfinden können, sind stets von seiner Wahrheit überzeugt gewesen. Neue Entdeckungen auf dem Gebiete des – sagen wir – ethischen und ästhetischen Magnetismus machen es sehr wahrscheinlich, daß die natürlichsten und folglich die wahrsten und stärksten Empfindungen der Menschen plötzlich, wie durch eine elektrische Wirkung, im Herzen entstehen – mit einem Wort, daß die schönsten und dauerndsten Seelenbande durch einen Blick geknüpft werden. Das Bekenntnis, das ich hier ablegen will, wird die unzähligen Beweise für die Wahrheit dieser Behauptung um einen neuen vermehren.

Im Interesse meiner Geschichte muß ich ziemlich weit ausholen.

Ich bin noch ein ganz junger Mensch und zähle noch nicht volle zweiundzwanzig Jahre. Mein jetziger Name kommt ziemlich häufig vor und ist ziemlich plebejisch: ich heiße Simpson. Ich sagte mein „jetziger" Name, denn ich führe ihn noch nicht lange. Erst im Laufe des vergangenen Jahres nahm ich ihn beim Antritt einer großen Erbschaft, die mir von einem entfernten Verwandten Namens Adolf Simpson hinterlassen wurde, gesetzlich an. Das Vermächtnis war nämlich mit der Bedingung verbunden, daß mit dem Besitze auch der Name des Testators auf mich übergehen müsse, das heißt der Familienname, nicht der Taufname. Mein Taufname ist Napoleon Bonaparte.

Den Namen Simpson nahm ich nur mit Widerstreben an, da ich auf meinen wirklichen Familiennamen Froissart verzeihlicherweise sehr stolz war, weil ich glaubte, meine Abstammung von dem Verfasser der „Chronicles" ableiten zu können. Da wir einmal von Namen sprechen, möchte ich nicht unterlassen, die seltsame Übereinstimmung des Klanges zu erwähnen, welche die Namen einiger meiner direkten Vorfahren aufwiesen. Mein Vater war ein Monsieur Froissart aus Paris. Seine Gattin – meine Mutter, die er im fünfzehnten Lebensjahre geheiratet hatte, war eine Mademoiselle Croissart, die älteste Tochter des Bankiers Croissart, dessen Gattin, die bei ihrer Verheiratung auch erst sechzehn Jahre zählte, die älteste Tochter eines gewissen Victor Noissart war. Monsieur Noissart hatte sonderbarerweise eine Dame von ähnlich klingendem Namen geheiratet, eine Mademoiselle Moissart. Sie war ebenfalls, als sie heiratete, noch fast ein Kind, und ihre Mutter, Madame Moissart, zählte, als sie zum Altar geführt wurde, eben erst vierzehn Jahre. In Frankreich sind solch frühzeitige Verheiratungen nichts Ungewöhnliches.

Die Namen Moissart, Noissart, Croissart und Froissart folgen also in meiner Familie in direkter Linie aufeinander. Mein eigener Name wurde jedoch, wie ich schon sagte, durch einen gesetzlichen Akt in Simpson umgewandelt. Ich entschloß mich zu diesem Schritt allerdings nur mit großem Widerstreben und zögerte eine Zeitlang wirklich, das Vermächtnis unter einer so lästigen und zwecklosen Bedingung anzunehmen.

Über Mangel an persönlichen Vorzügen kann ich nicht klagen. Im Gegenteil glaube ich mit einem ziemlich einnehmenden Äußeren ausgestattet zu sein und besitze, was neun Zehntel der Menschen „ein hübsches Gesicht" nennen würden. Ich bin fünf Fuß elf Zoll hoch, mein Haar ist schwarz und gelockt, meine Nase genügend wohlgebildet. Meine Augen sind groß und von grauer Farbe, und obgleich ich so schlecht sehe, daß mir oft Unannehmlichkeiten daraus erwachsen, läßt ihr Aussehen durchaus nicht auf diese Schwäche schließen. Ich habe schon zu allen möglichen Mitteln gegriffen, um dieselbe zu beseitigen, doch konnte ich mich nie entschließen, eine Brille zu tragen. Ich kenne wirklich nichts, was das Gesicht eines jungen, hübschen Menschen mehr entstellen könnte, als die Augengläser, die jedem einzelnen seiner Züge einen Ausdruck steifer Ehrbarkeit verleihen, sein Gesicht älter machen und ihm einen Schein falscher Würde geben. Eine Lorgnette hat jedoch immer etwas Geckenhaftes und Geziertes. Ich habe mich bisher, so gut es eben gehen wollte, ohne jedes äußere Hilfsmittel beholfen. Doch fürchte ich, schon viel von rein persönlichen Dingen erzählt zu haben, die zum Schluß doch nur von ganz geringer Bedeutung sind. Ich will mich damit begnügen, noch kurz zu bemerken, daß ich sanguinischen Temperaments bin, also oft hastig und unbesonnen vorgehe, sehr leicht in Feuer und Begeisterung gerate – und daß ich mein Leben lang ein ergebener Bewunderer schöner Frauen gewesen bin.

Im verflossenen Winter besuchte ich eines Abends mit meinem Freunde, einem Herrn Talbot, das Apollotheater. Es wurde eine Oper gegeben, und der Theaterzettel versprach so ungewöhnliche Genüsse, daß das Haus überfüllt war. Wir hatten uns beizeiten eingefunden, um die für uns reservierten Vorderplätze einer Loge einzunehmen. Doch mußten wir uns den Weg zu derselben mit vielen Schwierigkeiten durch die überall herumstehende Menge bahnen.

Während der ersten beiden Stunden widmete mein Freund, der ein leidenschaftlicher Musikliebhaber war, seine ganze Aufmerksamkeit der Bühne. Ich unterhielt mich inzwischen damit, das Publikum, welches größtenteils aus der besten Gesellschaft der Stadt bestand, zu beobachten. Nachdem ich meine Neugierde befriedigt hatte, wollte ich gerade meine Augen der Primadonna zuwenden, als sie durch eine Erscheinung in einer Loge, die bis jetzt meinen Blicken entgangen war, festgehalten wurden.

Wenn ich tausend Jahre alt würde, ich könnte die heftige Erregung, mit welcher ich den Kopf der Dame betrachtete, nicht vergessen. Seine Form war das Auserlesenste, was meine Augen je gesehen haben. Das Gesicht war der Bühne zugewandt, und es dauerte ein paar Minuten lang, ehe ich es ganz erblicken konnte, aber wie ich schon sagte, die Formenbildung des Kopfes war göttlich schön – keine andere Bezeichnung könnte die herrlichen Verhältnisse der Linien genügend ausdrücken, und selbst das Wort göttlich scheint mir, da ich es niederschreibe, lächerlich schwach zu sein.

Es war mir von jeher unmöglich, dem Zauber lieblicher Formen, der überwältigenden Macht weiblicher Reize zu widerstehen. Hier jedoch erblickte ich die verkörperte Anmut, das Ideal der Schönheit, das mir in meinen überschwänglichsten, begeistertsten Träumen vorgeschwebt hatte. Die Einrichtung der Loge gestattete mir, fast die ganze Gestalt der Dame zu überblicken: sie war von etwas mehr als mittlerer Größe und fast majestätisch zu nennen. Wuchs und Haltung waren tadellos. Die Linien des Kopfes wetteiferten an Schönheit mit denen der griechischen Psyche und wurden durch einen eleganten Kopfputz aus duftiger Gaze eher hervorgehoben als verborgen. Der rechte Arm ruhte auf der Logenbrüstung, und der Anblick seiner seltsam schönen Symmetrie und Rundung ließ jede Fiber in mir vor Entzücken erbeben. Der obere Teil wurde von einem weiten, offenen Ärmel verhüllt, wie sie damals gerade Mode waren. Er reichte bis zum Ellbogen, und unter demselben befand sich ein anderer, dicht anschließender Ärmel von zartem, durchsichtigem Gewebe, der in einer Krause von kostbarer Spitze endete, die leicht und zierlich über die Hand fiel und nur die schlanken Finger frei ließ. An einem derselben funkelte ein Brillantring, der, wie ich sofort bemerkte, von außerordentlichem Werte war. Die wundervolle Rundung des Handgelenkes wurde sehr geschickt durch ein Armband hervorgehoben, das durch eine Agraffe von Juwelen geschlossen war und in unverkennbarer Weise von dem Reichtum und dem erlesenen Geschmack der Dame zeugte.

Wohl eine halbe Stunde lang starrte ich wie gebannt, wie zu Stein geworden, diese königliche Erscheinung an, und empfand die Wahrheit dessen, was je in Versen oder Prosa über die „Liebe auf den ersten Blick" gesagt worden ist, mit sehnsüchtiger Freude. Meine Gefühle waren von allen, die ich je, selbst in der Gegenwart der gepriesensten Schönheiten empfunden hatte, vollständig verschieden. Eine unerklärliche, ich möchte sagen, magnetische Anziehungskraft von Seele zu Seele schien nicht nur meine Blicke, sondern auch die ganze Kraft meiner Gedanken und Gefühle auf das bewunderungswürdige Wesen vor mir zu lenken. Ich sah, ich fühlte, ich erkannte, daß ich rettungslos, wahnsinnig verliebt war ... schon jetzt, obwohl ich das Angesicht der Geliebten noch nicht erblickt hatte. Meine Leidenschaft war so heftig, so brennend, daß ich glaubte, sie würde nur sehr wenig, ja vielleicht gar nicht an Gewalt eingebüßt haben, wenn die Gesichtszüge, die ich noch nicht gesehen, ganz durchschnittliche, banale gewesen wären; so wenig logisch ist nun einmal das Wesen der wahren Liebe, der Liebe auf den ersten Blick, so wenig hängt sie von den äußeren Umständen ab, durch welche sie anscheinend entsteht und bedingt wird.

Während ich nun ganz in Bewunderung des reizenden Geschöpfes versunken war, wandte sie plötzlich, durch irgendeinen Vorgang im Publikum veranlaßt, ihren Kopf ein wenig herum, so daß ich das ganze Profil erblicken konnte. Seine Schönheit übertraf meine Erwartungen noch bei weitem, und dennoch lag etwas in demselben, was mich enttäuschte, ohne daß es mir möglich gewesen wäre, genau zu sagen, was es war. Auch ist „enttäuscht" nicht ganz das richtige Wort für meine Gefühle, die durch diesen Anblick zugleich beruhigt und erhoben worden waren. Das berauschte Entzücken hatte einer mehr stillen Schwärmerei, einer verklärten, ruhigen Hingabe Platz gemacht. Dieser Wechsel der Empfindung rührte vielleicht von dem madonnenhaften, mütterlichen Ausdruck des Gesichts her, und doch empfand ich sofort, daß er nicht die einzige Ursache sein konnte. Es war noch etwas anderes da, etwas Geheimnisvolles, das ich mir nicht zu enträtseln vermochte, ein besonderer Ausdruck, der mir nicht ganz angenehm auffiel und dennoch mein Interesse für die Person bedeutend erhöhte. Ich befand mich in einer Gemütsverfassung, die einen jungen, lebhaften Mann leicht zu einer Torheit hätte hinreißen können – wäre die Dame allein gewesen, ich hätte nicht einen Augenblick gezögert, sie in ihrer Loge aufzusuchen und auf jede Gefahr hin anzureden. Glücklicherweise aber befand sie sich in der Gesellschaft zweier anderer Personen, eines Herrn und einer auffallend schönen Dame, die allem Anschein nach ein paar Jahre jünger war als sie selbst.

Ich spann tausend Pläne, wie es zu ermöglichen sei, später die Bekanntschaft der älteren Dame zu machen und für einen Augenblick wenigstens ihre Schönheit genauer betrachten zu können. Ich dachte daran, meinen Platz mit einem, der mehr in ihrer Nähe war, zu vertauschen; da jedoch das Haus überfüllt war, ging dies nicht an. Die Gesetze des Anstandes und der Mode untersagten auf das strengste, sich zu solchen Zwecken eines Opernguckers zu bedienen. Selbst wenn ich im Besitz eines solchen gewesen wäre, ich hätte ihn nicht brauchen dürfen. Doch ich hatte nicht einmal einen bei mir und geriet in Verzweiflung.

Endlich fiel es mir ein, mich an meinen Begleiter zu wenden.

„Talbot", sagte ich, „Sie haben einen Operngucker; leihen Sie ihn mir."

„Einen Operngucker? – nein! – was sollte ich mit einem Operngucker tun?“, Mit diesen Worten wandte er sich ungeduldig der Bühne wieder zu.

„Hören Sie doch, Talbot“, fuhr ich fort und rüttelte ihn ein wenig an der Schulter, „hören Sie mir bitte einen Augenblick zu. Sehen Sie die Loge da in der Nähe der Bühne? Nein, die folgende. Haben Sie je eine so entzückende Frau gesehen?“

„Sie ist wirklich sehr schön“, bestätigte er.

„Ich möchte nur wissen, wer sie sein mag!“

„Wie? Du lieber Himmel, Sie wissen wirklich nicht, wer sie ist? Das hätte ich von Ihnen am allerwenigsten erwartet. Es ist die berühmte Madame Lalande, die Schönheit des Tages, von der die ganze Stadt spricht. Sie ist unermeßlich reich, Witwe – eine brillante Partie und eben erst aus Paris herübergekommen.“

„Sind Sie mit ihr bekannt?“

„Ja – ich habe die Ehre.“

„Wollen Sie mich bei ihr einführen?“

„Gewiß, mit dem größten Vergnügen. Wann wollen Sie ihr einen Besuch abstatten?“

„Morgen! Gegen eins. Ich werde Sie abholen.“

„Gut! Aber jetzt seien Sie, bitte, still, wenn es Ihnen möglich ist!“

Ich mußte wohl oder übel Talbots Aufforderung Folge leisten, denn er blieb für jede weitere Frage oder Bemerkung hartnäckig taub und beschäftigte sich während des Restes des Abends ausschließlich mit den Vorgängen auf der Bühne.

Ich selbst wandte jedoch kein Auge von Madame Lalande ab, und endlich gewährte mir das Glück einen vollen Blick in ihr Gesicht. Es war von außerordentlichem Liebreiz, wie mein Herz es mir, schon ehe Talbot meine Ahnung bestätigte, verkündet hatte, und dennoch störte mich wieder jenes nicht zu erklärende Etwas, von dem ich schon einmal gesprochen. Ich schloß, daß es wohl ein gewisser Ausdruck von Ernsthaftigkeit, Traurigkeit oder vielmehr Abspannung sein mußte, der dem Gesichte etwas von seiner Frische und Jugendlichkeit nahm, ihm dafür jedoch eine wahrhaft seraphische Milde und Majestät verlieh, die es meinem leicht begeisterten, romantischen Temperament noch zehnmal interessanter erscheinen ließ.

Während ich so ganz in Anschauung versunken war, entnahm ich plötzlich zu meiner großen Bestürzung aus einem fast unmerklichen Aufzucken der Dame, daß ihr mein eifriges Anstarren aufgefallen sein mußte. Doch war ich so von ihrem Anblick hingerissen, daß ich meine Blicke auch jetzt noch nicht losreißen konnte. Sie wandte ihr Gesicht zur Seite, so, daß ich nun wieder die wie gemeißelt schönen Umrisse ihres Kopfes bewundern durfte.

Nach einigen Minuten drehte sie mir, als sei sie neugierig zu erfahren, ob ich noch immer zu ihr hinstarrte, ihr Gesicht wieder zu und begegnete aufs neue meinen glühenden Blicken. Ihre großen, dunklen Augen senkten sich sofort, und ein tiefes Erröten übergoß ihre Wangen. Doch wie groß war mein Erstaunen, als ich bemerkte, daß sie es nicht nur unterließ, ihren Kopf zum zweiten Male abzuwenden, sondern daß sie sogar aus ihrem Gürtel ein Lorgnon hervorzog, in die Höhe hob und mich mehrere Minuten lang eifrig und genau betrachtete.

Wäre der Blitz vor mir niedergefahren, ich hätte nicht bestürzter sein können – denn ich war nur bestürzt und nicht im geringsten beleidigt oder auch nur unangenehm berührt, obwohl mich ein so kühnes Vorgehen bei jeder anderen Dame peinlich, ja widerwärtig angemutet haben würde. Sie jedoch tat alles mit einer solchen Gelassenheit, mit so viel Ruhe und Natürlichkeit und ganz in der vornehmen Art der guten Gesellschaft, daß von Dreistigkeit nicht die Rede sein konnte und ich nur Verwunderung und Staunen empfand.

Als sie das Glas zum ersten Male vor die Augen erhob, bemerkte ich, daß sie mit der flüchtigen Prüfung meiner Person zufrieden zu sein schien und das Lorgnon beiseitelegen wollte. Dann jedoch erhob sie es plötzlich wieder, als sei ihr ein zweiter Gedanke gekommen, und betrachtete mich mehrere – wenigstens fünf Minuten lang mit größter Aufmerksamkeit.

Ein solches Tun mußte in einem amerikanischen Theater natürlich Aufsehen erregen, es veranlaßte sogar eine unbestimmte Bewegung, fast ein Summen im Publikum, das mich einen Augenblick lang in Verwirrung setzte, während die Züge der Madame Lalande ihren ruhigen Ausdruck beibehielten.

Nachdem sie ihre Neugierde – wenn es Neugierde war, was sie antrieb – befriedigt hatte, ließ sie das Glas sinken und wandte ihre Aufmerksamkeit wieder der Bühne zu. Ich konnte nun wieder, wie vorhin, ihr Profil betrachten und ließ sie, obwohl ich mir meiner Ungeschicklichkeit vollkommen bewußt war, nicht eine Sekunde aus den Augen. Bald sah ich, wie sie langsam, kaum merkbar, ihren Kopf mehr zur Seite wandte, und gewann nach und nach die Überzeugung, daß sie, während sie anscheinend den Vorgängen auf der Szene zusah, in der Tat jedoch nur mich beobachtete.

Es ist wohl überflüssig zu sagen, wie glücklich es mich machte, die Aufmerksamkeit einer so bezaubernden Dame erregt zu haben.

Als sie mich wohl eine Viertelstunde lang der genauesten Betrachtung unterzogen hatte, wandte sie sich an den Herrn ihrer Begleitung. Ich entnahm aus beider Blicken ganz deutlich, daß sie von mir redeten.

Dann kehrte Madame Lalande mir wieder den Rücken zu und schien nur noch Interesse für die Sänger und Sängerinnen zu haben. Kurze Zeit darauf geriet ich jedoch wieder in die größte Aufregung, als ich bemerkte, daß sie zum zweiten Male ihr Lorgnon ergriff und, unbekümmert um das erneute Gemurmel des Publikums, mich wieder vom Kopf bis zu den Füßen mit derselben, unvergleichlichen Ruhe betrachtete, die schon einmal meine Seele verwirrt und entzückt hatte.

Dies ungewöhnliche Benehmen versetzte mich in ein Fieber von Aufregung, in ein wahres Delirium von Liebe und trug nur dazu bei, mich noch kühner zu machen.

Die tolle Heftigkeit meiner Empfindung ließ mich alles um mich her vergessen. Ich sah und fühlte nur noch die königliche, liebreizende Erscheinung, an der meine Blicke wie gefesselt hingen.

Ich wartete auf den Augenblick, in dem ich die Aufmerksamkeit des Publikums durch die Aufführung vollständig von mir abgelenkt wußte, begegnete dann den Blicken der Madame Lalande und machte ihr eine leichte, doch nicht zu verkennende Verbeugung.

Sie errötete tief, wandte ihre Augen ab, blickte langsam und vorsichtig in der Runde umher, augenscheinlich um sich zu überzeugen, ob meine unbesonnene Haltung bemerkt worden sei, und neigte sich zu dem an ihrer Seite sitzenden Herrn.

Mit brennender Beschämung wurde ich mir nun plötzlich der Unschicklichkeit meines Benehmens bewußt und erwartete jeden Augenblick eine scharfe Zurechtweisung, während mir allerlei unbehagliche Vorstellungen von Pistolenläufen durch den Sinn schwirrten. Doch fühlte ich mich bald wieder erleichtert, als ich sah, daß die Dame dem Herrn, ohne ein Wort zu sagen, nur den Theaterzettel überreichte. Der Leser wird sich aber nur eine schwache Vorstellung von dem Erstaunen machen können – von der grenzenlosen Verwunderung, von dem verwirrenden Entzücken, das mein ganzes Wesen erfüllte, als sie gleich darauf, nachdem sie einmal flüchtig umhergespäht, ob man sie beobachte, ihre strahlenden Augen mit einem festen, vollen Blick auf mir ruhen ließ und dann mit kaum merklichem Lächeln, das die glänzende Perlenschnur ihrer Zähne enthüllte, zwei deutlich markierte, unverkennbar bejahende Bewegungen mit dem Kopfe machte.

Es wäre nutzlos, meine Freude – mein Entzücken – meine hingerissene Seligkeit schildern zu wollen. Wenn je ein Mensch vom Übermaß des Glückes toll wurde, so war ich es. Ich liebte! Ich liebte zum ersten Male – meine Liebe war grenzenlos, spottete jeder Beschreibung. Es war eine „Liebe auf den ersten Blick", und auf den ersten Blick auch war sie verstanden und erwidert worden.

Ja! erwidert! Wie und warum sollte ich auch nur einen Augenblick daran zweifeln? Welch andere Auslegung ließ dies Benehmen der schönen, reichen, offenbar so gebildeten, so fein erzogenen Dame zu, wie Madame Lalande es war? Ja, sie liebte mich! – Sie erwiderte meine begeisterten Gefühle mit einer ebenso rücksichtslos blinden Leidenschaft, mit einer ebenso unbegrenzten Hingabe, wie ich sie selbst empfand!

Diese entzückend schönen Phantasien und Gedanken wurden jetzt durch das Fallen des Vorhangs unterbrochen; das Publikum erhob sich und drängte den Ausgängen zu. Ich verabschiedete mich rasch von Talbot und suchte mir einen Weg in die Nähe meiner Angebeteten zu bahnen. Bei dem großen Gedränge gelang es mir jedoch nicht; ich mußte meinen Plan aufgeben und meine Schritte heimwärts lenken. Doch tröstete ich mich darüber, daß es mir nicht einmal vergönnt gewesen, den Saum ihres Kleides zu berühren, mit der frohen Hoffnung, morgen in aller Form durch Talbot bei ihr eingeführt zu werden.

Endlich, endlich kam denn auch dies „morgen", das heißt: nach einer in qualvoller Ungeduld durchwachten Nacht begann der Tag zu dämmern, und dann schlichen die Stunden so langsam wie auf Schneckenfüßen dahin; es wollte nicht ein Uhr werden. Doch wie man sagt, hat ja „alles ein Ende" – so schlug denn auch die Uhr die ersehnte Stunde, und ich sprang sofort auf, um Talbot aufzusuchen.

„Ist nicht zu Hause", sagte Talbots Diener.

„Nicht zu Hause?", wiederholte ich und taumelte ein halbes Dutzend Schritte zurück – „lassen Sie es sich gesagt sein, mein Bester, daß Sie da eine ganz faule Ausrede vorbringen. Herr Talbot ist wohl zu Hause. Weshalb eigentlich wollen Sie ihn verleugnen?"

„Herr Talbot ist nicht zu Hause, mein Herr. Er ritt gleich nach dem Frühstück zum Gute hinaus und hinterließ nur, daß er vor acht Tagen nicht wieder in der Stadt sein werde."

Von Schreck und Wut gepackt, stand ich wie versteinert da. Ich wollte mich zu irgendeiner Antwort zwingen, doch die Zunge versagte mir den Dienst. Dann wandte ich mich, bleich vor Ingrimm, zum Gehen und verfluchte das ganze Geschlecht der Talbots in die tiefsten Tiefen der Hölle. Offenbar hatte mein rücksichtsvoller Freund, der Musikenthusiast, die Verabredung mit mir vergessen, ebenso schnell vergessen, wie sie geschlossen war. Er hatte es ja nie mit seinen Versprechungen genau genommen. Da war also nichts mehr zu machen. Ich schluckte meinen Ärger, so gut es gehen wollte, hinunter, schlenderte verstimmt die Straße hinab und suchte durch tausend unbedeutende Fragen von jedem Bekannten, der mir in den Weg kam, etwas über Madame Lalande zu erfahren. Dem Namen nach war sie allen bekannt, vielen auch von Ansehen, doch befand sie sich erst seit ein paar Wochen in der Stadt, hatte nur sehr wenige persönliche Bekannte, und diese wenigen waren nicht so vertraut mit ihr, daß sie sich die Freiheit nehmen konnten oder wollten, mich bei ihr einzuführen. Während ich nun voller Verzweiflung dastand und mich mit drei Freunden über den Gegenstand, der mein ganzes Herz ausfüllte, unterhielt, geschah es, daß dieser selbst plötzlich erschien.

„Wahrhaftiger Gott! Da ist sie ja!“, rief einer von ihnen.

„Wie hinreißend schön sie aussieht!“, flüsterte ein anderer.

„Ein Engel auf Erden!“, meinte der dritte.

Ich sah auf und erblickte in einem offenen Wagen, der sich uns langsam näherte, die bezaubernde Erscheinung aus der Oper in Begleitung der jüngeren Dame, die in der Loge neben ihr gesessen hatte.

„Ihre Begleiterin sieht auch noch immer gut aus“, bemerkte einer der Freunde.

„Erstaunlich gut“, meinte der zweite, „ihr Äußeres ist immer noch ganz brillant; aber die Kunst kann Wunder tun. Auf mein Wort, sie sieht heute besser aus als vor fünf Jahren in Paris. Sie ist noch immer eine schöne Frau – finden Sie nicht, Froissart, ich wollte sagen Simpson?“

„Allerdings!“, wiederholte ich, „und weshalb sollte sie es auch nicht. Aber im Vergleich mit ihrer Freundin ist sie wie ein Kerzenlicht neben dem Abendstern – wie ein Glühwurm neben dem Antares.“

„Hahaha! Simpson, Sie haben wahrhaftig das Talent, Vergleiche zu machen – und noch dazu originelle.“

Hierauf trennten wir uns, und mein Freund trällerte ein heiteres Liedchen vor sich hin, von dem ich nur die Worte verstand:

„Ninon, Ninon, Ninon à bas –
A bas Ninon de l'Enclos.“

Während dieser kleinen Szene hatte sich etwas zugetragen, was mich außerordentlich tröstete, obwohl es die verzehrende Leidenschaft meines Herzens nur nährte. Als der Wagen der Madame Lalande an unserer Gruppe vorüberfuhr, hatte ich bemerkt, daß sie mich wiedererkannte. Ja, noch mehr als das! Sie hatte mich mit dem liebreizendsten Lächeln beglückt, ein nicht mißzuverstehendes Zeichen des Erkennens.

Auf die Hoffnung, ihr vorgestellt zu werden, mußte ich wohl verzichten, bis es Talbot einfallen würde, von seinem Landaufenthalt zurückzukehren. Unterdessen besuchte ich mit unermüdlicher Ausdauer alle Vergnügungsorte der vornehmen Welt; und endlich traf ich sie wieder einmal im Theater, doch waren nach dem ersten Erlebnis schon vierzehn Tage verflossen, ehe ich wieder das Glück hatte, ein paar Blicke mit ihr wechseln zu können.

In der Zwischenzeit hatte ich täglich nach Talbot gefragt, und jeden Tag versetzte mich das gleichgültige „Noch nicht zurückgekehrt!", des Dieners in einen Anfall von Raserei.

An dem erwähnten Abend hatte sich mein Zustand so verschlimmert, daß ich dem Wahnsinn nahe war. Ich hatte gehört, daß Madame Lalande eine Pariserin und erst kürzlich aus ihrer Vaterstadt herübergekommen sei–: konnte sie nicht plötzlich wieder heimreisen – abreisen, ehe Talbot zurückgekehrt war – und mir so für immer verloren sein? Ich wagte nicht, das Schreckliche auszudenken. Und da meine ganze Zukunft, mein Lebensglück auf dem Spiele stand, entschloß ich mich kurz zu einer männlichen Tat. Mit einem Wort: nach Schluß der Vorstellung folgte ich der Dame bis zu ihrer Wohnung, merkte mir ihre Adresse und schrieb ihr am nächsten Morgen einen langen, feurigen Brief, in welchem ich ihr mein ganzes Herz ausschüttete. Ich sprach kühn und frei, ich redete die Sprache der Leidenschaft. Ich verhehlte ihr nichts – selbst nicht meine Schwäche.

Ich spielte auf die romantischen Umstände unserer ersten Begegnung an – selbst auf die Blicke, die wir gewechselt hatten. Ja, ich ging so weit, zu behaupten, daß ich auch ihrer Liebe gewiß sei, und bat sie, diese Gewißheit und meine eigene tiefe Verehrung als Entschuldigungen für mein sonst unverzeihliches Betragen annehmen zu wollen. Dann sprach ich auch von meiner Befürchtung, daß sie die Stadt verlassen möchte, noch ehe mir zu einer offiziellen Vorstellung Gelegenheit geboten worden sei. Ich schloß diesen begeistertsten aller Liebesbriefe mit einer offenen Darlegung meiner Verhältnisse, meiner Vermögenslage und mit der Bitte um ihre Hand.

In qualvoller Unsicherheit erwartete ich dann die Antwort. Eine Ewigkeit schien mir vergangen zu sein, als ich sie endlich erhielt.

Ja, ich erhielt wirklich eine Antwort. So romantisch es sich wohl anhören mag: ich bekam einen Brief von Madame Lalande – der schönen, reichen, vergötterten Madame Lalande. Ihre Augen – ihre herrlichen Augen – hatten mich nicht betrogen, sie besaß ein edles Herz. Als echte Französin war sie dem freien Antriebe ihres Wesens gefolgt und, nur ihrer vorurteilsfreien Vernunft gehorchend, hatte sie sich über alle konventionelle Prüderie der Welt hinweggesetzt. Sie war nicht erzürnt über meinen Antrag. Sie hatte sich nicht in Schweigen gehüllt; nicht meinen Brief uneröffnet zurückgesendet. Sie hatte mir mit ihren eigenen zarten Fingern eine Antwort geschrieben, die folgendermaßen lautete:

„Herr Simpson wird mich verzeihen, nicht seine prächtige Landessprache zu sprechen. Es ist nur kurze Zeit, daß ich hier bin, und ich habe noch nich der Gelegenheit gefunden, es zu lernen.

Mit diese Entschuldigung für meine manière kann ich es nicht verleugnen das hélas! Herr Simpson Recht haben. Muß ich noch mehr sagen? Hélas! habe ich nicht schon zu Viel gesagen?
Eugenie Lalande."

Diesen unvergleichlichen Brief küßte ich wohl millionenmal und beging um ihn noch unzählige andere Extravaganzen, deren ich mich nicht mehr genau entsinne. Aber Talbot wollte noch immer nicht zurückkehren. Ach, wenn er nur eine blasse Ahnung davon gehabt hätte, welch unbeschreibliche Leiden mir seine Abwesenheit bereitete, hätte sein mitfühlendes Herz ihn sicher gleich zu seinem bedauernswerten Freunde zurückgetrieben. Und doch kam er nicht. Ich schrieb. Er antwortete, er sei durch dringende Geschäfte noch zurückgehalten, er würde aber in kürzester Zeit wiederkehren. Er bat mich, nicht ungeduldig zu sein, meine Gefühle zu mäßigen, besänftigende Bücher zu lesen, nichts Stärkeres als Bier zu trinken und mich mit Philosophie zu trösten. Der Narr! Wenn er selbst nicht kommen konnte, weshalb in des Teufels Namen legte er mir nicht einfach einen Empfehlungsbrief bei? Ich schrieb noch einmal und bat ihn, mich doch mit einem solchen Schreiben zu versehen. Mein Brief wurde von dem Diener mit folgender Bemerkung in Bleistift zurückgesandt (der Lump war seinem Herrn aufs Land gefolgt):

„Verließ das Gut gestern; jetziger Aufenthaltsort unbekannt, ebenso wann er zurück sein wird. Halte es für das beste, Ihren Brief zurückzuschicken, da ich Ihre Handschrift kenne. In Eile!
Ihr aufrichtiger
Stubbs"

Ich wünschte sowohl Herrn wie Diener in die Hölle; aber meine Wut war nutzlos, und meine Klagen brachten mir keinen Trost.

Doch mein erfinderischer Geist wies mir noch einen, allerdings sehr gewagten Ausweg. Meine Kühnheit hatte mir bisher noch immer genützt; sie sollte mir auch im letzten, entscheidenden Moment zur Seite stehen: Außerdem: welchen Verstoß gegen die gesellschaftliche Form hätte sie mir noch übelnehmen können, nachdem dieser Briefwechsel zwischen uns stattgefunden? Ich hatte in der letzten Zeit Madame Lalandes Haus fortwährend belagert und bemerkt, daß sie in der Dämmerung gewöhnlich in dem naheliegenden Parke einen Spaziergang unternahm, bei dem sie nur ein schwarzer Diener begleitete. Hier, inmitten der üppigen, schattigen Büsche, in dem dunklen Leuchten eines Sommerabends, nahm ich die Gelegenheit wahr und sprach sie an.

Um den Diener zu täuschen, ging ich mit der Miene eines guten alten Bekannten auf sie zu, und sie besaß die echte pariserische Geistesgegenwart, mich ganz unbefangen zu begrüßen, indem sie mir ihre entzückende kleine Hand reichte. Der Diener zog sich sofort zurück; und nun sprachen wir lange, ließen unseren überströmenden Herzen freien Lauf und versicherten uns gegenseitig unserer Liebe.

Da Madame Lalande noch weniger Englisch sprach als schrieb, wurde unsere Unterhaltung natürlich auf Französisch geführt. In dieser wunderbaren Sprache, die besonders für die Leidenschaft geeignet ist, gab ich meinem ungestümen Enthusiasmus beredten Ausdruck, und mit aller Überredungskunst suchte ich sie zu einer sofortigen Heirat zu bewegen.

Sie lächelte über meine Ungeduld. Sie kam mit den bekannten Redensarten von den Forderungen des Anstandes – diesem Popanz, der schon so manchen hinderte, das Glück zu ergreifen, bis es zu spät war. Sie machte die Einwendung, daß ich unklugerweise schon mehreren meiner Freunde den Wunsch ausgedrückt hätte, ihre Bekanntschaft zu machen, so daß man es nicht verheimlichen könne, auf welche Art und Weise wir uns nun kennengelernt. Und dann bemerkte sie unter Erröten, daß unsere Beziehungen doch noch zu neu wären; daß eine sofortige Trauung unpassend und extravagant erscheinen möchte. Dies alles sagte sie mit einer ganz entzückenden Naivität, welche mich schmerzte und doch überzeugte. Ja, sie klagte mich sogar unter Lachen der Übereilung und der Unklugheit an. Sie erinnerte mich daran, daß ich doch eigentlich kaum wüßte, wer sie sei, welche Verbindungen, welche gesellschaftliche Stellung sie habe. Sie bat mich mit einem Seufzer, meinen Antrag wohl zu überlegen, und nannte meine Liebe eine Laune, eine Phantasie, eine Verblendung, eine grundlose und unbeständige Empfindung, die mehr meiner Einbildung als meinem Herzen entstamme. All diese Vernunftgründe brachte sie vor, während die weichen Schatten der Dämmerung sich immer mehr vertieften und uns in Dunkelheit hüllten – und dann stieß sie mit einem einzigen leisen Ruck ihrer süßen Finger dies ganze künstliche Kartenhaus von Argumenten wieder um.

Ich antwortete so gut ich konnte – wie es nur ein treuer, feuriger Liebhaber tun kann. Ich sprach lange und ausführlich von meiner innigen Zuneigung, von meiner Leidenschaft – von ihrer berückenden Schönheit und meiner überschwänglichen Bewunderung. Kurz, ich betonte mit überzeugendem Nachdruck die vielen Gefahren, welche jeder Liebe drohen, und bewies ihr logisch, es sei eine Gefahr, die Verlobungszeit unnötig zu verlängern.

Dieses letzte Argument schien denn auch ihren festen Entschluß ins Wanken zu bringen. Sie gab nach; doch mit dem Bemerken, es existiere noch ein Hindernis, das ich nicht in Betracht gezogen. Es sei dies ein delikater Punkt; besonders eine Frau könne ihn nicht gut erörtern; wenn sie dennoch darüber spreche, so koste sie das eine große Überwindung, aber mir zuliebe sei sie zu jedem Opfer bereit. Ob ich auch an den Altersunterschied zwischen uns dächte? Daß der Mann ein paar Jahre, ja selbst fünfzehn bis zwanzig Jahre älter sei als die Frau, sei ja noch nie als unpassend angesehen worden, aber sie selbst sei immer der Ansicht gewesen, daß die Frau nicht älter als der Mann sein dürfe. Das sei unnatürlich und nur allzu leicht der Grund zu späterem Unglück. Sie habe erst heute gesehen, daß ich nicht älter als zweiundzwanzig Jahre sei, und ich habe vielleicht noch nicht bemerkt, daß ihr Alter das meinige bei weitem übersteige.

Sie sagte dies mit einem so wunderbaren Zartgefühl und solch zurückhaltender Würde, daß ich in ein Entzücken geriet, welches mich erst recht in meinem Vorhaben bestärkte.

„Aber süßeste Eugenie", rief ich, „welch Bedenken wäre das für uns! Und wenn du auch älter bist als ich, was tut das? Die Sitten der Welt sind doch nur Torheiten. Für zwei Menschen, die sich so sehr lieben wie wir, ist der Unterschied eines Jahres gleich dem einer Stunde. Du sagtest ganz richtig, ich sei zweiundzwanzig Jahre alt, du hättest ebensogut dreiundzwanzig sagen können. Nun bist du, teuerste Eugenie, doch nicht älter als – nicht älter als – als –"

Hier stockte ich einen Augenblick in der Erwartung, daß Frau Lalande mich mit der Angabe ihres wirklichen Alters unterbrechen würde. Aber eine Französin ist selten ganz offen, sie weiß immer noch eine kleine ausweichende Antwort, eine unbestimmte Erwiderung. In diesem Augenblick ließ Eugenie, die etwas in ihrem Busen gesucht hatte, ein kleines Miniaturbild fallen, das ich gleich aufhob und ihr hinreichte.

„Behalte es", sagte sie mit ihrem bezauberndsten Lächeln. „Behalte es um Eugeniens willen, die es allerdings ein wenig geschmeichelt darstellt. Außerdem kannst du auf der Rückseite die Antwort finden, die du zu wünschen scheinst. Aber jetzt wird es zu dunkel, du kannst es morgen früh betrachten. Inzwischen begleite mich nach Hause. Meine Bekannten sind zu einer kleinen musikalischen Unterhaltung versammelt. Du wirst auch guten Gesang zu hören bekommen. Wir Franzosen sind nicht so kleinlich wie ihr Amerikaner; es wird mir nicht schwerfallen, dich als einen alten Bekannten einzuschmuggeln"

Mit diesen Worten ergriff sie meinen Arm, und ich begleitete sie nach Hause. Ihre Wohnung war sehr vornehm und mit exquisitem Geschmack eingerichtet. Die zwei nebeneinander liegenden Räume, in welchen sich die Gesellschaft hauptsächlich aufhielt, waren nur schwach erleuchtet, so daß das ganze Interieur in ein angenehmes Dämmerlicht gehüllt war. Dies ist eine schöne Sitte, die den Gästen erlaubt, je nach Belieben im Licht oder im Halbdunkel sich aufzuhalten, und welche auch von unseren überseeischen Freunden schnell nachgeahmt wurde.

Der Abend, den ich so verbrachte, war unzweifelhaft der herrlichste meines Lebens. Madame Lalande hatte die musikalischen Leistungen ihrer Freunde nicht überschätzt; ich habe nie wieder so ausgezeichnete Stimmen in einem Privatkreise gehört. Die Instrumentalmusik wurde von außerordentlich begabten Künstlern ausgeführt. Verschiedene Damen erfreuten uns mit durchweg sehr schönen Gesangsvorträgen. Dann bat man allgemein Madame Lalande, und sie erhob sich auch gleich, ohne sich lange bitten zu lassen, von der Chaiselongue, auf der sie mit mir Platz genommen hatte, und ging mit ein paar Herren und ihrer Freundin aus dem Opernhause ans Klavier im Nebenzimmer. Ich hätte sie gern selbst dorthin begleitet, aber ich sah ein, daß es unter den Umständen, unter denen ich in diese Gesellschaft eingeführt worden war, besser für mich sei, mich möglichst unbemerkt zu halten. So wurde ich des Vergnügens beraubt, sie, wenn auch nicht singen zu sehen, so doch singen zu hören.

Der Eindruck, den sie auf die Gesellschaft machte, war erstaunlich. Ich wüßte nicht, wie ich ihn auch nur annähernd beschreiben könnte. Ich selbst war ganz hingerissen. Das rührte vielleicht zum guten Teil von der großen Liebe her, in der ich im Augenblick nur noch lebte. Doch bin ich überzeugt, die größte Künstlerin hätte diese Arie oder dies Rezitativ nicht mit leidenschaftlicherem Ausdruck singen können. Die Art, wie sie die Arie aus Othello vortrug – der Ton, mit dem sie die Worte Capuletts *Sul mi sasso* wiedergab, klingen mir noch heute in der Seele. Ihre tiefen Töne waren einfach wunderbar. Die Stimme umfaßte drei ganze Oktaven, reichte vom tiefen D des Alt bis zum hohen D des Sopran und war so volltönend, daß sie für den großen Saal des Sa Carlos ausgereicht hätte, dabei von vollendeter Reinheit und Biegsamkeit und von einem Schmelz, der selbst bei den schwierigsten Kadenzen und Koloraturen den Hörer zur höchsten Begeisterung hinriß.

In dem Finale aus der „Somnambule" wußte sie bei der Stelle

„Ah! non giunge uman pensiero
Al contento ond' io son piena"

einen ganz besonderen Effekt zu erzielen.

Hier änderte sie den Originaltonsatz Bellinis und ließ, die Malibran nachahmend, ihre Stimme erst zum mittleren G hinabsteigen, um dann zwei ganze Oktaven zu überspringen und das viergestrichene hohe G anzuschlagen.

Nach diesen Wundern von Gesangskunst stand sie vom Klavier auf und kehrte zu ihrem Platz an meiner Seite zurück. Ich sprach natürlich in den Tönen tiefster Bewunderung mein Entzücken aus. Ich war eigentlich außerordentlich überrascht; denn ihre schwache, fast zitternde Stimme beim Sprechen hatte mich solche ungewöhnliche Kunstleistungen nicht erwarten lassen. Ich verhehlte ihr nichts, denn ich fühlte, ich hatte das Recht, ihrer entgegenkommenden Zutraulichkeit nichts zu verbergen. Ermutigt durch ihre eigene Aufrichtigkeit in bezug auf ihr Alter, sprach ich dann mit vollkommener Offenheit von meinen verschiedenen kleinen Schwächen und Fehlern, nicht allein von den moralischen, auch von den physischen, von welchen zu reden viel mehr Selbstüberwindung kostet und somit um so mehr ein sicherer Beweis der Liebe ist. Ich erzählte von den jugendlichen Torheiten der Studentenzeit, von meinen Ausschweifungen, Schulden und Liebeleien. Ja, ich erwähnte sogar einen gewissen hektischen Husten, der mich zuweilen befällt, einen chronischen Rheumatismus, der mich zuweilen als Mahnung an ein erbliches Gichtleiden zwickt, und die unangenehme, lästige, obwohl bisher sorgfältig verhehlte Schwäche meiner Augen.

„Was den letzten Punkt anbetrifft, so war es sicher eine Unklugheit Ihrerseits, ihn zu erwähnen; denn ohne Ihr Geständnis würde ich es nie geglaubt haben, wenn jemand Sie dieser Schwäche beschuldigt hätte. Übrigens", setzte sie hinzu, „entsinnen Sie sich vielleicht noch dieses kleinen Augenglases, das ich da um den Hals hängen habe, mein teurer Freund?"

Trotz des Halbdunkels bemerkte ich, wie sie bei dieser Frage tief errötete, während ihre Finger nervös mit dem zierlichen Gegenstande spielten, der mich schon damals im Opernhause in solche Verwirrung versetzt hatte.

„Ach! Ja natürlich kenne ich es noch", rief ich lebhaft und preßte feurig die zarte Hand, die mir das Augenglas zur Besichtigung reichte. Es war ein entzückendes, kunstvoll zusammengesetztes Spielzeug in Goldfiligran, reichverziert mit kostbaren Juwelen, die selbst in der schwachen Beleuchtung wunderbar blitzten.

„Nun wohl, mein Freund", sagte sie mit einer gewissen Eindringlichkeit, die mich etwas befremdete, „Sie haben von mir eine Gunst verlangt, die Sie selbst als unschätzbar bezeichneten. Sie baten mich um die Einwilligung, morgen schon die Ihre zu werden. Wenn ich nun Ihrem Verlangen nachgebe – und ich muß gestehen, auch gleichzeitig dem innersten Drang meines Herzens – dürfte ich nicht ein kleines Gegengeschenk von Ihnen erbitten?"

„Nennen Sie es!", rief ich, so voll feurigen Eifers, daß ich beinahe die Aufmerksamkeit der versammelten Gäste auf mich gezogen hätte, die allein mich davon zurückhielten, dem geliebten Wesen zu Füßen zu sinken. „Sprich es aus! Du! Meine geliebte Eugenie! Meine Einzige! Sprich es aus! Ach, es ist ja schon gewährt, ehe du es ausgesprochen hast."

„Nun, mein Freund, so bezwingen Sie um Ihrer Eugenie willen jene kleine Schwäche, welche Sie soeben eingestanden haben und welche, ich versichere Sie, so wenig eines wirklich vornehmen Charakters, Ihrer sonst so offenherzigen

Natur würdig ist, und die Sie auch sicher, falls Sie dieselbe nicht überwinden, in unangenehme Situationen bringen wird. Sie müssen die kleine Eitelkeit, die Sie dazu bewegt, Ihr Gebrechen zu verheimlichen, ablegen. Denn Sie verleugnen wirklich diesen Fehler, indem Sie die Mittel zur Abhilfe verschmähen. Mein Wunsch ist also der, daß Sie Augengläser tragen. Doch Sie haben mir meine Bitte ja schon im voraus gewährt! Nun, so nehmen Sie diese kleine Spielerei von mir als Geschenk an. Sie sehen, daß man durch eine kleine Verschiebung eine Brille daraus machen oder anders sie als Lorgnette in der Tasche mitführen kann. Doch ich wünsche, daß Sie sie in der ersteren Form um meinetwillen und für immer tragen sollen."

Dies Verlangen verwirrte mich nicht wenig, muß ich gestehen. Aber die Bedingung, die daran geknüpft war, machte jede Zögerung und alle Bedenken zunichte.

„Es sei!", rief ich mit der ganzen Begeisterung, deren ich im Augenblick fähig war. „Es wird von Herzen gern geschehen. Um deinetwillen würde ich jede Eitelkeit unterdrücken. Heute abend werde ich dies köstliche Gut als Lorgnon noch auf meinem Herzen tragen. Aber morgen, mit dem ersten Frührot des Tages, der dich mir gibt, werde ich es auf meine Nase setzen, und in der wenig schönen, aber zweckmäßigen Form einer Brille zu Ehren meiner Angebeteten tragen."

Unsere Unterhaltung ging nun auf die Einzelheiten der Anordnungen für den folgenden Tag über. Wie ich von meiner Verlobten erfuhr, war Talbot am selben Morgen von seiner Reise zurückgekehrt. Ich wollte sofort gehen, ihn zu holen und einen Wagen zu beschaffen. Die Gesellschaft konnte vor zwei Uhr kaum aufbrechen, und um diese Zeit sollte das Gefährt an der Tür warten. Beim allgemeinen Aufbruch konnte Madame Lalande leicht unbemerkt hineinschlüpfen. Wir wollten dann nach dem Hause eines Priesters fahren, der inzwischen benachrichtigt worden war. Nach der Trauung sollte Talbot wieder heimkehren, während wir uns direkt nach dem Osten begeben wollten, es der Welt überlassend, sich in allen möglichen Vermutungen über die Ursache unseres Verschwindens zu ergehen.

Nachdem wir alles überlegt hatten, verabschiedete ich mich gleich, um Talbot aufzusuchen, doch unterwegs konnte ich nicht umhin, in ein erleuchtetes Hotel einzutreten, um das Miniaturbild mit Hilfe des Augenglases zu betrachten. Das Gesicht war von unübertrefflicher Schönheit! Diese großen, strahlenden Augen! – Diese stolze griechische Nase! – Diese üppigen dunkeln Locken! – Ach! sagte ich, ganz außer mir vor Freude, es ist in der Tat das sprechendste Ebenbild meiner Geliebten! Ich wendete es um und fand die Worte: Eugenie Lalande, im Alter von siebenundzwanzig Jahren und sieben Monaten.

Ich traf Talbot zu Hause an und erzählte ihm mein ganzes Glück. Er war natürlich furchtbar erstaunt, gratulierte mir herzlichst und bot mir bereitwilligst seine Mithilfe an. Kurz, wir führten unser Vorhaben buchstäblich aus, und um zwei Uhr morgens, gerade zehn Minuten nach der Trauungszeremonie, befand ich mich mit Madame Lalande – jetzt Frau Simpson, in einem geschlossenen Wagen; wir verließen die Stadt und fuhren nach Nordosten.

Talbot hatte uns geraten, die Nacht durchzufahren und erst in C., einem kleinen Dorf, zwanzig Meilen von der Stadt entfernt, Halt zu machen, dort ein kleines Frühstück zu nehmen, um nach kurzer Rast unsere Reise fortzusetzen. Um vier Uhr erreichten wir den Ort, und der Wagen hielt an der Türe des besten Gasthauses. Ich hob mein angebetetes Weib hinaus und bestellte das Frühstück; inzwischen setzten wir uns in ein kleines Wohnzimmer.

Es war mittlerweile heller Tag geworden, und als ich voll Entzücken den Engel an meiner Seite ansah, fiel mir ein, daß ich zum ersten Male seit meiner Bekanntschaft mit der schönen Madame Lalande Gelegenheit hatte, diese Schönheit bei Tageslicht zu bewundern.

„Und nun, mein Freund", sagte sie, meinen Gedankengang plötzlich unterbrechend, „nun, da wir unauflöslich miteinander verbunden sind, da ich deinem leidenschaftlichen Drängen nachgegeben und so meinen Teil unseres Übereinkommens erfüllt habe, nun hoffe ich, daß auch du die kleine Bitte nicht vergessen hast, die ich an dich gestellt habe, und die du mir zu erfüllen versprochen hast. Laß mich nachdenken! Ja! Ich entsinne mich genau der Worte des teuren Versprechens, welches du vergangene Nacht deiner Eugenie gegeben hast. Du sagtest so: ‚Es soll geschehen! – Es ist von Herzen gern bewilligt. Für dich opfere ich jede Eitelkeit. Heute nacht werde ich dies Augenglas noch als Lorgnon auf meinem Herzen tragen, aber mit dem ersten Morgenrot des Tages, an welchem ich dich mein Weib nennen darf, werde ich es auf meine Nase setzen – um es in der wenig schönen, aber zweckmäßigen Form einer Brille zu Ehren meiner Angebeteten zu tragen.' Waren dies nicht deine Worte, mein teurer Gatte?"

„Ja", erwiderte ich. „Du hast ein ausgezeichnetes Gedächtnis; und ich denke auch nicht daran, mein Wort zu brechen, schönste Eugenie. Sieh zu! Sieh nur! Sie steht mir gut, nicht wahr?", Und nachdem ich das Ding richtig gestellt hatte, brachte ich es in die geeignete Lage; unterdessen zog Madame Simpson ihre Haube zurecht, legte die Arme übereinander und saß in einer steifen, gezwungenen Haltung ein wenig würdevoll auf ihrem Stuhl.

„Allmächtiger Himmel", rief ich im selben Augenblick, da ich die Brille aufgesetzt hatte, aus. „Um Gottes willen, was ist denn mit diesen Gläsern los?", Und rasch nahm ich sie ab, putzte sie sorgfältig mit meinem seidenen Tuche und setzte sie dann wieder auf.

Doch wenn ich beim ersten Male überrascht war, verwandelte sich nun meine Überraschung in höchstes Erstaunen – ja, in Erstaunen und Entsetzen. Was in aller Welt konnte das bedeuten? Ich traute meinen Augen nicht. War das nicht – war das nicht – Schminke? Und waren dies wirkliche Runzeln auf dem Gesicht Eugenie Lalandes? Und – Jupiter und alle Götter des Olymps, steht mir bei! Was, Ihr Ewigen! Was war aus ihren Zähnen geworden? Ich schleuderte die Brille wutentbrannt zu Boden und stellte mich dann bebend vor Zorn gerade vor Frau Simpson hin, in meiner übermenschlichen Wut unfähig, ein Wort zu äußern.

Wie ich schon einmal sagte, sprach Madame Eugenie Lalande, das heißt Simpson, noch weniger gut Englisch als sie schrieb, und deshalb redete sie auch für gewöhnlich nicht in dieser Sprache. Aber der Zorn treibt eine Frau zu allem, und in diesem Falle trieb er Mrs. Simpson sogar so weit, in einer Sprache sich auszudrücken, die sie kaum verstand.

„Nun wohl, mein Herr“, sagte sie, nachdem sie mir einen Blick voll tiefsten Erstaunens zugeworfen hatte, „nun wohl, mein Herr! Was ist es mit Sie? Haben Sie den Tanz von Saint Veit? Wenn ich Ihn nicht gefalle, weshalb haben Sie gekauft der Katz im Sack?“

„Du Hexe!“, schrie ich mit zornerstickter Stimme, „du niederträchtige alte Vettel!“

„Vettel? – alt? – ich bin nicht so sehr alt, ich habe kein einzig Tag mehr als zweiundachtzig Jahren.“

„Zweiundachtzig!“, stotterte ich, an die Wand taumelnd. „Da sollen doch zweiundachtzighunderttausend Bomben dreinschlagen! Auf dem Medaillon stand doch siebenundzwanzig Jahre und sieben Monate!“

„Das ist sicher! – Ganz richtig! – Aber das Porträt ist gemacht worden vor fünfundfünfzig Jahre. Als ich ging, mein zweiten Gatten zu heiraten, ließ ich das Porträt machen für die Tochter von mein erster Gatte, Herr Moissart.“

„Moissart?“, sagte ich.

„Ja, Moissart!“, wiederholte sie, meine Aussprache nachahmend, welche, offen gestanden, nicht gerade die beste war. „Und was macht das? Kennen Sie Herrn Moissart?“

„Nein, du altes Scheusal! – Ich kenne ihn nicht, ich hatte nur einen alten Vorfahren dieses Namens.“

„Dieses Namens? Was haben Sie über diesen Namen zu sagen? Der Name ist von sehr gutem Klang, gerade so wie Voissart. Meine Tochter, Mademoiselle Moissart, heiratete Monsieur Voissart, welches sind beide sehr ehrenwerte Namen.“

„Moissart?“, rief ich, „Und Voissart? Was wollen Sie damit sagen?“

„Was ich sagen will? Ich sage Moissart und Voissart. Und ich werde weiter reden von Croissart und Froissart, wenn es mir gut scheint. Die Tochter von meiner Tochter heiratete Monsieur Voissart, welches ist auch ein sehr ehrenwerter Name."

„Moissart?", fragte ich, „Und Voissart? Was meinen Sie damit?"

„Was ich meine? Ich meine Moissart und Voissart; und was das anbetrifft, meine ich Croissart und Froissart auch, wenn ich Lust habe. Meine Tochter ihre Tochter, Mademoiselle Voissart heiratete Monsieur Croissart, und dann heiratete die Enkelin von meiner Tochter, Mademoiselle Croissart, Monsieur Froissart; wollen Sie vielleicht behaupten, daß dies kein sehr guter Name sei?"

„Froissart sagten Sie?", und ich fühlte, wie ich ohnmächtig wurde. „Moissart, Voissart, Croissart und Froissart?"

„Ja", antwortete sie, indem sie sich in ihren Stuhl zurücklehnte und die unteren Extremitäten weit von sich streckte, „ja, Moissart, Voissart, Croissart und Froissart. Aber Froissart war ein sehr großer Narr, ein sehr großer Esel, wie Sie selbst – denn er ging aus das schöne Frankreich nach dies dumme Amerika, und als er dort war, hatte er ein sehr dummen, einen sehr, sehr dummen Sohn, wie ich habe gehört, und den ich noch nicht zu kennenlernen das Vergnügen hatte. Sein Name ist Napoleon Bonaparte Froissart, und Sie werden auch wohl von ihm sagen, er sei kein ehrenwerter Name?"

Entweder die Länge oder der Gegenstand ihrer Rede hatte Mrs. Simpson in ungewöhnlicher Weise aufgeregt: denn als sie zu Ende gekommen war, sprang sie wie verhext auf, wobei verschiedene Wattierungen aus ihrem Kleide fielen. Vor mir stehend, fuchtelte sie wie wahnsinnig mit den Armen, rollte ihre Ärmel auf und drohte mir mit beiden Fäusten; zum Schluß riß sie die Haube vom Kopfe und mit ihr eine mächtige Perücke wundervollen schwarzen Haares, warf das ganze auf die Erde, trampelte mit den Füßen darauf herum und tanzte unter gellendem Geschrei einen wahren Fandango sinnlosester Wut.

Unterdessen sank ich schreckensbleich auf den Stuhl, den sie verlassen hatte. „Moissart und Voissarta", wiederholte ich gedankenvoll, während sie weiter raste, „und Croissart und Froissart!", während sie dazwischenrief: „Moissart, Voissart, Croissart und Napoleon Bonaparte Froissart!" – „Was? Du alte Schlange, das bin ich – das bin ich – hörst du? Das bin ich!", schrie ich mit Fistelstimme. „Ich bin Napoleon Bonaparte Froissart! Und wenn ich nicht meine Urgroßmutter geheiratet habe, will ich in Ewigkeit verdammt sein!"

Madame Eugenie Lalande, quasi Simpson, frühere Moissart, war in der Tat meine Urgroßmutter. In ihrer Jugend war sie sehr schön gewesen und hatte selbst bis in ihr jetziges Alter ihre majestätische Gestalt, die klassisch-schöne Kopfform, die schönen Augen und die griechische Nase bewahrt. Mit Hilfe von Puder, Schminke, falschem Haar, falschen Zähnen und falschen „Formen" sowohl wie durch die Künste der geschicktesten Pariser Schneiderin, wußte sie noch immer einen Platz unter den schon etwas verjährten Schönheiten der französischen Hauptstadt einzunehmen. In dieser Hinsicht hatte sie allerdings viel mit der berühmten Ninon de l'Enclos gemein.

Sie war ungeheuer reich, und da sie zum zweiten Male Witwe wurde und kinderlos war, erinnerte sie sich meiner und kam nach Amerika, in der Absicht, mich zu ihrem Erben einzusetzen. Zur Begleitung auf ihrer Reise hatte sie eine entfernte Verwandte ihres zweiten Gatten, eine gewisse, früh verwitwete Madame Stephanie Lalande, eine Dame von ganz ungewöhnlichem Liebreiz, mitgenommen.

In dem Opernhause hatte ich die Aufmerksamkeit meiner Urahne auf mich gezogen, weil sie durch ihre Lorgnette eine auffallende Familienähnlichkeit mit sich entdeckt hatte. Da sie wußte, daß ich in der Stadt wohnte, hatte sie Erkundigungen über mich eingezogen. Der Herr, der bei ihr war, kannte mich und gab ihr über meine Persönlichkeit Auskunft. Daraufhin hatte sie mich von neuem so auffällig angesehen, und diese Blicke hatten mich ermutigt, daß ich in der bereits erzählten Weise antwortete. Sie erwiderte meine Verbeugung nur unter dem Eindruck, daß ich durch irgendeinen seltsamen Zufall ihre Person erkannt hätte. Als ich, durch meine schwachen Augen und ihre Toilettenkünste über das Alter und die Reize der Dame getäuscht, Talbot so eindringlich nach ihrem Namen fragte, glaubte er, ich meine die jüngere Dame, und antwortete der Wahrheit gemäß, es sei die „berühmte Witwe Madame Lalande".

Am nächsten Morgen hatte meine Urahne dann Talbot, der ein alter Pariser Bekannter von ihr war, in der Straße getroffen; natürlicherweise kam die Rede auch auf mich. Er erzählte ihr unter anderem, daß ich mein Gebrechen eifrig zu verheimlichen suche, denn obwohl ich keine Ahnung davon hatte, war meine Eitelkeit allgemein bekannt, und meine gute alte Verwandte entdeckte so zu ihrem Leidwesen, daß sie sich getäuscht hatte, als sie annahm, ich habe sie erkannt, und daß ich mich lächerlich genug gemacht hatte, mich in eine alte Frau zu verlieben. Um mich für meine Dummheit zu bestrafen, hatte sie mit Talbot ein Komplott geschlossen. Er ging mir sorgfältig aus dem Wege und vermied es hartnäckig, mir die geringste Auskunft zu geben. Meine Erkundigungen, die ich auf der Straße über die reizende Witwe Madame Lalande machte, wurden natürlich so aufgefaßt, als ob sie sich auf die jüngere Dame bezögen; weshalb auch die Unterhaltung, welche ich mit den drei Herren nach Talbots Abreise hatte, leicht begreiflich schien, ebenso ihre Anspielung auf Ninon de l'Enclos. Ich hatte nie Gelegenheit gehabt, Madame Lalande bei Tage zu sehen, und auf ihrer musikalischen Abendgesellschaft verhinderte mich meine alberne Eitelkeit, keine Augengläser zu tragen, wirklich daran, ihr Alter zu bemerken. Als man „Madame Lalande" zum Singen aufforderte, meinte man die jüngere der beiden Damen, die dem Verlangen auch gleich nachkam; meine Urgroßmutter war, um mich vollständig zu täuschen, mit ihr ins Musikzimmer gegangen. Wenn ich darauf bestanden hätte, sie zu begleiten, würde sie mich schon unter irgendeinem Vorwand daran zu hindern gewußt haben. Die Arien, die mich so entzückt, und mich nur noch in dem Glauben an die Jugend meiner Geliebten bestärkt hatten, waren von Madame Stephanie Lalande gesungen worden. Das Augenglas wurde mir geschenkt, um dem schlimmen Streich noch einen Verweis hinzuzufügen, um dem hohnvollen Verrat noch einen besonders schmerzlichen Stachel zu geben. Denn als sie es mir schenkte, konnte sie mir ja, wie erwähnt, eine kleine Rede über Ziererei halten. Natürlich waren die Gläser, welche die Damen getragen, durch neue, für meine Augen berechnete, ersetzt worden. Und sie paßten mir in der Tat ausgezeichnet.

Der Priester, der angeblich dies verhängnisvolle Band geknüpft hatte, war ein Freund Talbots gewesen, und durchaus kein Diener der Kirche. Er war aber ein ausgezeichneter Rosselenker, der – nachdem er seinen Talar abgelegt – in einen langen Mantel gehüllt, das „glückliche Paar" aus der Stadt fuhr. Talbot saß an seiner Seite. So hatten diese beiden Halunken gemeinsame Sache gemacht, und schauten jetzt unter höllischem Gelächter der Auflösung des Dramas durch ein geöffnetes Fenster des Zimmers zu. Ich glaube, ich werde mich mit beiden duellieren müssen.

Aber ich bin zum wenigsten nicht der Gatte meiner Urgroßmutter; und diese Gewißheit gewährt mir eine ungeheure Erleichterung; – denn ich bin jetzt wohl der Gatte der Madame Lalande – aber der Madame Stephanie Lalande, mit welcher mich meine gute alte Verwandte, nachdem sie mich zum einzigen Erben nach ihrem Tode (wenn sie überhaupt je stirbt!) eingesetzt hat, doch noch nach vieler Mühe verbunden hat. Aber ich versichere Ihnen: in meinem Leben schreibe ich keine Liebesbriefe mehr, und nie mehr gehe ich ohne meine Brille aus.

DER ENGEL DES WUNDERLICHEN
Eine Extravaganz

Es war ein kalter Novembernachmittag. Ich hatte gerade ein ungewöhnlich solides Mittagsmahl eingenommen, dessen nicht unwichtigste Schüssel die schwerverdaulichen Trüffel gebildet hatten, und saß nun allein im Speisezimmer, die Füße auf den Kaminvorsetzer und den Ellbogen auf einen kleinen Tisch gestützt, den ich vor das Feuer gerückt hatte und auf dem verschiedene Flaschen Wein und Likör standen. Während des Morgens hatte ich Glovers „Leonidas", Wilkies „Epigoniade", Lamartines „Pilgerfahrt", Barlows „Columbiade", Tuckermanns „Sizilien" und Griswolds „Kuriositäten" gelesen und will gern gestehen, daß mir jetzt ein bißchen dumm im Kopfe war. Ich gab mir alle Mühe, mich mit ein paar Gläsern Lafitte aufzurütteln, und als es mir nicht gelang, nahm ich voll Verzweiflung meine Zuflucht zu einer Zeitung, die vor mir lag. Nachdem ich sorgfältig erst die Rubrik „Häuser zu vermieten" und dann die Rubrik „Entlaufene Hunde" und dann die beiden Rubriken „Durchgegangene Frauen und Lehrlinge" gelesen hatte, nahm ich mit großer Entschlossenheit den Leitartikel in Angriff; als ich ihn von Anfang bis zu Ende gelesen, ohne eine Silbe zu verstehen, kam mir der Gedanke, er sei vielleicht chinesisch geschrieben, und so las ich ihn vom Ende bis zum Anfang noch einmal, jedoch dito ohne befriedigendes Resultat. Ich war schon gerade im Begriff, voll Abscheu

> Dies Zeitungsblatt, das einz'ge Werk,
> Das selbst die Kritiker nicht kritisieren,

wegzuwerfen, als ich fühlte, wie meine Aufmerksamkeit durch folgende Notiz erregt wurde:

„Die Wege zum Tode sind ebenso zahlreich wie seltsam. Ein Londoner Blatt meldet das aus den merkwürdigsten Ursachen erfolgte Ableben eines Mannes. Er spielte das Spiel ‚puff the dart', bei welchem man eine lange Nähnadel durch eine kleine Zinnröhre gegen eine Scheibe bläst. Der Unglückliche steckte die Nadel in das falsche Ende der Röhre, und als er nun fest den Atem einzog, um sie kräftig herausblasen zu können, sog er sie in seine Kehle. Sie durchbohrte seine Lunge und tötete den Unvorsichtigen in wenig Tagen."

Als ich das gelesen, geriet ich in eine maßlose Wut.

„Dieser Artikel", schrie ich, „ist eine erbärmliche Lüge – eine armselige Ente – er entstammt der Hefe der Phantasie irgendeines bedauernswerten Zeilenschinders, eines elenden Geschichtenfabrikanten aus Kalau. Diese Buben kennen die Leichtgläubigkeit unserer Zeit und setzen ihren ganzen Witz daran, unmögliche Möglichkeiten auszuhecken, „wunderliche Begebenheiten", hehe! wie sie es nennen. Aber für einen nachdenkenden Geist (wie den meinigen, fügte ich in Klammern hinzu, und tippte unwillkürlich mit dem Zeigefinger auf meine Nase), für eine überlegene Intelligenz (wie ich sie besitze) ist es im Augenblicke klar, daß die wunderbare, gerade in letzter Zeit eingetretene Häufung der ‚wunderlichen Begebenheiten' die wunderlichste aller wunderlichen Begebenheiten ist. Ich bin aber fest entschlossen, von jetzt ab nichts mehr zu glauben, was irgend etwas Wunderliches an sich hat."

„Main Chott! wie dumm muß man sain, um so was zu sagen!", – antwortete mir eine der merkwürdigsten Stimmen, die ich jemals gehört habe.

Anfangs hielt ich sie für ein Summen in meinen Ohren, wie man es oft verspürt, wenn man sehr betrunken ist – dann jedoch schien sie mir mehr Ähnlichkeit mit dem Ton zu haben, den ein leeres Faß von sich gibt, wenn man mit einem dicken Stocke, darauf schlägt. Ich würde sie in der Tat für dies Geräusch gehalten haben, hätte ich nicht die Artikulation der Silben und Worte vernommen. Ich bin von Natur absolut nicht ängstlich, und die unterschiedlichen Glas Lafitte, die ich geschlürft, trugen nicht wenig dazu bei, mir Mut zu verleihen. Deshalb empfand ich auch nicht die geringste Bestürzung, sondern erhob gemächlich meine Augen und ließ sie sorgfältig durch das Zimmer schweifen, um den Eindringling zu entdecken. Doch konnte ich niemanden erblicken.

„Pfui!", ließ sich die Stimme wieder vernehmen, als ich mit meiner Untersuchung fortfuhr, „Sie müssen cha wie ein S-chwain betrunken sain, daß Sie mich nich sehen, wo ich doch cherade vor Ihnen sitze."

Hierauf fiel es mir ein, auch einmal direkt vor mich hin zu sehen, und da saß wahrhaftig, mir frech gegenüber, eine bis jetzt noch nie beschriebene, aber vielleicht nicht ganz unbeschreibliche Persönlichkeit. Der Körper war ein Wein- oder Rumfaß oder etwas Ähnliches und sah im wahrsten Sinne falstaffisch aus. Aus seinem unteren Teile ragten zwei länglichere Fäßchen heraus und schienen die Stelle der Beine zu vertreten. Als Arme hingen von der oberen Partie des großen Fasses zwei ziemlich lange Flaschen herab, deren Hälse den Dienst der Hände versahen. Der Kopf des Ungeheuers bestand in einem jener Flaschenkörbe, die aussehen wie eine riesige Schnupftabaksdose mit einem Loch in der Mitte des Deckels. Dieser Flaschenkorb, den ein Trichter krönte, wie ein über die Augen herabgezogener Hut, lag seitlich auf dem Faß, das Loch mir zugewandt, und aus diesem Loch, das verzogen und verrunzelt schien, wie der Mund einer sehr zeremoniellen alten Jungfer, entsandte die Kreatur gewisse rumpelnde und brummelnde Geräusche, die sie offenbar für verständliche Reden hielt.

„Ich maine", begann das Geschöpf wieder, „Sie müssen betrunken sain wie ein S-chwain daß Sie mich nich chleich chesehen haben, obwohl ich hier cher-ade vor Ihnen sitze; und ich maine auch, daß Sie dümmer sain müssen wie 'ne Chans, daß Sie nich chlauben, was in der Druckerei chedruckt wird! Das is die Wahrhait! Chedes Wort is die raine Wahrhait!"

„Bitte, wer sind Sie?", fragte ich voll Würde, obwohl ein wenig erstaunt, „wie kamen Sie hier herein, und wovon reden Sie?"

„Wie ich hier rainchekommen bin", entgegnete das Geschöpf, „das cheht Sie char nichts an; und wovon ich spreche? Nun – ich spreche davon, wovon mich chut dünkt zu sprechen; und wer ich bin? Ich bin cherade darum herchekom-men, daß Sie es selber sehen."

„Sie sind ein betrunkener Vagabund", sagte ich, „ich werde meinem Diener klingeln, daß er Sie auf die Straße wirft!"

„Hi! hi! hi!", lachte der Kerl, „hu! hu! hu! Was das ancheht – das können Sie cha char nich!"

„Das kann ich nicht?", fragte ich. „Was meinen Sie? Was kann ich nicht?"

„Sie können nicht s-chellen", erwiderte er und versuchte, mit seinem scheuß-lichen kleinen Munde zu grinsen.

Daraufhin machte ich eine Bewegung, wie um mich zu erheben und meine Drohung auszuführen; aber der Raufbold neigte sich über den Tisch und ver-setzte mir mit dem Hals einer seiner langen Flaschen einen solchen Schlag vor die Stirn, daß ich in den Lehnstuhl, von dem ich mich halb erhoben, zurück-knickte. Ich war grenzenlos erstaunt und wußte im Moment nicht, was ich machen sollte. Mittlerweile fuhr er in seiner Rede fort: „Sie sehen", sagte er, „es ist das beste, wenn Sie chanz stille sitzen. Nun sollen Sie auch wissen, wer ich bin. Ich bin der Engel des Wunderlichen!"

„Wunderlich genug sind Sie allerdings", wagte ich zu erwidern. „Aber ich hatte mir immer vorgestellt, daß Engel Flügel hätten."

„Mein Chott! Flügel!", rief er höchst ergrimmt. „Was chehen mich Flügel an! Sie s-chainen mich wohl für ein Küken zu halten!"

„O nein! nein!", erwiderte ich besänftigend, „Sie sind kein Küken – gewiß nicht!"

„Das wollte ich auch chemaint haben! Aber nun betragen Sie sich chut, sonst chebe ich Ihnen noch eine ins Chesicht. Das Küken hat Flügel und die Eule hat Flügel und die bösen Chaister haben Flügel und der chroße Teufel hat Flügel. Engel haben keine Flügel, und ich bin der Engel des Wunderlichen."

„Und die Angelegenheit, um derentwillen Sie mich aufsuchen ...“

„Meine Anchelegenheit?“, schrie das gräßliche Subjekt, „himmlis-cher Vater, was fürn s-chlecht erzogener Mens-ch müssen Sie sain, daß Sie einen S-chentleman und einen Engel nach seinen Anchelegenheiten fragen können!“

Diese Sprache durfte ich mir nicht bieten lassen, selbst nicht von einem Engel; ich nahm all meinen Mut zusammen, ergriff ein Salzfäßchen, das in meinem Bereich stand, und schleuderte es dem Eindringling an den Kopf. Aber er wich aus oder ich hatte schlecht gezielt, kurz: die einzige Wirkung des Geschosses war die, daß es das Glas der Pendeluhr auf dem Kamin zertrümmerte. Der Engel jedoch hatte meine Absicht verstanden und erwiderte meinen Angriff durch zwei oder drei kräftige Schläge von der Art des ersten. Sie bestimmten mich, sofort unterwürfig zu sein und ich muß mit Beschämung gestehen, daß mir, sei es aus Schmerz oder Zorn, einige Tränen in die Augen kamen.

„Main Chott!“, sagte der Engel des Wunderlichen, offenbar durch meine Traurigkeit besänftigt, „der arme Mann ist entweder chanz betrunken oder sehr traurig. Sie müssen den Wain auch nich so stark chenießen, Sie müssen ihm ein bißchen Wasser zusetzen. Hier, trinken Sie mal das, chuter Burs-che, und wainen Sie nich mehr, hören Sie, wainen Sie nich mehr!“

Gleichzeitig füllte der Engel des Wunderlichen mein Glas, das zum Drittel Portwein enthielt, mit einer farblosen Flüssigkeit, die er aus einer der Flaschen, die seine Arme vorstellten, fließen ließ. Ich bemerkte, daß die Flaschen Etiketten und die Etiketten die Inschrift Kirschwasser trugen.

Diese liebenswürdige Aufmerksamkeit des Engels besänftigte mich; und mit Hilfe des „Wassers“, mit dem er noch verschiedene Male meinen Wein versetzte, fand ich die genügende Ruhe wieder, um seinen höchst seltsamen Reden zu lauschen. Ich beabsichtige nicht, alles wieder zu erzählen, was er mir mitteilte, doch blieb mir noch im Gedächtnis, daß er behauptete, er sei der Genius, der über alle „unangenehmen Zwischenfälle“ der Menschheit herrsche, und es sei seine Aufgabe, jene „wunderlichen Begebenheiten“ zu veranlassen, die den Skeptiker fortwährend in Erstaunen setzen. Ein- oder zweimal, als ich wagte, seinen Behauptungen gegenüber meinem vollständigen Unglauben Ausdruck zu verleihen, wurde er so wütend, daß ich es für weiser hielt, nichts mehr zu sagen, und ihn ruhig gewähren ließ.

Er sprach denn auch noch lange weiter, während ich, in den Stuhl zurückgelehnt, die Augen schloß und mich damit amüsierte, Traubenrosinen zu kauen und die Kerne durch das Zimmer zu flitzen. Der Engel jedoch faßte wohl schließlich dies Betragen als eine Beleidigung auf. Er erhob sich in fürchterlichem Grimm, zog den Trichterhut vollständig über die Augen, fluchte irgendeinen grandiosen Fluch, stieß eine noch grandiosere Drohung aus, die ich nicht recht verstand, machte mir eine tiefe Verbeugung und verließ mich, indem er mir in der Art des Erzbischofs im Gil Blas *„beaucoup de bonheur et un peu plus de bon sens"* wünschte.

Ich empfand sein Weggehen als eine wahre Erleichterung. Die paar Gläser Lafitte, die ich in kleinen Schlücken getrunken, hatten mich ein wenig schläfrig gemacht und das Bedürfnis nach dem gewohnten Nachmittagsschlummer von fünfzehn oder zwanzig Minuten in mir erregt. Um sechs Uhr hatte ich eine wichtige Verabredung, die ich keinesfalls versäumen durfte. Meine Feuerversicherungspolice war nämlich am Tage zuvor abgelaufen; und da irgendeine Änderung nötig geworden, hatten wir abgemacht, daß ich um sechs Uhr bei dem Direktorium der Gesellschaft erscheinen solle, um die Form einer neuen Police festzusetzen. Als ich nach der Uhr auf dem Kamin blinzelte (ich war zu schläfrig, meine Taschenuhr zu ziehen), bemerkte ich mit Vergnügen, daß ich noch gerade fünfundzwanzig Minuten für mich hatte. Es war halb sechs. In fünf Minuten konnte ich bequem das Büro der Feuerversicherungsgesellschaft erreichen. Meine übliche Siesta hatte noch nie die Dauer von fünfundzwanzig Minuten überschritten. Ich fühlte mich als vollständig beruhigt und schickte mich zu meinem Schläfchen an.

Als ich wieder erwachte, blickte ich auf die Uhr, und war fast geneigt, an „wunderliche Begebenheiten" zu glauben, als ich sah, daß ich statt meiner gewohnten fünfzehn oder zwanzig Minuten nur drei geschlafen hatte. Ich überließ mich von neuem der Ruhe, und als ich ein zweites Mal erwachte, sah ich mit größter Verwunderung, daß es noch immer siebenundzwanzig Minuten vor sechs war.

Ich sprang auf, um die Uhr zu untersuchen, und bemerkte, daß sie stehengeblieben war. Meine Taschenuhr zeigte halb acht. Ich hatte zwei Stunden geschlafen; für die Verabredung war es natürlich zu spät geworden.

„Na – es wird wohl nichts auf sich haben!", sagte ich mir. „Ich werde morgen auf das Büro gehen und mich entschuldigen. Aber was mag denn nur mit der Uhr geschehen sein?"

Ich betrachtete sie genauer und entdeckte, daß einer der Rosinenkerne, die ich durch das Zimmer geschnellt, als der Engel des Wunderlichen seine Rede hielt, hinter das zerbrochene Glas gedrungen war und sich so in dem Schlüsselloch festgesetzt hatte, daß ein Ende hervorragte und die Umdrehung des Minutenzeigers aufhielt.

„Aha", sagte ich, „sehe schon, was es ist: etwas ganz Selbstverständliches, eine natürliche Begebenheit, wie sie hin und wieder vorzukommen pflegt."

Ich legte der Sache denn auch weiter keine Bedeutung bei und begab mich zur gewohnten Stunde zu Bett. Nachdem ich eine Kerze auf dem Nachttisch entzündet und den Versuch gemacht hatte, ein paar Seiten über „Die Allgegenwärtigkeit der Gottheit" zu lesen, fiel ich unglücklicherweise in weniger als zwanzig Sekunden in Schlaf und ließ das Licht brennen.

Meine Träume wurden durch die Erscheinung des Engels des Wunderlichen schrecklich beunruhigt. Es kam mir vor, als stände er am Fußende des Bettes, zöge die Vorhänge zurück und drohte mir mit den hohlen, abscheulichen Tönen eines Rumfasses bittere Rache an für die Nichtachtung, mit der ich ihn behandelt habe. Er schloß seine lange Ansprache, indem er seinen Trichterhut abnahm, mir die Röhre in die Kehle steckte und mich mit einem Ozean von Kirschwasser überschwemmte, das er in endlosen Fluten aus einer der langhalsigen Flaschen ergoß, die ihm als Arme dienten. Meine Todesangst wurde unerträglich, und ich erwachte gerade in dem Augenblick, als eine Ratte die brennende Kerze von dem Tischchen riß und mit ihr davonfloh. Doch konnte ich nicht mehr verhindern, daß sie sich mit ihrem Raube in ihr Loch flüchtete. Gleich darauf drang ein starker, erstickender Geruch in meine Nase, und ich mußte mit Schrecken bemerken, daß das Zimmer brannte.

In einer ganz unglaublich kurzen Zeit war das ganze Gebäude in Flammen gehüllt. Jeder Ausgang aus meinem Schlafgemach, ausgenommen der durch das Fenster, war versperrt. Die Menge auf der Straße jedoch verschaffte sich schnell eine lange Leiter und legte sie an das Fenster an. Ich stieg herunter und glaubte mich schon gerettet, als ein riesiges Schwein, dessen kugelrunder Wanst, ja, dessen ganze Physiognomie und Erscheinung mich durch irgend etwas an den Engel des Wunderlichen erinnerte – als sich dieses Schwein, das bis jetzt ruhig in seinem Morast geschlummert hatte, plötzlich in den Kopf setzte, seine linke Schulter müßte ein wenig gekrault werden und keinen für den Zweck besser geeigneten Gegenstand finden zu können glaubte, als den Fuß meiner Leiter. Ich stürzte hinab und hatte das Unglück, einen Arm zu brechen.

Dieser Unfall sowie der Verlust der Versicherungssumme und der schwerwiegendere Verlust meiner Haare, die das Feuer versengt hatte, machten mich zu einem ernsten Menschen, so daß ich mich entschloß, eine Frau zu nehmen. Es gab da eine reiche Witwe, die in Trostlosigkeit den Tod ihres siebenten Gatten beweinte – ihrer siebenmal wunden Seele bot ich den Balsam meiner Schwüre an. Nicht ohne keusches Zögern gewährte sie meinen Bitten Gehör. Ich kniete in Dankbarkeit und Anbetung zu ihren Füßen. Sie errötete, und ihre üppige Lockenfülle näherte sich mir so, daß sie in Berührung mit derjenigen kam, die mir die Kunst meines Friseurs für einige Zeit verliehen. Ich weiß nicht, wie es geschah – jedenfalls geschah es: Ich erhob mich ohne Perücke, mit glänzender Platte. Sie voll Verachtung und Zorn, halb in fremdem Haarschmuck gehüllt. So endeten meine Hoffnungen – durch einen Unfall, den ich nicht ahnen konnte und der doch nur die natürliche Folge der Ereignisse war.

Ich verzweifelte aber nicht, sondern unternahm die Belagerung eines anderen Herzens. Diesmal war mir das Schicksal eine Zeitlang gewogen; und doch kreuzte zum zweiten Male ein lächerlicher Zwischenfall meine Pläne. Ich traf meine Braut an einem Orte, an dem sich die Elite der Stadt zusammenfand, und wollte mich gerade beeilen, ihr meine respektvollste Begrüßung zu Füßen zu legen, als irgendein kleiner Fremdkörper in die rechte Ecke meines linken Auges geriet und mich für den Augenblick vollständig blind machte. Ehe ich wieder aufblicken konnte, war die Dame meines Herzens verschwunden – beleidigt, daß ich vorübergegangen, ohne sie zu grüßen; sie beliebte das wahrscheinlich als eine überlegte Grobheit auszudeuten! Während ich noch ganz verblüfft über diesen Zwischenfall stehen blieb (der übrigens jedem unter der Sonne hätte passieren können) und noch immer nicht sehen konnte, wurde ich von dem Engel des Wunderlichen angeredet, der mir seine Hilfe mit einer Höflichkeit anbot, die ich keineswegs von ihm zu erwarten das Recht hatte. Er untersuchte mein verletztes Auge voll Sanftmut und Geschicklichkeit, belehrte mich, daß ich einen Tropfen im Auge habe, und (von welcher Beschaffenheit dieser „Tropfen" auch war) er entfernte ihn und verschaffte mir dadurch sofort eine große Erleichterung.

Da das Schicksal offenbar beschlossen hatte, mich nur zu quälen, schien es mir die höchste Zeit, zu sterben, und ich richtete schleunigst meine Schritte nach dem nächsten Flusse. Dort entledigte ich mich meiner Kleider (denn es ist kein Grund vorhanden, weshalb wir nicht so sterben sollten, wie wir geboren werden) und warf mich der Länge nach ins Wasser. Der einzige Zeuge meines Unterganges war ein alter Rabe, der zu viel in Branntwein geweichtes Korn gefuttert hatte; davon war er betrunken geworden und hatte sich von seinen Kameraden getrennt.

Kaum war ich im Wasser angelangt, als es diesem Tiere einfiel, mit dem unerläßlichsten Teile meines Anzuges hinwegzufliegen. Ich schob meine selbstmörderische Absicht infolgedessen noch etwas auf, stieg wieder ans Ufer, glitt mit meinen unteren Extremitäten in die Ärmel meines Rockes und nahm die Verfolgung des Schurken auf; und zwar mit der ganzen Lebhaftigkeit, die der Fall erforderte und die Umstände gestatteten. Aber mein böses Geschick ließ noch nicht von mir ab. Als ich so in vollster Eile lief, die Nase in der Luft, meine ganze Aufmerksamkeit auf den Räuber meines Eigentums gerichtet, bemerkte ich plötzlich, daß meine Füße keinen festen Boden mehr faßten: ich war nämlich in einen Abgrund gelaufen, und wäre unfehlbar zu Tode gestürzt, hätte ich nicht zum Glück ein langes Tau ergriffen, das von einem gerade vorübersegelnden Luftballon herabhing.

Sobald sich meine Sinne so weit erholt hatten, um meine schreckliche Lage oder vielmehr mein schreckliches Hängen erkennen zu können, wandte ich meine ganze Lungenkraft an, dieses Hängen dem Luftschiffer über mir bemerklich zu machen. Eine Zeitlang strengte ich mich vergebens an. Entweder sah mich der Dummkopf oben nicht, oder der Schuft wollte mich nicht sehen. Der Ballon stieg rapide, und meine Kräfte sanken noch rapider. Ich wollte mich schon in mein Schicksal ergeben und mich ruhig fallen lassen, als mein Mut plötzlich wieder durch den Ton einer hohlen Stimme belebt wurde, die von oben kam und in aller Gemütsruhe eine Opernmelodie summte. Ich blickte empor und bemerkte den Engel des Wunderlichen. Er lehnte mit gekreuzten Armen über den Rand der Gondel; und mit der Pfeife im Munde, aus der er gemächlich Rauchwolken blies, machte er den Eindruck, als sei er in bestem Einvernehmen mit sich selbst und dem ganzen Weltall. Ich war zu erschöpft, um reden zu können, und sandte nur einen flehenden Blick zu ihm hinauf.

Einige Minuten lang sagte er nichts, obwohl er mir voll ins Gesicht sah. Dann endlich, nachdem er sorgfältig seinen Meerschaum von dem rechten in den linken Mundwinkel geschoben hatte, ließ er sich zum Sprechen herab.

„Wer sind Sie aichentlich?", fragte er, „und was, zum Teufel, wüns-chen Sie?"

Auf dieses Zeichen grenzenlosester Unverschämtheit, Grausamkeit und Verstellung konnte ich nur mit dem einen flehentlichen Worte „Hilfe!", antworten.

„Sie wüns-chen Hilfe?", fragte der Kirschwassermann. „Hoffentlich nicht von mir. Da haben Sie eine Flas-che – helfen Sie sich selbst und s-cheren Sie sich zum Teufel."

Bei diesen Worten warf er mir eine große Flasche Kirschwasser zu, die mir gerade auf den Schädel fiel und mich glauben machte, es sei um mein Gehirn geschehen. Ich wollte infolgedessen schon das Tau loslassen und so auf gut Glück meinen Geist selbst aufgeben, als ich die Stimme des Engels wieder vernahm, die mir jetzt befahl, mich gut festzuhalten.

„Halten Sie sich chut fest!", rief er. „Sai'n Sie doch nich so ailich; haben Sie chehört? Wollen Sie noch die andere Flas-che chenießen, oder sind Sie endlich nüchtern cheworden und zu Verstande chekommen?"

Ich beeilte mich, zweimal energisch den Kopf zu bewegen, einmal verneinend, um ihm zu sagen, daß ich auf die andere Flasche verzichte, und einmal bejahend, um ihm mitzuteilen, daß ich vollständig nüchtern und bei Verstande sei.

Dies schien den Engel etwas zu besänftigen.

„Chlauben Sie denn nun wenigstens" fragte er, „chlauben Sie nun an die Möglichkeit des Wunderlichen?"

Ich machte von neuem eine bejahende Kopfbewegung.

„Und chlauben Sie an mich, den Engel des Wunderlichen?"

Ich nickte wieder.

„Und Sie cheben zu, daß Sie 'n Trunkenbold sind und ein törichter Mensch?"

Ich nickte nochmals.

„Dann stecken Sie Ihre rechte Hand in die linke Hosentas-che zum Zeichen der vollen Erchebenheit chechenüber dem Engel des Wunderlichen?"

Dies war mir, aus leicht verständlichen Gründen, ganz unmöglich. Erstens war mein linker Arm bei dem Fall von der Leiter gebrochen, und wenn ich mich mit der rechten Hand nicht festhalten konnte, so konnte ich mich eben überhaupt nicht festhalten. Und zweitens hatte ich ja gar keine Hose mehr, seit der Rabe sie mir genommen. Ich sah mich deshalb zu meinem größten Bedauern gezwungen, den Kopf zu schütteln, um dem Engel zu verstehen zu geben, daß ich den Augenblick nicht für geeignet halte, seiner gewiß sehr vernünftigen Aufforderung nachzukommen. Doch kaum hatte der Engel meine Bewegung bemerkt, als er losbrüllte: „Dann chehen Sie zum Teufel!", und mit einem scharfen Messer das Tau, an dem ich hing, durchschnitt. Da wir jetzt gerade zufällig über meinem Hause schwebten (das während meiner Irrfahrten wieder vollständig aufgebaut worden war), ereignete es sich, daß ich der Länge nach durch den weiten Schornstein und in den Kamin meines Speisezimmers fiel.

Als ich wieder zum Bewußtsein kam (der Sturz hatte mich nämlich völlig betäubt), bemerkte ich, daß es ungefähr vier Uhr morgens war. Ich lag an der Stelle, auf die mich mein Fall von dem Tau des Ballons geschleudert hatte. Mein Kopf wühlte in der Asche des erloschenen Kaminfeuers, während meine Füße auf dem Wrack des kleinen, umgefallenen und dann aus dem Leim gegangenen Tischchens und zwischen den Bruchstücken eines reichhaltigen Desserts, einer Zeitung, einigen Gläsern und zertrümmerten Flaschen und einem leeren Krug Kirschwasser ruhten.

DIE TAUSENDUNDZWEITE ERZÄHLUNG
DER SCHEHERAZADE

Wahrheit ist seltsamer als Dichtung.
Alte Redensart

Jüngst geriet mir, bei zufälligem Studium der orientalischen Literatur, ein
bemerkenswertes Buch in die Hand, das „Sagmirnun Istssoodernicht", das nach
meinem Wissen noch nie zitiert wurde und überhaupt ziemlich unbekannt ist.
Kaum hatte ich einige Seiten in dem merkwürdigen Werke gelesen, da mußte
ich mit Erstaunen erkennen, daß die literarische Welt über das Schicksal der
Scheherazade bis jetzt in einem Irrtum befangen gewesen. Denn die Erzählung,
die uns „Tausendundeine Nacht" gibt, ist, wenn nicht direkt falsch, soweit dies
überhaupt geht, doch keinesfalls so vollständig, wie es wünschenswert wäre.

Will sich nun jemand über diesen interessanten Punkt genau unterrichten,
so verweise ich ihn hiermit auf „Istssoodernicht" und gestatte mir mittlerweile
einen allgemeinen Umriß meiner Entdeckung zu geben.

Die bekannte Lesart der Geschichten lautet, wie jeder weiß, daß ein gewisser
Monarch, der alle Ursache hatte, auf seine Frau Königin eifersüchtig zu sein,
dieselbe nicht nur erdrosseln ließ, sondern auch bei seinem Barte und dem Propheten schwor, jede Nacht das schönste Mädchen seines Reiches zur Gattin zu
nehmen und am folgenden Morgen in die Hände des Henkers zu geben.

Nachdem er nun viele Jahre hindurch dies Gelübde buchstäblich und mit
einer fast rituellen Pünktlichkeit erfüllt hatte, die seine Gottseligkeit in hellstem
Lichte zeigte, wurde er eines schönen Nachmittags (wahrscheinlich im Gebete)
durch den Besuch seines Großwesirs abberufen, dessen Tochter einen allem
Anschein nach guten Gedanken gefaßt hatte.

Ihr Name war Scheherazade und ihr Gedanke der: entweder das Land von
jener entvölkernden Schönheitssteuer zu befreien oder wie eine Heldin bei dem
Versuche unterzugehen. Sie überredete also den Vater, den Großwesir, dem
Könige ihre Hand anzubieten, obwohl das Jahr kein Schaltjahr war und somit
die Möglichkeit nicht bestand, daß sich der Monarch vor der Erfüllung seines
Gelübdes einmal „drückte". Derselbe hatte im übrigen nichts Eiligeres zu tun,
als diese Hand anzunehmen, denn es war schon längst seine Absicht gewesen,
sich schließlich auch Fräulein Scheherazade zu verschaffen; und nur die Furcht
vor dem Großwesir hatte ihn bis jetzt davon zurückgehalten. Doch erklärte er in
nicht mißzuverstehender Weise, daß, Großwesir oder nicht Großwesir, niemand
ein Recht habe zu hoffen, er würde sich auch nur ein Jota an seinem Gelübde

oder seinen Privilegien schmälern lassen. Als desungeachtet die schöne Scheherazade darauf bestand, des Königs Gattin zu werden, und es auch wirklich wurde, trotz des guten, warnenden Rates ihres Vaters – ich sage, als sie desungeachtet den König heiraten wollte und auch heiratete, hatte sie ihre schönen schwarzen Augen wohl so weit offen, wie es überhaupt möglich war.

Es war nicht anders möglich, es mußte diese diplomatische Dame (ohne Zweifel hatte sie Macchiavelli gelesen) irgendeinen kleinen schlauen Plan im Sinne haben. In der Hochzeitsnacht machte sie es durch einen, ich vergaß welchen, Vorwand möglich, daß ihre Schwester so nahe bei dem königlichen Paare ihr Lager aufschlug, daß man sich mit Leichtigkeit von Bett zu Bett unterhalten konnte; und ein wenig vor dem ersten Hahnenschrei richtete sie es so ein, daß sie den guten Monarchen, ihren Gatten (der nicht das geringste Böse gegen sie im Sinne hatte, wenn er ihr auch am folgenden Morgen den Hals umdrehen lassen wollte) weckte, obwohl er (und zwar infolge seines guten Gewissens und seiner ausgezeichneten Verdauung) in festem Schlummer lag, und sein tiefstes Interesse durch eine Geschichte (ich glaube, sie handelte von einer Ratte und einer schwarzen Katze) wach hielt, welche sie (in leisem Flüstertone, glaube ich) ihrer Schwester erzählte. Als der Tag anbrach, war die Geschichte noch nicht beendet, und Scheherazade konnte sie auch nicht vollenden, weil es die höchste Zeit für sie war, aufzustehen und sich erdrosseln zu lassen – eine Prozedur, die nur wenig amüsanter und nur eine Kleinigkeit hübscher ist, als an den Galgen gehangen zu werden.

Des Königs Neugierde jedoch, die, wie ich mit Bedauern feststellen muß, selbst seine religiösen Prinzipien überwog, veranlaßte ihn, die Erfüllung seines Gelübdes für dies eine Mal auf den nächsten Morgen zu verschieben: zu dem Zweck und mit der Hoffnung, in der folgenden Nacht zu erfahren, wie die Sache mit der schwarzen Katze (ich glaube sicher, es war eine schwarze Katze) und der Ratte auslief.

In der nächsten Nacht jedoch machte Fräulein oder vielmehr jetzt Frau Scheherazade nicht nur den Punkt hinter die Geschichte der schwarzen Katze und der Ratte (die Ratte war blau), sondern verwickelte sich, ehe sie es selbst recht wußte, tief in die Verworrenheiten der Geschichte von einem rosa Pferde (mit grünen Flügeln), das ein Uhrwerk im Leibe hatte und mit einem (indigofarbenen) Schlüssel aufgezogen wurde. Und diese Geschichte interessierte den König fast noch mehr als die vorherige; doch als der Tag anbrach, ehe sie beendet war (obwohl sich die Frau Scheherazade alle Mühe gab, um nur ja zeitig zum Erdrosseln zu kommen) blieb wieder nichts übrig, als diese nette Zeremonie nochmals vierundzwanzig Stunden hinauszuschieben. In der nächsten Nacht ereignete sich dasselbe mit demselben Erfolge – und in der nächsten und übernächsten wieder, so daß der gute Monarch, während einer Periode von nicht weniger als tausendundeiner Nacht jeder Möglichkeit, sein Gelübde zu erfüllen, beraubt, dasselbe im Laufe der Zeit überhaupt vergessen hatte oder sich davon absolvierte, oder (was wahrscheinlicher ist) dasselbe einfach brach, nebst dem Halse seines Beichtvaters. Jedenfalls siegte Scheherazade, die in gerader Linie von Eva abstammte und von ihr die sieben Körbe voll Geschwätz, die diese letztere Dame, wie wir alle wissen, unter den Bäumen in Eden aufgesammelt hat, geerbt zu haben schien: Die Schönheitssteuer war aufgehoben!

Dieser Schluß (den uns die bekannte Lesart der Geschichte mitteilt) ist ohne Zweifel außerordentlich vergnüglich und erheiternd, doch ist er, wie so viele vergnügliche Dinge, vergnüglicher als wahr; und ich bin dem „Istssoodernicht" zu tiefstem Dank verbunden, daß es den Irrtum berichtigt hat. „Das Bessere", sagt das Sprichwort, „ist der Feind des Guten", und als ich erwähnte, das Scheherazade die sieben Körbe Geschwätz geerbt, hätte ich hinzufügen müssen, daß sie dieselben auf Zinseszins ausgeliehen, bis es siebenundsiebzig geworden waren.

„Meine liebe Schwester", sagte sie in der tausendundzweiten Nacht (ich zitiere hier wörtlich aus dem „Istssoodernicht"), „meine liebe Schwester, jetzt, da ich der kleinen Unannehmlichkeit des Erdrosselns glücklich ausgewichen und die lästige Schönheitssteuer beseitigt habe, fühle ich mich plötzlich einer großen Pflichtversäumnis schuldig, weil ich dich und den König (der, wie ich mit Bedauern konstatieren muß, schnarcht, was einem wirklichen Gentleman nie passieren könnte) über den Ausgang der Geschichte Sindbads des Seefahrers im unklaren gelassen habe. Dieser Mann hatte nämlich noch zahlreichere und noch interessantere Abenteuer hinter sich, als die schon erzählten; aber weil ich in der Nacht, da ich von ihm sprach, plötzlich schläfrig wurde, ließ ich mich verführen, dieselben abzukürzen – ein sehr betrübliches Betragen, das mir, wie ich hoffe, Allah verzeihen wird. Doch ist es noch nicht zu spät, diese grobe Nachlässigkeit wieder gutzumachen, und wenn ich dem Könige ein oder zwei Püffe verabreicht habe, damit er endlich aufhört, das scheußliche Geräusch zu vollführen, werde ich dich (und wenn er es wünscht, auch ihn) mit der Fortsetzung jener merkwürdigen Geschichte unterhalten."

Die Schwester der Scheherazade nahm, dem „Istssoodernicht" zufolge, dies Anerbieten mit nicht besonders stürmischem Danke entgegen; doch der König, der genügend gepufft worden war, hörte endlich zu schnarchen auf und sagte schließlich „Hum!", und dann „hoho!", und die Königin entnahm aus diesen Worten (ohne Zweifel sind es arabische), daß er ganz Ohr sei und sein Bestes tun wolle, um nicht mehr zu schnarchen. Als sie also auf diese Weise alles zur Zufriedenheit arrangiert hatte, begann sie mit der Fortsetzung der Geschichte von Sindbad dem Seefahrer:

„„Doch noch einmal in meinem Alter (dies sind die Worte Sindbads selbst, wie sie Scheherazade erzählte), noch einmal in meinem Alter, nachdem ich viele Jahre der häuslichen Ruhe genossen, ergriff mich der Wunsch, fremde Länder zu sehen, und eines Tages packte ich, ohne meine Familie mit meiner Absicht bekannt zu machen, einige Ballen höchst kostbarer und wenig umfangreicher Ware zusammen, mietete einen Lastträger, ging mit ihm an die Küste und wartete, bis ein Schiff käme, das mich aus unserem Königreiche in ein Land bringen sollte, das ich noch nie gesehen.

Als wir die Ballen in den Sand gelegt hatten, setzten wir uns unter einen Baum und sahen, in der Hoffnung, ein Schiff zu erblicken, auf den Ozean hinaus; doch ein paar Stunden lang bemerkten wir nichts! Da schien es mir plötzlich, als höre ich ein sonderbares, summendes, surrendes Geräusch, und auch der Lastträger, nachdem er ein wenig hingelauscht hatte, erklärte, es deutlich zu vernehmen. Es wurde immer stärker und stärker, so daß wir nicht im Zweifel sein konnten, es nähere sich uns. Endlich bemerkten wir am Ende des Horizonts einen schwarzen Flecken, der stetig an Größe zunahm und uns bald erkennen ließ, daß es ein riesiges Ungeheuer sei, dessen schwimmender Körper sich zu einem großen Teile über die Oberfläche des Meeres erhob. Es näherte sich uns mit unbegreiflicher Schnelligkeit, ließ riesige Schaumwogen an seiner Brust aufbranden und erleuchtete das Meer durch einen langen, feurigen Streifen, der sich in unabsehbarer Ferne verlor.

Wir konnten es jetzt schon ganz deutlich erkennen. Seine Länge war dreimal so groß wie die der höchsten Bäume auf Erden; und seine Breite – nun, ungefähr wie die der großen Audienzhalle in deinem Palaste, erhabenster, großmächtigster Kalif. Sein Rumpf, ungleich dem anderer Fische, war hart wie ein Fels und, soweit er sich über die Wellen erhob, ganz von tiefstem Schwarz, mit Ausnahme eines schmalen blutroten Streifens, der ihn rings umgürtete. Der Rand, der sich unter der Oberfläche des Meeres befand, und den wir dann und wann, wenn das Ungeheuer mit den Wellen stieg und sank, erblicken konnten, war ganz mit metallischen Schuppen bedeckt, die die Farbe des Mondes trugen, wenn er durch Nebel scheint. Der Rücken war flach und fast weiß, und sechs Stacheln gingen von ihm aus und waren halb so lang wie der Körper.

Einen Mund konnten wir an dem schrecklichen Geschöpfe nicht entdecken, doch hatte es dafür wenigstens achtzig Augen, die, wie bei der grünen Wasserjungfer, aus ihren Höhlen hervortraten und in zwei Reihen, dem blutroten Streifen parallel, der die Stelle der Augenbrauen zu vertreten schien, über den Körper verteilt waren. Zwei oder drei dieser schrecklichen Augen waren viel größer als die übrigen und sahen aus wie reines Gold.

Das Tier näherte sich uns mit der größten Geschwindigkeit und wie durch Zauberei, denn es hatte weder Flossen wie ein Fisch, noch Schwimmfüße wie eine Ente, noch schnellte es sich vorwärts, wie die Aale tun. Sein Kopf und sein Schwanz waren genau gleich gestaltet, nur befanden sich in der Nähe des ersteren zwei kleine Höhlen, die als Nasenlöcher dienten und durch die das Ungetüm seinen dicken Atem mit erstaunlicher Kraft und einem unangenehmen, pfeifenden Geräusch ausstieß.

Der Anblick dieses scheußlichen Wesens verursachte uns einen großen Schrekken, und doch wurde er noch durch unser Erstaunen übertroffen, als wir genauer hinsahen und bemerkten, daß es auf seinem Rücken eine große Anzahl anderer Tiere beherbergte, die ungefähr die Größe und Gestalt von Menschen hatten. Nur trugen sie keine Kleidung, wie die Menschen tun, sondern waren, ohne Zweifel von Natur, mit einer häßlichen, unbequemen, fast tuchartigen Bedeckung versehen, die so eng an der Haut anlag, daß sie die bedauernswerten Wesen ganz lächerlich linkisch machte und offenbar sehr belästigte. Ganz auf der Spitze ihres Kopfes befanden sich gewisse viereckig aussehende Kästen, die mir zuerst die Stelle eines Turbans zu vertreten schienen, doch entdeckte ich bald, daß sie außerordentlich schwer und fest waren, und schloß daraus, daß sie wohl ein schlaues Hilfsmittel seien: die Kästen sollten durch ihr großes Gewicht die Köpfe der Tiere sicher und fest auf die Schultern drücken. Um den Hals der Geschöpfe waren schwarze Kragen befestigt (ohne Zweifel Zeichen ihrer Dienstbarkeit), wie wir sie unseren Hunden umhängen, nur waren sie viel weiter und unendlich viel steifer, so daß die armen Opfer unmöglich ihren Kopf bewegen konnten, ohne zugleich den ganzen Körper zu wenden. So waren sie gezwungen, immer ihre Nasen zu betrachten, ein Anblick, der ganz lächerlich, wenn nicht erschreckend stumpfsinnig wirkte.

Als das Ungeheuer die Küste, an der wir standen, fast erreicht hatte, riß es plötzlich eins seiner Augen weit auf und entsandte aus ihm eine schreckliche Feuergarbe, die von einer dichten Rauchwolke und einem Geräusche, das ich nur mit dem Donner vergleichen kann, begleitet war. Als der Rauch sich verzogen hatte, bemerkten wir, daß eins der seltsamen Menschtiere nahe am Kopfe des großen Ungeheures stand, eine Trompete in der Hand, durch die es uns in lauten, barschen, unangenehmen Tönen anredete, die wir vielleicht für die Sprache gehalten hätten, wären sie nicht nur durch die Nase gekommen.

Es war jedoch offenbar, daß man uns tatsächlich hatte anreden wollen; und ich war nun natürlich in großer Verlegenheit, was ich antworten sollte, da ich kein Wort verstanden hatte. In diesem peinlichen Augenblick wandte ich mich an den Lastträger, der vor Schreck fast ohnmächtig geworden, und fragte ihn, was für eine Art Untier dies wohl sein möchte, was es wolle, und was er von den sonderbaren Geschöpfen halte, die auf seinem Rücken herumschwärmten. Der Packträger antwortete mir darauf, so gut er vor Zittern konnte, daß er schon einmal früher von diesem Seeungeheuer gehört habe; daß es ein grausamer

Dämon sei, mit Eingeweiden von Schwefel und Feuer, ein Dämon, den der Böse geschaffen habe, um der Menschheit Übles zuzufügen, daß die Wesen auf seinem Rücken Ungeziefer seien, wie man es häufig auf den Rücken von Hunden und Katzen fände, nur ein wenig größer und wilder, und daß dies Ungeziefer seinen Zweck habe, wenn auch einen bösen, denn durch die Pein, die sie dem Untier durch ihr Stechen und Reißen verursachten, werde dies in jenen Wutzustand hineingestachelt, in dem es brülle und Übles tue und so die rachsüchtige, boshafte Absicht des bösen Geistes erfülle.

Dieser Bericht veranlaßte mich, Fersengeld zu geben, und ohne nochmals rückwärts zu schauen, rannte ich in voller Eile ins Land zurück und die Hügel hinauf, während der Packträger fast ebenso schnell hinweglief, jedoch in fast entgegengesetzter Richtung, so daß er bald mit meinen Waren verschwunden war. Er behütete sie wahrscheinlich ausgezeichnet, doch kann ich darüber nichts Bestimmtes sagen, da ich ihn niemals wiedergesehen habe.

Ich wurde jedoch von einem Schwarm des Menschen-Ungeziefers, das in Booten an die Küste gekommen war, so scharf verfolgt, daß es mich bald einholte, an Händen und Füßen fesselte und auf das Ungeheuer schleppte, das sofort wieder auf die See hinausschwamm.

Nun bereute ich bitter, mein trauliches Heim verlassen zu haben, um in einem solchen Abenteuer mein Leben zu verlieren. Doch jedes Bedauern ist nutzlos, und ich beschloß deshalb, mir meine Lage so erträglich wie möglich zu gestalten, und bemühte mich, das Wohlwollen des Menschentieres zu erlangen, dem die Trompete zugehörte und das eine gewisse Autorität über seine Genossen zu besitzen schien. Meine Anstrengungen wurden so rasch von Erfolg gekrönt, daß das Geschöpf mir schon nach wenigen Tagen verschiedene Zeichen seiner Gunst zukommen ließ und sich zum Schluß sogar der Mühe unterzog, mich Bruchstücke dessen zu lehren, was es, eingebildet genug, eine Sprache nannte, so daß ich mich nach einiger Zeit genügend mit ihm unterhalten konnte, um ihm meinen heißen Wunsch auszudrücken, die Welt zu sehen.

,Washisch squashisch squeak, Sindbad, heydiddle diddle grunt unt grumble, hiss, fiss, whiss', sagte er eines Tages nach dem Mittagsmahl zu mir – doch erhabenster Kalif, ich bitte tausendmal um Verzeihung: ich hatte ganz vergessen, daß Ihre Majestät mit dem Dialekt der Hahnwieherer (so wurden die Menschtiere, wahrscheinlich wegen ihrer Sprache, die zwischen Pferdewiehern und Hahnenschrei die Mitte hielt, genannt) – ich hatte ganz vergessen, daß Ihre Majestät mit dem Dialekt der Hahnwieherer nicht bekannt sind. Mit Ihrer Erlaubnis gestatte ich mir, die Worte zu übersetzen. ,Washisch, squashisch' usw. heißt: ,Es freut mich sehr, mein lieber Sindbad, daß Sie sich als einen so ausgezeichneten Burschen herausgestellt haben. Wir sind gerade damit beschäftigt, den Erdball zu umschiffen, und da Sie so begierig sind, die Welt zu sehen, will ich ein übriges tun und Ihnen freie Bewegung auf dem Rücken des Tieres gestatten.'"

Als die Lady Scheherazade bis hierher erzählt hatte, legte sich der König, wie das „Istssoodernicht" berichtet, von der linken auf die rechte Seite und sagte: „Ich finde es in der Tat höchst sonderbar, meine liebe Königin, daß Sie dies letzte Abenteuer Sindbads damals übergangen haben. Wissen Sie auch, daß ich es außerordentlich seltsam und unterhaltend finde?"

Als der König sich, dem „Istssoodernicht" zufolge, in dieser Weise ausgesprochen hatte, fuhr die schöne Scheherazade wie folgt in ihrer Erzählung fort: „Und Sindbad erzählte weiter: ‚Ich dankte dem Menschentiere für seine Liebenswürdigkeit und fühlte mich bald ganz zu Hause auf dem Ungeheuer, das mit wunderbarer Eile den Ozean durchschwamm, obgleich die Oberfläche desselben in jenem Teile der Welt durchaus nicht flach ist, sondern rund wie ein Granatapfel, so daß wir sozusagen die ganze Zeit über entweder bergauf oder bergab fuhren.'"

„Das ist in der Tat sehr sonderbar", warf der König ein.

„Nichtsdestoweniger ist es vollkommen wahr", erwiderte Scheherazade.

„Ich zweifle daran", meinte der König, „doch fahren Sie nur, bitte, in Ihrer Erzählung fort."

„Nun wohl denn", sagte die Königin. „‚Das Tier', erzählte Sindbad weiter, ‚schwamm, wie ich sagte, bergauf und bergab, bis wir an eine Insel kamen, die mehrere hundert Meilen Umfang hatte und in der Mitte der See aus einer Kolonie kleiner Dinger, die wie Raupen aussahen, erbaut worden war.'"*

„Hm", sagte der König.

„‚Als wir diese Insel wieder verließen', fuhr Sindbad fort (denn Scheherazade, muß man wissen, beachtete den Ausruf von Mißvergnügen seitens ihres Gatten gar nicht) – ‚als wir diese Insel verließen, kamen wir auf andere, deren Wälder aus festem Gestein bestanden, das so hart war, daß unsere bestgehärteten Äxte an ihm zersplitterten.'"**

---

* Korallen.

** Eine der bemerkenswertesten Naturseltsamkeiten in Texas ist ein versteinerter Wald in der Nähe des Pasigono-Flusses. Er besteht aus mehreren hundert Bäumen, die in ihrer aufrechten Stellung ganz versteinert sind. Einige noch wachsende Bäume sind zum Teil versteinert. Diese seltsame Tatsache müßte die Naturwissenschaftler veranlassen, die bis jetzt existierende Theorie von der Versteinerung zu modifizieren. Dieser Bericht, den man anfangs für erfunden hielt, ist neuerdings durch die Entdeckung eines zweiten versteinerten Waldes in der Nähe des Chayenne-Flusses bestätigt worden.

Es gibt auf der ganzen Erdoberfläche vom geologischen und malerischen Standpunkt aus wohl keinen bemerkenswerteren Anblick, als den des versteinerten Waldes in der Nähe von Kairo. Der Reisende, der hinter den Toren der Stadt an den Gräbern der Kalifen vorbei nach

„Hum", sagte der König wieder; doch Scheherazade nahm keine Notiz von ihm, sondern erzählte mit Sindbads Worten weiter: „„Als wir auch diese Insel verließen, kamen wir in ein Land, in dem sich eine Höhle befand, die dreißig oder vierzig Meilen tief in die Eingeweide der Erde führte und eine größere Anzahl ausgedehnterer und prächtigerer Paläste enthielt, als in ganz Damaskus und Bagdad zusammen zu finden sind. Von den Dächern dieser Paläste hingen Myriaden Edelsteine herab, glänzend wie Diamanten und größer als Menschen, und durch die betürmten Straßen, zwischen Pyramiden und Tempeln hin, strömten ungeheure Flüsse, die schwarz waren wie Ebenholz und zahllose Fische bargen, die keine Augen hatten.""*

„Hum!", sagte der König.

„„Dann schwammen wir in eine Region des Meeres, in der sich ein hoher Berg erhob, an dessen Seiten Ströme geschmolzenen Metalls herabfluteten, von denen manche zwölf Meilen breit und sechzig Meilen lang waren, während aus einem Schlunde an seiner Spitze eine solch ungeheure Menge Asche hervorquoll, daß die Sonne am Himmel verdunkelt wurde, und eine Finsternis, die schwärzer war, wie die Mitternacht, sich über die Erde legte, so daß es unmöglich schien, in einer Entfernung von hundertundfünfzig Meilen von dem Berge den weißesten Gegenstand zu erkennen, wie nahe man ihn auch vor die Augen halten mochte.""**

„Hum!", sagte der König.

Süden schreitet, im rechten Winkel gegen die Straße, die durch die Wüste nach Suez führt, kreuzt, wenn er vielleicht zehn Meilen durch ein tiefes, unfruchtbares Tal gewandert ist, eine lange Reihe von Sandhügeln, die eine Zeitlang seinem Weg parallel laufen. Der Anblick, der sich ihm jetzt darbietet, ist über alle Maßen seltsam und trostlos. Viele Meilen erstreckt sich ein Wald niedergeschlagener, versteinerter Baumstümpfe ins Land hinein, die, wenn der Huf des Pferdes sie berührt, wie Eisen klingen. Das Holz ist von dunkelbrauner Farbe und hat seine Form vollständig behalten, die einzelnen Stümpfe sind einen bis fünfzehn Fuß lang, eineinhalb bis drei Fuß dick, und, so weit das Auge reicht, so dicht nebeneinander hingestreut, daß ein ägyptischer Esel nur mit Mühe seinen Weg durch sie hindurchwinden kann. In England oder Schottland würde man den ganzen Wald für einen riesigen ausgetrockneten Sumpf halten, in dem die entwurzelten Bäume faulend in der Sonne lägen.

* Die Mammuthöhle in Kentucky.
** Während der Eruption des Hekla im Jahre 1766 verursachte die Aschenwolke eine derartige Finsternis, daß die Leute in dem Orte Glaumba, der mehr als fünfzig französische Meilen von dem Vulkane entfernt liegt, nur durch Tasten ihren Weg erkennen konnten. Während des Ausbruches des Vesuv im Jahre 1794 konnte man in dem vier Meilen entfernten Caserta nur mit Fackeln ausgehen. Am 1. Mai 1812 bedeckte eine aus dem Vulkan auf St. Vincent heraufgebrochene Schlackenwolke ganz Barbados und verbreitete zur Mittagszeit eine solche Dunkelheit, daß man draußen weder Bäume noch andere Gegenstände mehr erblicken konnte, ja, selbst ein weißes Taschentuch in einer Entfernung von sechs Zoll vom Auge nicht bemerkte. – Murray, p. 215. Phil. edit.

„„Hierauf trug uns das Tier in ein Land, in dem alle Dinge umgekehrt zu sein schienen, denn wir sahen hier einen See, auf dessen Boden, mehr als hundert Fuß unter der Oberfläche des Wassers, ein Wald hoher, üppiger Bäume in vollem Blätterschmucke prangte.""*

„Hum, hum!", sagte der König.

„„Einige Hundert Meilen weiter gerieten wir in ein Klima, in dessen Atmosphäre Eisen oder Stahl schweben blieb, wie Federn in der unsrigen.""**

„Larifari!", sagte der König.

„„Als wir in derselben Richtung weiterschwammen, gelangten wir in die prächtigste Gegend der ganzen Welt. Durch dieselbe schlängelte sich viele tausend Meilen weit ein glänzender Fluß. Er war unermeßlich tief und schimmerte durchsichtiger wie Bernstein. Seine Breite betrug zwischen drei und sechs Meilen und seine Ufer, die sich an jeder Seite zwölfhundert Fuß steil erhoben, waren mit immerblühenden Bäumen gekrönt und mit Blumen übersät, die ewig dufteten und das ganze Gebiet in einen strahlenden Garten verwandelten. Doch der Name des prachtvollen Landes war: Das Königreich des Schreckens, und der Tod ereilte unerbittlich jeden Eindringling.""***

„Nanu!", sagte der König.

„„Wir verließen dieses Reich in großer Hast und gelangten nach ein paar Tagen in ein anderes, in welchem wir mit Erstaunen Myriaden ungeheuerlicher Tiere bemerkten, die sensenähnliche Hörner auf dem Kopfe trugen. Diese scheußlichen Tiere graben sich selbst riesige Höhlen in Trichterform und vermauern ihre Wände mit Felsstücken, die so aufeinander getürmt sind, daß sie augenblicklich zusammenfallen müssen, sobald ein anderes Tier auf sie tritt. Das Opfer stürzt dann in die Höhle des Ungeheuers, das ihm sogleich das Blut aussaugt und sein Gerippe dann mit Verachtung weit aus der *Höhle des Todes* hinausschleudert.""†

„Ach nein!", sagte der König.

---

* Im Jahre 1790 sank in Caracas während eines Erdbebens ein Teil des granitenen Bodens und ließ einen See von achthundert Ellen Durchmesser und achtzig bis hundert Fuß Tiefe zurück. Ein Teil eines Waldes sank mit, und die Bäume blieben mehrere Monate lang unter dem Wasser grün. Murray, p. 221.

** Jeder, auch der härteste Stahl kann in ein ungreifbares Pulver verwandelt werden, das mit Leichtigkeit in unserer Atmosphäre schweben bleibt.

***Das Gebiet am Niger. Siehe Simmond's Colonial Magazine.

† Das Myrmeleon – die Löwenameise. Das Adjektiv „ungeheuerlich" kann man ebensowohl von kleinen abnormen Dingen wie auch von großen brauchen. Die Höhle des Myrmeleon ist riesig im Vergleich zu der Höhle der gewöhnlichen Ameise und ein Kieselkörnchen ist dennoch ein Felsblock für sie.

„„Auf unseren weiteren Reisen kamen wir in ein Gebiet, in dem es einen Überfluß an Pflanzen gab, die nicht im Boden, sondern in der Luft wuchsen.* Dann erblickten wir andere, die aus der Substanz anderer Pflanzen entstanden**, wieder andere, die ihre Nahrung aus den Körpern lebender Tiere zogen***, noch andere, die über und über im Feuer glühten†, andere, die sich nach Belieben von Ort zu Ort fortbewegten.†† Doch als das Wunderbarste von allem entdeckten wir Blumen, die atmeten und lebten, ihre Glieder nach ihrem Willen bewegten und außerdem die verabscheuenswerte Leidenschaft der Menschenkinder hatten, andere Geschöpfe zu ihren Sklaven zu machen, in schreckliche, einsame Gefängnisse einzukerkern, damit sie ihnen Frondienst verrichten.“„†††

„Puh!“, sagte der König.

„„Als wir dieses Land verlassen hatten, kamen wir bald in ein anderes, in dem die Bienen und Vögel solch geniale, gelehrte Mathematiker sind, daß sie den weisen Männern des Königreichs täglich Unterricht in der Wissenschaft der Mathematik geben. Als der König einmal einen Preis auf die Lösung zweier schwieriger Probleme ausschrieb, gewannen diese Tiere ihn sofort. Doch der König hielt ihre Lösungen geheim, und erst nach angestrengtem Nachdenken und tiefen Studien, und nachdem sie während langer Jahre dicke Bücher über

---

* Das Epidendron Flos Aeris aus der Familie der Orchideae hängt nur mit der Oberfläche seiner Wurzeln an einem Baume oder anderen Gegenstande fest und zieht seine Nahrung einzig und allein aus der Luft.

** Die Parasiten, zum Beispiel die wunderbare Rafflesia Arnaldii.

***Einige Fuci und Algen gehören zu dieser Klasse.

† In Minen und natürlichen Höhlen findet man eine Art Schwamm, von dem ein starker Phosphorglanz ausgeht.

†† Die Orchis, Skabiose und Vallisneria.

††† Die röhrenförmige Coralla dieser Blume (Aristolochia Clematitis) ist an ihrem unteren Ende kugelförmig aufgeblasen. Der röhrenförmige Teil ist im Innern mit steifen, nach unten stehenden Haaren besetzt. Der kugelförmige Teil enthält das Pistill, das nur aus dem genarbten Stempel besteht, und da die Staubfäden jedoch niedriger sind als die Stempel, können sie ihren Samen nicht auf die Narbe des Stempels fallen lassen, da die Blume, solange dies nicht geschehen, stets aufrecht steht. Der Same würde also ohne Hilfe von außen auf den Boden der Blume fallen. Die Natur hilft sich in diesem Falle mittels der Tipula Pennicornis, eines kleinen Insekts, das auf der Suche nach Honig auf den Boden dieser Blume hinabsteigt und dort umherstöbert, bis es mit Blumenstaub über und über bedeckt ist. Da es jedoch wegen der Stellung der Haare in der Röhre, die wie die Drähte einer Mausefalle zusammenlaufen, den Ausweg nicht wiedergewinnen kann, wird es ungeduldig, läuft vorwärts und rückwärts, versucht, an jeder Ecke zu entkommen, so daß es wiederholt über die Narbe läuft und dieselbe mit zur Fruchtbildung genügendem Staub bedeckt. Infolgedessen beginnt die Blume bald zu verblühen, die Haare in der Blüte schrumpfen ein und gestatten dem gefangenen Insekte freien Durchgang. – Rev. P. Keith, System of Physiological Botany

die Aufgaben geschrieben, fanden die Menschenmathematiker jene Lösungen, welche die Bienen und die Vögel sofort gegeben hatten.«*

„Ach wo!", sagte der König.

„„Wir hatten dies Reich kaum aus den Augen verloren, so gerieten wir in ein anderes, in dem ein Zug von Vögeln über unseren Häuptern dahinschoß, der eine Meile breit und zweihundertundvierzig Meilen lang war, so daß die Tiere, obwohl sie eine Meile in jeder Minute zurücklegten, vier Stunden brauchten, ehe sie an uns vorübergerauscht waren – diese Millionen, Millionen Vögel.«"**

„Herrjemine!", sagte der König.

„„Kaum hatten uns diese Vögel, die uns ziemlich belästigten, verlassen, da erschreckte uns der Anblick einer anderen Art von Federvieh, das viel größer war, als selbst der Vogel Roch, den ich auf meinen früheren Reisen gesehen; denn dies Tier war dicker, als die dickste Kuppel auf deinem Serail, o großmächtigster aller Kalifen. Es hatte, soweit wir sehen konnten, keinen Kopf, sondern bestand bloß aus seinem Bauche, der aus einer weich aussehenden Substanz gemacht schien, glänzend, gestreift und sonderbar fett und rund war. In seinen Fängen hielt es ein ganzes Haus, dessen Dach es zerstört, um es zu seinem Horste zu schleppen. In diesem Hause bemerkte ich deutlich menschliche Wesen, die ohne Zweifel ihrem gräßlichen Schicksale mit furchtbarer Todesangst entgegensahen. Wir schrien aus Leibeskräften, in der Hoffnung, das Tier so zu erschrecken, daß es seine Beute fahren ließ, doch gab es nur ein Schnaufen von sich, als sei es in höchster Wut, und warf dann einen schweren Sack auf unsere Köpfe herab, der sich als mit Sand gefüllt herausstellte.«"

„Dummes Zeug!", sagte der König.

„„Kurz nach diesem Abenteuer erreichten wir ein neues Festland von ungeheurer Ausdehnung und festgegründetem Boden, das dennoch nur auf dem

---

* Die Bienen haben, solange es überhaupt Bienen gibt, ihre Zellen immer in der Anzahl und mit den Wänden und den Neigungen aufgeführt, die (wie es sich durch eine der tiefsten mathematischen Berechnungen herausgestellt hat) ihnen den größtmöglichen Platz und ihrem Gebäude die größtmögliche Sicherheit gewähren. Gegen Ende des vorigen Jahrhunderts erhob sich die Frage unter den Mathematikern, die beste Form für die Flügel einer Windmühle zu erfinden. Nachdem man tausend vergebliche Vorschläge gemacht hatte, kam man endlich zu einer vollkommenen Lösung und fand, daß die Flügel der Vögel, solange Vögel fliegen, das vollendetste Modell für ihre Aufgabe gewesen wären.

** Zwischen Frankfort und dem Gebiet von Indiana bemerkte man einen Zug Tauben, der wenigstens eine Meile breit war. Vier Stunden lang dauerte sein Vorüberziehen; rechnet man die Fluggeschwindigkeit auf eine Meile in der Stunde, so war der Zug 240 Meilen lang. Nimmt man an, daß drei Tauben eine Quadratmeile einnahmen, so bestand der Zug aus zweitausendzweihundertdreißig Millionen zweihundertzweiundsiebzigtausend Tauben. – Reisen in Canada und Vereinigten Staaten von Lieut. F. Hall

Rücken einer himmelblauen Kuh ruhte, die nicht weniger als vierhundert Hörner hatte.‟*

„Das will ich eher glauben", sagte der König, „weil ich so etwas früher schon einmal in einem Buche gelesen habe."

„Wir eilten schnell unter diesem Kontinent hindurch, indem wir zwischen den Beinen der Kuh hinschwammen, und befanden uns nach einigen Stunden in einem wundervollen Lande, welches, wie mir das Menschtier mitteilte, seine Heimat war und von seinesgleichen bewohnt wurde. Dies erhöhte meine Achtung für das Menschtier ganz bedeutend, und ich schämte mich etwas über die herablassende Vertraulichkeit, mit der ich es behandelt hatte; denn ich fand, daß die Menschtiere im allgemeinen eine Nation der mächtigsten Zauberer sind, die Würmer in ihrem Gehirne beherbergen, deren schmerzvolles Beißen und Nagen ihre Phantasie zu den wunderbarsten Anstrengungen antreibt.‟**

„Unsinn!", sagte der König.

„Mitten unter den Zauberern lebten Tiere ganz besonderer Art; ich sah zum Beispiel ein riesiges Pferd, dessen Knochen Eisen und dessen Blut kochendes Wasser war. Statt Korn fraß es schwarze Steine, und trotz dieser schlechten Nahrung war es so stark und geschwind, daß es eine Last, die schwerer war als der größte Tempel in dieser Stadt, mit einer Eile fortschleppte, welche die des Vogelfluges noch übertraf.‟***

„Gewäsch!", sagte der König.

„Ein Angehöriger dieser Nation mächtiger Zauberer erschuf einen Mann aus Erz, Holz und Leder und begabte ihn mit solcher Geisteskraft, daß er alle Menschen, nur den großen Harun Alraschid nicht, im Schachspiel geschlagen hätte.†
Ein anderer dieser Zauberer erbaute aus den gleichen Stoffen ein Geschöpf, das selbst den Geist seines Schöpfers besiegte. Denn so groß war seine logische Kraft, daß es in einer Sekunde Berechnungen machte, zu welchen fünfzigtausend sterbliche Menschen ihre Kräfte ein ganzes Jahr lang hätten vereinigen müssen.†† Doch ein noch mächtigerer Zauberer erbaute sich ein Ding, das weder Mensch noch Tier war. Sein Gehirn war Blei und eine schwarze, pechähnliche Masse; seine Finger gebrauchte es mit solch unglaublicher Eile und Geschwindigkeit, daß es in einer Stunde ohne Mühe zwanzigtausend Abschriften des

---

* Die Erde wird von einer Kuh getragen, die von blauer Farbe ist und vierhundert Hörner hat. Sale's Koran.

** Man hat in der Gehirn- und Muskelsubstanz des Menschen bekanntlich die Entozoa beobachtet.

***Die große West-Eisenbahn zwischen London und Exeter hat eine Schnelligkeit von 71 Meilen in der Stunde erreicht.

† Maelzels Automatischer Schachspieler.

†† Babbages Berechnungsmaschine.

Koran hätte machen können, und zwar mit solch peinlicher Genauigkeit, daß alle die Kopien nicht um eines Haares Breite voneinander abwichen. Das Ding war von wunderbarer Stärke, so daß es Kaiserreiche mit einem Atemzuge aufbaute oder zerstörte, doch gebrauchte es seine Kraft gleicherweise zum Guten sowohl wie zum Bösen.‘“

„Lächerlich!“, sagte der König.

„‚Unter dieser Nation von Zauberern war einer, der eine so rasche Aufnahmefähigkeit hatte, daß er ausrechnete, daß ein gewisser elastischer Körper neunhunderttausendmal in der Sekunde hin und her schwang.‘“*

„Absurd!“, sagte der König.

„‚Ein anderer jener Zauberer konnte durch ein Fluidum, das noch nie jemand sah, die Arme seiner Freunde oder ihre Beine nach seinem Willen bewegen und tanzen lassen.** Ein anderer konnte seine Stimme so laut erheben, daß man ihn von einem Ende der Welt zum anderen verstehen konnte.*** Ein anderer hatte einen so langen Arm, daß er sich hätte in Damaskus niedersetzen können und dennoch in Bagdad oder sonst einem fernen Orte einen Brief schreiben.† Ein anderer befahl dem Blitz, aus dem Himmel zu ihm zu kommen, und machte sich ein Spielzeug aus ihm, als er gekommen. Ein anderer machte aus zwei lauten Tönen ein Stillschweigen, aus zwei hellen Lichtern eine tiefe Finsternis. Einer machte Eis in einem glühend heißen Ofen. Einer befahl der Sonne, sein Bild zu zeichnen, und sie tat es.†† Überhaupt hat die ganze Nation solch zauberhafte Fähigkeiten, daß selbst ihre unmündigen Kinder, ihre Katzen und Hunde mühelos Dinge sehen, die gar nicht existieren oder zwanzig Millionen Jahre vor der Entstehung ihrer Erde existiert haben.‘“†††

„Albern!“, sagte der König.

„‚Die Frauen jener unvergleichlich großen, weisen Magier‘“, fuhr Scheherazade, unbehelligt von den vielen ungalanten Unterbrechungen ihres Gatten fort, „‚sind das Vollkommenste und Klügste, was man sich denken kann, und sie wären auch das Schönste und Interessanteste, wenn sie nicht von einer verhäng-

---

* Newton beweist, daß die Netzhaut unter dem Einfluß der violetten Strahlen des Spektrums 900000mal in der Sekunde schwingt.

** Die Voltaische Säule.

***Der elektrische Telegraph vermittelt die Verständigung augenblicklich, wenigstens bei irdischen Entfernungen.

† Der elektro-telegraphische Druckapparat.

†† In der Naturwissenschaft bekannte Experimente.

††† Da das Licht der Sterne viele Jahre braucht, ehe es auf die Erde gelangt, ist es nicht undenkbar, ja nicht einmal unwahrscheinlich, daß wir das Licht mancher Himmelskörper noch sehen, wenn diese längst zerstört sind.

nisvollen Idee, von der weder die Gewalt ihrer Väter noch das Wort ihrer Gatten sie befreien kann, besessen wären. Das Verhängnis kommt bald in dieser, bald in jener Gestalt; in meinem Falle kommt es in der Gestalt einer Grille.'"

„In der Gestalt einer – was?", fragte der König.

„Einer Laune!", sagte Scheherazade. „Einer der bösen Geister, die auf Erden nie schlafen, hat es diesen vollkommenen, klugen Damen in den Kopf gesetzt, daß das Ding, welches wir persönliche Schönheit nennen, in einem Höcker in jener Region besteht, die nicht weit unter dem Rücken liegt. Schönheit und Lieblichkeit, sagen sie, steht in direktem Verhältnis zu der Größe dieses Buckels. Da diese Idee sich unausrottbar bei ihnen festgesetzt hat und Polster in jenem Lande sehr billig sind, so sind auch die Tage lange dahin, in denen es möglich war, eine Frau von einem Dromedar zu unterscheiden."

„Hör auf!", sagte der König. „Da kann ich nicht mehr mit und will auch nicht. Ich habe sowieso schon die gräßlichsten Kopfschmerzen von all den Lügen. Es wird eben Tag, wie ich bemerke. Wie lange sind wir nun verheiratet? Mein Gewissen beunruhigt mich übrigens schon mächtig. Und dann das mit dem Dromedar – du hältst mich wohl für einen Narren? – Im großen ganzen finde ich, daß du aufstehen könntest, um erdrosselt zu werden."

Wie ich aus dem „Istssoodernicht" entnommen habe, war Scheherazade über diese Worte sowohl betrübt wie überrascht; doch da sie wußte, daß der König ein Mann von skrupelloser Rechtschaffenheit war und sein Wort wohl kaum zurücknehmen würde, so ergab sie sich mit Grazie in ihr Schicksal. Als man ihr die Schlinge umlegte, dachte sie mit großer Genugtuung daran, daß die Geschichte noch lange nicht zu Ende sei und daß die rauhe Heftigkeit ihres Gatten sich selbst strafe, weil sie ihm das Anhören noch vieler unbegreiflicher Abenteuer unmöglich gemacht habe.

GROTESKE GESCHICHTEN

DER TEUFEL IM GLOCKENSTUHL

Wieviel Uhr ist es? –
Alte Redensart

Jedermann weiß, daß der holländische Marktflecken Spießburgh der schönste
Ort der Welt ist – oder ach! war.

Da er abseits der gewöhnlichen Heerstraße in einer sozusagen außergewöhnlichen Gegend liegt, hat ihn wohl nur ein kleiner Teil meiner Leser jemals
besucht. Um auch denen, die ihn nicht kennen, eine Vorstellung von dem eigenartigen Orte zu geben, halte ich es für angemessen, einiges Nähere über ihn zu
erzählen. Es ist dies um so nötiger, als ich in der Hoffnung, seinen Einwohnern
die allgemeinste Sympathie zuzuwenden, eine Darstellung der folgenschweren
Unglücksfälle geben will, die sich dort kürzlich zugetragen haben. Niemand, der
mich kennt, wird zweifeln, daß ich die Pflicht, die ich mir selbst auferlegt, nach
bestem Können erfüllen werde und nach gewissenhafter Prüfung der Tatsachen
und fleißiger Vergleichung der authentischen Berichte die Ereignisse mit jener
Unparteilichkeit darstellen werde, die jeden, der, wie ich, Anspruch auf den Titel
„Geschichtsforscher" macht, auszeichnen muß.

Nach eingehendem Studium von Medaillen, Urkunden und Inschriften bin
ich imstande, auf das bestimmteste zu behaupten, daß der Flecken Spießburgh
von seinem ersten Entstehen an genau an derselben Stelle gestanden hat, an
der er heute noch steht. Von dem Zeitpunkte der Gründung jedoch kann ich
leider Gottes nur mit einer gewissen unbestimmten Bestimmtheit reden. Dieser Zeitpunkt nämlich, so darf ich wohl in Anbetracht seiner außerordentlichen
Entferntheit sagen, kann – wie ich vermute – nicht weiter zurückliegen als genau
der Endpunkt der größten von uns ausmeßbaren Spanne Zeit.

Was die Abstammung des Wortes Spießburgh betrifft – ja, da muß ich zu
meinem größten Bedauern erklären, ebenfalls keine vollständig ausreichende
Auskunft geben zu können. Von einer ganzen Anzahl Meinungen über diesen
wichtigen Punkt, von denen manche sehr spitzfindig, scharfsinnig, sehr gelehrt
– manche jedoch das Gegenteil von alledem waren – habe ich keine einzige für
genügend begründet zu befinden vermocht. Vielleicht, aber auch nur vielleicht,
könnte man der Annahme des deutschen Gelehrten Rindt zustimmen, die sich
fast mit der des englischen Forschers Beef deckt. Es ist die folgende: Spieß =
Spieß, Burgh = Burg. Eine derartige Abstammung wird in der Tat noch wahrscheinlicher gemacht durch die Spuren eines Blitzes, der wie ein Spieß in die Spitze
des Rathausturmes gefahren sein muß – des einzigen Gebäudes in Spießburgh,

das etwas „Burg"-ähnliches hat. Doch möchte ich es auf jeden Fall vermeiden, mich in einer so wichtigen Frage zu kompromittieren, und verweise deshalb den Leser, der sich noch besser informieren will, auf die *„Oratiunculae de Rebus Praeteritis"* des bekannten holländischen Professors Hoolkoopf. Siehe auch Van der Domheet: *„De Derevationibus"*, Seiten 27 bis 5010, gotische Ausgabe in Folio, rote und schwarze Schriftzeichen mit Stichwörtern und ohne Bogenzahlen. Beachte hier ebenfalls die eigenhändigen Randbemerkungen des bekannten chinesischen Privatgelehrten Schtumf-Sin – des erklärten Lieblingsschülers von van der Domheet. Beachte auch die untenstehenden Kommentare vom Dozenten Doehsig.

Trotz der Dunkelheit, die den Zeitpunkt der Gründung von Spießburgh und die Abstammung des Namens umhüllt, ist es doch, wie ich schon sagte, ganz unzweifelhaft, daß der Ort immer so gewesen ist, wie wir ihn heute noch sehen. Der älteste Mann im Flecken kann sich nicht der geringsten Veränderung entsinnen; und in der Tat, die bloße Vermutung einer solchen Möglichkeit würde dort als Beleidigung empfunden werden. Das Dorf liegt in einem vollständig kreisförmigen Tale von dem Umfang einer Viertelmeile, und ist auf allen Seiten von anmutigen Hügeln umgrenzt, deren Gipfel noch keiner der Einwohner zu überschreiten gewagt hat. Sie führen übrigens einen ausgezeichneten Grund für ihre Seßhaftigkeit an, indem sie sagen: sie glaubten nicht, daß auf der anderen Seite der Hügel „überhaupt etwas sei".

Rundherum, an der äußeren Umrißlinie des Tales, das vollständig eben und in seiner ganzen Ausdehnung mit platten Ziegeln gepflastert ist, liegen die sechzig kleinen Häuser des Dorfes. Sie lehnen sich also an die Hügel an und blicken alle in den Mittelpunkt der Ebene, der gerade sechzig Ellen von der Haustür jeder Wohnung entfernt ist. Vor jedem Hause liegt ein kleiner Garten mit einem kreisrunden Wege, einer runden Sonnenuhr und vierundzwanzig runden Krautköpfen, die Gebäude selbst ähneln einander so vollständig, daß sie durch nichts unterschieden werden können. Ihre Bauart ist ein wenig wunderlich, doch außerordentlich malerisch. Sie sind aus kleinen, hartgebrannten, roten Ziegelsteinen hergestellt, die schwarze Ecken haben, so daß die Mauern wie ein riesiges Schachbrett aussehen. Die Giebel sind zur Front gewandt, das Dach und die Haupttüren tragen Gesimse, die so groß sind wie das ganze übrige Haus, die Fenster sind eng und tief, in zahlreiche Vierecke geteilt und vielfach verrahmt. Das Dach ist mit Ziegeln gedeckt, die lange, geschweifte Ohren haben. Das Holzwerk ist allenthalben von dunkler Farbe und überall mit einer ziemlich eintönigen Schnitzerei verziert, denn seit unvordenklichen Zeiten verfügen die Holzschnitzer von Spießburgh nur über zwei Vorwürfe – eine Uhr und einen Krautkopf. Diese beiden jedoch führen sie höchst vorzüglich aus und schnitzen sie überall hin, wo sie nur Platz für ihr Schnitzmesser finden können.

Im Inneren gleichen sich die Wohnungen genauso wie außen; die Möbel sind alle nach einem Vorbild gemacht. Der Boden ist mit viereckigen Ziegelsteinen belegt, die Tische und Stühle sind aus schwärzlichem Holze und haben gedrehte Beine mit schmal zulaufenden Füßen. Die Kamine sind breit und hoch, an der Vorderseite sind Uhren und Kohlköpfe eingeschnitzt; und eine wirkliche Uhr, die stets ein bewunderungswertes Ticken vollführt, steht in der Mitte ihres Simses, und an jedem Ende desselben prangt ein Blumentopf, in dem ein Krautkopf wächst. Zwischen jedem Blumentopf und der Standuhr hinwiederum steht ein kleiner Chinese mit einem dicken Bauch und einem Loch in dessen Mitte, durch welches man das Zifferblatt einer Taschenuhr erblickt.

Die Feuerherde sind groß und tief; die Feuerböcke sehen wild und gefährlich aus. Im Kamin brennt fortwährend ein lustiges Feuer. Über demselben hängt ein riesiger Kessel voll Sauerkraut und Schweinefleisch, den die gute Frau des Hauses immer geschäftig beachtet. Sie ist eine kleine, alte Dame mit blauen Augen und rotem Gesicht und trägt eine ungeheure zuckerhutförmige Mütze, die mit purpurnen und gelben Bändern geschmückt ist. Ihr Kleid ist aus orangegelbem Wollstoff, hinten sehr reichlich gemacht und in der Taille sehr kurz, ja, überhaupt sehr kurz, denn es reicht nicht über die Mitte des Beines. Dies letztere ist etwas sehr rundlich, von den Knöcheln muß man das gleiche behaupten; doch trägt sie ein prächtiges Paar grüner Strümpfe. Ihre Schuhe aus rosa Leder sind mit einem Knoten von gelbem Bande befestigt, das in der Gestalt eines Krautkopfes gebunden ist. In der linken Hand trägt sie eine kleine, schwere holländische Uhr; mit der rechten schwingt sie einen großen Kochlöffel über das Sauerkraut und das Schweinefleisch. An ihrer Seite steht eine fette, gesprenkelte Katze, an deren Schwanz „die Jongens" eine vergoldete, kleine Repetieruhr befestigt haben, um „Spaß zu machen".

„Die Jongens" selbst sind alle drei im Garten und hüten das Schwein. Sie sind jeder zwei Fuß hoch, haben Dreimaster auf, tragen purpurne Westen, die ihnen fast bis an die Schenkel gehen, Kniehosen aus Buckskin, rotwollene Strümpfe, schwere Schuhe mit großen Silberschnallen und lange Röcke mit großen Perlmutterknöpfen. Jeder hat eine Pfeife im Munde und eine kleine, bauchige Uhr in der rechten Hand. Sie blasen eine Rauchwolke von sich, dann blicken sie nach der Uhr — sie blicken nach der Uhr und blasen eine Rauchwolke von sich — und so geht es immer weiter. Das Schwein, das sehr dick und faul ist, beschäftigt sich damit, die Kohlblätter, die von dem Kohl abgefallen sind, aufzulesen und hin und wieder nach der vergoldeten Repetieruhr auszuschlagen, die die Bengels auch ihm, damit es ebenso schön aussehe wie die Katze, an den Schwanz gebunden haben.

Rechts an der Tür des Hauses, in einem hochlehnigen, ledernen Armstuhl mit gedrehten, schmalzulaufenden Beinen, wie sie auch die Tische haben, sitzt der

Hausherr selbst. Er ist ein außerordentlich pausbäckiger, alter Herr mit kugelrunden Augen und riesigem Doppelkinn. Sein Anzug ähnelt vollständig dem der
Jungen, und ich brauche also weiter nichts über denselben zu sagen. Der ganze
Unterschied zwischen ihm und den Sprößlingen besteht darin, daß seine Pfeife
etwas größer ist als die ihrige, und daß er infolgedessen mehr Dampf machen
kann. Wie sie, hat auch er eine Uhr, doch trägt er sie in seiner Tasche. Er hat nämlich etwas Wichtigeres zu tun, als nach der Uhr zu sehen, und worin dies Wichtigere besteht, werde ich gleich erklären. Er sitzt ruhig, hat das rechte Bein über das
linke Knie geschlagen, macht ein ernsthaftes Gesicht und hält immer wenigstens
eins seiner Augen fest auf ein Etwas im Mittelpunkte der Luft gerichtet.

Dies Etwas befindet sich an dem Turme des Rathauses. Die Stadträte sind
alle sehr kleine, runde, fette, kluge Männer, mit Augen wie Räder und mächtigem Doppelkinn. Ihre Röcke sind viel länger und ihre Schuhschnallen dicker als
die der gesamten übrigen Einwohner von Spießburgh. Seitdem ich im Flecken
wohne, haben sie schon drei außerordentliche Sitzungen abgehalten und die
folgenden drei wichtigen Resolutionen gefaßt:

1. „Es ist ein Unrecht, den guten alten Lauf der guten alten Dinge ändern zu
wollen."

2. „Es gibt nichts Erträgliches außerhalb von Spießburgh."

3. „Wir schwören unseren Uhren und unseren Krautköpfen ewige Treue."

Über dem Sitzungszimmer im Rathause liegt der Turm, und im Turm ist der
Glockenstuhl, in dem seit unvordenklichen Zeiten der Stolz und das Wunder
des Dorfes beruht: die große Uhr von Spießburgh. Und die ist denn auch der
Gegenstand, auf den die Augen des alten Herrn, der in dem ledernen Armstuhl
sitzt, gerichtet sind.

Die große Uhr hat sieben Zifferblätter, an jeder der sieben Seiten des Turmes
– so daß man sie von jeder Richtung genau betrachten kann. Die Zifferblätter
sind groß und weiß, die Zeiger schwer und schwarz. Die Stadtväter haben einen
Glockenstuhlmann angestellt, dessen einzige Pflicht es ist, die Uhr zu hüten.
Diese Stelle war die prächtigste aller Sinekuren, denn die Uhr hatte fast keine
Bedienung nötig. Bis vor kurzem wäre auch die bloße Annahme einer solchen
Möglichkeit als Ketzerei betrachtet worden. Seit den ältesten Zeiten, von denen
die Archive sprechen, hatte die große Glocke stets richtig die Stunden ange-
schlagen. Und das war auch bei sämtlichen anderen Stand- und Taschenuhren
im Flecken der Fall. Nirgends gab es einen Ort, in dem man es so genau wußte,
„was es geschlagen hatte", wie in Spießburgh. Wenn die große Uhr es an der Zeit
hielt zu sagen „Mittag", dann öffnete ihr gesamtes kleines Gefolge den Mund
und antwortete wie ein Echo: „Mittag". Kurz, die guten Bürger waren ihrem
Sauerkraut gewiß sehr zugetan – aber auf ihre Uhren waren sie geradezu stolz.

Alle Inhaber von Sinekuren werden immer mehr oder weniger mit Respekt behandelt, und da der Glockenstuhlmann von Spießburgh die prächtigste Sinekure innehat, ist er natürlich auch der am meisten respektierte Mann von der Welt. Er ist der Hauptwürdenträger des Fleckens, und sogar seine Schweine sehen mit einem Gefühl von Ehrfurcht zu ihm empor. Die Schöße seines Rokkes sind bedeutend länger, seine Pfeife, seine Schuhschnallen, seine Augen, sein Bauch bedeutend dicker als die irgendeines anderen Herrn im Dorfe, und was sein Kinn anbetrifft, so ist es kein Doppelkinn, sondern eine regelrechte Dreifaltigkeit.

Ich habe jetzt den glücklichen Zustand von Spießburgh beschrieben: ach! daß ein so friedevolles Gemeinwesen jemals eine bittere Störung erfahren mußte!

Seit langem gebrauchten die weisesten der Einwohner ein Sprichwort, welches den Sinn hatte, daß „nichts Gutes von außen über die Hügel kommen könne", und es schien wirklich, als sollten diese Worte etwas wie eine Prophezeiung enthalten.

Es war vorgestern – noch fünf Minuten fehlten bis Mittag – als ein wunderlich aussehender Gegenstand auf der Spitze eines gegen Osten liegenden Hügels erschien. Ein solches Ereignis zog natürlich die allgemeine Aufmerksamkeit auf sich, und jeder alte, kleine Herr in seinem Lederarmstuhl wandte eines seiner Augen voll Verwunderung und Unheil ahnend auf das Phänomen, während das andere auf die Uhr im Turm gerichtet blieb.

Als nur noch drei Minuten bis Mittag fehlten, bemerkte man, daß das sonderbar aussehende fragliche Wesen ein sehr kleiner Mann und offenbar ein Fremder war. Er stieg mit großer Schnelligkeit den Hügel hinab, so daß man ihn bald sehr gut in Augenschein nehmen konnte. Es war die albernste Persönlichkeit, die man je in Spießburgh gesehen. Sein Gesicht war von tabakschwarzer Farbe, er hatte eine riesenlange Hakennase, Augen wie große gelbe Erbsen, einen weiten Mund und darin ein prächtiges Gebiß, das er gern zu zeigen schien, denn er grinste unablässig von einem Ohr zum anderen. Außer dem Schnurrbart und Backenbart war weiter nichts an seinem Gesichte zu sehen. Er war barhäuptig und trug sein Haar sauber auf Papilloten gewickelt. Sein schwarzer, eng anliegender Rock hatte lange Schwalbenschwänze, aus einer seiner Taschen hing ein mächtiges weißes Taschentuch heraus. Seine Beinkleider waren von schwarzem Kaschmir, er trug schwarze Strümpfe und an den Füßen ein Mittelding zwischen Stiefeln und Tanzschuhen mit riesigen Büscheln schwarzer Seidenschleifen als Schuhbänder. Unter einem Arme hielt er einen Chapeau claque und unter dem anderen eine Fiedel, die fast fünfmal so groß war wie er selbst. In seiner Linken ruhte eine goldene Tabaksdose, aus welcher er, während er mit den sonderbarsten Kapriolen den Berg hinuntersprang, unaufhörlich mit dem Ausdruck größter Selbstzufriedenheit schnupfte. Du lieber Himmel! War das ein Anblick für die biederen Einwohner von Spießburgh!

Genau gesagt hatte der Bursche trotz seines Grinsens einen verwegenen und unheilvollen Ausdruck im Gesicht; und während er nun geradenwegs auf das Dorf zulief, erregte die besagte bizarre Form seiner Schuhe sofort Verdacht.

Mancher, der ihn sah, hätte gern etwas darum gegeben, einen Blick hinter das weiße Taschentuch werfen zu können, das so aufreizend aus der Tasche seines Schwalbenschwanzrockes hing. Was jedoch hauptsächlich gerechten Unwillen gegen ihn erregte, war der Umstand, daß der elende Harlekin, während er hier einen Fandango-Sprung, dort eine Pirouette machte, gar keine Ahnung zu haben schien, was es heißt, das Zeitmaß richtig einzuhalten.

Die guten Leute des Städtchens hatten jedoch kaum Zeit, die Augen weit zu öffnen, als, wie ich schon sagte, es war mittlerweile gerade eine halbe Minute vor Mittag geworden, der Lump mitten zwischen sie eilte, hier ein *chassez*, dort ein *balancez* machte, und dann nach einer Pirouette und einem *pas-de-zéphyr* sich wie auf Taubenflügeln in den Glockenstuhl des Rathausturmes schwang, in dem der jetzt vor Verwunderung und Schreck erstarrte Glockenstuhlmann voll Würde rauchend gesessen hatte. Doch der Galgenstrick packte ihn bei der Nase, schüttelte ihn und zog an derselben, stülpte ihm seinen riesigen Chapeau claque über den Kopf und zog ihm denselben bis über die Augen und den Mund herab; dann erhob er seine große Geige und schlug ihn damit so lange und so kräftig, daß man, da der Glockenstuhlmann sehr dick und die Geige hohl war, geschworen hätte, ein ganzes Regiment Paukenschläger spiele im Glockenstuhl des Spießburgher Turmes des Teufels Höllenwirbel.

Es läßt sich nicht ausdenken, zu welch verzweifeltem Racheakt dieser aufreizende Angriff die Bewohner von Spießburgh getrieben haben würde, wenn sie nicht der wichtige Umstand, daß nur noch eine halbe Sekunde bis zu Mittag fehlte, bei Besinnung gehalten hätte. Die große Uhr mußte gleich schlagen, und dann gab es für jeden Bürger von Spießburgh auf der ganzen Welt nichts Wichtigeres, als dabei seine Taschenuhr aufs genaueste zu beobachten. Allerdings sah jeder vernünftige Mensch, daß der Bursche sich gerade in diesem Augenblick an der Uhr irgend etwas zu schaffen machte, wozu er kein Recht hatte. Doch als sie jetzt zu schlagen anfing, hatte niemand mehr Zeit, auf seine Manöver acht zu geben, denn jeder mußte jetzt die Schläge der Glocke zählen.

„Eins!", sagte die Uhr.

„Eens!", echote jeder kleine, dicke Herr in jedem Lederarmstuhl in Spießburgh. „Eens!", sagte auch seine Taschenuhr; „eens!", sagte die Uhr von Mevrouw, und „eens!" sagten die Uhren der Jongens und die kleinen, vergoldeten Repetieruhren an den Schwänzen der Katze und des Schweines.

„Zwei!", fuhr die große Uhr fort.

„Twee!", wiederholten alle übrigen.

„Drei! Vier! Fünf! Sechs! Sieben! Acht! Neun! Zehn!", sagte die Turmuhr.

„Dree! Vier! Fif! Seß! Seeven! Acht! Negen! Tien!", antworteten die anderen

„Elf!", sagte die große.

„Elfen!", stimmten die kleinen bei.

„Zwölf!", sagte die große Uhr.

„Twölf!", antworteten alle, vollkommen befriedigt und ließen die Stimme sinken.

„Twölf is et!", sagten alle die alten Herren und steckten ihre Uhren ein. Doch die große Uhr war noch nicht zu Ende.

„Dreizehn!", sagte sie.

„O Gott!", stöhnten die alten Herren und schnappten nach Luft, wurden bleich, ließen die Pfeifen aus dem Munde und ihr rechtes Bein von dem linken Knie fallen.

„O Gott!", jammerten sie alle, „Dörteen! Dörteen! Mein Gott, et is dörteen Uhr!!"

Es wäre unnütz, die schreckliche Szene, die nun folgte, beschreiben zu wollen. Mit einem Wort: Ganz Spießburgh war in Aufruhr!

„Was ist denn mit meiner Zwiebel passiert?", brüllten alle die Bengels. „Ich bin schon seit einer ganzen Stunde hungrig."

„Was ist denn mit meinem Kraut passiert?", schrien alle Mevrouws. „Seit einer Stunde ist es schon zerkocht!"

„Was ist denn mit meiner Pfeife passiert?", fluchten alle die alten, kleinen Herren. „Donner und Blitz, seit einer Stunde muß sie schon ausgeraucht sein." Sie füllten ihre Pfeifen von neuem in großer Wut, lehnten sich in ihre Armsessel zurück und stießen so schnell und wild Rauchwolken von sich, daß das ganze Dorf alsbald in undurchdringlichen Dampf gehüllt ward.

Mittlerweile wurden alle Kohlköpfe ganz rot im Gesicht, und es schien, als habe der Bösewicht von Anbeginn selbst von allem, was eine Standuhr war, Besitz genommen. Die in die Möbel geschnitzten Uhren fingen wie verhext zu tanzen an, während die auf den Kaminsimsen sich vor Wut kaum noch halten konnten und so hartnäckig fortwährend dreizehn schlugen und mit ihren Pendeln so wild herumfuhrwerkten und herumtollten, daß es wirklich schrecklich anzusehen war. Doch das schlimmste von allem war, daß weder die Katzen noch die Schweine länger mit dem Betragen der Taschenuhren an ihren Schwänzen einverstanden zu sein schienen und dies deutlich zeigten, indem sie alle auf dem Platz Reißaus nahmen, dort herumkratzten und herumstöberten, quiekten und schrien, brummten und grunzten, den Leuten ins Gesicht sprangen, sich in ihre Röcke verwickelten, kurz, die greulichste Verwirrung anstellten, die sich ein vernünftiger Mensch nur denken kann. Und der elende, kleine Taugenichts im Turme tat offenbar noch sein möglichstes, um den Tumult zu steigern. Hin und wieder konnte man den Schurken durch den Rauch einen Augenblick lang wahrnehmen. Er saß im Glockenstuhl auf dem Glöckner, der flach auf dem Rücken lag. In seinen Zähnen hielt der Schuft das Glockenseil, an dem er heftig zog, während er seinen Kopf bald nach rechts, bald nach links bewegte, und machte einen solchen Lärm, daß es mir noch jetzt in den Ohren saust, wenn ich nur daran denke. Auf seinem Schoße lag die große Geige, auf der er ohne jedes Zeitmaß und ohne Harmonie – der Hanswurst! – mit beiden Händen das schöne Lied „Komm' herab, o Madonna Theresa" spielte.

Ich brachte es nicht übers Herz, noch länger Zeuge solcher Greuel zu sein, verließ den Ort mit Abscheu und rufe nun alle, denen was an richtiger Zeit und gutem Sauerkraut liegt, zu Hilfe. Laßt uns eine feste Schar nach Spießburgh ziehen, um dort die Ordnung dadurch wiederherzustellen, daß wir den Burschen von dem Turme herunterstürzen!

LE DUC D'OMELETTE

Keats starb an einer Kritik. Niedrige Seele! Le Duc d'Omelette starb an einem gefüllten Ortolan.

Ein goldener Käfig trug den kleinen, beflügelten, liebenswürdigen Wanderer aus seiner Heimat im fernen Peru zur Chaussée d'Antin. Sechs Große des Reiches überbrachten den glücklichen Vogel aus den Händen seiner königlichen Besitzerin, der Bellissima, dem Herzog von Omelette.

An diesem Abend wollte der Herzog allein soupieren. In der Zurückgezogenheit seines Gemaches lag er träumerisch auf jene Ottomane hingestreckt, der er einst seine loyalsten Gefühle geopfert hatte, da er bei ihrem Einkauf den König überbot.

Nun birgt er sein Gesicht in den Kissen. Die Uhr schlägt. Unfähig, seine Gefühle länger zu bemeistern, verzehrt Seine Gnaden eine Olive. In diesem Augenblicke öffnet sich die Tür mit den Klängen einer sanften Musik, und sieh! vor den verliebtesten aller Sterblichen bringt man den köstlichsten aller Vögel. Doch welch unaussprechliche Bestürzung beschattet plötzlich die Züge des Herzogs? – „Horreur! – chien! – Baptiste! – l'oiseau! ah, bon Dieu! cet oiseau modeste que tu as deshabillé de ses plumes, et que tu as servi sans papier!" – Es ist überflüssig, weiteres hinzuzufügen – der Herzog starb im Übermaße seines Ekels.

„Ha! Ha! Ha!", lachte Seine Gnaden am dritten Tage nach dero Dahinscheiden.

„He! He! He!", erwiderte ihm der Teufel schwach und gab sich ein gewisses hochmütiges Air.

„Sie reden wohl kaum im Ernste", beharrte Le Duc d'Omelette. „Ich habe gesündigt – c'est vrai – aber, mein lieber Herr, ich nehme an, daß Sie nicht im entferntesten die Absicht haben, Ihre barbarischen Drohungen wirklich auszuführen."

„Was nicht?", fragte Seine Majestät. „Kommen Sie, Herzog, ziehen Sie sich mal aus."

„Ausziehen? Mein Gott, das ist ja reizend! Nein, mein Herr, ich werde mich nicht ausziehen. Wer sind Sie eigentlich, bitte, daß ich, der Herzog von Omelette, der Fürst von Gaense-L'eber, mich auf Ihren Wunsch der entzückendsten Hosen, die je unter den Händen meines Schneiders (er ist berühmt durch mich geworden) entstanden sind, entledigen, und den hinreißendsten Hausrock, den er je ersonnen, ablegen sollte! Ganz davon zu schweigen, daß ich selbst mein Haar aus den Papilloten wickeln müßte und ganz abgesehen von der Mühe, meine Handschuhe abzulegen."

„Wer bin ich? – Ich bin Belzebub, Fürst der Fliegen; ich nahm dich eben aus einem mit Elfenbein eingelegten Rosenholzsarge. Du hattest einen ganz merkwürdigen Geruch an dir und warst mit Zetteln und Bindfaden ausgestattet wie ein Postkolli. Belial, mein Kirchhofsinspektor, hatte mich auf dich aufmerksam gemacht. Die Hosen, die, wie du sagst, bei deinem berühmten Schneider gemacht sein sollen, sind ein famoses Paar Unterhosen von nicht gerade zierlichen Dimensionen."

„Mein Herr!", erwiderte der Herzog, „ich lasse mich nicht ungestraft beleidigen."

„Mein Herr! Ich werde die nächste Gelegenheit wahrnehmen, mich zu rächen."

„Mein Herr! Sie werden noch von mir hören. Mittlerweile *au revoir!*", Und er wollte sich schon mit vielen Verbeugungen der Gegenwart Seiner Satanischen Majestät entziehen – wurde jedoch von einem Herrn, der draußen vor der Tür wartete, sofort wieder zurückgebracht. Daraufhin rieb sich Seine Gnaden die Augen, gähnte, zuckte mit den Schultern und dachte nach. Nachdem er sich überzeugt hatte, daß er auch wirklich Er, der Herzog von Omelette, sei, begann er, seinen Aufenthaltsort etwas näher in Augenschein zu nehmen.

Das Gemach war entzückend. Selbst der Herzog von Omelette fand es vollständig *comme il faut.* Nur seine Höhe konnte einem Schreck einjagen, äh, wirklich Schreck einjagen. Es hatte keine Decke – wahrhaftig keine Decke, sondern war oben durch eine dichte, wirbelnde Masse feuriger Wolken geschlossen. In Seiner Gnaden Kopfe drehte sich das Hirn herum, als er aufwärts blickte. Von oben herunter hing eine Kette aus unbekanntem, blutrotem Metall, ihr oberes Ende verlor sich *parmi les nuées*, und an dem unteren schwang eine große Pfanne, wie man sie zum Verbrennen von Pechkränzen gebraucht, hin und her. Der Herzog erkannte jedoch, daß es ein Rubin sei. Doch strahlte derselbe ein so kraftvoll ruhiges Licht aus, wie es kein Perser zu erdenken gewagt, kein Feueranbeter je geahnt, kein Muselmann je geträumt, wenn er opiumberauscht auf ein Bett glühender Mohnblumen hinsank, die Blumen im Rücken, das Angesicht zu Phoebus Apollo erhoben. Der Herzog murmelte einen kleinen Fluch, offenbar als Zeichen der Anerkennung.

Die Ecken des Zimmers waren in Nischen abgerundet. Drei derselben wurden von riesengroßen Statuen eingenommen. Was schön an ihnen war, schien griechisch, was sie Häßliches an sich hatten, war ägyptisch, und ihr *tout ensemble* war französisch. Die Statue, die in der vierten Nische stand, war verschleiert.

Es war keine Kolossalfigur. Aus dem Schleier guckte ein spitzer Knöchel und ein mit einer Sandale bekleideter Fuß hervor. Herr von Omelette drückte seine Hand gegen sein Herz, schloß die Augen, schlug sie wieder auf und überraschte Seine Satanische Majestät bei einem Erröten.

Aber erst die Gemälde! – Krypis! Astarte! Astoreth! Und das hat Rafael gesehen! Denn malte er nicht die –? Und wurde er infolgedessen nicht verdammt? Diese Bilder! – diese Bilder! O Wollust! O Liebe! – Wer hätte, nachdem er diese verbotene Schönheit geschaut, noch Augen für die goldumrahmten, leckeren Wahlsprüche, die wie Sterne an den hyazintenen und porphyrnen Wänden aufblitzten?

Dem Herzog sinkt plötzlich das Herz in die Unterhose. Nicht, daß ihn alle diese Pracht schwindlig oder der berauschende Duft der zahllosen Weihrauchschalen trunken gemacht hätte! *C'est vrai que de toutes ces choses il a pensé beaucoup – mais!* Der Herzog von Omelette steht wie vom Blitz gerührt, denn durch das einzige unverhangene Fenster des Zimmers erblickte er draußen das ungeheuerlichste, geisterhafteste Feuermeer.

Le pauvre Duc! Er konnte sich des Gedankens nicht erwehren, daß die wunderbaren, üppigen, endlos wiegenden Melodien, die durch das Fenster in das Gemach fluteten, das Heulen und Wehklagen der Hoffnungslosen und Verdammten seien! Und hier! – hier! auf der Ottomane! – Wer konnte das sein? – er, der *petit maître* – nein, die Gottheit – der da saß wie aus Marmor gehauen und *qui sourit* mit seinem bleichen Antlitz *si amèrement*?

Mais il faut agir – das heißt: ein Franzose läßt sich nicht verblüffen. Außerdem waren Seine Gnaden ein Feind von Szenen. Der Herzog von Omelette war im Augenblick wieder ganz er selbst. Auf einem Tische erblickte er ein paar Stoßpapiere; er hatte bei Monsieur Maître das Fechten erlernt; *il avait tué ses six hommes*. Es war also eine Möglichkeit vorhanden *de s'echapper*. Er maß die Entfernung ab und forderte mit unnachahmlicher Grazie Seine Majestät zum ersten Stoße auf. *Horreur!* Seine Majestät ficht nicht.

Mais il joue? – welch glücklicher Gedanke! Seine Gnaden haben immer ein ausgezeichnetes Gedächtnis gehabt. Er hat einmal flüchtig in den „*Diable*" des Abbé Gualtier hineingeguckt und darin gelesen „*que le Diable m'ose pas refuser un jeu d'écarté*".

Aber die geringsten Chancen – die Chancen! Der Fall ist verzweifelt, doch kaum verzweifelter als der Herzog. Doch wozu? Kannte er nicht alle Feinheiten des Spieles? Hatte er nicht Père le Brun verschiedentlich hineingelegt? War er nicht Mitglied des Klubs „*Vingt-un*"? „*Si je perds*", sagte er, „*je serai deux fois perdu* – bin ich eben doppelt hineingefallen – *voilà tout*." (Hier zuckten Seine Gnaden mit den Schultern.) „*Si je gagne, je reviendrai à mes ortolans – que les cartes soient preparées*."

Seine Gnaden waren ganz Sorgfalt, ganz Aufmerksamkeit – Seine Majestät ganz Zutraulichkeit. Seine Gnaden dachten an das Spiel – Seine Majestät dachten an gar nichts, sondern mischten. Der Herzog hob ab.

Die Karten sind geteilt, der Trumpf ist heraus: – es ist – es ist – der König. Nein, es ist die Königin. Seine Majestät fluchen über ihre männliche Kleidung. Von Omelette legt die Hand aufs Herz.

Sie spielen. Der Herzog zählt. Seine Majestät zählt auch, lächelt und nimmt einen Schluck Wein. Der Herzog steckt sich eine Karte zu.

„*C'est à vous à faire*", sagte Seine Majestät. Seine Gnaden verbeugten sich, teilte und erhob sich von seinem Tische, *en présentant le roi*.

Seine Majestät sah ein wenig geärgert aus.

Wäre Alexander nicht Alexander gewesen, er hätte Diogenes sein mögen, und der Herzog versicherte seinem Partner, als er sich nun verabschiedete! „*que s'il n'eût pas été de l'Omelette, il n'aurait point d'objection d'être le Diable*."

DER SALONLÖWE

Ich bin – das heißt, ich war ein großer Mann; mein Name ist, wenn ich mich nicht irre, Eitel Gold, und ich bin irgendwo in der Stadt Rumfutsch geboren.

Die erste Handlung meines Lebens war, mit beiden Händen meine Nase zu umfassen. Meine Mutter sah es und nannte mich ein Genie –; mein Vater weinte vor Freude und schenkte mir eine Abhandlung über Nosologie, die ich in- und auswendig kannte, noch ehe ich die ersten Höschen trug.

Schon damals begann ich zu ahnen, daß ich für die Wissenschaft geboren sei, und sah ein, daß jeder Mensch, sofern er eine genügend große Nase hat, derselben nur nachzugehen braucht, um zur Würde eines Löwen zu gelangen. Doch beschränkte ich mich nicht bloß auf leere Theorien. Jeden Morgen zog ich zweimal an meinem Rüssel und genoß ein Dutzend kleiner Gläschen.

Als ich majorenn geworden, bat mich mein Vater eines Tages, ihm in sein Zimmer zu folgen.

„Mein Sohn", sagte er, als wir Platz genommen, „was ist der Hauptzweck deines Lebens?"

„Mein Vater", antwortete ich, „das Studium der Nosologie."

„Und was ist das ‚Nosologie'?"

„Mein Vater", sagte ich, „die Wissenschaft von der Nase."

„Und kannst du mir sagen", fragte er weiter, „welchen Sinn das Wort ‚Nase' hat?"

„Die Nase, mein Vater", erwiderte ich und senkte die Stimme, „ist von ungefähr eintausend Autoren verschieden definiert worden. (Hier zog ich meine Uhr heraus.) Es ist jetzt ungefähr Mittag, und wir haben bis Mitternacht Zeit genug, sie alle Revue passieren zu lassen. Ich will also gleich beginnen: Die Nase ist nach Bartholinus jener Vorsprung, jener Buckel, jener Auswuchs, jener ..."

„Ausgezeichnet", unterbrach mich der gute alte Herr, „ich bin ganz paff über dein grenzenloses Wissen – wahrhaftiger Gott, ich bin paff." (Hier schloß er die Augen und legte die Hand aufs Herz.) „Komm einmal her!", (Hier ergriff er mich am Arme.) „Deine Erziehung kann nun als vollendet angesehen werden – es ist die höchste Zeit, daß du in die Welt kommst, und du kannst nichts Besseres tun, als nur immer deiner Nase nachzugehen. So nämlich ... und so ..." (Hier geleitete er mich durch geschickte Fußtritte die Treppe hinunter bis zur Haustüre.) „... so, mein Sohn, nun gehe, und Gott schütze dich."

Ich hielt den väterlichen Rat für sehr beherzigenswert und ging – meiner Nase nach. Zuvor zog ich jedoch zwei- oder dreimal an ihr und schrieb schleunigst eine Broschüre über Nosologie.

Ganz Rumfutsch geriet in Aufregung.

„Erstaunliches Genie!", meinte die „Rundschau für reine Intelligenz".

„Sicherlich eine exceptionelle Erscheinung!", meinte das „Adelsblatt".

„Tiefer, überzeugungsbewußter Denker!", meinte die „Politische Zeitung".

„Stern am Himmel des Geistes!", meinte der „Lokalanzeiger".

„Endlich ein wirklicher Mann!", meinte die „Frauenwelt".

„Einer von den ganz Großen!", äußerte sich der Herausgeber Prof. Dr. Geste.

„Sogenanntes einseitig entwickeltes Phänomen!", äußerte sich der Verleger des „Adelsblattes", Herr von Dumm.

„Natürlich einer der Unsrigen!", äußerte sich der Chefredakteur und Abgeordnete Herr Mauzufrieden.

„Geschickter Bursche!", beneidete der Journalist Zeile.

„Wer mag er sein?", sagte die Chefredaktrice Frau Hose.

„Was mag er sein?", grunzte das dicke Fräulein Hose.

„Wo mag er sein?", krähte das dürre Fräulein Hose.

Aber ich nahm nicht die geringste Notiz von all diesen Menschen, sondern begab mich geradenwegs in das Atelier eines Künstlers.

Die Herzogin von Irgentwi saß gerade zu ihrem Porträt; der Marquis von Sountso hielt den Pudel der Herzogin; der Graf von Herge-Laufen spielte mit dem Salzflacon der Dame, und Seine Königliche Hoheit der Prinz von Garnix lehnte sich über den Rücken ihres Fauteuils.

Ich näherte mich dem Künstler und rümpfte meine Nase.

„Oh, sehr schön!", seufzten Ihro Gnaden.

„Oh, Hilfe!", stotterte der Marquis.

„Oh, shocking!", murmelte der Graf.

„Oh, entsetzlich!", grunzte Seine Königliche Hoheit. „Wie hoch ist ihr Preis?", fragte der Künstler.

„Für seine Nase!", riefen Ihre Gnaden.

„Tausend Pfund!", sagte ich und setzte mich.

„Tausend Pfund?", fragte der Künstler träumerisch.

„Tausend Pfund!", sagte ich.

„Sie ist wunderbar schön!", sagte er in Ekstase.

„Sie kostet tausend Pfund!", sagte ich.

„Können Sie Garantie leisten?", fragte er und wandte die Nase gegen das Licht.

„Ich garantiere für sie!", sagte ich und schneuzte mich kräftig.

„Ist sie auch wirklich ein Original?", fragte er und berührte sie ehrfurchtsvoll.

„Wie?", fragte ich und rümpfte sie nach der Seite.

„Existiert keine Kopie von ihr?", fragte er und studierte sie durchs Mikroskop.

„Absolut keine!", sagte ich und streckte sie wieder gerade.

„Wundervoll!", rief er, ganz geblendet von der Schönheit dieser Bewegung.

„Tausend Pfund!", sagte ich.

„Tausend Pfund?", fragte er.

„Genau!", sagte ich.

„Tausend Pfund!", sagte er.

„Jawohl!", sagte ich.

„Sie sollen sie haben", sagte er, „... welch Kapitalstück!!!"

Er überreichte mir sofort eine Banknote und machte eine Skizze von meiner Nase. Ich mietete mir ein großes Apartment und widmete Ihrer Majestät die neunundneunzigste Auflage meiner „Nosologie" mit dem Porträt meines Rüssels.

Der Prinz von Wales, dieser kleine Taugenichts, lud mich zum Diner ein.

An dem Abende waren wir zu lauter Löwen beisammen.

Es war da erstens ein Neoplatoniker. Er zitierte Porphyrus, Jamblicus, Plotinus, Proclus, Hierocles, Maximus von Tyrus und Syrianus.

Es war ferner da ein Professor der menschlichen Vervollkommnungslehre. Er zitierte Turgot, Price, Priestley, Condorcet, de Staël und den „Ambitious Student Ill Health".

Dann sah ich Herrn Positif Paradox. Er bemerkte, daß alle Narren Philosophen und alle Philosophen Narren seien.

Auch Herr Ästhetikax Ethix war zugegen. Er sprach vom Feuer, von Einheit und von Atomen; von Doppelseele und Vorexistenz, von Sympathie und Antipathie, von primitiver Intelligenz und von Homoeomerie.

Des ferneren bemerkte ich Herrn Theo Logius. Er schwatzte von Eusebius und Arius; über Häresie und das Concil von Nicäa; über Puseyismus und Consubstanzialismus; über Homoousios und Homoiousios.

Dann war noch Herr de Fricassé da. Er sprach von Zungen à l'écarlate, von Blumenkohl in sauce velouté, von Kalbsbraten à la Sainte-Menehould, von Marinaden à la Saint-Florentin und von Orangengelée en mosaique.

Herr Pfropfen war auch zugegen. Er sprach über Latour und Markobrunner, über Champagner und Chambertin, über den Richebourg und den Hautbrion, den Léoville und den Medoc, über Bassac und Preignac, über Grave und Sautrne, über Lafitte und Saint-Peray. Er schüttelte den Kopf über Clos-vougeot und rühmte sich, mit geschlossenen Augen Sherry von Amontillado unterscheiden zu können.

Weiter bemerkte ich noch den Signor Tintotintitintotinti aus Florenz. Er erklärte uns Cimabuë, Arpino, Carpaccio und Agostino; er sprach von den Dunkelheiten des Caravaggio, von der Lieblichkeit des Albano, vom Colorit des Tizian, von den dicken Basen des Rubens und den Scherzhaftigkeiten des Jan Steen.

Fernerhin lernte ich den Direktor der Universität Rumfutsch kennen. Er sprach die Meinung aus, daß der Mond in Thracien Bendis, in Ägypten, Bubastis, in Rom Diana und in Griechenland Artemis genannt worden sei.

Dann sah ich einen Großtürken aus Stambul. Er konnte sich dem Glauben nicht verschließen, daß die Engel Pferde, Hühner und Stiere seien; daß im siebenten Himmel irgend jemand existiere, der siebzig Köpfe habe, und daß die Erde von einer himmelblauen Kuh getragen werde, die mit einer Unzahl grüner Hörner geschmückt sei.

Herr Polyglotte war ebenfalls eingeladen. Er teilte uns mit, was aus den dreiundachtzig verlorenen Tragödien des Äschylus, aus den vierundfünfzig Reden des Isaeus, den dreihunderteinundneunzig Zwiegesprächen des Lysias, den einhundertvierundzwanzig Abhandlungen des Theophrastus, dem alten Buch über Kegelberechnung des Apollonius, den Hymnen und Dithyramben des Pindar und den fünfundvierzig Tragödien Homers des Jüngsten geworden ist.

Auch sah ich Herrn Ferdinand Fosillius Feldspar. Er belehrte uns über unterirdische Feuer und Tertiärformationen, über luftförmige, flüssige und feste Körper; über Quarz und Kiesel, Schiefer und Schörl; über Gyps und Kalk, über Blende und Hornblende, über Glimmerschiefer und den Puddingstein, über Antimon und den Chalcedon, über Mangan, über alles, was Sie nur wollen.

Dann kam Ich. Ich sprach von mir – von Mir und von Mir –; von Nosologie, von meiner Broschüre und von Mir. Ich rümpfte Meine Nase und sprach von Mir.

„Glücklicher Mann! Wundervoller Mensch!", sagte der Prinz von Wales.

„Superb!", sagten die Tafelgäste. Und am folgenden Morgen machten wir Ihro Gnaden der Herzogin von Irgentwi einen Besuch.

„Werden Sie zu Protzens kommen, reizendes Geschöpf?", sagte sie und gab mir einen sanften Klaps unter das Kinn.

„Ja, auf meine Ehre!", sagte ich.

„Mit der ganzen Nase?", fragte sie.

„So wahr ich lebe", erwiderte ich.

„Hier ist meine Einladungskarte, schöner Engel; ich werde also sagen, daß Sie kommen?"

„Liebe Herzogin, mit tausend Freuden."

„Wer spricht von Freuden? Kommen Sie nur mit der ganzen Nase!"

„Mit der ganzen Nase, mein Liebling", sagte ich, zog ein- oder zweimal an ihr und begab mich zu Protzens. Der Salon war zum Ersticken voll.

„Er kommt!", sagte jemand auf der Treppe.

„Er kommt!", sagte ein anderer ein wenig höher.

„Er kommt!", rief ein anderer noch ein wenig höher. „Er ist da?", rief die Herzogin, „er ist da, der kleine Liebling!"

Und sie bemächtigte sich meiner beiden Hände und küßte mich dreimal auf die Nase.

Eine lebhafte Bewegung ging durch die Versammlung.

„*Diavolo!*", rief der Graf von Capricornutti.

„*Dios guarda!*", murmelte Don Stiletto.

„*Milles tonnerres!*", fluchte der Prinz von Grenouille.

„Tausend Teufel!", brummte der Kurfürst von Kollern.

Das konnte ich mir nicht gefallen lassen. Ich wurde wütend und wandte mich brüsk nach dem Kurfürsten um.

„Kurfüst!", sagte ich, „Sie sind ein Gorilla!"

„Mein Herr!", erwiderte er nach einer Pause, „Donner und Blitz!"

Mehr wollte ich ja nicht. Wir wechselten die Karten. Am anderen Morgen schoß ich ihm die Nase ab – und stellte mich darauf meinen Freunden wieder vor.

„Dummkopf!", sagte der erste.

„Esel!", sagte der zweite.

„Stumpfbold!" sagte der dritte.

„Tölpel!", sagte der vierte.

„Tropf!", sagte der fünfte.

„Pinsel!", sagte der sechste.

„Hinaus!", sagte der siebente.

Sehr gekränkt von alledem, suchte ich meinen Vater auf.

„Mein Vater", fragte ich, „was ist der Hauptzweck meines Daseins?"

„Mein Sohn", sagte er, „noch immer das Studium der Nosolgie; aber als du dem Kurfürsten die Nase abschossest, hast du eben übers Ziel hinausgeschossen. Du hast eine ausgezeichnet schöne Nase, das ist wahr. Aber der Kurfürst hat nun gar keine mehr. Du bist jetzt überall durchgefallen, und er ist der Held des Tages geworden. Ich gebe gern zu, daß in Rumfutsch die Größe eines Löwen der Größe seiner Nase genau entspricht, aber du meine Güte – dann steht eben ein Löwe, der gar keine Nase hat, über aller Konkurrenz!"

VIER TIERE IN EINEM
Der Homo-Cameleopard

Chacun a ses vertus.
Crébillons „Xerxes"

Antiochus Epiphanes wird gewöhnlich für den Gog des Propheten Ezechiel
gehalten. Diese Ehre kommt aber viel eher dem Cambyses, dem Sohne des
Cyrus, zu. Und außerdem bedarf der Charakter des syrischen Herrschers keines
verherrlichenden Beinamens. Daß er den Thron bestieg oder vielmehr, daß er
um das Jahr hunderteinundsiebzig vor Christo die Herrschaft an sich riß, sein
Versuch, den Tempel der Diana zu Ephesus zu zerstören, seine erbitterte Feindschaft gegen die Juden, seine Vergewaltigung des Heiligtums der Heiligen und
sein schmähliches Ende zu Taba nach einer wüsten elfjährigen Herrschaft – das
alles sind Ereignisse, die die Aufmerksamkeit der Geschichtsschreiber seinerzeit
mehr beschäftigt haben, als die geschmacklosen, phantastischen, niederträchtigen, feigen und grausamen Taten, die man zu einem Gesamtbild seines Privat-
lebens hinzufügen muß.

Nehmen wir an, lieber Leser, daß wir uns im Jahre dreitausendachthundertdrei-
ßig befinden und für einen Augenblick in die phantastischste aller menschlichen
Wohnstätten, in die bedeutende Stadt Antiochia, versetzt sind. Man hat untrüg-
liche Beweise dafür, daß es in Syrien noch mindestens sechzehn Städte dieses
Namens gab. Aber die unsrige nannte man Antiochia Epidaphne, weil sie nahe
bei dem Dorf Daphne lag, in dem sich ein Tempel dieser Gottheit befand. Sie
wurde (vielleicht wird man dies widerlegen!?) von Seleucus Nicanor erbaut, der
sie zum Gedächtnis seines Vaters Antiochus gründete; und sehr bald darauf war
sie die Hauptstadt Syriens. In den blühenden Zeiten der römischen Herrschaft
war sie die Residenz des Präfekten der orientalischen Provinzen, und verschiedene Kaiser der königlichen Stadt (von denen wir besonders Verus und Valens
hervorheben wollen) brachten hier die größte Zeit ihres Lebens zu. Doch ich
sehe, daß wir vor der Stadt angelangt sind. Steigen wir auf diese Plattform, und
werfen wir einen Blick auf die Stadt und ihre Umgebung.

„Was ist das für ein breiter, schnell fließender Strom, der sich so ungestüm
seinen Weg durch die unzähligen Wasserfälle, das Chaos der Berge und die
Menge der Bauten bahnt?"

„Das ist der Orontes, das einzige Wasser, das man außer dem Mittelländi-
schen Meere sehen kann, das sich wie ein ungeheurer Spiegel nach Süden bis

zu zwölf Meilen Entfernung erstreckt. Jeder hat wohl das Mittelländische Meer geschaut, aber nur wenige Menschen haben den Ausblick auf Antiochia genossen; ich meine, nur sehr wenige von denen, die, wie wir, eine gute moderne Erziehung genossen haben. Also lassen wir das Mittelländische Meer, und richten wir unsere ganze Aufmerksamkeit auf die Häusermasse, die sich zu unseren Füßen ausbreitet. Wir müssen immer bedenken, daß wir im Jahre dreitausendachthundertunddreißig stehen. Wenn es später wäre, wenn es zum Beispiel um das Jahr achtzehnhundertfünfundvierzig wäre, würden wir von alledem nichts finden. Im neunzehnten Jahrhundert ist Antiochia, das heißt: wird Antiochia sich in einem bedauerlichen Zustande befinden. Von heute bis dahin wird es dreimal von Erdbeben zerstört worden sein, und alles, was aus der ersten Zeit seines Bestehens noch vorhanden ist, wird sich in einem verwahrlosten, ruinenhaften Zustande befinden, und der Patriarch wird seine Residenz nach Damaskus verlegt haben. Nun gut, ich sehe, daß Sie meinen Rat befolgen und daß Sie sich die Stätte näher ansehen, um

> Eure Augen zu erfreuen an Überresten von gewaltigen Werken,
> die einst die Stadt zu hohem Ruhm gebracht."

„Ich bitte um Verzeihung; ich hatte vergessen, daß Shakespeare nicht vor siebzehnhundertfünfzig Jahren leben wird. Aber hatte ich nicht recht, den Anblick von Epidaphne grotesk zu nennen?"

„Es ist sehr befestigt; und zwar verdankt es seine Stärke ebenso der Natur wie der Kunst."

„Ganz recht!"

„Es besitzt eine große Menge herrlicher Paläste."

„Ich sehe."

„Und all die zahlreichen wundervollen, prächtigen Tempel können wohl mit den berühmtesten der Antike verglichen werden."

„Dies alles gebe ich zu; aber es gibt auch eine Unmenge niedriger Hütten und elender Baracken. In den Straßenrinnen liegt ungemein viel Schmutz, und wäre nicht alles von starkem Dufte des Weihrauchs durchdrungen, so würden wir einen unerträglichen Gestank auszustehen haben. Sahen Sie je so entsetzlich enge Straßen oder so rätselhaft hohe Häuser? Wie dunkel die Schatten sind, die sie werfen! Die Lampen bleiben in diesen endlosen Straßen den ganzen Tag über angezündet; sonst würde eine ägyptische Finsternis herrschen."

„Es ist jedenfalls ein seltsamer Ort. Was ist das für ein sonderbares Gebäude dort unten? Sehen Sie nur, es überragt alle anderen und schließt sich westlich an den Palast des Königs an!"

„Das ist der neue Tempel der Sonne, die in Syrien unter dem Namen *Elah Gabalah* angebetet wird. In späteren Zeiten wird ein berühmter römischer Kaiser diesen Kultus in Rom einführen und daher seinen Beinamen Heliogabalus erhalten. Ich bin überzeugt, daß der Anblick der Gottheit dieses Tempels Ihnen einige Freude bereiten würde. Sie brauchen nicht zum Himmel aufzublicken! Ihre Majestät, die Sonne, ist nicht da – wenigstens nicht die Sonne, welche die Syrer anbeten. Diese Gottheit befindet sich im Innern des Gebäudes dort unten vor uns. Sie wird in der Form eines großen Steinhaufens angebetet, dessen Gipfel in eine Konus oder eine Pyramide endigt – ein Wort, das von πύϱ, das ist: Feuer, abgeleitet ist."

„Hören Sie nur –! Sehen Sie doch –! Was sind das für lächerliche Wesen, halb nackt und mit bemalten Gesichtern, die sich mit drohenden Gebärden und lautem Geschrei an die Menge wenden?"

„Einige davon sind Gaukler; andere wieder sind Philosophen; die meisten aber – und besonders die, welche mit Stöcken auf die Menge schlagen – sind Höflinge aus dem Palast, die irgendeinen drolligen Einfall des Königs ausführen."

„Und nun erst dort! Himmel! Ein Ameisenhaufen wilder Bestien! Welch entsetzliches Schauspiel –! Welch gefährliches Pläsier!"

„Schrecklich, wenn Sie wollen, aber nicht im geringsten gefahrvoll. Sehen Sie nur genau zu, und Sie werden bemerken, daß jedes Tier ruhig hinter seinem Herrn schreitet. Einige darunter werden allerdings an einer Leine geführt; das sind die kleineren und schüchterneren Arten. Der Löwe, der Tiger und der Leopard sind vollständig frei. Sie sind zu ihrer gegenwärtigen Profession ohne Schwierigkeit ausgebildet und folgen ihren Eigentümern sozusagen als Kammerdiener. Es kommt allerdings vor, daß ihre wilde Natur wieder hervorbricht, aber ein zerfleischter Held, ein erwürgter Kämpfer sind zu häufig in Epidaphne, als daß man ihnen noch viel Aufmerksamkeit schenkte."

„Aber welch ungewöhnlichen Tumult vernehme ich? Das ist, bei Gott! ein höllisches Geräusch, selbst für Antiochia! Irgendein Unglücksfall?!"

„Ganz unzweifelhaft! Der König wird irgendein neues Schauspiel befohlen haben: die Vorstellung von Gladiatoren im Hippodrom – oder vielleicht die Niedermetzelung der scytischen Gefangenen – oder den Brand seines neuen Palastes – oder selbst ein schönes Freudenfeuer aus einigen Juden. Der Lärm nimmt zu! Heiterkeitsausbrüche höre ich! Die Luft ist erfüllt von den Tönen der Blasinstrumente und den Rufen aus Millionen Kehlen. Laßt uns Spaßes halber heruntersteigen und sehen, was los ist. Hierher – nehmen Sie sich in acht! Wir befinden uns hier in der Hauptstraße, die man die Timarchusstraße nennt. Der Menschenstrom kommt von dieser Seite, und es würde uns schwer werden, in entgegengesetzter Richtung weiterzudringen. Die Menge flutet in die Heraklidenallee, die vom Palast ausgeht; so wird sich also wohl der König dort befinden. Ja, ich höre die Stimme des Herolds, der seine Ankunft in den pomphaften Phrasen des Orients verkündet. Wir werden ihn erblicken, wenn er an dem Tempel der Ashimah vorüberkommt. Mittlerweile wollen wir uns in den Vorhof des Heiligtums verziehen; er wird gleich hier sein! Während der Zeit betrachten wir diese Figur. Wen stellt sie vor? Oh! das ist der Gott Ashimah in Person. Sie sehen, daß er weder ein Lamm noch ein Bock noch ein Satyr ist; er hat auch kaum Ähnlichkeit mit dem Plan der Arkadier. Und doch sind alle diese Eigenschaften – *pardon* – werden sie alle von den Gelehrten der späteren Jahrhunderte dem Ashimah der Syrer zugeschrieben werden. Setzen Sie sich Ihre Brille auf, und dann sagen Sie mir, was das ist. Nun?"

„Gott verzeihe mir! Aber das ist ein Affe!"

„Ja, ganz gewiß! – ein Pavian – und durchaus keine Gottheit. Sein Name ist eine Ableitung vom griechischen *simia*; was für einfältige Narren doch die Altertumsforscher sind! Aber sehen Sie nur dort unten den kleinen lumpenbehangenen Burschen. Was schreit er? Wohin eilt er? Oh! er sagt, daß der König sich mit großem Gepränge nahe; daß er sein Festkleid angezogen habe und daß er eben im Begriff sei, tausend israelitische Gefangene eigenhändig zu töten! Für diese Heldentat hebt ihn der kleine Lump in die Wolken! Achtung! Dort kommt eine Gruppe Menschen, alle gleich geschmückt. Sie haben eine lateinische Hymne auf den Heldenmut des Königs gemacht und singen sie nun im Schreiten:

> *Mille, mille,*
> *Mille, mille, mille.*
> *Decollavismus, unus homo!*
> *Mille, mille, mille, mille decollavismus!*
> *Mille, mille, mille!*
> *Vivat qui mille, mille occidit!*
> *Tantum vini habet nemo*
> *Quantum sanguinis effudit.* *

Was übersetzt ungefähr folgendermaßen lautet:

---

* Flavius Vospicus sagt, daß die hier eingeschobene Hymne von der Bevölkerung bei dem sarmatischen Kriege zu Ehren des Aurelian gesungen wurde, der mit eigener Hand neunhundertfünfzig Feinde tötete.

Tausend, tausend, tausend,
Tausend, tausend, tausend,
Mit einem einzigen Helden haben wir tausend vernichtet.
Tausend, tausend, tausend,
Laßt uns die Tausend ewig besingen.
Hurra! – Ja, laßt uns singen
Und langes Leben unserem König wünschen,
Der tausend Mann so ruhmvoll überwunden.
Hurra! Laßt uns aus vollem Halse schreien,
Daß er bei seiner Heldentat
Viel reichlicher der Opfer Blut vergoß,
Als Syrien an Wein uns bieten konnte."

„Hören Sie diese Trompetenfanfaren?"

„Ja – der König naht! Sehen Sie nur! Das Volk rast vor Begeisterung und hebt seine Augen verzückt zum Himmel! Er naht –! Er naht –! Da ist er!"

„Ja –? Wo –? Der König –? Ich sehe ihn nicht –! Ich versichere Sie, daß ich ihn nicht sehe!"

„So müssen Sie blind sein."

„Das ist möglich. Auf jeden Fall kann ich nichts anderes erblicken als eine tobende Menge von Idioten und Narren, die sich eilig vor einer riesig großen Giraffe niederwerfen und sich bemühen, die Füße des Tieres zu küssen. Sehen Sie nur, wie es eben einem aus der Menge einen Fußtritt gibt – ah! noch einem – und noch einem – und noch einem! Ich kann in der Tat nicht genügend bewundern, welch ausgezeichneten Gebrauch das Tier von seinen Füßen macht."

„Eine Volksmenge, gewiß –! Aber dies sind die edlen und freien Bürger Epidaphnes! Das Tier, haben Sie gesagt! Hüten Sie sich nur! Wenn jemand das hörte! Mein lieber Freund, diese Giraffe ist niemand anderes als Antiochus Epiphanes – Antiochus, der große König von Syrien, der mächtigste aller orientalischen Autokraten! Allerdings wird er auch zuweilen Antiochus Epimanes – Antiochus der Narr – genannt, aber das kommt nur daher, weil nicht alle seine Verdienste zu würdigen wissen. Es ist nicht zu leugnen, daß er sich augenblicklich in eine Tierhaut gesteckt hat, und daß er seine Rolle als Giraffe so treu wie möglich wiederzugeben sucht; aber er tut dies nur, um seine Würde als König aufrechtzuerhalten. Übrigens ist der König von riesengroßem Wuchs, und dies Kleid steht ihm infolgedessen nicht schlecht und ist ihm nicht zu groß. Wir dürfen nichtsdestoweniger annehmen, daß er einen besonderen Grund zu dieser seltsamen Verkleidung haben muß. Zum Beispiel vielleicht – stimmen Sie zu – das Blutbad von tausend Juden! Mit welch hoheitsvoller Würde der Monarch

auf seinen vier Füßen schreitet! Sein Schwanz wird, wie Sie sehen, von seinen
bevorzugtesten Kebsweibern, Elline und Argelais, hoch in die Luft gehalten;
und sein ganzes Äußere wäre unbedingt sehr gefällig, ständen seine Augen nicht
so unangenehm aus dem Kopfe und wäre seine Gesichtsfarbe nicht durch den
übermäßigen Genuß von Wein so unbeschreiblich geworden. Folgen wir ihm
nach dem Hippodrom, und lauschen wir dem Triumphgesang, welchen er nun
selbst anstimmt:

> „Wer ist König außer Epiphanes?
> Sagt – wißt ihr es?
> Wer ist König außer Epiphanes!
> Bravo –! Bravo!
> Nein, es gibt keinen außer Epiphanes!
> Es gibt keinen:
> Und also reißt die Tempel nieder
> Und löscht die Sonne aus!“

Schön und kühn gesungen! Das Volk begrüßt ihn als Dichterfürsten, als Ruhm
des Orients, Entzücken des Universums und schließlich als wunderbarste
Giraffe. Sie flehen ihn an, seinen Gesang zu wiederholen, und, wie Sie hören,
beginnt er ihn von neuem. Wenn er im Hippodrom anlangt, wird er den Dich-
terkranz empfangen als Vorgeschmack eines Sieges bei den nächsten olympischen Spielen.“

„Aber, gütiger Jupiter! was geht denn in der Menge hinter uns vor sich?“

„Hinter uns, haben Sie gesagt? – Oh! Oh! – ich verstehe. Mein Freund, es
ist gut, daß Sie beizeiten sprachen. Wir wollen uns nur schleunigst in Sicherheit
bringen. Hierher –! flüchten wir unter den Bogen dieses Aquädukts; ich werde
Ihnen erklären … Wie ich schon fürchtete, ist es schlimm ausgelaufen. Der seltsame Anblick dieser Giraffe mit Menschenkopf mußte bei den wilden Tieren,
die so zahlreich gezähmt werden, die Ideen von Logik und Harmonie beleidigen.
Ein Aufstand der Herren Bestien war die natürliche Folge, und, wie gewöhnlich
bei derartigen Gelegenheiten, werden alle Versuche, die Bewegung zu unterdrücken, fruchtlos sein. Einige Syrer sind schon zerrissen worden, aber die vier-
füßigen Patrioten scheinen nur den einen Wunsch zu haben, die Giraffe zu verschlingen. Der ‚Dichterfürst‘ hat sich also auf seine Hinterfüße erhoben, denn es
handelt sich um sein Leben. Die Höflinge haben ihn im Stich gelassen, und seine
Kebsweiber sind diesem edlen Beispiel gefolgt. Entzücken des Universums, du
befindest dich in einer traurigen Lage! Ruhm des Orients, du läufst Gefahr, zerfleischt zu werden! Sieh deshalb nicht so besorgt nach deinem Schwanz, er wird

unzweifelhaft durch den Schmutz gezogen werden. Sieh also nicht hinter dich, und beschäftige dich nicht mit deiner unvermeidlichen Entehrung; sei vielmehr mutig, gebrauche deine Beine und rette dich zum Hippodrom! Denke daran, daß du Antiochus Epiphanes, Antiochus der Große bist! Der Dichterfürst, der Ruhm des Orients, das Entzücken des Universums und die wunderbarste aller Giraffen! Gütiger Himmel! Welch außerordentliche Schnelligkeit du entfaltest! Ja, du besitzest Gewandtheit der Beine! Laufe, Fürst –! Bravo! Epiphanes –! Du läufst gut, Giraffe –! Ruhmreicher Antiochus! Er läuft – er springt –! Er fliegt! Wie ein Blitz fährt er dahin und nähert sich dem Hippodrom! Noch einen Satz –! Er schreit –! Er ist angelangt –! Das war dein Glück; denn, o Ruhm des Orients, wenn du nur eine halbe Sekunde später die Pforten des Amphitheaters erreicht hättest, wäre in Epidaphne auch nicht der kleinste Bär gewesen, der nicht deinen Leichnam beschnüffelt hätte. Kommen Sie – wir wollen uns entfernen – denn unsere modernen Ohren sind zu empfindlich für den Heidenlärm, der nun aus Freude über die Befreiung des Königs entstehen wird –! Hören Sie! schon fängt man an –! Sehen Sie, die ganze Stadt ist in Verwirrung.“

„Dies ist unbedingt die prächtigste Stadt des Orients! Welch Gewimmel von Menschen! Welches Durcheinander aus allen Ständen und von jedem Alter! Welch verschiedene Sekten und Nationen! Was für verschiedene Trachten! Welch babylonisches Sprachgewirr! Welch tierische Schreie! Welch Getöse von Instrumenten! Was für ein Haufen Philosophen!“

„Kommen Sie, machen wir uns davon!“

„Nur einen Augenblick noch. Was bedeutet diese neue Aufregung im Hippodrom? Haben Sie eine Ahnung?“

„Oh! das ist weiter nichts! Die edlen und freien Bürger von Epidaphne, welche so außerordentlich zufrieden mit der Hochherzigkeit, dem Mut, der Weisheit und der Göttlichkeit ihres Königs sind, halten es, nachdem sie eben von neuem Zeuge seiner übermenschlichen Gewandtheit gewesen sind, für ihre Pflicht, zu dem Dichterlorbeer auch noch den Kranz des Schnellaufens auf seine Stirn zu drücken. Er würde bei den nächsten olympischen Spielen diesen Kranz unbedingt erringen, und so ist es nur zu natürlich, daß man ihn schon heute im voraus damit bekränzt.“

EINE ANULKUNG

Der Baron Ritzner von Jung stammte aus einer ungarischen Aristokratenfamilie, deren Mitglieder durch ein gewisses groteskes Wesen berühmt geworden waren, von dem uns Tieck, ein Sprößling des Hauses, lebendige, wenn auch durchaus nicht zureichende Schilderungen gegeben hat.

Ich lernte Ritzner auf dem wundervollen Schlosse Jung kennen, in das mich eine Reihe sonderbarer Abenteuer, die ich hier nicht mitteilen kann, im Sommer 18– verschlagen hatte. Wir traten uns näher, ich eroberte mir einen Platz in seinem Herzen und, was schwieriger war, sein Vertrauen, das mir gestattete, hie und da kurze Einblicke in sein Seelenleben zu tun. Später, als sich unsere Beziehungen noch intimer gestalteten, wurden auch diese Einblicke länger und tiefer. Und als wir uns nach einer dreijährigen Trennung in Heidelberg wiedersahen, da konnte ich von mir sagen, daß ich über den Charakter des Barons Ritzner von Jung so gut Bescheid wußte, wie es überhaupt nur möglich war.

Ich erinnere mich noch sehr wohl, welch neugieriges Geflüster unter uns Studenten herumging, als er am Abend des fünfundzwanzigsten Juni 18– plötzlich unter uns erschien. Noch deutlicher erinnere ich mich, daß man ihn gleich einstimmig, als man ihn nur eben gesehen, „den merkwürdigsten Mann von der Welt" nannte, und daß doch keiner auf den Gedanken kam, diese seine Ansicht irgendwie näher begründen zu wollen. Er machte unleugbar eine so einzig dastehende Erscheinung aus, daß man es für dumm, zwecklos gehalten hätte, zu fragen, worin denn nun eigentlich sein Besonderes bestehe. Doch will ich mich mit langen Erläuterungen nicht aufhalten, sondern nur noch bemerken, daß er von dem ersten Augenblick an, da er seinen Fuß in die Universitätsstadt setzte, auf die Studenten, ihre Gewohnheiten, Neigungen und Börsen einen unbeschränkten, herrischen und doch wieder unbestimmbaren, gänzlich unerklärlichen Einfluß ausübte. Die kurze Zeit, die er an der Universität zubrachte, steht in ihren Annalen als eine deutlich ausgeprägte Ära da, und jeder, der damals Beziehungen zur Alma mater hatte, bezeichnete sie als die denkwürdige Zeit der „Herrschaft des Barons Ritzner von Jung".

Kurz nach seiner Ankunft in Heidelberg suchte er mich in meiner Wohnung auf. Er war damals von unbestimmbarem Alter; das heißt, es war nur annähernd auf die Zahl seiner Jahre zu schließen. Man konnte ihn ebensogut für fünfzehn wie für fünfzig halten – ihn, der in Wirklichkeit einundzwanzig Jahre und sieben Monate zählte. Er war durchaus nicht hübsch, vielleicht eher häßlich zu nennen. Die Umrisse seines bleichen Gesichts schienen eckig und hart, die Stirn hoch und allerdings sehr schön, die Nase stumpf und höckerig, die Augen groß, schwer, glasig und ausdruckslos. Über den Mund war mehr zu sagen: die Lippen waren voll, standen ein wenig vor und ruhten eine auf der anderen mit einem so schweren Ausdruck von Ernst, Feierlichkeit und Ruhe, wie ihn alle anderen Gesichtszüge eines Menschen zusammengenommen nicht wohl hätten ausdrücken können.

Ohne Zweifel hat man aus dem, was ich bisher gesagt, schon entnommen, daß der Baron zu jenen seltenen anormalen Menschenkindern zählte, welche die, ich möchte fast sagen, Wissenschaft der Mystifikation zum Studium und zur Aufgabe ihres Lebens gemacht haben. Eine besondere geistige Veranlagung ließ ihn instinktiv den Schlüssel zu dieser Wissenschaft finden, während seine persönliche Erscheinung es ihm ganz besonders leicht machte, seine Pläne aus-zuführen. Ich bin fest davon überzeugt, daß keiner der Studenten in Heidel-berg während der berühmten Zeit jener „Herrschaft des Barons Ritzner von Jung" jemals das Geheimnis, das seinen Charakter verhüllte, durchschaut hat. Und ebenso bestimmt glaube ich, daß außer mir kein Mensch an der ganzen Universität ihn eines Scherzwortes oder einer scherzhaften Tat für fähig hielt. Dergleichen hätte man wirklich eher der alten Bulldogge am Gartentor oder der Perücke des Professors der Theologie zugetraut, trotzdem es oft klar an den Tag kam, daß die tollsten, unverzeihlichsten Streiche, Taugenichtsereien und närrischsten Possen, wenn auch nicht gerade von ihm angezettelt, so doch infolge seiner geheimnisvollen Vermittlung ausgeheckt und ausgeführt wurden. Die Grazie – wenn ich dies Wort hier gebrauchen darf – seiner Kunst, zu mysti-fizieren lag nämlich in einer angeborenen Kenntnis der menschlichen Natur und einer der wunderbarsten Selbstbeherrschung entsprungenen Geschicklich-keit, die jedem klar beweisen mußte, daß die tollen Streiche, die er anzettelte, eigentlich teils trotz, teils infolge seiner Bemühungen vollführt wurden, die Ordnung und die Würde der Alma mater zu schützen. Der tiefe, durchdrin-gende, überwältigende Kummer, in den sich stets nach dem Mißlingen solch preiswürdiger Anstrengungen sein Gesicht zu falten pflegte, ließ auch bei unse-ren skeptischsten Genossen nicht den geringsten Zweifel an der Aufrichtigkeit seiner Gefühle aufkommen. Die Geschicklichkeit, mit der er dann jede Spur von Scherzhaftigkeit von sich fort auf den Scherz selbst übertrug, jede Absurdität von seiner Person weg und nur auf die Streiche selbst hinleitete, verdiente eine gleich große Beachtung. Ich habe nie wieder einen Menschen kennengelernt, der so geschickt den natürlichen Folgen seiner Manöver ausgewichen wäre. Mein Freund ging stets in eine Atmosphäre von Tollheit eingehüllt und schien dennoch bloß für die ernsten Seiten der Geselligkeit zu leben; selbst seine Behausung, seine Lebensgewohnheiten, alles war dazu angetan, mit der Erinnerung an die Persönlichkeit des Barons Ritzner von Jung stets die Vorstellung von Ernst, Würde, ja, Erhabenheit zu verbinden.

Während der Zeit seines Aufenthaltes in Heidelberg schien der Geist des *dolce far niente* wie ein Inkubus über der Universität zu liegen. Man dachte an nichts anderes als an Essen, Trinken, Rauchen usw. Die Wohnungen der Studenten wurden in Kneipen verwandelt, und die berühmteste und besuchteste aller dieser Kneipen war die des Barons. Hier fanden die meisten, längsten, geräuschvollsten und ereignisreichsten Zechereien statt.

Einmal nun hatten wir unsere „Sitzungen" bis fast zum Tagesanbruch ausgedehnt und alle dem Weine reichlicher als sonst zugesprochen. Die Gesellschaft bestand außer dem Baron und mir aus sieben oder acht Personen. Die meisten von ihnen waren sehr begüterte junge Leute, die Verbindungen mit den höchsten Kreisen hatten und im Punkte der Ehre schon aus Familienstolz und Tradition sehr peinlich empfanden. Ihre Ansichten über das Duell waren – mehr als deutsch zu nennen. In der letzten Zeit hatten drei oder vier Zweikämpfe mit verhängnisvollem Ausgang in Heidelberg stattgefunden und ihren übertriebenen Anschauungen neue Kraft und Nahrung gegeben, so daß sich während des größeren Teiles der Nacht die Unterhaltung nur um diesen einen Punkt, der alle am meisten interessierte, gedreht hatte. Der Baron, der anfangs ungewöhnlich still und schweigsam gewesen, schien nach und nach aus seiner Apathie zu erwachen, nahm dann plötzlich aufs lebhafteste an unserer Unterhaltung teil und führte sie bald vollständig. Er betonte den Nutzen und die Schönheit, welche dieses Gesetz der Etikette in sich schließe, mit einer Wärme, einer so eindrucksvollen Beredsamkeit und Herrlichkeit, daß er seine Zuhörer zur Begeisterung hinriß und mich selbst ganz aus der Fassung brachte, denn ich kannte ihn zu gut, um nicht zu wissen, daß er in seinem Herzen über all die Dinge, die er da pries, lachte und für den ganzen Duellunfug die überlegene Verachtung hatte, welche er verdient.

Als ich während einer Pause in der Rede des Barons – die ich, wenn auch nur schwach, doch am deutlichsten beschreibe, wenn ich sage, daß sie mit dem glühenden, singenden, monotonen und doch musikalisch-predigerhaften Tonfalle Coleridges Ähnlichkeit hatte – meine Blicke bei unseren Genossen umherschweifen ließ, sah ich, daß einer von ihnen mehr als alle anderen interessiert und erregt zuhörte. Dieser Herr, den ich Herrn von Mann nennen möchte, war in jeder Hinsicht ein Original – das heißt, abgesehen von der einen Eigenschaft, daß er ein sehr großer Narr war. Er hatte es jedoch fertig gebracht, sich bei einer besonderen Clique an der Universität in den Ruf zu setzen, ein logisches Talent und ein tiefer Denker zu sein. Doch auch als Duellant stand er in Heidelberg in großem Ansehen. Ich habe die genaue Zahl der Opfer vergessen, die durch seine Hand gefallen – jedenfalls war sie nicht klein. Er besaß ohne Zweifel viel Mut, doch rühmte er sich weniger dieses Mutes als seiner genauen Kenntnis der Duellformen, der Etikette des Duells sozusagen, und seiner schönen Empfindlichkeit im Punkte der Ehre. Das war sein Steckenpferd, das er zu Tode hetzte. Und er tat's in einer durchaus lächerlichen Weise; was dem Baron Ritzner, der immer auf der Lauer lag, jemanden zu düpieren, schon lange Zeit die Nahrung gegeben, mit der er seinen Hunger, andere Leute anzuführen, wohl stillen konnte. Alles dies wußte ich jedoch damals noch nicht so ganz sicher, merkte aber sofort, daß Ritzner wieder einen Streich in petto hatte und daß Herr von Mann sein Opfer werden sollte.

Während jener nun in seinem Gespräch oder vielmehr Monolog immer feuriger wurde, bemerkte ich, daß auch die Erregung des Herrn von Mann mit jedem Augenblicke wuchs. Endlich unterbrach er den Baron, um sehr eingehend die Gründe, die er für seine eigene Ansicht hatte, auseinanderzusetzen. Der Baron antwortete ihm – und zwar immer in „tiefgefühltestem" Tone – ebenfalls sehr eingehend und schloß, wie mir schien, ziemlich geschmacklos, mit einer sarkastischen, höhnischen Bemerkung. Nun begann Herrn von Manns Steckenpferd plötzlich in den Zügel zu schäumen. Ich entnahm es aus der spintisierenden Wortklauberei, mit der er seinem Gegner nunmehr aufwartete. Der letzten Worte seiner Entgegnung entsinne ich mich noch ganz deutlich: „Gestatten Sie mir, daß ich Ihnen dies sage, Baron von Jung: Ihre Ansichten sind, obwohl in der Hauptsache korrekt, dennoch in verschiedenen Punkten weder für Sie noch für die Universität, deren Mitglied Sie sind, ehrenvoll. In mancher Hinsicht sind Sie sogar nicht einmal einer ernsthaften Widerlegung wert. Ich würde noch mehr sagen, mein Herr, müßte ich nicht fürchten, Sie zu beleidigen." – hier lächelte er niederträchtig liebenswürdig – „Ich würde sagen, daß Ihre Anschauungen nicht die sind, die man von einem Ehrenmann erwarten darf."

Als Herr von Mann seine mehr als zweideutige Rede beendet hatte, richteten sich aller Augen auf den Baron. Er wurde bleich, dann beängstigend rot, dann fiel ihm sein Taschentuch aus der Hand, und während er sich zur Erde beugte, um es wieder aufzuheben, gelang es mir, in dem Augenblicke, da ihn niemand sonst sehen konnte, einen raschen Blick auf sein Gesicht zu werfen. Es strahlte vor Freude und hatte jenen komischen, höchst belustigten Ausdruck, den es nur annahm, wenn wir allein waren und er sich mir gegenüber rückhaltlos offen zeigte. Einen Augenblick später stand er aufrecht vor Herrn von Mann da – der Ausdruck seiner Züge war in der kurzen Zeit ein so vollständig anderer geworden, daß ich fast glauben mußte, ich hätte mich getäuscht und er behandele die ganze Sache als eine vollständig ernste Angelegenheit: vor Erregung schien er zu ersticken, leichenblaß war er wieder geworden. Er schwieg eine kurze Zeit, als wolle er sich fassen, und als ihm dies scheinbar gelungen, ergriff er eine große Weinkaraffe, die in seiner Nähe stand, hielt sie sehr ausdrucksvoll fest und sagte: „Die Redensarten, die Sie, Herr von Mann, mir zuzuschleudern für gut befunden haben, sind in so verschiedenen Punkten anfechtbar, daß ich weder Zeit noch Lust habe, näher auf sie einzugehen. Daß meine Anschauungen jedoch nicht die seien, die man von einem Ehrenmann erwarten dürfe, ist ein so beleidigender Vorwurf, daß er mir nur einen Weg zum Handeln offen läßt. Doch erfordert die Gegenwart dieser Gesellschaft sowie der Umstand, daß Sie mein Gast sind, immerhin einige Reserve meinerseits. Sie werden es deshalb verstehen, daß ich von dem unter Ehrenmännern nach einer solchen persönlichen Beleidigung üblichen Verfahren ein wenig abweiche. Sie werden mir deshalb auch verzeihen, wenn ich Sie in diesem Augenblicke sehr bescheiden taxiere und Sie bitte, für eine kurze Zeit Ihr Abbild da im Spiegel für den lebendigen Herrn von Mann selbst anzusehen. Wenn das geschehen ist, werden wir aller Schwierigkeiten enthoben sein. Ich werde die Karaffe Wein auf Ihr Bild da im Spiegel entleeren und so den Geist, wenn schon nicht den genauen Buchstaben des Gesetzes erfüllen, das die Bestrafung jeder persönlichen Beleidigung fordert, während ich doch der Notwendigkeit enthoben bin, Ihre wirkliche Person körperlich verletzen zu müssen."

Mit diesen Worten schleuderte er die gefüllte Karaffe gegen den Spiegel, der dem Herrn von Mann direkt gegenüber hing, und traf genau sein Abbild, wobei der Spiegel natürlich in tausend Stücke ging. Die ganze Gesellschaft sprang auf und verabschiedete sich rasch. Als Herr von Mann das Zimmer verlassen hatte, bat mich Ritzner flüsternd, ihm schnell zu folgen und mich ihm als Sekundanten anzubieten. Ich tat es, ohne jedoch recht zu wissen, wie die ganze lächerliche Angelegenheit enden sollte.

Der Duellant nahm mein Anerbieten mit steifer, höchst affektierter Miene an, nahm meinen Arm und führte mich in seine Wohnung. Ich konnte mich kaum enthalten, ihm ins Gesicht zu lachen, als er mir mit dem tiefsten Ernst „den besonderen, verfeinten Charakter" der empfangenen Beleidigung auseinandersetzte. Nach einer ziemlich langweiligen Ansprache nahm er eine Anzahl alter Bücher von seinem Bücherbrett, die sämtlich vom Duell handelten, und unterhielt mich eine Zeitlang damit, mir Stellen aus ihnen vorzulesen und ernsthaft zu kommentieren. Der Titel einiger dieser Werke erinnere ich mich noch ganz genau – er las mir vor aus „Anordnungen Philipps des Schönen über den Zweikampf", aus „Theater der Ehre" von Favyn und eine Abhandlung „Wann ist das Duell erlaubt?", von Audiguier. Er blätterte auch mit viel Haltung in

Brantômes „Duellmemoiren", das im Jahre 1666 in Köln erschien, in Elzevir auf Velin mit einem wundervollen Rande und von Derôme gebunden. Doch lenkte er meine Aufmerksamkeit ganz besonders und mit einer Miene mysteriöser Gelehrsamkeit auf einen dicken Oktavband, der in barbarischem Latein von einem Franzosen, einem gewissen Hédelin, geschrieben worden war und den spitzfindigen Titel trug: „*Duelli lex scripta et non; aliterque*". Aus diesem Buche las er mir das unglaublichste Kapitel vor, das wohl je in der Welt geschrieben worden ist: „*Iniuriae per applicationem, per constructionem, et per se*", von dem die Hälfte, wie er behauptete, genau auf seinen eigenen „besonderen, verfeinten" Fall passe, obwohl ich von dem Ganzen auch nicht eine Silbe verstand. Als er die Kapitel zu Ende gelesen hatte, schloß er das Buch und fragte mich, was ich nun für das richtigste hielt. Ich erwiderte ihm, daß ich vollständiges Vertrauen zu der Zartheit seiner Gefühle hege und allen seinen Vorschlägen von vornherein zustimme. Diese Antwort schien ihm zu schmeicheln, denn er setzte sich sofort nieder und schrieb folgenden Brief an den Baron:

Mein Herr!
Mein Freund, Herr Poe, wird Ihnen diesen Brief überbringen. Ich halte es für meine Pflicht, Sie um baldmöglichste Auskunft betreffs der Vorfälle zu bitten, die sich heute nacht in Ihrer Wohnung ereignet haben. Sollten Sie diese Aufklärung verweigern, so wird Herr Poe so liebenswürdig sein, mit irgendeinem Ihrer Freunde, den Sie bezeichnen wollen, die zu einem Zusammentreffen nötigen Schritte zu tun.
  Mit vorzüglicher Hochachtung

  Ihr ergebenster Karl von Mann

An den Baron Ritzner von Jung.

18. August 18–

Da ich nichts Besseres zu tun wußte, überbrachte ich also Ritznern diesen Brief. Er verbeugte sich, als er ihn entgegennahm, und führte mich ernst und zeremoniell zu einem Sitze. Nachdem er die Herausforderung durchgelesen hatte, schrieb er folgende Antwort, die ich Herrn von Mann schleunigst zurückbringen mußte.

Mein Herr!
Durch unseren gemeinsamen Freund, Herrn Poe, habe ich Ihr Schreiben von heute früh erhalten. Nach reiflicher Überlegung muß ich zugeben, daß Sie das Recht haben, eine Aufklärung von mir zu verlangen. Doch macht es mir in Anbetracht des besonderen, verfeinten Charakters unserer Uneinigkeit und der Ihnen zugefügten persönlichen Beleidigung große Schwierigkeit, eine bis ins einzelne gehende und allen Schattierungen der Beleidigung entsprechende wörtliche

602

Satisfaktion zu geben. Ich vertraue jedoch auf Ihre ganz außerordentlich ausgebildete feine Unterscheidungsgabe in Sachen der Etikette, die Sie ja schon seit langer Zeit so ganz besonders auszeichnet. In der vollkommenen Sicherheit, daß Sie mich verstehen werden, bitte ich also um die Erlaubnis, daß ich statt Ihnen meine eigenen Empfindungen auszudrücken, Sie auf die Meinungen Hédelins verweisen darf, die er im neunten Paragraphen des Kapitels „Iniuriae per applicationem, per constructionem, et per se" in seinem Buche „Duelli lex scripta et non; aliterque" niedergelegt hat. Ihre anerkannt scharfe Urteilskraft in all den Sachen, die dort abgehandelt werden, wird Sie, des bin ich gewiß, davon überzeugen, daß der bloße Umstand, daß ich Sie auf diese prächtige Passage hinweise, genügt, Ihre Bitte um Aufklärung in der eines Ehrenmannes würdigen Weise zu erfüllen.

Mit vorzüglicher Hochachtung

Ihr ergebenster Ritzner von Jung

An Herrn Karl von Mann.

18. August 18–

Herr von Mann begann die Lektüre dieses Briefes mit finsterem Gesichte. Bald jedoch hellten sich seine Züge auf, und ein Lächeln possierlichster Selbstgefälligkeit überflog dieselben, als er an das Geschwätz über die *„Iniuriae per applicationem, per constructionem, et per se"* gekommen war. Als er fertig war, bat er mich mit dem liebenswürdigsten Lächeln der Welt, Platz zu nehmen, während er die betreffende Abhandlung herbeiholte. Er suchte die angeführte Stelle auf, las sie sehr sorgfältig leise durch, schloß das Buch und bat mich, in meinem Charakter als Vertrauensmann dem Baron von Jung seine allervorzüglichste Hochachtung für sein ritterliches Betragen auszusprechen und ihm zu versichern, daß die gegebene Aufklärung die vollste, ehrenhafteste, unzweideutigste Satisfaktion in sich geschlossen, die man sich nur denken könne.

Über all dies höchst erstaunt, begab ich mich wieder zu dem Baron zurück. Er schien Herrn von Manns liebenswürdige Empfehlung als etwas ganz Selbstverständliches hinzunehmen und begab sich nach ein paar allgemeinen Worten in ein anderes Zimmer, aus dem er bald mit der unvermeidlichen Abhandlung *„Duelli lex scripta et non; aliterque"* zurückkam. Er überreichte mir den Band und bat mich, etwas darin zu lesen. Ich tat es, konnte jedoch nicht das geringste verstehen. Dann nahm er selbst das Buch und las mir ein Kapitel laut vor. Zu meiner Überraschung sah ich nun, daß es ein gräßlich absurder Bericht über ein Duell zwischen zwei Pavianen war. Jetzt erklärte er mir das Geheimnis und zeigte mir, daß das Buch nach dem Plan der Unsinnsverse des Du Bartas geschrieben sei, das heißt, es war so geschickt verfaßt, daß es auf einen oberflächlichen Blick hin alle äußeren Zeichen von Verständlichkeit, ja! selbst von Tiefe aufwies, während es in Wirklichkeit nicht den Schatten eines Sinnes enthielt. Erst wenn man abwechselnd jedes zweite und dritte Wort ausließ, erschien eine Reihe spaßhafter Spöttereien über den Zweikampf, wie er in modernen Zeiten ausgeführt wird.

Später erzählte mir der Baron einmal, daß er zwei oder drei Wochen vor dem Abenteuer die Abhandlung absichtlich in Herrn von Manns Hände gespielt und voll Zufriedenheit aus dem hohen Tone seiner Reden entnommen habe, daß er dieselbe mit größter Aufmerksamkeit studiert habe und für ein sehr verdienstvolles Werk halte. Auf diese Bemerkung hatte er nur gewartet. Herr von Mann wäre lieber tausend Tode gestorben als einzugestehen, daß er einen Buchstaben von dem, was auf der ganzen Welt über das Duell geschrieben worden ist, nicht gelesen und verstanden habe.

EINE WIDERBORSTIGKEIT

Intonsos rigidam in frontem ascendere canos
Passus erat – – –

Lucan

– – – ein borstiger Eber.

Übersetzung

„Laßt uns auf die Wälle eilen", sagte Abel-Phittim zu Buzi-Ben-Levi und Simeon dem Pharisäer am zehnten Tage des Monats Thammuz im Jahre dreitausendneunhunderteinundvierzig – „laßt uns auf die Wälle eilen, die dem Tore Benjamins in der Stadt Davids zunächst liegen, und auf das Lager der Unbeschnittenen herabsehen; denn es ist die letzte Stunde der vierten Wache, die Sonne geht auf, und die Götzendiener warten auf uns mit den Opferlämmern, die uns Pompejus versprochen."

Simeon, Abel-Phittim und Buzi-Ben-Levi waren die Gizbarim oder Unter-Einnehmer der Opfergaben in der heiligen Stadt Jerusalem.

„Wahrhaftig", erwiderte der Pharisäer, „laßt uns eilen, denn diese Freigebigkeit bei den Heiden ist ungewöhnlich, und noch immer ist Wankelmütigkeit bei den Baalsanbetern gefunden worden."

„Sie sind so wankelmütig und verräterisch, wie der Pentateuch wahr ist", sagte Buzi-Ben-Levi, „jedoch nur gegen das Volk Adonaïs. Wann hätte man je gesehen, daß die Ammoniter zu ihrem Schaden wankelmütig gewesen wären? Es scheint mir kein zu großer Zug von Freigebigkeit zu sein, uns Lämmer für den Altar des Herrn zu überlassen, wenn sie für jeden Kopf dreißig Silbersekel erhalten."

„Du vergissest jedoch, Ben-Levi", erwiderte Abel-Phittim, „du vergißt: der Römer Pompejus, der so gottlos die Stadt des Allerhöchsten belagert, hat keine Sicherheit, daß wir die für den Altar gekauften Lämmer nicht mehr zur Nahrung des Körpers als des Geistes verwenden."

„Aber – bei den fünf Spitzen meines Bartes!", rief der Pharisäer aus, der zu der Sekte der „Schläger" gehörte (einer kleinen Gruppe von „Heiligen", deren Sitte es war, die Füße gegen das Steinpflaster zu stoßen und zu verwunden, ein beständiger Vorwurf für die weniger Eifrigen! ein Stein des Anstoßes für die minder gottseligen Fußgänger!), „bei den fünf Spitzen meines Bartes, den ich als Priester nicht rasieren lassen darf: Sind wir alt geworden, um den Tag zu erleben, an dem ein lästerlicher, götzendienerischer römischer Emporkömmling uns anklagen darf, den Gelüsten des Fleisches die heiligsten und geweihtesten Gaben geopfert zu haben? Haben wir gelebt, um den Tag zu sehen, an dem ..."

„Laßt uns nicht weiter über die Gründe der Philister rechten", unterbrach ihn Abel-Phittim, „denn heute ziehen wir zum ersten Male Nutzen aus ihrer Freigebigkeit oder ihrem Geiz. Laßt uns vielmehr auf die Wälle eilen, damit die Opfer nicht fehlen am Altar, dessen Feuer der Regen des Himmels nicht verlöschen, dessen Rauchsäulen der Sturm nicht zerwehen kann!"

Der Stadtteil, auf den unser würdiger Gizbarim nun zueilte, und der nach seinem Erbauer, dem König David, genannt war, galt als der befestigste Teil von Jerusalem; er lag auf dem hohen, steilen Berge Zion und war von einem breiten, tiefen, in den Fels gehauenen Graben umgeben, an dessen innerem Rande sich eine hohe, feste Mauer erhob. Diese Mauer war in regelmäßigen Zwischenräumen mit viereckigen Türmen aus weißem Marmor geschmückt, deren niedrigster sechzig und deren höchster hundertundzwanzig Ellen maß. Aber in der Nähe des Tores Benjamins endete die Mauer, denn dort erhob sich aus dem Graben ein fast lotrecht aufsteigender Fels von zweihundertundfünfzig Ellen Höhe, der zu dem steilen Berge Moriah gehörte, so daß Simeon und seine Genossen von der Spitze des hier errichteten Turmes Adoni-Bezek, des höchsten um ganz Jerusalem, von dem aus gewöhnlich mit der belagernden Armee verhandelt wurde, das feindliche Lager von einer Höhe aus betrachteten, welche die der Cheopspyramide um einige und die des Tempels des Belus um viere Fuß schlug.

„Wahrhaftig", seufzte der Pharisäer, während er mit schwindelnden Augen in den Abgrund starrte, „die Unbeschnittenen sind zahlreich wie der Sand am Meere und wie die Heuschrecken in der Wüste. Das Tal des Königs ist das Tal Adommins geworden."

„Und doch", rief Ben-Levi, „kannst du mir nicht einen Philister zeigen, von Aleph bis Tau, von der Wüste bis an die Festungsmauern, der größer scheint wie der Buchstabe Jot!"

„Laßt den Beutel mit den Silbersekeln herunter!", schrie jetzt ein römischer Soldat mit einer rauhen, barschen Stimme, die aus der Unterwelt zu kommen schien. „Laßt den Beutel mit den verfluchten Münzen herunter, deren Namen auszusprechen einem edlen Römer die Zunge zerbrechen kann! Ist das eine Art und Weise, unserem Herrn Pompejus eure Dankbarkeit dafür zu erzeigen, daß er in seiner Güte euren gottlosen Belästigungen Gehör geschenkt hat? Der Gott Phoebus, der ein wahrer Gott ist, jagt schon seit einer Stunde in seinem Wagen dahin, und solltet ihr nicht bei Sonnenaufgang auf den Wällen sein? He!? Ædepol! Glaubt ihr vielleicht, daß wir, die Eroberer der Welt, nichts Besseres zu tun hätten, als an der Tür jedes Hundestalles zu warten, bis es den Hunden der Erde einfällt, mit uns ihr Geschäft zu machen? Herunter mit dem Beutel, sage ich, und paßt auf, daß euer Lumpengeld die richtige Farbe und das richtige Gewicht hat!"

„El Elohim", jammerte der Pharisäer, als die mißtönenden Laute des Centurionen die Felsklippen heraufklangen und sich an den Mauern des Tempels zerschlugen. „El Elohim! – wie heißt? wer ist der Gott Phoebus, wen ruft der Gotteslästerer an? Du, Buzi-Ben-Levi, der du die Gesetze der Heiden kennst und unter ihnen gewohnt hast, ist es Nergal, von dem der Götzendiener spricht? Oder Ashimah? – Oder Nibhaz ? – Oder Tartak ? – Oder Adramalech? – Oder Anamalech? – Oder Succoth-Benith? – Oder Dagon? – Oder Belial? – Oder Baal-Perith? – Oder Baal-Peor? – Oder Baal-Zebub?"

„Nein, es ist keiner von allen; aber gib acht, laß das Seil nicht zu schnell zwischen deinen Fingern hinabgleiten; denn der Korb könnte an jenem Felsvorsprunge anstoßen, und das heilige Opfergeld würde hinausgeschleudert werden."

Mit Hilfe eines ziemlich ungeschickten Mechanismus langte der Korb endlich unten an; und von ihrer hohen Bergeszinne sahen sie mit schwindelnden Blicken, wie sich die Römer unten um denselben herumdrängten; aber die Höhe und der Morgennebel verhinderten sie, ihre Bewegungen genau zu verfolgen.

Es verstrich eine halbe Stunde.

„Wir werden uns verspäten", seufzte der Pharisäer und blickte ungeduldig in den Abgrund hinunter, „wir werden uns verspäten, und die Katholim werden uns unseres Amtes entsetzen."

„Nie mehr", entgegnete Abel-Phittim, „werden wir uns von der Fettigkeit der Erde nähren, nie mehr werden unsere Bärte nach Weihrauch duften und unsere Lenden mit dem feinen Leinen des Tempels gegürtet sein."

„Raca!", fluchte Ben-Levi, „Raca! Wollen sie uns um das Handelsgeld betrügen oder, heiliger Moses, sollten sie wagen, die Sekel des Tabernakels nachzuwiegen?"

„Sie haben eben das Signal gegeben", rief der Pharisäer, „sie haben eben das Signal gegeben! Zieh auf, Abel-Phittim, und du, Buzi-Ben-Levi, zieh auf! Denn entweder halten die Philister den Korb noch fest, oder der Herr hat ihre Herzen erweicht, daß sie ein Tier von gutem Gewicht hineingesetzt haben." Und die Gizbarim zogen und zogen ihre schwere Last durch den noch immer zunehmenden Nebel nach oben.

„Heiliger Moses", stöhnte es über die Lippen Ben-Levis, als nach einer Stunde am Ende des Seiles ein Gegenstand undeutlich sichtbar wurde. „Heiliger Moses! Es ist ein Widder aus den Dickichten von Engadin und sein Fell so rauh wie das Tal Josaphat."

„Es ist ein Erstgeborener der Herde", sagte Abel-Phittim. „Ich erkenne es am Blöken seiner Lippen und an der kindlichen Rundung seiner Glieder. Seine

Augen sind schöner als die Juwelen auf dem Brustschilde des Hohenpriesters, und sein Fleisch ist süß wie der Honig vom Hebron."

„Es ist ein gemästetes Kalb von den Weiden Bashans", sagte der Pharisäer. „Die Heiden haben bewunderungswürdig an uns gehandelt. Laßt uns die Stimme zu einem Psalm erheben! Laßt uns danken mit Trompeten und Posaunen, mit Psaltern, mit Harfen, mit Cymbeln, mit Zithern!"

Erst als der Korb bis auf einige Fuß in die Nähe der Gizbarim gekommen war, verriet ihnen ein leises Grunzen, daß er ein Schwein von ganz ungewöhnlicher Größe enthielt.

„El Emanu!", rief das Trio, die Augen zum Himmel gewandt und sie ließen voll Entsetzen das Seil los, und das Schwein stürzte kopfüber unter die Philister.

„El Emanu – Gott sei mit uns – es ist das *unaussprechliche* Fleisch!"

DIE SPHINX

Während der furchtbaren New Yorker Cholerazeit hatte ich es vorgezogen, die freundliche Einladung eines Verwandten anzunehmen und bei ihm in der Abgeschlossenheit eines Landhäuschens, am Ufer des Hudson, einige Wochen zuzubringen. Wir konnten uns dort alle die üblichen Sommerunterhaltungen und Lustbarkeiten gestatten und hätten uns auch wohl die Zeit mit Ausflügen in die weiten Wälder, mit Kahnfahren, Fischen, Baden, mit Malen und Zeichnen, mit Musik und Lektüre auf das allerangenehmste vertrieben, wenn uns nicht jeden Morgen die schrecklichen Nachrichten aus der nahen Riesenstadt zugegangen wären. Beinahe kein Tag verstrich, der uns nicht die Nachricht von dem Tode eines mehr oder weniger guten Bekannten brachte. Und als das Verhängnis weiter fortschritt, da sahen wir schließlich nur noch mit dem größten Bangen dem Boten entgegen, der uns die Briefe und Zeitungen brachte; denn wir konnten sicher sein: unter den Opfern, die die Seuche seit der letzten Post gefordert, befand sich wieder einer unserer Freunde – wenn nicht gar mehrere und die liebsten!

So mochte es kommen, daß uns schließlich selbst die Luft, die aus dem Süden kam, totbringend schien. Mich wenigstens faßte dieser Gedanke, um mich schließlich nicht wieder loszulassen und sich in jede Wendung meines Sprechens, Denkens und Träumens einzuschleichen.

Mein gastfreundlicher Verwandter war weniger erregt. Und obwohl er sich innerlich auch recht gedrückt fühlen mochte, versuchte er doch, mich aufzurichten. Sein scharfer, philosophisch geschulter Verstand ließ sich von Unwirklichkeiten nicht so leicht berühren. Tatsächliche Schrecknisse, Gefahren und so weiter konnten ihn sicherlich hart bedrängen, aber ihre bloßen Schatten gingen unwirksam an ihm vorüber.

Seine Bemühungen, mich zusammenzurütteln und aus meinem Zustande krankhafter Verdüsterung, in den ich gesunken war, herauszureißen, wurden größtenteils durch gewisse Bücher vereitelt, die ich in seiner Bibliothek gefunden. Sie hatten einen Inhalt, der die Saat ererbten Aberglaubens in mir notwendig zum Keimen bringen mußte.

Ich hatte diese Bücher gelesen, ohne daß mein Gastgeber darum wußte. Und so konnte er sich erst recht nicht erklären, welchem Umstande die dauernde

Veränderung meines Wesens im besonderen zuzuschreiben sein mochte, noch wissen, wie es überhaupt in mir aussah.

Damals war ich ganz besonders geneigt, an Vorbedeutungen zu glauben – ja, diesen Glauben selbst ernsthaft zu verteidigen. Wir führten darüber lange und lebhafte Debatten. Mein Verwandter betonte immer wieder, wie vollständig unberechtigt der Glaube an dergleichen Dinge sei – ich behauptete dagegen, daß ein so vielfach empfundenes Gefühl, wenn es sich plötzlich, unvorbereitet, ohne erkennbare Spuren einer Suggestion von außen, einstellt, in sich selbst die nicht zu verkennende Kraft der Wahrheit enthalten und größere Beachtung beanspruchen müsse.

Nun geschah es, daß sich bald nach meiner Ankunft in dem Landhause ein seltsamer Vorfall ereignete, der so viel Unheilverkündendes an sich hatte, daß es nur zu erklärlich war, wenn ich ihn als eine Vorbedeutung ansah. Er erschreckte, verwirrte und verstörte mich so, daß mehrere Tage vergingen, ehe ich mich entschließen konnte, meinem Freunde eine Mitteilung von demselben zu machen.

Am Abend eines außerordentlich warmen Tages saß ich mit einem Buche in der Hand an einem offenen Fenster, das eine weite Aussicht längs der Ufer des Flusses auf einen entfernten Hügel gestattete, dessen mir zugekehrter Abhang größtenteils der Bäume entblößt worden war. Meine Gedanken waren schon lange von dem Buche in meiner Hand zu den Verwüstungen gewandert, die in der benachbarten Stadt herrschen mochten. Als ich einmal meine Blicke von den Blättern erhob, fielen sie auf das nackte Bild jenes Hügels und auf einen Gegenstand – auf ein lebendiges Ungeheuer von schaudererregender Gestalt, das sich mit großer Schnelligkeit vom Gipfel zum Grunde bewegte und endlich in dem dichten Walde am Fuße des Hügels verschwand. Als mein Auge dies Wesen zuerst wahrnahm, bezweifelte ich meinen gesunden Verstand oder wenigstens das Zeugnis meiner Augen; und es dauerte mehrere Minuten lang, ehe ich mich davon überzeugte, daß ich weder irre sei noch träume. Und dennoch fürchte ich, daß alle, denen ich das Ungeheuer beschreibe, das ich doch deutlich sah und auf seinem ganzen Wege unausgesetzt beobachtete, noch schwerer zu überzeugen sein werden, als ich es selbst war.

Ich schätzte die Größe des Untieres durch einen Vergleich mit dem Durchmesser der großen Bäume ab, der wenigen Waldriesen, die man bei der Abholzung übergangen hatte, und schloß, daß sie beträchtlicher sei als die eines der mittelgroßen Dampfboote, die auf dem Flusse verkehrten. Ich sagte, als die eines Bootes, weil die Gestalt des Ungeheuers den Vergleich mit dem Rumpfe eines solchen Fahrzeuges nahelegte. Der Mund des Tieres befand sich am Ende eines Rüssels, der sechzig oder siebzig Fuß lang und so dick wie der Körper eines gewöhnlichen Elefanten war. An der Wurzel des Rüssels wucherte eine ungeheure Menge schwarzen Haares – es war mehr als die Haut von zwanzig Büffeln hätte liefern können; und aus diesem Haare wuchsen seitlich nach unten zwei leuchtende Hauer hervor, ähnlich wie bei dem wilden Eber, doch von unendlich größeren Dimensionen. Parallel mit dem Rüssel, nach vorwärts gerichtet, befand sich auf jeder Seite von demselben etwas wie ein riesiger Stab, dreißig oder vierzig Fuß lang, anscheinend aus reinstem Kristall und von der Gestalt eines regelrechten Prismas, das die Strahlen der untergehenden Sonne auf das prächtigste widerspiegelte. Der Rumpf hatte die Form eines Keils, dessen Spitze zur Erde gerichtet ist. Von ihm spreiteten sich zwei Paar Flügel aus, und zwar lag ein Paar über dem anderen –; jeder einzelne Flügel mochte ungefähr hundert Ellen lang sein und war reichlich mit Metallschuppen bedeckt, von denen jede wohl zehn bis zwölf Fuß Durchmesser hatte. Ich bemerkte, daß das obere und untere Paar Flügel durch eine starke Kette miteinander in Verbindung standen. Das Sonderbarste an diesem schrecklichen Wesen war das Bild eines Totenkopfes, das fast die ganze Oberfläche der Brust bedeckte und sich nun im strahlendsten Weiß so deutlich von dem übrigen Schwarz des Körpers abhob, als habe es ein Künstler sorgfältig aufgezeichnet. Während ich dies fürchterliche Tier und besonders das Bild auf seiner Brust mit Furcht und Entsetzen betrachtete, mit einer Vorempfindung kommenden Unheils, die ich durch keine Verstandesgründe niederzuringen vermochte, bemerkte ich, daß sich die ungeheuren Kiefer am Ende des Rüssels teilten und ein so lauter, eindringlicher Wehelaut aus ihnen hervordrang, daß er meine Nerven zerriß, wie ein Totengeläute ... Als das Ungeheuer am Fuße des Berges verschwand, sank ich ohnmächtig zu Boden.

Ich kam jedoch bald wieder zu mir. Meine erste Empfindung war, meinem Wirte alles, was ich gesehen und gehört hatte, sofort mitzuteilen – und es ist mir selbst kaum erklärlich, welches Gefühl des Widerwillens mich zum Schluß dennoch daran verhinderte.

Eines Abends, drei oder vier Tage nach dem Vorfall, saßen wir zusammen in dem Zimmer, von dem aus ich die Erscheinung beobachtet hatte. Ich hatte denselben Sitz an demselben Fenster inne, er lag gemächlich auf dem Sofa an meiner Seite. Die Ähnlichkeit der Situation trieb mich, ihm von dem Phänomen doch noch zu reden. Er hörte mich bis zu Ende an – lachte erst herzlich – wurde aber dann plötzlich außerordentlich ernst, als zweifele er an meinem gesunden Verstande. In diesem Augenblicke jedoch erblickte ich das Ungeheuer wieder ganz deutlich und richtete mit einem Schrei des Entsetzens die Aufmerksamkeit meines Freundes auf dasselbe. Er blickte aufmerksam hin, behauptete jedoch, nichts zu sehen, obwohl ich ihm bis ins kleinste den Weg des Tieres auf dem nackten Abhange des Hügels bezeichnete.

Ich war nun über die Maßen erschreckt, denn ich hielt die Erscheinung entweder für eine Vorbedeutung meines Todes oder, was noch schlimmer war, für den Vorläufer eines Wahnsinnsanfalles. In höchster Erregung warf ich mich in meinen Stuhl zurück und verbarg ein paar Augenblicke lang mein Gesicht in meinen Händen. Als ich wieder aufblickte, war die Erscheinung nicht mehr zu sehen.

Mein Gastgeber jedoch hatte seine Ruhe so ziemlich wiedererlangt und fragte mich nun auf das genaueste nach der Gestalt des geschauten Wesens. Als ich ihn vollständig befriedigt hatte, seufzte er auf, als sei er von einer schweren Last erlöst, und begann mit einer, wie mir schien, grausamen Ruhe von verschiedenen Punkten der spekulativen Philosophie zu sprechen, über die wir schon oft diskutiert hatten. Ich erinnere mich, daß er sich unter anderem ganz besonders über den Gedanken verbreitete, daß die hauptsächlichste Quelle des Irrtums aller menschlichen Erforschungen in der Neigung des Verstandes begründet läge, die Größe eines Gegenstandes zu über- oder zu unterschätzen, und zwar durch falsche Taxierung seiner Nähe. „So müßte", sagte er, „wenn man den Einfluß abschätzen wollte, den einst die gänzliche Ausbreitung der Demokratie auf die Menschheit haben wird, die Entfernung jenes Zeitpunktes, an dem eine solche Ausbreitung möglich sein würde, ein beachtenswertes Moment bei dieser Abschätzung bilden. Und doch – kannst du mir einen Sozialpolitiker nennen, der jemals diesen Punkt der Diskussion wert erachtete?"

Hier unterbrach er sich, ging zum Bücherschrank und entnahm demselben einen der gewöhnlichen Leitfäden der Naturgeschichte. Dann bat er mich, den Platz mit ihm zu wechseln, damit er den kleinen Druck des Buches besser lesen könne, schob meinen Lehnstuhl ans Fenster und nahm seine Rede in dem gleichen Tone wie vorhin wieder auf.

„Wenn du mir das Ungeheuer nicht so außerordentlich genau beschrieben hättest", sagte er, „hätte ich dir niemals zeigen können, was es wirklich ist. Zuerst will ich dir vorlesen, was die Schulknaben von der Gattung *Sphinx*, aus der Familie *Crepuscularia*, aus der Ordnung *Lepidoptera* der Klasse der Insekten, lernen müssen. Hier heißt es folgendermaßen:

‚Vier häutige Flügel, mit kleinen, farbigen Schuppen von metallischem Aussehen bedeckt. Mund bildet einen Rüssel, hervorgebracht durch eine Verlängerung der Kiefer. Das untere Flügelpaar ist mit dem oberen durch ein steifes Haar verbunden; *antennae* in Gestalt einer verlängerten Keule, prismatisch. Unterleib läuft spitz zu. Die Totenkopf-Sphinx hat zu gewissen Zeiten durch die Klagetöne, die sie ausstößt, und durch die Zeichnung des Totenkopfes, die sie auf der Brust trägt, großen Schrecken unter dem Volke hervorgerufen.'

Hier schloß er das Buch und neigte sich in dem Stuhle ein wenig vor, bis er genau dieselbe Stellung einnahm, die ich in dem Augenblicke innehatte, als ich das „Ungeheuer" erblickte.

„Ah, da ist es!", rief er aus, „Es steigt den Abhang des Hügels wieder hinauf, und ich muß gestehen, daß es wirklich ein höchst merkwürdig aussehendes Geschöpf ist. Doch ist es nicht im entferntesten so groß oder so entfernt, wie du dachtest, denn in Wirklichkeit mißt es, während es sich jetzt an dem Faden, den eine Spinne an den Fensterflügel gesponnen hat, hinaufwindet, von seinem äußersten Ende zum anderen ein sechzehntel Zoll und ist ebenso ungefähr ein sechzehntel Zoll von der Pupille meines Auges entfernt."

DREI SONNTAGE IN EINER WOCHE

Du hartherziger, dickköpfiger, eigensinniger, schimmeliger, verknöcherter, muffiger, vertrockneter alter Filz! sagte ich eines Nachmittags in Gedanken zu meinem Großonkel und ballte ihm eine Faust – in der Tasche.

Nur in der Tasche! Denn es existierte leider eine kleine Diskrepanz zwischen dem, was ich sagte, und dem, was ich den Mut hatte, ihm persönlich zu sagen – zwischen dem, was ich tat, und dem, was ich Lust hatte, zu tun.

Als ich die Wohnzimmertür öffnete, saß das alte Meerschwein vor dem Kamin, die Füße auf dem warmen Roste, hielt einen Humpen mit Porter in der Pfote und machte wackere Anstrengungen, der Aufforderung des Liedchens Folge zu leisten:

> *Remplis ton verre vide!*
> *Vide ton verre plain!*

„Mein lieber Onkel", sagte ich, schloß die Tür so sanft wie möglich und näherte mich ihm mit meinem heuchlerischen Lächeln, „du bist immer so gut zu mir gewesen, hast mir so viele Beweise deines Wohlwollens gegeben, daß ich fest überzeugt bin, ich brauch' dir meine kleine Bitte nur noch einmal vorzutragen, um deine Einwilligung zu erhalten."

„Nu", sagte er, „alter Kerl, schieß los!"

„Ich bin fest überzeugt, mein liebster Onkel (du verfluchter alter Schuft!), daß du gegen meine Heirat mit Käte keinen ernsthaften Widerspruch einlegst. Du hast neulich bloß einen Scherz gemacht, nicht wahr, ha ha ha! ich weiß, du bist ja manchmal so sehr scherzhaft aufgelegt."

„Ha! ha! ha!", sagte er. „Der Teufel soll dich holen; das bin ich auch!"

„Natürlich, natürlich!", rief ich. „Ich wußte, daß du Scherz machtest! Also, lieber Onkel, alles, was Käte und ich im Augenblick wünschen, ist, daß du uns mit deinem liebenswürdigen Rate beiständest, wann, du weißt, lieber Onkel – wann es dir am angenehmsten ist – daß – daß unsere Hochzeit stattfinde."

„‚Stattfinde‘, du Schuft! Was soll das denn heißen?! Da warte doch lieber, bis sie ‚Dorffinde‘!"

„Ha! ha! ha! – he! he! he! – hi! hi! hi! ho! ho! ho! – hu! hu! hu! – Das ist gut, das ist vorzüglich! So ein Witz! Wie gesagt, Onkel, wir wünschen weiter nichts, als daß du die Zeit genau bestimmen möchtest!"

„Ah! – Genau?"

„Ja, Onkel, das heißt, wenn es dir angenehm sein sollte."

„Genügt es nicht, Bobby, wenn ich die Zeit ungefähr angebe – so innerhalb eines Jahres zum Beispiel. Muß es genau sein?"

„Es wäre sehr lieb von dir, wenn du –"

„Nun also, Bobby, mein Sohn, du bist ein prächtiger Bursche, was? Und da ich denn einen bestimmten Zeitpunkt angeben soll, will ich es auch ein für allemal tun."

„Lieber Onkel!"

„Still! Verehrtester!", (Er überschrie meine Stimme.) „Ich will es ein für allemal tun. Du sollst also meine Einwilligung und die Mitgift bekommen – bitte, besonders die Mitgift nicht zu vergessen – wenn – was ist heute für ein Tag? Sonntag! Also wenn drei Sonntage in eine Woche fallen. Verstehst du, Verehrtester! Was sperrst du denn den Mund so auf? Ich sage dir, du sollst Käte samt ihrer Mitgift haben, wenn drei Sonntage in eine Woche fallen – doch nicht eher – du Wüstling – nicht eher, und wenn ich daran sterben sollte. Du kennst mich – ich bin ein Mann von Wort – und nun hinaus mit dir!"

Hiermit stürzte er seinen Humpen mit Porter hinunter, während ich voller Verzweiflung aus dem Zimmer stürzte.

Mein Großonkel, Herr Fäßchen, war ein prächtiger alter Herr, doch hatte er seine schwachen Seiten. Er war ein kleiner, fetter, kurzatmiger, aufgeregter, halbkugelförmiger Jemand mit einer roten Nase, einem dicken Schädel, einem großen Portemonnaie und einem starken Bewußtsein seiner eigenen Wichtigkeit. Obwohl er das beste Herz von der Welt besaß, hatte er es durch seinen Widerspruchsgeist fertig gebracht, daß ihn alle, die ihn oberflächlich kannten, für einen Knicker hielten. Wie so viele vorzügliche Menschen war er von einer Lust zum Tyrannisieren besessen, die man auf den ersten Blick leicht für Böswilligkeit hätte halten können. Auf jede Bitte antwortete er stets mit einem festen „Nein!", doch zum Schluß gab er alles zu … und ich glaube, er hat in seinem Leben nur sehr wenige Bitten wirklich unerfüllt gelassen. Alle Angriffe auf sein Portemonnaie schlug er auf das heftigste zurück, und der Betrag, den man ihm endlich entlockte, stand in genauem Verhältnis zu der Länge der Belagerung und der Hartnäckigkeit des Widerstandes. Niemand gab auch freigiebiger und doch anscheinend unlustiger für die Armen.

Für die Künste, besonders für Schriftstellerei, hatte er nur eine tiefe Verachtung, die ihm Casimir Perier eingeflößt zu haben schien, dessen naseweise Frage *„A quoi un poète est-il bon?"*, er mit drolliger Aussprache als das Nonplusultra logischen Witzes sehr oft wiederholte. Meine Neigung zu den Musen erregte sein allergrößtes Mißvergnügen. Sein Widerwille gegen „klassische Bildung" war neulich durch einen Zufall noch größer geworden; und zwar zugunsten dessen, was er für „Naturwissenschaft" hielt. Irgend jemand hatte ihn auf der Straße als Doktor Dubble L. D., den bekannten Quacksalber, angeredet; und zur Zeit, da diese Geschichte spielt, war mein Herr Großonkel Fäßchen nur für Sachen zu haben, die mit diesem seinem neuen Steckenpferde irgendwelche Beziehung hatten. Über alles Übrige lachte er mit Händen und Füßen; seine Politik war hartnäckig und leicht zu verstehen. Er glaubte wie Horsley, daß „die Menschen mit den Gesetzen nichts weiter zu tun hätten, als ihnen zu gehorchen".

Ich hatte mein ganzes Leben lang im Hause des alten Herrn zugebracht: Meine Eltern hinterließen mich bei ihrem Tode als Legat. Ich glaube, der alte Sünder liebte mich fast so sehr wie sein eigenes Kind, fast, wenn nicht ebenso sehr, wie er Käte liebte; und dennoch hatte ich eigentlich ein wahres Hundeleben bei ihm geführt. Von meinem ersten bis zum fünften Jahre beglückte er mich durch sehr regelmäßiges Durchprügeln, vom fünften bis zum fünfzehnten drohte er mir stündlich mit der Besserungsanstalt, und vom fünfzehnten bis zum zwanzigsten verging kein Tag, an dem er mir nicht verkündigte, er werde mich später mit einem durchlöcherten Pfennigstück abfinden. Ich war wirklich ein armer Hund; aber das schien nun einmal meine Natur und mein Schicksal zu sein. In Käte jedoch besaß ich einen treuen Freund; das wußte ich. Käte war ein gutes Mädchen und hatte mir versprochen, daß ich sie (Mitgift und alles) haben sollte, sobald ich meinem Großonkel die notwendige Einwilligung abquälen könnte. Das arme Ding – sie war kaum fünfzehn Jahre alt; und ohne diese Einwilligung kam ihr kleines Vermögen nicht eher in ihre Hände, als bis fünf Sommer vom Kopf bis zum Schwanz vorbeigezogen wären. Was war also zu tun? Wenn man fünfzehn oder auch einundzwanzig Jahre (ich hatte gerade die fünfte Olympiade zurückgelegt), so gelten einem fünf Wartejahre gerade so viel wie fünfhundert. Vergebens lagen wir dem alten Herrn fortwährend mit Bitten in den Ohren. Er war im wahrsten Sinne des Wortes eine *„pièce de résistance"*, und selbst der fromme Job würde in Wut geraten sein, hätte er gesehen, wie grausam der alte Herr uns beiden armen, elenden Mäusen gegenüber die Rolle einer Mauskatze spielte! In seinem Herzen wünschte er nichts sehnlicher als diese Verheiratung und hatte selbst schon lange und gern daran gedacht. Er hätte sicher freudig zehntausend Pfund aus seiner Tasche gegeben (Kätes Mitgift war ihr Eigentum), wenn ihm nur eine Entschuldigung dafür eingefallen wäre, daß er unseren Wünschen zustimmte. Aber wir waren so unklug gewesen, nicht auf seine Bestimmung zu warten, sondern ihm selbst die Sache vorzuschlagen. Und sich unter solchen Umständen nicht zu widersetzen, war ihm, glaube ich bestimmt, ein Ding der Unmöglichkeit.

Ich sagte schon einmal, daß er seine schwachen Seiten hatte, doch möchte ich damit nicht seine Hartnäckigkeit verstanden wissen, die gewißlich eine seiner starken Seiten war. Ich wollte vielmehr auf einen alten, weibischen Aberglauben anspielen, von dem er ganz besessen: Er glaubte nämlich an Träume, Vorbedeutungen und allerhand anderen Senf. Außerdem nahm er es im Punkte der Ehre sehr genau und war, wie er auch selbst behauptete, ein Mann von Wort, das heißt insofern, als es ihm keine Skrupel machte, den Sinn eines Versprechens zu vergewaltigen, wenn er nur den Buchstaben erfüllte. Diese Eigentümlichkeit machte uns nun Kätes Schlauheit kurze Zeit nach unserer Unterredung im Wohnzimmer zunutze; und nachdem ich so nach dem Vorbild aller modernen Barden und Redner die ganze Zeit und den ganzen Raum, die mir zur Verfügung stehen, fast aufgebraucht habe, will ich in wenigen Worten den Kern meiner Geschichte erzählen.

Also hören Sie: Das Schicksal fügte es, daß zwei Bekannte meiner Braut, zwei Seeleute, nach zwölfmonatiger Reise wieder nach England zurückkamen. Wir alle, die beiden Herren, Käte und ich, machten nun auf eine eingehende Verabredung hin an einem Sonntag nachmittag dem Onkel Fäßchen einen Besuch. Man schrieb den 10. Oktober – drei Wochen vorher hatte er durch seine grausame Entscheidung all unsere Hoffnungen vernichtet. Ungefähr eine halbe Stunde lang unterhielten wir uns über gewöhnliche Dinge und gaben dann geschickt und natürlich dem Gespräch folgende Wendung:

Kapitän Pratt: „Ich war also gerade ein Jahr fort. Richtig, heute ist der zehnte Oktober – gerade ein Jahr. Erinnern Sie sich, Herr Fäßchen, daß ich mich heute vor einem Jahre von Ihnen verabschiedete? Und ist es nicht wirklich ein sonderbarer Zufall, daß unser Freund, der Kapitän Smitherton, ebenfalls genau ein Jahr abwesend gewesen ist – heute genau ein Jahr!"

Smitherton: „Wahrhaftig, gerade ein Jahr, bis auf ein Bruchteil. Sie erinnern sich doch, Herr Fäßchen, daß ich mit dem Kapitän Pratt zugleich meine Abschiedsvisite machte."

Der Onkel: „Jawohl, jawohl – ich erinnere mich – das ist allerdings sonderbar genug! Doktor Dubble L. Dee würde es ein außerordentliches Zusammentreffen von unvorherzusehenden Ereignissen nennen. Doktor Dub …"

Käte (unterbricht ihn): „Gewiß, Papa, es ist auch sonderbar. Aber Kapitän Pratt und Kapitän Smitherton haben doch nicht dieselbe Reise hinter sich, und das macht einen großen Unterschied, weißt du!"

Der Onkel: „Das weiß ich nicht, du Guckindiewelt! Ich finde, das macht die Sache nur noch merkwürdiger. Doktor Dubble L. Dee –"

Käte: „Kapitän Pratt fuhr um das Kap Horn und Kapitän Smitherton um das Kap der guten Hoffnung."

Der Onkel: „Das stimmt, der eine ging nach Osten und der andere nach Westen, du Gelbschnabel, und beide sind rund um die Erde gefahren. Übrigens Doktor Dubble L. Dee –"

Ich (eilig): „Kapitän Pratt, Sie müssen morgen abend zu uns kommen – Sie und Smitherton – nicht wahr? Sie werden uns von Ihren Reisen erzählen, wir machen ein Spielchen Whist zusammen –"

Pratt: „Whist? mein lieber Junge – du hast wohl ganz vergessen, daß morgen Sonntag ist. An irgendeinem anderen Abend will ich gern –"

Käte: „O nein, pfui! – Solch ein schlechter Christ ist Robert doch nicht. Heute ist Sonntag."

Der Onkel: „Natürlich – natürlich!"

Pratt: „Ich bitte Sie um Entschuldigung – aber ich kann mich nicht irren, weil –"

Smitherton (höchst erstaunt): „Aber was denken Sie denn alle? Ich möchte doch gerne wissen, wer beweisen könnte, daß nicht gestern Sonntag gewesen."

Alle: „Gestern? Nanu!"

Der Onkel: „Also heute ist Sonntag, sage ich, ich weiß es bestimmt."

Pratt: „O nein – morgen ist Sonntag."

Smitherton: „Sie sind wohl alle nicht ganz bei Troste. Ich weiß so sicher, daß gestern Sonntag war, wie ich hier auf diesem Stuhle sitze."

Käte (springt eifrig auf): „Jetzt geht mir ein Licht auf – jetzt geht mir ein Licht auf! Es ist ein Urteil für dich, Papa, wegen – du weißt wohl weswegen. Laßt mir nur einen Augenblick Zeit, und ich werde alles erklären. Es ist ja ganz einfach. Kapitän Smitherton behauptet, daß gestern Sonntag gewesen sei, und er hat recht. Bobby – du, Onkel – und ich, wir sagen, daß heute Sonntag sei, und haben auch recht. Kapitän Pratt besteht darauf, daß erst morgen Sonntag sei, und er hat auch recht. Diese Woche hat eben drei Sonntage."

Smitherton (nach einer Pause): „Wahrhaftig, Pratt, Käte hat vollständig recht. Wie dumm wir beide gewesen sind! Die Sache liegt nämlich so, Herr Fäßchen: Die Erde hat einen Umfang von vierundzwanzigtausend Meilen. Der Erdball dreht sich bekanntlich um seine eigene Achse, er wirbelt diese vierundzwanzigtausend Meilen von Westen nach Osten in genau vierundzwanzig Stunden einmal herum. Verstehen Sie mich, Herr Fäßchen?"

Der Onkel: „Gewiß! Gewiß! Doktor Dub –"

Smitherton (übertönt seine Stimme): „Nun also, mein Herr Fäßchen, bewegt sie sich mit einer Schnelligkeit von tausend Meilen die Stunde. Stellen Sie sich also vor, daß ich von dieser Stelle aus tausend Meilen weit östlich gesegelt bin. Natürlich geht mir die Sonne also eine Stunde früher auf als Ihnen hier in London. Fahre ich nun tausend Meilen in derselben Richtung weiter, so sehe ich sie zwei Stunden früher – reise ich noch tausend Meilen weiter nach Osten, geht sie mir drei Stunden eher auf und so weiter, bis ich, wenn ich den ganzen Erdball umschifft habe und wieder an meinem Ausgangspunkte angekommen bin, dem Aufgang der Sonne um vierundzwanzig Stunden voraus bin, das heißt, meine Zeitrechnung ist einen Tag weiter als die Eure. Verstanden? he?"

Der Onkel: „Aber Dubble L. Dee –"

Smitherton (spricht sehr laut): „Als Kapitän Pratt jedoch von dieser Stelle aus tausend Meilen nach Westen gereist, war er eine Stunde, und als er vierundzwanzigtausend Meilen zurückgelegt hatte, war er vierundzwanzig Stunden hinter Londoner Zeit. So hatte ich also gestern Sonntag, Ihr habt heute Sonntag, und Pratt wird morgen Sonntag haben. Es ist also ganz klar, daß alle drei Parteien vollständig im Recht sind, denn es läßt sich kein Grund anführen, weshalb die Zeitannahme von einem von uns vor der eines anderen bevorzugt werden sollte."

Der Onkel: „Daß mir das nicht eher eingefallen ist! Na also, Käte – na also, Bobby – das ist allerdings ein Urteil – denn ich bin ein Mann von Wort, das merkt euch! Du sollst sie also haben, mein Bursche (Mitgift und alles), wann du willst! Nun aber Schluß! Drei Sonntage hintereinander! Da muß ich doch gleich gehen und Doktor Dubble L. Dee um seine Meinung befragen!"

DER VERLORENE ATEM

O hauche nicht ...! etc.
Moores Melodien

Das schlimmste Unglück muß schließlich doch vor dem beharrlichen Mute der Philosophie weichen – wie sich eine jede Stadt, mag sie noch so hartnäckig verteidigt werden, zum Schluß den rastlosen Anstrengungen ihrer Feinde ergeben muß. Salmanassar lag, wie uns die Heilige Schrift erzählt, drei Jahre vor Samaria: die Feste fiel. Sardanapal – siehe Diodorus – behauptete sich sieben Jahre lang in Ninive: es war zwecklos. Troja wurde am Ende des zweiten Lustrums der Belagerung genommen; und Azoth öffnete – wie uns Aristaeus ehrenwörtlich versichert – dem Psammetich die Tore, nachdem es dieselben den ganzen fünften Teil eines Jahrhunderts lang verschlossen gehalten.

„Du Elende! – Du Zankteufel! – Du Quälgeist!", – sagte ich am Morgen nach unserer Hochzeit zu meiner Frau – „Du Hexe! – Du Satan! – Du Schlunze! – Du Kulminationspunkt der Schlechtigkeit! – Du furienbefratzte Quintessenz aller Abscheulichkeit! – Du – oh, Du ...“ Ich stand jetzt auf den Zehenspitzen, ergriff sie bei der Kehle, näherte meinen Mund ihrem Ohr und wollte gerade ein neues Schimpfwort loslassen, das sie ganz, aber auch ganz unzweideutig von ihrem Unwert überzeugen sollte – da bemerkte ich mit maßlosem Schreck und Erstaunen, *daß ich meinen Atem verloren.*

Die Redensarten „Ich bin außer Atem“ – „Ich habe den Atem verloren“ werden in unseren Unterhaltungen oft genug wiederholt, doch wußte ich nicht, daß sich ein solch schreckliches Unglück auch wirklich ereignen könne. Stellen Sie sich einmal – das heißt, nur wenn Sie über eine entsprechend kräftige Phantasie verfügen – meine Verwunderung – meine Bestürzung – meine Verzweiflung vor!

Ich erfreue mich jedoch der Gunst eines Schutzengels, der nie von mir gewichen ist. Selbst in den schrecklichsten Gemütsstimmungen verließ mich nämlich das Gefühl für das Vernünftige nicht *et le chemin des passions me conduit* – wie seinerzeit Lord Eduard in seiner „Julie“ – *à la philosophie véritable.*

Obwohl ich nicht gleich wissen konnte, wie tief mich der Unfall geschädigt hatte, beschloß ich doch sofort, die Sache meiner Frau zu verheimlichen, bis mir aufmerksame Forschungen die Größe meines Unglücks klar gemacht haben würden. Ich änderte deshalb im Augenblick meinen Gesichtsausdruck, zwang meine Züge zu einer koketten Liebenswürdigkeit, gab meiner Gattin einen Klaps auf die eine Wange und einen Kuß auf die andere und ließ sie, ohne ein Wort zu sagen – Teufel, ich konnte ja nicht anders – erstaunt im Zimmer stehen und machte mich mit einem graziösen Tanzschritt hinaus.

Dann verschanzte ich mich in mein Privatgemach – ein fürchterliches Beispiel der bösen Folgen des Zorns – lebendig mit aller Befähigung zum Tode – tot mit all den Neigungen eines Lebendigen – eine Anomalie auf dem Angesichte der Erde – sehr ruhig – doch ohne Atem.

Ja! – ohne Atem! Ich bemerke ganz ausdrücklich, daß es mit meinem Atem vollständig vorbei war. Und hätte ich mein Leben ausgehaucht, ich hätte keine Feder bewegen noch die Reinheit eines Spiegels trüben können. Hartes Los! – Doch fand ich, nachdem ich den ersten Paroxysmus der Verzweiflung überstanden, einige Erleichterung, als ich nach langen Experimenten herausbekam, daß mein Äußerungsvermögen, das ich nach der Unfähigkeit, in der Unterhaltung mit meiner Frau fortzufahren, schon ganz verloren geglaubt, nur zum Teil gestört war; und ich entdeckte bald, daß ich ihr auch während der Krisis meine Gefühle weiter mitteilen gekonnt haben würde, hätte ich meine Stimme nur bis zu einem eigentümlich tiefen, gutturalen Tone sinken lassen; denn dieser Ton hing nicht von dem Atemstrom ab, sondern von einer gewissen krampfhaften Bewegung der Gurgelmuskeln.

Ich warf mich auf einen Stuhl und blieb eine Zeitlang in Nachdenken versunken. Meine Betrachtungen waren, wie man sich leicht denken kann, durchaus noch nicht tröstlicher Natur. Tausend unbestimmte, tränenvolle Vorstellungen drängten sich in meine Seele, und selbst der Gedanke an Selbstmord ging einen Augenblick durch mein Gehirn; doch es ist ja nun einmal ein Zug der verderbten menschlichen Natur, das Unabweisliche, Unzweifelhafte um des Fernen, Unsicheren willen von der Hand zu weisen. So schauderte ich also bei dem Gedanken an Selbstmord, während die Katze aus Leibeskräften auf dem Kaminvorleger schnurrte, und sogar der Pudel unterm Tisch beharrlich schnaufte; jedes der beiden Biester schien sich auf die Kraft seiner Lungen etwas zugute zu tun und mich wegen meiner Unfähigkeit auch noch aushöhnen zu wollen.

Von den unbestimmtesten Hoffnungen und Befürchtungen gequält, hörte ich endlich, daß meine Frau die Treppe hinuntereilte. Sicher, daß sie nun ausgegangen, suchte ich mit klopfendem Herzen den Schauplatz des Unfalles wieder auf.

Nachdem ich die Tür von innen sorgfältig verschlossen hatte, begann ich, das Zimmer peinlich zu durchsuchen. Es wäre ja möglich, dachte ich, daß ich den verlorenen Gegenstand in irgendeiner dunklen Ecke, in irgendeinem Schranke oder Schubfache wiederfände. Er konnte sich in luftförmiger, vielleicht sogar greifbarer Form irgendwo versteckt halten. Viele Weise denken in verschiedenen Punkten der Philosophie höchst unphilosophisch. William Godwin jedoch sagt in seinem „Mandeville": „Die unsichtbaren Dinge sind die einzigen Realitäten", und dies ist, wie jeder wahrhaft Wissende zugestehen wird, eine Behaup-

tung, die Beachtung verlangen darf. Ich möchte an das Gerechtigkeitsgefühl
meiner Leser appellieren, ehe sie eine solche Anschauung einfach für absurd
erklären. Bekanntlich behauptete Anaxagoras, Schnee sei schwarz, und ich habe
gefunden, daß dies wirklich der Fall ist.

Lange und ernstlich suchte ich, doch wurde mein Fleiß und meine Beharrlichkeit nur mit folgenden verächtlichen Funden belohnt: ein Gebiß falscher
Zähne, zwei Paar künstliche Hüften, ein Glasauge und ein Bündel *billets-doux*
von Herrn Windgenug an meine Gattin. Ich möchte hier gleich bemerken, daß
diese Bestätigung der Vorliebe meiner Frau für Herrn Windgenug kaum unangenehme Gefühle in mir weckte. Daß Frau Ohneluft einen Herrn, der von mir
in jeder Beziehung verschieden war, verehrte, war ja nur ein natürliches, not-
wendiges Übel. Ich bin, wie man weiß, eine robuste, korpulente Erscheinung
und dabei trotzdem im Wuchs etwas zurückgeblieben. Da ist es denn nicht zu
verwundern, daß die lattengleiche Dünne und Länge meines Freundes in den
Augen der Frau Ohneluft gebührende Bewunderung erweckten. Doch kehren
wir zur Hauptsache zurück.

Meine Bemühungen blieben, wie gesagt, fruchtlos. Keine Ecke, kein Winkel,
kein Schubfach, kein Schrank, den ich nicht durchsucht hätte! Einmal glaubte
ich schon, den Gegenstand meiner Nachforschungen gefunden zu haben, als
ich beim Herumstöbern in einem Essenzen-Schränkchen zufällig eine Flasche
Menthol zertrümmerte – das ich übrigens als ein höchst erfrischendes Parfüm
empfehlen kann.

Mit schwerem Herzen kehrte ich in mein Zimmer zurück, um dort darüber
nachzugrübeln, wie ich den Unfall vor meiner scharfsinnigen Frau verbergen
könne, bis ich meine Vorbereitungen zu einer langen Reise außer Landes beendet
haben würde; denn ich hatte sofort beschlossen, vom Schauplatz des Unglücksfalles möglichst bald und auf immer zu fliehen. In einem fremden Lande, in dem
ich ganz unbekannt war, konnte es mir immerhin gelingen, mein Gebrechen zu
verbergen – ein Gebrechen, das noch mehr wie Bettelei dazu angetan war, mir
die Neigung der Menge zu entfremden und die Verachtung aller Glücklichen
auf mich Elenden zu entladen. Doch brauchte ich nicht allzulange nachzudenken. Von Natur aus geistig hoch veranlagt, lernte ich schnell die ganze Tragödie
„Metamora" auswendig, denn ich erinnerte mich glücklicherweise, daß in dem
Drama oder wenigstens in der Partie des Helden die Töne, deren ich beraubt
war, vollständig unnötig waren und das Ganze durchweg mit tiefer, monotoner,
gutturaler Stimme zu sprechen war.

Ich übte meine Rolle eine Zeitlang am Rande eines froschbewohnten Sumpfes ein, doch stand meine Absicht in durchaus keiner Beziehung zu der eines
gewissen Demosthenes; ich verfolgte vielmehr meine eigenen, ganz besonderen

Pläne. Als ich alles gelernt hatte, was zu lernen war, machte ich meine Gattin glauben, daß mich urplötzlich eine wilde Leidenschaft für die Bühne ergriffen habe. Es gelang mir wundervoll gut, und auf jede Frage, auf jeden Vorschlag konnte ich in meinen froschähnlichen Tönen mit irgendeiner Passage aus meinem Drama antworten, da ich zu meinem größten Vergnügen bemerkt hatte, daß jede beliebige Stelle bei jeder Gelegenheit paßte. Ich muß noch erwähnen, daß ich durchaus imstande war, zu schielen, die Zähne zu fletschen, mit den Knien zu schlottern, mit den Füßen zu scharren, kurz, alle jene unaussprechlich anmutigen Bewegungen zu vollführen, die man sehr richtig als das Charakteristikum eines guten Schauspielers ansieht. Man sprach allerdings eine Zeitlang davon, mich in die Zwangsjacke zu stecken, doch, und das war die Hauptsache! niemand ahnte, daß ich meinen Atem verloren hatte.

Als ich endlich meine Angelegenheiten in Ordnung gebracht, nahm ich mir eines schönen Morgens sehr frühe einen Platz in der Postkutsche nach Brooklyn, nachdem ich meinen Bekannten gesagt, daß eine dringliche Angelegenheit in jener Stadt meine Anwesenheit dort unbedingt nötig mache.

Die Kutsche war pickevoll; doch konnte ich in dem ungewissen Zwielicht die Züge meiner Gefährten nicht unterscheiden. Ohne Widerspruch zu leisten, ließ ich mich zwischen zwei Herren von kolossalen Dimensionen placieren, während ein dritter, der noch etwas dicker war, um Verzeihung bat, daß er sich der Länge nach über mich warf und im selben Augenblick einschlief, wobei er meine gutturalen Hilferufe mit einem Schnarchen übertönte, das die glühenden Stiere des Phalaris vor Neid zu noch röterem Erröten gebracht haben würde. Glücklicherweise schloß der gegenwärtige Zustand meiner Atmungsorgane einen Erstickungstod ja einfach aus.

Als der Tag anbrach, und wir uns dem Ziele der Reise näherten, erhob sich mein Peiniger, richtete seinen Hemdkragen zurecht und dankte mir vielmals und freundlichst für die ihm erwiesene Höflichkeit.

Als er bemerkte, daß ich regungslos sitzen blieb (meine Glieder waren nämlich alle ausgerenkt und mein Kopf nach einer Seite verdreht), stieg eine gewisse Befürchtung in ihm auf. Er rüttelte die übrigen Passagiere wach und teilte ihnen in bestimmtem Tone mit, daß man ihnen in der Nacht statt eines lebendigen, verantwortlichen Reisenden einen toten Mann untergeschoben habe; dabei puffte er mich kräftig auf das rechte Auge, um alle von der Wahrheit seiner Behauptung zu überzeugen.

Nun hielt es jeder im Wagen – wir waren zu neun – für seine Pflicht, mich an den Ohren zu ziehen. Ein junger Arzt hielt mir einen Taschenspiegel vor den Mund, fand, daß ich nicht atmete und es also mit der Behauptung meines Quälers seine Richtigkeit habe. Hierauf sprach die ganze Gesellschaft ihren Entschluß aus, eine solche Belästigung nicht länger zu dulden und nicht eine Minute mit dem Leichnam weiterzufahren.

Ich wurde also mit vereinten Kräften gerade unter dem Schild der „Krähe" – wir kamen nämlich gerade an dieser Kneipe vorbei – aus dem Wagen herausgeworfen, ohne dabei weiteren Schaden zu nehmen, als mir unter dem linken Hinterrad des Vehikels beide Arme zu brechen. Dem Kutscher muß ich überdies die Gerechtigkeit widerfahren lassen und konstatieren, daß er mir meinen größten Koffer nachwarf, der mir nur unglücklicherweise auf den Kopf fiel und mir dabei in äußerst liebenswürdiger Weise den Schädel brach.

Der „Krähenwirt" war ein sehr gastfreundlicher Herr, der, nachdem er gefunden, daß mein Koffer eine genügende Entschädigung für seine Mühe garantierte, einen Arzt aus seiner Bekanntschaft holen ließ, dessen Sorge er mich samt einer Rechnung von zehn Dollar überließ.

Man brachte mich in ein Zimmer und begann sofort mit den Operationen. Nachdem der Arzt mir meine Ohren abgeschnitten hatte, entdeckte er noch Lebenszeichen. Er klingelte nun und schickte nach dem benachbarten Apotheker, weil er mit diesem über den Fall konferieren wollte. Um sich von meiner Lebensfähigkeit wirklich zu überzeugen, den letzten Rest von Bedenken zu beseitigen, machte er einen Einschnitt in meinen Magen und nahm mir ein paar Eingeweide heraus, um privatim an ihnen weiter zu studieren.

Der Apotheker hielt mich jedoch für endgültig tot. Ich bemühte mich, diese Ansicht zu bekämpfen, indem ich mit den Füßen ausschlug und die tollsten Verrenkungen ausführte, denn die Operationen des Arztes hatten mir bis zu einem gewissen Grade wieder Gewalt über meine Glieder verliehen. Man schrieb alle diese Bewegungen jedoch der Wirkung einer elektrischen Batterie zu, mit welcher der Apotheker, ein sehr, sehr gelehrter Mann, verschiedene sonderbare Experimente ausführte, die mich, zumal ich ja äußerst persönlich beteiligt war, in hohem Grade interessierten. Es bereitete mir nur viel Verdruß, daß ich, trotz wiederholter Versuche, mich zu unterhalten, kein Wort hervorbringen, nicht einmal den Mund öffnen konnte, obwohl mir viel daran lag, auf seine geistreiche, wenn auch höchst phantastische Theorie das Nötige zu antworten. Meine genaue Kenntnis der hippokratischen Pathologie hätte mich nämlich unter anderen Verhältnissen in den Stand gesetzt, ihn gründlich zu widerlegen.

Da die beiden Medizinmänner zu keiner rechten Entscheidung kommen konnten, beschlossen sie, mich zu weiteren Untersuchungen aufzubewahren. Ich wurde auf eine Dachkammer gebracht, die Gattin des Arztes versah mich mit Hosen und Strümpfen, der Arzt selbst band meine Kinnladen zusammen – schloß dann die Tür von außen, ging zum Mittagessen und überließ mich der Stille und dem Nachdenken.

Mit außerordentlicher Freude entdeckte ich, daß ich hätte sprechen können, wenn nicht mein Kinn, wie gesagt, zusammengebunden gewesen wäre. Dieser Gedanke tröstete mich sehr, und ich begann schon, in Gedanken einige Stellen aus der „Allgegenwart Gottes" zu wiederholen, wie es meine Gewohnheit ist, ehe ich einschlafe, als zwei Katzen von gieriger, höchst tadelnswerter Gemütsart durch ein Loch in der Wand hereinspazierten, sich einander gegenüber auf mein Gesicht setzten und sich mit ungebührlichem Eifer mit meiner Nase beschäftigten.

Doch wie der Verlust seiner Ohren dem Meder auf den Thron des Cyrus verhalf, und die abgeschnittene Nase Babylon in die Hand des Zopyrus gab, so verdankte ich dem Verlust einiger Unzen meines Gesichtsfleisches die Rettung meines ganzes Körpers. Von Schmerz gepeinigt und von Unwillen erfaßt, zerriß ich mit einem einzigen Ruck meine Fesseln und die Kinnladenbandage. Dann durchschritt ich das Zimmer, warf einen verächtlichen Blick auf meine Gegner, riß das Fenster auf und stürzte mich zu ihrer großen Wut und Enttäuschung sehr geschickt hinaus.

Der Straßenräuber Wegelag, mit dem ich eine sonderbare Ähnlichkeit hatte, wurde in diesem Augenblicke aus dem Stadtgefängnis zum Schafott gebracht, das man in der Vorstadt für ihn errichtet hatte. Da er äußerst gebrechlich und seit langem krank war, hatte man ihn nicht gefesselt. In sein Galgenkostüm gekleidet, das meinem augenblicklichen Anzug, in etwa wenigstens, glich, lag er auf dem Boden der Henkerskarre, die, wie gesagt, gerade in dem Augenblick meines Sturzes unter den Fenstern des Hauses vorüberkam, lang ausgestreckt, ohne andere Bewachung als den Kutscher, der schlief, und zwei Polizisten, die betrunken waren.

Das Unglück wollte es, daß ich mit meinen Füßen mitten in den Wagen fiel. Wegelag, ein scharfsinniger Bursche, nahm seinen Vorteil wahr. Er sprang sofort auf, vom Wagen herunter und war im Handumdrehen in einer langen Allee verschwunden. Die Polizisten erwachten von dem Geräusch, erkannten jedoch den Sinn der Veränderung, die da vor sich gegangen, nicht gleich. Da sie einen Mann, das genaue Gegenstück des Schurken, aufrecht im Wagen stehen sahen, glaubten sie, daß der Schuft – sie meinten natürlich Wegelag – sich auf die Socken machen wolle (so drückten sie sich aus); nachdem sie diese ihre Meinung einander mitgeteilt hatten, nahmen sie jeder erst einen Schluck und schlugen mich dann mit den Kolben ihrer Flinten zu Boden.

Es dauerte nicht lange, bis wir den Ort unserer Bestimmung erreichten. Natürlich konnte ich zu meiner Verteidigung nicht das geringste anführen. Gehangen zu werden, war mein unausweichliches Schicksal.

Halb gleichgültig, halb bitter gestimmt ergab ich mich darin. Da ich ziemlich zynisch veranlagt bin, war es mir, wie man verstehen wird, hundemäßig zu Mute.

Der Henker jedoch legte mir kühl den Strick um den Hals, und man zog mir das Brett unter den Füßen fort.

Ich sehe davon ab, meine Gefühle am Galgen näher zu beschreiben, obgleich ich hier wahrheitsgetreu reden könnte und noch niemand über dies psycho-physiologische Thema ausführlich geschrieben hat. Denn um wirklich glaubwürdig berichten zu können, muß man eben gehangen worden sein. Jeder Autor sollte sich, das ist meine ästhetische Überzeugung, auf Erzählungen aus seiner Erfahrung beschränken; weshalb Mark Antonius denn auch eine Abhandlung über das Betrunkenwerden verfaßte.

Doch möchte ich erwähnen, daß ich nicht starb. Mein Körper hing, aber ich hatte ja keinen Atem, dessen man mich hätte berauben können – und außer dem Druck des Knotens unter meinem gewesenen linken Ohr empfand ich keinerlei Unbequemlichkeit. Was den Ruck anbetrifft, den mein Nacken beim Fallen des Brettes empfand – nun, wenn ich an die Kopfverrenkungen denke, die mir der dicke Herr in der Postkutsche beigebracht hatte, so muß ich sagen, daß er beinahe schon die Wirkung eines Heilmittels ausübte.

Aus gewissen Gründen jedoch tat ich mein Bestes, um die Schaulust der Menge nicht zu kurz kommen zu lassen. Man sagte, daß meine Konvulsionen außerordentlich eindrucksvolle, meine Krämpfe kaum zu übertreffen gewesen wären. Man rief *da capo*. Verschiedenen Herren wurde es übel, eine ganze Anzahl von Damen mußte in hysterischen Anfällen nach Hause gebracht werden. Herr Pinxit machte sich die Gelegenheit zunutze und arbeitete sein wundervolles Bild „Der lebendig geschundene Marsyas" nach einer auf der Stelle angefertigten Skizze um.

Als ich in solcher Weise genügend Pläsier bereitet hatte, hielt man es für angemessen, meinen Körper vom Galgen zu entfernen – ganz besonders, weil der wahre Verbrecher mittlerweile erkannt und eingefangen worden war.

Man hatte, wie leicht erklärlich, jetzt lebhaft Sympathie mit mir, und da niemand Anspruch auf meinen Körper erhob, beschloß man, mich in einer öffentlichen Gruft zu bestatten.

Nachdem die gebührende Frist verstrichen war, setzte man mich also bei. Der Totengräber schloß hinter meinem Sarge ab, ging von dannen und ließ mich allein; so daß mich die Stelle aus Marstons „Malcontent":

> „Der Tod ist ein lustiger Kerl
> Und hält ein off'nes Haus"

in dem Augenblick wie eine Lüge anmutete.

Doch schlug ich den Deckel meines Sarges entzwei und stieg aus demselben heraus. Der Ort war trübe und feucht. Da ich mich langweilte, tastete ich

mich, der Abwechslung halber, ein wenig durch die schön in Reih und Glied
aufgestellten Särge hindurch. Ich warf einen nach dem anderen zu Boden, riß
ihre Deckel auf und erging mich in Betrachtungen über die Toten, die darinnen
lagen.

„Dieser hier", monologisierte ich vor mich hin und stolperte dabei über
einen aufgeschwemmten, aufgedunsenen, kugelrunden Kadaver, „ist im wahrsten Sinne des Wortes ein unglückseliger Mann gewesen. Ihn traf das schreckliche Los, nicht gehen, sondern nur watscheln zu können, das menschliche Leben
nicht wie ein menschliches Wesen, sondern wie ein Elefant – nicht wie ein
Mann, sondern wie ein Rhinozeros durchstapsen zu müssen.

Seine Anstrengungen, vorwärtszukommen, waren nur so etwas wie Fehlge-
burten; denn wollte er einen Schritt vorwärts tun, so mußte er gleichzeitig zwei
nach rechts und drei nach links gehen. Seine Studien blieben auf die Lektüre der
alten Kriechen beschränkt; Knigges ‚Umgang mit Menschen‘ war für ihn ein
Mysterium. Von den Wundern einer Pirouette kann er keine Vorstellung gehabt
haben, und ein Walzer bleib ein Abstraktum für ihn. Er ist nie den Gipfel eines
Berges hinangestiegen. Niemals hat er von einem Turme herab die Herrlichkeiten einer Großstadt besichtigen können. Die Hitze war sein Todfeind. In
den Hundstagen lebte er ein Hundeleben. Er träumte dann von Feuerbränden
und Erstickung – von Bergen auf Bergen – daß man den Pelion auf den Ossa
getürmt. Mit einem Wort – er war kurzatmig – er war kurzatmig! Er hielt es für
extravagant, Blasinstrumente zu spielen. Er war der Erfinder von selbsttätigen
Fächern, Windsegeln und Ventilatoren. Er protegierte Herrn Puste, den Blase-
balgverfertiger, und kam bei dem Versuch, eine Zigarre zu rauchen, elend ums
Leben. Sein Fall interessiert mich aufs höchste – und ich bin von wahrem Mitgefühl für sein schreckliches Los erfüllt."

„Doch hier", fuhr ich fort, und zog mit boshaftem Lachen eine dürre, lange,
sonderbar aussehende Persönlichkeit aus ihrem Futteral, deren bemerkenswertes Aussehen mich eigentümlich bekannt anmutete, „hier ist ein Elender, der
auf kein Mitleid Anspruch erheben darf." Während ich so sprach, setzte ich
meinen Daumen und Zeigefinger an seine Nase, ließ ihn auf dem Boden eine
sitzende Stellung einnehmen, hielt ihn so mit ausgestrecktem Arme fest und
fuhr in meinem Selbstgespräche fort: „– der auf kein Mitleid Anspruch erheben
darf. Wer hätte auch Lust, einen Schatten zu bemitleiden? Und hat er nicht sein
Teil von den Freuden der Erde reichlich erhalten? Er war der Schöpfer von
hohen Monumenten – von Schießtürmen – von Blitzableitern – seine Abhandlung über ‚Schatten und Gespenster‘ hat ihn unsterblich gemacht. Mit bewunde-
rungswerter Geschicklichkeit veranstaltete er die letzte Ausgabe von ‚Luftschloß
und Windhose‘. Er besuchte früh die Universität und studierte Pneumatik.

Dann kam er nach Hause, schwätze unaufhörlich und blies das Waldhorn. Er schwärmte für Dudelsäcke. Pastor Wandein-Rennen, der gegen die Zeit anging, wäre sicher gegen ihn nicht angegangen. Windhaben und Vielatem waren seine Lieblingsschriftsteller – sein Lieblingsmaler war Atmosferi. Er starb glorreich beim Einatmen von Gas – *levique flatu corrupitur* – wie die *fama pudicitiae* bei Hieronymus. Er war zweifellos ein –"

„Wie können Sie nur – wie – können Sie nur –", unterbrach mich hier der Gegenstand meiner tadelnden Rede, schnappte nach Luft und riß mit verzweifelter Anstrengung die Bandage von seinem Kinn herunter, „– wie können Sie, Herr Ohneluft, so grausam sein und mich fortgesetzt in die Nase kneifen? Sahen Sie denn nicht, wie fest man mir den Mund zugebunden hat? Und Sie müssen doch wissen – wenn Sie überhaupt was wissen – über welch einen Überfluß an Atem ich verfüge! Wenn Sie es jedoch nicht wissen, so setzen Sie sich neben mich und Sie werden sehen. In meiner Lage ist es wahrhaftig eine Erleichterung, den Mund nur aufmachen zu können – sich mal auszusprechen – mit jemandem zu plaudern, der, wie Sie, nicht jeden Augenblick abberufen werden kann, wodurch die schönste Unterhaltung in die Binsen geht. Unterbrechungen sind lästig und sollten abgeschafft werden – meinen Sie nicht auch? Keine Antwort, wenn ich bitten darf – es ist vollständig genug, wenn eine Person auf einmal spricht. Ich bin bald fertig, und dann können Sie wieder anfangen. – Wie, zum Teufel, Herr, kamen Sie hier hin? Kein Wort, bitte – bin selbst schon einige Zeit hier – gräßliches Unglück! – hörte davon! schauerliche Kalamität! – ging unter Ihren Fenstern spazieren – ist schon einige Zeit her – als Sie zur Bühne gehen wollten – fürchterliches Ereignis – hörte von ‚Atem wieder einfangen' – he? – halten Sie nur den Mund, sage ich Ihnen – ich fing einen ein – hatte immer schon zuviel an meinem eigenen – traf Herrn Schwätzer an der Straßenecke – ließ mich nicht zu einem einzigen Worte kommen – verfiel natürlich in Epilepsie – Schwätzer lief weg – verfluche alle Narren! – Man hob mich für tot auf und brachte mich hier hin – nette Burschen, die das taten – hörte alles, was man von mir sagte – jedes Wort war eine Lüge – gräßlich – wundervoll – zum Rasendwerden – scheußlich – unverständlich! – *et cetera – et cetera – et cetera – et cetera*! –"

Mein Erstaunen bei dieser unerwarteten Rede läßt sich kaum schildern, ebensowenig die Freude, mit welcher ich mich nach und nach überzeugte, daß der Atem, den der Mensch – ich erkannte in ihm alsbald meinen Nachbarn, Herrn Windgenug – aufgefangen hatte, unzweifelhaft die Ausatmung war, die ich in der Unterhaltung mit meiner Frau verlegt hatte. Zeit, Ort und Umstände benahmen auch den geringsten Zweifel darüber. Doch ließ ich den Gesichtsvorbau des Herrn Windgenug nicht los, wenigstens nicht während der langen Zeit, in welcher der Blitzableitererfinder mich seiner eingehenden Erklärungen würdigte.

Mich veranlaßte dazu eine gewisse gewohnheitsmäßige Vorsicht, die von jeher ein eigentümlicher Charakterzug von mir gewesen. Ich dachte daran, wieviel Schwierigkeiten noch auf dem Wege meiner Neubelebung lägen, und daß ich sie nur mit allergrößter Kraftanstrengung würde überwinden können. Viele Leute, so dachte ich, sind nur zu geneigt, Dinge, die sich in ihrem Besitze befinden wie wertlos, ja, wie lästig und unangenehm dieselben auch für sie selbst sein mögen — nach den Vorteilen zu schätzen, die andere von ihrem Besitz, nicht sie von ihrem Abhandenkommen haben würden. Konnte dies nicht bei Herrn Windgenug der Fall sein? Wem ich so großes Verlangen nach dem Atem bezeigte, den er jetzt noch gern los sein wollte, setzte ich mich da nicht der Gefahr aus, sein Geiz werde ihn mir verweigern? Es gibt ja Schurken in der Welt, erinnerte ich mich seufzend, die sich kein Gewissen daraus machen, selbst mit ihrem nächsten Türnachbar unfair zu verfahren, und dies ist eine Bemerkung des Epictet — gerade, wenn sie selbst verlangen, eine Bürde abzuwerfen, am wenigsten geneigt sind, die der anderen zu erleichtern.

Ich ließ also Herrn Windgenugs Nase noch immer nicht los und hielt es nach diesen und anderen Betrachtungen für angemessen, meine Antwort folgendermaßen in Worte zu kleiden:

„Ungeheuer!", begann ich gutturaliter und im Ton tiefsten Abscheues, „Ungeheuer und doppelatmiger Idiot — bist du es — du, den der Himmel für seine Schändlichkeiten mit zwiefacher Atmung strafte, bist du es, frage ich, der es wagt, mich mit den vertraulichen Tönen eines alten Bekannten anzureden? Und ich soll meinen Mund halten? Das ist allerdings eine hübsche Art und Weise, mit einem Herrn, der Gott sei Dank nur einen Atem hat, zu verkehren! — und das alles noch obendrein, da es in meiner Macht steht, die Unbequemlichkeit, unter der du gerechterweise leidest, von dir zu nehmen, und dich von deiner verruchten Doppelatmung zu befreien."

Ich wartete nun wie Brutus auf eine Antwort, mit der mich Herr Windgenug auch alsbald überschüttete. Entschuldigung folgte auf Entschuldigung, Abbitte auf Abbitte. Es gibt keine Ausdrücke des Bedauerns, die er nicht brauchte, und ich zog aus jedem seiner Worte den größtmöglichen Vorteil.

Als die Präliminarien endlich erledigt waren, übergab mir mein Bekannter meinen Atem wieder, und ich stellte ihm nach genauer Prüfung desselben eine Quittung darüber aus.

Ich weiß, daß mich viele tadeln werden, weil ich in oberflächlicher Art und Weise von einer so seltenen, eigentlich unbegreiflichen Übertragung rede. Man wird sich wundern, daß ich nicht eingehender von den Einzelheiten eines Ereignisses rede, das — es ist nur zu wahr — ein neues Licht auf einen hochinteressanten Teil der physischen Philosophie hätte werfen können.

Auf all dies kann ich leider nicht antworten. Eine Andeutung ist die einzige Erwiderung, die ich zu machen imstande bin. Es spielten da gewisse Umstände mit – doch halte ich es wirklich für sicherer, möglichst wenig von einer Angelegenheit zu erzählen, die so delikat ist und zu gleicher Zeit die Interessen einer dritten Person angeht, deren schwefelige Rache ich mir zuzuziehen durchaus keine Lust habe.

Kurz nachdem wir die nötigen Anordnungen getroffen hatten, setzten wir unsere Flucht aus der Grabhöhle ins Werk. Es zeigte sich, daß die vereinte Kraft unserer wiederauferstandenen Stimmen genügte, die Aufmerksamkeit auf uns zu lenken: Der konservative Herr Redakteur Schere veröffentlichte zunächst einen Essay über „Natur und Ursprung unterirdischer Geräusche". In den Spalten der demokratischen Zeitung folgte dann eine Antwort – wieder eine Replik – eine neue Widerlegung – eine Berichtigung. Erst als man das Grab öffnete, bewies mein und Herrn Windgenugs Erscheinen, daß beide Parteien im Unrecht gewesen waren.

Ich kann die Erzählung der Einzelheiten dieser sehr merkwürdigen Epoche meines Lebens, das übrigens zu jeder Zeit ein ereignisreiches gewesen, nicht schließen, ohne die Aufmerksamkeit des Lesers auf die Verdienste jener Philosophie zu lenken, die ein sicherer Schild gegen die Pfeile des Mißgeschickes ist, welche man weder sehen, fühlen, noch vollständig verstehen kann. Es lag im Geiste jener Weisheit, daß die alten Hebräer glaubten, die Tore des Himmels öffneten sich jedem, ob Sünder oder Heiliger, der nur mit voller Lungenkraft und absolutem Vertrauen das Wort „Amen" ausrufen konnte. Im Geiste jener Weisheit riet Epimenides während der großen Pest in Athen, nachdem man erfolglos alle Mittel zu ihrer Bekämpfung angewandt, „dem dafür geeigneten Gotte" einen Tempel zu errichten. So erzählt uns wenigstens Laertius.

DER KÜNSTLICHE MANN
Eine Erzählung aus dem letzten Kriege gegen die Bugaboos und Kikapoos

Pleurez, pleurez, mes yeux, et fondez vous en eau!
La moitié de ma vie a mis l'autre au tombeau.
Corneille

Ich weiß nicht mehr genau, wann oder wo ich zuerst die Bekanntschaft des schneidigsten aller Brigade-Generale, des Herrn John A. B. C. Smith, machte. Irgend jemand stellte mich ihm vor – soviel weiß ich bestimmt – bei irgendeiner öffentlichen Zusammenkunft – das ist mir vollständig klar – die zu einem wichtigen Zwecke abgehalten wurde – erinnere ich mich ganz deutlich – an irgendeinem Orte – ganz zweifellos – dessen Namen ich nur leider vergessen habe. Und um die Wahrheit zu gestehen: ich sah der Vorstellung mit einer Art Angst entgegen, die verhinderte, daß die Zeit oder der Ort, da sie stattfand, sich meinem Gedächtnisse einprägte. Ich bin von Natur ein wenig nervös – es ist ein Erbfehler, ich kann nichts dafür. Die geringste Andeutung von Geheimnis, die kleinste Kleinigkeit, die ich nicht ganz genau verstehen kann, versetzt mich sofort in einen bedauernswerten Zustand der Aufregung.

Über der ganzen Person des in Frage stehenden Mannes nun lag etwas Merkwürdiges, ja, ein höchst unerklärliches Etwas, und auch dieser Ausdruck erschöpft das, was ich sagen will, noch nicht vollkommen.

Er war vielleicht sechs Fuß hoch und von machtvollem, gebietendem Äußeren. Ein gewisser Zug von Vornehmheit, der überall zum Vorschein kam, ließ auf beste Erziehung, ja, auf hohe Geburt schließen. Es gewährt mir eine gewisse melancholische Genugtuung, sehr ausführlich zu sein, wenn ich von seiner Erscheinung, seinem ganzen „äußeren Menschen" spreche. Sein Haar hätte einem Brutus Ehre gemacht. Man konnte sich einfach nichts Reicheres, Weicheres, nichts schöner Glänzendes vorstellen. Es war von jettschwarzer Färbung oder vielmehr Nicht-Färbung, wie seine unbeschreiblich schönen Koteletten. Wie Sie mir anmerken, kann ich von diesen letzteren nicht ohne einen gewissen Enthusiasmus geradezu sprechen; sie waren aber auch in der Tat das Vollkommenste, was man sich in der Art denken konnte. Zudem umkränzten und überschatteten sie teilweise einen Mund, der nie seinesgleichen hatte und haben wird. Er umschloß Zähne, deren Gleichmäßigkeit und Glanz an die Grenzen des Erdenklichen reichten. Und bei jeder geeigneten Gelegenheit drang zwischen ihnen eine Stimme hervor, die von größter Klarheit, voller Wohlklang und Kraft war. Auch seine Augen waren prächtig und dabei gut: jedes einzelne von ihnen wog ein ganzes Paar gewöhnlicher Sehorgane auf. Sie waren von tiefem Haselbraun, außerordentlich groß und glänzend und hatten stets jenen interessanten, etwas schiefen Blick, der dem Ausdruck Prägnanz und Kraft verleiht.

Die Büste des Generals war ohne Zweifel die imponierendste, die ich je gesehen. Und stünden hundert, tausend Dollar zur Wette – Sie würden in ihrer wundervollen Proportion keinen Fehler entdecken können. Und diese ihre seltene Schönheit wurde noch durch ein Paar Schultern, die jeden marmornen Apollo vor Neid zum Erröten gebracht hätten, aufs beste zum Abschluß gebracht. Ich habe eine wahre Leidenschaft für schöne Schultern und gestehe, daß ich vorher nie welche gesehen, die ganz und gar tadellos waren. Auch die Arme schienen wunderbar modelliert und die unteren Gliedmaßen nicht weniger vollkommen. Er besaß in der Tat das Nonplusultra schöner Beine. Jeder Kenner auf diesem Gebiete war der Bewunderung voll. Sie waren weder zu fleischig noch zu dünn, weder zu muskulös noch zu zart. Man konnte sich keine graziösere Biegung als die des *os femoris* vorstellen, und in der Gegend der *fibula* befand sich jener sanfte Vorsprung, der uns bei einem gut proportionierten Kalbe so gefällt. Ich wünsche bei Gott, mein junger, talentvoller Freund Chiponchipino, der Bildhauer, hätte die Beine des Brigade-Generals John A. B. C. Smith sehen können!

Doch obgleich so prächtig ausgestattete Menschen durchaus nicht wohlfeil sind, wie Gründe oder Brombeeren, konnte ich mich nicht zu dem Glauben bekehren, daß das merkwürdige Etwas – jenes eigentümliche *je ne sais quoi*, das meinen neuen Bekannten auszeichnete – einzig und allein in der erhabenen Vollkommenheit seiner Körperschönheit seinen Grund habe. Es mochte seinen Ursprung aus seinem Wesen herleiten, doch konnte ich auch dies nicht bestimmt behaupten. Es lag da eine gewisse Geradheit, um nicht zu sagen, Steifheit, in seiner Haltung, eine Art gemessener und, wenn der Ausdruck gestattet ist, rechtwinkliger Präzision in jeder Bewegung, die einem bei einer kleineren Figur den Eindruck des Gekünstelten und Gezwungenen gemacht haben würde, bei einem Herrn von so großartigen Dimensionen jedoch nur als Reserve, Hoheit, Beherrschung ausgelegt werden konnte.

Der liebenswürdige Freund, der mich dem General John A. B. C. Smith vorstellte, flüsterte mir vorher einige orientierende Worte ins Ohr: „Er ist ein merkwürdiger Mann – ein sehr merkwürdiger Mann – ja, wahrhaftig einer der merkwürdigsten Männer der Zeit. Er ist ein besonderer Günstling der Damen, und zwar hauptsächlich, weil ihm der Ruf hohen Mutes vorangeht. In puncto Tapferkeit steht er vollständig ohne Rivalen da, er ist ein vollkommener Desperado, ein richtiger Feuerfresser, zweifellos –", sagte also mein Freund und ließ die Stimme bis zu einem leisen Flüstern sinken, wobei mir das Geheimnisvolle seines Tones durch Mark und Bein ging.

„Ein richtiger Feuerfresser – zweifellos. Und zwar zeigte er das in dem letzten fürchterlichen Kriege in den Sümpfen des Südens mit den Bugaboo- und Kikapoo-Indianern." Hier öffnete mein Freund seine Augen zu beträchtlicher Weite. „Hol mich der Teufel! – Blut und Kanonen! – Wunder der Tapferkeit! – Sie haben natürlich schon von ihm gehört – Sie wissen, er ist der Mann –"

„Herr du meines Lebens, wie geht's, wie steht's – bin sehr erfreut, Sie zu sehen", unterbrach ihn hier der General selbst, ergriff die Hand meines Freundes und verbeugte sich, als ich ihm vorgestellt wurde, steif, doch liebenswürdig. Ich glaubte damals und bin auch noch der Meinung, daß ich nie eine klarere, stärkere Stimme hörte, noch ein prachtvolleres Gebiß sah, doch muß ich gestehen, daß mir die Unterbrechung gerade in diesem Augenblicke ein wenig ungelegen kam, denn das eben erwähnte Geflüster hatte mein Interesse für den Helden des Bugaboo- und Kikapoo-Krieges im höchsten Grade rege gemacht.

Die wundervoll sprühende Unterhaltung des Brigade-Generals John A. B. C. Smith versöhnte mich jedoch bald wieder. Da mein Freund uns gleich darauf verließ, hatten wir ein langes *tête-à-tête*, und wir führten ein nicht nur entzückendes, sondern auch belehrendes Zwiegespräch. Ich habe niemals einen glänzenderen Redner, einen Menschen von umfassenderer Bildung gehört. Mit vornehmer Bescheidenheit vermied er jedoch das Thema, das mir am meisten auf dem Herzen lag – ich meine die geheimnisvollen Einzelheiten aus dem Bugaboo- und Kikapoo-Kriege, und mir verbot ein gewisses Gefühl von Delikatesse, diesen Gegenstand anzuschneiden, obgleich ich oft versucht war, es zu tun. Ich bemerkte bald, daß der tapfere Soldat philosophische Themata vorzog und mit besonderem Interesse bei dem rapiden Fortschritt der Erfindungen auf dem Gebiete der Mechanik verweilte. Ich konnte die Unterhaltung leiten, wohin ich wollte, immer wieder kam er auf diesen Punkt zurück.

„Es gibt nichts Wunderbareres", wiederholte er ein paarmal. „Wir sind ein wunderbares Volk und leben in einer wunderbaren Zeit: Fallschirme und Lokomotiven, elektrische Bahnen und Torpedos. Unsere Dampfer kreuzen auf allen Meeren, und der internationale Paket-Ballon verkehrt in allernächster Zeit regelmäßig zwischen London und Timbuktu. Der Fahrpreis für die ganze Tour beträgt nur 20 Pfund Sterling. Und wer kann den ungeheuren Einfluß berechnen, den die jüngst erkannten, großartigen Prinzipien des Elektro-Magnetismus auf unser soziales Leben, auf die Künste, den Handel, die Literatur haben werden? Und das ist noch lange nicht alles, versichere ich Sie. Die wundervollsten, die scharfsinnigsten und, gestatten Sie mir es zu behaupten, Herr – Herr – Thompson ist Ihr Name, nicht wahr? – die nützlichsten, die allernützlichsten mechanischen Erfindungen schießen täglich noch wie die Pilze um uns auf, wenn der Ausdruck gestattet ist, oder wie die Heuschrecken, Herr Thompson, die im Sommer auf der Wiese nur so um uns herumspringen."

Thompson ist nun allerdings keineswegs mein Name; doch ist es wohl überflüssig, zu sagen, daß ich, als ich den General verließ, von noch größerem Interesse für ihn erfüllt war, die beste Meinung von seinen gesellschaftlichen Talenten und zugleich ein tiefes Glücksgefühl mit nach Hause nahm, in dem Zeitalter der mechanischen Erfindungen zu leben. Doch war meine Neugierde nicht befriedigt worden, und ich beschloß, mit meinen Nachforschungen bei meinen Bekannten fortzufahren und mich besonders über die vielen entsetzlichen Einzelheiten aus jenem Feldzuge gegen die Bugaboos und Kikapoos informieren zu lassen.

Ich machte mir kein Gewissen daraus, die erste Gelegenheit, die sich bot, zu ergreifen, und zwar ergriff ich sie (*horresco referens*) in der Kirche des ehrwürdigen Pastors Drummummupp, in der ich mich eines Sonntags während der Predigt und an der Seite meiner wohl achtbaren und mitteilsamen kleinen Freundin Tabitha befand. Ich gratulierte mir zu diesem angenehmen Platze und überhaupt zum Stand der Dinge, denn wenn irgend jemand etwas über den Brigade-General John A. B. C. Smith wußte, so war es ohne Zweifel Tabitha. Wir telegraphierten uns ein paar Zeichen zu und begannen dann *sotto voce* eine lebhafte Unterhaltung.

„Smith?", fragte sie als Antwort auf meine sehr dringliche Frage. „Smith! – Sie meinen den General John A. B. C.? Du lieber Himmel, ich dachte, Sie wüßten längst alles über ihn! Wir leben wirklich in einem wunderbar erfindungsreichen Zeitalter! Das war übrigens 'ne gräßliche Sache! – ja, eine blutrünstige Sorte, die Kikapoos! – kämpfte wie ein Held – Wunder der Tapferkeit – unsterblicher Ruhm, Smith! Brigade-General John A. B. C. Smith! – Sie wissen, er ist der Mensch –"

„– der Mensch!", rief hier Pastor Drummummupp aus Leibeskräften und schlug auf den Predigtstuhl, daß ich dachte, er würde ihn vor unseren Augen zusammenhauen. „Der Mensch, vom Weibe geboren, lebte kurze Zeit und ist voll Unruhe, gehet auf wie eine Blume und fällt ab, fliehet wie ein Schatten –"

Ich flog in die äußerste Ecke meines Kirchenstuhls zurück und erkannte aus den flammenden Blicken des Geistlichen, daß mein Geflüster mit der Dame diesen heiligen Zorn erregt hatte, der beinahe dem Predigtstuhl verhängnisvoll geworden wäre. Jedenfalls war jetzt nichts mehr zu erfahren, und ich ergab mich mit Grazie in mein Schicksal, in würdigem Schweigen die fromme Predigt zu Ende hören zu müssen.

Der nächste Abend sah mich als einen verspäteten Gast in das Ouest-Theater eintreten, und ich wußte sofort, daß ich nun meine Neugierde befriedigen konnte, wenn ich die Loge aufsuchte, in der ich zwei Exempel von Liebenswürdigkeit und Allwissenheit sitzen sah, die Schwestern Arabella und Miranda Cognoscenti. Der berühmte Tragöde Climax spielte vor vollbesetztem Hause den Jago, und ich hatte einige Schwierigkeiten zu überwinden, ehe ich mich verständlich machen konnte, denn unsere Loge befand sich ganz vorn an der Bühne.

„Smith?", fragte Miß Arabella, nachdem sie endlich den Sinn meiner Frage verstanden hatte. „Smith! – Sie meinen den General John A. B. C.?"

„Smith?", fragte Miranda aus tiefem Sinnen heraus – mechanisch, wie wenn sie gar nicht auf mich gehört hätte. „Smith – sahen Sie jemals eine schönere Figur?"

„Niemals, meine Gnädigste, aber bitte, sagen Sie mir –"

„Oder solch unnachahmliche Grazie?"

„Niemals, auf mein Wort! – Aber bitte, sagen Sie mir –"

„Oder eine gerechtere Würdigung von Bühneneffekten?"

„Meine Gnädigste –"

„Oder ein feineres Gefühl für die wahren Schönheiten Shakespeares?"

„Zum Teufel!", – und ich wandte mich zu ihrer Schwester.

„Smith?", sagte sie. „Sie meinen den General John A. B. C.? Scheußliche Sache war das! Diese Halunken von Bugaboos – entmenschtes Pack! Aber wir leben in einer erfindungsreichen Zeit! Smith! – O ja, ein großer Mann – ein vollkommener Desperado – unsterblicher Ruhm – Wunder der Tapferkeit – früher nie von ihm gehört?", (Dies letztere wurde geschrien.)

„Herr du meines Lebens, er ist doch der Man–"

„Mandragora,
Noch alle Schlummersäfte von der Welt
Verschaffen je den süßen Schlaf dir wieder,
Den du noch gestern schliefst", brüllte mir in diesem Augenblicke Climax in die Ohren und ballte die Faust so deutlich gegen mich, daß alles zu mir hinsah. Ich verließ die Damen Cognoscenti so schnell wie möglich, stürzte hinaus und gab dabei einem bettelnden Schurken einen Stoß, an den er, wie ich zuversichtlich hoffe, bis an sein Lebensende denken wird.

Ich besuchte darauf die Soiree der famosen Frau Auftrumpf und hoffte, dort endlich meinem Wissensdurst genügen zu können. Kaum saß ich also meiner entzückenden Wirtin am Kartentische gegenüber, so tat ich auch schon die Frage, deren Beantwortung von größter Wichtigkeit für meinen Seelenfrieden war.

„Smith!", sagte meine Partnerin, „Sie meinen General John A. B. C.? Schauderhafte Begebenheit, nicht wahr! Verruchte Teufel – diese Kikapoos! Aber immerhin, wir leben im Zeitalter der Erfindungen, in dem Zeitalter, dem Zeitalter *par excellence* – Ein wirklicher Held, ein richtiger Desperado! Unsterblicher Ruhm – Wunder der Tapferkeit – nie früher von ihm gehört?! Du lieber Himmel. Er ist doch der Mann –"

„– Mahn? Kapitän Mahn?", quiekte hier plötzlich eine schmächtige Frauenstimme aus der entferntesten Ecke des Zimmers. „Sprechen Sie von Kapitän Mahn und dem Duell? Oh – das muß ich hören! Fahren Sie fort, liebste Frau Auftrumpf – bitte, fahren Sie fort."

Und Frau Auftrumpf fuhr fort, alles Mögliche von einem gewissen Kapitän Mahn zu erzählen, der entweder erschossen oder erhängt werden sollte. Frau Auftrumpf fuhr also fort, und ich lief fort, und ich – lief fort. Denn es war absolut keine Aussicht vorhanden, daß ich an diesem Abende noch das geringste über den Brigade-General John A. B. C. Smith erfahren würde.

Doch tröstete ich mich damit, daß die Flutzeit meiner Mißerfolge nicht ewig dauern könne, und beschloß, einen neuen Versuch zu wagen. Und zwar bei dem *thé dansant* des bezaubernden kleinen Engels, des süßen Fräuleins Pirouette.

„Smith?", sagte sie, als wir im anmutigsten *pas-de-zéphir* dahinschwebten, „Smith! Sie meinen den General John A. B. C.? Furchtbares Erlebnis mit den Bugaboos, nicht wahr? Grauenhafte Geschöpfe, diese Indianer – aber setzen Sie doch um Gottes willen Ihre Füße richtig – ich erröte fast für Sie – übrigens unglaublich mutiger Mann – und doch eigentlich armer Kerl jetzt – aber wir leben im Zeitalter der Erfindungen – ach, ich bin ganz außer Atem – ein wirklicher Desperado – Wunder der Tapferkeit – nie von ihm weiteres gehört?! – kann ich kaum glauben – wir wollen uns setzen, ich will Ihnen erzählen – Smith ist der Mann –"

„– Manfred, sage ich Ihnen", schrillte mir Fräulein Bas-Bleu zu, als ich Fräulein Pirouette zu ihrem Sitze geleitete. „Hörte man je so etwas? Ich sage, es heißt Manfred und durchaus nicht Manfritz."

Hier winkte mir Fräulein Bas-Bleu in durchaus nicht mißzuverstehender Weise, und ich mußte Fräulein Pirouette *nolens volens* verlassen, um einen Streit über den Titel eines gewissen dramatischen Gedichtes von Byron zu entscheiden. Obgleich ich prompt behauptete, dasselbe heiße Manfritz, konnte ich doch Fräulein Pirouette, auf die ich mich sofort wieder zustürzen wollte, nicht mehr entdecken – sie hatte sich wohl zu einem traulichen *tête-à-tête* zurückgezogen – und verließ das Haus voll bitterer Feindseligkeit gegen das ganze verdammte Geschlecht der Blaustrümpfe.

Die Dinge bekamen also ein immer ernsthafteres Gesicht, und ich beschloß, geradenwegs meinen Freund, den Herrn Theodor Sinivate, aufzusuchen; denn ich wußte, daß mir hier unbedingt etwas Ähnliches wie eine Aufklärung werden würde.

„Sm-i-i-i-th?", fragte er in seiner eigentümlichen Art und Weise, die Silben zu dehnen. „Sm-i-i-i-th? Sie meinen den General John A. B. C.? Verfluchte Sache das mit den Kikapo-o-o-o-os, was? Meinen Sie nicht auch? – Der richtige Despera-a-a-a do – furchtbar leid getan, auf Ehre – wundervoll erfinderisches Zeitalter! – Apropos: hörten Sie jemals was von dem Kapitän Ma-a-a-an?"

„Kapitän Mahn soll der Teufel holen!", sagte ich, „Fahren Sie lieber in Ihrer Erzählung fort."

„Gerne – 's ist übrigens ganz *la même chose*, wie man in Frankreich sagt. Smith? Brigade-General John A. B. C.? Ich hoffe doch" (hier hielt es Herr S. für angezeigt, den Finger an die Nase zu legen) „ich hoffe doch, daß Sie nicht so tun wollen, als wüßten Sie über Sm-i-i-i-th nicht alles ebensogut wie ich selbst? Sm-i-i-i-th? John A. B. C.? Er ist doch der Ma-a-a-an–"

„Herr Sinivate!", rief ich flehentlich, „ist er der Mann mit der eisernen Maske?"

„Nei-ei-ein", entgegnete er, sehr weise aussehend, „noch der Mann im Mo-o-o-onde." Diese Antwort faßte ich direkt als eine Beleidigung auf und verließ das Haus in höchstem Groll und mit der festen Absicht, meinen Freund für dies ungentlemanlike Benehmen gelegentlich zur Rechenschaft zu ziehen.

Mittlerweile war ich aber die Hindernisse, die sich meinem Erkenntnisdrange in den Weg legten, herzlich leid geworden, und mir blieb nur noch ein Ausweg übrig: Ich mußte direkt vom Fasse schöpfen. Und so beschloß ich denn, den General selbst aufzusuchen und von ihm klar und deutlich die Lösung dieses verfluchten Geheimnisses zu erlangen. Bei ihm würde sich keine Gelegenheit zu Ablenkungen bieten: Ich wollte frei von der Leber, gerade heraus, unmißverständlich reden, kurz wie ein Bürstenhaar, knapp wie Tacitus oder Montesquieu.

Es war noch sehr früh, als ich bei ihm vorsprach, und er selbst noch bei der Toilette. Ich schützte jedoch ein dringendes Geschäft vor und wurde von dem Kammerdiener, einem alten Neger, in das Schlafzimmer geführt. Als ich dort eintrat, sah ich mich natürlich zuerst nach seinem Bewohner um, bemerkte ihn jedoch nicht. Dagegen sah ich nahe an der Tür und mir zu Füßen ein sonderbar genug aussehendes Bündel liegen, und da ich nicht in guter Laune war, gab ich ihm einen Tritt, daß es aus dem Wege flog.

„Nanu! Das ist ziemlich unhöflich!", sagte da das Bündel mit einer Stimme, die halb Quieken, halb Flüstern, und jedenfalls das Sonderbarste war, was meine Ohren in ihrem Leben gehört.

„Wahrhaftig, ziemlich unhöflich!"

Ich schrie vor Schreck auf und schoß in die äußerste Ecke des Zimmers.

„Du lieber Gott! Was ist denn los?", quiekte das Bündel von neuem. „Ich glaube fast, Sie kennen mich gar nicht!"

Was konnte ich dazu machen, was sollte ich sagen? Ich wankte in einen Armstuhl, saß da mit aufgerissenen Augen und Munde und wartete auf die Erklärung dieses Spuks.

„Doch müßte es auch mit seltsamen Dingen zugehen, wenn Sie mich so kennen sollten", quiekte das unbegreifliche Etwas wieder los, das jetzt am Boden eine mir unerklärliche Bewegung vollführte, die dem Strumpfanziehen ähnlich war. Doch sah ich nur ein einem Menschenbeine entsprechendes Ding.

„Das sollte wirklich mit seltsamen Dingen zugehen, wenn Sie mich so kennten, was? Pompejus, bring mir das Bein!", Der Neger kam gesprungen und brachte dem Bündel ein ausgezeichnetes Korkbein, das, schon bestrumpft, im Nu angeschnallt wurde. Darauf stand das Bündel vor meinen Augen vom Boden auf.

„'ne blutige Geschichte war es schon", fuhr das Ding wie im Selbstgespräch fort, „aber wenn man bloß mit einer Beule davonkommen will, muß man nicht mit den Kikapoos und Bugaboos kämpfen. Du würdest mich sehr verbinden, Pompejus, wenn du mir den Arm da reichen wolltest. Bei Thomas" (hier wandte es sich zu mir) „kriegen Sie ohne Zweifel das beste Korkbein; wenn Sie aber jemals einen Arm nötig haben sollten, verehrter Herr, so kann ich Ihnen Bischoff auf das beste empfehlen." Mittlerweile hatte ihm Pompejus den Arm angeschraubt.

„Wir haben uns da famos herumgebalgt, das kann ich Ihnen sagen! – Nun, du Hund, zieh mir mal meine Schultern und die Büste an! Petit macht die besten Schultern, aber eine Büste verschafft man sich sehr gut bei Ducrow."

„Büste?", stammelte ich.

„Pompejus, wirst du denn endlich mit der Perücke kommen? Es ist eigentlich 'ne einigermaßen unzarte Behandlung, einen zu skalpieren; übrigens kann man sich bei de l'Orme ganz vorzüglich neue Wolle kaufen."

„Neue Wolle?"

„Na, Neger, meine Zähne! Ein gutes Gebiß verschaffen Sie sich am besten bei Parmly; hohe Preise, doch ausgezeichnete Arbeit. Ich habe die großartigsten Zähne verschluckt, als mich der dicke Bugaboo mit seinem Gewehrkolben in die Erde rammen wollte!"

„Gewehrkolben? In die Erde rammen? Bei meinem Auge –"

„Ach ja, apropos, Auge – hier, Pompejus, du Schuft, schraube es ein – die Kikapoos sind mit dem Ausschlagen rascher bei der Hand. Der Doktor Williams ist übrigens ein genialer Kerl; Sie können sich nicht vorstellen, wie gut ich mit den Augen, die er macht, sehen kann."

Ich fing nun allmählich an, zu bemerken, daß das Ding vor mir nicht mehr und nicht weniger war als mein neuer Bekannter, der Brigade-General John A. B. C. Smith. Die Handleistungen des Pompejus hatten nämlich das Äußere des Bündels in die nicht zu verkennende Persönlichkeit des Generals umgewandelt. Nur die Stimme war nicht die seinige, doch löste sich auch dies Geheimnis bald.

„Pompejus, schwarzer Hund!", quiekte der General, „ich glaube wirklich, du willst mich heute ohne Gaumen ausgehen lassen!"

Der Neger murrte eine Entschuldigung, kam auf seinen Herrn zu, öffnete dessen Mund mit der kundigen Hand eines Jockeys und befestigte in demselben einen sonderbar aussehenden Apparat. Augenblicklich änderte sich der Ausdruck in den Gesichtszügen des Generals, und als er sprach, hatte seine Stimme wieder den ganzen Wohlklang, der mir bei unserer ersten Vorstellung so aufgefallen war.

„Verdammte Halunken", sagte er so tönend und deutlich, daß ich vor Verwunderung fast außer mir geriet. „Verdammte Halunken! Sie schlugen mir nicht nur das Dach meines Mundes ein, sondern machten sich auch noch die Mühe, wenigstens sieben Achtel meiner Zunge abzuschneiden. Aber ich sage Ihnen, in ganz Amerika hat Bonfanti nicht seinesgleichen, was derartige Artikel anbetrifft. Ich kann Ihnen den Mann mit dem besten Gewissen empfehlen" (hier verbeugte sich der General) „und tu es auch mit dem größten Vergnügen."

Ich dankte ihm so gut ich konnte für diese Liebenswürdigkeit und verabschiedete mich bald. Ich wußte ja jetzt, wie die Sachen standen, und kannte das Geheimnis, das mich so lange Zeit gepeinigt hatte: Brigade-General John A. B. C. Smith war der Mann – war der Mann, der künstlich gemacht worden war.

DER BALLONSCHWINDEL

*„Erstaunliche Nachrichten durch den Kurierzug via Norfolk! – Der Atlantische Ozean in drei Tagen gekreuzt!! – Endgültiger Triumpf der Flugmaschine des Herrn Monck Mason!!! – Ankunft der Herren Mason, Robert Holland, Henson, Harrison Ainsworth und vier anderer Personen mit dem lenkbaren Ballon ‚Viktoria‘ nach einer Reise von fünfundsiebzig Stunden von einem Kontinent zum andern Insel bei Charleston!!!! eingehende Beschreibung der Reise!!!! – “ ** *

Das große Problem ist also endlich gelöst! Wie die Erde und der Ozean, so ist auch jetzt das Reich der Luft von der Wissenschaft unterworfen und zu einem allgemeinen und bequemen Verkehrsweg für die Menschheit gemacht worden.

Man hat den Atlantischen Ozean soeben in einem Ballon gekreuzt! Und zwar ohne viel Schwierigkeiten – ohne augenscheinliche größere Gefahr – in einer durchaus lenkbaren Maschine – und in der unbegreiflich kurzen Zeit von fünfundsiebzig Stunden – von einem Kontinent zum andern! Dank der Rührigkeit unseres Korrespondenten in Charleston sind wir als die Ersten imstande, dem Publikum einen ausführlichen Bericht über diese erstaunliche Reise zu geben, die vom Samstag, den 6. c., gegen elf Uhr morgens bis Dienstag, den 9., zwei Uhr nachmittags dauerte. Teilnehmer derselben waren Sir Everard Bringhurst, Herr Osborne, ein Neffe des Lord Bentinck, die berühmten Aeronauten Monck Mason und Robert Holland, Herr Harrison Ainsworth, der Autor des „Jack Steppard“, Herr Henson, der Erfinder der letzten mißlungenen Flugmaschine, und zwei Seeleute aus Woolwich, im ganzen also acht Personen. Die unten mitgeteilten Einzelheiten sind durchaus exakte und authentische, da sie mit Ausnahme einer unbedeutenden Stelle wörtlich aus den vereinigten Tagebüchern der Herren Monck Mason und Harrison Ainsworth abgeschrieben wurden. Der

---

* Das nun folgende „jeu d'esprit“ mit der obenstehenden, prunkhaft fettgedruckten Kopfnote wurde, mit reichlichen Ausdrücken der Bewunderung gespickt, zuerst als eine Tatsache in der „New York Sun“, einer Tageszeitung, veröffentlicht, und erfüllte den beabsichtigten Zweck vollständig, indem es den Kannegießern von New York in der Zeit zwischen zwei Zügen aus Charleston unverdaulichen Stoff genug zuführte. Der Kampf um „das einzige Blatt, das die Neuigkeit brachte“ ging über das Verwunderlichste hinaus; und wenn, wie einige behaupteten, die „Viktoria“ die Reise auch nicht wirklich gemacht hatte, so kann man doch keinen Grund anführen, warum sie dieselbe nicht hätte machen können.

Höflichkeit dieser Herren verdankt unser Korrespondent noch wichtige mündliche Erläuterungen über den Ballon, über seine Bauart und andere interessante Dinge. Das Urmanuskript hat im Abdruck nur ganz geringe Veränderungen erfahren, und zwar wurden diese nur zu dem Zweck gemacht, den naturgemäß eiligen Bericht unseres Korrespondenten, des Herrn Forsyth, in zusammenhängende, leichtverständliche Form zu bringen.

Der Ballon

Zwei vollkommen mißlungene Versuche der Herren Henson und George Cayley hatten das Interesse des Publikums für die Luftschiffahrt sehr abgeschwächt. Herrn Hensons Schema, das anfangs selbst von Männern der Wissenschaft als vollkommen ausführbar angesehen wurde, gründete sich auf das Prinzip einer schiefen Ebene, die sich, durch eine innerliche, durch die Umdrehung von gleichen Schaufeln (die an Form und Zahl mit einem Windmühlenflügel Ähnlichkeit haben) geschaffene und stets erneute Kraft getrieben, von einer Höhe aus fortbewegt. Doch ergaben alle in der Adelaide-Galerie angestellten Experimente, daß die Bewegung dieser Flügel nicht allein die Maschine nicht vorwärts trieb, sondern ihren Flug direkt hinderte.

Die einzige vorwärtstreibende Kraft, die sie bewies, war die einfache, durch das Herabsteigen der schiefen Ebene geschaffene Bewegung, und zwar trug diese Bewegung die Maschine weiter, wenn die Flügel nicht funktionierten; eine Tatsache, die ihre Nutzlosigkeit deutlich beweist; sobald der Propeller fehlte, der gleichzeitig die ganze Maschine hochhielt, mußte sie unbedingt zu Boden fallen. Dieser Gedanke brachte Herrn George Cayley darauf, einen Propeller an einer Maschine anzubringen, die in sich selbst die Kraft habe, sich in der Höhe zu halten, kurz, an einem Ballon. Doch war dieser Gedanke nur neu und originell, was seine praktische Ausführung anlangte. Er stellte ein Modell seiner Erfindung im Polytechnischen Institut aus. Das vorwärtstreibende Prinzip beruht hier ebenfalls auf in Umdrehung befindlichen, ununterbrochenen Oberflächen oder Flügeln. Solche Flügel waren vier vorhanden, doch waren sie durchaus nicht geeignet, den Ballon vorwärts zu treiben oder seine Kraft beim Aufsteigen zu unterstützen. Das Werk mußte also ebenfalls als ein vollständig mißlungenes betrachtet werden.

Nach diesen Erfahrungen kam Herr Monck Mason, dessen Reise von Dover nach Weilburg in dem Ballon „Nassau" im Jahre 1837 das größte Interesse erregte, auf die Idee, das Prinzip der Schraube des Archimedes für die Luftschiffahrt zu verwenden – denn er schrieb das Mißlingen der Pläne Hensons und George Cayleys sehr richtig den ununterbrochenen Oberflächen der Flügel zu. Er machte seinen ersten öffentlichen Versuch zu Willis Rooms und brachte dann sein Modell in die Adelaide-Galerie.

Wie der Ballon Cayleys war auch der seinige ein Ellipsoid. Er war dreizehn Fuß sechs Zoll lang und sechs Fuß acht Zoll hoch. Er hielt ungefähr dreihundertundzwanzig Kubikfuß Gas, die, wenn es reiner Wasserstoff ist, kurz nach dem Füllen des Ballons, ehe das Gas Zeit hat, sich zu verschlechtern oder zu entweichen, einundzwanzig Pfund tragen. Das Gewicht des ganzen Apparates betrug siebzehn Pfund – so daß also noch vier Pfund zur Verfügung standen. Unter dem Mittelpunkte des Ballons war ein sehr leichtes, etwa neun Fuß langes Zimmerwerk angebracht und in der üblichen Weise durch ein Netz an den Ballon befestigt worden. Von diesem Zimmerwerk nun hing die geflochtene, korbähnliche Gondel herab.

Die Schraube besteht aus einer Achse, die von einer achtzehn Zoll langen, hohlen, kupfernen Röhre gebildet wird, durch welche sich auf einer in einem Winkel von fünfzehn Grad geneigten Spirale eine Reihe aus Stacheldraht bestehender Radien bewegt, die zwei Fuß lang sind und an jeder Seite einen Fuß vorstehen. Diese Radien sind an ihren äußeren Enden durch zwei Bänder abgeplatteten Drahtes verbunden; das Ganze bildet also die Ausstattung der Schraube, die noch durch einen Überzug von geölter Seide, die in Zwickel geschnitten und so gestreckt ist, daß sie dem Apparat eine ziemlich glatte Oberfläche verleiht, vervollständigt wird. An jedem Ende der Achse wird die Schraube durch zwei hohle kupferne Zylinder gestützt, die von dem Netzwerk herabhängen. In den unteren Enden dieser Röhren sind Löcher, in denen sich die Angeln der Achse drehen. Von dem Teile der Achse, der der Gondel am nächsten ist, geht ein stählerner Schaft aus und verbindet die Schraube mit einer in der Gondel befindlichen Hebemaschine, durch deren Federkraft die Schraube zu rapiden Umdrehungen getrieben wird und das Ganze zu vorwärtstreibender Bewegung zwingt.

Mit Hilfe eines Steuers konnte man die Maschine leicht nach jeder Richtung hin lenken. Die Hebemaschine besaß im Verhältnis zu ihrer Größe eine erstaunliche Kraft, denn sie konnte beim ersten Stoß auf einem Zylinder von vier Zoll Durchmesser ein Gewicht von fünfundvierzig Pfund heben und, je länger sie arbeitete, im Verhältnis noch mehr. Sie wog im ganzen acht Pfund sechs Unzen. Das Steuer war ein leichtes, mit Seide überzogenes Rohrwerk, von der Gestalt eines Raketts, etwa drei Fuß lang und an der breitesten Stelle von einem Fuß Durchmesser. Es wog ungefähr zwei Unzen, konnte ganz flach gelegt und nach oben und unten, nach rechts und links gewendet werden und gewährte dem Luftschiffer das Mittel, den Widerstand der Luft auf die Seite zu lenken, von der aus er den Ballon getrieben haben will.

Dies Modell, das wir aus Zeilenmangel nur sehr unvollkommen beschrieben haben, wurde in der Adelaide-Galerie in Tätigkeit gesetzt und legte fünf Meilen in der Stunde zurück, doch erregte es sonderbarerweise im Vergleich zu der verunglückten, komplizierten Erfindung des Herrn Henson nur sehr geringes Aufsehen: so sehr neigt die Welt dazu, alles Einfache zu mißachten!

Man glaubte bis jetzt, das große Problem der Luftschiffahrt nur durch die besonders komplizierte Anwendung irgendeines außerordentlich tiefen dynamischen Prinzips lösen zu können.

Herr Mason war jedoch mit dem Erfolg seiner Erfindung so wohl zufrieden, daß er beschloß, wenn möglich sofort einen Ballon zu bauen, der den Plan einer einigermaßen ausgedehnten Reise verwirklichen könnte. Seine ursprüngliche Absicht war, wie er dies schon einmal mit dem Ballon „Nassau" getan, das Ärmelmeer zu kreuzen. Um seine Absichten ausführen zu können, erbat und erhielt er den Beistand der Herren Everard Bringhurst und Osborne, die beide durch ihre hohen Verdienste um die Wissenschaft und besonders durch ihr Interesse für die Luftschiffahrt bekannt geworden sind. Auf Wunsch des Herrn Osborne wurde das Projekt vollkommen geheim gehalten, die einzigen Personen, die etwas von demselben erfuhren, waren die Erbauer der Maschine, die auf dem Landsitze des Herrn Osborne zu Penstruthal in Wales unter seiner und der Aufsicht der Herren Mason, Holland, Everard Bringhurst hergestellt wurde. Herr Henson und sein Freund, Herr Ainsworth, wurden am letzten Sonnabend zu einer Privatbesichtigung zugelassen, nachdem sie alle Vorkehrungen, an der Fahrt teilnehmen zu können, getroffen hatten. Weshalb die beiden Seeleute mitgenommen wurden, ist uns unbekannt, doch werden wir in ein oder zwei Tagen imstande sein, dem Leser auch darüber wie über die sonstigen kleinsten Einzelheiten dieser kühnen Reise Auskunft zu geben.

Der Ballon besteht aus Seide und ist mit einem Firnis aus Kautschuk überzogen. Er ist von außerordentlich großem Umfange und enthält mehr als vierzigtausend Kubikfuß Gas. Da man jedoch statt des Wasserstoffes, dessen große Expansionskraft manche Unannehmlichkeiten mit sich bringt, Kohlengas verwandte, hatte der Ballon, wenn er vollständig gefüllt war, gleich nach der Füllung eine Tragkraft von nur ungefähr zweitausendfünfhundert Pfund. Das Kohlengas ist nicht allein billiger, es ist auch leichter zu haben und zum Gebrauch dienlicher.

Seine Einführung zu Zwecken der Luftschiffahrt verdanken wir Herrn Charles Green. Ehe er seine Anwendbarkeit entdeckte, war die Füllung eines Ballons nicht nur eine außerordentlich kostspielige, sondern auch sehr unsichere Sache. Man verlor oft zwei, ja, selbst drei Tage bei vergeblichen Anstrengungen, sich eine genügende Menge Wasserstoffgas zu verschaffen, da dieses immer die Neigung hat, sich kraft seiner außerordentlichen Feinheit und seiner Verwandtschaft mit der Atmosphäre zu verflüchtigen. In einem Ballon, in welchem sich Kohlengas in unverändert guter Qualität sechs Monate lang halten würde, könnte man die gleiche Quantität Wasserstoffgas keine sechs Wochen in gleicher Reinheit erhalten.

Die Tragkraft des Ballons betrug also 2.500 Pfund, das Gewicht der Reisenden zusammen etwa 1.200 Pfund, so daß noch 1.300 Pfund übrigblieben, von denen man wiederum 1.200 für den Ballast verwandte, der in Säcken verteilt war – jeder Sack trug sein Gewicht an der Seite deutlich vermerkt – sowie für das Tauwerk, für Barometer, Teleskope, Tönnchen mit Nahrungsmitteln für etwa vierzehn Tage, Wassertönnchen, Wettermäntel und andere notwendige Gegenstände, einschließlich einer Kaffeemaschine, mittels derer man Kaffee durch Kalk kochen konnte, um, wenn die Vorsicht es verbieten sollte, auf Feuer verzichten zu können. Alle diese Gegenstände mit Ausnahme des Ballastes und einiger Kleinigkeiten, hingen in dem Netzwerk. Die Gondel ist im Verhältnis zu der des Modells leichter und kleiner. Sie besteht aus einem leichten Geflecht, ist trotz ihres zerbrechlichen Aussehens sehr stark und ungefähr vier Fuß tief. Das Steuerruder ist viel größer als das des Modells, die Schraube dagegen wieder beträchtlich kleiner. Der Ballon ist außerdem noch mit einem Anker und einem Leitseil ausgestattet, das von unberechenbarem Nutzen sein kann. Für den Leser, der mit den Einzelheiten der Luftschiffahrt nicht vertraut ist, werden hier ein paar erklärende Worte nötig.

Sobald der Ballon die Erde verläßt, ist er dem Einflusse von tausend Umständen unterworfen, die sein Gewicht verändern, die Kraft seines Aufstiegs vergrößern oder verkleinern wollen. So befindet sich zum Beispiel auf der Seide oft eine Lage Tau, die mehrere hundert Pfund schwer werden kann: nun muß Ballast ausgeworfen werden, oder der Ballon wird sinken. Ist dies geschehen, und läßt ein starker Sonnenschein den Tau verdunsten, und vergrößert er die Expansionskraft des Gases im Ballon, so wird der Apparat von neuem rapide steigen. Um die allzu rasche Steigung zu ermäßigen, gibt es kein anderes Mittel (oder vielmehr gab es bis zur Erfindung des Leitseils durch Herrn Charles Green kein anderes Mittel), als durch ein Ventil Gas entströmen zu lassen; der Verlust des Gases jedoch bedeutet einen Verlust an Kraft zum Aufsteigen, so daß in verhältnismäßig kurzer Zeit auch der bestkonstruierte Ballon seinen Vorrat erschöpfen und wieder zur Erde kommen mußte. Dies war bis jetzt das große Hindernis, das sich allen längeren Reisen entgegenstellte.

Das Leitseil hilft dieser Schwierigkeit in der einfachsten Art von der Welt ab. Es ist weiter nichts als ein sehr langes Tau, das man aus der Gondel heraushängen läßt, und das den Zweck haben soll, den Ballon daran zu hindern, daß er sein

Niveau allzusehr wechselt. Ist zum Beispiel die Seide mit einer Lage Feuchtigkeit bedeckt, und beginnt infolgedessen der Ballon zu sinken, so braucht man nicht mehr wie früher Ballast auszuwerfen, um die Vermehrung des Gewichtes wieder auszugleichen, sondern man neutralisiert dieselbe, indem man so viel Meter Tau wie nötig sind, und die früher in der Gondel lagen, auf der Erde nachschleppen läßt. Verursachen jedoch irgendwelche Umstände eine zu große Leichtigkeit, ein zu rasches Steigen des Ballons, so wird diesem Übelstande durch das neu hinzukommende Gewicht des von der Erde heraufgewundenen Taues abgeholfen.

So kann der Ballon also nur sehr wenig steigen oder fallen, und sein Vorrat an Gas und Ballast wird möglichst geschont. Wenn er über ein großes Wasser dahinsegeln soll, muß man kupferne oder hölzerne Fässer verwenden, die mit einer Flüssigkeit gefüllt sind, die leichter ist als Wasser. Diese schwimmen und leisten dieselben Dienste wie das Tau auf der Erde. Eine andere wichtige Aufgabe des Leitseils ist die, die Richtung des Ballons zu erkennen zu geben. Das Tau schleppt sowohl auf dem Lande wie auf dem Wasser nach, der Ballon ist also immer ein Stück im voraus, ein Vergleich der Lage beider Gegenstände mittels des Kompasses wird also die Richtung, die das Luftschiff nimmt, anzeigen. Ebenso gibt der Winkel, den das Tau mit der vertikalen Achse der Maschine bildet, die Schnelligkeit an. Wenn sich kein Winkel bildet, das heißt, wenn das Tau senkrecht herabhängt, so steht der Ballon still; je mehr sich der Winkel zu einem rechten schließt, je weiter also der Ballon dem Ende des Taus voraus ist, um so größer ist seine Schnelligkeit – und umgekehrt.

Die Luftschiffer hatten ursprünglich beabsichtigt, das Ärmelmeer zu kreuzen und in möglichster Nähe von Paris an Land zu gehen. Sie hatten sich zu diesem Zwecke mit Pässen nach allen Teilen des Kontinents hin versehen, die über die Natur ihrer Expedition Aufschluß gaben und sie vor den oft langwierigen Formalitäten der Ortspolizei bewahren sollten. Unerwartete Ereignisse jedoch machten diese Pässe überflüssig.

Das Füllen des Ballons begann sehr ruhig am Samstag, dem 6., bei Tagesanbruch in dem großen Hofe der Besitzung des Herrn Osborne, Weal-Vor-House, die in Nord-Wales, ungefähr eine Meile von Penstruthal liegt; und um sieben Minuten nach elf war alles zur Abreise bereit. Der Ballon wurde entfesselt und erhob sich sanft aber beständig in fast südlicher Richtung. Während der ersten halben Stunde machte man weder von der Schraube noch von dem Steuerruder Gebrauch.

Wir bedienen uns jetzt des Berichtes, den Herr Forsyth aus den vereinigten Tagebüchern der Herren Monck Mason und Ainsworth abgeschrieben hat. Der Grundstock dieses Tagebuches entstammt der Feder des Herrn Mason, während Herr Ainsworth jeden Tag ein Postskriptum beifügte. Er gedenkt, dem

Publikum in der nächsten Zeit einen sehr genauen und ohne Zweifel im höchsten Grade interessanten Bericht der Reise geben zu können.

Das Tagebuch

Sonnabend, den 6. April: Alle zeitraubenden Vorbereitungen sind während der Nacht gemacht worden; wir haben heute morgen bei Tagesanbruch mit dem Füllen begonnen; jedoch infolge eines dichten Nebels, der die Falten der Seide mit Niederschlag füllte, haben wir uns erst gegen elf Uhr erhoben. Wir lösten den Ballon und stiegen voller Begeisterung langsam aber beständig mit einer leichten nördlichen Brise empor, die uns auf den Canal de la Manche zutrieb. Wir fanden die Kraft des Aufsteigens viel stärker als wir anfangs vermutet hatten, und da wir immer höher aus dem Schatten der Felsen heraus in die Sonnenstrahlen stiegen, sauste der Ballon immer rapider in die Höhe. Da ich jedoch so früh kein Gas verlieren wollte, beschloß ich, ruhig weiter zu steigen. Wir zogen das Leittau herauf, aber selbst nachdem wir es vollständig von der Erde entfernt hatten, stiegen wir noch in einem fort. Der Ballon ging sehr gleichmäßig und sah prächtig aus. Ungefähr zehn Minuten nach unserer Abfahrt zeigte das Barometer eine Höhe von 15.000 Fuß an.

Wir hatten außerordentlich schönes Wetter, und der Anblick der Landschaft unter uns – die von allen Punkten aus eine der romantischsten der Erde ist – war jetzt geradezu erhaben. Die zahlreichen tiefen Schluchten erschienen wegen des dichten Nebels, der sie erfüllte, wie Seen, und die zu einem unentwirrbaren Chaos aufgetürmten Zinnen und Grate der südöstlichen Gebirge erinnerten an die fabelhaften Riesenstädte des Orients. Wir näherten uns schnell den südlichen Bergen, doch befanden wir uns hoch genug, um sie sicher passieren zu können. In wenigen Minuten strichen wir stolz über sie dahin, und sowohl Herr Ainsworth wie den beiden Seeleuten fiel es auf, wie niedrig sie sich, von unserer Gondel gesehen, ausnahmen, denn von jedem in beträchtlicher Höhe schwebenden Ballon aus scheint die unter ihm liegende Fläche, trotz aller bedeutenden Erhöhungen, fast eben zu sein. Wir glitten noch immer in fast südlicher Richtung dahin und bemerkten gegen elfeinhalb Uhr zum ersten Male das Ärmelmeer. Fünfzehn Minuten später erschien die Linie der Brandung gerade unter uns: wir befanden uns über dem Meere. Wir beschlossen, jetzt so viel Gas entströmen zu lassen, daß wir unser Leittau mit den daran befestigten Bojen auf dem Wasser nachziehen konnten. Es war in einer Minute geschehen, und wir sanken sacht herab. Nach ungefähr zwanzig Minuten gelangte die erste Boje ins Wasser, und als die zweite eintauchte, hielten wir uns auf der erlangten Höhe.

Wir warteten alle sehnsüchtig darauf, die Wirkung des Steuers und der Schraube zu erfahren, und setzten beide zu dem Zweck in Tätigkeit, unsere Richtung nach Osten, nach Paris hin zu verändern.

Mittels des Steuers führten wir sofort die gewünschte Veränderung herbei und glitten fast im rechten Winkel zu dem Winde dahin, dann setzten wir die Schraube in Bewegung und sahen uns zu unserer größten Freude in der erwünschten Richtung fortgetrieben. Hierauf brachten wir ein neunmaliges begeistertes Hoch aus und warfen eine Flasche ins Meer, die einen Pergamentstreifen mit einer kurzen Angabe des Prinzips der Erfindung enthielt. Kaum hatten die Ausbrüche unserer Freude ein wenig nachgelassen, da ereignete sich unvorhergesehen ein Zufall, der uns nicht wenig entmutigte. Der stählerne Schaft, der die Hebemaschine mit dem Propeller verband, wurde plötzlich an seinem unteren, in der Gondel befindlichen Ende durch eine plötzliche Neigung derselben – sie wurde durch eine ungeschickte Bewegung eines der mitgenommenen Seeleute verursacht – aus seinem Platze gedrängt und hüpfte in einem Augenblick außerhalb des Bereichs der Angel der Schraubenachse hin und her. Während wir uns nun bemühten, sie wieder an die richtige Stelle zu bringen, und für nichts weiter mehr Aufmerksamkeit hatten, gerieten wir in einen starken Windstrom, der von Osten kam und uns schnell von der Küste weg in den Atlantischen Ozean hineintrieb.

Wir wurden mit einer Schnelligkeit von wenigstens vierzig bis fünfzig Meilen die Stunde aufs Meer hinausgetrieben, so daß wir das Kap Clear etwa vierzig Meilen nördlich von uns erreichten, ehe wir den Schaft in die richtige Lage gebracht hatten und überhaupt nachdenken konnten, was zu tun sei. Nun machte Herr Ainsworth einen außerordentlich kühnen Vorschlag, der meiner Meinung nach jedoch weder unvernünftig noch phantastisch war, und den Herr Holland sofort unterstützte. Er meinte nämlich, wir könnten die starke Brise, die uns trieb, zu einem Versuch benutzen, statt Paris die Küste von Nord-Amerika zu erreichen. Nach kurzem Nachdenken gab ich meine Einwilligung zu dem Unternehmen, das seltsamerweise nur bei den beiden Seeleuten auf Widerstand stieß. Wir waren jedoch in der Majorität, redeten ihnen ihre Befürchtungen aus und hielten entschlossen unsere Richtung ein. Wir steuerten geradeaus nach Westen; da die nachschleppenden Bojen uns jedoch behinderten und wir den Ballon nach Belieben steigen oder fallen lassen konnten, warfen wir erst fünfzig Pfund Ballast aus und wanden dann das Leittau so weit herauf, daß es das Wasser nicht mehr berührte. Als Resultat dieser Arbeit konstatierten wir eine sofortige wunderbare Zunahme an Schnelligkeit, und da obendrein der Wind lebhafter wurde, glitten wir mit Windeseile fort, das Leittau flog hinter uns her wie die Wasserfurchen hinter einem Schiffe. Es ist überflüssig zu bemerken, daß wir nach kurzer Zeit die

Küste aus den Augen verloren. Wir sausten über zahllose Schiffe aller Art dahin und erregten offenbar ihre größte Verwunderung – eine Verwunderung, die uns allen sehr wohl tat, ganz besonders aber unseren beiden Seeleuten, die unter dem Einfluß einiger kleiner Gläser Genever nun bereit schienen, alle ihre Befürchtungen und Skrupel den vier Winden zu überlassen. Mehrere Schiffe feuerten Salutschüsse ab; alle grüßten uns durch laute Hurrarufe, die wir mit überraschender Deutlichkeit vernahmen, durch Hüte- und Tücherschwenken. Wir eilten so den ganzen Tag ohne ein wichtigeres Ereignis dahin, und als sich die abendlichen Schatten senkten, schätzten wir die durchmessene Entfernung ungefähr ab. Sie betrug auf keinen Fall weniger als fünfhundert Meilen, wahrscheinlich jedoch viel mehr. Während der ganzen Zeit funktionierte der Propeller und beschleunigte ohne Zweifel unsere Reise merklich. Als die Sonne untergegangen, steigerte sich der Wind zu einem wahren Sturme; der Ozean unter uns phosphoreszierte und blieb vollständig sichtbar. Der Wind blies die ganze Nacht aus Osten und schien uns das beste Gelingen zu verkünden. Wir litten ziemlich unter der Kälte, und auch die Feuchtigkeit der Atmosphäre belästigte uns sehr. Die Größe der Gondel gestattete jedoch, daß wir uns niederlegten, und unsere Mäntel und einige Decken halfen uns, die Situation immerhin erträglich zu machen.

Postskriptum (von Herrn Ainsworth): Die neun letzten Stunden sind ohne Zweifel die spannendsten und begeistertsten gewesen, die ich je erlebt. Ich kann mir nichts Hinreißenderes vorstellen als die Neuigkeit und unerhörte Gefahr unseres Abenteuers. Möge Gott uns Erfolg verleihen! Ich erflehe ihn nicht im Interesse meiner unbedeutenden Person, sondern aus Liebe zur Wissenschaft. Und doch ist die Tat eigentlich so leicht ausführbar, daß man sich nur verwundern kann, weshalb die Menschen bis jetzt vor dem Versuch zurückgeschreckt sind. Wenn eine einzige Brise, wie die, die uns jetzt begünstigt, einen Ballon vier oder fünf Tage treibt (und derartige Brisen dauern oft länger), so wird der Reisende in diesem Zeitraum leicht von einem Ufer zum andern getragen – der ungeheure Atlantische Ozean ist ihm nur ein Teich.

Nichts bewegt mich in diesem Augenblicke mehr als die erhabene Stille, die trotz seiner Bewegung über dem Meere liegt. Die Wasser rauschen nicht mehr zum Himmel empor. Der ungeheure schimmernde Ozean unter uns windet und krümmt sich ohne Klage. Die bergigen Wellen erinnern an dämonische Riesengeschlechter, die in stummer Angst machtlos den Todeskampf kämpfen. In einer Nacht wie dieser lebt der Mensch – lebt ein ganzes Jahrhundert gewöhnlichen Lebens – ja, ich möchte dies Entzücken nicht für hundert Jahre Durchschnittsdasein dahingeben.

Sonntag, den 7. (Bericht des Herrn Mason): Diesen Morgen gegen 10 Uhr war der Sturm nur noch eine Brise von acht oder neun Knoten (für ein Seeschiff). Wir trieben mit einer Schnelligkeit von dreißig Meilen die Stunde dahin. Vielleicht war sie auch größer. Doch blies sie stark nach Norden. Jetzt, bei Sonnenuntergang, gleiten wir, dank der Schraube und des Steuers, die ihren Zweck bewunderungswürdig gut erfüllen, genau nach Westen hin. Ich betrachte das Unternehmen als durchaus gelungen und halte die Luftschiffahrt nach allen Richtungen hin, wenn nicht ein sehr starker gerade entgegengesetzter Wind weht, für ein gelöstes Problem. Wir hätten dem starken Sturme gestern abend nicht entgegensegeln können; wäre es jedoch nötig gewesen, so würden wir durch Aufsteigen seinem Einflusse entgangen sein. Doch bin ich überzeugt, daß wir es mit unserem Propeller schon mit einer sehr steifen Brise aufnehmen können. Heute gegen Mittag erhoben wir uns durch Ballastauswerfen zu einer Höhe von fast 25.000 Fuß. Wir taten es, um vielleicht einen direkten Luftstrom ausfindig zu machen, bemerkten jedoch keinen günstigeren als den, mit welchem wir bis jetzt segelten. Wir haben genügend Gas, um diesen kleinen Weiher von Ozean zu kreuzen, und sollte die Reise auch drei Wochen dauern, ich zweifele nicht im geringsten an dem Gelingen unserer Reise. Man hat die Schwierigkeit derselben sonderbar übertrieben und mißverstanden. Ich kann nun meinen Redestrom absperren, und hätte ich auch alle Luftströme gegen mich, mit meinem Propeller würde ich schon leidlich durch sie hindurchkommen. Bemerkenswerte Ereignisse traten heute nicht ein. Die Nacht verspricht schön zu werden.

Postskriptum (Von Herrn Ainsworth): Ich habe wenig zu notieren, ausgenommen vielleicht eine Tatsache, die mich persönlich sehr überrascht hat. Ich habe in einer Höhe, die derjenigen des Cotopaxi gleichkommt, weder große Kälte noch Kopfweh noch Atembeschwerden verspürt, ebensowenig empfanden Herr Mason, Herr Holland und Herr Everard Bringhurst das geringste Unwohlsein. Herr Osborne klagte über ein Zusammenziehen in der Brust, doch währte auch dies nur kurze Zeit. Wir sind während des Tages ein großes Stück vorwärts gekommen und müssen wohl schon die Hälfte des Weges hinter uns haben. Wir glitten wohl über einige zwanzig oder dreißig Schiffe dahin und alle schienen im höchsten Grade verwundert und erfreut über unseren Anblick. Den Ozean in einem Ballon zu kreuzen, ist doch nach alledem nicht eine gar so gefährliche Sache! *Omne ignotum pro magnifico.*

Nb. In der Höhe von 25.000 Fuß erscheint der Himmel fast schwarz und die Sterne sind deutlich sichtbar, während das Meer nicht, wie man voraussetzen sollte, konvex erscheint, sondern ganz ausgesprochen konkav.[*]

---

[*] Herr Ainsworth hat nicht versucht, sich von diesem Phänomen, das ganz einfach zu erklären ist, Rechenschaft zu geben. Eine Linie, die man von einer Höhe von 25.000 Fuß senkrecht auf die Oberfläche der Erde oder des Meeres fällen würde, wäre die Senkrechte eines rechtwink-

Montag, den 8. (Bemerkungen des Herrn Mason): Heute morgen hatten wir wieder einige Unannehmlichkeiten mit dem Schaft des Propellers, der, um ernstliche Unfälle zu vermeiden, vollständig neu konstruiert werden muß. Ich meine den stählernen Schaft, nicht die Schaufeln, die überhaupt nicht besser funktionieren könnten. Der Wind blies den ganzen Tag über stark und beständig aus Nordosten; das Schicksal scheint uns ganz besonders begünstigen zu wollen. Kurz vor Tagesanbruch wurden wir alle durch sonderbare Geräusche und Stöße in dem Ballon, denen ein plötzliches kurzes Aussetzen der Maschine folgte, in Unruhe gebracht. Diese Erscheinungen wurden von der Expansion des Gases verursacht, die bei der zunehmenden Wärme vor sich ging, sowie auch durch das Abtauen kleiner Eisstückchen, die sich die Nacht über an das Netzwerk angesetzt hatten. Wir warfen vorüberfahrenden Schiffen Flaschen zu und sahen, wie eine derselben von einem großen Schiffe, wahrscheinlich einem der New Yorker Paketschiffe, aufgefischt wurde. Wir versuchten, einen Namen zu erkennen. Durch Herrn Osbornes Teleskop las ich so etwas wie „Atlanta". Jetzt ist es Mitternacht, und wir eilen noch immer rapid gegen Westen. Die See phosphoresziert stark.

Postskriptum (Von Herrn Ainsworth): Es ist zwei Uhr morgens und, soweit ich es beurteilen kann, fast windstill. Doch läßt sich dies sehr schwer unterscheiden, da wir ja ganz mit dem Winde segeln.

Seit wir Weal-Vor-House verlassen haben, habe ich noch nicht geschlafen, doch kann ich jetzt nicht länger widerstehen und muß ein Schläfchen halten. Wir können übrigens nicht mehr weit von der nordamerikanischen Küste entfernt sein.

Dienstag, den 9. (Bemerkung des Herrn Ainsworth): Ein Uhr nachmittags. Die Küste von South-Carolina ist vollständig in Sicht! Das große Problem ist gelöst! Wir haben den Atlantischen Ozean überkreuzt – gefahrlos und gemütlich in einem Ballon überkreuzt! Gott sei dafür gelobt! Wer kann hiernach sagen, daß irgend etwas unmöglich sei?!

---

ligen Dreiecks, dessen Basis von dem rechten Winkel zum Horizont, und dessen Hypotenuse vom Horizont zum Ballon reichen würde. Die 25.000 Fuß Höhe jedoch sind wenig oder gar nichts im Vergleich zu der Ausdehnung der Perspektive. Mit anderen Worten: die Basis und die Hypotenuse des angenommenen Dreiecks sind im Vergleich zu der Senkrechten so lang, daß sie fast als Parallelen erscheinen könnten und dem Aeronauten der Horizont als auf dem Niveau der Gondel liegend erscheint. Da jedoch der Punkt gerade unter ihm anscheinend und wirklich sehr viel tiefer liegt als seine Gondel, so erscheint er ihm natürlich auch sehr viel tiefer als der Horizont. Hieraus erklärt sich also die Erscheinung der Konkave, und diese wird so lange bleiben, bis die Höhe des Ballons in solchem Verhältnis zu der Ausdehnung der Perspektive steht, daß die scheinbare Parallele zwischen Basis und Hypotenuse verschwindet und die wirkliche, konvexe Gestalt der Erde zum Vorschein kommen muß.

Hier endet das Tagebuch. Doch teilte Herr Ainsworth unserem Korrespondenten, Herrn Forsyth, noch einige Einzelheiten über die Landung mit. Es herrschte
fast vollständige Windstille, als die Reisenden die Küste erblickten, welche die
beiden Seeleute und Herr Osborne sofort erkannten. Da der letztgenannte Herr
Bekannte in Fort Moultrie hat, beschloß man, sofort dort an Land zu gehen.

Der Ballon wurde auf den Strand zu gesteuert; es war gerade zur Zeit der
Ebbe; der Sand war hart, glatt und zur Landung wie geschaffen. Man ließ den
Anker herab, der sofort einhakte. Natürlich strömten die Einwohner der Stadt
und des Forts in großen Scharen herbei, um den Ballon zu sehen, doch erst nach
langer Zeit glaubten sie an die Reise, die er eben zurückgelegt hatte.

Der Anker wurde genau um zwei Uhr nachmittags ausgeworfen; die ganze
Reise von Küste zu Küste hatte also fünfundvierzig Stunden – eher etwas weniger – gedauert! Es hatte sich kein ernstlicher Unfall ereignet. Zu keiner Zeit
war ernstliche Gefahr zu befürchten gewesen. Der Ballon wurde ohne Mühe
geleert und gefesselt, und als das Tagebuch, dem dieser Bericht entnommen ist,
von Charleston abgesandt wurde, befand sich die Reisegesellschaft noch in Fort
Moultrie. Über ihre weiteren Absichten verlautet bis jetzt noch nichts, doch
können wir unsern Lesern für Montag, jedenfalls für die nächsten Tage, weitere
Nachrichten versprechen.

Wir haben hier ohne Zweifel das großartigste, interessanteste, wichtigste
Unternehmen, das jemals von Menschen ausgeführt wurde. Es wäre überflüssig,
daran zu erinnern, welche weitgehenden, herrlichen Folgen es haben wird.

DAS SYSTEM DES DOKTOR PECH UND DES PROFESSOR FEDER

Im Herbst des Jahres 18– machte ich eine Reise durch die südlichen Provinzen Frankreichs. Mein Weg führte mich in die Nähe einer Privat-Irrenanstalt, von der mir meine medizinischen Freunde in Paris viel erzählt hatten. Da ich noch nie eine ähnliche Anstalt besucht, wollte ich die günstige Gelegenheit nicht vorübergehen lassen und schlug meinem Reisegefährten – einem Herrn, den ich ein paar Tage früher zufällig kennengelernt hatte – vor, den kleinen Abstecher mit mir zu machen und die Anstalt zu besichtigen. Er willigte jedoch nicht ein, schützte zuerst Eile vor, bekannte dann aber, daß ihm der Anblick eines Wahnsinnigen stets einen unangenehmen Schauder bereite. Doch bat er mich, mir um seinetwillen nur ja keinen Zwang aufzuerlegen – er wolle langsam weiterreisen, so daß ich ihn bis zum Abende, auf jeden Fall aber morgen im Laufe des Tages wieder einholen könne. Als wir uns voneinander verabschieden wollten, fiel mir ein, daß es mir vielleicht Schwierigkeiten machen würde, Einlaß in die Anstaltsgebäude zu erlangen, und ich sprach ihm meine Befürchtungen aus. Er meinte auch, daß ich, ohne persönlich mit dem Direktor, einem Herrn Maillard, bekannt zu sein oder wenigstens einen Empfehlungsbrief an ihn zu besitzen, wohl kaum Zutritt in die Anstalt erlangen könne, da das Reglement in diesen Privat-Irrenhäusern viel strenger sei als in den öffentlichen Heilanstalten. Er habe jedoch vor einigen Jahren die Bekanntschaft Maillards gemacht und wolle gern mit mir bis an das Tor der Anstalt reiten und mich dem Direktor vorstellen – selbst mit einzutreten gehe jedoch, wie gesagt, gegen sein Gefühl, ich müsse ihn also entschuldigen.

Dankend nahm ich sein Anerbieten an; wir bogen von der Hauptstraße ab und gelangten auf einen grasüberwucherten Nebenweg, welcher sich nach einer halben Stunde in einen dichten Wald verlor, der sich am Fuße eines Berges hinzog. Nachdem wir ungefähr zwei Meilen weit durch diesen feuchten, düsteren Wald geritten, erblickten wir die Heilanstalt. Es war ein phantastisch gebautes, halb verfallenes Schloß, das Alter und Vernachlässigung fast unbewohnbar gemacht zu haben schienen. Sein Anblick erfüllte mich mit einem Gefühl wie Schrecken, ich hielt mein Pferd an, halb entschlossen, umzukehren. Doch schämte ich mich bald meiner Schwäche und ritt vorwärts.

Als wir vor dem Haupttor ankamen, sah ich, daß es leicht geöffnet war, und ein Mann, wie neugierig, herausspähte. Der Betreffende trat alsbald heraus, redete meinen Gefährten bei seinem Namen an, schüttelte ihm herzlich die Hand und bat ihn, abzusteigen. Es war der Direktor Maillard selbst: ein stattlicher, vornehm aussehender Herr, ein Mann aus der alten Schule, von höflichen Formen und einem ernsten, würdigen, gebietenden Wesen, das wohl auf jeden Menschen Eindruck machen mußte.

Als mein Freund mich vorgestellt und dem Direktor meinen Wunsch, die Anstalt zu besichtigen, mitgeteilt hatte, empfahl er sich, und ich sah ihn nie wieder.

Nun führte mich der Direktor in ein kleines, außerordentlich sauberes Sprechzimmer, das mit allen Anzeichen eines verfeinerten Geschmackes ausmöbliert war, unter anderem viele gute Bücher, Zeichnungen, schöne Blumentöpfe und Musikinstrumente enthielt. Im Kamin brannte ein lustiges Feuer. Am Klavier saß eine außerordentlich schöne junge Dame und sang eine Arie von Bellini. Bei meinem Eintritt erhob sie sich und begrüßte mich mit anmutiger Herzlichkeit. Sie sprach mit leiser Stimme, und ihr ganzes Wesen hatte etwas Gedrücktes. Auch glaubte ich, auf ihren schönen, für meine Empfindungen wundervoll bleichen Zügen die Spuren eines verborgenen Kummers zu entdecken. Sie war in tiefe Trauer gekleidet, und ich betrachtete sie mit einem aus Hochachtung, Neugier und Bewunderung sonderbar gemischten Gefühle.

Ich hatte in Paris sagen hören, daß die Anstalt des Herrn Maillard nach einem System, das gewöhnlich das „der Beschwichtigung" genannt wird, geleitet werde – daß grundsätzlich keinerlei Strafen angewandt wurden – daß man die Kranken nur im Notfall einsperrte – daß man sie nur im geheimen bewachte; und sie anscheinend die größte Freiheit genießen ließ – ja, daß man den meisten erlaubte, in ihrem gewöhnlichen Anzuge frei im Hause und in den umliegenden Gärten herumzuspazieren wie jeder vernünftige Mensch.

Da ich mich an dies alles erinnerte, war ich in Gegenwart der jungen Dame sehr vorsichtig mit meinen Worten, denn ich wußte ja nicht, ob sie nicht auch eine Kranke war. Ein gewisses unruhiges Glänzen in ihren Augen schien meine Befürchtung zu bestätigen. Und so redete ich denn nur von allgemeinen Dingen, die meines Erachtens nach selbst einer Wahnsinnigen nicht mißfallen konnten. Sie antwortete auf das, was ich sagte, vollständig vernünftig, und ihre Bemerkungen trugen alle den Stempel eines durchaus gesunden Menschenverstandes. Doch hatte ich mich zu lange mit der Metaphysik der *Mania* beschäftigt, um nicht zu wissen, daß man solchen Anzeichen von Gesundheit nicht trauen dürfe, und behielt während der ganzen Unterredung all meine Vorsichtsmaßregeln bei.

Ein Diener in einer sehr eleganten Livree brachte ein Tablett mit Wein, Früchten und anderen Erfrischungen herein, denen ich gern zusprach. Die

Dame verließ das Zimmer, und ich wandte meine Augen fragend auf meinen Wirt.

„Nein! –", antwortete er, „o nein! Sie gehört zu meiner Familie – sie ist meine Nichte – übrigens ein reizendes, liebenswürdiges Wesen!"

„Ich bitte tausendmal wegen meines Argwohns um Entschuldigung, doch hoffe ich, daß Sie mich am leichtesten entschuldbar finden werden. Die ausgezeichnete Verwaltung Ihrer Anstalt hat in Paris viel Bewunderung erregt, und da dachte ich, es sei wohl möglich, daß – nun Sie verstehen!"

„Gewiß, gewiß! – Reden wir nicht mehr davon – oder vielmehr, ich muß Ihnen für Ihre lobenswerte Vorsicht dankbar sein. Bei jungen Leuten begegnet man sehr selten solcher Besonnenheit, und ich habe schon oft erfahren müssen, daß die Gedankenlosigkeit unserer Besucher sehr unangenehme Zwischenfälle verursachte. Als die Anstalt noch nach meinem früheren System geleitet wurde und die Patienten nach Gutdünken hier herumstreifen durften, habe ich es erlebt, daß sie durch neugierige Personen, die die Anstalt in Augenschein nehmen wollten, zu gefährlichen Wutanfällen gereizt wurden. Deshalb war ich gezwungen, das strengere System der Absonderung wieder einzuführen und niemanden mehr einzulassen, auf dessen Vorsichtigkeit ich mich nicht verlassen konnte."

„Als die Anstalt noch nach Ihrem *früheren* System geleitet wurde?", sagte ich und wiederholte seine Worte. „Heißt das also, daß jetzt nicht mehr nach dem ‚System der Beschwichtigung', von dem ich so viel gehört habe, verfahren wird?"

„Vor einigen Wochen", antwortete er mir, „habe ich mich entschlossen, für immer von demselben abzusehen."

„Wirklich? Das setzt mich in Erstaunen."

„Leider", entgegnete er mit einem Seufzer, „stellte es sich als notwendig heraus, wieder zu der alten Behandlungsweise zurückzukehren. Die *Gefahr*, die das Beschwichtigungssystem in sich barg, war zu allen Zeiten groß, und seine Vorzüge sind im allgemeinen bei weitem überschätzt worden. Ich glaube, wenn je irgendwo versucht wurde, wirklich konsequent mit Güte vorzugehen, so geschah es hier, bei uns. Wir haben alles versucht, was das Menschlichkeitsgefühl Vernünftiges vorschlagen konnte. Es tut mir leid, daß Sie uns nicht früher besucht haben – Sie hätten sich selbst ein Urteil bilden können! Doch darf ich wohl annehmen, daß Sie mit den Einzelheiten des ‚Systems der Beschwichtigung' bekannt sind –?"

„Nicht vollständig. Ich erfuhr erst durch vierte oder fünfte Hand davon."

„Ich kann Ihnen dies System im allgemeinen dahin erklären, daß der Kranke geschont wurde und seinen Neigungen unbehindert nachgehen durfte. Wir unterdrückten keine seiner Launen, im Gegenteil, wir duldeten sie nicht bloß, sondern unterstützten sie auch noch und erzielten auf diese Weise eine stattliche Anzahl von Heilungen. Es gibt nichts, was auf den geschwächten Verstand eines Wahnsinnigen einen so starken Eindruck macht, als wenn man ihn *ad absurdum* führt. Wir haben zum Beispiel Männer hier gehabt, die sich für ein Huhn hielten. Die Behandlung bestand dann darin, diese ihre Annahme als eine wirkliche Tatsache hinzustellen – den Kranken hin und wieder der Beschränktheit anzuklagen, weil er diese Tatsache selbst nicht ganz glauben wolle – und ihm eine Woche lang keine andere Nahrung zu bewilligen als die, die ein Huhn bekommt. So genügte oft ein wenig Gerste und Kies, um Wunder zu vollbringen."

„Bestand das ganze System in dieser Art von Beruhigung?"

„Keineswegs! Wir hatten auch großes Zutrauen zu einfachen Vergnügungen, Kartenspielen, der Lektüre von gewissen Büchern und so weiter. Wir taten so, als behandelten wir jeden einzelnen wegen eines körperlichen Übels, das Wort ‚Wahnsinn' wurde nie ausgesprochen. Von besonderer Wichtigkeit war der Umstand, daß wir jeden Irren heimlich beauftragten, die Handlungen der anderen zu überwachen. Einem Wahnsinnigen zeigen, daß man auf seine Intelligenz und seine Diskretion vertraut, heißt, ihm Körper und Seele zurückgewinnen. Auf diese Weise konnten wir dann eine ganze Reihe von Aufsehern entbehren."

„Bestrafungen kamen überhaupt nicht vor?"

„Nein!"

„Und die Kranken wurden nie eingeschlossen?"

„Nur sehr, sehr selten. Zuweilen mußten wir wohl einen Patienten, dessen Krankheit sich zu einer Krise steigerte oder der einen Wutanfall bekam, in eine geheime Zelle bringen, damit er die anderen nicht ansteckte, und wir verwahrten ihn dann so lange, bis wir ihn zu seinen Eltern oder seinen Verwandten zurückschicken konnten, denn wir haben uns nie mit Tobsüchtigen befaßt. Die wurden gewöhnlich in den öffentlichen Irrenanstalten untergebracht."

„Und Sie haben nun Ihre Behandlungsweise vollständig geändert und glauben, daß es besser so ist?"

„Ganz gewiß! Das alte System hatte zu viele Nachteile und Gefahren. Gott sei Dank wird es jetzt auch in keinem Irrenhause in Frankreich mehr befolgt."

„Dies überrascht mich sehr", sagte ich, „denn ich glaubte bis zu diesem Augenblicke bestimmt, daß im ganzen Lande der Wahnsinn nach dem alten System behandelt würde."

„Sie sind noch jung, mein Freund", erwiderte mein Wirt, „doch wird auch für Sie bald die Zeit kommen, wo Sie selbst zusehen, was sich in der Welt zuträgt, ohne auf das Geschwätz der anderen zu achten. – Glauben Sie nichts von dem, was Sie hören, und nur die Hälfte von dem, was Sie sehen. Es liegt klar auf der Hand, daß irgendein Ignorant Ihnen einen ganz falschen Begriff von unserer Anstalt gegeben hat. Nach dem Mittagsmahl werde ich Sie, wenn Sie sich von den Strapazen des langen Rittes genügend erholt haben, im ganzen Hause herumführen und Sie mit einem System bekannt machen, das in meinen und den Augen aller Menschen, die sich von seinen günstigen Resultaten überzeugt haben, das wirksamste von allen ist, die bisher Anwendung gefunden."

„Ist es Ihr eigenes System?", fragte ich. „Haben Sie es erfunden?"

„Ich bin stolz darauf", entgegnete er mir, „es wenigstens bis zu einem gewissen Grade meine Erfindung nennen zu dürfen."

So unterhielt ich mich wohl ein oder zwei Stunden mit Herrn Maillard, während welcher Zeit er mir die zu der Anstalt gehörenden Gärten und Treibhäuser zeigte.

„Ich kann Ihnen jetzt meine Patienten noch nicht vorführen", begann er wieder, „denn für einen sensiblen Menschen hat ein Wahnsinniger immer etwas Widerwärtiges, und ich möchte Ihnen nicht vor dem Essen den Appetit verderben. Wir wollen also erst speisen! Ich kann Ihnen heute unter anderem Kalbfleisch à la Sainte-Menehould, Blumenkohl à la sauce velouté und ein Glas Clos Nougeat anbieten, und ich hoffe, daß dies Ihre Nerven genügend stärken wird."

Um sechs Uhr bat man zum Essen, und mein Wirt führte mich in einen riesigen Speisesaal, wo eine zahlreiche Gesellschaft versammelt saß; es mochten im ganzen vielleicht fünfundzwanzig oder dreißig Personen sein. Das waren offenbar alles Leute aus der guten Gesellschaft, von ausgezeichneter Erziehung, obgleich es mir schien, daß ihre Kleidung übertrieben elegant, ja, gesucht war und allzu sehr an den raffinierten Pomp des *ancien régime* erinnerte. Ich bemerkte auch, daß die Gesellschaft zu wenigstens zwei Dritteln aus Damen bestand und einige von ihnen so gekleidet erschienen, daß man es beim besten Willen nicht anders als geschmacklos nennen konnte. So hatten sich zum Beispiel verschiedene Damen, die wenigstens siebzig Jahre alt sein mußten, mit Schmucksachen, Ringen, Armbändern, Ohrgehängen, Ketten und so weiter überladen, und enthüllten dafür das, was noch ihr Busen war, in freigiebigster Weise. Ich bemerkte auch, daß nur sehr wenig Kleider gut gearbeitet waren oder vielmehr ihren Trägerinnen paßten. Als ich um mich schaute, erblickte ich auch das blasse junge Mädchen, dem mich Direktor Maillard im Sprechzimmer bereits vorgestellt hatte. Wie groß war meine Überraschung, als ich sah, daß sie einen Reifrock anhatte und Schuhe mit hohen Absätzen und eine Haube aus schmutziger Brüsseler Spitze trug, die ihr viel zu groß war und ihr Gesicht lächerlich klein erscheinen ließ. Als ich sie zum ersten Male gesehen, war sie, wie man weiß, in Trauerkleidung gehüllt gewesen, die ihr wunderbar gut gestanden hatte. Eine gewisse Sonderbarkeit im Anzuge eines jeden aus der Gesellschaft brachte mich wieder auf den Gedanken, daß das Beschwichtigungssystem vielleicht doch noch in Anwendung sei, daß mich

Direktor Maillard vielleicht bloß bis nach dem Essen täuschen wolle, um mir den unangenehmen Gedanken, mit Wahnsinnigen an einem Tische zu speisen, zu ersparen; doch erinnerte ich mich auch wieder, in Paris von Provinzialen des Südens als von außerordentlich exzentrischen und in ihrem Gebaren lächerlich altmodischen Leuten reden gehört zu haben; und als ich mit verschiedenen Mitgliedern der Gesellschaft sprach, zerstreuten sich meine Befürchtungen in der Tat wieder.

Der Speisesaal, obgleich ziemlich groß und bequem, war doch durchaus nicht elegant möbliert. Auf dem Fußboden lag zum Beispiel kein Teppich, der allerdings in Frankreich nicht so unerläßlich ist wie anderswo. Die Fenster waren durch keinerlei Gardinen noch durch Vorhänge verhüllt, die Fensterläden waren verschlossen und durch zwei diagonal laufende Eisenstangen wohl verwahrt. Ich bemerkte, daß der Speisesaal allein einen ganzen Flügel des Schlosses einnahm; an drei Seiten des Parallelogramms befanden sich die Fenster – es waren nicht weniger als zehn – und an der vierten die Türe. Der Tisch war sehr reichlich gedeckt und mit Leckereien überladen. Die Verschwendung war fast barbarisch, es waren so viele Gerichte vorhanden, daß man ein ganzes Heer damit hätte sättigen können. Niemals in meinem Leben ist mir wieder eine ähnliche, monströse Zusammenstellung aller guten Dinge des Lebens vorgekommen. Doch bewies das ganze Arrangement sehr wenig Geschmack, und meine an ruhiges Licht gewöhnten Augen empfanden den strahlenden Glanz der zahllosen, in silbernen Kandelabern allzu reichlich umherstehenden Kerzen höchst unangenehm. Ein paar geschäftige Dienstboten bedienten. Auf einem großen Tische am unteren Ende des Saales saßen sieben oder acht Musiker mit Geigen, Flöten, Posaunen und Trommeln. Diese Burschen belästigten mich während der Mahlzeit ganz erheblich durch das unglaubliche Getöse, das sie vollführten. Die Anwesenden schienen es allerdings für Musik zu halten und großes Vergnügen darob zu empfinden.

Ich konnte mich des Gedankens, wie bizarr meine ganze Umgebung doch sei, immer weniger entschlagen; aber es gibt eben allerlei Menschen auf der Welt, die verschiedene Gedanken und Manieren haben, und ich war zu viel gereist, um mich noch naiv über etwas verwundern zu können. Ich ließ mich also zur Rechten meines Wirtes nieder und tat, da ich guten Appetit hatte, der vortrefflichen Mahlzeit alle Ehre an.

Man unterhielt sich im allgemeinen sehr lebhaft. Die Damen sprachen, wie gewöhnlich, am meisten. Ich fand, daß alle Tischgenossen sehr gut erzogene Leute waren; mein Wirt sprudelte über von lustigen Anekdoten. Er schien offenbar sehr gern von seiner Stellung als Direktor des Irrenhauses zu reden, und zu meiner großen Überraschung bemerkte ich, daß die verschiedenen Äußerungen des Wahnsinns ein beliebtes Gespräch der Tischgesellschaft zu sein schienen.

„Wir hatten neulich ein Individuum hier", erzählte mir ein dicker, kleiner Herr, der zu meiner Rechten saß, „das sich für eine Teekanne hielt. Und beiläufig gesagt: ist es nicht sonderbar, daß gerade diese Vorstellung das Gehirn der Wahnsinnigen so oft beunruhigt? Ich glaube, es gibt in ganz Frankreich keine Anstalt, die nicht mit einer menschlichen Teekanne aufwarten könnte. Unser Herr hielt sich für eine Teekanne aus Britanniamasse und polierte sich jeden Morgen sorgfältig mit einem Stück Hirschleder und Wiener Putzkalk."

„Vor nicht langer Zeit", meinte ein sehr großer Herr, mir gerade gegenüber, „war ein Mensch hier, der sich für einen Esel hielt, was, wie Sie bemerken werden, allegorisch gesprochen, auch richtig war. Es war ein sehr unruhiger Patient, und wir hatten oft alle Mühe, ihn von Exzessen zurückzuhalten. Eine Zeitlang wollte er nichts anderes essen als Disteln, doch kurierten wir ihn bald davon, indem wir ihm wirklich nichts anderes zukommen ließen. Dann schlug er immer mit den Hinterbeinen aus, so – sehen Sie – so – so – – – – – –"

„Herr de Kock, ich wäre Ihnen sehr dankbar, wenn Sie sich ein wenig mäßigen wollten", unterbrach ihn hier eine alte Dame, die neben ihm saß. „Halten Sie doch, bitte, Ihre Füße bei sich! Sie haben mir mein ganzes Brokatkleid verdorben. Ist es denn unumgänglich nötig, eine Bemerkung praktisch zu illustrieren? Ich glaube, unser Freund hier hätte Sie auch so verstanden. Sie sind wahrhaftig ein ebenso großer Esel wie der Unglückliche, von dem Sie reden. Sie ahmten das Tier wenigstens äußerst naturgetreu nach."

„Mille Pardons! Ma'mselle!", erwiderte der also angeredete Herr de Kock, „bitte tausendmal um Entschuldigung. Ich hatte nicht die Absicht, Sie zu belästigen. Ma'mselle Laplace – Herr de Kock nimmt sich die Ehre, auf Ihr Wohl zu trinken!"

Bei diesen Worten verbeugte sich Herr de Kock sehr tief, küßte ehrfurchtsvoll seine eigene Hand und trank auf das Wohl der Dame.

„Gestatten Sie mir, mein Freund", wandte sich Herr Direktor Maillard jetzt an mich, „Ihnen ein Stück von diesem Kalbfleisch à la Sainte-Menehould zu überreichen; es wird Ihnen sicher zusagen."

Drei sehr kräftige Diener hatten eben eine ungeheure Schüssel ohne weiteren Unfall auf den Tisch gesetzt. Sie war fast so groß wie ein Boot und enthielt, wie mir schien, das

monstrum, horrendum, informe, ingens,
cui lumen ademptum. *

---

* [Das „erschreckende Ungeheuer, ungeschlacht, riesig, des Lichtes beraubt." – Es handelt sich um die Beschreibung des Zyklopen Polyphem aus Vergils Aeneis (III, 658).]

Ein aufmerksamer Blick überzeugte mich jedoch davon, daß es nur ein kleines unzerlegt gebratenes Kalb sei, das auf seinen Knien lag und einen Apfel im Maule trug, wie man in England gewöhnlich einen Hasen serviert.

„Danke, nein!", erwiderte ich dem Direktor, „ich bin kein besonderer Freund von Kalbfleisch à la Sainte – wie sagten Sie doch? – es bekommt mir nicht! Ich möchte jedoch meinen Teller wechseln lassen und etwas von dem Kaninchenbraten nehmen."

Auf dem Tische standen nämlich mehrere Mittelschüsseln, welche den bekannten französischen Kaninchenbraten zu enthalten schienen, den ich sehr liebte.

„Jean!", rief mein Wirt, „reichen Sie dem Herrn einen anderen Teller und etwas von dem Kaninchen nach Katzenart!"

„Kaninchen nach was?", fragte ich.

„Nach Katzenart!", antwortete er.

„Danke nein", sagte ich rasch. „Ich habe es mir anders überlegt und möchte lieber etwas von dem Schinken nehmen."

„Man weiß doch wahrhaftig nie", dachte ich bei mir, „was man am Tische von Provinzmenschen zu essen bekommt. Ich danke für Euer Kaninchen nach Katzenart – ebenso wie ich für Eure Katze nach Kaninchenart danken würde."

„Und weiter", nahm jetzt eine Person mit einem wahren Leichengesicht am unteren Ende der Tafel das Gespräch, das einen Augenblick gestockt hatte, wieder auf, „– und weiter hatten wir unter anderen Merkwürdigkeiten einmal einen Patienten hier, der sich für ein Stück Cordovakäse hielt, immer mit einem Messer in der Hand herumlief und alle seine Bekannten aufforderte, mal ein Scheibchen aus der Mitte seines Beines zu versuchen."

„Er war wirklich ein großer Narr", rief jemand anders dazwischen, „und doch kann man ihn absolut nicht mit einer anderen Person vergleichen, die wir alle – den fremden Herrn da ausgenommen – genau kennen. Ich meine den Mann, der sich plötzlich für eine Champagnerflasche hielt und oft plötzlich mit einem Pang! pang! aufsprang und pschi-pschi-i-i-i-i- dazu machte, so nämlich –"

Hier streckte der Sprecher ungebildeterweise seinen rechten Daumen in die linke Wange, zog ihn mit einem Tone, der dem Aufspringen eines Korkens glich, wieder heraus und brachte durch eine geschickte Bewegung der Zunge auf den Zähnen einen scharfen, zischenden, sprudelnden Laut hervor, der ähnlich klang wie das Moussieren des Champagners. Ich bemerkte sofort, daß dies Betragen Herrn Maillard durchaus nicht gefiel, doch sagte er nichts. Ein sehr magerer, kleiner Mann in einer riesigen Perücke führte die Unterhaltung weiter fort: „Einmal war ein Ignoramus hier, der hielt sich für einen Frosch, mit dem er übrigens, beiläufig gesagt, wirklich viel Ähnlichkeit hatte. Ich wünsche, Sie hätten ihn gesehen,

mein Herr" – hier wandte sich der Sprecher mir zu – „es hätte Ihrem Herzen
wohlgetan, zu beobachten, wie natürlich er sich benahm. Mein Herr, wenn der
Mann kein Frosch war, so kann ich nur sagen, es war schade, daß er wirklich
keiner war. Sein Quaken – er machte es so: o o o o gh! – o o o o gh! – war das
schönste Quaken der Welt – ganz B-Moll. Und wenn er, nachdem er ein oder zwei
Glas Wein getrunken hatte, seine Ellbogen so, wie ich es jetzt tue, auf den Tisch
stützte, seinen Mund auseinanderzog – so – und seine Augen nach oben rollte und
fabelhaft schnell mit den Lidern zwinkerte – so ähnlich! – ich glaube, mein Herr,
das imitatorische Genie dieses Mannes hätte Sie mit Bewunderung erfüllt!"

„Zweifellos!", erwiderte ich.

„Einmal war auch", meinte ein anderer, „ein Deutscher, ein Herr Schnupfer,
hier, der sich für eine Prise Tabak hielt und untröstlich war, daß er sich nicht
zwischen seinen Daumen und Zeigefinger nehmen konnte."

„Auch war Jules Desoulières ein sonderbares Phänomen, und die Vorstellung, daß er ein Kürbis sei, machte ihn ganz verrückt. Er verfolgte den Koch
mit Bitten, ihn doch zu Kompott zu verarbeiten, was ihm der Koch aber voller
Entrüstung abschlug. Ich will es jedoch gar nicht so schroff ableugnen, daß ein
Kürbiskompott à la Desoulières nicht vorzüglich geschmeckt haben würde."

„Sie setzen mich in Erstaunen", erwiderte ich dem lustigen Herrn und blickte
den Direktor Maillard fragend an.

„Hahaha!", antwortete mir dieser, „hehehe! hihihi! höhöhö! hühühü! das ist
sehr gut! Sie müssen sich nicht allzu sehr verwundern, mein Freund; der Herr ist
ein Schäker – ein Witzbold – Sie dürfen seine Reden nicht wörtlich nehmen."

„Und außerdem war noch Bouffon-Legrand hier", rief irgendein anderer
Tischgenosse – „er war in seiner Weise auch eine außerordentliche Persönlichkeit, die Liebe richtete in seinem Gehirn Verwüstungen an, so daß er sich einbildete, er habe zwei Köpfe. Einer derselben sei der Kopf des Cicero, der andere
sei jedoch eine Zusammensetzung: von der Spitze der Stirn bis zum Munde
sei er nämlich der Kopf des Demosthenes, und vom Munde bis zum Kinn der
Kopf Lord Broughams. Es ist ja möglich, daß er sich täuschte, doch hätte er Sie
sicher von der Richtigkeit seiner Ansicht überzeugt, denn er war ein Mann von
großer Beredsamkeit. Er hatte geradezu eine Leidenschaft für die Kunst des
Redens und konnte es sich nicht versagen, dieselbe oft zu zeigen. So pflegte er
zum Beispiel auf den Eßtisch zu springen – so ungefähr und – und –"

Hier legte mein Freund, der neben dem Sprecher saß, die Hand auf dessen
Schulter und flüsterte ihm ein paar Worte ins Ohr, worauf er ganz plötzlich zu
sprechen aufhörte und in seinen Stuhl zurücksank.

„Und dann", sagte nun der Freund, der eben seinem Nachbar ins Ohr geflü-
stert hatte, „war noch Boulard hier, der Kreisel. Ich nenne ihn den Kreisel,

weil er die drollige, doch nicht ganz unvernünftige Idee hatte, in einen Kreisel verwandelt worden zu sein. Sie wären vor Lachen gestorben, hätten Sie ihn so herumschnurren sehen! Er konnte sich eine Stunde lang auf einem Absatz herumdrehen, so nämlich – so –"

Der Freund, den er vorhin durch die zugeflüsterte Bemerkung unterbrochen hatte, erwies nun seinem Nachbar genau denselben Dienst.

„Ihr Herr Boulard", schrie jetzt eine alte Dame mit Fistelstimme, „er war verrückt, und zwar sehr blödsinnig verrückt, denn wer, gestatten Sie mir die Frage, hat jemals einen lebendigen Kreisel gesehen? Die ganze Sache ist absurd. Da war Frau Soyeuse eine viel gescheitere Person. Sie hatte ja auch ihre Grille, aber eine Grille, die sich mit dem gesunden Menschenverstande wohl vereinigen ließ und allen, die die Ehre ihrer Bekanntschaft genossen, nur Vergnügen bereitete. Sie fand nach reiflicher Überlegung, daß sie durch irgendeinen Unfall ein junger Hahn geworden war, doch benahm sie sich als solcher durchaus schicklich. Sie schlug wundervoll mit den Flügeln – so – so – so und krähte einfach entzückend! Kikeriki – Kikeriki – Kikeriki i i i i i!"

„Ich muß Sie bitten, Frau Soyeuse, sich anständig zu benehmen", unterbrach sie mein Wirt voller Zorn. „Wenn Sie sich hier nicht betragen wollen, wie es einer Dame zukommt, müssen Sie den Tisch verlassen. Sie haben die Wahl."

Die Dame, die ich nach der Beschreibung, die sie von Frau Soyeuse gegeben, mit großer Überraschung als diese selbst anreden hörte, errötete bis an die Brauen und schien den Vorwurf als eine tiefe Demütigung zu empfinden. Sie senkte den Kopf und erwiderte keine Silbe. Eine andere, jüngere Dame nahm die Unterhaltung wieder auf. Es war das schöne Mädchen, das ich im Sprechzimmer kennengelernt.

„Oh, Frau Soyeuse war eine Närrin", rief sie aus. „Von wirklich gesundem Menschenverstande zeugten eigentlich nur die Ansichten der Eugenie Salsafette. Sie war ein sehr schönes, trauriges, bescheidenes Mädchen, das es für unpassend hielt, sich wie alle anderen Menschen zu kleiden, und es vorzog, die innere Seite ihrer Kleidungsstücke nach außen zu tragen. Das kann man übrigens leicht bewerkstelligen, Sie brauchen bloß so zu machen – und so – und so – und –"

„Mein Gott! Fräulein Salsafette, was machen Sie denn", schrien hier wohl zwölf Stimmen auf einmal, „was fangen Sie an! – Gott behüte – das genügt ja aber vollständig – wir sehen ja klar genug, wie die Sache gemacht wird! Halten Sie ein, halten Sie ein!", Mehrere Personen sprangen von ihren Sitzen auf und versuchten Fräulein Salsafette zu verhindern, sich auf gleichen Fuß mit der Venus von Medici zu stellen.

Man hatte die junge Dame kaum beruhigt, als plötzlich aus dem Hauptflügel des Schlosses ein fürchterliches Geschrei gellend zu uns herüberklang. Obwohl der greuliche Lärm meine eigenen gesunden Nerven schon ziemlich angriff, mußte ich die übrige Gesellschaft geradezu bemitleiden, denn sie schien in einer Weise zu erschrecken, wie ich es nie wieder bei vernünftigen Menschen gesehen habe. Sie wurden alle bleich wie Laken, fuhren zusammen, saßen zitternd und bebend da und horchten angstvoll, ob sich der Ton wiederholte. Plötzlich erklang er wieder, lauter und anscheinend viel näher – dann erscholl er ein drittes Mal sehr laut und ein viertes Mal sehr viel leiser und entfernter. Sofort erlangte die Gesellschaft ihre gute Laune wieder. Man sprudelte wie vorhin vor Leben und Lustigkeit über. Ich fragte nun nach dem Grunde der Störung.

„Ach, eine Kleinigkeit!", erwiderte mir Herr Maillard. „Wir sind an dergleichen gewöhnt und machen uns wenig daraus. Die Irrsinnigen heulen zuweilen alle zusammen auf – einer steckt den anderen an, wie es oft die Hunde in der Nacht tun. Zuweilen jedoch folgt auf ein solches Konzert eine einmütige Anstrengung, loszubrechen, was immerhin eine kleine Gefahr über uns bringen könnte."

„Wie viele Wahnsinnige befinden sich denn jetzt in den Zellen?"

„Augenblicklich im ganzen nur zehn."

„Hauptsächlich wohl Frauen?"

„O nein, alle zehn sind Männer, und kräftige Männer dazu, kann ich Sie versichern!"

„Wirklich? Ich habe immer sagen hören, daß die Mehrzahl der Wahnsinnigen dem schöneren Geschlechte angehöre!"

„Im allgemeinen ja, doch nicht immer. Vor einiger Zeit hatten wir siebenundzwanzig Kranke hier, und zwar befanden sich darunter nicht weniger als achtzehn Frauen, doch hat sich das Verhältnis, wie Sie hören, jetzt in kurzer Zeit geändert."

„O ja, sehr geändert", unterbrach ihn hier der Herr, der Ma'mselle Laplace vorhin auf ihr Brokatkleid getreten hatte.

„O ja – sehr geändert", schrie die ganze Gesellschaft im Chorus.

„Halte doch jeder seinen Mund", rief mein Wirt voller Zorn – und die Tafelrunde beobachtete fast eine ganze Minute lang ein Todesschweigen. Eine Dame jedoch gehorchte Herrn Maillard wörtlich, faßte ihre Lippen mit beiden Händen und hielt sie bis zum Schluß des Essens fest.

„Und die Dame", wandte ich mich flüsternd an Herrn Maillard, „die eben den Hahn imitierte, ist harmlos – ganz harmlos, nicht wahr?"

„Harmlos?", rief er mit aufrichtiger Überraschung aus. „Was meinen Sie damit?"

„Nun, nur leicht erkrankt", entgegnete ich und wies auf meinen Kopf. „Ich meine, sie ist durchaus nicht besonders schlimm oder gar gefährlich krank."

„Mein Gott! Was denken Sie sich nur überhaupt! Die Dame, meine alte, spezielle Freundin, ist so gut bei Verstande wie ich. Sie hat ein paar exzentrische Angewohnheiten, das ist wahr – aber Sie wissen doch: alle alten Frauen – alle *sehr* alten Frauen haben dergleichen an sich, sind mehr oder weniger exzentrisch."

„Gewiß, gewiß!", entgegnete ich, „und die übrigen Herrn und Damen –"

„Sind meine Freunde und untergebenen Beamten", unterbrach mich Herr Maillard in einem, wie mir schien, etwas hochmütigen Tone, „meine prächtigen Freunde und Helfer."

„Wie? Alle?", fragte ich, „Auch die Frauen?"

„Gewiß!", antwortete er. „Ohne weibliche Hilfe ist eine Anstalt wie die unsrige nicht zu leiten. Frauen sind die besten Irrenpflegerinnen, die man sich denken kann. Sie haben ihre eigene Art und Weise, mit den Wahnsinnigen umzugehen, und ihre schönen Augen tun oft Wunder – es ist ähnlich damit, wie mit dem Bann, den die Schlangen ausüben, wissen Sie!"

„Das mag sein, gewiß!", entgegnete ich. „Sie benehmen sich zwar alle ein wenig sonderbar, nicht? Ein bißchen verdreht, was? Finden Sie nicht auch?"

„Sonderbar? Verdreht? Glauben Sie das wirklich? Wir hier im Süden nehmen es allerdings nicht so genau – wir tun, was wir wollen – genießen unser Leben – sind lustig und guter Dinge –"

„Das ist gewiß sehr vernünftig", erwiderte ich.

„Und überdies, sehen Sie, dieser Clos de Vougeot ist ein bißchen schwer – ein bißchen stark – Sie verstehen – wie?"

„Gewiß, gewiß", sagte ich. „Habe ich Sie übrigens recht verstanden, daß Sie an Stelle des Beschwichtigungssystems eine außerordentlich harte Behandlung gesetzt haben?"

„Nicht vollständig. Wir schließen die Kranken bloß strenge ein, ihre Behandlung – ich meine die ärztliche Behandlung – muß ihnen eher angenehm als unangenehm sein."

„Sie haben das neue System selbst erfunden?"

„Nicht ganz – einige Punkte in demselben stammen von Doktor Pech, von dem Sie sicher schon gehört haben. Und verschiedene Abänderungen schreibe ich mit Stolz dem berühmten Professor Feder zu, mit dem Sie, wenn ich mich nicht irre, ja sehr nahe bekannt sind."

„Ich muß leider gestehen", wandte ich ein, „daß ich keinen der beiden Namen früher gehört habe."

„Du lieber Himmel", rief mein Wirt, rückte erschrocken seinen Stuhl zurück und schlug die Hände zusammen, „ich höre wohl nicht recht! Sie wollten doch nicht sagen, daß Sie noch nie von dem gelehrten Doktor Pech, noch nie von dem berühmten Professor Feder etwas gehört haben!"

„Ich muß leider meine vollständigste Unwissenheit zugeben. Der Wahrheit die Ehre: ich bedaure aufrichtig, von den Werken dieser beiden berühmten Persönlichkeiten auch nicht das geringste zu wissen. Ich will mir, sobald es angeht, ihre Schriften verschaffen und mit dem nötigen Eifer durchlesen. Sie haben mich nämlich, Herr Maillard, wirklich – Sie haben mich, muß ich gestehen, ganz beschämt gemacht."

Dies letztere war tatsächlich der Fall.

„Reden wir doch nicht mehr davon, mein lieber junger Freund", unterbrach mich der Direktor in gütigem Tone und drückte mir die Hand, „stoßen wir lieber mit einem Glas Sauterne an!"

Wir taten es. Die Gesellschaft folgte unserem Beispiele. Sie tranken unaufhörlich – schwätzten, scherzten, lachten und vollführten tausend absurde Dinge. Die Geigen quietschten, die Trommeln rasselten, die Posaunen heulten, der Spektakel wurde, je mehr man dem Weine zusprach, immer wüster und das Ganze zu einer richtigen Orgie. Herr Maillard und ich setzten indes zwischen verschiedenen Flaschen Clos de Vougeot und Sauterne hindurch unsere Unterhaltung fort, mußten jedoch aus Leibeskräften schreien, um einander verstehen zu können. Ein Wort, in gewöhnlicher Klangstärke gesprochen, wäre ebensowenig gehört worden wie die Stimme eines Fisches auf dem Grunde des Niagara-Falles.

„Vor dem Mittagessen sprachen Sie von den Gefahren, die das ‚alte System der Beschwichtigung' mit sich gebracht habe", schrie ich dem Direktor ins Ohr. „Was meinten Sie damit?"

„Nun", entgegnete er, „die Launen der Irren sind ganz unberechenbar, und es ist sowohl meine Ansicht wie die des Doktors Pech und des Professors Feder, daß es nie klug ist, einen Irrsinnigen frei umherlaufen zu lassen. Er kann für eine Zeitlang ‚beschwichtigt' werden, wie man es nennt, doch muß man sich immer auf Gewalttätigkeiten gefaßt machen. Auch ist seine List so groß, daß sie ja fast schon sprichwörtlich geworden ist. Wenn er irgend etwas vorhat, verheimlicht er seinen Plan mit großer Geschicklichkeit. Und die wunderbare Verstellungskunst, mit welcher er den geistig Gesunden imitiert, ist eins der sonderbarsten Probleme in der psychologischen Wissenschaft. Wenn ein Wahnsinniger ganz vernünftig scheint, ist es die höchste Zeit, ihn in die Zwangsjacke zu stecken."

„Aber die *Gefahr*, von der Sie sprachen? Haben Sie in Ihrer eigenen Praxis die Erfahrung gemacht, daß die Freiheit für einen Wahnsinnigen gefährlich ist?"

„Hier? In meiner eigenen Praxis? O ja, das habe ich! So ist zum Beispiel vor kurzem in diesem Hause etwas Merkwürdiges vorgekommen. Damals war das Beschwichtigungssystem noch in Anwendung und die Kranken alle in Freiheit. Sie betrugen sich *außerordentlich* gut, so gut, daß jeder vernünftige Mensch auf den Gedanken kommen mußte, hinter dieser Bravheit verberge sich irgendein teuflisches Vorhaben. Und wahrhaftig! Eines schönen Morgens fanden sich alle Aufseher an Händen und Füßen gebunden und in Zellen gesperrt, in denen sie von den Irren, die sich plötzlich alle für Aufseher hielten, wie Wahnsinnige behandelt wurden.“

„Was Sie sagen! Das ist allerdings ganz unerhört!“

„Tatsache! Die ganze Katastrophe wurde durch einen Burschen herbeigeführt – einen Wahnsinnigen – der sich plötzlich einbildete, er habe ein Regierungssystem erfunden, das besser sei als alle bisher bekannten – Irrenregierungssysteme meine ich natürlich. Er wollte seine Erfindung auf die Probe stellen und überredete die übrigen Kranken zu einer Verschwörung, um die regierenden Mächte über den Haufen zu werfen.“

„Und es gelang ihm auch?“

„Vollständig. Die Aufseher und die Beaufsichtigten wechselten ihre Plätze, das heißt, die Irren waren ja immer frei gewesen, doch die Aufseher wurden nun in Zellen gesperrt und, wie ich leider gestehen muß, sehr ehrenvoll behandelt.“

„Doch wurde nun gewiß schnell eine Gegenrevolution gemacht, denn so konnten die Dinge doch nicht lange bleiben. Die Bauern aus der Nachbarschaft – oder zufällige Besucher der Anstalt erstatteten wohl sofort Anzeige?“

„Da irren Sie sich. Der Anführer der Rebellen war zu schlau, er ließ überhaupt keinen Besucher ein – nur einmal einen jungen Mann, der ziemlich dumm aussah und der ihm keine Besorgnis einflößte. Er ließ ihn ein, um eine Abwechslung zu haben und sich über ihn zu amüsieren. Als er genug Hanswurst gespielt hatte, ließ er ihn wieder laufen.“

„Und wie lange dauerte denn die Regierung der Narren?“

„Oh, sehr lange – gewiß einen Monat lang – oder noch länger, ich weiß es nicht genau. Mittlerweile führten die Tollen ein vergnügtes Leben. Das können Sie sich denken. Sie warfen ihre schäbigen alten Sachen ab und plünderten den Familienkleiderschrank und die Familienschmuckschatulle. In den Kellern des Schlosses lagen reiche Weinvorräte – die Irren sind gerade die richtigen dazu, um ihn auszutrinken. Sie lebten gut, das kann ich Ihnen nur sagen.“

„Und die Behandlung – was für eine Art von Behandlung führte der Rebellenführer ein?“

„Nun, wie ich schon bemerkte: ein Wahnsinniger braucht nicht immer dumm zu sein! Und es ist auch meine bescheidene Meinung, daß das System, welches er einführte, besser war als das, welches er über Bord geworfen. Es war ein vorzügliches System – einfach – sauber – ohne Schwierigkeit – es war ganz köstlich – es war –“

Hier wurde mein Wirt durch eine lange, neue Reihe von Schreien unterbrochen, die genauso klangen wie die vorhin gehörten. Diesmal jedoch schienen sie von Personen ausgestoßen zu werden, die sich dem Saale rasch näherten.

„Himmlischer Vater!", rief ich aus. „Wahrscheinlich sind die Wahnsinnigen losgebrochen!"

„Ich fürchte auch", entgegnete Herr Maillard und wurde blaß.

Jetzt ertönten die lauten Schreie und Rufe dicht unter unserem Fenster. Dann hörten wir jedoch auch, wie einige Personen sich bemühten, von außen, vom Korridor her in das Zimmer zu dringen. Die Tür wurde mit einem Widder oder riesigen Hammer bearbeitet, während andere mit unheimlicher Kraft an den Fenstergittern rüttelten und brachen.

Nun entstand die fürchterlichste Verwirrung. Herr Maillard versteckte sich zu meiner größten Überraschung hinter dem Büfett. Eigentlich hatte ich von ihm mehr Entschlossenheit erwartet. Die Mitglieder des Orchesters, die seit einer Viertelstunde zu betrunken schienen, um ihrer Aufgabe nachzukommen, sprangen mit ihren Instrumenten wieder auf den Tisch, begannen einmütig mit fast übermenschlicher Energie und Tonfülle die „Schusterjungen" zu spielen, und musizierten während der ganzen Katastrophe, die nun hereinbrach, unentwegt weiter.

Der Herr, den man vorhin mit großer Mühe davon abgehalten hatte, auf den Tisch zu springen, hüpfte jetzt mitten zwischen die Flaschen und Gläser. Sobald er dort einen bequemen Standpunkt gefunden, begann er eine große Rede zu halten, die wahrscheinlich vorzüglich war – hätte man nur ein Wort verstehen können. Im selben Augenblick fing der Herr, der die Vorliebe für den Kreisel hatte, mit ungeheurem Kraftaufwand an, im Zimmer immer in die Runde herumzuschnurren. Dabei hielt er die Arme im rechten Winkel ausgestreckt, so daß er in der Tat einem Kreisel ähnlich sah und jeden, der in seine Nähe kam, zu Boden schleuderte. Zu gleicher Zeit vernahm ich ein unglaubliches, paffendes und zischendes Geräusch, wie von aufspringenden Champagnerflaschen, ein Geräusch, das von der Persönlichkeit herkam, die schon während des Mittagessens sich für eine Flasche des animierenden Stoffes gehalten hatte. Der Froschmann quakte dazu, als hinge sein Seelenheil von jedem Tone ab; indes der Deutsche, Herr Schnupfer, schnupfte, was das Zeug hielt. Doch über alles hinweg hörte ich das langanhaltende Ia Ia eines Esels. Und meine alte Freundin, Frau Soyeuse – ich hätte Tränen über sie weinen können, denn die Ärmste schien die Fassung vollständig verloren zu haben: Sie stand in einer Ecke am Kamin und konnte nichts weiter äußern als ein unaufhörlich aus Leibeskräften geschrienes Kikeriki i i i. Während ihr gegenüber, in der anderen Ecke, Fräulein Salsafette, völlig ausgezogen, als Venus von Medici Posto gefaßt hatte.

Und nun hatte die Komödie ihren Höhepunkt erreicht. Da man den Anstrengungen der Belagernden weiter keinen Widerstand entgegensetzte als Heulen, Schreien und Krähen, waren die Fenster bald erbrochen, war die Tür bald gesprengt. Niemals werde ich die Bestürzung und das Entsetzen vergessen, das mich befiel, als ich sah, wie durch die Fenster heulende Ungeheuer einstiegen, die ich für Schimpansen, Orang-Utans und schwarze Paviane hielt, wie sie am Kap der guten Hoffnung vorkommen mögen.

Ich bekam einen Schlag, rollte unter ein Sofa und blieb da still liegen. Nach ungefähr fünfzehn Minuten, während welcher ich angestrengt auf das horchte, was im Zimmer vor sich ging, erlangte ich endlich mit Schluß des Dramas auch die Aufklärung seiner Verwickelungen. Herr Maillard hatte mir anscheinend mit der Geschichte des Rebellen, der die Irren befreite, nur seine eigenen Heldentaten erzählt. Er war in der Tat vor zwei oder drei Jahren Direktor der Anstalt gewesen, dann hatte sich jedoch auch sein Kopf verwirrt, und er wurde selbst der Abteilung für die Kranken überwiesen. Das aber war meinem Reisegefährten nicht bekannt gewesen.

Die Hüter, zehn an der Zahl, hatte er von seinen Mitpatienten ergreifen lassen; darauf wurden sie mit Pech überzogen und mit Federn besteckt und in unterirdische Zellen geworfen. Über einen Monat lang hatte man sie gefangen gehalten, und Direktor Maillard hatte ihnen nicht nur Pech und Federn gelassen (darin bestand nämlich sein System), sondern ihnen sogar ein wenig Brot und so viel Wasser zugestanden, wie sie haben wollten. Täglich ließ er sie mit einer Pumpe duschen. Endlich war es einem von ihnen gelungen, durch ein Abflußrohr zu entkommen und die anderen zu befreien.

Jetzt ist das Beschwichtigungssystem mit einigen wichtigen Veränderungen wieder angenommen worden. Doch kann ich nicht umhin, mit Herrn Maillard darin übereinzustimmen, daß seine selbsterfundene Behandlungsweise eine äußerst vorzügliche gewesen. Wie er sehr richtig bemerkte: einfach – sauber – und sie machte keine Mühe, wirklich nicht die geringste.

Ich will zum Schluß nur noch erwähnen, daß ich, obwohl ich alle Bibliotheken Europas nach den Werken des Doktors Pech und des Professors Feder durchsucht habe, doch bis heute noch keine ihrer Schriften habe finden können.

KÖNIG PEST
Eine Geschichte, die eine Allegorie enthält

Die Götter erlauben – ja! sie befehlen sogar den Königen,
Dinge zu tun, die sie bei Schurken verabscheuen.
Buckhurst, Perrex et Porrex

In einer Oktobernacht gegen zwölf Uhr – es war unter der ritterlichen Regierung König Eduards des Dritten – bemerkten zwei Seeleute, die der Mannschaft eines kleinen, augenblicklich in der Themse vor Anker liegenden Handelsschiffes angehörten, mit einigem Erstaunen, daß sie sich in einer Kneipe befanden, die im Kirchspiel Sankt Andreas lag und als Schild das Porträt einer „fidelen Teerjacke" trug.

Der Raum war schlecht gebaut, rauchgeschwärzt und sehr niedrig, also in keiner Beziehung besser als die üblichen Matrosengasthäuser. In den Augen der Trinker, die in den Ecken herumsaßen, Kerlen aus aller Herren Ländern, war er jedoch für seinen Zweck bestens geeignet.

Die beiden Matrosen bildeten wohl die auffallendste Gruppe.

Der, wie es schien, ältere von ihnen – er wurde von seinem Gefährten mit dem, wie man gleich sehen wird, sehr charakteristischen Beinamen „Stelze" angeredet – war auch der weitaus größere. Seine sechs und einen halben Fuß mochte er wohl gut messen, und seine krumme Haltung schien nur die unausbleibliche Folge solcher Riesenhaftigkeit zu sein.

Doch wurde dies Übermaß an Länge durch manche Kümmerlichkeiten an seiner Gestalt wieder ausgeglichen. Er war ganz außerordentlich mager, so daß seine Kameraden wohl behaupteten, er könne, wenn er betrunken sei, sehr gut die Mastbaumlampe, und wenn nüchtern, den Luvbaum ersetzen; aber solche und ähnliche Späße pflegten nicht den geringsten Eindruck auf die Lachmuskeln unseres Seemanns zu machen.

Sein Gesicht mußte auffallen: Er hatte hervorstehende Backenknochen, eine große Habichtnase, ein zurücktretendes Kinn, einen zusammengedrückten Unterkiefer und riesig große, hervortretende wasserblaue Augen. Der Ausdruck dieser Züge war, obwohl sie eine Art verbohrter Gleichgültigkeit zur Schau trugen, ein ernster und feierlicher.

Der jüngere Seemann schien so ungefähr das vollendete Gegenstück seines Gefährten. Seine Größe betrug höchstens vier Fuß. Der untersetzte, schwerfällige Körper wurde von einem Paar krummer, stämmiger Beine getragen, während die ungewöhnlich kurzen und dicken Arme mit ihren mächtigen Fäusten zu beiden Seiten auf und ab baumelten wie die Flossen einer Seeschildkröte. Aus seinem Kopfe zwinkerten kleine, tief liegende Augen von unbestimmter Farbe hervor. Die Nase lag in der Fleischmasse, die sein rundes, volles, purpurrotes Gesicht umhing, förmlich begraben, und seine dicke Oberlippe ruhte auf der noch dickeren Unterlippe mit einem Ausdruck gemächlichster Selbstzufriedenheit, der noch durch die Angewohnheit ihres Eigentümers, sie von Zeit zu Zeit wohlgefällig zu belecken, erhöht wurde. Er betrachtete seinen langen Gefährten offenbar mit einem aus Erstaunen und Spott gemischten Gefühle und blickte oft zu ihm auf – so ungefähr, wie die rote untergehende Sonne zu den Felsklippen des Ben Nevis aufsehen mag.

Viele und vielartige Wanderungen hatte das würdige Paar während der früheren Nachtstunden bereits durch die verschiedenen Kneipen der Nachbarschaft unternommen. Doch auch die größte Summe reicht nicht ewig, und mit leeren Taschen hatten sich unsere Freunde schließlich in das eben beschriebene Wirtshaus wagen müssen.

In dem Augenblicke, da unsere Geschichte beginnt, saßen Stelze und sein Kamerad Hugo Luckenfenster, so hieß der kleine Dicke, jeder mit aufgestützten Ellbogen, an dem großen Eichentische in der Mitte des Zimmers und lehnten den Kopf in die Hand. Über eine riesige, „unbezahlbare" Flasche hinweg beäugten sie die unheilverkündenden Worte „KEINE KREIDE", die zu ihrem beträchtlichen Unwillen und Erstaunen auf die Tür geschrieben waren; und zwar mittels desselben Minerals, dessen Anwesenheit sie verleugnen sollten! Nicht, daß man unseren Seefahrern die Fähigkeit, Schriftzüge zu entziffern, hätte zur Last legen können! Diese Wissenschaft galt damals für ebenso kabbalistisch wie die Kunst, sie zu schreiben – doch waren da, um die Wahrheit zu sagen, gewisse Windungen in der Bildung der Buchstaben und im Ganzen ein unbestimmtes, unbeschreibliches Seitwärtssteuern, das den beiden Seefahrern Sturm und schlechtes Wetter zu verkünden schien und sie, um mit den allegorischen Worten Stelzes zu reden, plötzlich bestimmte, „das Schiff zu bewachen, die Segel einzuziehen und vor dem Winde zu laufen".

Nachdem sie also den Rest Ale noch seiner Bestimmung übergeben hatten, knöpften sie ihre kurzen Wämse fest zu und machten einen Vorstoß ins Freie. Und obwohl Luckenfenster zweimal in den Kamin trat, den er für die Tür hielt, wurde ihre Flucht doch endlich glücklich bewerkstelligt, und eine halbe Stunde nach Mitternacht liefen unsere Helden, als ginge es um ihr Leben, eine dunkle, enge Straße in der Richtung nach St. Andrews' Treppe hinab, hart verfolgt von der Wirtin und etlichen Gästen der „fidelen Teerjacke".

In der Zeit nun, in der diese ereignisreiche Geschichte spielt, und manches Jahr vorher und nachher, erklang in England und besonders in der Hauptstadt der entsetzliche Schrei: „Die Pest!", Die Stadt war zum großen

Teil entvölkert, und in den schrecklichen Vierteln in der Nähe der Themse, in deren schwarzen, engen, schmutzigen Straßen die Seuche aufgekommen, schlichen nur noch Angst, Entsetzen und Aberglauben durch die verödeten Straßen.

Auf Befehl des Königs waren diese Viertel von der übrigen Stadt vollständig abgeschlossen worden, und jedem, der es wagen sollte, in ihre grauenvolle Einsamkeit zu dringen, die Todesstrafe angedroht. Doch konnten weder die gesetzlichen Bestimmungen des Königs, noch die riesigen Holzverschläge am Eingang der Straßen, noch die Furcht vor dem grausigen, widerwärtigen Tode, der jeden Eindringling so ziemlich mit Sicherheit ereilen mußte, verhindern, daß die leeren, menschenverlassenen Wohnungen nächtlicherweile beraubt, und alles Eisen, Kupfer- oder Bleiwerk, kurz, Gegenstände, mit denen noch Handel getrieben werden konnte, fortgeschleppt wurden.

Wenn dann im Winter die Verschläge wieder geöffnet wurden, stellte sich gewöhnlich heraus, daß Schlösser, Riegel und geheime Keller nur schlecht die reichen Wein- und Liqueurvorräte bewahrt hatten, welche die gerade in diesen Vierteln ansässigen zahlreichen Händler lieber einer so ungenügenden Sicherheit überließen, als sie in der Eile unter Mühen und Gefahren in die entfernteren Stadtteile zu schaffen.

Aber nur sehr wenige in dem schreckgefaßten Volke schrieben diese nächtlichen Räubereien Menschenhänden zu. Man glaubte, daß Pestgeister, Seuchenkobolde, Fieberdämonen diese Übeltaten verrichteten, und täglich entstanden neue schauerliche Geschichten, so daß schließlich die verlassenen Häuser wie von einem Leichtuch eingehüllt waren, und die Räuber selbst, geängstigt durch die abergläubischen Schauergeschichten, die ihre eigenen Raubzüge geschaffen, die verrufenen Orte flohen; so daß nur Finsternis und schweigender Tod an dieser Stätte des Pesthauchs waren.

Durch einen jener Holzverschläge, die anzeigten, daß das hinter ihnen liegende Gebiet unter dem Krankheitsbanne sei, sahen sich nun plötzlich Stelze und der würdige Hugo Luckenfenster, die gerade eine schmale Straße heruntergerannt kamen, in ihrem Laufe aufgehalten. Es war unmöglich, umzukehren, und jeder Zeitverlust bedeutete höchste Gefahr, denn die Verfolger waren ihnen auf den Fersen. Für zwei so geübte Matrosen wie sie war es eine Kleinigkeit, den grob gearbeiteten Bretterzaun zu erklettern, und nach dem reichlichen Genuß der Spirituosen, durch die Anstrengung des Laufens doppelt stark berauscht, sprangen sie entschlossen auf die andere Seite, rannten mit Schreien und Heulen weiter und verloren sich bald in den verborgenen, verpesteten Schlupfwinkeln.

Wären sie nicht so sinnlos betrunken gewesen – ihre gräßliche Umgebung hätte ihre schwankenden Schritte sicher aufgehalten, das Entsetzen würde sie den Wohnungen der Menschen wieder zugetrieben haben. Die Luft war kalt und nebelig. Die Pflastersteine lagen in wilder Unordnung umher, Gras und Unkraut überwucherten sie, so daß man oft bis über die Knöchel in dasselbe einsank. Zerfallene Häuser versperrten die Straßen, giftige, stinkende Dünste wogten über das Ganze, und in dem gespenstischen Lichte, das selbst um Mitternacht eine dunstige, verpestete Atmosphäre ausstrahlte, hätte man in den Straßen und Gäßchen oder in den fensterlosen Wohnräumen den verwesenden Leichnam manch eines Räubers erblicken können, den die Hand der Pest gefaßt hatte, als er gerade sein nächtliches Werk vollbringen wollte.

Doch dergleichen Gefühle, Bilder und Hindernisse waren machtlos, die Schritte zweier Menschen aufzuhalten, die, von Natur aus tapfer, in dieser Nacht zum Überlaufen voll von Mut und Ale, ohne Zögern und so geradenwegs, wie es ihr Zustand nur immer erlaubte, dem Tode selbst in den Rachen gelaufen wären.

Weiter und immer weiter lief der grimmige Stelze, und sein Geschrei, das wie das Kriegsgeheul der Indianer durch die Nacht gellte, weckte das Echo der schauerlichen Öde. Und ihm auf dem Fuße folgte der dicke Luckenfenster, der sich am Rockzipfel seines behenderen Gefährten festhielt und dessen stärksten Leistungen in der Vokalmusik noch durch die machtvollsten Kontrabaßtöne übertraf.

Sie hatten jetzt den eigentlichen Herd der Pest erreicht. Ihr Weg wurde mit jedem Schritt oder vielmehr mit jedem Stolpern widerwärtiger, die Straßen enger, verfallener. Die dumpfe Schwere, mit der große Steine und Balken von Zeit zu Zeit von den einstürzenden Dächern auf die Straße fielen, ließ auf die außerordentliche Höhe der umstehenden Häuser schließen, und wenn die Flüchtlinge Hand anlegen mußten, um sich einen Weg über Schutthaufen hinweg zu verschaffen, so geschah es nicht selten, daß ihre Finger ein Skelett berührten oder in verwesendes Fleisch faßten.

Plötzlich taumelten die Matrosen gegen die Türe eines riesigen Gebäudes von unheimlichem Aussehen. Stelze stieß einen ganz besonders gellenden Schrei aus, auf den von innen her durch eine lange Reihe ununterbrochener, wilder Rufe, die wie höllisches Lachen klangen, geantwortet wurde. Ohne über diese Laute zu erschrecken, die an solchem Orte und in solchem Augenblicke jeden nicht so sinnlos Berauschten mit Entsetzen erfüllt haben würden, warf sich das würdige Paar der Länge nach gegen die Tür, stieß sie auf und stolperte mit einem Schwall von Flüchen mitten in das Haus hinein.

Der Raum, in dem sie sich nunmehr befanden, war der Laden eines Sargfabrikanten und Leichenbegängnis-Unternehmers; aber durch eine offene Falltür in einer Ecke des Fußbodens, nahe am Eingang, blickte man auf eine lange Reihe von Weinfässern, die – wie der Ton einiger Weinflaschen bewies, die gerade an ihnen zerschellten – mit dem gehörigen Inhalte auf das beste gefüllt waren. In der Mitte des Raumes stand ein Tisch und darauf eine riesige, anscheinend mit Punsch gefüllte Bowle. Verschiedene Flaschen Wein und Liqueure sowie zahlreiche Krüge, Kruken und Flacons von jeder Gestalt und Größe standen auf dem Tisch umher.

Um den Tisch, und zwar auf Särgen, saß eine Gesellschaft von sechs Personen, die ich zunächst beschreiben muß.

Der Eingangstür gegenüber und ein wenig höher als die übrigen thronte ein Mann, welcher der Präsident der Tafelrunde zu sein schien. Er war groß und dürre, und Stelze erkannte verblüfft, daß man ihn, was Magerkeit anging, doch noch übertreffen könne. Das Gesicht dieses Mannes war so gelb wie Safran, doch keine Partie desselben war einer besonderen Beschreibung würdig – mit Ausnahme der Stirn, die so ungewöhnlich, so scheußlich hoch schien, daß sie wie ein Helm oder eine Krone aus Fleisch wirkte, die dem natürlichen Kopfe noch aufgesetzt war. Der grinsende Mund war zu einem Ausdruck gespenstischer Liebenswürdigkeit zusammengekniffen, und über seinen Augen, wie über denen der ganzen Tischgesellschaft, lag der gläserne Glanz der Betrunkenheit. Dieser Gentleman war von Kopf bis zu Fuß in einen reichgestickten Mantel aus schwarzem Seidensammet gehüllt, der, auf der Schulter geschlossen, nach Art der spanischen Mäntel seine ganze Gestalt lose umschloß. Sein Kopf war reichlich mit den emporgesträubten Federn geschmückt, wie sie die Pferde der Leichenwagen zu tragen pflegen; und mit einer gezierten Munterkeit bewegte er sie hin und her. In seiner rechten Hand hielt er einen großen, menschlichen Schenkelknochen, mit dem er anscheinend gerade ein Mitglied der Tafelrunde berührt hatte, um den Vortrag eines Liedes zu befehlen.

Dem Präsidenten gegenüber, den Rücken zur Tür gewandt, saß eine Dame, deren außergewöhnliches Aussehen dem seinen an Sonderbarkeit nicht das geringste nachgab. Obwohl sie gerade so groß war wie die erstbeschriebene Person, hatte sie sich doch durchaus nicht über Magerkeit zu beklagen. Sie befand sich offenbar im letzten Stadium der Wassersucht, und ihr Umfang kam dem der riesigen Tragbahre gleich, die neben ihr in einer Ecke des Zimmers aufgerichtet stand. Ihr Gesicht war außerordentlich rund, rot und voll, und dieselbe Merkwürdigkeit, das heißt eigentlich die Abwesenheit jeder Merkwürdigkeit, die ich schon bei der Beschreibung des Präsidenten erwähnte, zeichnete auch ihre Züge aus – bis auf einen einzigen, der besondere Schilderung verdient; der scharfsinnige Luckenfenster sah bald, daß sich diese Eigentümlichkeit bei jeder der sechs Personen wiederholte: eine Gesichtspartie fiel immer besonders auf. Bei der in Frage stehenden Dame war es der Mund. Er reichte vom rechten Ohre bis zum linken und bildete einen fürchterlichen Schlund, in den ihre kurzen Ohrringe jeden Augenblick hinabbaumelten. Doch machte sie die größten Anstrengungen, ihn soviel wie möglich geschlossen zu halten und würdig auszusehen. Ihr Kleid bestand aus einem frisch gestärkten und gebügelten Leichentuche, das unter dem Kinn mit einem plissierten Batistkragen abschloß.

Zu ihrer Rechten saß ein junges Dämchen, das sie zu bemuttern schien. Dies zarte, kleine Geschöpf zeigte mit ihren zitternden, mageren Fingern, den farblosen Lippen, den leichten hektischen Flecken in dem sonst bleigrauen Gesichte alle Symptome der galoppierenden Schwindsucht. Doch hatte ihr ganzes Wesen etwas äußerst Distinguiertes, sie trug ihr großes, schönes Leichentuch aus feinstem Leinengewebe mit Grazie und bewegte sich frei und ungezwungen; ihr Haar hing in Locken auf ihre Schultern herab, und ein weiches Lächeln umspielte ihren Mund; aber ihre außerordentlich lange, dünne, krumme, bewegliche, finnige Nase hing weit über ihre Unterlippe hinab, und trotz der feinen Art, mit der sie dieselbe von Zeit zu Zeit mit der Zunge nach rechts oder links schob, gab dieser Rüssel ihrem Gesicht einen etwas mehr als zweideutigen Ausdruck.

An der anderen Seite, zur Linken der wassersüchtigen Dame, saß ein alter, kleiner, aufgeschwollener, asthmatischer, gichtiger Herr. Seine Wangen ruhten wie zwei Portweinschläuche auf seinen Schultern, die Arme hielt er gekreuzt, sein rechtes, von Bandagen umwickeltes Bein ließ er auf dem Tische ruhen und schien sich ganz besonderer Beachtung wert zu halten. Doch so sehr ihn auch jeder Zoll seiner persönlichen Erscheinung mit Stolz erfüllte, liebte er noch besonders, die Aufmerksamkeit der Anwesenden auf seinen prunkvoll gefärbten Überrock zu lenken. Derselbe mußte ihn allerdings auch viel Geld gekostet haben und stand ihm außerordentlich gut; er war aus einer jener kunstvoll gestickten Schabracken gefertigt, mit denen man in England, und auch wohl anderswo, die großen Wappenschilder an den Wohnungen der Aristokratie in Abwesenheit der Herrschaften bedeckt.

Neben ihm, zur Rechten des Präsidenten also, saß ein Herr in langen weißen Strümpfen und baumwollenen Unterhosen. Seine ganze Gestalt wurde von einem komisch wirkenden Schauder geschüttelt, den Luckenfenster „Tatterich" zu nennen beliebte. Seine frisch rasierten Kinnladen waren durch eine Musselinbinde fest zusammengebunden, und seine auf dieselbe Art und Weise an den Handgelenken befestigten Arme hinderten ihn, den Getränken auf dem Tische allzu reichlich zuzusprechen – eine Vorsicht, die, wie Stelze bei sich dachte, nach seinem verdummten Säufergesicht zu schließen, gar nicht unnötig war. Ein Paar enorm großer Ohren stand von seinem Kopfe ab in das Zimmer hinein und wurde von einem Krampf durchzuckt, sooft man nur eine Flasche entkorkte.

Ihm gegenüber als sechste und letzte Person saß ein sonderbar steif aussehendes Wesen männlichen Geschlechtes, das offenbar gelähmt war und sich in seiner unbequemen Kleidung sehr ungemütlich fühlen mußte. Dieser Herr war nämlich vollständig in einen schönen, neuen Mahagonisarg gekleidet, dessen Deckel wie ein Helm auf seinem Haupte saß. In die beiden Seiten des Sarges waren Armlöcher gebohrt, um der Eleganz wie um der Bequemlichkeit willen; dennoch verhinderte dies „Gewand" seinen Träger, geradeso aufrecht zu sitzen wie seine Tischnachbarn. Sein Sarg lehnte in einem Winkel von fünfundvierzig Grad gegen eine Totenbahre, so daß der so originell bekleidete Herr seine großen Augen mit ihren schauderhaften weißen Pupillen, wie voll Erstaunen über ihre eigene enorme Größe, rollend zur Zimmerdecke gerichtet hielt.

Vor jedem der Tafelgenossen lag eine halbe Hirnschale, die als Trinkbecher diente. Über ihren Köpfen hing ein Skelett, das mittels eines um sein Bein geschlungenen Seiles an einem Ringe im Plafond befestigt war. Das andere Bein streckte sich in einem rechten Winkel vom Körper ab, und das ganze klappernde Skelett drehte sich bei jedem leichten Windstoß, der durch die bröckeligen Mauern in den Raum fuhr, lustig im Kreise herum. Der Schädel des scheußlichen Dinges enthielt eine Menge brennender Kohlen, die ein schwankendes, doch lebhaftes Licht auf die ganze Szene warfen. Särge, Bahren und sonstige Verkaufswaren eines Leichenbegängnis-Unternehmers waren an den Wänden und vor den Fenstern so hoch aufgestapelt, daß kein Lichtstrahl auf die Straße drang.

Beim Anblick dieser sonderbaren Versammlung und der noch sonderbareren Kleidung bewahrten unsere Seeleute nicht die wünschenswerte Haltung. Stelzes Unterkinn sank noch tiefer herab als gewöhnlich, und er selbst gegen die ihm zunächst stehende Mauer, während sich hinwiederum seine Augen, so weit es nur möglich war, aufrissen. Luckenfenster jedoch krümmte sich dermaßen, daß seine Nase nicht über das Niveau des Tisches herausragte, schlug sich mit beiden Händen auf die Knie und brach in ein unmäßiges Lachen oder vielmehr in ein langes, lautes, widerhallendes Gebrüll aus.

Ohne über dies unglaublich grobe Betragen nur im geringsten beleidigt zu sein, lächelte der lange Präsident die Eindringlinge mit anmutiger Liebenswürdigkeit an, nickte ihnen mit seinem federgeschmückten Haupte würdevoll zu, stand auf, faßte sie am Arme und führte jeden zu einem Sitze, den zwei andere Mitglieder der Tafelrunde schon in Bereitschaft gestellt hatten. Stelze leistete bei all dem nicht den geringsten Widerstand, sondern setzte sich da nieder, wohin man ihn führte, während Luckenfenster, der Galante, seinen Sargständer vom Kopfende des Tisches an die Seite der kleinen, schwindsüchtigen Dame in dem indischen Leichentuche rückte, in höchster Heiterkeit an ihrer Seite niederplumpste, sich einen Schädel Rotwein eingoß und ihn „auf nähere Bekanntschaft" leerte.

Diese Anmaßung schien jedoch den steifen Gentleman im Sarge zu ärgern und wäre wohl kaum ohne betrübliche Folgen geblieben, wenn nicht der Präsident mit seinem Zepter auf den Tisch geklopft und die Aufmerksamkeit der Anwesenden durch folgende Rede abgelenkt hätte:

„Es ist unser Pflicht bei dem glücklichen Zufalle –"

„Halt!", fiel ihm Stelze mit ernstafter Miene ins Wort. „Halten Sie ein wenig, und sagen Sie uns beim Teufel zuerst mal, wer Sie eigentlich sind, und was Sie hier wollen, und warum Sie unserem ehrlichen Kameraden, dem Leichenbestatter Wilhelm Schaufel, seinen Wintervorrat von dem leckeren Weinchen da austrinken?"

Bei diesem unverzeihlichen Beweise schlechter Erziehung sprang die seltsame Gesellschaft auf und stieß wieder jene wilden Schreie aus, die die beiden Seeleute schon vorher hatten vernehmen müssen. Der Präsident erlangte zuerst seine Ruhe wieder, wandte sich schließlich mit großer Würde Stelze zu und begann von neuem:

„Mit größter Bereitwilligkeit werden Wir jede berechtigte Neugier Unserer erlauchten, wenn auch ungebetenen Gäste befriedigen. So werde Ihnen denn kund, daß ich der Beherrscher dieser Gebiete bin und hier allein und unbeschränkt regiere unter dem Namen König Pest der Erste.

Dieser Raum, den Sie sehr profan und zu Unrecht den Laden Wilhelm Schaufels, eines Leichenbestatters, genannt haben – eines Mannes, den Wir nicht kennen, und dessen plebejischer Name vor dieser Nacht Unsere königlichen Ohren noch nicht beleidigt hat – dieser Raum, sage ich, ist das Torzimmer Unseres Palastes, zu Ratsversammlungen in Unserm Königreich und andern hohen und erhabenen Zwecken bestimmt.

Die edle Frau Uns gegenüber ist die Königin Pest, Unsere Allerdurchlauchtigste Gemahlin. Die übrigen erlauchten Personen, die Sie erblicken, gehören alle zu Unserer Familie und tragen die Zeichen ihrer königlichen Herkunft in ihren Namen: Seine Königliche Hoheit der Erzherzog Pest-Ilenz, Seine Hoheit der Herzog Pest-Beulchen, Seine Hoheit der Herzog Tem-Pesta, Ihre Königliche Hoheit die Erzherzogin Ana-Pest.

Was Ihre Frage betreffs der Angelegenheit, über die wir hier Rates pflegen, angeht, gestatten Wir Uns zu bemerken, daß sie nur Uns und Unsere königlichen Interessen berührt und für niemand anderen als nur für Uns selbst von Wichtigkeit ist. Aber in Anerkennung jener Rechte, welche Sie als Gäste und Fremde beanspruchen zu dürfen glauben, erklären Wir Ihnen, daß Wir in dieser Nacht, wohl vorbereitet durch ausgedehnte Nachforschungen und sorgfältige Untersuchungen, hier versammelt sind, um den unbestimmbaren Geist, die unerklärlichen Eigenschaften und das Wesen jener unschätzbaren Gaumenlabungen, der

Weine, Ales und Liqueure dieser prächtigen Metropole zu untersuchen, zu analysieren und gründlich zu bestimmen; um durch dieses Tun nicht allein Unsere eigenen Absichten zu verfolgen, sondern vor allem das wahre Wohlergehen jenes Herrschers zu fördern, der, nicht von dieser Welt, über Uns alle herrscht, dessen Reich ohne Grenzen ist, und dessen Name Tod heißt!"

„Dessen Name Hans Wurst ist!", schrie Luckenfenster, schenkte der Dame an seiner Seite einen Schädel voll Liqueur ein und versah auch den seinen aufs beste.

„Profaner Schuft", sagte der Präsident und wandte seine ganze Aufmerksamkeit dem würdigen Stelze zu, „profaner, erbärmlicher Lump! Wir haben gesagt, daß Wir in Anerkennung jener Rechte, die Wir selbst in Deiner schmutzigen Person nicht zu verletzen gewillt sind, geruht haben, auf Deine groben, sehr unzeitigen Fragen zu antworten. Nichtsdestoweniger halten Wir es angesichts des profanen Eindringens in Unsere Ratsversammlung für Unsere Pflicht, dich und deinen Gefährten jeden zu einer Gallone Bier zu verurteilen, die Ihr kniend und auf einen Zug auf das Wohl Unseres Königreiches trinken werdet. Dann soll es Euch freistehen, Euren Weg wieder aufzunehmen oder zu bleiben, oder, jeder nach seinem persönlichen Geschmack, an den Privilegien Unseres Tisches teilzunehmen."

„Es wäre ein Ding der Unmöglichkeit", erwiderte Stelze, dem die großartige Haltung und Würde des Königs Pest I. offenbar Respekt eingeflößt hatte, erhob sich und stützte sich während des Redens auf den Tisch, „es wäre ein Ding der Unmöglichkeit, auch nur den vierten Teil von dem Quantum Liqueur, das Eure Majestät eben zu erwähnen beliebten, in meinem Kielraum aufzuschichten. Abgesehen von den verschiedenen Waren, die wir am Vormittage als Ballast eingenommen – und der diversen Ales und Liqueurs, die wir im Laufe des Abends in verschiedenen Häfen eingeschifft, gar nicht zu gedenken – habe ich jetzt eben in der ‚fidelen Teerjacke' eine volle, wohl bezahlte Schiffsladung eingenommen. Ich erlaube mir deshalb, an Eure Majestät die Bitte zu richten, den Willen für die Tat zu nehmen, denn ich kann weder noch will ich einen weiteren Tropfen Alkohol mehr schlucken – am allerwenigsten einen Tropfen von dem niederträchtigen Kielwasser, das auf den Namen Bier getauft ist."

„Stop! Stop!", unterbrach ihn Luckenfenster, nicht mehr erstaunt über die Länge der Rede als über die Weigerung – „Stop! Stop! Du Süßwassermatrose! Und kein Geschwätz mehr, Stelze! Mein Lagerraum ist noch aufnahmefähig, obgleich ich ja gestehen muß, daß du ein wenig schwer geladen zu haben scheinst; aber eher würde ich noch für *deine* Ladung Platz in *meinem* Packraum schaffen, als warten, bis ein Sturm heraufzieht, wenn…"

„Ein solches Vorgehen", unterbrach ihn der Präsident, „verträgt sich in keiner Weise mit den Satzungen des Urteils oder vielmehr mit der Verurteilung, welche eine uneinschränkbare, unwiderrufliche ist. Die Bedingungen, die Wir auferlegt haben, müssen buchstäblich und ohne die geringste Verzögerung erfüllt werden. Im Falle einer Weigerung befehlen Wir, daß man euch an dem Halse und den Fersen zusammenbindet und als Rebellen in jenem Oxhoft Wein ertränkt!"

„Das nenne ich einen Urteilsspruch!", – „Das ist ein Urteil!", – „Das ist ein gerechtes und billiges Urteil!", – „Ein glorreiches Dekret!", – „Eine höchst verdiente, einspruchslose Verurteilung!", rief die Familie Pest in lautem Durcheinander aus. Der König zerknitterte seine Stirn in zahllose kleine Fältchen, der gichtige alte Herr schnaufte wie ein Blasebalg, die junge Dame im indischen Leichentuche ließ ihre Nase nach rechts und links spielen, der Gentleman in den baumwollenen Unterhosen bekam den Krampf in die Ohren, die Dame im gestärkten Totenhemd schnappte mit ihrem riesigen Rachen wie ein sterbender Fisch, und der im Sarge sah noch steifer aus und rollte die Augen wilder als je.

„Hihihi!", kicherte Luckenfenster, ohne auf die allgemeine Erregung zu achten. „Hihihihihihihihihi! Ich sagte ja, daß die zwei oder drei Gallonen für eine solides Schiff wie mich eine Kleinigkeit sind, wenn es nicht überladen ist – aber wenn ich auf die Gesundheit des Teufels trinken und mich vor Seiner niederträchtigen Majestät, die, so sicher wie ich ein Sünder bin, niemand anderes ist als ein dummer August, auf meine Knie werfen soll, so ist das eine Sache, die vollständig über meinen Verstand geht."

Man hatte ihn jedoch nicht ruhig ausreden lassen. Bei dem Namen dummer August sprang die ganze Gesellschaft von ihren Sitzen auf.

„Verrat!", brüllte Seine Majestät König Pest der Erste.

„Verrat!", sagte der kleine Gichtige.

„Verrat!", kreischte die Erzherzogin Ana-Pest.

„Verrat!", murmelte der Gentleman mit dem aufgebundenen Kinn.

„Verrat!", grunzte der Mann im Sarge.

„Verrat! Verrat!", schrie Ihre Majestät mit dem Rachen – ergriff den unglückseligen Luckenfenster, der soeben angefangen hatte, einen Schädel voll Liqueur auszutrinken, an dem hinteren Teile seiner Beinkleider, hob ihn hoch in die Höhe und ließ ihn ohne Zeremonie in das riesige, offene Faß mit ihrem geliebten Ale fallen. Er tauchte ein paarmal auf und unter wie ein Apfel in kochendem Punsch und verschwand zuletzt in einem Wirbel von Schaum, den seine Versuche, sich zu retten, in der von Natur aus leicht moussierenden Flüssigkeit reichlich hervorgebracht hatten.

Der lange Seemann sah jedoch keineswegs tatenlos der Niederlage seines Genossen zu. Er ergriff den König Pest, stieß ihn die offene Falltür hinab, schloß dieselbe mit einem fürchterlichen Fluche und lief in die Mitte des Zimmers zurück, dann riß er das Skelett herunter, das über dem Tische baumelte, und bediente sich seiner mit so viel Energie und gutem Willen, daß es ihm gelang, noch ehe die letzte Kohle verloschen war, dem kleinen gichtigen Herrn das Gehirn einzuschlagen. Dann stürzte er sich mit aller Kraft auf das riesige, mit Oktober-Ale und Luckenfenster gefüllte Faß, stieß es um und ließ es ins Zimmer hinrollen. Eine Sündflut so wilden, so wütenden Gebräues schoß heraus, daß das Zimmer von einem Ende zum anderen überschwemmt wurde. Der Tisch stürzte um, mit allem, was darauf stand, die Sargständer fielen auf die Seite, die Punschbowle flog in den Kamin, und die beiden Damen bekamen hysterische Anfälle. Ganze Stöße von Begräbnisgegenständen sausten umher, Krüge, Kruken, Korbflaschen vermengten sich zu greulichem Durcheinander, schwere Ballons verursachten gräßliche Zusammenstöße mit kleinen Liqueurflacons. Der Mann mit dem Tatterich ertrank auf der Stelle, der kleine Lahme schwamm in seinem Sarge umher – der siegreiche Stelze ergriff die dicke Dame im gestärkten Totenhemd um die Taille, stürzte mit ihr auf die Straße hinaus und steuerte geradenwegs auf den Hafen zu, gefolgt von dem ebenfalls mit bestem Winde segelnden Hugo Luckenfenster, der, nachdem er sich drei- oder viermal tüchtig ausgeniest hatte, mit der Erzherzogin Ana-Pest hinter ihm her schnaufte.

DIE ENTDECKUNG DES HERRN VAN KEMPELEN

Man wird nicht vermuten, daß ich nach dem sehr eingehenden und gründlichen Aufsatze Aragos und dem kurzen, aber treffenden, von Herrn Leutnant Maury veröffentlichten Berichte mit meinen wenigen flüchtigen Äußerungen die Erfindung des Herrn van Kempelen von einem *wissenschaftlichen* Standpunkte aus beurteilen will. Ich beabsichtige nur, ein paar Worte über van Kempelen selbst zu sagen, dessen vorübergehende persönliche Bekanntschaft ich vor einigen Jahren zu machen die Ehre hatte; denn ich glaube, daß augenblicklich alles, was ihn betrifft, von Interesse für meine Leser ist; sodann will ich ganz im allgemeinen die *Resultate* seiner Erfindung in Erwägung ziehen.

Ich halte es für angebracht, meine summarischen Notizen mit der Bemerkung einzuleiten, daß das Publikum aus den Zeitungen wie gewöhnlich wieder einmal einen ganz falschen Eindruck von der Entdeckung bekommen hat, einer Entdeckung, die, wie erstaunlich sie zweifelsohne auch ist, doch schon vorgeahnt war.

Wenn man im „Diarium" Humphrey Davys (Cottle & Munroe, London) nachschlägt, so wird man auf den Seiten 53 und 82 Stellen finden, die deutlich beweisen, daß der berühmte Chemiker die fragliche Idee nicht allein schon gehabt, sondern sogar die Analyse, die jetzt Herr van Kempelen zu ihr in so glorreichem Ende gebracht, selbst schon ziemlich weit durchgeführt hatte. Obwohl nun Herr van Kempelen nicht die geringste Anspielung auf dieses Werk macht, verdankt er demselben doch ganz sicher (ich behaupte es, ohne zu zögern, und kann es beweisen) zum mindesten den ersten Antrieb, die erste Andeutung seines Unternehmens. Ich kann es mir nicht versagen, zwei Stellen aus dem „Diarium" mit einer der Gleichungen Sir Humphrey Davys einzufügen[*] ... Der Abschnitt aus dem „Courier and Enquirer", der jetzt durch alle Blätter geht und die Erfindung einem Herrn Popper aus Braunschweig zuschreiben will, scheint mir dagegen aus mehreren Gründen zweifelhaft zu sein, obgleich er nichts an sich Unmögliches oder Unwahrscheinliches enthält. Ich brauche nicht auf Einzelheiten einzugehen. Meine Meinung bezieht sich hauptsächlich auf die

---

[*] Da wir nicht die nötigen algebraischen Lettern besitzen und das „Diarium" in den meisten Buchhandlungen zu finden ist, lassen wir hier einen kleinen Teil von Herrn Poes Manuskript aus. – Die Redaktion

Art und Weise, in der er geschrieben ist. Er sieht nicht wahr aus. Jemand, der Tatsachen berichtet, spezialisiert selten so wie Herr Popper, der Datum, Tag, Ort und alle möglichen, die Entdeckung begleitenden Umstände so überflüssig genau erzählt. Und überdies: Wenn Herr Popper wirklich zu der angegebenen Zeit, vor ungefähr acht Jahren also, seine Entdeckung machte, wie kommt es, daß er nicht sofort Schritte tat, sich die unglaublichen Vorteile zunutze zu machen, die, wie jeder Tölpel wissen würde, wenn nicht sofort der ganzen Welt, so doch ihm persönlich aus der bewußten Entdeckung erwachsen mußten? Ich halte es für ganz ausgeschlossen, daß ein Mensch mit gesundem Menschenverstande, der das entdeckt hätte, was Herr Popper entdeckt zu haben behauptet, nun weiterhin so dumm wie ein Wickelkind, so blind wie eine Eule sein und die Entdeckung auf sich beruhen lassen könnte – wie Herr Popper es getan haben will. Nebenbei gefragt: wer ist Herr Popper? Und ist der ganze Artikel im „Courier and Enquirer" nicht etwa bloß geschrieben worden, um ein Schwätzchen zu machen, he!? Man muß gestehen, daß er einen manchmal wirklich ein bißchen mondkalblich anmutet. Meiner bescheidenen Meinung nach ist ihm also nur sehr wenig Wichtigkeit beizulegen, und wenn ich nicht aus Erfahrung wüßte, wie leicht gerade Wissenschaftler auf Gebieten, die ihren gewöhnlichen Forschungswegen fern liegen, mystifiziert werden, ich müßte höchst erstaunt sein, daß ein so tüchtiger Chemiker wie Professor Draper die Ausführungen des Herrn von Popper (oder heißt er Fopper?) über seine Entdeckung in ernstem Tone in Erwägung zog.

Doch kehren wir zu dem „Diarium" Humphrey Davys zurück. Diese Schrift war nicht vor, auch nicht nach dem Tode des Autors für die Öffentlichkeit bestimmt, wie jeder, der selbst einmal eine Zeile geschrieben hat, sofort aus ihrem Stil erkennen wird. Auf Seite 13 zum Beispiel – etwa in der Mitte – lesen wir gelegentlich seiner Nachforschungen über Stickstoff-Protoxyd: „Der Atem setzte nicht aus, *verminderten* sich in weniger als einer halben Minute allmählich und es folgte ihnen analog *einem* leichten Druck auf alle Muskeln." Der Satz sollte ohne Zweifel so heißen: „In weniger als einer halben Minute – der Atem setzte nicht aus – verminderten sich die Gefühle allmählich, und es folgte ihnen eine Empfindung, analog einem leichten Druck auf alle Muskeln."

Dies und hundert ähnliche Beispiele beweisen, daß das so unbedachtsam veröffentlichte Manuskriptum ein bloß für das Auge seines Besitzers bestimmtes Notizbuch war. Ein Blick in das Schriftstück wird jeden denkenden Menschen von der Richtigkeit meiner Annahme überzeugen. Dazu war Herr Humphrey Davy der letzte, sich auf wissenschaftlichen Gebieten *zu kompromittieren*. Nicht nur, daß er jeder Pfuscherei von Grund aus abhold war: er empfand es sogar sehr peinlich, wenn man ihn für einen Empiriker hielt. Wäre er auch noch so überzeugt gewesen, auf der richtigen Spur zu sein, er würde nicht eher von der Sache gesprochen haben, bis er alles zum praktischen Beweise bei der Hand gehabt hätte. Ich bin fest überzeugt, er wäre nicht ruhig gestorben, wenn er vorausgesehen hätte, daß man seinem Wunsche, das Diarium zu verbrennen, nicht nachkommen werde. Ich sage „seinem Wunsche", denn es kann wohl kein Zweifel herrschen, daß er unter den verschiedenen Papieren, die man mit der Aufschrift „Zum Verbrennen" fand, auch dies Notizbuch verstanden wissen wollte. Ob es nun zum Glück oder zum Unglück den Flammen entging, muß noch dahingestellt bleiben.

Daß die oben angeführten* Stellen dem Herrn van Kempelen den eigentlichen Wink gaben, ist nicht zu bezweifeln; ich unterstreiche jedoch: es läßt sich noch nicht abschätzen, ob diese wichtige, unter allen Umständen wichtige Entdeckung der Menschheit auf die Dauer der Zeit zum Guten oder Bösen gereichen wird. Daß van Kempelen und seine unmittelbaren Freunde persönlich eine Ernte abhalten werden, steht jedoch wohl außer Frage. Sie werden kaum so töricht sein, ihren geistigen Besitz nicht beizeiten durch große Ankäufe von Grundstücken, Häusern und anderem Eigentum von wirklichem Werte zu realisieren.

In dem kurzen, im „Home Journal" erschienenen und seit der Zeit häufig wieder abgedruckten Berichte van Kempelens selbst scheint der Übersetzer, der ihn, wie er wenigstens behauptet, einer Nummer der Preßburger „Schnellpost" entnommen hat, einige Worte falsch übersetzt zu haben. Offenbar hat er das Wort „Viele", wie dies oft geschieht, falsch verstanden, und was der Übersetzer mit „sorgen" übersetzt, hieß wahrscheinlich „leiden"; das würde dann dem ganzen Bericht eine andere Färbung geben – doch hat man hier natürlich nichts weiter als eine bloße Vermutung meinerseits.

Van Kempelen ist keinesfalls ein „Misanthrop" oder, was er auch immer sein mag, er scheint es nicht zu sein. Meine Bekanntschaft mit ihm war nur eine ganz flüchtige; ich kann eigentlich kaum sagen, daß ich ihn überhaupt kenne. Doch ist es immerhin keine kleine Sache, mit einem Manne, der eine *so große* Berühmtheit erlangt hat oder in ein paar Tagen erlangen wird, des öfteren geredet zu haben.

Die „Literary World" behauptet zuversichtlich (wahrscheinlich durch den Bericht im „Home Jounal" irregeführt), van Kempelen sei in Preßburg geboren. Ich freue mich jedoch, unabweisbar – da ich es von ihm selbst habe – feststellen zu können, daß er in Utica im Staate New York das Licht der Welt erblickte. Seine Eltern scheinen allerdings beide von Preßburger Abstammung zu sein, die Familie hat Beziehungen zu dem bekannten Maelzel, schachspielerautomaten-

---

* bzw. nicht angeführten Stellen. – Die Redaktion

haften Angedenkens*. Er selbst ist kurz und dick von Gestalt, hat große, fette, blaue Augen, sandfarbenes Haar und gelbe Kotelettchen, einen großen, doch angenehmen Mund, schöne Zähne und, glaube ich, eine Römernase. An dem rechten Fuße hat er irgendein Gebrechen. Sein Benehmen ist frei, die ganze Art und Weise zeugt von Biederkeit. Im allgemeinen spricht und handelt er so wenig wie ein Misanthrop, wie nur irgend jemand, den ich gesehen. Wir wohnten vor ungefähr sechs Jahren eine Woche zusammen in Earls Hotel in Providence, Rhode Island, und ich habe verschiedene Male wohl drei oder vier Stunden hintereinander mit ihm geplaudert. Wir unterhielten uns meist über Tagesereignisse, und kein Wort von ihm ließ auf wissenschaftliche Beschäftigung schließen. Er verließ das Hotel eher als ich, in der Absicht, nach New York zu gehen; von dort wollte er nach Bremen.

Hier wurde seine große Entdeckung zum ersten Male veröffentlicht oder vielmehr, hier vermutete man zuerst, daß er sie gemacht. Dies ist alles, was ich von der Person des jetzt unsterblichen van Kempelen weiß, doch glaube ich, selbst diese wenigen Bemerkungen werden das Publikum interessieren.

Es scheint durchaus unzweifelhaft zu sein, daß die verschiedenen in dieser Angelegenheit kursierenden wunderbaren Gerüchte nichts weiter als Erfindungen sind, die ebensoviel Glauben beanspruchen dürfen wie die Geschichte von Aladins Wunderlampe. Und doch ist es möglich, daß hier wieder einmal die Wahrheit seltsamer ist als die Erfindung. Die folgende seltsame Anekdote über den großen Erfinder ist jedenfalls so wohl verbürgt, daß wir sie mit gutem Gewissen abdrucken können:

Van Kempelen hatte sich während seines Aufenthalts in Bremen durchaus nicht in guten Verhältnissen befunden und mußte oft zu den äußersten Mitteln greifen, um ganz unbedeutende Summen zu erlangen. Als die großen Fälschungen bei Gutsmuth & Cie. ans Tageslicht kamen, fiel Verdacht auf Herrn van Kempelen, der sich inzwischen ein großes Eigentum gekauft hatte und auf Befragen über den Erwerb der Ankaufssumme keine Aufklärung geben wollte. Man verhaftete ihn; da sich jedoch keine Beweise gegen ihn beibringen ließen, wurde er wieder in Freiheit gesetzt. Er blieb aber heimlich unter Polizeiaufsicht, und so entdeckte man, daß er sehr oft seine Wohnung verließ und sich immer auf demselben Wege in den Wirrwarr der engen und viel gewundenen Gäßchen der Altstadt begab. Hier glückte es ihm gewöhnlich, den Augen seiner Wächter zu entschlüpfen. Endlich, nachdem man beharrlich fortgefahren war, auf seine Schritte zu passen, gelang es eines Tages, ihm bis auf die Bodenkammer eines

---

* Wenn wir nicht irren, hieß der Erfinder des „automatischen Schachspielers" Kempelen, van Kempelen oder so ähnlich. – Die Redaktion

alten, sieben Stock hohen Hauses zu folgen, wo man ihn dann wie erwartet bei der Fabrikation von Geldstücken ertappte. Er war so aufgeregt, daß den Beamten sofort jeder Zweifel an seiner Schuld benommen wurde. Man legte ihm Handschellen an und durchsuchte den Raum oder vielmehr die Räume, denn er schien alle Mansarden zu benutzen.

In die Bodenkammer, in der man ihn überraschte, mündete ein kleiner Raum von zehn zu acht Fuß, der mit verschiedenen chemischen Apparaten ausgestattet war, deren Zweck man noch nicht hat feststellen können. In einer Ecke stand ein kleiner Herd mit einem offenen Feuer, und über demselben hing ein Schmelztiegel, und zwar einer, der aus zwei kleinen bestand, die durch eine Röhre miteinander verbunden waren. Einer derselben enthielt nicht ganz bis an die Öffnung der Verbindungsröhre, die sich ziemlich hoch oben am Rande befand, schmelzendes Blei. In dem anderen kochte eine Flüssigkeit, die, als die Beamten eintraten, mit Heftigkeit verdampfte. Als van Kempelen sich ertappt sah, berichten die Polizisten, ergriff er mit seinen durch asbestene Handschuhe geschützten Händen beide Schmelztiegel und goß ihren Inhalt auf den mit Ziegelsteinen gepflasterten Fußboden. Jetzt erst legte man ihm die Handschellen an, und ehe man die Räumlichkeiten weiter durchstöberte, untersuchten sie ihn persönlich, fanden jedoch nichts weiter als ein in Papier gehülltes Paketchen, das, wie sich später herausstellte, in fast gleichen Verhältnissen eine Mischung von Antimon und eine unbekannte Substanz enthielt. Alle Versuche, diese unbekannte Substanz zu analysieren, sind bis jetzt erfolglos geblieben, doch steht zu hoffen, daß es in allernächster Zeit gelingen wird.

Aus diesem Raume gingen die Beamten durch eine Art Vorzimmer hindurch in das Schlafzimmer des Chemikers, durchstöberten dort alle Schubladen und Schränke, entdeckten jedoch weiter nichts als ein paar unwichtige Papiere und einige echte Silber- und Goldmünzen. Zum Schluß, als sie unter das Bett blickten, sahen sie einen großen, gewöhnlichen Koffer ohne Riegel, Klammern oder Schloß. Als sie versuchten, denselben unter dem Bette hervorzuholen, bemerkten sie zu ihrem größten Erstaunen, daß sie ihn nicht einen Zoll weiterzubewegen vermochten. Und doch waren sie zu dreien und jeder von ihnen stark und kräftig. Höchst verwundert kroch einer unter das Bett, guckte in den Koffer hinein und rief: „Kein Wunder, daß wir ihn nicht bewegen können: er ist bis zum Rande mit alten Kupferstücken gefüllt!"

Er stemmte sich nun mit den Füßen fest gegen die Mauer und stieß den Koffer mit aller Kraft von sich ab, während seine Kameraden zogen. So schleiften sie ihn denn mit vieler Mühe unter dem Bette hervor und prüften seinen Inhalt. Was der eine für Kupfermünzen gehalten hatte, war in Wirklichkeit eine Menge kleiner Stücke von der Größe einer halben Erbse bis zu der eines Talers, ihre

Gestalt jedoch war, obgleich durchweg mehr oder weniger flach geformt und abgeplattet, sehr verschieden; im allgemeinen sahen sie so aus, wie irgendein Erz aussieht, das in geschmolzenem Zustande auf die Erde gefallen und dort kalt geworden ist. Nicht einer von den Beamten kam auch nur einen Augenblick lang auf den Gedanken, das Metall könne irgend etwas anderes als Kupfer sein. Die Vermutung, man habe gar Gold vor sich, kam ihnen denn auch natürlicherweise erst recht nicht. – Wie sollte sie auch?! Man kann sich ihr Erstaunen kaum vorstellen, als es am anderen Tage in ganz Bremen bekannt wurde, daß die „Ladung Kupfer", die sie so verachtungsvoll nach dem Polizeibüro gekarrt hatten, ohne sich die Mühe zu geben, auch die kleineren Stücke sorgfältig aufzuladen, nicht nur Gold war – wirkliches Gold –, sondern viel feineres Gold als es zu Münzzwecken gebraucht wird: tatsächlich absolut reines Gold, ohne die mindeste Legierung!

Ich brauche das Bekenntnis van Kempelens nicht mehr zu wiederholen: es ist dem Publikum bekannt. Daß er im Geist und in der Wahrheit, wenn auch nicht buchstäblich, die alte Chimäre vom Stein der Weisen wahr gemacht hat, darf jetzt kein vernünftiger Mensch mehr bezweifeln. Die Ansichten Aragos verdienen natürlich die größte Beachtung, doch ist er keinesfalls unfehlbar, und was er in seinem Bericht an die Akademie von Bismuth sagt, ist *cum grano salis* zu nehmen. Die einfache Tatsache ist eben die, daß alle Analyse bis jetzt auf dem falschen Wege war, und wenn uns van Kempelen nicht selbst den Schlüssel zu seinem Rätsel gibt, ist es höchst wahrscheinlich, daß die Sache noch auf Jahre hinaus *in statu quo* verbleiben wird. Man kann bis jetzt ja noch nichts weiter sagen als: daß man willkürlich und sehr schnell aus Blei, in Verbindung mit gewissen anderen Substanzen, deren Qualität und verwandte Quantität noch unbekannt sind, Gold machen kann.

Die Spekulation beschäftigt sich natürlich lebhaft mit den voraussichtlichen Folgen dieser Entdeckung, die kein nachdenkender Mensch versäumen wird in gewisse Beziehungen zu den neueren Goldgräbereien in Kalifornien zu bringen. Man sagt sich unwillkürlich, wie außerordentlich inopportun van Kempelens Erfindung ist. Wenn sich schon bisher viele nicht nach Kalifornien wagten, aus Furcht, das Gold, das dort in den Minen so reich zu finden sei, könne so wohlfeil werden, daß sich die Spekulation zum Schlusse nicht bezahlt mache – was werden wohl jetzt die Auswandernden und die im Goldlande schon Arbeitenden sagen, wenn sie von der überraschenden Erfindung van Kempelens hören, die, abgesehen von ihrem tatsächlichen Nutzen zu Zwecken der Manufaktur (wie groß oder wie klein dieser Nutzen auch sein mag), zur Folge haben muß, daß Gold jetzt oder wenigstens bald (es ist schließlich kaum anzunehmen, daß van Kempelen sein Geheimnis lange bewahren wird) so wohlfeil sein wird wie

Blei und jedenfalls viel weniger Wert haben wird als Silber. Es ist nun allerdings sehr schwer, bezüglich der Folgen dieser Entdeckung einigermaßen gültige Vermutungen aufzustellen, eins jedoch kann man füglich behaupten: Wäre die Entdeckung sechs Monate früher gekommen, so würde sie einen mächtigen Einfluß auf die Ansiedelungen in Kalifornien ausgeübt haben.

In Europa ist bis jetzt ein bemerkenswertes Ergebnis zu Tage getreten: das Blei ist zweihundert Prozent, das Silber fünfundzwanzig Prozent im Werte gestiegen.

HÜTE DICH VOR DES TEUFELS WETTEN!
Eine Geschichte mit einer Moral

„Con tal que las costumbres de un autor", sagt Don Thomas de las Torres in der Vorrede zu seinen „Liebesgedichten", *„sean puras y castas, importo muy poco que no sean igualmente severas sus obras"* – das heißt auf gut deutsch: wenn die persönliche Moral eines Autors gut ist, hat die Moral seiner Bücher nichts weiter zu sagen. Ich bin der Meinung, daß Don Thomas jetzt für diese Behauptung im Fegefeuer brennt; und es wäre sehr gut, wenn er, um der poetischen Gerechtigkeit zu genügen, dort so lange bleiben müßte, bis seine „Liebesgedichte" nicht mehr gedruckt und aus Mangel an Lesern endgültig *ad acta* gelegt würden. Jede Erzählung sollte eine Moral haben; oder vielmehr, was viel zweckentsprechender ist: die Kritiker haben entdeckt, daß jede Erdichtung eine solche hat. Philipp Melanchthon schrieb vor einiger Zeit einen Kommentar über die „Batrachomyomachia" und bewies, daß der Dichter die Absicht gehabt habe, Abscheu vor Empörung zu erwecken. Pierre la Seine geht einen Schritt weiter und behauptet, daß er geradezu vorgehabt, den jungen Leuten Mäßigkeit im Essen und Trinken anzuempfehlen. Jacobus Hugo überzeugte uns davon, daß Homer mit Evenus Calvin, mit Antinous Martin Luther, mit den Lotophagen die Protestanten im allgemeinen, mit den Harpyien die Holländer gemeint habe. Unsere modernen Scholastiker sind ebenso scharfsinnig. Diese Burschen entdeckten einen ganz neuen Sinn in dem bekannten Werk „Die Vorsündflutler", eine Parabel in der Geschichte „Powhattan", neue Ausblicke in „Rotkehlchenhahn" und Transcendentalismus in „Springübermeindaum". – Kurz, man hat uns gezeigt, daß kein Mensch sich niedersetzen kann und schreiben, ohne tiefe Gedanken auszudrücken. Den Autoren wird auf diese Weise ziemlich viel Arbeit erspart. Ein Novellist zum Beispiel braucht sich nicht im geringsten mehr um die Moral in seinen Erzählungen zu bekümmern. Sie wird ja schon so ganz von selbst darin liegen, und die Kritiker mögen sehen, wie sie sie herausfinden. Wenn die gehörige Zeit verflossen ist, wird eines Tages im „Monat" oder in der „Woche" ein Essay erscheinen, in dem alles gesagt ist, was der Autor beabsichtigte und nicht beabsichtigte, sowie was er beabsichtigt haben sollte und noch beabsichtigt haben könnte, so daß am Ende alles klipp und klar ist.

Deshalb ist der Vorwurf, den ein paar Dummköpfe gegen mich erhoben, ich habe nie eine moralische Geschichte oder besser nie eine Geschichte mit einer Moral geschrieben, durchaus unbegründet. Sie waren eben nicht die Kritiker, dazu geeignet, mich zu erklären und meine Moral zu enthüllen – das ist wohl das ganze Geheimnis. Nebenbei gesagt, glaube ich, daß die Vierteljahresschrift „Das Vierteljahr" sie bald für ihre Dummheit beschämen wird. Mittlerweile übergebe ich ihnen, um ihren Schimpfereien ein Ende zu machen, die folgende traurige Geschichte, eine Geschichte, deren offenkundige Moral niemandem zweifelhaft sein kann, denn selbst der oberflächlichste Leser weiß, daß sie eine enthält, weil es nämlich in dicken Buchstaben unter der Überschrift steht. Man sollte mich für diese Anordnung loben – denn sie ist doch bei weitem zweckmäßiger als die Lafontaines und anderer „moralischer Geschichtenschreiber", die ihre Moral bis zum letzten Augenblicke aufsparen und sie ihrer Geschichte an den Schwanz binden.

E. A. P.

„*Defuncti injuria ne afficiantur*" war eins der Gesetze der zwölf Tafeln, und „*De mortuis nil nisi bonum*" ist ein ganz ausgezeichnetes Gebot, selbst wenn der fragliche Tote weiter nichts gewesen wäre als der tote Punkt in einem Schwungrade. Ich habe auch nicht im geringsten die Absicht, meinen toten Freund Toby Dammist herunterzumachen. Er war ein armer Hund, das ist wahr, und starb auch wie ein Hund, gewiß! doch trug er nicht Schuld an seinen Lastern, die vielmehr von einem körperlichen Fehler seiner Mutter herrührten. Sie hatte ihn in seiner Jugend so oft und so tüchtig wie nur eben möglich durchgeprügelt, denn einem wohlgeratenen Menschen bereiten seine Pflichten stets Vergnügen; doch das arme Weib war linkshändig, und ein linkshändig geprügeltes Kind sollte besser ungeprügelt bleiben. Die Welt dreht sich von rechts nach links, und deshalb geht es nicht an, ein Kind von links nach rechts zu prügeln. Wenn sonst jeder Schlag eine üble Neigung austreibt, so muß doch natürlich jeder Puff in umgekehrter Richtung irgendeine Schlechtigkeit hineintreiben. Ich war oft Zeuge, wenn Toby gezüchtigt wurde; und schon aus der Art und Weise, wie er dann hinten und vorne ausschlug, entnahm ich, daß es von Tag zu Tage schlimmer wurde. Endlich sah ich mit Tränen in den Augen, daß an dem Taugenichts Hopfen und Malz verloren sei. Eines Tages wurde er so geprügelt, daß er schwarz im Gesicht ward wie ein kleiner Neger, und als auch dies keinen anderen Erfolg hatte, als ihm zu einem Nervenanfall zu verhelfen, konnte ich mich nicht länger bezwingen, sondern warf mich auf meine Knie, erhob laut meine Stimme und prophezeite ihm ein schreckliches Ende.

Er war unglaublich frühreif – was Laster anging. Als er eben fünf Monate alt war, konnte er schon so wütend werden, daß er vor Zorn keinen Laut hervorzubringen vermochte; als er sechs Monate alt war, überraschte ich ihn einmal dabei, wie er ein Spiel Karten benagte, und mit sieben Monaten frönte er der verabscheuenswerten Angewohnheit, die weiblichen Babys zu tätscheln und zu küssen. Mit acht Monaten weigerte er sich mit aller Entschiedenheit, seine Unterschrift unter eine Aufforderung zum Beitritt zu einem Mäßigkeitsvereine zu setzen. So wuchsen also seine Laster Monat für Monat, bis er nach Ablauf seines ersten Lebensjahres nicht allein darauf bestand, einen Schnurrbart zu tragen, sondern auch die üble Gepflogenheit hatte, zu fluchen und zu schwören und seine Ansichten durch Wetten zu bekräftigen.

Diese letzte durchaus unvornehme Angewohnheit bereitete meinem Freunde Toby Dammit denn auch jenes schreckliche Ende, das ich prophezeit hatte. Die böse Neigung war mit ihm gewachsen und groß und stark geworden, so daß er, als er zum Manne geworden, auch nicht einen Satz aussprechen konnte, ohne ihn mit dem Vorschlag zu einer Wette zu spicken. Nicht, daß er jemals wirklich wettete – o nein! Ich muß meinem Freunde die Gerechtigkeit widerfahren lassen und sagen, daß er gerade sooft Eier gelegt wie wirklich gewettet hat. Die Angewohnheit war weiter nichts als eine Formel, der er selbst nicht den mindesten Sinn beilegte. Es waren einfache, wenn nicht ganz und gar unschuldige Füllwörtchen, mit denen er seine Sätze abzurunden pflegte. Wenn er sagte: „Ich verwette das und das“, so dachte kein Mensch daran, ihn beim Worte zu nehmen. Ich jedoch hielt es für meine Pflicht, ihn zur Rede zu stellen; die Angewohnheit war gar zu unmoralisch, und ich sagte es ihm ins Gesicht, ja! ich bat ihn, mir zu glauben, daß sie sogar ziemlich unfein sei. In der Gesellschaft sei sie verpönt – hier sprach ich die reine Wahrheit. Das Gesetz habe sie verboten – ich hatte nicht die geringste Absicht, eine Lüge zu äußern. Ich machte ihm Vorstellungen – vergebens. Ich bat – er lächelte. Ich flehte ihn an – er lachte. Ich predigte – er höhnte. Ich drohte – er fluchte. Ich schlug ihn – er rief die Polizei. Ich zog an seiner Nase – er schnaubte sie und rief, er wolle dem Teufel seinen Kopf verwetten, daß ich das nicht zum zweitenmal riskieren würde.

Armut war ein anderes Laster, das sich durch einen körperlichen Mangel seiner Mutter auf meinen Freund Toby Dammit übertragen hatte. Er war in ganz verabscheuenswertem Grade arm, und dies war ohne Zweifel der Grund, weshalb seine Füllwörtchen-Wetten selten eine pekuniäre Wendung nahmen. Ich muß gestehen, daß ich ihn niemals eine Wette aussprechen hörte, wie: „Ich verwette einen Taler“, sagte er meistens: „Ich wette, um was Sie wollen“ oder „Ich wette um alles in der Welt“ oder „Ich wette um jeden Kram“ oder, schon bedeutungsvoller, besagtes: „Ich verwette dem Teufel meinen Kopf“.

Diese letzte Formel schien ihm am besten zu gefallen, vielleicht, weil sie das kleinste Risiko enthielt, denn Dammit war ein außerordentlich sparsamer

Mensch. Sein Kopf war klein, und hätte ihn irgend jemand beim Worte genommen, so wäre auch sein Verlust nur klein gewesen. Doch dies sind meine eigenen Gedanken, und ich weiß nicht, ob ich sie mit Recht auch ihm zuschreiben darf. Jedenfalls stieg die fragliche Phrase stetig in seiner Gunst, obgleich es doch nichts Unschicklicheres geben kann, als einen Mann, der täglich sein Gehirn verwettet, wie wenn es sich um Banknoten handele, doch in diesem Punkte schien mein Freund in seiner verbrecherischen Gemütsverfassung ganz empfindungslos zu sein. Schließlich sah er von allen anderen Wettformeln gänzlich ab und beschränkte sich so hartnäckig und ausschließlich auf „Ich verwette dem Teufel meinen Kopf", daß mich seine Beharrlichkeit sowohl verwunderte wie entsetzte. Über Dinge, die ich mir nicht erklären kann, bin ich immer entsetzt. Geheimnisse zwingen den Menschen zum Denken und schaden so der Gesundheit. In dem Ausdruck, mit welchem Herr Dammit diese seine Lieblingswette aussprach – in seinem Tonfalle, in seinen Mienen – lag etwas, was mich zuerst interessierte und dann unruhig machte, etwas, das ich mangels eines modernen Ausdrucks „übergeschnappt" nennen möchte, das Herr Coleridge ohne Zweifel „mystisch", Herr Kant „pantheistisch", Herr Carlyle „twistisch" und Herr Emerson „hyperquizitistisch" genannt haben würde. Von Anfang an konnte ich es nicht ausstehen. Herrn Dammits Seelenheil war höchst gefährdet, und ich beschloß, meine ganze Beredsamkeit daran zu setzen, um ihn zu retten. Ich gelobte mir, ihm das zu sein, was der heilige Patrick der irischen Chronik zufolge für die Kröte war, das heißt, „ihn zu einer klaren Erkenntnis seiner Lage zu bringen". Noch einmal begann ich, ihm Vorstellungen zu machen. Noch einmal faßte ich meine ganze Energie zu einem scharfen Verweis zusammen.

Als ich ausgeredet hatte, benahm sich Herr Dammit ziemlich unverständlich. Ein paar Augenblicke lang blieb er still und sah mir nur forschend ins Gesicht. Dann legte er den Kopf auf eine Seite und zog die Augenbrauen außerordentlich weit in die Höhe. Hierauf breitete er seine Handflächen vor mir aus und zuckte mit den Schultern. Nun zwinkerte er mit dem rechten Auge und wiederholte die Prozedur bald mit dem linken. Dann schloß er plötzlich beide ganz fest. Nicht lange danach riß er sie wieder so weit auf, daß mir um die Folgen bange wurde. Und nun brachte er seinen Daumen in Berührung mit seiner Nase und hielt es für angemessen, mit den übrigen Fingern eine nicht näher zu beschreibende Bewegung zu machen. Hierauf stemmte er die Arme in die Seite und ließ sich zu einer Antwort herab.

Ich erinnere mich jedoch nur der Hauptpunkte seiner Rede: „Er wäre mir sehr verbunden, wenn ich meinen Mund halten wollte; er habe kein Verlangen nach meinen Ratschlägen; meine Reden seien ihm Wurst; er sei alt genug, um seine Worte allein verantworten zu können. Ich hielte ihn wohl immer noch für das Baby Dammit; oder wollte ich vielleicht gar etwas gegen seinen Charakter sagen? Wollte ich ihn beleidigen? Wäre ich denn ganz verrückt? Und kurz – wüßte meine Mutter überhaupt, daß ich so lange von Hause fort und allein auf der Straße wäre? Er stelle mir diese letzte Frage, weil er auf meine Aufrichtigkeit baue, und werde meine Antwort unbedingt für wahr halten. Er frage mich also nochmals ausdrücklich, ob meine Mutter wüßte, daß ich ausgegangen sei. Meine Verwirrung jedoch verrate mich, und er verwette dem Teufel seinen Kopf, daß sie es nicht wisse."

Herr Dammit machte nicht die kleinste Pause, um mir Zeit zu einer Erwiderung zu gönnen, sondern drehte sich, sobald er ausgeredet, auf dem Absatze herum und machte sich eiligst fort. Und das war gut. Er hatte meine Gefühle tief verwundet, ja, meinen Zorn hatte er erregt! Und ich wäre gar zu gern auf seine frevelhafte Wette eingegangen und hätte für den Erzfeind Herrn Dammits kleinen Kopf gewonnen – denn meine Mama wußte wohl, daß ich für kurze Zeit ausgegangen war.

Aber, „*Khoda shefa midêhed*" – der Himmel gibt Linderung, wie die Muselmänner sagen, wenn man sie auf den Fuß getreten hat. Edle Pflichterfüllung hatte mir die Beleidigung eingetragen, und ich trug sie mit Mannesmut. Doch mußte ich mir sagen, daß ich nun alles getan hatte, was möglich war, um den Elenden zu retten. So beschloß ich denn, ihn nach seinem Wunsche nicht länger mehr mit meinen Ratschlägen zu belästigen, sondern seinem Gewissen zu überlassen. Aber trotz alledem konnte ich es nicht übers Herz bringen, seine Gesellschaft ganz und gar zu meiden. Ich ging sogar so weit, mich in einige seiner weniger tadelnswerten Neigungen zu fügen, und es konnte vorkommen, daß ich mich dabei überraschte, wie ich seine schlimmen Streiche lobte, mit Tränen in den Augen, wie es die Feinschmecker mit gutem Senf machen, denn so tief betrübte es mich, seine üblen Reden anhören zu müssen.

Eines schönen Tages waren wir Arm in Arm spazierengegangen und kamen schließlich am Ufer des Flusses an die neue Brücke und beschlossen, hinüberzugehen. Die Brücke war, um bei Unwetter Schutz zu gewähren, überdacht worden, doch hatte sie nur wenige Fenster, so daß es unter ihrem Bogen sehr dunkel war. Als wir hineintraten, fiel mir der Kontrast zwischen der Helligkeit draußen und dem Dunkel drinnen gleich schwer auf die Seele. Dem unglückseligen Dammit ging es jedoch nicht so, denn er rief fidel, er wolle dem Teufel seinen Kopf verwetten, daß mir plötzlich ein unerklärlicher, unruhiger Verdacht aufstieg. Ich fragte mich und frage mich heute noch, ob es nicht möglich war, daß er Beziehungen zu transzendentalen Wesen hatte. Doch ist mir die Diagnose dieses Übels nicht geläufig genug, um hier mit Sicherheit Auskunft geben zu können, und unglücklicherweise ist auch keiner meiner Freunde vom „Vierteljahr" zugegen. Ich erwähne diese Vermutung auch nur, weil mein Freund oft von einer gewissen gespenstermäßigen und unheimlichen Lustigkeit besessen war, die einen wahren Hanswurst aus ihm machen konnte. Nichts bereitete ihm dann größeres Vergnügen, als über alle Gegenstände, die ihm in den Weg kamen, hinüberzuklettern oder zu springen und dabei mit dem ernstesten Gesicht von der Welt alle möglichen verrückten kurzen und langen Worte auszurufen oder vor sich hin zu murmeln. Ich wußte nie recht, ob ich ihn bemitleiden oder durchprügeln sollte. Das nebenbei! Als wir nun an das Ende der besagten Brücke kamen, wurden wir plötzlich durch ein ziemlich hohes Drehkreuz in unserem Wege aufgehalten. Ich ging ruhig hindurch, indem ich es, wie jeder vernünftige Mensch tut, herumdrehte. Doch schien diese Drehung dem verdrehten Herrn Dammit nicht zuzusagen. Er hatte es sich in den Kopf gesetzt, über das Drehkreuz zu springen, und behauptete noch dabei, in der Luft einen Bogen beschreiben zu können. Ich glaubte jedoch ganz bestimmt, daß er das nicht tun könne. Denn mein Freund, Herr Carlyle, konnte über alle möglichen Drehkreuze die schönsten Bogen schneiden, dies hier auf der Brücke jedoch wäre auch ihm zu hoch gewesen, und deshalb glaubte ich, daß Toby Dammit es auch nicht könne; ich sagte ihm daher mit ein paar Worten, daß er ein Prahlhans sei, der sein Wort nimmer wahr machen würde. Später mußte ich es bitter bereuen – denn er antwortete mir unverzüglich, er verwette dem Teufel seinen Kopf, daß er es doch könne.

Ich wollte ihm trotz meines vorhin erwähnten Entschlusses mit einem Vorwurf über seine Gottlosigkeit antworten, als ich dicht neben mir ein Geräusch vernahm, das wie ein leiser Husten oder wie der bekannte Ausruf „hm! hm!", klang. Ich fuhr ein wenig zusammen und blickte überrascht um mich. Meine Augen blieben plötzlich auf der Gestalt eines kleinen, lahmen, alten Herrn von ehrwürdigem Äußeren haften, der in einer Nische in dem Holzwerk der Brücke stand. Man konnte sich tatsächlich nicht leicht etwas Ehrwürdigeres denken, denn er war nicht nur vollständig in Schwarz gekleidet, auch sein Hemd war tadellos sauber, und der Kragen schloß exakt über einer weißen Krawatte. Sein Haar hatte er vorn gescheitelt wie ein Mädchen und die Arme gedankenvoll über den Magen gekreuzt, während er die Augen sinnend nach oben gerichtet hielt.

Als ich näher hinsah, bemerkte ich, daß er über die anderen Kleidungsstücke eine schwarze Seidenschürze trug. Ich fand dies sonderbar, doch ehe ich noch eine Bemerkung machen konnte, sagte er ein zweites Mal: „Hm! hm!"

Ich war auf diese Bemerkung hin nicht sofort zu einer Antwort bereit, denn solch lakonische Meinungsäußerungen sind eigentlich überhaupt nicht zu beantworten. Ich habe z. B. eine Zeitschrift gekannt, die auf den einfachen Zuruf „Unsinn" durchaus nicht eingehen konnte. Deshalb schäme ich mich auch gar nicht, einzugestehen, daß ich mich bei Herrn Dammit nach Hilfe umsah.

„Dammit!", sagte ich, „was machen Sie denn eigentlich? Hören Sie denn nicht, daß dieser Herr eben ‚hm! hm!‘ gesagt hat?", Ich blickte meinen Freund bei diesen Worten streng an, denn, aufrichtig gesagt, war ich ziemlich perplex, und wenn ein Mann ziemlich perplex ist, muß er die Augenbrauen zusammenziehen und möglichst wild auszusehen versuchen, sonst gerät er leicht in Gefahr, plötzlich Ähnlichkeit mit einem Schafskopf zu haben.

„Dammit!", sagte ich also, und es klang fast wie „verdammt", obgleich mir im Augenblick nichts ferner lag, als zu fluchen. „Dammit! Der Herr sagte ‚hm! hm!‘!", Ich habe nicht die Absicht, diese meine Bemerkung für eine tiefsinnige zu erklären, ich hielt sie selbst nicht für tiefsinnig, doch habe ich schon angedeutet, daß die Wirkungen unserer Reden mit der Wichtigkeit, die sie in unseren Augen haben, nicht immer übereinstimmen. Wenn ich Herrn Dammit mit einer Bombe in die Luft gesprengt oder mit einem Exemplar der „*Poets and Poetry of America*" auf dem Kopfe herumgetrommelt hätte, so würde er doch kaum mehr aus der Fassung geraten sein, als da ich ihn mit den einfachen Worten anredete: „Dammit! Was machen Sie denn eigentlich? Hören Sie denn nicht, daß dieser Herr eben ‚hm! hm!‘ gesagt hat?"

„Wie? Wirklich?", schnaufte er nach einer Weile, und dabei zeigte sein Gesicht mehr Farben, als ein Raubschiff beim Anblick eines Kauffahrers aufzieht. „Haben Sie bestimmt gehört, daß er das gesagt hat? Na, jedenfalls bin ich jetzt vollkommen ruhig und kann die Sache kühn in Angriff nehmen. Los also!"

Diese Worte schienen den kleinen alten Herrn zu erfreuen – Gott allein weiß, weshalb. Er kam aus der Nische heraus, hüpfte anmutig heran, faßte Dammit bei der Hand, schüttelte sie herzlich und sah ihn mit dem Ausdruck unverfälschtester Güte ins Gesicht.

„Ich bin sicher, Sie werden gewinnen, Herr Dammit", sagte er, mit dem freimütigsten Lächeln, „doch müssen wir der Form halber einen Vertrag aufsetzen."

„Hm! hm!", erwiderte mein Freund, legte mit einem tiefen Seufzer seinen Rock ab, band ein Taschentuch um seine Taille und änderte den Ausdruck seines Gesichtes, indem er die Augen zum Himmel aufschlug und seine Mundwinkel herunterhängen ließ. – „Hm! hm!", und „hm! hm!", sagte er nach einer kurzen Pause nochmals, und nach dieser Pause habe ich kein anderes Wort mehr von ihm gehört als: „hm! hm!"

„Aha", dachte ich bei mir, ohne meinen Gedanken Worte zu verleihen, „es ist ja sehr sonderbar, daß Toby Dammit auch einmal schweigt, wahrscheinlich ist dies die Folge seiner Redseligkeit von vorhin. Die Extreme berühren sich. Es soll mich wundern, ob er die vielen nicht zu beantwortenden Fragen, die er mir an dem Tage stellte, an dem ich ihm meine letzte Rede hielt, auch vergessen hat?

Jedenfalls jedoch ist er jetzt von den Beziehungen mit transzendentalen Wesen kuriert."

„Hm! hm!", erwiderte Toby, als habe er meine Gedanken gelesen und sah dabei aus wie ein in Träumerei versunkenes Schaf.

Der alte Herr ergriff ihn jetzt beim Arme und führte ihn tiefer in den Schatten der Brücke hinein, ein paar Schritte von dem Drehkreuz weg. „Lieber Kerl", sagte er dann, „es ist eine Gewissenssache, daß ich Ihnen diesen Sprung gestatte. Warten Sie hier, bis ich meinen Platz beim Drehkreuz wieder eingenommen habe, damit ich sehe, ob sie gut hinüberkommen und auch den Bogen nicht auslassen. Es ist ja nur der Form halber, wissen Sie. Ich werde kommandieren: Eins, zwei, drei und – los! Bei ‚los!' springen Sie!"

Nun stellte er sich bei dem Drehkreuz auf, machte einen Augenblick lang, wie in tiefes Nachdenken versunken, Pause, blickte nach oben, lächelte, wie mir schien, leichthin, zog die Bänder seiner Schürze fester, sah Dammit lange an und sagte dann, wie verabredet: „Eins, zwei, drei und – los!"

Genau bei dem Worte „los!", begann mein armer Freund seinen Anlauf. Das Drehkreuz war ja immerhin kein Kirchturm, und ich hoffte doch wohl, daß er drüber kommen werde. Und wenn er es nicht konnte? – das war hier die Frage – wenn er es nicht konnte? „Welches Recht", fragte ich mich, „hat dieser alte Herr, einen anderen Herrn zum Springen zu veranlassen? Der kleine, alte Einfaltspinsel! Wer ist er überhaupt? Wenn er mich etwa zum Springen auffordern sollte, ich täte es nicht, da könnte er Gift drauf nehmen, und im übrigen ist es mir egal, was für eine Art dummer Teufel er ist."

Die Brücke war also, wie gesagt, in ganz lächerlicher Weise bedeckt und hatte das unangenehmste Echo, das ich in meinem Leben gehört habe, doch fiel es mir erst auf, als es die vier letzten Worte, die gesprochen wurden, widerhallte.

Aber was ich sagte oder was ich dachte oder hörte, nahm nur einen Augenblick in Anspruch. In weniger als fünf Sekunden nach dem ersten Schritt des Anlaufs unternahm mein armer Toby den Sprung. Ich sah ihn hurtig laufen und kräftig vom Boden der Brücke emporspringen, wobei er mit den Beinen, als er sich in die Luft erhob, den tollsten Bogen zu drehen anfing, den ich je gesehen. Ich sah ihn hoch in der Luft gerade über dem Drehkreuz schweben und den Bogen zu Ende drehen und fand es ungewöhnlich sonderbar, daß er von da nicht weiter und auf die andere Seite herunter zu können schien. Doch der ganze Sprung dauerte ja bloß einen Augenblick, und ehe ich noch eine tiefere Bemerkung machen konnte, kam Herr Dammit mit dem Rücken platt auf den Boden zu liegen, und zwar auf derselben Seite des Drehkreuzes, von der aus er in die Höhe gesprungen war: Zu gleicher Zeit sah ich den alten Herrn, so rasch er konnte, davonlaufen, nachdem er irgend etwas, das in der Dunkelheit der Brücke über das Drehkreuz weg schwer in seine Schürze gefallen war, fest in dieselbe eingewickelt. Dieses alles setzte mich höchlichst in Erstaunen, doch hatte ich nicht Zeit, länger nachzudenken, denn Herr Dammit lag so sonderbar still da, daß ich schloß, er müsse sich in seinen tiefsten Gefühlen verletzt fühlen und bedürfe meiner Hilfe. Ich eilte zu ihm hin und mußte leider konstatieren, daß er eine sozusagen hauptsächliche Verletzung erlitten hatte. Er war nämlich seines Kopfes beraubt worden, den ich selbst nach längerem Suchen in der Dunkelheit nirgends finden konnte. Ich beschloß also, meinen armen Freund nach Hause zu schaffen und einen Homöopathen holen zu lassen. Doch kam mir plötzlich noch ein Gedanke, ich riß ein Fenster in der Brückenwand auf, und wie ein Blitz durchfuhr mich die Erkenntnis der traurigen Wahrheit: Ungefähr fünf Fuß über dem Drehkreuz ragte aus dem letzten Brückenbogen eine flache Eisenstange hervor, die sich horizontal über die ganze Breite der Brücke erstreckte und mit vielen anderen dazu diente, dieselbe zu tragen. Offenbar war der Hals meines unglücklichen Freundes in allzunahe Berührung mit dem scharfen Rande dieses Stützeisens gekommen.

Er überlebte seinen schrecklichen Verlust nicht lange. Die Homöopathen gaben ihm nicht wenig genug Medizin ein, und außerdem zögerte er noch sehr, das bißchen, was sie ihm gaben, zu nehmen. Es ging ihm immer schlechter und endlich starb er ganz. Ich betaute sein Grab mit meinen Tränen und schickte den Metaphysikern eine sehr mäßige Rechnung für die Begräbniskosten. Die Schufte weigerten sich aber, diese zu bezahlen und ich ließ daraufhin Herrn Dammit wieder ausgraben und verkaufte ihn als Hundefutter.

PETER BONGBONG

Quand un bon vin meuble mon estomac,
Je suis plus savant que Balzac –
Plus sage que Pibrac;
Mon bras seul faisant l'attaque
De la nation Cossaque,
La mettroit au sac;
De Charon je passerois le lac
En dormant dans son bac;
J'irois au fier Eac,
Sans que mon cœur fît tic ni tac,
Présenter du tabac.
Vaudeville

Daß Peter Bongbong ein Gastwirt von ganz ungewöhnlichen Eigenschaften war, wird niemand, der seine kleine Pinke zu Rauen besucht hat, abstreiten können. Daß Peter Bongbong aber auch in der Philosophie seiner Zeit bewandert war, ist eine noch unleugbarere Tatsache. Seine *pâtés à la fois* waren ohne Zweifel tadellos; doch welche Feder kann seinen Essays *sur la Nature* – seinen Gedanken *sur l'Ame* – seinen Bemerkungen *sur l'Esprit* genügende Gerechtigkeit widerfahren lassen? Wenn seine Omelettes, seine *Fricandeaux* schon unbezahlbar waren, welcher Literaturbeflissene jener Zeit würde nicht für eine Idee von Bongbong doppelt so viel gegeben haben, wie für alle Ideen der übrigen Gelehrten zusammen? Bongbong hatte Bibliotheken durchstöbert, die kein anderer Mensch in Augenschein genommen – hatte mehr gelesen, als irgendein anderer Bücher nur ausdenken konnte – mehr verstanden, als ein anderer überhaupt für möglich hielt zu verstehen. Und wenn auch selbst während der Zeit seiner größten Beliebtheit einige Autoren in Rouen versicherten, „daß seine *dicta* weder die Reinheit der Akademie noch die Tiefe des Lyzeums zeigten" – so wurden seine Doktrinen, verstehen Sie mich recht, doch absolut nicht allgemein verstanden, obgleich nicht daraus zu folgern ist, daß sie schwer zu verstehen gewesen. Es lag, glaube ich, an ihrer Selbstverständlichkeit, daß viele Leute sie für abstrus hielten. Bongbong ist nämlich jener Denker – doch machen Sie bitte keinen Gebrauch davon –, dem Kant für seine Metaphysik hauptsächlich zu Dank verpflichtet ist. Bongbong war kein Platoniker, noch, genau genommen, ein Aristoteliker – noch verschwendete er, wie der moderne Leibniz, seine kostbaren Stunden, die er der Erfindung eines *Fricassés* oder *facili gradu* der Analyse eines Gefühls hätte widmen können, in leichtfertigen Versuchen, das widerspenstige Öl und Wasser ethischer Diskussionen miteinander zu verbinden. Das fiel ihm gar nicht ein. Bongbong war ein Optimist. Bongbong war zu gleicher Zeit ein Pessimist. Er schloß *a priori*, er schloß auch *a posteriori*. Seine Ideen waren angeborene – oder auch nicht angeborene. Bongbong war mit Begeisterung – Bongbongist.

Ich habe von dem Philosophen in seiner Eigenschaft als Gastwirt gesprochen. Ich möchte jedoch nicht, daß einer meiner Leser glaube, unser Held habe diese seine Standespflichten ohne vollständiges Bewußtsein ihrer Größe und Wichtigkeit erfüllt. Er war weit entfernt davon; und es ist schwer zu sagen, welche von seinen beiden Tätigkeiten ihn mit größerem Stolze erfüllte. Seiner Meinung nach standen die Kräfte des Geistes in direkter Verbindung mit den Fähigkeiten des Magens. Ich weiß nicht, ob er sehr von der Annahme der Chinesen abwich, daß die Seele ihren Sitz im Bauche habe. Die Griechen hatten seiner Meinung nach unter allen Umständen recht, wenn sie für Geist und Zwerchfell nur ein Wort anwandten. Doch möchte ich hier nicht so verstanden werden, als wollte ich der Vielfräßigkeit ernstlich auf Kosten der Metaphysiker das Wort reden. Wenn Peter Bongbong irrte – und welcher große Mann irrt nicht tausendmal?! – also, sage ich, wenn Peter Bongbong irrte, so waren seine Irrtümer durchaus unwichtige – waren Fehler, die man bei anderen Temperamenten eher für Tugenden gehalten haben würde. Was nun eine dieser Schwächen anbetrifft, so würde ich sie in dieser Geschichte gar nicht erwähnen, wenn sie nicht aus seiner allgemeinen Veranlagung so scharf hervorgesprungen wäre. Er konnte nämlich keine Gelegenheit, ein Geschäft zu machen, vorübergehen lassen.

Nicht, daß er habsüchtig gewesen! O nein! Zur Befriedigung des Philosophen in ihm war es durchaus nicht erforderlich, daß ihm der Handel Vorteil brachte. Doch wurde ein Geschäft perfekt – irgendein Handel unter irgendwelchen Umständen und Bedingungen abgeschlossen, so erleuchtete noch viele Tage später ein triumphierendes Lächeln sein Gesicht, und ein wissendes Augenzwinkern gab Zeugnis von seiner Weisheit.

Zu keiner Zeit wäre es zu verwundern gewesen, wenn eine so besondere Erscheinung, wie die eben von mir gezeichnete, Aufmerksamkeit und Beachtung erregt hätte. Würde sie es zur Zeit unserer Erzählung jedoch nicht getan haben, so müßte man diese Tatsache wirklich ein Wunder nennen. Man erzählte sich, daß das besagte Lächeln Bongbongs von dem biederen Grinsen, mit dem er über seine Scherze lachte oder einen alten Bekannten begrüßte, weit verschieden war. Man machte aufregende Andeutungen, erzählte sich Geschichten von gefährlichen Geschäften, die schnell gemacht und lange bereut wurden, Beispiele von unerklärlichen Fähigkeiten wurden angeführt, von sonderbarem Verlangen und unnatürlichen Neigungen, die nur der Urheber allen Übels zu seinen dunklen Zwecken hervorgerufen haben konnte.

Der Philosoph hatte andere Schwächen, doch sind sie kaum einer ernsthaften Untersuchung wert. Es gibt zum Beispiel nur sehr wenige außerordentlich tiefe Männer, die sich über einen Mangel an Neigung zur Flasche zu beklagen haben. Ob diese Neigung die erregende Ursache oder vielmehr ein Beweis der Tiefe ist, das ist durchaus nicht so leicht zu sagen. Bongbong jedoch hielt diese Frage keiner eingehenden Erforschung für wert, und ich tue es ebenfalls nicht. Doch muß man nicht glauben, daß der Restaurateur in der Hingabe an eine so klassische Neigung jenen intuitiven Scharfsinn verlor, der zu gleicher Zeit seine Essays und seine Omelettes auszeichnete. Wenn er sich von der Welt zurückzog, widmete er dem Vin de Bourgogne ganz bestimmte Stunden und weihte dem Côtes du Rhône die genau dafür geeigneten Momente. Für ihn war Sauterne im Vergleich zu Medoc, was Catullus im Vergleich zu Homer war. Wenn er St. Peray schlürfte, machte er spielend einen Vernunftschluß dazu, während er bei einer Flasche Clos Vougeot ein Argument zergliederte und in einer Flut von Chambertin eine Theorie umstürzte. Es wäre gut gewesen, wenn ihn das gleiche Gefühl für Schicklichkeit auch bei der unbedeutenden Neigung, auf die ich anspielte, geleitet hätte, aber das war nicht der Fall. Um die Wahrheit zu gestehen: dieser Wesenszug des philosophierenden Bongbong begann wirklich eine sonderbare Intensität anzunehmen, sich immer mehr dem Mystizismus zu nähern und die tiefe Färbung des Satanismus seiner bevorzugten deutschen Studien anzunehmen.

Bongbongs kleine und versteckt gelegene Kneipe zu besuchen, hieß das Sanktum eines genialen Mannes betreten. Bongbong war tatsächlich ein genialer Mann. In ganz Rouen gab es keinen Küchenjungen, der Ihnen nicht sofort bekräftigt hätte, daß Bongbong ein genialer Mann sei. Sogar seine Katze wußte es und unterstand sich nicht, in Gegenwart des genialen Mannes mit dem Schwanze zu wackeln. Seinem großen Pudel war diese Tatsache ebenfalls bekannt, und sobald sein Herr sich näherte, gab er dem Gefühl seiner Inferiorität durch ein weihevolles Benehmen, durch Hängenlassen der Ohren und der unteren Kinnlade einen beredten Ausdruck, der eines Hundes nicht allzu unwürdig war. Doch läßt sich nicht wegleugnen, daß sehr vieles an diesen gewohnten Huldigungen auf die persönliche Erscheinung des Metaphysikers zu setzen war. Ein distinguiertes Äußeres verfehlt selbst bei einem Tiere nicht seinen Eindruck. Und ich muß gestehen, daß manches in dem Äußeren des Restaurateurs darnach angetan war, auf die Phantasie der Vierfüßler Eindruck zu machen. Der kleine Große – wenn man mir diesen zweideutigen Ausdruck gestatten will – trug eine Majestät zur Schau, welche die bloße physische Masse allein unmöglich zustande bringen kann. Wenn Bongbong nun auch kaum drei Fuß hoch und sein Kopf äußerst klein erschien, so war es doch unmöglich, die Rundlichkeit seines Bauches ohne ein Gefühl von Großartigkeit, ja, von Erhabenheit zu betrachten. In seiner Größe mußten Menschen und Tiere das Abbild seiner erlernten Kenntnisse – in seinem Umfange eine geeignete Wohnung für seine unsterbliche Seele erkennen.

Ich könnte mich hier, wenn es mir gefiele, über die Art der Kleidung und andere Umstände der äußeren Erscheinung des Metaphysikers weiter auslassen. Ich könnte erwähnen, daß unser Held das Haar kurz und weich in die Stirn hineingekämmt trug – daß er sein Haupt mit einer kegelförmigen, troddelbesetzten Mütze aus weißem Flanell krönte, und sein erbsengrünes Wams der Mode der damals von Restaurateuren getragenen Wämser durchaus nicht entsprach – daß seine Ärmel viel weiter waren – daß die Ärmelaufschläge nicht, wie es damals, in jener barbarischen Zeit gebräuchlich war, aus Tuch von derselben Qualität und Farbe des Kleidungsstückes selbst bestanden, sondern in phantasieanregender Weise aus zweifarbigem Genueser Sammet hergestellt – daß seine Pantoffeln von schöner purpurner Farbe und schön gestickt waren, so daß man hätte glauben können, sie seien in Japan gemacht worden – daß seine Beinkleider aus einem gelben, atlasartigen Stoff hergestellt waren, den man „Aimable" nennt – daß sein himmelblauer Überrock, der mit purpurnen Verzierungen reich bedeckt war, ritterlich wie der blaue Morgendämmer um seine Schultern flatterte, und daß sein *tout ensemble* dem bemerkenswerten Wort der Benevenuta, der Improvisatrice von Florenz, zur Entstehung verhalf, „daß schwer sei zu sagen, ob Peter Bongbong ein Paradiesvogel oder selbst ein Paradies an Vollkommenheiten sei". Ich könnte also, wie ich schon sagte, mich über all diese Punkte weiter auslassen, wenn es mir gefiele, doch sehe ich davon ab. Nur Details über die Persönlichkeit ziemen sich für den historischen Novellenschreiber. Die anderen stehen unter der moralischen Würde der reinen Tatsachen.

Ich habe schon einmal gesagt: in Bongbongs kleine Kneipe eintreten, hieß das Sanktum eines genialen Mannes besuchen; doch konnte nur ein ebenfalls genialer Mann die Verdienste des Sanktums würdigen. Vor der Eingangstür schwang ein Schild hin und her, das ein riesiges Buch darstellte. Auf einer Seite desselben war eine Flasche gemalt, auf der anderen eine Pastete. Auf dem Rükken stand in großen Buchstaben zu lesen *„Oeuvres de Bongbong".* So wurde in zarter Weise die zweifache Beschäftigung des Eigentümers angedeutet.

Wenn man über die Schwelle trat, übersah man sofort das ganze Innere des Gebäudes. Ein langer, niedrig gestochener Raum von alter Bauart – das war Bongbongs Kneipe. In einer Ecke stand das Bett des Metaphysikers. Ein Arrangement von Vorhängen sowie ein griechischer Betthimmel gaben ihm sowohl ein klassisches wie bequemes Aussehen. In der Ecke schräg gegenüber erblickte man in familiärer Vertraulichkeit die Küchengerätschaften und die Bibliothek. Eine Schüssel von Polemik stand friedlich auf dem Anrichtetisch. Hier lag ein Ofen voll der letzten ethischen Abhandlungen, dort stand ein Kessel, angefüllt mit Duodecimo-Melangen. Deutsche Bände über Morallehre lagen in innigster Freundschaft neben dem Bratrost; ein Waffeleisen hielt mit Eusebius gute Nachbarschaft; Plato lehnte bequem in einer Bratenpfanne, und Manuskripte von Zeitgenossen waren in Reih und Glied an einem Bratspieß aufgesteckt.

Sonst jedoch wich Bongbongs Lokal sehr wenig von den üblichen Restaurants damaliger Zeit ab: Der Tür gegenüber gähnte der ungeheure Kamin. Zur Rechten desselben erblickte man den Schenktisch; darauf eine stattliche Reihe etikettierter Flaschen.

Hier war es also, in einer strengen Winternacht des Jahres 18–, daß Peter Bongbong, nachdem er eine Zeitlang den Anspielungen seiner Nachbarn auf seine sonderbare Neigung zugehört hatte – daß also Peter Bongbong, nachdem er sie alle aus seinem Hause vertrieben, die Tür mit einem Fluche verschloß und sich in durchaus nicht friedfertiger Gemütsverfassung den Bequemlichkeiten seines lederüberzogenen Armstuhles und dem Anblick der lodernden Reisigbündel überließ.

Es war eine jener schrecklichen Nächte, wie sie nur ein- oder zweimal im Jahrhundert vorkommen. Es schneite wütend, und das Haus schwankte in seinen Grundfesten bei dem Ansturm des Windes, der durch die Ritzen der Mauern drang, ungestüm den Kamin hinabblies, an den Bettvorhängen zerrte, und die Pâté-Pfannen und Papiere schonungslos durcheinanderwarf. Das riesige Buchschild, das draußen der Gewalt des Sturmes ausgesetzt war, knarrte, und die Fensterrahmen aus solidem Eichenholz seufzten unheilverkündend auf.

Es war also, wie gesagt, kein friedliches Wetter, als der Metaphysiker seinen Stuhl zu seinem gewohnten Standort am Kamin heranzog. Tagsüber hatten sich verschiedene widrige Dinge ereignet, welche die Heiterkeit seiner Betrachtungen trübten. Als er *œufs à la Princesse* machen wollte, hatte er eine *omelette à la Reine* geschaffen, die Entdeckung eines ethischen Prinzips war durch das Übergarwerden eines Stew vereitelt worden, und *last, not least* war ihm eins seiner bewunderungswürdigen Geschäfte, deren glückliches Zustandekommen ihn immer in Entzückung versetzte, durchkreuzt worden. Doch mischte sich in seinen Zorn jetzt jene nervöse Ängstlichkeit, wie sie eine stürmische Nacht nur zu leicht erzeugt. Er pfiff den schon erwähnten schwarzen Pudel näher zu sich heran, rückte einmal unruhig in seinem Stuhle hin und her und konnte nicht umhin, in die entfernten Winkel des Raumes, deren unerbittliche Schatten das rote Kaminfeuer nicht zu verjagen vermochte, einen forschenden, ungewissen Blick zu senden. Nachdem er diese Nachforschung, deren Zweck ihm wohl selbst unverständlich blieb, beendet hatte, zog er einen kleinen, mit Büchern und Papieren bedeckten Tisch an seine Seite und versenkte sich ganz in die Überarbeitung eines umfangreichen Manuskriptes, das er am folgenden Morgen der Veröffentlichung zu übergeben gedachte.

Als er sich einige Minuten in dieser Weise beschäftigt hatte, flüsterte plötzlich eine weinerliche Stimme im Zimmer: „Ich bin durchaus nicht eilig, Herr Bongbong."

„Der Teufel!", rief unser Held aus, sprang auf seine Füße, warf den Tisch an seiner Seite um und blickte erstaunt umher.

„Das stimmt!", erwiderte die Stimme ruhig.

„Das stimmt? Was stimmt? Wie kamen Sie hier herein?", schrie der Metaphysiker, als sein Auge auf etwas fiel, das lang ausgestreckt auf dem Bette lag.

„Ich meinte", erwiderte der Eindringling, ohne auf die Fragen zu achten, „ich meinte, daß meine Zeit absolut nicht beschränkt ist – daß das Geschäft, um dessentwillen ich mir die Freiheit nahm, hier vorzusprechen, durchaus nicht dringend ist; ich kann sehr wohl warten, bis Sie mit Ihrer Exposition fertig sind."

„Meine Exposition? – Nanu? – Wie wissen Sie denn – wie kommen Sie dazu, zu wissen, daß ich eine Exposition schreibe? Gerechter Gott, Sie –"

„Still!", antwortete ihm die Gestalt in schrillem Flüstertone, erhob sich schnell von dem Bette und machte einen Schritt auf unseren Helden zu, während eine eiserne Lampe, die von oben herabhing, sich bei seinem plötzlichen Aufstehen bewegte und krampfhaft hin und her pendelte.

Das Erstaunen, welches sich des Philosophen bemächtigte, hinderte nicht, daß er Erscheinung und Kleidung des Fremden einer genauen Prüfung unterwarf.

Die Umrisse seiner außerordentlich dürren, doch weit über Mittelmaß langen Gestalt wurden durch einen abgetragenen, alten, ganz eng auf der Haut anliegenden Anzug, der nach der Mode von vor hundert Jahren geschnitten war, deutlichst hervorgehoben. Der Anzug war offenbar für eine Person gemacht worden, die viel kleiner war als ihr jetziger Besitzer. Seine Knöchel und Handgelenke blieben mehrere Zoll weit frei. Doch strafte ein Paar wundervoller Schnallen an seinen Schuhen die an den anderen Teilen der Kleidung zur Schau getragene armseligste Armut Lügen. Sein Kopf war unbedeckt und vollständig kahl, mit Ausnahme des Hinterschädels, von dem ein Schweif von bemerkenswerter Länge herabhing. Eine grüne Brille mit Seitengläsern schützte seine Augen vor dem Licht und hinderte unseren Helden, ihre Farbe und Bildung zu erkennen. Von einem Hemd war an der ganzen Person nichts zu bemerken, doch war eine weiße, schmutzig aussehende Krawatte sehr exakt um seinen

Hals gewunden; die langen Enden hingen an jeder Seite ernsthaft herab und gaben der ganzen Persönlichkeit (ich glaube allerdings unbeabsichtigterweise) ein fast geistliches Aussehen. Auch noch andere Umstände, in seiner Erscheinung sowohl wie in seiner Haltung, legten einen derartigen Vergleich nahe. Hinter dem linken Ohr trug er nach Art der Schreiber ein Instrument, welches dem Stylus der Alten ähnlich sah. Aus einer Brusttasche seines Rocks guckte ein kleines, stahlbeschlagenes Bändchen hervor. Dieses Buch war, zufällig oder nicht, von der Person so in die Tasche gesteckt worden, daß man die mit weißen Buchstaben auf seinen Rücken gedruckten Worte *„Katholisches Ritual"* lesen konnte. Die ganze Physiognomie des Fremden mutete interessant finster an. Das Gesicht war leichenblaß, die Stirn hoch und von tiefen, nachdenklichen Falten durchquert. Seine Mundwinkel waren mit dem Ausdruck unterwürfigster Demut nach unten gezogen. Auch lag in dem Übereinanderlegen seiner Hände, als er auf unseren Helden zuschritt – in dem tiefen Seufzer – und besonders in seinem Blick etwas so ausgesprochen Gottesfürchtiges, daß es von vornherein günstig stimmen mußte. Jeder Schatten von Ärger schwand auf den Zügen des Metaphysikers dahin nach dieser zufriedenstellenden Prüfung der Person seines Besuchers; er schüttelte ihm herzlich die Hand und bot ihm einen Stuhl an.

Es wäre jedoch grundfalsch, diese augenblickliche Änderung der Gefühle des Philosophen einer jener Ursachen zuzuschreiben, die man natürlicherweise für bestimmend hätte halten können. Peter Bongbong war, soweit ich sein Wesen kenne, derjenige Mensch, welcher sich zuallerletzt von Äußerlichkeiten in der Erscheinung eines Menschen beeinflussen ließ. Es ist ganz unmöglich, daß ein so scharfsinniger Beobachter aller Menschen und Dinge nicht im ersten Augenblick den wahren Charakter der Person, die sich soeben seiner Gastfreundschaft aufgedrungen, sofort erkannt hätte. Um nichts weiter zu sagen – die Bildung der Füße seines Besuchers war merkwürdig genug – im hinteren Teil seiner Beinkleider bemerkte er ein zitterndes Anschwellen, und die Vibrationen seines Rockschwanzes waren eine „greifbare" Tatsache. Stellen Sie sich nun vor, mit welcher Befriedigung sich unser Held plötzlich in der Gesellschaft einer Person sah, für die er zu jeder Zeit von der tiefsten Hochachtung erfüllt gewesen. Er war jedoch zu sehr Diplomat, um durch irgendeine Äußerung zu zeigen, daß er vom wahren Stand der Dinge unterrichtet sei. Er tat, als sei er sich der hohen Ehre, die ihm eben widerfahren, gar nicht bewußt, sondern zog seinen Gast in eine Unterhaltung, um wichtige ethische Ideen aus ihm herauszulocken, die in seiner wohlerwogenen Veröffentlichung einen Platz einnehmen, das Menschengeschlecht erleuchten und ihn zugleich unsterblich machen sollten – Ideen, die, wie ich hinzufügen muß, ihm der Besucher bei seinem hohen Alter und seiner bekannten Beschlagenheit in der Wissenschaft der Moral sehr leicht hätte liefern können.

Durch solche Aussichten gelockt, forderte unser Held den Herrn also zum Sitzen auf, warf einige Reisigbündel auf das Feuer und stellte ein paar Flaschen Sekt auf den wiederaufgerichteten Tisch. Als er damit fertig war, ließ er sich seinem Genossen gegenüber nieder und wartete, bis derselbe die Unterhaltung beginnen würde. Doch werden Pläne, und selbst die wohlerwogensten, oft gleich zu Anfang durchkreuzt – der Restaurateur wurde durch das erste Wort seines Besuchers aus dem Konzept gebracht.

„Ich sehe, Sie kennen mich, Bongbong", sagte er, „ha ha ha! he he he! hi hi hi! ho ho ho! hu hu hu!", und dabei ließ der Teufel plötzlich alle Gottesfurcht aus seinen Mienen schwinden, öffnete seinen Mund, so weit er nur konnte, von einem Ohr zum anderen, wobei er ein Gebiß gekerbter, fangartiger Zähne enthüllte, seinen Kopf zurückwarf und lange laut, wiehernd und gotteslästerlich lachte, während sich der schwarze Hund auf die Hinterbeine setzte und lustig im Chore einstimmte, und die Katze davonschoß und in der entferntesten Ecke des Zimmers zu fauchen begann.

Der Philosoph folgte ihrem Beispiel nicht. Er war zu sehr Weltmann, um zu heulen wie der Hund oder durch Kreischen die unziemliche Angst der Katze zu verraten. Zwar muß ich gestehen, daß er ein wenig in Erstaunen geriet, als er wahrnahm, daß die weißen Buchstaben, welche die Worte *„Katholisches Ritual"* gebildet hatten, im Augenblick sowohl Form wie Farbe wechselten und sich in den rotgedruckten Titel *„Register der Verdammten"* verwandelten. Dieser aufregende Umstand gab der Erwiderung Bongbongs auf die Bemerkung seines Besuchers eine Unbestimmtheit, die vielleicht gar nicht bemerkt wurde.

„Nun, mein Herr", entgegnete der Philosoph, „nun, mein Herr, um aufrichtig zu sprechen – ich glaube, Sie sind – auf mein Wort – das heißt, ich denke, ich glaube, ich habe eine gewisse schwache – sehr schwache Vorstellung von der großen Ehre –"

„Oh – ja – gewiß – sehr gut", unterbrach ihn Seine Majestät, „kein Wort mehr – ich sehe, wie die Dinge liegen", und nahm bei den Worten seine grüne Brille ab, putzte sie sorgfältig auf seinem Rockärmel und steckte sie in die Tasche.

Wenn Bongbong schon durch die Veränderung, die mit dem Buche vor sich gegangen, verblüfft worden war, so wuchs sein Erstaunen noch durch das Schauspiel, das sich ihm jetzt darbot. Als er neugierig seine Augen erhob, um die seines Gastes zu betrachten, fand er, daß sie durchaus nicht, wie er gedacht, schwarz waren oder grau, noch braun, noch blau – noch gelb oder rot – noch purpurn – noch weiß – noch grün, noch von irgendeiner anderen Farbe aus dem Himmel oben – der Erde hier – oder dem Meere tief unten.

Kurz, Peter Bongbong sah nicht allein ganz deutlich, daß Seine Majestät überhaupt keine Augen hatte, sondern entdeckte auch nicht das allergeringste Anzeichen, daß er früher einmal welche besessen, denn der Raum, auf dem sich die Augen eigentlich befunden haben mußten, war nur eine einfache, tote Fleischfläche.

Es lag nicht in der Natur des Metaphysikers, von der Erforschung der Ursachen eines so seltsamen Phänomens um kleinlicher Bedenken willen Abstand zu nehmen; und Seine Majestät antwortete ihm denn auch prompt, würdig und eingehend: „Augen? Mein lieber Bongbong, Augen sagten Sie? – oh! ah! Ich verstehe. – Die lächerlichen Abbildungen, die von mir zirkulieren, haben Ihnen eine falsche Vorstellung von meiner persönlichen Erscheinung gegeben. Augen? – Wahrhaftig! Augen – Peter Bongbong – sind gut und wohl an ihrem richtigen Platze – und der, sagen Sie, ist der Kopf. – Richtig! Der Kopf eines Wurmes! Für Sie sind diese Sehwerkzeuge allerdings unerläßlich – und doch will ich Ihnen beweisen, daß meine Sehkraft schärfer ist als die Ihrige. Da ist eine Katze in der Ecke – eine hübsche Katze – sehen Sie sie an – beobachten Sie sie gut. Sehen Sie, Herr Bongbong, die Gedanken – die Gedanken, sage ich, die Ideen, die Betrachtungen, die sich in diesem Augenblick in ihrem Schädel erzeugen? Da haben Sie es –: Sie sehen es nicht! Sie denkt nämlich, wir bewunderten die Länge ihres Schwanzes und die Tiefe ihres Geistes. Sie ist eben zu dem Schlusse gekommen, daß ich der ehrwürdigste aller Geistlichen und Sie der oberflächlichste aller Metaphysiker sind. Sie sehen also, daß ich nicht vollständig blind bin, doch würden für einen Mann meines Berufs die Augen, von denen Sie sprechen, bloß eine Last sein, die ihm noch dazu jeden Augenblick von einem Schürhaken ausgebrannt werden können. Für Sie sind diese Sehwerkzeuge, wie gesagt, unerläßlich. Bemühen Sie sich nur, Herr Bongbong, dieselben gut zu gebrauchen – ich schaue mit der Seele."

Hierauf bediente sich der Gast mit Wein, goß auch für Bongbong ein Glas ein und forderte ihn auf, zu trinken und überhaupt zu tun, als ob er zu Hause wäre.

„Sie haben da ein kluges Buch geschrieben, Bongbong", begann Seine Majestät von neuem und klopfte unserm Freunde auf die Schulter, als dieser, nachdem er seiner Aufforderung nachgekommen war, sein Glas wieder niedersetzte. „Es ist ein Werk nach meinem Herzen. Doch könnte man, scheint mir, die Anordnung der verschiedenen Materien noch verbessern – auch erinnern mich verschiedene Ihrer Bemerkungen an Aristoteles. Dieser Philosoph gehört zu meinen intimsten Bekannten. Ich schätze ihn sowohl wegen seiner ewigen schlechten Laune wie auch wegen seiner hervorragenden Begabung, Schnitzer zu machen. All das Zeug, was er geschrieben, enthält nur eine einzige solide Wahrheit, die ich ihm noch dazu aus purem Mitleid mit seinem absurden Geschreibsel angedeutet habe. Ich nehme an, Peter Bongbong, daß Sie sehr gut wissen, auf welch wundervolle moralische Wahrheit ich anspiele?"

„Ich weiß nicht recht –"

„Wahrhaftig nicht? Nun, ich war es, der den Aristoteles darauf aufmerksam machte, daß die Menschen ihre überflüssigen Ideen durch die Nase ausstoßen."

„Was auch – pschi! – Unzweifelhaft der Fall ist", erwiderte der Metaphysiker, während er sich Wein eingoß und seinem Besucher die Schnupftabakdose anbot.

„Dann war auch da ein gewisser Plato", fuhr Seine Majestät fort, und wies die Schnupftabakdose sowie das Kompliment, das sie in sich schloß, bescheiden zurück. – „Dann lebte noch ein gewisser Plato, für den ich eine Zeitlang alle nur möglichen freundschaftlichen Gefühle empfand. Kannten Sie Plato, Bongbong? – Aber nein! Bitte tausendmal um Pardon. Er traf mich eines Tages in Athen im Parthenon und erzählte mir, daß er einer Idee halber ganz untröstlich sei. Ich forderte ihn daraufhin auf, das ‚ο νους εστιν αυλος' niederzuschreiben. Er sagte, er wolle es tun und ging nach Hause, während ich mich zu den Pyramiden begab. Doch schlug mir das Gewissen, daß ich eine Wahrheit offenbart hatte, wenn auch einem Freunde gegenüber. Ich eilte nach Athen zurück und stellte mich hinter den Lehrstuhl des Philosophen, als er gerade das Wort ‚αυλος' niederschrieb. Ich gab dem Lambda einen Nasenstüber, daß sein Oberstes nach unten kam. Auf diese Weise lautete der Satz nun ‚ο νους εστιν αυγος' und ist, wie Sie bemerkt haben werden, die Basis seiner metaphysischen Lehren."

„Waren Sie jemals in Rom?", fragte der Restaurateur, als er mit der zweiten Flasche Sekt fertig war, und holte von seinem Schanktisch einen neuen Stoff, Chambertin nämlich.

„Nur einmal, Herr Bongbong, nur einmal. Es war die Zeit", sprach der Teufel so gemessen, als sagte er eine Stelle aus einem Buche auf, „in der fünf Jahre Anarchie herrschte, die Republik all ihrer Leiter beraubt war, außer den Volkstribunen keinerlei Obrigkeit hatte, und diese selbst auch nicht im Besitze einer ausübenden Gewalt waren! Zu dieser Zeit also, Herr Bongbong, nur zu dieser Zeit, war ich in Rom und machte folglich keine Bekanntschaft mit den dortigen Philosophen."

„Was denken Sie über – was denken Sie über – hi-köpp", stieß es ihm auf – „Epikur?"

„Was denke ich über wen?", fragte der Teufel sehr erstaunt. „Sie haben doch nicht im Ernst an Epikur etwas auszusetzen? Was ich über Epikur denke? Meinen Sie mich, mein Herr? Ich bin Epikur. Ich bin der Philosoph, der jede der dreihundert Abhandlungen geschrieben hat, die Diogenes Laertes erwähnt."

„Das ist gelogen", erwiderte der Metaphysiker geradeheraus, denn der Wein war ihm schon ein wenig zu Kopfe gestiegen.

„Ausgezeichnet! – Ausgezeichnet, Herr! – Sehr schön, wahrhaftig, Herr!", meinte Seine Majestät, anscheinend sehr geschmeichelt.

„Das ist gelogen!", wiederholte der Restaurateur in dogmatischem Tone, „das ist – hi-köpp – gelogen!"

„Nun also, wie Sie wollen", entgegnete der Teufel friedlich, worauf Bongbong, nachdem er Seine Majestät so gründlich von der Richtigkeit seiner Behauptung überzeugt hatte, es für angemessen erachtete, eine zweite Flasche Chambertin herbeizuholen.

„Was ich sagen wollte", begann der Besucher wieder, „was ich schon vorhin bemerken wollte – in Ihrem Buche da, Herr Bongbong, stehen einige ourtrierte Bemerkungen. Was meinen Sie zum Beispiel mit Ihrem ganzen Gewäsch über die Seele? Ich bitte Sie, Verehrtester, was ist das: die Seele?"

„Die Seele – hi-köpp –", erwiderte der Metaphysiker mit Beziehung auf sein Manuskript, „ist unzweifelhaft –"

„Nein, mein Herr!"

„Ganz gewiß!"

„Nein, mein Herr!"

„Unbestreitbar!"

„Nein, mein Herr!"

„Offenbar!"

„Nein, mein Herr!"

„Unwiderleglich!"

„Nein, mein Herr!"

„Hi-köpp –"

„Nein, mein Herr!"

„Ohne allen Zweifel eine –"

„Nein, mein Herr, die Seele ist durchaus kein solches Ding!", (Hier schleuderte der Philosoph giftige Blicke und nahm die Gelegenheit wahr, die dritte Flasche Chambertin sofort bis auf den letzten Tropfen zu leeren.)

„Also – hi-köpp – also, mein Herr, was ist die Seele denn sonst?"

„Das gehört nicht zur Sache, Herr Bongbong", erwiderte Seine Majestät nachdenklich. „Ich kostete – das heißt, ich kannte verschiedene sehr schlechte Seelen und auch – einige – ziemlich gute." Hier schnalzte er mit der Zunge, ließ seine Hand wie unwillkürlich auf das Buch in seiner Tasche sinken und wurde von heftigem Niesen befallen. Dann fuhr er fort: „Die Seele des Cratinus zum Beispiel war passabel, Aristophanes schmeckte stark, Plato hingegen ausgezeichnet – das heißt, nicht *Ihr* Plato, sondern Plato der komische Dichter; an Ihrem

Plato hätte sich Cerberus selbst den Magen verderben können. Pfui! Dann lernte ich noch kennen – warten Sie mal – Naevius und Andronicus und Plautus und Terentius – dann Lucilius und Catullus, Naso und Quintus Flaccus – der gute Quintus! So nannte ich ihn nämlich, als er mir zum Vergnügen eine Seculare vorsang, während ich ihn in bester Laune am Bratspieß röstete. Aber sie haben kein Aroma, diese Römer. Ein einziger fetter Grieche ist mehr wert als ein Dutzend von ihnen und *hält* sich außerdem, was man von den Quiriten nicht gerade sagen kann. – Doch wir wollen mal Ihren Sauterne kosten."

Bongbong hatte sich mittlerweile vorgenommen, nach dem bekannten *nil admirari* zu handeln, und bemühte sich, die gewünschten Flaschen herbeizuholen. Doch wurde er sich plötzlich eines sonderbaren Geräusches bewußt, das dem Wedeln eines Schwanzes ähnlich klang. Der Philosoph nahm jedoch, obwohl solches Tun sehr ungezogen war, weiter keine Notiz von demselben – gab nur dem Hunde einen Tritt und befahl ihm, still zu sein.

Der Besucher fuhr fort: „Ich fand, daß Horaz ähnlich schmeckte wie Aristoteles. Wie Sie wissen, liebe ich die Abwechslung, Terentius konnte ich kaum von Menander unterscheiden. Naso erkannte ich mit großem Erstaunen als bloßen verkleideten Nicander. Virgilius schmeckte stark nach Theocritus. Martial erinnerte mich lebhaft an Archilochus – und Titus Livius war ganz und gar Polybius und kein anderer."

„Hi-köpp –", erwiderte Bongbong, und Seine Majestät fuhr fort: „Wenn ich ein ‚*penchant*' habe, Herr Bongbong, so ist es das für einen Philosophen. Doch lassen Sie es sich gesagt sein, Herr, nicht jeder Teuf–, ich meine: nicht jeder Herr weiß, welche Art von Philosophen er zu wählen hat. Die Langen sind nicht gut, und die Besten haben oft, wenn man sie nicht ganz vorsichtig schält, etwas *hautgoût* von der Galle."

„Schält?"

„Ich meine: von den Knochen löst."

„Was halten Sie denn – hi-köpp – von den Ärzten?"

„Reden Sie mir nicht von denen! üh! üh!", (Seine Majestät schien dem Erbrechen nahe zu sein.) „Ich kostete bloß einmal einen – den Schuft Hippocrates! – er roch nach *Asafoetida*: üh! üh! üh! Erkältete mich jämmerlich, als ich ihn im Styx wusch; und nach all der Mühe bekam ich noch die *Cholera morbus* von ihm."

„Der – hi-köpp – Elende!", schrie Bongbong, „diese – hi-köpp – Mißgeburt von Pillenschachtel! –" Der Philosoph ließ eine Träne fallen.

„Und zum Schluß", fuhr der Besucher fort, „zum Schluß, wenn ein Teu–, ein Herr leben will, muß er mehr Talente haben, als eins oder zwei: Bei uns ist ein fettes Gesicht das Anzeichen eines gewitzten Kopfes."

„Wieso?"

„Nun, wir sind manchmal wirklich in Proviantschwulitäten. Sie müssen nämlich wissen: In einem so schwülen Klima, wie dem meiner Heimat, ist es oft unmöglich, einen Geist länger als zwei oder drei Stunden lebendig zu erhalten. Und wenn man ihn nach dem Tode nicht sofort einpökelt (ein gepökelter Geist schmeckt nie gut), so – na, Sie verstehen! So riechen Sie! Man muß immer die Fäulnis befürchten, wenn uns die Seelen auf dem gewöhnlichen Wege zugeführt werden."

„Hi-köpp – hi-köpp – du lieber Gott: Was fangen Sie denn dann an?"

Bei diesen Worten begann die eiserne Lampe sich mit verdoppelter Schnelligkeit hin und her zu schwingen, während der Teufel von seinem Sitze halb aufsprang; mit einem leichten Seufzer erlangte er jedoch seine Ruhe wieder und sagte nur in leisem Tone zu unserem Helden: „Ich muß Ihnen etwas sagen, Peter Bongbong: Sie *dürfen* nicht mehr fluchen!"

Der Wirt stürzte als Zeichen seiner Willfährigkeit die ganze Flasche hinunter, worauf der Gast fortfuhr: „Je nun! Wir fangen verschiedenes an. Die meisten von uns verhungern, einige halten sich an das Eingepökelte; ich kaufe meine Geister *vivente corpore* und habe gefunden, daß sie sich sehr gut halten."

„Aber der Körper? – Hi-köpp – Der Körper?"

„Der Körper? – der Körper? – Was soll der Körper? Ah, ich verstehe. – Nun, der Körper hat bei dem Geschäfte nichts zu tun. Ich schloß Zeit meines Lebens schon zahllose Käufe der Art ab, ohne daß die Beteiligten irgendwelche Unbequemlichkeiten empfanden. Ich kaufte Kain und Nimrod und Nero und Caligula und Dionysius und Pisistratus und – tausend andere, die während ihrer späteren Lebensjahre nicht mehr wußten, was es hieß, eine Seele zu haben, und doch waren sie eine Zierde der Gesellschaft. Außerdem kaufte ich auch noch A–, Sie wissen schon, wen ich meine, und kennen ihn so gut wie ich. Ist der nicht im Besitze all seiner körperlichen und geistigen Fähigkeiten? Gibt es jemanden, der ein kühneres Epigramm schreibt? Der geistreicher argumentiert? Der – doch warten Sie, ich habe seinen Kontrakt in der Tasche."

Bei diesen Worten zog er eine rotlederne Brieftasche hervor und entnahm ihr eine Anzahl Papiere. Auf einigen derselben erhaschte Bongbong die Buchstaben Macchi – Maza – Robesp – sowie die Worte Caligula, George, Elizabeth. Seine Majestät ergriff endlich einen schmalen Pergamentstreifen und las von demselben ab:

„In Anbetracht gewisser geistiger Fähigkeiten, die näher zu benennen unnötig ist, und in weiterer Hinsicht auf eintausend Louisdor vermache ich im Alter von einem Jahr und einem Monat hiermit dem Eigentümer dieses Kontraktes alle meine Rechte und Ansprüche auf den Schatten, den man meine Seele nennt.

gez. A ...“

(Hier sprach Seine Majestät einen Namen aus, den noch unverkennbarer anzudeuten ich mich nicht für berechtigt halte.)

„Ein gescheiter Kerl", meinte er dann, „doch war er wie Sie, Herr Bongbong, bezüglich der Seele in einem Irrtum befangen. Die Seele ein Schatten! Das fehlte noch! Die Seele ein Schatten! ha! ha! ha! he! he! he! hi! hi! hi! hu! hu! hu! Denken Sie doch nur: ein zu *Fricassée* gemachter Schatten!"

„Denke man sich doch nur – hi-köpp – einen zu *Fricassée* gemachten Schatten!", rief unser Held, dessen geistige Fähigkeiten durch die tiefe Unterhaltung mit Seiner Majestät noch bedeutend geschärft worden, laut aus.

„Denke man sich einen – hi-köpp – fricassierten Schatten! Gott verdamm mich! – hi-köpp – Wenn ich ein solcher Einfaltspinsel gewesen wäre! Meine Seele –"

„Ihre Seele, Herr Bongbong?"

„Ja, Herr – hi-köpp – *meine* Seele ist –"

„Was? Herr?"

„*Kein* Schatten! Verdammt nicht!"

„Wollen Sie damit sagen –"

„Jawohl, Herr! *Meine* Seele ist – hi-köpp – jawohl!", –

„Ich wollte keinen Anspruch machen –"

„*Meine* Seele ist – hi-köpp – ganz besonders geeignet – hi-köpp – zu –"

„Zu? Herr?"

„*Stew.*"

„Ha!"

„*Soufflé.*"

„Eh?"

„*Fricassée.*"

„In der Tat!"

„*Ragout* und *Fricandeau* – und sehen Sie her, alter Kerl, Sie sollen – hi-köpp – mit mir ein Geschäft machen." Hier klapste der Philosoph Seiner Majestät auf den Rücken.

„Ich denke nicht daran", meinte der Gast sehr ruhig und erhob sich von seinem Sitze. Der Metaphysiker starrte ihn an.

„Ich bin momentan versorgt", meinte Seine Majestät.

„Hi-köpp! – was?", sagte der Philosoph.

„Habe kein Kapital freiliegen –"

„Was?"

„Wäre auch sehr unehrenhaft –"

„Herr!"

„Vorteil zu ziehen –"

„Hi-köpp! –"

„– aus Ihrer augenblicklichen widerwärtigen, ungentlemanliken Verfassung."

Bei diesen Worten verbeugte sich der Besucher und empfahl sich. Wie? – das hat nie sicher festgestellt werden können. Doch riß wie auf Verabredung die Kette, die von der Decke herabhing, und der Metaphysiker wurde durch die herabfallende Lampe zu Boden geschmettert.

DER GESCHÄFTSMANN

Ich bin ein Geschäftsmann – ein Mann von Methode. Methode ist die Hauptsache im menschlichen Leben. Niemanden verachte ich herzlicher als die exzentrischen Narren, die Methode predigen, ohne selbst eine Ahnung von ihr zu haben. Sie halten sich gewöhnlich streng an den Buchstaben und vergewaltigen seinen Sinn. Diese Burschen tun die hirnverbranntesten Dinge – wie sie behaupten „mit Methode". Das ist jedoch ein richtiges Paradoxon. Wirkliche Methode kann man nur auf alltägliche und klar auf der Hand liegende Dinge anwenden, niemals auf phantastisches, verrücktes Zeug. Oder ist vielleicht ein methodischer Guckindiewelt, ein systematischer Faselhans ein Ding der Möglichkeit?

Daß ich so vollständig klare Betrachtungen über das Thema „Methode" anstellen kann, verdanke ich einem glücklichen Zufall, der sich in meiner ersten Kindheit ereignete. Eine gutherzige alte Amme (die ich in meinem Testament nicht vergessen werde) nahm mich eines Tages, als ich wieder einmal unnötig viel Spektakel vollführte, bei den Fersen, schwang mich einige Male in der Luft herum, wünschte mich in die Hölle und stieß mich schließlich wiederholtermaßen mit dem Kopfe gegen einen Bettpfosten. Dieser Vorfall entschied meines Erachtens mein Schicksal. Es zeigte sich nämlich plötzlich eine Beule an meinem Schädel, die sich zu einem so prächtigen Ordnungsorgan entwickelte, wie man es sich nur an schönen Sommertagen ausdenken kann. Daher rührt jener unbezwingbare Heißhunger nach System und Regelmäßigkeit, der mich zu dem ausgezeichneten Geschäftsmanne gemacht hat, als der ich heute vor aller Welt dastehe.

Wenn ich etwas auf Erden hasse, so ist es das Genie. Eure Genies sind lauter herumirrende Esel – je größer das Genie, um so größer ist auch der Esel! Und diese Regel kennt keine Ausnahme. So könnt ihr zum Beispiel aus keinem Genie einen Geschäftsmann machen, ebensowenig wie Geld aus einem Juden oder Pfeffernüsse aus Tannenzapfen. Diese Geschöpfe, diese Genies, kommen plötzlich mit irgendeiner phantastischen Idee oder lächerlichen Spekulation, die von Grund auf im Widerspruch zur „Zweckmäßigkeit der Dinge" steht; und sie betreiben Geschäfte, die man überhaupt nicht als solche ansehen kann. Man kann diese Charlatan-Charaktere gleich an der Natur ihrer Beschäftigungen erkennen. Finden Sie zum Beispiel einen Mann, der sich als Kaufmann oder Fabrikant niederzulassen gedenkt oder irgendein anderes exzentrisches Geschäft betreibt, wie das eines Schnittwarenhändlers, eines Seifensieders, eines Juristen oder Arztes, so ist er unfehlbar ein Genie und, der Regel zufolge, also – ein Esel.

Nun bin ich durchaus kein Genie, sondern ein regelrechter Geschäftsmann. Mein Journal und mein Hauptbuch würden es auf der Stelle beweisen. Ich muß gestehen, sie sind in bester Ordnung, und was Akkuratesse und Pünktlichkeit anbetrifft, da kommt mir keiner gleich. Überdies standen meine Beschäftigungen immer in Einklang mit den Gebräuchen meiner Mitmenschen. Nicht, als ob ich mich meinen überaus schwachköpfigen Eltern für diese hervorragenden Eigenschaften verpflichtet fühlte, nein, sie hätten im Gegenteil sicher auch so ein umherirrendes Genie aus mir gemacht, wäre mir nicht mein Schutzengel beizeiten zu Hilfe gekommen. In einer Biographie ist wohl jedes Wort wahr und in einer Autobiographie erst recht, und doch wird man mir schwerlich glauben, wenn ich hier konstatieren muß, daß mein armer Vater mich mit fünfzehn Jahren in ein Bureau schickte, in dem es, wie er sich ausdrückte, durchaus anständig und ehrenhaft herginge. Die Folgen dieses Wahnsinns blieben denn auch nicht aus: Nach drei Tagen mußte man mich meiner vernagelten Familie zurücksenden mit hochgradigem Fieber und heftigen und gefährlichen Schmerzen in meinem Schädel, die sich hauptsächlich in der Gegend des besagten Ordnungsorganes bemerkbar machten. Damals war es fast um mich geschehen; sechs Wochen lang schwebte ich zwischen Tode und Leben; die Ärzte und Konsorten gaben mich überhaupt schon auf. Aber obwohl ich sehr litt, siegte doch am Ende meine prächtige Konstitution. Ich blieb vor dem Schicksal bewahrt, ein „anständiger, ehrenhafter Kaufmann" zu werden, und war gegen die Beule, die das Mittel zu meiner Rettung gewesen, wie gegen das gutherzige Weib, das mir zu diesem Organ verholfen hatte, von innigster Dankbarkeit erfüllt.

Die meisten Knaben verlassen ihr Vaterhaus mit zehn oder zwölf Jahren, aber ich wartete, bis ich sechzehn alt war. Ich wäre wahrscheinlich selbst dann noch nicht gegangen, wenn meine alte Mutter nicht davon gesprochen hätte, mich als Zigarrenhändler selbständig zu machen. Man denke – als Zigarrenhändler! So beschloß ich nun kurzerhand, mich nach irgendeiner ordentlichen Beschäftigung umzusehen, ohne Rücksicht auf die überspannten alten Leute, bei denen ich noch Gefahr lief, zu einem Genie gemacht zu werden. Mit diesem Entschluß hatte ich gleich beim ersten Versuche Glück, und als ich achtzehn Jahre alt geworden war, betrieb ich das ausgedehnte und einträgliche Geschäft einer „wandelnden Reklame" für ein Konfektionshaus.

Nur durch ein streng systematisches Vorgehen wurde es mir möglich, die beschwerlichen Pflichten, die ein solcher Posten mit sich brachte, zu erfüllen. Gewissenhafte Methode charakterisierte meine Handlungen wie meine Berechnungen. In meinem Falle war es die Methode, nicht das Geld, was den Mann machte oder wenigstens alles an ihm, was nicht von dem Schneider, bei dem er angestellt, gemacht worden war. Um neun Uhr morgens zog ich meine Kleidung an. Um zehn Uhr befand ich mich auf irgendeiner belebten Promenade oder in einem öffentlichen Vergnügungslokal. Die präzise Regelmäßigkeit, mit der ich meine schon damals recht ansehnliche Person nach den verschiedenen Richtungen drehte, um meinen Anzug zur Geltung zu bringen, erntete allgemeine Bewunderung bei meinen erfahrenen Kollegen. Kein Morgen verging, ohne daß ich meinen Prinzipalen, den Herren Schnitt und Beutelschneider, einen Kunden zugeführt hätte. Ich erzähle dies voll Stolz, doch mit Tränen im Auge, denn besagte Personen bewiesen sich als die undankbarsten Kreaturen, die je die Sonne beschienen. Die kleine Rechnung, wegen der wir uns entzweiten und die den endgültigen Bruch zwischen uns herbeiführte, wird von keinem Menschen als Überforderung angesehen werden können, der Sach- und Fachkenntnis hat. Es verschafft mir eine stolze Genugtuung, den Leser selbst urteilen zu lassen. Meine Rechnung lautete wie folgt:

Herrn Schnitt und Beutelschneider,
Konfektionshaus,
von Peter Profitlich, Wandelnde Reklame.

10. Juli	Von der Promenade wie gewöhnlich einen Kunden mitgebracht	2,50 Mk.
11. Juli	Desgl.	2,50 Mk.
12. Juli	Für eine Lüge zweiter Klasse: einen verschossenen schwarzen Rock für dunkelgrün verkauft	2,50 Mk.
13. Juli	Für eine Lüge erster Klasse: Halbatlas für feines Tuch verkauft	3,50 Mk.
20. Juli	Neue Papierwäsche gekauft, um meinem grauen Flausrock ein eleganteres Aussehen zu verleihen	1,00 Mk.
15. Aug.	Doppelt wattierten Frack getragen bei 22° Wärme im Schatten	2,00 Mk.
16. Aug.	3 Stunden auf einem Bein gestanden, um modernes Beinkleid zu zeigen; pro Bein und Stunde 1 Mark	3,00 Mk.
17. Aug.	Promenade und wie gewöhnlich einen guten Kunden mitgebracht (dicker Mann)	3,00 Mk.
18. Aug.	Desgl. (von mittlerer Statur)	2,00 Mk.
19. Aug.	Desgl. (kleiner Mann und schlechter Zahler)	1,00 Mk.
		23,00 Mk.

Den Hauptanlaß zu unseren Meinungsverschiedenheiten gab die für Papierwäsche ausgelegte Mark. Mein Ehrenwort, es war nicht zu viel für diese Wäsche, für das sauberste, niedlichste Vorhemdchen, den entzückendsten Kragen, den ich je gesehen und dem allein der Verkauf von wenigstens drei Flausröcken zuzuschreiben ist. Der ältere Kompagnon der Firma, Herr Schnitt, wollte mir nur fünfzig Pfennige bewilligen und die anderen fünfzig schneiden; er begründete sein schäbiges Verhalten mit der Behauptung, er könne aus einem Bogen Propatriapapier gerade viermal soviel Wäsche anfertigen. Es ist wohl überflüssig, noch einmal zu versichern, daß ich meinem Prinzip treu blieb. Geschäft ist Geschäft. Und in dem ihren schien absolut kein System zu sein, da sie es wagten, mir so einfach fünfzig Pfennig abschwindeln zu wollen. Das war doch eine offenkundige Unterschlagung von fünfzig Prozent, und noch dazu eine ohne die geringste Methode.

Ich trat also sofort aus der Firma Schnitt und Beutelschneider aus und suchte meinen Lebensunterhalt durch Bauspekulationen zu verdienen. Meine strenge Rechtlichkeit und Sparsamkeit, meine festen Geschäftsprinzipien kamen mir auch hier wieder sehr zustatten und verschafften mir bald einen Ruf. Mit Kleinigkeiten gab ich mich überhaupt nicht ab und betrieb das Geschäft mit der an mir bekannten Klugheit und Übersichtlichkeit. Leider wurde ich auch aus diesem mir lieb gewordenen Wirkungskreis allzubald durch eine mißglückte kleine Geschäftsspekulation, wie sie dies Gewerbe so mit sich bringt, wieder herausgerissen. Wenn irgendein alter, reicher Hungerleider, ein verschwenderischer Erbe oder irgendeine Gesellschaft einen Palast aufbauen will, so gibt es bekanntlich nichts Eiligeres zu tun, als sie irgendwie zu behindern; jeder gescheite Mensch weiß das. Sobald also irgend solch ein Bau projektiert ist, muß sich ein guter Spekulant einen kleinen Teil des in Aussicht genommenen Platzes oder eine Baustelle gleich gegenüber verschaffen. Dann wartet er, bis das betreffende Gebäude zur Hälfte aufgeführt ist, und läßt nunmehr von einem geschickten Architekten einen reich mit Schmierornamenten versehenen Schuppen, Schweinestall oder irgendein anderes phantastisches kleines Gebäude dort hinsetzen. Er kann natürlich die Sache nicht wieder abreißen lassen, ohne eine Entschädigung von fünfhundert Prozent auf den Kaufpreis der Baustelle und des Gebäudes zu beanspruchen. Oder kann er es vielleicht? Mit dieser Frage wende ich mich an jeden wirklichen Geschäftsmann. Es wäre unvernünftig zu behaupten, daß man es doch könnte. Und trotzdem gab es eine Gesellschaft, die niederträchtig genug war, das von mir zu verlangen. Ich antwortete nicht einmal auf ihre Vorschläge; nur hielt ich es für meine Pflicht, in der folgenden Nacht hinzugehen und ihren ganzen Palast schwarz anzustreichen. Jedoch verklagte mich diese blödsinnige Bande daraufhin, und ich mußte einige Zeit bei Wasser und Brot leben. Als man mich wieder auf freien Fuß gesetzt hatte, vermieden es meine Geschäftsfreunde ängstlich, mit mir in Beziehung zu treten, wodurch ich gezwungen war, diese Berufstätigkeit niederzulegen.

Nun kam ich auf die Idee, aus tätlichen Beleidigungen pekuniären Vorteil zu ziehen (was tut man nicht alles, um seinen Lebensunterhalt zu verdienen?); aber meine schwächliche Konstitution gebot mir nur zu bald Einhalt. Auch diesem Geschäfte hatte ich mich mit frischem Mut gewidmet und dank meiner methodischen Genauigkeit auch da meinen Verdienst gefunden. Ach, ich wäre wirklich der schändlichste Mensch, wenn ich die famose alte Amme, die mir zu meinem Ordnungsorgane verholfen, in meinem Testamente vergessen würde! Wie gesagt, durch mein streng systematisches Vorgehen in jeder Angelegenheit, durch meine unvergleichliche Buchführung, gelang es mir, auch in dieser Branche mich recht gut einzuarbeiten. Ich schmeichle mir, daß wohl wenige Personen ein saubereres Geschäft betrieben. Damit ich nicht gezwungen bin, mein eigenes Lob zu singen, will ich eine kleine Abschrift von meinem Journal geben, und wohlbemerkt: ein Journal lügt nie:

„*1. Januar.* Neujahrstag. Traf auf der Straße Walter Feist betrunken. – NB. er ist gut. – Traf Walter Dürr kurz darauf sinnlos betrunken. – NB. auch gut. – Trug beide in mein Hauptbuch ein und eröffnete mit jedem eine laufende Rechnung.

2. Januar. Traf Dürr bei der Bank, ging auf ihn zu und trat ihn auf die Zehen. Schlug mich mit der Faust nieder. Famos! – stand wieder auf. Kleine Auseinandersetzung mit Quatsch, meinem Rechtsanwalt. Ich verlange tausend Mark Entschädigung, aber er meint, daß man für solch einfaches Niederschlagen nur fünfhundert verlangen könne. NB. muß den Quatsch loswerden; Mann hat auch kein System.

3. Januar. Ging ins Theater, um Feist zu treffen. Sah ihn in einer Seitenloge auf dem zweiten Rang zwischen einer dicken und einer dünnen Dame. Starrte die ganze Zeit durch mein Opernglas hinüber, bis ihm die dicke Dame errötend etwas zuflüsterte. Trat dann in die Loge und brachte meine Nase in die Nähe seiner Hand. Wollte sie durchaus nicht boxen. Ich stieß ihn an – es half nichts. Dann setzte ich mich und nickte der dünnen Dame zu, worauf ich dann endlich die Genugtuung hatte, daß er mich beim Kragen nahm und ins Parterre hinunterwarf. Hals verrenkt und rechtes Bein bedeutend geschunden. Fuhr in höchster Wonne nach Hause, trank eine Flasche Sekt auf Feists Wohl und buchte den jungen Mann für fünftausend Mark. Quatsch ist damit einverstanden.

15. Februar. Fall Dürr kam zum Ausgleich. Betrag im Journal gebucht. 1,– Mk.

16. Februar. Fall Kleist erledigt. Der Elende schenkte mir zwanzig Mark. Kosten sechzehn Mark und fünfzig Pfennige, bleiben als Verdienst drei Mark fünfzig Pfennige.“

Jeder sieht klar, daß ich in ganz kurzer Zeit allein durch Feist und Dürr einen baren Verdienst von vier Mark und fünfzig Pfennigen aufweisen konnte; und ich versichere noch einmal feierlichst, daß ich diese Auszüge aufs Geratewohl aus meinem Journal genommen.

Aber ein altes und wahres Sprichwort sagt, daß Gesundheit mehr wert ist als Geld. Die Anforderungen, die dieser Beruf an meine Konstitution stellen, erwiesen sich mit der Zeit doch als zu stark für meinen empfindlichen Körper. Ich war vollständig aus der *Façon* geschlagen und wußte nicht recht, was ich anfangen sollte. Als mich meine Freunde, wenn sie mich auf der Straße trafen, nicht mehr erkennen konnten, wurde es mir klar, daß ich diesen Erwerbszweig doch besser mit einem anderen vertauschte, und wurde also Straßenkehrer.

Das Unangenehmste bei dieser Beschäftigung war der Umstand, daß zu viele Menschen eine Vorliebe für dieselbe hatten und dadurch die Konkurrenz zu groß wurde. Jeder Dummkopf, der herausgefunden hat, daß er nicht genügend Gehirn besitzt, um sich als wandelnde Reklame oder Bauspekulant seinen Unterhalt zu suchen oder gar aus Körperverletzungen Vorteil zu ziehen, hält sich immerhin noch für befähigt, Straßen zu kehren. Und doch ist es durchaus irrig zu glauben, diese Tätigkeit bedinge keine geistigen Gaben. Vor allen Dingen gehört Methode dazu. Ich hatte bloß ein Detail-Geschäft, und doch fand ich mit Hilfe meines Systems dabei mein gutes Auskommen. Ich wählte mir die nächstliegende Straßenkreuzung und setzte meinen Besen prinzipiell auf keinen anderen Platz der Stadt. Ich trug Sorge, daß immer eine kleine Pfütze in meiner Nähe war. Verfehlte je ein Mensch, mir die üblichen Pfennige zu geben, so kam er sicher nicht mit sauberen Beinkleidern über meine Kreuzung. Und da meine Geschäftsprinzipien in diesem Punkte allgemein bekannt waren, machte keiner den Versuch, sich zu widersetzen. Ich habe nie jemanden betrogen und brauche mir also auch keinen Betrug von anderen gefallen zu lassen. Die Unterschlagungen an den Banken kann ich allerdings nicht verhindern. Wenn sie ihre Zahlungen einmal einstellen sollten, wäre ich ruiniert. Aber das sind ja keine Personen, sondern Gesellschaften, und Gesellschaften haben ja bekanntlich weder Körper, die man treten, noch Seelen, die der Verdammnis anheimfallen könnten.

In einem unglücklichen Augenblicke gab ich denn auch diesen Erwerbszweig, obwohl er mir genügend Geld einbrachte, auf und wurde Stiefelputzer, was wohl ein ähnliches, aber bei weitem kein so achtbares Gewerbe ist. Die Stelle, die ich mir aussuchte, war sicherlich eine der vorteilhaftesten im Mittelpunkte der Stadt; dazu hatte ich Wichse und Bürsten erster Qualität. Mein kleiner Hund war wohlgenährt und sehr gut dressiert. Unser Geschäftskniff war folgender: Viehskerl – so hieß der Hund – saß, nachdem er sich recht im Schmutz gewälzt hatte, an einer Ladentüre und wartete, bis er einen Herrn mit blankgeputzten Stiefeln herkommen sah. Eiligst lief er auf ihn zu und brachte sein Fell in innigste Berührung mit besagten Stiefeln. Der Herr stieß dann gewöhnlich einige kräftige Flüche aus und sah sich nach einem kräftigen Stiefelputzer um. Natürlich war er glücklich, mich gleich vor sich zu sehen, und im Handumdrehen hatte ich fünfundzwanzig Pfennig verdient. Das ging eine Zeitlang gut; ich war wirklich nicht habgierig, leider aber war es mein Hund. Ich hatte ihm ein Drittel vom Einkommen bewilligt, Viehskerl aber bestand auf der Hälfte. Da sich diese Forderungen mit meinen Prinzipien nicht vereinbaren ließen, gerieten wir in Streitigkeiten und trennten uns.

Darauf versuchte ich es mit Drehorgelspielen, wobei ich auch wieder mein gutes Auskommen fand. Es ist eine einfache Beschäftigung und erfordert keine besondere Geschicklichkeit. Man braucht sich nur eine Drehorgel zu kaufen, die eine einzige Melodie spielt und mit einem Hammer einige Male in das Werk hineinzuschlagen. Letzteres macht den Ton für geschäftliche Interessen erst wirklich brauchbar. Dann zieht man durch die Straßen, bis man ein Haus findet, dessen Schellenknopf mit Trauerflor umwunden und dessen Läden fest geschlossen sind. Dort fängt man an zu spielen, als ob man nie wieder aufhören wolle. Gleich öffnet sich ein Fenster, jemand wirft ein Zehnpfennigstück heraus mit der Bemerkung, man möge aufhören und weggehen. Manche Orgelspieler sollen wirklich schon für diese Summe fortgehen, aber ich habe es immer zum Geschäftsprinzip gemacht, es nicht unter zwanzig bis dreißig Pfennigen zu tun. Dies Geschäft betrieb ich längere Zeit, doch befriedigte es mich nicht vollständig, und ich sah mich nach einem anderen Erwerb um.

Zwischendurch war ich dann einige Monate stellenlos, doch gelang es meinen geschickten Bemühungen bald, Anstellung bei der „falschen Post" zu bekommen. Meine Pflichten waren sehr einfach und recht einträglich: Früh am Morgen fertigte ich ein Paket falscher Briefe an. In jedem steckte ein Zettel mit einigen möglichst mysteriösen Worten, unterzeichnet Ypsilon Smith. Dann siegelte ich dieselben und versah sie mit falschen Postmarken und Poststempeln aus Peking, Kapstadt, London oder irgendeinem anderen weit entfernten Orte. Drauf lieferte ich die Briefe in den großen Häusern ab, und ließ mir das Überporto einhändigen. Niemand zögerte zu zahlen – die Menschen sind nun einmal so dumm – und ich fand immer noch genügend Zeit, um die nächste Ecke zu verschwinden, ehe man den Brief geöffnet hatte. Unangenehm bei dieser Beschäftigung war nur, daß ich so viel und so schnell gehen mußte und außerdem meinen Weg immer zu verändern hatte. Dazu stellten sich Gewissensbisse bei mir ein. Ich kann nun einmal nicht vertragen, daß unschuldige Menschen beschimpft werden – und die Art und Weise, wie die ganze Stadt bald über Ypsilon Smith fluchte, spottet jeder Beschreibung. Ich wasche also meine Hände in Unschuld.

Meine achte und letzte Spekulation war die Katzenzucht. Sie erwies sich als angenehmes und lukratives Geschäft. Unsere Stadt ist bekanntlich sehr reich an Katzen, und ihre Zahl ist in letzter Zeit so bedenklich gewachsen, daß man eine Petition eingereicht hat, dieser Plage Einhalt zu tun. In der letzten Stadtratssitzung wurde sie verhandelt und schließlich die Katzen-Akte aufgesetzt. In ihrer ursprünglichen Fassung war der Vorschlag gemacht worden, eine Prämie von vierzig Pfennigen auf jeden Katzenkopf auszusetzen. Das wurde dann dahin umgeändert, daß die Schwänze anstatt die Köpfe bezahlt werden sollten, und diese Änderung wurde vom Stadtrat einstimmig gebilligt und angenommen.

Kaum hatte der Oberbürgermeister diesen Paragraphen unterzeichnet, da wußte ich nichts Eiligeres zu tun, als alle Miezen und Pussies der Umgebung einzufangen. In der ersten Zeit konnte ich keine kostspieligere Nahrung als Mäuse für sie erschwingen, doch erfüllten sie die Weissagung der Heiligen Schrift in so ausgedehntem Maße, daß ich schließlich imstande war, sie mit Turteltauben zu füttern. Ihre Schwänze verschaffen mir ein gutes Einkommen, denn ich habe ein Verfahren entdeckt, vermittels dessen ich drei Stutzschwänze im Jahre erzielen kann. Zu meinem Entzücken bemerkte ich übrigens bald, daß sich die Tiere in erfreulicher Weise an die Operation gewöhnten, ja, daß sie sich ohne Schwänze wohler fühlten als mit den lästigen Anhängseln. Ich darf mich daher schon als „gemachter Mann" betrachten und stehe denn auch augenblicklich in Unterhandlungen, die wohl zum Ankauf einer Villa führen werden.

DIE LITERARISCHE LAUFBAHN
DES WOHLACHTBAREN HERRN THINGUM BOB,
früheren Herausgebers der „Weltlaterne",
von ihm selbst

Ich komme allmählich zu Jahren – und da ich weiß, daß Shakespeare und Mr.
Emmons gestorben sind, muß ich mir sagen, daß es nicht unmöglich ist, daß
auch ich einst sterben werde. Da kommt mir denn der Gedanke, daß ich mich
vorher eigentlich vom Felde meiner Tätigkeit zurückziehen und noch ein wenig
auf meinen Lorbeeren ausruhen könne. Doch habe ich den Ehrgeiz, den Akt
der Niederlegung meines literarischen Szepters durch irgendein Vermächtnis
bekanntzugeben, das für die Nachwelt wichtig ist; und ich glaube, das nicht
besser tun zu können als dadurch, daß ich ihr einen Bericht meiner Laufbahn
hinterlasse. Mein Name ist so lange und beharrlich vor dem Auge des Publikums erschienen, daß ich nicht nur gern anerkenne, wie das große Interesse,
das er überall erregt, nur zu natürlich sei, sondern mich sogar bereit erkläre, die
außerordentliche Neugierde, die die Person seines Trägers erweckt, zu befriedigen. Denn es ist doch nur die Pflicht jedes Menschen, der glücklich zur Größe
gelangt, auf seinem Aufstieg Wegzeichen zu hinterlassen, die auch anderen den
Pfad zur Höhe zeigen können. Ich habe deshalb die Absicht, in der vorliegenden
Schrift, die ich eigentlich „Anmerkungen zur Literaturgeschichte von Nordamerika" nennen wollte, einen eingehenden Bericht jener wichtigen, doch schwachen und schwankenden ersten Schritte zu geben, mit denen ich den Weg betrat,
der mich zum Gipfel menschlichen Ruhmes führen sollte.

Ich halte es stets für überflüssig, von den ganz entfernten Voreltern eines Menschen viel zu reden. Mein Vater, der wohlachtbare Herr Thomas Bob, war ja-
relang der erste Friseur meiner Geburtsstadt – Erpswurston am Missouri. Sein
Lokal war der Treffpunkt der ersten Leute der Stadt, besonders auch der dortigen Journalisten- und Dichtervereinigung – einer Gemeinschaft, die jedermann
mit ehrfurchtvollstem Schauder erfüllte. Ich jedenfalls hielt die einzelnen dieser
Herren einfach für Götter und nahm heißhungrig die reiche Weisheit in mich
auf, die von ihren Lippen träufelte.
    Die erste Inspiration überkam mich in jener ewig denkwürdigen Zeit, als der
geistsprühende Leiter der „Bremse" vor dem Konklave unserer Lehrlinge ein

unnachahmlich schönes Gedicht zu Ehren des „allein echten Bobschen Öles"
(nach seinem talentvollen Erfinder, meinem Vater also, genannt) rezitierte. Für
diesen Erguß wurde er übrigens von der Firma Thomas Bob & Cie. mit könig-
licher Freigiebigkeit belohnt.

Der Genius, der aus den Stanzen des „Bobschen Öles" sprach, hauchte mir
zuerst den göttlichen „*afflatus*" ein. Ich beschloß sofort, ein großer Mann zu werden und zu diesem Zwecke damit anzufangen, ein großer Dichter zu sein. Am
selben Abend noch fiel ich meinem Vater zu Füßen nieder.

„Vater", sagte ich, „verzeihe mir – doch geht meine Seele über Seifenschaum
hinaus. Es ist meine feste Absicht – ich will ein Redakteur werden – ich will ein
Dichter werden – ich will Stanzen über das ‚Bobsche Öl' machen. Verzeihe mir
und hilf mir, groß zu sein."

„Mein lieber Thingum" (so war ich nämlich nach einem reichen Verwandten
getauft worden), erwiderte mein Vater und hob mich an den Ohren von meinen
Knien empor, „mein lieber Thingum, du bist ein famoser Kerl und schlägst
auch darin deinem Vater nach, daß du eine Seele hast. Du hast außerdem einen
riesigen Schädel, in dem eine Menge Gehirn sitzen muß. Das habe ich schon
lange bemerkt und hatte deshalb eigentlich vor, dich zum Rechtsgelehrten zu
machen. Doch das ist jetzt kein anständiger Beruf mehr, und das Geschäft eines
Politikers macht sich nun einmal nicht bezahlt. Im großen ganzen hast du recht:
Die Stelle eines Herausgebers ist im Zeitalter der Druckerschwärze eigentlich
noch die beste. Und wenn du noch nebenbei ein Dichter sein kannst, wie es die
meisten Herausgeber nebenbei sind – so schlägst du eben zwei Fliegen mit einer
Klappe. Um dich nun auf deinem Wege zu ermutigen, will ich dir zu einer Dachkammer, Feder, Tinte, Papier, einem Reimdictionarius und ein paar Jahrgängen
der ‚Bremse' verhelfen. Ich glaube, mehr kannst du nicht verlangen."

„Ich wäre ein undankbarer Schuft, wenn ich es täte", erwiderte ich voll
Enthusiasmus. „Deine Großherzigkeit ist grenzenlos, o Vater. Ich werde mich
dankbar erzeigen, indem ich dich zum Vater eines Genies mache."

So endete meine Unterredung mit dem besten aller Männer, und ich stürzte
mich sogleich mit Eifer auf meine poetischen Arbeiten, da ich hauptsächlich
auf diese meine Hoffnungen aufgebaut hatte, einst einen Redaktionsstuhl zu
erklimmen.

Bei meinen ersten Versuchen waren mir die Stanzen über das „Bobsche Öl"
eher ein Hemmnis als etwas anderes. Ihre Pracht blendete mich mehr, als daß
sie mir leuchtete. Ihre Tadellosigkeit mußte mich, wenn ich an meine eigenen
Frühgeburten dachte, durchaus entmutigen, so daß ich in der Tat eine ganze
Zeit vergebens arbeitete. Endlich jedoch ging mir einer der so außerordentlich
originellen Gedanken durch den Kopf, wie sie eben zuweilen das Gehirn eines

Genies durchzucken. Nämlich dieser – oder vielmehr, so führte ich ihn aus: Aus der Ramschware eines Bücherstandes in einem der entlegensten Winkel der Stadt erstand ich verschiedene alte, gänzlich unbekannte und vergessene Bücher. Der Buchhändler verkaufte sie mir für das, was man so „einen Apfel und ein Ei" nennt. Aus einem von diesen, das sich als Übersetzung des Werkes „Inferno" eines gewissen Dante herausstellte, schrieb ich mit bemerkenswerter Genauigkeit eine lange Passage über einen Mann ab, der Ugolino hieß und einen ganzen Haufen Bälger hatte. Aus einem anderen, der viel alte Spiele enthielt und von einer Person verfaßt war, deren Namen ich vergessen, zog ich mit gleicher Sorgfalt eine ganze Anzahl von Stellen aus über „Engel" und „Himmelsboten, die Dank sagen" und „Kobolde, die verdammt sind" und noch allerlei Derartiges. Von einem dritten, das irgendein blinder Mann, ein Grieche oder Hottentotte, geschrieben haben mußte, ich kann mich der ganz kleinen Einzelheiten nicht mehr so genau entsinnen, entnahm ich etwa 50 Verse, die mit „Achilles Zorn" oder so was Ähnlichem anfingen. Aus einem vierten, das, wie ich mich entsinne, auch das Werk eines blinden Mannes war, wählte ich eine oder zwei Seiten über „Heil" und „heiliges Licht", und obgleich es einem Blinden eigentlich nicht zukommt, über „Licht" zu schreiben, waren die Verse doch in ihrer Art recht gut.

Nachdem ich also diese Sachen säuberlich abgeschrieben hatte, unterzeichnete ich jede mit „Oppodeldoc" (übrigens ein schöner, sonorer Name), steckte jede in ein Couvert und schickte diese vier an die vier verschiedenen großen Zeitungen mit der Bitte um schleunigen Abdruck und prompte Honorarzahlung. Das Resultat dieses gut ausgebrüteten Planes, der, wenn er Erfolg gehabt, mir in meinem späteren Leben viel Mühe erspart hätte, überzeugte mich, daß manche Redakteure einfach nicht anzuführen sind. Sie gaben meinen sich eben gebärenden Hoffnungen, wie man im Lager der Transzendentalisten sagt, den *coup-de-grâce*, wie es in Frankreich heißt.

Tatsache ist nämlich, daß jede einzelne der in Frage stehenden Zeitungen den Herrn „Oppodeldoc" im „Briefkasten" in Grund und Boden verriß. Der „Hurra-Hoch" widmete ihm folgenden Erguß:

„Oppodeldoc' (oder wer sich hinter diesem Namen verbirgt) hat uns eine lange Tirade über einen Tollhäusler gesandt, den er ,Ugolino' nennt und der eine ganze Anzahl Kinder hat, die alle die Rute kriegen oder ohne Abendessen ins Bett geschickt werden müßten. Die ganze Sache ist außerordentlich zahm – um nicht zu sagen platt. ,Oppodeldoc' (oder wer sich hinter dem Namen verbirgt) hat auch nicht die geringste Phantasie – und Phantasie ist unserer bescheidenen Meinung nach nicht nur die Seele, sondern das Herz selbst der POESIE.

‚Oppodeldoc' (oder wer sich hinter dem Namen verbirgt) hat die Kühnheit, ‚um schleunigen Abdruck und prompte Honorarzahlung' für dieses sein Geschwätz zu bitten. Es ist nicht unsere Gepflogenheit, solches Zeug abzudrucken oder gar zu kaufen. Jedoch wird er den gesamten Gallimathias, den er zusammenschreibt, ohne Zweifel in der Redaktion von ‚Feder und Volk', der ‚Geistigen Ernährung' oder des ‚Täglichen Hausfreund' loswerden.‟

Man wird zugeben, daß dies ein ziemlich strenges Urteil über „Oppodeldoc" war – der vernichtendste Hieb lag jedoch darin, daß man das Wort POESIE mit lauter großen Lettern geschrieben. Welche Welt von Bitterkeit schlossen diese sechs fettgedruckten Buchstaben in sich ein!

    Mit gleicher Strenge wurde „Oppodeldoc" von „Feder und Volk" behandelt, die sich folgendermaßen vernehmen ließ:

„Es ist uns von einer Person, die sich ‚Oppodeldoc' unterzeichnet und ihr Möglichstes tut, um den Namen des erhabenen römischen Kaisers zu mißkrediten, ein sonderbares, unverschämtes Schreiben zugegangen. Bei dem Briefe ‚Oppodeldocs' (oder wer sich hinter dem Namen verbirgt) fanden wir eine Menge Verse, die einen ganz widerlichen und sinnlosen Schwulst über ‚Engel', ‚Himmelsboten', die ‚Danksagen' usw. enthielten – einen Schwulst, wie ihn kein dem Tollhaus eben Entsprungener und wahrscheinlich auf der ganzen Welt eben nur ‚Oppodeldoc' verbrechen konnte. Und für diesen Ober-Schund verlangt man uns bescheiden ‚prompte Honorarzahlung' ab! O nein, mein Herr! Für sowas zahlen wir nicht! Wenden Sie sich doch an den ‚Hurra-Hoch', die ‚Geistige Ernährung' oder an den ‚Täglichen Hausfreund'. Diese Blätter werden zweifellos jede literarische Arbeit von Ihnen annehmen und auch Zahlung – versprechen.‟

Auch dies klang für den armen „Oppodeldoc" ziemlich bitter, doch fiel hier das Hauptgewicht der Satire auf den „Hurra-Hoch", die „Geistige Ernährung" und den „Täglichen Hausfreund".

    Kaum weniger wild gebärdete sich die „Geistige Ernährung", die folgende Besprechung brachte:

„Ein Individuum, dem es gefällt, sich ‚Oppodeldoc' zu nennen (was müssen sich die Namen unserer erhabenen Toten oft gefallen lassen), hat uns einige fünfzig oder sechzig Verse gesandt, die ungefähr so beginnen:

Achilles Zorn und Griechenland, die schaudervolle Quelle
Zahlloser Schmerzen usw. usw. usw.

Wir möchten dem Herrn ‚Oppodeldoc‘ (oder dem, der sich hinter dem Namen verbirgt) höflichst mitteilen, daß wir keinen Setzerlehrling in unserer Redaktion haben, der nicht täglich und gewohnheitsmäßig bessere Verse macht. Diejenigen ‚Oppodeldocs‘ lassen sich einfach nicht skandieren. ‚Oppodeldoc‘ sollte zählen lernen. Jedenfalls können wir uns nicht erklären, wie er auf den Gedanken gekommen ist, daß wir (ausgerechnet wir!) unsere Seiten mit seinem unrettbaren Blödsinn verunzieren sollten. Das absurde Gewäsch ist kaum gut genug für den ‚Hurra-Hoch‘, für ‚Feder und Volk‘ oder den ‚Täglichen Hausfreund‘. Blätter, bei denen es vorkommen kann, daß sie ‚Der Frau Gänsin Lieder‘ als Original-Lyrik abdrucken. Und ‚Oppodeldoc‘ hat die Stirn, für dies Gefasel Honorar zu verlangen. Weiß ‚Oppodeldoc‘ (oder wer sich hinter dem Namen verbirgt) denn nicht, daß wir das Zeug nicht abdrucken würden, selbst wenn man uns dafür bezahlte?“

Als ich das las, fühlte ich mich allmählich kleiner und kleiner werden. Und als ich an die Stelle kam, wo der Redakteur höhnisch von „Versen“ spricht, war nicht viel mehr als eine Unze von mir übrig. Ich begann Mitleid mit dem armen Kerl, dem „Oppodeldoc“ zu empfinden. Doch der „Tägliche Hausfreund“ zeigte noch weniger Erbarmen als die „Geistige Ernährung“. Er meinte nämlich:

„Ein elender Poetaster, der sich mit ‚Oppodeldoc‘ unterzeichnet, ist verschroben genug, sich einzubilden, daß wir einen Mischmasch, einen unzusammen-hängenden, ungrammatikalischen Bombast, den er uns zuschickte, abdrucken und dafür bezahlen würden. Er beginnt mit der folgenden, durchaus unverständlichen Zeile: ‚Gruß! Heiliges Licht! Erstling des Himmels!‘

Wir sagen: ‚durchaus unverständlich‘. ‚Oppodeldoc‘ (oder wer sich hinter dem Namen verbirgt) muß schon so liebenswürdig sein und uns sagen, wie ‚Gruß‘, ‚heiliges Licht‘ sein kann. Wir haben ‚Gruß‘ stets für Kohlenabfall gehalten. Auch muß er uns gütigst darüber aufklären, wie Kohlenabfall zu gleicher Zeit ‚heiliges Licht‘ und ein ‚Erstling‘ sein kann! Unseres Wissens wird der letztere Ausdruck nur von Babys bis zu sechs Wochen gebraucht. Doch es wäre albern, sich noch länger mit solchen Absurditäten aufzuhalten, obgleich ‚Oppodeldoc‘ (oder wer sich hinter dem Namen verbirgt) die beispiellose Frechheit hat, anzunehmen, daß wir sein dummes Gefasele nicht allein abdrucken, sondern ihm noch obendrein Honorar dafür zahlen würden!

Da hört denn doch Verschiedenes auf! Und wir hatten schon halb die Absicht, den jungen Skribenten für die Selbstüberhebung dadurch zu bestrafen, daß wir seinen Erguß wörtlich und buchstäblich, wie er ihn geschrieben, zum Abdruck brächten. Es könnte ihn keine strengere Strafe ereilen, und wir standen nur mit Rücksicht auf die entsetzliche Qual der Langeweile, die wir unseren Lesern bereitet haben würden, davon ab.

Möge doch ‚Oppodeldoc‘ (oder wer sich hinter diesem Namen verbirgt) seine weiteren Werke dem ‚Hurra-Hoch‘, der ‚Geistigen Ernährung‘ oder der ‚Feder und Volk‘ einsenden. Diese Schundblätter werden sie schon abdrucken. Sie drucken ja so oft ähnliches Zeug. Möge er sich ihnen also anvertrauen. WIR lassen uns nicht ungestraft beleidigen!"

Das bohrte mich vollends in Grund und Boden; ich konnte nicht verstehen, wie der „Hurra-Hoch", die „Geistige Ernährung" und „Feder und Volk" diesen Angriff überlebten. Ihre Namen waren in den kleinstmöglichen Lettern gedruckt – eine unsagbar feine Stichelei, die zugleich auf ihre Unbedeutendheit, ja, Niedrigkeit andeuten sollte, während das Wort WIR, gigantisch mit nur großen Buchstaben gedruckt, auf sie hinabsah! – Ach, das war zu bitter – das war Wermut – das war Galle. Wäre ich eines dieser Organe gewesen, ich hätte weder Zeit noch Mühe gespart, bis man dem „Täglichen Hausfreund" den Prozeß gemacht. Was jedoch „Oppodeldoc" (oder wer sich sonst hinter dem Namen verbarg) anging, so hatte ich alle Geduld mit dem Burschen verloren und nicht mehr die geringste Sympathie für ihn. Er (oder wer sich hinter dem Namen verbarg) war ein Narr und bekam nicht mehr, als ihm gebührte.

Das Resultat dieses Experimentes mit den alten Büchern überzeugte mich: erstens, daß „Ehrlichkeit die beste Politik" ist, und zweitens, daß, wenn ich schon nicht besser schreiben konnte als der Herr Dante und die zwei blinden Männer und all die übrigen alten Knöppe, es immerhin schwierig sein müsse, schlechter zu schreiben. Ich faßte mir deshalb ein Herz und beschloß, von jetzt ab nur „durchweg Originale", wie es wohl auf den Deckeln von Zeitschriften heißt, zu produzieren, was es mich auch an Studium und Mühen kosten könne.

Und wieder hielt ich mir als Muster die brillanten Stanzen über das „Bobsche Öl", die der Redakteur der „Bremse" verfaßt, vor Augen und beschloß, über eben dasselbe Thema eine Ode zu schreiben und so kühn den Wettbewerb mit der älteren Dichtung zu wagen.

Der erste Vers bereitete mir keine nennenswerte Schwierigkeit. Er lautete:

Eine Ode zu schreiben auf das Bobsche Öl

Nachdem ich nun sorgfältig alle Reime auf Öl aufgesucht und geprüft, konnte ich dennoch nicht weiter. In dieser Klemme wandte ich mich um Hilfe an meinen Vater; und nach ein paar Stunden reiflichen Nachdenkens vervollständigten wir beide das Gedicht wie folgt:

Eine Ode zu schreiben auf das Bobsche Öl,
Kann nie mißlingen, geht nie fehl.

K. A. Mehl

Diese Arbeit war allerdings nicht sehr lang, doch, wie man weiß, hat die bloße Länge eines literarischen Werkes mit seinem inneren Werte nichts zu tun. Viel wichtiger war die Frage, welchen Gebrauch ich von meinem Jungfernpoem machen sollte. Mein Vater schlug vor, ich möge es doch der „Bremse" einschicken, doch bestimmten mich zwei Gründe dazu, es nicht zu tun. Einerseits fürchtete ich die Eifersucht des Herausgebers – andererseits hatte ich herausbekommen, daß er Originalbeiträge gar nicht bezahlte. Nach reiflicher Überlegung bestimmte ich mein Werk deshalb für die würdigen Spalten der „Geistigen Ernährung" und erwartete mit einer gewissen Angst, doch gefaßt, wie sich die Sache weiterentwickeln würde.

Ich hatte die stolze Genugtuung, gleich in der nächsten Nummer mein Gedicht abgedruckt zu sehen und darunter in Kursivschrift und zwischen Klammern folgende bedeutungsvollen Worte lesen zu können:

„Wir möchten unsere Leser noch ganz besonders auf die folgenden herrlichen Stanzen über das ‚Bobsche Öl' hinweisen. Es ist unnötig, ein Wort über ihre Großartigkeit, ihr Pathos zu verlieren: niemand wird sie mit trockenem Auge lesen können. Diejenigen, die vor einiger Zeit ein trauriges Machwerk über denselben großen Gegenstand aus dem Gänsekiel des Herausgebers der ‚Bremse' haben über sich ergehen lassen müssen, werden gut tun, die beiden Gedichte miteinander zu vergleichen.

PS. Es drängt uns, das Geheimnis, das sich offenbar unter dem Pseudonym K. A. Mehl verbirgt, zu lüften. Dürfen wir vielleicht auf ein persönliches Interview hoffen?"

Das war ja nicht mehr wie gerecht, doch war es immerhin mehr, muß ich gestehen, als ich erwartet hatte, denn ich rechnete schon damals mit der ewigen Undankbarkeit der Menschheit und speziell der Redakteure. Doch beeilte ich mich, den Herausgeber der „Geistigen Ernährung" zu besuchen, und hatte auch das Glück, den Herrn zu Hause zu finden. Er begrüßte mich mit tiefem Respekt, der einen leisen Anflug von gönnerhafter, väterlicher Bewunderung hatte, die

ohne Zweifel meine leicht zu erkennende außerordentliche Unerfahrenheit und
Jugend in ihm erregte. Er bot mir einen Stuhl an und begann sofort, von meinem Gedicht zu reden. – Hier verbietet mir die Bescheidenheit, die tausend
Komplimente, mit denen er mich überschüttete, zu wiederholen. Doch waren
die Lobreden des Herrn – sein Name war Geifer – durchaus nicht übertrieben,
nicht urteilslos voreingenommen. Er analysierte mein Gedicht mit viel Feinheit
und großer Geschicklichkeit und zögerte nicht, mich auf ein paar kleine Platt-
heiten hinzuweisen, was ihn nur noch unendlich in meiner Achtung steigen ließ.
Natürlich kam auch die „Bremse" bald aufs Tapet, und ich hoffe, nie einer so
haarscharfen Kritik, so treffendem Tadel unterworfen zu sein, wie sie Herr Geifer dem mehrfach erwähnten Erguß des Redakteurs der „Bremse" zuteil werden
ließ. Ich hatte denselben eigentlich immer für ein fast übernatürliches Wesen
angesehen. Herr Geifer jedoch nahm mir diese Vorstellung gänzlich. Er stellte
den literarischen wie den persönlichen Charakter des „Bremsers" (so nannte er
seinen Rivalen satirisch) in das rechte Licht. Er, der Bremser, war wirklich nicht
besser, als er es verdiente. Er hatte infame Dinge geschrieben. Er war ein Zeilenschinder und ein Possenreißer. Er war ein Schuft. Er hatte einmal eine Tragödie geschrieben, über die das ganze Land ausgeplatzt war, und eine Farce, über
die man Tränenströme geweint. Außerdem hatte er einmal die Unverschämtheit gehabt, etwas zu schreiben, was er für ein Pasquill auf ihn, Herrn Geifer,
hielt, und hatte seine Frechheit damit gekrönt, daß er ihn einfach einen „Esel"
genannt. Sollte ich jemals den Wunsch haben, versichert Herr Geifer, gründlich
meine Meinung über den „Bremser" zu sagen, so ständen mir die Spalten der
„Geistigen Ernährung" unbegrenzt zur Verfügung. Da es jedoch mittlerweile als
gewiß zu erwarten stände, daß ich für meinen Versuch, ein Konkurrenzgedicht
über das „Bobsche Öl" zu machen, in der „Bremse" angegriffen werde, wolle
er, Herr Geifer, es auf sich nehmen, meine privaten und persönlichen Interessen
auf das bestimmteste zu vertreten. Wenn ich nicht bald ein gemachter Mann sei,
wäre es sicher nicht seine, Herrn Geifers, Schuld.

Als Herr Geifer in seiner Rede, deren letzten Teil ich nicht verstand, eine
kleine Pause machte, wagte ich auf die Remuneration anzuspielen, die ich für
mein Gedicht erwartete, ermutigt durch eine Mitteilung auf der letzten Seite
der „Geistigen Ernährung", die besagte, daß sie es sich nicht nehmen lasse,
exorbitante Preise für alle Beiträge zu zahlen, ja, daß sie oft mehr für ein einziges kurzes Gedicht auswerfe als die „Hurra-Hoch", „Feder und Volk" und der
„Tägliche Hausfreund" zusammen für Honorar ausgäben.

Als ich das Wort „Remuneration" aussprach, riß Herr Geifer erst seine
Augen, dann auch seinen Mund zu ganz bedeutender Ausdehnung auf, was verursachte, daß seine persönliche Erscheinung der einer ältlichen, sehr aufgeregten

Ente im Augenblick des Quakens glich. In diesem Zustande blieb er, preßte hin und wieder seine Hand an die Stirn, als befinde er sich in ratlosester Verwirrung, bis ich mit meinem Satz zu Ende war.

Dann sank er in den Stuhl zurück, als habe ihn etwas Unbegreifliches überwältigt, die Arme ließ er leblos, schlaff an der Seite herunterhängen, den Mund hielt er noch immer weit aufgerissen. Während ich über dies beunruhigende Benehmen noch in stummem Staunen verharrte, sprang er plötzlich auf beide Füße und eilte zur Klingel – doch als er sie fast erreicht hatte, schien er sich eines anderen zu besinnen, denn er tauchte unter den Tisch und kam sofort wieder mit einem Prügel zum Vorschein. Den erhob er gerade, zu welchem Zweck ist mir nicht klar, als ganz plötzlich ein mildes Lächeln über seine Züge ging und er friedlich wieder in seinen Stuhl sank.

„Herr Bob", sagte er (ich hatte ihm nämlich meine Karte hinaufgeschickt), „Herr Bob, Sie sind noch jung, scheint mir, noch sehr jung."

Ich stimmte zu und gestand, daß ich mein drittes Lustrum noch nicht völlig beendet.

„Ach so", sagte er, „nun ist mir alles klar. Sagen Sie nichts weiter! Was nun die Sache mit der Remuneration anbetrifft, so hat sie an sich ja ihre Richtigkeit. Aber der erste Beitrag – der erste, sage ich – den bezahlt eine Zeitung nie – Sie verstehen doch. Eigentlich sind wir doch die Recipienten in solch einem Falle." Herr Geifer lächelte gütig, als er voll Emphase das Wort „Recipienten" aussprach. „Denn im allgemeinen werden wir für den Abdruck eines ersten Versuches, besonders eines solchen in Versen, bezahlt. Und zweitens, Herr Bob, ist es Geschäftsprinzip, nie, wie man in Frankreich sagt, mit ‚argent comptant' zu zahlen. Sie verstehen mich zweifellos. Ein oder zwei Vierteljahre nach der Veröffentlichung des Artikels oder ein oder zwei Jahre nachher zahlen wir anstandslos mit einem Akzept auf neun Monate, vorausgesetzt immer, daß wir unsere Angelegenheiten so ordnen können, daß wir einer Pleite in sechs Monaten sicher sind. Ich hoffe durchaus, Herr Bob, daß Sie diese Erklärung als eine genügende ansehen." Mit diesen Worten schloß Herr Geifer und Tränen standen in seinen Augen.

Im tiefsten Herzen betrübt, einem so hervorragenden und gefühlvollen Manne, wenn auch unabsichtlich, zu nahe getreten zu sein, beeilte ich mich, ihn um Entschuldigung zu bitten und wieder zu beruhigen, indem ich die völlige Übereinstimmung mit seinen Ansichten mehrmals betonte, sowie auch, daß ich seine delikate Lage wohl anerkenne. Nachdem ich all diesem in wohlgesetzter Rede Ausdruck gegeben, nahm ich Abschied.

Eines schönen Morgens, kurz nachher, erwachte ich und fand, daß ich ein berühmter Mann sei. Die Größe meines Ruhmes wird man am besten ermessen

können, wenn man sich einmal die in der Zeitung zum Ausdruck gekomme-
nen Tagesmeinungen darüber ansieht. Diese Meinungen erschienen als kritische
Notizen über die Nummer der „Geistigen Ernährung", die mein Gedicht enthielt, und sind erschöpfend, genügend und klar, mit Ausnahme vielleicht der
hieroglyphischen Bemerkungen am Ende jeder Kritik: „Sept. 15-1 A."

„Die Eule des Lebens", eine Zeitschrift, die wegen der tiefen Gelehrsamkeit ihres Leiters und ihres entschiedenen Ernstes in allen literarischen Dingen
bekannt ist – „Die Eule des Lebens" also schrieb:

„Geistige Ernährung.' – Die Oktobernummer dieses famosen Magazins übertrifft alle seine Vorgänger und bietet jeder Konkurrenz Trotz. Was die Schönheit
des Drucks und des Papiers, die Zahl und Vorzüglichkeit der Clichés sowie den
literarischen Wert der Beiträge angeht, so steht sie neben ihren niedrigen Rivalen da wie Hyperion neben einem Satyr. Die ‚Hurra-Hoch', ‚Feder und Volk'
und der ‚Tägliche Hausfreund' tragen allerdings in bezug auf Prahlerei den Preis
davon, alles andere aber lesen wir lieber in der ‚Geistigen Ernährung'. Wie die
Redaktion es fertigbringt, bei den offenbar horrenden Ausgaben ein solches
Blatt auf den Beinen zu erhalten, ist kaum zu begreifen. Es hat allerdings eine
Auflage von 100.000 Exemplaren, und die Abonnentenzahl hat sich im letzten
Monat noch um ein Viertel vermehrt, doch sind andererseits die Summen, die
es beständig für Beiträge verauslagt, unberechenbar. Man erzählt, daß Herr S. C.
H. Lausel nicht weniger als siebenunddreißig Pfennig für seinen wundervollen
Beitrag über ‚Schweine' erhalten. So lange Herr Geifer als Redakteur an der
Spitze und solche Namen wie K. A. Mehl, S. C. H. Lausel auf der Liste der Mit-
arbeiter stehen, wird es der ‚Geistigen Ernährung' nicht an Erfolg fehlen. Man
kann das Abonnement von ganzem Herzen empfehlen. Sept. 15-1 A."

Ich muß sagen, daß mich diese hohen Töne von einem Blatte vom Ruf der
„Eule des Lebens" höchst erfreuen. Daß man meinen Namen – das heißt meinen „*nom de guerre*" – vor dem des großen Schlauesel gedruckt, war ein Kompliment, daß mich so glücklich machte, als ich fühlte, es verdient zu haben.

Dann wurde meine Aufmerksamkeit von den folgenden Zeilen des „Heiligen Scheines" in Anspruch genommen – eines kirchlichen Blattes, das ganz
besonders wegen seiner Geradheit und Unabhängigkeit berühmt war, und von
dem man bestimmt wußte, daß es Dinerspendern gegenüber von Fuchsschwän-
zerei und Speichelleckerei aber auch gänzlich frei war:

„Die Oktobernummer der ‚Geistigen Ernährung' übertrifft alle ihre Schwestern
bei weitem sowohl in bezug auf die Ausstattung als auch ihren literarischen

Inhalt. Die ‚Hurra-Hoch‘, ‚Feder und Volk‘ und der ‚Tägliche Hausfreund‘ sind ihr allerdings, was Prahlerei anbetrifft, über, alles andere aber lesen wir lieber in der ‚Geistigen Ernährung‘. Wie die Redaktion es fertigbringt, bei den offenbar horrenden Ausgaben ein solches Blatt auf den Beinen zu erhalten, ist kaum zu begreifen. Es hat allerdings eine Auflage von 200.000 Exemplaren, und die Abonnentenzahl ist in den letzten vierzehn Tagen noch um ein Drittel gestiegen, doch sind andererseits die Summen, die es monatlich auf Beiträge verwendet, ganz erschreckend hoch. Wir erfahren, daß z. B. Herr S. C. Haaf für seinen kürzlich erschienenen Beitrag ‚Trauergesang im Schlammloch‘ nicht weniger als fünfzig Pfennig erhalten hat.

Auf der Mitarbeiterliste der gegenwärtigen Nummer stehen außer dem hervorragenden Herausgeber, Herrn Geifer, Männer wie K. A. Mehl, S. C. H. Lauesel und S. C. Haaf. Abgesehen von dem Leitartikel, erscheint uns als wertvollste Darbietung ein poetisches Juwel von K. A. Mehl über das ‚Bobsche Öl‘ – doch müssen wir unsere Leser darauf aufmerksam machen, sich nicht durch den Titel dieses unvergleichlichen Kleinodes zu der Ansicht verleiten zu lassen, als habe es die geringste Ähnlichkeit mit einem albernen Gewäsch über denselben Gegenstand, das ein lächerliches Individuum, dessen Namen man vor empfindlichen Ohren am besten gar nicht ausspricht, kürzlich verbrach. Unser Gedicht ‚Über das Bobsche Öl‘ hat eine allgemeine Spannung und Neugierde erregt, die Person des Dichters, der sich unter dem offenbaren Pseudonym ‚K. A. Mehl‘ verbirgt, kennenzulernen. Wir sind glücklicherweise in der Lage, diese Neugierde befriedigen zu können. ‚K. A. Mehl‘ ist der ‚*Nom de plume*‘ unseres Mitbürgers, des Herrn Thingum Bob – eines Verwandten des großen Herrn Thingum, nach dem er genannt ist und der zu fast allen bedeutenden Familien des Staates Beziehung hat. Sein Vater, Hochwohlgeboren Herr Thomas Bob, ist bekanntlich der erste Haarkünstler hier in Erpswurston. 15. Sept.-1 A“

Die großmütige Anerkennung rührte mich bis ins Herz und das um so mehr, als sie aus einer so anerkannt, so sprichwörtlich reinen Quelle stammte, wie „Der heilige Schein“ ist. Die Bezeichnung des Gedichtes des „Bremsers“ als albernes Gewäsch fand ich scharf genug und durchaus richtig. Die Worte „Juwel“ und „Kleinod“ fielen mir jedoch als zu schwach für mein Gedicht auf. Sie waren nicht kraftvoll, nicht erschöpfend – nicht prononciert genug, wie man in Frankreich sagt.

Ich hatte die Lektüre des „Heiligen Scheines“ kaum beendet, als mir ein Freund ein Exemplar des „Maulwurfs“ in die Hand drückte, einer Tageszeitung, die des höchsten Rufes wegen der Scharfsichtigkeit ihrer Anschauungen in allen allgemeinen Fragen und des offenen, ehrlichen, in wohltuender Weise nicht lichtscheuen Standpunktes ihrer Leitartikler genießt. Der „Maulwurf" äußerte sich über die „Geistige Ernährung" wie folgt:

„Wir haben soeben die Oktobernummer der ‚Geistigen Ernährung' erhalten, und es drängt uns, auszusprechen, daß wir in unserem Leben noch keine Nummer einer Zeitschrift mit solch unermeßlichem Entzücken gelesen haben. Wir sprechen wohlüberlegt: Der ‚Hurra-Hoch', ‚Feder und Volk' und dem ‚Täglichen Hausfreund' muß um ihre Lorbeeren bange werden. Diese Zeitschriften marschieren ohne Zweifel, was Prätension anbetrifft, an der Spitze, für alles andere aber möchten wir uns die ‚Geistige Ernährung' ausbitten. Wie dies berühmte Magazin bei den offenbar fabelhaft hohen Auslagen bestehen kann, geht über unseren Verstand. Allerdings erscheint es in einer Auflage von 300.000, und die Abonnentenzahl hat sich in der letzten Woche noch um die Hälfte vermehrt, doch ist andererseits die Summe, die es monatlich für Beiträge ausgibt, ganz erstaunlich groß. Wir wissen aus guter Quelle, daß Herr F. Erkel für seine häusliche Novellette ‚Der Spüllappen' nicht weniger als zweiundsechzig Pfennige bekommen hat.

Unter den Mitarbeitern der vorliegenden Nummer finden wir außer Herrn Geifer, dem hochbefähigten Herausgeber, noch K. A. Mehl, S. C. Haaf, besagten F. Erkel und andere. Nächst den unvergleichlichen Aufsätzen des Herausgebers sprach uns ein diamantklares, köstliches Gedicht aus der Feder eines jungen Dichters an, der unter dem Namen ‚K.A. Mehl' schreibt, einem Namen, dem wir prophezeien, daß er eines Tages alle anderen verdunkeln wird. Wie wir erfahren, verbirgt sich hinter dem Namen ‚K. A. Mehl' ein Herr Thingum Bob, der einzige Erbe eines hiesigen reichen Kaufmanns, des Herrn Thomas Bob, und ein naher Verwandter des allbekannten Herrn Thingum. Herrn Bobs wunderbares Dichtwerk trägt den Titel ‚Das Bobsche Öl' – nebenbei eine ziemlich unglückliche Überschrift, da schon früher einmal ein literarischer Vagabund mit Hilfe eines Preßorgans niedrigster Gattung den Unwillen der ganzen Stadt durch ein endloses, fades Gewäsch über den gleichen Gegenstand erregt hat. Es ist jedoch keine Gefahr vorhanden, daß man die beiden Werke je miteinander verwechseln wird. Sept. 15.-1 A."

Diese Anerkennung von seiten eines so klarsichtigen Blattes wie der „Maulwurf" erfüllte mich mit Entzücken. Immerhin hatte ich eine Einwendung zu machen. Es schien mir, daß man statt „literarischer Vagabund" besser „ekelhafter und verächtlicher Hund, Schuft und Vagabund" geschrieben hätte. Das hätte auch ohne Zweifel viel ehrlicher geklungen. „Diamantklar" war auch kaum ein genügend intensiver Ausdruck, um auszudrücken, was der „Maulwurf" doch offenbar von dem brillanten „Bobschen Öl" dachte.

Am Nachmittag des Tages, an dem ich diese Notizen in der „Eule des Lebens", dem „Heiligen Schein" und dem „Maulwurf" gelesen, kam mir zufällig ein Exemplar der „Hülle und Fülle" in die Hand – eine Zeitschrift, die wegen des ganz außerordentlichen Umfanges ihrer Verstandeskräfte sprichwörtlich geworden ist. Und diese „Hülle und Fülle" ließ sich also vernehmen:

„Die ‚Geistige Ernährung'. Die Oktobernummer dieser prachtvollen Zeitschrift liegt schon vor, und es ist fernerhin eine müßige Frage, welcher unserer periodischen Schriften der Vorrang gebührt. Denn von jetzt ab wäre es von der ‚Hurra-Hoch' und ‚Feder und Volk' und dem ‚Täglichen Hausfreund' nur noch albern, krampfhafte Anstrengungen zu machen, neben ihr Beachtung zu erregen. Diese Organe überflügeln die ‚Geistige Ernährung' allerdings in Marktschreierei, in allem anderen aber ist uns die ‚Geistige Ernährung' allein maßgebend. Wie die Redaktion es fertigbringt, die Zeitschrift bei den offenbar haarsträubenden Kosten auf den Beinen zu erhalten, geht über unseren Verstand. Sie erscheint allerdings in einer Auflage von genau einer halben Million, und die Abonnentenzahl ist in den letzten paar Tagen noch um fünfundsiebzig Prozent gestiegen; doch ist andererseits die Höhe der Summe, die monatlich für Beiträge verausgabt wird, kaum glaublich. Wir wissen von zuversichtlicher Seite, daß Fräulein K(atharina) Alb für ihre jüngst erschienene Erzählung aus der Revolution ‚Der schuldlose Hinterkellerverdacht und der heimliche Vordertreppentäter' nicht weniger als siebenundachtzig Pfennig Honorar erhalten hat!

Die tüchtigsten Beiträge der vorliegenden Nummer sind ohne Zweifel die vom Herausgeber, dem hervorragenden Herrn Geifer, selbst gelieferten, doch stoßen wir auf zahlreiche wundervolle Einsendungen von Namen, wie K. A. Mehl, besagtem Fräulein K(atharina) Alb, S. C. H. Lauesel, S. C. Haaf und, *last but not least*, F. Erkel. Da kann man die Welt wohl herausfordern, sie solle zeigen, ob sie zum zweiten Male einen solchen Sternenchor von Genies vorzuweisen hat!

Das ‚K. A. Mehl' unterzeichnete Gedicht hat überall uneingeschränktes Lob geerntet, und es drängt uns auszusprechen, daß es, wenn möglich noch mehr Beifall verdient, als es erhalten hat. Das ‚Bobsche Öl' ist der Titel dieses Meisterwerkes von Beredsamkeit und Kunst. Der eine oder der andere unserer Leser hat vielleicht eine sehr schwache, doch noch immer genügend ekelhafte Erinnerung an ein Gedicht (?), das einen ähnlichen Titel trug und das Machwerk eines elenden Zeilenschinders, Lumpen, Halsabschneiders war, der, glauben wir, als Kehrjunge bei einem der unanständigen Blätter in den abgelegensten Vierteln der Stadt angestellt war. Wir bitten Sie, diese Werke um Gottes willen nicht miteinander zu verwechseln. Der Verfasser unseres ‚Bobschen Öles' ist, wie wir hören, der Herr Thingum Bob, Hochwohlgeboren, ein junger Mann von gründlichster Bildung und überstrahlendem Genie. ‚K. A. Mehl‘ ist bloß der *Nom de guerre*. Sept. 15.-1 A.‘‘

Als ich den Schluß dieses Angriffes auf mich gelesen, konnte ich meinen Unwillen kaum zurückhalten. Es war mir sofort klar, daß die laue Manier, um nicht zu sagen, die Sanftmütigkeit, die „Hülle und Fülle‘‘ von dem Schwein, dem „Bremser‘‘ sprach – es war mir sofort klar, sage ich, daß sie ihren Grund nur in einer Parteilichkeit für die „Bremse‘‘ haben konnte, die die „Hülle und Fülle‘‘ zweifellos auf meine Kosten zu Ansehen bringen wollte. Ein Blinder mußte sehen, daß die „Hülle und Fülle‘‘, wenn es ihre wirkliche Absicht war, das auszudrücken, was sie scheinbar wollte, viel direktere, schärfere, zweckentsprechendere Ausdrücke gefunden haben würde. Die Worte Zeilenschinder, Lump, Kehrjunge und Halsabschneider waren so merkbar ausdruckslos und vieldeutig, daß sie, auf den Menschen angewandt, der die schlechtesten Stanzen geschrieben, die je der Feder eines vernunftbegabten Lebewesens entquollen, weniger als nichts besagten. Wir wissen doch alle, daß man jemanden durch ein gewisses schwaches Lob in Grund und Boden verdonnern kann; nun – hier konnte sich niemand der Ansicht verschließen, daß die „Hülle und Fülle‘‘ heimlich den Zweck verfolge, mit mildem Tadel in den Himmel zu heben.

Was die „Hülle und Fülle‘‘ für gut befand von dem „Bremser‘‘ zu sagen, das ging mich nichts an. Was er von mir sagte, ging mich etwas an. Nach der feinen Art und Weise, in der die „Eule des Lebens‘‘, der „Heilige Schein‘‘ und der „Maulwurf‘‘ meinem Talente ihre Hochachtung ausgesprochen, war es von der „Hülle und Fülle‘‘ denn doch wirklich zu kühl, mich einfach einen „jungen Mann von gründlichster Bildung und überstrahlendem Genie‘‘ zu nennen. Junger Mann! Es war wirklich zu schön. Ich beschloß sofort, auf einer öffentlichen Entschuldigung seitens der „Hülle und Fülle‘‘ zu bestehen oder ihr, falls sie dieselbe verweigern sollte, eine Herausforderung zuzuschicken.

Und so blickte ich mich denn in Gedanken nach einem Freunde um, den ich mit der Angelegenheit betrauen könne, und da mir der Redakteur der „Geistigen Ernährung‘‘ so viele ausgesprochene Zeichen seines Wohlwollens gegeben, beschloß ich endlich, seinen Beistand aufzusuchen.

Es ist mir nie möglich gewesen, mir eine genügende Erklärung für das höchst sonderbare Gesicht, das höchst sonderbare Benehmen zu geben, das Herr Geifer zeigte, als ich ihm meine Absicht dargelegt hatte. Er führte wieder die ganze Szene mit der Klingel und dem Prügel auf und vergaß auch die Ente nicht. Einen Augenblick glaubte ich ganz bestimmt, er werde wirklich anfangen zu quaken. Der Anfall ging jedoch vorüber, und er begann, wieder vernünftig zu handeln und zu reden. Er lehnte es aber ab, mein Kartellträger zu sein, und redete mir überhaupt aus, die „Hülle und Fülle" herauszufordern. Doch gab er liebenswürdig genug zu, daß sie im Unrecht sei, ganz besonders, was die Worte „Junger Mann" und „Bildung" angehe.

Am Schlusse dieser Unterredung mit Herrn Geifer, der wirklich ein väterliches Interesse an meinem Wohlergehen zeigte, schlug er mir vor, mich doch nach einer anständigen Position umzusehen und zu gleicher Zeit für meinen Ruhm zu sorgen – was ich sehr gut könne, wenn ich gelegentlich für die „Geistige Ernährung" Thomas Hawk spiele.

Ich bat Herrn Geifer, mir zu sagen, wer der Herr Thomas Hawk sei und wie ich ihn spielen solle.

Herr Geifer machte hierauf wiederum seine großen Augen, erholte sich jedoch von diesem neuen schwächeren Anfall gleich wieder und bedeutete mich, daß er die Worte Thomas Hawk brauche, um einen platten Ausdruck zu umgehen, daß er jedoch Tommy Hawk oder Tomahawk damit meine – und daß „Tomahawk spielen" so viel heiße wie „die Herde der armen Teufel von Autoren zu skalpieren, ins Bockshorn zu jagen, überhaupt unschädlich zu machen".

Ich versicherte meinem Protektor, daß ich, falls dies alles sei, gern geneigt wäre, die Arbeit des Thomas Hawk zu übernehmen. Hierauf forderte mich Herr Geifer auf, zuerst mal den Redakteur der „Bremse" als Kraftprobe und in dem wildesten Stil, zu dem ich mich nur aufschwingen könne, niederzuschlagen. Ich tat es auf der Stelle, und zwar in einer Rezension seines Gedichtes „Das Bobsche Öl", die sechsunddreißig Seiten der „Geistigen Ernährung" umfaßte. Und ich fand bald, daß Thomas Hawk zu spielen eine weit weniger lästige Beschäftigung sei als das Gedichtedichten. Ich machte die Sache nämlich systematisch, und so wurde es mir leicht, sie gründlich und gut zu tun. Folgendermaßen ging ich zu Werke: Ich kaufte auf einer Auktion sehr billig ein Exemplar von „Lord Broughams Reden", „Cobbets sämtliche Werke", „Neue Übersicht von Rotwelschausdrücken", „Die Kunst des Anhauchens", „Lehrlings Pöbelsprache" (Folio-Ausgabe) und „Lewis G. Clarke, Über die Sprache der Straße". Diese Werke zerschnitt ich gründlich mit einem Pferdestriegel, schüttete die Streifen in ein Sieb, sonderte sorgfältig alle aus, auf denen etwas Anständiges stand – viel war's nicht – und hielt die gepfefferten Sätze zurück und schüttelte sie in eine große, zinnerne Pfefferbüchse, die der Länge nach von Löchern durchbohrt war, so daß ein ganzer Satz ohne viel Beschwerden auf einmal hindurchrutschen konnte. Dann war die Mischung zum Gebrauch fertig. Wenn man mich nun aufforderte, Thomas Hawk zu spielen, so bestrich ich ein Blatt Propatriapapier mit Gummiarabicum, dann zerschnitt ich das zu rezensierende Schriftstück, wie ich früher die Bücher zerschnitten hatte, doch mit mehr Sorgfalt, so daß jedes Wort einzeln auf seinem Papierstückchen stand, warf diese Schnitzel mit den anderen zusammen in die Pfefferbüchse, schraubte den Deckel zu, gab der Büchse einen Stoß und stäubte die Mischung auf das mit Gummi bestrichene Blatt, wo sie kleben blieb. Der Effekt war wundervoll. Er war hinreißend. Die Rezensionen, die ich auf diese einfache Weise schuf, sind in der Tat nie wieder erreicht worden und waren ein Weltwunder. Anfangs, als ich noch unerfahren war, wurde ich durch einen gewissen Mangel an Zusammenhang etwas verwirrt, durch eine gewisse Bizarrerie, wie man in Frankreich sagt, die die Aufsätze als Ganzes nicht verleugnen konnten. Manche der Sätze schienen nicht ganz am richtigen Platze zu stehen, manche waren ganz schief, manche standen sogar auf dem Kopfe, und wo dieser Unfall passierte, waren sie dann natürlich alle etwas in Mitleidenschaft gezogen; – mit Ausnahme der des Herrn Lewis G. Clarke, die so stark waren, daß ihnen auch die merkwürdigste Lage nichts anhaben konnte und die gleich glücklich und befriedigend angewandt aussahen, ob sie nun auf dem Kopfe oder auf den Beinen standen.

Was aus dem Redakteur der „Bremse" nach der Veröffentlichung meiner Kritik über sein „Bobsches Öl" geworden, ist schwer zu ermitteln. Die vernünftigste Annahme ist noch die, daß er sich zu Tode weinte. Jedenfalls verschwand er augenblicklich vom Angesicht der Erde, und niemals hat man auch nur noch eine Photographie von ihm wiedergesehen.

Als diese Arbeit vollführt war und die Furien sich besänftigt hatten, war ich um eine hohe Stufe in der Gunst des Herrn Geifer gestiegen. Er zog mich in sein Vertrauen, gab mir eine feste Stellung als Thomas Hawk bei der „Geistigen Ernährung", und da er mir fürs erste noch kein Honorar zahlen konnte, ließ er mich, so viel ich nur wollte, von seinen Ratschlägen profitieren.

„Mein lieber Thingum", meinte er eines Tages nach dem Essen zu mir, „ich schätze Ihre Fähigkeiten und liebe Sie wie meinen eigenen Sohn. Sie sollen mein Erbe sein. Wenn ich sterbe, werde ich Ihnen die ‚Geistige Ernährung' vermachen. Mittlerweile jedoch will ich Sie auch so schon zum gemachten Manne machen – ich will und werde es; vorausgesetzt, daß Sie meinen Ratschlägen folgen. Das erste, was Sie tun müssen, ist, daß Sie sich von dem alten Schwein losmachen."

„Gewiß", sagte ich, „von dem Schwein, dem Schwein, gewiß! *aper?* wie der Lateiner – wer? – wo?"

„Ihr Vater", sagte er.

„Gewiß", erwiderte ich, „Schwein."

„Sie müssen sich ein Vermögen erwerben, Thingum", begann Herr Geifer von neuem, „und der Führer Ihrer Jugend ist Ihnen dabei behilflich wie ein Mühlstein um den Hals beim Schwimmen; denn er kompromittiert sie! Wir müssen ihn also abstoßen", – ich hob gleich mein rechtes Bein – „wir müssen ihn also abstoßen", fuhr Herr Geifer fort, „ein für allemal. So geht das nicht weiter mit ihm. Übrigens setzen Sie ihn am besten vor die Tür oder schlagen ihn mit Ihrem Stock nieder oder so ähnlich."

„Was meinen Sie dazu", schlug ich bescheiden vor, „wenn ich ihn erst vor die Tür setze, dann niederschlage und obendrein noch in die Nase zwicke?"

Herr Geifer blickte mich einen Moment sinnend an und entgegnete dann: „Ich glaube, Herr Bob, Ihre Vorschläge sind ganz zweckentsprechend, das heißt, immer bis zu einem gewissen Grade – denn man muß nicht vergessen, daß gerade Barbiere sehr schwer abzustoßen sind, und ich halte es für geraten, wenn Sie, nachdem Sie an Thomas Bob die eben erwähnten Operationen vollzogen, ihm noch mit Ihren Fäusten sehr gründlich und sorgfältig beide Augen bläuen, damit er Sie niemals mehr auf den fashionablen Promenaden sehen kann. Wenn dies alles geschehen ist, dann wüßte ich wirklich nicht, was noch mehr getan werden könnte. Höchstens wäre es ganz gut, ihn ein- oder zweimal durch den Rinnstein zu ziehen und dann der Polizei zum Aufbewahren zu übergeben. Am anderen Morgen können Sie ja auf die Wache gehen und beschwören, daß Sie der Angegriffene gewesen sind."

Ich war ganz gerührt von den liebenswürdigen Gefühlen mir gegenüber, die sich in diesem ausgezeichneten Rate des Herrn Geifer aussprachen, und tat mein möglichstes, um ihn zu befolgen. Das Resultat war, daß ich das alte Schwein wirklich abstieß und mich unabhängiger und mehr *gentlemanlike* zu fühlen begann. Ein paar Wochen lang verursachte mir allerdings der Mangel an Geld einige Schwierigkeiten, nach und nach jedoch, als ich langsam erkannte, wie die Welt vor meiner Nase ihren Lauf nahm, merkte ich, wo speziell hier der Hund begraben lag und wie man dies Ding anfassen mußte. Ich sage „Ding", weil man mir gesagt hat, das lateinische Wort dafür sei *rem*. Übrigens *apropos* Latein – kann mir jemand sagen, was *quocunque* bedeutet oder der Sinn des Wortes „*modo*" ist?

Mein Plan war außerordentlich einfach. Ich kaufte mir für ein paar lumpige Kröten ein Sechzehntel der „Literaturbörse" und damit – kam Geld in meinen Beutel. Allerdings blieben erst noch ein paar lächerliche Kleinigkeiten zu tun übrig, aber die gehörten nicht mehr zum Plane selbst. Sie waren schon mehr eine Folge, ein Resultat. So kaufte ich zum Beispiel Feder, Tinte und Papier und versetzte dies in wilde Aktion. Hatte ich einen Artikel fertig geschrieben, so gab ich ihm den Titel, sagen wir mal „Unsinn" vom Verfasser des „Bobschen Öles", und sandte ihn dem „Täglichen Hausfreund" ein. Als die Zeitung den Aufsatz in ihrem Briefkasten „Gewäsch" genannt, gab ich ihm eine neue Überschrift „Schwindel-Schwindel" von Thingum Bob, Verfasser der Ode über das „Bobsche Öl" und Redakteur der „Literaturbörse". So verbessert sandte ich ihn dem

„Täglichen Hausfreund" zum zweiten Male ein und veröffentlichte, während ich auf Antwort wartete, in der „Literaturbörse" jeden Tag sechs Spalten einer sozusagen philosophisch-analytischen Erforschung der literarischen Verdienste des „Täglichen Hausfreund" sowie der persönlichen ihres Herausgebers. Nach einer Woche entdeckte der „Tägliche Hausfreund", daß er durch einen seltsamen Irrtum einen blödsinnigen Artikel, den irgendein unbekannter Ignoramus unter dem Titel „Schwindel-Schwindel" eingesandt, mit einer wahren Perle, die eine ähnliche Überschrift hatte und aus der Feder des Herrn Thingum Bob, des hochberühmten Verfassers des „Bobschen Öles" stammte, verwechselt habe. Der „Tägliche Hausfreund" bedauerte diesen leicht erklärlichen Irrtum auf das Tiefste und versprach, dafür den echten Artikel „Schwindel-Schwindel" in seiner nächsten Nummer abzudrucken.

Tatsache ist, daß ich glaubte – daß ich wirklich glaubte, daß ich damals wirklich glaubte – und keinen Grund habe, jetzt anderer Meinung zu sein – daß der „Tägliche Hausfreund" diesen Irrtum wirklich beging. Ich könnte mich beim besten Willen nicht erinnern, daß irgendwo auf der Welt mehr seltsame Irrtümer begangen wurden als bei der Leitung des „Täglichen Hausfreund". Von diesem Tage an hatte ich eine ausgesprochene Neigung für ihn, und deren Resultat war hinwiederum, daß ich bald die tiefsten Tiefen seiner Verdienste erkannte und es nicht unterließ, dieselben bei jeder passenden Gelegenheit in der „Literaturbörse" herauszustreichen. Und man muß es als ein sonderbares Zusammentreffen ansehen – als eins der wirklich bemerkenswerten Zusammentreffen, die jeden ernster veranlagten Menschen zum Nachdenken zwingen – daß eine ebensolch vollständige Umänderung der Meinung – ein ganz gleiches *bouleversement*, wie man in Frankreich sagt – eine ebenso gründliche *topsiturvineß* – wenn mir der ziemlich kräftige Ausdruck der Choctaws gestattet ist – wie sie pro und contra zwischen mir und dem „Täglichen Hausfreund" stattgefunden, sich kurze Zeit nachher unter ganz gleichen Umständen auch zwischen mir und der „Hurra-Hoch" und zwischen mir und „Feder und Volk" ereigneten.

So kam es also, daß ich durch einen Meisterzug meines Genies endlich dahin gelangte, Geld in meinen Beutel zu kriegen: Man weiß ja von früher, wie glänzend diese Organe zahlen! Und hiermit begann meine ereignisreiche Laufbahn, die mich berühmt machte und die mich heute berechtigt, mit Chateaubriand zu sagen: *J'ai fait l'histoire.*

Ich habe in der Tat „Geschichte gemacht". Von dieser schönen Epoche an gehörten meine Handlungen, meine Werke der Menschheit. Sie sind der ganzen Welt bekannt. Es ist also auch wohl überflüssig, ausführlich zu erzählen, wie ich, pfeilschnell höher und höher steigend, die „Geistige Ernährung" erbte – wie ich sie mit der „Hurra-Hoch" verschmolz, wie ich auch „Feder und Volk" kaufte und die drei Organe zu einem verband, wie ich endlich auch mit dem einzigen übriggebliebenen Rivalen handelseinig wurde und die gesamte Literatur des Landes in ein wunderbares Magazin vereinigte, das überall als die

„Weltlaterne"

bekannt geworden ist.

Ja, ich habe Geschichte gemacht. Mein Ruhm ist überall hingedrungen. In den verlorensten Winkeln der Erde kennt man mich. Sie können nicht die gemeinste Zeitung in die Hand nehmen, ohne in ihr den unsterblichen Thingum Bob erwähnt zu finden! Herr Thingum Bob hat das und das gesagt, Herr Thingum Bob hat so und so geschrieben, Herr Thingum Bob hat dies und jenes getan. Doch brüste ich mich nicht und werde einst bescheidenen Herzens dahinfahren. Denn was ist es zum Schluß – jenes undefinierbare Etwas, das die Menschen „Genie" nennen? Ich behaupte – wie Buffon – wie Hogarth –: es ist zum Schluß bloß Fleiß.

Und da stellen Sie sich nun einmal mein Leben vor – wie ich arbeitete – wie ich schuftete – wie ich schrieb. Du lieber Gott! Wann hätte ich mal nicht geschrieben? Das Wort „Muße" kannte ich überhaupt nicht. Bei Tage saß ich wie angenagelt an meinem Pulte, und des Nachts studierte ich beim Öllämpchen bleich und emsig. Sie sollten mich gesehen haben –wahrhaftig, Sie sollten mich gesehen haben. Ich rückte nach rechts. Ich rückte nach links. Ich rückte vorwärts. Ich rückte rückwärts. Ich saß aufrecht, ich saß *tête baissée*, wie die Kickapoos sagen, tief über die keusche Seite meines Bogens gebeugt. Und immer, immer schrieb ich. Durch Freude und Schmerzen schrieb ich. Über Hunger und Durst hinweg schrieb ich. Durch gute und schlechte Kritiken hindurch schrieb ich. Bei Sonnenschein und Mondschein schrieb ich. Was ich schrieb, ist gleichgültig. Daß ich schrieb, war die Hauptsache!

WIE EIN GUTER ZEITUNGSARTIKEL
ZU SCHREIBEN IST

„Im Namen des Propheten –Feigen!"
Ruf der türkischen Feigenhändler

Ich darf wohl annehmen, daß Sie von mir gehört haben, ich bin die Signora Psyche Zenobia. Meine Feinde nennen mich Settchen Schnops, doch hat man mir gesagt, daß Settchen nur eine Verunstaltung des Wortes „Psyche" ist, das aus dem Griechischen stammt und „die Seele" bedeutet (ich bin auch *ganz* Seele) oder auch „Schmetterling", welch letzteres Wort ohne Zweifel eine Anspielung auf mein prächtiges Aussehen in meinem neuen karmesinroten Atlaskleide und dem himmelblauen arabischen Mantelet mit dem grünen Perlbesatz und den sieben orangefarbenen Bandrosetten sein soll. Und was das Wort „Schnops" anbetrifft, so glaube ich: jeder, der mich einmal gesehen hat, weiß, daß ich unmöglich Schnops heißen kann. Fräulein Eulalia Rübe hat dies Gerücht aus purem Neid verbreitet. Apropos Eulalia Rübe – diese Gans! Was kann man auch von einer Rübe erwarten? Höchstens, daß ihr alles wie Kraut und Rüben durcheinandergeht. An maßgebender Stelle hingegen hat man mir versichert, daß Schnops nur eine Korruption von Zenobia ist, die eine Königin war (ich bin auch eine: Dr. Geldkratz nennt mich immer „Herzenskönigin"), und daß dies Wort ebenso wie Psyche gutes Griechisch sei. Übrigens hieß meine Mutter „Helene", und ich habe wohl schon deshalb ein Anrecht auf einen griechischen Namen. Und wie gesagt: Niemand sonst, nur Fräulein Eulalia Rübe nennt mich Settchen Schnops – ich bin die Signora Psyche Zenobia.

Wie ich schon bemerkte, nehme ich an, daß ich Ihnen nicht unbekannt bin, denn ich bin jene Signora Psyche Zenobia, die als korrespondierender Sekretär der *Brooklyn-Louisviller Allgemeinen Und Ständigen Täglichen Rundschau, Umfragen, Modeberichte, Porträts, Frauenbeiträge* so berühmt geworden ist. Dr. Geldkratz erfand uns den Titel und sagte, er habe ihn gewählt, weil er so tönend sei wie ein leeres Schnapsfaß (er drückt sich manchmal etwas vulgär aus, ist jedoch stets tief). Wir alle zeichnen die Anfangsbuchstaben des Titels hinter unsere Namen, so etwa: Signora Psyche Zenobia B. L. A. U. S. T. R. U. M. P. F., das heißt also: *Brooklyn-Louisviller Allgemeine Und Ständige Tägliche Rundschau, Umfragen, Modeberichte, Porträts, Frauenbeiträge*; der erste Buchstabe gilt für das ganze Wort. Dr. Geldkratz behauptet, daß schon in den Anfangsbuchstaben unser ganzer Charakter liege, doch verstehe ich beim besten Willen nicht, was er meint.

Als ich in die Redaktion eintrat, war es mein erstes Bemühen, Stil in die Veröffentlichungen zu bringen, und die ganze Welt weiß, wie gut mir dies gelungen ist. Wir haben jetzt in der B. L. A. U. S. T. R. U. M. P. F. Artikel, die getrost mit denen des *Blackwood** rivalisieren können. Ich nenne *Blackwood*, weil man mir verschiedentlich versichert hat, daß diese mit Recht so gerühmte Zeitschrift die besten Artikel über alle Themen bringt. Wir nehmen ihn uns für all unsere Veröffentlichungen zum Muster und erregen infolgedessen eine stetig wachsende Aufmerksamkeit. Es ist zum Schluß auch gar nicht so schwierig, einen ganz echten *Blackwood*-Artikel zu schreiben, wenn man nur richtig dabei zu Werke geht. Ich rede natürlich nicht von den politischen Artikeln. Seit Dr. Geldkratz es erzählt hat, weiß jedermann, wie diese dort verfertigt werden. Der Herr Blackwood hat eine große Papierschere – Lehrlinge stehen neben ihm. Der eine reicht ihm die *Times*, der andere den *Examiner* und ein dritter den „–", ein vierter den „–". Dann macht der Herr Blackwood Ausschnitte und rüttelt sie durcheinander. Es ist bald getan: ein Stück *Times*, ein Stück *Examiner*, ein Stück „–", dann ein Stück „–", ein Stück *Times*, ein Stück *Examiner*, dann ein Stück *Times*, ein Stück „–", ein Stück *Examiner*… Und der Aufsatz ist fertig.

Das Verdienst des Blattes liegt jedoch in seinen unpolitischen Artikeln. Sie stehen unter dem Kopftitel *Bizarrerien*: so nennt sie auch Dr. Geldkratz, doch könnte man sie ebensogut mit *Intensitäten* bezeichnen. Ich habe diese besondere Art der schriftstellerischen Tätigkeit stets bewundernd gebilligt, doch weiß ich erst seit meinem letzten Besuche bei Herrn Blackwood – zu dem mich unsere B. L. A. U. S. T. R. U. M. P. F. abgesandt hatte – genau, wie ein solcher Aufsatz abzufassen ist. Es wird ganz einfach gemacht, wenn auch nicht so einfach wie ein politischer Artikel. Als ich dem Herrn Blackwood die Wünsche unserer B. L. A. U. S. T. R. U. M. P. F. mitteilte, kam er mir mit sehr viel Höflichkeit entgegen, führte mich in sein Studierzimmer und begann mit seinen eingehenden Erklärungen.

„Meine Gnädigste", begann er, offenbar höchst überrascht über mein majestätisches Aussehen, denn ich hatte mein rotes Atlaskleid mit dem grünen Perlbesatz und den orangefarbenen Bandrosetten an – „meine Gnädigste", sagte er, „nehmen Sie Platz. Die Sache wird folgendermaßen gemacht. Das Wichtigste für einen *Intensitäten*schreiber ist, daß er sehr schwarze Tinte und eine dicke Feder mit möglichst stumpfer Spitze hat. Und nun merken Sie auf, Miß Psyche Zenobia", fuhr er mit eindrucksvollster Energie und großer Feierlichkeit fort, „merken Sie auf: *diese* Feder darf nie gegen eine neue umgetauscht werden. Hierin liegt das Geheimnis, die Seele aller *Intensitäten*. Ich behaupte geradezu,

---

* [Blackwood's Magazine, eine bedeutende Edinburgher Monatsschrift für Literatur, Politik und Philosophie, in der namhafte Autoren wie Coleridge, Wordsworth, de Quincey und andere publizierten.]

daß noch nie ein Mensch, wie talentvoll er auch sonst gewesen sein mag, mit einer guten Feder einen guten Artikel geschrieben. Sie können als bestimmt annehmen, daß ein Manuskript, das man leicht lesen kann, nie des Lesens wert ist. Dies ist das leitende Prinzip unseres Glaubensbekenntnisses, und falls Sie demselben nicht gänzlich beistimmen könnten, müßte ich unsere Unterredung als beendet ansehen."

Er machte eine Pause. Da ich jedoch ein so lehrreiches Zwiegespräch durchaus nicht abbrechen wollte, stimmte ich seiner Ansicht, die mir überdies sehr einleuchtete und von deren Wahrheit ich schon vorher vollständig überzeugt gewesen, bei. Er schien angenehm berührt zu sein und fuhr in seinen Belehrungen fort: „Es wird wohl das beste sein, wenn ich Ihnen einen oder ein paar Artikel zum Studium oder so quasi als Modelle unterbreite. Da hatten wir – da hatten wir – aha – den ‚Lebendig-Toten' – einen ganz famosen Aufsatz. Ein Herr teilte uns seine Empfindungen mit, als man ihn begraben, ehe er seinen Atem vollständig ausgehaucht hatte. Ein Aufsatz voll Geschmack, Entsetzen, Sentimentalität, Metaphysik und Philosophie. Sie hätten gewettet, der Schreiber sei in einem Sarge geboren und erzogen worden. Dann hatten wir die ‚Bekenntnisse eines Opiumessers', fein, sage ich Ihnen, hochfein! Kolossale Phantasie, tiefe Philosophie, haarscharfe Spekulation, voll Feuer und Rage und tüchtig mit ausgesprochen Unverständlichem gewürzt. Es war ein Leckerbissen und ging dem Publikum sanft wie Päppchen die Kehle hinunter. Man behauptete, Coleridge sei der Verfasser; aber das stimmt nicht. Mein Lieblingspavian Genever hat den Beitrag bei einem Römer voll Wacholderschnaps und Wasser, ‚heiß, ohne Zucker', geschrieben." Hätte mir dies ein anderer als Herr Blackwood selbst erzählt, wäre es mir kaum glaublich erschienen.

„Dann hatten wir ‚Den unfreiwilligen Experimentalisten' – ein Herr war in einen Backofen geraten, gebacken worden und doch wohl und munter wieder herausgekommen, obwohl immerhin zum Umwenden knusprig genug. Dann hatten wir noch ‚Das Tagebuch eines verstorbenen Arztes', das hauptsächlich deshalb so bekannt wurde, weil es viel Geschrei um wenig Wolle machte. Weiter war da noch ‚Der Mann in der Glocke', ein ganz ausgezeichneter Beitrag, Miß Zenobia, auf den ich Sie nicht nachdrücklich genug aufmerksam machen kann. Er enthält die Geschichte von einem jungen Menschen, der unter dem Klöppel einer Kirchenglocke einschlief und wieder wach wurde, weil sie zu einem Begräbnis läutete. Das Getöse macht ihn verrückt, er zieht infolgedessen sein Notizbuch heraus, um seine Empfindungen und Sensationen aufzuschreiben. Sensationen, das ist überhaupt die große Hauptsache. Sollten Sie jemals ertrinken oder sich erhängen, so verfehlen Sie nur ja nicht, Ihre Sensationen aufzuzeichnen. Die bringen Ihnen wenigstens zehn Guineen pro Bogen ein."

„Ich werde nicht verfehlen, Herr Blackwood", sagte ich.

„Gut", meinte er, „ich sehe, Sie sind eine Schülerin nach meinem Herzen. Ich will Sie mit all den Details bekanntmachen, die nötig sind, um einen ‚echten' *Blackwood*-Artikel sensationeller Richtung schreiben zu können – Sie werden leicht verstehen, weshalb ich gerade diese Art für die beste halte.

Zuerst ist nötig, daß Sie sich in eine Patsche begeben, die fürchterlicher ist, als irgendeine, in die ein Mensch bis jetzt gekommen. Der Backofen war zum Beispiel geradezu ein Glücksfall. Wenn Sie jedoch keinen Backofen bei der Hand haben, auch keine große Glocke, und sich keine Gelegenheit bietet, aus einem Ballon zu fallen oder bei einem Erdbeben zu versinken, so müssen Sie sich in Gottes Namen bescheiden, einen ähnlichen Unglücksfall zu erfinden. Doch halte ich es immer für besser, wenn einem die tatsächliche Erfahrung zur Seite steht, denn nichts gibt der Phantasie einen so großen Schwung. ‚Die Wahrheit ist seltsam', wie Sie wissen, seltsamer als jede Dichtung und außerdem für unsere Zwecke viel mehr geeignet."

Ich versicherte ihm hierauf, daß ich ein Paar ausgezeichnete Strumpfbänder habe, mit denen ich mich erhängen wolle.

„Gut", antwortete er, „tun Sie das, obwohl Aufhängen schon ein bißchen langweilig geworden ist. Vielleicht finden Sie etwas Besseres. Nehmen Sie doch eine Schachtel Schweizer Pillen auf einmal, und teilen Sie uns dann Ihre Sensationen mit. Meine Instruktionen lassen sich aber auf *jede* Art von Unglück anwenden, und es ist ja sehr leicht möglich, daß Sie auf dem Heimweg jemand auf den Kopf schlägt oder daß Sie von einem Omnibus überfahren oder von einem tollen Hunde gebissen werden oder gar in der Gosse ertrinken. Wir wollen jedoch weitersehen.

Wenn Sie sich über Ihren Gegenstand klar geworden sind, müssen Sie Ton und Art Ihrer Erzählung in Erwägung ziehen. Da haben wir den didaktischen, enthusiastischen und natürlichen Ton. Ziemlich abgebraucht sind sie alle drei. Außerdem gibt es noch den lakonischen oder kurzen Ton, der in letzter Zeit sehr in Aufnahme gekommen ist. Man wendet nur ganz kurze Sätze an. Ungefähr so: Kann nicht zu knapp sein. Nie bissig genug. Stets ein Punkt. Nie ein Abschnitt.

Dann gibt es noch den gefeilten, weitschweifigen, mit Einschaltungen gespickten Stil, der von einigen unserer besten Novellisten sehr gepflegt wird. Die Worte wirbeln herum wie ein Brummkreisel und machen auch ein ähnliches Geräusch, das außerordentlich gut die Stelle von Sinn oder Bedeutung vertritt. Es ist der bestmögliche Stil, wenn ein Autor in zu großer Eile ist, um zu denken.

Der metaphysische Ton ist ebenfalls gut zu gebrauchen. Wenn Sie irgend welche hochklingenden Worte kennen, bietet sich Ihnen die beste Gelegenheit, dieselben anzubringen. Reden Sie von Ionischen und Eleatischen Schulen – von Archytas, Gorgias und Alkmaeon. Reden Sie stets sehr allgemein über die Dinge, und wenn Ihnen einmal eine gar zu absurde Bemerkung entwischt, so nehmen Sie sich nicht erst die Mühe, dieselbe auszustreichen, sondern machen Sie einfach eine Fußnote, in der Sie behaupten, für den obenstehenden tiefen Gedanken der ‚Kritik der reinen Vernunft‘ oder den ‚Metaphysischen Anfangsgründen der Naturwissenschaft‘ verpflichtet zu sein. Das wird sehr gelehrt aussehen und noch obendrein aufrichtig.

Es gibt noch eine ganze Menge Stilarten, die alle gleich berühmt sind, doch will ich nur noch zwei weitere erwähnen – den transzendentalen und den heterogenen Stil. Das Verdienst des ersteren besteht darin, daß sein Schreiber viel tiefer in das Wesen der Dinge eindringt als irgend sonst jemand. Ein Studium der *Sonnenuhr* wird Sie hier sehr viel weiterbringen.

Vermeiden Sie in diesem Falle alle großen Worte, brauchen Sie nur möglichst anspruchslose, und schreiben Sie das unterste zuoberst. Erwähnen Sie etwas von der ‚Himmlischen Einheit‘, aber sprechen Sie keine Silbe von der ‚Höllischen Zweiheit‘. Deuten Sie *alles* an – behaupten Sie *nichts* bestimmt. Wenn Sie sich versucht fühlen sollten, einmal vom ‚Butterbrot‘ zu reden, so sprechen Sie das Wort um Gottes willen nicht klar und deutlich aus. Spielen Sie auf Buchweizenkuchen an, gehen Sie meinetwegen so weit und insinuieren Sie die Vorstellung eines bestrichenen Törtchens, aber wenn Sie wirklich ‚Butterbrot‘ meinen, liebste Miß Psyche, so seien Sie vorsichtig und *sagen* Sie es unter keiner Bedingung.“

Ich versicherte ihm, daß ich es, solange ich lebe, nie tun wolle. Er küßte mich und fuhr fort: „Der heterogene Stil ist nur eine Mischung aller anderen Stile zu gleichen Teilen und besteht folglich aus allem Tiefen, Großen, Wunderlichen, Reizvollen, Treffenden und Hübschen.

Nun wollen wir annehmen, Sie haben sich für Ihren Gegenstand sowie für den Stil entschieden. Jetzt bleibt noch das Wichtigste zu tun übrig: die Ausschmückung der ganzen Sache. Da man jedoch nicht annehmen kann, daß jeder Herr und jede Dame das Leben eines Bücherwurms geführt hat und es andererseits aber unbedingt nötig ist, daß Ihr Artikel einen Anschein von Gelehrsamkeit oder wenigstens von ausgedehnter Belesenheit habe, will ich Ihnen zeigen, wie Sie diese Anforderung erfüllen können. Sehen Sie einmal her!“

Er langte drei oder vier Bücher aus seinem Bücherbrett und öffnete sie aufs Geratewohl.

„Auf jeder beliebigen Seite jedes beliebigen Buches in der Welt finden Sie mit Sicherheit ein paar gelehrte oder geistreiche Bemerkungen, die sich vorzüglich als Würze jedes *Blackwood*-Artikels eignen. Sie können sich übrigens einige notieren, während ich sie Ihnen vorlese. Ich unterscheide dabei zweierlei Arten

– erstens: Interessante Tatsachen zur Herstellung von Gleichnissen und zweitens: Reizvolle, pikante Aussprüche zur gelegentlichen Anwendung.

Interessante Tatsachen zur Herstellung von Gleichnissen:

‚Ursprünglich gab es bloß drei Musen – Melete, Mneme, Aoede – Nachdenken, Gedächtnis, Gesang.‘

Aus dieser kleinen Tatsache können Sie, wenn Sie es geschickt anfangen, unendlich viel machen. Sie ist nicht allgemein bekannt und gibt einem Aufsatz sofort etwas Apartes. Doch müssen Sie diese Bemerkung möglichst leger machen, damit es so aussieht, als seien Sie ganz unvorbereitet auf sie verfallen.

Weiter.

‚Der Fluß Alpheus durchströmte das Meer und verließ es wieder, ohne daß sein Wasser an Reinheit eingebüßt hatte.‘

Diese Bemerkung ist schon ziemlich ausgewittert; gut aufgeputzt und nett serviert, kann sie immerhin noch verhältnismäßig frisch aussehen. Hier kommt was Besseres.

‚Die Persische Iris hat für manche Menschen einen süßen, kraftvollen Duft, manchen erscheint sie jedoch vollkommen geruchlos.‘

Sehr fein! Sehr zart. Drehen und wenden Sie diesen Satz ein bißchen, und er wird Wunderdinge tun.

Nun wollen wir uns etwas aus der Botanik suchen. Dergleichen Sachen machen sich stets gut, besonders mit Hilfe von etwas Latein.

‚Die *Epidendrum Flos Aeris* auf Java hat eine sehr schöne Blüte und verwelkt nicht, wenn man sie mit der Wurzel ausgräbt. Die Eingeborenen hängen sie an einem Bindfaden an der Zimmerdecke auf und freuen sich jahrelang ihres Duftes.‘

Das ist ja ganz famos! und mag für Gleichnisse genügen. Nun wollen wir uns nach den pikanten Ausdrücken umsehen.

Pikante Ausdrücke:

‚Die wunderbare chinesische Erzählung *Iu-Kiao-Li.*‘

Gut. Wenn Sie diese wenigen Worte mit Geschicklichkeit einfügen, zeigen Sie dadurch Ihre intime Bekanntschaft mit der chinesischen Sprache und Literatur. Sie können dann im Notfall auf Arabisch, Sanskrit oder Chikasa verzichten. Doch darf in keinem Musteraufsatze Spanisch, Italienisch, Latein und Griechisch fehlen. Ich werde Ihnen je eine kleine Probe heraussuchen. Jede wird ihren Zweck erfüllen, denn ich rechne auf Ihre Geschicklichkeit, sie Ihrem Artikel anzupassen. Schreiben Sie!

‚*Aussi tendre que Zaïre*‘ – so zart wie Zaïre –, das ist Französisch und spielt auf die oftmals wiederholte Phrase aus der gleichnamigen französischen Tragödie an: *la tendre Zaïre*. Passend angewandt, beweist es nicht nur Ihre Kenntnis der

Sprache, sondern auch Ihre allgemeine Belesenheit und Ihren Witz. Sie können z. B. sagen, daß das junge Hühnchen, das Sie aßen (nehmen wir an, Sie schreiben einen Artikel darüber, daß Sie an einem Hühnerknochen erstickt sind), nicht *,aussi tendre que Zaïre*' war. Schreiben Sie weiter:

> *,Ven, Muerte, tan escondida*
> *Que non te sienta venir*
> *Porque el plazer del morir*
> *No me tonte a dar la vida.'*

Das ist Spanisch – von Miguel de Cervantes und heißt: ,Komm schnell, o Tod, doch laß mich nicht dein Kommen sehen, damit die Freude, die dieser Anblick mir bereitet, mich nicht zurück zum Leben bringe.' Das können Sie apropos anbringen, wenn Sie von dem letzten Erstickungsanfall infolge des Hühnerknochens reden. Weiter:

> *,Il pover' uomo, che non se n'era accorto*
> *Andava combattendo, e era morto.'*

Das ist Italienisch, wie Sie vielleicht bemerkt haben werden, stammt von Ariost und bedeutet, daß ein großer Held, der in der Hitze des Gefechtes gar nicht bemerkt, daß er getötet worden ist, tot wie er ist, fortfährt, tapfer zu kämpfen. Die Beziehung dieses Zitats zu Ihrem Falle liegt natürlich klar auf der Hand, Miß Psyche, denn ich hege die Zuversicht, daß Sie, nachdem Sie erstickt sind, noch mindestens anderthalb Stunden Widerstand leisten werden. Schreiben Sie weiter:

> ,Und sterb' ich denn, so sterb' ich doch
> Durch sie – durch sie!'

Das ist von Goethe, und ich brauche wohl nicht extra zu erwähnen, daß Sie mit diesen Worten die Ursache Ihres Unglückes apostrophieren – die Henne.

Nun kommt eine hübsche lateinische Phrase, die auch selten ist; man kann nämlich nicht apart genug in seinem Latein sein, es wird so gewöhnlich. Sie lautet:

> *,ignoratio elenchi'.*

Er hat ein *,ignoratio elenchi'* begangen heißt, er hat die Worte Ihres Ausspruchs verstanden, jedoch nicht den Sinn. Er war also ein Narr, wie Sie sehen, wahrscheinlich irgendein armer Teufel, an den Sie sich um Hilfe wenden, während Sie mit dem Hühnerbein kämpfen, und der nicht verstand, was Sie wollten. Werfen Sie ihm dies *„ignoratio elenchi"* ins Gesicht, und Sie haben ihn für immer vernichtet. Sollte er eine Antwort wagen, so sagen Sie ihm mit Lucanus, daß Reden bloße *„anemonae verborum"* seien – die Anemone hat nämlich eine strahlende Farbe, doch keinen Duft. Sollte er nun anfangen zu poltern, dann donnern Sie ihm ein *„Insomnia Jovis"* auf den Kopf – eine Phrase, die Silius Italikus auf aufgeblasene, prahlerische Gedanken anwendet. Das wird ihn ohne Zweifel in Grund und Boden stampfen. Es bleibt ihm nichts übrig, als seinen Geist aufzugeben. – Doch wollen Sie gütigst weiterschreiben!

Wir müssen jetzt etwas hübsches Griechisches haben, von Demosthenes zum Beispiel:

$$Aνὴρ ὁ φεύγων καὶ πάλιν μαχήσεται$$

Es heißt: ‚Denn er, der flieht, kann wieder kämpfen; was dem, der erschlagen, versagt ist.' Nichts macht in einem *Blackwood*-Artikel so viel aus, als wenn Sie Griechisch zitieren. Die bloßen Buchstaben sehen so tief aus. Sehen Sie sich doch, bitte, nur mal an, wie verschmitzt das Epsilon aussieht. Das Phi müßte eigentlich ein Bischof geworden sein. Kann man sich einen schneidigeren Burschen vorstellen wie das Omikron? Wie geschniegelt das Tau ist! Für eine richtige Sensationszeitschrift gibt es wahrhaftig nichts Besseres als Griechisch. Die Anwendung des Satzes in Ihrem Falle liegt wieder klar auf der Hand. Rufen Sie ihn mit einem furchtbaren Fluche dem dickköpfigen Taugenichts, der Ihr gutes Englisch nicht verstehen konnte, ins Gesicht; er wird den Wink kapieren und sich aus dem Staube machen, das ist sicher."

Dies waren die Belehrungen, die mir Herr Blackwood angedeihen ließ, und ich empfand, daß sie vollständig genügten. Ich war nun imstande, einen echten *Blackwood*-Artikel zu schreiben und beschloß, es möglichst bald zu tun. Beim Abschied machte mir Herr Blackwood das Anerbieten, diesen Aufsatz, wenn er geschrieben, anzukaufen; da er mir jedoch nur fünfzig Guineen pro Bogen bot, hielt ich es für besser, ihn unserer Gesellschaft zukommen zu lassen, als ihn für eine solch armselige Summe zu opfern. Trotz dieser Knauserigkeit erwies mir der besagte Herr doch alle Hochachtung und behandelte mich mit der größten Liebenswürdigkeit. Seine Abschiedsworte machten den tiefsten Eindruck auf mein Herz, und ich hoffe, ich werde ewig voll Dankbarkeit ihrer gedenken.

„Meine liebe Miß Zenobia", sagte er, während ihm die Tränen in die Augen traten, „kann ich Ihnen bei Ihrem lobenswerten Vorhaben noch irgendwie behilflich sein? Es ist immerhin möglich, daß Sie keine Gelegenheit haben werden, bald zu – zu ertrinken oder an einem Hühnerknochen zu ersticken oder sich zu erhängen oder gebissen zu werden. Doch warten Sie mal – ich habe unten im Hofe ein Paar ausgezeichnete Bulldoggen, wild, sage ich Ihnen, gerade das, was Sie brauchen. Sie werden Sie samt all Ihren Bandrosetten in weniger als fünf Minuten aufgefuttert haben. Hier ist meine Uhr, und denken Sie nur an die Sensationen! Tom! Peter! Dick! Lassen Sie mal die Hunde –"

Doch ich war in zu großer Eile, um noch länger verweilen zu können, ich mußte meinen Abschied beschleunigen und verließ Herrn Blackwood vielleicht etwas hastiger als die Höflichkeit gestattete.

Mein erstes, als ich fortgegangen, war, mich nach dem Rate des Herrn Blackwood in irgendeine Gefahr zu begeben, und ich durchwanderte zu diesem Zwecke während des Restes des Tages fast ganz Edinburgh auf der Suche nach einem Abenteuer – nach einem Abenteuer, das im Verhältnis zu der Intensität meiner Gefühle und der Großartigkeit des Artikels stehen sollte, den ich schreiben wollte. Bei dieser Wanderung begleiteten mich mein Neger Pompejus und mein kleines Schoßhündchen Diana, das ich mir aus Philadelphia mitgebracht hatte. Am Spätnachmittag jedoch erst wurde mein heißes Bemühen von Erfolg gekrönt. Es ereignete sich etwas sehr Wichtiges, dessen Wesen und Ergebnis ich in dem nun folgenden Blackwood-Artikel – im heterogenen Ton gehalten – niedergelegt habe:

EINE GEFÄHRLICHE SITUATION
Miß Zenobias *Blackwood*-Artikel

An einem ruhigen und stillen Nachmittag erging ich mich in der guten Stadt Edina. Auf den Straßen herrschte Trubel und Geschrei. Männer redeten. Weiber kreischten. Kinder krabbelten. Schweine grunzten. Wagen rasselten. Hunde bellten. Kühe muhten. Pferde wieherten. Katzen miauten. Hunde tanzten. Tanzten! Wie konnte dies nur sein? Tanzten. Ach, dachte ich, die Tage, da ich tanzte, sind vorüber. So geht es. Welche Schar trüber Erinnerungen wird immer in dem beschaulichen und phantasievollen Gemüte auferstehen, besonders bei einem Geiste, der sich zum Ewigen hinneigt, zum immerdauernden Bestehenden – zum, wie man sagen könnte – Beständigen – ja, zum stets bestehenden Beständigen – bitter gequält, beunruhigt von dem, wenn mir der Ausdruck gestattet ist, höchst beunruhigenden Einfluß alles Heiteren, Gottgleichen, Himmlischen, Erhebenden und Erhabenen, der reinigenden Wirkung dessen, was man füglich das beneidenswerte, das wahrhaft beneidenswerte – nein! das gesegneteste, schönste, das entzückendste, ätherischste und sozusagen das hübscheste (wenn ich einen solchen kühnen Ausdruck gebrauchen kann) Ding (verzeihe, lieber Leser) auf der Welt nennen möchte; doch meine Gefühle reißen mich immer weg. In solch einem Geiste also, wiederhole ich, welch eine Schar von Erinnerungen ruft in solchem Geiste oft eine Kleinigkeit wach! Die Hunde tanzten. Ich – ich konnte es nicht. Sie hüpften – ich weinte. Sie sprangen – ich schluchzte laut. Ergreifende Szene! Die jedem klassisch gebildeten Leser jene wundervolle Stelle von der Ergebung in alle Dinge ins Gedächtnis rufen muß, die im Anfange des dritten Bandes der herrlichen, ehrwürdigen chinesischen Erzählung „Ich-Schwa-Fe-Le" zu finden ist.

Bei diesem einsamen Gange durch die Stadt begleiteten mich zwei demütige, doch treue Gefährten. Diana! mein lockiges Schoßhündchen, das süßeste Geschöpf. Über einem Auge hat sie ein Büschelchen Haare und trägt ein blaues Band modisch um den Hals geschlungen. Sie ist nicht mehr als fünf Zoll hoch, doch ist ihr Kopf größer als ihr Körper, und ihr Schwanz, der außerordentlich kurz abgeschnitten ist, gibt dem interessanten Tiere ein gewisses Aussehen von gekränkter Unschuld, das es zu jedermanns Liebling macht.

Und Pompejus, mein Neger! Teurer Pompejus! Wie könnte ich dich je vergessen?

Ich hatte Pompejus Arm genommen. Er war drei Fuß hoch (ich bin gern genau) und vielleicht siebzig oder auch achtzig Jahre alt. Er hatte O-Beine und war sehr dick. Seinen Mund konnte man nicht klein noch seine Ohren kurz nennen. Seine Zähne jedoch waren Perlen gleich und seine großen Augen wundervoll weiß. Die Natur hatte ihn nicht mit einem Halse bedacht und seine Knöchel, wie es bei dieser Rasse oft vorkommt, in die Mitte des oberen Teiles seiner Füße verlegt. Er war mit rührender Einfachheit gekleidet. Sein Anzug bestand aus einem Stock von neun Zoll Höhe und einem fast neuen mausgrauen Überrock, der früher dem stattlichen, hochgewachsenen, berühmten Herrn Dr. Geldkratz angehört hatte. Er war gut geschnitten. Er war vorzüglich gemacht. Der Rock war fast neu. Pompejus hielt ihn mit beiden Händen in die Höhe, damit er nicht mit dem Straßenschmutze in Berührung käme.

Unsere Gesellschaft bestand aus drei Personen. Von zweien habe ich schon beschreibend geredet. Bleibt noch die dritte übrig. Diese dritte war ich. Ich bin die Signora Psyche Zenobia. Ich bin nicht Settchen Schnops. Ich bin von imponierender Erscheinung. An dem bemerkenswerten Tage, von dem ich rede, trug ich ein karmesinrotes Atlasgewand und ein himmelblaues arabisches Mantelet. Das Kleid war mit grünem Besatz und sieben Rosetten orangefarbenen Bandes geziert. Ich war also die dritte Person unserer Gesellschaft. Sie bestand aus meiner Diana, aus meinem Pompejus und aus mir. Wir waren zu dreien. Wie es im Anfang nur drei Furien gab – die Betrachtung, die Erinnerung und das Geigenspiel.

Auf den Arm des galanten Pompejus gestützt und in respektvoller Entfernung von Diana gefolgt, wandelte ich eine der belebtesten und amüsantesten Straßen des nun verlassenen Edina herab. Plötzlich bot sich meinen Blicken eine Kirche dar – eine gotische Kathedrale – ungeheuer, ehrwürdig, mit einem hohen Turm geschmückt, der sich in die Wolken erhob. Welcher Wahnsinn ergriff mich? Was trieb mich, mein Schicksal zu versuchen? Ein unbezähmbares Verlangen trieb mich, die schwindelnde Höhe zu ersteigen und von dort die Stadt zu überschauen. Das Portal der Kathedrale stand einladend offen. Mein Schicksal zwang mich. Ich trat in das Unheil vorbedeutende Kirchenschiff. Wo war mein Schutzengel – wenn es wirklich solche Engel gibt? Wenn? Trauervolles Fragewort! Welch eine Welt von Geheimnissen, Bedeutungen, Zweifeln und Ungewißheiten ist in diesen vier Buchstaben enthalten! Ich trat in das unheilverkündende Kirchenschiff ein. Ich trat ein, und ohne meinen orangefarbenen Bändern irgendwelchen Schaden zuzufügen, durchschritt ich das Portal und trat in den Vorraum. So, sagt man, zwängte sich der ungeheure Strom Alfred, ohne naß zu werden und unversehrt, durch die See.

Ich glaubte, die Treppen würden nie ein Ende nehmen. Rund! Sie gingen rund und rund und immer rund und rund hinauf, bis mein weiser Pompejus sowohl wie ich selbst die Vermutung kaum mehr unterdrücken konnte, daß man das obere Ende der beständig sich spiralförmig windenden Treppe zufällig – oder vielleicht absichtlich – entfernt habe. Ich lehnte mich mit dem ganzen Vertrauen langer Zuneigung auf den Arm Pompejus und rang einen Augenblick nach Atem, als sich ein Umstand ereignete, der sowohl in moralischer wie metaphysischer Hinsicht zu wichtig war, um unbemerkt vorübergehen zu können. Es schien mir – nein, ich bemerkte es ganz genau, ich konnte mich nicht irren, nein – ich hatte ja schon seit einiger Zeit die Bewegungen meiner Diana aufmerksam und ängstlich verfolgt; ich sage, ich konnte mich nicht irren – Diana roch eine Ratte. Sofort teilte ich Pompejus meine Vermutung mit, und er – er stimmte ihr bei. Wir konnten vernünftigerweise keinem Zweifel mehr Raum geben. Die Ratte war gerochen worden, und zwar von Diana. Himmel! werde ich die wilde Erregung dieses Augenblicks je vergessen können? Ach! was ist der vielgerühmte Verstand des Menschen?! Die Ratte – die war da, das heißt, sie war irgendwo. Diana roch die Ratte. Ich – ich konnte es nicht. So, sagt man, hat die preußische Isis für manche Menschen einen süßen, kraftvollen Duft, während sie anderen wiederum ganz duftlos erscheint.

Die Treppe war nun beinahe erstiegen – nur noch drei oder vier Stufen füllten den Raum zwischen uns und der Spitze. Wir stiegen weiter; noch eine Stufe war zu erklimmen. Eine kleine, kleine Stufe. Welch ungeheure Summe von Glück oder Elend hängt im ungeheuren Treppenhause des menschlichen Lebens oft an einer kleinen Stufe! Ich dachte an mich, dann an Pompejus, dann an das unerklärliche und geheimnisvolle Geschick, das uns umschwebte. Ich dachte an Pompejus – ach – ein Liebesgedanke. Ich dachte an die vielen falschen Stufen und Schritte, die man im Leben nimmt und nehmen wird. Ich beschloß, von jetzt ab vorsichtiger, reservierter zu sein. Ich ließ Pompejus Arm fahren. Und ohne seine Hilfe stieg ich die letzte Stufe hinan und trat in die Glockenkammer. Unmittelbar darauf folgte mir mein Hündchen. Pompejus allein blieb zurück. Ich stand ganz oben und ermutigte ihn, auch heraufzukommen. Er streckte mir seine Hand entgegen und wurde so unglücklicherweise genötigt, den Überrock loszulassen. Werden die Götter nie mit ihren Prüfungen aufhören? Der Überrock fiel bis auf den Boden, und Pompejus trat mit einem seiner Beine auf einen der wallenden Seitenteile des Rockes. Er stolperte und fiel – diese Folge war unausbleiblich. Er fiel nach vorwärts und mit seinem verfluchten Kopfe gegen meine Brust, so daß ich mit ihm auf den harten, schmutzigen, abscheulichen Boden der Glockenkammer hinschlug. Doch meine Rache war schnell, sicher und vollständig. Ich packte ihn wütend in die Wolle, riß mit beiden Händen eine

Masse von dem schwarzen, krausen Zeug aus und warf es mit allen Zeichen der Verachtung fort. Es fiel zwischen die Glockenstränge und blieb da hängen. Pompejus stand auf und sagte kein Wort. Doch sah er mich mit seinen großen Augen ganz erbärmlich an und seufzte. Ihr Götter – dieser Seufzer! Er schlug in mein Herz! Und das Haar! Die Wolle! Hätte ich sie wieder herauffischen können, ich hätte sie zum Zeichen der Reue in meinen Tränen gebadet. Doch ach! Sie war meinen Händen unerreichbar. Wie sie da so zwischen dem Tauwerk hing, kam es mir vor, als sei sie noch lebendig. Ich dachte, sie erbebe vor Unwillen. So, sagt man, lebt die *Ebendadrum Flos Aeris* auf Java, eine schöne Blume, immer weiter, wenn man sie mit der Wurzel ausreißt. Die Eingeborenen hängen sie an einem Bindfaden an ihrer Zimmerdecke auf und erfreuen sich jahrelang an ihrem Geruche.

Unser Streit war beendet, und wir suchten in dem Raum nach einer Öffnung, durch die wir den Blick auf die Stadt genießen konnten. Fenster waren keine da. Das Licht drang durch ein viereckiges Loch, das einen Fuß Durchmesser hatte und sieben Fuß vom Boden entfernt war. Doch was könnte der Energie eines wirklichen Genies standhalten? Ich beschloß, zu diesem Loch hinaufzuklettern. Eine Menge von Rädern, Schwungfedern und anderen geheimnisvoll aussehenden Maschinerien war unter dem Loche aufgetürmt, und durch das Loch ging von dem Haufen Maschinerien aus eine lange Eisenstange. Zwischen den Rädern und der Wand, in der sich das Loch befand, war kaum genügend Raum für meinen Körper. Doch beseelte mich das unerschütterliche Streben des Genies. Ich rief Pompejus zu mir heran.

„Siehst du das Loch, Pompejus? Ich will hindurchsehen. Du stellst dich hier genau unter das Loch. Nun strecke eine Hand aus, Pompejus, und laß mich auf sie hinaufsteigen – so – nun die andere Hand, damit ich mit ihrer Hilfe auf die Schulter gelange."

Er tat, was ich wünschte, und ich fand, nachdem ich hinaufgestiegen, daß ich meinen Kopf und Hals mit Leichtigkeit durch das Loch stecken konnte. Die Aussicht war erhaben. Man könnte sich nichts Großartigeres vorstellen. Ich blickte einen Augenblick zurück, um meiner Diana ein gutes Betragen anzuempfehlen und meinem Pompejus zu versichern, daß ich mich auf seinen Schultern so leicht wie möglich machen würde. Ich sagte ihm noch, daß ich seine Gefühle zart behandeln wolle, *aussi tendre que Kairo*. Als ich meinen treuen Freund solchermaßen beruhigt hatte, überließ ich mich mit Entzücken und Begeisterung dem Anblick, der sich so liebenswürdig meinen Augen darbot.

Bei ihm will ich jedoch nicht länger verweilen. Es ist nicht meine Absicht, die Stadt Edinburgh zu beschreiben. Jeder Mensch ist schon in Edinburgh, dem klassischen Edina, gewesen. Ich will mich auf die Einzelheiten meines traurigen Abenteuers beschränken. Nachdem ich meine Neugierde in bezug auf die Ausdehnung, Lage und das allgemeine Aussehen der Stadt befriedigt, hatte ich Muße, die Kirche, in der ich mich befand, und die Architektur des Turmes zu betrachten. Da sah ich denn, daß das Loch, durch welches ich meinen Kopf gesteckt, die Öffnung in dem Zifferblatt einer riesigen Uhr bildete und von der Straße aus etwa so groß wie ein Schlüsselloch, wie man es noch an französischen Taschenuhren findet, ausgesehen haben muß. Der Zweck desselben war ohne Zweifel der, der Hand des Uhrmachers Durchlaß zu gewähren, wenn die Zeiger der Uhr einmal richtig zu stellen waren. Ich bemerkte voll Erstaunen die ungeheure Größe der Zeiger; der größte war gewiß zehn Fuß lang und an der breitesten Stelle acht bis neun Zoll breit. Sie waren aus schwerem Stahl gearbeitet; die Ecken schienen sehr scharf zu sein. Als ich diese und noch einige weitere Bemerkungen gemacht hatte, wandte ich meine Augen wieder dem großartigen Bilde unten zu und versank bald tief in Betrachtungen.

Aus diesen riß mich einige Minuten später Pompejus Stimme wieder heraus. Er behauptete, er könne es nicht länger mehr aushalten, und bat mich, doch so liebenswürdig zu sein und herunterzukommen. Ich fand dies Ersuchen unvernünftig und setzte ihm dies in längerer Rede auseinander. Aus seiner Antwort entnahm ich, daß er meine Ideen vollständig mißverstanden habe. Nun wurde ich wütend und sagte ihm mit klaren Worten, daß er ein Narr sei, daß er ein *ignoramus eselei* begangen habe, und daß seine Bemerkungen *Unsumme Bovis* seien. Er schien zufriedengestellt, und ich überließ mich wieder meinen Betrachtungen.

Ungefähr eine halbe Stunde nach diesem Wortwechsel fühlte ich trotz meiner tiefen Versunkenheit in das himmlische Bild tief unter mir ganz plötzlich etwas sehr Kaltes mit sanftem Druck auf meinem Nacken. Es ist wohl unnötig zu sagen, daß ich mich darob höchst beunruhigt fühlte. Ich wußte, daß Pompejus unter mir stand, und Diana meinem Befehle gemäß in einer Ecke der Kammer auf den Hinterbeinen saß. Was konnte es nur sein? Ach! ich entdeckte es nur allzubald. Als ich meinen Kopf sanft ein wenig zur Seite wandte, bemerkte ich zu meinem größten Entsetzen, daß der riesige, glänzende, säbelscharfe Minutenzeiger der Turmuhr auf meinen Nacken niedergesunken war. Ich empfand sofort: keine Sekunde zu verlieren. Und schon wollte ich zurückschnellen – aber da war es auch bereits zu spät! Ganz unmöglich schien es, meinen Kopf aus der furchtbaren Falle zu ziehen, in die er so leicht hineingeschlüpft, und die mit unaussprechlich furchtbarer Schnelligkeit enger und enger wurde. Meine Todesangst kann sich keine Seele vorstellen. Ich versuchte mit der ganzen Kraft meiner Hände, das stählerne Ungeheuer nach oben zu drücken, doch hätte ich ebensogut versuchen können, die Kathedrale selbst in die Luft zu erheben. Tiefer, tiefer, tiefer kam der Stahl, enger, enger, enger wurde das Loch. Ich schrie zu Pompejus um Hilfe; er antwortete mir, ich habe seine Gefühle gröblich verletzt, da ich ihn vorhin einen dummen, alten Scheelbock genannt. Ich flehte zu Diana; die antwortete aber bloß „wau wau wau" und daß ich ihr strengstens verboten habe, sich aus der Ecke zu rühren. Ich hatte also von meinen Gefährten keine Hilfe zu erwarten.

Mittlerweile hatte die wuchtige und furchtbare Sense Zeit (jetzt empfand ich die ganze Kraft dieses klassischen Ausdrucks) nicht stillgestanden, und es war nicht wahrscheinlich, daß sie stillstehen werde. Tiefer und tiefer sank sie. Schon hatte sich ihr scharfer Rand einen Zoll tief in mein Fleisch eingebohrt, und meine Empfindungen wurden verwirrt. Einmal kam es mir vor, als befinde ich mich mit dem stattlichen Dr. Geldkratz in Philadelphia; dann war es mir wieder, als sei ich im Sprechzimmer des Mr. Blackwood und empfange seine unschätzbaren Lehren. Dann wieder kamen mir die süßen Erinnerungen an frühere, bessere Zeiten, da die Welt noch keine Wüste und Pompejus noch nicht so grausam war.

Das Ticken in der Uhr amüsierte mich. Amüsierte mich, sage ich, denn meine Empfindungen kamen mehr und mehr vollständiger Glückseligkeit nahe, und die geringsten Kleinigkeiten machten mir Vergnügen. Das beständige Ticktack klang mir wie Musik in den Ohren und erinnerte mich sogar an die wundervollen Reden des Dr. Pillendreh. Wie intelligent, wie geistvoll sahen die Zahlen auf dem Zifferblatt aus. Nun fingen sie an, eine Mazurka zu tanzen, und ich glaube, die große V machte es am besten. Sie schien eine wohlerzogene Dame zu sein. Nichts von Renommisterei, alles Zartheit in ihren Bewegungen. Sie pirouettierte bewundernswert, und ich hatte einen Augenblick die Idee, ihr einen Stuhl zu reichen, da sie zum Schluß erschöpft zu sein schien. Erst dann kam mir meine beklagenswerte Situation wieder ins Gedächtnis. Sie war jetzt wirklich beklagenswert. Der Stahl war nun zwei Zoll tief in meinen Nacken eingedrungen. Ich empfand ein Gefühl erlesen fürchterlichen Schmerzes. Ich flehte den Tod herbei und konnte in meiner Todesangst nicht umhin, mich der wunderbaren Verse des Dichters Michel de Zehrwantes zu erinnern:

> *Van de mur tan escondida*
> *Queeri non te senta venta*
> *Pork und Platz del morir*
> *Nomen thor a dar la dieda.*

Doch nun trat ein neues Schrecknis ein, und zwar eines, das auch den stärksten Nerven unangenehm gewesen wäre. Unter dem furchtbaren Druck des Zeigers begannen meine Augen aus ihren Höhlen hervorzutreten. Während ich noch überlegte, wie ich eventuell ohne sie fertig werden könnte, sprang mir eins in der Tat aus dem Kopfe, rollte den steilen Turm hinab und blieb in der Regenrinne, die oben am Hauptgebäude entlang lief, liegen. Der Verlust des Auges ärgerte mich nicht so sehr, wie die unverschämte, verächtliche Art, mit der es zu mir hinaufblickte. Da lag es denn in der Rinne, gerade unter mir, und sein Gebaren hätte man lächerlich nennen können, wäre es nicht so abscheulich gewesen. Ein derartiges Blinzeln und Zwinkern hatte ich nie vorher gesehen. Das Betragen meines Auges in der Dachrinne war nicht nur ärgerlich wegen seiner ganzen unverschämten und undankbaren Art, sondern noch ganz besonders ungehörig wegen der Sympathie, die eigentlich stets zwischen zwei Augen desselben Kopfes, auch wenn sie weit voneinander getrennt sind, bestehen sollte – und leider besteht. Denn ich war gezwungen, in toller Weise zu blinzeln und zu zwinkern, ob ich nun wollte oder nicht, genau wie das schurkische Ding, das unter meiner Nase lag blinzelte und zwinkerte. Doch erleichterte mich bald der Umstand, daß auch mein zweites Auge herausfiel. Im Fallen nahm es dieselbe Richtung (wahrscheinlich war es eine Abmachung) wie sein Gefährte. Dann rollten beide zusammen aus der Rinne heraus, und ich war froh, sie los zu sein. Der Stahl war mittlerweile vier und einen halben Zoll tief in meinen Hals eingedrungen, und es blieb nur noch ein dünnes Hautstreifchen zu durchschneiden. Ich empfand ein Gefühl vollständigster Zufriedenheit, denn ich wußte ja, daß ich in wenigen Minuten aus meiner unangenehmen Lage befreit sein mußte. In dieser Erwartung täuschte ich mich denn auch durchaus nicht. Genau um fünfundzwanzig Minuten nach fünf war der große Minutenzeiger genügend vorgeschritten, um den schmalen Streifen, der Kopf und Rumpf noch zusammenhielt, zu durchschneiden. Ich war durchaus nicht traurig, als ich bemerkte, daß der Kopf, der mir in der letzten Zeit so viele Unannehmlichkeiten bereitet hatte, sich endgültig verabschiedete. Er rollte zuerst den Turm hinunter, ruhte sich in der Rinne ein wenig aus und sprang dann mitten auf die Straße hinab.

Ich will jetzt aufrichtig gestehen, daß meine Gefühle den eigentümlichsten – ja geheimnisvollsten und unverständlichsten Charakter annahmen. Meine Sinne waren in ein und demselben Augenblick hier und da. Mein Kopf bildete sich ein, daß er, der Kopf, die wirkliche Signora Psyche Zenobia sei, mein Körper hielt sich jedoch auch für diese Person. Um mir Klarheit zu schaffen, griff ich in meine Tasche nach meiner Schnupftabaksdose. Als ich jedoch ihren vorzüglichen Inhalt genießen wollte, wurde ich mir meines Mangels von neuem bewußt und warf die Dose meinem Kopfe zu. Er nahm höchst zufrieden eine Prise und lächelte mich dankbar an. Dann richtete er auch einige Worte an mich, die ich jedoch ohne meine Ohren nur sehr undeutlich verstand. Immerhin wurde mir klar, daß er sich wunderte, wie ich unter den obwaltenden Umständen noch länger zu leben wünschte, und führte zum Schluß die edlen Worte Ariostos an:

> *Il pover hommy che non sera corty,*
> Und kann Kampf tenty ehr morty –

wodurch er mich mit dem Helden verglich, der, in der Hitze des Kampfes nicht bemerkend, daß er keinen Kopf mehr hat, mit unwiderstehlicher Tapferkeit zu kämpfen fortfährt.

Nun hinderte mich nichts mehr, von meinem hohen Standpunkt herunterzutreten, und ich tat es. Woher es kam, daß mir Pompejus plötzlich so sonderbar erschien, habe ich nie eruieren können. Er öffnete seinen Mund von einem Ohr zum anderen und schloß dann die Augen mit einer Vehemenz, als wolle er mit den Lidern Nüsse knacken. Dann warf er seinen Überrock ab, machte einen Satz nach der Treppe und verschwand. Ich rief dem Elenden die Donnerworte des Demosthenes nach:

> Andrees, o Phlegel du –

das heißt: „hast du es aber eilig!", – und wandte mich dann zu dem Liebling meines Herzens, der einäugigen, langhaarigen Diana. Himmel! welch scheußlicher Anblick! War das nicht eine Ratte, die da eben in einem Loch verschwand? Sind dies nicht die Gebeine des kleinen Engels, der von dem Ungetüm gefressen wurde? Ihr Götter! Was muß ich sehen? Ist dies die entflohene Seele, der Schatten, der Geist meines süßen Lieblings, was dort mit solch melancholischer Grazie in der Ecke sitzt? Horch! Er spricht! Er spricht! O Himmel! Es ist von Schiller:

> Und sterb ich doch,
> So sterb' ich denn
> Durch sie – durch sie!

Ach, ist dies nicht zu wahr?! Süßes Wesen! Das sich für mich geopfert hat? Hundlos! Negerlos! Kopflos! Was bleibt der armen Signora Psyche Zenobia übrig? Ach! Nichts! Mit mir ist's aus!

ABENTEUERGESCHICHTEN

HANS PFAALLS MONDFAHRT

Als Herrscher über ein wildes Heer
Wilder Phantasien
Auf luftigem Roß und mit funkelndem Speer
Will ich in die Wildnis fliehn.
Tom O'Bedlams Gesang

Nach jüngsten Berichten aus Rotterdam scheinen sich alle Philosophen der Stadt in höchster Aufregung zu befinden. Es haben sich dort in der Tat so unerwartete, so absolut neue Phänomene gezeigt – Phänomene, die so im Widerspruch mit den bis jetzt behaupteten Ansichten stehen, daß ich fürchte, ganz Europa wird nach nicht allzulanger Zeit in eine Art Aufruhr geraten, die ganze Physik wird sich empören, der gesunde Menschenverstand und die Astronomie werden sich in den Haaren liegen.

Den Berichten nach hatte sich also im Monat ... am ... (ich erinnere mich des Datums nicht mit Bestimmtheit) auf dem großen Börsenplatze der bewußten Stadt Rotterdam zu einem nicht genauer erwähnten Zwecke eine große Volksmenge versammelt. Der Tag war warm – ungewöhnlich warm sogar für die Jahreszeit, kein Lüftchen wehte, und der Menge war es durchaus nicht unangenehm, daß von Zeit zu Zeit aus den großen, weißen Wolken, die über das blaue Himmelsgewölbe zogen, ein leichter Regen niederrieselte. Gegen Mittag nun machte sich in der versammelten Menge eine leichte, doch deutlich spürbare Erregung bemerklich. Darauf folgte das Gemurmel von zehntausend Stimmen, und eine Minute später wandten sich die zehntausend Gesichter zum Himmel empor, zehntausend Pfeifen fielen wie auf einen Schlag aus zehntausend Mündern, und ein Schrei, der nur mit dem Getöse der Niagarafälle verglichen werden kann, erscholl durch die ganze Stadt und über die ganze Umgebung von Rotterdam.

Was die Ursache dieses immerhin seltsamen Gebarens gewesen, wurde bald offenbar. Hinter der scharf umrissenen Masse einer der schon erwähnten Wolken trat langsam hervor und glitt in eine der blauen Himmelslagunen ein rätselhaftes, heterogenes, doch offenbar stofflich festes Etwas von so sonderbarer Gestalt, so phantastischer Zusammensetzung, daß es die wohlbeleibten Bürger, die mit offenem Munde nach oben starrten, nicht verstehen konnten, aber auch nicht zu bewundern müde wurden. Was konnte es sein? Im Namen aller Teufel von Rotterdam, was konnte das zu bedeuten haben? Niemand wußte es, niemand hatte auch nur eine Ahnung; niemand, nicht einmal der Bürgermeister, Mynheer Superbus van Underduk, fand die geringste Vermutung, die es ermöglicht hätte, das Geheimnis aufzuklären.

So daß schließlich ein jeder, da man doch nichts Vernünftigeres tun konnte, seine Pfeife wieder sorgfältig in den Mundwinkel steckte, ein Auge beharrlich auf das Phänomen gerichtet hielt, paffte, eine Pause machte, mal nach rechts und links wackelte, bedeutungsvoll grunzte und – wieder paffte. Mittlerweile jedoch kam der Gegenstand so außerordentlicher Neugierde und die Ursache so vielen Dampfes der guten Stadt näher und näher. In wenigen Minuten war das Wunder so nahe, daß man es deutlich erkennen konnte. Es schien – nein, es war bei Gott eine Art von Ballon, doch hatte man einen solchen Ballon in Rotterdam noch nie zuvor erblickt. Denn wer, lassen Sie mich fragen, wer hat jemals einen Ballon gesehen, der ganz aus schmutzigen Zeitungen gemacht ist? In Holland gewiß niemand! Und gerade vor der Nase oder vielmehr gerade über der Nase all dieser Leute befand sich nun ein solches Ding, eins, das, wie ich aus bester Quelle erfahren habe, gerade aus dem Material hergestellt war, von dem noch niemand gehört hatte, daß es je zu einem solchen Zwecke verwendet worden wäre. Das erschien dem gesunden Menschenverstande der Bürger von Rotterdam eine ungeheure Beleidigung zu sein.

Was die Gestalt des Ballons anging, nun, so war sie doch tadelnswürdiger, denn sie hatte keine andere Form, als die einer riesigen umgestülpten Narrenkappe. Und diese Ähnlichkeit verminderte sich durchaus nicht, als die Menge bei genauerem Hinsehen von der Spitze eine große Troddel herabhängen und an dem oberen Rande oder der Basis des Kegels kleine Instrumente herumbaumeln sah, die Schafsglocken glichen und fortwährend die Melodie des schönen Liedes „Wilhelmus von Nassauen" klingelten.

Aber es sollte noch schlimmer kommen!

An blauen Bändern hing vom Rande dieser phantastischen Maschinerie ein riesiger, grauer Castorhut wie eine Gondel herab. Die Ränder waren übertrieben breit, der halbkugelförmige Kopf mit einem schwarzen Bande und einer silbernen Schnalle geschmückt. Es muß jedoch höchst merkwürdig erscheinen, daß mancher Einwohner von Rotterdam schwor, er habe den Hut früher schon öfters gesehen – ja, die ganze versammelte Menge schien ihn mit den Augen eines guten Bekannten zu betrachten. Und Mevrouw Grettel Pfaall stieß gar bei seinem Anblick einen Ruf freudigster Überraschung aus und erklärte, es sei der Hut ihres guten Gatten. Dieser letzte Umstand verdiente um so größere Beachtung, als Pfaall, Hans hieß er mit Vornamen, mit drei Genossen vor ungefähr fünf Jahren ganz plötzlich und auf unerklärliche Weise aus Rotterdam verschwunden war, und bis zu dem Tage, an dem diese Erzählung beginnt, alle Nachforschungen nach seinem Verbleib nicht das geringste Ergebnis gehabt hatten. Allerdings waren noch neulich im Osten der Stadt an einem versteckten

Orte mit anderen sonderbaren Trümmern einige anscheinend von Menschen
stammende Gebeine gefunden worden. Ein paar Leute hatten daraufhin die
Vermutung ausgesprochen, daß an dieser Stelle wahrscheinlich eine schreckliche
Bluttat geschehen sei, deren Opfer jedenfalls Hans Pfaall und seine Kameraden
geworden.

Doch kehren wir zu unserer Erzählung zurück.

Der Ballon (ohne Zweifel war es einer) hatte sich dem Boden bis auf hundert Fuß genähert und gestattete der Menge, die Person, der er zum Aufenthalt
diente, genau in Augenschein zu nehmen. Es war ein sonderbarer Jemand. Er
mochte kaum zwei Fuß hoch sein, und doch hätte ihn seine Winzigkeit nicht
verhindert, das Gleichgewicht zu verlieren und über den Rand seiner Gondel
hinauszufallen, wenn er nicht außerdem noch in einem runden Reifen gesteckt
hätte, der ihm um Brust und Rücken ging und an den Stricken des Ballons festgebunden war. Der Körper des kleinen Mannes erschien über alle Präportio-
nen dick und gab seiner ganzen Erscheinung etwas absurd Rundes. Seine Füße
konnte man natürlich nicht sehen. Seine Hände waren ungeheuer groß. Sein
Haar war grau und hinten in einen Zopf geordnet. Seine Nase war außerordentlich lang, gebogen und leuchtend purpurrot, seine Augen blickten scharf und
glänzend. Sein Kinn und seine Wangen, obwohl von Altersfalten durchzogen,
waren breit, weich und doppelt, von einem Ohr hingegen an keiner Seite seines
Kopfes auch nur das geringste zu entdecken. Dieser sonderbare kleine Herr war
in einen losen Überrock an himmelblauer Seide gekleidet; er trug eng anliegende
Beinkleider, die an den Knien mit silbernen Schnallen befestigt waren; seine
Weste bestand aus einem gelben, glänzenden Stoffe, eine Mütze aus weichem
Taffet saß zierlich und kokett schief auf seinem Kopfe, und um seinen Anzug
zu vervollständigen, trug er ein blutrotseidenes Tuch um den Hals gewunden;
vorne war dasselbe zu einem ungeheuren Knoten geschlungen, dessen Zipfel
prunkvoll auf seine Brust herabhingen.

Als der alte Herr, wie ich eben schon sagte, bis auf hundert Fuß der Erde
nahe gekommen, wurde er von einem Zittern ergriffen, und schien keine Lust
zu verspüren, sich die *terra firma* genauer anzusehen. Er warf aus einem Lein-
wandbeutel, den er mit großer Mühe aufhob, eine Menge Sand aus, und der
Ballon stand dann auch sofort still. Dann zog er in eiliger, aufgeregter Weise eine
Brieftasche aus Maroquinleder aus der Seitentasche seines Überrockes. Er wog
sie argwöhnisch in seiner Hand und betrachtete sie dann mit einem Ausdruck
höchster Überraschung, als erstaune ihn ihr Gewicht. Endlich öffnete er sie und
entnahm ihr einen riesigen Brief, der mit rotem Wachs gesiegelt und mit einem
Bändchen von derselben Farbe sorgfältig zusammengebunden war, und ließ ihn
gerade vor die Füße des Bürgermeisters Superbus van Underduk hinabfallen.

Seine Exzellenz bückte sich, um ihn aufzuheben. Der Aeronaut jedoch, der sich noch immer in großer Unruhe zu befinden schien, und auch wohl weiter keine Geschäfte in Rotterdam zu verrichten hatte, traf eilfertig seine Veranstaltungen zur Abfahrt. Da er wieder Ballast auswerfen mußte, um steigen zu können, so fiel ein halbes Dutzend Sandsäcke, die er, ohne sich die Mühe zu geben, sie zu leeren, einfach herunterwarf, dem unglückseligen Bürgermeister auf den Buckel und kugelte ihn nicht weniger als ein halbdutzendmal vor den Augen von ganz Rotterdam um.

Man muß nun nicht glauben, daß sich der große Underduk diese Impertinenzen des kleinen alten Mannes gefallen ließ. Im Gegenteil, man erzählt, daß er während der sechs Umdrehungen nicht weniger als ein halbes Dutzend wütender Dampfwolken aus seiner Pfeife blies, die er während der ganzen Zeit aus aller Kraft zwischen den Zähnen festhielt, und – so Gott will – bis zum Tage seines Todes festhalten wird.

Mittlerweile erhob sich der Ballon wie eine Lerche, schwebte hoch über der Stadt und verschwand endlich ruhig hinter einer Wolke, die der, hinter welcher er hervorgekommen, ganz ähnlich war, und wurde so den staunenden Augen der guten Bürger auf immer entzogen. Nun richtete sich die ganze Aufmerksamkeit auf den Brief, dessen Ankunft oder vielmehr dessen Begleitumstände sich so umstürzlerisch gegen die würdige Person Seiner Exzellenz van Underduk gerichtet. Der hohe Beamte hatte jedoch während seiner kreisförmigen Bewegungen nicht vergessen, die Epistel in Sicherheit zu bringen, die, wie sich alsbald herausstellte, in die richtigen Hände gelangt war, da sie an ihn selbst und den Professor Sternekiek in ihrer Eigenschaft als Präsident und Vizepräsident des Rotterdamer Astronomischen Kollegiums adressiert war. Er wurde von den beiden Würdenträgern auf der Stelle geöffnet und enthielt folgende höchst seltsame und bei Gott höchst bedeutungsvolle Mitteilung:

An Ihre Exzellenzen van Underduk und Sternekiek, Präsident und Vizepräsident des staatlichen Kollegiums für Astronomie in der Stadt Rotterdam.

Eure Exzellenzen erinnern sich vielleicht noch eines bescheidenen Handwerkers namens Hans Pfaall, seines Zeichens Blasebalgflicker, der mit drei anderen vor ungefähr fünf Jahren unaufgeklärterweise aus Rotterdam verschwand. Wenn es Euren Exzellenzen gefällt – ich, der Schreiber dieser Mitteilung, bin Hans Pfaall selbst. Es ist jedem meiner Mitbürger wohl bekannt, daß ich vierzig Jahre lang, bis zum Tage meines Verschwindens, das kleine Ziegelhaus am Anfang des Sauerkrautgäßchens innehatte. Meine Voreltern haben seit undenklichen Zeiten in demselben gelebt – sie alle gingen, wie ich, dem ehrenwerten und einträglichen Handwerk des Bälgeflickens nach; und es gab wahrhaftig bis vor wenigen Jahren, als die Politik noch nicht in aller Köpfe spukte, keinen Erwerb, den sich ein ehrlicher Bürger lieber hätte wünschen mögen. Der Kredit war gut, das Geschäft ging flott, und es fehlte weder an Geld noch an gutem Willen. Doch wie ich schon sagte, wir begannen bald die Wirkungen der Freiheit, langer Reden, des Radikalismus und ähnlicher Sachen zu spüren. Leute, die sonst die besten Kunden von der Welt gewesen, hatten jetzt nicht einen Augenblick Zeit mehr, um an uns zu denken. Sie mußten den ganzen Tag von Revolutionen lesen, um mit der Entwickelung des Verstandes und dem Geiste der Zeit Schritt halten zu können. Wenn ein Feuer geschürt werden sollte, so fächelten sie es rasch mit einer Zeitung. Je schwächer die Regierung wurde, desto stärker wurde meine Überzeugung, daß Leder und Eisen immer unzerstörbarer wurden, denn in sehr kurzer Zeit gab es in ganz Rotterdam keinen Blasebalg mehr, der einen Flicken oder einen Schlag mit dem Hammer nötig gehabt hätte. Das war doch ein sehr unhaltbarer Zustand, wenigstens konnte ich mich nicht in demselben halten. Ich war bald so arm wie eine – na! natürlich Kirchenmaus, und da ich eine Frau und Kinder zu ernähren hatte, erschien mir das Leben nach kurzer Zeit unerträglich und ich dachte manchmal darüber nach, wie ich ihm am besten ein Ende machen könne.

Meine Herren Gläubiger ließen mir jedoch nur wenig Muße zum Nachdenken. Mein Haus war vom Morgen bis zum Abend buchstäblich belagert. Besonders drei Burschen quälten über alle Menschenmöglichkeit, hielten beständig an meiner Tür Wache und drohten mit dem Gesetz. Diesen dreien gelobte ich Rache, sobald sie mir nur mal in die Finger geraten würden. Und ich glaube, nur der Gedanke an diesen meinen Triumph verhinderte, daß ich meinen Selbstmordplan, mir eine Kugel durch den Kopf zu jagen, sofort ausführte. Mittlerweile hielt ich es für das beste, meine Wut zu verbergen und sie mit guten Worten und Versprechungen so lange hinzuhalten, bis mir irgendwelche glücklichen Umstände eine Gelegenheit zur Rache bieten würden.

Eines Tages, als ich ihnen gerade wieder einmal entwischt war, irrte ich, niedergeschlagener als je, ziellos durch verborgene Straßen, bis ich mich endlich zufällig an der Krambude eines Buchhändlers fürchterlich stieß. Ich sah einen Stuhl in der Nähe, in den ich mich verbittert hineinwarf, und öffnete, ohne recht zu wissen, warum, das erste beste Buch, das mir in die Hand kam. Es war eine kleine Abhandlung über die spekulative Astronomie und entweder von dem Professor Encke aus Berlin oder von einem Franzosen mit ähnlichem Namen geschrieben. Ich hatte schon einen kleinen Schimmer von dieser Wissenschaft und las das Bändchen zweimal durch, ehe ich mich wieder auf das, was um mich herum vorging, besinnen konnte. Mittlerweile war es dunkel geworden, und ich lenkte meine Schritte heimwärts. Doch hatte die Abhandlung in Verbindung mit der Mitteilung einer wichtigen Entdeckung auf pneumatischem Gebiete, die mir vor kurzer Zeit ein Vetter aus Nantes unter dem Siegel der Verschwiegenheit gemacht, einen unauslöschlichen Eindruck auf mich ausgeübt. Und während ich so durch die dämmernden Straßen schlenderte, ließ ich die seltsamen und zum Teil unverständlichen Schlüsse des Autors sorgfältig noch einmal vor meinem Gedächtnisse dahinziehen. Einige Stellen wirkten außerordentlich stark auf meine Phantasie; je länger ich über sie nachgrübelte, desto stärker wurde das Interesse, das sie in mir erregten. Meine im allgemeinen sehr beschränkte Bildung und meine in der Naturlehre ganz besonders große Unwissenheit zerstörten in mir doch nicht die Hoffnung, das, was ich gelesen, auch einmal verstehen zu können, und machten mich gegen die unbestimmten Gedanken, die mir während der Lektüre gekommen, durchaus nicht mißtrauisch, waren im Gegenteil meiner Phantasie nur ein mächtiger Antrieb. Und ich war eitel, oder vielleicht vernünftig genug, um mich zu fragen, ob die unreifen Ideen, die so oft bei ungeschulten Geistern auftauchen, nicht die ganze Kraft und Wahrheit und die anderen, dem Instinkt oder der Intuition eingeborenen Eigenschaften haben.

Als ich zu Hause ankam, war es schon spät, und ich ging gleich zu Bett. Doch war ich zu sehr beschäftigt, um einschlafen zu können, und lag die ganze Nacht im Nachdenken versunken wach. Am anderen Morgen stand ich sehr früh auf, eilte wieder zu der Bude des Buchhändlers und kaufte für mein letztes Geld einige Bücher über Mechanik und praktische Astronomie. Als ich mit diesen glücklich zu Hause angekommen war, widmete ich jeden freien Augenblick ihrem Studium und machte bald solche Fortschritte, daß ich an die Ausführung eines gewissen Planes, den mir entweder der Teufel oder mein guter Geist eingegeben, denken konnte. In dieser Zeit hatte ich mich auch verschiedentlich bemüht, die drei Gläubiger, die mich am meisten belästigten, zu befriedigen. Es gelang mir auch, teils durch den Verkauf von Hausgeräten, mit dessen Ergebnis ich sie zur Hälfte bezahlte, teils durch das Versprechen, daß ich das übrige sofort begleichen würde, wenn ich ein kleines Projekt, das ich im Kopfe hätte, und zu dessen Ausführung ich ihrer Hilfe bedürfe, ausgeführt haben würde. Durch dieses Mittel (es waren sehr unwissende Leute) gelang es mir ohne Mühe, sie meinen Zwecken geneigt zu machen.

Nachdem alles so weit gediehen war, verschaffte ich mir mit Hilfe meiner Frau durch den geheimen, vorsichtigen Verkauf alles dessen, was mir noch geblieben, und durch kleine, unter verschiedenen Vorwänden gemachte Anleihen, eine ziemliche Summe baren Geldes; ohne mich, wie ich mit Beschämung gestehen muß, im geringsten darum zu kümmern, ob ich die Darlehen jemals wieder zurückzahlen könne.

Nun kaufte ich mir möglichst unauffällig verschiedene Stücke, sehr feinen
Batist – jedes Stück maß zwölf Ellen –, Bindfaden, einen Vorrat von Kautschukfirnis, einen großen tiefen, auf Bestellung gemachten Korb aus Weidengeflecht
und verschiedene andere Gegenstände, die zur Herstellung eines sehr großen
Ballons nötig sind. Ich trug meiner Frau auf, ihn sobald wie möglich zu nähen,
und gab ihr während der Arbeit genaue Anweisungen. Ich selbst verfertigte aus
dem Bindfaden ein Netz von genügender Größe, versah es mit dem Ring und
den notwendigen Stricken und kaufte verschiedene für Experimente in den
oberen Regionen der oberen Atmosphäre nötige Materialien und Instrumente.
Dann suchte ich mir eine versteckte Stelle im Osten der Stadt aus und brachte
zur Nachtzeit ungefähr fünf eisenbeschlagene Fäßchen, deren jedes fünfzig Gallonen hielt, sowie ein größeres Faß dahin; dann sechs zinnerne Röhren von
ungefähr drei Zoll Durchmesser und zehn Fuß Länge, dann eine Quantität einer
gewissen metallischen oder halbmetallischen Substanz, die ich nicht nennen
will, und ein Dutzend mit einer gewöhnlichen Säure gefüllter Korbflaschen.
Das Gas, das ich aus den beiden letztgenannten Materialien herstellte, ist ein
Gas, das noch keine andere Person als ich erzeugte – oder wenigstens jemals
zu einem ähnlichen Zwecke angewandt hat. Ich kann hier nur sagen, daß es ein
Bestandteil des Stickstoffes ist, den man so lange Zeit für unzusammengesetzt
hielt, und daß seine Dichtigkeit ungefähr 37,4mal geringer ist als die des Wasserstoffes. Es ist geschmack-, doch nicht geruchlos, brennt, wenn es rein ist, mit
grünlicher Flamme und zerstört animalisches Leben im Augenblick. Ich würde
das Geheimnis unverzüglich preisgeben, wenn es nicht von Rechts wegen (wie
ich schon einmal andeutete) einem Bürger von Nantes in Frankreich, der es mir
gelegentlich einmal mitteilte, angehörte. Dieselbe Person lehrte mich auch, ohne
von meinen Absichten eine Ahnung zu haben, wie man aus einem gewissen animalischen Gewebe einen Ballon herstellen kann, durch den Gas nicht zu entweichen vermag. Ich fand es jedoch zu teuer und hoffte obendrein auch, daß Batist
mit einem Kautschukfirnis genau dieselben Dienste leisten werde. Ich erwähne
diesen Umstand, weil ich es für möglich halte, daß die betreffende Person mit
dem neuen Gas und dem animalischen Stoffe, von dem ich gesprochen, eine
Ballonfahrt unternehmen könnte, und ich sie der Ehre, eine sehr merkwürdige
Erfindung gemacht zu haben, nicht berauben möchte.

An meinem Versteck grub ich nun für jedes der kleineren Fäßchen ein Loch,
und zwar so, daß die zwölf Löcher einen Kreis von fünfundzwanzig Fuß im
Durchmesser bildeten. Der Mittelpunkt dieses Kreises war für das große Faß
bestimmt, und ich grub dort ein größeres Loch. In jedes der fünf kleinen Löcher
legte ich eine Zinnbüchse, die fünfzig Pfund Schießpulver enthielt, in das große
Loch kam ein Faß mit hundertfünfzig Pfund. Dies Faß und die Büchsen ver-

band ich mittels langer, bedeckter Streifen, und nachdem ich in eine der Büchsen das Ende einer vielleicht vier Fuß langen Lunte eingeführt hatte, bedeckte ich das Loch und stellte das Faß oben darauf. Das andere Ende der Lunte ließ ich unauffällig etwa einen Zoll weit hervorragen. Dann füllte ich die übrigen Löcher und stellte auf jedes ein Fäßchen in der ihnen bestimmten Weise auf.

Außer den aufgezählten Gegenständen brachte ich noch einen der verbesserten Grimmschen Apparate zur Kondensierung der atmosphärischen Luft in mein Depot und verbarg ihn daselbst. Ich entdeckte jedoch bald, daß ich diese Maschine noch verschiedentlich verändern müsse, ehe sie für meine Zwecke tauglich sei. Dank größter Beharrlichkeit und hartnäckiger Arbeit gelangen mir meine Vorbereitungen aufs beste. Mein Ballon war bald fertig. Er hielt mehr als vierzigtausend Kubikfuß Gas und mußte nach meiner Berechnung mich, meine ganzen Apparate sowie noch etwa hundertsiebzig Pfund Ballast mit Leichtigkeit tragen. Er hatte drei Firnisüberzüge erhalten, und ich bemerkte mit Freuden, daß der Batist genauso gut seinem Zweck entsprach wie Seide. Er war gerade so solide und kostete bei weitem weniger.

Als alles bereit war, nahm ich meiner Frau einen Eid ab, über alle meine Handlungen, von dem ersten Tage ab, da ich den Buchhändler aufgesucht, Stillschweigen zu beobachten, dagegen versprach ich ihr, sobald die Umstände es erlauben würden, zurückzukehren. Ich gab ihr alles Geld, das mir noch geblieben war, und sagte ihr Lebewohl. Ich machte mir ihretwegen auch nicht die geringste Unruhe. Sie war, was die Leute so eine prächtige Frau nennen, und konnte sich in der Welt sehr gut ohne meine Hilfe zurechtfinden. Ich glaube sogar, um die Wahrheit zu sagen, daß sie mich für einen erbärmlichen Faulenzer gehalten – für eine unnötige Last – für einen Hans-Guck-in-die-Luft, der zu weiter nichts taugte, als Luftschlösser zu bauen – und ziemlich froh war, mich los zu sein. Es war tiefe Nacht, als ich ihr Adieu sagte. Ich hatte die drei Gläubiger, die mich so viel geärgert hatten, als Flügeladjutanten zu mir befohlen, wir vier packten uns nun den Ballon, die Gondel und alles Zubehör auf und begaben uns auf Umwegen an die Stelle, wo ich die übrigen Gegenstände schon versteckt hatte. Wir fanden alles in bestem Zustande vor und machten uns gleich ans Werk.

Man schrieb den ersten April. Die Nacht war, wie ich schon sagte, dunkel, kein Stern stand am Himmel, und ein dünner Regen, der von Zeit zu Zeit niederging, belästigte uns sehr. Auch machte mir der Ballon Unruhe, der trotz des dreifachen Überzugs Feuchtigkeit anzuziehen schien. Ebenso konnte das Pulver leicht Schaden leiden. Ich ließ deshalb meine drei Manichäer hart arbeiten, ließ sie Eis um das mittlere Faß aufhäufen und die Säure in den anderen Fässern rühren. Sie hörten nicht auf, mich mit Fragen zu belästigen, was ich denn mit all diesen Apparaten vorhabe, und waren sehr unzufrieden über die schwere Arbeit, die ich sie verrichten ließ. Sie könnten nicht verstehen, meinten sie, was dabei Gutes herauskommen könne, daß ich sie bis auf die Haut naß werden lasse und zu Mitschuldigen an solch höllischem Zauberspuk mache. Ich wurde unruhig und arbeitete aus allen Kräften weiter, denn diese Dummköpfe glaubten wirklich, daß ich einen Pakt mit dem Teufel gemacht hätte, und mein Tun nur Unheil bringen könne. Da ich fürchtete, sie würden mich im Stiche lassen, beruhigte ich sie ein wenig, indem ich versprach, sie, sobald ich nur die augenblickliche Angelegenheit geordnet, bis auf den letzten Heller zu bezahlen. Sie legten sich meine Worte natürlich auf ihre Weise aus und bildeten sich ohne Zweifel ein, daß ich bald durch meine Zaubereien in den Besitz großer Summen baren Geldes gelangen würde. Und in der Hoffnung, daß ich ihnen dann meine Schulden bezahlen und sogar vielleicht noch ihre Dienstleistungen bezahlen würde, scherten sie sich den Teufel darum, was aus meiner Seele und meinem Korpus noch einmal werden würde.

Nach ungefähr vier und einer halben Stunde war der Ballon genügend gefüllt. Ich befestigte die Gondel an ihm und legte all mein Gepäck hinein: ein Teleskop, ein Barometer, an dem ich einige wichtige Umarbeitungen vorgenommen, ein Thermometer, ein Elektrometer, einen Kompaß, eine Magnetnadel, eine Sekundenuhr, eine Glocke, ein Sprachrohr etc. etc. sowie einen gläsernen Globus, der luftleer gemacht und hermetisch verschlossen war, den Kondensierapparat, ungelöschten Kalk, ein großes Stück Siegellack, einen reichhaltigen Vorrat Wasser, genügende Lebensmittel sowie Pemmican, welches in kleiner Masse sehr viel Nährstoff enthält. Außerdem nahm ich ein paar Tauben und eine Katze mit in die Gondel.

Der Tag begann zu dämmern, und es wurde hohe Zeit zum Aufbruch. Ich ließ wie zufällig eine brennende Zigarre zur Erde fallen, und als ich mich bückte, um sie aufzuheben, steckte ich dabei heimlich das Ende der Lunte in Brand, das, wie ich schon sagte, etwas über den unteren Rand eines der kleinen Fäßchen herausragte.

Ich tat dies, ohne daß einer meiner drei Quälgeister auch nur das geringste merkte. Dann sprang ich in die Gondel, zerschnitt das einzige Seil, das den Ballon an die Erde fesselte, und wurde zu meiner großen Freude mit größter Schnelligkeit nach oben getragen. Als ich die Erde verließ, zeigte das Barometer dreißig Zoll und das Centigradthermometer 19°.

Kaum war ich bis zu einer Höhe von fünfzig Ellen emporgestiegen, als unter mir mit schrecklichem Krachen und Donnern ein Feuerstrahl hochschoß, Kies, brennendes Holz, glühendes Metall und zerfetzte menschliche Gliedmaßen aufspie, so daß ich fühlte, wie mein Herz erbebte und ich mich vor Schreck zitternd auf den Boden der Gondel niederwarf. Es wurde mir klar, daß ich die Minen viel zu sehr geladen hatte, und daß ich die hauptsächlichsten Folgen der Explosion noch zu tragen habe. In weniger als einer Sekunde fühlte ich denn auch, wie mir all mein Blut in die Schläfen stürzte, und gleich darauf ging so eine gräßliche Erschütterung durch die Luft, als wollte sie das Firmament selber zerspalten. Als ich später Zeit zum Nachdenken hatte, führte ich die Heftigkeit der Explosion auf ihre wahre Ursache zurück. Ich befand mich nämlich gerade über derselben, also in ihrer direkten und stärksten Wirkungslinie; damals jedoch dachte ich nur daran, mein Leben zu schützen. Der Ballon fiel erst ein wenig zusammen, dann dehnte er sich wie wütend aus, kreiste mit schwindelnder Schnelligkeit um sich selbst herum nach oben, dann schwankte und torkelte er wie ein Betrunkener, schleuderte mich aus der Gondel heraus, wobei ich mich zufällig, in fürchterlicher Höhe, mit dem Kopfe nach unten, mit dem linken Fuß in einer drei Fuß langen, dünnen Schlinge verfing, die aus einer Lücke der Weidengeflechtgondel nahe an ihrem Boden heraushing. Es ist unmöglich – ganz unmöglich, sich auch nur eine einigermaßen entsprechende Vorstellung von meiner schrecklichen Situation zu machen. Ich schnappte krampfhaft nach Luft, ein Schauder, als läge ich im Fieber, durchrann meine Nerven, schüttelte meine Muskeln, ich fühlte, wie meine Augen aus den Höhlen hervortraten, ein gräßlicher Schwindel befiel mich, ich verlor das Bewußtsein, wurde ohnmächtig ...

Wie lange ich in diesem Zustande blieb, ist nicht festzustellen. Doch muß er eine beträchtliche Zeit angehalten haben, denn als ich wieder einigermaßen zu mir kam, war es ganz Tag geworden, und der Ballon fand sich in ungeheurer Höhe über dem unendlichen Ozean; weit und breit, an den Grenzen des Horizonts, war jede Spur von Land verschwunden. Diese Entdeckung ängstigte mich jedoch nicht so sehr, als ich eigentlich erwartet hätte. Vielleicht lag schon etwas Wahnsinn in der Gelassenheit, mit der ich meine Lage erwog. Ich hob meine beiden Hände vor die Augen und fragte mich voll Erstaunen, woher es kommen könne, daß meine Adern so aufgeschwollen und meine Fingernägel so schwarz seien. Dann untersuchte ich genau meinen Kopf, bewegte ihn öfters hin und her, befühlte ihn mit gespannter Aufmerksamkeit, bis ich mich genügend davon überzeugt hatte, daß er nicht, wie ich vermutet, größer sei als mein Ballon. Dann tastete ich gewohnheitsmäßig in den Hosentaschen herum, und als ich merkte, daß ich mein Notizbuch und meinen Zahnstocher verloren hatte, dachte ich angestrengt nach, auf welche Weise sie wohl verschwunden sein könnten; und als ich es mir nicht zu erklären vermochte, wurde ich tief bekümmert. Hierauf schien es mir, als empfände ich einen lebhaften Schmerz in meinem linken Knöchel, und eine dunkle Erkenntnis meiner Lage begann gleichzeitig in meinem Geiste zu dämmern.

Doch so seltsam es auch klingt – ich empfand weder Staunen noch Schrecken. Wenn ich überhaupt etwas spürte, so war es höchstens eine Art von Genugtuung über die Geschicklichkeit, die ich jetzt gleich entfalten wollte, um mich aus dem Dilemma zu befreien. Und keinen Augenblick lang schien mir meine Sicherheit auch nur im geringsten gefährdet. Einige Minuten überlegte ich, was nun zuerst zu tun sei. Ich erinnere mich deutlich, daß ich dabei oft die Lippen zusammenpreßte, meinen Zeigefinger an die Nase legte, kurz, alle die Bewegungen und Grimassen vollführte, durch die sich andere Sterbliche, wenn sie gemütlich daheim im Lehnstuhl über verzwickte oder wichtige Sachen nachgrübeln, auszeichnen. Nachdem ich meine Gedanken genügend gesammelt hatte, brachte ich mit der größten Vorsicht und Überlegung meine Hände auf den Rücken und löste die große Eisenschnalle, die den Gürtel, der meine Beinkleider trug, zusammenhielt. Diese Schnalle hatte drei Zähne, die ein wenig rostig waren und sich mir sehr schwer in ihren Achsen drehten. Mit viel Mühe brachte ich es so weit, daß sie im rechten Winkel zu der Schnalle selbst standen, und freute mich sehr, daß sie in dieser Lage unverrückbar fest blieben. Dies Instrument hielt ich nun mit den Zähnen fest und begann den Knoten meiner Krawatte zu lösen. Ich mußte verschiedene Male ausruhen, ehe ich das Werk zu Ende brachte, endlich war ich fertig. An dem einen Ende der Krawatte befestigte ich die Schnalle, das andere band ich, der größeren Sicherheit wegen, um mein Handgelenk. Durch eine fabelhafte Anstrengung all meiner Muskelkraft schleuderte ich meinen Körper nach oben, und es gelang mir auch beim ersten Versuche, die Schnalle in die Gondel zu schleudern, wo sie sich, wie ich geahnt, denn auch am oberen Rande fest einhakte.

Mein Körper neigte sich nun in einem Winkel von ungefähr fünfundvierzig Grad gegen die Seitenwand der Gondel, doch muß man nicht glauben, daß ich jetzt nur noch fünfundvierzig Grad unter der Senkrechten gewesen wäre. Ich lag noch immer fast auf dem Plan mit dem Niveau des Horizontes, denn meine veränderte Lage hatte den Boden der Gondel weit von mir entfernt und meine Position war äußerst gefährlich.

Doch erinnere man sich daran, daß ich, falls ich mit dem Gesicht nach innen statt nach außen aus der Gondel gefallen wäre – oder falls die Schlinge, in die sich mein Fuß verwickelte, am oberen statt am unteren Rande herausgehangen hätte, ich dann gar nicht im Stande gewesen wäre, das zu vollbringen, was ich nun vollbracht hatte, und daß folglich meine Enthüllungen für die Nachwelt verlorengegangen sein würden. Ich hatte deshalb allen Grund, dankbar zu sein, obwohl ich in Wirklichkeit noch zu dösig war, um überhaupt etwas zu sein, und vielleicht eine Viertelstunde lang so hängen blieb, ohne weiter etwas zu meiner Rettung zu tun und die sonderbare Ruhe einer idiotischen Zufriedenheit empfand. Dies Gefühl schwand jedoch wieder, und eine Empfindung äußerster Hilflosigkeit und schreckhafter Angst überkam mich. Das Blut, das sich so lange Zeit in seinen Gefäßen im Kopfe und im Halse gestaut und mich mit einem heilsamen Delirium, das meine Energie anspannte, erfüllt hatte, begann jetzt wieder zurückzufließen und seinen gewöhnlichen Lauf zu nehmen, und das klare Bewußtsein, das mir plötzlich wiederkam, vergrößerte fast meine Vorstellung von der Gefahr und beraubte mich der Ruhe und des Mutes, den ich nötig hatte, um aus ihr herauszukommen. Diese Schwäche dauerte jedoch glücklicherweise nicht lange. Zur rechten Zeit kam mir der Geist der Verzweiflung zu Hilfe, und mit wütendem Geschrei und wilder Anstrengung bäumte und schleuderte ich meinen Körper vorwärts, bis es mir endlich gelang, den heißersehnten Rand zu erfassen; mit einem schraubstockfesten Griff hielt ich ihn fest, wand meinen Körper über ihn und fiel kopfüber und keuchend in die Gondel.

Es dauerte eine ganze Zeit lang, ehe ich so weit Herr meiner selbst war, um mich mit dem Ballon beschäftigen zu können. Dann jedoch untersuchte ich ihn mit größter Aufmerksamkeit und fand ihn durchaus unbeschädigt. Auch meine Instrumente waren in bester Ordnung; und glücklicherweise hatte ich sogar weder Lebensmittel noch Ballast verloren. Vor meiner Abfahrt waren alle mitgenommenen Gegenstände allerdings auch so fest angebunden worden, daß ein solcher Unfall eigentlich von vornherein ausgeschlossen war. Ich zog meine Taschenuhr; sie wies auf sechs. Der Ballon stieg noch immer rapide, und das Barometer zeigte eine Höhe von drei und dreiviertel Meilen. Unmittelbar unter mir im Ozean lag ein kleiner schwarzer Gegenstand von leicht länglicher Gestalt von der Größe eines Dominosteines und auch einem solchen Spielzeug ähnlich. Ich richtete mein Teleskop auf denselben und sah deutlich, daß es ein englisches Schiff von 94 Kanonen war, das in westsüdwestlicher Richtung schwer auf dem Ozean dahinschwankte. Außer diesem Schiffe sah ich nichts als das Meer, das Firmament und die Sonne, die schon lange aufgegangen war.

Nun ist es an der Zeit, daß ich Euren Exzellenzen den Zweck meiner Reise erkläre. Eure Exzellenzen mögen sich daran erinnern, daß mich die traurigen Verhältnisse in Rotterdam zu dem Entschluß gebracht hatten, einen Selbstmord zu begehen. Das Leben selbst war mir nicht unangenehm geworden, nur das Elend meiner Lage quälte mich so, daß ich glaubte, es nicht mehr aushalten zu können. In dieser Geistesverfassung, das Leben liebend und doch meines Lebens müde, eröffnete mir die Abhandlung aus der Krambude des Buchhändlers in Verbindung mit der Entdeckung meines Vetters aus Nantes eine Zuflucht. Ich faßte einen endgültigen Entschluß. Ich beschloß fortzugehen und doch zu leben, die Erde zu verlassen und doch weiter zu existieren; kurz, um den Rätseln ein Ende zu machen: ich beschloß, wenn dies möglich sein sollte, mir einen Weg auf den Mond zu bahnen.

Damit man mich nicht für wahnsinniger hält, als ich wirklich bin, will ich die Gedanken auseinandersetzen, die mich zu der Annahme brachten, daß ein solches Unternehmen trotz aller Gefahren und Schwierigkeiten für einen kühnen Geist doch gerade kein Ding der Unmöglichkeit ist.

Zuerst erwog ich die positive Entfernung der Erde von dem Monde. Die mittlere oder durchschnittliche Entfernung der Zentren der beiden Planeten beträgt 59,9643mal den Äquatorial-Radius der Erde oder ungefähr 237.000 Meilen. Ich sage die mittlere, durchschnittliche Entfernung – man muß sich jedoch erinnern, daß die Form des Mondgestirns eine Ellipse ist, deren Exzentrizität nicht weniger als 0,05484 ihrer großen Halbachse beträgt, und daß das Zentrum der Erde gerade unter dem Brennpunkt dieser Ellipse steht, so daß sich also, wenn es mir gelänge, den Mond während seiner Erdnähe zu erreichen, die erwähnte Entfernung bedeutend vermindern würde. Doch um von dieser Hypothese abzusehen – ich mußte jedenfalls von den 237.000 Meilen den Radius der Erde, also 4.000, und den des Mondes, also 1.080, im ganzen 5.080 Meilen abziehen, so daß nur noch eine durchschnittliche Entfernung von 231.920 Meilen zurückzulegen übrigblieb. Dies hielt ich für nichts allzu Unmögliches. Auf der Erde hat man schon oft Reisen mit der Schnelligkeit von 60 Meilen in der Stunde unternommen, und man hat allen Grund zu glauben, daß man es bald zu größerer Schnelligkeit bringen wird. Doch wären auch mit der schon erlangten nicht mehr als hunderteinundsechzig Tage nötig, um die Oberfläche des Mondes zu erreichen.

Viele Umstände jedoch ließen mich glauben, daß die mittlere Geschwindigkeit meiner Reise sechzig Meilen in der Stunde weit übersteigen werde, und da dieser Gedanke einen großen Eindruck auf mich machte, will ich später noch einmal ausführlich von ihm reden.

Der zweite Punkt, den ich überlegen mußte, war von viel größerer Wichtigkeit. Das Barometer beweist, daß wir, wenn wir uns 1.000 Fuß über der Oberfläche der Erde befinden, ungefähr ein Dreißigstel der atmosphärischen Luftmasse unter uns lassen, bei 10.600 Fuß fast ein Drittel, und bei 18.000 Fuß, die ungefähr der Höhe des *Cotopaxi* entsprechen, die Hälfte aller Luft, jedenfalls die Hälfte der wägbaren Atmosphäre, welche die Erde einhüllt, zu unseren Füßen haben. Man hat auch berechnet, daß in einer Höhe, die den hundertsten Teil des Durchmessers der Erde nicht überschreitet, in einer Höhe von 80 Meilen also, die Verdünnung der Luft einen so hohen Grad erreicht hat, daß sie kein animalisches Leben mehr zu unterhalten vermag, und ferner, daß unsere feinsten Instrumente nicht mehr ausreichen, um das Vorhandensein von Luft zu konstatieren. Es entging mir jedoch nicht, daß die letzteren Berechnungen nur auf unsere experimentelle Kenntnis der Eigenschaften der Luft und der mechanischen Gesetze ihrer Zusammenpressung und Ausdehnung basieren, die wir, um vergleichsweise zu sprechen, in unmittelbarer Nähe der Erde beobachtet hatten;

auch hält man es für bewiesen, daß animalisches Leben in irgendeiner gegebenen, von der Erdoberfläche unerreichbaren Entfernung sich seinem Wesen nach nicht modifizieren könne. Ein auf solche Annahmen gestütztes Raisonnement konnte natürlicherweise nur ein rein analogisches sein. Die größte Höhe, die Menschen je erreicht haben, beträgt 25.000 Fuß, bis zu welcher Gay-Lussac und Biot aufstiegen. Dies ist, selbst mit den achtzig fraglichen Meilen verglichen, nur eine sehr mäßige Höhe, und ich konnte den Gedanken nicht abweisen, daß hier dem Zweifel und der Spekulation ein weiter Raum gelassen war.

Nehmen wir nun einen Aufstieg zu irgendeiner gegebenen Höhe an, so werden wir finden, daß die Quantität der wägbaren, durchsegelten Luft auf verschiedenen Abschnitten der Reise durchaus nicht in gleichem Verhältnis zu der erreichten Höhe steht, sondern, wie vorhin schon einmal konstatiert wurde, in einem stets kleiner werdenden. Es ist also klar, daß wir, um buchstäblich zu sprechen, nicht an eine Grenze kommen können, über die hinaus es keine Luft mehr gibt. Sie muß da sein, so schloß ich, obgleich sie sich in einem Stadium unendlicher Verdünnung befinden kann.

Andererseits wußte ich jedoch, daß es keinesfalls an Argumenten fehlte, die eine bestimmte feste Grenze der Atmosphäre beweisen sollten, über die hinaus es absolut keine Luft mehr geben könne. Ein Umstand jedoch, den alle, die an eine solche Grenze glaubten, übersehen hatten, schien mir, wenn auch nicht gerade eine vollständige Widerlegung ihrer Überzeugung, so doch Grund zu ernstlicher, neuer Nachforschung zu sein. Wenn man die Zwischenräume zwischen dem jedesmaligen Wiedererscheinen des Enckeschen Kometen zur Zeit einer Sonnennähe vergleicht, und dabei selbst alle die durch die Anziehungskraft der Planeten verursachten Störungen genau in Berechnung zieht, so wird man erkennen, daß diese Perioden allmählich immer kleiner werden, das heißt, daß die große Achse der Ellipse des Kometen sich in langsamer, doch durchaus regelmäßiger Proportion verkürzt. Dies kann jedoch nur und muß der Fall sein, wenn wir annehmen, daß der Komet an einem unendlich feinen ätherischen Medium, das die Regionen seiner Bahn ausfüllt, einen Widerstand findet. Denn es ist klar, daß ein solcher Stoff, der sich der Schnelligkeit eines Kometen hindernd entgegenstellt, seine zentripetale Kraft erhöhen, die zentrifugale schwächen muß. Mit anderen Worten: die Anziehungskraft der Sonne wird immer größer werden, und der Komet wird sich ihr bei jeder Umdrehung mehr nähern. Wir sehen in der Tat keinen anderen Ausweg, die fraglichen Veränderungen zu erklären.

Ich möchte noch eine Tatsache erwähnen: Man beobachtet, daß sich der wirkliche Durchmesser des Nebels dieses Kometen, je näher er der Sonne kommt, rapide zusammenzieht, und sich mit derselben Schnelligkeit wieder ausdehnt, wenn er wieder auf dem Weg zur Sonnenferne ist. Ist es da nicht berechtigt, wenn ich mit Valz annehme, daß diese offenbare Kondensierung des Volumens seinen Ursprung in der Verdichtung jenes ätherischen Mediums hat, von dem ich schon gesprochen und dessen Dichtigkeit im Verhältnis zur Sonnennähe steht? Ferner erschien mir jene linsenförmige Erscheinung, die man das Zodiakallicht nennt, näherer Betrachtung würdig. Dies in den Tropen deutlich sichtbare Licht, das man durchaus nicht für meteorisch halten kann, dehnt sich vom Horizont an länglich aufwärts und folgt im allgemeinen der Richtung des Äquators der Sonne. Es schien mir von einer dünnen Atmosphäre auszugehen, die sich von der Sonne bis über die Bahn der Venus hinaus und, wie ich glaube, noch unendlich viel weiter ausdehnt. Denn man kann wirklich nicht annehmen, daß sich dieses Medium auf die Bahn der Ellipse des Kometen oder auf die unmittelbare Nachbarschaft der Sonne beschränkt. Im Gegenteil ist es viel einfacher, sich vorzustellen, daß es alle Regionen unseres Planetensystems durchdringt, daß es um die Planeten selbst, zu dem kondensiert ist, was wir Atmosphäre nennen, und vielleicht bei einigen Planeten einer durch rein geologische Umstände hervorgerufenen Veränderung unterliegt, das heißt: ihren Eigenschaften (oder vielleicht auch ihrer Wesenheit) nach durch Stoffe umgestaltet wird, die aus den betreffenden Himmelskörpern verdunsten.

Als ich nun diese Anschauung gewonnen, zögerte ich nicht lange. Da ich annahm, daß ich auf meiner Reise stets eine Atmosphäre finden werde, die im wesentlichen der der Erde gleich sei, so konnte ich sie durch den ungemein geistvoll konstruierten Apparat des Herrn Grimm genügend kondensieren, um sie zum Einatmen tauglich zu machen. Damit war also das hauptsächlichste Hindernis einer Reise zum Monde behoben.

Mit vielem Geld und vieler Mühe verschaffte ich mir einen solchen Apparat und vertraute seiner Anwendung, falls ich die ganze Reise nur in genügend kurzer Zeit vollbringen konnte, zuversichtlich mein Leben an. Dies bringt mich wieder auf die Frage von der Schnelligkeit der Fahrt.

Jedermann weiß, daß sich ein Ballon im ersten Stadium des Aufstiegs von der Erde mit verhältnismäßig sehr mäßiger Geschwindigkeit erhebt. Die Kraft des Aufstiegs resultiert aus der Schwere der das leichte Gas im Ballon umgebenden Luft, und auf den ersten Blick scheint es nicht glaubwürdig, daß der Ballon, je mehr er an Höhe gewinnt und in Luftschichten von geringerer Dichtigkeit kommt, seine ursprüngliche Schnelligkeit vergrößere. Andererseits erinnerte ich mich jedoch, nie von einer Verminderung der absoluten Schnelligkeit des Aufsteigens gehört zu haben, obgleich dies der Fall gewesen sein müßte, und zwar, wenn schon aus keinem anderen Grunde, so doch aus dem, daß das Gas aus minder gut konstruierten und nur einmal mit gewöhnlichem Firnis gefirnißten

Ballons notwendig langsam entweicht. Anscheinend genügt dies Entweichen nur, um die durch die weitere Entfernung vom Gravitationszentrum möglich gemachte größere Schnelligkeit wieder aufzuheben. Ich sagte mir nun, falls der angenommene, von mir zu durchsegelnde Stoff seinem Wesen nach atmosphärische Luft sei, so könne es für die Kraft des Aufsteigens von verhältnismäßig nur geringer Bedeutung sein, in welchem Grade der Verfeinerung ich ihn anträfe, denn das Gas im Ballon wäre nicht allein selbst ähnlicher Verdünnung unterworfen (ich brauchte in diesem Falle nur eine entsprechende Quantität Gas entweichen zu lassen, um einer Explosion vorzubeugen), sondern als das, was es war, würde es unter allen Umständen leichter sein als irgendeine Zusammensetzung von reinem Nitrogen und Oxygen. So lag also die Vermutung nahe, ja, es war sogar höchst wahrscheinlich, daß ich niemals während meines Aufstieges an einen Punkt kommen könne, an dem das gesamte Gewicht meines Ballons, das ungeheuer feine Gas, die Gondel und ihr Inhalt dem Gewicht der verdrängten Atmosphäre gleichkommen könnte; und dies war, wie jeder verstehen wird, die einzige Bedingung, der meine Reise nach oben unterlag. Aber falls ich nun doch einmal diesen angenommenen Punkt erreichen sollte, blieb mir noch immer die Möglichkeit, mich meines Ballastes und anderer Gewichte, die im ganzen 300 Pfund betrugen, zu entledigen.

Zu gleicher Zeit mußte die zentripetale Kraft auf Grund des Quadrats der Entfernungen immer geringer werden; und mit wunderbar zunehmender Schnelligkeit mußte ich endlich in jene entfernten Regionen gelangen, in denen die Anziehungskraft der Erde durch die vom Monde ersetzt werden würde.

Doch verursachte mir noch eine andere Schwierigkeit einige Unruhe. Man hat bei Aufstiegen zu beträchtlicher Höhe beobachtet, daß man, außer Atemnot, im Kopfe und im ganzen Körper ein unerträgliches Mißbehagen empfindet, das von Nasenbluten und anderen beängstigenden Symptomen begleitet ist, und, je höher man steigt, an Heftigkeit zunimmt.* War es nicht anzunehmen, daß sich diese Symptome so steigern würden, daß sie endlich den Tod herbeiführten? Nach reiflicher Überlegung schloß ich, daß dies nicht der Fall sein könne. Sie hatten ihren Ursprung ohne Zweifel in der fortschreitenden Verringerung des gewohnten Drucks der Atmosphäre auf die Oberfläche des Körpers und der unausbleiblichen Ausdehnung der an der Oberfläche liegenden Blutgefäße, nicht in einer positiven Auflösung des animalischen Systems, wie im Falle wirklicher

---

* Nach der ersten Veröffentlichung des Hans Pfaall bemerkte ich, daß Herr Greerk, der berühmte Luftschiffer des Ballons „Nassau", und andere jüngere Aeronauten diese Behauptungen Humboldts abstreiten und, im Einklang mit der hier entwickelten Theorie, von stets geringer werdenden Belästigungen reden.

Atemnot, wo die Dichtigkeit der Atmosphäre zur regelmäßigen Erneuerung des Blutes in den Herzkammern ungenügend ist. Den Fall, daß diese Erneuerung unmöglich sei, ausgenommen, sah ich keinen Grund, weshalb sich das Leben nicht selbst in einem Vakuum erhalten könne, denn die Ausdehnung und Zusammenziehung der Brust, die man gewöhnlich Atmen nennt, ist eine nur auf den Muskeln beruhende Handlung und die Ursache und nicht etwa die Wirkung des Atmens. Kurz, ich schloß: wenn sich der Körper einmal an das Verschwinden des Luftdruckes gewöhnt habe, so würden sich die Schmerzempfindungen nach und nach legen. So lange sie dauerten, wollte ich sie schon ertragen – das traute ich meiner eisenfesten Konstitution zu.

Ich habe nun Euren Exzellenzen einige, doch durchaus nicht alle Gedanken mitgeteilt, die mich veranlaßten, den Plan einer Reise auf den Mond zu fassen. Ich möchte jetzt, wenn es Euren Exzellenzen genehm ist, das Resultat dieses Versuches, der an Kühnheit in den Annalen der Geschichte wohl nicht seinesgleichen findet, eingehend mitteilen.

Als ich die vorhin erwähnte Höhe, drei dreiviertel Meilen also, erreicht hatte, warf ich einige Federn aus der Gondel und sah, daß ich noch immer mit genügender Schnelligkeit stieg. Es schien also nicht nötig, Ballast auszuwerfen. Ich war sehr froh darüber, denn ich wollte soviel Gewicht, als nur möglich war, bei mir behalten, da ich ja keine positiven Beweise von der Anziehungskraft des Mondes und der Dichtigkeit seiner Atmosphäre hatte. Bis jetzt verspürte ich noch keinerlei körperliches Mißbehagen, ich atmete durchaus nicht und empfand auch keinen Kopfschmerz. Die Katze lag feierlich auf meinem Überrock, den ich abgelegt hatte, und sah die Tauben mit Blicken voller Nonchalance an. Diese letzteren hatte ich am Bein gefesselt, damit sie nicht fortfliegen konnten. Sie hüpften in der Gondel umher und pickten ein paar Reiskörner auf, die ich für sie am Boden hingestreut hatte.

Um sechs Uhr zwanzig Minuten wies das Barometer auf eine Höhe von 26.400 Fuß oder auf beinahe fünf Meilen. Die Perspektive schien unbegrenzt zu sein. Übrigens kann man mittels der sphärischen Geometrie die Ausdehnung der Erdfläche, die mein Blick umschloß, leicht berechnen. Die konvexe Oberfläche eines Segmentes verhält sich zu der ganzen Oberfläche der Kugel wie der Sinus versus des Segmentes zum Durchmesser der Kugel. In meinem Falle also der Sinus versus – das heißt: die Dicke des Segmentes unter mir – fast meiner Höhe gleich oder der Höhe des Aussichtspunktes über der Oberfläche. Wie fünf Meilen zu achttausend, so verhielt sich also der Teil, den ich überblickte, zur ganzen Oberfläche der Erde – ich überschaute, mit anderen Worten, den sechzehnhundertsten Teil der ganzen Erdoberfläche. Das Meer erschien mir glatt wie ein Spiegel, obwohl ich durch das Teleskop entdeckte, daß es sich in stürmischer Unruhe befand. Das Schiff war nicht mehr sichtbar; ohne Zweifel hatte es seine Fahrt nach Osten geführt. Jetzt spürte ich auch mit Unterbrechungen heftige Kopfschmerzen, besonders in der Nähe der Ohren – doch konnte ich noch immer verhältnismäßig leicht atmen. Die Katze und die Tauben schienen keine Beschwerden zu empfinden.

Um zwanzig Minuten vor sieben trat der Ballon in eine große, dichte Wolke, die mich sehr belästigte, meinen Kondensierapparat beschädigte und mich bis auf die Haut durchnäßte. Es war ohne Zweifel eine seltsame Begegnung, denn ich hatte es nicht für möglich gehalten, daß eine Wolke dieser Art sich in so großer Höhe aufhalten konnte. Ich hielt es für das beste, zwei Stücke Ballast, von denen jedes fünf Pfund wog, auszuwerfen, so daß mir noch hundertundsechzig Pfund blieben. Ich ließ die Wolke denn auch bald unter mir und bemerkte, daß die Schnelligkeit des Aufstiegs bedeutend zugenommen. Wenige Sekunden, nachdem ich von der Wolke fort war, sah ich, wie ein Blitz sie von einem Ende zum anderen durchschoß und die ganze ungeheure Masse entzündete, die bald wie ein riesiges glühendes Kohlenlager aussah. Dies geschah bei hellem Tage; und ich glaube, keine Phantasie könnte sich die Großartigkeit eines solchen Schauspiels zu dunkler Nachtzeit ausmalen. Die Hölle selbst hatte ihr getreues Abbild gefunden. Mir sträubten sich die Haare, und doch suchte ich mit meinen Blicken in die gähnenden Feuerabgründe hineinzutauchen und ließ meine Phantasie sich in den seltsamen Lichtschlünden dieser furchtbaren Feuerwelt ergehen. Ich war ihr mit genauer Not entronnen.

Wäre der Ballon nur noch eine kurze Zeit in der Wolke geblieben, das heißt, hätte mich die Nässe nicht dazu getrieben, Ballast auszuwerfen, so wäre ich unausbleiblich dem Untergang geweiht gewesen. Derartige Gefahren, an die fast niemand denkt, sind eigentlich die bedeutendsten, denen man sich bei einer solchen Ballonfahrt aussetzt. Ich hatte jedoch mittlerweile eine Höhe erlangt, die einen ähnlichen Unfall ausschloß und mich weiterer Besorgnisse enthob.

Wir stiegen rapide, und um sieben Uhr wies das Barometer auf eine Höhe von nicht weniger als neun und einer halben Meile. Das Atemholen machte mir schon bedeutende Schwierigkeiten, auch der Kopf schmerzte mich außerordentlich. Die Feuchtigkeit, die ich seit einiger Zeit auf meinen Wangen empfand, stellte sich als Blut heraus, das mir durch das Trommelfell der Ohren sickerte. Der Zustand meiner Augen beunruhigte mich ebenfalls. Als ich mit der Hand über sie hinfuhr, schien es mir, als seien sie nicht unbeträchtlich aus ihren Höhlen herausgetreten, und der Ballon und alle Gegenstände in der Gondel erschienen mir in verzerrter Gestalt. Diese Symptome übertrafen doch meine mutigsten Erwartungen, und etwas wie Angst stieg in mir auf. Unklugerweise und ohne recht nachzudenken, warf ich noch drei Stück Ballast von je fünf

Pfund aus. Die beschleunigte Schnelligkeit des Aufstiegs trug mich ohne die genügenden Abstufungen in eine schon ganz bedeutend verdünnte Luftschicht, die meinem Unternehmen und mir selbst fast verhängnisvoll geworden wäre. Ich wurde ganz plötzlich von einem Krampfe erfaßt, der länger als 5 Minuten dauerte; und als er sich beruhigt hatte, konnte ich nur in langen Pausen und mit furchtbarer Anstrengung atmen. Während der ganzen Zeit drang mir reichlich Blut aus Nase und Ohren und sogar, allerdings in geringerer Menge, aus den Augen. Die Tauben schienen in Todesangst zu sein und schlugen mit den Flügeln, wie um zu entfliehen, während die Katze jämmerlich schrie und sich in der Gondel herumwand, als habe sie Gift gefressen.

Ich entdeckte nun zu spät, welch ungeheure Torheit ich begangen, als ich meinen Ballast so leichtsinnig ausgeworfen, und geriet in nicht geringe Bestürzung. Es war mir, als ob ich, und zwar schon in wenigen Minuten, sterben müsse. Ich konnte kaum noch denken. Mein Kopfschmerz nahm von Sekunde zu Sekunde an Heftigkeit zu. Und ich fühlte, daß meine Sinne mir bald ganz schwinden würden. Schon hatte ich den Strick ergriffen, um das Ventil zu öffnen und den Ballon zum Sinken zu bringen, als mir der Gedanke an den schlechten Streich, den ich meinen drei Gläubigern gespielt, wieder in den Sinn kam, und die Furcht vor seinen möglichen Folgen mich bewog, das Ventil doch lieber nicht zu öffnen. Stattdessen legte ich mich auf den Boden der Gondel und versuchte, ob ich mir nicht durch einen Aderlaß Erleichterung verschaffen könnte.

Da ich jedoch keine Lanzette bei mir hatte, blieb mir nichts anderes übrig, als mein Taschenmesser zu gebrauchen, mit dem ich mir eine Ader am linken Arm öffnete. Kaum begann das Blut zu fließen, so empfand ich auch schon eine bemerkenswerte Erleichterung, und als ich vielleicht die Hälfte der üblichen Menge verloren hatte, waren die gefährlichsten Erscheinungen fast ganz verschwunden. Doch hielt ich es nicht für angebracht, mich gleich wieder auf die Füße zu stellen, sondern blieb, nachdem ich meinen Arm, so gut es möglich war, verbunden hatte, noch ungefähr eine Viertelstunde still liegen. Dann erhob ich mich, und empfand wirklich weniger Schmerzen als während der letzten fünfviertel Stunden meines Aufstiegs.

Die Atembeschwerden hatten sich jedoch nur in sehr geringem Grade vermindert, und ich empfand immer dringender die Notwendigkeit, den Kondensierapparat zu gebrauchen. Mittlerweile sah ich mich wieder einmal nach der Katze um, die es sich auf meinem Überrock von neuem bequem gemacht hatte, und entdeckte zu meiner großen Überraschung, daß sie es für gut befunden hatte, während meines Unwohlseins drei kleine Kätzchen ans Tageslicht zu bringen. Dieser Zuwachs an Passagieren kam mir sehr unerwartet, doch amüsierte mich der Zwischenfall und bot mir überdies Gelegenheit, einer Vermutung auf den Grund zu gehen, die mich mehr als alles andere bewogen hatte, den Aufstieg zu versuchen.

Ich hatte angenommen, daß nur die Gewöhnung an den Druck der Atmosphäre zum größten Teil die Schmerzen verursacht, welche die Lebewesen in einer gewissen Höhe über der Oberfläche empfinden. Sollten die kleinen Katzen das Unbehagen im selben Grade empfinden wie ihre Mutter, so war meine Theorie widerlegt, im gegenteiligen Falle jedoch konnte ich mich auf einen ausgezeichneten Beweis meiner Annahme stützen.

Um acht Uhr hatte ich eine Höhe von siebzehn Meilen erreicht. Die Schnelligkeit des Aufstiegs nahm also in solchem Maße zu, daß sie sich unzweifelhaft auch dann gesteigert haben würde, wenn ich keinen Ballast ausgeworfen hätte. Die Schmerzen im Kopf und in den Ohren machten sich in Pausen mit ungeheurer Heftigkeit wieder bemerkbar, und hin und wieder stellte sich noch Nasenbluten ein; im ganzen litt ich jedoch viel weniger, als ich gedacht. Dennoch wurde das Atmen von Minute zu Minute schmerzhafter und war von einem krampfhaften, ermüdenden Zusammenziehen der Brust begleitet. Ich packte also meinen Kondensierapparat aus und machte ihn zum Gebrauch fertig.

Der Anblick der Erde von meiner jetzigen Höhe herab war ein geradezu großartiger. Nach Westen, Norden und Süden breitete sich, so weit ich sehen konnte, wie ein grenzenloses, faltenloses Tuch, das sich jeden Augenblick tiefer und tiefer blau färbte, der Ozean aus. In ungeheurer Entfernung nach Osten lagen, dennoch deutlich wahrnehmbar, die Britischen Inseln und die französische und die spanische Küste des Atlantischen Ozeans sowie ein kleiner Teil von Nordafrika unter meinen Blicken. Von Bauwerken war nicht die Spur mehr zu entdecken, und die stolzesten Städte der Menschen waren für mich vollständig vom Angesichte der Erde verschwunden.

Was mich jedoch beim Anblick der Dinge unter mir am meisten in Erstaunen setzte, war die scheinbar konkave Gestalt der Erdoberfläche. Ich hatte, töricht genug, erwartet, daß sich mir von meiner Höhe aus ihre wirkliche, konvexe Gestalt ganz deutlich offenbaren müsse, doch genügten ein paar Minuten ruhigen Nachdenkens, um mir diesen Widerspruch zu erklären. Eine von meinem Aufenthaltspunkte gefällte Linie wäre die Senkrechte eines rechtwinkeligen Dreiecks gewesen, dessen Basis vom rechten Winkel zum Horizont, und dessen Hypotenuse vom Horizont bis wieder zu mir gereicht haben würde. Meine Höhe bedeutete jedoch im Vergleich zu der Weite des Blickes nichts oder nur sehr wenig. Mit anderen Worten: die Basis und Hypotenuse des angenommenen Dreiecks waren in diesem Falle im Vergleich zu der Senkrechten so unendlich lang, daß sie fast eine Parallele zu bilden schienen. Auf diese Weise scheint dem Luftschiffer der Horizont immer auf dem Niveau einer Gondel zu liegen. Aber da der direkt unter ihm liegende Punkt sich scheinbar und wirklich in ungeheurer Entfernung von ihm befindet, so scheint er ihm natürlicherweise auch weit unter dem Horizont zu liegen. So muß er also den Eindruck bekommen, als sei die Erde von konkaver Gestalt, und dieser Eindruck wird so lange anhalten, bis seine Höhe in solchem Verhältnis zur Ausdehnung der Perspektive steht, daß die anscheinende Parallele von Basis und Hypotenuse verschwindet.

Meine Tauben schienen entsetzlich zu leiden, und ich beschloß, ihnen die Freiheit zu geben. Ich band zuerst ein schönes lachsgraues Exemplar los, und setzte es auf den Rand der Gondel. Sie schien sich in jämmerlichstem Zustande zu befinden und blickte angstvoll um sich, schlug mit den Flügeln, gurrte laut, schien sich jedoch nicht entschließen zu können, die Gondel zu verlassen. Endlich nahm ich sie, und warf sie etwa sechs Ellen weit hinaus. Statt jedoch, wie ich erwartet hatte, eiligst nach unten zu schießen, machte sie unter durchdringendem, lautem Geschrei heftige Anstrengungen, wieder in die Gondel zu gelangen. Es gelang ihr auch endlich, den Rand wieder zu erreichen, doch kaum hatte sie sich dort niedergelassen, so rank ihr Köpfchen auf die Brust, und sie fiel tot auf den Boden der Gondel. Der anderen ging es nicht so schlimm. Um ihr eine Rückkehr in den Ballon unmöglich zu machen, schleuderte ich sie mit aller Kraft nach unten und sah zu meiner Freude, wie sie bald ganz natürlich ihre Flügel gebrauchte und eilends nach unten segelte. In kurzer Zeit war sie nicht mehr zu entdecken, und ich zweifle nicht, daß sie ihre Heimat bald wieder erreichte. Die Mieze, die sich von ihrem Unwohlsein bald wieder erholt hatte, tat sich an dem toten Vogel gütlich und schlief nach der Mahlzeit mit allen Zeichen der Zufriedenheit ein. Ihre Kleinen waren sehr lebhaft und schienen nicht die geringste Belästigung zu empfinden.

Um ein Viertel nach acht konnte ich nur noch mit fast unerträglichen Schmerzen atmen und stellte in der Gondel alle zum Kondensator gehörigen Apparate auf. Dieser Apparat bedarf einiger Erklärung, und ich muß Euren Exzellenzen zuerst mitteilen, daß ich anfangs die Absicht hatte, mich und die Gondel gegen die verfeinerte Atmosphäre gänzlich abzuschließen und in das Innere nur eine mit Hilfe des Kondensators genügend zusammengepreßte, zum Einatmen taugliche Luft einzulassen.

Zu diesem Zwecke hatte ich einen großen, luftdichten, biegsamen Sack aus Kautschuk mitgenommen, der der Form der Gondel vollständig angepaßt war, das heißt, man konnte ihn über ihren Boden, an den Seiten vorbei, bis an den oberen Rand oder Ring, an dem das Netz befestigt war, hinziehen und dort ebenfalls fest anschließen. Als ich den Sack über die Gondel gezogen und an allen Seiten hermetisch verschlossen hatte, mußte ich nun seine Spitze oder Mündung schließen, indem ich den Kautschuk auch über dem Ringe oder, mit anderen Worten, zwischen dem Netzwerk und dem Ring zusammenschloß.

Wenn ich jedoch das Netz zu diesem Zwecke von dem Ringe trennte, wie sollte sich die Gondel mittlerweile halten? Das Netz war jedoch nicht durch ein einzelnes Tau an dem Ringe befestigt, sondern durch eine Reihe einzelner, aufzuknüpfender Schlingen. Ich löste von diesen immer nur wenige auf einmal und ließ die Gondel unterdessen an den anderen hängen. Nachdem ich so einen Teil des oberen Sackes hindurchgezogen hatte, knüpfte ich die Schlingen wieder an, nicht an den Ring, den ich ja wegen des unter ihm sich hinstreckenden Kautschuks nicht mehr erreichen konnte, sondern an eine Reihe etwa drei Fuß unterhalb der Sacköffnung an den Sack selbst angebrachter Knöpfe, deren Zwischenräume ich genau den Zwischenräumen der Schlingen angepaßt hatte. War ich damit fertig, so löste ich ein paar weitere Schlingen, zog ein weiteres Stück Kautschuk hindurch und befestigte die Schlingen wie vorhin an den Knöpfen. Auf diese Weise konnte ich den ganzen oberen Teil des Sackes zwischen dem Netz und dem Ringe hindurchziehen. Der Ring mußte also zum Schluß in die Gondel fallen, und diese hing mit ihrem ganzen Inhalt an den Knöpfen. Auf den ersten Blick mag dies gefährlich erscheinen, war es jedoch nicht im geringsten, denn die Knöpfe waren nicht allein sehr stark, sondern auch so nahe aneinander angenäht, daß jeder nur einen sehr kleinen Teil des Gewichtes zu tragen hatte. Wäre die Gondel und ihr Inhalt auch dreimal so schwer gewesen, so hätte ich mich doch deswegen nicht im mindesten zu beunruhigen brauchen. Den Ring befestigte ich oben an der Decke des Kautschuksackes wieder, indem ich ihn fast ganz in seiner ursprünglichen Lage mittels dreier leichter Stangen stützte.

Diese Vorrichtung hielt den Sack oben in genügender Ausdehnung und den unteren Teil des Netzes in der richtigen Lage. Jetzt blieb mir nichts weiter zu tun übrig, als die Mündung der ganzen Umhüllung zu schließen. Es gelang mir leicht, indem ich die Falten des Kautschuks zusammennahm und mittels einer Art feststehender Presse zusammenschloß.

An den Seiten dieser Kautschukmauer hatte ich drei runde Scheiben von dichtem, aber klarem Glase eingesetzt, die es mir ermöglichten, nach allen Richtungen auszuspähen. In dem Teil der Hülle, die den Boden bildete, befand sich ebenfalls ein solches Fenster, das gerade über einer Öffnung im Boden der Gondel angebracht war. Ich konnte also auch senkrecht nach unten sehen. Nur gerade über mir konnte ich wegen der besonderen dichten Art des Verschlusses keine ähnliche Vorrichtung anbringen, so daß mir die Dinge gerade über mir unsichtbar bleiben mußten. Doch hatte dies nicht viel zu sagen. Denn der Ballon hätte mir ja doch eine weitere Aussicht durch dies obere Fenster unmöglich gemacht.

Ungefähr einen Fuß unter einem der seitlichen Fenster befand sich eine runde, im Durchmesser drei Zoll große Öffnung, deren kupferner Rand im

Innern gerade in die Spirale einer Schraube paßte. In diesen Rand war die große Röhre des Kondensators eingeschraubt; der Apparat selbst stand natürlich innerhalb des Kautschukzimmers. Durch einen in der Maschine geschaffenen leeren Raum zog man durch die Röhre eine Quantität der draußen befindlichen dünnen Atmosphäre in die Maschine. Dort wurde sie verdichtet und strömte wieder aus, um sich mit der unzureichenden Luft im Zimmer zu verbinden. Nachdem ich dies mehrere Male wiederholt hatte, füllte ich den Raum endlich mit einer zum Einatmen ausreichend dichten Luft. In dem kleinen Zimmer jedoch mußte sie sich bald wieder verschlechtern und durch ihren wiederholten Kontakt mit den Lungen zuletzt ganz unbrauchbar werden. Deshalb mußte ich sie von Zeit zu Zeit durch ein im Boden der Gondel befindliches Ventil ausströmen lassen. Um jedoch zu vermeiden, daß das Zimmer einmal einen Augenblick lang vollständig luftleer wurde, durfte die Reinigung nicht auf einmal vor sich gehen, sondern mußte nach und nach geschehen, indem ich das Ventil nur auf Sekunden öffnete und dann so lange geschlossen hielt, bis ein paar kräftige Pumpenstöße des Kondensators für die entlassene verbrauchte Luft genügend frische, neue hereingelassen hatten. Meine Vorliebe für Experimente hatte mich bewogen, die Katze und ihre Jungen in einem kleinen Korbe außerhalb der Gondel an einem in der Nähe des unteren Ventils, durch das ich sie zu jeder Zeit füttern konnte, angebrachten Knopfe aufzuhängen. Ich tat es mittels eines der eben erwähnten Pflöcke, denn diese sowie der Ring waren überflüssig geworden, da die dichte Atmosphäre im Zimmer den Kautschuk oben von selbst kräftig ausdehnte.

Als ich alle Vorbereitungen getroffen und das Zimmer mit Luft gefüllt hatte, wies die Uhr auf zehn Minuten vor neun. Während der ganzen Zeit der Arbeit hatten mich die schmerzhaftesten Atembeschwerden gequält, und bitter bereute ich die Nachlässigkeit oder vielmehr die törichte Unvorsichtigkeit, eine so wichtige Sache bis auf den letzten Augenblick verschoben zu haben. Kaum war ich mit ihr fertig, so begann ich auch schon, die Wohltaten meiner Erfindung zu genießen. Ich atmete vollständig frei und leicht und fühlte mich zu meiner angenehmen Überraschung von meinen heftigen Schmerzen fast ganz befreit. Ein leichtes Kopfweh und ein Gefühl von Fülle oder Ausdehnung in den Hand- und Fußgelenken sowie in der Kehle, das war eigentlich alles, was mich jetzt noch belästigte. Ein großer Teil des aus Mangel an Luftdruck entstehenden Unbehagens war also vollständig verschwunden, und alle die Schmerzen, die ich während der letzten zwei Stunden empfunden hatte, mußte ich nur der Wirkung der ungenügenden Atmung zuschreiben.

Um zwanzig Minuten vor neun, das heißt also: kurz bevor ich die Mündung des Zimmers geschlossen, hatte das Quecksilber meines Barometers, dessen Konstruktion ich, wie ich schon erwähnte, bedeutend vervollkommnet hatte, seine äußerste Grenze erreicht und sank wieder nach unten. Es zeigte eine Höhe von 132.000 Fuß oder fünfundzwanzig Meilen an, und ich überschaute zu jener Zeit also nicht weniger als den dreihundertzwanzigsten Teil der ganzen Erdoberfläche. Um neun Uhr verlor ich nach Osten hin das Land aus den Augen, und ich bemerkte, daß der Ballon rapide nach Nordnordwesten steuerte. Der Ozean lag noch immer in scheinbar konkaver Gestalt unter mir, doch wurde mir die Aussicht oft durch sich hin und wider schiebende Wolkenmassen etwas benommen.

Um halb zehn wiederholte ich das Experiment, eine Handvoll Federn durch das Ventil fallen zu lassen. Sie schwebten nicht, wie ich erwartet hatte, sondern schossen senkrecht wie Kugeln mit der größten Schnelligkeit nach unten und waren in wenigen Sekunden meinen Blicken entschwunden. Ich wußte zuerst nicht, wie ich mir die sonderbare Erscheinung erklären sollte; denn ich vermochte doch nicht zu glauben, daß sich die Schnelligkeit in solch hohem Grade beschleunigt haben könne. Dann fiel mir ein, daß die Atmosphäre sich so verdünnt habe, daß sie selbst die Federn nicht mehr tragen könne, und dieselben mit größter Schnelligkeit fallen mußten; mich hatte nur die doppelte Schnelligkeit ihres Falles und meines Aufstiegs verblüfft.

Um zehn Uhr war nichts weiter zu verrichten, das meine Aufmerksamkeit erfordert hätte. Alles ging glatt – ich war überzeugt, daß der Ballon mit stetig zunehmender Geschwindigkeit stieg, obwohl ich keine Mittel mehr hatte, um die Steigerung der Schnelligkeit zu messen. Ich empfand keine Schmerzen, kein Unbehagen mehr, war in der besten Laune, seitdem ich Rotterdam verlassen und beschäftigte mich damit, meine verschiedenen Apparate zu untersuchen und die Luft im Zimmer zu erneuern. Dies letztere beschloß ich regelmäßig alle vierzig Minuten zu tun, weniger, weil eine so häufige Erneuerung eine absolute Notwendigkeit gewesen, als um meiner Gesundheit willen. Und zwischendurch überließ ich mich dann meinen Gedanken. Meine Phantasie erging sich in den seltsamen, traumhaften Gefilden des Mondes, und meine Gedanken, jeder Fessel ledig, irrten durch die vielformigen Wunder des ewig sich wandelnden, schattenhaften Gestirns. Bald waren es eisgraue, ehrwürdige Wälder, zackige Abgründe, tosend ins Bodenlose fallende Wasserstürze. Dann kam ich plötzlich in mittäglich beglänzte, stille Einsamkeiten, in die kein Himmelswind jemals drang, wo sich Wiesen voll rotem Mohn ins Endlose dehnten, und hohe, schlanke, liliengleiche Blumen seit Ewigkeiten lautlos und ohne Regung standen. Dann wieder irrte ich umher, bis ich in ein Land kam, das war nur ein schweigender, düsterer See, von einem ruhevollen Wolkenstreif begrenzt. Doch nicht nur solche Szenerien zogen an mir vorüber. Bilder stellten sich mir vor, solch wüster Schrecknisse voll, daß meine Seele bei dem bloßen Gedanken, sie könnten zu Wirklichkeiten werden, in ihren Tiefen erschauderte. Doch durfte ich meine Gedanken nicht länger solchen Betrachtungen anheimgeben, denn die wirklichen und greifbaren Gefahren meiner Reise verlangten vor allem meine Aufmerksamkeit.

Als ich um fünf Uhr nachmittags wieder einmal die Atmosphäre im Zimmer erneuerte, benutzte ich die Gelegenheit, um die Katze und ihre Jungen durch das Ventil zu beobachten. Die Katze selbst schien wieder Schmerzen zu haben, die ich nur ihren Atembeschwerden zuschreiben konnte, mein Experiment mit den jungen Katzen jedoch hatte nach genauer Prüfung ein ganz überraschendes Ergebnis. Ich hatte erwartet, daß auch sie, wenn auch in geringerem Grade wie die Mutter, immerhin Schmerzen empfinden würden, und dies wäre genügend gewesen, mich von der Annahme, daß die Notwendigkeit atmosphärischen Druckes nur Gewöhnung sei, zu überzeugen. Ich hatte jedoch nicht erwartet, sie in einem Zustande so absoluten Wohlbefindens zu sehen; sie atmeten mit der größten Leichtigkeit vollständig regelmäßig und empfanden offenbar nicht das geringste Unbehagen. Ich konnte mir dies alles nur erklären, wenn ich meine Theorie weiter ausdehnte und mir sagte, daß die sehr verfeinte Atmosphäre um mich herum doch zum Leben chemisch nicht ungenügend sei; und eine in solcher Luft geborene Person möglicherweise nicht die geringsten Atembeschwerden empfinden würde, während sie in den unteren, dichteren, erdnäheren Luftschichten von Schmerzen befallen werden würde, die denen, die ich vor kurzem verspürt, analog sein mußten. Ich habe seither oft bedauert, daß mich ein unglücklicher Zufall meiner kleinen Katzenfamilie und mit ihr des Mittels beraubte, diese Frage durch weitere Experimente zu beantworten. Als ich nämlich meine Hand mit einem kleinen Wasserbehälter für die alte Mieze durch das Ventil steckte, verwickelte sich der Ärmel meines Hemdes in die Schlinge, welche den Korb hielt, und löste ihn von dem Knopfe. Wäre das Ganze in einem Augenblick zu nichts geworden, es hätte meinen Blicken nicht plötzlicher entschwinden können. Es konnte wirklich kaum der zehnte Teil einer Sekunde zwischen dem Abfallen der Schlinge vergangen sein, als der Korb auch schon verschwunden war. Meine besten Wünsche folgten ihm zur Erde, doch konnte ich nicht annehmen, daß die Katze oder eins der Jungen am Leben bleiben würden, um unten die Geschichte ihrer Mißfahrten zu erzählen.

Um sechs Uhr bemerkte ich, daß sich ein großer Teil der sichtbaren Erdoberfläche ostwärts in dichten Schatten hüllte, der stetig fortschritt, bis um fünf Minuten vor sieben die ganze sichtbare Fläche von der Finsternis der Nacht bedeckt war. Erst lange nach dieser Zeit trafen die letzten Strahlen der untergehenden Sonne den Ballon, und dieser Umstand, obwohl ich ihn natürlich erwartet hatte, erfüllte mich mit lebhafter Zufriedenheit. Offenbar würde ich am anderen Morgen das lichtspendende Gestirn lange vor den guten Bürgern von Rotterdam erblicken, obwohl sich die Stadt weit östlicher befand als mein Ballon, und so mußte mir von Tag zu Tag, im Verhältnis zu der erreichten Höhe, die Sonne länger und länger scheinen. Ich beschloß, ein Reisetagebuch zu führen, indem ich nach je vierundzwanzig Stunden einen neuen Tag verzeichnete, ohne mich nach den Zeiten der Dunkelheit zu richten.

Als ich um zehn Uhr schläfrig wurde, beschloß ich, mich für den Rest der Nacht niederzulegen, doch stieß ich dabei auf eine Schwierigkeit, die, obwohl sie auf der Hand lag, mir bis jetzt noch gar nicht in den Sinn gekommen war. Wer sollte, während ich schlief, die Luft im Zimmer erneuern? Die vorhandene Luft länger als höchstens eine Stunde einzuatmen, ging auf keinen Fall an, und ein und eine viertel Stunde lang in ihr zu verweilen, konnte die schlimmsten Folgen haben. Dies Dilemma beunruhigte mich in hohem Maße, und man wird kaum glauben, daß ich nach all den glücklich überstandenen Gefahren die Sache für so schwierig hielt, daß ich alle Hoffnung, meine endgültige Absicht ausführen zu können, sinken ließ und zur Erde zurückzukehren beschloß.

Doch währte meine Niedergeschlagenheit nicht lange. Ich dachte daran, daß der Mensch der Sklave seiner Gewohnheit ist und viele Dinge für unerläßlich zum Leben hält, die nur durch die Gewohnheit unerläßlich geworden sind. Gewiß konnte ich ohne Schlaf nicht leben, doch konnte ich mich leicht dazu bringen, es als nichts Störendes zu empfinden, jede Stunde während der Zeit meiner Ruhe einmal aufzuwachen. Die Erneuerung der Luft nahm fünf Minuten höchstens in Anspruch; ich mußte nur ein Mittel finden, das mich zur gegebenen Zeit pünktlich weckte. Diese Aufgabe jedoch schien mir nicht leicht zu lösen. Ich hatte allerdings einmal von einem Studenten gehört, der, um nicht über seinen Büchern einzuschlafen, in seiner Hand eine Metallkugel hielt, deren tönendes Aufschlagen in ein neben ihm stehendes Becken aus leichtem Metall ihn jedesmal, wenn er eingenickt war, aus dem Schlafe auffahren ließ. In meinem Falle hätte mir ein gleicher oder ähnlicher Gedanke doch nicht helfen können, denn ich wollte ja nicht wach bleiben, sondern nur in regelmäßigen Zwischenräumen geweckt werden. Endlich verfiel ich auf ein Hilfsmittel, dessen Erfindung, so einfach sie auch war, mir im ersten Augenblick der Erfindung des Teleskops, der Dampfmaschine, der Buchdruckerkunst gleichwertig erschien.

Ich muß vorher bemerken, daß der Ballon, in der Höhe, die er nun einmal erreicht hatte, in gerader Linie und vollständig gleichmäßig aufstieg, so daß ich in der Gondel nicht die geringste Schwankung bemerken konnte. Dieser Umstand kam meinem Plane sehr zustatten. Ich hatte meinen Wasservorrat in kleine Fäßchen verteilt, von denen jedes fünf Gallonen hielt und im Innern der Gondel fest angebunden war. Ich löste eins von ihnen, nahm zwei Taue und band sie an jeder

Seite des Gondelgeflechtes fest. Sie kreuzten also die Gondel und liefen, etwa einen Fuß voneinander entfernt, nebeneinander her. Sie bildeten eine Art Bord, auf welches ich das Fäßchen in horizontaler Lage befestigte. Ungefähr acht Zoll unter diesen beiden Seilen und vier Fuß über dem Boden der Gondel befestigte ich ein wirkliches Bord, das einzige Stück einfachen, dünnen Holzes, das ich mitgenommen hatte. Auf dies untere Brett, genau unter die Ränder des Fäßchens, stellte ich einen irdenen Krug. Nun bohrte ich gerade über demselben ein Loch in das Fäßchen und schnitt einen kerzen- oder kegelförmigen Keil aus weichem Holz zurecht. Diesen Keil steckte ich nun nach einigen Versuchen gerade so tief in die Öffnung, daß das an seinen Seiten hervorsickernde Wasser den unter ihm stehenden Krug in sechzig Minuten bis zum Rande füllen mußte. Dies konnte ich schnell berechnen, indem ich nachmaß, wie weit sich der Krug in einer gegebenen Zeit gefüllt hatte. Nach all diesen Vorbereitungen ist mein Plan leicht zu erraten. Mein Bett auf dem Boden der Gondel war so angebracht, daß mein Kopf gerade unter dem Kruge lag. War die Stunde vergangen und der Krug gefüllt, so mußte er überlaufen, und das Wasser, das von einer Höhe von mehr als vier Fuß auf mein Gesicht fiel, mußte mich auch aus dem festesten Schlaf aufwecken.

Als ich meine Vorbereitungen beendigt hatte, war es elf Uhr geworden, und ich begab mich in vollem Vertrauen auf die Wirksamkeit meiner Erfindung zur Ruhe. Ich täuschte mich auch nicht. Pünktlich alle sechzig Minuten weckte mich mein treuer Chronometer, ich leerte den Krug wieder in das Faß zurück, pumpte neue Luft ins Zimmer und begab mich wieder zu Bett. Diese regelmäßigen Unterbrechungen im Schlafe ermüdeten mich weit weniger als ich gedacht, und als ich mich gegen sieben Uhr endgültig wieder erhob, stand die Sonne schon mehrere Grad über der Linie meines Horizontes.

3. April. Mein Ballon war während der Nacht zu ungeheurer Höhe aufgestiegen, und die konvexe Gestalt der Erde zeigte sich auffallend deutlich. Unter mir, im Ozean, sah ich eine Reihe schwarzer Flecken; ohne Zweifel waren es Inselgruppen. Der Himmel über mir war gagatschwarz, die Sterne funkelten, wie ich es schon am ersten Tage meines Aufstiegs wahrgenommen. Weit gegen Norden bemerkte ich eine dünne, weiße, hell leuchtende Linie, und ich vermutete sofort, daß es die südliche Grenze des Polareismeeres sei. Dieser Anblick erregte meine Neugierde auf das mächtigste, denn ich hoffte, weiter gegen Norden getragen zu werden und mich vielleicht sogar einen Augenblick lang gerade über dem Pol zu befinden. Ich sah jedoch mit Verdruß, daß meine ungeheure Höhe mich hindern mußte, wie ich es wünschte, genauere Beobachtungen anzustellen. Immerhin blieben mir noch viele Erkenntnisse vorbehalten.

Den ganzen Tag über ereignete sich nichts Außergewöhnliches. Meine Apparate befanden sich alle in guter Ordnung, und der Ballon stieg stetig ohne merkbare Schwankung. Es wurde sehr kalt, und ich mußte mich fest in meinen Überrock einhüllen. Als sich die Erde wieder mit Dunkelheit bedeckte, legte auch ich mich zur Ruhe, obgleich es um mich her noch manche Stunde lang taghell war. Die Wasseruhr tat pünktlich ihre Pflicht, und ich schlief mit Ausnahme der stündlichen Unterbrechungen gesund bis zum anderen Morgen.

4. April. Ich stand in bester Gesundheit und Laune auf und erstaunte über die sonderbare Veränderung, die mit der See vor sich gegangen war. Sie hatte ihre tiefblaue Färbung, in der sie mir bis jetzt erschienen war, verloren, und blendete meine Augen durch ein hartes, grauweißes Licht.

Die konvexe Gestalt des Ozeans trat so offen zu Tage, daß sich seine fernen Wassermassen in den Abgrund des Horizontes hineinzustürzen schienen, und ich überraschte mich dabei, wie ich lauschte, ob ich das Echo der ungeheuren Katarakte nicht vernehmen könne. Die Inseln waren nicht mehr zu sehen; ob sie südöstlich hinter den Horizont gesunken waren, oder die Höhe sie meinen Blicken entzog, vermag ich nicht zu sagen. Ich vermute jedoch das letztere. Der Eisrand im Norden wurde immer deutlicher sichtbar. Die Kälte war nicht mehr so heftig. Es ereignete sich nichts Wichtiges, und ich vertrieb mir die Zeit mit Lesen, da ich mich mit Büchern für die Reise versorgt hatte.

5. April. Ich beobachtete das seltene Schauspiel eines Sonnenaufgangs, während die ganze sichtbare Erdoberfläche noch in Dunkelheit lag. Mit der Zeit jedoch verbreitete sich das Licht überallhin, und ich konnte im Norden wieder die Eislinie entdecken. Sie war deutlich sichtbar und erschien viel dunkler als das Wasser des Meeres. Augenscheinlich näherte ich mich ihr mit größter Schnelligkeit. Bildete mir ein, östlich sowohl wie westlich einen Streifen Land zu entdecken, doch war ich dessen nicht gewiß. Temperatur mäßig. Während des Tages ereignete sich nichts von Bedeutung. Ging früh zu Bett.

6. April. Bemerkte überrascht den Landstreifen in mäßiger Entfernung und ein ungeheures Eisfeld, das sich bis zum nördlichen Horizont erstreckte. Wenn der Ballon seine Richtung beibehielt, so mußte ich mich bald über dem nördlichen Eismeer befinden und konnte hoffen, auch endlich den Pol selbst zu erblicken. Den ganzen Tag näherte ich mich beständig dem Eise.

Als die Nacht anbrach, erweiterten sich plötzlich die Grenzen des Horizontes. Ich mußte diesen Umstand ohne Zweifel der Form der Erde, der abgeplatteten Kugel zuschreiben und dem Umstande, daß ich jetzt über der abgeplatteten Region in die Nähe des arktischen Kreises gekommen war. Als es ganz finster geworden war, legte ich mich zu Bett, unmutig, daß ich über den Gegenstand so vieler Neugierde hinsegelte, ohne daß es mir möglich war, irgendwelche Beobachtungen anzustellen.

7. April. Ich stand sehr früh auf und entdeckte zu meiner Freude, daß ich mich zweifellos gerade über dem Pol befand. Ja! Er war es ganz bestimmt, dicht unter meinen Füßen! Doch befand ich mich leider so hoch über ihm, daß ich nichts genauer unterscheiden konnte. Denn nach der Progression der Zahlen der verschiedenen Höhen, vom 2. April sechs Uhr vormittags bis um zehn Minuten vor neun desselben Morgens (dem Augenblick, da das Quecksilber zurückfiel), zu rechnen, mußte ich mich jetzt, am 7. April vier Uhr morgens, in einer Höhe von nicht weniger als 7.254 Meilen über der Oberfläche des Meeres befinden. Dies mag ungeheuer erscheinen, doch hatte die Rechungsart wahrscheinlich eine viel zu niedrige Summe ergeben. Jedenfalls lag mir die ganze nördliche Halbkugel wie eine Landkarte aus der Vogelperspektive zu Füßen, und der große Kreis des Äquators bildete die Grenzlinie meines Horizontes. Eure Exzellenzen können sich jedoch leicht vorstellen, daß die bis jetzt unerforschten Gegenden innerhalb der Grenzen des arktischen Kreises, obgleich sie gerade unter mir lagen und deshalb nicht verkürzt gesehen wurden, doch verhältnismäßig zu klein waren und zu tief unter mir lagen, als daß ich eine genauere Betrachtung hätte vornehmen können. Was ich jedoch sah, war immerhin eigentümlich und interessant genug. Nördlich von jener ungeheuren Eislinie, von der ich schon gesprochen und die mit geringen Abweichungen die Grenze des Vordringens der Menschen bedeuten kann, dehnt sich ununterbrochen oder beinahe ununterbrochen eine riesige Eisdecke aus. Sie glättet sich von Anfang an merklich, später wird sie ganz flach; endlich seltsam konkav, endigt sie beim Pole selbst in einem runden, scharf begrenzten Zentrum, dessen anscheinender Durchmesser vom Ballon aus einen Winkel von ungefähr fünfundsechzig Grad umspannte. Er war von düsterer Farbe und immer dunkler als irgendeine andere Stelle der Halbkugel, die ich überschaute, und hin und wieder in tiefstes Schwarz getaucht. Genaueres konnte ich nicht feststellen. Gegen Mittag hatte das Zentrum bedeutend an Umfang eingebüßt, und um sieben Uhr nachmittags hatte ich es ganz aus dem Gesicht verloren. Der Ballon steuerte über den westlichen Eisrand in der Richtung auf den Äquator zu.

8. April. Konstatierte eine merkliche Verkleinerung im anscheinenden Durchmesser der Erde, von der wirklichen Veränderung ihrer Farbe und ihrer allgemeinen Erscheinung gar nicht zu reden. Die ganze sichtbare Oberfläche hatte eine gelbliche Färbung angenommen; einige Strecken glänzten so, daß es das Auge schmerzte, hinzusehen. Mein Blick nach unten wurde auch verschiedentlich durch die Atmosphäre behindert, die mit Wolken beladen war und mir nur hin und wieder einen kurzen Anblick der Erde selbst gestattete. Seit den letzten achtundvierzig Stunden war dies sehr oft der Fall gewesen, doch schien meine augenblickliche ungeheure Höhe die hin und her flutenden Dampfkörper für mein Auge näher zusammenzurücken. Natürlich steigerte sich die Erscheinung, je höher ich stieg. Immerhin konnte ich bemerken, daß der Ballon nun über die Reihe großer Seen in Nordamerika dahinsegelte, nach Süden zusteuerte und mich bald in die Tropen bringen mußte.

Dieser Umstand befriedigte mich in höchstem Maße und ich begrüßte ihn als ein Vorzeichen endgültigen Gelingens. Die Richtung, die er bis jetzt beibehalten, hatte mich nämlich mit einigen Befürchtungen erfüllt; wäre er länger in ihr fortgesteuert, so hätte ich den Mond überhaupt nicht erreichen können, denn seine Bahn neigt sich zur Ekliptik nur in einem kleinen Winkel von 5°8′48″. So seltsam es auch klingen mag: erst jetzt fiel mir ein, welch großen Fehler ich begangen hatte, als ich meine Reise nicht von einem Punkt der Erde aus antrat, der innerhalb des Planes der Mondellipse lag.

9. April. Der Durchmesser der Erde erscheint bedeutend kleiner, und die Oberfläche färbt sich immer tiefer gelb. Der Ballon blieb bei der Richtung südlich und kam um neun Uhr nachmittags über den nördlichen Rand des Golfs von Mexiko.

10. April. Heute morgen gegen 5 Uhr wurde ich durch ein schreckliches Getöse geweckt, das ich mir nicht erklären konnte. Es währte nur kurze Zeit, doch glich es keinem Ton, den ich auf Erden je gehört. Es ist wohl überflüssig zu sagen, daß ich sehr beunruhigt war, denn im ersten Augenblick konnte ich nur glauben, der Ballon platze. Ich untersuchte meine sämtlichen Apparate, fand sie jedoch alle in bester Ordnung. Ich habe tagsüber lange über dies sonderbare Ereignis nachgedacht, ohne die geringste Erklärung zu finden. Ging deshalb unbefriedigt, sehr aufgeregt und angstvoll zu Bett.

11. April. Bemerkte eine ganz auffallende Verkleinerung des Erddurchmessers und zum allerersten Male eine merkbare Vergrößerung des Durchmessers des Mondes, der in ein paar Tagen Vollmond sein wird. Es erfordert jetzt lange und mühsame Arbeit, eine genügende Menge atmosphärischer Luft zu kondensieren, um leben zu können.

12. April. Die Richtung des Ballons erfuhr eine sonderbare Veränderung, und obgleich ich sie erwarten mußte, gewährte sie mir eine ausgesprochene Befriedigung. Er war in der ersten Richtung bis ungefähr zum zwanzigsten Grad südlicher Breite gekommen, als er sich ganz plötzlich in einem spitzen Winkel ostwärts wandte und den ganzen Tag in dieser Richtung, genau im Plane der Mondellipse, fortsteuerte. Zu bemerken ist noch, daß ein merkliches Schwanken der Gondel die Folge dieses Richtungswechsels war. Es hielt, mehr oder weniger stark, mehrere Stunden lang an.

13. April. Von neuem beunruhigte mich das laute, krachende Geräusch, das mich schon am 10. erschreckt hatte. Dachte wieder lange über seine mögliche

Ursache nach, ohne zu einem Schluß zu kommen. Der Durchmesser der Erde nimmt immer mehr ab und umspannt vom Ballon aus einen Winkel von wenig mehr als fünfundzwanzig Grad. Den Mond konnte ich nicht sehen, da er fast in meinem Zenit stand. Wir blieben noch immer in der Bahn der Ellipse, drangen jedoch nur sehr wenig weiter nach Osten vor.

14. April. Rapide Abnahme des Durchmessers der Erde. Heute kam mir die Erkenntnis, daß der Ballon jetzt auf der Linie der Absiden zu dem Punkte der Erdnähe eilt – mit anderen Worten: die direkte Richtung genommen hat, die ihn in dem der Erde am nächsten kommenden Teil der Mondbahn auf den Mond selbst bringen muß. Dieser befindet sich jetzt gerade über mir und ist meinen Blicken also entzogen. Lange, harte Arbeit erfordert das Kondensieren der Luft.

15. April. Nicht einmal die Umrisse der Kontinente und Meere konnte ich noch erkennen. Gegen zwölf Uhr vernahm ich zum dritten Male das fürchterliche Getöse, das mich zweimal aus dem Schlafe geweckt. Es hielt einige Augenblicke an und nahm während derselben an Heftigkeit zu. Schon erwartete ich irgendeine vernichtende Katastrophe, die Gondel schwankte heftig hin und her und eine riesige flammende Masse, deren Natur ich nicht erkennen konnte, schoß mit einem Gebrüll von tausend Donnern am Ballon vorbei. Als sich mein Entsetzen und Erstaunen etwas gelegt hatte, mußte ich mir sagen, daß es nur irgendein vulkanischer Ausbruch gewesen sein könne, den die Welt, der ich mich mit schwindelnder Eile näherte, ausgespien, und der höchstwahrscheinlich aus jenem eigentümlichen Stoffe bestand, von dem oft Teile bis auf die Erde gelangen und mangels einer genaueren Bezeichnung Meteorsteine genannt werden.

16. April. Als ich heute, so gut es gehen wollte, durch die beiden Seitenfenster nach oben blickte, sah ich zu meiner großen Freude einen kleinen Teil der Mondscheibe, sozusagen an allen Seiten über den großen Kreis, der den Ballon bildete, hervorragen. Ich geriet in ungeheure Aufregung, denn ich brauchte fast nicht mehr zu zweifeln, meine gefährliche Reise bis zum Ende durchführen zu können. Der Kondensator erforderte mittlerweile auch so schwere, unablässige Arbeit, daß mir kaum Zeit zum Ausruhen blieb. An Schlaf durfte ich fast nicht mehr denken. Ich fühlte mich ganz krank, und mein Körper zitterte vor Erschöpfung. Ich fürchtete, daß meine Natur den Anstrengungen nicht länger gewachsen sein möchte. Während der kurzen Zeit der Dunkelheit sauste wieder ein Meteorstein an mir vorüber, und die relative Häufigkeit dieser Erscheinung beunruhigte mich nicht wenig.

17. April. Dieser Morgen war der Schluß und der Anfang einer Epoche meiner Reise. Man wird sich erinnern, daß die Erde am 13. von mir aus einen Winkel von 25 Grad umschloß. Am 14. hatte sich der Winkel bedeutend verkleinert, am 15. hatte er noch viel schneller an Größe abgenommen, und am 16., kurz

vor dem Schlafengehen, schätzte ich ihn bloß noch auf ungefähr sieben Grad
fünfzehn Minuten. Nun stelle man sich mein Erstaunen vor, als ich am 17. nach
einem kurzen, unruhigen Schlummer bemerkte, daß die Oberfläche unter mir
so wunderbar plötzlich an Umfang zugenommen hatte, daß sie einen Winkel
von wenigstens 30 Grad umschloß! Ich stand sozusagen wie vom Blitz gerührt!
Kein Wort kann meinen ungeheuren Schrecken, mein niederschmetterndes
Entsetzen ausdrücken. Meine Knie schlotterten – meine Zähne klapperten –
die Haare standen mir zu Berge! Der Ballon war also geplatzt? Ich sauste – ich
sauste mit unausdenkbarer Geschwindigkeit nach unten! Nach der ungeheuren
Entfernung zu schätzen, die ich in der kurzen Zeit des Schlafens durchmessen,
könnte es höchstens noch zehn Minuten dauern, bis ich die Oberfläche der Erde
erreichte, der grausigsten Vernichtung zugeschleudert wurde!

Doch dann begann ich ruhiger nachzudenken – ich machte eine Pause und
sammelte mich. Zweifel stellten sich ein. Es war ja eigentlich ein Ding der
Unmöglichkeit! So rasend schnell hätte ich immerhin nicht nach unten fallen
können. Und obwohl ich mich der Oberfläche unter mir zusehends näherte,
stand diese Geschwindigkeit doch in keinem Verhältnis zu der, die ich anfangs
mit solch ungeheurem Grausen für meinen Sturz angenommen hatte. Diese
Überlegung beschwichtigte die Erregung in meinem Innern teilweise wieder,
und es gelang mir endlich, die Erscheinung mit ruhigerem Auge zu betrachten.
Erstaunen und Angst mußten mich wirklich meiner Sinne beraubt haben, daß
ich die Verschiedenheit der Oberfläche des Weltkörpers unter mir und der meiner Mutter Erde nicht sofort erkannt hatte. Die stand jetzt über meinem Kopfe,
und der Mond – der Mond in all seiner Glorie – lag zu meinen Füßen.

Das Staunen und die Erstarrung, die diese sonderbare Veränderung in der
Lage der Welten in mir bewirkte, war vielleicht das Erstaunlichste und Unver-
ständlichste an der ganzen Reise. Denn diese Umwälzung war nicht nur natürlich und unausbleiblich, ich hatte sie auch längst erwartet. Sie mußte eintreten,
sobald ich an dem Punkte meiner Reise angekommen sein würde, an dem die
Anziehungskraft des Planeten durch die Anziehungskraft des Satelliten aufgehoben werden würde, oder genauer: an dem die Gravitation des Ballons zur Erde
geringer sein würde als die zum Monde.

Allerdings erwachte ich gerade aus einem Schlafe und war noch nicht ganz
bei Sinnen, als ich plötzlich diese seltsamste aller Erscheinungen gewahrte, die
ich zwar erwartet – doch nicht in diesem Augenblick erwartet hatte.

Die Umdrehung selbst mußte ganz sanft und allmählich vor sich gegangen
sein, und es ist durchaus nicht gewiß, daß ich selbst in wachem Zustande eine
Umkehrung verspürt haben würde, irgendein inneres Symptom einer Umdrehung – eine Unbequemlichkeit oder eine Verschiebung an meinen Apparaten.

Es ist wohl überflüssig zu sagen, daß sich meine ganze Aufmerksamkeit, als ich zur klaren Erkenntnis meiner Situation gekommen und des Schreckens, der meinen Geist vollkommen gelähmt hatte, Herr geworden war, auf die Betrachtung der allgemeinen äußeren Erscheinung des Mondes konzentrierte. Er lag unter mir, wie eine Karte – und obgleich ich schließen mußte, daß er sich noch in bedeutender Entfernung befand, zeichneten sich doch alle Unebenheiten seiner Oberfläche mit einer mir unerklärlichen Deutlichkeit ab. Beim ersten Blick fiel mir, als hauptsächlichster Zug seiner geologischen Beschaffenheit, der Mangel an Meeren, Binnenseen oder Flüssen, überhaupt an irgendwelchen Wasseransammlungen auf.

Dennoch, so seltsam es klingt, sah ich weite, flache Strecken, die durchaus den Charakter angeschwemmten Erdreichs aufwiesen, obgleich der bei weitem größere Teil der sichtbaren Hemisphäre von zahllosen kegelförmigen Vulkanen bedeckt war, die eher künstlichen als natürlichen Erhebungen glichen. Die höchste unter ihnen mochte nicht mehr als drei dreiviertel Meilen senkrechter Höhe betragen – übrigens wird eine Karte der Campi Phlegraei Euren Exzellenzen eine viel bessere Vorstellung der allgemeinen Oberfläche geben, als jede Beschreibung meinerseits, die doch nur sehr unvollkommen bleiben würde. Bei den meisten Bergen fanden offenbar gerade Eruptionen statt und gaben mir ein furchtbares Bild ihrer Wut und ihrer Kraft durch wiederholt mit donnerndem Krachen emporgeschleuderte sogenannte Meteorsteine, die immer häufiger und beunruhigender am Ballon vorübersausten.

18. April. Bemerkte eine bedeutende Zunahme im anscheinenden Volumen des Mondes, und die offenbar stetig wachsende Schnelligkeit des Abwärtssegelns beginnt mich mit Besorgnis zu erfüllen. Man wird sich erinnern, daß im Anfange meiner Berechnungen der Möglichkeit einer Mondfahrt die Annahme einer dichten, im Verhältnis zum Volumen des Planeten stehenden Atmosphäre eine große Rolle gespielt hatte – trotz verschiedener Theorien, die das Gegenteil beweisen sollten, ja, obwohl man im allgemeinen überhaupt nicht an eine Mondatmosphäre glaubte. Doch außer den Schlüssen, die ich aus der Beobachtung des Enckeschen Kometen und des Zodiakallichtes hergeleitet, wurde ich in meiner Ansicht noch durch die Behauptungen des Herrn Schroeter aus Lilienthal bestärkt. Er beobachtete den Mond, als derselbe einmal wieder seit zwei und einem halben Tage sichtbar war, kurz nach Sonnenuntergang des Abends, ehe die dunkle Partie kenntlich wurde, und beobachtete sie so lange, bis sie ganz zu sehen war. Die beiden Hörner schienen sich spitz und scharf zu verlängern, und ihr äußerster Rand war schwach von Sonnenstrahlen beschienen, ehe ein Teil der Hemisphäre sichtbar wurde. Kurze Zeit nachher wurde das ganze dunkle Feld erhellt. Diese Verlängerung der Hörner über den Halbkreis hinaus konnte

seinen Grund meiner Meinung nach nur in einer Brechung der Sonnenstrahlen durch die Atmosphäre des Mondes haben. Ich berechnete ferner, daß die
Höhe dieser Atmosphäre, die genug Lichtstrahlen brechen konnte, um in ihrer
dunklen Hemisphäre eine Dämmerung zu bewirken, die heller ist als das Licht,
welches die Erde reflektiert, wenn der Mond etwa im zweiunddreißigsten Grade
seiner Konjunktion steht, 1.356 Pariser Fuß betragen müsse; demgemäß nahm
ich an, daß die größte Höhe, die Sonnenstrahlen brechen konnte, 5.376 Fuß
sein müsse. Meine Gedanken über diesen Punkt wurden durch eine Stelle aus
dem zweiten Bande der „Philosophischen Transaktionen" bestätigt, in welchem
bewiesen wird, daß bei einer Verfinsterung der Satelliten des Jupiter der dritte
verschwand, nachdem er ein oder zwei Sekunden undeutlich gewesen, und der
vierte, als er sich dem Rande näherte, unwahrnehmbar wurde.[*]

Die Sicherheit meiner endgültigen Landung hing natürlich von dem Widerstand oder vielmehr von der Unterstützung einer Atmosphäre ab, von der ich
also glaubte, daß sie im Zustande einer gewissen Dichtigkeit um den Mond
herum existieren müsse. Sollte ich mich geirrt haben, so konnte mein Abenteuer nicht anders als mit meiner Zerschmetterung an der zackigen Oberfläche
des Satelliten endigen. Und ich hatte allen Grund, mich auf das Fürchterlichste gefaßt zu machen. Meine Entfernung vom Monde war verhältnismäßig nur
noch eine unbedeutende; die Arbeit, die der Kondensator erforderte, hatte sich
dagegen noch nicht vermindert: von einer zunehmenden Dichtigkeit der Atmosphäre war nichts zu spüren.

19. April. Heute morgen gegen neun Uhr, als mir die Oberfläche des Mondes
erschreckend nahe gekommen und meine Befürchtungen aufs höchste gestiegen
waren, wies zu meiner größten Erleichterung die Pumpe des Kondensators endlich Anzeichen einer Veränderung der Atmosphäre auf. Um zehn Uhr konnte
ich glauben, daß die Dichtigkeit bedeutend zugenommen. Um elf Uhr erforderte
der Apparat nur noch eine geringe Arbeit, und gegen Mittag wagte ich, erst
zögernd, das Kautschukzimmer zu öffnen; als es jedoch keinerlei böse Folgen

---

[*] Hevelius schreibt, daß er mehrere Male bei vollkommen klarem Himmel, als selbst Sterne sechster und siebenter Größe deutlich zu sehen waren, beobachtet habe, daß – bei gleicher Höhe
des Mondes – bei gleichem Abstandswinkel von der Erde – der Mond und seine Flecken uns
nicht immer gleich hell erscheinen. Aus den gegebenen Umständen geht hervor, daß die Ursachen dieser Erscheinung weder in unserer Atmosphäre, noch im Teleskop, noch im Monde,
noch im Auge des Beobachters zu suchen ist, sondern in einem Etwas, (einer Atmosphäre?),
das um den Mond herum existiert. Cassini hat oft beobachtet, daß Saturn, Jupiter und die Fixsterne im Augenblick, da sie vom Mond verfinstert werden, ihre Kreisform verlieren und eine
ovale annehmen; bei anderen Verfinsterungen jedoch nahm er keine Veränderung der Gestalt
wahr. Man muß also annehmen, daß der Mond zu manchen Zeiten, doch nicht immer, von
einer dichten Materie eingehüllt ist, in welcher sich die Strahlen der Sterne brechen.

hatte, wickelte ich die Gondel gänzlich aus dem Gummisack heraus. Wie ich hätte erwarten müssen, ergriffen mich gleich nach dem übereilten, gefährlichen Experimente Krämpfe und heftige Kopfschmerzen. Doch da diese und andere mit Atembeschwerden verbundenen Erscheinungen nicht so stark auftraten, als daß ich für mein Leben hätte fürchten müssen, beschloß ich, sie geduldig zu ertragen, in der Hoffnung, daß sie mich bald, da ich jeden Augenblick in dichtere Schichten der Mondatmosphäre kommen mußte, verlassen würden.

Ich näherte mich dem Gestirn noch immer mit rasender Eile, und es stellte sich bald als gewiß heraus, daß, obgleich ich mich wahrscheinlich in der Annahme einer im Verhältnis zu der Masse des Gestirns stehenden dichten Atmosphäre nicht getäuscht hatte, diese Dichtigkeit doch selbst an der Oberfläche nicht ausreichte, meine Gondel mit ihrem Inhalt zu tragen. Dies hätte der Fall sein müssen – und zwar in gleichem Maße wie an der Oberfläche der Erde –, wenn man annimmt, daß auf beiden Planeten die wirkliche Schwere der Körper im Verhältnis zur Dichtigkeit der Atmosphäre steht. Aber das war nicht der Fall; die Schnelle, mit der ich fiel, bewies es deutlich. Warum? Ich konnte es mir nur durch eine jener möglichen geologischen Störungen erklären, von denen vorhin die Rede war.

Jedenfalls hatte ich den Planeten fast ganz erreicht und näherte mich ihm in schwindelnd eiligem Fall. Es war keine Minute zu verlieren, ich warf meinen Ballast über Bord, dann die Wasserfäßchen, den Kondensator, die Gummihülle, alles, was sich nur in der Gondel befand. Es half nichts. Ich fiel mit entsetzlicher Schnelligkeit, und war wohl nur noch eine halbe Meile vom Boden entfernt. In höchster Not warf ich meinen Rock, meinen Hut, meine Stiefel fort, löste die Gondel selbst, die ziemlich schwer war, vom Ballon, klammerte mich mit beiden Händen an das Netzwerk an und hatte kaum Zeit, zu sehen, daß das ganze Land, so weit das Auge reichte, mit winzigen Wohnstätten übersät war, als ich auch schon wie eine Kugel mitten in eine phantastische Stadt unter eine Menge häßlicher kleiner Leute fiel, von denen keiner ein Wort sagte, oder sich die geringste Mühe gab, mir beizustehen, sondern die alle wie ein Haufen von Idioten mich und meinen Ballon mit lächerlichem Grinsen und in die Seite gestemmten Armen anglotzten. Ich wandte mich von ihnen ab und blickte zur Erde auf, die ich kürzlich und vielleicht für immer verlassen. Sie hing als ungeheurer, düsterer Kupferschild von vielleicht zwei Grad im Durchmesser, starr und unbeweglich, in den Himmeln über mir. Ein Teil des Randes erglänzte in der Gestalt einer goldig leuchtenden Sichel. Von Land oder Meeren war nichts mehr zu sehen, die ganze Oberfläche schien mit veränderlichen Flecken besät und war von den tropischen und Äquatorial-Zonen wie von Gürteln umschlossen.

So hatte ich also, Euren Exzellenzen mit Respekt zu melden, nach einer langen Reihe von Beängstigungen und mannigfachen Gefahren, denen ich so unglaublich gut und unbeschädigt entronnen war, neunzehn Tage nach meiner Abfahrt von Rotterdam, heil und gesund das Ziel der zweifellos seltsamsten, wichtigsten Reise erreicht, die je ein Erdenbürger vollbracht oder auch nur beabsichtigt hat. Doch habe ich meine Abenteuer hier noch nicht erzählt, und Eure Exzellenzen können sich wohl vorstellen, daß ich nach fünfjährigem Aufenthalte auf einem Planeten, der, an sich schon höchst interessant, es in seiner Eigenschaft als Trabant der menschenbewohnten Erde doppelt wird, dem astronomischen Kollegium im geheimen noch viele und wichtigere Dinge mitzuteilen habe, als die immerhin wunderbaren Einzelheiten der bloßen Reise, die ich so glücklich zu Ende geführt.

Ich könnte viel von dem Klima des Mondes erzählen, von dem wunderbaren Wechsel von Wärme und Kälte, von dem unerbittlichen glühenden Sonnenschein, der stets vierzehn Tage hintereinander anhält, und der darauf folgenden vierzehntägigen mehr wie polaren Eiseskälte; könnte vieles über eine beständige Zufuhr an Feuchtigkeit durch Destillation wie in einem Vakuum von dem Punkte unter der Sonne bis zu dem am weitesten entfernten erzählen; von einer veränderlichen Zone fließenden Wassers könnte ich sprechen; dann über die Einwohner selbst – über ihre Sitten und Gewohnheiten, ihre politischen Einrichtungen, ihren besonderen Organismus, ihre Häßlichkeit, ihren Mangel an Ohren, die in einer so anderen Atmosphäre nur nutzlose Anhängsel sein würden, über das Fehlen jeglicher Sprache bei ihnen, über ihre seltsame Methode einer innern Mitteilung, welche die Sprache vollständig ersetzt; könnte von der unerklärlichen Beziehung reden, die je einen Mondbewohner mit je einem Erdenbürger verbindet – eine Beziehung, die den Bahnen des Planeten und des Satelliten analog ist, von ihnen abhängt, und mittels deren das Leben und Schicksal der Bewohner beider Sterne innig miteinander verbunden sind – und vor allem, mit Eurer Exzellenzen Erlaubnis, möchte ich über die dunklen, fürchterlichen Geheimnisse der anderen Hemisphäre des Mondes sprechen, die dank der fast wunderbaren Übereinstimmung der Umdrehung des Satelliten um seine eigene Achse mit seiner Sternbahn um die Erde und durch Gottes Barmherzigkeit den Teleskopen der Menschen niemals zugänglich sein wird.

Alles das möchte ich erzählen und noch viel, viel mehr. Aber – um kurz zu sein – ich verlange eine Belohnung dafür. Ich sehne mich danach, zu meiner Familie und in mein Heim zurückzukehren. Und als Preis für das Licht, das ich in viele wichtige Gebiete der physischen und metaphysischen Wissenschaften bringen kann, erbitte ich durch Fürsprache des hochzuverehrenden astronomischen Kollegiums Straflosigkeit für das Verbrechen, dessen ich mich bei meiner Abreise aus Rotterdam durch den Mord meiner Gläubiger schuldig gemacht. Diesen Zweck verfolge ich mit dem Briefe, den Eure Exzellenzen soeben gelesen. Der Überbringer, ein Mondbewohner, den ich zu meinem Boten ausgewählt und genügend instruiert habe, wird auf Eurer Exzellenzen gnädige Äußerung warten und mir die erbetene Verzeihung, falls man sie mir gewähren wird, überbringen.

Ich habe die Ehre mich zu unterzeichnen als Eurer Exzellenzen allerergebenster Diener

Hans Pfaall

Als Bürgermeister und Professor diese überraschende Botschaft gelesen hatten, ließ der letztere, so erzählt man, im Übermaße des Erstaunens seine Pfeife auf die Erde fallen und Mynheer Superbus von Underduk nahm seine Brille ab, putzte sie, steckte sie in die Tasche und vergaß sowohl sich selbst als auch seine Würde so weit, daß er sich vor Verwunderung dreimal auf dem Absatze herumdrehte.

Zweifellos mußte die Straflosigkeit erwirkt werden. Wenigstens schwor es sich Herr Professor Sternekiek mit einem festen Fluche – als auch schon van Underduk den Arm seines Bruders in der Wissenschaft ergriff und sich, ohne ein Wort zu sagen, mit ihm schleunigst auf den Weg nach Hause machte, um über die dringenden Maßregeln, die man jetzt ergreifen müsse, zu beraten. Als sie jedoch die Tür der bürgermeisterlichen Wohnung erreicht hatten, wagte der Professor den Einwurf, daß ja der Bote, ohne Zweifel durch das Gebaren der Rotterdamer zu Tode erschrocken, schon wieder verschwunden, das zu erwirkende Pardon also zwecklos sei; denn wohl nur ein Mondmensch würde eine so weite Reise unternehmen, um es doch noch zu überbringen!

Der Richtigkeit dieser Bemerkung konnte sich der Bürgermeister nicht entziehen, und die Affäre hatte damit eigentlich ein Ende; nicht jedoch alle möglichen Gerüchte und Vermutungen. Der Brief wurde veröffentlicht und gab Anlaß zu den verschiedensten Meinungsäußerungen und den dümmsten Klatschgeschichten. Einige Neunmalkluge blamierten sich sogar so weit, die ganze Sache als einen bloßen Schwindel hinzustellen. Aber ich fürchte, für diese Leute ist eben alles, was über ihren Verstand hinausgeht, „Schwindel". Ich für meinen Teil kann wenigstens nicht verstehen, wodurch sie ihre Annahme begründen könnten.

Sehen wir zu, was sie sagen!

1. Daß gewisse Spaßvögel in Rotterdam gewisse Antipathien gegen gewisse Bürgermeister und Astronomieprofessoren haben.

2. Daß ein wunderlicher, alter Zwerg, seines Zeichens Taschenspieler, dem man einmal für irgendeinen schlechten Streich beide Ohren dicht am Kopfe abgeschnitten, seit einigen Tagen in der benachbarten Stadt Brügge vermißt werde.

3. Daß die Zeitungen, mit denen der ganze kleine Ballon beklebt gewesen, holländische Zeitungen waren und deshalb nicht vom Monde kommen konnten. Sie waren schmutzig, sehr schmutzig, und van den Druck, der Buchdrucker, wollte es auf seinen Eid nehmen, daß sie in seiner Druckerei gedruckt worden seien.

4. Daß Hans Pfaall selbst ein Schuft und Trunkenbold und mit den drei Faulenzern, die er seine Gläubiger nannte, vor nicht mehr als zwei oder drei Tagen in einer berüchtigten Vorstadtkneipe gesehen worden sei, nachdem sie eben von einer Reise übers Meer mit vollen Taschen zurückgekommen.

5. und letztens: Daß die Annahme allgemein verbreitet ist oder es wenigstens sein sollte, daß das Astronomische Kollegium in der Stadt Rotterdam, wie alle anderen Kollegien in allen anderen Teilen der Welt – von den Kollegien und Astronomen im allgemeinen überhaupt ganz zu schweigen – gelinde gesagt, nicht besser, nicht klüger, nicht weiser sei, als nötig ist.

DIE FLASCHENPOST

Qui n'a plus qu'un moment à vivre,
N'a plus rien à dissimuler.
Quinault, Atys

Von meiner Heimat und meiner Familie kann ich nur wenig sagen. Schlechte Behandlung und der Lauf der Zeit haben mich sowohl der einen wie der anderen entfremdet. Mein ererbter Reichtum ermöglichte mir ungewöhnlich ausgedehnte Studien, und eine beschauliche Gemütsart ließ mich die reichlich gesammelten Wissensvorräte in meinem Geiste methodisch ordnen. Vor allem gewährten mir die Werke der deutschen Philosophen einen hohen Genuß; nicht etwa, weil ich ihre so beredt vorgebrachten Irrlehren bewunderte, im Gegenteil, weil ich, dank meiner geschulten analytischen Fähigkeiten, mit Leichtigkeit ihre Irrtümer entdeckte. Man hat mir sehr oft die Unfruchtbarkeit und Trockenheit meines Geistes vorgeworfen: als Verbrechen geradezu legte man mir den Mangel an Einbildungskraft aus; auch war ich von jeher wegen meines Skeptizismus bekannt – und in der Tat hatte mich auch eine starke Neigung zum Materialismus mit dem Hauptirrtum unseres Zeitalters angekränkelt – ich meine, mit der Gewohnheit, alle nur möglichen Begebenheiten in Beziehung zu den Prinzipien der materialistischen Philosophie zu bringen; selbst die ihrem Gebiete fernstliegenden! Im allgemeinen war jedenfalls niemand weniger als ich geeignet, sich durch die Irrlichter des Aberglaubens von den strengen Rechtssprüchen der Wahrheit wegführen zu lassen.

Ich hielt es für angemessen, diese Vorrede vorauszuschicken, damit man den unglaublichen Bericht, den ich niederschreiben will, nicht etwa für die Vorspiegelungen unverdauter Ideen, sondern für die positive Erfahrung eines Geistes nehmen möge, für den die Träumereien der Phantasie stets gänzlich ohne Interesse und hohles Nichts gewesen sind.

Nachdem ich schon mehrere Jahre auf weiten Reisen zugebracht hatte, schiffte ich mich im Jahre 18– im Hafen von Batavia, der Hauptstadt der reichen, bevölkerten Insel Java, zu einer Fahrt nach dem Archipel der Sunda-Inseln ein. Ich reiste, weil mich eine gewisse nervöse Rastlosigkeit, die mich wie mein böser Geist verfolgte, dazu antrieb.

Unser Fahrzeug, ein schönes Schiff, das ungefähr vierhundert Tonnen hielt, war mit Kupfer bekleidet und in Bombay aus Teakholz gebaut worden. Es hatte Baumwolle, Wolle und Öl geladen. Außerdem hatten wir noch Kokosbast, Kokosnüsse, Palmenzucker, Butteröl und einige Büchsen Opium an Bord. Man hatte die Waren sehr unordentlich gestaut, so daß das Schiff ein wenig auf der Seite lag.

Bei ganz leichtem Winde gingen wir unter Segel und glitten mehrere Tage lang die östliche Küste Javas entlang, ohne daß ein anderes Ereignis die Einförmigkeit unserer Fahrt unterbrach, als das gelegentliche Zusammentreffen mit einem der kleinen Grabs, die aus dem Archipel kamen, auf den wir zusegelten.

Als ich mich eines Abends über das Gitter am Hinterteil des Schiffes lehnte, bemerkte ich gegen Nordwesten eine sonderbare einzelne Wolke. Sie mußte mir auffallen, denn sie war die erste, die ich seit der Abreise von Batavia gesehen, und dazu von seltsamer Farbe. Ich betrachtete sie sorgfältig, bis sie sich bei Sonnenuntergang über den ganzen Osten und Westen verbreitete und den Horizont mit einem deutlichen Dunstgürtel umgrenzte, der wie ein sehr niedriger, langer Küstenstreifen erschien. Bald darauf erregte der düsterrote Glanz des Mondes und das absonderliche Aussehen des Meeres meine Aufmerksamkeit. Eine plötzliche Veränderung schien mit dem Wasser vor sich zu gehen: es wurde ganz ungewöhnlich durchsichtig. Obgleich ich den Boden deutlich erkennen konnte, wies das Senkblei fünfzehn Faden Tiefe. Die Luft wurde unerträglich heiß und hauchte uns an wie der Atem glühenden Eisens. Als die Nacht kam, starb der letzte kleine Luftzug dahin, und die tiefste Totenstille trat ein. Auf dem Hinterteil des Schiffes brannte eine Kerze, ohne daß ihre Flamme die allergeringste Bewegung verriet, und ein Haar, das ich zwischen Zeigefinger und Daumen hielt, hing so ruhig, daß ich nicht die geringste Schwingung an ihm merken konnte. Da der Kapitän jedoch nirgendwo ein Anzeichen von Gefahr wahrnahm, ließ er die Segel einziehen und Anker werfen. Es wurde keine Wache ausgestellt, und die Mannschaft, die hauptsächlich aus Malaien bestand, streckte sich gemächlich auf Deck aus. Ich stieg in meine Kabine hinab – eine Ahnung kommenden Unheils folgte mir. Alle die Anzeichen, von denen ich gesprochen, ließen mich einen Samum befürchten. Ich teilte dem Kapitän meine Besorgnis mit, er schenkte meinen Worten jedoch keine Aufmerksamkeit und verließ mich, ohne dieselben einer Beantwortung zu würdigen. Meine Unruhe ließ mich nicht schlafen, und um Mitternacht stieg ich wieder auf Deck. Als ich meinen Fuß auf die oberste Stufe der Kajütentreppe setzte, erschreckte mich ein dumpfes, tiefes Summen, wie es die rasche Umdrehung eines Mühlrades wohl hervorbringt, und ehe ich mir noch über die Ursache und die Bedeutung des Geräusches klar werden konnte, fühlte ich, wie das Schiff bis in seinen Mittelpunkt erbebte. Im nächsten Augenblick warf uns eine wilde, schäumende Welle auf die Seite und überschwemmte das ganze Deck. Aber gerade die plötzliche Wut des Sturmes war es wohl, die das Schiff rettete. Obgleich es sofort ganz mit Wasser gefüllt und seine Masten über Bord gegangen waren, erhob es sich, nach einer Minute etwa, schwerfällig wieder, schwankte ein paar Augenblicke unter dem starken Druck des Sturmes auf und ab und erhob sich dann vollends.

Es ist mir unmöglich, festzustellen, welches Wunder mich von dem Tode errettete. Der Anprall des Wassers hatte mich bewußtlos gemacht, und als ich wieder zu mir kam, fand ich mich zwischen dem Hintersteven und dem Steuer eingeklemmt. Mit vieler Mühe stellte ich mich auf meine Füße, blickte schwindelig umher und glaubte, wir seien in eine Brandung geraten; so über alle Vorstellung schrecklich war der ungeheure, schäumende Wirrwarr um uns. Nach einer Weile vernahm ich die Stimme eines Schweden, der sich im letzten Augenblick, als wir den Hafen schon verließen, noch mit eingeschifft hatte. Ich rief ihn aus Leibeskräften an, und er kam denn auch sogleich schwankend auf mich zu. Wir entdeckten bald, daß wir als die einzigen den fürchterlichen Stoß überlebt hatten. Alle anderen waren über Bord gerissen oder wie der Kapitän und die Matrosen im Schlaf vom Tode überrascht worden, denn die Kajüten standen voll Wasser. Ohne weitere Hilfe konnten wir nun sehr wenig für unsere und des Schiffes Sicherheit tun, und außerdem waren unsere Kräfte durch die Furcht, jeden Augenblick untergehen zu können, vollständig gelähmt. Das Ankertau war beim ersten Windstoß wie ein Bindfaden zerrissen, sonst wäre das Schiff wohl im selben Augenblick zugrunde gegangen. Wir schossen nun mit schaudererregender Schnelligkeit vor den Wellen dahin; das Wasser bildete furchtbare Breschen um uns herum. Das Holzwerk auf dem Hinterdeck war vollständig weggerissen worden und auch sonst hatte das Schiff bedenklich Schaden erlitten. Zu unserer größten Freude jedoch fanden wir, daß die Pumpen funktionierten und sich unser Ballast nicht allzusehr verschoben hatte. Der schlimmste Sturm war vorüber und wir hatten jetzt vom Winde nur noch wenig zu befürchten. Doch sahen wir mit Entsetzen dem Augenblick entgegen, da er vollständig aufhören werde, denn wir mußten annehmen, daß unser beschädigtes Schiff den wilden Wogengang, der mit Sicherheit folgen würde, nicht aushalten könne. Doch schien sich diese Befürchtung nicht allzubald zu verwirklichen. Fünf ganze Tage und Nächte lang, während derer wir uns kümmerlich mit ein paar Stücken Palmenzucker, die wir mit großer Mühe von unten heraufgeschafft hatten, ernährten, floh unser Schiffsrumpf mit unberechenbarer Schnelligkeit vor den Windstößen, die, obgleich sie sich an Wut mit dem ersten nicht messen konnten, doch schrecklicher waren als irgendein Sturm, den ich bis dahin erlebt hatte. Wir glitten die ersten vier Tage mit ganz geringen Abweichungen nach Südsüdost und hätten also an der Küste von Neuholland landen müssen.

Am fünften Tage wurde es außerordentlich kalt, die Sonne ging mit krankhaft gelbem Glanze auf und erhob sich nur wenige Grade über den Horizont, ohne ein entschiedenes Licht zu entsenden. Wolken waren nicht zu sehen, doch nahm der Wind beständig zu und blies in wütenden, starken Stößen. Es mochte wohl Mittag sein, als das Aussehen der Sonne von neuem unsere Aufmerksamkeit auf sich zog. Sie strahlte kein eigentliches Licht aus, sondern brannte in dunkler, trüber Glut, ohne Widerschein, als wären alle ihre Strahlen polarisiert. Kurz bevor sie in den aufschwellenden Ozean versank, ging ihre mittlere Glut vollständig aus, als sei sie von einer unerklärlichen Gewalt gelöscht worden. Als ein leeres, bleiches, silberglänzendes Rad sank sie in die unergründliche See.

Wir warteten sehnsüchtig auf die Ankunft des sechsten Tages – aber dieser Tag ist für mich noch nicht gekommen – für meinen Gefährten wird er niemals kommen. Wir blieben von jetzt ab in tiefe Dunkelheit gehüllt; einen Gegenstand, der zwanzig Schritte vom Schiff entfernt war, hätten wir nicht mehr sehen können. Ewige Nacht lag um uns gebreitet, und nicht einmal das Phosphorleuchten des Meeres, an das wir uns in den Tropen gewöhnt hatten, wollte sie matt erhellen. Obgleich der Sturm mit unverminderter Heftigkeit forttobte, bemerkten wir auf den Wellen weder Gischt noch Schaum mehr. Die Welt umher war nur Schrecknis – undurchdringliche Düsterkeit – eine ebenholzschwarze, schwankende Wüste. Alle Gespenster des Aberglaubens umflatterten das Haupt des Schweden, und meine Seele hüllte sich ein in schweigende Verwunderung. Wir sahen von jeder Sorge um das Schiff als unnütz ab, banden uns, so gut es gehen wollte, an den Stumpf des Fockmastes an und blickten bitterniserfüllt in die Meereswelt hinaus. Wir konnten weder die Zeit noch den Ort, an dem wir uns befanden, auch nur annähernd bestimmen. Doch wußten wir, daß kein Seefahrer vor uns ebenso weit nach Süden gelangt war, und wunderten uns sehr, daß wir nicht durch die erwarteten Eismassen aufgehalten wurden. Jetzt jedoch konnte jeder Augenblick unser letzter sein – jede der ungeheuren Wellen konnte uns in den Abgrund ziehen. Der Wogengang übertraf an Wildheit alles, was ich bis jetzt erlebt hatte, und es ist wirklich ein Wunder, daß wir nicht beständig unter Wasser begraben waren. Mein Gefährte tröstete mich mit unserer leichten Ladung und dem ausgezeichneten Bau des Schiffes, doch ich empfand nur Hoffnungslosigkeit und dachte angstvoll an den Tod, der, wie ich glaubte, nicht länger als eine Stunde mehr auf sich warten lassen würde. Denn mit jedem Knoten, den das Schiff zurücklegte, wurden die Wogen dieses schwarzen, geheimnisvollen Ozeans erschreckender, wütender. Zuweilen wurden wir höher hinaufgeschleudert als der Albatros fliegt; und der Atem verging uns. Dann wieder schossen wir schwindelnd mit rasender Schnelligkeit in einen Wasserabgrund, in dem die Luft still stand und kein Laut den Schlaf des Kraken störte.

Wir befanden uns gerade wieder einmal am Boden eines solchen Abgrundes, als mein Gefährte in grausiger Angst in die Nacht hinaus schrie: „Sehen Sie! Sehen Sie! Allmächtiger Gott! Sehen Sie!"

Ich bemerkte einen trüben, düsteren Schein roten Lichts, der an den Seiten des ungeheuren Schlundes, in dem wir schwankten, herabströmte und einen ungewissen Widerschein auf unser Deck warf. Als ich die Augen erhob, sah ich etwas, das mir das Blut in meinen Adern erstarren machte. In schauerlicher Höhe über uns, dicht am Rande der fast senkrechten Wasserwand, schwebte ein ungeheures Schiff. Obwohl es auf der Spitze einer Welle schwankte, die wohl hundertmal höher war als das Fahrzeug selbst, erkannte ich doch, daß es unendlich größer sein mußte als irgendein Ostindienfahrer. Der riesige Rumpf war tiefschwarz und wies keine der üblichen Verzierungen auf. Eine einfache Reihe eherner Kanonen sah aus den geöffneten Stückpforten hervor und spiegelte auf ihren glänzenden Oberflächen das Licht zahlloser Laternen, die im Takelwerk hin und her schwankten.

Was uns jedoch am meisten entsetzte, war, daß das Fahrzeug auf diesem gespenstischen Meere, bei diesem wüsten Orkane mit entfalteten Segeln dahinglitt. Als wir das Schiff zuerst bemerkten, erhob es sich langsamer aus dem dunklen, gräßlichen Abgrund hinter ihm, so daß wir nur seinen Bug sehen konnten. Einen Augenblick lang – einen Augenblick voll unaussprechlichsten Schrecks – blieb es auf der schwindelnden Höhe still stehen, als berausche es sich an seiner eigenen Majestät, dann begann es zu zittern, zu schwanken und sauste herab!

Ich weiß es nicht, wie es kam, daß in diesem Augenblick eine plötzliche Kaltblütigkeit in mich fuhr. Soweit es mir möglich war, stürzte ich nach vorn, um die Katastrophe, die uns vernichten mußte, zu erwarten. Unser eigenes Schiff schien den Kampf aufgegeben zu haben, und senkte sich mit seinem Vorderteil ins Wasser. Der Aufprall der heruntersausenden Masse traf es also gerade an der Stelle, die schon unter Wasser lag, und das Ende war, daß ich mit unwiderstehlicher Gewalt in das Takelwerk des fremden Schiffes geschleudert wurde.

Als ich fiel, erhob sich das Schiff gerade wieder und stieg in die Höhe. In der Verwirrung, die auf dem Deck herrschte, bemerkte mich niemand von der Mannschaft. Ohne allzu große Mühe gelangte ich an die Hauptluke, die teilweise offen stand, stieg in sie hinein und verbarg mich im Schiffsraum. Warum ich dies tat, weiß ich nicht. Ein unbestimmtes Angstgefühl, das mich beim Anblick der unbekannten Seefahrer ergriffen hatte, trieb mich vielleicht an, mich zu verstecken. Ich wollte mich wohl nicht einer Menschenart anvertrauen, an der ich beim ersten flüchtigen Blicke so viel Seltsames, Neues, so viel Furcht- und Zweifelerregendes wahrgenommen hatte. Ich hielt es deshalb für besser, mich im Schiffsraum zu verbergen. Dort rückte ich einen Teil der beweglichen Bretter, welche die Ladung stützten, beiseite, und richtete mir so ein genügend großes Versteck ein.

Ich hatte mein Werk kaum vollendet, als Schritte im Schiffsraum hörbar wurden und ein Mann mit schwachem unbestimmtem Tritt an mir vorbeiging. Sein Gesicht konnte ich nicht sehen, doch betrachtete ich seine allgemeine Erscheinung. Er war augenscheinlich schon hochbejahrt und gebrechlich. Seine Knie wankten von der Last der Jahre, sein ganzes Wesen schien unter ihr zu zittern. Er redete mit sich selbst, murmelte leise und gebrochen Worte einer Sprache, die ich nicht verstehen konnte, und kramte in einem Winkel herum, in dem allerlei sonderbar aussehende Instrumente und zerfetzte Seefahrerkarten lagen. Sein ganzes Wesen war eine Mischung der üblen Laune zweiter Kindheit und der feierlichen Würde eines Gottes. Er ging alsbald wieder an Deck zurück. Und ich sah ihn nicht wieder.

Ein Gefühl, für das ich keinen Namen finde, hat von meiner Seele Besitz ergriffen – eine Empfindung, die keine Analyse zuläßt, und zu der ich in meinem vergangenen Leben keine Parallele finde, zu deren Erkenntnis mir, wie ich fürchte, auch die Zukunft keinen Schlüssel geben wird. Für einen Geist wie den meinigen ist diese letztere Überzeugung eine wahre Todesqual. Ich werde nie – ich weiß, ich werde nie – über das Wesen dieser Empfindungen belehrt werden. Und doch ist es nicht zu verwundern, daß diese Ideen ganz unbestimmbar sind, weil sie so ganz neuen Quellen entspringen. Eine neue Empfindung – eine neue Wesenheit ist in meiner Seele erwachsen.

Es ist schon lange Zeit verflossen, seit ich das Deck dieses fürchterlichen Schiffes zuerst betrat, und die Strahlen meines Schicksals sammeln sich zu einem Brennpunkte. Unbegreifliche Menschen! In Betrachtung versunken, die ich nicht erraten kann, gehen sie an mir vorbei, ohne mich zu bemerken. Es ist äußerste Torheit von mir, daß ich mich verberge, denn die Leute wollen nichts sehen. Eben jetzt ging ich dicht vor den Augen des Steuermanns vorüber; kurz vorher hatte ich mich in die Privatkajüte des Kapitäns gewagt und mir alles, was ich zum Schreiben nötig hatte, geholt. Ich werde diese Aufzeichnungen von Zeit zu Zeit vervollkommnen, wenn ich auch wahrscheinlich nie Gelegenheit haben werde, sie der Welt mitzuteilen; doch will ich es immerhin versuchen und das Manuskript im Notfall in einer Flasche verschließen und diese dem Meere übergeben.

Es hat sich neuerdings ein Ereignis zugetragen, das mir nachzudenken gibt. Sind dergleichen Dinge bloß Werke des unlenkbaren Zufalls? Ich hatte mich aufs Deck hinaufgewagt und, ohne bemerkt zu werden, auf einen Haufen alter Segel niedergeworfen. Während ich über mein seltsames Geschick nachgrübelte, strich ich in Gedanken mit einer Teerbürste über den Rand eines Beisegels, das sorgfältig gefaltet auf einer Tonne neben mir lag. Dieses Segel ist jetzt aufgezogen worden, und die ganz unbewußt gemachten Bürstenstriche bilden das Wort ENTDECKUNG.

Ich habe neuerdings verschiedene Beobachtungen über die Bauart des Schiffes gemacht. Obgleich mit Waffen wohl ausgerüstet, scheint es doch kein Kriegsschiff zu sein. Sein Takelwerk, seine Konstruktion, seine sonstige Ausstattung sprechen gegen eine solche Annahme. Was es nicht ist, weiß ich also genau, doch fürchte ich, daß es mir stets unmöglich bleiben wird zu sagen, was es ist. Ich weiß nicht, wie es geschieht – stets wenn ich seinen seltsamen Bau betrachte, die sonderbare Gestalt seiner Mastbäume, seine riesigen Verhältnisse, die übergroße Zahl der Segel, seinen streng geformten einfachen Bug, das altmodische Achterschiff – dann erscheint es mir, als durchblitze eine Erinnerung an nicht unvertraute Dinge meine Seele, als überglänze diese schwankenden Schatten ein unerklärliches Gedenken an alte, seltsame Legenden und langversunkene Zeiten.

Ich habe die Zimmerarbeit des Schiffes untersucht. Sie ist aus mir unbekannten Materialien hergestellt. Das Holz hat eine Eigentümlichkeit, die es eigentlich für den Zweck, dem es dienen soll, ganz ungeeignet erscheinen läßt. Ich meine seine außerordentliche Porosität, die von der Wurmstichigkeit, die das Meerwasser oft zur Folge hat, und von dem natürlichen Verfall durch Alter ganz verschieden ist. Vielleicht findet man diese Bemerkung ein wenig spitzfindig, doch scheint es mir, als habe das Holz alle Eigenschaften der spanischen Korkeiche, vorausgesetzt, daß man deren Holz durch künstliche Mittel ausdehnen könnte.

Als ich die obenstehenden Sätze noch einmal überlas, kam mir der seltsame Kernspruch einer alten holländischen Teerjacke wieder ins Gedächtnis: „Das ist so gewiß wahr", pflegte er zu sagen, wenn man irgendeinen Zweifel an seiner Glaubwürdigkeit laut werden ließ, „wie es ein Meer gibt, in dem das Schiff von selber wächst; gerade wie ein Mensch!"

Vor einer Stunde war ich kühn genug, mich unter eine Gruppe von Leuten der Mannschaft zu mischen. Sie schienen mich wieder nicht zu bemerken; denn obwohl ich mich gerade in ihrer Mitte hielt, nahmen sie keine Notiz von meiner Anwesenheit. Wie der Mann, den ich zuerst im Schiffsraum gesehen, trugen auch sie alle Merkmale grauen Alters. Ihre Knie schlotterten vor Schwäche, auf ihren Schultern lagerte der Verfall, ihre verschrumpfte Haut wurde im Winde von Schaudern überlaufen, ihre Stimme klang leise, zitternd und gebrochen, in ihren Augen standen die Tränen der Greisenhaftigkeit, und ihre grauen Haare flatterten unheimlich im Sturme. Um sie her, auf dem ganzen Deck verstreut, lagen sonderbare, längst veraltete mathematische Instrumente.

Ich habe oben von einem Beisegel gesprochen, das man neu angebracht hatte. Von jenem Augenblick an sauste das Schiff mit allen Segeln auf seiner schrecklichen Bahn nach Süden weiter und stürzte sich jeden Augenblick in Wasserschlünde, die wüster waren, als das Hirn des Menschen sie sich ausdenken kann. Ich habe das Deck verlassen müssen, da ich mich dort nicht mehr halten konnte, obwohl die Mannschaft pur sehr wenig Unbequemlichkeit zu verspüren scheint. Es bleibt mir ein unlösliches Rätsel, daß das ungeheure Fahrzeug nicht jeden Augenblick zugrunde geht. Wir sind wohl verdammt, ewig um den Rand der Ewigkeit kreisen zu müssen, ohne in ihren Abgrund hineinzustürzen. In sausendem Fluge gleiten wir wie die Meerschwalben über Wellen dahin, die entsetzlicher sind als alles, was ich je gesehen. Wie Teufel des Abgrunds erheben ungeheure Wogen ihre Häupter über uns – wie Teufel, die nur drohen, ach! nicht vernichten dürfen!

Nur ein einziger einigermaßen natürlicher Grund kann mir erklären, daß wir in all diesen Schrecken erhalten bleiben: Ich muß annehmen, daß das Schiff von irgendeiner starken, oberen oder unteren Strömung mit fortgerissen wird.

Ich habe den Kapitän in seiner eigenen Kajüte von Angesicht zu Angesicht gesehen – er jedoch bemerkte mich, wie ich erwartet, durchaus nicht. Obgleich der flüchtige Beobachter an seinem Äußeren nichts findet, das ihn als etwas Höheres oder Geringeres als einen Menschen erscheinen läßt, mußte ich ihn mit unbezwinglicher Ehrfurcht, mit Angst und Verwunderung anschauen. Er ist ungefähr von meiner Größe, das heißt: etwa fünf Fuß acht Zoll hoch. Dabei fest und wohlgestaltet. Und doch ist seine Erscheinung weder durch besondere Kraft noch durch irgend etwas anderes bemerkenswert. Aber der seltsame Ausdruck seiner Züge – er war wie die wunderbare, starke, unbegreiflich gewaltige Offenbarung hohen Alters – erregte in mir eine unauslöschliche, unvergeßliche Empfindung. Seiner Stirn scheint, obschon sie nur leicht gefurcht ist, das Siegel von Myriaden von Jahren aufgedrückt zu sein – sein Haar hat das Grau unermeßlicher Vergangenheit – seine noch graueren Augen sind wie Sibyllen, die in die Zukunft schauen.

Auf dem Boden seiner Kajüte lagen sonderbare, eisenbeschlagene Bände, vermorschende wissenschaftliche Instrumente und veraltete, lang vergessene Karten umher. Sein Haupt ruhte in seiner Hand, und mit heißem, unruhigem Auge grübelte er über ein Schriftstück nach, das ich für eine Urkunde hielt und das das Siegel eines Herrschers trug. Er murmelte – wie es der erste Mann, den ich an Bord gesehen tat – mit leiser, verdüsterter Stimme einige Worte in einer fremden Sprache vor sich hin; und obgleich ich dicht neben ihm stand, tönten die Laute wie aus meilenweiter Ferne an mein Ohr.

Das Schiff und alles, was es enthält, tönen von längst vergangenen Zeiten. Die Leute der Mannschaft wandeln hin und her wie die Geister begrabener Jahrhunderte; in ihren Augen lebt ein heißer, unruhiger Gedanke, und wenn in dem seltsamen Glühen der Laternen die Schatten ihrer Gestalten über meinen Weg fallen, überläuft mich ein Gefühl, das ich nie gekannt, obgleich ich stets das Altertum geliebt und mich im Schatten der gestürzten Säulen von Balbek, von Tadmor und Persepolis so oft ergangen habe, daß meine eigene Seele davon zur Ruine geworden.

Wenn ich um mich schaue, schäme ich mich meiner ersten Befürchtungen. Wenn mich der Sturm, der uns bis jetzt einhertrieb, schon erzittern ließ, so müßte mich dieser Kampf der Luftgewalten mit dem Ozean, von der die kargen Worte Orkan und Wirbelwind gar keine Vorstellung machen, mit Entsetzen schlagen. Die Finsternis der ewigen Nacht lagert über dem Schiff und dem wüsten Chaos schwarzen Wassers, das nicht schäumt; und doch können wir an jeder Seite, unbestimmt und eine Meile entfernt, schwindelnd hohe Eiswälle sehen, die sich wie die Grenzmauern der Welt bis in den trostlosen Himmel hinein auftürmen!

Wie ich gedacht, schießt das Schiff offenbar in einem Strome dahin, wenn man die Flut so nennen will, die an dem weißen Eise heulend und kreischend, mit der rasenden Schnelligkeit eines vom Felsen stürzenden Wasserfalles dem Süden zudonnert.

Es ist unmöglich, sich mein Entsetzen vorzustellen. Und doch überwiegt die Neugierde, die Geheimnisse dieser furchtbaren Regionen zu ergründen, noch meine Verzweiflung und ist stark genug, mich mit dem schauerlichen Anblick des Todes zu versöhnen. Es ist klar, daß wir irgendeiner furchtbaren Entdeckung zueilen – einem unmittelbaren Geheimnis, dessen Offenbarung den Untergang bringen muß. Vielleicht reißt uns der Strom zum Südpol selbst? Diese seltsam klingende Mutmaßung hat Wahrscheinlichkeit für sich.

Die Mannschaft geht zitternden, unruhigen Schrittes auf Deck hin und her; und doch liegt auf allen Gesichtern ein Ausdruck, der mehr von der Glut der Hoffnung als von der Erstarrung der Verzweiflung zu kommen scheint.
  Wir fliehen noch immer vor dem Winde, und da das Schiff alle Segel entfaltet hat, werden wir manchmal hoch über das Wasser in die Luft getragen! O Grauen über Grauen! Die Eismauern öffnen sich plötzlich zur Rechten und zur Linken, und wir wirbeln pfeilgeschwind in ungeheuren konzentrischen Kreisen rund um

ein riesenhaftes Amphitheater, dessen Gipfel sich in der Finsternis des Raumes verliert. Es bleibt mir nur wenig Zeit, an mein Schicksal zu denken. Die Kreise verengen sich mit reißender Schnelle – wir geraten in den Schlund des Strudels – und unter dem Brüllen, Bellen, Donnern des Ozeans und des Sturmes – geht ein Schauder durch das Schiff – und o Gott! – es – schießt – – hinab...*

---

* „Die Flaschenpost" wurde zum ersten Male im Jahre 1831 veröffentlicht, und erst viele Jahre später kamen mir die Karten von Mercator vor Augen, auf welchen man den Ozean sich durch vier Schlünde in den (nördlichen) Polar-Golf, in die Eingeweide der Erde stürzen sieht. Der Pol selbst wird durch einen schwarzen Felsen dargestellt, der sich zu ungeheurer Höhe auftürmt.

IM STRUDEL DES MALSTROMS

*Die Wege Gottes in der Natur wie in den Anordnungen
der Vorsehung sind nicht unsere Wege; und die Vorstellungen, die wir uns bilden, entsprechen keineswegs der
Großartigkeit, Unermeßlichkeit und Unerforschlichkeit
seiner Werke, welche eine Tiefe in sich haben, die großartiger ist als der Brunnen des Demokritos.*

Joseph Glanville

Wir hatten jetzt den Gipfel der höchsten Felsenklippe erreicht. Einige Minuten
lang war der alte Mann zu erschöpft, um sprechen zu können.

„Es ist noch nicht lange her", begann er endlich, „daß ich Sie so gut wie
der jüngste meiner Söhne diesen Weg hätte führen können, aber vor ungefähr
drei Jahren hatte ich ein Erlebnis, wie es keinem Sterblichen vorher begegnete – wenigstens überlebte es keiner, um davon erzählen zu können – und
die sechs Stunden Todesangst, die ich damals erdulden mußte, haben mich an
Leib und Seele gebrochen. Sie halten mich für einen sehr alten Mann – ich
bin es nicht. Es bedurfte weniger als eines einzigen Tages, um dies Haar aus
glänzendem Schwarz in Weiß zu verwandeln, meine Glieder zu schwächen
und meine Nerven so zu zerrütten, daß ich bei der geringsten Anstrengung
zittere und ein Schatten mich zu erschrecken vermag. Glauben Sie wohl, daß
ich kaum von dieser kleinen Klippe herunterblicken kann, ohne schwindelig
zu werden?"

Die „kleine Klippe", an deren Rand er sich so sorglos zum Ausruhen hingeworfen hatte, daß die schwerere Hälfte seines Körpers über dieselbe hinaushing,
während nur die beiden, auf dem äußersten schlüpfrigen Rand aufgestützten
Ellbogen ihn vor dem Fallen bewahrten – diese „kleine Klippe", ein steiler,
senkrecht stehender Felsblock von glänzend schwarzem Granit, erhob sich etwa
fünfzehn- oder sechzehnhundert Fuß hoch aus der Welt von Felsen unter uns.
Nichts hätte mich bewegen können, dem Rand auf Ellenweite nahe zu treten.
Ich war in der Tat so erregt durch die gefährliche Stellung meines Begleiters,
daß ich mich der Länge nach auf den Boden streckte, mich an das Gestrüpp
des Bodens festklammerte und nicht einmal wagte, aufwärts zum Himmel zu
blicken. Vergebens suchte ich die Vorstellung zu bekämpfen, daß die Gewalt des
Sturmes die Grundfesten des Berges in Gefahr brächte. Es dauerte lange, bis mir
meine Vernunft genügend Mut zugesprochen hatte, so daß ich mich aufrecht
setzen und in die Ferne blicken konnte.

„Sie müssen solche Einbildungen überwinden", sagte der Führer, „denn ich
habe Sie auf die Idee gebracht, damit Sie den möglichst besten Überblick über

den Ort der Begebenheit gewännen, die ich eben erwähnte – und damit ich Ihnen die ganze Geschichte erzählen könne, während sie den Schauplatz vor Augen hätten."

„Wir sind jetzt", fuhr er in der ihm eigenen umständlichen Art und Weise fort, „wir sind jetzt dicht über der norwegischen Küste – im achtundsechzigsten Breitengrade, in der großen Provinz Nordland – und in dem traurigen Distrikt Lofoten. Der Berg, auf dessen Gipfel wir sitzen, heißt Helseggen, der Bewölkte. Erheben Sie sich jetzt einmal ein wenig – halten Sie sich am Grase fest, wenn Ihnen schwindelt – so, und nun blicken Sie, über den Gürtel von Dunst unter uns, hinaus auf das Meer."

Ich schaute mit unsicheren Blicken auf und sah auf einen weiten Ozean hinab, dessen Wasser von tintenschwarzer Farbe war, so daß mir sofort der Bericht des Nubischen Geographen von seinem *Mare Tenebrarum* in den Sinn kam. Keine menschliche Phantasie kann sich ein erschreckenderes, trostloseres Panorama ausdenken. Zur Rechten und zur Linken, so weit das Auge reichte, lagen wie Wälle, wie Grenzsteine der menschenbewohnten Welt, Reihen von schreckhaft finsteren, überhängenden Felsenklippen, deren düsterer Charakter durch die wüste Brandung, die seit Ewigkeiten heulend und kreischend ihre weißen, geisterhaften Schaumkämme emporpeitscht, grauenhaft gesteigert wird.

Dem Felsenvorsprung, auf dessen Spitze wir uns niedergelassen, gerade gegenüber lag etwa fünf oder sechs Meilen weit in der See eine kleine, schwärzliche Insel, von einer Wildnis von brandendem Wogenschaum umgeben, die sich noch deutlich erkennbar machte. Etwa zwei Meilen näher dem Lande zu erblickte man eine zweite, kleinere, die erschreckend unfruchtbar und steinig und mit Unterbrechungen von Gruppen dunkler Felsen begrenzt war.

Das Aussehen des Ozeans zwischen der entfernteren Insel und der Küste hatte etwas Ungewöhnliches an sich. Obwohl gerade zu der Zeit eine so starke Brise landwärts wehte, daß eine Brigg weit draußen auf der offenen See die Segel gerefft hatte und fortwährend mit dem ganzen Rumpfe untertauchte, so herrschte doch hier durchaus kein regelmäßiges Anschwellen der Wellen, sondern nur ein kurzes, rasches, zorniges Aufplatschen des Wassers nach jeder Richtung hin – selbst gegen den Wind. Schaum kam wenig vor, ausgenommen in der nächsten Nähe der Felsen.

„Die entferntere Insel", fuhr der alte Mann fort, „nennen die Norweger Vurrgh. Die näherliegende heißt Moskoe. Jene dort, eine Meile weiter nach Norden, heißt Ambaaren. Nach dieser Seite liegen Islesen, Hotholm, Keildhelm, Suarven und Buckholm und weiterhin – zwischen Moskoe und Vurrgh – Otterholm, Flimen, Sandflesen und Stockholm. Dies sind die wirklichen Namen aller dieser Erdflecken – aber weshalb man es für nötig gefunden hat, dieselben überhaupt zu benennen, werden wir uns wohl nicht erklären können. Hören Sie etwas? Bemerken Sie irgendeine Veränderung im Wasser?"

Wir befanden uns nun seit etwa zehn Minuten auf der Spitze des Helseggen, zu dem wir aus dem Innern von Lofoten aufgestiegen waren, so daß wir nicht den kleinsten Ausblick auf das Meer gehabt hatten, bis es plötzlich in seiner ungeheuren Weite vor uns gelegen. Während der alte Mann sprach, wurde ich mir eines dumpfen, allmählich zunehmenden Getöses bewußt, ähnlich dem Brüllen und Stöhnen einer riesigen Büffelherde auf einer amerikanischen Prärie. Und zu gleicher Zeit bemerkte ich, daß das, was die Seeleute den „springenden" Wogengang zu bezeichnen pflegen, sich mit äußerster Schnelligkeit in einen nach Osten treibenden Strom verwandelte. Während ich hinblickte, wuchs die Strömung mit reißender, ungeheurer Schnelligkeit. Mit jedem Augenblick nahm ihr gigantisches Ungestüm zu. In fünf Minuten war die ganze See bis nach Vurrgh hin zu unbezähmbarer Wut aufgepeitscht, doch zwischen Moskoe und der Küste raste der Aufruhr am wildesten. Hier narbte und zerfurchte sich das ungeheure Wasserbett in tausend gegeneinander wütende Kanäle, brach sich plötzlich mit krampfhaften Zuckungen – toste, brodelte, zischte, wirbelte in riesenhaften, unzählbaren Strudeln und schoß mit einer Schnelligkeit nach Osten, die man sonst nur bei wilden Wasserstürzen findet.

Wenige Minuten später erlitt die Szene wieder eine vollkommene Veränderung. Die Oberfläche wurde im allgemeinen ruhiger, und die Strudel verschwanden einer nach dem anderen, während mächtige Streifen Schaumes an Stellen sichtbar wurden, an denen man bis jetzt noch keinen wahrgenommen. Die Streifen breiteten sich allmählich weithin nach allen Richtungen aus, verbanden sich miteinander und nahmen die wirbelnden Bewegungen der verschwundenen Strudel an, als wollten sie einen neuen, größeren hervorbringen. Plötzlich – ganz plötzlich – nahm dieser deutlich und bestimmt Gestalt an in einem Umkreise, der mehr als eine Meile im Durchmesser hatte. Den Rand des Wirbels bildete ein breiter Gürtel von schimmerndem Gischt; doch nicht das kleinste Teilchen desselben schlüpfte in den Schlund des fürchterlichen Trichters, dessen Inneres, so weit das Auge es ergründen konnte, eine ebene, glänzende, kohlschwarze Wassermauer war, die mit dem Horizont einen Winkel von fünfundvierzig Grad bildete und mit schwindelnder Hast immerfort in der Runde herumraste und dabei mit grauenhafter Stimme in den Sturm hinein schrie und brüllte, gräßlicher als der mächtige Katarakt des Niagara in seiner Todesangst zum Himmel schreit.

Der Berg erzitterte in seinen Grundfesten, und der Felsen bebte. Ich warf mich auf mein Angesicht und klammerte mich im Übermaß nervöser Erregung an das Gras.

„Dies", sagte ich endlich zu dem alten Mann, „kann nichts anderes sein als der große Strudel des Malstroms."

„So wird er zuweilen genannt", antwortete er, „wir Norweger nennen ihn den Moskoestrom, von der Insel Moskoe in seiner Nähe."

Die gewöhnlichen Berichte über diesen Strudel hatten mich keineswegs auf das, was ich sah, vorbereitet. Die Beschreibung des Jonas Ramus, die vielleicht die umständlichste von allen ist, gibt auch nicht die schwächste Vorstellung, weder von der Großartigkeit noch von der Furchtbarkeit des Schauspiels – noch von dem seltsam ergreifenden Gefühl des „noch nie Gesehenen", Einzigartigen, das den Beschauer verwirrt. Ich weiß nicht, von welchem Orte aus noch zu welcher Zeit der genannte Schriftsteller die Erscheinung beobachtete; keinesfalls geschah es vom Gipfel des Helseggen aus und während eines Sturmes. Dennoch gibt es ein paar Stellen in seiner Beschreibung, die es um ihrer Einzelheiten willen verdienen, angeführt zu werden, obgleich ihre Wirkung im Vergleich mit dem Eindruck des Schauspiels außerordentlich schwach ist.

„Zwischen Lofoten und Moskoe", sagt er, „schwankt die Tiefe des Wassers zwischen fünfunddreißig und vierzig Faden; aber nach der anderen Seite, nach Vurrgh hin, nimmt sie derart ab, daß sie keinem Schiffe genügende Durchfahrt gewährt. Es läuft Gefahr, an den Klippen zu zerschellen, was sich schon bei dem ruhigsten Wetter ereignet hat. Zur Zeit der Flut schießt der Strom mit tosender Hast zwischen Lofoten und Moskoe dahin, aber bei seinem Zurückebben ins Meer kommt seinem Gebrüll kaum das Getöse des lautesten, furchtbarsten Kataraktes gleich. Man hört das Gebrause mehrere Meilen weit, und die Strudel und Abgründe sind von solcher Ausdehnung und Tiefe, daß ein Schiff, welches in ihren Bereich gerät, unausweichlich hinuntergezogen werden und in der Tiefe an den Felsenklippen zerschellen muß. Wenn die Gewalt des Wassers nachläßt, werden die Trümmer wieder nach oben geworfen. Aber diese Ruhepausen finden nur beim Wechsel von Ebbe und Flut während sehr ruhigen Wetters statt und dauern nur eine Viertelstunde, dann beginnt allmählich das alte Ungestüm wieder. Wenn der Strom am wildesten tobt oder ein Sturm seine Gewalt noch steigert, kann es schon Gefahr bringen, sich ihm auf eine Norwegische Meile zu nähern. Boote, Yachten und selbst große Schiffe, die sich nicht vorsichtig fernhielten, sind schon von ihm ergriffen und zum Grunde gerissen worden. Es kommt auch häufig vor, daß Walfische der Strömung zu nahe kommen und von ihrer Macht überwältigt werden; ihr Heulen und Bellen bei den fruchtlosen Anstrengungen, sich der Wut des Stromes zu entziehen, ist ganz unmöglich zu beschreiben. Einmal wurde ein Bär, der von Lofoten nach Moskoe zu schwimmen versuchte, von dem Strome erfaßt und hinabgezogen; sein entsetzliches Gebrüll konnte man an der Küste noch hören. Föhren und andere Nadelholzbäume, die der Strom verschlungen hatte, kommen zerbrochen und so zersplittert wieder an die Oberfläche, als wüchsen Borsten auf ihnen. Dies zeigt klar, daß der Meerboden an dieser Stelle aus zackigen Felsen besteht, zwischen denen sie hin- und hergewirbelt wurden. Der Strom wird durch die Ebbe und Flut des Meeres reguliert, alle sechs Stunden wechselt hohes und niedriges Wasser. Im Jahre 1645 in der Morgenfrühe des Sonntags Sexagesimae raste er mit solcher Wut und solchem Getöse, daß die Steine von den Häusern an der Küste zu Boden fielen."

Was nun die Wassertiefe betrifft, so war mir nicht klar, wie man sie in unmittelbarer Nähe des Strudels überhaupt hätte bestimmen können. Die „fünfunddreißig bis vierzig Faden" können sich allein auf Teile des Kanals dicht am Ufer von Lofoten oder von Moskoe beziehen. Die Tiefe im Zentrum des Malstroms muß unermeßlich viel größer sein; es bedarf dazu keines weiteren Beweises als eines seitlichen Blickes in den Abgrund des Strudels, wie man ihn von der Spitze des Helseggen aus haben kann. Während ich von dem Gipfel in den heulenden Phlegethon unter mir hinabblickte, konnte ich nicht umhin, die Einfalt zu belächeln, mit welcher der ehrliche Jonas Ramus, als sei es schwer zu glauben, seine Anekdoten von Walfischen und Bären erzählt; denn mir war es ganz selbstverständlich, daß das größte Linienschiff, welches in den Bereich dieser tödlichen Anziehungskraft geriet, derselben ebensowenig widerstehen könne wie eine Feder dem Orkan, und sofort mit Mann und Maus verschwinden muss.

Die Versuche, dies Phänomen zu erklären – ich erinnere mich, daß mir einige derselben beim Lesen ziemlich überzeugend und erschöpfend vorgekommen waren – machten mir nun einen ganz anderen, einen ungenügenden Eindruck. Man nimmt im allgemeinen an, daß dieser Strudel, wie auch drei kleinere zwischen den Ferroe-Inseln, „keine andere Ursache haben als das Aufeinanderstoßen von Wellen, die sich während Flut und Ebbe an zackigen Felswänden brechen, zwischen denen das Wasser so eingepreßt ist, daß es wie Katarakte hinunterstürzt. Je höher daher die Flut steigt, desto tiefer muß der Fall sein, und die natürliche Folge davon ist ein Strudel oder Trichter, dessen wunderbare Einsaugekraft von kleineren Experimenten her genügend bekannt ist." Dies sind die Worte der *Encyclopaedia Britannica*. Kircher und andere nehmen an, daß sich in der Mitte des Malstroms ein Abgrund befindet, der den ganzen Erdball durchbohrt und seinen Ausgangspunkt in irgendeinem entfernten Erdteile hat – in einem Falle wird der Bothnische Meerbusen mit Entschiedenheit als Endpunkt angegeben.

Dieser vielleicht ein wenig kindlichen Annahme stimmte meine Phantasie beim Anblicke der Erscheinung am liebsten zu. Ich teilte dies meinem Führer mit und war nicht wenig erstaunt, als er mir antwortete, er teile diese Ansicht, die in Norwegen allgemein verbreitet sei, durchaus nicht. Die erstere Annahme verstehe er überhaupt nicht – hier war ich vollständig einer Meinung mit ihm, denn so überbeugend sie auf dem Papier erscheint, so unbegreiflich, ja, absurd findet man sie mitten im Donner des Abgrundes.

„Nun haben Sie den Strudel wohl genugsam betrachtet", sagte der alte Mann, „und wenn Sie um diesen Felsblock herumgleiten wollen, der uns vor dem Wind schützt und zugleich das Getöse des Wassers abschwächt, will ich Ihnen eine Geschichte erzählen, die Sie überzeugen wird, daß ich wohl etwas von dem Moskoestrom wissen muß."

Ich ließ mich nieder, wo er es wünschte, und er begann: „Ich und meine beiden Brüder besaßen früher eine zweimastig aufgetakelte Schmack von etwa siebzig Tonnen, mit welcher wir gewöhnlich zwischen den Inseln über Moskoe hinaus in der Nähe von Vurrgh auf den Fischfang fuhren. In allen heftigen Brandungsstellen ist der Fischfang zuzeiten sehr ergiebig, wenn man nur den Mut hat, sich heranzuwagen, doch wir drei waren die einzigen unter den Küstenbewohnern von Lofoten, welche ein regelmäßiges Geschäft daraus machten, an den Inseln zu fischen. Das gewöhnliche Gebiet des Fischfangs liegt viel weiter ab, nach Süden zu. Dort kann man zu jeder Zeit und ohne viel Gefahr fischen und zieht deshalb jene Stellen bei weitem vor. Die bevorzugten Stellen jedoch hier zwischen den Felsen liefern nicht nur die verschiedensten Arten, sondern diese obendrein in reichlichstem Überfluß, so daß wir oft an einem einzigen Tage mehr fingen als unsere furchtsameren Berufsgenossen zusammen in einer Woche. Kurz, wir machten eine Art verzweifelter Spekulation aus der Sache. Die Gefahr für unser Leben war unser Arbeitseinsatz und der Mut unser Kapital.

Wir brachten unser Fahrzeug in einer Bucht unter, die ungefähr fünf Meilen aufwärts von hier liegt, und hatten es uns zur Gewohnheit gemacht, bei schönem Wetter die fünfzehn Minuten Ruhepause zu benutzen, um den Hauptkanal des Moskoestromes weit oberhalb zu durchschiffen und dann irgendwo in der Nähe von Otterholm oder Sandflesen, wo die Brandungen bei weitem nicht so stark sind wie an anderen Stellen, vor Anker zu gehen. Hier blieben wir, bis wieder ruhige See eintrat, lichteten dann sofort die Anker und fuhren heimwärts. Niemals wagten wir dieses Unternehmen, wenn wir nicht mit ziemlicher Bestimmtheit auf günstigen Wind sowohl für den Hinweg wie für die Rückfahrt rechnen konnten, und täuschten uns in diesem Punkte selten. Im Laufe von sechs Jahren mußten wir zweimal die ganze Nacht vor Anker liegen, weil eine vollständige Windstille eintrat, die sonst in dieser Region nur selten vorkommt; und einmal konnten wir sogar ungefähr eine Woche lang nicht an die Heimkehr denken und wären fast Hungers gestorben, weil sich gleich nach unserer Ankunft ein Sturm erhoben hatte, der derart im Kanal wütete, daß an keine Rückfahrt zu denken war. Bei dieser Gelegenheit würden wir trotz aller Anstrengungen in die offene See getrieben worden sein – die Strudel warfen uns so wild hin und her, daß wir

den Anker aufgezogen hatten – wären wir nicht in einen der zahlreichen Gegen-
kanäle geraten, die heute da sind und morgen verschwinden, und der uns endlich
an einer windgeschützten Stelle von Flimen glücklich landen ließ.

Ich könnte Ihnen nicht den zwanzigsten Teil der Schwierigkeiten aufzählen,
die uns begegneten. Dort, an den Inseln, ist nicht so gut sein, selbst nicht bei
gutem Wetter – doch gelang es uns immer, dem Moskoestrom selbst zu trotzen,
obwohl mir oft das Herz bis zum Hals hinaufschlug, wenn wir uns bei der Berechnung der Ruhepause auch nur um eine Minute geirrt hatten. Manchmal war der
Wind nicht so stark, wie wir beim Ausfahren gehofft, und wir kamen langsamer
voran, als wir erwartet, weil der Strom das Fahrzeug unregierbar machte. Mein
ältester Bruder hatte einen achtzehnjährigen Sohn und ich zwei kräftige Knaben.
Diese hätten uns in solchen Fällen wichtigen Beistand leisten können, durch
Rudern sowohl wie nachher beim Fischefangen, aber obwohl wir selbst unser
Leben wagten, hatten wir nicht das Herz, diese Jugend der Gefahr auszusetzen,
denn, um die Wahrheit zu sagen: es war stets eine furchtbare Gefahr.

In ein paar Tagen wird es drei Jahre her sein, daß sich das, was ich erzählen
will, ereignete. Es war am 10. Juli 18–, ein Tag, den die Leute hierzulande niemals vergessen werden, denn er brachte uns den fürchterlichsten Orkan, der
hier jemals zwischen Himmel und Erde gewütet hat. Doch wehte den ganzen
Morgen bis spät in den Nachmittag hinein eine sanfte und beständige Brise aus
Südwest, während die Sonne freundlich schien, so daß der älteste Seemann unter
uns nicht vorhersehen konnte, was sich ereignen sollte.

Wir drei – meine beiden Brüder und ich – waren ungefähr um drei Uhr nachmittags zu den Inseln hinübergefahren und hatten das Fahrzeug fast ganz mit
vorzüglichen Fischen beladen. Sowohl mir wie meinen Brüdern war aufgefallen,
daß die Beute heute reichlicher sei als jemals vorher. Nach meiner Uhr war es
gerade sieben, als wir Anker lichteten und uns auf die Heimfahrt machten, um
die schlimmste Stelle der Strömung zur Zeit der größten Ruhe zu durchqueren,
die, wie wir wußten, gegen acht Uhr eintreten mußte.

Mit einem frischen Wind über Steuerbord brachen wir auf und kamen eine
Zeitlang sehr gut vorwärts, ohne uns das geringste von einer Gefahr träumen
zu lassen, denn es war, wie gesagt, auch nicht im entferntesten Grund zu einer
Befürchtung vorhanden. Plötzlich wurden wir von einer Brise überrascht, die
über den Helseggen daherkam. Das war etwas ganz Ungewohntes, etwas, das
uns noch nie früher vorgekommen war, und eine kleine Unruhe bemächtigte
sich meiner, obwohl ich nicht genau wußte, weshalb eigentlich. Wir richteten
das Boot nach dem Winde, konnten jedoch der Wirbel wegen nicht vorwärts
kommen, und ich war schon auf dem Punkte, die Rückkehr zum Ankerplatze
vorzuschlagen, als wir, rückwärts blickend, den ganzen Himmel von einer selt-

samen kupferfarbenen Wolke umhüllt sahen, die mit erstaunlicher Schnelligkeit heraufgestiegen.

Zu gleicher Zeit legte sich plötzlich der Wind, der uns überrascht hatte; es trat eine tote Windstille ein; wir trieben ungewiß nach jeder Richtung hin und her. Doch währte dieser Zustand nicht lange genug, um uns Zeit zum Nachdenken zu lassen. In weniger als einer Minute überfiel uns ein wilder Sturm – und in weniger als zwei war der Himmel vollständig bezogen. Die Wolken und der aufspritzende Schaum verursachten eine solche Dunkelheit, daß wir einander im Boote nicht mehr sehen konnten.

Es wäre Torheit, einen Orkan, wie den, der jetzt losbrach, beschreiben zu wollen. Der älteste Seemann in Norwegen hat nie auch nur Ähnliches erlebt. Wir hatten unsere Segel gelöst, ehe der Sturm uns überraschte, aber bei dem ersten Windstoß gingen unsere beiden Maste über Bord, als seien sie abgesägt worden – der Hauptmast riß meinen jüngsten Bruder, der sich zur Sicherheit an ihn angebunden hatte, mit sich fort.

Unser Boot war das federleichteste Ding, das jemals auf dem Wasser schaukelte. Es hatte ein vollständig geschlossenes Verdeck, das am Bug nur durch eine kleine Falltür, die wir beim Durchkreuzen des Stromes als Vorsichtsmaßregel gegen die ‚springende‘ See stets niederließen, zu öffnen war. Dieser Umstand allein rettete uns vor dem sofortigen Untergang, denn ein paar Augenblicke lang waren wir buchstäblich unter dem Wasser begraben. Wie es kam, daß mein ältester Bruder dem Tode entging, kann ich nicht sagen; ich habe es mir nie zu erklären vermocht. Ich hatte mich, sobald ich das Vordersegel losgelassen, glatt auf die Erde geworfen, stemmte meine Füße gegen die enge Laufplanke des Bugs und klammerte mich mit den Händen an einem Ringbolzen am Fuße des Vordermastes fest. Der bloße Instinkt trieb mich an, dies alles zu tun – zweifellos das Beste, was ich tun konnte; der Schreck ließ mich nicht nachdenken.

Einige Sekunden lang waren wir vollständig überflutet, wie ich schon sagte. Ich hielt während der Zeit den Atem an und klammerte mich an den Bolzen. Als ich fühlte, daß ich dies nicht länger mehr ertragen konnte, ohne zu ersticken, erhob ich mich auf die Knie, ohne daß meine Hände ihren Stützpunkt losließen. So bekam ich wenigstens meinen Kopf frei. Dann gab sich unser kleines Boot selbst einen Stoß, wie ein Hund, der aus dem Wasser will, und erhob sich teilweise über die See. Ich bemühte mich nach Kräften, die Betäubung, die über mich gekommen war, abzuschütteln und meine Sinne soweit zu sammeln, daß ich erkennen könnte, was nun zu tun sei, als ich fühlte, wie mich jemand am Arme packte. Es war mein ältester Bruder, und mein Herz klopfte vor Freude, denn ich glaubte ihn längst über Bord gerissen. Im nächsten Augenblick jedoch verwandelte sich die Freude in Grausen, denn er näherte seinen Mund meinem Ohre und kreischte das Wort: ‚Moskoestrom!‘

Kein Mensch könnte beschreiben, was ich in diesem Augenblicke fühlte. Es schüttelte mich vom Kopf bis zu den Füßen, als habe ich einen heftigen Fieberanfall. Ich verstand nur zu wohl, was er durch das eine Wort sagen, was er mir zu verstehen geben wollte! Der Wind, der uns vorwärtstrieb, führte uns dem Strudel entgegen – und nichts konnte uns retten!

Ich sagte Ihnen schon, daß wir, wenn wir den Strömungskanal durchkreuzten, selbst bei ruhigstem Wetter stets in weiter Entfernung oberhalb des Wirbels fuhren und auch mit größter Sorgfalt die Zeit der ruhigen See abwarteten – aber nun trieben wir mit dem fürchterlichsten Orkane auf den Strudel zu. ‚Jedenfalls‘, dachte ich, ‚kommen wir gerade zur Zeit der stillsten See dort an – wir haben also noch etwas Hoffnung.‘ Aber im nächsten Augenblick verfluchte ich mich für die Torheit, noch von Hoffnung zu träumen. Ich wußte nur zu gut, daß wir dem Untergange geweiht waren, und wären wir zehnmal ein Schiff mit neunzig Kanonen gewesen.

Mittlerweile hatte sich die erste Wut des Sturmes erschöpft, oder vielleicht fühlten wir ihn nicht mehr so sehr wie vorhin, da er uns vor sich her trieb; jedenfalls erhob sich die See, die der Sturm bis jetzt flach und schäumend darniedergehalten hatte, zu Bergeshöhe. Auch der Himmel hatte eine sonderbare Veränderung erlitten. Rundherum in jeder Richtung war er pechschwarz, aber gerade über unserm Kopfe war eine kreisförmige Öffnung entstanden, durch die das Firmament herabsah, so klar und so glänzend tiefblau, wie ich es nie vorher gesehen, mit einem Vollmond, der in solch hellem Lichte strahlte, wie ich es nie zuvor wahrgenommen. Er erleuchtete alles um uns mit größter Deutlichkeit – aber großer Gott! Welch ein Schauspiel war da zu erleuchten!

Ich versuchte ein- oder zweimal, mit meinem Bruder zu sprechen, aber das Getöse hatte unerklärlicherweise so zugenommen, daß ich mich mit keinem Wort verständlich machen konnte, obgleich ich ihm mit voller Kraft ins Ohr schrie. Plötzlich schüttelte er den Kopf, wurde totenbleich und erhob einen Finger, als wolle er sagen: ‚Horch!‘

Zuerst begriff ich nicht, was er sagen wollte, doch kam mir bald ein grauenvoller Gedanke. Ich zog meine Uhr aus der Tasche. Sie ging nicht mehr. Ich betrachtete ihr Zifferblatt beim Mondschein, dann brach ich in Tränen aus und schleuderte sie in den Ozean. Sie war um sieben Uhr stehen geblieben. Wir hatten die Ruhezeit der See versäumt, und der Wirbel der Strömung war in voller Wut.

Wenn ein Fahrzeug gut gebaut, richtig ausgerüstet, nicht zu schwer beladen ist und mit dem Winde geht, so scheinen die Wellen stets unter ihm wegzuschlüpfen – eine Tatsache, die den Landratten immer sehr seltsam vorkommt.

Man nennt dies in der Seemannssprache ‚reiten'. Bis jetzt waren wir ganz geschickt auf den Wogen ‚geritten' – aber nun erfaßte uns eine riesenhafte Welle von hinten und hob uns höher und höher, als sollte es in den Himmel gehen. Ich hätte nie geglaubt, daß eine Welle sich so hoch auftürmen könne. Dann sausten wir hinab mit einer gleitenden, tauchenden Bewegung, daß mir übel und schwindelig wurde, als fiele ich im Traume von einem hohen Berge herab. Aber von der Höhe der Welle herab hatte ich einen raschen Blick um mich geworfen – und dieser eine Blick genügte. In einer Sekunde überblickte ich unsere ganze Lage. Der Strudel des Moskoestroms lag eine Viertelstunde vor uns, aber er glich so wenig dem Malstrom aller Tage, wie der Strudel, den Sie jetzt sehen, einem Mühlgerinne gleicht. Wenn ich nicht gewußt hätte, wo wir waren und was uns bevorstand, ich hätte den Ort nicht wiedererkannt. So aber schloß ich unwillkürlich meine Augen vor Grauen, und meine Lider zogen sich wie im Krampfe zusammen.

Kaum zwei Minuten später fühlten wir, wie die Wogen nachgaben, und wurden von Gischt eingehüllt. Das Boot machte eine scharfe halbe Drehung nach Backbord und schoß dann blitzschnell nach dieser Richtung fort. Zu gleicher Zeit wurde das Gebrüll des Wassers von einer Art schrillem Gekreisch übertönt – ein Ton, den man sich nur als das Pfeifen von Tausenden von geöffneten Dampfventilen vorstellen kann. Wir befanden uns nun in dem Schaumgürtel, der den Strudel immer umgibt, und ich glaubte natürlich, der nächste Augenblick werde uns in den Abgrund hinabschleudern, in den wir, wegen der rasenden Schnelligkeit, mit der wir vorwärtsschossen, nur sehr undeutlich hineinblicken konnten. Das Boot schien das Wasser gar nicht mehr zu berühren, sondern wie eine Luftblase darüber hin zu fliegen. Die Steuerbordseite war dem Strudel zugekehrt, und hinter dem Backbord erhob sich die Meereswelt, die wir verlassen hatten. Sie stand wie eine ungeheure verzerrte Wand zwischen uns und dem Horizonte.

Es mag seltsam klingen, aber jetzt, da wir uns schon im Rachen des Abgrundes befanden, fühlte ich mich gefaßter, als da wir uns ihm näherten. Nachdem ich mich einmal jeder Hoffnung begeben hatte, verließ mich auch zum größten Teil jenes Entsetzen, das mich zuerst überwältigt hatte. Ich glaubte, daß das Übermaß der Verzweiflung keine Wirkung auf meine Nerven mehr ausüben konnte.

Es klingt wahrscheinlich wie eine Prahlerei, doch ist es reine Wahrheit – ich begann nachzudenken, welche Großartigkeit darin läge, in dieser Weise zu sterben, und wie töricht es von mir gewesen, angesichts dieser wunderbaren Kundgebung der göttlichen Allmacht ein so kleines Interesse, wie die Erhaltung meines persönlichen Daseins war, gehabt zu haben. Ich glaube, ich errötete vor

Scham bei diesem Gedanken. Nach einer kleinen Weile ergriff mich eine durchdringende Neugierde in bezug auf den Strudel selbst. Ich fühlte klar den Wunsch, seine Tiefen zu erforschen, selbst auf Kosten meiner selbst; mein Hauptkummer war, daß ich meinen alten Gefährten an der Küste die Geheimnisse, die ich schauen sollte, niemals würde mitteilen können. Dies sind ohne Zweifel sonderbare Gedanken für einen Mann, der sich in äußerster Todesgefahr befindet – ich habe es mir später damit erklärt, daß die vielen Umdrehungen des Bootes um den Schlund mich wohl ein wenig verdreht gemacht haben könnten.

Noch ein anderer Umstand trug dazu bei, mir meine Selbstbeherrschung wiederzugeben; der Wind belästigte uns nicht mehr im geringsten, da er uns in unserer jetzigen Lage nicht erreichen konnte, denn der Schaumgürtel liegt, wie Sie selbst sahen, bedeutend niedriger als das Meeresbett im allgemeinen, das sich jetzt wieder wie ein hoher schwarzer Bergesgrat vor uns auftürmte. Wenn Sie sich niemals während eines heftigen Sturmes auf See befunden haben, können Sie sich nicht vorstellen, welche Geistesverwirrung der Wind und der aufspritzende Wasserschaum verursachen. Man kann nichts mehr sehen noch hören, man wird halb erstickt und verliert die Kraft zum Handeln und zum Denken. Von diesen Belästigungen waren wir wie gesagt jetzt zum größten Teil befreit – wie die zum Tode verurteilten Verbrecher im Kerker, denen man kleine Annehmlichkeiten gestattet, die man ihnen, solange der Urteilsspruch noch zweifelhaft war, verweigerte.

Wie oft wir in dem Schaumgürtel die Runde machten, kann ich nicht angeben. Wir kreisten wohl eine Stunde lang herum, flogen mehr, als daß wir glitten, und gelangten allmählich in die Mitte des Strudels und näherten uns immer mehr, immer mehr seinem gräßlichen inneren Rande. Während der ganzen Zeit hatte ich den Ringbolzen nicht losgelassen. Mein Bruder befand sich auf dem Hinterdeck und hielt sich an einem kleinen, leeren Wasserfaß fest, welches unter der Steuerbank angebunden worden war, es war der einzige Gegenstand, den der erste gewaltige Windstoß nicht über Bord geweht hatte.

Als wir uns dem Rande des Abgrundes näherten, ließ mein Bruder seinen Halt los und stürzte sich auf den Ring, den er im Entsetzen seiner Todesangst meinen Händen zu entreißen strebte, da er uns beiden keinen Halt gewähren konnte. Niemals habe ich eine tiefere Betrübnis empfunden als in dem Augenblick, da ich ihn dies tun sah – obgleich ich wußte, daß er im Wahnsinn handelte, rasend geworden durch die bloße Angst!

Mir lag jedoch nichts daran, ihm den Platz streitig zu machen. Ich wußte, daß es jetzt nichts mehr zu sagen hatte, ob wir uns überhaupt irgendwo festhielten. So überließ ich ihm den Ring und kroch auf das Hinterdeck zu dem Faß. Das war nicht besonders schwierig zu vollbringen, denn die Schmack flog ziemlich gleichmäßig mit glattem Kiel rundumher und schwankte nur in dem ungeheuren Schwellen und Brodeln des Strudels hin und her.

Kaum hatte ich mich in meiner neuen Lage befestigt, als wir mit einem wilden Satz Hals über Kopf in den Abgrund stürzten. Ich stammelte ein kurzes Gebet und dachte, alles sei vorüber.

Als ich fühlte, wie übel mir bei dem Hinabschießen wurde, hatte ich mich instinktiv fester an die Tonne angeklammert und die Augen geschlossen. Einige Sekunden lang wagte ich nicht, sie zu öffnen, denn ich erwartete jeden Augenblick unseren Untergang und wunderte mich nur, daß ich noch nicht im Todeskampfe im Wasser läge. Aber Sekunde nach Sekunde verging. Ich lebte noch. Das Gefühl des Fallens hatte aufgehört, und die Bewegung des Schiffes glich der von vorhin in dem Schaumgürtel, nur mit dem Unterschied, daß es jetzt mehr der Länge nach fuhr. Ich faßte Mut und blickte wieder auf den Schauplatz hinaus. Niemals werde ich das Gefühl der Furcht, des Grausens und der Bewunderung vergessen, mit dem ich nun um mich blickte. Das Boot schien wie durch Zauberkraft auf dem halben Wege nach unten auf der inneren Fläche eines ungeheuer weiten, unermeßlich tiefen Trichters zu hängen, dessen vollständig glatten Seitenwände man für Ebenholz gehalten hätte, hätte man nicht gesehen, daß sie mit betäubender Schnelligkeit rundum drehten, während sie einen blendenden, geisterhaften Glanz widerspiegelten, als auf der eben beschriebenen kreisrunden Öffnung der Wolken die Strahlen des Vollmondes wie eine Flut glorreichen Goldes die schwarzen Wände hinab und bis tief in die innersten Tiefen des Abgrundes hineinströmten.

Zuerst war ich zu verwirrt, um irgend etwas genauer beachten zu können. Nur ein allgemeiner Eindruck grauenhafter Größe kam mir zum Bewußtsein. Als ich ein wenig zu mir gekommen war, sandte ich den Blick instinktiv nach unten. Nach dieser Richtung hin konnte mein Blick ungehindert erforschen, wie es kam, daß unsere Schmack auf der geneigten Oberfläche des Abgrundes hängen geblieben. Sie ging auf ebenem Kiel, das heißt, ihr Deck bildete mit der Oberfläche des Wassers eine Parallele, aber das letzte schrägte sich in einem Winkel von mehr als fünfundvierzig Grad nach unten ab, so daß es schien, als befinde sich das Schiff in senkrechter Lage. Dessen ungeachtet bemerkte ich, daß es mir kaum schwieriger war, mich mit Hand und Fuß festzuhalten, als wenn wir uns auf ebenem Plan befunden hätten. Dies mochte wohl seinen Grund in der Schnelligkeit haben, mit der wir uns drehten.

Die Strahlen des Mondes schienen den innersten Grund des Schlundes erforschen zu wollen, doch konnte ich nichts deutlich erkennen wegen des dichten Nebels, der dort alles umhüllte und über dem sich ein prachtvoller Regenbogen ausspannte, gleich der schmalen, schwankenden Brücke, die nach dem Glauben der Muselmänner der einzige Pfad aus der Zeitlichkeit in die Ewigkeit ist. Dieser Nebel oder dieser Schaum wurde ohne Zweifel durch das Aufeinanderprallen der mächtigen Wasserwände auf den Boden des Trichters verursacht, aber den gräßlichen, gellenden Schrei, der aus dem Nebel zum Himmel emporstieg, wage ich nicht zu beschreiben.

Unser erstes Hinabgleiten aus dem Schaumgürtel in den eigentlichen Abgrund hatte uns ein großes Stück den Abhang hinuntergerissen, doch glitten wir nicht im selben Verhältnis weiter nach unten. Wir sausten vielmehr in der Runde herum, nicht in gleichmäßiger Bewegung, sondern in schwindelerregenden Stößen, die uns manchmal nur etwa hundert Ellen vorwärts, manchmal fast rund um den Strudel herumgeschleudert. Mit jeder Runde näherten wir uns langsam, aber sehr bemerkbar dem Abgrunde.

Als ich auf der weiten Wüste flüssigen Ebenholzes, die uns trug, umherblickte, bemerkte ich, daß unser Boot nicht der einzige Gegenstand war, den der Strudel an sich gerissen. Über uns und unter uns erblickte ich Schiffstrümmer, große Mengen Bauholz und Baumstämme, viele kleinere Gegenstände, Stücke von Hausgerät, zerbrochene Kisten, Fässer und Latten. Ich erzählte Ihnen schon von der unnatürlichen Neugierde, die an die Stelle meiner ursprünglichen Angst getreten war. Sie schien nur zu wachsen, je näher ich meinem schrecklichen Untergang zutrieb. Ich fing an, die Gegenstände, die mit uns dahintrieben, mit ganz eigentümlichem Interesse zu betrachten. Ich muß wohl von Sinnen gewesen sein, denn es machte mir Vergnügen, über die verschiedenen Geschwindigkeiten ihres Hinabstürzens in den Schaum da unten Betrachtungen anzustellen. Ich überraschte mich einmal, wie ich zu mir sagte: ‚Diese Fichte wird sicher das nächste sein, was den grausigen Sprung tut und verschwindet –‘, und ich war enttäuscht, als ich bemerkte, daß sie von dem Wrack eines holländischen Handelsschiffes, das vor ihr verschwand, überholt wurde.

Zuletzt, als ich mehrere Vermutungen dieser Art aufgestellt und mich in allen verrechnet hatte, brachte mich diese Tatsache – die Tatsache meiner unfehlbar falschen Berechnung – auf einen Gedankengang, der meine Glieder wieder erbeben und mein Herz noch einmal heftig schlagen ließ.

Es war kein neues Entsetzen, das mich so ergriff, sondern das noch fürchterlichere Dämmern einer Hoffnung. Sie erstand mir teils aus der Erinnerung, teils aus meinen gegenwärtigen Beobachtungen. Ich erinnerte mich an die große Verschiedenheit der an der Küste von Lofoten angeschwemmten Dinge, die der Moskoestrom erst an sich gerissen und dann wieder ausgeworfen hatte. Diese Gegenstände waren größtenteils in der ungewöhnlichsten Weise zersplittert und zerrieben, so daß es aussah, als seien sie mit Borsten bedeckt; aber dann besann ich mich deutlich, daß einige von ihnen ganz unbeschädigt geblieben waren. Für diese Erscheinung fand ich keinen anderen Grund als die Annahme, daß die zersplitterten Trümmer die einzigen gewesen seien, die der Strudel vollständig eingesogen haben mußte – daß die anderen so spät in die Strömung geraten oder aus irgendeinem Grund nach dem Eintritt so langsam abwärts geglitten waren, daß sie den Boden nicht erreichten, ehe die Zeit der Flut oder je nach dem auch der Ebbe wiedergekommen war. Ich hielt es in beiden Fällen für möglich, daß sie wieder an die Oberfläche des Meeres emporgewirbelt werden könnten, ohne das Schicksal der Dinge zu teilen, die der Strudel früher oder schneller in sich aufgesogen hatte.

Außerdem machte ich drei wichtige Beobachtungen. Die erste war die allgemeine Regel, daß ein Körper, je größer er ist, desto schneller sinkt; die zweite, daß bei zwei Körpern von gleichen Volumen, von denen der eine von sphärischer, der andere von irgendeiner anderen Gestalt war, der sphärische stets rascher unterging; die dritte, daß bei zwei Körpern von gleichen Volumen, von denen der eine zylindrisch, der andere von irgendeiner anderen Gestalt war, der Zylinder am langsamsten eingesogen wurde. Nach meiner Rettung habe ich mich öfters mit einem alten Schulmeister unseres Distrikts über ihre Erscheinungen unterhalten; von ihm habe ich auch die Bedeutung der Worte ‚Zylinder‘ und ‚Sphäre‘ gelernt. Er erklärte mir auch – ich vergaß jedoch wie –, daß das, was ich gesehen hatte, die natürliche Folge der Formen der schwimmenden Trümmer sei, und zeigte mir, woher es kommt, daß ein Zylinder der Einsaugekraft eines Strudels größeren Widerstand entgegensetzt als ein Körper von gleichem Volumen in irgendeiner anderen Form.*

Außerdem trug noch ein auffälliger Umstand dazu bei, mich von der Richtigkeit meiner Beobachtungen zu überzeugen und mich anzutreiben, Nutzen aus ihnen zu ziehen. Bei jeder Umdrehung um den Trichter kamen wir an einer Tonne oder Segelstange oder einem Schiffsmast vorüber, während viele derartige Gegenstände, die mit uns auf gleicher Höhe gewesen waren, als ich zuerst gewagt, meine Augen für die Wunder des Strudels zu öffnen, jetzt hoch über uns schwammen und sich nur wenig fortbewegt hatten.

Nun war mir nicht länger zweifelhaft, was zu tun sei. Ich beschloß, mich fest an das Wasserfaß, an das ich mich bisher angeklammert, anzubinden, das Seil, mit dem es an dem Boot befestigt war, zu lösen und mich mit ihm zusammen ins Wasser zu werfen. Ich machte meinen Bruder durch Zeichen aufmerksam, deutete auf die Fässer, die in unserer Nähe schwammen und versuchte alles, was in meinen Kräften stand, um ihm mein Vorhaben verständlich zu machen. Ich nahm endlich an, daß er mich begriffen habe; aber wie dem auch sei; er schüt-

---

* Archimedes, „*De Incidentibus in Fluido*", lib. 2.

telte verzweifelt den Kopf und weigerte sich, seinen Platz bei dem Ringbolzen zu verlassen. Ihn mit Gewalt fortzubringen war ein Ding der Unmöglichkeit, denn die Situation duldete keinen Aufschub. So überließ ich ihn denn nach bitterem Seelenkampfe seinem Schicksal, band mich mit den Seilen, die das Faß auf dem Schiffe befestigt hatten, an und stürzte mich mit ihm, ohne noch einen Augenblick Zeit zu verlieren, in das Wasser.

Der Erfolg entsprach vollständig meinen Hoffnungen. Da ich selbst Ihnen die Geschichte erzähle und Sie also sehen, daß ich wirklich dem Untergange entronnen bin, und Sie überdies wissen, auf welche Art und Weise ich meine Rettung bewerkstelligte, will ich schnell zum Schlusse kommen.

Es mochte wohl eine Stunde vergangen sein, seit ich die Schmack verlassen, als ich sie in weiter Entfernung unter mir plötzlich drei bis vier wilde Umdrehungen machen und mit meinem geliebten Bruder kopfüber auf immer in das Chaos von Schaum hinabstürzen sah. Das Faß, auf das ich mich festgebunden hatte, sank wenig tiefer als über die Hälfte der Strecke zwischen dem Boden des Abgrundes und der Stelle, an der ich über Bord gesprungen war, als das Aussehen des Strudels plötzlich eine große Veränderung erfuhr. Der Abhang der Seitenwände des ungeheuren Trichters wurde von Minute zu Minute weniger steil. Die Umdrehungen des Strudels ließen immer mehr an Heftigkeit nach. Allmählich verschwanden der Schaum und der Regenbogen, und der Boden des Strudels schien sich langsam zu erheben. Der Himmel wurde klar, die Winde hatten sich gelegt, und der Vollmond ging strahlend im Westen unter, als ich mich auf der Oberfläche des Ozeans wiederfand, angesichts der Küste von Lofoten, oberhalb der Stelle, wo der Wirbel des Moskoestroms gewesen war. Die Ruhepause war eingetreten, doch ging die See infolge des Orkans noch haushoch. Ich wurde heftig in den Kanal der Strömung gerissen und in wenigen Minuten an die Küste gespült, in die Nähe der beliebten Fangstellen unserer Fischer.

Ein Boot nahm mich auf; ich war vollständig erschöpft, und jetzt, da die Gefahr vorüber, sprachlos beim Andenken an ihre Greuel. Die Leute, die mich an Bord zogen, waren meine alten Kameraden und täglichen Genossen, aber sie erkannten mich ebensowenig wie sie einen Wanderer aus dem Schattenlande wiedererkannt haben würden. Mein Haar, das Tags zuvor rabenschwarz gewesen, war so weiß geworden, wie es heute ist. Man sagte auch, daß sich der ganze Ausdruck meines Gesichts verändert habe. Ich erzählte ihnen meine Geschichte – man glaubte sie nicht. Nun habe ich sie auch Ihnen erzählt und kann erwarten, daß Sie dieselbe für wahrhaftiger halten als die zweifelsüchtigen Fischer von Lofoten."

DIE ABENTEUER GORDON PYMS

Als ich vor einigen Monaten – nach seltsamen Abenteuern in der Südsee und in anderen Zonen – in die Vereinigten Staaten zurückkehrte, geriet ich in Richmond zufällig in eine Gesellschaft von Herren, welche sich für die Gegenden, die ich durchschifft hatte, lebhaft interessierten und mich inständigst baten, ja, es für meine Pflicht erklärten, die Erzählung meiner Abenteuer dem Publikum zugänglich zu machen. Doch hatte ich mehrere Gründe, dies nicht sogleich zu tun, von denen einige ganz privater Natur waren und nur mich allein betrafen; die größten Bedenken erregte mir jedoch der Umstand, daß ich, der ich während des größeren Teiles der Reise kein Tagebuch geführt hatte, nicht imstande gewesen wäre, aus dem Gedächtnis eine genaue und zusammenhängende Reisebeschreibung zu liefern, die so wahrscheinlich klänge, wie es im Interesse der Wahrheit zu wünschen war, und die Vermutung nicht aufkommen ließe, eine starke Phantasie habe dem Erzähler manche Dinge wohl in zu grellem Lichte gezeigt. Ein anderer Grund war der, daß die Begebenheiten, welche ich zu erzählen hatte, wirklich zu wunderbarer Natur waren, und ich, da ich mich nur auf das Zeugnis eines einzigen Mannes, der noch dazu ein ungebildeter Indianer war, stützen konnte, bloß bei meiner Familie und ein paar Freunden, die seit meiner Jugend meinen realen Sinn kannten, Glauben zu finden hoffen durfte – daß das Publikum im allgemeinen jedoch meine Erzählung für eine ziemlich unverschämte Erfindung halten würde. Dazu kam noch ein gewisses Mißtrauen, das ich in meine schriftstellerische Fähigkeit setzen mußte, und, wie gesagt, eine Menge privater Gründe, die mich abhielten, der Aufforderung einer Veröffentlichung nachzukommen.

Unter den Herren, die das größte Interesse an meinen Erzählungen, besonders an dem Teil derselben hatten, der sich auf den Antarktischen Ozean bezieht, befand sich auch Herr E. A. Poe, der frühere Herausgeber des „Southern Literary Messenger", einer Monatsschrift des Herrn Thomas W. White in Richmond. Er riet mir besonders dringend, möglichst bald einen genauen Bericht meiner Erlebnisse herauszugeben und dem gesunden Menschenverstand des Publikums zu vertrauen; werde das Buch auch ungeschickt geschrieben, so könne es dadurch doch nicht verlieren, die Ungeschicklichkeit werde im Gegenteil eher behilflich sein, mir Glauben zu verschaffen.

Da ich mich jedoch trotz all seiner Vorstellungen noch immer nicht zu einer Herausgabe entschließen konnte, bat er mich, den ersten Teil meiner Abenteuer in eigener Fassung in dem „Messenger" als Erfindung herausgeben zu dürfen. Ich willigte ein und stellte nur die Bedingung, daß mein Name unerwähnt bleibe. Zwei Teile der angeblich erfundenen Erzählung erschienen denn auch im Januar und Februar 1837 im „Messenger", und zwar, um die Vorspiegelung, es handele sich um Erfindungen, vollständig zu machen, unter dem Namen des Herrn E. A. Poe.

Die Art und Weise, in der man nun diese beiden Teile aufgenommen, bestimmte mich schließlich doch, an eine regelrechte Beschreibung und Herausgabe der Abenteuer zu gehen. Denn ich hatte gemerkt, da das große Publikum – trotz des Anscheins des Erfundenen, den Herr E. A. Poe den im „Messenger" erschienenen Bruchteilen, ohne auch nur eine einzige Tatsache zu entstellen oder zu übertreiben, gegeben hatte – doch nicht geneigt war, die ganze Sache für eine Fabel zu halten. Herr E. A. Poe erhielt z. B. mehrere Briefe, deren Schreiber offenbar vom Gegenteil überzeugt waren. Ich schloß daraus, daß die Tatsachen, die ich mitzuteilen hatte, der Art seien, daß man sie um ihrer selbst willen glauben könne, und daß ich nicht Gefahr laufe, durch die allgemeine Ungläubigkeit geärgert zu werden.

Nachdem ich diese Vorbemerkungen gemacht habe, bleibt mir nur übrig, noch einmal zu erwähnen, daß, wie gesagt, nicht alles, was folgt, meiner Feder entstammt, daß jedoch Herr E. A. Poe, der die ersten Seiten der Abenteuer geschrieben, auch nicht eine Tatsache verändert oder entstellt hat. Selbst für die Leser, welche den „Messenger" nicht gelesen haben, ist es unnötig, das Kapitel zu bestimmen, an dem meine Erzählung beginnt, ein jeder wird den Unterschied im Stil leicht bemerken.

New York, im Juli 1838
G. Pym

Kapitel I
Ein Vorabenteuer

Ich heiße Gordon Pym. Mein Vater war ein ehrenwerter Mann und betrieb zu Nantucket, wo ich geboren wurde, einen Handel in Schiffseinrichtungsgegenständen. Mein Großvater mütterlicherseits war Advokat und hatte einen großen Klientenkreis. Außerdem spekulierte er erfolgreich und erwarb sich ein ziemlich beträchtliches Vermögen. Er war mir, glaube ich, mehr als irgend jemand anderem auf der Welt zugetan, und ich durfte erwarten, bei seinem Tode den größten Teil seiner Güter zu erben. Als ich sechs Jahre alt war, schickte er mich in die Schule des alten Herrn Ricketts, eines Herrn, der nur einen Arm und ziemlich exzentrische Manieren hatte und jedem, der einmal New Bedford besucht hat, wohlbekannt ist. Ich blieb bis zum siebzehnten Jahre unter seiner Obhut und besuchte dann die Akademie des Herrn E. Ronald. Hier wurde ich mit dem Sohne des Herrn Barnard bekannt, eines Seekapitäns, der im Auftrage der Firma Vredenburgh fuhr; Herr Barnard ist ebenfalls in New Bedford gut bekannt und hat viele Verwandte in Edgarton. Sein Sohn hieß August und war fast zwei Jahre älter als ich. Er war einmal mit seinem Vater auf der Walfischjagd gewesen und konnte mir nicht genug von seinen Seeabenteuern erzählen. Ich brachte manchmal ganze Tage, ja, ganze Nächte bei ihm zu. Wir schliefen in demselben Bett und schlossen oft bis zum Tagesanbruch kein Auge, weil er kein Ende finden konnte, mir die Eingeborenen von Tinian und anderen Inseln, die er besucht, zu schildern. Ich begann, mich nach und nach für seine Erzählungen zu interessieren, bis ich denn schließlich nichts lebhafter wünschte, als Seemann zu werden. Ich kaufte mir für fünfundsiebzig Dollar ein kleines Segelboot, den „Ariel", ein Halbverdeck, das ohne Überlastung wohl zehn Personen fassen konnte. Mit diesem Boot nun machten wir die tollsten Streiche von der Welt, und wenn ich mich jetzt an dieselben erinnere, wundere ich mich nur, daß ich noch am Leben bin.

Ich möchte eines dieser Abenteuer meiner längeren und wichtigeren Erzählung als Einleitung voranschicken. Herr Barnard gab eines Abends eine Gesellschaft, an deren Schlusse August und ich nicht wenig bezecht waren, so daß ich, wie meistens in solchen Fällen, vorzog, über Nacht bei ihm zu bleiben, statt nach Hause zu gehen. Er begab sich ziemlich ruhig zu Bett, und auch ich war nach Verlauf einer halben Stunde gerade dabei, sanft einzudämmern, als er plötzlich wieder vom Bett aufstand und mit einem schrecklichen Fluche schwor, daß kein Gordon Pym in der ganzen Christenheit ihn bewegen könne zu schlafen, wenn eine so glorreiche Brise aus Südwest wehe. Ich erstaunte höchlichst, denn ich konnte mir gar nicht erklären, was er eigentlich wolle, und glaubte, der reichliche Wein- und Liqueurgenuß habe ihn so außer sich gebracht. Er sprach jedoch plötzlich ganz ruhig weiter: Ich hielt ihn wohl für betrunken, doch sei er nie in seinem Leben nüchterner gewesen. Er sei es aber leid, in einer so wundervollen Nacht wie ein Hund schlafend zu liegen, er werde jetzt aufstehen, sich anziehen und auf dem Boote „Spaß machen". Ich weiß nicht, welcher böse Geist plötzlich Besitz von mir ergriff: kaum waren die Worte seinem Munde entflohen, so war auch ich der Meinung, daß seine wahnwitzige Idee der köstlichste und vernünftigste Vorschlag von der Welt sei. Es war fast stürmisch draußen und das Wetter sehr kalt, denn wir befanden uns gegen Ende Oktober.

Ich sprang jedoch dessenungeachtet in einer Art von Ekstase aus dem Bette, schrie, daß ich ebenso tapfer sei wie er und ebensowenig geneigt, wie ein Hund die Nacht durchzuschlafen, und ebenso, wie jeder August Barnard in Nantucket, zu jedem Ulk auf einem Boote bereit.

Mit Windesschnelle fuhren wir in unsere Kleider und eilten hinaus. Der „Ariel" lag auf der alten, verfallenen Werft von Pankey & Co. August sprang hinein und schöpfte ihn aus, denn er war fast halb voll Wasser. Als dies getan war, richteten wir die Segel und steuerten kühn in die See hinaus.

Es blies ziemlich stark aus Südwest, die Nacht war klar und kalt; August saß am Steuer, ich stand auf Deck am Segel. Wir flogen ziemlich rasch dahin, keiner von uns hatte, seit wir das Schiff von der Werft losgelöst, ein Wort gesprochen. Ich fragte meinen Gefährten nach einiger Zeit, wohin er denn eigentlich steuern wolle und wann wir wieder zurückkehren würden. – Er pfiff ein paar Minuten lang vor sich hin und antwortete mir dann ganz trocken: „Ich fahre auf die See hinaus, du kannst ja nach Hause zurückkehren, wenn du willst!" Ich sah ihn erstaunt an und bemerkte, daß er trotz seiner angenommenen Gleichgültigkeit im höchsten Grade erregt war. Ich konnte ihn, da der Mond hell schien, deutlich sehen, sein Gesicht war bleicher als Marmor, und seine Hand zitterte so stark, daß er nur mit Mühe das Steuer halten konnte. Ich empfand, daß er irgend etwas falsch gemacht haben mußte, und geriet in große Unruhe. Mir selbst war die Führung eines Bootes damals noch fast vollständig unbekannt – ich war auf die Geschicklichkeit meines Freundes angewiesen. Der Wind hatte auch plötzlich an Heftigkeit zugenommen, und wir bewegten uns in gerader Linie immer tiefer ins Meer hinaus, doch schämte ich mich, irgendwelche Befürchtungen zu äußern, und schwieg noch eine weitere halbe Stunde lang. Dann jedoch konnte ich mich nicht länger bezwingen und stellte meinem Freunde vor, es sei nun doch Zeit, an die Rückfahrt zu denken. Wieder verging fast eine Minute, ehe er mir antwortete oder vielmehr meinen Vorschlag verstanden zu haben schien. „Hat noch Zeit – hat noch Zeit!" sagte er endlich, und obwohl ich eine ähnliche Antwort erwartet hatte, erfüllte mich der Ton, in dem diese Worte gesprochen wurden, mit unaussprechlichem Schrecken. Ich blickte ihn wieder an und bemerkte, daß seine Lippen totenbleich waren, und seine Knie so heftig schlotternd gegeneinanderschlugen, daß er sich nur mit Mühe aufrechterhielt. „Um Gottes willen, August", rief ich aus, „was fehlt dir? Was ist denn vorgefallen? Was machst du denn da?" „Vorgefallen?" lallte er, offenbar aufs höchste überrascht, ließ im gleichen Augenblick das Steuer fahren und fiel selbst der Länge nach ins Boot zurück. „Vorgefallen? Nichts ist vorgefallen ... wir fahren ... nach Hause ... siehst ... siehst du denn nicht?" Nun erkannte ich plötzlich die ganze fürchterliche Wahrheit. Er war betrunken ... vollkommen betrunken, und konnte weder stehen, noch gehen, noch sehen. Seine Augen waren ganz verglast. Ich riß ihn vom Boden empor, doch er fiel gleich wieder wie ein Balken in die Wassertümpel auf dem Boden des Bootes. Er hatte offenbar während des Abends viel mehr getrunken als ich geglaubt, und sein Betragen im Bette war nur das Resultat einer besonders hochgradigen Trunkenheit gewesen, welche – gleich einer gewissen Art Irrsinn – zuläßt, daß das Opfer eine Zeitlang wie ein vollständig vernünftiger Mensch reden und handeln kann. Die kalte Nachtluft hatte die Trunkenheit dann zum Ausbruch gebracht und die schattenhafte Erkenntnis unserer gefährlichen Lage nur dazu beigetragen, die Katastrophe zu beschleunigen. Er war nun vollständig unzurechnungsfähig und konnte allem Anschein nach erst nach Ablauf mehrerer Stunden zu sich kommen.

Es ist fast unmöglich, sich eine Vorstellung von meinem grenzenlosen Entsetzen zu machen. Der letzte Rest von Rausch war verschwunden, und die Ernüchterung machte mich doppelt furchtsam und unentschlossen. Ich wußte, daß ich vollständig unfähig war, ein Boot zu lenken, und daß der Sturm und die starke Ebbe uns unaufhaltsam dem Verderben entgegentrieben. Wir hatten weder einen Kompaß bei uns noch Lebensmittel, und bei der Schnelligkeit, mit der das Boot vorwärtsschoß, war es unausbleiblich, daß wir bei Tagesanbruch die Küste aus dem Gesichte verloren hatten. Solche und ähnliche angstvolle Gedanken durchsausten mit rasender Schnelligkeit mein Gehirn und machten mich eine Zeitlang zu jeder Handlung unfähig. Das Boot lief mit entfalteten Segeln gerade vor dem Winde, der Bug war vollständig in Schaum begraben, und ich erwartete jeden Augenblick, daß es beidrehen werde, da August, wie ich schon sagte, das Steuer losgelassen, und ich in meiner Aufregung nicht fähig war, es wieder an mich zu nehmen. Glücklicherweise hielt es stand, und ich erlangte nach und nach meine Geistesgegenwart zurück. Der Sturm nahm jedoch in beängstigender Weise zu, und jedesmal, wenn unser Schiff von einem Absturz nach vorne wieder in die Höhe schnellte, schlugen die Wellen über dem hinteren Teil des Schiffes zusammen und durchnäßten uns. Alle meine Glieder waren bald vor Kälte so erstarrt, daß ich die Bewegungsfähigkeit schwinden fühlte. Da raffte ich mich voller Verzweiflung zu einer letzten Anstrengung auf, stürzte auf das Hauptsegel zu und löste es, soweit ich konnte, vom Maste. Es flog sofort über Bord, wurde vom Wasser durchtränkt, riß, wie ich erwartet, den Mast mit sich fort und rettete uns dadurch vor dem sofortigen Untergange. Wir glitten jetzt langsamer vor dem Winde hin, mußten zwar noch immer Wasserstürze ertragen, waren jedoch in etwa von der Gefahr befreit, jeden Augenblick von den Wellen verschlungen zu werden. Ich ergriff das Steuerruder und atmete ein klein wenig freier, als ich mir sagte, daß noch nicht alle Hoffnung verloren sei. August lag noch immer bewußtlos auf dem Boden des Bootes, und ich bemerkte, daß er in Gefahr war zu ertrinken, denn das Wasser stand im Schiffe fast einen Fuß hoch. Ich richtete ihn mit vieler Mühe teilweise empor und erhielt ihn in sitzender Lage, indem ich ein Tau um seine Brust schlang und dieses an einem der Ringe, die in ziemlicher Höhe im Boote angebracht waren, befestigte. Nachdem ich auf diese Weise alles, so gut es mir in meiner Aufregung, meinem halberfrorenen Zustande möglich war, hergerichtet hatte, befahl ich mich dem Himmel, fest entschlossen, alles, was auch kommen möge, mit möglichstem Mute zu ertragen.

Kaum hatte ich diesen Gedanken zu Ende gedacht, so erscholl plötzlich ein lautes, langes, gellendes Geschrei, welches wie das Geheul eines ganzen Heeres von Teufeln die Luft zu durchfahren schien. Nie, so lange ich lebe, werde ich das Entsetzen vergessen können, das in diesem Augenblick über mir zusammenschlug. Mein Haar sträubte sich, ich fühlte, wie das Blut in meinen Adern erstarrte, mein Herz stockte, und ohne meine Augen erhoben zu haben, um die Ursache der schauerlichen Töne zu erkennen, fiel ich kopfüber und bewußtlos über den Körper meines Gefährten.

Als ich wieder zu mir kam, befand ich mich in der Kajüte eines Walfischfängers, des „Pinguin", der sich auf der Fahrt nach Nantucket befand. Mehrere Personen standen bei mir, und August, bleicher als der Tod, war eifrig beschäftigt, mir die Hände zu reiben. Als er sah, daß ich die Augen aufschlug, kannten seine Dankbarkeits- und Freudenausbrüche keine Grenzen und entlockten den rauhen Seeleuten, die zugegen waren, abwechselnd Tränen und Gelächter. Das Geheimnis unserer Rettung war nun bald aufgeklärt. Wir waren von dem Walfischfänger, der mit vollen Segeln, im rechten Winkel zu der Richtung unseres Schiffes, also auf Nantucket, lossteuerte, überrannt worden. Auf dem Auslug hatten allerdings ein paar Männer gestanden, doch bemerkten sie uns erst, als es für uns zu spät war, dem Stoße auszuweichen. Ihre Warnungsrufe waren das Geschrei gewesen, das mich so fürchterlich erschreckt hatte. Das große Schiff war, wie man mir erzählte, so leicht über unser Boot dahingesaust, wie dies selbst über eine Feder gleiten würde – ohne den Widerstand im geringsten als Hindernis zu empfinden. Kein Schrei war vom Deck des kleinen Schiffes gekommen, man hatte nur einen leichten, kratzenden Ton gehört, welcher im Augenblicke, da die schwache Barke unter dem Kiel des Walfischfängers verschwand, mit dem Aufschlagen der Wellen heraufgeklungen war. Das war alles gewesen. Da der Kapitän (Kapitän E. T. V. Block aus New London) unser Boot, welches ich, wie man sich erinnern wird, entmastet hatte, für irgendeine Nußschale hielt, die man als unbrauchbar geworden den Wellen überlassen, wollte er unbekümmert um diesen Zwischenfall die Fahrt fortsetzen. Glücklicherweise behaupteten die zwei Männer, die am Auslug gespäht hatten, auf das bestimmteste, an dem Steuerruder des verunglückten Schiffes einen Menschen gesehen zu haben, den man möglicherweise noch retten könne. Es kam zu einer Auseinandersetzung, die den Kapitän Block so sehr erbitterte, daß er nach einiger Zeit ausrief, es sei nicht seine Sache, auf jede Nußschale, die im Ozean schwämme, Obacht zu geben. Das Schiff werde wegen eines solchen Unsinns nicht umdrehen, und wenn da ein Mann überrannt worden wäre, so sei es seine eigene Schuld, er möge ruhig ersaufen und zum Teufel fahren.

Nun nahm sich Henderson, der erste Steuermann, der, wie die ganze Mannschaft, über die herzlosen Worte des Kapitäns im höchsten Grade empört war, der Sache an. Er erklärte dem Kapitän in kurzen, klaren Worten, daß er für seine Grausamkeit den Galgen verdient habe, die ganze Mannschaft sei entschlossen, diesmal seinen Befehlen zuwiderzuhandeln und sollten sie alle dafür, sobald sie den Fuß an Land setzten, gehenkt werden. Er begab sich auf das Hinterteil des Schiffes, indem er Block, der totenbleich wurde und keine Antwort gab, beiseite schob, ergriff das Steuer und gab mit fester Stimme das Kommando. Die Mannschaft eilte auf ihre Posten, und das Schiff machte eine geschickte Umdrehung. Die ganze Sache hatte vielleicht fünf Minuten gedauert, so daß es sehr zweifelhaft war, ob man den Verunglückten, vorausgesetzt, daß sich wirklich ein Mensch in dem Boote befunden, noch retten konnte. Doch wurden August und ich in kurzer Zeit aufgefunden und geborgen. Wir schienen unsere Rettung einem jener seltsamen Zufälle zu verdanken, welche die Frommen dem unmittelbaren Dazwischentreten der Vorsehung zuschreiben.

Während das Schiff also ein Stück zurückfuhr, ließ der Steuermann das Rettungsboot hinunter und sprang mit den beiden Männern, die behauptet hatten, mich gesehen zu haben, hinein.

Sie waren eben vom Schiff abgestoßen – der Mond schien noch hell und klar –, als dasselbe sich bedächtig auf die Luvseite legte und Henderson im selben Augenblicke von seinem Sitze aufsprang und den Ruderern aufgeregt befahl, wieder zurückzurudern. Er konnte kein Wort weiter reden, sondern kommandierte in einem fort: „Zurückrudern! Zurückrudern!" Die Mannschaft gehorchte ihm, so schnell es nur möglich war, doch das Schiff hatte sich ganz herumgedreht und segelte dem Rettungsboote gerade entgegen. Trotz der augenscheinlichen Gefahr wagte der Steuermann sofort, eine der von dem großen Schiffe herunterhängenden Ketten zu ergreifen und sich an derselben in die Höhe zu ziehen. Er teilte ein paar kurze Befehle aus, und das Schiff neigte sich so, daß seine Steuerbordseite bis fast an den Kiel außer Wasser kam, und man den Gegenstand seiner Aufmerksamkeit erblickte. An dem glatten und glänzenden Boden des Schiffes (der „Pinguin" war ganz mit Kupfer beschlagen) war in seltsamster Weise der Körper eines Menschen befestigt und schlug bei jeder Bewegung des Schiffsrumpfes auf denselben auf. Nach mehreren vergeblichen Anstrengungen gelang es endlich, mich aus meiner gefährlichen Lage zu befreien und an Bord zu ziehen – denn ich war es, der so sonderbar an das Schiff angehakt war. Ein Pflock, der das Holzwerk des Fahrzeuges zusammenhielt, war durch das Kupfer gedrungen und hatte mich, als ich unter dem Schiffe hergeschleudert wurde, aufgehalten. Der Kopf des Pflockes hatte den Kragen meiner Jacke von grobem Tuch durchbohrt, war zwischen zwei Flechsen unterhalb des rechten Ohres in meinen Hals eingedrungen und hielt mich auf diese Weise fest.

Ich wurde sogleich zu Bett gebracht, obwohl allem Anschein nach das Leben längst entflohen war. Es befand sich kein Arzt an Bord – doch wendete der Kapitän alle nur erdenklichen Wiederbelebungsversuche an, als wolle er in den Augen seiner Mannschaft seine vorherige Grausamkeit möglichst wieder gutmachen.

Mittlerweile stieß Henderson zum zweitenmal vom Schiffe ab, obgleich sich der Sturm zum Orkan gesteigert hatte. Nach wenigen Minuten gelangte er an einige Trümmer unseres Bootes, und bald darauf behauptete einer der Ruderer, mitten durch das Toben des Unwetters einen schwachen Hilferuf vernommen zu haben. Dies veranlaßte die kühnen Seemänner, noch fast eine halbe Stunde lang mit dem Suchen fortzufahren, obgleich Kapitän Block sie durch verschiedene Signale aufforderte, zurückzukehren, und sie in ihrem schwachen Boote fast beständig in Lebensgefahr schwebten.

Nachdem sie also, wie ich schon sagte, eine halbe Stunde lang auf das eifrigste gesucht hatten, entschlossen sie sich, zum Schiff zurückzukehren. Doch kaum hatte einer von ihnen die Absicht ausgesprochen, so vernahmen sie von einem dunklen Gegenstande her, der ziemlich nahe an ihnen vorbeischoß, einen zweiten schwachen Ruf. Sie ruderten darauf zu und erreichten ihn bald: es war das Deck und die Kajüte des „Ariel", wo August anscheinend in den letzten Zügen lag. Als man ihn ins Boot ziehen wollte, fand man, daß er mit einem Tau an das treibende Holzwerk angebunden war – ich hatte ihn ja selbst, wie man sich erinnern wird, an einem der Ringe an den Seitenwänden des „Ariel" befestigt, um ihn in seiner Betrunkenheit in sitzender Stellung zu erhalten. Dieser Vorsichtsmaßregel hatte er jetzt sein Leben zu verdanken. Der „Ariel" war leicht gebaut, und als er unterging, war sein ganzes Holzwerk in Stücke gebrochen. Das Verdeck der Kajüte wurde durch die Macht des eindringenden Wassers abgerissen, löste sich vollständig von den übrigen Teilen des Wracks los und schwamm, wahrscheinlich mit manchen anderen Bruchteilen, auf den Wellen. August war auf ihm festgebunden und entging so dem sicheren Tode.

Er wurde sofort an Bord des „Pinguin" gebracht, doch mehr als eine Stunde verstrich, ehe er so weit zu sich kam, daß er ein Lebenszeichen gab und die Art des Unfalles, die uns betroffen, verstehen konnte. Endlich erholte er sich jedoch wieder und schilderte lebhaft die Empfindungen, die ihn während seines schrecklichen Aufenthaltes auf dem Wrack gequält hatten. Als er zum Bewußtsein kam, befand er sich unter Wasser, wo er mit unbegreiflicher Schnelligkeit immer rund um sich selbst gewirbelt wurde, einen Augenblick später fühlte er sich schnell nach oben gezogen, schlug mit dem Kopfe gegen einen harten Gegenstand, so daß er wieder bewußtlos wurde. Als er zum zweitenmal zu sich kam, begann er sich seiner Lage ein wenig mehr bewußt zu werden, obschon seine Gedanken noch höchst unklar und verworren waren. Er erkannte jedoch, daß sich irgendein Unfall ereignet haben mußte und er im Wasser war, obgleich sich sein Mund über der Oberfläche befand und er ohne Beschwerden atmen konnte. Wahrscheinlich trieb das Verdeck gerade vor dem Winde dahin und zog ihn, da er auf dem Rücken lag, mit sich fort. So lange er sich in dieser Lage erhalten konnte, war er vor dem Ertrinken sicher. Plötzlich warf ihn eine heftige Welle mitten auf das Verdeck; er machte alle Anstrengungen, sich in dieser neuen Lage zu erhalten, und stieß hin und wieder Hilferufe aus. Kurze Zeit bevor ihn Henderson entdeckte, mußte er, von Erschöpfung übermannt, das Verdeck, an das er sich klammerte, loslassen. Er fiel ins Wasser zurück und gab sich selbst verloren. Während der ganzen Zeit des Kampfes war ihm weder die geringste Erinnerung an den „Ariel" noch an irgendeinen Umstand, der das Unglück herbeigeführt, gekommen. Ein unbestimmtes Gefühl der Furcht und der Verzweiflung war alles, was er empfinden konnte. Als man ihn dann aufgefischt hatte, verließen ihn seine Sinne von neuem, und wie ich schon sagte, kam er erst, nachdem er eine ganze Stunde an Bord des „Pinguin" war, wieder zum Bewußtsein und zur vollständigen Erkenntnis seiner Lage.

Ich selbst wurde aus einem Zustande, der fast an den Tod grenzte, nur mit allergrößter Mühe wieder ins Leben zurückgerufen. Dreieinhalb Stunden lang stellte man alle nur denkbaren Wiederbelebungsversuche an, erst der letzte, den August vorgeschlagen: heftige Abreibungen mit Flanelltüchern, die in heißes Öl getaucht waren, hatten Erfolg. Die Wunde in meinem Halse war, obwohl sie schlimm genug aussah, nicht gefährlich und heilte bald.

Der „Pinguin" lief um neun Uhr morgens in den Hafen ein, nachdem er noch eine Zeitlang gegen einen der heftigsten Stürme zu kämpfen hatte, die je in der Nähe von Nantucket gewütet haben. August und ich beeilten uns, pünktlich zum Frühstück bei Herrn Barnard zu erscheinen, der sich an diesem Morgen selbst etwas verspätet hatte, vermutlich, weil er nach der Gesellschaft vom gestrigen Abende wohl ein wenig länger geschlafen. Ich glaube, daß alle am Tische zu müde waren, um unseren bleichen Gesichtern besondere Aufmerksamkeit zu schenken – und im übrigen sind Schulbuben ja fähig, Wunder von Verstellung zu vollbringen. So hatte denn keiner unserer Freunde in Nantucket die leiseste Ahnung davon, daß sich die Geschichte, die ein paar Seemänner in der Stadt erzählten – sie hätten ein Schiff überrannt und ein paar arme Teufel, wohl dreißig oder vierzig, seien dabei umgekommen – auf August, mich und den „Ariel" bezog. Wir beide haben noch oft später von der Sache gesprochen, doch nie ohne Schaudern. In einer dieser Unterhaltungen gestand August dann freimütig, daß er niemals in seinem Leben einen so wilden Schreck empfunden habe als in dem Augenblicke, da er sich in unserem kleinen Boote plötzlich der ganzen Gewalt seines Rausches bewußt geworden sei und sich zu jedem klaren Gedanken unfähig gefühlt habe.

Kapitel II
Das Versteck

Es führt nie zu etwas, aus irgendwelchen Begebenheiten usw. im voraus Folgerungen zu ziehen – und wären es die allereinfachsten Begebenheiten. So irrt sich, wer vielleicht denkt, daß eine Katastrophe wie diejenige, die ich eben erzählt habe, meine beginnende leidenschaftliche Liebe zum Meere hätte bedeutend abkühlen müssen. Oh – ganz im Gegenteil: ich habe nie ein so sehnsüchtiges Verlangen gehabt, die seltsamen Abenteuer, die im Leben eines Seemannes vorkommen, kennenzulernen, als etwa eine Woche nach unserer wunderbaren Errettung. Dieser kurze Zeitraum genügte, um die unangenehmen Erinnerungen zu verwischen und alle aufregenden, interessanten Seiten unseres gefahrvollen Erlebnisses in ein vorteilhaftes Licht zu rücken. Meine Unterhaltungen mit August wurden mit jedem Tage lebhafter und eingehender. Er hatte eine so besondere Art, seine Seegeschichten zu erzählen (ich argwöhne jetzt allerdings, daß sie mehr oder weniger seiner Einbildung entstammten), die wohl dazu angetan war, auf ein leicht begeisterungsfähiges Temperament, wie das meine, auf eine etwas dunkle, aber immer lebhafte Vorstellungskraft, stark zu wirken. Nicht minder seltsam ist es, daß er, wenn er mir die entsetzlichsten Augenblicke der Verzweiflung und Not aus dem Leben des Matrosen in lebhaften Farben ausmalte, alle meine Sinne gefangen nahm und meine Sympathie für diesen Beruf erst recht weckte. Den angenehmen Seiten konnte ich weniger Geschmack abgewinnen. Meine ganzen Vorstellungen gingen auf Untergang hinaus, auf Hungersnot, Tod oder Gefangenschaft bei einem barbarischen Stamme, auf ein Dasein voll Leid und Gefahr, auf irgendeiner einsamen Felseninsel kümmerlich gefristet, in fremden, unbekannten Meeren. Solche Träume, solche Begierden – denn dergleichen steigert sich wirklich zur Begierde – sind, wie ich später erfahren habe, ziemlich alltäglich bei melancholischen Menschen; aber zu der Zeit, von der ich spreche, betrachtete ich sie als prophetische Anzeichen eines Geschickes, für das ich mich sozusagen vorbestimmt glaubte. August ging auf meine geistige Verfassung durchaus ein. Es ist wahrscheinlich, daß unsere Vertraulichkeit durch die Abwechslung einiger Züge unserer Charaktere herbeigeführt wurde.

Ungefähr acht Monate nach dem Untergang des „Ariel" ließ die Firma Vredenburgh den Zweimaster „Grampus" für den Walfischfang ausbessern und zurüsten. Es war ein alter Kasten, der sich, trotz aller Reparaturen, kaum über Wasser halten konnte. Weshalb man ihn anderen, besseren Fahrzeugen, die den Eigentümern zur Verfügung standen, vorzog, weiß ich nicht, auf jeden Fall wählte man ihn. Herr Barnard wurde zur Leitung bestimmt, und August sollte mit ihm fahren. Während man die Brigg ausstattete, drängte er mich fortwährend, doch die gute Gelegenheit zum Reisen wahrzunehmen. Ich schenkte seinen Worten nur allzugern Gehör; doch war sein Vorschlag nicht so leicht auszuführen. Mein Vater hatte zwar keine direkte Abneigung dagegen, aber meine Mutter bekam einen Weinkrampf und wurde krank, als sie von dem Plane hörte. Das schlimmste war, daß mein Großvater, von dem ich so viel erwartet hatte, mir versicherte, er würde mir keinen Schilling hinterlassen, wenn ich noch einmal wagte, von dieser Reise zu sprechen. Aber alle diese Hindernisse waren nur Öl in das Feuer meines Wunsches, sie spornten mich an, anstatt mich von meiner Absicht abzubringen. Ich beschloß, auf jeden Fall mitzureisen, und als ich August meinen Entschluß mitteilte, bemühten wir uns beide, die Ausführung irgendwie zu ermöglichen. Ich hütete mich wohl, zu Hause noch ein Wort über die Reise fallen zu lassen; und da ich mich mit meinen gewöhnlichen Studien weiterbeschäftigte, nahm man an, daß ich mein Vorhaben aufgegeben. Später habe ich mir noch oft mein damaliges Benehmen mit Mißfallen ins Gedächtnis zurückgerufen. Diese Scheinheiligkeit, mit der ich mein Vorhaben ausführte, diese Falschheit, von der auf die Dauer der Zeit all meine Worte und Handlungen durchdrungen wurden, werden mir selbst nur einigermaßen verständlich, wenn ich die glühende, seltsame Hoffnung auf Abenteuer in Betracht ziehe, die mich zur Erfüllung meines so lange gehegten Wunsches trieb.

Die eigentlichen Vorbereitungen mußte ich August überlassen, der den größten Teil des Tages an Bord des „Grampus" verbrachte, wo er sich mit den verschiedenen Anordnungen für seinen Vater in der Kabine und im Schiffsraum zu beschäftigen hatte; aber abends, wenn wir zusammenkamen, sprachen wir von unseren Hoffnungen. Auf diese Weise war ungefähr ein Monat vergangen, ohne daß sich meine Aussichten auf ein glückliches Gelingen meines Planes verbessert hätten, als er mir eines Abends sagte: er habe für alles vorgesorgt.

Ich hatte einen Verwandten, der in New Bedford wohnte, einen gewissen Herrn Roß, den ich zuweilen auf zwei oder drei Wochen besuchte. Die Brigg sollte gegen Mitte Juni (1827) unter Segel gehen, und so kamen wir überein, daß ein oder zwei Tage vor Abgang des Schiffes mein Vater einen Brief von Herrn Roß erhalten sollte, in dem dieser mich für einige Wochen zur Gesellschaft seiner beiden Söhne einlud. August nahm es auf sich, diesen Brief abzusenden. Während ich also angab, nach New Bedford zu reisen, sollte ich zu meinem Freunde gehen, der mir unterdessen an Bord des „Grampus" ein Versteck herrichten würde. Dies Versteck, so versicherte er mir, würde genügend ausgestattet sein, mich für einige Tage zu beherbergen, während welcher Zeit ich mich nicht zeigen durfte. Wenn die Brigg dann so weit wäre, daß eine Rückkehr ausgeschlossen sein mußte, würde ich aller Freuden der Kabine teilhaftig werden; und was seinen Vater anbeträfe, so würde der über den Streich herzlich lachen. Wir würden genug anderen Schiffen begegnen, durch die ich meinen Eltern einen Brief mit den nötigen Aufklärungen zukommen lassen könnte.

Der Tag kam heran, und alles war vorbereitet. Der Brief wurde geschrieben und eines Montagmorgens abgeschickt. Ich gab dann vor, mit dem Dampfboot nach New Bedford zu fahren, und verließ das Haus. August erwartete mich schon an einer Straßenecke, wir wollten uns bis zur Dämmerung versteckt halten, damit ich mich dann unbemerkt aufs Schiff schleichen könne. Da ein dichter Nebel unsern Plan begünstigte, glaubte ich keine Zeit, mich zu verstecken, verlieren zu dürfen. August schlug den Weg zum Hafen ein, und ich folgte ihm in einiger Entfernung, in einen großen Matrosenmantel eingehüllt, den er mir mitgebracht hatte, damit ich nicht so leicht zu erkennen sei. Aber gerade sind wir am Brunnen des Herrn Edmund vorüber und wollen dort eben um die Ecke biegen – wer erscheint vor mir und sieht mir voll ins Gesicht? Mein Großvater selbst, der alte Herr Peterson!

„Nun! Nun?", sagte er nach einer langen Pause, „Gordon! Um Gottes willen! Wie kommst du zu diesem schmutzigen Überzieher?"

„Mein Herr!", erwiderte ich und nahm, so gut es mir gelang, eine beleidigte Miene an, sprach auch in einem rauheren Tone, als man ihn bei mir kannte. „Mein Herr! Sie irren sich, wie mir scheint! Mein Name hat vor allem nichts mit Gordon zu tun, und außerdem wäre es mir lieb, wenn Sie Ihre Augen besser auftäten und meinen neuen Mantel nicht als schmutzigen Überzieher bezeichneten, alter Sonderling!"

Ich weiß nicht, wie ich ein lautes Lachen unterdrücken konnte angesichts der seltsamen Manier, mit welcher der alte Herr diese seine Zurückweisung hinnahm. Er wich drei Schritte zurück, wurde zuerst ganz blaß, dann außerordentlich rot, rückte an seiner Brille und rannte dann mit erhobenem Regenschirm an mir vorüber. Dennoch blieb er gleich wieder stehen, wie bei einem plötzlichen Gedanken; und dann ging er weiter, zitternd vor Wut und zwischen den Zähnen murmelnd: „Es ist nicht möglich! – eine neue Brille! – ich hätte geschworen, daß es Gordon war – verfluchter Taugenichts von Matrose!"

Nachdem ich ihm so glücklich entwischt war, setzten wir unseren Weg vorsichtig fort und erreichten glücklich unseren Bestimmungsort. Es waren nur ein oder zwei Männer an Bord, welche auf dem Verdeck ihrer Beschäftigung nachgingen. Der Kapitän Barnard hatte, wie wir wußten, bei Vredenburgh zu tun und würde vor Abend nicht zurückkehren; wir hatten also von ihm nicht viel zu fürchten. August ging zuerst aufs Schiff, und ich folgte ihm schnell, ohne von den arbeitenden Männern bemerkt zu werden. Wir traten gleich in die Kajüte, die wir leer fanden. Sie war aufs bequemste eingerichtet, was auf einem Walfischfänger ziemlich selten vorkommt. Vier ausgezeichnete Offizierskabinen gab es, die verhältnismäßig breite und hohe Fenster hatten. Dann bemerkte ich noch einen großen Ofen und einen sehr schönen, dicken Teppich, der den Boden der Kajüte und der Offizierskabinen bedeckte. Die Decke war sieben Fuß hoch, und das Ganze sah geräumiger und angenehmer aus, als ich es erwartet hatte. August ließ mir aber nur wenig Zeit, meine Neugierde zu befriedigen und bestand darauf, daß ich mich so bald wie möglich versteckte. Er führte mich in seine eigene Kabine, die sich am Steuerbord befand und gleich an der Schiffswand lag.

Als wir eingetreten waren, schloß er die Türe ab. Mir schien es, als habe ich noch nie ein entzückenderes kleines Zimmer gesehen als das, in dem ich nun stand. Es war zehn Fuß lang und hatte nur ein Fenster. In dem Teil der Kabine, der an die Schiffswand grenzte, befand sich ein vier Fuß breiter Raum, auf dem ein Tisch und ein Stuhl Platz gefunden hatten und ein Bücherbrett, auf dem eine Menge Bücher, die hauptsächlich von Seefahrten handelten, aufgestellt waren. Außerdem sah ich noch eine Menge kleiner Bequemlichkeiten, unter denen ich nicht eine Art Speiseschrank zu erwähnen vergessen will, in dem August eine Menge auserwählter Eßwaren und Liqueure aufgespeichert hatte.

Er drückte mit dem Finger auf eine bestimmte Stelle des Teppichs und zeigte mir, daß ein Teil des Bodens herausgenommen war und sich bei seinem Drucke genügend zur Seite schob, um einen Finger durchstecken zu können. Auf diese Weise konnte er die Öffnung erweitern, und ich sah dann, daß sie in das Zwischendeck führte. Er zündete eine Kerze an und steckte sie in eine Blendlaterne, darauf stieg er durch die Öffnung und bat mich, ihm zu folgen. Ich tat dies, und er zog darauf die Öffnung vermittelst eines Nagels wieder zu, wobei auch der Teppich sich wieder darüberschob, so daß dem Auge jede Spur dieser Luke entging.

Die Kerze warf einen schwachen Lichtstrahl, so daß ich nur mit vieler Mühe meinen Weg zwischen all den Gegenständen, die herumlagen, fand. Meine Augen gewöhnten sich aber schnell an die Dunkelheit, und ich konnte besser vorwärtsschreiten, wobei ich mich an den Rockschößen meines Freundes festhielt. Er führte mich durch unzählige schmale Gänge in einen runden Eisenkasten, ähnlich denen, die man zum Verpacken kostbarer Fayencen benutzt. Er war vier Fuß hoch und reichlich sechs Fuß lang, aber außerordentlich eng. Zwei große, leere Ölfässer waren darübergelegt und auf diese eine Menge Strohmatten bis zur Decke aufgeschichtet. Rundherum stand eine Menge Schiffsproviant aufgespeichert und dazwischen in wirrem Durcheinander Käfige, Körbe, Fässer und Ballen, so daß es mir wie ein Wunder schien, daß wir durch diesen Wirrwarr bis zu besagter Kiste gelangt waren. August sagte mir dann, daß er absichtlich all dies in das Zwischendeck geladen hätte, damit mein Versteck recht sicher würde, und daß er bei dieser Arbeit nur einen einzigen Mann zur Hilfe gehabt hätte, der noch dazu nicht mitfuhr.

Mein Freund zeigte mir dann, daß die eine Wand des Kastens zu verschieben war. Er zeigte mir, wie es zu machen sei, und dabei sah ich in das Innere; eine Matratze, die er von einem der Fenster genommen hatte, füllte den Boden aus und enthielt alle Bequemlichkeiten, die in dem beschränkten Raume unterzubringen waren. Es blieb mir noch Platz genug, aufrecht auf meinem Lager zu sitzen oder mich der Länge nach auszustrecken. Unter anderem befanden sich einige Bücher, Tinte und Federn, Papier, drei Decken, ein großer, mit Wasser gefüllter Krug, ein kleines, mit Biskuits gefülltes Fäßchen, drei oder vier enorme Boulogner Würste, ein großer Schinken, eine kalte gebratene Hammelkeule und ein halbes Dutzend Schnäpse und Liqueure dort. Ich nahm sofort mit dem Gefühl vollkommenster Befriedigung von meiner Wohnung Besitz, und ich bin sicher, daß nie ein Herrscher Größeres beim Eintritt in seinen neuen Palast empfand. August zeigte mir dann noch, wie man die bewegliche Seite des Kastens befestigen könne; darauf näherte er die Kerze dem Rande und machte mich auf eine schwarze Kordel aufmerksam, die dort herabhing. Diese Kordel, erklärte er mir, führe von meinem Verstecke zwischen den Gängen durch bis zu der Öffnung in seiner Kabine. An dieser Kordel konnte ich mich leicht im Falle eines unvorhergesehenen Unglücksfalles zu ihm hinfinden. Dann nahm er Abschied von mir, ließ mir die Laterne und eine ganze Anzahl Kerzen und Streichhölzer und versprach mir, mich zu besuchen, so oft es ihm, ohne Aufsehen zu erregen, möglich sei. Es geschah dies am siebzehnten Juni.

Ich blieb drei Tage und drei Nächte (wenigstens schien es mir nach meiner Berechnung so lange) in meinem Versteck, ohne mich hinauszuwagen; nur zweimal ging ich zwischen zwei Käfigen gleich vor der Öffnung auf und ab, um meine Glieder vor dem Steifwerden zu bewahren. Während der ganzen Zeit bekam ich August nicht zu sehen; aber das beunruhigte mich weiter nicht, wußte ich doch, daß die Brigg jeden Augenblick unter Segel gehen könne und mein Freund da nicht so leicht Gelegenheit haben würde, mich aufzusuchen. Endlich hörte ich, wie sich die Falltür öffnete und schloß; mit leiser Stimme fragte er mich, wie es mir gehe und ob ich etwas wünsche.

„Nein, gar nichts", antwortete ich ihm, „es geht mir so gut wie möglich. Wann werden wir in See stechen?"

„In weniger als einer halben Stunde wird der Anker gelichtet werden", gab er zurück. „Ich kam, um es dir zu sagen, denn ich fürchtete, du möchtest dich wegen meiner Abwesenheit beunruhigen. Ich werde in den ersten drei, vier Tagen nicht wieder hinuntersteigen können. Oben geht alles gut. Wenn ich wieder hinaufgegangen bin und die Tür geschlossen habe, schleiche an der Kordel entlang bis zu der Stelle, wo der Nagel steckt; dort wirst du meine Uhr finden, welche du zu deiner Orientierung gut gebrauchen kannst, da du das Tageslicht nicht siehst. Ich wette, daß du nicht sagen könntest, wie lange du schon hier unten bist! Erst drei Tage. Heute ist der Zwanzigste. Ich würde dir die Uhr selbst bringen, aber ich fürchte, man sucht nach mir."

Und dann verließ er mich wieder.

Eine Stunde nachher etwa fühlte ich deutlich, daß die Brigg sich in Bewegung setzte, und war glücklich, daß die Reise endlich begann. Ganz von diesem Gedanken erfüllt, beschloß ich, fröhlich zu bleiben und ruhig allen Ereignissen entgegenzusehen, bis ich meinen engen Kasten mit den geräumigen, aber kaum auserleseneren Bequemlichkeiten der Kabine würde vertauschen können. Meine erste Sorge war, die Uhr zu holen. Ich ließ die Laterne unangezündet und bewegte mich tastend in der Dunkelheit vorwärts durch alle diese Irrwege, die so kompliziert waren, daß ich mehrere Male auf dieselbe Stelle zurückkam. Endlich erreichte ich den Nagel, nahm die Uhr an mich und ging zurück. Ich sah mir dann die Bücher an, die August mir als unterhaltende Lektüre anempfohlen hatte, und wählte die Expedition des Lewis und Clarke nach der Mündung des Columbiastromes. Ich vertrieb mir die Zeit mit ihnen; bis ich dann müde wurde, vorsichtig die Kerze auslöschte und bald in einen tiefen Schlaf versank.

Als ich aufwachte, fühlte ich mich seltsam schwindelig, und es dauerte längere Zeit, ehe ich mir über meine Situation klar wurde. Ich machte Licht und sah nach der Uhr. Sie war jedoch abgelaufen, und ich konnte nicht feststellen, wie lange ich geschlafen haben mochte. Meine Glieder waren vollständig steif geworden und schmerzten sehr. Dabei empfand ich einen verzehrenden Hunger und erinnerte mich zu gleicher Zeit des kalten Hammelfleisches, von dem ich kurz vor dem Einschlafen gegessen hatte. Wie groß war mein Erstaunen, als ich es jetzt vollständig verfault wiederfand! Dieser Umstand beunruhigte mich sehr, denn ich mußte mir sagen, daß er sowohl wie auch die sonderbare Geistesverwirrung, die ich beim Erwachen empfunden, darauf schließen ließen, daß ich eine ungewöhnlich lange Zeit geschlafen haben mußte. Die dicke Atmosphäre des Kielraumes war vielleicht Schuld daran und konnte auf die Dauer höchst gefährlich werden. Ich empfand starkes Kopfweh und bildete mir ein, nur mit vieler Mühe Atem holen zu können. Kurz – eine Menge düsterer Empfindungen bestürmten mich. Doch wagte ich nicht, die Falltür zu öffnen oder sonst ein Geräusch zu machen. Ich zog meine Uhr auf und gab mich, so gut es gehen wollte, zufrieden.

Während der nächsten vierundzwanzig Stunden kam niemand zu meiner Hilfe herbei, und ich mußte August der gröbsten Unaufmerksamkeit anklagen. Was mich am meisten beunruhigte, war der Umstand, daß mein Krug nur noch eine halbe Pinte Wasser enthielt. Dabei wurde ich von einem brennenden Durste gequält, da ich, nachdem das Hammelfleisch verdorben war, reichlich von den scharfen Boulogner Würsten gegessen hatte. Ich geriet in eine solche Unruhe, daß mich auch meine Bücher nicht mehr ablenken konnten. Eine überwältigende Schlafsucht ergriff mich, und doch fürchtete ich mich, ihr nachzugeben, besorgt, die stickige Luft des Loches könne, wie etwa ein unterdrücktes Kohlenfeuer, von giftiger Wirkung auf den schlafenden Organismus sein. Mittlerweile erkannte ich an den Bewegungen des Schiffes, daß wir uns schon im freien Ozean befanden, und ein Sausen, das dumpf wie aus unendlicher Entfernung an mein Ohr schlug, überzeugte mich davon, daß ein ungewöhnlich heftiger Sturm wehe. Augusts Fernbleiben vermochte ich mir durch nichts zu erklären: Wir waren doch gewiß schon weit genug vom Lande entfernt, und er konnte mich jetzt holen! Vielleicht war ihm irgend etwas zugestoßen? Vielleicht war er gestorben, über Bord gefallen? Ich ertrug es nicht, eine solche Möglichkeit auch nur eine Sekunde lang anzunehmen. War es nicht eher anzunehmen, daß wir mit Gegenwind zu kämpfen hatten und uns noch in der Nähe von Nantucket befanden? Diese Deutung mußte ich jedoch gleich wieder fallenlassen. Wäre sie zutreffend gewesen, so hätte sich ja die Brigg oft umlegen müssen. Und dann, wenn wir uns wirklich noch in der Nähe des Landes befanden, weshalb kam August nicht und teilte es mir mit? So grübelte ich über meine trostlose Einsamkeit nach und beschloß, noch vierundzwanzig Stunden in meinem Versteck zuzubringen. Würde man mir dann noch nicht zu Hilfe kommen, so wollte ich mich zur Falltüre tasten und versuchen, meinen Freund auf irgendeine Weise zu sprechen. Jedenfalls konnte ich bei der Gelegenheit etwas frische Luft schöpfen. Während ich so sann und sann, fiel ich trotz aller Anstrengungen, mich wach zu erhalten, wieder in tiefen Schlaf oder vielmehr in Betäubung. Ich hatte die entsetzlichsten Träume und empfand jedes Grauen, jeden Schrecken. Einmal versuchten wilde, gräßliche Teufelsfratzen mich unter ungeheuren Kissen zu ersticken. Gewaltige Schlangen rissen mich in ihre Umschlingungen und sahen mir mit fürchterlichen, glühenden Augen ins Gesicht. Dann breiteten sich plötzlich grenzenlose Wüsten vor mir aus. Riesenhafte, graue, blattlose Baumstämme wuchsen auf einmal, so weit das Auge reichen konnte, aus dem Boden empor, ihre Wurzeln verloren sich in einem uferlosen Sumpfe, dessen Wasser sich in grauenvoller Düsterheit unbeweglich und weithin ausbreitete. Und die seltsamen Bäume bekamen menschliches Wesen, rangen ihre Skelettarme und riefen die schweigenden Wasser in dem schrillen, durchdringenden Klagelaute der bittersten Qual und Verzweiflung um Erbarmen an. Dann änderte sich die Szene. Ich stand nackt und allein im brennenden Sande der Sahara. Zu meinen Füßen schlafend ein Löwe. Plötzlich öffnete er seine Augen und blickte mich wild an. Dann, mit einem Ruck, sprang er auf und grimmte seine fürchterlichen Zähne. Aus dem roten Schlunde erscholl ein Gebrüll, schrecklich wie Donner ... Ich warf mich zur Erde nieder. Vor Schreck war ich fast erstickt. Dann fühlte ich, daß ich halb wach wurde. Und – mein Traum war nur zur Hälfte Traum. Wahrhaftig, die Pfoten eines riesigen Untieres drückten schwer auf meine Brust, ich spürte seinen heißen Atem in meinem Ohr und seine weißen, unheimlichen Zähne glühten durch das Dunkel zu mir her.

Und hätte mein Leben an einer einzigen Bewegung, an einem einzigen Ruf gehangen – ich hätte mich nicht rühren noch ein Wort hervorbringen können. Die Bestie blieb jedoch ruhig, ohne den geringsten Angriff zu machen, und ich lag vollkommen hilflos und halbtot unter ihr. Ich fühlte, wie mich meine körperlichen und seelischen Kräfte rasch verließen – daß ich nahe daran war, an bloßer Angst zu sterben. Mein Gehirn schwamm hin – Schwindel ergriff mich, die Sehkraft verließ mich, selbst die glühenden Augen über mir schienen plötzlich trübe zu werden. Ohne es zu wollen, stöhnte ich noch einmal auf. – Und dieser leise Laut meiner Stimme schien die schlummernde Wut des Tieres aufzustacheln. Es stürzte sich der Länge nach über meinen Körper, doch wie groß war mein Erstaunen, als es mit einem langgezogenen Klageton mein Gesicht und meine Hände unter den tollsten Ausbrüchen der Zuneigung und Freude zu belecken begann. Ich war verwirrt, verblüfft, doch kannte ich das besondere Winseln und die Zärtlichkeitsbeweise meines Neufundländers zu gut. Er war es – mein Hund Tiger. Ich empfand einen plötzlichen Blutandrang nach den Schläfen – ein überwältigendes Gefühl der Befreiung und Neubelebung. Rasch sprang ich auf von der Matratze, auf der ich gelegen, warf mich meinem treuen Freunde und Kameraden um den Hals und erleichterte den Dank, der auf meiner Brust lastete, durch eine Flut heißer Tränen.

Wie früher schon einmal, waren auch jetzt, nachdem ich die Matratze wieder verlassen, meine Wahrnehmungen höchst verwirrt und undeutlich. Lange Zeit war es mir ganz unmöglich, meine Ideen zu verbinden, doch kehrten meine geistigen Fähigkeiten nach und nach zurück, und ich konnte mich wieder auf meine Lage besinnen. Die Gegenwart Tigers versuchte ich mir jedoch vergeblich zu erklären, und nachdem ich mich mit tausend verschiedenen Vermutungen abgequält hatte, mußte ich mich zufrieden geben mit der Freude darüber, daß er da war, um meine traurige Einsamkeit zu teilen und mich durch seine Liebkosungen zu trösten. Die meisten Leute lieben ihre Hunde, doch empfand ich zu meinem Tiger eine Zuneigung, die weit über das gewöhnliche Maß hinausging, und niemals verdiente ein Tier sie mehr. Sieben Jahre lang war er schon mein unzertrennlicher Gefährte und gab mir zahllose Beweise der edlen Eigenschaften, wegen derer wir ein Tier schätzen. Ich hatte ihn, als er noch ganz klein war, aus den Händen eines nichtsnutzigen Straßenjungen in Nantucket gerettet, der ihm einen Stein um den Hals gebunden hatte und ihn gerade ertränken wollte. Diesen kleinen Dienst vergalt er mir drei Jahre später damit, daß er mich vor dem Knittel eines Straßenräubers rettete.

Ich hielt meine Uhr ans Ohr und fand, daß sie wieder abgelaufen war. Doch überraschte mich dies nicht weiter, denn ich war, meinem Zustande nach, überzeugt, daß ich wieder eine sehr lange Zeit geschlafen haben mußte. Wie lange – das zu bestimmen, war mir natürlich unmöglich. Ich brannte im Fieber, und mein Durst war unerträglich geworden. Ich tappte mich zu meinem Wasserüberrest, denn ich hatte kein Licht, da die Kerze in der Laterne ausgebrannt und die Streichholzdose nicht gleich zu finden war. Als ich den Krug erreicht, entdeckte ich, daß er leer war – Tiger hatte das Wasser ohne Zweifel ausgeschleckt und auch das Hammelfleisch gefressen, denn der Knochen lag, gut abgenagt, am Eingange meines Verstecks. Das verdorbene Fleisch konnte ich entbehren, doch sank mein Herz, als ich kein Wasser mehr vorfand. Ich war so schwach, daß ich bei jeder Bewegung und Anstrengung von Zittern befallen wurde. Und um meine Qualen zu steigern, schwankte die Brigg heftig hin und her, und die Ölfässer, die auf meiner Kiste lagen, waren jeden Augenblick in Gefahr, heruntergeschleudert zu werden und dadurch den Aus- und Eingang zu mir zu versperren. Auch fühlte ich starke Anzeichen der Seekrankheit. Ich beschloß nun, mich an die Falltür zu wagen und Hilfe herbeizurufen, ehe ich überhaupt unfähig dazu geworden sein würde. Ich suchte also nach neuen Kerzen und der Streichholzdose. Letztere fand sich nach einiger Mühe, die Kerzen konnte ich jedoch, obwohl ich genau wußte, wo ich sie hingelegt hatte, nicht entdecken. Ich gab es auf, sie zu suchen, befahl Tiger, stille zu liegen und machte mich auf den Weg nach der Falltür.

Nun kam mir meine große Schwäche jedoch immer mehr zum Bewußtsein. Ich konnte mich nur mit äußerster Mühe vorwärtstasten, und oft versagten mir meine Glieder einfach den Dienst, ich fiel ein paarmal aufs Gesicht und blieb halb bewußtlos liegen. Doch kämpfte ich mich langsam weiter, obwohl ich jeden Augenblick fürchtete, ohnmächtig zu werden und in den gewundenen Gäßchen des Kiels liegen zu bleiben, wo ich keine Rettung mehr finden konnte. Endlich, als ich mich mit dem Aufgebot aller nur möglichen Energie vorwärtsschleppte, stieß ich mit der Stirne heftig gegen die scharfe, eisenbeschlagene Ecke einer Kiste. Ich war ein paar Minuten lang wie bewußtlos vor Schmerz, und als ich wieder zu mir kam, bemerkte ich mit unaussprechlicher Bekümmernis, daß die schnellen, heftigen Schwankungen des Schiffes diese Kiste so unglücklich herabgeschleudert hatten, daß sie mir den Weg vollständig versperrte. Vergebens wandte ich alle Kraft an, ich konnte sie nicht einen Zollbreit aus ihrer Lage bringen, da sie zwischen anderen Kisten und Schiffsgerätschaften förmlich eingekeilt war. Ich mußte mich deshalb, so schwach wie ich war, dazu entschließen, entweder die den Weg weisende Kordel loszulassen oder über die Kiste zu klettern und meinen Weg auf der anderen Seite fortzusetzen. Im ersten Falle boten sich mir so viel Schwierigkeiten und Gefahren dar, daß ich nur mit Schaudern an sie denken konnte. Bei meiner körperlichen und geistigen Schwäche würde ich nur allzuleicht den Weg verfehlen und mußte dann in den dunklen Irrgängen des Kiels elend umkommen. Ich raffte deshalb noch einmal ohne Zögern all meine Kraft zusammen und beschloß, so gut es eben ging, über die Kiste zu klettern.

Doch als ich zur Ausführung meines Planes schreiten wollte, fand ich, daß derselbe mit mehr Schwierigkeiten verknüpft war, als meine Befürchtungen anzunehmen gewagt. An jeder Seite des engen Ganges erhob sich ein ganzer Wall verschiedenartigsten schweren Gerümpels, welcher mir bei dem geringsten Stoße auf den Kopf fallen konnte; oder, wenn ich diesem Unheil auch entging, mußte ich doch befürchten, bei der Rückkehr meinen Weg durch weiter herabfallende Gegenstände vollständig versperrt zu finden. Dabei war die Kiste sehr hoch und so glatt, daß sie weder der Hand noch dem Fuße einen genügenden Stützpunkt darbot. Ich machte eine letzte, verzweifelte Anstrengung, sie von ihrem Platze zu bewegen. Sie gab nicht nach, doch fühlte ich, daß ich mit meinem Ellenbogen einen Gegenstand an der Seite des Ganges weitergeschoben haben mußte. Ich tastete nach und entdeckte ein großes Brett, das offenbar sehr wenig fest saß. Es mußte das Seitenbrett, der Deckel oder Fußboden einer großen Kiste sein. Mit Hilfe meines Taschenmessers, das ich glücklicherweise bei mir trug, entfernte ich die lose Planke vollständig und zwängte mich durch die entstandene Öffnung in die Kiste. Mit außerordentlicher Freude bemerkte ich, daß die gegenüberliegende Seite derselben nicht mit Brettern verschlagen war, ich war also offenbar durch den Boden in die deckellose Kiste geklettert. Ich tappte mich nunmehr an meiner Leine, die ich rasch wiedergefunden, bis zu dem Nagel. Mit klopfendem Herzen reckte ich mich an der Falltür in die Höhe und drückte sanft gegen dieselbe. Sie ging jedoch nicht so leicht in die Höhe, und obwohl ich fürchten mußte, daß sich jemand anders als August in der Kajüte befinde, stieß ich stärker gegen dieselbe. Die Tür blieb jedoch fest geschlossen, und ich wurde unmutig, denn ich erinnerte mich, daß ich sie früher mit wenig oder gar keiner Anstrengung geöffnet hatte. Ich drückte fest und anhaltend – sie blieb geschlossen; ich wandte meine ganze Kraft an – die Tür wich nicht. Ich stieß mit Zorn, mit Wut, mit Verzweiflung gegen sie – es war vergebens. Und da sie auch nicht eine Linie wich, mußte ich schließen, daß man das Loch entdeckt und entweder zugenagelt oder ein sehr schweres Gewicht daraufgestellt hatte, so daß es vollständig nutzlos war, weitere Anstrengungen zu machen.

Ein Entsetzen, das sich in eisige Übelkeit umwandelte, erfüllte mich. Vergeblich suchte ich mir zu erklären, wie es möglich gewesen, mich hier lebendig zu begraben. Ich konnte nicht mehr zusammenhängend denken, sank zu Boden und überließ mich wieder den schreckhaftesten Phantasien, die mir baldigen Tod durch Verdursten, Ersticken, Vergiftung von der schlechten Luft vorspiegelten. Endlich erlangte ich ein wenig Geistesgegenwart und Selbstbewußtsein zurück. Ich erhob mich wieder und suchte mit meinen Fingern nach den Zwischenräumen und Ritzen der Falltür. Als ich sie entdeckt hatte, untersuchte ich sie genau, um herauszufinden, ob aus der Kajüte vielleicht ein wenig Licht durch sie hindurchdrang, doch war nicht die allergeringste Helligkeit zu entdecken. Darauf stieß ich die Klinge meines Messers hindurch, bis ich auf harten Widerstand traf. Ich kratzte über denselben und entdeckte, daß es eine harte, eiserne Masse sein mußte; aus der Wahrnehmung eines gewissen Wogens schloß ich, daß es ein Kabel war. Mir blieb nichts anderes übrig, als meinen Weg zu meinem Versteck zurückzusuchen und mich dort in mein trauriges Schicksal zu ergeben oder zu versuchen, meinen Geist so weit zu beruhigen, daß er irgendeinen Rettungsplan fassen konnte. Es gelang mir nach zahllosen Schwierigkeiten denn auch, meine Höhle wieder zu erreichen. Als ich mich, aufs äußerste erschöpft, auf meine Matratze hinwarf, legte sich Tiger ausgestreckt an meiner Seite nieder und schien mich durch seine Liebkosungen auffordern zu wollen, meine Leiden mit Stärke zu ertragen.

Sein merkwürdiges Benehmen erregte meine Aufmerksamkeit. Nachdem er meine Hände ein paar Minuten lang ununterbrochen geleckt hatte, hörte er ganz plötzlich damit auf und stieß ein leises Heulen aus. Dies wiederholte sich mehrere Male. Wenn ich dann meine Hand nach ihm ausstreckte, fand ich ihn regelmäßig auf dem Rücken liegen, die Pfoten nach oben ausgestreckt. Dies regelmäßig wiederholte Betragen kam mir sonderbar vor, und ich konnte mir seinen Grund nicht erklären. Da der Hund sehr traurig zu sein schien, schloß ich, daß er irgendeine Verletzung erhalten haben müsse. Ich untersuchte seine Pfoten, eine nach der andern, konnte aber keine Verwundung entdecken. Nun fiel mir ein, er könne hungrig sein, und ich gab ihm ein großes Stück Schinken, das er allerdings mit Gier verzehrte, doch nahm er gleich darauf sein sonderbares Gebaren wieder auf. Ich glaubte nun, daß er ebenso wie ich von Durst gequält werde, und wollte diesen Schluß schon als ganz richtig annehmen, als ich mich plötzlich entsann, daß ich nur seine Pfoten untersucht hatte, während er doch an irgendeinem Teile seines Rumpfes oder Kopfes verwundet worden sein konnte. Ich untersuchte ihn nochmals, fand jedoch wieder nichts. Aber als ich meine Hand seinen Rücken hinabgleiten ließ, bemerkte ich, daß sich die Haare an einer Stelle emporgesträubt hatten, und zwar in gerader Linie um das ganze Tier herum. Ich fühlte mit meinem Finger genauer nach und entdeckte einen Bindfaden. Als ich ihm folgte, fand ich, daß er ganz um das Tier herumgeschlungen war. Bei näherem Nachspüren erfaßte ich einen Fetzen, der anscheinend Briefpapier und mittelst des Bindfadens so befestigt war, daß er sich direkt unter der linken Schulter des Tieres befand.

Kapitel III
Der tolle Hund

Sofort kam mir der Gedanke, daß das Papier eine Nachricht von August enthalten müsse, daß diesem irgend etwas zugestoßen sei, daß er zu diesem Mittel gegriffen, mich von dem wahren Stand der Dinge zu unterrichten. Zitternd vor Erwartung begann ich nochmals, meine Phosphorstreichhölzer und Kerzen zu suchen. Ich erinnerte mich undeutlich, dieselben, kurz bevor ich in Schlaf fiel, sorgfältig verborgen zu haben, ja, kurz vor meiner letzten Fahrt nach der Falltür wußte ich noch genau, wo ich sie hingelegt hatte. Doch jetzt bemühte ich mich vergebens, mich zu entsinnen, und brachte wohl eine ganze Stunde mit angstvollem Suchen zu. Endlich, als ich nahe an der Öffnung meiner Kiste herumtappte, entdeckte ich außerhalb derselben, in der Richtung auf das Zwischendeck zu, einen schwachen Lichtschimmer.

Höchst überrascht bemühte ich mich, zu demselben zu gelangen, da er sich nur ein paar Schritte von mir fort zu befinden schien. Kaum hatte ich jedoch in dieser Absicht eine Bewegung gemacht, so verlor ich den Schein vollständig aus den Augen und mußte mich in die Kiste zu meiner ursprünglichen Stellung zurücktasten. Nun bewegte ich meinen Kopf vorsichtig hin und her und fand, daß ich, wenn ich langsam und sehr vorsichtig in entgegengesetzter Richtung vorschritt, das Licht stets im Auge behalten und mich ihm nähern konnte. Endlich gelangte ich durch unzählige, enge Windungen bis dicht zu ihm hin und entdeckte, daß es von ein paar Überbleibseln meiner Phosphorstreichhölzer ausging, die in einem leeren, auf die Seite gefallenen Fäßchen lagen. Während ich mich noch verwunderte, wie sie dahin gekommen sein mochten, fiel meine Hand auf zwei oder drei Stückchen Kerzenwachs, welche der Hund offenbar angefressen hatte. Ich mußte nun wohl annehmen, daß er meinen Vorrat an Kerzen verzehrt habe, und die Hoffnung aufgeben, die Nachricht meines Freundes jemals lesen zu können. Die kleinen Überbleibsel Wachs waren so mit anderem Unrat in dem Fäßchen vermischt, daß ich mich ihrer nicht mehr bedienen konnte. So ließ ich sie, wo sie waren. Die winzigen Phosphorstückchen, die herumlagen, raffte ich, so gut es gehen wollte, zusammen und kehrte mit ihnen unter vielen Mühsalen in die Kiste zurück, wo Tiger zurückgeblieben war.

Ich wußte nicht, was tun! Der Raum war so finster, daß ich meine Hand, auch wenn ich sie dicht vor die Augen hielt, nicht sah. Der weiße Streifen Papier war kaum zu unterscheiden, und nur dann, wenn ich nicht direkt auf ihn hinblickte. Nur wenn ich ihm die äußeren Teile der Retina zusandte, das heißt flüchtig von der Seite auf ihn hinsah, wurde er einigermaßen sichtbar. Eine solche Dunkelheit herrschte also in meinem Gefängnisse, und der Brief meines Freundes, wenn es einer war, schien nur dazu angetan, mich noch mehr zu quälen, indem er meinen schon geschwächten Geist zwecklos von neuem beunruhigte. Vergebens dachte ich mir tausend absurde Mittel aus, Licht zu schaffen – Mittel, die wohl nur noch dem Opiumesser in seinem unruhigen Schlafe hätten einfallen können, von denen jedes einzelne ihm bald als das vernünftigste, bald als das verkehrteste erscheint, je nachdem der Verstand oder die Phantasie gerade die Oberhand in seinen Träumen hat. Plötzlich kam mir jedoch eine Idee, die ich für so vernünftig halten mußte, daß ich mich nur wunderte, nicht schon längst auf sie verfallen zu sein. Ich legte den Streifen Papier auf den Rücken eines Buches, nahm die Stückchen Phosphor, die ich im Fäßchen gesammelt hatte, und verteilte sie auf das Papier. Dann rieb ich mit der Handfläche schnell, doch beständig über das Ganze hin. Bald bedeckte ein heller Schimmer die ganze Fläche des Papiers, so daß ich, falls auf demselben Worte gestanden, mit Leichtigkeit hätte lesen können. Ich sah jedoch nicht eine Silbe – nichts als trauriges, leeres Weiß, die Helle erblich in wenigen Sekunden, und auch die Hoffnung erblich in mir, da jene verschwand.

Ich habe schon erwähnt, daß eine kurze Zeit vorher mein Verstand bis fast zur Blödsinnigkeit schwach geworden war. Dann traten allerdings Zwischenzeiten ein, in denen er wieder vollständig gesund, ja, stark und energisch arbeitete, doch waren sie sehr selten. Man muß sich erinnern, daß ich seit gewiß sieben Tagen die verpestete Atmosphäre in einem kleinen Loch im Kielraume eines Walfischfängers einatmete und während der ganzen Zeit nur sehr knappe Rationen Wasser zu mir genommen hatte. Seit den letzten vierzehn oder fünfzehn Stunden litt ich brennenden Durst – und hatte nicht mehr geschlafen. Eingesalzene Konserven waren meine hauptsächliche, ja, seit dem Verlust des Hammelfleisches meine einzige Nahrung gewesen. Zwar hatte ich noch die Biskuits, doch diese waren vollständig nutzlos für mich, da ich sie mit meiner geschwollenen, ausgetrockneten Kehle nicht schlucken konnte. Augenblicklich hatte ich hohes Fieber und befand mich äußerst schlecht. Dies alles wird den Umstand erklären, daß viele elende Stunden voller Verzweiflung dahingingen, ehe ich mich erinnerte, daß ich nur eine Seite des Papiers nachgelesen hatte. Es wäre vergebens, meinen Zorn (ich glaube, ich war mehr wütend als sonst etwas) zu beschreiben, als mir einfiel, welcher unglaublichen Vergeßlichkeit ich mich schuldig gemacht. Und doch wäre dies nur ganz unwichtig gewesen, wenn mir nicht meine eigene Torheit und Unüberlegtheit einen bösen Streich gespielt hätte: in meiner Enttäuschung, das Blatt unbeschrieben zu finden, hatte ich es in kindischer Wut in Stücke gerissen und dieselben, wer weiß wohin, zerstreut.

Doch erlöste mich die Klugheit Tigers. Als ich nach langem Suchen ein Stückchen von dem Briefpapier wiedergefunden, rieb ich es dem Hund einfach an die Nase und machte ihm klar, daß er das übrige suchen müsse. Obwohl ich ihm früher keins der Kunststücke gelehrt hatte, wegen derer die Hunde seiner Rasse berühmt sind, schien er mich doch vollständig zu verstehen, strich ein paar Augenblicke lang herum, und fand bald ein anderes Stück. Er brachte es mir, hielt stille und rieb seine Nase an meiner Hand, als warte er auf ein Zeichen der Erkenntlichkeit für seine Dienste. Ich tätschelte ihn auf den Kopf, und er schob wieder davon. Es dauerte jetzt einige Minuten, ehe er zurückkam, doch brachte er dann ein sehr großes Stück. Ich schien nun alles beisammen zu haben – da ich das Ganze anscheinend nur in drei Stücke zerrissen. Glücklicherweise machte es mir keine Mühe, die Phosphorstückchen zu finden, da noch ein undeutliches Glühen von ihnen ausging. Die Erfahrung hatte mich gelehrt, vorsichtig zu Werke zu gehen, und ich nahm mir Zeit, um nachzudenken, was ich zuerst zu tun habe. Höchstwahrscheinlich, sagte ich mir, standen auf der Seite, die ich nicht gesehen, Worte geschrieben – doch welche Seite war das? Wenn ich die Papierstücke zusammensetzte, gab mir dieses noch keine Auskunft, obwohl ich wußte, daß die Worte, wenn überhaupt welche da waren, alle auf einer Seite standen. Doch mußte ich versuchen, die Frage vorher sicher zu beantworten, da der Phosphor nur noch für einen Versuch genügte; wenn dieser nicht gelang, war es mir unmöglich geworden, die Nachricht zu lesen. Ich legte das Papier wie vorhin auf ein Buch und dachte einige Minuten lang nach. Es war möglich, daß die beschriebene Seite irgendwelche Unebenheiten an ihrer Oberfläche aufwies, die ein gut ausgebildeter Tastsinn vielleicht entdecken konnte. Ich beschloß, das Experiment zu machen, und strich mit meinem Finger sorgfältig über die nach oben liegende Seite – doch konnte ich nicht das geringste bemerken und wandte deshalb das Blatt auf dem Buche um. Nun strich ich mit meinem Zeigefinger wieder vorsichtig auf und ab und entdeckte, daß sein Streichen ein außerordentlich schwaches doch deutlich wahrnehmbares Licht hervorrief. Dies konnte nur von ganz kleinen Phosphorresten herrühren, die von meinem ersten Versuche auf dem Papier zurückgeblieben. Die andere, untere Seite des Papieres also war es, die ich noch nicht gesehen und auf welcher die Nachricht, vorausgesetzt, daß sie überhaupt da war, enthalten sein mußte. Ich wandte das Blatt daher wieder um und ging wie beim ersten Mal zu Werke. Als ich die Phosphorstückchen auf dem Papier zerrieben hatte, schimmerte dieses auf – und ich erblickte große, mit roter Tinte geschriebene Schriftzüge. Der Schimmer war hell genug, doch erlosch er sehr bald wieder. Immerhin hätte er genügt, mich die drei Sätze – ich hatte gleich gesehen, daß es drei waren – lesen zu lassen, wenn ich mich nicht in so maßloser Aufregung befunden hätte. In meiner Angst, nur ja alles zu lesen, erkannte ich jedoch nur die neun Schlußworte, welche folgendermaßen lauteten: „– Blut – bleibe ruhig liegen, dein Leben hängt davon ab –"

Hätte ich den ganzen Inhalt des Briefes lesen, die ganze Warnung meines Freundes verstehen können, sie würde mich, und hätte sie mir auch das unaussprechlichste Unheil erzählt, doch nicht mit jenem grenzenlosen Entsetzen erfüllt haben, das sich beim Lesen des Bruchstückes meiner Seele bemächtigte. Denn das Wort „Blut", dies fürchterlichste aller Worte, das stets mit düsteren Geheimnissen, Leiden und Schrecken im Bunde ist – wie dreifach unheilvoll fiel sein Klang, losgelöst von vorhergehenden Worten, die mir seine Bedeutung an dieser Stelle erklärt hätten, in die tiefe Angst meiner Seele!

August hatte ohne Zweifel ernste Gründe, mich verborgen zu halten, und ich stellte tausend Vermutungen an, welcher Art sie wohl sein möchten. Doch kam ich zu keiner befriedigenden Lösung des Geheimnisses.

Kurz nach meiner erfolglosen Fahrt zur Falltür, ehe Tigers sonderbares Benehmen meine Aufmerksamkeit auf sich gezogen, war ich zu dem Entschluß gekommen, mich den Leuten an Bord auf alle Fälle bemerkbar zu machen oder, falls dieses nicht gelingen sollte, mir einen Ausgang durch das Mitteldeck zu verschaffen. Die halbe Gewißheit, daß mir einer der beiden Pläne im Notfall gewiß gelingen werde, hatte mir Mut gegeben, die Schrecken meiner Lage zu ertragen. Die wenigen Worte jedoch, die ich gelesen, schnitten mir diese letzten Auswege ab, und ich fühlte nun eigentlich zum erstenmal alle Bitternisse meines Schicksals ganz.

Verzweifelt warf ich mich wieder auf die Matratze, wo ich, vielleicht einen Tag und eine Nacht lang, in einem Zustande von Betäubung lag, den nur sehr selten kurze Momente, in denen ich klar denken konnte, unterbrachen.

Endlich erhob ich mich wieder und dachte nach über die Schrecken, die mich umgaben. Es war kaum möglich, daß ich noch weitere vierundzwanzig Stunden ohne Wasser leben könnte – nein, länger ging es ganz gewiß nicht. Während der ersten Zeit meiner Gefangenschaft hatte ich von den Liqueuren, die mir August mitgegeben, reichlich Gebrauch gemacht, doch dienten sie jetzt bloß dazu, mein Fieber zu erhöhen, ohne meinen Durst im geringsten zu löschen. Ich hatte übrigens auch nur noch eine viertel Pinte Schnaps übrig, einen starken Pfirsichliqueur, der mir schon widerstand. Die Würste waren vollständig verzehrt, vom Schinken war nur noch die äußere Schale übrig, und die Biskuits hatte Tiger bis auf ein paar klägliche Reste verzehrt. Ich bemerkte mit Entsetzen, daß mein Kopfweh mit jedem Augenblick zunahm, ebenso jenes eigentümliche Delirium, welches mich, seit ich zum erstenmal in Schlaf versunken, befallen. Vor einigen

Stunden konnte ich noch, wenn auch nur mit Mühe, atmen, jetzt wurde jeder Versuch, Luft zu schöpfen, von den schmerzhaftesten Krampfempfindungen in der Brust begleitet.

Und zu all dem kam noch ein neues Entsetzen ... dieses war's auch, was mich aus meiner Betäubung auf der Matratze emporgerüttelt hatte: Das Benehmen des Hundes flößte mir die größten Befürchtungen ein.

Ich bemerkte sein verändertes Betragen zuerst, als ich bei meinem letzten Versuch, das Papier zu lesen, den Phosphor zerrieb. Er stieß seine Nase gegen meine Hand und knurrte dabei, was mir jedoch in meiner Aufregung nicht weiter auffiel. Bald darauf sank ich, wie man sich entsinnen wird, wie betäubt auf meine Matratze. Dann wurde ich mir plötzlich eines eigentümlich zischenden Tones bewußt, der in der Nähe meines Ohres erklang, und entdeckte, daß er von Tiger ausging, der in größter Erregung schnaufte und keuchte und seine glühenden Pupillen durch den dunklen Raum flackern ließ. Ich rief ihn an, er antwortete mit leisem Knurren und blieb liegen. Dann verfiel ich wieder in Lethargie, aus der ich in derselben Weise wie zuvor aufgerüttelt wurde. Dies wiederholte sich noch drei- oder viermal, bis ich in solche Angst geriet, daß sie mich ganz wach machte. Tiger lag jetzt nahe an der Tür des Kastens und knurrte beängstigend, wenn auch halb unterdrückt. Dabei zeigte er die Zähne, als durchschüttele ihn ein Krampf. Ich zweifelte nicht länger, daß ihn der Wassermangel und die schlechte Luft des Kastens toll gemacht haben, und wußte nicht, was ich mit ihm beginnen solle. Den Gedanken, ihn zu töten, konnte ich nicht ertragen, und doch erschien es im Interesse meiner Sicherheit nötig zu sein. Ich sah deutlich, daß seine glühenden Augen mit dem Ausdruck der tödlichsten Feindschaft auf mir hafteten, und erwartete jeden Augenblick, er werde mich angreifen. Schließlich konnte ich meine gefahrvolle Lage nicht länger mehr ertragen und beschloß, auf jeden Fall aus der Kiste herauszugehen, und wenn er mir Widerstand entgegensetzte, mich seiner zu entledigen. Wollte ich jedoch heraus, so mußte ich über ihn wegschreiten. Er schien meine Absicht schon zu ahnen, denn, wie ich aus der veränderten Lage seiner Augen schloß, erhob er sich auf die Vorderfüße und fletschte sein weißes Gebiß, das selbst durch die Dunkelheit leuchtete. Ich nahm die Überbleibsel des Schinkens sowie die Liqueurflasche an mich, ergriff das Vorschneidemesser, das mir August hinterlassen hatte, wickelte mich so vollständig wie es eben anging in meinen Mantel und schritt auf den Ausgang der Kiste zu. Kaum hatte ich einen Schritt gemacht, so sprang mir das wütende Tier an die Kehle. Das ganze Gewicht seines Körpers drückte auf meine rechte Schulter, ich fiel heftig auf die linke, der Hund selbst sprang über mich weg. Ich war auf meine Knie gefallen, mein Kopf lag unter der Bettdecke begraben. Dieser Umstand rettete mich vor einem zweiten Angriff, ich fühlte, wie sich die scharfen Zähne des Tieres in die wollenen Umhüllungen, die meinen Hals schützten, vergruben, glücklicherweise jedoch, ohne sie durchbeißen oder abreißen zu können. Ich lag vollständig unter dem Hunde und mußte in wenigen Minuten in seiner Gewalt sein. Doch die Verzweiflung gab mir Kraft: mit einem gewaltsamen Ruck schüttelte ich ihn ab, ergriff die Decken, die auf der Matratze lagen, warf sie alle über ihn und gelangte, ehe er sich ihnen ganz entwinden konnte, zur Tür der Kiste hinaus, die ich fest hinter mir verschloß. Im Kampfe jedoch mußte ich den Schinkenüberrest fallen lassen, so daß mein ganzer Vorrat an Lebensmitteln nun in einer viertel Pinte Pfirsichschnaps bestand.

Als ich mir dessen bewußt wurde, ergriff mich einer jener Anfälle von Bösartigkeit, die man von einem verwöhnten Kinde erwartet haben sollte – ich führte die Flasche an meine Lippen, leerte sie bis auf den letzten Tropfen und warf sie dann wütend zur Erde.

Kaum war das Echo des Geklirrs verschollen, so hörte ich, daß eine leise, eifrige Stimme von der Richtung des Zwischendecks her meinen Namen rief. Der Ton kam so unerwartet und versetzte mich in so ungeheure Erregung, daß ich vergeblich zu antworten versuchte. Die Kraft der Stimme versagte vollständig, und in der Todesangst, mein Freund möchte mich für tot halten und ohne weitere Nachforschungen wieder nach oben zurückkehren, stand ich zwischen dem Gerümpel nahe an der Tür der Kiste und keuchte und kämpfte um ein Wort. Und hätte das Leben von tausend Welten von dem Tone abgehangen – ich konnte ihn nicht hervorbringen. Ich vernahm noch eine leichte Bewegung im Gerümpel in der Richtung auf mich zu. Dann wurde der Ton undeutlicher – und noch undeutlicher – und starb ganz hin. Die Gefühle, die mich in diesem Augenblick erfüllten, werde ich nie vergessen können. Er ging – mein Freund, mein Kamerad –, von dem ich das Recht hatte, Rettung zu erwarten; er verließ mich; schon war er fort! Er überließ mich dem qualvollsten Tode in einem öden, widerwärtigen Gefängnisse – und ein Wort, eine Silbe konnte mich retten, und dieses Wort, dieser eine Ton versagte mir! Ich fühlte tausend Tode. Mein Gehirn wirbelte umher, ich fiel halb ohnmächtig am Ausgang der Kiste nieder.

Als ich hinsank, fiel auch das Vorlegemesser, das ich in meinen Gürtel gesteckt, klappernd zu Boden. Die süßeste Melodie, die ich je gehört, tat meinem Ohre nicht so wohl, als dieser harte Laut. Mit heftigster Angst lauschte ich, ob der Ton noch von August gehört worden sei, denn ich wußte, nur er konnte mich gerufen haben. Ein paar Sekunden lang blieb alles still. Aber richtig, dann hörte ich, wie er meinen Namen „Gordon" leise und zögernd wiederholte. Die Hoffnung löste den Bann von meiner Zunge, und so laut ich nur konnte rief ich: „August! August!" – „Still! Um Gottes willen, still!" erwiderte er mit vor Erregung zitternder Stimme, „ich bin sofort bei dir, sobald ich nur

meinen Weg durch das Gerümpel finde!" Lange Zeit hörte ich ihn nun herum-
tasten, und jeder Augenblick kam mir vor wie ein Menschenalter. Endlich fühlte
ich seine Hand auf meiner Schulter und im gleichen Augenblick führte er auch
schon eine Flasche Wasser an meine Lippen. Nur die, die einmal plötzlich dem
Grabe wieder entrissen wurden und die so die unleidlichen Qualen des Durstes
unter ähnlich grauenvollen Umständen wie ich kennengelernt, können sich eine
Vorstellung von dem unaussprechlichen Entzücken machen, mit dem ich den
ersten, langen Trunk der köstlichen Labung genoß.

Als ich meinen Durst einigermaßen gestillt, zog August drei oder vier kalte
gekochte Kartoffeln aus der Tasche, die ich mit Heißhunger verschlang. Er
hatte in einer Blendlaterne ein Licht mitgebracht, und die freundlichen Strahlen
gewährten mir kaum weniger Kräftigung als die Nahrung und das Wasser. Ich
verlangte darnach, den Grund von allem zu erfahren – und so erzählte er mir
denn, was sich an Bord seit meiner freiwilligen Einkerkerung zugetragen.

Kapitel IV
Die Meuterei

Die Brigg war, wie ich vermutet, richtig eine Stunde, nachdem August mir seine Uhr gegeben, in See gestochen. Es war der 26 Juni. Man wird sich erinnern, daß ich mich damals schon seit drei Tagen im Schiffsraum befand. Während der ganzen Zeit herrschte ein solcher Trubel an Bord, besonders in der Kajüte lief man so eifrig hin und her, daß August mich nicht besuchen konnte, ohne fürchten zu müssen, das Geheimnis der Falltür zu verraten. Als er dann endlich gekommen, hatte ich ihm versichert, es gehe mir so gut wie möglich. Die beiden folgenden Tage hatte er sich meinethalben also durchaus nicht zu beunruhigen brauchen – obwohl er auf jede Gelegenheit lauerte, mich besuchen zu können. Erst am vierten Tage bot sich ihm eine dar. Mehreremal hatte er schon den Entschluß gefaßt, seinem Vater unseren Streich mitzuteilen, doch befanden wir uns noch immer in der Nähe von Nantucket, und aus einigen Bemerkungen des Kapitäns war anzunehmen, daß er wahrscheinlich direkt zurückgekehrt sein würde, hätte er mich an Bord entdeckt. Überdies, so meinte August, hatte ich keine dringenden Bedürfnisse, solange ich mich nicht an der Falltür bemerkbar machen würde. Er beschloß also, mich ruhig unten zu lassen, bis er eine Gelegenheit finden werde, mich ohne Gefahr zu besuchen. Dies geschah, wie ich schon sagte, erst am vierten Tage, nachdem er mir die Uhr gebracht, also am siebenten Tage, den ich in meinem Gefängnisse zubrachte. Er kam damals ohne Wasser und Vorräte zu mir herab, da er mich bitten wollte, mit ihm an die Falltüre zu kommen, wo er mir beides aus der Kajüte herabreichen wollte. Als er zu diesem Zweck hinunterstieg, muß ich wohl geschlafen haben, denn er hörte mich laut schnarchen. Nach meinen Berechnungen war dies der Schlaf, in den ich gefallen, als ich mit der Uhr von der Falltür zurückgekehrt war, und der folglich länger als drei ganze Tage und drei Nächte gedauert haben mußte. Späterhin hatte ich noch oft Gelegenheit, am eigenen Leibe sowohl, wie auch aus den Erzählungen anderer, die einschläfernden Wirkungen des Geruches alten Fischöls in einem geschlossenen Raume zu erfahren, und wenn ich an den Zustand des Schiffsraumes denke, in dem ich eingekerkert war, und an die lange Zeit, während welcher die Brigg schon als Walfischfänger benutzt wurde, muß ich mich wahrhaftig noch mehr darüber wundern, daß ich überhaupt wieder wach wurde, als daß der Schlaf so lange dauerte.

August hatte mich zuerst mit leiser Stimme gerufen, ohne die Falltür zu schließen – doch öffnete ich ihm nicht. Er schloß darauf die Tür und rief mich lauter an, dann noch lauter – ich antwortete jedoch nicht, sondern schnarchte ruhig weiter. Er wußte jetzt nicht, was er tun sollte. Wenn er sich einen Weg zu mir bahnte, brauchte er eine längere Zeit, während welcher ihn Kapitän Barnard vermissen konnte, denn er rief ihn alle Augenblicke zu schriftlichen Plänen und Entwürfen an seinen Schreibtisch. Deshalb beschloß er, wieder heraufzusteigen und eine bessere Gelegenheit, mich zu besuchen, abzuwarten. Er verließ mich also leichten Herzens wieder, denn mein Schlaf schien ein äußerst ruhiger, gesunder zu sein, und er konnte ja nicht ahnen, daß mir meine Gefangenschaft eine Qual sein werde. Während er so überlegte, wurde seine Aufmerksamkeit durch ein eigentümliches Geräusch gefesselt, das aus der Kajüte, die vor der seinigen lag, zu kommen schien. Er sprang so schnell wie möglich durch die Falltür in die Höhe, schloß sie und öffnete die Tür seiner Kajüte. Kaum hatte er seinen Fuß über die Schwelle gesetzt, so blitzte eine Pistole vor ihm auf, und er wurde durch einen mächtigen Schlag zu Boden geworfen.

Eine starke Hand hielt ihn am Boden fest und umklammerte seine Kehle, doch konnte er sehen, was um ihn herum vor sich ging. Sein Vater lag, an Händen und Füßen gebunden, auf der Kartentreppe, mit dem Kopfe nach unten. Aus einer tiefen Stirnwunde floß unaufhörlich ein breiter Blutstrom. Er sprach kein Wort und rang offenbar mit dem Tode. Etwas über ihm kniete der erste Steuermann, der ihn mit einem Ausdruck teuflischen Hohnes ansah und gelassen seine Taschen untersuchte, aus denen er schon eine Uhr und eine Brieftasche genommen hatte. Sieben Leute der Mannschaft, unter ihnen der Koch – ein Neger –, suchten in den Kajüten am Backbord nach Waffen und rüsteten sich mit Flinten und Schießvorrat aus. Außer August und Kapitän Barnard befanden sich im ganzen neun Mann in der Kajüte, und zwar waren es die wildesten und rohesten aus der Bemannung. Die Schurken begaben sich nun auf Deck und nahmen meinen Freund, dem sie die Arme auf den Rücken gebunden, mit sich. Sie begaben sich geradeswegs auf das Vorderkastell, auf dem zwei der Meuterer, mit Äxten bewaffnet, Wache hielten; und auch am Haupteingang zu den Kajüten waren zwei Männer mit Äxten aufgestellt. In diesen hinein rief nun der Steuermann mit lauter Stimme: „Hört ihr da unten? – Herauf mit euch, einer nach dem anderen! – Verstanden? Und nicht gemuckst!"

Es dauerte ein paar Minuten lang, ehe jemand erschien – endlich kam ein junger Engländer herauf. Er weinte bitterlich und bat den Steuermann demütigst, doch sein Leben zu schonen. Die einzige Antwort war ein Schlag mit der Axt vor die Stirn. Der arme Bursche sank lautlos zu Boden, der schwarze Koch hob ihn auf, als sei er ein Kind, und warf ihn ins Wasser. Als sie den Schlag und das Aufschlagen des Körpers im Wasser hörten, waren die noch in den Kajüten befindlichen Männer weder durch Versprechungen noch Drohungen zu bewegen, heraufzukommen, bis einer den Vorschlag machte, sie auszuräuchern. Nun erfolgte ein allgemeiner Sturm nach oben, und es schien einen Augenblick lang möglich, den Meuterern die Herrschaft über die Brigg wieder abzunehmen. Es gelang diesen jedoch, das Vorderkastell abzuschließen, ehe mehr als sechs der Gegner heraufkamen. Diese sechs mußten sich, da sie sich waffenlos einer bewaffneten Überzahl gegenüber sahen, nach kurzem Kampfe ergeben. Der Steuermann gab ihnen gute Worte, ohne Zweifel, um die noch unten Befindlichen zu bewegen, sich zu überliefern, denn sie konnten jedes Wort verstehen. Glänzender Erfolg krönte seine Klugheit und teuflische Schurkerei. Die übrige Mannschaft drückte ihre Absicht aus, sich zu ergeben, einer nach dem anderen kam herauf und wurde, wie zuvor die ersten, stets geknebelt und auf den Rücken geworfen. Es waren im ganzen siebenundzwanzig – die gesamte Bemannung außer den Verschwörern und dem getöteten Engländer.

Nun folgte eine Szene scheußlichster Abschlachterei. Die gefesselten Seeleute wurden zur Fallreeptreppe geschleppt. Hier stand der schwarze Koch mit einer Axt und erschlug jedes Opfer, das die anderen bewaffneten Meuterer ihm zuführten. Auf diese Weise kamen zweiundzwanzig um, August selbst gab sich längst verloren und erwartete jeden Augenblick, daß die Reihe nun an ihn kommen werde. Doch die Schufte waren entweder müde oder von ihrer blutigen Arbeit selbst angeekelt, denn man gab meinem Freunde sowie den vier übrigen Gefangenen Aufschub, der Steuermann ließ Rum holen, und die ganze Mörderbande hielt ein Trinkgelage ab, das bis zum Sonnenuntergange dauerte. Nun erhob sich ein Streit, was sie mit den übriggebliebenen Gefangenen, die ein paar Schritt von ihnen entfernt lagen und jedes Wort verstehen konnten, anfangen sollten. Auf manche der Mörder schien der Schnapsgenuß eine besänftigende Wirkung ausgeübt zu haben, denn einige von ihnen schlugen vor, die Gefangenen unter der Bedingung, daß sie sich den Aufrührern anschließen sollten, zu befreien und an den Früchten der Meuterei teilnehmen zu lassen. Der schwarze Koch jedoch, der ein wahrer Teufel war, und einen ebenso großen, wenn nicht größeren Einfluß als der Steuermann auszuüben schien, wollte auf keinen derartigen Vorschlag hören und erhob sich verschiedene Male, um seine Tätigkeit an der Fallreeptreppe wieder aufzunehmen. Glücklicherweise war er jedoch schon so betrunken, daß er von den weniger Blutdürstigen der Bande mit Leichtigkeit an der Ausführung seines Vorhabens verhindert werden konnte. Unter diesen befand sich ein Aufseher namens Dirk Peters. Er war der Sohn einer Indianerin vom Stamme der Upsarokas, die in den Black Hills an der Quelle des Missouri leben. Sein Vater war, wenn ich mich nicht irre, ein Pelzhändler, jedenfalls stand er in irgendeiner Weise mit der indianischen Handelsstation am Lewis-Flusse in Verbindung. Peters selbst war einer der fürchterlichst aussehenden Menschen, die ich je gesehen: von kleiner Gestalt, nicht mehr als vier Fuß acht Zoll hoch, doch muskulös wie ein Herkules. Besonders seine Hände waren so dick und breit, daß sie kaum noch wie Menschenhände wirkten. Seine Arme und Beine, sonderbar gebogen, schienen an sich nicht die geringste Biegsamkeit zu besitzen, sein Kopf war ebenfalls mißgestaltet, von ungeheurer Größe und hatte oben eine Kerbe – außerdem war er vollständig kahl. Um diesen letzten Mangel zu verdecken, der nicht im Alter seinen Ursprung hatte, trug er gewöhnlich eine Perücke aus haarähnlichem Material – abwechselnd gebrauchte er dazu das Fell eines spanischen Hundes oder des amerikanischen Grizzly-Bären. Augenblicklich trug er das Stück Bärenfell auf dem Kopfe, welches das wilde Aussehen seiner Züge noch steigerte. Sein Mund ging fast von einem Ohr zum anderen. Die Lippen waren dünn und schienen wie die anderen Teile seines Gesichtes ebenfalls jeder natürlichen Bewegung unfähig. Den Ausdruck seines Gesichtes kann man sich einigermaßen vorstellen, wenn man bedenkt, daß seine Zähne lang und vorstehend waren und nicht einen Augenblick lang auch nur teilweise von den Lippen bedeckt wurden. Wenn man den Menschen flüchtig betrachtete, mußte man glauben, er sei von einem Lachkrampf ergriffen; ein aufmerksamer Blick ließ schaudernd erkennen, daß wenn dieser Ausdruck Heiterkeit bedeutete, diese Heiterkeit die eines Satans sein mußte. Die Seeleute von Nantucket erzählten sich viele Anekdoten von diesem sonderbaren Wesen, seltsame Geschichten von seiner ans Wunderbare grenzenden Kraft, die er stets zeige, wenn man ihn irgendwie reizte. Zur Zeit der Meuterei wurde er an Bord des „Grampus" jedoch eher mit Spott angesehen. Ich habe die Person Dirk Peters so ausführlich geschildert, weil ihm, trotz seines wilden Äußeren, mein Freund August seine Rettung vor allem zu verdanken hatte; und weil ich ihn auch im Laufe meiner Erzählung des öfteren erwähnen muß.

Nach langer Unentschiedenheit und heftigen Auseinandersetzungen wurde endlich bestimmt, daß alle Gefangenen, mit Ausnahme Augusts, den Dirk Peters scherzhafterweise als „seinen Sekretär" für sich in Anspruch nahm, auf einem der kleinsten Boote den Wellen übergeben werden sollten. Der Steuermann stieg in die Kabine hinunter, um zu sehen, ob Kapitän Barnard noch lebe, denn, wie man sich erinnern wird, hatten ihn die Mörder, als sie sich auf Deck begaben, unten liegen lassen. Nach kurzer Zeit kamen beide zusammen zum Vorschein, der Kapitän war bleich wie der Tod, schien sich jedoch von seiner Wunde ein wenig erholt zu haben. Er sprach den Männern in kaum artikulierten Worten zu, bat sie, ihn nicht über Bord zu werfen, sondern sich wieder auf ihre Pflicht zu besinnen. Er versprach ihnen, sie ans Land zu setzen, sobald und wo sie nur wollten, und keinerlei Schritte gegen sie zu unternehmen. Er hätte ebensogut dem Winde zureden können. Zwei der Schufte ergriffen ihn ohne weiteres bei den Armen und stießen ihn über Bord in das Boot, welches man, während der Steuermann nach unten ging, schon herabgelassen hatte. Die Fesseln der vier Gefangenen an Bord wurden gelöst und sie selbst aufgefordert, dem Kapitän zu folgen, was sie, ohne Widerstand zu versuchen, taten. August wurde in seiner qualvollen Lage gelassen, obwohl er sich losreißen wollte und um die Gnade bat, seinem Vater Lebewohl sagen zu dürfen. Dann ließ man noch eine Handvoll Schiffsbiskuits und einen Krug Wasser in das Boot hinab, das weder mit einem Mast noch Ruder, noch Segeln, noch einem Kompaß ausgerüstet war. Die Meuterer hielten noch eine kurze Beratung ab und überließen das Boot hierauf den Wellen. Mittlerweile war es Nacht geworden – weder Mond noch Sterne schienen – die See wogte kurz und unfreundlich, obgleich es nicht mehr windig war. Man verlor das Boot aus dem Gesicht, den Unglücklichen darinnen schien jede Hoffnung abgeschnitten. Wir befanden uns damals unter dem 35°30′ nördlicher Breite und dem 61°20′ westlicher Länge, folglich in nicht allzuweiter Entfernung von den Bermudainseln. August versuchte sich deshalb mit der Möglichkeit zu trösten, das Boot werde entweder das Land erreichen oder doch so weit in dessen Nähe gelangen, daß es von abfahrenden Schiffen aufgefischt werden konnte.

Die Brigg entfaltete nun alle Segel und setzte ihre ursprüngliche Fahrt nach Südwesten fort. Die Meuterer wollten auf Raub ausgehen – soweit man ihre Reden verstehen konnte, hatten sie vor, ein Schiff, das sich auf dem Wege von den Kapverdischen Inseln nach Porto Rico befand, aufzufangen. Meinem Freunde August schenkte man weiter keine Aufmerksamkeit, man löste seine Fesseln und ließ ihn frei umhergehen. Dirk Peters behandelte ihn mit einer gewissen Güte und rettete ihn einmal vor der Brutalität des schwarzen Kochs. Seine Lage war noch immer sehr gefährlich, denn die Leute waren stets betrunken, und auf ihren guten Willen ihm gegenüber konnte er sich deshalb nicht recht verlassen. Die Angst um mich quälte ihn jedoch, wie er sagte, mehr als seine eigenen Leiden; ich habe auch nie an der Aufrichtigkeit seiner Freundschaft gezweifelt. Mehr als einmal hatte er erwogen, ob er die Meuterer von meiner Anwesenheit unterrichten sollte, doch die Erinnerung an die Scheußlichkeiten, die er gesehen, wie auch die Hoffnung, mir bald Erleichterung schaffen zu können, hielten ihn immer wieder davon ab. Er wartete angstvoll auf eine Gelegenheit, zu mir zu kommen, doch bot sie sich erst drei Tage, nachdem man das Boot mit den Unglücklichen den Wellen übergeben. Endlich, in der Nacht des dritten Tages, blies plötzlich ein heftiger Sturm aus Osten, und die Mannschaft war infolgedessen eifrig beschäftigt. Während des Tumultes begab sich August unbeachtet in die Kajüte. Mit großem Schrecken und Kummer entdeckte er, daß man dieselbe zu einem Aufbewahrungsort für Vorräte und Schiffsgerätschaften gemacht hatte und daß verschiedene Faden Kabeldrahtes, die früher unter der Kajütentreppe gelegen hatten, hervorgezogen worden waren, um Platz für eine Kiste zu machen und nun gerade auf der Falltür lagen. Es war unmöglich, sie fortzubewegen, ohne sich der Gefahr einer Entdeckung auszusetzen, und er kehrte, so schnell wie's nur gehen wollte, auf Deck zurück. Als er hinaufkam, ergriff ihn der Steuermann an der Kehle, fragte ihn, was er in der Kajüte gemacht habe und wollte ihn über Backbord werfen. Dirk Peters rettete jedoch durch sein Dazwischentreten zum zweitenmal sein Leben. Indessen legte man jetzt meinem Freunde Handschellen an und band seine Füße fest zusammen. Er wurde auf das Zwischendeck gezerrt und in der Nähe des Vorderkastells in eine Schlafstelle geworfen. Er werde seinen Fuß nicht eher wieder auf Deck setzen, bis die Brigg keine Brigg mehr sei, rief ihm der Koch, der ihn dort hingeworfen, noch zu. Es war nicht recht klar, was er eigentlich mit dieser Drohung meinte. Die ganze Wendung der Dinge aber gab das entscheidende Mittel zu meiner Befreiung, wie man gleich sehen wird.

Kapitel V
Der Brief

Als der Koch das Vorderkastell verlassen hatte, war August zunächst ganz verzweifelt, da er nicht hoffen durfte, sein eigenes Gefängnis jemals lebend wieder zu verlassen. Dann dachte er wieder an mich und faßte so halb und halb schon den Entschluß, dem ersten besten, der sich ihm näherte, von mir und meinem Versteck zu erzählen, denn er hielt es immerhin noch für besser, mich der nicht unmöglichen Gnade der Meuterer anheimzugeben als dem Tode durch Verdursten zu überlassen. Ich war nun seit zehn Tagen eingekerkert, und der Krug, den er mir mitgegeben, enthielt kaum Wasser genug für vier. Als er noch darüber nachdachte, kam ihm ganz plötzlich der Gedanke, es könne wohl möglich sein, sich durch den Hauptkielraum hindurch mit mir zu verständigen. Unter allen anderen Umständen hätte ihn die Schwierigkeit und Unberechenbarkeit eines solchen Versuches wohl von demselben abgehalten. Augenblicklich hatte er jedoch nur wenig Aussicht, am Leben zu bleiben, hatte also so gut wie nichts zu verlieren und konzentrierte sein ganzes Sinnen auf die Ausführung des Planes.

Seine erste Sorge galt den Handschellen. Anfangs sah er keine Möglichkeit, sie zu entfernen. Nach aufmerksamerem Nachforschen entdeckte er jedoch, daß man sie, wenn er nur die Hände recht zusammenpreßte, ohne allzuviel Anstrengung abstreifen und wieder überziehen konnte. Die Fesseln waren nämlich nicht für so junge Personen berechnet, deren zartere Knochen einem festen Druck noch nachgeben. Er band nun auch seine Füße los, ließ den Strick jedoch so geschlungen, daß er, im Falle sich jemand näherte, ihn mit Leichtigkeit wieder um seine Glieder befestigen konnte, und begann den Boden unter ihm, der ihn von dem Kielraum trennte, zu untersuchen. Er bestand aus weichen Fichtenholzbrettern von einem Zoll Dicke, durch welche man, wie er gleich sah, ohne sonderliche Mühe ein Loch bohren konnte. Doch vernahm er plötzlich eine Stimme vom Vorderkastell her und hatte gerade noch so viel Zeit, sich die rechte Handschelle wieder anzulegen – die linke hatte er noch nicht abgestreift – und den Strick um seine Knöchel zu befestigen, ehe Dirk Peters herunterkam, gefolgt von Tiger, der sofort in den Schlafraum sprang und sich zu Augusts Füßen niederlegte. Mein Freund hatte den Hund mit an Bord gebracht, weil er meine Zuneigung zu dem Tiere kannte und annahm, es werde mir Vergnügen bereiten, ihn während der ganzen Reise um mich zu haben. Kurz nachdem er mich in den Kielraum versteckt hatte, ging er noch einmal in mein väterliches Haus und holte ihn, vergaß jedoch, als er die Uhr brachte, mir dieses mitzuteilen. Seit der Meuterei hatte August ihn nicht mehr gesehen und glaubte, einer der Schufte aus der Gesellschaft des Steuermanns habe ihn über Bord geworfen. Später stellte es sich heraus, daß er in ein Loch unter ein Walfischboot gekrochen, das so klein war, daß er nicht allein wieder herauskonnte. Peters befreite ihn endlich und brachte ihn in einer Anwandlung von Gutmütigkeit August als Gefährten mit und außerdem zur Stärkung etwas Pökelfleisch, ein paar Kartoffeln und einen Krug mit Wasser. Dann begab er sich wieder auf Deck, nachdem er versprochen, am nächsten Tage mit mehr Lebensmitteln wiederzukommen.

Als er gegangen war, befreite August seine beiden Hände von den Handschellen und löste auch seine Füße wieder los. Dann hob er ein Ende der Matratze, auf welcher er lag, in die Höhe und begann mit dem Taschenmesser – man hatte es nicht für nötig befunden ihn zu untersuchen – aus Leibeskräften an der Wandbekleidung, ganz nahe den Fußbodenbrettern, zu schnitzen. Sollte sich jemand nähern, so brauchte er bloß die Matratze herabfallen zu lassen, um jede Spur seiner Arbeit zu verstecken. Doch wurde er den ganzen Tag nicht mehr gestört, und als die Nacht kam, hatte er die Planke vollständig durchschnitten. Niemand von der Mannschaft schlief mehr auf dem Vorderkastell; die Kerle hielten sich seit der Meuterei nur noch in den Kajüten auf, tranken Wein, ließen sich's bei den Vorräten des Kapitäns Barnard wohl sein und kümmerten sich um die Führung des Schiffes nur so viel, wie durchaus nötig war. Dies alles kam meinem Freunde und mir sehr zustatten; hätte Ordnung auf dem Schiffe geherrscht, er würde mich unmöglich erreicht haben. So jedoch setzte er das Rettungswerk ungestört fort. Der Tag graute schon, als er auch die zweite Planke, etwa einen Fuß über der ersten, durchschnitten hatte. Die Öffnung war jetzt groß genug, um einen leichten Durchgang zum Hauptmitteldeck zu gestatten. Er kroch hindurch und bahnte sich ohne zu große Mühe den Weg zur unteren Hauptluke, obgleich er über aufgestapelte Ölfässer kriechen mußte, die sich so hoch an die Decke erhoben, daß kaum Raum genug für seinen Körper blieb. Als er die Luke erreichte, fand er, daß Tiger ihm gefolgt war und unter zwei Reihen von Fässern heulte. Doch es war jetzt zu spät, um vor Tagesgrauen zu mir zu gelangen, denn die Hauptschwierigkeit, das Hindurchwinden durch den vollgepackten unteren Schiffsraum, war noch zu bestehen. Er beschloß also, zurückzukehren und die nächste Nacht abzuwarten. Doch löste er die Luke schon ein wenig, um beim nächsten Kommen weniger Lärm auf einmal machen zu müssen. Kaum hatte er es getan, so sprang Tiger eifrig auf die kleine Öffnung zu, schnupperte an ihr herum, stieß ein langes Winseln aus, und kratzte, als wolle er die Luke mit seinen Pfoten entfernen. Sein Benehmen bewies deutlich, daß er sich meiner Anwesenheit im Schiffsraum bewußt geworden, und August hielt es für möglich, daß Tiger, wenn er ihn hinunterließe, den Weg zu mir finden werde. Nun kam er auf den Gedanken, mir eine Benachrichtigung zukommen zu lassen, die mich verhindern sollte, mir selbst einen Weg nach oben zu bahnen, wenigstens für den Augenblick. Der Brief war von doppelter Wichtigkeit, da er ja nicht bestimmt wußte, ob es ihm in der folgenden Nacht gelingen werde, mich zu erreichen. Die späteren Ereignisse bewiesen, wie glücklich dieser Gedanke war, denn hätte ich den Brief nicht erhalten, so würde ich irgendeinen, wenn auch ganz verzweifelten Versuch gemacht haben, die Mannschaft auf mich aufmerksam zu machen, und hätte unser beider Leben dadurch wohl mit Sicherheit verwirkt.

Als August beschlossen, an mich zu schreiben, versuchte er gleich, sich die nötigen Materialien zu verschaffen. Ein alter Zahnstocher war bald in eine Feder verwandelt, und zwar nur durch tastendes Zuspitzen und Feilen, denn auf den Zwischendecks war es stockfinster. Die Rückseite eines Briefes bot ihm Papier genug – nun fehlte bloß noch Tinte. Diese verschaffte er sich durch einen kleinen Einschnitt mit seinem Federmesser in die innere Seite eines Fingers ganz in der Nähe des Nagels. Wie gewöhnlich aus Wunden in dieser Nähe drang reichlich Blut hervor, und August schrieb, so gut es bei den Umständen und in der Dunkelheit gehen wollte, seinen Brief. Er teilte mir kurz mit, daß ich auf baldige Verproviantierung hoffen, jedoch kein Geräusch machen dürfe. Er schloß mit den Worten: „Ich habe dies mit Blut geschrieben – bleibe ruhig liegen, dein Leben hängt davon ab."

Dies Papier band er dem Hunde um und ließ ihn die Luke hinab; er selbst begab sich, so schnell es eben ging, auf das Vorderkastell zurück und konnte annehmen, daß niemand von der Mannschaft seine Abwesenheit bemerkt habe. Um das Loch in der Wand zu verdecken, trieb er sein Messer gerade über demselben hinein und hing ein Kamisol, das er auf dem Boden gefunden, daran auf. Dann aber streifte er seine Handschellen wieder an und befestigte auch den Strick wieder um seine Füße. Kaum war er damit fertig, so kam Dirk Peters zu ihm herunter. Er war vollständig betrunken, doch in ausgezeichneter Stimmung, und brachte meinem Freunde die ihm für den folgenden Tag gewährten Lebensmittel. Es waren ungefähr zwölf Stück großer gerösteter Kartoffeln und ein Krug mit Wasser. Er setzte sich auf eine Kiste neben der Schlafstätte Augusts und erzählte diesem von dem Steuermanne und den Schicksalen der Brigg. Sein Benehmen war äußerst sonderbar, ja, grotesk und beunruhigte meinen Freund nicht wenig. Endlich begab er sich wieder auf Deck und murmelte dabei etwas von einem guten Mittagessen, das er seinem Gefangenen am folgenden Tage bringen wolle. Während des Tages kamen noch zwei von der Mannschaft, darunter der Koch, zu ihm – alle im letzten Stadium der Betrunkenheit. Sie sprachen ganz offen von ihren Plänen, schienen aber dabei sehr geteilter Meinung zu sein – nur in einem Punkte waren sie einig: das Schiff von den Kapverdischen Inseln, das sie jeden Augenblick erwarteten, zu überfallen und auszurauben. Allem Anschein nach war jedoch die Meuterei nicht bloß um der Beute willen in Szene gesetzt worden – ein unbegreiflicher Haß des Steuermanns gegen Kapitän Barnard hatte wohl den Hauptanstoß gegeben. Im allgemeinen schien sich die Mannschaft in zwei Parteien geteilt zu haben – die eine wurde von dem Steuermann, die andere von dem Koch angeführt. Die erste Partei war dafür, das nächste geeignete Schiff, das ihnen begegnen würde, zu überfallen und auf einer der Westindischen Inseln zum Raubschiff auszurüsten. Die zweite, stärkere Partei, zu der sich auch Dirk Peters bekannte, wollte die ursprüngliche Richtung der Brigg zum südlichen Stillen Ozean beibehalten, um dort entweder auf den Walfischfang zu gehen oder sonst irgend etwas anderes zu unternehmen, je nach den Umständen. Die Erzählungen des wilden Peters, der diese Gegenden oft besucht, übten offenbar einen starken Eindruck auf die Meuterer aus, da sie zwischen Versprechungen von Beute und Vergnügen geschickt hin und her schwankten. Peters beschrieb nämlich ausführlich, wieviel Neues und Amüsantes man auf den zahllosen Inseln im Stillen Ozean zu sehen bekäme, wie sicher und frei sie sich dort bewegen könnten, wie köstlich das Klima sei, wie reichlich es die vorzüglichsten Lebensmittel hervorbringe, und wie über alle Beschreibung schön die Frauen seien, die dort lebten. Doch war man bis jetzt noch zu keinem entscheidenden Entschlusse gekommen, wenn auch die lockenden Bilder Dirk Peters die leicht erregbare Phantasie der Seeleute stark beschäftigten und es wahrscheinlich machten, daß man seinen Vorschlägen bald allgemein Gehör schenken werde.

Die drei Männer gingen nach einer Stunde wieder hinauf, und den ganzen Tag betrat niemand mehr das Vorderkastell. August lag still, bis es fast Nacht geworden. Dann befreite er sich von seinen Fesseln und schickte sich zu seinem Besuche bei mir an. In einer der Schlafstätten fand er eine Flasche, diese füllte er mit Wasser aus dem Kruge, den ihm Peters gebracht und steckte in seine Tasche einige der kalten Kartoffeln. Zu seiner größten Freude trieb er auch irgendwo eine Laterne auf, in der noch ein Stückchen Kerze steckte. Diese konnte er jeden Augenblick anzünden, da er eine Schachtel mit Streichhölzern bei sich hatte. Als es vollständig dunkel geworden, erhob er sich von seinem Lager, legte die Decken auf seinem Bette so wieder hin, daß sie den Eindruck erweckten, als bedeckten sie eine schlafende Person, zwängte sich durch das Loch in der Wand und hing das Kamisol wieder an dem Messer über dem Loche auf. Dies gelang ihm sehr leicht, da er die Planke, die er aus der Wand herausgenommen, nicht wieder einsetzte. Nun befand er sich auf dem Hauptmitteldeck und bahnte sich zwischen dem oberen Deck und den Ölfässern seinen Weg zu der Hauptluke. Als er sie erreicht hatte, steckte er die Kerze an und zwängte sich mit vieler Mühe durch das aufgestaute Gerümpel im Kielraum. Nach ein paar Augenblicken schon begann der unerträgliche Geruch und die dicke Atmosphäre ihn höchlichst zu beunruhigen. Er hielt es kaum noch für möglich, daß ich in solcher Luft am Leben geblieben sei. Wiederholt rief er meinen Namen, doch antwortete ich ihm nicht, und er glaubte seine Befürchtungen schon bestätigt zu sehen. Die Brigg schwankte heftig, und infolgedessen herrschte im Kielraum ein derartig starkes Geräusch, daß es ganz unmöglich war, ein schwächeres Geräusch, mein Atmen oder Schnarchen vielleicht, zu erlauschen. Er öffnete die Laterne und hielt sie, wo sich nur Raum bot, hoch in die Höhe, damit ich, wenn ich noch lebte und das Licht sah, mir sagen mußte, es nahe sich Hilfe. Aber er hörte noch immer nichts von mir, und die Überzeugung, ich sei tot, befestigte sich in ihm immer mehr und mehr. Doch beschloß er, wenn nur irgend möglich sich einen Weg bis zur Kiste zu bahnen, um wenigstens den letzten Zweifel über mein Schicksal sich zu benehmen. In einem schrecklichen Zustande drang er weiter, bis er endlich den Weg ganz versperrt fand und keine Möglichkeit sah, vorwärts zu kommen. Traurig setzte er sich zwischen dem Gerümpel hin und weinte wie ein Kind. In diesem Augenblicke vernahm er das Klirren der Flasche, die ich zu Boden geschleudert hatte. Von diesem unbedeutenden, glücklichen Umstande hing mein Schicksal ab. Doch verging lange Zeit, ehe ich es erfuhr. Eine leicht begreifliche Scham über seine Schwäche und Unentschlossenheit verhinderte, daß August mir alles das gleich erzählte, was er mir später einmal in einer vertraulichen, glücklicheren Stunde enthüllte. Als er den Weg im Kielraume durch Hindernisse versperrt fand, die er unmöglich überschreiten konnte, hatte er beschlossen, das Suchen nach mir aufzugeben und sich zum Vorderkastell zurückzuschleichen. Ehe man ihn dafür verdammt, stelle man sich noch einmal die fürchterlichen Umstände vor, in denen er sich befand. Die Nacht schwand schon dahin, seine Abwesenheit vom Vorderkastell konnte leicht bemerkt werden und wurde es unbedingt, wenn es ihm nicht gelang, vor Tagesanbruch seine Schlafstätte wieder zu erreichen. Die Kerze war dem Verlöschen nahe, und sich im Dunkeln zu der Hauptluke zurückzutasten, war mit den allergrößten Schwierigkeiten verbunden. Außerdem hatte er Grund genug, mich für tot zu halten, und in diesem Falle konnte er mir doch keine Hilfe mehr bringen, während er selbst verderben mußte. Er hatte mich verschiedene Male gerufen, ohne Antwort zu erhalten. Seit elf Tagen und elf Nächten hatte ich kein anderes Wasser, als das in dem Kruge, und es war anzunehmen, daß ich dies schon in den ersten Tagen vollständig aufgebraucht hatte, da ich doch vernünftigerweise auf baldige Befreiung hoffen durfte. Die Atmosphäre des Schiffsraumes schien ihm, der aus verhältnismäßig guter Luft kam, vollständig vergiftet zu sein und mußte ihm viel unerträglicher vorkommen als mir zu der Zeit, in welcher ich mein Quartier in der Kiste aufgeschlagen, denn damals hatten die Luken monatelang offen gestanden. Erinnert man sich noch dazu der Blut- und Schauerszenen, denen mein Freund vor kurzem beigewohnt, seiner Gefangenschaft, der Entbehrungen und Todesgefahren, in denen er selbst noch immer schwebte – all dieser Umstände, die nur zu sehr darnach angetan waren, die Energie zu schwächen –, so wird man für diese Verleugnung der Freundespflichten, wie ich, kaum Kummer, aber sicherlich keinen Zorn empfinden können.

Obgleich August das Klirren der Flasche deutlich gehört hatte, war er doch nicht sicher, ob der Ton von dem Schiffsraume ausging. Dieser Zweifel genügte jedoch, um ihn zu bewegen, weiter nach mir zu forschen. Er kletterte sofort an den Kisten bis fast zum Mitteldeck empor, wartete einen Augenblick, bis das Geräusch ein wenig nachließ, und rief dann, so laut er konnte, meinen Namen. Einen Augenblick lang vergaß er vollständig, welcher Gefahr er sich aussetzte, wenn ihn jemand von der Mannschaft hörte. Man wird sich erinnern, daß ich seine Stimme jetzt vernahm, doch so heftig erregt wurde, daß ich nicht antworten konnte. Vollständig überzeugt, daß seine Befürchtungen begründet seien, stieg er herab und versuchte, ohne Zeitverlust das Vorderkastell wieder zu erreichen. In seiner Eile warf er ein paar kleine Kisten um – das Geräusch, das sie verursachten, hörte ich, wie man sich entsinnen wird. Er war schon ziemlich weit zurückgeklettert, als er den Fall des Messers vernahm und nochmals zögerte. Er kehrte wieder um, erklomm das Gerümpel an der alten Stelle zum zweitenmal und rief meinen Namen so laut wie vorhin. Diesmal fand ich die Kraft, zu antworten. Überfroh, mich noch am Leben zu finden, beschloß er nun, jeder Gefahr und Mühe zu trotzen und mich aufzusuchen. Nachdem er sich so rasch wie möglich dem Gerümpellabyrinthe entwunden, kam er zuletzt an einen Gang, der besser zu sein schien, und erreichte endlich im Zustande äußerster Erschöpfung die Kiste, vor der ich am Boden lag.

Kapitel VI
Eine Hoffnung

Diese gröbsten Einzelheiten teilte mir August mit, während wir vor der Kiste standen. Erst sehr viel später erfuhr ich auch die Nebenumstände. Er fürchtete jetzt zu sehr, vermißt zu werden, und ich brannte vor Ungeduld, mein widerwärtiges Gefängnis zu verlassen. Wir beschlossen also, uns sofort beide durch die Luke nach oben zu begeben: ich mußte einstweilen auf dem Mitteldeck in der Nähe des Loches, das August in die Wand gebohrt, bleiben, während er selbst auf seinem Lager Beobachtungen anstellen wollte. Den Gedanken jedoch, Tiger in der Kiste zu lassen, konnte keiner von uns ertragen, nur wußten wir nicht recht, wie wir uns seiner bemächtigen sollten. Er schien vollständig ruhig zu sein, wir konnten nicht einmal seine Atemzüge unterscheiden, als wir unser Ohr an die Kiste legten. Ich nahm mit Gewißheit an, daß er tot sei, öffnete die Tür und fand ihn betäubt, der Länge nach, doch offenbar noch lebendig, am Boden liegen. Wir hatten keine Zeit zu verlieren, doch konnte ich es nicht übers Herz bringen, das Tier, das zweimal mein Leben gerettet, zu verlassen, ohne etwas zu seiner Rettung zu unternehmen. Wir zogen ihn also mit großer Mühe hinter uns her, August war oft gezwungen, irgendwelche Hindernisse mit dem Tier im Arme zu überklettern und Kraftleistungen zu vollbringen, zu denen ich in meinem jämmerlichen Zustande vollständig unfähig war. Endlich erreichten wir das Loch, August kletterte hindurch, und Tiger wurde nachgeschoben. Während ich, wie abgemacht, in der Nähe des Loches blieb, durch das mir mein Freund mit Leichtigkeit einen Teil seiner Lebensmittel zukommen lassen und ich eine verhältnismäßig reine Luft einatmen konnte.

Da an Bord des „Grampus" allenthalben schlecht gestaut worden war und auf dem Mitteldeck dasselbe wüste Durcheinander von Öltonnen und Schiffsgerätschaften herrschte wie unten im Kielraum, fiel es mir nicht schwer, eine freie Stelle zu finden, auf der ich es mir leidlich bequem machen konnte.

Als mein Freund glücklich in seine Schlafstätte zurückgelangt war und sich seine Arm- und Beinfesseln wieder angelegt hatte, war es heller Tag geworden. Und kaum hatte er sich wieder ausgestreckt, da kamen auch schon der Steuermann, Dirk Peters und der Koch zu ihm herunter. Sie sprachen einige Zeitlang von dem Schiff, das sie vom Kap Verde mit Ungeduld erwarteten. Der Koch näherte sich der Schlafstätte meines Freundes und setzte sich am Kopfende derselben nieder. Ich konnte alles sehen und hören, denn August hatte das herausgeschnittene Bretterstück nicht wieder in die Wand eingefügt, und ich fürchtete mehr als einmal, daß der Neger gegen das Kamisol, das die Öffnung verdeckte, stoßen und alles entdecken werde. Aber wir hatten Glück; und da August das Kamisol an seinem unteren Ende ebenfalls gut befestigt hatte, konnte es nicht von selbst hin und her schwanken. Während der ganzen Zeit lag Tiger am Fuße der Schlafstelle und schien sich wieder zu erholen, denn ich sah, wie er von Zeit zu Zeit die Augen öffnete, und hörte ihn tief Atem schöpfen.

Nach einigen Minuten stiegen der Steuermann und der Koch wieder hinauf, nur Dirk Peters blieb unten und setzte sich, sobald sie gegangen, auf den Platz, den der Koch eben verlassen. Er begann sich sehr freundschaftlich mit August zu unterhalten, und ich bemerkte, daß die Betrunkenheit, die er in Gegenwart der beiden anderen zur Schau getragen, großenteils erheuchelt war. Er antwortete auf alle Fragen, die ihm August stellte, schnell und deutlich, und erzählte, es sei kein Zweifel, daß das Boot mit Kapitän Barnard und den anderen Unglücklichen aufgefangen worden sei, da man an dem fraglichen Tage kurz vor Sonnenuntergang nicht weniger als fünf Segel gesehen. Auch sonst begann er zu meiner großen Freude und Überraschung meinen Freund zu trösten, und plötzlich stieg mir der Gedanke auf, Peters könne uns helfen, die Brigg wieder zu gewinnen. Sobald sich Gelegenheit bot, teilte ich meinem Freunde meinen Plan mit. Auch er glaubte, es sei nicht unmöglich, der Mörderbande ihren Raub wieder abzujagen, machte mich jedoch darauf aufmerksam, wie notwendig es sei, mit der äußersten Vorsicht zu Werke zu gehen, da das liebenswürdige Benehmen des Mestizen ja bloß eine List sein konnte. Überdies mußte man zuweilen zweifeln, ob es mit seinem Verstande ganz in der Ordnung sei. Nach ungefähr einer Stunde begab sich Peters wieder auf Deck und kam erst zu Mittag mit einer tüchtigen Portion Pökelfleisch und Pudding wieder zurück. Sobald wir allein waren, nahm ich mit Freuden meinen Teil davon in Empfang. Als es Abend geworden, begab ich mich in die Schlafstätte zu August und schlief herzlich und gesund bis fast zum Tagesanbruch. Dann kroch ich in mein Loch zurück. Als es ganz hell geworden, sahen wir, daß Tiger sich vollständig erholt hatte. Er zeigte keine Spur von Wasserscheu, denn er trank das Wasser, das August ihm anbot, mit äußerster Gier. Während des Tages kehrten sein Appetit und seine Kräfte vollständig wieder zurück. Ohne Zweifel waren seine sonderbaren Wutanfälle die Folgen der giftigen Atmosphäre in dem Schiffsraume und nicht des Wassermangels und hatten keine Verwandtschaft mit der Tollwut der Hunde. Ich freute mich herzlich, ihn mit heraufgenommen zu haben. Wir schrieben den 30. Juni – es war der dreizehnte Tag, seit der „Grampus" Nantucket verlassen.

Am 2. Juli kam der Steuermann nach unten. Er war betrunken, wie gewöhnlich, und in ausgezeichneter Laune. Er trat an Augusts Schlafstätte heran, gab

ihm einen Puff in den Rücken, fragte, wie er sich benehmen werde, wenn man
ihn jetzt freiließe, und ob er versprechen wolle, niemals mehr in die Kajüte zu
gehen. Mein Freund versprach natürlich alles, worauf ihn der Steuermann von
seinen Fesseln befreite und aus einer Rumflasche, die er in der Tasche bei sich
führte, trinken ließ. Sie stiegen nun zusammen auf Deck hinauf, und ich sah
August während der nächsten drei Stunden nicht wieder. Dann jedoch brachte
er mir die frohe Botschaft, daß man ihm erlaubt habe, sich auf dem Schiffe vom
Hauptmast vorwärts frei zu bewegen; schlafen müsse er nach wie vor auf dem
Vorderkastell. Er brachte mir ein gutes Mittagessen und reichlich Trinkwasser.
Die Brigg kreuzte noch immer umher, um das Schiff vom Kap Verde abzufangen. Da die Ereignisse der folgenden sieben Tage sehr unwichtige waren, will ich
sie kurz in der Form eines Tagebuches mitteilen.

3. Juli. August brachte mir drei Decken, mit denen ich mir in meinem Versteck ein bequemes Bett herrichtete. Außer meinem Freunde kam den Tag über
niemand herunter. Tiger ließ sich gerade vor dem Loche nieder und schlief
schwer, als habe er sich von den Folgen seiner Krankheit doch noch nicht gänzlich erholt. Gegen Abend wurde die Brigg von einer plötzlichen Brise überrascht, ehe man die Segel einziehen konnte, und dadurch fast zum Umschlagen
gebracht. Doch beruhigte sich das Wetter bald wieder, und wir erlitten weiter
keinen Schaden, nur ein kleineres Segel riß mitten durch.

Dirk Peters behandelte August den ganzen Tag über mit großer Güte und
erzählte ihm vieles über den Stillen Ozean und die Inseln in demselben, die er
früher besucht. Er fragte ihn, ob er nicht Lust habe, mit der ganzen Mannschaft
eine Vergnügungs- und Forschungsreise dahin zu unternehmen – leider seien
die anderen doch mehr für die Absichten des Steuermanns. August hielt es für
das beste zu antworten, er würde sich glücklich schätzen, an der Expedition
dahin teilnehmen zu dürfen, da man ja doch nichts Besseres tun könne und
jedes andere Leben dem eines Piraten vorzuziehen sei.

4. Juli. August brachte den größten Teil der Zeit auf Deck zu, um sich über
die Absichten der Aufrührer möglichst genau zu informieren. Sie hatten häufig heftigen Streit miteinander; infolge einer Zwistigkeit wurde ein Harpunierer
namens Jim Bonner über Bord geworfen. Die Partei des Steuermanns gewann
immer mehr Boden: Jim Bonner gehörte zu den Anhängern des Kochs, zu
denen auch Peters zählte.

5. Juli. Gegen Tagesanbruch wehte eine steife Brise aus Westen, die sich
gegen Mittag in einen Sturm verwandelte, so daß alle Segel bis auf das Focksegel eingezogen werden mußten. Simms, einer der Matrosen, der zur Bande
des Kochs gehörte, fiel beim Einziehen des kleinen Marssegels über Bord, er
war vollständig betrunken, und da niemand ihn zu retten versuchte, verschwand

er bald in den Wellen. Wir waren nun im ganzen zu dreizehn an Bord, nämlich: Dirk Peters –, Seymour, der schwarze Koch –; Jones Greely –, Hartmann Rogers und William Allen, diese alle gehörten zur Partei des Kochs; dann der Steuermann, dessen Namen ich nicht erfahren habe –, Absalon Hicks –, Wilson –, John Hunt und Richard Parker, die Anhänger des Steuermanns; außerdem noch August und ich.

6. Juli. Der Sturm hielt den ganzen Tag an, er brachte plötzliche, heftige Windstöße und Regen. Die Brigg schöpfte nicht wenig Wasser, die Pumpe war in beständiger Bewegung, August arbeitete wie jeder andere. In der Dämmerung kam ein großes Schiff nahe an uns vorbei; wir bemerkten es erst als es auf Hörweite vorüber war. Man nahm an, daß es das Fahrzeug war, auf das man gelauert hatte. Der Steuermann rief es an, doch wurde die Antwort von dem Toben des Sturmes verschlungen. Gegen elf Uhr riß eine Sturzwelle einen großen Teil des Bollwerks an Backbord weg und fügte uns auch sonst Schäden zu. Gegen Morgen legte sich der Sturm, und im Sonnenaufgang wehte nur noch ein ganz leichter Wind.

7. Juli. Wir hatten während des ganzen Tages eine sehr unruhige See; die Brigg, die nur wenig geladen hatte, schwankte erschreckend stark. Im Schiffsraum fielen, wie ich von meinem Versteck aus deutlich hören konnte, mehrmals Gegenstände übereinander. Ich hatte sehr unter der Seekrankheit zu leiden. Peters unterhielt sich lange mit August und teilte ihm mit, daß zwei seiner Anhänger, Greely und Allen, zum Steuermann übergegangen seien und Piraten werden wollten. Er stellte auch mehrere sonderbare Fragen, die August jedoch nicht ganz verstand. Gegen Abend bemerkte man, daß das Schiff wieder viel Wasser geschöpft hatte, und konnte wenig tun, dem Übelstand abzuhelfen, da das Wasser durch die Zwischenräume zwischen der Schiffsverkleidung eindrang. Man umwickelte und verstopfte den Bug mit einem alten Segel, so daß wir nach und nach des Wassers Herr wurden.

8. Juli. Bei Sonnenaufgang sprang eine leichte Brise von Osten auf, der Steuermann steuerte erst nach Südwesten auf die Westindischen Inseln zu, um dort seine Absicht, zu rauben, auszuführen. Niemand – weder Dirk Peters noch der Koch – setzte ihm Widerstand entgegen. August wenigstens sah oder hörte nichts dergleichen. Von dem Vorhaben, das Schiff vom Kap Verde abzufangen, hatte man ganz abgesehen. Das Leck machte man unschädlich, indem man stündlich dreiviertel Stunden lang auspumpte. Das Segel wurde von dem Bug wieder entfernt.

9. Juli. Schönes Wetter. Alles war damit beschäftigt, das Bollwerk zu reparieren. Peters unterhielt sich wieder lange mit August und sprach unverblümter als bisher. Er sagte, nichts auf der Welt solle ihn zwingen, sich den Plänen des Steuermanns unterzuordnen, und spielte sogar auf seine Absicht an, ihm die Brigg streitig zu machen und fragte, ob er sich in diesem Falle auf Augusts Beihilfe verlassen könne. August antwortete ohne Zögern mit einem Ja. Peters sagte, er wolle jetzt die Meinung seiner Parteigenossen über diesen Punkt zu erfahren suchen und ging weg. An diesem Tage hatte August keine Gelegenheit mehr, mit ihm allein zu reden.

Kapitel VII
Pläne

Am zehnten Juli starb Hartmann Rogers. Am achten war er, nachdem er ein Glas Grog getrunken, in Krämpfe verfallen. Er gehörte zur Partei des Kochs, und Dirk Peters hatte ganz besonders auf ihn gerechnet. Er erzählte meinem Freunde, er glaube, der Steuermann habe ihn vergiftet, und wenn er nicht sehr auf seiner Hut sei, werde er wohl auch bald an die Reihe kommen. Zu seiner Partei gehörten nur noch er selbst, Jones und der Koch. Die Gegner waren zu sieben. Er hatte Jones von seinem Plane, dem Steuermann den Befehl über das Schiff abzunehmen, gesprochen. Da dieser jedoch seinen Vorschlag sehr kühl aufgenommen, hatte er sich gehütet, darauf zu bestehen oder dem Koch ein Wort davon zu sagen. Wie sich bald herausstellte, war es ein Glück, daß er so vorsichtig gewesen, denn nachmittags sagte der Koch, er sei mit den Plänen des Steuermanns vollständig einverstanden und ging förmlich zu dessen Partei über. Jones nahm die erste beste Gelegenheit wahr, um mit Peters in Streit zu geraten und drohte, seinen Plan dem Steuermanne mitzuteilen. Es war keine Zeit mehr zu verlieren: Peters beschloß, falls ihm August beistehen wolle, auf jeden Fall den Versuch zu machen, sich das Schiff anzueignen. Mein Freund versicherte ihm seine Bereitwilligkeit und machte ihm jetzt auch, da er die Gelegenheit für günstig hielt, die Mitteilung von meiner Anwesenheit an Bord. Der Mestize geriet in ein Erstaunen, das ebenso groß war wie seine Freude, denn auf Jones, der zur Partei des Steuermanns übergegangen war, konnte er sich nicht im geringsten verlassen. Sie kamen sofort herunter, August rief mich beim Namen und machte mich mit Dirk Peters bekannt. Wir kamen überein, die erste Gelegenheit zu ergreifen, uns des Schiffes zu bemächtigen und Jones nicht in unsere Pläne einzuweihen. Sollten wir Erfolg haben, so wollten wir in den ersten Hafen einlaufen und das Schiff der Obrigkeit übergeben. Peters mußte auf seinen Vorsatz, die Inseln im Stillen Ozean aufzusuchen, verzichten, denn dieser Plan ließ sich nur mit einer größeren Mannschaft verwirklichen. Er rechnete darauf, bei einer eventuellen Verhandlung freigesprochen zu werden, denn er schwur uns feierlich, nur seinem zeitweiligen Irrsinn könne man es zuschreiben, daß er überhaupt an der Meuterei teilgenommen und hoffte, daß Augusts und mein Zeugnis ihn vor jeder Strafe sicherten. Unsere Unterredung wurde durch den Ruf unterbrochen: „Alle Mann auf Deck!" – Und Peters und August stürzten hinauf.

Wie gewöhnlich war die Mannschaft vollständig betrunken, und ehe noch die Segel ordentlich eingezogen waren, warf ein heftiger Windstoß die Brigg auf die Seite. Sie erhob sich wieder, hatte jedoch sehr viel Wasser geschöpft. Kaum war der Schaden wieder gutgemacht worden, so erlitt die Brigg wieder einen Stoß und gleich darauf einen zweiten, jedoch ohne daß ein größerer Schaden entstand. Allem Anschein nach war ein Sturm im Anzug, und er brach auch wirklich bald von Norden und Westen mit großer Gewalt los. Man befestigte alles so gut wie möglich, und wir legten wie gewöhnlich unter eingerefftem Focksegel bei. Als der Abend kam, nahm der Sturm zu, und die See wurde außergewöhnlich unruhig. Peters stieg mit August wieder zum Vorderkastell hinab, und wir nahmen unsere Beratungen von neuem auf.

Wir kamen überein, daß keine Gelegenheit der Ausführung unseres Planes günstiger sein könne, als die augenblickliche, und daß man in diesem Momente am allerwenigsten auf einen Handstreich gefaßt sei. Da die Brigg vollständig beigelegt hatte, brauchte man ihr nicht eher Aufmerksamkeit zu schenken als bis es wieder gutes Wetter wurde, und dann konnten wir – vorausgesetzt, daß wir Erfolg gehabt hatten – einen oder zwei der Gefangenen befreien und zwingen, uns zu helfen, in einen Hafen einzulaufen. Die Hauptschwierigkeit lag in der Ungleichheit der Kräfte. Wir waren zu dreien, und in der Kajüte waren sie zu neun. Außerdem hatten sie alle Waffen, die an Bord gewesen, in ihrem Besitz. Peters hatte nur zwei kleine Pistolen in seiner Kleidung verborgen und besaß außerdem noch ein großes Seemannsmesser, das er immer im Gürtel trug. Überdies wiesen einige Anzeichen darauf hin, daß der Steuermann schon Verdacht geschöpft und nur auf eine Gelegenheit wartete, um sich Peters zu entledigen. So lag zum Beispiel keine Axt, keine Hacke an ihrem gewöhnlichen Platz. Es war klar, daß wir unser Vorhaben nicht bald genug ausführen konnten. Doch waren unsere Kräfte, wie gesagt, zu ungleich, als daß nicht äußerste Vorsicht geboten gewesen wäre.

Peters wollte auf Deck steigen, dort mit der Wache – es war Allen – ein Gespräch anknüpfen und auf eine Gelegenheit warten, ihn ohne viel Geräusch über Bord zu werfen. Er glaubte, es werde ihm nicht schwerfallen. August und ich sollten dann hinaufstürzen, uns mit irgendwelchen Waffen, die wir an Deck fänden, versehen, dann wollten wir zusammen vorwärtsstürmen und uns die Kajütentreppe sichern, ehe die so Eingeschlossenen Widerstand versuchen konnten. Ich riet jedoch davon ab, weil ich nicht glauben konnte, daß der Steuermann, der ja ein sehr listiger Bursche war, sich so leicht fangen lassen würde. Die Tatsache, daß er überhaupt eine Wache auf Deck aufgestellt hatte, bewies zur Genüge, daß er nicht arglos war, denn es ist, außer vielleicht auf Schiffen, auf denen die Disziplin eine ganz strenge ist, nicht üblich, während eines Sturmes, wenn das Schiff vollständig beigelegt hat, eine Wache auf Deck aufzustellen. Doch mußte irgend etwas geschehen, und zwar so bald wie möglich, denn nachdem Peters einmal Verdacht erregt hatte, war zu befürchten, daß man ihn bei der ersten besten Gelegenheit umbringen werde, und diese Gelegenheit konnte bald gefunden oder herbeigeführt werden.

Glücklicherweise kam mir plötzlich der Gedanke, uns den Aberglauben und das schlechte Gewissen des Steuermanns zunutze zu machen. Man wird sich erinnern, daß am Morgen des Tages einer von der Mannschaft, Hartmann Rogers, gestorben war, nachdem er vor zwei Tagen, nach dem Genuß eines Glases Grog, plötzlich von Krämpfen befallen worden. Peters hatte uns mitgeteilt, daß er glaube, der Steuermann habe den Mann vergiftet, und daß er Gründe für diesen Glauben habe. Rogers war ungefähr gegen elf Uhr vormittags gestorben; der Körper bot schon ein paar Minuten nach dem Tode den schaudervollsten Anblick dar, den man sich denken kann. Der Leib war fürchterlich aufgeschwollen, wie der eines Ertrunkenen, der mehrere Wochen im Wasser gelegen hat. Die Hände waren in gleichem Zustande, während das Gesicht zusammengeschrumpft, verrunzelt und kalkig-weiß aussah, zwei oder drei glühend rote Flekken, wie sie der Rotlauf zurückläßt, ausgenommen. Einer dieser Flecken zog sich schräg über das ganze Gesicht und bedeckte ein Auge des Toten wie ein rotes Sammetband. In diesem gräßlichen Zustande wurde der Leichnam gegen Mittag aus der Kajüte nach oben gebracht, um über Bord geworfen zu werden. Als der Steuermann ihn erblickte – er sah ihn zum erstenmal – wurde er von Gewissensbissen oder vielleicht auch von einem bloßen Schauder über den fürchterlichen Anblick ergriffen, denn er befahl den Leuten, den Leichnam in eine Hängematte zu nähen und ihm das gewöhnliche Begräbnis der Seeleute zu geben. Darauf begab er sich sofort wieder hinunter, als fliehe er den Anblick seines Opfers. Während man mit der Ausführung seines Befehls beschäftigt war, erhob sich der Sturm, und man mußte einstweilen davon abstehen. Der Leichnam blieb sich selbst überlassen und schwamm augenblicklich in einer Ablaufrinne an Backbord.

Peters begab sich auf Deck und wurde, wie erwartet, gleich von Allen, der dort Wache stand, angeredet. Das Schicksal des Schurken war bald entschieden. Peters näherte sich ihm harmlos, faßte ihn dann schnell, ehe er einen Laut ausstoßen konnte, an der Kehle und warf ihn über Bord. Dann rief er uns, und wir gingen nach oben. Zuerst suchten wir nach irgendwelchen Waffen, mußten aber dabei sehr vorsichtig zu Werke gehen, da fortwährend Sturzwellen das Schiff überschwemmten. Außerdem mußten wir uns eilen, denn der Steuermann konnte jeden Augenblick erscheinen, um pumpen zu lassen, da die Brigg ziemlich viel Wasser schöpfte. Obwohl wir eine ganze Zeitlang gesucht hatten, fanden wir weiter nichts als zwei Pumpenschwengel, von denen August und ich Gebrauch machen sollten. Dann zogen wir dem Leichnam Rogers die Kleider ab und warfen ihn selbst über Bord. Peters und ich gingen hinunter, während August Allens Platz einnahm. Er stellte sich mit dem Rücken gegen die Kajüten-treppe, so daß er, falls jemand von der Mannschaft nach oben kam, für den eben über Bord Geworfenen gelten konnte.

Sobald ich unten angekommen, begann ich, mich so gut es ging in den Leich-nam Rogers zu verkleiden. Das Hemd, welches wir dem Körper abgezogen hat-ten, kam mir dabei sehr zustatten, denn es war von besonderer Form und Mach-art und leicht wiederzuerkennen; mehr eine Art Bluse, die der Tote über seinen anderen Kleidungsstücken getragen. Sie war aus blauem, weißgestreiftem Trikot hergestellt. Als ich sie übergezogen, stopfte ich meinen Leib aus, um die fürch-terliche Geschwulst zu imitieren. Mittels einiger Bettdecken gelang mir dies sehr leicht. Über meine Hände zog ich ein paar weißwollene Handschuhe, die ich mit allerlei Lumpen ausfüllte. Peters rieb dann mein Gesicht erst gut mit Kreide ein, schnitt sich in den Finger und bespritzte mich mit Blut. Der breite Streifen über dem Auge wurde nicht vergessen, und ich sah abscheuerregend genug aus.

Kapitel VIII
Das Gespenst

Als ich in einem Stückchen Spiegelglas, bei dem trüben Scheine einer Blendla-terne, mein Abbild erblickte, faßte mich ein unbestimmter Schreck; mein Äuße-res, mehr noch die Erinnerung an den so entsetzlich entstellten Toten, den ich vorstellen sollte, mochte ihn mir einflößen. Ich zitterte heftig und konnte mich kaum mehr entschließen, meine Rolle durchzuführen. Es blieb jedoch keine Zeit zum Zögern, und so begab ich mich denn mit Peters auf Deck.

Wir hielten uns alle drei nahe an das Bollwerk und krochen lautlos bis zur Kajütentreppentür. Sie war nur halb geschlossen, und man konnte durch den Zwi-schenraum an den Angeln das ganze Innere der Kajüte übersehen. Wir erkannten sofort, welches Glück es gewesen, daß wir bei dem Plane, die Mannschaft zu überraschen, nicht geblieben waren: ganz offenbar war man da unten auf seiner Hut. Nur einer schlief – er lag mit einer Flinte im Arm am Fuße der Treppe. Die übrigen saßen auf den Matratzen, die sie aus ihren Schlafstätten geholt und auf den Boden geworfen hatten. Sie waren im ernsten Gespräch begriffen, und obgleich gezecht worden war, wie zwei leere Krüge und etliche herumstehende Becher bewiesen, doch nicht so betrunken wie gewöhnlich. Alle trugen ihre Mes-ser, einige waren mit Pistolen bewaffnet, eine Menge Flinten lag zur Seite.

Wir hörten ihrem Gespräch eine Zeitlang zu, ehe wir uns irgendwie ent-schlossen. Sie redeten über ihre geplanten Raubzüge – sie wollten sich, wenn möglich, eines Schoners bemächtigen, und das sollte dann die Vorbereitung zu größeren Unternehmungen sein, von deren Einzelheiten wir jedoch nichts ver-standen.

Einer der Männer sprach von Peters, der Steuermann antwortete mit so lei-ser Stimme, daß wir nicht hören konnten, was. Dann fügte er langsam hinzu: Er verstehe nicht, was Peters in einem fort mit dem Balg des Kapitäns im Vorder-kastell zu besprechen habe; je eher die beiden über Bord wären, desto besser für sie alle. Niemand antwortete – doch schienen alle den versteckten Vorschlag des Steuermanns zu billigen. Ich wurde jeden Augenblick aufgeregter, besonders, da ich sah, daß Peters und August sich noch zu keinem entscheidenden Schritt entschließen konnten. Auf jeden Fall, so beschloß ich bei mir, wollte ich mein Leben so teuer wie möglich verkaufen und mich von meinem Schrecken nicht beeinflussen lassen.

Das furchtbare Getöse, das der Sturm im Takelwerk und die Sturzwellen auf Deck vollführten, ließ uns nur hin und wieder in ruhigen Augenblicken ein paar Worte verstehen. In einer solchen Pause hörten wir deutlich, wie der Steuermann einem von seinen Leuten befahl, nach oben zu gehen und die verdammten Hunde herunter in die Kajüte zu holen, wo er ein Auge auf sie haben könne; er wolle an Bord der Brigg keine Geheimnistuerei. Glücklicherweise schwankte das Schiff in diesem Augenblicke wieder zu stark, als daß man seinen Befehl gleich hätte ausführen können. Dann erhob sich jedoch der Koch von seiner Matratze, um uns zu holen. In demselben Augenblick aber schleuderte ihn auch schon ein neuer, furchtbarer Stoß, der alle Masten abzureißen schien, der Länge nach gegen eine der Backbordkajütentüren, und zwar so stark, daß sie aufsprang. Von uns war niemand gestolpert, und wir hatten Zeit genug, uns auf das Vorderkastell zurückzuziehen und dort das weitere zu überlegen, ehe der Bote des Steuermanns endlich doch in der Kajütentür erschien. Alsbald steckte denn auch einer seinen Kopf heraus und rief Allen, den er nicht sehen konnte, aber natürlich noch auf der Wache stehen glaubte, laut den Befehl des Steuermanns zu. Peters verstellte seine Stimme und antwortete schnell und kurz mit „Ja! Ja!", worauf der Betreffende gleich wieder verschwand, ohne den geringsten Argwohn geschöpft zu haben.

Nun begaben sich meine beiden Gefährten sofort wieder nach hinten und stiegen in die Kajüte hinab. Peters schloß die Tür wieder nur halb. Der Steuermann empfing sie mit gemachter Liebenswürdigkeit und sagte zu August, er dürfe sich jetzt, weil er sich in den letzten Tagen so wohl betragen, in der Kajüte einrichten und ganz als einen der Ihrigen betrachten. Dann füllte er ein großes Glas halb mit Rum und bot es ihm dar. Ich sah und hörte dies alles, denn ich war meinen Freunden gefolgt und hatte, sobald sich die Kajütentreppentür halb hinter ihnen geschlossen, unseren alten Posten, von dem aus ich alles beobachten konnte, wieder eingenommen. Die beiden Pumpenschwengel brachte ich mit und versteckte einen ganz in der Nähe der Treppe, um ihn im Notfalle bei der Hand zu haben.

Ich stellte mich nun so, daß mir nichts von dem, was unten vorging, verlorengehen konnte, und raffte all meinen Mut zusammen, um bei dem Zeichen, das Peters mir verabredetermaßen machen wollte, hinabzusteigen. Er begann die Unterhaltung auf die verschiedenen blutigen Zwischenfälle der ganzen Meuterei zu bringen und brachte die Männer nach und nach dazu, verschiedene Gespenstergeschichten, die bei allen Seeleuten stark im Umlauf sind, anzuhören. Ich verstand nicht alles, was er sagte, doch erriet ich die Wirkung, die sie ausübten, aus den Gesichtern der Zuhörer. Der Steuermann wurde offenbar immer aufgeregter, und als gleich darauf einer von dem schauderhaften Anblick des toten Rogers sprach, glaubte ich, er werde vor Entsetzen in Ohnmacht fallen. Peters fragte ihn, ob er es nicht für besser hielte, den Leichnam über Bord zu werfen, denn es sei geradezu grausig, ihn in der Rinne am Backbord herumschwimmen zu sehen. Nun begann der Elende krampfhaft und hastig zu atmen, fragte stotternd, ob nicht einer dies Geschäft übernehmen wolle. Doch rührte sich niemand, da alle durch Peters Erzählungen im höchsten Grade aufgeregt und ängstlich geworden waren. In diesem Augenblick machte mir Peters ein Zeichen. Ich stieß sofort die Tür auf, stieg, ohne eine Silbe zu reden, hinunter und stand steif aufrecht mitten unter der Gesellschaft.

Über die entsetzliche Wirkung, welche die Erscheinung ausübte, wird sich niemand wundern, wenn er sich die begleitenden Umstände näher vorstellt. In ähnlichen Fällen kann sonst dem Zuschauer noch immer ein Zweifel an der Wirklichkeit der Erscheinung aufglimmen – eine schwache Hoffnung, daß er das Opfer irgendeines schlechten Streiches geworden –daß das Gespenst kein wirkliches sei. Diese Meuterer konnten jedoch gar nicht anders als glauben, daß das, was sie sahen, wirklich der wiederauferstandene Rogers sei. Denn die Brigg schwamm einsam auf dem Meer und war während des Sturmes von außen unerreichbar. Die ganze Mannschaft des Schiffes war in der Kajüte versammelt, das wußten sie alle, und niemand hätte die Anwesenheit einer anderen Person für möglich gehalten; nur Allen, der Wache gestanden, fehlte, doch ließ seine wohlbekannte Riesengestalt – er war sechs Fuß sechs Zoll hoch – auch den flüchtigsten Verdacht, er stecke hinter der Erscheinung, gar nicht aufkommen. Erinnere man sich nun noch an den fürchterlichen Sturm und die aufregenden Geschichten, die Peters erzählte, an den Schreck, welchen der grausige Anblick des Leichnams morgens in den Gemütern der Männer erregte, an meine wohlgelungene Nachahmung und das trübe, flackernde Licht, in dem sie mich erblickten – die Kajütenlaterne schwankte heftig hin und her und warf nur schattenhafte Lichter auf meine Gestalt – und man wird sich nicht wundern, daß unsere List eine noch viel stärkere Wirkung hatte als wir zu hoffen gewagt: Der Steuermann schnellte von seiner Matratze auf und fiel der Länge nach gleich tot auf den Boden; von einem heftigen Stoß, den das Schiff gerade bekam, wurde er wie ein Scheit Holz in eine Ecke geschleudert. Und als wir die übrigen sieben nun anfielen, da steckte ihnen der Schreck und das Entsetzen so in den Gliedern, daß nur drei von ihnen, der Koch, John Hunt und Richard Parker sich zur Wehr setzten, jedoch auch bloß schwachen, unentschlossenen Widerstand leisteten. Peters schoß die beiden ersten einfach nieder, ich schlug Richard Parker mit meinem Pumpenschwengel zu Boden, August hatte inzwischen eine Flinte ergriffen und beförderte einen anderen – Wilson – hinüber. Nun blieben nur noch drei – doch hatten sie mittlerweile ihre lähmende Angst wenigstens etwas abgeschüttelt und ahnten vielleicht schon, daß sie einer Täuschung anheimgefallen waren; kämpften wenigstens mit wilder Entschlossenheit und wären unser wohl bald Herr geworden, wenn nicht Dirk Peters mit seinen erstaunlichen Körperkräften gewesen wäre. Diese drei waren Jones, Greely und Absalon Hicks. Jones hatte August auf den Fußboden geworfen, stach ihn mehrere Male durch den rechte Arm und hätte ihm wohl bald den Garaus gemacht – denn weder Peters noch ich konnten uns in dem Augenblick unserer Gegner entledigen –, wenn ihm nicht ein Freund zu Hilfe gekommen wäre, auf dessen Beistand wir gar nicht gezählt hatten: Es war Tiger. Mit grimmigem Knurren sprang er in dem kritischen Moment in die Kajüte, stürzte sich auf Jones, zerrte ihn im Augenblick auf den Boden nieder und ließ seine Kehle nicht eher wieder los, bis er sie durchbissen hatte. Peters allein – August war zu verletzt, um helfen zu können, und mich hinderte meine Polsterkleidung – hätte die beiden Übrigbleibenden wohl viel eher beseitigt, wäre der Raum nicht so eng und das Schwanken des Schiffes nicht so überstark gewesen. Jetzt ergriff er, gerade in dem Augenblick, da Greely eine Flinte auf mich abfeuern wollte, einen schweren Stuhl und schlug ihm damit den Schädel ein. Dann packte er Hicks und erdrosselte ihn durch die bloße Kraft seiner Hände augenblicklich, so daß wir mit einem Male Herren der Brigg waren. Der einzige Gegner, der noch lebte, war Richard Parker. Ich hatte ihn, wie man sich erinnern wird, am Anfang des Kampfes mit meinem Pumpenschwengel zu Boden geschlagen. Er lag bewegungslos an der Kajütentür; als Peters ihn mit dem Fuße anstieß, redete er und bat um Gnade. Sein Kopf war verletzt, sonst hatte er keine Verwundung davongetragen, und der Schlag hatte ihn nur betäubt. Er erhob sich, und wir banden ihm die Hände auf den Rücken. Der Hund hielt Jones noch immer fest und knurrte dazu, wir untersuchten sein Opfer und fanden es vollständig tot; aus einer großen Wunde an der Kehle, die ihm die scharfen Zähne des Tieres zugefügt, rann ein breiter Blutstrom.

Es war jetzt ungefähr ein Uhr morgens, der Sturm toste noch fürchterlich. Die Brigg ging offenbar sehr tief, und es mußte etwas geschehen, um sie zu erleichtern. Fast nach jedem Schuß vorwärts fing sie eine Sturzsee, die Wellen drangen oft bis in die Kajüte zu uns herab, da ich die Kajütentreppentür offen gelassen hatte. Die ganze Schiffswand am Backbord war weggeschwemmt worden, ebenso die Schiffsküche und die Jolle. Das fortwährende Krachen und Schwanken des Hauptmastes ließ auch darauf schließen, daß er gesprungen sei. Um im unteren Schiffsraum mehr Platz für Waren zu schaffen, hatte man den Mast im Zwischendeck befestigt, wie es leider zuweilen von unfähigen Schiffsbauern geschieht, so daß große Gefahr vorhanden war, er werde sich entwurzeln. Und beim Einstellen der Pumpen fanden wir nicht weniger als sieben Fuß Wasser.

Wir ließen die Leichname zunächst in der Kajüte liegen und begannen zu pumpen. Parker wurde befreit und mußte helfen. Augusts Arm wurde verbunden; er selbst half, so gut er konnte, doch war es nicht viel. Immerhin glaubten wir, daß wir des Lecks Herr werden könnten, wenn eine Pumpe beständig in Betrieb blieb. Da wir nur zu vieren waren, hatten wir hart zu arbeiten. Doch hielten wir unsern Mut entschlossen aufrecht und erwarteten sehnsüchtig den Morgen, wo wir die Brigg durch Abschlagen des Hauptmastes zu erleichtern hofften.

Wir brachten die Nacht in schrecklicher Angst und von Müdigkeit gequält zu; als der Tag anbrach, hatte der Sturm noch nicht nachgelassen, und keinerlei Anzeichen ließen darauf schließen, daß dies bald geschehen werde. Wir schleppten die Toten herauf und warfen sie über Bord. Dann bemühten wir uns, den Hauptmast zu entfernen. Als wir die nötigen Vorbereitungen vollendet hatten, schlug Peters den Mast mit einer Axt ab, während wir an den Stags und Taljereepen standen. Als die Brigg eine furchtbare Sturzwelle schöpfte, wurde der Befehl gegeben, die Taljereepen abzuhauen. Es geschah. Die ganze Masse Holz und Takelwerk fiel ins Meer und erleichterte die Brigg sehr, ohne uns einen beachtenswerten Schaden zuzufügen. Wir fanden jetzt, daß das Schiff lange nicht mehr so tief ging wie vorher, doch war unsere Lage noch immer gefährlich genug. Augusts Hilfe war kaum in Anschlag zu bringen. Dazu warf eine heftige Welle die Brigg plötzlich zur Seite, der Ballast sank in Massen leewärts – die gestauten Waren flogen schon seit einiger Zeit nach Belieben umher – und einige Minuten lang schien uns nichts vor dem Untergang retten zu können. Teilweise erhob sich das Fahrzeug jedoch wieder, aber wir lagen so stark auf der Seite, daß es nutzlos gewesen wäre, an den Pumpen zu arbeiten. Wir hätten es auch im Notfalle nicht mehr gekonnt, denn unsere Hände waren von der ununterbrochenen fürchterlichen Arbeit ganz wund geworden und bluteten sehr.

Gegen Parkers Rat begannen wir nun auch, den Fockmast abzuhauen, was uns nach vielen Schwierigkeiten gelang. Als er über Bord ging, riß er das Bugspriet mit, so daß uns nur noch der Rumpf des Schiffes blieb.

Aber als nun der Fockmast über Bord war, und damit selbstverständlich auch das Focksegel, das die Brigg hoch hielt, da schöpften wir jede Welle und in fünf Minuten war das Deck wie reingekehrt, das große Boot und die Schiffswand am Steuerbord weggeschwemmt und sogar das Ankerspill zerschlagen. Eine gefährlichere, elendere Lage als die unsrige war kaum noch denkbar.

Gegen Mittag schien der Sturm ein wenig nachzulassen, doch wurden wir bitter enttäuscht, denn er hatte bloß einige Minuten geruht, um mit verdoppelter Wut loszublasen. Gegen vier Uhr nachmittags war es vollständig unmöglich, irgend etwas gegen die Gewalt des Sturmes zu unternehmen. Und als die Nacht kam, blieb uns auch kein Hoffnungsschimmer, daß das Schiff den Morgen noch sehen werde.

Gegen Mitternacht hatten wir so viel Wasser geschöpft, daß es bis zum Mitteldeck stand. Kurze Zeit darauf wurde das Steuerruder weggeschwemmt; die Woge, die es verschuldete, hob den ganzen hinteren Teil des Schiffes übers Wasser, und es fiel mit einem so ungeheuerlichen Krach zurück, als sollte es auf der Stelle scheitern. Kaum hatten wir nach diesem fürchterlichen Stoß Atem geschöpft, so schoß eine der wütendsten Wellen, die ich je gesehen, gerade über uns her, riß die Kajütentreppentür weg, stieß die Luken ein und füllte das Schiff bis in die entferntesten Ecken und Winkel mit Wasser.

Kapitel IX
Der Kampf um die Lebensmittel

Glücklicherweise hatten wir uns alle vier, ehe die Nacht gekommen, so fest wie möglich an die Trümmer des Ankerspills angebunden und lagen so flach wie es gehen wollte auf dem Deck. Diese Vorsichtsmaßregel rettete uns zweifellos. Sobald ich wieder Atem schöpfen konnte, nachdem die Wasserflut über uns hergerollt war, rief ich meine Gefährten laut mit Namen. Nur August antwortete und sagte leise: „Es ist vorbei mit uns." Dann aber konnten auch die beiden anderen wieder reden, und sie ermahnten uns, Mut zu fassen, noch sei nicht alle Hoffnung verloren, die Brigg könne wegen ihrer Ladung unmöglich ganz untergehen, und verschiedene Anzeichen deuteten außerdem darauf hin, daß der Sturm am Morgen vorübergehen werden. Diese Worte gaben mir neue Lebenskraft, denn ich hatte noch gar nicht daran gedacht, daß ein mit leeren Tonnen geladenes Schiff ja unmöglich untergehen könne. Die Nacht war undurchdringlich finster und das wüste Getöse, das uns umgab, einfach nicht mit Worten zu beschreiben. Das Deck unseres Schiffes befand sich auf dem Niveau des Meeres und war von einem Schaumrande umgeben, von dem sich in kurzen Zwischenräumen Spritzwellen über uns ergossen. Unsere Köpfe waren von drei Sekunden nur eine über Wasser. Obgleich wir dicht einer neben dem anderen lagen, konnten wir uns nicht sehen. Von Zeit zu Zeit riefen wir uns beim Namen, um unsere Hoffnung zu beleben und den, der es gerade am meisten nötig zu haben schien, zu trösten und zu ermutigen. Die große Schwäche Augusts beunruhigte uns sehr, und da sein verwundeter Arm es ihm unmöglich machte, sich so fest wie wir anderen anzubinden, fürchteten wir, ihn jeden Augenblick davongeschwemmt zu sehen – ihm Hilfe zu leisten, wäre ein Ding der Unmöglichkeit gewesen. Glücklicherweise war seine Lage eine sicherere als die der anderen, denn die obere Partie seines Körpers wurde durch ein überhängendes Stück des Ankerspills geschützt, so daß der Anprall der über ihn herstürzenden Wellen sehr gemildert wurde. Da die Brigg stark auf der Seite lag, waren wir überhaupt weniger in Gefahr, fortgeschwemmt zu werden, als wenn sie eine andere Lage gehabt hätte. Das Backbord hatte sich, wie ich schon bemerkte, sehr geneigt, so daß ein Teil des Decks vollständig unter Wasser war. Die Wellen, die also vom Steuerbord über uns herüberfielen, brachen sich zum großen Teil am Schiffsrand und erreichten uns nur teilweise, da wir flach hingestreckt auf dem Gesicht lagen, während die, die vom Backbord hinterrücks über uns fielen, uns nicht aus unserer Lage zu reißen vermochten.

Wir blieben in dieser qualvollen Situation bis zum Tagesanbruch, der uns die Schrecken, die uns umgaben, erst deutlich erkennen ließ. Die Brigg schien nur noch ein Holzgetrümmer, das jeder Welle preisgegeben war; und der Sturm nahm noch stetig zu. Während einiger Stunden schwiegen wir, schaudernd vor der Angst, daß sich die Stricke lösen möchten, daß die Überbleibsel des Ankerspills über Bord gehen könnten oder daß eine der ungeheuren Wellen, die sich vor uns, neben uns und über uns hochtürmten, das Schiff einmal so lange unter Wasser begraben würde, daß wir ertrinken mußten, ehe wir den Kopf wieder außer Wasser bekamen. Plötzlich, gegen Mittag, blitzte ein Sonnenstrahl auf, und kurze Zeit darauf spürte ich, daß der Sturm merklich abnahm, aber erst gegen Abend beruhigte sich das Meer einigermaßen. Höchstens alle fünf Minuten schlug dann mit dem Winde eine Welle über den Schiffsrumpf. Seit mehreren Stunden hatte ich keinen von meinen Gefährten mehr sprechen gehört. Ich rief Augusts Namen. Er antwortete mir, doch so schwach, daß ich nicht verstand, was er sagte. Dann sprach ich zu Peters und Parker, doch keiner von ihnen schien mich zu hören.

Kurze Zeit darauf verfiel ich in eine Art von Bewußtlosigkeit, in der meine Sinne meiner Phantasie die lockendsten Bilder vorgaukelten. Ich sah Bäume in Schwellendem Grün, prächtige Fluren, in denen reife Getreidefelder wogten, lange Züge junger Tänzerinnen, glänzende Reiterkavalkaden und andere Phantasmagorien. Wenn ich jetzt zurückdenke, erinnere ich mich, daß in allem, was meine Träume mir damals vorspiegelten, die Bewegung der herrschende Gedanke war. Ich träumte von keinem einzigen unbewegten Gegenstande, von einem Hause etwa oder einem Berge, aber in schier endloser Folge zogen Windmühlen, Schiffe, riesige Vögel, Reiter, rasend dahinjagende Wagen an mir vorüber. Als ich aus diesem sonderbaren Zustande erwachte, war, soweit ich schätzen konnte, die Sonne schon seit ungefähr einer Stunde aufgegangen. Nur mit Mühe erinnerte ich mich der Umstände, die mit meiner Lage zusammenhingen; eine Zeitlang glaubte ich, noch im Schiffsraum eingesperrt zu sein, und hielt den Körper Parkers für meinen Hund Tiger.

Als ich endlich wieder vollständig zu mir gekommen war, bemerkte ich, daß nur noch eine mäßige Brise wehte und das Meer verhältnismäßig ruhig war, so daß die Brigg nur noch seitlich Wellen schöpfte. Mein linker Arm hatte seine Fesseln zerrissen und war am Ellenbogen ziemlich stark verletzt. Der rechte war vollständig taub geworden, die Hand und das Handgelenk durch den Druck der Fesseln, der von der Schulter bis ganz nach unten gewirkt hatte, furchtbar aufgeschwollen. Ein anderes, um den Leib gewundenes Tau hatte sich unerträglich eng zusammengezogen und peinigte mich fürchterlich. Ich blickte nach meinen Gefährten umher und fand, daß Peters noch lebte, obgleich sich ein Strick so fest um seine Lenden gepreßt hatte, daß es aussah, als wäre er wirklich entzweigeschnitten. Als ich mich bewegte, machte auch er eine schwache Bewegung und deutete auf den Strick. August gab kein Lebenszeichen von sich. Parker war dagegen bei vollem Bewußtsein und fragte, ob ich wohl die Kraft habe, ihn aus seiner Lage zu befreien. Er bat mich, all meine Energie zusammenzuraffen und ihn loszubinden – in diesem Fall könnten wir vielleicht gerettet werden, während uns so der Untergang gewiß sei.

Ich sprach ihm Mut zu und ging daran, ihn zu befreien. Ich suchte in meiner Tasche nach meinem Messer und öffnete es, dann durchschnitt ich mit der linken Hand die Fesseln der rechten und die anderen Taue, die mich festhielten. Aber als ich mich erheben wollte, fand ich, daß meine Beine mir den Dienst versagten und mein rechter Arm vollständig bewegungslos war. Parker riet mir, ein paar Minuten still zu liegen und mich mit der linken Hand am Ankerspill festzuhalten, damit das Blut im rechten Arm wieder zirkulieren könne. Ich tat es, und die Taubheit begann zu schwinden, so daß ich den rechten Arm in etwa wieder gebrauchen konnte. Ich schob mich vorsichtig auf Parker zu und schnitt die Stricke, die ihn banden, entzwei. Nachdem auch er den Gebrauch seiner Glieder wiedererlangte, beeilten wir beide uns, zunächst Peters zu befreien. Der Strick war durch ein wollenes Beinkleid und zwei wollene Hemden hindurchgedrungen und hatte einen tiefen Einschnitt in das Fleisch gemacht, so daß reichlich Blut floß, als wir ihn entfernten. Kaum war dies geschehen, so sprach er wieder und schien augenblicklich Erleichterung zu empfinden. Auch erlangte er verhältnismäßig schneller als Parker und ich den Gebrauch seiner Glieder wieder und verdankte dies wohl der durch die fließende Wunde hervorgerufenen schnelleren Bewegung seines Blutes.

August lag vollständig regungslos, und wir hatten wenig Hoffnung, ihn wieder zu sich zu bringen. Als wir uns ihm näherten, sahen wir jedoch, daß er nur infolge von Blutverlust ohnmächtig geworden, da die Wellen den Verband, den wir seinem verwundeten Arm angelegt, abgerissen hatten. Keins der Taue, die ihn an das Ankerspill banden, hatte sich so fest angezogen, daß es seinen Tod verursacht haben könnte. Als wir ihn losgebunden hatten, brachten wir ihn an einen trockenen Platz, legten ihn mit dem Kopf ein wenig nach unten und begannen alle drei, seine Glieder zu reiben. Nach ungefähr einer halben Stunde kam er zu sich, doch erst am folgenden Morgen schien er uns zu erkennen und fand die Kraft, ein paar Worte zu sprechen.

Als wir alle mit dem Losbinden fertig geworden, war die Nacht gekommen. Der Himmel bedeckte sich wieder, und wir fühlten uns von der folternden Angst gepeinigt, der Sturm möge wieder zunehmen. Erschöpft, wie wir waren, hätte niemand von uns eine zweite Schreckensnacht überleben können. Zum Glück hielt sich das Wetter, und das Meer beruhigte sich nach und nach ganz. Aus Nordwest blies eine leichte Brise, doch war es durchaus nicht kalt. August, der natürlich zu schwach war, um sich festzuhalten, wurde sorgfältig an das Ankerspill festgebunden, damit ihn die Schwankungen des Wracks nicht über Bord würfen. Wir anderen hatten eine solche Vorsichtsmaßregel nicht nötig. Wir setzten uns nahe zusammen, stützten uns einer gegen den anderen und begannen zu überlegen, wie wir uns aus dieser fürchterlichen Lage befreien könnten. Auch entledigten wir uns unserer Kleider und wanden sie kräftig aus. Als wir sie wieder anzogen, schienen sie uns eigentümlich warm zu sein und dienten nicht wenig dazu, unsere Kräfte neu zu beleben. Wir zogen nun auch August aus und erwiesen ihm denselben Dienst, und auch er fühlte sich bald ein wenig wohler.

Hunger und Durst quälten uns jetzt am heftigsten, und als wir vergeblich auf Mittel sannen, diesen Leiden abzuhelfen, sank uns wieder aller Mut. Doch versuchten wir uns mit der Hoffnung zu trösten, daß uns bald ein Schiff aufnehmen werde, und ermutigten uns, alles, was auch kommen möge, mit Festigkeit zu ertragen.

Als der nächste Morgen dämmerte, war das Wetter noch klar und schön, eine beständige, doch leichte Brise wehte nach wie vor aus Nordwest. Die See war glatt, und aus irgendeinem Grunde lag die Brigg nicht mehr an der Seite, das Deck war verhältnismäßig trocken, und wir konnten auf demselben hin und her gehen. Seit drei Tagen hatten wir nun nichts mehr genossen, und es wurde dringend notwendig, wenigstens den Versuch zu machen, uns irgend etwas von unten zu verschaffen. Da die Brigg jedoch voll Wasser stand, gingen wir ziemlich mutlos und ohne Hoffnung, etwas aufzufischen, ans Werk. Wir stellten eine Art Angel her, indem wir einige Nägel, die wir aus den Überbleibseln der Kajütentreppentür zogen, in zwei Stücke Holz trieben. Diese befestigten wir nun kreuzweise übereinander, banden sie an ein Stück Tau, ließen es in die Kajüte hinab und zogen es hin und her, in der schwachen Hoffnung, irgend etwas Eßbares oder wenigstens etwas, das uns zur bessern Herbeischaffung von Nahrung dienen könne, heraufzubefördern. Wir brachten den größten Teil des Morgens mit dieser Beschäftigung zu, ohne etwas anderes zu fischen als ein paar Bettdecken, in die sich die Nägel leicht eingehakt hatten. Unser Werkzeug war so plump und unpraktisch, daß wir kaum auf bessere Erfolge hoffen durften.

Wir setzten unsere Versuche im Vorderkastell fort, ohne andere Resultate zu erzielen. Da kam Peters auf den Gedanken, sich ein Tau um den Leib legen zulassen und in die Kajüte hinabzutauchen. Wir begrüßten diesen Vorschlag mit der Freude, die mir die wiederkehrende Lebenshoffnung geben kann. Er begann sofort, sich seiner Kleider, die Beinkleider ausgenommen, zu entledigen. Ein starker Strick wurde sorgfältig so um seinen Leib und seine Schultern gewunden, daß er nicht ausgleiten konnte. Das Unternehmen war schwierig und gefahrvoll, denn da in der Kajüte, wenn sie überhaupt Lebensmittel enthielt, auf keinen Fall viel zu finden war, mußte der Taucher, wenn er unten angelangt war, sich nach rechts wenden und unter Wasser durch einen engen Gang ungefähr zehn oder zwölf Schritte bis zum Vorratsraum und wieder zurücktasten, ohne atmen zu können.

Als alles vorbereitet war, stieg Peters zur Kajüte hinab. Zuerst benutzte er die Treppe, bis ihm das Wasser zum Kinn ging, dann tauchte er kopfüber hinunter, indem er sich nach rechts wandte, und bemühte sich, den Weg zur Vorratskammer zu finden. Der erste Versuch mißlang. Nachdem er etwa eine halbe Minute verschwunden war, fühlten wir, daß heftig an dem Tau gerissen wurde. Dies war das verabredete Signal, daß er heraufgezogen zu werden wünsche. Wir taten es augenblicklich, jedoch so heftig, daß er sich an der Treppe ziemlich stark stieß und verletzte. Er brachte nichts mit herauf, denn er konnte nur ein sehr kleines Stück weit in den Gang hineindringen, weil er beständig harte Anstrengungen machen mußte, um am Boden zu bleiben und nicht zur Decke emporgehoben zu werden. Als er bei uns ankam, war er sehr erschöpft und mußte sich eine Viertelstunde ausruhen, ehe er sich zum zweiten Male hinunterwagte.

Der zweite Versuch hatte ein noch schlechteres Ergebnis. Peters blieb so lange unter Wasser, ohne ein Zeichen zu geben, daß wir unruhig wurden und ihn von selbst heraufzogen. Er war fast erstickt und hatte, wie er sagte, schon mehrere Male an dem Strick gezogen, ohne daß wir es gefühlt hatten. Schuld daran war wahrscheinlich der Umstand, daß sich ein Teil des Strickes in dem Geländer am Fuße der Treppe verfangen hatte. Das Geländer war überhaupt so sehr im Wege, daß wir beschlossen, es zu entfernen, ehe wir in unseren Versuchen fortfuhren. Da wir außer unseren Händen keine Werkzeuge hatten, um die Arbeit auszuführen, begaben wir uns alle, so tief es gehen wollte, auf die Treppe, stießen mit vereinten Kräften gegen das Geländer und zerstörten es wirklich so.

Der dritte Versuch war ebenso nutzlos wie die beiden ersten, und es wurde immer klarer, daß wir unser Ziel nie erreichen würden, wenn wir nicht dem Tauchenden ein Gewicht mitgäben, das ihn unten am Boden hielt. Wir suchten lange Zeit nach einem geeigneten Gegenstande und entdeckten endlich einen der eisernen Tauhalter, den die Wellen so weit losgerissen hatten, daß wir ihn ohne Schwierigkeit ganz aus dem Boden des Decks zogen. Peters befestigte ihn an seinem Fuße und ließ sich zum vierten Male in die Kajüte hinunter. Diesmal gelang es ihm, bis zur Tür der Vorratskammer vorzudringen – aber er fand sie fest verschlossen und mußte unverrichteter Sache wieder zurückkehren. Unsere

Lage war verzweifelt, und August und ich brachen in Tränen aus, als wir an die zahllosen Gefahren dachten, die uns bedrohten, und an die Unwahrscheinlichkeit unserer Rettung. Doch war das nur eine Schwäche, die bald vorüberging.

Kapitel X
Das geheimnisvolle Schiff

Kurze Zeit hernach trat ein Ereignis ein, das mich mit höherer Freude und gleich darauf mit tieferem Schauder erfüllte, als irgendeine der schrecklichen Begebenheiten, die mir später im Laufe von neun Jahren zugestoßen sind – im Laufe von neun Jahren, die voll der überraschendsten, unerhörtesten, ja, voll unmöglich scheinender Abenteuer gewesen.

Wir hockten nahe bei der Kajütentreppe auf dem Deck und erwogen noch immer die Möglichkeit, bis zur Proviantkammer vorzudringen, als meine Blicke auf August fielen, der mir gegenüberlag. Er war plötzlich leichenblaß geworden, seine Lippen zitterten in unerklärlicher, sonderbarer Weise. Bestürzt redete ich ihn an, doch antwortete er mir nicht; und ich glaubte schon, er sei von einem plötzlichen Unwohlsein befallen worden, als mir der Ausdruck seiner Augen auffiel, die starr auf einen Gegenstand irgendwo hinter mir gerichtet waren. Ich wandte meinen Kopf um – und niemals wohl werde ich den schrillen Jubelruf vergessen, den ich ausstieß, als ich bemerkte, daß eine große Brigg auf uns zuzukommen schien und kaum noch zwei Meilen von uns entfernt war. Ich sprang auf und wies auf das Schiff – ein wirkliches Wort konnte ich nicht hervorbringen. Peters und Parker gerieten ebenfalls in ungeheure Aufregung, die sich jedoch bei ihnen ganz anders äußerte. Peters tanzte wie ein Toller auf dem Deck umher, sprach blödsinniges Zeug vor sich hin, schrie und heulte wie ein Indianer, während Parker in Tränen ausbrach und mehrere Minuten lang wie ein kleines Kind weinte.

Das Schiff in Sicht war ein Zweimaster nach holländischer Bauart, schwarz gestrichen, und trug einen glitzernden, vergoldeten Schiffsschnabel. Als wir sie zuerst erblickten, war die Brigg, wie gesagt, etwa zwei Meilen windwärts von uns entfernt und hielt auf uns zu. Es wehte eine sehr leichte Brise, und wir wunderten uns, daß die Brigg keine anderen Segel als das Hauptsegel aufgezogen hatte. Sie kam auch nur sehr langsam vorwärts. Unsere Ungeduld grenzte an Wahnsinn. Trotz unserer großen Erregung fiel uns allen auf, wie ungeschickt sie gesteuert wurde, sie schwankte ein paarmal so heftig, daß wir schon fürchteten, man habe unser Fahrzeug nicht bemerkt oder man lege um, da man niemanden an Bord gesehen. Dann schrien wir jedesmal aus voller Lungenkraft; das unbekannte Schiff schien darauf seine Absicht zu ändern und auf uns zuzusteuern. Dies sonderbare Manöver wiederholte sich zwei- oder dreimal, und wir konnten's schließlich nur damit erklären, daß wir annahmen, der Steuermann sei betrunken.

Wir bemerkten niemanden an Bord, bis das Fahrzeug uns auf eine Viertelmeile nahe gekommen war. Dann erkannten wir drei Männer, die wir ihrer Kleidung nach für Holländer halten mußten. Zwei von ihnen lagen auf alten Segeln in der Nähe des Vorderkastells, der dritte, der uns neugierig zu betrachten schien, lehnte in der Mitte des Bugspriets über dem Steuerbord. Er war groß und kräftig und von schwarzer Gesichtsfarbe und schien uns zur Geduld ermahnen zu wollen, denn er nickte uns freundlich, doch seltsamerweise in einem fort zu und lächelte unaufhörlich, wobei er uns zwei Reihen glänzender Zähne zeigte. Als das Fahrzeug näher kam, sahen wir, wie seine rote Wollmütze vom Kopfe ins Wasser wehte; doch schien ihn das weiter gar nicht zu bekümmern, denn er hörte nicht einen Augenblick auf, in seiner bizarren Weise zu uns herüberzugrinsen und zu nicken. Ich muß erwähnen, daß ich alle diese Dinge und Umstände genau so erzähle, wie sie mir damals erschienen.

Die Brigg kam langsamer und sicherer als früher auf uns zu, und – noch jetzt kann ich nicht ruhig bleiben, wenn ich von dieser Begebenheit rede – unsere Herzen schlugen zum Zerspringen, und unsere ganze Seele strömte über von Dank über diese unerwartete, so nahe und sichere Rettung. Da – plötzlich wehte von dem seltsamen Schiffe, dem wir nun ganz nahe gekommen, über den Ozean ein Wind zu uns her und brachte einen Geruch mit – einen Gestank, für den man keine Worte finden kann, so über alle Maßen ekelhaft, erstickend, unerträglich war er! Ich rang nach Atem und sah, als ich mich umwandte, daß meine Gefährten totenbleich geworden waren. Doch hatten wir keine Zeit, um Fragen und Vermutungen aufzustellen – die Brigg war uns auf fünfzig Schritt nahe gekommen und schien gerade auf uns zuzuhalten, um uns aufnehmen zu können, ohne ein Boot herunterzulassen. Wir stürzten alle nach vorn, als eine starke Welle die Brigg zur Seite drehte, so daß wir, als sie in einer Entfernung von ungefähr zwanzig Fuß vor uns vorüberglitt, ihr Deck überschauen konnten. Niemals werde ich diesen entsetzlichen Anblick vergessen! Fünfundzwanzig Leichname lagen in dem grausigsten Zustande der Verwesung auf dem Boden umher! Wir sahen, daß auf diesem fluchbeladenen Schiff nicht eine einzige lebende Seele mehr war. Und doch riefen wir in unserer Verzweiflung die Toten um Hilfe an – baten in wüster, hoffnungsloser Angst diese schweigenden Larven, den Lauf ihres Schiffes aufzuhalten, damit wir nicht würden wie sie, und uns in ihre scheußliche Gesellschaft aufzunehmen. Entsetzen und Verzweiflung hatten uns zu Verrückten gemacht.

Als wir unseren ersten lauten Schreckensschrei ausstießen, antwortete etwas vom Bugspriet des fremden Schiffes her, und der Ton glich so vollkommen einer menschlichen Stimme, daß sich auch das feinste Ohr getäuscht haben würde. In demselben Augenblick wandte uns eine plötzliche Welle das Vorderkastell des Schiffes zu, und wir erblickten zugleich den, der das Geräusch hervorgebracht. Wir sahen den großen, robusten Mann noch immer über die Schiffswand gelehnt und mit dem Kopfe nicken, doch hatte er das Gesicht jetzt so gewendet, daß wir es nicht sehen konnten. Seine Arme waren über das Barkholz ausgestreckt. Die Hände hingen nach außen herunter, seine Füße ruhten auf einem dicken Tau, das, straff angezogen, vom Fuße des Bugspriets bis zu einem der Kranbalken ging. Auf seinem Rücken, an dem ein Stück des Hemdes herausgerissen war, saß eine große Seemöwe, die sich an dem schauderhaften Fleische gütlich tat. Ihr Schnabel und ihre Klauen waren tief in dem Körper vergraben und ihr weißes Gefieder über und über mit Blut besudelt. Als die Brigg noch weiter um uns herumglitt, zog der Vogel mit vieler Mühe seinen Kopf hervor, sah uns einen Augenblick wie verblüfft an, verließ dann schwerfällig den Leichnam, an dem er geschmaust hatte, und flog über unser Deck, flog wieder zurück, hin und her, ein blutig fauliges Stück Fleisch immer in seinem Schnabel. Plötzlich fiel der gräßliche Bissen aufklatschend gerade vor Parkers Füßen nieder. Möge Gott mir vergeben – im ersten Augenblick durchzuckte mich ein Gedanke, ein Gedanke, den ich nicht niederschreiben kann: ich fühlte, wie ich mechanisch einen Schritt auf das blutüberronnene Stück zu machte, ich erhob die Augen und sah Augusts Blicke mit so mahnendem, festem Ausdruck auf mich gerichtet, daß ich sofort wieder zu mir kam; ich stürzte vor und warf den entsetzlichen Fund ins Meer. Der Körper, von dem er stammte, ruhte, wie ich sagte, auf dem Tau und hatte unter den Schnabelhieben des gefräßigen Vogels so auf und ab geschwankt, daß wir ihn wohl für lebend halten konnten. Als die Möwe davonflog, schwankte er wieder und fiel teilweise nach vorn, so daß wir das Gesicht sahen. Ich glaube, niemals haben Menschenaugen etwas Gräßlicheres geschaut. Die Augen und das ganze Fleisch um den Mund waren ausgefressen, so daß die Zähne vollständig entblößt dalagen. Dies also war das Lächeln, das uns Hoffnung verheißen hatte, dies also war – doch – ich – schweige. Die Brigg glitt, wie ich schon sagte, leewärts am Hinterteil unseres Schiffes entlang. Mit ihr und ihrer fürchterlichen Mannschaft schwand unsere Hoffnung auf Rettung und Leben. Da sie eine Zeitlang dicht hinter uns herschwamm, hätten wir vielleicht ein Mittel finden können, auf sie hinauf zu gelangen. Aber die plötzliche Enttäuschung, unsere grausige Entdeckung machte uns zu stumpfsinnig, um nachzudenken, um überhaupt auf den Gedanken zu kommen. Wir konnten erst wieder denken und handeln, als es zu spät, als kaum der Rumpf des Schiffes noch zu sehen war; da erwogen wir eifrigst die Frage, ob es nicht durch Schwimmen noch zu erreichen sei!

Ich habe später oft versucht, das Rätsel, welches das schreckliche Schiff umgab, zu lösen. Seine Bauart und seine Ausstattung ließen, wie ich schon sagte, darauf schließen, daß es ein holländisches Handelsschiff gewesen. Auch die Kleidung dieser Mannschaft bestärkte mich in dieser Ansicht. Wir hätten leicht den Namen des Schiffes lesen und andere Beobachtungen, die uns aufgeklärt haben würden, machen können, doch hatte uns die Aufregung wie mit Blindheit geschlagen. Aus der saffrangelben Farbe der Leichname, die noch nicht ganz verwest waren, schlossen wir, daß die ganze Mannschaft am gelben Fieber oder einer anderen hitzigen Krankheit gestorben sei. Wenn dies wirklich der Fall war, und ich wüßte nicht, welche Krankheit es sonst gewesen sein könnte, so mußte der Tod sie alle ganz plötzlich überrascht haben, und die Krankheit hitziger aufgetreten sein als irgendeine bis jetzt der Menschheit bekannte Seuche. Es ist ja möglich, daß irgendein zufällig in die Speisevorräte gelangtes Gift das Unheil herbeigeführt hat. Vielleicht hatten sie irgendeine unbekannte giftige Art Fisch, einen Seevogel oder irgendein anderes Seetier gegessen, was weiß ich? – es ist ja auch vollständig überflüssig, in einem Falle Vermutungen aufstellen zu wollen, der so ganz in entsetzliche und unergründliche Geheimnisse eingehüllt ist und es auch wohl immer bleiben wird.

Kapitel XI
Die Flasche Portwein

Wir verbrachten den Rest des Tages in stumpfer Lethargie und blickten dem entgleitenden Schiffe so lange nach, bis die Finsternis es unseren Blicken entzog und uns wieder uns selbst überließ. Die Qualen des Hungers und des Durstes stellten sich von neuem ein und verschlangen alle anderen Sorgen und Überlegungen. Doch konnten wir vor Tagesanbruch nichts beginnen. Wir befestigten uns so gut wie möglich und suchten ein wenig auszuruhen. Es gelang mir über Erwarten gut; ich schlief, bis meine Gefährten mich bei Tagesanbruch weckten und wir mit vereinten Kräften von neuem versuchten, Vorräte aus der Speisekammer heraufzuschaffen.

Über dem Wasser schwebte jetzt eine Totenstille. Die See lag so glatt da, wie man sie nicht oft sieht. Das Wetter war warm und freundlich. Die Brigg sahen wir nicht mehr.

Mit einiger Mühe lösten wir einen zweiten Tauhalter los und banden ihn mit dem anderen an Peters Füße. Er versuchte zum zweiten Male, die Tür der Vorratskammer zu erreichen und hoffte, daß es ihm möglich sein werde, dieselbe aufzustoßen, wenn er nur früh genug an sie herangelangen könne. Da der Schiffsrumpf bedeutend gerader lag als gestern, glaubte er immerhin, heute mehr Glück zu haben.

Es gelang ihm auch sehr bald, die Tür zu erreichen. Er löste eins der Gewichte von seinen Füßen und bemühte sich, dieselbe einzuschlagen. Doch waren alle seine Anstrengungen vergebens, da sie fester gezimmert war als er erwartete. Er war ganz erschöpft von dem langen Aufenthalt im Wasser, und es erwies sich als nötig, daß einer von uns ihn ablöste. Parker bot sich sofort an, doch gelang es ihm nach dreimaligem Untertauchen nicht einmal, bis zur Tür vorzudringen. Augusts schlimme Verwundung am Arme schaltete jeden Versuch seinerseits von vornherein aus, denn hätte er auch die Speisekammer erreichen können, so wäre es ihm doch erst recht unmöglich gewesen, die Tür zu sprengen. So kam also an mich die Reihe, meine Kräfte unserem gemeinsamen Wohle zur Verfügung zu stellen.

Peters hatte einen der Tauhalter unten in dem schmalen Gange zurückgelassen; und da ich, gleich nachdem ich untergetaucht war, fühlte, daß ich nicht genügend belastet war, um mich mühelos unter Wasser halten zu können, beschloß ich, mich bei meinem ersten Versuche darauf zu beschränken, das verlorene Gewicht wiederzufinden. Als ich mit den Füßen am Boden suchend umherfühlte, stieß ich plötzlich an einen harten Gegenstand, den ich, ohne mich seiner Art und Form zu vergewissern, sofort ergriff, worauf ich mich emporziehen ließ. Man kann sich unsere Freude kaum vorstellen, als sich mein Fund als eine mit Portwein gefüllte Flasche herausstellte. Wir dankten Gott von ganzem Herzen für diese Hilfe, zogen mit einem Federmesser den Korken heraus, nahmen jeder einen kleinen Schluck und fühlten uns sofort ganz seltsam gestärkt und von Wärme und neuer Lebenskraft durchdrungen. Nun verkorkten wir die Flasche wieder sorgfältig, umwickelten sie mit einem Taschentuch und banden sie vorsichtig fest, damit sie nicht etwa durch ein Unglück abhanden komme oder zerschlagen werde.

Ich ruhte mich ein wenig aus, stieg sodann wieder hinab und fand den Tauhalter, mit dem ich nun von neuem ans Tageslicht kam. Als ich ihn fest um meinen Fuß gebunden hatte, tauchte ich zum dritten Male unter, mußte jedoch einsehen, daß es mir nie gelingen werde, die Tür zur Vorratskammer einzuschlagen. Verzweifelt stieg ich wieder nach oben.

Nun blieb uns – das wußte ich – auch nicht mehr der Schatten einer Hoffnung, und ich schloß aus den Mienen meiner Gefährten, daß auch sie jede Rettung für ausgeschlossen hielten. Der kleine Schluck Portwein hatte sie übrigens ganz und gar betrunken gemacht, mich hatte vielleicht das kalte Bad davor bewahrt. Sie sprachen lauter unzusammenhängendes Zeug, redeten von Dingen, die mit unserer Lage nicht das geringste zu tun hatten. Peters fragte mich nach allem möglichen, z. B. über meine Vaterstadt Nantucket; August kam mit ernster Miene auf mich zu und bat mich um meinen Taschenkamm, sein Haar stecke voller Fischschuppen, er wolle es auskämmen, ehe wir an Land gingen. Parker schien etwas ruhiger zu sein, er flehte mich an, noch einmal in die Kajüte hinunterzutauchen und den ersten besten Gegenstand, den ich nur erfassen könne, mit heraufzubringen. Ich willfahrte seiner Bitte und brachte, nachdem ich wohl eine ganze Minute unter Wasser gewesen, einen kleinen Lederkoffer herauf, der dem Kapitän Barnard gehört hatte. Wir öffneten ihn sofort mit der schwachen Hoffnung, er könne vielleicht irgend etwas Eß- oder Trinkbares enthalten, fanden jedoch nichts als ein Etui mit Utensilien zum Rasieren und zwei leinene Hemden. Ich tauchte noch einmal unter und kam diesmal, ohne auch nur das geringste gefunden zu haben, wieder an die Oberfläche. In dem Augenblicke, als ich den Kopf über das Wasser erhob, hörte ich auf Deck das Geräusch eines zerbrechenden Gegenstandes. Als ich genauer hinsehen konnte, bemerkte ich, daß meine Gefährten während meiner Abwesenheit den Rest des Weines ausgetrunken und die Flasche zerbrochen hatten, als sie dieselbe, um nicht von mir überrascht zu werden, eiligst an ihren Platz zurücklegen wollten. Ich warf ihnen ihre Herzlosigkeit vor, und August brach in Tränen aus. Die beiden anderen aber versuchten zu lachen und die Sache ins Scherzhafte zu ziehen; doch hoffe ich, in meinem Leben niemals mehr ein solches Lachen hören und sehen zu müssen. Ihre Züge erschienen so krampfhaft verzerrt, daß mich ein Schrecken durchfuhr. Offenbar war der Alkoholgenuß in ihren vollständig leeren Mägen von augenblicklichster Wirkung gewesen; und sie alle waren, wie gesagt, erschreckend betrunken. Nach längerem Zureden bewog ich sie, sich niederzulegen. Sie fielen sofort laut schnarchend in tiefen Schlaf.

Ich war jetzt also sozusagen allein auf der Brigg und saß da, von den hoffnungslosesten, düstersten Gedanken gepeinigt. Ich sah keinen anderen Ausweg, als qualvoll langsam Hungers zu sterben oder bestenfalls von dem nächsten Sturm dem schnelleren Tode des Ertrinkens überliefert zu werden; denn, erschöpft wie wir waren, hätten wir kein zweites Unwetter überstehen können.

Mein Hunger wurde immer unerträglicher, und ich fühlte, daß ich das letzte unternehmen würde, ihn zu stillen. Ich schnitt eine kleines Stück aus dem Lederkoffer und versuchte, es zu essen, doch konnte ich auch nicht ein Atom davon hinunterschlucken. Immerhin schien es mir, als verspürte ich einige Erleichterung meiner Hungersqual, wenn ich kleine Stückchen Leder kaute und wieder ausspie. Gegen Abend erwachten meine Leidensgenossen, befanden sich jedoch nach ihrem Rausch in einem über alle Beschreibung elenden Zustande. Sie zitterten wie im Fieber und schrien mit herzzerreißenden Klagetönen um Wasser. Mitleid faßte mich, doch konnte ich nicht umhin, mir Glück zu wünschen, daß mich ein Zufall gewahrt hatte, die fürchterlichen Qualen des Nachdursts erfahren zu müssen. Das Betragen der Armen beunruhigte mich im höchsten Maße, denn ich sah ein, daß sie mir in ihrem jetzigen Zustande auch nicht die geringste Hilfe zu einer Verbesserung unserer Lage leisten konnten. Ich hatte die letzte Hoffnung, irgend etwas Genießbares von unten heraufschaffen zu können, noch nicht aufgegeben, doch konnte ich nicht eher zu einem neuen Versuche schreiten, bis einer von ihnen wieder so weit zu sich gekommen war, daß er das Tau, an das ich angebunden werden mußte, festhalten konnte. Parker schien seiner Sinne ein wenig mehr mächtig zu sein als die anderen, und ich versuchte alle möglichen Mittel, ihn wieder ganz zu sich zu bringen. Da ich annahm, ein kaltes Bad werde die beste Wirkung ausüben, band ich ihm ein starkes Seil um den Körper und führte ihn an die Kajütentreppe. Er ließ wie im Schlafe alles mit sich geschehen, ich stieß ihn ins Wasser und zog ihn sogleich wieder heraus. Der Erfolg blieb nicht aus, er schien zu sich zu kommen und Kräfte zu gewinnen, denn er fragte mich in ganz vernünftigem Tone, weshalb ich ihn so behandele. Als ich ihm meine Absicht mitgeteilt hatte, dankte er mir für diesen Dienst und sagte, er befinde sich seit dem Bade bedeutend besser, und sprach dann auch ganz verständig und ruhig über unsere Lage. Wir beschlossen, unseren beiden Kameraden August und Peters dieselbe Behandlung angedeihen zu lassen. Und auch sie verspürten darnach eine bemerkenswerte Erleichterung.

Als ich sah, daß sie so weit wiederhergestellt waren, um das Ende des Taus halten zu können, begab ich mich noch drei- oder viermal in die Kajüte hinab, obwohl es mittlerweile fast ganz dunkel geworden und sanfte, doch beständige Wellen aus Nord unser Wrack in ein stetes Schwanken versetzten. Ich brachte zwei große Tischmesser, einen Krug, der drei Gallonen hielt, doch leer war, und eine Decke, aber nichts Eßbares herauf! Trotzdem setzte ich meine Versuche so lange fort, bis ich ganz erschöpft war, fand aber nichts, das unseren Hunger hätte stillen können. Während der ganzen Nacht wechselten sich Parker und Peters in neuen Versuchen ab, doch ebenfalls, ohne irgend etwas heraufzufördern. Wir konnten uns nicht mehr verhehlen, daß wir uns ganz vergebens anstrengten, und ließen voller Verzweiflung von weiterem Tauchen ab.

Den Rest der Nacht verbrachten wir unter körperlichen und seelischen Qualen, die keine Feder schildern kann. Als der Morgen des nächsten Tages – nach meiner Berechnung war es der sechzehnte Juli – endlich heraufkam, spähten wir in Todesangst nach allen Himmelsrichtungen um Rettung, doch vergebens. Die See lag noch immer ruhig da, ein gleichmäßiger Strom trieb wie am Abend vorher von Norden. Wir hatten nun seit sechs Tagen nichts gegessen und außer der unseligen Flasche Portwein nichts getrunken; wenn wir nicht bald irgend etwas fänden, dann hätten wir gewiß nur noch sehr kurze Zeit zu leben. Ich habe niemals wieder und hoffe, niemals wieder zwei so abgemagerte Menschen sehen zu müssen wie August und Peters. Wenn ich sie unerwartet irgendwo getroffen hätte, ich würde nicht geglaubt haben, einen von ihnen schon einmal gesehen zu haben. Ihr Gesichtsausdruck hatte sich so vollständig verändert, daß ich kaum glauben konnte, sie seien dieselben Menschen, mit denen ich Nantucket verlassen. Parker war ebenfalls in bejammernswertem Zustande und so schwach, daß er kaum den Kopf von seiner Brust erheben konnte; doch schien es mit ihm nicht ganz so schlimm zu stehen wie mit den beiden anderen. Er litt mit großer Geduld, klagte nicht und versuchte uns auf jede nur mögliche Weise Mut einzuflößen. Ich selbst befand mich, obwohl ich zu Beginn der Reise krank gewesen und stets schwächlich war, ein wenig besser als sie, ich war auch wohl weniger abgemagert und hatte meine geistigen Fähigkeiten in überraschendem Grade beibehalten, während die anderen vollständig kindisch geworden waren: sie schnitten wie Idioten mit albernem Lächeln Grimassen und redeten lauter Unsinn. Von Zeit zu Zeit jedoch schienen sie plötzlich wieder zu sich zu kommen, als gehe ihnen blitzartig eine Erkenntnis ihrer Lage auf. Sie sprangen dann in einer plötzlichen Anwandlung von Kraft auf ihre Füße, sprachen eine kurze Zeitlang ganz vernünftig, doch voll wilder Verzweiflung über unseren Zustand. Es ist jedoch auch möglich, daß meine Gefährten von mir denselben Eindruck hatten wie ich von ihnen, und daß ich, mir unbewußt, dieselben Torheiten beging wie sie; nur läßt sich dies nicht mehr feststellen.

Gegen Mittag behauptete Parker, er sehe von Backbord aus Land, und nur mit größter Mühe konnte ich ihn davon zurückhalten, sich ins Wasser zu stürzen, um die Küste schwimmend zu erreichen. Peters und August kümmerten sich nicht um das, was er sagte, und waren offenbar in trübe Apathie versunken. Als ich in der bezeichneten Richtung auslugte, konnte ich nichts erblicken, das auf Land hingewiesen hätte – ich wußte ja auch nur zu gut, daß wir zu weit von jeder Küste entfernt waren, um eine derartige Hoffnung teilen zu können. Und doch dauerte es lange Zeit, ehe ich Parker von seinem Irrtum überzeugt hatte. Er brach in einen Strom von Tränen aus, schluchzte und weinte wohl zwei oder drei Stunden lang laut wie ein Kind, bis er endlich ganz erschöpft in Schlaf verfiel.

Peters und August versuchten nun ebenfalls, kleine Lederstücke zu essen, doch gelang es auch ihnen nicht. Ich riet ihnen, es zu kauen und wieder auszuspeien, sie waren jedoch zu elend, um meinem Rate folgen zu können. Ich kaute hin und wieder ein Stück und fand noch immer für Minuten eine kleine Erleichterung. Dagegen quälte mich ein wütender Durst, und nur die Erinnerung an die schrecklichen Folgen, die der Genuß des Meerwassers in ähnlichen Fällen wie dem meinen gehabt hatte, hielt mich ab, einen kräftigen Schluck zu nehmen.

Der Tag begann schon zu schwinden, als ich plötzlich gegen Osten, in der Richtung des Backbords, ein Segel entdeckte. Es gehörte anscheinend zu einem großen Schiffe, das quer auf uns zukam und noch zwölf oder fünfzehn Meilen entfernt sein mochte. Keiner meiner Gefährten hatte es bis jetzt bemerkt, und ich teilte ihnen meine Beobachtungen auch noch nicht mit, um nicht in die Gefahr zu kommen, ihnen eine unnütze Enttäuschung zu bereiten. Als das Schiff jedoch näher kam, sah ich ganz deutlich, daß es gerade auf uns zuhielt. Ich konnte mich nun nicht länger bezwingen und wies es meinen Leidensgenossen. Sie sprangen sofort auf ihre Füße, brachen in die tollsten Freudenausbrüche aus, lachten und weinten wie die Irrsinnigen, tanzten und stampften mit den Füßen, rauften ihr Haar, beteten und fluchten in einem Atem. Ihr Betragen sowie die scheinbar sichere Hoffnung auf Befreiung regte mich derart auf, daß ich alle ihre Kapriolen mitmachte und meinen Freuden- und Dankbarkeitsausbrüchen freien Lauf ließ, indem ich mich auf das Deck hinwarf und herumrollen ließ, in die Hände klatschte, laut schrie und ähnlich zwecklose Sachen mehr vollführte, bis ich ganz plötzlich wieder zu mir kam und mich von neuem in Elend und

Verzweiflung zurückversetzt fand. Ich bemerkte nämlich, daß das Schiff uns jetzt sein Hinterteil zuwandte und in gerade entgegengesetzter Richtung steuerte zu der, in der ich es zuerst herankommen gesehen.

Es dauerte eine ganze Zeitlang, ehe ich meine armen Kameraden davon überzeugen konnte, daß auch diese Hoffnung wieder entschwunden und wir von neuem der bittersten Verzweiflung anheimgegeben seien. Sie antworteten mir auf alle meine Versicherungen mit einem starren Blicke und mit Gesten, die mir bedeuteten, daß sie sich durch derlei nicht zum besten halten ließen. Das Betragen Augusts schnitt mir ganz besonders in die Seele. Trotz allem, was ich sagte und tat, blieb er dabei, das Schiff nähere sich ja mit großer Schnelligkeit, und machte sich fertig – an Bord zu gehen. Er wies auf ein paar Seepflanzen in der Nähe und behauptete, das sei das Boot, welches das Schiff ausgesandt habe. Er wollte hineinspringen und schrie und heulte in herzzerreißenden Tönen, als ich ihn mit Gewalt abhielt, sich ins Wasser zu stürzen.

Nachdem ich ihn ein wenig beruhigt hatte, starrten wir dem Schiffe nach. Der Himmel hatte sich bedeckt, und eine leichte Brise war aufgekommen. Wir verloren das Segel bald aus den Augen. Als es verschwunden war, wandte sich Parker plötzlich mit einer jähen Bewegung zu mir – und der Ausdruck seines Gesichtes machte mich schaudern. Über seinen Zügen lag eine gewisse Ruhe und Entschlossenheit, die ich bis jetzt noch nicht an ihm bemerkt hatte, und noch ehe er den Mund öffnete, flüsterte mir mein Herz zu, was er uns zu sagen habe. Mit ein paar kurzen, harten Worten sprach er's aus: einer von uns müsse zur Erhaltung der anderen geopfert werden.

Kapitel XII
Das kleinste Holz

Schon seit einiger Zeit hatte ich über die Möglichkeit, einer meiner Kameraden könne dies letzte, gräßliche Hilfsmittel vorschlagen, nachgedacht und im geheimen den festen Entschluß gefaßt, lieber den Tod in jeder Gestalt zu erleiden, als zu diesem Ausweg meine Zuflucht zu nehmen. Und der fürchterliche Hunger, der mich quälte, hatte meinen Vorsatz nicht abzuschwächen vermocht. Weder Peters noch August schienen Parkers Worte verstanden zu haben. Ich nahm ihn deshalb beiseite und redete lange auf ihn ein, bat ihn bei allem, was ihm heilig sei, seinen Wunsch nicht noch einmal auszusprechen, und bestürmte ihn mit der ganzen Beredsamkeit, die mir die Angst, der Schauder, der Abscheu eingaben.

Er hörte allem, was ich sagte, still und ohne Widerrede zu. Ich hoffte schon, ihn überzeugt zu haben. Als ich jedoch geendet hatte, sagte er mir, er wisse wohl, daß alles, was ich da gesprochen, richtig, daß ein solches Mittel wohl die gräßlichste Zuflucht sei, auf deren Möglichkeitsgedanken ein denkendes Wesen überhaupt nur verfallen könne. Er habe jedoch so viel gelitten, daß seine Natur nicht länger mehr standhalte. Es sei doch unnütz, daß alle stürben, da sich eine Möglichkeit, ja eine Wahrscheinlichkeit böte, daß durch den Tod eines einzigen von uns die anderen gerettet werden könnten. Ich solle mir nur die Mühe sparen, ihn von seinem Vorhaben abbringen zu wollen.

Als ich sah, daß ich nichts über ihn vermochte, bat ich ihn, wenigstens bis zum folgenden Tage zu warten: wie leicht könne bis dahin noch ein Schiff zu unserer Hilfe kommen! Und wieder bot ich alles auf, diese letzte Hoffnung so wahrscheinlich wie möglich erscheinen zu lassen und Parkers rauhe Natur zu erweichen. Er antwortete mir, er habe selbst bis zum letzten, allerletzten Augenblick gewartet, er könne ohne irgendwelche Speise nicht länger mehr leben, morgen sei es zu spät – für ihn wenigstens!

Da ich mich überzeugt hatte, daß kein gütiges Zureden Eindruck auf ihn machte, schlug ich einen anderen Ton an und sagte ihm, daß ich verhältnismäßig am wenigsten von uns allen gelitten habe, daß ich augenblicklich viel besser bei Kräften sei als er und August und Peters zusammen, und daß ich deshalb, wenn ich wollte, meinen Willen mit Gewalt durchsetzen könne, daß ich ihn, sobald er den anderen seinen blutigen, kannibalischen Vorschlag machen werde, rücksichtslos in die See werfen würde. Hierauf packte er mich an die Kehle, zog sein

Messer und versuchte, mich zu erstechen; nur seine große Schwäche hinderte ihn, die Gewalttat wirklich zu begehen. Mein Zorn stieg aufs höchste, und ich stieß ihn bis zum Rande des Schiffes, in der festen Absicht, ihn ins Wasser zu schleudern. Peters sprang hinzu, riß uns auseinander und fragte nach der Ursache des Streites. Parker teilte sie ihm mit, noch ehe ich ihn daran hindern konnte.

Die Wirkung seiner Worte war eine weit schrecklichere, als ich erwartet. August und Peters, die, wie es schien, im geheimen schon lange den gleichen fürchterlichen Gedanken gehabt hatten, den Parker nur zuerst ausgesprochen, stimmten diesem zu und verlangten, daß man ihn unverzüglich ausführe. Ich hatte gehofft, daß wenigstens einer von beiden noch so viel sittliches Bewußtsein behalten habe, daß er mir helfen werde, die Ausführung des gräßlichen Planes zu vereiteln. Da ich mich in dieser Hoffnung getäuscht sah, blieb mir nichts anderes übrig, als an meine eigene Sicherheit zu denken, denn jeder weitere Widerstand konnte ihnen in ihrer sinnlosen Verzweiflung Grund genug sein, mir eine freiwillig übernommene Rolle in der Tragödie, die sich gleich abspielen mußte, zu versagen.

Ich erklärte ihnen also, daß ich auf ihren Vorschlag eingehe, und bat nur um einen Aufschub von einer Stunde, bis sich der Nebel, der uns einhüllte, ein wenig gelichtet habe, und das Schiff, das wir vorhin gesehen, vielleicht wieder zu sehen sei. Mit vieler Mühe gelang es mir, diese Frist zu erhalten. Wie ich erwartet, trug eine lebhafte Brise den Nebel, noch ehe die Stunde verging, mit sich fort – doch war kein Schiff in Sicht; und wir machten uns dann daran, zu losen.

Nur mit dem größten Abscheu kann ich die Szene, die jetzt folgte, erzählen. Das einzige Mittel, die grausige Lotterie spielen zu können, boten uns ein paar Hölzchen. Wir kamen überein, daß ich sie halten solle. Ich begab mich an das eine Ende des Decks, während meine Kameraden sich am anderen, den Rücken mir zugewandt, aufstellten. Den bittersten Schmerz empfand ich in dem Augenblicke, da ich die Lose ordnete. Nur sehr, sehr selten kann der Mensch in eine Lage geraten, in der ihm nichts mehr daran liegt, sein Leben zu erhalten. Der Wunsch zu leben wächst meist mit der Unwahrscheinlichkeit, vor dem Tode bewahrt zu bleiben. Das schweigende, entscheidende, harte Werk, das ich jetzt verrichtete, so verschieden von den wilden Gefahren des Sturmes und den langsamen, stets sich steigernden Qualen des Verhungerns, brachte mir in den Sinn, wie wenig Hoffnung ich hatte, dem schauderhaftesten Tode zu entgehen – einem Tode, der dem allergräßlichsten Zwecke dienen sollte – und auch der kleinste Schatten flatterte fort von dem Lebensmute, der mich bis jetzt aufrecht gehalten, fort wie Federn im Winde, und ließ mich als hilflosesten, verächtlichsten Jämmerling zurück. Ich fand anfangs nicht Kraft genug, die Splitter zu zerreißen und zu ordnen; meine Finger versagten mir den Dienst, meine Knie schlotterten gegeneinander. Mit rasender Schnelligkeit glitten tausend unmögliche Pläne, diese Lotterie zu vereiteln, durch meinen Kopf. Ich dachte daran, meinen Gefährten zu Füßen zu fallen und sie zu bitten, mich von ihrem furchtbaren Spiel auszuschließen; mich plötzlich auf sie zu stürzen, einen von ihnen totzuschlagen und dadurch die ganze Lotterie überflüssig zu machen; kurz, ich dachte an alles, nur nicht an das, was man mir zu tun aufgetragen. Plötzlich brachte mich Parkers Stimme wieder zu mir. Er drängte mich, sie von der fürchterlichen Ungewißheit, unter der sie litten, zu befreien. Und auch dann konnte ich die Splitter noch nicht ordnen, sondern dachte über irgendeinen Trick nach, der das kürzeste Stück Holz einem meiner Gefährten in die Hand spielen sollte; denn wir waren übereingekommen, daß der, welcher den kürzesten Splitter zog, für die anderen geopfert werden sollte. Wer mich für diese Schändlichkeit verdammen will, denke sich nur einmal genau in meine damalige Lage hinein!

Schließlich konnte ich nicht länger mehr zögern und mit brechendem Herzen stürzte ich zum Vorderkastell zurück, wo meine Leidensgegossen mich erwarteten. Ich streckte meine Hand mit den Splittern aus. Und Peters zog als der erste. Er war frei – sein Splitter, das sah ich gleich, war nicht der kürzeste; und ich hatte wieder eine Möglichkeit weniger, mein Leben erhalten zu sehen. Ich nahm all meine Kraft zusammen und hielt August die Lose hin. Er zog sofort, und auch er war frei. Und nun waren die Chancen über Leben und Sterben für mich die gleichen. In dem Augenblick erwachte in mir die Wildheit eines Raubtieres, und ich empfand gegen meinen Mitmenschen, den armen Parker, einen wüsten, teuflischen Haß. Doch dauerte dies Gefühl nicht lange; mit krampfhaftem Schauder und geschlossenen Augen hielt ich ihm meine Hand mit den übriggebliebenen Splittern hin. Es dauerte wohl volle fünf Minuten, ehe er sich entschließen konnte, zu ziehen, und während dieser qualvollen Frist öffnete ich kein einziges Mal die Augen. Plötzlich fühlte ich, wie mir eins der beiden Lose schnell aus der Hand gezogen wurde. Das Schicksal hatte also entschieden, doch wußte ich nicht, ob für oder wider mich. Niemand sprach, und ich wagte nicht, den Splitter in meiner Hand zu betrachten. Peters ergriff mich endlich bei der Hand, und ich riß gewaltsam meine Augen auf. Ein Blick auf die Züge Parkers überzeugte mich, daß ich gerettet, daß er dem Tode geweiht sei. Ich rang nach Atem und fiel bewußtlos nieder.

Ich erwachte früh genug wieder aus meiner Ohnmacht, um dem Schluß der Tragödie und dem Tode dessen, der sie hauptsächlich verursacht und nun ihr Opfer wurde, beiwohnen zu müssen. Er leistete nicht den geringsten Widerstand und fiel, als Peters ihn in den Rücken gestochen hatte, sofort tot zu Boden. Die grauenvolle Mahlzeit, die nun folgte, will ich nicht beschreiben. Worte haben nicht die Kraft, ihre unerhörte Abscheulichkeit darzustellen.

Es mag genügen, wenn ich sage, daß wir, nachdem wir an dem Blute des Opfers unseren brennenden Durst gestillt hatten, übereinkamen, die Hände, die Füße und den Kopf abzuschneiden und samt den Eingeweiden in die See zu werfen, und daß wir dann den Körper Stück für Stück während der vier auf immer in mein schauderndes Gedächtnis gegrabenen Tage, dem 17., 18., 19. und 20. Juli, verzehrten.

Am 19. ging ein starker Regenguß nieder, der wohl fünfzehn bis zwanzig Minuten dauerte. Wir beschlossen, etwas Wasser in einem der aufgefischten Tücher, das wir aufspannten, aufzufangen. Wir erlangten nicht mehr als eine halbe Gallone, und doch erfüllte uns dieser kümmerliche Vorrat mit verhältnismäßiger Kraft und neuer Hoffnung.

Am 21. befanden wir uns wieder in äußerster Not. Das Wetter war warm und heiter und brachte gelegentliche Nebel und leichte Brisen vom Norden nach Westen.

Als wir am 22. alle drei, einer gegen den anderen gelehnt, schweigend nebeneinander saßen und über unseren bejammernswerten Zustand nachgrübelten, blitzte in mir plötzlich ein Gedanke auf, der mir ein heller Hoffnungsstrahl zu sein schien. Es fiel mir ein, daß mir Peters, nachdem der Fockmast abgehauen worden, eine Axt gegeben, damit ich sie an einem sicheren Platz aufbewahren solle. Diese Axt hatte ich, vielleicht fünf Minuten, ehe sich die Brigg mit Wasser füllte und sank, aufs Vorderkastell gebracht und in einer der Schlafstellen am Backbord verborgen. Wenn ich diese Axt fand, konnte es möglich sein, daß wir das Deck über der Vorratskammer einschlügen und an die Vorratskammern gelangten.

Als ich meinen Gefährten meinen Gedanken mitteilte, stießen sie einen schwachen Freudenschrei aus und folgten mir auf das Vorderkastell. Die Schwierigkeit, hier hinunterzusteigen, war jedoch bei weitem größer als an der Kajütentreppe, da die Öffnung viel kleiner war. Ich zögerte jedoch nicht, den Versuch zu machen, und tauchte, sobald man mir ein Tau um den Leib befestigt hatte, mit den Füßen voran, nach unten, tappte mich, so schnell wie nur möglich, zur Schlafstelle und brachte die Axt mit herauf. Ich wurde mit Triumphgeschrei empfangen, und die Leichtigkeit, mit der ich die Axt erlangt, galt uns allen als gutes Vorzeichen unserer Rettung.

Wir begannen nun mit aller Energie und neuer Hoffnung, das Deck aufzureißen; Peters und ich gebrauchten abwechselnd die Axt, August konnte uns wegen seines verwundeten Armes keine Hilfe leisten. Da wir so schwach waren, daß wir uns kaum ohne Stütze aufrecht halten und nur eine oder zwei Minuten hintereinander arbeiten konnten, sahen wir ein, daß viele Stunden zur Vollendung unseres Werkes nötig seien, das heißt, ehe die Öffnung groß genug wäre, um uns

Eingang in den Vorratsraum zu gewähren. Doch entmutigte uns diese Aussicht nicht; wir arbeiteten die ganze Nacht beim Lichte des Mondes und hatten bei Tagesanbruch, am Morgen des 23., eine genügend große Öffnung hergestellt.

Peters erbot sich, hinunterzusteigen, tauchte, nachdem wir die üblichen Vorbereitungen gemacht, hinab und kam bald mit einem kleinen Kruge zurück, der zu unserer größten Freude mit Oliven gefüllt war. Wir teilten sie untereinander und verzehrten sie mit großer Gier. Darauf ließen wir Peters zum zweiten Male hinab, und er kam mit einem Funde zurück, der alle unsere Erwartungen überstieg – er brachte einen großen Schinken und eine Flasche Madeira mit herauf. Von dem Weine nahmen wir jeder nur einen ganz kleinen Schluck, denn wir erinnerten uns nur zu deutlich an die fürchterliche Wirkung, die der Portwein gehabt hatte. Der Schinken war bis auf vielleicht zwei Pfund in der Nähe des Knochens durch das Salzwasser ganz verdorben worden und nicht zu essen; das brauchbare Stück teilten wir untereinander. Peters und August konnten ihren Hunger nicht bezähmen und aßen ihre ganze Portion auf einmal auf. Ich war jedoch vorsichtiger und genoß nur ein kleines Stück, denn ich fürchtete, daß das salzige Fleisch unseren Durst steigern werde. Dann ruhten wir eine kurze Zeit von der Arbeit aus, die im Verhältnis zu unseren Kräften eine allzu schwere gewesen.

Als wir uns gegen Mittag ein wenig erfrischt und gestärkt fühlten, erneuerten wir unsere Versuche, zu den Vorräten zu gelangen. Peters und ich tauchten abwechselnd mit mehr oder weniger Erfolg hinab. Gegen Sonnenuntergang hatten wir vier weitere Krüge mit Oliven, noch einen Schinken, einen Ballon mit vielleicht drei Gallonen ausgezeichneten Madeiras und, was uns am meisten erfreute, eine kleine Schildkröte nach oben geschafft. Als der ‚Grampus‘ den Hafen verlassen, hatte Kapitän Barnard einige dieser Tiere von einem Schoner, der gerade von der Jagd auf Seetiere im Stillen Ozean zurückkam, übernommen, da sie ein ausgezeichnetes Nahrungsmittel sind. Das Tier, das wir aus der Vorratskammer heraufbrachten, war nicht sehr groß und wog vielleicht fünfundsechzig bis siebzig Pfund. Es war ein Weibchen und außerordentlich fett. In ihrem Beutel fanden wir mehr als eine Viertelgallone klaren, süßen Wassers; wir füllten es sorgfältig in den Krug, den wir zuallererst, wie man sich entsinnen wird, aus der Kajüte heraufgebracht hatten. Nachdem wir das getan, brachen wir den Hals einer Flasche ab, so daß er mit dem Korken als Boden ein Trinkglas bildete, das nicht ganz eine Viertelpinte hielt. Dann tranken wir jeder ein solches Glas voll aus, und beschlossen, uns mit dieser Ration pro Tag, solange der Vorrat reichte, zu begnügen.

Da während der letzten zwei oder drei Tage das Wetter sehr warm gewesen, war das Bettzeug, das wir aus der Kajüte heraufgebracht, vollständig trocken geworden, so daß wir diese Nacht in verhältnismäßig gutem Zustande, nachdem wir Oliven und Schinken und einen Trunk Wein zum Abendbrot genossen, zubringen konnten. Da wir fürchten mußten, im Falle eines starken Windes etwas von unseren Vorräten zu verlieren, banden wir dieselben, so gut es nur gehen wollte, mit Seilen an die Trümmer des Ankerspills an. Unsere Schildkröte, die wir so lange wie möglich lebendig erhalten wollten, legten wir auf den Rükken und banden sie noch obendrein mehrfach fest.

Kapitel XIII
Endlich!

Ich will wieder die Tagebuchform wählen.

24. Juli. Wir erwachten gekräftigt und mit neuem Mute. Trotz der gefahrvollen Lage, in der wir uns noch immer befanden, ließen uns die endlosen Leiden, denen wir gerade entronnen waren, unsere jetzige Situation als ein immerhin erträgliches Übel erscheinen – so sehr sind Leiden und Freuden eben nur relative Begriffe.

Kurz nach Sonnenaufgang erneuerten wir unsere Versuche, Lebensmittel aus der Vorratskammer heraufzuschaffen. Da jedoch bald ein kräftiger Regenguß niederging, standen wir einstweilen davon ab und bemühten uns, mittels des Tuches, das uns schon einmal zu diesem Zwecke gedient hatte, Wasser aufzufangen. Wir hielten es aufgespannt, nachdem wir eins der Eisenstücke, die uns beim Tauchen in die Vorratskammer als Gewichte gedient, in seine Mitte gelegt hatten. Es bildete dort eine Vertiefung, in der sich Wasser sammelte, das durch das Tuch in den darunter stehenden Krug tropfte. Er war fast gefüllt, als ein heftiger Wind aus Norden uns zwang, die Arbeit aufzugeben, denn das Deck schwankte so, daß wir uns nicht mehr auf den Füßen halten konnten. Wir begaben uns wieder nach vorne, banden uns, wie vorher schon oft, an das Ankerspill fest und erwarteten die Ereignisse, die kommen sollten, mit mehr Ruhe, als wir es wohl selbst unter solchen Umständen für möglich gehalten hätten. Gegen Mittag frischte sich der Wind noch mehr auf, und der Abend brachte einen heftigen, von wildem Wogengang begleiteten Sturm. Da die Erfahrung uns jedoch schon gelehrt hatte, wie wir uns, ohne uns erheblichen Schaden zuzufügen, möglichst fest anbinden konnten, verbrachten wir die Nacht in verhältnismäßiger Sicherheit, obwohl wir jeden Augenblick fürchten mußten, von den Sturzwellen, die uns fast ununterbrochen bis auf die Haut durchnäßten, doch noch über Bord gerissen zu werden. Glücklicherweise hatte das Wasser bei dem warmen Wetter eine fast angenehme Temperatur.

25. Juli. Heute morgen hatte sich der Sturm gelegt, es blies nur noch eine leichte Brise, und der Wogengang beruhigte sich allmählich. Zu unserem großen Schmerze bemerkten wir jedoch, daß zwei Kübel mit Oliven und der ganze Schinken, trotz der Vorsicht, mit welcher wir beides angebunden hatten, über Bord gegangen waren. Wir beschlossen, die Schildkröte noch nicht zu töten, sondern begnügten uns zum Frühstück mit ein paar Oliven und einer Ration

Wasser, die wir halb mit Wein mischten. Dies leichte Getränk stärkte und erquickte uns sehr. Das Meer war noch immer zu bewegt, als daß wir unsere Nachforschungen in der Vorratskammer hätten fortsetzen können. Während des Tages bemerkten wir, daß der Schiffsrumpf sich mehr als je auf die Seite legte, so daß wir, ohne uns festzuhalten, nicht mehr aufrecht stehen konnten. Wir verbrachten so einen trüben, unbequemen Tag. Zu Mittag stand die Sonne fast gerade über unseren Häuptern, und wir zweifelten nicht, daß uns die fast ununterbrochenen Winde aus Nord und Nordwest in die Nähe des Äquators getrieben hatten. Gegen Abend sahen wir einige Haifische und wurden durch die gierige Art, mit der sich einer der größten uns näherte, nicht wenig beunruhigt. Einmal begrub eine Welle das Deck ziemlich tief unter Wasser, und das Ungeheuer schwamm über uns dahin. Ungefähr über der Kajütentreppe hielt es ein paar Augenblicke still, wobei es Peters ziemlich heftig mit seinem Schwanze anstieß. Schließlich wurde es von einer mächtigen Welle hinweggetragen. Bei ruhigem Wetter hätten wir uns seiner bald bemächtigen können.

26. Juli. Gegen Morgen hatte sich der Wind fast ganz gelegt, die See war ziemlich ruhig, und wir setzten unsere Nachforschungen in der Vorratskammer fort. Nachdem wir den ganzen Tag hart gearbeitet hatten, mußten wir einsehen, daß von hier aus nichts mehr zu erreichen war. Die Scheidewände waren während der Nacht zusammengebrochen, und der Inhalt an Lebensmitteln schwamm nun wahrscheinlich im Schiffsraum umher.

27. Juli. Die See liegt wieder fast glatt, ein leichter Wind weht aus Nord und West. Am Nachmittag brannte die Sonne heiß, und wir beschäftigten uns damit, unsere Kleider zum Trocknen aufzuhängen. Wir erquickten uns ein wenig durch ein Seebad, doch mußten wir dabei sehr vorsichtig sein, weil wir während des Tages wieder mehrere Haie in der Nähe der Brigg gesehen hatten.

28. Juli. Wir haben noch immer gutes Wetter. Die Brigg neigte sich so auf die Seite, daß wir fürchten mußten, sie werde ganz umschlagen. Wir banden die Schildkröte, den Wasserkrug und die zwei Olivenkrüge windwärts an der Außenseite des Rumpfes an. Die See blieb den ganzen Tag sehr glatt und ruhig.

29. Juli. Augusts verwundeter Arm zeigt Symptome, die auf Brand hinweisen. Er klagte über Schwäche und großen Durst, schien jedoch keine ausgesprochenen Schmerzen zu empfinden. Wir konnten nichts weiter für ihn tun, als seine Wunden mit ein wenig Öl, das wir von den Oliven nahmen, einzureiben. Es gewährte ihm jedoch keine Erleichterung. Wir verschafften ihm, soweit es in unserer Macht stand, alle Bequemlichkeiten und verdreifachten seine Ration Wasser.

30. Juli. Ein außerordentlich heißer, windstiller Tag. Ein riesiger Haifisch schwamm den ganzen Vormittag mit unserem Wrack dahin. Wir machten verschiedene vergebliche Versuche, ihn durch eine Schlinge zu fangen. August befindet sich viel schlechter und wird sowohl aus Mangel an geeigneter Nahrung wie infolge seiner Wunde immer schwächer. Heute abend verzehrten wir auch unsere letzten Oliven. Das Wasser im Kruge war so faulig geworden, daß wir es ohne einen Zusatz von Wein überhaupt nicht zu genießen vermochten. So wurde denn beschlossen, morgen früh die Schildkröte zu schlachten.

31. Juli. Nach einer Nacht, die wir der Lage des Wracks wegen in Angst und Unbequemlichkeit verbrachten, machten wir uns daran, die Schildkröte zu schlachten und zu zerschneiden. Sie war bedeutend kleiner, als wir zuerst vermutet hatten; das eßbare Fleisch betrug höchstens zehn Pfund. In der Absicht, einen Teil desselben so lange wie möglich aufzubewahren, schnitten wir denselben in ganz kleine Stücke, füllten diese in die drei leeren Olivenkrüge und die Weinflasche und gossen das Öl von den Oliven darüber. Auf diese Weise setzten wir ungefähr drei Pfund beiseite und versprachen uns, nicht eher dran zu rühren, als bis das übrige verzehrt sei. Dann beschränkten wir unsere Rationen auf vier Unzen pro Tag, so daß der ganze Fleischvorrat dreizehn Tage ausreichen konnte. In der Dämmerung ging unter Donner und Blitz ein heftiger Regen nieder, doch währte er so kurze Zeit, daß wir nicht mehr als eine halbe Pinte Wasser aufsammeln konnten. Wir bestimmten sie für August, mit dem es immer schlechter ging. Er trank das Wasser gleich aus dem Tuche, das wir so über ihn hielten, daß die Tropfen ihm in den Mund träufelten. Wir hatten nämlich kein leeres Gefäß mehr.

Dem Kranken schien der Trunk gar keine Erleichterung zu verschaffen. Sein Arm ist vom Handgelenk bis zur Schulter ganz schwarz, und die Füße sind kalt und starr wie Eis. Wir müssen jeden Augenblick seinen Tod erwarten. Er ist erschreckend abgemagert; als wir Nantucket verließen, wog er, wie ich mich erinnere, hundertsiebenundzwanzig Pfund; jetzt kann er nur noch vierzig, allerhöchstens fünfzig Pfund schwer sein. Seine Augen liegen tief in ihren Höhlen und sind kaum sichtbar, und die Haut seiner Wangen hängt so schlaff und lang herab, daß er nur mit Mühe kauen und selbst Flüssigkeiten nur mit Anstrengung schlucken kann.

1. August. Das Wetter ist fortgesetzt ruhig, die Sonne brennt heiß. Wir litten quälenden Durst, denn das Wasser im Kruge war nun ganz in Fäulnis übergegangen und wimmelte von Maden. Dennoch schluckten wir ein paar Tropfen, die wir mit Wein vermischten, ohne daß wir unseren Durst stillen konnten. Etwas mehr Erleichterung gewährte uns das Baden in der See, doch konnten wir uns dasselbe nur in langen Zwischenräumen und mit großer Vorsicht gestatten, da beständig Haie in der Nähe waren.

Gegen Mittag verschied August unter heftigen Zuckungen, nachdem er schon seit Stunden kein Wort mehr gesprochen hatte. Sein Tod erfüllte uns mit den traurigsten Ahnungen, und wir waren so niedergeschlagen, daß wir den ganzen Tag über schweigend neben dem Leichnam sitzen blieben. Erst nach Anbruch der Nacht hatten wir den Mut, uns zu erheben und die Leiche über Bord zu werfen. Sie war in einem entsetzlichen Zustande und schon so weit in Fäulnis übergegangen, daß Peters, als er versuchte, sie aufzuheben, ein ganzes Bein in der Hand behielt. Als die zerfallende Masse an der Wand des Schiffes entlang in das Meer glitt, bemerkten wir bei dem phosphoreszierenden Schein, der von ihr ausging, sieben oder acht Haifische, deren Zähne, als sie die Beute untereinander teilten, ein unheimliches Knirschen hören ließen, das weithin vernehmbar war. Entsetzen durchfuhr uns bei diesem schaurigen Geräusche.

2. August. Gleiches Wetter; schreckhafte Stille, glühende Hitze. Der Morgen fand uns in bedauernswerter Niedergeschlagenheit und völliger physischer Erschöpfung. Das Wasser in dem Kruge war nur noch eine dicke, schleimige Masse, ein ekelhaftes Gemisch von Würmern und Schlamm. Wir schütteten es aus, und nachdem wir den Krug sorgfältig im Meere gereinigt hatten, legten wir die Reste der Schildkröte hinein. Unser Durst war inzwischen unerträglich geworden, und wir versuchten vergebens, ihn mit dem Weine zu löschen. Er berauschte uns nur. Wir wollten darauf unsere Qualen durch eine Mischung von Wein und Meerwasser lindern, der Genuß hatte aber derartige Übelkeiten im Gefolge, daß wir ihn nicht wiederholten. Den ganzen Tag über erwarteten wir mit Sehnsucht den Augenblick, in dem wir ein Bad nehmen konnten – doch vergebens. Unser Fahrzeug war rundherum von Haifischen buchstäblich belagert; es waren wohl dieselben Ungeheuer, welche unseren armen Kameraden am vergangenen Abend verschlungen hatten und nun jeden Augenblick ein neues, gleiches Mahl erwarteten. Bitterer Schmerz und beängstigende Ahnungen erfüllten uns bei ihrem Anblicke. Das Bad hatte uns so unvergleichliche Erleichterung verschafft, daß der Gedanke, dieses kleinen Trostes auf so entsetzliche Art beraubt zu sein, unerträglich schien. Dabei schwebten wir beständig in Todesangst. Eine leichte Schwankung des Wracks konnte uns in den Bereich dieser gierigen Fische bringen. Weder Schreien noch Bewegungen unsererseits schienen sie abzuschrecken. Einer der größten, der von Peters einen Hieb mit der Axt erhalten hatte, ließ sich selbst dadurch nicht vertreiben, sondern verfolgte uns weiter. – Eine Wolke zog am Horizont auf, ging aber zu unserer größten Enttäuschung vorüber, ohne sich zu entladen. Man kann sich einfach keine Vorstellung davon machen, welche Qualen uns der Durst verursachte; diese Martern und die Furcht vor den Haifischen ließen uns die ganze Nacht nicht schlafen.

3. August. Noch immer keine Aussicht auf Besserung! Wir beschäftigten uns damit, unseren Wein und die Überreste der Schildkröte in Sicherheit zu bringen, um sie nicht zu verlieren, falls das Wrack, das sich immer mehr auf die

Seite legte, umschlug. Zwei starke Nägel trieben wir nicht weit vom Kiel in den Schiffsrumpf und befestigten daran den Proviant, der uns dort sicherer zu sein schien als an dem Orte, an dem wir ihn vorher untergebracht hatten. Im übrigen fortgesetzt quälender Durst. Keine Gelegenheit, uns zu baden, da uns die Haifische nicht einen Augenblick verlassen. Schlaf unmöglich.

4. August. Kurz vor Tagesanbruch bemerkten wir, daß das Fahrzeug den Kiel ganz nach oben drehte, und wir mußten sehr vorsichtig sein, um nicht durch die Bewegung fortgeschleudert zu werden. Zuerst ging die Umwälzung nur langsam, so daß wir ohne Mühe in die Höhe klettern konnten; besonders da wir den guten Gedanken gehabt hatten, Tauenden an den beiden Nägeln, die unsere Vorräte festhielten, hängen zu lassen. Aber wir hatten die Steigerung der Gewalt nicht berechnet; die Bewegung wurde zu heftig, und bevor wir noch Zeit hatten, herumzuklettern, fühlten wir uns mit Ungestüm in das Meer geschleudert, wo wir ein paar Klafter tief untersanken, während der riesige Kiel gerade über uns stand.

Als ich ins Wasser tauchte, hatte ich mein Seil fahren lassen müssen. Ich befand mich vollständig unter dem Fahrzeug, und da meine Kräfte gänzlich erschöpft waren, machte ich kaum einen Versuch, mein Leben zu retten und ergab mich schon in mein Schicksal. Aber ich hatte nicht an den natürlichen Gegenstoß der aufsteigenden Wasserwirbel gedacht, der durch die Umdrehung des Schiffes verursacht wurde; er riß mich noch schneller wieder in die Höhe als ich hinuntergeschleudert worden war. Als ich wieder an die Oberfläche des Wassers kam, befand ich mich ungefähr zwanzig Ellen vom Wrack entfernt. Das Fahrzeug lag mit dem Kiel nach oben, schwankte wild hin und her, und das Meer rundherum war sehr bewegt und voll heftiger Strudel. Von Peters keine Spur. Ein Fäßchen mit Öl schwamm ein paar Schritte von mir entfernt, und verschiedene andere Gegenstände aus der Brigg lagen rings auf dem Wasser umher.

Am meisten ängstigten mich die Haifische, die, wie ich wußte, sich in meiner Nähe befanden. Um sie, wenn möglich, fernzuhalten, schlug ich heftig mit Händen und Füßen um mich, während ich mich dem Schiffskiel näherte, und hüllte mich dadurch in eine dichte Schaumwolke. Ich zweifle nicht, daß ich diesem einfachen Hilfsmittel allein meine Rettung verdanke; denn kurz bevor die Brigg umschlug, wimmelte das Meer rings derartig von diesen Ungeheuern, daß ich, während ich mich im Wasser befand, unbedingt mit ihnen in Berührung gekommen sein muß. Durch einen glücklichen Zufall erreichte ich also das Schiff, ohne Schaden zu nehmen; aber ich war durch die heftigen Anstrengungen so erschöpft, daß ich niemals hätte hinaufklimmen können, hätte mir Peters nicht willkommene Hilfe geboten. Er war von der anderen Seite bereits hinaufgeklettert und warf mir nun eines der Seile zu, die wir am Nagel befestigt hatten.

Kaum waren wir dieser Gefahr entronnen, als unsere Aufmerksamkeit auf eine neue, nicht weniger entsetzliche gelenkt wurde: wir mußten Hungers sterben. Alle unsere Vorräte waren fort, waren weggefegt trotz der Sorgfalt, mit der wir sie in Sicherheit gebracht hatten. Schlimm war auch, daß die Tücher und Decken verschwunden waren, mit denen wir bisher immer das Regenwasser aufgefangen hatten. Aber als wir uns nun ordentlich umsahen, fanden wir den ganzen unteren Teil des Schiffes mit einer dichten Lage großer Austern bedeckt, die uns eine vorzügliche, kräftige, reichliche Nahrung boten. So hatte sich also das Unglück, das uns zuerst so großen Schrecken verursacht, doch noch zu unserem Besten gewandt. Wir hatten einen Vorrat entdeckt, der für länger als einen Monat ausreichte.

Doch ließ die Schwierigkeit, Wasser zu verschaffen, uns vorläufig diese Wohltat übersehen, die uns aus der Veränderung unserer Lage erwachsen war. Um den ersten kommenden Regen so gut wie möglich auszunutzen, zogen wir unsere Hemden aus, um uns ihrer wieder als Tücher zu bedienen, aber wir durften natürlich nicht erwarten, auf diese Weise im günstigsten Falle mehr als ein Achtel Maß auf einmal zu erhalten. Doch keine Wolke zeigte sich tagsüber am Himmel, und der Durst wurde immer quälender. Nachts schlief Peters eine Stunde lang, sehr unruhig; mir selbst erlaubte die Heftigkeit meiner Qualen nicht, die Augen auch nur einen Augenblick lang zu schließen.

5. *August*. An diesem Tage erhob sich morgens eine angenehme Brise und trieb uns durch eine Menge Algen, zwischen denen wir glücklicherweise kleine Krabben entdeckten, die für mehrere köstliche Mahlzeiten ausreichten. Da die Schalen noch sehr zart waren, aßen wir sie ganz und bemerkten, daß sie unseren Durst viel weniger reizten als die Austern. Da wir keine Haifische mehr entdeckten, wagten wir es auch, uns zu baden, und blieben vier oder fünf Stunden im Wasser, während welcher Zeit wir eine bemerkenswerte Verminderung unseres Durstes verspürten. Nachdem wir uns so gestärkt hatten, konnten wir beide ein wenig schlafen und verbrachten die Nacht viel angenehmer als die vergangene.

6. *August*. Heute wurden wir von einem anhaltenden Regen erfreut, der von Mittag bis gegen Abend dauerte. Da beklagten wir bitter den Verlust des Kruges und der Korbflasche, denn, trotz der Unzulänglichkeit unserer gegenwärtigen Mittel, hätten wir doch mit Leichtigkeit eins von ihnen, wenn nicht beide, füllen können. Doch konnten wir wenigstens unseren Durst stillen, indem wir unsere Hemden vollständig naß werden ließen und dann die Flüssigkeit in unseren Mund auspreßten. Der ganze Tag verging unter dieser Beschäftigung.

7. *August*. Gerade bei Anbruch des Tages bemerkten wir beide im selben Augenblick ein Segel im Osten, das direkt auf uns zuhielt! Wir begrüßten die Erscheinung mit einem ekstatischen Schrei, und begannen sogleich, alle nur

möglichen Signale zu geben, winkten mit unseren Hemden, sprangen so hoch, wie es unsere Schwäche zuließ und schrien mit der ganzen Kraft unserer Lungen, obwohl das Fahrzeug noch fünfzehn Meilen entfernt war. Doch näherte es sich uns immer mehr, und wir waren überzeugt, daß es, wenn es die Richtung beibehielt, uns unfehlbar bemerken müsse. Eine Stunde, nachdem wir es entdeckt hatten, konnten wir mit Leichtigkeit die Menschen auf Deck erkennen. Es war ein langer, niedriger Schoner mit stark nach hinten geneigtem Mastwerk und schien eine zahlreiche Mannschaft mit sich zu führen. Wir standen Todesangst aus, denn wenn wir auch nicht annehmen konnten, daß sie uns nicht bemerkten, so fürchteten wir doch, daß sie uns unserem Schicksal überlassen würden – was ja, so barbarisch roh es ist, auf dem Meere zuweilen vorkommt. Doch erbarmte man sich unserer. Wir bemerkten plötzlich eine Bewegung auf dem fremden Fahrzeug; man zog die englische Flagge auf und steuerte direkt auf uns zu. Eine halbe Stunde später waren wir wohlbehalten in der Kajüte des Schoners „Jane Guy" aus Liverpool, der Robben und anderes Seetier jagen und in dem Südmeer und dem Stillen Ozean Tauschhandel treiben wollte.

Kapitel XIV
Auf der „Jane Guy"

Der Schoner war ein schönes Schiff von hundertachtzig Tonnen und einer Bemannung von fünfunddreißig Köpfen. Guy, der Kapitän und zugleich Miteigentümer, war ein Mann von guten Manieren und mit den Handelslinien des Südmeeres, auf dem er den größten Teil seines Lebens verbracht, genau bekannt.

Der Schoner war am 10. Juli aus Liverpool abgefahren, hatte am 29. Kap Verde erreicht und war dann gen Südwesten gesegelt. Am Tage, da man uns aufnahm, befand man sich in der Höhe des Kap St. Roque auf dem 31. westlichen Längengrade, so daß wir also ungefähr 25 Grade von Norden nach Süden getrieben worden waren.

An Bord wurden wir übrigens mit all der Freundlichkeit und dem Mitleid behandelt, das unser beklagenswerter Zustand erwecken mußte. Im Laufe von vierzehn Tagen, während wir bei günstigem Winde und dem schönsten Wetter noch immer in südwestlicher Richtung steuerten, erholten wir uns vollständig von den Entbehrungen und schrecklichen Leiden; und bald erschien uns die ganze Vergangenheit nur wie ein entsetzlicher Traum, aus dem uns das Erwachen glücklich wieder herausgerissen. Ich habe seitdem oft Gelegenheit gehabt, zu beobachten, daß diese Art Vergessen stets durch eine plötzliche Umwandlung der Freude in Leid oder des Leides in Freude herbeigeführt wird – daß die Kraft und Schnelligkeit des Vergessens zu der Größe des Kontrastes immer im Verhältnis steht. So war es mir oft ganz unmöglich, mir all das Elend noch einmal vorzustellen, das ich in den letzten Tagen auf unserem Schiffe erduldet hatte. Man erinnert sich der einzelnen Vorfälle wohl noch ganz deutlich, aber man hat nicht mehr dieselben Empfindungen, die jene Ereignisse damals in uns hervorriefen. Alles, was ich noch weiß, ist, daß ich während der ganzen Zeit, da jene Ereignisse vor sich gingen, immer überzeugt war, eine noch größere Qual könne die menschliche Natur nicht ertragen.

Während einiger Wochen setzten wir unsere Reise ohne einen wichtigeren Zwischenfall fort; wir trafen nur von Zeit zu Zeit Walfischfänger und sehr häufig schwarze Walfische.

Am 16. September, als wir in der Nähe des Kaps der Guten Hoffnung waren, hatte der Schoner den ersten heftigen Sturm seit seiner Abreise von Liverpool zu überstehen.

Am 13. Oktober bekamen wir unter dem 46°53′ südlicher Breite und dem 37°46′ östlicher Länge die Prinz-Eduards-Inseln in Sicht. Und am 18. die Insel Kerguelen, genannt die „Insel der Trostlosigkeit", im Südosten des Kaps der Guten Hoffnung, wo wir in Christmas-Harbour vor Anker gingen.

Noch am Morgen unserer Ankunft ließ der Steuermann die Boote klar machen, um auf die Suche nach Robben zu gehen (obwohl die Jahreszeit noch nicht genügend vorgeschritten war). Den Kapitän und einen jungen Verwandten von ihm setzte man dann an einem Punkte der Küste ab, da die beiden im Innern der Insel etwas zu besorgen hatten. Sie nahmen eine Flasche mit sich, in der sich ein versiegelter Brief befand, und gingen in der Richtung des höchsten Berggipfels des Landes fort. Jedenfalls hatten sie die Absicht, einen Brief auf dieser Höhe für ein anderes Schiff niederzulegen, das nach ihnen an der Insel landen würde. Sobald wir sie aus den Augen verloren hatten (denn Peters und ich waren im Boote des Steuermanns), begannen wir, die Küste entlang zu fahren. Wir brachten ungefähr drei Wochen damit dazu, suchten mit sorgfältiger Genauigkeit jeden Winkel ab, nicht nur auf Kerguelen, sondern auch auf allen umliegenden Inselchen. Doch wurden unsere Bemühungen von keinem bemerkenswerten Erfolge gekrönt. Wir sahen viele Pelzrobben, aber sie waren außerordentlich mißtrauisch, und trotz aller Mühe, die wir uns gaben, konnten wir uns doch nicht mehr als dreihundertfünfzig Felle verschaffen. Die Trompeten-Robben, auch die See-Elefanten genannt, waren sehr zahlreich auf der östlichen Küste der Insel vertreten, aber wir töteten nur einige zwanzig, und auch die nur mit größter Schwierigkeit. Auf den kleinen Inseln sahen wir eine große Menge Robben mit rauhen Borsten, aber wir ließen sie in Ruhe. Am 11. November kamen wir an Bord des Schoners zurück, wo wir den Kapitän Guy und seinen Neffen wiederfanden, die gar unerfreuliche Mitteilungen über das Innere des Landes machten und es als eine der unwirtlichsten, unfruchtbarsten Gegenden der Erde hinstellten.

Am 12. verließen wir Christmas-Harbour und nahmen unsere westliche Route wieder auf. Wir kamen an den Prinz-Eduards-Inseln vorbei, die wir links liegen ließen. Dann steuerten wir mehr nach Norden und erreichten in vierzehn Tagen die Tristan-d'Acunha-Inseln, die auf dem 37°8′ südlicher Breite und dem 12°8′ westlicher Länge liegen. Wir konnten uns mit Leichtigkeit neu verproviantieren – denn es gab in der dortigen Kolonie Schafe, Schweine, Ochsen, Kaninchen, Geflügel, Ziegen, Getränke verschiedener Art und Gemüse in Hülle und Fülle. Ganz in der Nähe der größten Insel bei achtzehn Klafter Tiefe gingen wir vor Anker und brachten bequem alles, was wir brauchten, an Bord. Der Kapitän Guy kaufte auch fünfhundert Robbenfelle. Wir blieben ungefähr eine Woche lang, während welcher Zeit immer Nordwestwind wehte und das Wetter ziemlich neblig war. Am 5. Dezember gingen wir weiter nach Süden.

Der Kapitän hatte ursprünglich die Absicht gehabt, die Meerenge von Magellan zu passieren und an der westlichen Küste von Patagonien entlang zu steuern. Aber eine Auskunft, die man ihm auf Tristan d'Acunha gegeben, bestimmte ihn dazu, die südliche Richtung einzuschlagen, in der Hoffnung, einige kleine Inseln zu entdecken, von denen man ihm gesagt hatte, daß sie auf dem 60° südlicher Breite und dem 40°20′ westlicher Länge liegen müßten. Falls er diese nicht auffinden sollte, beabsichtigte er, wenn die Witterung es eben erlaubte, nach dem Pol hin zu steuern. Wir befanden uns also am 12. Dezember in dieser Richtung. Am 18. hatten wir die Stelle erreicht, die man uns angegeben hatte und kreuzten nun drei Tage in der Umgegend herum, ohne eine Spur von den fraglichen Inseln zu finden. Am 21., als das Wetter besonders schön war, wandten wir uns wieder nach Süden, in der Absicht, diesen Weg so weit wie möglich fortzusetzen. Man hatte damals schon viele Versuche gemacht, um zum Südpol vorzudringen. Immerhin blieben zu der Zeit, da die „Jane Guy" ihre Fahrt antrat, noch ungefähr 300 Längengrade, auf denen man noch nicht über den Polarkreis hinausgekommen war. So öffnete sich vor uns also noch die mannigfachste Entdeckungsmöglichkeit. Und der Entschluß des Kapitäns Guy, kühn dem Süden entgegenzusteuern, erfüllte mich denn auch mit erwartungsseliger, brennender Neugier.

Kapitel XV
Dem Südpol zu

Vier Tage lang segelten wir dem Süden zu, ohne auf Eisberge zu stoßen. Am 26. mittags hatten wir den 63°23' südlicher Breite bei 41°25' westlicher Länge erreicht, als wir einige Eisinseln und einen nicht allzu großen Eisberg bemerkten. Der Wind trieb fast immer nach Südosten, war aber ganz schwach. Hatten wir einmal Westwind, so war er stets von Regenschauern begleitet. Täglich mehr oder weniger Schnee. Das Thermometer zeigte am 27. 35 Grad Fahrenheit.

1. Januar 1828. An diesem Tage waren wir vollständig von Eis umgeben, und unsere Aussichten gestalteten sich gar trübe. Ein starker Sturm wehte aus Nordost den ganzen Morgen lang und trieb gegen das Steuer und den hinteren Teil des Schiffes dicke Eisschollen mit so großer Heftigkeit, daß wir alle für die Folgen fürchteten. Gegen Abend noch tobte der Sturm mit Wut; aber eine mächtige Eisscholle vor uns teilte sich plötzlich, und wir konnten endlich mit vollen Segeln durch die kleineren Schollen hindurchdringen, bis wir das freie Meer erreicht hatten. Als wir uns näherten, ließen wir die Segel langsam nach, und als wir endlich die Gefahr im Rücken hatten, legten wir mit einem einzigen Segel bei.

2. Januar. Das Wetter war ziemlich günstig. Mittags befanden wir uns auf dem 69°10' südlicher Breite und dem 42°20' westlicher Länge, nachdem wir den Polarkreis schon überschritten hatten. Im Süden bemerkten wir nur wenig Eis, obwohl hinter uns weite Eisfelder lagen. Wir stellten uns eine Art Sonde aus einem eisernen Topfe her, der zwanzig Gallonen hielt und an einer Meßschnur von zweihundert Klaftern Länge befestigt war. Wir fanden eine Strömung, die uns mit einer Geschwindigkeit von einer Viertelmeile in der Stunde nach Süden trieb. Die Temperatur der Luft betrug ungefähr 33°. Die Abweichung der Magnetnadel 14°28' nach Westen.

5. Januar. Wir sind noch immer weiter nach Süden vorgedrungen, ohne großen Schwierigkeiten zu begegnen. Heute morgen jedoch, als wir uns auf dem 73°15' südlicher Breite bei 42°10' westlicher Länge befanden, hatten wir einen neuen Aufenthalt durch ein ungeheures Eisfeld, das sich vor uns erstreckte. Nichtsdestoweniger sahen wir dahinter das offene Meer und zweifelten keinen Augenblick, daß wir es erreichen würden. Wir steuerten nach Osten, fuhren an dem Eisfelde vorbei und fanden endlich einen Durchgang, der ungefähr eine Meile breit war und durch den wir uns so gut wie möglich eine freie Bahn suchten. Das Meer, in das wir dann gelangten, war wohl reich an kleinen Eisinseln, hatte aber keine bedeutenden Eisberge – und so drangen wir mutig immer weiter vor. Die Kälte schien nicht zuzunehmen, obwohl wir häufig Schneefälle hatten und von Zeit zu Zeit Hagelschauer von größter Heftigkeit. Unabsehbare Albatrosschwärme flogen über uns von Südosten nach Nordwesten.

7. Januar. Das Meer ist noch immer fast frei und offen, so daß wir unsere Fahrt ungehindert fortsetzen können. Im Westen sahen wir einige Eisberge von riesiger Größe, und nachmittags kamen wir in die unmittelbare Nähe einer solchen Masse, deren Gipfel sich sicher vierhundert Klafter über dem Meeresspiegel erhob. Auf ihrer Basis hatte sie wohl eine dreiviertel Meile im Umfang, und aus einigen Spalten in der Seite flossen kleine Wasserbäche. Zwei Tage lang konnten wir diesen Koloß erblicken; dann verlor er sich im Nebel.

10. Januar. Am frühen Morgen hatten wir das Unglück, einen Mann zu verlieren. Er glitt mit einem Fuße aus, stürzte über Bord und fiel zwischen zwei Eisschollen, um nie mehr zum Vorschein zu kommen. Mittags befanden wir uns auf dem 78°30′ südlicher Breite bei 40°15′ westlicher Länge. Die Kälte war nun sehr empfindlich geworden, und fortwährend gingen Hagelschauer aus Nordosten nieder. In dieser Richtung bemerkten wir auch wieder einige mächtige Eisberge, und der ganze Horizont im Osten war durch eine Eisregion abgegrenzt, die amphitheatralisch aufstieg. Abends begegneten wir einigen Holzblöcken, welche im Wasser trieben und auf welchen sich ein Schwarm von Vögeln niedergelassen hatte. Die Schwankung der Magnetnadel war nun weniger beträchtlich als vorher, nachdem wir den Polarkreis überschritten hatten.

12. Januar. Unsere Fahrt nach Süden ist von neuem sehr zweifelhaft geworden; denn in der Richtung des Pols können wir nichts als eine Eisfläche entdecken, deren Grenzen, wie es scheint, unabsehbar sind, und die sich an ein ungeheures Eisgebirge schließt, dessen einzelne Gipfel zwischeneinander furchtbare Abgründe bergen. Wir sind bis zum 14. nach Westen gesteuert, in der Hoffnung, einen Durchgang zu finden.

14. Januar. Am Morgen des 14. erreichten wir das westliche Ende der Eisfläche, die uns den Weg abschnitt; und nachdem wir an ihren Küsten entlanggefahren waren, kamen wir wieder ins offene Meer, in dem sich kein Stück Eis mehr befand. Wir ließen wieder unsere Meßlinie ins Wasser und fanden einen Strom, der nach Süden mit einer Schnelligkeit von einer halben Meile in der Stunde trieb. Die Temperatur der Luft betrug 47°, die des Wassers 34°. Wir segelten weiter nach Süden, ohne noch auf ein weiteres Hindernis zu stoßen, bis zum 16. Januar. Am Mittag dieses Tages hatten wir den 81°21′ südlicher Breite bei 42° westlicher Länge erreicht. Noch einmal untersuchten wir mit der Meßlinie und fanden, daß die Strömung nun mit einer Schnelligkeit von einer dreiviertel

Meile in der Stunde nach Süden trieb. Die Schwankung der Magnetnadel hatte sich noch immer verringert, und die Temperatur war mild und angenehm; das Thermometer war schon auf 51° gestiegen. Dabei entdeckten wir auch nicht eine einzige Eisscholle. Niemand an Bord bezweifelte noch, daß wir den Pol erreichen würden.

17. Januar. Dieser Tag war reich an Ereignissen. Unzählige Schwärme von Vögeln flogen über unseren Häuptern in südlicher Richtung dahin; wir schossen einige herunter. Einer von ihnen, eine Art Pelikan, gab eine vorzügliche Mahlzeit. Gegen Mittag des Tages meldete die Wache aus dem Mastkorb eine kleine Eisinsel in Sicht und auf derselben ein großes Tier. Da das Wetter ruhig und schön war, befahl der Kapitän Guy, zwei Boote zu nehmen und nachzusehen, was dies sein könnte. Dirk Peters und ich begleiteten den Steuermann auf dem größeren der beiden Boote. Als wir an der Eisscholle angelangt waren, sahen wir, daß ein so riesig großer Bär auf derselben lag, wie wir ihn noch nie gesehen hatten. Da wir gut bewaffnet waren, zögerten wir keinen Augenblick, ihn anzugreifen. Mehrere Schüsse wurden abgegeben, die das Tier denn auch am Kopf und Rumpf trafen. Doch schien dies den Bären weiter nicht zu berühren; er verließ nur seine Scholle und schwamm mit weitgeöffnetem Rachen auf das Boot zu, in dem Peters und ich uns befanden. In der Verwirrung, die sich unser bei dem plötzlichen Angriffe des Bären bemächtigte, hatte niemand beim zweiten Schusse sicher gezielt, und es gelang dem Bären, seinen gewaltigen Körper halb über den Schiffsrand zu schieben und einen unserer Männer bei den Rippen zu packen, bevor man ihn zurückstieß. Aus dieser Gefahr wurden wir nur durch die Gewandtheit und Geistesgegenwart Peters befreit. Dieser sprang der gewaltigen Bestie auf den Rücken und stieß ihr sein Messer bis ans Heft in den Hals und traf gleich auf den ersten Stoß das Genick. Das Tier fiel tot zurück ins Meer, ohne noch die geringste Anstrengung zu machen, zog jedoch Peters mit sich in die Tiefe. Er kam bald wieder an die Oberfläche; man warf ihm ein Seil zu, und bevor er das Boot wieder bestieg, befestigte er auch den Körper des getöteten Tieres an demselben. Wir kehrten im Triumph zum Schoner zurück, während wir unsere Trophäe hinter uns herschleppten. Der Bär war fünfzehn Fuß lang; sein Fell war von tadelloser Weiße und dicht gelockt. Seine Augen waren blutrot und größer als die der gewöhnlichen Eisbären, die Schnauze runder und fast der einer Bulldogge ähnlich. Das Fleisch war zart, aber sehr ranzig und roch nach Fisch; dennoch machte sich unsere Mannschaft gierig darüber her und erklärte es für eine ausgezeichnete Kost.

Kaum hatten wir unseren Fang an Bord untergebracht, als der Wächter den freudigen Ruf: Land! ertönen ließ. Alle Mann standen nun natürlich voll Erwartung, und da sich glücklicherweise ein Nordostwind erhoben hatte, erreichten wir bald die Küste. Es war ein flaches, felsiges Eiland von ungefähr einer Meile Umkreis, jeder Vegetation bar, einen kleinen Dornstrauch ausgenommen. Wir näherten uns von Norden und bemerkten einen eigentümlichen Felsen, der die Form eines verschnürten Baumwoll-Ballens hatte. An der westlichen Küste fanden wir eine kleine Bucht, in der wir landen konnten.

Wir bedurften keiner langen Zeit, um die Insel zu durchsuchen, und mit einer einzigen kleinen Ausnahme fanden wir nichts, was der Bemerkung wert wäre. Am südlichen Ende, ganz nahe am Ufer, entdeckten wir, in einem Haufen Steine halb vergraben, ein Stück Holz, das einem Schiffe als Schnabel gedient zu haben schien. Es war anscheinend der Versuch einer Skulptur, und der Kapitän Guy glaubte, einen Schildkrötenkopf darin erkennen zu können, aber ich muß gestehen, daß ich eine derartige Ähnlichkeit nur schwer herauszufinden vermochte. Außer diesem Schiffsschnabel fanden wir keine Anzeichen, die auf menschliche Wesen schließen ließen. In der Umgebung der Insel erblickten wir hie und da Eisschollen, aber nur in sehr geringer Anzahl. Die genaue Lage der Insel, der Kapitän Guy den Namen Bennetts-Eiland gegeben hatte, zu Ehren des Miteigentümers seines Schoners, befand sich auf dem 82°50' südlicher Breite und dem 42°20' westlicher Länge.

Wir waren also um acht Grad weiter nach Süden vorgedrungen als alle früheren Seefahrer, und das Meer lag noch immer offen und vollkommen frei vor uns. Wir bemerkten auch, daß jegliche Veränderung des Wasserspiegels aufhörte, je weiter wir kamen, und daß die Temperatur der Luft und besonders die des Wassers immer milder wurde. Das Wetter war angenehm; es wehte ein sanfter, aber beständiger Wind aus Norden. Der Himmel war fast immer klar; von Zeit zu Zeit erschienen leichte feuchte Nebel am südlichen Horizont; aber sie waren stets von kurzer Dauer. Nur zwei Schwierigkeiten waren zu überwinden: wir hatten wenig Proviant, und es zeigten sich schon einige Symptome von Skorbut bei verschiedenen Leuten der Mannschaft. Diese Umstände gaben Kapitän Guy sehr zu denken, und er sprach schon oft davon, umzukehren. Ich, meinerseits überzeugt, daß wir bald auf Land stoßen mußten, wenn wir den Weg fortsetzten, und daß wir dort nicht den unfruchtbaren Boden der Polargegenden finden würden, bestand eifrig ihm gegenüber auf der Notwendigkeit, wenigstens noch einige Tage in der Richtung, welche wir bisher verfolgt, auszuhalten. Eine so günstige Gelegenheit, das große Problem der Beschaffenheit der Polgegenden zu lösen, hatte sich bisher noch keinem Menschen geboten, und ich gestehe, daß ich wütend alle schüchternen, kleinen Bedenken und Einwände unseres Befehlshabers zu widerlegen suchte. Ich glaube bestimmt, daß meine eindringlichen Vorstellungen ihn denn auch dazu bewogen, doch noch weiter vorzudringen, ebenso wie ich die traurigen und blutigen Folgen bitter beklage, die mein Rat nach sich zog. Und doch kann ich mich beglückwünschen, bis zu einem gewissen Punkte Anlaß zu einer Entdeckung gegeben, gewissermaßen dazu beigetragen zu haben, daß der Wissenschaft die Augen geöffnet wurden über eine der interessantesten Fragen, welche je ihre Aufmerksamkeit fesselten.

Kapitel XVI
Neue Menschen

18. Januar. An diesem Morgen* nahmen wir unsere Fahrt nach dem Süden bei ebenso schönem Wetter wie während der vergangenen Tage wieder auf. Das Meer war vollständig glatt, der Nordostwind ziemlich warm, und die Temperatur betrug 53°. Noch einmal maßen wir die Tiefe mit einer Leine von diesmal 150 Klaftern und fanden, daß die Strömung jetzt eine Schnelligkeit von einer Meile in der Stunde hatte. Die beständige Richtung des Windes und des Stromes nach Süden erregte doch Aufsehen und Nachdenken unter der Mannschaft des Schoners, und selbst Kapitän Guy wurde bedenklich. Aber glücklicherweise war er energisch und mutig, und es gelang mir schließlich, ihn von seiner Abneigung, weiter zu forschen, zu bekehren.

Im Laufe des Tages sahen wir einige Walfische, und unzählige Scharen von Albatrossen flogen wieder an uns vorbei. Wir fischten auch eine Art Strauch mit roten Beeren und den Leichnam eines Tieres, das anscheinend vom Festlande kam und gar sonderbar aussah. Es war drei Fuß lang bei nur sechs Zoll Höhe, mit vier sehr kurzen Beinen, deren Füße mit langen, leuchtend roten Krallen bewaffnet waren, die der Koralle sehr ähnelten. Der Körper war mit seidenweichem, glattem, ganz weißem Fell bedeckt. Der Schwanz war dünn, wie der einer Ratte, und fast anderthalb Fuß lang. Der Kopf glich dem der Katze sehr, hatte aber lange, hängende Ohren wie ein Hund. Die Zähne waren von demselben lebhaften Rot wie die Krallen.

19. Januar. Wir befanden uns an diesem Tage auf dem 83°20′ südlicher Breite bei 43°5′ westlicher Länge, als die Mastwache zum zweiten Male Land anzeigte, das sich bei genauerer Betrachtung als eine Gruppe großer Inseln herausstellte. Die Küste war abschüssig, und das Innere schien zu unserer Freude mit Wald wohl bestanden zu sein. Ungefähr vier Stunden später warfen wir bei zehn

---

* Der Ausdrücke Morgen und Abend bediene ich mich nur, um in meine Erzählung Klarheit zu bringen, sie dürfen also nicht in ihrem gewöhnlichen Sinne genommen werden. Schon seit langem kannten wir keine Nacht mehr und hatten immer Tageslicht. Ebenso möchte ich hier auch noch bemerken, daß ich in meinem Berichte nicht allzuviel Sorgfalt auf die Genauigkeit der Daten oder der Breiten- und Längengrade gelegt habe. Ich fing erst lange nach der Zeit, die ich bis jetzt behandelt habe, an, ein regelmäßiges Tagebuch zu führen. In vielen Fällen habe ich mich infolgedessen nur auf mein Gedächtnis verlassen.

Faden Tiefe eine Meile von der Küste entfernt auf Sandboden Anker, da der starke, hin und wieder von Strudeln unterbrochene Wellenschaum eine weitere Annäherung gefährlich erscheinen ließ. Wir ließen die zwei größten Boote herab, und ein wohlbewaffneter Trupp, unter dem sich auch Peters und ich befanden, wurde bestimmt, in den Felsenriffen, welche die Insel wie ein Gürtel umgaben, eine Einfahrt zu suchen. Nach einiger Zeit endeckten wir auch einen Durchgang und erblickten, als wir in ihn hineinfuhren, vier große, mit scharf bewaffneten Menschen besetzte Kähne, die gerade vom Lande abstießen. Wir ließen sie herankommen, und da sie sich mit großer Schnelligkeit vorwärtsbewegten, waren sie bald in Rufweite. Kapitän Guy steckte nun ein an einem Ruder befestigtes weißes Taschentuch auf, worauf die Wilden mit ihren Kähnen plötzlich stille hielten, laut untereinander zu schwätzen begannen und gelegentlich laute Rufe ausstießen, unter denen wir die Worte Anamoo-moo! und Lama-Lama! zu verstehen glaubten. Dies dauerte ungefähr eine halbe Stunde lang, während der wir sie genau ins Auge fassen konnten.

In den vier Kähnen, die vielleicht fünfzig Fuß lang und fünf Fuß breit waren, befanden sich im ganzen etwa hundert Wilde. Sie hatten die gewöhnliche Größe der Europäer, doch waren sie im allgemeinen muskulöser und fleischiger, von gagatschwarzer Farbe und trugen langes, schwarzes wolliges Haar. Ihre Kleidung war aus dem zottigen, seidenweichen Fell eines uns unbekannten schwarzen Tieres mit einigem Geschick so verfertigt, daß es ziemlich dicht am Körper anlag, die Haare nach innen gekehrt, außer am Hals, an den Hand- und Fußgelenken, wo man sie als Verzierung nach außen gewandt. Ihre Waffen bestanden zum großen Teil aus Keulen aus schwarzem, anscheinend sehr schwerem Holze. Doch bemerkten wir auch einige Speere mit Spitzen aus Kiesel und ein paar Schlingen. Auf dem Boden der Kähne lagen schwarze, eigroße Steine.

Als sie mit ihrer Ansprache fertig waren (ohne Zweifel sollte ihr fürchterliches Geschwätz eine solche bedeuten), erhob sich einer von ihnen, anscheinend war es der Häuptling, und forderte uns durch Zeichen auf, mit unseren Booten heranzukommen. Wir taten jedoch, als verständen wir ihn nicht, denn da sie uns an Anzahl viermal überlegen waren, hielten wir es für besser, die Entfernung zwischen uns und ihnen bestehen zu lassen. Hierauf befahl der Häuptling dreien der Kähne, zurückzubleiben, und kam mit dem seinigen auf uns zu. Er sprang sofort in unser größtes Boot, setzte sich an der Seite des Kapitäns Guy nieder, wies auf unser Schiff und wiederholte dabei immer die Worte Anamoo-moo! und Lama-Lama! Wir ruderten zu unserem Schoner zurück, die vier Kähne folgten in einiger Entfernung.

Als wir an der Längsseite des Schiffes angekommen waren, äußerte der Häuptling eine ungeheure Überraschung und Freude, indem er in die Hände klatschte, sich abwechselnd auf die Schenkel und die Brust klopfte und in ein schallendes Gelächter ausbrach. Sein Gefolge stimmte in seine Heiterkeit ein, und einige Minuten lang herrschte ein Gebrüll, daß uns das Trommelfell zu springen drohte. Als es endlich ein wenig ruhiger geworden war, befahl Kapitän Guy, der Vorsicht halber die Boote wieder aufzuziehen, und gab dem Häuptling (der, wie wir bald entdeckten, den Namen Too-wit führte) zu verstehen, daß höchstens zwanzig seiner Leute auf einmal an Deck kommen dürften. Too-wit schien mit diesem Arrangement wohl zufrieden, er machte seinen Kähnen ein Zeichen, worauf sich einer näherte und die drei anderen etwa fünfzig Ellen weit zurückblieben. Zwanzig der Wilden kamen also an Bord, spazierten überall herum, kletterten hier und da einmal im Tauwerk hinauf, benahmen sich vollständig, als seien sie zu Hause, und beguckten alle Gegenstände mit außerordentlicher Neugierde.

Augenscheinlich hatten sie noch nie einen Menschen von der weißen Rasse gesehen und empfanden vor unserer weißen Hautfarbe einen sonderbaren Abscheu. Die „Jane Guy" hielten sie für ein lebendes Wesen, und um sie nicht zu verletzen, trugen sie die Spitzen ihrer Lanzen sorgfältig nach oben. Too-wits Betragen amüsierte die Mannschaft ganz besonders. Er kam nämlich dazu, wie der Koch in der Nähe der Küche Holz zerkleinerte und durch einen Zufall seine Axt tief in das Deck einhieb, so daß ein beträchtlicher Spalt entstand. Sofort lief er herzu, stieß den Koch ziemlich grob weg und seufzte, ja, schrie fast auf, um sein Mitleid mit den Schmerzen des Schiffes lebhaft zu äußern, dann streichelte und tätschelte er die Wunde und begann, sie mit einem Eimer Wasser, der in der Nähe stand, auszuwaschen. Auf diesen Grad von Unwissenheit waren wir nicht vorbereitetet, und unwillkürlich stieg mir ein Zweifel an ihrer Echtheit auf.

Als unsere Besucher das Tauwerk und das Deck genugsam bestaunt hatten, wurden sie nach unten geführt, und hier überstieg ihre Verwunderung alle Grenzen. Sie schien zu groß zu sein, um sich in Worten Luft machen zu können, denn sie blickten stumm umher, nur hin und wieder unterbrach ein leiser Ausruf das Schweigen. Über unsere Waffen stellten sie zahllose Vermutungen auf, und es wurde ihnen gestattet, sie mit Muße zu betrachten. Ich glaube, sie hatten nicht die geringste Ahnung, welchem Zwecke sie eigentlich dienten, und hielten sie eher für Heiligtümer, da sie bemerkten, mit welcher Sorgfalt und Aufmerksamkeit wir sie während der Handhabung derselben beobachteten. Die großen Kanonen vergrößerten ihr Erstaunen noch. Sie näherten sich denselben mit allen Zeichen angstvoller Ehrfurcht und wollten sie nicht genauer betrachten. In der Kajüte befanden sich zwei große Spiegel, und vor diesen erreichte ihre Verwunderung den Höhepunkt. Too-wit war der erste, der sich ihnen näherte. Er war bis in die Mitte der Kajüte gekommen und hatte den einen gerade vor sich, den anderen gerade hinter sich, ehe er sie genauer bemerkte. Als er nun seine Augen erhob und sein Ich im Spiegel sah, dachte ich, er würde auf der Stelle wahnsinnig werden – als er sich dann jedoch pfeilgeschwind umdrehte, um zu entfliehen, und sich zum zweiten Male sich entgegenkommen sah, fürchtete ich, er würde im Augenblick vom Schlage gerührt. Nichts konnte ihn bewegen, sich die Sache genauer anzusehen, er warf sich auf den Boden nieder, verbarg sein Gesicht in den Händen, und blieb so lange liegen, bis wir ihn auf Deck hinauftrugen.

So kamen nacheinander alle Wilden, immer je zwanzig, an Bord. Too-wit durfte die ganze Zeit dableiben. Wir bemerkten keine Neigung zum Stehlen an ihnen und vermißten, nachdem sie uns verlassen, auch nicht das geringste. Sie hatten sich während der ganzen Zeit ihres Besuches sehr freundschaftlich benommen, doch konnten wir uns einige Züge ihres Betragens durchaus nicht erklären; so waren sie zum Beispiel nicht zu bewegen gewesen, sich verschiedenen harmlosen Gegenständen, wie den Segeln des Schiffes, einem Ei, einem offenen Buch, einem Mehlnapf, zu nähern. Wir versuchten zu erforschen, ob sie vielleicht Gegenstände besäßen, die zum Tauschhandel geeignet wären, konnten uns jedoch nur schwer verständlich machen. Doch brachten wir zu unserem größten Erstaunen in Erfahrung, daß die große Galapagos-Schildkröte auf ihren Inseln reichlich vorkomme, und bemerkten auch eine im Kahne ihres Häuptlings Too-wit. Einer der Wilden hielt ein Stück von einer *„biche de mer"* – Molluske der indischen Gewässer, im konservierten Zustande ein namentlich für China sehr gesuchter Handelsartikel – in Händen und verspeiste es im Naturzustande mit größtem Appetite.

Diese Anomalien (in Anbetracht des Breitengrades mußten wir solche Vorkommnisse wenigstens dafür halten) erregten in Kapitän Guy den Wunsch, eine Erforschung des Landes vorzunehmen, in der Hoffnung, vielleicht Gelegenheit zu nutzbringenden Spekulationen zu finden. So gern ich persönlich auch diese Inseln näher kennengelernt hätte, so sehr brannte ich darauf, unsere Reise ohne Aufschub weiter nach dem Süden fortzusetzen. Wir hatten augenblicklich schönes Wetter, doch wer konnte wissen, wie lange es anhielt; und da wir vollständig offene See vor uns hatten, ein Strom überdies stark nach Süden trieb und der Wind gut war, konnte ich den Vorschlag, länger hier zu verweilen, als zur Gesundheit der Mannschaft und zum Einnehmen neuer Feuerung und neuer Lebensmittel unbedingt nötig war, nicht ohne Ungeduld anhören. Ich schlug dem Kapitän vor, die Inseln erst bei unserer Rückkehr zu besuchen, und im Falle uns der Weg durch Eis versperrt sei, auf ihnen zu überwintern. Er ging schließlich auf meinen Plan ein, denn durch irgendeinen, mir selbst unbekannten Umstand hatte ich einen großen Einfluß auf ihn gewonnen, und es wurde endlich beschlossen, selbst wenn wir die *„biche de mer"* im Überfluß vorfänden, nur eine Woche zu verweilen, um dann, solange es möglich war, weiter nach Süden vorzudringen. Wir machten also die zum Landen nötigen Vorbereitungen und brachten unter der Leitung Too-wits die „Jane Guy" durch die Riffe in Sicherheit, indem wir ungefähr eine Meile vom Ufer in einer auf allen Seiten von Land umgebenen Bucht an der südöstlichen Küste der Hauptinsel bei zehn Faden Tiefe auf einem tiefschwarzen Sandboden Anker warfen. Man bedeutete uns, daß am Ende der Bucht drei Quellen mit ausgezeichnetem Wasser sprudelten; Holz erblickten wir ringsum im Überfluß. Die vier Kähne folgten uns in die Bucht, hielten sich jedoch immer in respektvoller Entfernung. Too-wit selbst blieb an Bord und lud uns, nachdem wir Anker geworfen, ein, ihn ans Land zu begleiten und sein Dorf in Augenschein zu nehmen. Kapitän Guy willigte ein; zehn Wilde blieben als Geiseln an Bord zurück; eine Abordnung von zwölf Männern begleitete den Häuptling. Ohne Mißtrauen zu verraten, bewaffneten wir uns reichlich. Auf dem zurückbleibenden Schiffe wurden die Kanonen bereit gemacht, die Verschanzungen errichtet und jede Vorsichtsmaßregel, einer Überraschung vorzubeugen, angewandt; der Steuermann erhielt den Befehl, während unserer Abwesenheit niemanden an Bord aufzunehmen und, falls wir in zwölf Stunden nicht zurück seien, die Schaluppe mit dem großen Mörser auf die Suche nach uns zu schicken.

Bei jedem Schritt, den wir in das Land hinein machten, befestigte sich unsere Überzeugung, daß es von allen anderen Ländern, die je von zivilisierten Menschen besucht wurden, wesentlich verschieden sei. Wir sahen nichts, das uns schon bekannt gewesen wäre. Die Bäume hatten mit denen, welche die heiße, gemäßigte oder nördliche kalte Zone hervorbringt, keine Ähnlichkeit und glichen auch nicht denen, die wir in den schon passierten südlichen Breiten gefunden hatten. Selbst die Felsen waren neu in ihrer Masse, ihrer Farbe und ihrer Schichtung; und die Flüsse hatten so wenig mit denen anderer Klimate gemein, daß wir zögerten, aus ihnen zu trinken, und zweifelten, ob ihre Eigenschaften auch wirklich rein natürliche seien. An einem kleinen Bache, der unseren Weg kreuzte (es war der erste, den wir antrafen), stand Too-wit mit seinem Gefolge stille, um zu trinken. Wir weigerten uns, wegen des sonderbaren Aussehens des Wassers, ihrem Beispiel zu folgen und fürchteten, es sei verdorben, und erst später kamen wir zu der Überzeugung, daß alles Wasser auf der Insel so beschaffen sei. Die Natur der Flüssigkeit zu beschreiben, bin ich fast außerstande und kann es jedenfalls nicht ohne viele Worte. Obgleich es schnell alle Abhänge herunterfloß wie jedes gewöhnliche Wasser, hatte es doch nur dann, wenn es irgendwo herabfiel, das Aussehen einer klaren Flüssigkeit. Trotzdem war es in der Tat ebenso klar wie irgendein anderes kalkhaltiges Wasser; es sah nur nicht so aus. Beim ersten Anblick, und besonders an wenig abschüssigen Stellen, glich es, was seine Dichtigkeit anbetrifft, einer dichten Lösung von Gummiarabikum in gewöhnlichem Wasser. Dies war jedoch noch das Unauffälligste an ihm. Am rätselhaftesten schien, daß es wiederum nicht farblos war, noch von irgendeiner einheitlichen Farbe, und daß es, wenn es dahinfloß, dem Auge alle möglichen purpurnen Reflexe bot, wie es changierende Seide tut. Und, um die Wahrheit zu gestehen, diese Veränderlichkeit der Schattierungen setzte uns in ein Erstaunen, das dem Too-wits beim Anblick unserer Spiegel fast nichts nachgab. Wir schöpften ein Gefäß voll, ließen es sich dort ruhig setzen und fanden, daß die ganze flüssige Masse aus vielen verschiedenfarbigen Adern bestand, daß diese Adern sich nicht vermischten, daß ihre Kohäsion bezüglich ihrer Moleküle eine vollständige, bezüglich der benachbarten Adern eine unvollständige war. Als ich die Spitze eines Messers quer durch die Adern führte, schloß sich das Wasser gleich wieder, und als ich es herauszog, waren die Spuren seines Weges sofort verlöscht. Senkte ich die Klinge jedoch genau zwischen zwei Adern, so fand eine vollständige Trennung statt, die die Kohäsionskraft nicht sofort wieder aufhob. Dies Wasser war jedoch nur eins von vielen Wunderdingen, die ich bald sehen sollte.

Kapitel XVII
Das Dorf

Es dauerte fast drei Stunden, ehe wir das Dorf erreichten, da es ungefähr drei Meilen weit im Innern lag und der Weg durch bergiges, zerklüftetes Land führte. Unterwegs verstärkte sich das Gefolge Too-wits alle Augenblicke um kleine Abteilungen von sechs bis acht Mann, die sich uns wie zufällig an Straßenbiegungen anschlossen. Da es aber so systematisch geschah, stieg mir einiges Mißtrauen auf, und ich teilte dem Kapitän meine Befürchtungen mit. Es war jedoch zu spät, um einfach zurückzukehren, und wir mußten uns sagen, daß es das beste wäre, zu tun, als vertrauten wir dem guten Willen Too-wits. Wir gingen also weiter, beobachteten alle Bewegungen der Wilden und ließen nicht zu, daß sie sich zwischen uns drängten und uns trennten. Wir durchwanderten eine abschüssige Schlucht und erreichten endlich die, wie man uns bedeutet hatte, einzige Ansammlung von Wohnstätten auf der Insel. Als wir ihrer ansichtig wurden, stieß der Häuptling einen Ruf aus und wiederholte mehrere Male das Wort Klock-Klock. Wir vermuteten, es sei der Name des Dorfes oder auch der Gattungsname für Dorf.

Die Wohnungen waren elender als man sie sich vorstellen kann, und nicht einmal nach ein und derselben Art gebaut, wie es doch sonst bei den niedrigsten Stämmen der Wilden der Fall ist. Einige von ihnen bestanden aus einem hohlen Baume, den man etwa vier Fuß über der Wurzel abgehauen und mit einem Fell, das in langen, zottigen Falten zur Erde niederhing, bedeckt hatte. In diesen hausten die Wampoos oder Yampoos, die Großen des Reiches. Einige waren aus dicken Baumästen gemacht, die noch ihr verwelktes Laub trugen und sich in einem Winkel von fünfundvierzig Grad gegen einen Erdhügel lehnten, den man ganz unregelmäßig zu der Höhe von fünf oder sechs Fuß aufgeschüttet hatte. Andere wieder waren nichts weiter als senkrecht in die Erde gegrabene Löcher, die der Bewohner, wenn er hineingeschlüpft war, mit Zweigen zudeckte. Noch andere waren in die gabelförmigen Äste der Bäume gebaut, deren obere Zweige man oft in der Hälfte durchgehauen hatte, so daß sie über die unteren herhingen und einen besseren Schutz gegen das Wetter gewährten. Die meisten jedoch waren kleine, flache Höhlen, die man in den Rand eines Felsens, der das Dorf an drei Seiten umgab, hineingegraben hatte. Vor der Tür jeder dieser primitiven Höhlen befand sich ein Felsstück, welches sein Bewohner, wenn er seine

Behausung verließ, sorgfältig vor den Eingang schob. Zu welchem Zwecke dies geschah, wurde uns nicht klar, denn der Stein verschloß kaum ein Drittel der Öffnung.

Das Dorf, wenn dieses Wort hier überhaupt anwendbar ist, lag in einem ziemlich tiefen Tal und war nur von Süden her zugänglich, da der eben erwähnte abschüssige Felsen es von allen anderen Seiten abschloß. Durch die Mitte des Dorfes floß ein murmelnder Fluß mit demselben seltsamen Wasser, das ich schon zu beschreiben versucht habe. In der Nähe der Wohnungen erblickten wir verschiedene sonderbare Tiere, die alle zahm zu sein schienen. Das größte glich in seinem Körperbau und seinem Maule unserem gewöhnlichen Schwein, nur hatte es einen buschigen Schwanz und schlanke Beine wie die Antilope, mit denen es jedoch nur sehr plumpe, unentschiedene Bewegungen machte. Dann trieben sich scharenweise verschiedene Arten zahmen Geflügels umher, so daß wir annehmen konnten, sie bildeten die Hauptnahrung der Inselbewohner. Wilde Tiere sahen wir nur sehr wenige und kein bekanntes oder einigermaßen großes. Einmal kroch eine scheußliche, große Schlange über unseren Weg, da ihr die Wilden jedoch keine Beachtung schenkten, schlossen wir, daß sie nicht giftig sei.

Als wir mit Too-wit und seinen Gefährten das Dorf erreichten, stürzte eine große Volksmenge heraus und kam uns mit lautem Geschrei entgegen, durch das immer wieder die unausbleiblichen Worte Anamoo-moo! und Lama-Lama! hindurchtönten. Mit Erstaunen bemerkten wir, daß die Dorfbewohner alle vollständig nackt waren, nur die Männer aus den Kähnen trugen die schon erwähnte Fellbekleidung. Sämtliche Waffen des Landes schienen sich auch im Besitze dieser letzteren zu befinden, denn wir bemerkten bei den Dorfbewohnern nicht mehr das geringste Kriegs- oder Verteidigungsgerät. Eine große Anzahl Frauen und Kinder waren mit herausgekommen, und die ersteren zeichneten sich teilweise durch eine gewisse persönliche Schönheit aus. Sie waren gut gebaut, hoch und schlank gewachsen, und ihre Bewegungen waren von einer Anmut und Feinheit, wie man sie bei unkultivierten Völkern nicht findet. Ihre Lippen jedoch waren wie die der Männer dick und plump, so daß selbst beim Lachen die Zähne nie enthüllt wurden. Ihr Haar war feiner als das der Männer. Unter den Dorfbewohnern fanden sich schließlich doch noch vielleicht zehn oder zwölf, die wie Too-wit und sein Gefolge in Felle gekleidet und mit schweren Keulen und Lanzen bewaffnet waren. Diese schienen großen Einfluß auf die übrigen zu haben, waren es auch, die mit Wampoo angeredet wurden, und die die fellbedachten „Paläste" bewohnten. Too-wits Residenz lag in der Mitte des Dorfes und war auch etwas besser ausgestattet als die seiner Untertanen. Der Baum, gegen den sie sich stützte, war etwa zwölf Fuß über der Wurzel abgehauen worden, einige Zweige dicht oben hatte man stehen lassen, so daß sie die Bedachung verbreitern halfen. Als Dach hatte man vier große Felle mit Holzpflöcken aneinander-gefügt und diese am Boden mit Pfählen befestigt. Eine dichte Streu trockener Blätter bedeckte als Teppich den Boden.

Mit vieler Feierlichkeit wurden wir in diese Hütte hineingeführt, gefolgt von so viel Eingeborenen, wie sie nur fassen mochte. Too-wit setzte sich auf die Blätter und wies uns durch Zeichen an, seinem Beispiel zu folgen. Wir taten es und befanden uns also plötzlich in einer nicht nur unbequemen, sondern gera-dezu kritischen Stellung. Wir saßen zu zwölf auf der Erde und vielleicht vierzig der Wilden, gewohnheitsmäßig und bequem auf ihren Knien hockend, so dicht um uns herum, daß wir im Falle eines Angriffs keinen Gebrauch von unseren Waffen machen konnten, ja nicht einmal hätten aufstehen können. Nicht nur im Zelte herrschte das Gedränge, draußen stand wahrscheinlich das ganze Dorf ringsherum versammelt, und nur die unaufhörlichen Ermahnungen und Rufe Too-wits schützten uns davor, von den Füßen der Nachdrängenden zu Tode getreten zu werden. Einige Sicherheit verbürgte uns immerhin die Gegenwart Too-wits selbst, und wir beschlossen, ihn nicht aus unserer Mitte weichen zu lassen und bei der ersten feindlichen Kundgebung unserem Wohle zu opfern.

Mit vieler Mühe wurde eine gewisse Ruhe hergestellt, und der Häuptling hielt uns eine sehr lange Ansprache, welche derjenigen aus dem Kahne heraus ähnlich klang, nur mit dem Unterschiede, daß er jetzt seine Anamoo-moos! noch ener-gischer betonte als die Lama-Lamas!

Wir hörten ihn schweigend bis zum Schlusse an, worauf Kapitän Guy den Häuptling seines Wohlwollens und seiner ewigen Freundschaft versicherte und seine Rede mit einem Geschenk von mehreren Ketten blauer Glasperlen und einem Messer krönte. Über die ersteren rümpfte der Monarch zu unserer großen Überraschung verächtlich die Nase, das Messer jedoch erfüllte ihn mit gren-zenloser Zufriedenheit, und er befahl sofort, das Mittagsmahl aufzutragen. Es wurde über die Köpfe der Tafelgenossen hineingereicht und bestand aus den zuckenden Eingeweiden eines unbekannten Tieres, wahrscheinlich eines der schlankbeinigen Schweine, die wir in der Nähe des Dorfes wahrgenommen. Da Too-wit erkannte, daß wir nicht recht wußten, wie wir uns zu dieser Mahlzeit zu stellen hatten, ging er uns mit gutem Beispiel voran und begann, die verlok-kende Nahrung ellenweise hineinzuschlingen, bis wir uns nicht länger bezwin-gen konnten und unser Magen die deutlichsten Symptome von Empörung von sich gab, was „Seine Majestät" wiederum mit einer Verwunderung erfüllte, die nur noch von der durch die Spiegel verursachten übertroffen wurde. Wir lehn-ten es also ab, von den dargebotenen Leckerbissen zu kosten, und bemühten uns, ihm verständlich zu machen, daß wir eben ein gutes Frühstück hinter uns und noch keinen Appetit hätten.

Als der Monarch seine Mahlzeit beendet hatte, unterwarfen wir ihn, soweit es möglich war, einem Kreuzverhör, in der Hoffnung, von ihm die Hauptprodukte des Landes zu erfahren. Als er endlich ungefähr verstanden hatte, was wir meinten, bot er sich an, uns zu einem Teil der Küste zu führen, an welchem die *„biche de mer"* (er zeigte auf ein solches Tier) reichlich zu finden sei. Wir waren froh, auf diese Weise dem Gedränge zu entkommen, und bedeuteten, wir seien zum sofortigen Aufbruch bereit. Wir verließen das Zelt und folgten, von der ganzen Bevölkerung des Dorfes begleitet, dem Häuptling an das südöstliche Ende der Insel, das nicht weit von der Bucht, in der unser Schiff vor Anker lag, entfernt war. Hier warteten wir ungefähr eine Stunde, bis die vier Kähne an unseren Standort gebracht waren. Dann stiegen wir alle zusammen in einen derselben und wurden an dem Riff entlang zu einer Stelle gerudert, an der wir eine größere Menge von *„biche de mer"* bemerkten als die ältesten Seeleute unter uns jemals in den Inselgruppen der niederen Breiten, die wegen dieses Handelsartikels berühmt sind, wahrgenommen hatten. Wir hätten leicht zwanzig Schiffe mit diesen Tieren beladen können. Hierauf brachte man uns an unseren Schoner zurück, und wir verabschiedeten uns von Too-wit, nachdem wir ihm das Versprechen abgenommen hatten, uns im Laufe der nächsten vierundzwanzig Stunden so viel Enten und Galapagos-Schildkröten an Bord zu bringen wie seine vier Kähne fassen konnten. Im Betragen der Eingeborenen lag nicht das geringste Verdächtige, abgesehen von der systematischen Art und Weise, mit welcher sie ihre Partei auf dem Wege vom Strande zum Dorfe verstärkt hatten.

Kapitel XVIII
Der Erdrutsch

Der Häuptling hielt sein Wort und versorgte uns mit neuen Vorräten. Die Schildkröten gehörten mit zu den besten, die wir je gesehen, und die Enten übertrafen alles uns bekannte Geflügel durch ihr zartes, saftiges, wohlschmeckendes Fleisch. Außerdem brachten uns die Wilden, nachdem sie unsere Wünsche verstanden hatten, eine große Menge Sellerie und Löffelkraut, das ein Heilmittel für Skorbut ist, sowie eine Kahnladung frischer und getrockneter Fische. Der Sellerie war ein wahrer Leckerbissen, und das Löffelkraut konnte bei denen, die schon Neigung zum Skorbut gezeigt hatten, die besten Dienste tun. Als Dank boten wir den Wilden von unseren Tauschgegenständen: blaue Perlen, kupferne Schmuckgegenstände, Nägel, Messer, Stücke roten Stoffes; sie schienen mit dem Tausch vollständig zufrieden zu sein. Wir etablierten an der Küste, gerade unter den Kanonen des Schoners, einen regelrechten Markt, und der ganze Handel ging mit einem Vertrauen und einer Ordnung vor sich, die wir nach dem Betragen der Schwarzen in ihrem Dorfe gar nicht erwartet hatten.

So ging also alles mehrere Tage lang durchaus freundschaftlich zu; zuweilen war eine Truppe der Eingeborenen an Bord, zuweilen begab sich ein Teil der Mannschaft an die Küste und machte weite Ausflüge in das Innere, ohne daß sich jemals der geringste unangenehme Zwischenfall ereignet hätte. Als Kapitän Guy sah, wie schnell und leicht die Insulaner eine Schiffsladung „*biche de mer*" gesammelt hatten, beschloß er, mit Too-wit geradezu in Handelsverbindungen zu treten, auf der Insel passende Häuser zu errichten, in den der Artikel zum Versand fertig gemacht werden konnte, und die als Entgelt Too-wit und den Leuten, die sie sammelten, angehören sollten, während er selbst einstweilen das günstige Wetter benutzen und weiter nach Süden vordringen wollte. Als er dem Häuptling seinen Plan verständlich machte, schien dieser bereit, darauf einzugehen, und man schloß folgendes Übereinkommen ab, das beide Parteien befriedigte: Unsere ganze Mannschaft sollte bei den nötigen Vorbereitungen, den Ausschachtungen und dem Bau der Häuser beschäftigt werden, und wenn der Schoner seine Reise nach dem Süden fortsetzte, sollten drei von uns auf der Insel zurückbleiben, um das angefangene Werk zu vollenden und die Insulaner in dem Konservieren der „*biche de mer*" zu unterrichten; das Entgelt für die

Arbeit der Wilden sollte sich nach ihrem Fleiße während unserer Abwesenheit richten, für eine bestimmte Quantität der „*biche de mer*" sollten sie eine bestimmte Menge blauer Perlen, Messer, roten Tuches usw. erhalten.

Als wir unsere Vereinbarungen mit Too-wit getroffen hatten, machten wir uns gleich daran, alle zum Grundlegen und zum Bauen nötigen Gegenstände ans Land zu schaffen. Ein großer flacher Raum in der Nähe der östlichen Seite der Bucht und in passender Entfernung von den Stellen, an denen die größten Scharen der „*biche de mer*" zu finden waren, wurde für unsere Zwecke, da Wasser und Holz in der Nähe waren, am tauglichsten befunden. Wir machten uns mit allen Kräften an die Arbeit und hatten bald, zum größten Erstaunen der Wilden, eine genügende Anzahl von Bäumen gefällt, aus denen wir das Holzwerk für die Häuser zurechtzimmerten, die nach zwei oder drei Tagen so weit gediehen waren, daß wir sie ruhig den drei Männern, die zurückgelassen werden sollten, übergeben konnten.

Gegen Ende des Monats waren alle Vorbereitungen zur Abreise beendet. Wir hatten jedoch beschlossen, von dem Dorfe einen förmlichen Abschied zu nehmen, und Too-wit bestand so hartnäckig auf der Erfüllung unseres Versprechens, daß wir es nicht für ratsam hielten, ihn durch eine Weigerung zu beleidigen. Ich glaube, niemand von uns zweifelte noch im geringsten an der Gutmütigkeit der Wilden. Sie hatten sich immer sehr rücksichtsvoll benommen, hatten uns eifrig bei unseren Arbeiten geholfen, uns ihre Waren oft umsonst angeboten, niemals das geringste gestohlen, obwohl sie stets eine unbändige Freude zeigten, wenn wir ihnen etwas schenkten, und die Geschenke selbst schienen sie für unberechenbar wertvoll zu halten. Auch die Frauen hatten sich sehr zuvorkommend gezeigt, und wir hätten die mißtrauischsten Menschen der Welt sein müssen, um von diesem Völkchen, das uns lange Zeit gut behandelt, jetzt noch eine Hinterlist zu befürchten. Doch sollten wir bald zu der Überzeugung kommen, daß ihre scheinbare Gutmütigkeit nur das Ergebnis eines schlau angelegten Planes war, der uns vernichten sollte, und daß die Insulaner, die uns eine wirkliche Achtung eingeflößt hatten, die barbarischsten, hinterlistigsten, grausamsten Schufte von der Welt waren.

Am ersten Februar gingen wir also an Land, um das Dorf zu besuchen. Obgleich wir nicht den geringsten Verdacht hatten, wurde doch keine Vorsichtsmaßregel vergessen. Sechs Männer wurden mit dem Befehl auf Deck zurückgelassen, keinem der Wilden zu gestatten, sich dem Schiffe während unserer Abreise zu nähern, und stets auf Deck zu bleiben. Alle Verschanzungen wurden aufgezogen, die Kanonen mit Kugeln und Kartätschen doppelt geladen und die Mörser zum Gebrauch fertig gemacht. Der Schoner lag eine Meile von der Küste so frei da, daß sich ihm kein Boot ungesehen nahen konnte.

Sechs Männer blieben also an Bord, und wir übrigen zweiunddreißig begaben uns an Land. Wir waren bis an die Zähne bewaffnet, hatten Flinten, Pistolen
und Dolche bei uns, außerdem trug jeder von uns ein langes Seemannsmesser bei sich. Ungefähr hundert der schwarzfelligen Männer empfingen uns am
Strande, um uns in das Dorf zu begleiten; sie waren vollständig bewaffnet. Die
Quelle und das Flüßchen, von dem ich schon gesprochen, hatten wir bald hinter
uns und traten nun in die enge Schlucht, die sich zwischen der Bergeskette zu
dem Dorfe hindurchwindet. Diese Schlucht war felsig und sehr uneben, so daß
wir auf unserem ersten Wege nach Klock-Klock nur mit Mühe hindurchgelangt
waren. Sie mochte vielleicht im ganzen anderthalb oder zwei Meilen lang sein
und wand sich in allen möglichen Krümmungen durch die Berge, weshalb wir
vermuteten, sie sei früher das Bett eines Flusses gewesen. An keiner Stelle lief
sie mehr als zwanzig Ellen in gerader Linie fort, gewöhnlich folgte schon nach
kürzerem Raum eine scharfe Wendung. Aus der Schlucht stiegen die Berge ganz
senkrecht zu einer Höhe von wenigstens 70–80 Fuß empor, an manchen Stellen
erhoben sie sich jedoch so viel höher, daß das Tageslicht den Boden nur noch
sehr gedämpft erreichte. Sie mochte im allgemeinen wohl vierzig Fuß breit sein,
verengte sich an manchen Stellen jedoch so, daß sie nur fünf oder sechs Personen nebeneinander Durchgang gewährte. Kurz, es konnte keinen geeigneteren
Ort für einen hinterlistigen Überfall geben, und es war nur zu natürlich, daß
wir uns beim Eintritt in die Schlucht nochmals unserer Waffen vergewisserten.
Wenn ich jetzt an unsere ungeheure Torheit zurückdenke, wundere ich mich am
meisten darüber, wie wir es überhaupt wagen konnten, uns so in die Gewalt der
unbekannten Wilden zu geben, daß wir sie in der Schlucht sowohl vor wie hinter
uns gehen ließen. Und doch hatten wir uns blindlings dieser Ordnung gefügt,
im törichten Vertrauen auf unsere Kraft, beruhigt durch Too-wits und seiner
Gefährten Waffenlosigkeit, der Wirkung unserer Feuerwaffen, die den Eingeborenen noch ein Geheimnis war, sicher, und durch die Freundschaftsbeweise der
Elenden arglos gemacht! Fünf oder sechs von ihnen gingen voran, als wollten
sie uns den Weg weisen, und bemühten sich, mit unterstrichenem Diensteifer,
Steine und andere Hindernisse aus dem Wege zu räumen. Dann kamen wir. Wir
gingen dicht nebeneinander und hüteten uns wohl, voneinander getrennt zu
werden. Hinter uns kamen die übrigen Wilden in ungewohnter Ordnung und
Ruhe.

Dirk Peters, ein Mann namens Allan und ich gingen an der rechten Seite unserer Gefährten und betrachteten den ganzen Weg lang die sonderbaren Schich-
tungen der Felsmauer über uns. Eine Spalte in dem Felsen zog ganz besonders
unsere Aufmerksamkeit auf sich. Sie war so breit, daß eine Person, ohne sich
zu quetschen, hineinkriechen konnte, drang wohl achtzehn oder zwanzig Fuß

925

in den Felsen ein und wandte sich dann nach links. Sie befand sich dort, soweit wir sie mit den Blicken verfolgen konnten, in einer Höhe von ungefähr sechzig oder siebzig Fuß. Aus dem Spalt wuchsen ein oder zwei verkrüppelte Sträucher heraus, es schienen mir Haselnußstauden zu sein, und meine Neugierde trieb mich an, sie näher zu betrachten. Ich näherte mich ihnen schnell, riß mit einem Griff ein paar Nüsse ab und eilte zu meinen Gefährten zurück. Als ich mich umwandte, sah ich, daß Peters und Allan mir gefolgt waren, ich bat sie, zurückzugehen, weil auf dem Vorsprung nicht Raum für zwei zum Vorbeigehen sei, ich würde meine Nüsse mit ihnen teilen. Sie gingen denn auch zurück, und Allan war gerade am Ende des Spaltes angekommen, als ich plötzlich einen Stoß verspürte, der mich, wenn ich überhaupt noch etwas denken konnte, mit der unbestimmten Vorstellung erfüllte, es zerrissen die Grundfesten der Erde und der Jüngste Tag nahe.

Als meine betäubten Sinne wieder erwachten, fühlte ich mich dem Ersticken nahe und tappte in der Finsternis unter einer Masse lockerer Erde umher, die von jeder Seite her schwer auf mich herabfiel und mich zu begraben drohte. Entsetzt versuchte ich, mit Aufbietung aller Kräfte festen Fuß zu fassen. Es gelang mir, wenn auch unter schwerster Mühe. Darauf stand ich ein paar Augenblicke lang regungslos und versuchte mir zu erklären, was sich ereignet habe und wo ich sei. Bald vernahm ich ganz nahe an meinem Ohre einen tiefen Seufzer, und hörte gleich darauf die erstickte Stimme meines Kameraden Peters, wie er stammelnd um Hilfe flehte. Mit großer Mühe bewegte ich mich einen oder zwei Schritte weit nach vorn und fiel dabei über den Kopf und die Schultern meines Gefährten, der, wie ich bald entdeckte, bis zur Mitte in einer losen Erdmasse vergraben lag und verzweifelt kämpfte, sich von dem Druck zu befreien. Ich entfernte die auf ihm lastenden Erdmassen so rasch es mir nur möglich war. Bald hatte ich ihn denn auch ausgegraben.

Als wir uns von unserem Schreck und Staunen so weit erholt hatten, daß wir vernünftig zusammen reden konnten, kamen wir zu der Ansicht, daß die Mauern des Spaltes, in den wir uns hineingewagt hatten, durch irgendeine Erschütterung der Erde oder vielleicht durch ihr eigenes Gewicht über uns eingestürzt sein mußten, und daß wir verloren — lebendig begraben waren! Eine beträchtliche Zeit über blieben wir in einem Zustande von Angst und bitterster Verzweiflung, den sich niemand, der sich nicht in ähnlicher Lage befunden hat, auch nur vorstellen kann. Ich glaube fest, daß unter allen Qualen, die ein Mensch ertragen kann, keine für Leib und Seele fürchterlicher ist, als die Qual, die wir erdulden mußten: lebendig begraben zu sein. Die schwarze Finsternis, die das Opfer umgibt, der furchtbare Druck auf die Lungen, die erstickende Ausdünstung der Erde, die gräßliche Vorstellung, daß jede Hoffnung dahin ist, und daß wir damit den Toten schon zugezählt sind: all das gießt ein Entsetzen, einen eisigen Schauder ins Herz, den man nicht beschreiben kann!

Endlich schlug Peters vor, uns doch einmal von der Tragweite unseres Unglücks genau zu überzeugen und, wenn es möglich sein sollte, in unserem Gefängnis umherzutasten; denn es war ja noch immer denkbar, meinte er, daß irgendwo eine Öffnung geblieben, durch die wir unser Grab verlassen konnten. Ich griff diesen Hoffnungsgedanken begierig auf, raffte alle meine Energie zusammen und bemühte mich, mir einen Weg durch das lose Erdreich zu bahnen. Kaum hatte ich einige Schritte vorwärts getan, als ich denn auch einen Lichtschimmer bemerkte, der, so schwach er auch war, uns doch die eine Furcht benahm, alsbald aus Luftmangel umkommen zu müssen. Wir faßten ein wenig Mut und suchten uns gegenseitig zu überzeugen, daß noch alles gut gehen könne. Als wir einen Trümmerhaufen, der uns hinderte, in der Richtung des Lichtes vorzudringen, überklettert hatten, konnten wir mit geringer Mühe fortschreiten und fanden auch, daß sich der Druck, der so qualvoll auf unseren Lungen lastete, ein wenig verminderte. Bald konnten wir schon die Dinge um uns her unterscheiden und entdeckten, daß wir uns fast am Ende des Teiles der Spalte befanden, der geradeaus lief, das heißt an der Stelle, an der sie eine entschiedene Biegung nach links machte. Noch ein paar weitere Anstrengungen und wir waren an dieser Biegung angelangt, wo wir zu unserer unaussprechlichen Freude einen zweiten langen Spalt oder Riß entdeckten, der sich in einem Winkel von etwa fünfundvierzig Grad, manchmal auch noch viel abschüssiger, weit nach oben zog. Wir konnten die ganze Ausdehnung der Öffnung nicht überschauen, da jedoch ziemlich viel Licht durch sie hineinfiel, zweifelten wir nicht, von dem oberen, uns sichtbaren Ende des Spaltes aus – vorausgesetzt, daß wir dies erreichen konnten – einen Ausgang ins Freie zu finden.

Ich erinnerte mich jetzt, daß wir ja zu dreien waren, als wir die Hauptschlucht verließen und in den Spalt eintraten. Unser Gefährte Allan war noch nicht gefunden, und wir beschlossen, sofort zurückzukehren und ihn zu suchen. Nach langem Umhertappen, bei dem uns die herabfallende Erde oft in Gefahr brachte, rief mir Peters plötzlich zu, daß er den Fuß unseres Gefährten ergriffen habe, sein ganzer Körper läge jedoch so unter Erdmassen begraben, daß er ihn nicht herausziehen könne. Ich überzeugte mich bald, daß das, was er sagte, nur zu wahr sei, und das Leben unseres Freundes längst entflohen sein mußte. Mit angstbedrücktem Herzen überließen wir also den Leichnam seinem Schicksal und bahnten uns von neuem den Weg an die Biegung.

Die Breite des Risses genügte kaum für unsere Körper, und nach ein paar vergeblichen Anstrengungen, hinaufzuklimmen, wollten wir schon von neuem verzweifeln.

Ich habe nun noch nicht gesagt, daß die Hügelkette, durch welche sich die Hauptschlucht hindurchwand, von einem weichen Felsen, der dem Speckstein ähnlich sah, gebildet wurde. Die Seite des Spaltes, die wir hinaufklettern wollten, bestand aus dem gleichen Material und war so feucht und glitschig, daß wir selbst an den wenigsten abschüssigen Stellen nicht Fuß fassen konnten; an den steileren ging's natürlich noch weniger, so daß wir es eine Zeitlang für ganz unmöglich hielten, hinaufzukommen. Die Verzweiflung jedoch gab uns endlich den Mut; mit unseren Seemannsmessern kratzten wir ein paar Absätze in den weichen Stein und schwangen uns mit Lebensgefahr an diesen und einigen wenigen, aus Tonschiefer bestehenden Vorsprüngen, die etwas härter aus der allgemeinen Masse hervorragten, hinauf und erreichten endlich eine natürliche Plattform, von der aus wir oben zwischen der Öffnung der reichbewaldeten Schlucht ein Stück blauen Himmels entdeckten. Als wir jetzt mit einiger Aufmerksamkeit den Weg, den wir zurückgelegt, wieder betrachteten, sahen wir deutlich, daß sich dieser Riß erst ganz neuerdings gebildet haben konnte, und schlossen daraus, daß der Stoß, der, welcher Art er auch immer gewesen, uns begraben, uns auch zugleich diesen Ausgang geschaffen habe. Da uns die Anstrengung sehr erschöpft hatte und wir so schwach waren, daß wir kaum stehen oder zusammenhängend reden konnten, schlug Peters vor, wir sollten unsere Kameraden von unserem Aufenthaltsort benachrichtigen, indem wir die Pistolen, die noch in unseren Gürteln steckten – unsere Flinten und Hirschfänger hatten wir in dem weichen Erdreich am Boden der Schlucht verloren – abfeuerten. Die folgenden Ereignisse zeigen, daß wir dies Schießen bald bereut haben würden; glücklicherweise war in meiner Seele schon ein halber Argwohn, die Ahnung irgendeines tückischen Streiches erwacht, und so ließen wir denn von unserem Vorhaben ab.

Nachdem wir uns ungefähr eine Stunde lang ausgeruht hatten, drangen wir langsam weiter in die Schlucht hinauf und waren noch nicht weit gekommen, als wir ein schreckliches, langanhaltendes Geheul vernahmen. Endlich erreichten wir sozusagen die Oberfläche des Bodens, denn unser Weg, seit wir die Plattform verlassen, hatte sich unter einem hohen Gewölbe von Felsen und Laubwerk langsam bis dicht nach oben geschlängelt. Mit großer Vorsicht näherten wir uns einer engen Öffnung, durch die wir die Gegend mit einem Blick überschauen konnten, der uns das ganze, schreckliche Geheimnis des fürchterlichen Erdstoßes klarmachte.

Die Stelle, von der wir auslugten, war nicht weit von der höchsten Spitze der Specksteinhügel entfernt. Fünfzig Fuß zu unserer Linken zog sich die Schlucht hin, in die wir zweiunddreißig Weiße eingetreten waren. Doch wenigstens hundert Ellen weit war das die Schlucht bildende alte Flußbett mit einer chaotischen Masse von Erdklumpen und Felstrümmern angefüllt, mit einer ganzen Lawine von Felsenschutt, die man künstlich hineingestürzt haben mußte. Die Mittel zu diesem ungeheuren Mordwerke waren ebenso einfach wie leicht erkennbar. An mehreren Stellen an dem östlichen First der Schlucht – wir befanden uns auf dem westlichen – sahen wir in die Erde gegrabene Holzpfähle. An diesen Stellen war die Erde nicht hinabgestürzt, doch den ganzen Abhang entlang, von dem die Stein- und Erdmasse hinuntergefallen war, erkannte man an den im Boden zurückgebliebenen Bohrlöchern ähnlichen Vertiefungen, daß dort gleiche Pfähle, in einem Abstand von einer Elle ungefähr, vielleicht dreihundert Fuß weit in den Boden getrieben worden waren. Die ganze Reihe war ungefähr zehn Fuß vom Rande des Abgrundes entfernt. An den stehengebliebenen Pfählen waren starke Seile aus Pflanzenfasern befestigt; offenbar hatten sich an den gestürzten Pflöcken ebenfalls derartige Taue befunden.

Ich habe schon von der eigentümlichen Schichtung dieser Speckstein-Hügel gesprochen, und die Beschreibung der engen und tiefen Ritze, durch welche wir aus unserem Grabe flohen, wird ihre besonderen Eigenschaften noch mehr erläutert haben. Jede natürliche Erderschütterung mußte den ganzen Boden in senkrechte, parallel laufende Lagen oder Schichten zerspalten – jede ganz geringe künstliche Anstrengung mußte dasselbe Resultat haben. Diese eigenartige Schichtung nun hatten sich die Wilden bei der Ausübung ihres hinterlistigen Mordanschlages zunutze gemacht. Ohne Zweifel hatten sie durch eine fortgesetzte Reihe von Pfählen ein teilweises, vielleicht ein oder zwei Fuß tiefes Reißen des Bodens bewirkt; an den Spitzen der Pfähle waren Seile angebracht, und am Ende jeden Seiles, die bis über den First des Hügels reichten, stand ein Wilder und zog aus Leibeskräften an denselben, so daß eine ungeheure Hebelkraft wirksam wurde, die auf ein gegebenes Zeichen hin den ganzen Hügel in den Abgrund an seinem Fuße schleudern mußte. Das Schicksal unserer armen Kameraden konnte uns nicht länger zweifelhaft erscheinen. Wir allein waren dem vernichtenden künstlichen Erdsturz entgangen, waren die einzigen lebenden Weißen auf der Insel.

Kapitel XIX
Der Kampf

Unsere Lage war auch jetzt nicht weniger fürchterlich als vorher, da wir schon glaubten, lebendig begraben zu sein. Denn welch anderes Schicksal konnten wir erwarten, als entweder von den Wilden getötet, unter gräßlichen Martern getötet zu werden oder ein trostloses Dasein als Gefangene oder Sklaven führen zu müssen! Eine Zeitlang konnten wir uns ja vielleicht im Innern der Hügel vor ihnen verbergen; doch mußten wir dann, in dem strengen polarischen Winter, sicherlich der Kälte und dem Hunger zum Opfer fallen; vorausgesetzt, daß wir nicht eben schon vorher bei einem Versuch, uns Unterhalt zu verschaffen, entdeckt wurden.

Die ganze Gegend rings umher schien von Wilden förmlich zu wimmeln, und wir bemerkten bald, daß große Scharen von Eingeborenen auf Flößen von den benachbarten südlichen Inseln herübergekommen waren, zweifellos, um sich an der Ausplünderung der „Jane Guy" zu beteiligen. Das Schiff lag noch immer ruhig in der Bucht vor Anker, und die Mannschaft an Bord ahnte nicht, daß Gefahr sie bedrohte. Wie verlangten wir darnach, in diesem Augenblick bei ihnen zu sein! Um entweder mit ihnen das Wagnis der Flucht zu unternehmen oder mit ihnen nach mutiger Gegenwehr zu fallen! Aber wir sahen kein Mittel, sie vor der Gefahr zu warnen, ohne daß wir selbst entdeckt worden wären — und das würde ihnen ja nur geschadet haben! Ein Pistolenschuß hätte vielleicht genügt, um ihnen Nachricht zu geben, daß ein Unglück geschehen sei — doch wäre ihnen damit noch nicht mitgeteilt gewesen, daß ihr einziges Heil in sofortiger, schleuniger Flucht lag, daß sie nichts mehr zu bleiben verpflichtete, daß sich ihre Gefährten nicht mehr unter den Lebenden befanden. Wenn sie den Schuß vernahmen, so konnten sie ja doch nicht besser und nicht schlechter vorbereitet den Feind erwarten, als sie es jetzt auch waren. Sie hatten also auf keinen Fall einen Vorteil, während uns ein Schuß den Tod bringen konnte, mußte; wir sahen deshalb auch nach reiflicher Überlegung davon ab.

Dann kam uns der Gedanke, selbst zu dem Schiffe vorzudringen, einen der vier Kähne, die am oberen Ende der Bucht lagen, zu benutzen und den Weg an Bord zu erzwingen. Doch mußten wir uns bald sagen, daß es ganz unmöglich sei, ein solches Unternehmen durchzuführen. Die ganze Gegend wimmelte, wie gesagt, von Eingeborenen, die sich in den Sträuchern und Schluchten der Hügel verbargen, um vom Schiffe aus nicht gesehen zu werden. In unserer unmittelbaren Nähe lagerten die mit schwarzen Fellen bekleideten Krieger und versperrten den einzigen Weg, auf dem wir die Küste an der geeigneten Stelle hätten erreichen können, Too-wit war an der Spitze und wartete wahrscheinlich bloß auf Verstärkung, um zum Angriff auf die „Jane Guy" überzugehen. Die Kähne am Kopfe der Bucht waren mit Wilden besetzt, die allerdings nicht bewaffnet waren, doch ohne Zweifel jeden Augenblick ihre Waffen erreichen konnten.

Wir sahen uns also gezwungen, in unserem Versteck zu bleiben und dem Kampfe, der sich alsbald entspinnen mußte, untätig zuzuschauen.

Nach ungefähr einer halben Stunde sahen wir denn auch schon vielleicht sechzig oder siebzig Flöße und Kähne, alle mit Wilden besetzt, um die südliche Spitze der Bucht kommen. Sie schienen keine anderen Waffen bei sich zu haben als kurze Keulen und Steine, die auf dem Boden ihrer Fahrzeuge lagen. Gleich darauf näherte sich eine andere, noch größere Abteilung von der entgegengesetzten Richtung, mit den gleichen Waffen ausgerüstet. Die vier Kähne waren jetzt bald mit Eingeborenen gefüllt, die aus den Büschen am Ufer der Bucht hervorkrochen und sich mit den Ankömmlingen vereinigten, so daß sich in kürzerer Zeit, als ich zum Erzählen brauche, die „Jane Guy" wie durch Zauberei von einer zahllosen Menge blutgieriger Räuber umgeben sah, die sich ihrer um jeden Preis bemächtigen wollten.

Und daß es ihnen gelingen werde – daran war nicht einen Augenblick zu zweifeln. Die sechs auf dem Schiffe zurückgelassenen Matrosen reichten auf keinen Fall aus, um von den Schießwaffen den rechten Gebrauch zu machen und, so mutig sie auch kämpfen mochten, es mit einer solchen Übermacht aufzunehmen. Ich hielt es kaum für möglich, daß sie überhaupt Widerstand zu leisten versuchen würden, doch täuschte ich mich, denn ich sah bald, wie das Schiff quer vor Anker legte und die ganze mit den Kanonen besetzte Breitseite den Kähnen zuwandte, die jetzt noch einen Pistolenschuß entfernt waren, während die Flöße ungefähr eine Viertelmeile weiter windwärts liegen blieben. Aus irgendeiner Ursache, wahrscheinlich aus Aufregung über die plötzliche hoffnungslose Lage, fügten unsere armen Freunde dem Feinde mit ihren Salven jedoch nicht den geringsten Schaden zu. Keiner der vier Kähne wurde getroffen, kein Wilder verletzt, die Kugeln flogen einfach über deren Köpfe weg. Die ganze Wirkung der Schießwaffen beschränkte sich wohl auf ein großes Erstaunen der Wilden über die starke Detonation und den Rauch; ein Erstaunen, das allerdings so ungeheuer sein mochte, daß ich schon ein paar Augenblicke lang dachte, sie würden von ihrem Vorhaben abstehen und an die Küste zurückkehren. Und wahrscheinlich hätten sie dies auch getan, wenn die Mannschaft nunmehr zu den kleinen Waffen gegriffen hätte, mit denen sie, da die Kähne jetzt näher gekommen, Schaden genug anrichten konnten; jedenfalls würde es ihnen gelungen sein, die ersten Angreifenden zurückzuschrecken, bis sie den Flößen ebenfalls eine Ladung aus den Kanonen hätten aufbrennen können. Stattdessen jedoch ließen sie den Wilden in den Kähnen Zeit, sich von ihrem Schrecken zu erholen und sich zu vergewissern, daß ihnen nichts geschehen, und dachten selbst nur daran, die Flöße gebührend zu empfangen.

Hier allerdings waren ihre Geschütze von fürchterlicher Wirkung. Die Kartätschen und die Kettenkugeln aus den großen Kanonen bohrten sieben oder acht der Flöße sofort in Grund und Boden und töteten auf der Stelle dreißig oder vierzig der Wilden, während wenigstens Hunderte von ihnen, zum Teil schwer verwundet, im Wasser ihren Tod fanden. Die übrigen wurden von Entsetzen gefaßt und machten sich Hals über Kopf auf die Flucht, ohne sich weiter um ihre Genossen, von denen noch viele Hilfe schreiend im Wasser umherschwammen, zu kümmern. Dieser Erfolg kam jedoch zu spät, um unsere armen Kameraden retten zu können. Die Wilden aus den Kähnen waren vielleicht schon in der Anzahl von hundertundfünfzig an Bord des Schiffes gekommen, das sie an den Ketten von außen erklettert hatten; ihrer barbarischen Wut konnte nichts widerstehen. In einem Augenblick waren unsere Gefährten überwältigt, zu Boden geschlagen, mit Füßen zertreten und in Stücke gerissen.

Kaum hatten die Wilden auf den Flößen dies bemerkt, so wurden sie Herr ihrer Furcht und kamen gleichfalls in Scharen zum Raube herbei. In fünf Minuten war die „Jane Guy" nur noch ein beklagenswerter Schauplatz von Verwüstung und Zerstörung. Das Deck wurde aufgerissen, die Taue, Segel, kurz, alles Bewegliche an Bord, schnell wie durch einen bösen Zauber zerstört. Das Ankertau wurde durchschnitten, zahllose der Elenden stießen hinten, schoben an den Seiten, zogen vorne, bis sie das Schiff an den Strand gebracht und der gütigen Obhut Too-wits übergeben hatten, der während der ganzen Schlacht wie ein guter Feldherr seinen sicheren Beobachtungsposten in den Hügeln nicht verlassen hatte, doch jetzt, als der Kampf wie gewünscht verlaufen, sich herabließ, mit den Kriegern im schwarzen Fell herbeizukommen und seinen Teil an der Beute in Empfang zu nehmen.

Als Too-wit die Hügel hinabgestiegen war, konnten wir unser Versteck verlassen und die Gegend in der Nähe der Schlucht ein wenig erforschen. Ungefähr fünfzig Ellen von ihrem Ende erblickten wir eine kleine Quelle, an der wir unseren brennenden Durst löschten. Nicht weit von der Quelle entdeckten wir mehrere der Haselnußstauden, von denen ich schon gesprochen. Wir kosteten die Nüsse und fanden sie durchaus wohlschmeckend und im Geschmack der gewöhnlichen englischen Haselnuß ähnlich. Wir sammelten gleich unsere Hüte voll, legten sie in der Schlucht nieder und gingen, um neue zu sammeln. Während wir damit noch eifrig beschäftigt waren, erschreckte uns plötzlich ein Geräusch in den Büschen, und wir wollten uns schon zu unserem Verstecke zurückschleichen, als sich ein großer, schwarzer Vogel, der an eine Rohrdommel erinnerte, mühsam und langsam aus dem Gebüsche erhob. Ich erschrak so sehr, daß ich nichts beginnen konnte, Peters jedoch hatte genügende Geistesgegenwart, sich auf ihn zu stürzen und ihn am Halse festzuhalten. Der Vogel wehrte sich wütend und stieß ein schreckliches Geschrei aus, so daß wir schon daran dachten, ihn wieder entwischen zu lassen, damit das Geräusch nicht etwa die Wilden, die im Gebüsch noch verborgen sein konnten, herbeilockte. Ein geschickter Stoß mit dem großen Messer ließ ihn jedoch bald verstummen, er fiel auf die Erde, und wir schleppten ihn in die Schlucht und waren froh, für eine Woche wenigstens mit Nahrung versorgt zu sein.

Darauf strichen wir wieder, Umschau haltend, umher und wagten uns ziemlich weit über den südlichen Abhang des Hügels hinaus, fanden jedoch weiter nichts, das uns als Nahrung hätte dienen können. Wir sammelten nur noch eine Menge trockenen Holzes und kehrten in unser Versteck zurück, wobei wir von ferne ein oder zwei größere Trupps von Eingeborenen bemerkten, die, mit Beute vom Schiffe beladen, ins Dorf zurückgingen und uns leicht hätten erkennen können.

Unsere nächste Sorge war, unseren Zufluchtsort so sicher wie möglich zu machen. Zu diesem Zwecke schichteten wir über der Öffnung, durch die wir, vom Abgrunde aus, ein Stückchen blauen Himmels gesehen hatten, wie zufällig, etwas Buschholz auf. Nur eine ganz kleine Öffnung, die groß genug war, die Bucht zu überschauen, wurde freigelassen; und zwar so, daß man uns von unten nicht sehen konnte. Dann betrachteten wir unsere Arbeit mit Zufriedenheit und durften uns sagen, daß wir, solange wir die Schlucht nicht verließen und uns nicht auf die Hügel hinauswagten, wohl in Sicherheit waren. Keinerlei Spuren wiesen darauf hin, daß jemals Wilde in der Höhle gewesen waren; als wir jedoch weiter nachdachten und uns eingestehen mußten, daß der Spalt, durch den wir dieselbe erreicht hatten, ja erst neuerdings durch den herabstürzenden gegenüberliegenden Felsen geschaffen worden war, und daß kein anderer Weg zu ihr hinein und hinaus führte, da erfüllten uns bittere Befürchtungen über unser Los: was würde aus uns werden, falls man den einzigen Aus- und Eingang entdeckte, da es ganz unmöglich war, wieder bis in den tiefsten Schlund hinabzusteigen?! Wir beschlossen, den Gipfel des Hügels gründlich zu erforschen, ob sich vielleicht ein anderes Versteck finden ließe.

Mittlerweile beobachteten wir durch unser Guckloch alle Bewegungen der Wilden. Sie hatten das Schiff vollständig zerstört und waren jetzt dabei, es zu verbrennen. Nach kurzer Zeit sahen wir dicke Rauchsäulen aus der Hauptluke emporsteigen, und gleich darauf lohte auch schon eine Flamme vom Vorderkastell empor. Das Tauwerk, die Masten, alles, was noch von den Segeln übriggeblieben, wurde im Augenblick vom Feuer ergriffen. Dennoch trieb noch immer eine große Zahl von Wilden ihr Wesen auf dem Schiffe und zerstörte mit Steinen und Äxten das Eisen und Kupferwerk, das bis jetzt standgehalten. In der Bucht, auf Kähnen und Flößen befanden sich wohl nicht weniger als zehntausend Eingeborene in der Nähe unseres Schoners; ohne alle die zu rechnen, welche, mit Beute beladen, ins Innere des Landes oder auf die benachbarten Inseln zurückkehrten. Wir erwarteten jeden Augenblick auf dem brennenden Schiffe eine Katastrophe, und sie ließ in der Tat nicht lange auf sich warten. Zuerst empfanden wir einen starken Stoß, wie ihn wohl eine leichte Galvanisierung hervorruft; doch fehlten noch andere sichtbare Zeichen einer Explosion. Die Wilden waren offenbar höchst erschrocken und hielten einen Augenblick mit ihrem Arbeiten und Schreien inne. Doch wollten sie sich eben wieder ihrem Zerstörungswerk überlassen, als plötzlich eine wilde Rauchmasse wie eine schwarze, schwere Gewitterwolke vom Deck aufstieg und aus den Eingeweiden des Wracks eine hohe Feuersäule emporschoß, die sich dann kreisförmig ausdehnte – dann war in einem einzigen Augenblicke die ganze Atmosphäre in ein wildes Chaos von Holz- und Metallstücken und menschlichen Gliedmaßen verwandelt – und dann erst kam der wütendste Stoß, der uns in der weiten Entfernung auf unsere Füße riß, während die Hügel den Tumult in schauerlichem, vielfachem Echo wiedergaben und ein dichter Regen kleiner Trümmer von jeder Seite aus auf uns niedersauste.

Die Verwüstung, die die Explosion unter den Wilden angerichtet, überstieg unsere kühnsten Erwartungen. Vielleicht tausend wurden sofort getötet und ebensoviele scheußlich verstümmelt. Die ganze Oberfläche des Wassers war mit Ertrinkenden buchstäblich übersät, und an der Küste war das Bild ein noch gräßlicheres. Die schnelle Vernichtung schien die Wilden ganz um ihre Sinne gebracht zu haben; sie bemühten sich wenigstens nicht im geringsten, einander beizustehen. Erst nach einiger Zeit kam wieder Bewegung in sie. Dann jedoch schienen sie aus vollständiger Erstarrung plötzlich in einen Zustand höchster Erregung überzugehen; sie rannten wild durcheinander, liefen bis zu einem bestimmten Punkte der Küste mit einem seltsam aus Entsetzen, Wut und heftigster Neugier gemischten Ausdruck hin und her und schrien aus Leibeskräften immerfort: „Tekeli-li! Tekeli-li!"

Darauf sahen wir, daß sich ein großer Trupp in die Hügel zurückzog, von wo sie in kurzer Zeit mit Holzpfählen wieder zurückkamen. Diese brachten sie an die Stelle, an der die Menge am dichtesten war. Sie teilte sich jetzt und ließ uns den Gegenstand ihrer großen Aufregung sehen. Wir bemerkten, daß etwas

Weißes auf dem Boden lag, konnten jedoch nicht sogleich erkennen, was es war. Endlich erkannten wir den Körper des seltsamen Tieres mit den scharlachroten Zähnen und Klauen, das der Schoner am 18. Januar auf See erbeutet hatte. Kapitän Guy hatte den Körper verwahrt, um ihn auszustopfen und mit nach England zu nehmen. Ich erinnerte mich, daß er, kurz bevor wir die Insel erreichten, die diesbezüglichen Befehle gegeben und das Tier in einem Schranke aufbewahren ließ. Die Explosion hatte es an die Küste geschleudert. Weshalb es unter den Wilden eine so große Erregung hervorrufen konnte, blieb uns unverständlich. Obwohl sie sich in großer Menge um das Tier drängten, wagte offenbar niemand, sich ihm ganz zu nähern. Die mit den Holzpfählen bewaffneten Männer pflanzten dieselben rund im Kreise um den Kadaver auf; und kaum waren sie damit fertig, so stürzte sich die ganze schwarze Menge mit dem lauten Geschrei „Tekeli-li! Tekeli-li!" in das Innere der Insel.

Kapitel XX
Das Labyrinth

Während der folgenden sechs oder sieben Tage blieben wir in unserem Versteck und begaben uns nur gelegentlich mit der größten Vorsicht auf die Suche nach Wasser und Haselnüssen. Wir hatten uns auf der Plattform eine Art Wetterdach hergerichtet und aus trockenen Blättern ein Bett, aus drei großen Steinen einen Tisch und einen Kamin verfertigt. Mit wenig Mühe gelang es uns, Feuer zu entzünden, indem wir ein weiches und ein hartes Stück Holz aneinanderrieben. Der Vogel, den wir zu guter Zeit erbeutet, lieferte eine ausreichende, obwohl ein wenig zähe Speise. Er war kein Meervogel, sondern, wie gesagt, eine Art Rohrdommel mit pechschwarzem von kleinen grauen Flecken übersätem Gefieder und verhältnismäßig kleinen Flügeln. Wir sahen später drei Vögel derselben Art in der Umgebung der Schlucht, wie sie ihren Gefährten, den wir gefangen hatten, zu suchen schienen; da sie sich jedoch nicht ein einziges Mal auf die Erde niederließen, konnten wir uns ihrer nicht bemächtigen.

Solange der Vogel reichte, hatten wir unter unserer Lage nicht zu leiden; doch war er nur zu schnell verzehrt, so daß wir uns bald nach neuen Lebensmitteln umsehen mußten. Die Nüsse genügten nicht, um die Hungerqualen zu stillen; in größeren Mengen genossen, verursachten sie uns heftiges Leib- und Kopfweh. Im Osten des Hügels, nahe am Ufer, hatten wir einige sehr große Schildkröten gesehen und waren auch überzeugt, daß wir sie, wenn wir nur erst einmal unentdeckt in ihre Nähe gekommen, leicht erbeuten könnten. Wir beschlossen also, eine kleine Streife aus unserer Höhle zu wagen.

Wir begannen damit, den südlichen Abhang, der am leichtesten zugänglich schien, herabzusteigen. Doch mochten wir kaum hundert Ellen gegangen sein, als unser Weg, wie wir es bei unserer Umschau von der Spitze des Hügels vorausgesehen hatten, durch eine Abzweigung der großen Schlucht, in welcher unsere Gefährten umgekommen waren, aufgehalten wurde. Ungefähr eine Viertelmeile weit folgten wir dem Rande derselben, doch wurden wir von neuem durch einen ungeheuer tiefen Abgrund aufgehalten; und da wir nicht weiter am Rande vorwärts konnten, kehrten wir auf demselben Wege wieder zur Hauptschlucht zurück.

Wir drangen nun nach Osten vor, hatten jedoch nicht mehr Glück. Nachdem wir eine Stunde auf die Gefahr hin, den Hals zu brechen, umhergeklettert waren, entdeckten wir, daß wir nun in einen riesigen Abgrund aus schwarzem Granit herabgestiegen waren, dessen Boden mit feinem Staube bedeckt war, und aus dem wir nur durch den halsbrecherischen Pfad, auf dem wir gekommen waren, wieder herausgelangen konnten. Wir kletterten denselben mit vieler Mühe wieder hinauf und versuchten unser Heil auf der nördlichen Seite des Hügels. Dort mußten wir jedoch mit der erdenklichsten Vorsicht zu Werke gehen, denn die kleinste Unaufmerksamkeit konnte uns den Blicken der Wilden im Dorfe zeigen. Wir krochen also auf Händen und Füßen vorwärts, zuweilen mußten wir uns sogar, platt auf dem Boden liegend, an den Gesträuchen vorwärtsziehen. Mit Mühe und Not hatten wir so ein kleines Stück des Weges zurückgelegt, als wir an einen Abgrund kamen, der tiefer war als jeder, den wir bis jetzt gesehen, und der unmittelbar in die Hauptschlucht hineinführte. So bestätigten sich unsere schlimmsten Befürchtungen: Wir waren vollständig abgeschnitten und konnten auf keine Weise in das unten gelegene Land gelangen. Von der Anstrengung erschöpft, krochen wir in unser Versteck zurück, sanken auf unser Blätterlager und schliefen ein paar Stunden lang tief und traumlos.

Mehrere Tage nach diesen fruchtlosen Ausflügen beschäftigten wir uns damit, die ganze Spitze des Berges zu erforschen, um zu sehen, ob sich uns dort keine Nahrungsmittel zeigen wollten. Wir fanden mit Ausnahme der Nüsse und einer Art Löffelkraut, das auf einer vielleicht vier Quadratruten großen Stelle wuchs und bald aufgebraucht sein mußte, nicht das geringste. Am fünfzehnten Februar – soweit wir rechnen konnten, mußte es dieser Tag sein – war es bis auf das letzte Blättchen aufgezehrt, und auch die Nüsse wurden seltener, so daß wir uns in der beklagenswertesten Lage befanden.[*]

Am sechzehnten durchkreuzten wir nochmals unser Gefängnis nach allen Richtungen hin, in der Hoffnung, einen Ausweg zu finden; doch auch diesmal war's vergebens.

Wir stiegen noch in die Höhle hinab, in der schwachen Annahme, dort einen Ausgang in die Hauptschlucht zu finden, aber vergeblich. Doch fanden wir bei der Gelegenheit eine der verlorengegangenen Flinten.

Am siebzehnten verließen wir unser Versteck in der Absicht, den granitenen Abgrund, in den wir am ersten Tage der Nachforschungen gelangt waren, genauer zu durchsuchen. Wir erinnerten uns, daß wir in einer der breiten Spalten an seinen seitlichen Wänden nur flüchtig hineingeschaut hatten, und waren nun

---

[*] [E. A. P. sagt hier in einer Fußnote, daß dieser 15. Februar vor allem deshalb ein bemerkenswerter Tag gewesen sei, weil Gordon Pym und Peters von Süden her und in ungeheuren Wellenbewegungen einen Nebel aufsteigen sahen, der ihnen in leichteren Formationen bereits früher aufgefallen war. – Wie man später sehen wird, beginnt mit dieser Notiz die Auflösung der Erzählung in das Mysterium des Südpols.]

begierig, sie näher in Augenschein zu nehmen, obwohl wir kaum hoffen durften, daß sie zu einem Ausgang führen werde.

Ohne allzuviele Schwierigkeiten erreichten wir den Boden des Abgrunds und begannen mit Muße Umschau zu halten. Wir befanden uns ohne Zweifel an einem der sonderbarsten Orte der Erde, und nur schwer konnten wir bei dem Glauben bleiben, daß er wirklich einzig und allein ein Werk der Natur sei. Der Abgrund war von seinem östlichen zum westlichen Ende, wenn man alle seine Windungen aneinandersetzte, wohl fünfhundert Ellen lang. In gerader Linie betrug die Entfernung von Osten nach Westen höchstens vierzig bis fünfzig Ellen. Am Anfang unseres Abstiegs, das heißt, als wir vielleicht hundert Fuß von der Spitze des Hügels herabgestiegen waren, glichen sich die Wände des Abgrundes sehr wenig und schienen niemals vereinigt gewesen zu sein, denn die eine bestand aus Speckstein, die andere aus Mergel, der mit metallischen Substanzen durchkörnt war. Der Zwischenraum zwischen den beiden Mauern betrug manchmal sechzig Fuß, doch war die Formation eine durchaus unregelmäßige. Als wir nun über die zweihundert Fuß weiter hinabgestiegen, verengerte sich der Zwischenraum bedeutend, und die Wände fingen an, parallel zu laufen, obgleich ihr Aussehen und ihre Beschaffenheit noch eine Strecke weiter durchaus verschieden war. Als wir jedoch dem Boden bis auf fünfzig Fuß nahe gekommen, zeigte es sich, daß die beiden Wände bezüglich ihrer Beschaffenheit und Formation vollständig gleich waren. Sie liefen parallel, bestanden aus glänzendem, schwarzem Granit und standen genau zwanzig Ellen weit voneinander entfernt. Die beste Vorstellung von der Gestalt des ganzen Abgrundes wird eine Zeichnung geben:

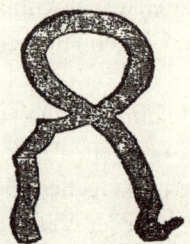

Diese Figur gibt die allgemeinen Umrisse des Abgrundes, ohne die kleineren Höhlen in den Wänden, die sehr häufig vorkamen und einem Vorsprung an der gegenüberliegenden Wand entsprachen. Der Boden des Schlundes war vielleicht drei oder vier Zoll hoch mit einem fast ungreifbaren Staub bedeckt, unter dem sich der Granit wieder fortsetzte. Zur Rechten, am unteren Ende, bemerkt man etwas wie eine kleine Öffnung; es ist dies der Spalt, von dem ich oben schon gesprochen, den wir bei unserem zweiten Besuche näher betrachten wollten.

Wir drangen in ihn hinein, räumten eine Menge Brombeersträucher, die den Eingang versperrten, aus dem Wege, und mußten auch einen Haufen spitzer Steine, die in der Form Pfeilspitzen gleichen, entfernen. Dennoch drangen wir unentwegt weiter vor, da aus dem entgegengesetzten Ende ein kleiner Lichtstreifen hervorzuschimmern schien. Als wir unsern Weg vielleicht dreißig Fuß weit gebahnt hatten, fanden wir, daß die Öffnung ein niedriger, regelmäßig geformter Bogen war, dessen Boden mit dem gleichen unfühlbaren Staub bedeckt war wie der des Abgrundes. Starkes Licht brach durch denselben herein; wir gelangten an eine scharfe Biegung und befanden uns, nachdem wir sie umschritten, in einem anderen hohen Felsgemach, das dem soeben verlassenen, abgesehen von seiner länglichen Gestalt, durchaus ähnlich war. Ihr allgemeines Bild gibt diese Zeichnung:

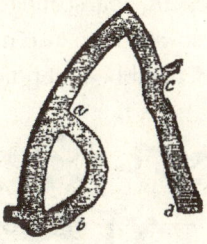

Die ganze Länge dieses Schlundes von der Öffnung a um die Kurve b bis zum Ende d betrug fünfhundertfünfzig Ellen. Bei c bemerkten wir eine kleine Öffnung, die derjenigen, durch die wir aus dem ersten Schachte in diesen zweiten gelangten, durchaus ähnlich schien. Auch sie war durch eine Menge Brombeersträucher und Haufen spitzer Steine versperrt. Wir bahnten uns einen Weg durch sie hindurch: Sie mochte ungefähr vierzig Fuß lang sein und mündete in einen dritten Schlund. Dieser glich dem ersten ebenfalls in jeder Beziehung, nur war er wie der zweite länglich und von folgender Gestalt:

Die ganze Länge des dritten Schachtes betrug dreihundertundzwanzig Ellen. Bei dem Punkte a befand sich eine Öffnung von sechs Fuß Weite, die fünfzehn Fuß tief in den Felsen hineinging und dort in ein Mergellager auslief, ohne daß sich, wie wir erwartet hatten, ein anderer Schacht auftat. Wir wollten diesen Spalt, in den nur wenig Licht eindrang, wieder verlassen, als Peters meine Aufmerksamkeit auf eine Reihe sonderbar aussehender Einschnitte lenkte, die in der Oberfläche der Mergelwand am Ende der Sackgasse eingekerbt waren. Es bedurfte nur einer geringen Anstrengung der Einbildungskraft, um den linken oder nördlichsten dieser Einschnitte für die beabsichtigte, obwohl äußerst plumpe Darstellung eines aufrechtstehenden menschlichen Körpers mit einem ausgestreckten Arme zu halten. Die übrigen Zeichen hatten eine geringere Ähnlichkeit mit alphabetischen Schriftzügen; Peters behauptete sofort, es seien auch solche, und ich konnte ihn erst von der Irrtümlichkeit dieser Annahme überzeugen, als ich vom Boden des Spaltes mehrere große Mergelstücke aufsammelte, welche offenbar durch irgendeine Erschütterung von der Wand, an der wir die angeblichen Schriftzüge entdeckten, abgesprungen waren und genau in die vorhandenen Einschnitte paßten, so daß man also nur annehmen konnte, sie seien auf natürlichem Wege entstanden. Abb. 4 gibt die Einschnitte genau wieder:

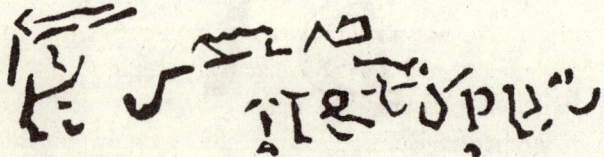

Als wir uns davon überzeugt hatten, daß uns alle diese Höhlungen nicht ins Freie führten, begaben wir uns ziemlich niedergeschlagen wieder auf die Spitze des Hügels zurück. Während der folgenden vierundzwanzig Stunden ereignete sich nichts Erwähnenswertes, nur bemerkten wir an der östlichen Seite des dritten Abgrundes zwei dreieckige, ziemlich tiefe Löcher, deren Seitenwände ebenfalls aus Granit bestanden. Wir hielten es jedoch nicht der Mühe wert, in die Löcher hinabzusteigen, denn sie hatten keinen Ausweg und schienen natürlichen Ursprungs zu sein. Sie maßen ungefähr jeder zwanzig Fuß Umfang, und ihre Form sowie ihre Lage zueinander ist hier auf Abb. 5 abgebildet:

Kapitel XXI
Die Flucht

Am 20. mußten wir uns sagen, daß es ganz unmöglich sei, noch länger bloß von den Haselnüssen zu leben. Ihr Genuß verursachte uns die heftigsten Schmerzen, und wir beschlossen, einen verzweifelten Versuch zu machen, den südlichen Abhang des Hügels hinabzusteigen. Die Wand dieses fast senkrechten und an manchen Stellen selbst überhängenden Abhanges bestand aus der weichsten Art des Specksteins und war wenigstens hundertundfünfzig Fuß tief. Nach langem Nachsuchen entdeckten wir, vielleicht zwanzig Fuß unter dem oberen Rande der Mauer, einen schmalen Vorsprung, und es gelang meinem Freunde Peters, mit Hilfe unserer aneinandergeknüpften Taschentücher, auf ihn hinabzuspringen. Mein Sprung hinunter war gefahrvoller und schwieriger, und wir sahen keine andere Möglichkeit ganz hinabzusteigen, als Stufen in den weichen Stein zu graben, wie wir es bei unserem Anstieg aus dem Abgrund, in dem wir uns schon lebendig begraben geglaubt, getan hatten. Es ist ganz unmöglich, sich eine Vorstellung davon zu machen, wie gefährlich dies Unternehmen war; da uns aber nichts anderes übrigblieb, beschlossen wir, es immerhin zu wagen.

Auf dem Vorsprung, auf dem wir uns befanden, wuchsen einige Haselnuß-stauden; an einer von ihnen befestigten wir das eine Ende unseres Taschentuch-seiles, das andere Ende band ich meinem Kameraden Peters um die Taille und ließ ihn so weit an dem Abgrunde hinunter, bis das „Seil" straff gespannt hing. Nun grub er ein acht oder zehn Zoll tiefes Loch in den Speckstein und schrägte den Felsen vielleicht einen Fuß darüber so ab, daß er mit dem Kolben seiner Flinte einen ziemlich starken Pflock in die gleichmäßig gemachte Oberfläche einschlug. Ich zog ihn dann ungefähr vier Fuß weiter hinauf, er grub ein ähn-liches Loch und trieb wieder einen Pflock hinein, so daß seine Hände sowohl wie seine Füße einen festen Stützpunkt hatten. Ich löste nun das Taschentuch-seil von dem Strauch los, warf es ihm zu, und er befestigte es an dem oberen Pflocke und ließ sich dann sanft etwa drei Fuß tiefer hinab, das heißt so weit, wie das improvisierte Tau reichte. Hier grub er ein neues Loch und trieb einen neuen Pflock ein. Dann schwang er sich hinauf, daß seine Füße auf dem eben eingetriebenen Pflocke ruhten, und hielt sich mit den Händen an dem darüber befindlichen fest. Nun mußte er das Taschentuch von dem obersten Pflocke lösen, um es an dem zweiten zu befestigen, und fand dabei, daß er die Pflöcke in zu großer Entfernung voneinander eingeschlagen habe und die Knoten des Taues nicht lösen konnte. Nach ein oder zwei vergeblichen Versuchen bleib ihm nichts anderes übrig, als das Seil zu zerschneiden; ein Stück von vielleicht sechs Zoll blieb an dem oberen Pflocke hängen, den Rest band er an den zweiten Pflock und ließ sich wieder tiefer hinab, wobei er acht gab, nicht wieder allzutief weiterzuarbeiten. Auf diese kluge Art und Weise gelang es meinem Freunde Peters, den Boden ohne Unfall zu erreichen.

Es dauerte eine ganze Zeitlang, ehe ich mich ermannen konnte, ihm zu folgen; endlich versuchte ich es. Peters hatte, ehe er hinabstieg, sein Hemd abgelegt, ich band es mit dem meinigen zusammen und erhielt so das notwendige Seil. Nachdem ich die Flinte, die ich in dem Abgrunde gefunden, von mir geworfen hatte, befestigte ich das Seil an den Sträuchern und ließ mich hinab. Während der ersten vier oder fünf Stufen gelang es mir auch, doch plötzlich wurde meine Phantasie bei dem Gedanken an die gräßliche Tiefe, der ich entgegenstieg, und der Unsicherheit des weichen Felsens und der eilig eingetriebenen Pflöcke, die meine einzige Stütze waren, schauerlich erregt. Vergebens versuchte ich, diese Betrachtungen von mir zu weisen und meine Augen auf die glatte Felsoberfläche vor mir gebannt zu halten. Je hitziger ich mich bemühte, nicht zu denken, um so lebhafter, um so deutlicher kamen mir Vorstellungen, bis sich endlich jene Krise der Phantasie einstellte, die in dergleichen Fällen so gefährlich ist, die Krise, in der wir die Gefühle zu ahnen beginnen, die wir beim Fallen haben würden – in der wir uns den Schwindel, die Übelkeit, den letzten Kampf dagegen und endlich die ganze Gräßlichkeit des rasenden Sturzes vorstellen. Und ich fühlte, wie sich diese Vorstellungen in Wirklichkeiten umsetzten und mich alle die eingebildeten Schrecken als Wirklichkeiten packten. Ich fühlte, wie meine Knie heftig aneinander schlotterten und meine Finger sich langsam von dem krampfhaft umspannten Pflocke lösten. Es sauste mir in den Ohren, und plötzlich packte mich das ununterdrückbare Verlangen, hinunter zu sehen. Ich konnte, ich wollte meine Blicke nicht mehr auf den Felsen bannen, und mit einer seltsamen, unbeschreiblichen Erregung, halb entsetzt, halb freudig erleichtert, wandte ich meine Augen dem Abgrunde unter mir zu. Einen Augenblick lang klammerten sich meine Finger noch einmal krampfhaft um ihren Halt, während mir bei dieser Bewegung der eben noch erdenkbare, schwächste Gedanke an Rettung wie ein Schatten durch die Seele glitt – im nächsten Augenblick erfüllte mich nur noch ein Wunsch, zu fallen. Ich ließ plötzlich meinen Pflock los, wandte mich nun mit dem Rücken halb der Felsenmauer zu und blieb eine Sekunde schwankend gegen sie gelehnt. Dann entstand ein Wirbel in meinem Gehirn, es war mir, als schrille eine geisterhafte Stimme in meinem Ohre. Eine düstere, satanische, nebelhafte Gestalt stand plötzlich unter mir, ich seufzte auf, mein Herz schien zu zerspringen, und ich stürzte in ihre Arme.

Ich war ohnmächtig geworden, und Peters hatte mich im Fallen aufgefangen. Er hatte mich während des Hinabkletterns genau beobachtet und die ungeheure Gefahr, in der ich schwebte, wohl bemerkt und mir auf jede weise Mut einflößen wollen; ich war jedoch schon zu erregt, um zu verstehen, was er mir zurief, ja, ich bemerkte nicht einmal, daß er überhaupt mit mir sprach. Als er mich schwanken sah, kletterte er herauf, um mir zu Hilfe zu kommen, und tauchte gerade im letzten Augenblick auf dem Pflocke unter mir auf. Wäre ich mit der ganzen Wucht meines Körpers gestürzt, so würde das Tau, an das ich gebunden war, ohne Zweifel zerrissen und ich in den Abgrund hinabgestürzt sein. Er fing mich jedoch im Fallen auf und ließ mich vorsichtig hinunter, so daß ich ohne Gefahr hängen konnte, bis meine Besinnung wieder zurückkehrte. Das war nach ungefähr fünfzehn Minuten. Als ich wieder zu mir kam, war der Schwindel vollständig geschwunden, ich fühlte mich wie ein ganz anderer, ein neuer Mensch und erreichte mit Peters Hilfe bald den Boden.

Wir befanden uns jetzt nicht weit von der Schlucht, die das Grab unserer Kameraden geworden, und südlich von der Stelle, an welcher der Felssturz stattgefunden. Der Ort war sonderbar wild und zerklüftet und erinnerte mich an die Beschreibungen, welche uns die Reisenden von der zerstörten Stadt Babylon überbracht haben. Von den Felstrümmern, die nach Norden zu eine riesige, zum Himmel aufsteigende Schranke bildeten, war der Boden nach jeder Richtung hin mit ungeheuren Blöcken und Schuttmassen übersät, die die Überreste irgendeines gigantischen Bauwerkes zu sein schienen; doch ließen die Trümmer im einzelnen durch nichts auf ein Werk von Menschenhänden schließen. Wir fanden sehr viele Schlacken, und riesige Granitblöcke wechselten mit schwarzen** Mergelblöcken ab; beide Arten Gestein waren reichlich mit metallischen Bestandteilen durchsetzt. Dagegen fanden wir, so weit das Auge reichte, keine Spur von Vegetation; wir sahen einige ungewöhnlich große Skorpione und ein paar Reptilien, die man sonst unter diesem Breitengrad nicht mehr findet.

Da wir uns vor allem Nahrung verschaffen mußten, beschlossen wir, uns der Küste zuzuwenden, die eine halbe Meile entfernt lag, um dort ein paar Schildkröten zu erlegen. Wir mochten uns mit großer Vorsicht unter den Trümmern vielleicht an hundert Ellen weit vorgewagt haben, als wir eine Biegung machten, und plötzlich aus dem Hinterhalt von fünf Wilden überfallen wurden, die aus

---

* [E. A. P. macht hier in einer Fußnote die Anmerkung, daß Gordon Pym und Peters eine weiße oder überhaupt helle Farbe auf der Insel nicht angetroffen, daß alles dunkel, schwarz gewesen sei. Wieder ein Hinweis auf den Ausgang der Erzählung.]

einer kleinen Höhle auf uns zusprangen und Peters durch ein Wurfgeschoß zu
Boden streckten. Als er fiel, stürzte sich die ganze Bande auf ihn und gab mir
so, ohne es zu wollen, Zeit, zu mir zukommen und den ersten jähen Schreck
abzuschütteln. Ich hatte meine Flinte bei mir, doch war sie bei dem Fall von dem
Felsen so beschädigt worden, daß ich sie als nutzlos beiseite warf und nur auf
meine Pistolen vertraute, die ich sorgfältig in gutem Zustande erhalten hatte. Ich
wandte mich mit meinen Waffen gegen die Angreifer und feuerte schnell hintereinander. Zwei Wilde fielen, darunter einer, der Peters gerade mit seinem Speer
durchbohren wollte. Da mein Freund nun befreit war, bot der Kampf keine
Schwierigkeiten mehr für uns. Er hatte ebenfalls seine Pistolen bei sich, doch
sah er klugerweise davon ab, sie zu gebrauchen, sondern vertraute allein auf
seine große Körperkraft, die, wie ich ja schon so oft erfahren hatte, ans Wunderbare grenzte. Er entriß einem der gefallenen Wilden die Keule und schlug mit
ihr den drei Übriggebliebenen mit je einem Schlage einfach den Schädel ein. So
waren wir die Sieger.

Dies alles war so schnell vor sich gegangen, daß es uns selbst fast unwirklich
vorkam. Mit schweigender Verblüfftheit starrten wir auf die Körper der Leb-
losen, als uns ein in einiger Entfernung ertönendes wütendes Geschrei wieder
zum Bewußtsein der Wirklichkeit brachte. Offenbar hatten die Schüsse die Wilden alarmiert, und es blieb uns wohl keine Möglichkeit, einer Entdeckung zu
entgehen. Wollten wir wieder auf unseren Felsen gelangen, so mußten wir die
Richtung, aus der das Geschrei kam, einschlagen, und selbst wenn wir sicher
bis zu seinem Fuße gelangten, konnten wir ihn doch auf keinen Fall erklimmen,
ohne gesehen zu werden. Wir befanden uns in allergrößter Gefahr und zögerten
noch, in welche Richtung wir fliehen sollten, als einer der Wilden, auf den ich
geschossen und der wie tot niedergefallen war, plötzlich wieder auf seine Füße
sprang und entfliehen wollte. Wir hielten ihn zurück und wollten ihn schon
töten, als Peters auf den Gedanken kam, er könnte uns vielleicht von Nutzen
sein. Wir zogen ihn mit uns fort, indem wir ihm bedeuteten, daß er, wenn er nur
den geringsten Widerstand leiste, verloren sei. Gleich zeigte er sich unterwürfig
und lief getreu neben uns her, während wir uns in der Richtung auf die Küste zu
einen Weg durch die Felsen bahnten.

Der hügelige Boden hatte das Meer bis jetzt fast ständig unseren Blicken
entzogen, und als wir es endlich wiedersahen, mochte es vielleicht zweihundert Ellen von uns entfernt sein. Als die Bucht offen vor uns lag, sahen wir zu
unserem Schrecken eine große Schar Wilder, die aus dem Dorfe und von allen
Punkten der Insel her mit wütenden Gebärden und wüstem Geheul auf uns
zustürzten. Wir wollten schon wieder umkehren, um uns in den Felsgängen, aus
denen wir kamen, ein Versteck zu suchen, als ich plötzlich das Hinterteil von

zwei Kähnen bemerkte, die hinter einem großen Felsen, der weit ins Wasser hineinragte, hervorlugten. So schnell wie möglich rannten wir auf diese zu und fanden sie unbeaufsichtigt – nur mit drei Gallapagos und dem üblichen Ruderzeug für sechs Ruderer beladen. Wir stiegen mit unserem Gefangenen in einen der Kähne und ruderten aus allen Kräften aufs hohe Meer hinaus.

Kaum hatten wir uns vielleicht fünfzig Ellen vom Ufer entfernt und ein wenig Geistesgegenwart zurückerlangt, so sahen wir ein, welche Torheit wir begangen hatten, den anderen Kahn im Bereich der Wilden zu belassen, die vielleicht nur noch doppelt so weit vom Ufer entfernt waren, wie wir, und sich demselben in eilendem Laufe näherten. Wir hatten keine Zeit mehr zu verlieren, unsere Hoffnung war eine sehr zweifelhafte, und doch blieb uns nichts anderes übrig, als wenigstens zu versuchen, uns des Kahnes vor ihnen zu bemächtigen. Gelang es uns, was eigentlich nicht zu erwarten war, so waren wir gerettet, machten wir jedoch diesen letzten Versuch nicht, so waren wir unfehlbar ihren Messern verfallen.

Unser Kahn war so gebaut, daß sein Hinter- und Vorderteil gleich war, wir brauchten also nicht zu drehen, sondern ruderten nur nach der entgegengesetzten Seite. Sobald die Wilden dies bemerkten, verdoppelte sich ihr Geschrei, und sie kamen mit staunenerregender Eile heran. Wir ruderten mit der Kraft der Verzweiflung, und als wir den Kahn erreichten, war erst ein einziger der Wilden angekommen. Er mußte seine Eile teuer bezahlen: ein Pistolenschuß streckte ihn in dem Augenblicke, da er am Wasser stand, auch schon nieder. Die übrigen befanden sich vielleicht noch dreißig Schritt vom Ufer entfernt, als wir uns glücklich des Kahnes bemächtigten. Wir wollten ihn zuerst bloß aus dem Bereich der Wilden ins tiefe Wasser ziehen, fanden jedoch, daß er dafür zu schwer war, so daß Peters durch ein paar wuchtige Stöße mit dem Flintenkolben sein Hinterteil und ein Stück der Seitenwand entzweischlug. Dann stießen wir wieder vom Lande ab.

Wir waren also einstweilen frei und ruderten von neuem aus Leibeskräften auf das Meer hinaus. Als die Masse der Wilden bei dem zerbrochenen Kahne ankam, stießen sie voller Enttäuschung und Wut ein gräßliches Geheul aus. Dann machten sie einen unsinnigen Versuch, uns in dem zerstückelten Boote zu verfolgen; als sie jedoch einsahen, daß dies ganz unmöglich sei, stießen sie von neuem ein gellendes Geschrei aus und rannten in ihre Hügel zurück.

Wir waren also von jeder unmittelbaren Gefahr befreit; doch war unsere Lage immerhin noch gefährlich genug. Wir wußten, daß die Wilden im ganzen vier Kähne von der Tüchtigkeit des unsrigen besessen hatten, und erfuhren erst später von unserem Gefangenen, daß zwei derselben bei der Explosion der „Jane Guy" zerschmettert worden waren. So mußten wir also vorläufig erwarten, daß unsere Feinde, sobald sie zu dem Punkte der Bucht, an welchem die Kähne gewöhnlich geborgen lagen – er mochte drei Meilen entfernt sein – zurückgelaufen wären, unsere Verfolgung wieder aufnehmen konnten und zwangen auch unseren Gefangenen zum Rudern, um einen möglichst großen Vorsprung zu gewinnen. Nach einer halben Stunde, als wir vielleicht fünf oder sechs Meilen südwärts zurückgelegt hatten, sahen wir, wie zahllose Flöße aus der Bucht hervorkamen, um uns einzufangen. Sie kehrten jedoch, offenbar von der Nutzlosigkeit ihrer Anstrengungen überzeugt, bald wieder zurück.

Kapitel XXII
Der weiße Riese

Wir befanden uns also jetzt auf dem unendlichen, öden südlichen Ozean, unter einer Breite von mehr als vierundachtzig Grad, in einem schwachen Boote und ohne weitere Lebensmittel als die drei Schildkröten. Dazu kam, daß der lange polare Winter herannahte.

Wir mußten reiflich überlegen, in welche Richtung wir am besten weiterruderten. Es waren sechs oder sieben Inseln in Sicht, die zu derselben Gruppe wie die eben verlassene gehörten; daher durften wir nicht wagen, auf einer derselben zu landen. Als wir mit der „Jane Guy" von Norden herunterkamen, hatten wir die härteste Eisregion schon durchquert. Die Tatsache steht zwar in direktem Widerspruche zu der Vorstellung, die man im allgemeinen von dem südlichen Polarmeere hat, doch ließ sie sich nicht wegleugnen. Der Versuch, den Rückweg anzutreten, wäre, zumal in der vorgeschrittenen Jahreszeit, eine große Torheit gewesen. Es blieb uns nur ein Weg, eine Hoffnung: wir beschlossen, kühn nach Süden weiterzurudern, wo sich uns noch immer die Möglichkeit bot, neues Land zu entdecken, und mehr als eine bloße Möglichkeit, in mildes Klima zu gelangen.

Bis jetzt hatten wir den antarktischen wie arktischen Ozean ziemlich frei von heftigen Stürmen oder allzu bewegtem Wasser gefunden; doch war unser Kahn eher schwächlich als stark; und wir gingen sogleich ans Werk, um ihn, soweit wie möglich, seetüchtiger zu machen. Der Rumpf des Bootes bestand bloß aus Rinde, aus der Borke irgendeines unbekannten Baumes. Das Rippenwerk war ein starkes Geflecht, das seiner Bestimmung sehr wohl entsprach. Lang war das Fahrzeug im ganzen fünfzig Fuß, breit vier bis sechs Fuß und dabei vier und einen halben Fuß tief – es wich also an Gestalt vollständig von den Fahrzeugen ab, die man bis jetzt bei den Insulanern in den südlichen Meeren gefunden. Wir konnten nicht wohl annehmen, daß sie von den ungeschickten Insulanern, denen sie gehörten, selbst gemacht worden seien, und erfuhren auch einige Tage später von unserem Gefangenen, daß sie von den Eingeborenen einer südwestlich liegenden Insel verfertigt worden und durch Zufall in die Hand unserer Barbaren gekommen waren.

Wir konnten nur sehr wenig tun, um unser Boot sicherer zu machen. An seinen beiden Enden entdeckten wir eine ziemlich breite Ritze, die wir, so gut es ging, mit Stücken von unseren wollenen Jacken verstopften. Mit Hilfe der

947

zahlreichen überflüssigen Ruder errichteten wir eine Art Holzwand am Vorderteil, um uns gegen Sturzwellen von dieser Seite her möglichst zu schützen. Zwei Ruder pflanzten wir einander gegenüber als Mastbäume auf, um uns die Rahe zu ersparen. An diese Mastbäume befestigten wir die aus unseren Hemden verfertigten Segel. Diese letztere Arbeit verursachte uns eine ziemlich große Schwierigkeit, zumal sich unser Gefangener, der sich bis jetzt stets willig gezeigt hatte, sonderbarerweise weigerte, uns bei ihr zu helfen. Der Anblick des Leinens schien ihn in ganz eigentümlicher Weise aufzuregen. Er war nicht zu bewegen, es auch nur anzurühren, und als wir versuchten, ihn dazu zu zwingen, schauderte er geradezu und schrie sein „Tekeli-li!"

Als wir mit den Arbeiten zur Sicherung unseres Bootes fertig waren, segelten wir nach Südsüdosten, um die südlichste der Inseln, die in Sicht war, zu umschiffen, und richteten dann, nachdem dies geschehen, unseren Lauf ganz nach Süden. Das Wetter war durchaus nicht unangenehm, wir hatten einen beständigen sanften Nordwind, glatte See und ununterbrochen Tageslicht. Eis war überhaupt nicht zu sehen, und ich muß ausdrücklich betonen, daß uns, seit wir über den Breitengrad des Bennetts-Eilandes hinausgelangt waren, auch nicht das kleinste Stückchen mehr begegnete. Die Temperatur des Wassers war hier viel zu warm, um die geringste Eisbildung zuzulassen. Als wir unsere größte Schildkröte geschlachtet und uns dadurch nicht nur mit Nahrung, sondern auch reichlich mit Wasser versorgt hatten, segelten wir vielleicht sieben oder acht Tage in der gleichen Richtung weiter und mußten ein sehr beträchtliches Stück nach Süden kommen, da der Wind uns immer günstig war und uns ein sehr starker Strom beständig in der gewünschten Richtung vorwärtstrieb.

1. März. Viele unbekannte Erscheinungen wiesen darauf hin, daß wir uns in unerforschten, seltsamen Regionen befanden. Eine hohe Mauer, leichten grauen Nebels zog beständig am südlichen Horizont dahin und flackerte oft in hohen Streifen auf, die bald von Osten nach Westen, bald von Westen nach Osten liefen, bald sich wieder zu einer geraden, dichten Linie ansammelten – kurz, alle die sonderbaren Veränderungen der Aurora Borealis zur Schau trug.

Die durchschnittliche Höhe dieser Nebelmauer, von unserem Gesichtspunkte aus gesehen, mochte fünfundzwanzig Grad betragen. Die Temperatur des Wassers nahm mit jedem Augenblicke zu, und auch seine Farbe erlitt eine deutlich merkbare Veränderung.

2. März. Nach verschiedentlichem Fragen erfuhren wir heute von unserem Gefangenen viele Einzelheiten über seine Heimatinsel, deren Einwohner und ihre Sitten – doch wie könnten diese Dinge jetzt die Aufmerksamkeit des Lesers noch fesseln? Ich möchte hier nur kurz erwähnen, daß acht Inseln die gesamte Gruppe bildeten, die von einem Könige, namens Tsalemon oder Psalemonn, der auf einer der kleinsten Inseln wohnte, regiert wurde; daß die schwarzen Felle, welche das Abzeichen der Krieger bildeten, von riesig großen Tieren stammten, die man nur in einem Tale in der Nähe des Königssitzes fand – daß sein Name Nu-Nu lautete – daß das Bennetts-Eiland ihm ganz unbekannt war, und die Insel, die wir verlassen hatten, Tsalal hieß. Die Worte Tsalemon und Tsalal wurden am Anfang mit einem langen Zischlaute gesprochen, den wir selbst nach wiederholten Anstrengungen nicht nachahmen konnten.

3. März. Immer mehr fiel uns die Wärme des Wassers auf, und auch seine Farbe veränderte sich immer deutlicher: es blieb nicht durchsichtig, sondern nahm ein dichtes, milchiges Aussehen an. In unserer Nähe war das Meer beständig glatt und brachte unser Boot keinen Augenblick in Gefahr – doch bemerkten wir oft mit großem Erstaunen zu unserer Rechten und Linken in ganz verschiedener Entfernung plötzliche und wilde Bewegungen der Oberfläche, denen, wie wir später wahrnahmen, immer seltsame Schwankungen der Nebelwand voraufgingen.

4. März. Der Nordwind flaute heute merklich ab, und um unser Segel zu vergrößern, zog ich mein weißes Taschentuch aus meiner Rocktasche. Nu-Nu saß dicht neben mir, und als das Tuch zufällig um sein Gesicht flatterte, verfiel er in heftige Krämpfe, auf die eine Schläfrigkeit und Benommenheit folgte, in der er sein ewiges „Tekeli-li! Tekeli-li!" murmelte.

5. März. Der Wind hatte vollständig nachgelassen, doch trieben wir offenbar mit einem starken Strom nach Süden. Jetzt hätten wir eigentlich den Dingen, die uns erwarteten, mit Unruhe entgegensehen müssen – jedoch wir empfanden nicht die geringste. Der Polarwinter nahte sich uns, doch wie es schien, ohne seine Schrecken. Ich empfand eine körperliche und seelische Dumpfheit – einen Hang zum Träumen – aber dies war auch alles!

6. März. Der graue Nebel hatte sich mehrere Grade am Horizont erhoben und verlor allmählich seine graue Färbung. Das Wasser war so warm, daß man nur ungern in Berührung mit demselben kam, und seine milchige Färbung wurde immer ausgesprochener. Heute kamen heftige Wellen bis in die Nähe unseres Bootes. Sie waren wie gewöhnlich von einem wilden Aufflackern des Nebels auf dem Gipfel der Mauer und einer sekundenkurzen Teilung ihrer Grundschichten begleitet. Ein feiner, weißer Staub, der an Asche erinnerte, doch offenbar etwas anderes war, fiel auf das Boot und die Wasseroberfläche, während das beleuchtende Nebelgeflacker erblich und das Wasser sich beruhigte. Nu-Nu warf sich auf dem Boden des Bootes aufs Gesicht und war nicht zu überreden, sich wieder zu erheben.

7. März. Wir fragten Nu-Nu, was die Angehörigen seines Stammes denn eigentlich bewogen habe, unsere Kameraden umzubringen. Er schien sich jedoch dermaßen zu fürchten, daß er uns keine vernünftige Antwort geben konnte. Er blieb hartnäckig auf dem Grunde des Bootes liegen; da wir ihm aber ohne Unterlaß Fragen stellten, die sich auf ihre Mordtaten bezogen, antwortete er uns nur durch eine stumpfsinnige Bewegung: Er hob mit dem Zeigefinger die Oberlippe in die Höhe und zeigte uns die Zähne, die unter ihr verborgen lagen. Sie waren tiefschwarz. Wir hatten nie vorher die Zähne eines Eingeborenen von Tsalal gesehen.

8. März. Heute schoß eines der weißen Tiere an uns vorüber, deren Anblick bei den Leuten von Tsalal eine so unerklärliche Aufregung hervorgerufen hatte. Die Temperatur des Wassers hatte sich unterdessen so gesteigert, daß es unmöglich war, die Hand hineinzuhalten. Peters sprach sehr wenig, und ich wußte nicht, was ich von seiner Apathie denken sollte. Nu-Nu atmete, sonst tat er nichts.

9. März. In großen Mengen fiel nun beständig der feine, aschenartige Staub auf uns herab. Die Nebelwand im Süden hatte sich ungeheuer hoch erhoben und begann deutlichere Formen anzunehmen. Ich kann sie nur mit einem ungeheuren Katarakt vergleichen, der von einem weit entfernten, unbegrenzten Grat am Himmel schweigend in die See stürzte. Dieser Riesenvorhang dehnte sich über den ganzen südlichen Horizont hin. Kein Laut ging von ihm aus.

21. März. Eine jähe Dunkelheit senkte sich auf uns – doch aus den milchigen Tiefen des Ozeans erhob sich ein leuchtendes Schimmern und glühte am Holzwerk des Bootes empor. Wir wurden unter dem weißen Ascheregen, der sich im Kahne ansammelte, im Wasser jedoch schmolz, fast begraben. Die Höhe der Nebelwand verlor sich in dem Zwielicht der Ferne. Dabei nahten wir uns ihr mit unheimlicher Schnelligkeit. Hin und wieder bemerkten wir, wie sich für Sekunden weite, gähnende Spalten öffneten und aus diesen Spalten, in denen ein Chaos unbestimmter Bilder flackerte, kamen gewaltige, doch schweigende Luftströme, die den glühenden Ozean mit sich fortrissen.

22. März. Die Finsternis hatte sich verdichtet und wurde nur durch den Widerschein der weißen Wand auf dem Wasser ein wenig behoben. Riesenhafte, geisterweiße Vögel kamen beständig aus dem weißen Düster hervor und schossen mit dem ewigen Schrei „Tekeli-li! Tekeli-li" bei unserem Anblick wieder hinweg. Einmal bewegte sich Nu-Nu ein wenig auf dem Boden des Bootes, zuckte, und als wir ihn anrührten, fanden wir, daß er tot war. Und dann schossen wir in einen Spalt des Kataraktes ... schon öffnete sich ein Abgrund, um uns zu empfangen – doch da erhob sich auf unserer Bahn die lakenumhüllte Gestalt eines Mannes, der größer war als je ein Bewohner der Erde und die Hautfarbe des Mannes hatte die makellose Weiße des Schnees.

Nachbemerkungen

Das unter so traurigen Umständen erfolgte Ableben des Herrn Pym ist dem Publikum aus der Tagespresse schon bekannt. Man hegt die Befürchtung, daß die Schlußkapitel seiner Erzählung, die sich, während die übrigen im Druck waren, noch zur letzten Korrektur in seinem Besitze befanden, bei dem betrübenden Unfall, dem er selbst zum Opfer fiel, verlorengegangen seien. Sollte dies jedoch nicht der Fall sein, so werden die Papiere, sobald man sie findet, der Öffentlichkeit übergeben werden.

Man hat kein Mittel unversucht gelassen, dem Werke so viel wie möglich zur Vollständigkeit zu verhelfen. Der in der Vorrede genannte Herr E. A. Poe, von dem man nach den dort gemachten Bemerkungen erwarten konnte, daß er fähig sei, das Fehlende zu ersetzen, hat die Arbeit abgelehnt – und zwar aus triftigen Gründen, wegen der Ungenauigkeit der ihm gelieferten Details sowohl, als auch, weil er an der Wahrheit des letzten Teiles der Erzählung zweifelte. Dirk Peters, von dem man vielleicht Nachrichten erhalten könnte, lebt noch und soll in Illinois wohnen, ist jedoch augenblicklich nicht zu finden. Doch wird er wohl mit Sicherheit ermittelt werden und uns dann ohne Zweifel wichtiges Material für den Schluß von Herrn Pyms Bericht liefern.

Der Verlust der zwei oder drei Endkapitel (mehr waren es nicht) ist um so mehr zu bedauern, als sie jedenfalls Aufschluß über den Pol selbst oder wenigstens über die Regionen in seiner nächsten Nähe geben sollten, und die Behauptungen des Autors in kurzer Zeit durch die von der Regierung nach der Südsee ausgesandte Expediton dann hätten bewiesen oder widerlegt werden können.

Einen Punkt der Erzählung können wir noch weiter erörtern, und es würde dem Schreiber dieses Anhanges eine große Genugtuung sein, wenn seine Bemerkungen an dieser Stelle ein Beweis mehr für die Wahrheit der seltsamen Erzählung werden würden. Wir denken an die auf der Insel Tsalal gefundenen Abgründe und die Abbildungen auf den Seiten 938, 939 und 940. Herr Pym hat die Schlünde, ohne weitere Erklärungen zu geben, einfach abgebildet und von den Kerben, die er am Ende des östlichen Abgrundes fand, behauptet, sie hätten eine wunderliche Ähnlichkeit mit alphabetischen Schriftzügen gehabt, seien es jedoch bestimmt nicht gewesen. Zur Bekräftigung dieser einfachen, bündigen Versicherung führt er den anscheinend erschöpfenden Beweis an, daß er in dem

Staub am Boden Felsstücke gefunden, die den Einschnitten genau entsprachen. Wir müssen glauben, er rede in vollem Ernste, und kein vernünftiger Leser gibt sich weiter mit Vermutungen über die „scheinbare" Inschrift ab. Da jedoch die Tatsachen, die die Gesamtheit der Abbildungen betreffen, äußerst sonderbare sind (und dies ganz besonders, wenn wir sie in Verbindung mit den Behauptungen am Anfang der Erzählung bringen), scheint es doch geboten, noch ein paar Worte über sie zu sagen, zumal die fraglichen Tatsachen ohne Zweifel der Aufmerksamkeit Herrn E. A. Poes entgangen sind.

Die Abbildungen 1, 2, 3 und 5 bilden, wenn man sie in der Reihenfolge, wie sie der Abgrund bot, miteinander verbindet und dabei nur die kleinen Seitenzweige oder Bogen, die, wie man sich erinnern wird, nur Verbindungsgänge zwischen den Haupträumen darstellten und einen ganz anderen Charakter trugen, ausläßt, eine verbale Wurzel – nämlich $\Lambda \Lambda \frown$ = „schattig sein", aus der alle Flexionen von Schatten und Dunkelheit abgeleitet werden.

Die linke oder nördlichste Kerbe der Abb. 4 bestätigt höchstwahrscheinlicherweise die Ansicht Peters, daß sie eine künstlich hergestellte Hieroglyphe sei und eine menschliche Gestalt vorstellen solle. Der Leser hat die Zeichnung vor sich und wird vielleicht die Ähnlichkeit bemerken. Der Rest der Einschnitte jedoch bestätigt Peters Ansicht auf den ersten Blick. Die obere Zeile ist ohne Zweifel die arabische verbale Wurzel $\sqrt{\Sigma \Lambda \curvearrowright}$ = „weiß sein", aus der alle Begriffe von Glanz und Weiße abgeleitet werden. Die Bedeutung der unteren Reihe läßt sich nicht so leicht erkennen. Die Schriftzüge sind zum Teil zerbrochen und nicht verbunden; trotzdem ist es zweifellos, daß sie in ihrem vollkommenen Zustande das ägyptische Wort $\Pi \Lambda \mathbf{Y} P H C$, = „die Region des Südens", bildeten.

Hierbei muß es jedem auffallen, daß diese Interpretation auch Peters Ansicht über die „nördlichste" der Figuren bestätigt. Denn der ausgestreckte Arm weist nach Süden. Diese Schlüsse öffnen den tiefgehendsten Vermutungen ein weites Feld. Man sollte sie jedoch nur in Verbindung mit anderen, nur leicht gestreiften Vorkommnissen dieser Erzählung betrachten, obwohl die Kette, die dieselben miteinander verbindet, durchaus nicht vollständig sichtbar ist. „Tekelili!" lautete der Schrei der erschreckten Eingeborenen von Tsalal, als sie den Kadaver des auf See gefangenen weißen Tieres erblickten. Den gleichen Ruf stieß schaudernd der gefangene Tsalaler aus, als er die weißen Gegenstände im Besitze des Herrn Pym bemerkte. Ebenso krächzten die schnellen, riesigen weißen Vögel, die hinter der weißen Nebelwand im Süden hervorkamen. Auf Tsalal selbst und auf der ganzen Reise von dort nach Süden fand man nichts Weißes. Es ist nicht unmöglich, daß Tsalal, der Name der abgrundreichen Insel, einer genauen philologischen Forschung eine Verbindung mit den Abgründen selbst oder eine Beziehung zu den äthiopischen Schriftzügen, die so geheimnisvoll in ihre Schluchten gehauen sind, darböte.

„Ich habe es in die Hügel gegraben und meine Rache in den Staub des Felsens geschrieben."

GEDICHTE

DIE PHILOSOPHIE DER KOMPOSITION

SONNET—TO SCIENCE

Science! true daughter of Old Time thou art!
Who alterest all things with thy peering eyes.
Why preyest thou thus upon the poet's heart,
Vulture, whose wings are dull realities?
How should he love thee? or how deem thee wise,
Who wouldst not leave him in his wandering
To seek for treasure in the jewelled skies,
Albeit he soared with an undaunted wing?

Hast thou not dragged Diana from her car?
And driven the Hamadryad from the wood
To seek a shelter in some happier star?

Hast thou not torn the Naiad from her flood,
The Elfin from the green grass, and from me
The summer dream beneath the tamarind tree?

SONETT AN DIE WISSENSCHAFT

O Wissenschaft! Du Sproß der Greisin Zeit,
Vor dessen Späherblick nichts sicher ist!
Du Geier, fluglahm vor der Wirklichkeit,
Was spürst du nach dem Dichter so voll List?
Wie sollte er – wenn schon du weise bist –
Dich lieben, die ihm seine Wanderung,
Mit der er Sternengegenden durchmißt,
Mißgönnt und seinen adlergleichen Schwung?

Vertriebst du nicht die Götterliebespaare?
Aus Fluß und Hain die Nymphen und Najaden,
Daß sie sich flüchteten ins Unsichtbare?

Verscheuchtest du nicht von den Wiesenpfaden
Die Elfen – und von mir den Sommertraum
Des Mittags unterm Tamarindenbaum?

TO HELEN

Helen, thy beauty is to me
   Like those Nicéan barks of yore,
That gently, o'er a perfumed sea,
   The weary, wayworn wanderer bore
   To his own native shore.

On desperate seas long wont to roam,
   Thy hyacinth hair, thy classic face,
Thy Naiad airs have brought me home
   To the glory that was Greece,
   And the grandeur that was Rome.

Lo! in yon brilliant window niche
   How statuelike I see thee stand,
The agate lamp within thy hand!
   Ah, Psyche, from the regions which
   Are Holy Land!

AN HELENE

Helene, deine Schönheit ist für mich,
Was müden Wanderern ein Nachen, der
Sie sanft aus einem fernen Himmelsstrich
Hinüberleite übers Meer
   Zu heimatlicher Wiederkehr.

Von wilden Meeren, wo ich ohne Ruh
Umhertrieb, führt dein hyazinthen Haar,
Dein klassisches Gesicht, Najade du,
Mich Hellas' frühem Glanze zu,
   Der auch Roms Größe war.

Im Rahmen jener Nische in der Wand
Stehst du gleich einer Statue – sieh!
Die Lampe von Achat in deiner Hand!
Ah, Psyche, aus Regionen, die
   Gelobtes Land!

THE CITY IN THE SEA

Lo! Death has reared himself a throne
In a strange city lying alone
Far down within the dim West,
Where the good and the bad and the worst and the best
Have gone to their eternal rest.
There shrines and palaces and towers
(Time-eaten towers that tremble not!)
Resemble nothing that is ours.
Around, by lifting winds forgot,
Resignedly beneath the sky
The melancholy waters lie.

No rays from the holy Heaven come down
On the long night-time of that town;
But light from out the lurid sea
Streams up the turrets silently—
Gleams up the pinnacles far and free—
Up domes—up spires—up kingly halls—
Up fanes—up Babylon-like walls—
Up shadowy long-forgotten bowers
Of sculptured ivy and stone flowers—
Up many and many a marvellous shrine
Whose wreathéd friezes intertwine
The viol, the violet, and the vine.

Resignedly beneath the sky
The melancholy waters lie.
So blend the turrets and shadows there
That all seem pendulous in air,
While from a proud tower in the town
Death looks gigantically down.

There open fanes and gaping graves
Yawn level with the luminous waves;
But not the riches there that lie
In each idol's diamond eye—
Not the gaily-jewelled dead

DIE STADT IM MEER

Das ist des Todes Residenz,
Diese seltsame Stadt im fernen Westen.
Hier thront er und erteilt Audienz
Den Bösen und Guten, den Schlimmsten und Besten.
Hier stehen mächtige Säulenhallen
(Zermorschtes Gemäuer, das nicht zittert)
Neben Kapellen und Kathedralen
Und hohen Palästen, schwarz und verwittert.
Ringsum, vom Winde vergessen, ruht,
Wie schlafend, eine eisige Flut.

Kein Strahl aus dem himmlischen Gewölbe
Fällt auf das Dunkel dieser Stadt;
Doch einen Schimmer, traurig und matt,
Entsendet das Meer, das rötlich gelbe.
Und der kriecht hinauf an dunklen Palästen,
An babylonischen Türmen und Vesten.
Der kriecht empor an eisernen Kerkern
Und schattigen, ausgestorbenen Erkern.
Der schlängelt sich aufwärts an Säulenhallen
Und an gigantischen Kathedralen
Mit steinernem Zierat von grotesken
Blumengewinden und Arabesken,
An vielen wundersamen Kapellen –
Und gleitet zurück in die kalten Wellen,
Die melancholischen, schweigenden Wellen.

Von einem stolzen Turm übersieht
Der finstere König sein Gebiet.

Tempel und Gräber öffnen sich weit –
Da erglänzt eine seltsame Herrlichkeit.
Doch weder die Gräber mit ihren Schätzen,
Noch die demantenen Augen der Götzen
Locken die Wogen aus ihrem Bette.
Gläsern bleibt die schaurige Glätte;
Kein Hauch, kein noch so leises Säuseln,

Tempt the waters from their bed;
For no ripples curl, alas!
Along that wilderness of glass—
No swellings tell that winds may be
Upon some far-off happier sea—
No heavings hint that winds have been
On seas less hideously serene.

But lo, a stir is in the air!
The wave—there is a movement there!
As if the towers had thrust aside,
In slightly sinking, the dull tide—
As if their tops had feebly given
A void within the filmy Heaven.
The waves have now a redder glow—
The hours are breathing faint and low—
And when, amid no earthly moans,
Down, down that town shall settle hence,
Hell, rising from a thousand thrones,
Shall do it reverence.

Erhebt sich, diese Fläche zu kräuseln.
Kein Schwellen erzählt von glücklichen Seen,
Worüber heitere Lüfte wehen.
Kein Wallen erzählt, daß es Meere gibt,
Weniger grauenhaft ungetrübt.
Da regt sich etwas im trägen Meere,
Als wären die Türme plötzlich versunken
Und hätten die Flut auseinandergeschoben;
Die Woge färbt sich, als ob ein Funken,
Ein wärmender Sonnenfunken von oben,
Auf sie herniedergeglitten wäre.
Und wenn nun durch den geöffneten Spalt
Der trägen, melancholischen Flut
Die seltsame Stadt versinkt – dann zahlt
Ihr die Hölle selber Tribut.

THE VALLEY OF UNREST

Once it smiled a silent dell
Where the people did not dwell;
They had gone unto the wars,
Trusting to the mild-eyed stars,
Nightly, from their azure towers,
To keep watch above the flowers,
In the midst of which all day
The red sun-light lazily lay.
Now each visitor shall confess
The sad valley's restlessness.
Nothing there is motionless—
Nothing save the airs that brood
Over the magic solitude.
Ah, by no wind are stirred those trees
That palpitate like the chill seas
Around the misty Hebrides!
Ah, by no wind those clouds are driven
That rustle through the unquiet Heaven
Unceasingly, from morn till even,
Over the violets there that lie
In myriad types of the human eye—
Over the lilies that wave
And weep above a nameless grave!
They wave:—from out their fragrant tops
Eternal dews come down in drops.
They weep:—from off their delicate stems
Perennial tears descend in gems.

DAS RUHLOSE TAL

Einst lächelte ein friedliches Tal,
Aus welchem die Leute allzumal
Gezogen waren in stürmische Fernen,
Nachdem sie zu den gütigen Sternen
Gefleht, von ihren azurnen Türmen
Die Blumen im Tal zu pflegen und schirmen,
In deren Mitte den ganzen Tag
Das rote Sonnenlicht träge lag.
Jetzt raschelt es durch diesen Ort
Ruhlos, rastlos in einem fort.
Alles zittert und schauert –, bloß
Die Lüfte sind ganz bewegungslos.
Ach, von keinem Winde geschaukelt,
Nicht vom leisesten Zephyr umgaukelt,
Zucken die Bäume gleich den Fjorden
Im umnebelten, felsigen Norden.
Ach, von keinem Winde getrieben,
Jagen die Wolken und zerstieben
Über den Veilchen, die dort liegen,
Über den Lilien, die sich dort wiegen,
Die sich wiegen und neigen und schauern,
Über mystischen Gräbern trauern.
Sie schauern: ihre duftenden Seelen
Zittern in immerwährendem Leide.
Sie weinen: auf ihrem weißen Kleide
Schimmern die Tränen wie Juwelen.

THE SLEEPER

At midnight, in the month of June,
I stand beneath the mystic moon.
An opiate vapor, dewy, dim,
Exhales from out her golden rim,
And, softly dripping, drop by drop,
Upon the quiet mountain top,
Steals drowsily and musically
Into the universal valley.
The rosemary nods upon the grave;
The lily lolls upon the wave;
Wrapping the fog about its breast,
The ruin molders into rest;
Looking like Lethe, see! the lake
A conscious slumber seems to take,
And would not, for the world, awake.
All Beauty sleeps!—and lo! where lies
(Her casement open to the skies)
Irene, with her Destinies!

Oh, lady bright! can it be right—
This window open to the night?
The wanton airs, from the treetop,
Laughingly through the lattice-drop—
The bodiless airs, a wizard rout,
Flit through thy chamber in and out,
And wave the curtain canopy
So fitfully—so fearfully—
Above the closed and fringéd lid
'Neath which thy slumb'ring soul lies hid,
That, o'er the floor and down the wall,
Like ghosts the shadows rise and fall!
Oh, lady dear, hast thou no fear?
Why and what art thou dreaming here?
Sure thou art come o'er far-off seas,
A wonder to these garden trees!
Strange is thy pallor! strange thy dress!

DIE SCHLÄFERIN

Ich steh um Mitternacht allein
Im mystisch weißen Mondenschein.
Dem vollen goldenen Gestirne
Entströmen feuchte Nebeldünste
Und fallen auf die blauen Firne
Wie silberweiße Lichtgespinste,
Um sich von dort melodisch leise
Und schläfrig langsam tropfenweise
Wie bunte, schimmernde Juwelen
In das entschlaf'ne Tal zu stehlen.
Vom Grabe winkt der Rosmarin
Zu den schlaftrunk'nen Lilien hin.
Die wankenden Ruinen raffen
Erschauernd um die morschen Glieder
Ihr Nebelkleid und sinken nieder,
In alle Ewigkeit zu schlafen.
Der See dort – Lethe ist nicht stummer
Als er in seinem tiefen Schlummer.
Es ruht das All. Die Zweige nicken
Süß eingewiegt – wo aber liegt
Irene mit ihren Geschicken?

O wundersame, bleichwangige Dame!
Wie unbedacht: dies Fenster bei Nacht
So offen den Gästen, die von den Ästen
Mutwillig hüpfen, ins Zimmer schlüpfen;
Den Winden, den losen, fürwitzige Rangen,
Die in den Gardinen sich lachend verfangen,
Und sie so unbändig und so beständig
Zerren und zausen dicht über den langen
Seidenen Wimpern auf deinen Wangen,
Daß über den Boden weg durch das Fenster
Die Schatten fallen wie schwarze Gespenster.
O wundersame, bleichwangige Darme,
Wo kommst du her? Wohl gar übers Meer?
Und sage, warum nur bist du so stumm?

Strange, above all, thy length of tress,
And this all-solemn silentness!

The lady sleeps! Oh, may her sleep
Which is enduring, so be deep!
Heaven have her in its sacred keep!
This chamber changed for one more holy,
This bed for one more melancholy,
I pray to God that she may lie
Forever with unopened eye,
While the pale sheeted ghosts go by!

My love, she sleeps! Oh, may her sleep,
As it is lasting, so be deep!
Soft may the worms about her creep!
Far in the forest, dim and old,
For her may some tall vault unfold—
Some vault that oft hath flung its black
And wingéd panels fluttering back,
Triumphant, o'er the crested palls,
Of her grand family funerals—
Some sepulcher, remote, alone,
Against whose portal she hath thrown,
In childhood many an idle stone—
Some tomb from out whose sounding door
She ne'er shall force an echo more,
Thrilling to think, poor child of sin!
It was the dead who groaned within.

Ist dir wohl bang? Du bist so eigen,
Dein Haar ist so lang, so seltsam dein Schweigen!

Die Dame schläft. Oh, wär so gut
Ihr Schlummer, wie er lange währt!
Der Himmel nehme sie in Hut.
Mag sie auf ewig ungestört,
In einem heiligeren Bette
An melancholischerer Stätte,
Wo sich Cypressen leise wiegen,
Mit festgeschloss'nen Augen liegen.

Es schläft mein Lieb. Oh, daß so mild
Ihr Schlummer, wie er ewig ist!
Daß sich ihr eine Gruft erschließt
In einem Walde, dicht und wild!
Ein tiefes, ruhevolles Grab
An einem stillen Ort, fernab –
So eine fest verschloss'ne Gruft,
Aus der sie fürder nichts mehr ruft,
Die Reue nicht, die Buße nicht,
Bis an das ewige Gericht.

ISRAFEL

In Heaven a spirit doth dwell
  "Whose heartstrings are a lute;"
None sing so wildly well
As the angel Israfel,
And the giddy stars (so legends tell),
Ceasing their hymns, attend the spell
  Of his voice, all mute.

Tottering above
  In her highest noon,
  The enamored moon
Blushes with love,
  While, to listen, the red levin
  (With the rapid Pleiads, even,
  Which were seven,)
  Pauses in Heaven.

And they say (the starry choir
  And the other listening things)
That Israfeli's fire
Is owing to that lyre
  By which he sits and sings—
The trembling living wire
Of those unusual strings.

But the skies that angel trod,
  Where deep thoughts are a duty—
Where Love's a grown-up God—
  Where the Houri glances are
Imbued with all the beauty
  Which we worship in a star.

Therefore thou art not wrong,
  Israfeli, who despisest
An unimpassioned song;
To thee the laurels belong,

ISRAFEL

*Und der Engel Israfel, dessen Herz eine Laute ist und
der die süßeste Stimme von allen Kreaturen Gottes hat.*

Koran

Im Himmel wohnt ein Geist,
Sein Herz ein Saitenspiel.
Keiner singt so wild und schön
Wie Israfel. Am fernsten Ziel
Bleiben die Sterne stehn (wie es heißt),
Gebannt vom Getön.

Auf seinen Pfaden
Zur höchsten Mitternacht
Taumelt der Mond liebe-entfacht.
Ja, der Blitz und die raschen Plejaden
Halten inne im Lauf
Und horchen auf.

Und die Engelschar, die ihn umringt,
Und das lauschende Sternengedränge –
Sie sagen, daß Israfels Glut
Allein in der Harfe ruht,
Deren zitternde, lebende Stränge
Er berührt, wenn er singt.

Doch tritt der Engel Bahnen,
Wo tiefe Gedanken Gebot,
Wo die Liebe ein starker Gott,
Wo die Huris immerdar
In Schönheit strahlen, so wunderbar,
Wie wir sie hienieden nicht ahnen.

Wohl ist voll Glut sein Gesang.
In der Laute wilden Klang,
Ihrem Hassen und Liebesrasen,
Mischt sich der Überschwang
Der Himmels-Ekstasen.

Best bard, because the wisest!
Merrily live, and long!

The ecstasies above
    With thy burning measures suit—
Thy grief, thy joy, thy hate, thy love,
    With the fervor of thy lute—
    Well may the stars be mute!

Yes, Heaven is thine; but this
    Is a world of sweets and sours;
    Our flowers are merely—flowers,
And the shadow of thy perfect bliss
    Is the sunshine of ours.

If I could dwell
Where Israfel
    Hath dwelt, and he where I,
He might not sing so wildly well
    A mortal melody,
While a bolder note than this might swell
    From my lyre within the sky.

Der Himmel ist sein.
Doch dies ist eine Welt voll Müh
Und Unvollkommenheit.
Unsere Blumen welken früh,
Und unser Sonnenschein
Ist der Schatten seiner Seligkeit.

Wohnt ich wie er in Himmelshöhn
Und er wäre ich –
Er sänge wohl nicht so wild und schön
Sterbliche Melodien,
Doch kühne Gesänge würden sich
Auch dann durch die Himmel ziehn.

TO THE RIVER

Fair river! in thy bright, clear flow
   Of crystal, wandering water,
Thou art an emblem of the glow
   Of beauty—the unhidden heart—
   The playful maziness of art
In old Alberto's daughter;

But when within thy wave she looks—
   Which glistens then, and trembles—
Why, then, the prettiest of brooks
   Her worshipper resembles;
For in his heart, as in thy stream,
   Her image deeply lies—
His heart which trembles at the beam
   Of her soul-searching eyes.

AN DEN FLUSS

Du schöner Fluß mit deiner Flut,
Die niemals stille hält.
Du bist ein Bild von Jugendmut,
  Von einem Herzen unverstellt.

Doch wenn in dein kristall'nes Blau,
Das trübe Augen scheuen,
Die Liebste blickt, gleichst du genau
  Mir selbst, ihrem Getreuen.

Denn dies Herz birgt wie du so rein
Ihr Bild und strahlt bewegt,
Wenn es den teuren Widerschein
  In seinen Tiefen hegt.

A DREAM

In visions of the dark night
   I have dreamed of joy departed—
But a waking dream of life and light
   Hath left me brokenhearted.

Ah! what is not a dream by day
   To him whose eyes are cast
On things around him with a ray
   Turned back upon the past?

That holy dream—that holy dream,
   While all the world were chiding,
Hath cheered me as a lovely beam,
   A lonely spirit guiding.

What though that light, thro' storm and night,
   So trembled from afar—
What could there be more purely bright
   In Truth's daystar?

EIN TRAUM

Oft fand ich mein entschwund'nes Glück
In einem nächtlichen Gesicht,
Doch ließ mich hoffnungslos zurück
　　Ein wacher Traum im Tageslicht.

Ach, was ist nicht ein solcher Traum
Für ihn, der mitten in der Flucht
Der Dinge über Zeit und Raum
　　Der Seele einen Stützpunkt sucht!

O dieser Traum – dieweil in Qual
Und Wirrnis um mich lag die Welt –
Hat wie ein Schutzgeist manches Mal
　　Sich zu mir Einsamen gesellt.

Was durch der Täuschung Dämmerlicht
So tröstend schimmerte von fern –
War es dem Herzen teurer nicht,
　　Als selbst der Wahrheit Tagesstern?

ROMANCE

Romance, who loves to nod and sing,
With drowsy head and folded wing,
Among the green leaves as they shake
Far down within some shadowy lake,
To me a painted paroquet
Hath been—a most familiar bird—
Taught me my alphabet to say—
To lisp my very earliest word
While in the wild wood I did lie,
A child—with a most knowing eye.

Of late, eternal Condor years
So shake the very Heaven on high
With tumult as they thunder by,
I have no time for idle cares
Through gazing on the unquiet sky.
And when an hour with calmer wings
Its down upon my spirit flings—
That little time with lyre and rhyme
To while away—forbidden things!
My heart would feel to be a crime
Unless it trembled with the strings.

ROMANZE

Romanze, die am Nachmittag
Gern traumhaft nickt und singt im Hag,
Wo überm schattendunklen Teich
Die Zweige säuseln sacht und weich –
Einst warst du, da ich wild und frei,
Ein Kind, doch wissend, Tag für Tag
Dir lauschend unterm Baume lag,
Ein seltner bunter Papagei
Aus einem fremden Wunderland,
Den ich doch Laut für Laut verstand.

Doch nun umkreist den Weltenbau
Der Kondorflug der Zeit so rauh,
Daß in der tosenden Gefahr
Ich aller seligen Muße bar.
Und wenn mit sanfterem Flügelschlag
Den unruhvollen Geist ein Tag
Auch wohl entführt in Träumerei'n –
Dann litte meine Seele Pein,
Wenn sie bei Leier und Gesang
Nicht bebte mit dem Saitenstrang.

FAIRYLAND

Dim vales—and shadowy floods—
And cloudy-looking woods,
Whose forms we can't discover
For the tears that drip all over.
Huge moons there wax and wane—
Again—again—again—
Every moment of the night—
Forever changing places—
And they put out the starlight
With the breath from their pale faces.
About twelve by the moon-dial
One more filmy than the rest
(A kind which, upon trial,
They have found to be the best)
Comes down—still down—and down
With its centre on the crown
Of a mountain's eminence,
While its wide circumference
In easy drapery falls
Over hamlets, over halls,
Wherever they may be—
O'er the strange woods—o'er the sea—
Over spirits on the wing—
Over every drowsy thing—
And buries them up quite
In a labyrinth of light—
And then, how deep!—O, deep!
Is the passion of their sleep.
In the morning they arise,
And their moony covering
Is soaring in the skies,
With the tempests as they toss,
Like—almost any thing—
Or a yellow Albatross.
They use that moon no more
For the same end as before—
Videlicet a tent—

MÄRCHENLAND

Ströme und dunkle Täler und Tiefen,
In wolkengleichen Wäldern versteckt,
Deren Formen uns ganz verdeckt,
Weil sie von bleiernen Nebeln triefen.
Riesige Monde, die wachsen und schwinden
Des Nachts drüber her ohne Unterlaß,
Von deren Atem, frostig und naß,
Die Sterne erlöschen oder erblinden.
Ihr Kern sinkt auf die Bergesspitzen,
Doch ihre Lichtkreise wogen schwer
Über dem großen Wäldermeer
Und dringen in alle Schlünde und Ritzen,
Bis alle Irrgänge weit und breit
Umsponnen sind von Müdigkeit
Und sie des Schlafes Leidenschaft
Umfängt mit zaubertiefer Haft.
Des Morgens aber entschweben
Die Mondeshüllen, wirr zerflossen
Zugleich mit den Stürmen, und erheben
Sich gleich riesigen Albatrossen,
Die in den Lüften als getrennte
Atome wieder herniederfallen,
Und so (nie ruhende Elemente)
In einem ewigen Zirkel wallen
Und auf ihren zitternden Schwingen
Zur Erde Himmelsspuren bringen.

Which I think extravagant:
Its atomies, however,
Into a shower dissever,
Of which those butterflies,
Of Earth, who seek the skies,
And so come down again
(Never-contented things!)
Have brought a specimen
Upon their quivering wings.

SONG

I saw thee on thy bridal day—
    When a burning blush came o'er thee,
Though happiness around thee lay,
    The world all love before thee:

And in thine eye a kindling light
    (Whatever it might be)
Was all on Earth my aching sight
    Of Loveliness could see.

That blush, perhaps, was maiden shame—
    As such it well may pass—
Though its glow hath raised a fiercer flame
    In the breast of him, alas!

Who saw thee on that bridal day,
    When that deep blush would come o'er thee,
Though happiness around thee lay,
    The world all love before thee.

LIED

Ich sah dich unterm Myrtenkranz
Erröten tief und zag,
Da noch die Welt in eitel Glanz
  Und Liebe vor dir lag.

Von allem Prunk und Flackerlicht
In deinem Brautgeleit
Sah mein geblendetes Gesicht
  Nur deine Lieblichkeit.

Mag sein, daß jene scheue Glut
Nur flüchtig dich berührt,
Mir aber ward davon das Blut
  Zur Flamme angeschürt.

Da ich dich unterm Myrtenkranz
Erröten sah so zag,
Obwohl die Welt in eitel Glanz
  Und Liebe vor dir lag.

THE LAKE—TO

In spring of youth it was my lot
To haunt of the wide world a spot
The which I could not love the less—
So lovely was the loneliness
Of a wild lake, with black rock bound,
And the tall pines that towered around.

But when the Night had thrown her pall
Upon that spot, as upon all,
And the mystic wind went by
Murmuring in melody—
Then—ah then I would awake
To the terror of the lone lake.

Yet that terror was not fright,
But a tremulous delight—
A feeling not the jewelled mine
Could teach or bribe me to define—
Nor Love—although the Love were thine.

Death was in that poisonous wave,
And in its gulf a fitting grave
For him who thence could solace bring
To his lone imagining—
Whose solitary soul could make
An Eden of that dim lake.

DER SEE

In meinen jungen Jahren trieb
Mich Sehnsucht oft an einen Ort,
Der mich gebannt hielt wie ein Hort.
So war die Einsamkeit mir lieb
Von einem See, um dessen Rand
Ein schwarzes Felsgemäuer stand.

Doch wenn die Nacht ihr Bahrtuch warf
Auf diese Stelle und auf mich,
Und mystisch durch die Wellen strich
Der Wind, bald klagend und bald scharf,
Dann – ja – erschreckte mich oft jäh
Die Einsamkeit am dunklen See.

Doch dieser Schrecken war nicht Grau'n;
Nein, eine Lust, die Schauer barg,
So zitternd und dämonisch stark,
Wie sie in unterirdischen Gau'n
Der spüren mag, der einen Schein
Erhascht von flimmerndem Gestein.

Tod war um jenen giftigen Strand –
Und in der Flut ein Grab für ihn,
Der dort für seine Phantasien
Besänftigende Tröstung fand
Und den sein Träumen wandeln hieß
Das finstre Reich zum Paradies.

TO M. L. S.—

Of all who hail thy presence as the morning—
Of all to whom thine absence is the night—
The blotting utterly from out high Heaven
The sacred sun—of all who, weeping, bless thee
Hourly for hope—for life—ah! above all,
For the resurrection of deep-buried faith
In Truth, in Virtue, in Humanity—
Of all who, on Despair's unhallowed bed
Lying down to die, have suddenly arisen
At thy soft-murmured words, "Let there be light!"
At the soft-murmured words that were fulfilled
In the seraphic glancing of thine eyes—
Of all who owe thee most—whose gratitude
Nearest resembles worship—oh, remember
The truest—the most fervently devoted,
And think that these weak lines are written by him—
By him who, as he pens them, thrills to think
His spirit is communing with an angel's.

AN M. L. S.

Von allen, die dich preisen wie den Morgen,
Die, wenn du fern bist, wähnen, es sei Nacht,
Am Himmel erloschen sei die Sonne –
Von allen, die dich unter Tränen segnen,
Daß du die Hoffnung ihnen wiedergabst,
Ja, mehr noch, ihren tief begrabenen Glauben
An Wahrheit – Tugend – Menschlichkeit;
Von allen, die vom Bette der Verzweiflung,
Wo hingestreckt sie lagen, sich erhoben
Bei deinem sanftgesproch'nen Wort: „Es werde Licht!"
Dem sanftgesproch'nen Wort, das sich erfüllte
Im engelreinen Schimmer deiner Augen;
Von allen, die dir danken, deren Dank
Anbetung gleichkommt – o gedenke,
Des Wahrsten, innigst dir Ergebenen,
Der, während er dies niederschreibt, erbebt zu denken,
Daß er mit einem Engel Zwiesprach halte.

THE RAVEN

Once upon a midnight dreary, while I pondered, weak and weary,
Over many a quaint and curious volume of forgotten lore—
While I nodded, nearly napping, suddenly there came a tapping,
As of someone gently rapping, rapping at my chamber door.
"'Tis some visitor," I muttered, "tapping at my chamber door—
   Only this, and nothing more."

Ah, distinctly I remember it was in the bleak December;
And each separate dying ember wrought its ghost upon the floor.
Eagerly I wished the morrow;—vainly I had sought to borrow
From my books surcease of sorrow—sorrow for the lost Lenore—
For the rare and radiant maiden whom the angels name Lenore—
   Nameless *here* for evermore.

And the silken sad uncertain rustling of each purple curtain
Thrilled me—filled me with fantastic terrors never felt before;
So that now, to still the beating of my heart, I stood repeating
"'Tis some visitor entreating entrance at my chamber door—
Some late visitor entreating entrance at my chamber door;—
   This it is, and nothing more."

Presently my soul grew stronger; hesitating then no longer,
"Sir," said I, "or Madam, truly your forgiveness I implore;
But the fact is I was napping, and so gently you came rapping,
And so faintly you came tapping, tapping at my chamber door,
That I scarce was sure I heard you"—here I opened wide the door;—
   Darkness there, and nothing more.

Deep into that darkness peering, long I stood there wondering, fearing,
Doubting, dreaming dreams no mortal ever dared to dream before;
But the silence was unbroken, and the darkness gave no token,
And the only word there spoken was the whispered word, "Lenore?"
This I whispered, and an echo murmured back the word, "Lenore!"
   Merely this, and nothing more.

Back into the chamber turning, all my soul within me burning,
Soon I heard again a tapping somewhat louder than before.

DER RABE

Eines Nachts, aus gelben Blättern mit verblich'nen Runenlettern
Tote Mären suchend, sammelnd von des Zeitenmeers Gestaden,
Müde in die Zeilen blickend und zuletzt im Schlafe nickend,
Hört' ich plötzlich leise klopfen, leise, doch vernehmlich klopfen
Und fuhr auf, erschrocken stammelnd: „Einer von den Kameraden",
    „Einer von den Kameraden."

In dem letzten Mond des Jahres, um die zwölfte Stunde war es,
Und ein wunderlich Rumoren klang mir fort und fort im Ohre,
Sehnlichst harrte ich des Tages, jedes neuen Glockenschlages;
In das Buch vor mir versenken wollt' ich all mein Schmerzgedenken,
Meine Träume von Leonoren, meinen Gram um Leonore,
    Um die tote Leonore.

Seltsame, phantastisch wilde, unerklärliche Gebilde,
Schwarz und dicht gleich undurchsicht'gen, nächtig dunklen Nebelschwaden
Huschten aus den Zimmerecken, füllten mich mit tausend Schrecken,
So daß ich nun bleich und schlotternd, immer wieder angstvoll stotternd,
Murmelte, mich zu beschwicht'gen: „Einer von den Kameraden",
    „Einer von den Kameraden!"

Alsbald aber mich ermannend, fragt' ich, jede Scheu verbannend,
Wen der Weg noch zu mir führe: „Mit wem habe ich die Ehre?"
Hub ich an, weltmännisch höflich: „Sie verzeihen, ich bin sträflich,
Daß ich Sie nicht gleich vernommen; seien Sie mir hochwillkommen!"
Und ich öffnete die Türe – nichts als schaudervolle Leere,
    Schwarze, schaudervolle Leere.

Lang in dieses Dunkel starrend, stand ich fürchtend, stand ich harrend,
Fürchtend, harrend, zweifelnd, staunend, meine Seele ganz im Ohre –
Doch die Nacht blieb ungelichtet, tiefes Schwarz auf Schwarz geschichtet,
Und das Schweigen ungebrochen, und nichts weiter ward gesprochen,
Als das eine, flüsternd, raunend, das gehauchte Wort „Leonore",
    Das ich flüsterte: „Leonore!"

In mein Zimmer wiederkehrend und zum Sessel flüchtend, während
Schatten meinen Blick umflorten, hörte ich von neuem klopfen,

"Surely," said I, "surely that is something at my window lattice;
Let me see, then, what thereat is, and this mystery explore—
Let my heart be still a moment and this mystery explore;—
     'Tis the wind and nothing more!"

Open here I flung the shutter, when, with many a flirt and flutter,
In there stepped a stately Raven of the saintly days of yore;
Not the least obeisance made he; not a minute stopped or stayed he;
But, with mien of lord or lady, perched above my chamber door—
Perched upon a bust of Pallas just above my chamber door—
     Perched, and sat, and nothing more.

Then this ebony bird beguiling my sad fancy into smiling,
By the grave and stern decorum of the countenance it wore,
"Though thy crest be shorn and shaven, thou," I said, "art sure no craven,
Ghastly grim and ancient Raven wandering from the Nightly shore—
Tell me what thy lordly name is on the Night's Plutonian shore!"
     Quoth the Raven "Nevermore."

Much I marvelled this ungainly fowl to hear discourse so plainly,
Though its answer little meaning—little relevancy bore;
For we cannot help agreeing that no living human being
Ever yet was blessed with seeing bird above his chamber door—
Bird or beast upon the sculptured bust above his chamber door,
     With such name as "Nevermore."

But the Raven, sitting lonely on the placid bust, spoke only
That one word, as if his soul in that one word he did outpour.
Nothing farther then he uttered—not a feather then he fluttered—
Till I scarcely more than muttered "Other friends have flown before—
On the morrow *he* will leave me, as my Hopes have flown before."
     Then the bird said "Nevermore."

Startled at the stillness broken by reply so aptly spoken,
"Doubtless," said I, "what it utters is its only stock and store
Caught from some unhappy master whom unmerciful Disaster
Followed fast and followed faster till his songs one burden bore—
Till the dirges of his Hope that melancholy burden bore
     Of 'Never—nevermore.'"

Diesmal aber etwas lauter, gleichsam kecker und vertrauter.
An dem Laden ist es, sagt' ich, und mich zu erheben wagt' ich,
Sprach mir Mut zu mit den Worten: „Sicher sind es Regentropfen,
    Weiter nichts als Regentropfen."

Und ich öffnete: Bedächtig schritt ein Rabe, groß und nächtig,
Mit verwildertem Gefieder ins Gemach und gravitätisch
Mit dem ernsten Kopfe nickend, flüchtig durch das Zimmer blickend,
Flog er auf das Türgerüste, und auf einer Pallasbüste
Ließ er sich gemächlich nieder, saß dort stolz und majestätisch,
    Selbstbewußt und majestätisch.

Ob des herrischen Verfahrens und des würdigen Gebarens
Dieses wunderlichen Gastes schier belustigt, sprach ich: „Grimmer
Unglücksbote des Gestades an dem Flußgebiet des Hades
Du bist sicher hochgeboren, kommst du gradwegs von den Toren
Des plutonischen Palastes? Sag, wie nennt man dich dort?" – „Nimmer!"
    Hört' ich da vernehmlich: „Nimmer!"

Wahrlich, ich muß eingestehen, daß mich eigene Ideen
Bei dem dunklen Wort durchschwirrten, ja, daß mir Gedanken kamen,
Zweifel vom bizarrsten Schlage; und es ist auch keine Frage,
Daß dies seltsame Begebnis ein vereinzeltes Erlebnis:
Einen Raben zu bewirten mit solch ominösem Namen,
    Solchem ominösen Namen.

Doch mein düsterer Gefährte sprach nichts weiter und gewährte
Mir kein Zeichen der Beachtung. Lautlos stille ward's im Zimmer,
Bis ich traumhaft, abgebrochen (halb gedacht und halb gesprochen)
Raunte: „*Andre* Freunde gingen, morgen hebt auch er die Schwingen,
Läßt dich wieder in Umnachtung." Da vernahm ich deutlich „Nimmer."
    Deutlich und verständlich: „Nimmer."

Stutzig über die Repliken, maß ich ihn mit scheuen Blicken,
Sprechend: Dies ist zweifelsohne sein gesamter Schatz an Worten,
Einem Herren abgefangen, dem das Unglück nachgegangen,
Nachgegangen, nachgelaufen, bis er auf dem Trümmerhaufen
Seines Glücks dies monotone „Nimmer" seufzte allerorten,
    Jederzeit und allerorten.

But the Raven still beguiling my sad fancy into smiling,
Straight I wheeled a cushioned seat in front of bird, and bust and door;
Then, upon the velvet sinking, I betook myself to linking
Fancy unto fancy, thinking what this ominous bird of yore—
What this grim, ungainly, ghastly, gaunt, and ominous bird of yore
    Meant in croaking "Nevermore."

This I sat engaged in guessing, but no syllable expressing
To the fowl whose fiery eyes now burned into my bosom's core;
This and more I sat divining, with my head at ease reclining
On the cushion's velvet lining that the lamplight gloated o'er,
But whose velvet violet lining with the lamplight gloating o'er,
    She shall press, ah, nevermore!

Then, methought, the air grew denser, perfumed from an unseen censer
Swung by seraphim whose foot-falls tinkled on the tufted floor.
"Wretch," I cried, "thy God hath lent thee—by these angels he hath sent thee
Respite—respite and nepenthe from thy memories of Lenore;
Quaff, oh quaff this kind nepenthe and forget this lost Lenore!"
    Quoth the Raven "Nevermore."

"Prophet!" said I, "thing of evil!—prophet still, if bird or devil!—
Whether Tempter sent, or whether tempest tossed thee here ashore,
Desolate yet all undaunted, on this desert land enchanted—
On this home by Horror haunted—tell me truly, I implore—
Is there—*is* there balm in Gilead?—tell me—tell me, I implore!"
    Quoth the Raven "Nevermore."

"Prophet!" said I, "thing of evil—prophet still, if bird or devil!
By that Heaven that bends above us—by that God we both adore—
Tell this soul with sorrow laden if, within the distant Aidenn,
It shall clasp a sainted maiden whom the angels name Lenore—
Clasp a rare and radiant maiden whom the angels name Lenore."
    Quoth the Raven "Nevermore."

"Be that word our sign of parting, bird or fiend!" I shrieked, upstarting—
"Get thee back into the tempest and the Night's Plutonian shore!
Leave no black plume as a token of that lie thy soul hath spoken!
Leave my loneliness unbroken!—quit the bust above my door!

Doch der Rabe blieb possierlich würdevoll, und unwillkürlich
Mußt' ich lächeln ob des Wichtes: Alsdann mitten in das Zimmer
Einen samt'nen Sessel rückend und mich in die Polster drückend,
Sann ich angesichts des grimmen, düst'ren, ominösen, schlimmen
Künders göttlichen Gerichtes, über dieses dunkle „Nimmer",
    Dieses rätselhafte „Nimmer."

Dies und anderes erwog ich, in die Traumeslande flog ich,
Losgelöst von jeder Fessel. Von der Lampe fiel ein Schimmer
Auf die violetten Stühle, und auf meinem samt'nen Pfühle
Lag ich lange, traumverloren, schwang mich auf zu Leonoren,
Die in diesen samt'nen Sessel nimmermehr sich lehnet, nimmer,
    Nimmer, nimmer, nimmer, nimmer.

Plötzlich ward es in mir lichter und die Luft im Zimmer dichter,
Als ob Weihrauch sie durchwehte. Und an diesem Hoffnungsschimmer
Mich erwärmend, rief ich: „Manna, Manna, schickst du Gott, Hosianna;
Lob ihm, der die Gnade spendet, der dir seine Engel sendet!
Trink, o trink aus dieser Lethe und vergiß Leonore! – „Nimmer!"
    Krächzte da der Rabe. „Nimmer!"

„Nachtprophet, erzeugt vom Zweifel, seist du Vogel oder Teufel,
Triumphierend ob der Sünder Zähneklappern und Gewimmer
Hier, aus dieser dürren Wüste, dieser Stätte geiler Lüste,
Hoffnungslos, doch ungebrochen, und noch rein und unbestochen,
Frag' ich dich, du Schicksalskünder: *Ist* in Gilead Balsam?" – „Nimmer",
    Krächzte da der Rabe, „nimmer!"

„Nachtprophet, erzeugt vom Zweifel, seist du Vogel oder Teufel –
Bei dem göttlichen Erbarmen, lösch nicht diesen letzten Schimmer!
Sag' mir, find ich nach dem trüben Erdenwallen einst dort drüben
Sie, die von dem Engelschore wird geheißen Leonore?
Werd' ich sie dort einst umarmen, meine Leonore?" – „Nimmer",
    Krächzte da der Rabe, „nimmer!"

„Feind, du lügst, heb' dich von hinnen", schrie ich auf, beinah von Sinnen,
„Dorthin zieh, wo Schatten wallen unter Winseln und Gewimmer,
Kehr' zurück zum dunklen Strande, laß kein Federchen zum Pfande
Dessen, was du prophezeitest, daß du diesen Ort entweihtest,

Take thy beak from out my heart, and take thy form from off my door!"
    Quoth the Raven "Nevermore."

And the Raven, never flitting, still is sitting, *still* is sitting
On the pallid bust of Pallas just above my chamber door;
And his eyes have all the seeming of a demon's that is dreaming,
And the lamp-light o'er him streaming throws his shadow on the floor;
And my soul from out that shadow that lies floating on the floor
    Shall be lifted—nevermore!

Nimm aus meiner Brust die Krallen, hebe dich von hinnen!" – „Nimmer",
   Krächzte da der Rabe, „nimmer!"

Und auf meinem Türgerüste, auf der bleichen Pallasbüste,
Unverdrossen, ohn' Ermatten, sitzt mein dunkler Gast noch immer.
Sein Dämonenauge funkelt und sein Schattenriß verdunkelt
Das Gemach, schwillt immer mächt'ger und wird immer grabesnächt'ger –
Und aus diesen schweren Schatten hebt sich meine Seele nimmer,
   Nimmer, nimmer, nimmer, nimmer. –

THE BELLS

I

Hear the sledges with the bells—
Silver bells!
What a world of merriment their melody foretells!
How they tinkle, tinkle, tinkle,
In the icy air of night!
While the stars that oversprinkle
All the heavens, seem to twinkle
With a crystalline delight;
Keeping time, time, time,
In a sort of Runic rhyme,
To the tintinnabulation that so musically wells
From the bells, bells, bells, bells,
Bells, bells, bells—
From the jingling and the tinkling of the bells.

II

Hear the mellow wedding bells—
Golden bells!
What a world of happiness their harmony foretells!
Through the balmy air of night
How they ring out their delight! —
From the molten-golden notes,
And all in tune,
What a liquid ditty floats
To the turtledove that listens, while she gloats
On the moon!
Oh, from out the sounding cells,
What a gush of euphony voluminously wells!
How it swells!
How it dwells
On the Future!—how it tells
Of the rapture that impels
To the swinging and the ringing

DIE GLOCKEN

I

Hört die Schlittenglocken, die hellen,
Die fröhlichen, silbernen Schellen!
Wie sie klingen und klingen und klingen
Zu der Rosse feurigen Sprüngen.
Wie es ringsherum blinkt und blitzt,
Wie die Sterne glitzern und flinkern,
Daneben blinzeln und zwinkern
Halb verschmitzt –
Und im Mondlicht tanzen die Feyn
Einen seltsamen Runenreihn,
Bei den demantbestreuten Erlen
Zu den tönenden Silberperlen.
Und es klingt, klingt, klingt,
Und es dringt, dringt, dringt
Weithin, weit, weit, weit, weit,
Das klingende, das singende Geläut.

II

Hört die Hochzeitsglocken, die weichen,
Die goldenen, sangesreichen!
Wie sie wogen und wallen,
Wie sie schallen und hallen
In schmelzenden, schönen,
Verwehenden Tönen
Durch die schimmernde Nacht,
Während hoch im Blauen
Der Mond mit schlauen
Schalksaugen lacht.
O, welch brausende Wogen schwellen
Aus den tönenden, dröhnenden Zellen!
Hört, wie sie schwellen,
Wie sie entquellen
Den erzenen Kehlen,

Of the bells, bells, bells,
Of the bells, bells, bells, bells,
Bells, bells, bells—
To the rhyming and the chiming of the bells!

III

Hear the loud alarum bells—
Brazen bells!
What a tale of terror, now, their turbulency tells!
In the startled ear of night
How they scream out their affright!
Too much horrified to speak,
They can only shriek, shriek,
Out of tune,
In a clamorous appealing to the mercy of the fire,
In a mad expostulation with the deaf and frantic fire,
Leaping higher, higher, higher,
With a desperate desire,
And a resolute endeavor,
Now—now to sit or never,
By the side of the palefaced moon.
Oh, the bells, bells, bells!
What a tale their terror tells
Of Despair!
How they clang, and clash, and roar!
What a horror they outpour
On the bosom of the palpitating air!
Yet the ear it fully knows,
By the twanging,
And the clanging,
How the danger ebbs and flows;
Yet the ear distinctly tells,
In the jangling,
And the wrangling,
How the danger sinks and swells,
By the sinking or the swelling in the anger of the bells—
Of the bells—
Of the bells, bells, bells, bells,

Sich wonnig vermählen,
Anmutig erzählen
Von der Liebe, die bleibt,
Von der Lust, die sie treibt,
Sich zu schwingen, zu klingen
Weithin, weit, weit, weit, weit –
Mit tönendem, mit sehnendem Geläut!

III

Die Sturmglocken hört, aus Erz, aus Erz!
Wie zittert dabei das Menschenherz.
Von eisernen Fäusten gepackt,
Sausen sie aufwärts, scheuen
Wie wilde Rosse und schreien,
Und schreien und schreien und schreien
Einen gellenden Chor
Der Nacht ins Ohr
Ohne Takt.
Ihr eigenes, gespenstisches Grausen
Heulen sie aus und brausen
Im Klageruf an das Feuer,
Das wahnsinnige Ungeheuer.
Und wälzen sich höher und höher,
Dem Monde näher und näher.
Vom hölzernen morschen Gerüste
Treibt sie ein tolles Gelüste.
Sie klirren zusammen und schwirren
Ins Blaue und irren und irren,
Und tollen und tollen und tollen,
Und rollen und rollen und rollen
Auf den zuckenden Busen der Nacht
Ein bleiches, starres Entsetzen
Und wecken die Schläfer und hetzen
Sie aus der nächtlichen Ruh.
Die stürzen blindlings hinzu,
Mit stockendem Atem zu lauschen
Dem flutenden, ebbenden Rauschen
Der grausen Gefahr,

Bells, bells, bells—
In the clamor and the clangor of the bells!

IV

Hear the tolling of the bells—
Iron Bells!
What a world of solemn thought their monody compels!
In the silence of the night,
How we shiver with affright
At the melancholy menace of their tone!
For every sound that floats
From the rust within their throats
Is a groan.
And the people—ah, the people—
They that dwell up in the steeple,
All Alone,
And who, tolling, tolling, tolling,
In that muffled monotone,
Feel a glory in so rolling
On the human heart a stone—
They are neither man nor woman—
They are neither brute nor human—
They are Ghouls:—
And their king it is who tolls:—
And he rolls, rolls, rolls,
Rolls
A pæan from the bells!
And his merry bosom swells
With the pæan of the bells!
And he dances, and he yells;
Keeping time, time, time,
In a sort of Runic rhyme,
To the pæan of the bells—
Of the bells:—
Keeping time, time, time,
In a sort of Runic rhyme,
To the throbbing of the bells—
Of the bells, bells, bells—

Aus dem ebbenden, flutenden Läuten
Den Grimm des Feuers zu deuten,
Mit fliegenden Pulsen zu hören,
Aus der Glocken Schallen und Gellen,
Aus dem rasselnden, klirrenden Schellen
Das furchtbare Wallen und Gären
Der Feuersgefahr –
Und es jammert die zitternde Schar
In der Not, die so fürchterlich dräut
Weithin, weit, weit, weit, weit –
Mit gellendem, zerschellendem Geläut!

IV

Hört den eisernen Glockenklang!
Wie bang, wie bang, ein Trauergesang!
O, wie wir angstvoll schaudern und beben,
Wenn sie des Nachts die Stimmen erheben,
Wie wir den Himmel suchen mit scheuen,
Erschrockenen Blicken, wenn sie so dräuen!
O, wie erschauert unsere Seele,
Wenn sie so hoffnungslos gramvoll tönen,
Wenn jeder Laut ihrer rostigen Kehle
Ein Stöhnen!
Und im Turm allein
Jene knöcherne Sippe,
Jene fahlen Gerippe,
Allein, allein,
Es sind nicht Männer, nicht Weiber,
Nicht Tier- und nicht Menschenleiber,
Es ist Gebein!
Es sind nachtwandelnde Geister,
Und ihr König, das ist der Meister,
Und er zieht, und er zieht, und er zieht
Aus den Glocken ein schauerlich Lied,
Und er rollt mit teuflischer Lust
Auf die zuckende Menschenbrust
Einen Stein.
Und er zieht den ächzenden Strang

To the sobbing of the bells;
Keeping time, time, time,
As he knells, knells, knells,
In a happy Runic rhyme,
To the rolling of the bells—
Of the bells, bells, bells:—
To the tolling of the bells—
Of the bells, bells, bells, bells,
Bells, bells, bells—
To the moaning and the groaning of the bells.

Zu einem Triumphgesang,
Und er jauchzt und jubelt wild,
Und sein fröhlicher Busen schwillt,
Und er tanzt zu den Melodeien
Einen fröhlichen Runenreihn
Und schwingt den ächzenden Strang
Zu einem Triumphgesang,
Und er schwingt, und er schwingt, und er schwingt
Auf und ab, auf und ab, auf und ab,
Und er winkt, und er winkt, und er winkt
In das Grab, in das Grab, in das Grab.
Und er tanzt und jubelt und streut
Weithin, weit, weit, weit, weit –
Das klagende, verzagende Geläut.

ULALUME—A BALLAD

The skies they were ashen and sober;
   The leaves they were crispéd and sere—
   The leaves they were withering and sere:
It was night, in the lonesome October
   Of my most immemorial year:
It was hard by the dim lake of Auber,
   In the misty mid region of Weir—
It was down by the dank tarn of Auber,
   In the ghoul-haunted woodland of Weir.

Here once, through an alley Titanic,
   Of cypress, I roamed with my Soul—
   Of cypress, with Psyche, my Soul.
These were days when my heart was volcanic
   As the scoriac rivers that roll—
   As the lavas that restlessly roll
Their sulphurous currents down Yaanek
   In the ultimate climes of the Pole—
That groan as they roll down Mount Yaanek
   In the realms of the Boreal Pole.

Our talk had been serious and sober,
   But our thoughts they were palsied and sere—
   Our memories were treacherous and sere;
For we knew not the month was October,
   And we marked not the night of the year—
   (Ah, night of all nights in the year!) —
We noted not the dim lake of Auber—
   (Though once we had journeyed down here)—
Remembered not the dank tarn of Auber,
   Nor the ghoul-haunted woodland of Weir.

And now as the night was senescent
   And star-dials pointed to morn—
   As the sun-dials hinted of morn—
At the end of our path a liquescent
   And nebulous lustre was born,

ULALUME

Die Wolken türmten sich mächtig,
  Die Blätter waren verdorrt
  Sie waren kraus und verdorrt.
Es war Oktober und nächtig
  An einem unseligen Ort.
Es war nahe dem bleiernen Wasser,
Das da so verschlafen steht,
Am Hain, wo des Nachts sich ein blasser
Hohläugiger Schwarm ergeht.

Die Gegend, schroff und titanisch,
  Durchstreift' ich mit Psyche allein,
  Meiner Seele, Psyche, allein.
Zur Zeit, da mein Herz noch vulkanisch,
  Wie die Berge, die rastlos spein,
  Die Feuerströme ausspein.
Wie der Berg am Nordpol, der kreißend
  Ein flammendes Meer gebiert,
Das sich gewaltsam und reißend
  Hinunterstürzt und verliert,
  Hinunterwälzt und verliert.

Unsre Rede war ernst und gemessen,
  Die Gedanken welk und verdorrt,
  Die Gedanken lahm und verdorrt.
Das Gedächtnis war pflichtvergessen,
  Denn es mahnte uns nicht an den Ort,
  An die Zeit nicht und nicht an den Ort.
Wir ahnten nicht Ort und nicht Stunde
  Und nicht den Monat im Jahr,
  Den unseligen Monat im Jahr,
Daß es nah beim verfluchten Grunde
Und dem bleiernen Wasser war.

Und da nun die Nacht sich neigte,
  Und der Zeiger der Sternenuhr,
  Der himmlischen Sternenuhr,

Out of which a miraculous crescent
    Arose with a duplicate horn—
Astarte's bediamonded crescent
    Distinct with its duplicate horn.

And I said—"She is warmer than Dian;
    She rolls through an ether of sighs—
    She revels in a region of sighs.
She has seen that the tears are not dry on
    These cheeks, where the worm never dies,
And has come past the stars of the Lion,
    To point us the path to the skies—
    To the Lethean peace of the skies—
    Come up, in despite of the Lion,
    To shine on us with her bright eyes—
Come up through the lair of the Lion,
    With love in her luminous eyes."

But Psyche, uplifting her finger,
    Said—"Sadly this star I mistrust—
    Her pallor I strangely mistrust:
Ah, hasten!—ah, let us not linger!
    Ah, fly!—let us fly!—for we must."
In terror she spoke, letting sink her
    Wings till they trailed in the dust—
In agony sobbed, letting sink her
    Plumes till they trailed in the dust—
    Till they sorrowfully trailed in the dust.

I replied: "This is nothing but dreaming:
    Let us on by this tremulous light!
    Let us bathe in this crystalline light!
Its Sibyllic splendor is beaming
    With Hope and in Beauty tonight:—
    See!—it flickers up the sky through the night!
Ah, we safely may trust to its gleaming,
    And be sure it will lead us aright—
We surely may trust to a gleaming,
    That cannot but guide us aright,

Dem Tag zustrebte, da zeigte
  Sich ein nebliger Schein am Azur.
Und diesem weißlichen, zarten
  Duftschleier entschwebte zuletzt
Das Diadem von Astarten,
  Mit Diamanten besetzt.

Und ich sprach: Sie ist wärmer und milder
  Als die keusche Schwester Apolls,
  Die flinke Schwester Apolls.
Diana ist feuriger, wilder,
  Doch innerlich kühl und stolz.
Sie aber wandelt durch Sphären
  Von Seufzern und wirft ihr Licht,
  Ihr sanftes, freundliches Licht,
Auf die nimmer trocknenden Zähren
  Im gramvollen Erdengesicht.
Und kommt durch das Sternbild des Löwen,
  Und weist uns den Weg zum Glück,
  Den Weg durch Lethe zum Glück,
Und kommt durch die Höhle des Löwen,
  Erwärmt uns mit ihrem Blick,
  Mit ihrem liebenden Blick.

Da sah ich Psyche erschaudern.
  Sie sprach: Ich traue ihr nicht,
  Ich trau dieser Blässe nicht.
O komm, o laß uns nicht zaudern,
  Ich fürchte dies weiße Licht,
  Dies weiße, flackernde Licht.
Eine Angst, unbeschreiblich, unsäglich,
  Durchbebte sie, während sie sprach,
  Während sie hastig so sprach,
Sie schluchzte und schleppte kläglich
  Ihre Schwingen am Boden nach,
  Die Schwingen im Staube nach.

Ich erwiderte: Du sprichst im Traume,
  Laß uns tauchen in dieses Meer,

Since it flickers up to Heaven through the night."

Thus I pacified Psyche and kissed her,
    And tempted her out of her gloom—
    And conquered her scruples and gloom;
And we passed to the end of a vista,
    But were stopped by the door of a tomb—
    By the door of a legended tomb;
And I said: "What is written, sweet sister,
    On the door of this legended tomb?"
    She replied—"Ulalume—Ulalume—
    'Tis the vault of thy lost Ulalume!"

Then my heart it grew ashen and sober
    As the leaves that were crispéd and sere—
    As the leaves that were withering and sere;
And I cried—"It was surely October
    On this very night of last year
    That I journeyed—I journeyed down here—
    That I brought a dread burden down here!
    On this night of all nights in the year,
    Ah, what demon hath tempted me here?
Well I know, now, this dim lake of Auber—
    This misty mid region of Weir—
Well I know, now, this dank tarn of Auber,—
    This ghoul-haunted woodland of Weir."

Said *we*, then—the two, then: "Ah, can it
    Have been that the woodlandish ghouls—
    The pitiful, the merciful ghouls—
To bar up our way and to ban it
    From the secret that lies in these wolds—
    From the thing that lies hidden in these wolds—
Had drawn up the spectre of a planet
    From the limbo of lunary souls—
This sinfully scintillant planet
    From the Hell of the planetary souls?"

Dies silberne, leuchtende Meer.
Sieh, wie es im endlosen Raume
   Kristallen hin wogt und her,
   Es zitternd hin wogt und her.
Wie es strahlt und flutet im Blauen
   Mit seiner sybillischen Pracht.
Glaub' nur, wir dürfen ihm trauen,
   Es leuchtet uns durch die Nacht,
Wir dürfen dem Wegweiser trauen,
   Denn er leuchtet zu Gott durch die Nacht.

So suchte ich sie zu beschwicht'gen
   Und küßte sie brüderlich warm,
   Ich küßte sie zärtlich und warm,
Und ich sah ihre Angst sich verflücht'gen,
   Und wir eilten voran Arm in Arm.
In dunklen Cypressenalleen
   Sank dumpfer und dumpfer die Luft –
Da blieben wir plötzlich stehen
   An der Türe zu einer Gruft,
   Zu einer mystischen Gruft.
Und ich sprach: Was sagt dieser stumme,
   Verschwiegene Mund von Stein?
Da erwiderte sie: Ulalume –
   Hier ruht Ulalumens Gebein,
   Deiner Ulalume Gebein.

Da ward stumpf mein Herz und ohnmächtig,
   Und wie die Blätter verdorrt,
   Wie die Blätter welk und verdorrt.
Ja, Oktober war es und nächtig,
   Rief ich aus, und an diesem Ort,
   Ich erkenne deutlich den Ort –
Um den Teich wob ein unheimlicher, blasser
   Verdunstender Nebelschwarm,
Und ich irrte an diesem Wasser
   Eine schaurige Bürde im Arm,
   Eine kalte Bürde im Arm –

HYMN

At morn—at noon—at twilight dim—
Maria! thou hast heard my hymn!
In joy and woe—in good and ill—
Mother of God, be with me still!
When the Hours flew brightly by,
And not a cloud obscured the sky,
My soul, lest it should truant be,
Thy grace did guide to thine and thee;
Now, when storms of Fate o'ercast
Darkly my Present and my Past,
Let my future radiant shine
With sweet hopes of thee and thine!

Die Wolken türmten sich mächtig,
   Die Blätter waren verdorrt.
Es war Oktober und nächtig
   An einem unseligen Ort.

HYMNE

Wenn ich des Morgens mich erhob,
Maria! hörtest du mein Lob.
Legte ich mich zum Schlummer hin,
Pries ich dich, Himmelskönigin.
Als noch die Stunde hell entflog,
Den Himmel kein Gewölk umzog,
Nahmst du, wie eine Mutter tut,
Mein schwaches Herz in deine Hut.
Nun, da die Tage freudlos fliehn,
Mein Leben Stürme überziehn,
Mach meine Zukunft wieder licht
Durch Hoffnung und durch Zuversicht.

THE COLISEUM

Type of the antique Rome! Rich reliquary
Of lofty contemplation left to Time
By buried centuries of pomp and power!
At length—at length—after so many days
Of weary pilgrimage and burning thirst,
(Thirst for the springs of lore that in thee lie,)
I kneel, an altered and an humble man,
Amid thy shadows, and so drink within
My very soul thy grandeur, gloom, and glory!

Vastness! and Age! and Memories of Eld!
Silence! and Desolation! and dim Night!
I feel ye now—I feel ye in your strength—
O spells more sure than e'er Judæan king
Taught in the gardens of Gethsemane!
O charms more potent than the rapt Chaldee
Ever drew down from out the quiet stars!

Here, where a hero fell, a column falls!
Here, where the mimic eagle glared in gold,
A midnight vigil holds the swarthy bat!
Here, where the dames of Rome their gilded hair
Waved to the wind, now wave the reed and thistle!
Here, where on golden throne the monarch lolled,
Glides, spectre-like, unto his marble home,
Lit by the wan light of the hornéd moon,
The swift and silent lizard of the stones!

But stay! these walls—these ivy-clad arcades—
These mouldering plinths—these sad and blackened shafts—
These vague entablatures—this crumbling frieze—
These shattered cornices—this wreck—this ruin—
These stones—alas! these gray stones—are they all—
All of the famed, and the colossal left
By the corrosive Hours to Fate and me?

DAS KOLOSSEUM

Urbild des alten Roms! Reliquienschrein
Erhabener Betrachtung! Nach so langer,
Mühseliger Pilgerschaft und heißem Durst
(Durst nach dem Quell des Einst, der in dir fließt)
Knie' ich, ein andrer, demutvoller Mann
In deinem Schatten, und in vollen Zügen
Trink ich vom Borne deiner Größe, deiner Weihe.

Unendlichkeit, ich höre deinen Strom!
Ich fühl' euch, dunkle Mächte der Zerstörung,
Nacht, Schweigen, Endlichkeit, ich fühl' euch jetzt!
O Zauber, sichrer als Judäas Fürsten
Ihn jemals in Gethsemane gelehrt,
Gewaltiger als die Chaldäer ihn
Vom Sternenhimmel in Verzückung lasen!

Hier, wo ein Held fiel, fällt jetzt eine Säule,
Dort, wo der Adler einst in Gold gestrotzt,
Hält eine Fledermaus Vigilien,
Wo ihr vergoldet Haar die Damen Roms
Im Winde flattern ließen, wogen nun
Riedgras und Disteln, und wo der Monarch
Auf goldnem Thron wollüstig-träge saß –
Da schlüpfen jetzt, vom Monde schwach beleuchtet,
Eidechsen hurtig in ihr Marmorheim.

O Mauern, moosbewachsene Arkaden,
Geschwärzte Schafte, schwankendes Gebälk,
Zerbröckelnde Ruinen, Steine, Steine,
Graue Steine, seid ihr alles, alles,
Was dem Geschick und mir vom Kolossalen
Der Stunden rastloses Zerstören ließ?

„Nicht alles!" gibt das Echo mir zurück.
„Prophetenstimmen dringen zu dem Weisen
Aus uns und allen Trümmern, wie zur Sonne
Vom Memnonsteine Melodien klingen.

"Not all"—the Echoes answer me—"not all!
Prophetic sounds and loud, arise forever
From us, and from all Ruin, unto the wise,
As melody from Memnon to the Sun.
We rule the hearts of mightiest men—we rule
With a despotic sway all giant minds.
We are not impotent—we pallid stones.
Not all our power is gone—not all our fame—
Not all the magic of our high renown—
Not all the wonder that encircles us—
Not all the mysteries that in us lie—
Not all the memories that hang upon
And cling around about us as a garment,
Clothing us in a robe of more than glory."

Vor unserer Größe beugen sich in Ehrfurcht
Die Mächtigsten der Erde – wir beherrschen
Die Riesengeister aller Nationen.
Wir sind nicht machtlos, wir verblich'nen Steine.
Nicht aller Ruhm vergang'ner Tage schwand,
Nicht aller Zauber unsres hohen Rufs,
Nicht alle Wunderkraft, die in uns wohnt,
Nicht die Mysterien, die in uns liegen,
Nicht die Erinnerung, die an uns hängt
Sich an uns schmiegt wie ein Gewand, uns kleidend
In einen Schmuck, weit köstlicher als Ruhm."

TO HELEN

I saw thee once—once only—years ago:
I must not say *how* many—but not many.
It was a July midnight; and from out
A full-orbed moon, that, like thine own soul, soaring,
Sought a precipitate pathway up through heaven,
There fell a silvery-silken veil of light,
With quietude, and sultriness, and slumber,
Upon the upturned faces of a thousand
Roses that grew in an enchanted garden,
Where no wind dared to stir, unless on tiptoe—
Fell on the upturn'd faces of these roses
That gave out, in return for the love-light,
Their odorous souls in an ecstatic death—
Fell on the upturn'd faces of these roses
That smiled and died in this parterre, enchanted
By thee, and by the poetry of thy presence.

Clad all in white, upon a violet bank
I saw thee half reclining; while the moon
Fell on the upturn'd faces of the roses,
And on thine own, upturn'd—alas, in sorrow!
Was it not Fate, that, on this July midnight—
Was it not Fate, (whose name is also Sorrow);
That bade me pause before that garden gate,
To breathe the incense of those slumbering roses?
No footstep stirred: the hated world all slept,
Save only thee and me. (Oh, Heaven!—oh, God!
How my heart beats in coupling those two words!)
Save only thee and me. I paused—I looked—
And in an instant all things disappeared.
(Ah, bear in mind this garden was enchanted!)

The pearly lustre of the moon went out:
The mossy banks and the meandering paths,
The happy flowers and the repining trees,
Were seen no more: the very roses' odors
Died in the arms of the adoring airs.

AN HELENE

Ich sah dich einmal, einmal nur – vor Jahren.
Es war in einer Julinacht; vom klaren
Gestirnten Himmel, wo in sich'rer Schwebe
Der volle Mond eilends die Bahn durchlief,
Fiel weich und schmeichlerisch ein Lichtgewebe
Auf einen Garten, der verzaubert schlief –
Fiel weich und schmeichlerisch ein silbern lichter,
Duftiger Schleier und verhüllte tief
Die himmelan gehobenen Gesichter
Von vielen hundert Rosen, die in Farben
Jungfräulich reiner, ernster Schönheit blühten,
Die in dem Liebeslichte schämig glühten,
Zum Dank sich selber gaben – und so starben.

Ein weißes Kleid umschloß dich faltig weich –
Du standest sinnend, und den Rosen gleich
Erhobst du das Gesicht, doch ach, in Trauer!
War es nicht Schicksal, das mich an die Mauer
Des Gartens führte zu derselben Zeit?
Nicht Schicksal (dessen andrer Name Leid),
Das mir gebot, die Düfte einzusaugen
Der eingewiegten Rosen? Alles schlief,
Die ganze schnöde Welt – nichts regte sich.
Nur du und ich, o Gott, nur du und ich.
Ich sah nur dich, ich sah nur deine Augen,
Ich sah nur diese Sterne, dunkel, tief –
Und da auf einmal war mir's, als versänke
Der Garten; meinem Blick entschwanden
Die Schlangenwege und die Rasenbänke –
Im liebeheißen Arm der Lüfte fanden
Die Düfte ihren Tod – der Mond verblich;

Nichts atmete, nur wir, nur du und ich;
Nichts strahlte, nur das Licht in deinen Augen,
Nichts als die Seele deiner dunklen Augen.
Ich sah nur sie, nur sie allein, sie bannten
Den flüchtigen Fuß mir stundenlang und brannten

All—all expired save thee—save less than thou:
Save only the divine light in thine eyes—
Save but the soul in thine uplifted eyes.
I saw but them—they were the world to me!
I saw but them—saw only them for hours—
Saw only them until the moon went down.
What wild heart-histories seemed to lie enwritten
Upon those crystalline, celestial spheres!
How dark a woe, yet how sublime a hope!
How silently serene a sea of pride!
How daring an ambition! yet how deep—
How fathomless a capacity for love!

But now, at length, dear Dian sank from sight,
Into a western couch of thundercloud;
And thou, a ghost, amid the entombing trees
Didst glide away. *Only thine eyes remained;*
They *would not* go—they never yet have gone;
Lighting my lonely pathway home that night,
They have not left me (as my hopes have) since.
They follow me—they lead me through the years.
They are my ministers—yet I their slave.
Their office is to illumine and enkindle—
My duty, *to be saved* by their bright light,
And purified in their electric fire,
And sanctified in their elysian fire.
They fill my soul with Beauty (which is Hope),
And are far up in Heaven—the stars I kneel to
In the sad, silent watches of my night;
While even in the meridian glare of day
I see them still—two sweetly scintillant
Venuses, unextinguished by the sun!

Sich wie zwei Flammen tief in meine Brust –
O, welche Märchen standen da geschrieben,
Ein Weh, wie tief, ein Stolz, wie machtbewußt,
Welch abgrundtiefe Fähigkeit zu lieben!

Doch endlich legte sich Diana drüben
Im Westen in ein Wolkenbett, und du –
Ein Geist – entglittst. *Nur deine Augen blieben.*
Sie *schwanden nicht*, sie strahlten immerzu.
Die leuchteten mir heim auf meinem schroffen,
Sternenlosen Pfad in jener Wundernacht.
Sie wichen nicht von mir (wie all mein Hoffen).
Sie wachen über mich mit Herrschermacht,
Sie sind mir Priester – ich ihr Untertan.
Ihr Amt ist zu erleuchten – meine Pflicht,
Erlöst zu werden durch ihr reines Licht,
Geweiht in ihrem heiligen Flammenlicht.
Sie füllen mir die Brust mit Schönheit an
Und sind die gold'nen Sterne hoch im Äther,
Vor denen ich, ein demutvoller Beter,
In meiner Nächte schlummerlosem Düster
Andächtig knie, während in der Nähe
Des Mittagsglanzes selbst ich sie noch sehe,
Zwei Venussterne – holde Sterngeschwister.

ANNABEL LEE

It was many and many a year ago,
   In a kingdom by the sea,
That a maiden there lived whom you may know
   By the name of Annabel Lee;
And this maiden she lived with no other thought
   Than to love and be loved by me.

I was a child and *she* was a child,
   In this kingdom by the sea:
But we loved with a love that was more than love—
   I and my Annabel Lee—
With a love that the wingéd seraphs of Heaven
   Coveted her and me.

And this was the reason that, long ago,
   In this kingdom by the sea,
A wind blew out of a cloud,
   Chilling my Annabel Lee;
So that her highborn kinsmen came
   And bore her away from me,
To shut her up in a sepulcher
   In this kingdom by the sea.

The angels, not half so happy in Heaven,
   Went envying her and me:—
Yes!—that was the reason (as all men know,
   In this kingdom by the sea)
That the wind came out of a cloud,
   Chilling and killing my Annabel Lee.

But our love it was stronger by far than the love
   Of those who were older than we—
   Of many far wiser than we—
And neither the angels in Heaven above,
   Nor the demons down under the sea,
Can ever dissever my soul from the soul
Of the beautiful Annabel Lee:—

ANNABEL LEE

Es ist lange her, da lebte am Meer,
  Ich sag euch nicht wo und wie –
Ein Mägdelein zart, von seltener Art,
  Mit Namen Annabel Lee.
Und das Mägdelein lebte für mich allein,
  Und ich lebte allein für sie.

Ich war ein Kind, und *sie* war ein Kind,
  Meine süße Annabel Lee,
Doch eine Liebe, so groß, so grenzenlos,
  Wie die unsere, gab es nie.
Wir liebten uns so, daß die Engel darob
  Beneideten mich und sie.

Da kam eines Tags aus den Wolken stracks
  Ein Ungewitter und spie
Seinen Geifer aus, einen Höllengraus,
  Und traf meine Annabel Lee.
Und es kam ein hochgeborener Lord,
Der holte auf immer sie von mir fort
  In sein Reich am Meer und sperrte sie
  Dort ein, meine Annabel Lee.

Ja, neidisch war die geflügelte Schar
  Im Himmel auf mich und sie,
Und dies war der Grund, daß der Höllenmund
  Des Sturms sein Verderben spie,
Bis sie erstarrte,
Und der Tod sie verscharrte,
  Meine süße Annabel Lee.

Doch eine Liebe, so groß, so grenzenlos,
  Wie die unsere, gab es nie.
  So liebten Ältere nie,
  So liebten Weisere nie,
Und wären die Engel auch noch so scheel,

For the moon never beams without bringing me dreams
   Of the beautiful Annabel Lee;
And the stars never rise but I see the bright eyes
   Of the beautiful Annabel Lee;
And so, all the night-tide, I lie down by the side
Of my darling, my darling, my life and my bride,
   In her sepulcher there by the sea—
   In her tomb by the sounding sea.

TO FRANCES S. OSGOOD

Thou wouldst be loved?—then let thy heart
   From its present pathway part not!
Being everything which now thou art,
   Be nothing which thou art not.
So with the world thy gentle ways,
   Thy grace, thy more than beauty,
Shall be an endless theme of praise,
   And love—a simple duty.

Sie trennten doch nicht meine Seel' von der Seel'
Der lieblichen Annabel Lee.

Wenn die Sterne aufgehn, so kann ich drin sehn
Die Äuglein der Annabel Lee,
Und noch jegliche Nacht hat mir Träume gebracht
Von der lieblichen Annabel Lee.
So ruh' ich denn, bis der Morgen graut,
Allnächtlich bei meinem Liebchen traut
In des schäumenden Grabes Näh',
An der See, an der brandenden See.

AN FRANCES S. OSGOOD

Du willst, daß man dich liebt, so weiche
Nie davon, was dein Wesen ist.
Bleibe nur immerdar die Gleiche,
Sei nichts, was du nicht wirklich bist.
Dann wird auch deine sanfte Weise,
Die mehr als Schönheit noch besticht,
Verleiten alle Welt zum Preise
Und Liebe werden – eine Pflicht.

THE HAUNTED PALACE

In the greenest of our valleys
  By good angels tenanted,
Once a fair and stately palace—
  Radiant palace—reared its head.
In the monarch thought's dominion—
  It stood there!
Never seraph spread a pinion
  Over fabric half so fair!

Banners yellow, glorious, golden,
  On its roof did float and flow,
(This—all this—was in the olden
  Time long ago),
And every gentle air that dallied,
  In that sweet day,
Along the ramparts plumed and pallid,
  A wingéd odor went away.

Wanderers in that happy valley,
  Through two luminous windows, saw
Spirits moving musically,
  To a lute's well-tunéd law,
Round about a throne where, sitting
  (Porphyrogene!)
In state his glory well befitting,
  The ruler of the realm was seen.

And all with pearl and ruby glowing
  Was the fair palace door,
Through which came flowing, flowing, flowing,
  And sparkling evermore,
A troop of Echoes, whose sweet duty
  Was but to sing,
In voices of surpassing beauty,
  The wit and wisdom of their king.

But evil things, in robes of sorrow,

DAS VERWUNSCHENE SCHLOSS

Inmitten einer lieblichen Au,
   Die kristallenes Licht übergoß,
Stand ehemals ein stolzer Bau,
   Ein strahlend schönes Schloß.
Das Reich, wo es sich luftig erhob,
   War des Königs „Gedanke" Land,
Und Seraphschwingen waren darob,
   Unsichtbar ausgespannt.

Goldgelbe Banner aus Damast
   Wallten in Sonnenglut
Herab vom schimmernden Palast
   Wie eine goldene Flut.
   Und jeder schmeichlerische Zephyr,
Der mit den Blüten dort
Gekost, flog aus dem Zauberrevier
   Als Wohlgeruch wieder fort.

Die Wanderer blickten in jenem Tal
   Durch Fenster aus leuchtendem Glas
In einen hohen, blendenden Saal,
   Wo des Reiches Gebieter saß.
Sein Thron war ganz aus edlem Gestein
   Mir purpurnem Baldachin;
Davor schlangen Genien einen Reih'n
   Zu Harfenmelodien.

Mit Perlen und Rubinen besät
   War des Palastes Portal,
Durch dieses flatterten früh und spät
   Echoschwärme ohne Zahl
Vor den König hin und sangen ihm
   Mit Stimmen süß und leis
Einen Chorus wie von Seraphim
   Zu immerwährendem Preis.

Doch wüstes Volk in der Sorge Gewand

Assailed the monarch's high estate.
(Ah, let us mourn!—for never morrow
   Shall dawn upon him desolate!)
And round about his home the glory
   That blushed and bloomed,
Is but a dim-remembered story
   Of the old time entombed.

And travellers, now, within that valley,
   Through the red-litten windows see
Vast forms, that move fantastically
   To a discordant melody,
While, like a ghastly rapid river,
   Through the pale door
A hideous throng rush out forever
   And laugh—but smile no more.

Nahm Thron und Reich in Beschlag.
Weh, nie mehr dämmert in jenem Land
Der Tag, weh, nimmer ein Tag!
Und alles, alles, was dort umher
Je prangte an Herrlichkeit,
Ist nur eine traumhafte Mär
Aus längst vergessener Zeit.

Jetzt zeigen sich des Wanderers Blick
Gestalten knöchern und starr
Und schwingen sich zu toller Musik
In Reigen wild und bizarr.
Dieweil gleich einem lautlosen Strom
Sich in die ewige Nacht
Zur Tür hinausstürzt Phantom um Phantom
Und nimmermehr lächelt – doch lacht!

THE CONQUEROR WORM

Lo! 'tis a gala night
   Within the lonesome latter years!
An angel throng, bewinged, bedight
   In veils, and drowned in tears,
Sit in a theatre, to see
   A play of hopes and fears,
While the orchestra breathes fitfully
   The music of the spheres.

Mimes, in the form of God on high,
   Mutter and mumble low,
And hither and thither fly—
   Mere puppets they, who come and go
At bidding of vast formless things
   That shift the scenery to and fro,
Flapping from out their Condor wings
   Invisible Woe!

That motley drama—oh, be sure
   It shall not be forgot!
With its Phantom chased for evermore,
   By a crowd that seize it not,
Through a circle that ever returneth in
   To the self-same spot,
And much of Madness, and more of Sin,
   And Horror the soul of the plot.

But see, amid the mimic rout
   A crawling shape intrude!
A blood-red thing that writhes from out
   The scenic solitude!
It writhes!—it writhes!—with mortal pangs
   The mimes become its food,
And the angels sob at vermin fangs
   In human gore imbued.

DER EROBERER WURM

Im Weltenraum ist Galanacht.
  Im Theater sitzt gedrängt
Eine Engelsschar in Festestracht,
  Verschleiert, zährendurchtränkt,
Und lauscht, einem wechselvollen Stück,
  Wo Furcht und Hoffen sich drängt,
Dieweil im Orchester Sphärenmusik
  Sich langsam hebt und senkt.

Gottähnliche Mimen murmeln leis
  Den Text und kommen und gehen
  Auf großer, formloser Wesen Geheiß,
Die in den Kulissen stehn,
Mit ernsten Gebärden, feierlich stumm
  Die Wände schieben und drehn,
Und mit ihren Flügeln ins Publikum
  Unsichtbares Leiden wehn.

Dies Drama; wechselvoll, fieberisch,
  Es bleibt der Welt unverkürzt,
Mit einem scheckig bunten Gemisch
  Von Tollheit und Sünde gewürzt,
Dahinter sich eitel Elend und Graus
  Zum verworfenen Knoten schürzt,
Und ein Phantom sich unter Applaus
  Ins leere Dunkel stürzt.

Doch sieh! eine Form aus ekler Brut
  Schleicht in den Mimenknäu'l –
Ein kriechendes Untier, rot wie Blut,
  Das sich windet und windet, dieweil
Es nach und nach die Mimen verzehrt
  Unter der Opfer Geheul,
Und die Engelschar ein Schauder durchfährt
  Ob der unendlichen Greu'l.

Out—out are the lights—out all!
   And, over each quivering form,
The curtain, a funeral pall,
   Comes down with the rush of a storm,
And the angels, all pallid and wan,
   Uprising, unveiling, affirm
That the play is the tragedy, "Man,"
   And its hero the Conqueror Worm.

SONNET—TO ZANTE

Fair isle, that from the fairest of all flowers,
   Thy gentlest of all gentle names dost take!
How many memories of what radiant hours
   At sight of thee and thine at once awake!
How many scenes of what departed bliss!
   How many thoughts of what entombéd hopes!
How many visions of a maiden that is
   No more—no more upon thy verdant slopes!
No more! alas, that magical sad sound
Transforming all! Thy charms shall please *no more*—
Thy memory *no more!* Acccurséd ground
   Henceforward I hold thy flower-enamelled shore,
O hyacinthine isle! O purple Zante!
   "Isola d'oro! Fior' di Levante!"

Aus sind die Lichter – ausgeweht;
　　Mit der Wucht eines Sturmes fällt
Der Vorhang, ein Leichentuch, sternbesät,
　　Über das bretterne Zelt.
Die Engel erheben sich abgespannt
　　Und erklären der bangen Welt,
Daß die Tragödie „Mensch" benannt
　　Und Eroberer „Wurm" ihr Held.

AN ZANTE

O schönes Eiland, das den holden Namen
Der Blumen allerlieblichster entlehnt,
Du weckst in meiner Seele wundersamen
Erinnerungszauber, den ich tot gewähnt.
Wie viele Stätten namenloser Wonnen,
Wie viele Schatten von verwehten Träumen,
Verlor'nen Hoffnungen, wieviel Visionen
Von ihr, von ihr, die unter diesen Bäumen
Nie mehr verweilt! Nie mehr! Weh, dieses Wort
Magischen, dunklen Lauts verwandelt dich,
Hin ist dein Zauber – ein verfluchter Ort
Ist dein Gestade fürderhin für mich,
　O Hyazintheninsel, gold'ne Zante,
　Isola d'oro, fior' di Levante!

TO — — —

Not long ago the writer of these lines,
In the mad pride of intellectuality,
Maintained "the power of words"—denied that ever
A thought arose within the human brain
Beyond the utterance of the human tongue:
And now, as if in mockery of that boast,
Two words—two foreign soft dissyllables—
Italian tones, made only to be murmured
By angels dreaming in the moonlit "dew
That hangs like chains of pearl on Hermon hill,"—
Have stirred from out the abysses of his heart
Unthought-like thoughts, that are the souls of thought,
Richer, far wilder, far diviner visions
Than even the seraph harper, Israfel,
Who has "the sweetest voice of all God's creatures,"
Could hope to utter. And I! my spells are broken.
The pen falls powerless from my shivering hand.
With thy dear name as text, though bidden by thee,
I cannot write—I cannot speak or think—
Alas, I cannot feel; for 'tis not feeling,
This standing motionless upon the golden
Threshold of the wide-open gate of dreams,
Gazing, entranced, adown the gorgeous vista,
And thrilling as I see, upon the right,
Upon the left, and all the way along,
Amid empurpled vapors, far away
To where the prospect terminates—*thee only*.

AN MARIE LOUISE SHEW

In des Verstandes eitler Überhebung
Verkündete ich einst die „Macht der Sprache",
Bestritt, daß ein Gedanke je erwache,
Für den das Wort ohnmächtig zur Belebung.
Und gleichsam, die Vermessenheit zu strafen
(In der ich mich so überlegen wähnte),
Haben zwei Worte, liebliche Akzente,
Zweisilbig, italienisch – nur geschaffen,
Auf Hermonshügeln, wo in Perlensträngen
Vom Firmament Tautropfen niederhängen,
Von Engelslippen musikalisch lind
Zu zittern – aus dem abgrundtiefen Schachte
Der Seele mir Gedanken, ungedachte
(Welche die Seelen der Gedanken sind),
Herausgelockt – zu wilde Phantasien,
Als daß sie selbst der Engel Israfel,
Dem Gott der Stimmen lieblichste verliehen,
Zu formen wüßte. Und trotz dem Befehl
Aus deinem Munde fühl' ich mich erlahmen;
Mit diesen süßen Lauten, deinem Namen
Als Text, versagt die Macht der Sprache –
Kaum fühl' ich mehr – nicht Fühlen ist dies wache,
Der Welt entrückte, völlige Versinken,
Lautlose Stehen an der gold'nen Schwelle
Der Träume, dieses Starren in die Helle,
Dieses Erschauern, wenn ich mir zur Linken,
Zur Rechten, vor mir, in der Höhe,
Und weit, weit weg am fernsten Punkt, wo sich
Mein Blick verliert, nichts andres sehe
    Als dich. –

TO ONE IN PARADISE

Thou wast that all to me, love,
　For which my soul did pine—
A green isle in the sea, love,
　A fountain and a shrine,
All wreathed with fairy fruits and flowers
　And all the flowers were mine.

Ah, dream too bright to last!
　Ah, starry Hope! that didst arise
But to be overcast!
　A voice from out the Future cries,
"On! on!"—but o'er the Past
　(Dim gulf!) my spirit hovering lies
Mute, motionless, aghast!

For, alas! alas! with me
　The light of Life is o'er!
　　"No more—no more—no more—"
(Such language holds the solemn sea
　To the sands upon the shore)
Shall bloom the thunder-blasted tree,
　Or the stricken eagle soar!

And all my days are trances,
　And all my nightly dreams
Are where thy dark eye glances,
　And where thy footstep gleams—
In what ethereal dances,
　By what eternal streams.

AN EINE IM PARADIESE

Du warst mir, was zum Bilde
    Die Seele früh erkor:
Ein Eiland, wo die wilde
    Unrast sich sanft verlor,
Ein Schrein, und davor milde
    Ein Weiheblumenflor.

O trügendes Geschick!
    O Sternentraum! hienieden
Verweht im Augenblick.
„Hinan, hinan!" die Zukunft ruft;
    Doch kreist noch ohne Frieden
Um das Vergang'ne (dunkle Kluft)
    Mein Geist wie abgeschieden.

Denn um mich, weh, ach weh,
    Ist Nacht, wo ich auch bin,
Es raunt die dumpfe See
    Ans Ufer dunklen Sinn:
    „Dahin – dahin – dahin!"

Und tags in wachen Träumen,
    Und wenn die Nacht entsinkt,
Wo deine Stapfen säumen,
    Wo noch dein Auge blinkt –
In welchen seligen Räumen!
    Bei Tänzen, wie beschwingt!

SONNET—SILENCE

There are some qualities—some incorporate things,
   That have a double life, which thus is made
A type of that twin entity which springs
   From matter and light, evinced in solid and shade.
There is a twofold *Silence*—sea and shore—
   Body and soul. One dwells in lonely places,
   Newly with grass o'ergrown; some solemn graces,
Some human memories and tearful lore,
Render him terrorless: his name's "No More."
He is the corporate Silence: dread him not!
   No power hath he of evil in himself;
But should some urgent fate (untimely lot!)
   Bring thee to meet his shadow (nameless elf,
That haunteth the lone regions where hath trod
No foot of man), commend thyself to God!

SCHWEIGEN

Es gibt Begriffe, Dinge körperlos,
Urbilder jener Zwillingswesenheit,
Welcher der urzeitliche Schöpferschoß
Von Stoff und Geist Gestalt und Leben leiht.
Es gibt ein zwiefach Schweigen – Meer und Strand –
Seele und Leib. Das eine wohnt fernab
An einem Orte, den die ernste Hand
Gütiger Huldinnen mit Grün umgab.
Ein treu Gedenken waltet darum her
Und mildert seinen Ernst, nimmt ihm das Graun.
Es trägt den dunklen Namen: „Nimmermehr!"
O, fürcht' es nicht, du kannst dich ihm vertraun.
Doch wenn sein Schatten, der im Reich der Lethe
Als finstrer, namenloser Elfe weilt,
    Dich unvermutet vor der Zeit ereilt –
    Dann bete!

A DREAM WITHIN A DREAM

Take this kiss upon the brow!
And, in parting from you now,
Thus much let me avow—
You are not wrong, who deem
That my days have been a dream;
Yet if Hope has flown away
In a night, or in a day,
In a vision or in none,
Is it therefore the less *gone*?
All that we see or seem
Is but a dream within a dream.

I stand amid the roar
Of a surf-tormented shore,
And I hold within my hand
Grains of the golden sand—
How few! yet how they creep
Through my fingers to the deep
While I weep—while I weep!
O God! can I not grasp
Them with a tighter clasp?
O God! can I not save
One from the pitiless wave?
Is *all* that we see or seem
But a dream within a dream?

EIN TRAUM IM TRAUME

Auf die Stirn nimm diesen Kuß!
Und da ich nun scheiden muß,
Laß mich dir gestehn zum Schluß:
Die ihr wähntet, daß ein Traum
Meine Tage, irrtet kaum.
Wenn die Hoffnung sich zerschlug
– Wann und wo sie auch entfloh'n,
Ob bei Nacht im Schattenflug,
Ob am Tage, als Vision –
War sie darum weniger Trug?
Was sich uns erfüllt, was nicht,
Ist im Traum ein Traumgesicht.

Wo die Welle, weiß von Gischt,
Um den Brandungsfelsen zischt,
Steh ich, und vom goldn'en Sand
Halt ich Körner in der Hand.
Wenige! Doch selbst diese, ach!
Gleiten in die Flut gemach,
Und ich weine ihnen nach.
O Gott! wie halt ich sie in Haft,
Daß nicht alle mir entrafft!
O Gott! Kann ich nicht *eins* der Flut
Entziehn in meine sich're Hut?
Ist *alles*, was wir kaum
Zu eigen nannten, Traum im Traum?

DREAMLAND

By a route obscure and lonely,
Haunted by ill angels only,
Where an Eidolon, named *Night*,
On a black throne reigns upright,
I have reached these lands but newly
From an ultimate dim Thule—
From a wild weird clime that lieth, sublime,
Out of Space—out of *Time*.

Bottomless vales and boundless floods,
And chasms, and caves, and Titan woods,
With forms that no man can discover
For the dews that drip all over;
Mountains toppling evermore
Into seas without a shore;
Seas that restlessly aspire,
Surging, unto skies of fire;
Lakes that endlessly outspread
Their lone waters—lone and dead,—
Their still waters—still and chilly
With the snows of the lolling lily.

By the lakes that thus outspread
Their lone waters, lone and dead,—
Their sad waters, sad and chilly
With the snows of the lolling lily,—
By the mountains—near the river
Murmuring lowly, murmuring ever,—
By the gray woods,—by the swamp
Where the toad and the newt encamp,—
By the dismal tarns and pools
Where dwell the Ghouls,—
By each spot the most unholy—
In each nook most melancholy,—
There the traveller meets, aghast,
Sheeted Memories of the past—
Shrouded forms that start and sigh

TRAUMLAND

Jenseits des Raums, jenseits der Zeit
Dehnet sich wild, dehnet sich weit
   Ein dunkles Land.
   Auf schwarzem Thron
   Regiert ein Dämon,
   Die Nacht genannt.

Auf einem Wege, traurig und einsam,
Mit bösen Engelscharen gemeinsam,
   Erreichte ich neuerdings
   Dies entlegene Thule.
   Durch Heiden ging's,
   Durch Sümpfe und Pfuhle –
Da, jenseits der Zeit und jenseits des Raums
Lag es verzaubert, das Land des Traums.

Stürzende Berge, gähnende Schlünde,
Titanenwäler, gespenstische Gründe,
Wallende Meere ohne Küsten,
Felsen mit zerrissenen Brüsten,
Wogen, die sich ewiglich bäumen,
In lodernde Feuerhimmel schäumen.
Seen, die sich dehnen und recken,
Ihre stillen Wasser ins Endlose strecken,
Ihre stillen Wasser, still und schaurig,
Mit den schläfrigen Lilien, bleich und traurig.

An den Seen, die sich so dehnen und recken,
Ihre stillen Wasser ins Endlose strecken,
Ihre stillen Wasser, still und schaurig,
Mit den schläfrigen Lilien, bleich und traurig –
An den Felsen neben den düstern,
Unheimlichen Wellen, die ewig flüstern,
An den Wäldern neben den Teichen,
Wo die eklen Gezüchte schleichen,
In jedem Winkel, dunkel, unselig,
An allen Sümpfen und Pfuhlen, unzählig,

As they pass the wanderer by—
White-robed forms of friends long given,
In agony, to the Earth—and Heaven.

For the heart whose woes are legion
'T is a peaceful, soothing region—
For the spirit that walks in shadow
'T is—oh 'tis an Eldorado!
But the traveller, travelling through it,
May not—dare not openly view it;
Never its mysteries are exposed
To the weak human eye unclosed;
So wills its King, who hath forbid
The uplifting of the fringéd lid;
And thus the sad Soul that here passes
Beholds it but through darkened glasses.

By a route obscure and lonely,
Haunted by ill angels only.
Where an Eidolon, named *Night*,
On a black throne reigns upright,
I have wandered home but newly
From this ultimate dim Thule.

Wo die Geister hausen –
Trifft der Wandrer mit Grausen
Verhülltes Volk aus dem Totenlande,
Erinnerungen im Leichengewande,
Weiße Gestalten der Schatteninseln,
Bleiche Schemen aus toten Zeiten,
Die verzweiflungsvoll stöhnen und winseln,
Wie sie am Wandrer vorübergleiten.

Für das Herz, dessen Schmerzen Legionen,
Sind dies friedvolle, milde Regionen;
Für den umnachteten, dunklen Geist
Sind es himmlische, selige Auen.
Doch der Pilger, der es durchreist,
Darf es nicht unverhüllt erschauen.
Unergründlich bleibt es für jeden,
Dieses geheimnisvolle Eden –
Das ist des finsteren Königs Willen –
Und der Wandrer, von ungefähr
Dorthin verschlagen, erblickt es daher
Nur durch verdunkelte, matte Brillen.

Auf einem Wege, traurig und einsam,
Mit bösen Engelsscharen gemeinsam,
Schritt ich jüngst heim durch Sümpfe und Pfuhle
Aus diesem öden, entlegenen Thule.

EULALIE—A SONG

I dwelt alone
In a world of moan,
And my soul was a stagnant tide,
Till the fair and gentle Eulalie became my blushing bride —
Till the yellow-haired young Eulalie became my smiling bride.
Ah, less—less bright
The stars of the night
Than the eyes of the radiant girl!
And never a flake
That the vapor can make
With the moon-tints of purple and pearl,
Can vie with the modest Eulalie's most unregarded curl—
Can compare with the bright-eyed Eulalie's most humble and careless curl.

Now Doubt—now Pain
Come never again,
For her soul gives me sigh for sigh,
And all day long
Shines, bright and strong,
Astarté within the sky,
While ever to her dear Eulalie upturns her matron eye—
While ever to her young Eulalie upturns her violet eye.

EULALIE

Ich lebte allein
In Kummer und Pein
Und krank an Seele und Leib,
Da ward die liebliche Eulalie
Mein sanftes, lächelndes Weib,
Da ward die blondhaarige Eulalie
Mein jung, errötendes Weib.

Ha, weniger hell
Ist der silberne Quell
Als die Augen der lieben Dirn,
Und kein Wölkchen der Höh'n
Ist so duftig und schön
Wie die Löckchen auf Eulalies Stirn –
Wär's beglänzt vom Mond
Oder wär' es besonnt –
Als die Löckchen auf Eulalies Stirn.
Nun bin ich befreit
Von allem Leid,
Da sie mein ist mit Seel' und Leib.
Tagaus, tagein lacht Sonnenschein,
Seit Eulalie mein junges Weib,
Tagaus, tagein lacht Sonnenschein
Auf mein junges, geliebtes Weib.

FOR ANNIE

Thank Heaven! the crisis—
   The danger is past,
And the lingering illness
   Is over at last—
And the fever called "Living"
   Is conquered at last.

Sadly, I know,
   I am shorn of my strength,
And no muscle I move
   As I lie at full length—
But no matter!—I feel
   I am better at length.

And I rest so composedly,
   Now in my bed,
That any beholder
   Might fancy me dead—
Might start at beholding me
   Thinking me dead.

The moaning and groaning,
   The sighing and sobbing,
Are quieted now,
   With that horrible throbbing
At heart:—ah, that horrible,
   Horrible throbbing!

The sickness—the nausea—
   The pitiless pain—
Have ceased, with the fever
   That maddened my brain—
With the fever called "Living"
   That burned in my brain.

And oh! of all tortures
   That torture the worst

AN ANNIE

Dem Himmel sei Dank,
Die Gefahr ist vorüber!
Wohl bin ich noch krank,
Doch das schreckliche Fieber,
Das Lebensfieber,
Ist glücklich bekämpft,
Ist endlich gedämpft.

Wohl sage ich mir:
„Deine Kraft ist geschwunden",
Denn ich liege hier
Wie angebunden –
Ans Bett gebunden –
Doch einerlei,
Die Gefahr ist vorbei.

Und ich liege so still
In meinen Decken,
Reglos und still –
Man möchte erschrecken,
Vor mir erschrecken:
Ich bin so weiß
Und atme so leis.

Doch das Stöhnen und Ächzen,
In den Adern das Kochen,
Das wahnsinnige Lechzen,
Das schreckliche Pochen,
Im Herzen das Pochen –
Der Druck von Blei –
Gab mich endlich frei.

Und die zehrende Gier,
Mit der ich geschmachtet,
Ein halber Vampyr,
Nach dem Born, umnachtet,
Dunkel umnachtet,

Has abated—the terrible
    Torture of thirst,
For the naphthaline river
    Of Passion accurst:—
I have drank of a water
    That quenches all thirst:—

Of a water that flows,
    With a lullaby sound,
From a spring but a very few
    Feet under ground—
From a cavern not very far
    Down under ground.

And ah! let it never
    Be foolishly said
That my room it is gloomy
    And narrow my bed—
For man never slept
    In a different bed;
And, to *sleep*, you must slumber
    In just such a bed.

My tantalized spirit
    Here blandly reposes,
Forgetting, or never
    Regretting its roses—
Its old agitations
    Of myrtles and roses:

For now, while so quietly
    Lying, it fancies
A holier odor
    About it, of pansies—
A rosemary odor,
    Commingled with pansies—
With rue and the beautiful
    Puritan pansies.

Dem Born der Hölle,
Der Naphthaquelle
Der Leidenschaft –
Ist nunmehr erschlafft.

Mich dürstet nicht mehr
Nach der dunklen Welle,
Denn all mein Begehr
Stillt jetzt eine Quelle,
Eine lautere Quelle.
Lauter und sanft
Mit weichem Ranft.

Man sage mir nicht,
Mein Gemach sei ärmlich
Und ohne Licht,
Und mein Lager erbärmlich,
Schmal und erbärmlich –
Ich liege gut,
Mein Sinnen ruht.

Mein Sinnen ruht,
Mein Gemüt ist entlastet,
Und das wilde Blut
Ward ruhig und hastet
Nicht mehr so jäh
Zum Herzen; wie eh'!

Des, was mich bedrückte,
Betäubte, verwirrte,
Und was mich berückte,
Der Rose und Myrte,
Des Duftes der Myrte,
Denk ich jetzt kaum –
Still ward mein Traum.

Es weht um ihn
Ein heiliger Odem
Von Rosmarin,

And so it lies happily,
  Bathing in many
A dream of the truth
  And the beauty of Annie—
Drowned in a bath
  Of the tresses of Annie.

She tenderly kissed me,
  She fondly caressed,
And then I fell gently
  To sleep on her breast—
Deeply to sleep
  From the heaven of her breast.

When the light was extinguished,
  She covered me warm,
And she prayed to the angels
  To keep me from harm—
To the queen of the angels
  To shield me from harm.

And I lie so composedly,
  Now in my bed
(Knowing her love)
  That you fancy me dead—
And I rest so contentedly,
  Now in my bed,
(With her love at my breast)
  That you fancy me dead—
That you shudder to look at me.
  Thinking me dead.

But my heart it is brighter
Than all of the many
  Stars of the sky,
For it sparkles with Annie—
  It glows with the light
Of the love of my Annie—
  With the thought of the light

Nicht mehr der Brodem,
Der dumpfe Brodem
Der Höllenkraft,
Der Leidenschaft.

Und so liege ich
Wohlig gebettet
Und fühle mich Glücklich gerettet,
Vom Tod gerettet.
Weich ist mein Pfühl
Und wonnig kühl.

Denn liebewarm
Bin ich umschlossen
Von Annies Arm
Und rings umflossen,
Golden umflossen
Von ihrem Haar,
So sonnenklar.

Bricht der Abend an,
So küßt sie mich innig
Und betet dann
Für mich so innig,
So schlicht und sinnig
Zur Engelsschar:
Schützt ihn vor Gefahr!

Da lieg' ich denn still
In meinen Decken,
Reglos und still –
Man möchte erschrecken,
Vor mir erschrecken –
Ich bin so weiß
Und atme so leis.

Doch meine Seele glüht,
Ledig der Schmerzen,
Und ist neu erblüht

Of the eyes of my Annie.

TO MY MOTHER

Because I feel that, in the Heavens above,
    The angels, whispering to one another,
Can find, among their burning terms of love,
    None so devotional as that of "Mother,"
Therefore by that dear name I long have called you —
    You who are more than mother unto me,
And fill my heart of hearts, where Death installed you,
    In setting my Virginia's spirit free.
My mother—my own mother, who died early,
    Was but the mother of myself; but you
Are mother to the one I loved so dearly,
    And thus are dearer than the mother I knew
By that infinity with which my wife
    Was dearer to my soul than its soul-life.

An ihrem Herzen
Für alle Zeit
Zur Seligkeit.

AN MEINE MUTTER

Da mir gewiß ist, daß im Himmelsreich
Die Engel, wenn sie glühend sich benennen
Mit Liebesnamen, dennoch keinen kennen,
Der den geweihten Lauten „Mutter" gleich –
Geschah es längst, daß ich dich also hieß,
Die, mehr als Mutter, mir im Herzen tief
Die Stelle ausfüllt, die der Tod dir wies,
Als er Virginias Geist von hinnen rief.
Die eigene Mutter, die ich früh verloren,
Als Kind, war eine Mutter mir allein;
Doch du hast die Geliebte mir geboren,
Und teurer als die Mutter meines Leibes
Bist du mir, wie die Seele meines Weibes
Mir mehr galt als der eignen Seele Sein.

TO —

I heed not that my earthly lot
   Hath—little of Earth in it—
That years of Love have been forgot
   In the hatred of a minute:—
I mourn not that the desolate
   Are happier, sweet, than I,
But that *you* sorrow for *my* fate
   Who am a passer-by.

TO—

The bowers whereat, in dreams, I see
   The wantonest singing birds,
Are lips—and all thy melody
   Of lip-begotten words—

Thine eyes, in Heaven of heart enshrined
   Then desolately fall,
O God! on my funereal mind
   Like starlight on a pall—

Thy heart—*thy* heart!—I wake and sigh,
   And sleep to dream till day
Of the truth that gold can never buy—
   Of the baubles that it may.

AN ...

Ich traure nicht, daß schon am Ziel
  Mein irdisches Geschick,
Daß langer Jahre Frucht zerfiel
  In einem Augenblick.
Nicht, daß kein einziger wie ich
  So einsam und unstet,
Bloß darum, daß *du* weinst um *mich*,
  Der nur vorübergeht.

AN ...

Die Kelche, oft im Traum erschaut,
  Wo Singvögel sich wiegen,
Sind deine Lippen – und der Laut
  Melodisch draus entstiegen –

Dein Augenstrahl, mir sanft erglüht,
  Fällt mitten in dem Dunkel
Auf mein umdüstertes Gemüt
  Wie eines Sterns Gefunkel.

Dein Herz – *dein* Herz, seufz' ich gepreßt
  Und träume bis zum Tage
Vom Glück, das sich nicht greifen läßt,
  Doch will, daß man es wage.

TO F—

Beloved! amid the earnest woes
   That crowd around my earthly path—
(Drear path, alas! where grows
Not even one lonely rose)—
   My soul at least a solace hath
In dreams of thee, and therein knows
An Eden of bland repose.

And thus thy memory is to me
   Like some enchanted far-off isle
In some tumultuous sea—
Some ocean throbbing far and free
   With storm—but where meanwhile
Serenest skies continually
   Just o'er that one bright island smile.

AN F ...

Geliebte! In dem Ungemach,
Das sich in meinen Pfad gedrängt,
(Ein rauher Pfad, steinicht und brach,
Von allen Seiten eingeengt), –
Kennt meine Seele einen Ort,
Dessen sie freudevoll gedenkt,
Ein unberührter Zauberhort
In einem weiten Meer versenkt.

Ja, dein geliebtes Bildnis ruht
In meiner Brust als süßer Trost,
Ein Eiland in bewegter Flut,
Von frostigem Gewog umtost,
Und doch so wundersam gefeit,
Daß mitten in dem Wellenfrost
Und Sturmesbrausen jederzeit
Die liebe Sonne mit ihm kost.

DIE PHILOSOPHIE DER KOMPOSITION

In einer vor mir liegenden Notiz, die ich gelegentlich einer Analyse der Struktur[*] des Dickensschen „Barnaby Rudge" erhielt, sagt der Autor: „Nebenbei gesagt, wissen Sie, daß Godwin seinen ‚Caleb Williams' rückwärts geschrieben hat? Er hat damit angefangen, seinen Helden in ein ganzes Netz von Schwierigkeiten, die den Stoff des zweiten Bandes bilden, zu verstricken, und dann erst begonnen, im ersten Bande die Möglichkeiten zu ersinnen, die diese geschaffen hatten und alles, was geschehen, rechtfertigen."

Ich kann nun nicht glauben, daß dies *genau* die Methode ist, nach der Godwin gearbeitet hat, auch stimmen seine eigenen Äußerungen über sein Schaffen nicht völlig mit der Ansicht Charles Dickens' überein; wenn auch andererseits der Autor von „Caleb Williams" ein viel zu feiner Künstler war, um den Nutzen zu verkennen, den ein solches Vorgehen bringen kann. Denn nichts ist klarer,

---

[*] [Baudelaire leitet seine Übertragung des Poeschen Versuches einer Strukturlehre, seiner *Philosophy of Composition*, mit Ausführungen ein, aus denen folgender Passus von ästhetischer Wesentlichkeit ist:

„Man hat uns gelehrt, die Poetik sei nach den poetischen Werken gemacht. Nun wohl, hier ist ein Poet, der behauptet daß er sein Poem nach seiner Poetik gemacht habe. Er hatte gewiß mehr Inspiration, als irgend sonst jemand, wenn man unter Inspiration schöpferische Energie verstehen will, intellektuellen Enthusiasmus und die Gabe, seine dichterischen Fähigkeiten lebendig zu halten. Doch liebte er auch die Arbeit mehr wie jeder andere; er, als Erscheinung vollendet original, wiederholte gern, daß Originalität eine Sache der Übung sei, womit jedoch nicht gesagt sein sollte, daß sie sich etwa lernen lasse. Der Zufall und das Unbegreifliche waren immer seine beiden großen Feinde. Gab er sich, einer sonderbaren Eitelkeit folgend, für weniger inspiriert, als er in Wirklichkeit war? Verkleinerte er die dichterische Kraft, die in ihm lag, um seine Denkkraft in ein besseres Licht zu setzen? Ich möchte es beinahe glauben; doch darf man dabei nicht vergessen, daß sein Genie, so glühend und leicht beweglich es auch war, Analyse, Kombination und Berechnung leidenschaftlich liebte. Eins seiner Lieblingsaxiome war das folgende: ‚In einem Gedicht wie in einem Roman, in einem Sonett wie in einer Novelle muß alles auf die Lösung hinweisen. Ein guter Autor hat bei der ersten Zeile, die er schreibt, schon die letzte im Auge. Der Dichter kann mithin sein Werk am Ende anfangen und wann es ihm gefällt an irgendeinem beliebigen Teile arbeiten.' Alle, die an ein Schaffen im Rauschzustande glauben, entsetzen sich vielleicht vor dieser für sie zynischen Anschauung; doch kann jeder für sich soviel daraus entnehmen, wie ihm zusagt. Es kann nichts schaden, den Laien zu zeigen, wieviel Nutzen die Kunst aus dem Nachdenken zieht, wieviel Arbeit jener Luxusgegenstand, den wir Poesie nennen, erfordert ... Und zum Schluß – ein wenig Scharlatanerie muß man dem Genie nun einmal verzeihen; sie steht ihm nicht einmal schlecht. Sie ist wie die Schminke auf den Wangen einer von Natur schönen Frau – eine neue Würze für den Geist."]

als daß jeder Konflikt, der dieses Namens würdig sein will, bis zu seiner Lösung auf das feinste ausgearbeitet sein muß, ehe man die Feder in die Hand nimmt. Nur wenn man den Gedanken an diese Lösung nicht *einen* Moment aus den Augen läßt, wird der ganze Plan des Werkes logisch, werden seine Einzelheiten mit Notwendigkeit auseinander resultierend erscheinen, da dann alle, auch die kleinsten Umstände, und besonders der allgemeine *Ton*, auf die Entwicklung der Absicht des Künstlers hinweisen.

Ich bin auf jeden Fall der Meinung: die heute allgemein gebräuchliche Methode, eine Erzählung aufzubauen, ist eine radikale Verirrung. Zuweilen muß die Weltgeschichte einen Stoff bieten; zuweilen fühlt sich der Autor durch irgendein Ereignis des Tages angeregt – oder bestenfalls stellt er selbsterfundene überraschende Begebenheiten zusammen, die nun die Basis seiner Erzählung bilden sollen, deren Risse und Spalten, wie sie sich ihm gelegentlich bieten, er mit Beschreibungen, Dialogen und persönlichen Meinungen über alle möglichen und unmöglichen Dinge füllen will.

Ich dagegen, ich beginne immer mit der Wahl einer *Wirkung* und richte mein ganzes Augenmerk auf die *Originalität* derselben. Ich frage mich zuerst: welche von den zahlreichen Wirkungen oder Eindrücken gegen die das Herz, der Verstand oder, allgemeiner, die Seele empfänglich ist, soll ich dieses Mal nehmen?

Habe ich mich dann für eine bestimmte Wirkung entschieden, so frage ich mich weiter, wie diese am besten durch die Ereignisse und den Ton der Erzählung hervorgebracht werden kann – ob durch gewöhnliche Ereignisse und besonderen Ton oder umgekehrt, oder durch besondere Ereignisse *und* besonderen Ton – und dann spähe ich um mich oder vielmehr in mich und suche die Verbindung der Ereignisse und des Tons, die mir am geeignetsten zur Hervorbringung der beabsichtigten Wirkung erscheint.

Oft habe ich mir vorgestellt, wie interessant ein Aufsatz sein müßte, in dem ein Autor uns Schritt für Schritt mit der Art und Weise bekannt macht, auf die eins seiner Werke entstanden und bis zur Vollendung ausgearbeitet worden ist. Ich kann mir gar nicht erklären, wie es gekommen, daß man nie dergleichen geschrieben – vielleicht ist die Eitelkeit der Autoren hieran mehr schuld als irgendein anderer Grund.

Den meisten Autoren, und ganz besonders den Dichtern, ist es angenehmer, wenn man von ihnen glaubt, sie arbeiteten in einer Art schönen Wahnsinns – in ekstatischer Intuition – und sie schaudern bei dem Gedanken, das Publikum einen Blick auf die Szene ihres Schaffens tun zu lassen, auf das arbeitsvolle Ausfeilen des Gedankens, auf die Ideen, die sich oft tausendmal als Blitz vorüberhuschend zeigen und nicht als volles Licht verweilen wollen, auf die vielen wohlausgereiften Gedanken, die voll Verzweiflung als unverwendbar beiseite geworfen werden müssen, auf dies ewige, unendlich vorsichtige Wählen und Aussondern – kurz, auf die Räder und Riemen, die Leitern und Falltreppen, die Vorrichtungen zum Kulissenschieben und all die tausend Dinge, die der Autor bei der Arbeit nötig hat.

Ich weiß anderseits auch, daß es durchaus nicht oft vorkommt, daß ein Autor in der Lage ist, den Weg, auf dem er zur Auflösung seines Werkes gekommen, überhaupt wieder nachzeichnen zu *können*. Die Ideen, die *pêle-mêle* entstanden sind, werden meistens auch wieder so vergessen.

Ich persönlich teile die Abneigung der Autoren, von der ich eben sprach, nicht, auch macht es mir nicht die geringste Schwierigkeit, mich an den Entstehungsgang all meiner Sachen zu erinnern. Und da das Interessante an solch einer Analyse oder Rekonstruktion, die ich, wie angedeutet, geradezu für ein Desideratum in der Literatur halte, ganz unabhängig von etwa vorhandenem oder nicht vorhandenem Interesse für den analysierten Gegenstand ist, wird man mir nicht Mangel an Geschmack vorwerfen können, wenn ich den *modus operandi* zeige, mittels dessen ich eins meiner *eigenen* Werke verfaßt habe. Ich wähle den „Raben". Und es ist nun meine Absicht, darzutun, daß nichts in diesem Gedichte dem Zufall oder der Intuition zuzuschreiben ist, und daß das Werk mit der Genauigkeit und starren Logik eines mathematischen Problems Schritt für Schritt entstand.

Den Umstand oder, wenn Sie wollen, die Notwendigkeit, die mich auf den Gedanken brachte, ein Gedicht zu schreiben, das sowohl dem allgemeinen wie dem kritischen Geschmack Genüge tat, brauche ich, da sie keine direkte Beziehung zu dem Gedicht an sich hat, nicht näher zu erwähnen.

Die Analyse kann also bei meiner *Absicht* selbst beginnen.

Die eigentlich erste Frage war dann die nach der *Größe*. Wenn ein literarisches Werk zu lang ist, um auf *einmal* ganz gelesen zu werden, müssen wir von vornherein auf die außerordentlich große Wirkung eines einheitlichen, unzerteilten Eindruckes verzichten. Wenn man ein Werk nicht auf einmal auslesen kann, lenken uns die Geschäfte des Tages von ihm ab, und wir können es in seiner Ganzheit als Ganzes *überhaupt* nicht genießen. Da jedoch, *ceteris partibus*, kein Dichter sich einen Umstand, den er seinen Absichten dienstbar machen könnte, entgehen lassen darf, bleibt uns nur übrig, zu fragen, ob ihm die größere Länge eines Gedichtes überhaupt irgendeinen Vorteil zu bieten vermag, der den aus ihr resultierenden Verlust des oben erwähnten einheitlichen, ganzen Eindrucks wieder wettmachen könnte. Ich behaupte: nein. Was wir ein langes Gedicht nennen, ist in Wahrheit nur eine Folge kurzer Gedichte, poetischer Wirkungen. Es ist unnütz zu sagen, daß ein gutes Gedicht nur dann ein solches ist, wenn es unsere Seele intensiv erregt, das heißt: erhebt. Notwendigerweise sind jedoch alle tiefen psychischen Erregungen kurz. Aus diesem Grunde ist wenigstens die Hälfte des „Verlorenen Paradieses" Prosa – eine Folge poetischer Erregungen nämlich, denen *unausbleiblicherweise* eindruckslose Strecken folgen, da das Werk seiner außerordentlichen Länge halber die so wichtige Forderung: Ganzheit oder Einheit der Wirkung nicht erfüllen kann.

Es ist also klar, daß es in bezug auf die Länge eines literarischen Werkes eine deutliche Grenze gibt – und es darf nur so lang sein, daß man es, ohne aufzustehen, zu Ende lesen kann, und obgleich eine gewisse Klasse von Prosawerken wie „Robinson Crusoe" (die keine Einheit des Eindrucks verlangen) gerade aus ihrer Länge einen Vorteil ziehen, so ist bei einem Gedicht die oben erwähnte Grenze nie, ohne daß es Schaden nimmt, zu überschreiten. Innerhalb dieser Grenze nun muß die Länge des Gedichtes in genauem mathematischem Verhältnis zu seiner Güte stehen – das heißt: zu dem Grade der Erhebung, die es hervorbringt – oder in anderen Worten zu dem Grade wahrer poetischer Wirkung, die es hervorzubringen imstande ist; denn es ist klar, daß die Kürze in direkter Beziehung zu der Intensität des beabsichtigten Effektes steht: ein gewisser Grad von Dauer ist selbstverständlich nötig, um einen gleich hohen Grad von Wirkung hervorbringen zu können.

Nachdem ich mir dies alles klar gemacht hatte und auch über die Art der Erregung, die nicht über dem allgemeinen und nicht unter dem kritischen Geschmack sein sollte, mit mir übereingekommen war, nahm ich etwa hundert Verse als die richtige Länge für mein Gedicht an – es sind in der Tat hundert und acht geworden.

Mein zweiter Gedanke war sodann die Wahl eines *Eindruckes*; ich ließ während der ganzen Arbeit keinen Moment meine Absicht aus den Augen, das Werk allgemeinverständlich zu machen.

Es würde mich natürlich zu weit von meinem Thema entfernen, wollte ich eine Ansicht, die ich schon verschiedentlich behauptet, hier beweisen, nämlich die, daß das *Schöne* das einzig rechtmäßige Gebiet der Poesie sei. Ich will diese meine richtige Ansicht, die einige meiner Freunde zu mißkreditieren sich bemüßigt gefühlt haben, hier nur mit ein paar Worten erläutern. Ich glaube, der intensivste, erhabenste und reinste Genuß ist der, den uns die Betrachtung der Schönheit gewährt. Wenn die Menschen von Schönheit reden, so meinen sie, genau genommen, auch nicht eine Eigenschaft, sondern eine *Wirkung*: die intensive und reine Erhebung der Seele nämlich – *nicht* des Verstandes oder des Herzens –, die ich eben beschrieben habe und die die Folge der Betrachtung des Schönen ist. Ich bezeichne also die Schönheit als *das* Gebiet der Poesie, weil es eine offenbare Regel der Kunst ist, daß die Wirkungen aus den direkten Ursachen entstehen, daß man ein Ding durch die Mittel, die dazu am besten geeignet sind, erreichen soll – und noch niemand ist bis jetzt dumm genug gewesen, zu leugnen, daß die fragliche besondere Erregung am leichtesten durch die Poesie bewirkt wird. Das Ding Wahrheit oder die Befriedigung des Verstandes, und das Ding Leidenschaft oder die Erregung des Herzens sind, obgleich sie bis zu einem gewissen Grade durch die Poesie bewirkt werden können, durch Prosa jedoch weit leichter zu ermöglichen. Die Wahrheit verlangt eine Präzision und die Leidenschaft eine Vertraulichkeit (die wahrhaft leidenschaftlichen Menschen werden verstehen, wie ich dies Wort hier meine), die jener Schönheit durchaus entgegengesetzt sind, deren Wesen, wie ich behaupte, die Erregung und köstliche Erhebung der Seele ist. Aus dem hier Gesagten soll jedoch nicht folgen, daß die Leidenschaft oder selbst die Wahrheit nicht auch Inhalt eines Gedichtes sein können – sie dienen oft mit Glück zur Erläuterung oder steigern die allgemeine Wirkung, wie es die Dissonanzen in der Musik, durch den Kontrast, tun – doch wird der wahre Künstler sich immer bemühen, sie seiner beabsichtigten Wirkung dienstbar zu machen und sie so dicht wie möglich in jene Schönheit zu verschleiern, die das Sein und Wesen eines Gedichtes ist.

Da ich also die *Schönheit* als mein *Gebiet* erkannt hatte, fragte ich mich weiter, in welchem *Tone* sie sich am vollkommensten äußern könne. Nun hat uns alle Erfahrung gelehrt, daß sie in der Trauer zum gesteigertsten Ausdruck kommt. Schönheit, in welcher Art sie auch immer erscheinen möge, erregt in ihrem erhabensten Stadium die sensitive Seele zu Tränen. Und die Melancholie ist der geeignetste Ton für ein Gedicht.

Nachdem ich mir so über die *Länge*, das *Gebiet* und den *Ton* klargeworden war, suchte ich nach irgendeinem artistischen Reiz, der mir bei dem Aufbau des Gedichtes als Grundton dienen könne, oder sozusagen als Angel, um die sich das ganze Ding drehe. Als ich nun sorgfältig alle Kunsteffekte oder vielmehr Mittel zum Effekt erwog, kam mir zum Bewußtsein, daß keines so oft und allgemein angewandt worden, als der *Refrain*. Diese Erkenntnis allein genügte, um mich von seinem außerordentlichen Nutzen zu überzeugen; und das ersparte mir die Notwendigkeit, dieselbe zu analysieren. Ich forschte jedoch einmal nach, ob man seine Wirkung nicht steigern oder verbessern könnte, und erkannte bald, daß er sich in einem recht primitiven Stadium befand. Bis jetzt wurde er nur bei lyrischen Gedichten angewendet, und die Kraft seines Eindruckes hing von der Kraft der Monotonie seines Tones und seines Gedankens ab. Der Genuß entsteht allein durch die Wiederholung einer gleichen Sensation. Ich beschloß nun, durch Variierung der Wirkung eine Steigerung zu erzielen, der Monotonie des Tones wollte ich treu bleiben, während ich den Gedanken jedesmal änderte; das heißt: Ich versprach mir eine Reihe neuer Wirkungen durch eine Reihe von Verschiedenheiten in der Anwendung des Refrains, der selbst immer der gleiche bleiben sollte.

Nun begann ich darüber nachzudenken, welcher Natur dieser Refrain sein müsse. Da seine Anwendung häufig variiert werden sollte, war es klar, daß der Refrain selbst kurz sein mußte, denn es wäre wahrscheinlich mit unüberwindlichen Schwierigkeiten verknüpft gewesen, einen längeren Satz des öfteren zu variieren. Je kürzer der Kehrreim, desto leichter war natürlich auch seine Anwendung in mehrfach verschiedenem Sinne. Diese Erkenntnis führte mich dazu, ein einziges Wort als Refrain zu wählen.

Jetzt fragte sich, welchen Charakter dies Wort haben müsse. Als ich mich für den Refrain entschlossen, hatte ich mich naturgemäß zugleich für eine Einteilung des Gedichtes in Strophen entschieden. Den Schluß jeder Strophe mußte eben der Refrain bilden und dieser Schluß mußte, um Wirkung zu haben, natürlicherweise schwer und sonor sein, und breit, pathetisch gesprochen werden können; am besten, er enthielt den klangvollsten Vokal, den wir haben, das *o*, in Verbindung mit dem *r*, dem kräftigsten Konsonanten.

Nachdem ich so auch den *Klang des Refrains* festgestellt hatte, wurde es nötig, ein Wort zu wählen, das diesen Klang enthielt und zu gleicher Zeit mit der Melancholie, die ich als *Ton* des ganzen Gedichtes gewählt hatte, in Übereinstimmung stand. Da wäre es denn ganz unmöglich gewesen, *das Wort „nevermore"* – nimmermehr – zu übersehen. In der Tat war es das erste, das mir einfiel.

Nun galt es, eine Ursache zu der wiederholten Anwendung des Wortes „nimmermehr" zu finden. Ich bemerkte bald, daß die Schwierigkeit einen hinreichenden Grund zu seiner öfteren Wiederholung zu entdecken, hauptsächlich in der Vorstellung begründet lag, daß das Wort von einem *menschlichen* Wesen ausgesprochen wurde, das heißt: daß es große Hindernisse bot, seine Einförmigkeit mit der Vernunft und den Gedanken der das Wort ausrufenden Person zu vereinigen. Da kam mir plötzlich die Vorstellung eines *unvernünftigen* und doch des Sprechens fähigen Wesens; natürlicherweise dachte ich zuerst an einen Papageien, doch wählte ich bald einen *Raben*, der ja auch Worte sprechen kann, und im übrigen besser mit dem allgemeinen Tone des Gedichtes harmonisierte.

So kam ich also dazu, einen Raben einzuführen – den Vogel der bösen Vorbedeutungen, der am Ende jeder Strophe in einem etwa hundert Verse großen Gedichte trauervollen Tones das Wort „nimmermehr" monoton zu wiederholen hatte. Nun fragte ich mich weiter – mein Bestreben nach möglichster Vollkommenheit ließ ich nie aus den Augen –: „Welche Vorstellung wird von *der Menschheit im allgemeinen als die trauervollste* empfunden?" – „Die des Todes", war die sichere Antwort. „Und wann", forschte ich weiter, „ist diese trauervollste Vorstellung zugleich am poetischsten?" – Nach all dem, was ich hier oben schon des längeren erörtert habe, fällt die Antwort nicht schwer: „Dann, wenn sie sich am innigsten mit der Schönheit verbindet. Der *Tod* einer *schönen* Frau ist also der poetischste Vorwurf, der überhaupt zu denken ist, und ebenso unzweifelhaft ist der seines köstlichsten Schatzes beraubte *Liebende* der beste Mittler, uns über diesen zu reden."

Nun hatte ich also zwei Ideen zu verbinden: einen Liebenden, der die verstorbene Geliebte beweint, und einen Raben, der unaufhörlich das Wort „nimmermehr" wiederholt. Dabei durfte ich, nicht vergessen, das Wort jedesmal anders anzuwenden; die einzige Möglichkeit hierzu bot jedoch bloß der Umstand, daß der Vogel auf Fragen des Liebenden antworten konnte. Hier sah ich denn auch bald, welch gute Gelegenheit sich mir bot, die Wirkung, auf die ich soviel Gewicht legte, auszuüben, nämlich den Refrain zu variieren. Ich sah ein, daß die erste Frage des Liebenden, die erste, auf die der Rabe „nimmermehr" antworten sollte, irgendein Gemeinplatz sein mußte – die zweite etwas weniger allgemein gehalten – die dritte noch weniger und so weiter, bis der Liebende durch den trüben Sinn des so hartnäckig wiederholten Wortes aus seiner ursprünglichen Gleichgültigkeit gerissen wird; die unheilvolle Bedeutung des schwarzen Vogels kommt ihm in den Sinn, eine Erregung des Aberglaubens erfaßt ihn, und immer seltsamere Fragen stellt er – Fragen, deren Beantwortung sein Herz mit wilder Leidenschaft ersehnt – Fragen, die ihm teils der Aberglaube und teils jene Verzweiflung eingibt, die sich wollüstig selbst zerfleischt. Fragen, die er nicht stellt, weil er an das prophetische oder dämonische Wesen des Vogels glaubt – seine Vernunft sagt ihm, daß das Tier nur ein eingelerntes Stückchen wiederholt – sondern, weil es ihm ein grausamer, qualvoller Genuß ist, sie so zu stellen, daß die Antwort des *erwarteten* „Nimmermehr" ihm immer wieder einen neuen Schmerz schlägt, der ihm um so köstlicher erscheint, je unerträglicher er wird.

Nachdem ich also, wie erwähnt, eine gute Gelegenheit, den Refrain zu variieren, gefunden, oder vielmehr: nachdem mich der ganze Aufbau des Gedichtes von selbst zu ihr geführt, forschte ich nach, auf welche Fragen des Liebenden das „Nimmermehr" die letzte und stärkste, die schmerzvollste und entsetzenvollste Antwort sein sollte.

Hier also hat mein Werk seinen Anfang genommen, am Ende – wo alle Kunstwerke begonnen werden sollten; denn nachdem ich mit meinen Betrachtungen bis zu diesem Punkte gediehen, setzte ich die Feder aufs Papier, um folgende Strophe zu schreiben[*]:

„Prophet!", sagte ich, „Unglückswesen! Prophet, ob Du nun Vogel oder Dämon bist!

---

[*] [Die Zitate aus dem „Raben" werden hier in einer wörtlichen Prosaübersetzung geboten, um eine möglichst enge Verfolgung der Poeschen Gedankengänge zu ermöglichen.]

Bei dem Himmel, der sich über uns wölbt, bei dem Gott, den wir beide anbeten, sage dieser schmerzbeladenen Seele, ob sie in dem fernen Eden ein heiliges Weib umarmen wird, das die Engel Leonore nennen, ob sie ein seltenes, strahlendes Weib umarmen wird, das die Engel Leonore nennen!"
Sprach der Rabe: „Nimmermehr." –

Ich schrieb damals diese Strophe, erstens, um den Höhepunkt des Gedichtes vor mir zu haben und um die vorhergehenden Fragen des Liebenden besser variieren und abschätzen zu können, und zweitens, um mir endgültig über Rhythmus, Metrum, Länge und allgemeinen Bau der Strophen klarzuwerden und die vorhergehenden so abwägen zu können, daß diese hier von keiner der voraufgehenden in ihrer rhythmischen Wirkung übertroffen werde. Hätte ich während der nun folgenden Arbeit kraftvollere Strophen geschrieben, so würde ich sie ohne Skrupel absichtlich abgeschwächt haben, damit sie der Wirkung des Höhepunktes keinen Eintrag täten.

Nun könnte ich einige Worte über die Versifikation sagen. Mein erstes Streben ging hier wie überall nach Originalität. Daß man von dieser bei der Versifikation immer durchaus abgesehen hat, gehört für mich zu den unerklärlichsten Dingen der Welt. Die geringe Möglichkeit, den Rhythmus zu variieren, will ich gern zugeben, doch ist es offenbar, daß die möglichen Variationen des Metrums und der Strophe durchaus zahllose sind – und doch hat seit Jahrtausenden kein Mensch daran gedacht oder scheint daran gedacht zu haben, bei der Versifikation irgend etwas Originales zu schaffen. Nun ist aber Originalität (außer vielleicht bei einem Geiste von ganz ungewöhnlicher Kraft) durchaus kein Kind des Instinktes oder der Intuition. Sie muß im allgemeinen durch emsiges Suchen gefunden werden, und obwohl sie einem Menschen als höchstes Verdienst anzurechnen ist, verlangt sie eigentlich weniger Erfindungskraft als das Vermögen, zu negieren.

Ich erhebe selbstverständlich keinerlei Anspruch auf Originalität in bezug auf den Rhythmus oder das Metrum des „Raben". Der erstere ist trochäisch – das letztere besteht aus einem akatalektischen Oktameter, der mit katalektischem Heptameter abwechselt, welcher als Refrain im fünften Verse wiederholt wird, und endet mit einem katalektischen Tetrameter. Weniger pedantisch: die Versfüße, durchgehends Trochäen, bestehen aus einer langen und einer kurzen Silbe: der erste Vers der Strophe besteht aus acht solchen Füßen, der zweite aus sieben und einem halben; der dritte aus acht; der vierte aus sieben und einem halben; der fünfte ebenfalls aus sieben und einem halben; der sechste aus drei und einem halben. Nun ist jeder dieser Verse für sich allein schon angewandt worden, und ihre ganze Originalität im „Raben" besteht darin, daß ich sie in eine Strophe vereinigt habe, denn nichts, was dieser Zusammenstellung auch nur ähnlich sieht, ist bis jetzt versucht worden. Die Wirkung dieser originalen Verbindung wird noch durch einige andere ungebräuchliche und ganz neue Effekte erhöht, die ich aus einer ausgedehnteren Verwendung des Reimes und der Alliteration herleite. Nun galt es, den Liebhaber und den Raben miteinander in Verbindung zu bringen, und die erste Frage war nach dem Wo? Anscheinend wäre der natürlichste Ort ein Wald oder eine Ebene draußen gewesen, doch war ich von je der Ansicht, daß nur in einem *engen* und *begrenzten* Raume eine einzelne Begebenheit zur Wirkung kommen kann; er hat die Kraft, die der Rahmen einem Bilde gibt, und den unberechenbaren moralischen Nutzen, die Aufmerksamkeit zu konzentrieren, den man nicht mit dem Vorteil, den die einfache Einheit des Ortes gewährt, verwechseln darf.

Ich beschloß also, den Liebenden in sein Zimmer zu versetzen, in sein Zimmer, das durch die Erinnerungen an die, die dort gelebt hat, für ihn geheiligt ist. Dieser Raum ist als sehr reich ausgestattet gedacht, in Übereinstimmung mit meiner These, daß die Schönheit das einzig wirkliche Gebiet der Poesie ist.

Nachdem ich so den Ort festgestellt hatte, mußte ich den Vogel einführen, und der Gedanke, ihn durchs Fenster eintreten zu lassen, lag auf der Hand. Daß ich den Liebenden anfangs glauben ließ, das Flügelschlagen des Tieres gegen den Fensterladen sei ein Klopfen an der Tür, geschah aus dem Wunsche, die Neugierde des Lesers durch das Warten zu steigern und die Nebenwirkung anzubringen, daß der Liebende, als durch die offene Tür nichts als Finsternis hereinsieht, unbestimmt die phantastische Vorstellung hat, der Geist seiner Geliebten habe an die Türe gepocht.

Ich habe eine stürmische Nacht angenommen, erstens, um zu erklären, daß der verirrte Rabe Einlaß sucht, und zweitens, um den Kontrast mit der äußerlichen Ruhe und Stille des Zimmers zu schaffen.

Ebenfalls um des Kontrastes willen ließ ich den schwarzen Vogel sich auf die Marmorbüste der Pallas setzen – die Büste selbst *suggerierte* mir der Vogel, und ich wählte gerade die Büste der *Pallas*, weil ihr Vorhandensein die leichteste Beziehung zum Gelehrtentum des Liebenden hat und um des Vollklangs des Wortes „Pallas" willen.

Auch in der Mitte habe ich mich des Kontrastes bedient, um den Eindruck des Gedichtes zu verschärfen. So gab ich dem Eintritt des Raben etwas Phantastisches, ja, soweit es anging, etwas Groteskes. Er kommt mit viel Selbstbewußtsein und Gravität herein:

Er machte nicht die kleinste Verbeugung; er hielt nicht an, er zögerte nicht eine Sekunde, sondern mit der Miene eines Lords oder einer Lady ließ er sich auf der Büste über meiner Zimmertüre nieder.

In den beiden folgenden Strophen wird meine Absicht, ihn drollig wirken zu lassen, noch mehr ausgedrückt:

Da verführte der Ebenholzvogel durch sein steifes, salbungsvolles Benehmen meine traurige Phantasie zum Lächeln. „Obwohl dein Kopf geschoren und geschabt ist", sagte ich, „bist du gewiß kein Kanzelredner, du unheimlicher alter Rabe, der du von den Ufern der Nacht gewandert kommst. Sag mir deinen Namen an den plutonischen Ufern der Nacht."

Sprach der Rabe: „Nimmermehr!"

Ich wunderte mich sehr, daß dies so wenig anmutige Federvieh so gut mit dem Worte umzugehen wußte, obwohl seine Antwort wenig Sinn und Klarheit brachte, denn wir müssen gestehen, daß es noch keinem Sterblichen passiert ist, einen Vogel über seiner Zimmertür zu sehen, einen Vogel oder ein anderes Tier auf der gemeißelten Büste über seiner Zimmertür zu sehen mit einem Namen wie „Nimmermehr"!

Nachdem ich auf diese Weise der Wirkung des Schlusses vorgearbeitet habe, lasse ich den phantastischen Ton fallen und nehme statt dessen den des tiefsten Ernstes. Diese Veränderung beginnt gleich mit der ersten Zeile der Strophe, die auf die eben zitierten folgt:

Doch der Rabe, einsam auf der friedlichen Büste sitzend, sprach nur: …

Von jetzt ab scherzt der Liebende nicht mehr, noch erscheint ihm das Betragen des Raben länger phantastisch. Er spricht von ihm als dem „traurigen, anmutlosen, unheimlichen, mageren, unheilprophetischen Vogel des Altertums" und fühlt „seine feurigen Augen sein innerstes Herz versengen." Dieser Umschwung in den Gedanken und der Phantasie des Liebenden soll den Zweck haben, einen gleichen bei dem Leser hervorzurufen und ihn in eine der Wirkung des Schlusses oder vielmehr der Auflösung günstige Stimmung zu versetzen, die nun so *schnell* und *direkt* wie möglich herbeigeführt wird.

Mit dieser Auflösung, mit der Antwort des Raben auf die letzte Frage des Liebenden, ob er die Geliebte in der anderen Welt wiedersehen wird, ist das Gedicht im eigentlichen Sinne, als einfache Erzählung, zu Ende. Bis jetzt ist alles in den Grenzen des Erklärlichen, des Wirklichen geblieben. Ein Rabe, der das einzige Wort „Nimmermehr" sprechen gelernt hat, ist der Wachsamkeit seines Eigentümers entschlüpft und verlangt um Mitternacht, vom heftigen Unwetter hart bedrängt, Einlaß an dem erleuchteten Fenster eines Gelehrten, dessen Gedanken sich halb mit dem Inhalt fast verschollener Bücher mühen, halb in

Erinnerung an die tote Geliebte verloren sind. Als er auf das Flügelschlagen des Raben das Fenster öffnet, läßt sich der Rabe auf dem bequemsten Platz außerhalb des Bereiches seines Wirtes nieder, den das Erlebnis und das steife Gebaren des Vogels so amüsiert, daß er ihn im Scherz und ohne eine Antwort zu erwarten nach seinem Namen fragt. Der Rabe antwortet mit dem einzigen Wort, das er gelernt: „Nimmermehr!", – und dieses Wort findet in dem trauervollen Herzen des Liebenden sofort ein Echo, der nun gewisse Gedanken, die die Umstände in ihm entstehen ließen, laut denkt und nun mit Verwunderung die gleiche Antwort „Nimmermehr" von dem Raben erhält. Er errät sofort den Zusammenhang, doch treibt ihn, wie ich schon erwähnte, die echt menschliche Sucht, sich selbst zu quälen, und auch ein wenig Aberglaube, dem Vogel weiter solche Fragen zu stellen, deren Beantwortung durch das *erwartete* „Nimmermehr" ihm wollüstigen Schmerz bringen muß. Als er nun mit der letzten Antwort den größten Schmerz erfahren, hat die Erzählung ihr natürliches Ende erreicht, und nichts in ihr hat bisher die Grenzen des Wirklichen überschritten.

Doch tragen die Werke, die so gearbeitet wurden, so geschickt und reich an Begebenheiten sie auch hingestellt sein mögen, immer eine gewisse Nacktheit und Härte zur Schau, die das künstlerische Auge abstößt. Zwei Dinge werden immer nötig sein: erstens eine gewisse Komplexität oder vielmehr Verbindungsfülle, dann eine gewisse Menge suggestiven Geistes, etwas wie ein gedanklicher, doch unbestimmter Unterstrom. Dieser letztere ganz besonders gibt einem Kunstwerke erst jenen *Reichtum* – um ein alltägliches Wort zu gebrauchen –, den wir so gerne mit dem *Idealen* verwechseln. Das *Unterstreichen* dieser geheimen Bedeutung – der Unterstrom, der verborgen bleiben soll, wird oft zum sichtbaren Oberstrom des Werkes gewählt – macht die sogenannte Poesie der sogenannten Transzendentalisten stets zu Prosa, und zwar zu Prosa flachster Art.

Diese Betrachtungen ließen mich die beiden Schlußstrophen des Gedichtes schreiben – ihre Suggestionskraft mußte die ganze vorhergehende Erzählung durchdringen. Der bedeutsame Unterstrom kommt zuerst in den Zeilen zur Erscheinung:

Nimm deine Krallen *aus meinem Herzen* und hebe dich von meiner Türe.
  Sprach der Rabe: „Nimmermehr!"

Wie man bemerkt haben wird, sind die Worte *„aus meinem Herzen"* der erste metaphorische Ausdruck des Gedichtes. Sie und die Antwort „Nimmermehr" bringen den Leser auf den Gedanken, in dem Vorhergehenden eine Moral zu suchen; man fängt an, den Raben für ein Symbol anzusehen, doch erst in der letzten Zeile der allerletzten Strophe ist die Absicht, ihn zu dem Symbol *trauer-voller und nie endigender Erinnerungen* zu machen, deutlich ausgedrückt.

Und der Rabe, unbeweglich, sitzt noch immer, sitzt noch immer auf der blei-chen Pallasbüste über meiner Zimmertüre, und seine Augen schauen mich an wie die eines Dämons, der träumt, und das Licht der Lampe, das über ihn rieselt, wirft seinen Schatten auf den Boden, und aus dem Schattenkreis am Boden wird meine Seele sich erheben – Nimmermehr.